제5판

민법 Ⅲ

권리의 보전과 담보

양창수 | 김형석 공저

博英社

제 5 판 머리말

『민법 Ⅲ: 권리의 보전과 담보』가 처음 발간된 것이 2012년 1월이다. 여기서는 우선 채권과 책임의 개념을 명확하게 한 다음 그 법적 양상을 잘 보여주는 법제도로서 법인을 설명한다. 나아가 채권의 '보전'이라는 관점에서 소멸시효, 또한 채권자대위권 및 채권자취소권의 제도를 다룬다. 그리고 채권의 담보와 관련한 다양한 제도를 민법은 물론이고 여러 특별법에서 정하여진 것을 살펴본다. 마지막으로 권리의 보전 또는 담보라는 시각과는 거리가 있을지 모르지만, 채권적 및 물권적 용익관계에 미치는데, 이는 민법의 바탕을 이루는 물권과 채권의 구별과 밀접한 관계를 가진다.

제 4 판을 펴낸 것이 2021년 3월이니 그로부터 2년 반 가까이 지났다. 이번 제 5 판에서는 그 사이에 있었던 관련 법률 등의 개정을 반영하는 한편으로, 제 4 판 이후에 공간된 재판례 중 위와 같은 민법 공부에 의미가 상당한 것을 포함시켰다. 재판례는 원칙적으로 2023년 7월 15일까지의 『판례공보』에 수록된 것에서 선별하였다.

또한 이번 개정의 기회에 초판 이래의 불충분한 부분이 보완되도록 애썼다.

아무쪼록 이 새로운 판이 민법 공부의 밑바탕을 이루고 학생들 나아가 법률가들에게 많은 도움이 되기를 바란다.

2023년 8월 30일

양창수 · 김형석

머 리 말

2009년 법학전문대학원의 출범과 함께 법학 교육 시스템의 대전환이 일어나고 있다. 이에 따라 민법 교육의 체제와 방법을 개편하는 문제가 중요한 과제로 등장하였다.

종래 법과대학에서는 대체로 민법전의 편별에 따라 민법총칙, 물권법, 채권총론, 채권각론, 친족법, 상속법으로 구분하여 가르치는 것이 통상이었다. 그리고 민법전에 총칙이 맨 앞에 있으니 민법총칙을 먼저 배우는 것이 당연하다고 생각하는 경향이 있었다. 그러나 교육의 관점에서 보면 반드시 민법전의 편제에 따라 민법을 가르치고 공부하여야 하는지는 의문인 점이 없지 않다. 오히려 민법의 주요 주제를 중심으로 민법이 실제 생활에서 어떻게 작동하는지를 이해할 수 있도록 강좌를 설계하는 것이 바람직할 것이다.

서울대학교 법학전문대학원은 이러한 생각에 입각해서 민법을 〈민법 Ⅰ〉, 〈민법 Ⅱ〉, 〈민법 Ⅲ〉 그리고 〈민법 Ⅳ〉의 네 과목으로 구분하여 강의하고 있다. 〈민법Ⅰ〉은 일단 "계약법"이라고 이름붙였는데, 민법총칙·채권총론·채권각론 중에서 계약과 관련된 내용을 추출하여 다룬다. 〈민법 Ⅱ〉는 "권리의 변동과 구제"로서, 권리의 변동에서는 주로 물권변동과 채권양도를, 권리의 구제로서는 물권적 청구권, 불법행위 및 부당이득을 다룬다. 〈민법 Ⅲ〉은 "권리의 보전과 담보"로서, 채권담보와 그에 관련된 문제를 다루는 데에 중점이 있고, 채권자대위권이나 채권자취소권 등 채권의 보전에 관한 내용도 포함된다. 그리고 〈민법 Ⅳ〉는 친족법 및 상속법에 관련된 것이다.

그동안 우리의 교과서는 법을 공부하는 학생들을 위하여 법공부의 자료로 저술된 것이라기보다는 오히려 추상적 법명제를 체계적·종합적으로 서술한다는 학문적 관점에서 저술된 것이 대부분이었다. 그리하여 학설에 지나치게 비중을 두지 않았나 여겨진다. 그러나 학생들이 '학설의 숲'에 빠져서 헤어나오지 못하게 하여서는 안 된다. 실생활에 적용되는 '살아 있는 법'을 인식하고 스스로 문제를 해결하는 능력을 갖출 수 있는 교재가 필요하다. 학생들이 실제로 작동하는 법의 이론적 틀을 배우고, 재판례를 분석·비판하는 능력과 새로운 문제에 직면하여 이를 응용할 수 있는 능력을 기를 수 있도록 하여야 한다.

이 책은 채권과 책임에 관한 일반론에서 시작하여 개인이 아니라 어떠한 형태의 단체에 권리의무가 귀속되는 형태로서의 법인제도, 그리고 특히 채권의 일반적인 소멸사유로서의 소멸시효제도에 대하여 살펴본 다음, 채권 실현의 바탕이 되는 책임재산의 유지를 위한 하나의 전제적 법장치로서 채권자대위권과 채권자취소권을 다룬다. 나아가 채권의 실현을 구체적으로 보장하는 담보제도가 이 책의 가장 중요한 부분을 이루는데, 이는 우선 인적 담보로서 보증채무와 연대채무 등에 대하여, 그리고 물적 담보로서 담보물권, 권리이전형 담보 및 특별법상의 담보 등에 대하여 설명하였다. 그리고 마지막으로 임대차나 전세권과 같이 물건을 용익하는 법률관계들을 살펴보았다.

이와 같은 순서에 따라 다루어지는 개별 주제에 관하여는 이론적 설명과 주요 재판례로 구성되어 있다. 이론적 설명 부분에서는 기존의 교과서와 달리 학설 대립을 장황하게 다루지 않고 실제 문제를 해결하는 데 필요한 법리를 중심으로 서술하였다. 이에 따라 중요한 법리에 관한 재판례들은 충실히 소개하되 학설대립에 관련된 교과서의 인용은 가급적 자제하였다. 한편 그 주제에 관한 논의를 이해하는 데 필요하다고 생각하는 판결은 전문 수록하였다. 판결의 요지를 강조하려고 흔히 행하여지는 표시, 즉 고딕체나 밑줄 등은 가하지 않았다. 이는 스스로 판결 전문을 읽고 쟁점을 파악하며 판례 법리를 추출하는 연습을 하도록 하기 위한 것이다. 또한 개별 판결 등에 관하여 생각하여야 할 점이나 질문을 적어두어 학생들이 스스로 문제를 해결하도록 하였다.

민법은 모든 법의 기초로서 법률가가 되기 위하여 면밀하게 학습을 하여야 하는 과목이다. 이 책이 민법을 충실하게 학습함으로써, 법률가로서 사고하는 방법을 터득하고 이론과 실무를 겸비한 법률가로 성장하는 데 도움이 되기를 바란다. 특히 학생들이 이른바 교과서나 수험서만으로 공부를 하는 경향에서 탈피하는 계기가 된다면 더 바랄 것이 없겠다. 비록 이 책이 법학전문대학원의 교재로 기획된 것이기는 하지만, 학부에서 민법을 공부하는 데에도 교재로 사용할 수 있을 것이다.

이 책을 포함하여 〈민법 Ⅲ〉까지의 교재 세 권은 2007년 7월 "법학전문대학원의 설립·운영에 관한 법률"이 통과된 다음 새로운 교과과정을 설계할 무렵에 기획하였다. 양창수는 그 전부터 민법 강의와 교과서 집필을 위하여 작성하여 둔 자료를 제공하고, 김형석은 이를 토대로 〈민법 Ⅲ〉의 집필을 담당하여, 공저로 출간하기로 하였다. 이 책을 펴내기 위하여 자료를 정리하고 공저자가 기존에 발표한 논문 등을 요약하였으며 판례를 선별하고 질문을 덧붙였다. 2010년 3월부터는 서울대학교 법학전문대학원에서 "민법 Ⅲ: 권리의 보전과 담보"라는 제목으로 제본을 하여 교재로 사용하기 시작하였는데 이번에 이를 수정한 교재를 박영사에서 정식으로 출간하게 되었다. 앞으로 비판과 질정을 겸허하게 받아들여 더욱 좋은 책으로 발전시키기로 약속하고, 우선 이러한 형태로 책을 펴내기로 한다.

이 책을 내는 데 도움을 주신 여러 교수님들과 학생들에게 감사의 마음을 전한다.

2012년 1월

양창수 · 김형석

목　차

제 1 편　채권과 책임 그리고 법인제도

제 1 장　채권의 효력과 책임 ······ 3
제 2 장　법인의 성립과 능력 ······ 17
제 3 장　법인의 기관과 비법인사단 ······ 41

제 2 편　채권과 책임재산의 보전

제 1 장　소멸시효: 의의, 대상, 기간 ······ 69
제 2 장　소멸시효: 중단과 정지 ······ 100
제 3 장　소멸시효: 완성의 효과와 제척기간 ······ 127
제 4 장　채권자대위권: 의의와 요건 ······ 160
제 5 장　채권자대위권: 행사와 효과 ······ 202
제 6 장　채권자취소권: 의의와 요건 ······ 219
제 7 장　채권자취소권: 행사와 효과 ······ 250

제 3 편　채권의 담보

제 1 장　담보제도 서론 ······ 271
제 2 장　보증채무 ······ 291
제 3 장　특수한 형태의 보증 ······ 314
제 4 장　연대채무 ······ 340

제5장 유 치 권 ······ 369
제6장 질 권 ······ 391
제7장 저당권: 성립과 효력범위 ······ 407
제8장 저당권: 실행 전의 효력 ······ 431
제9장 저당권: 실행과 소멸 ······ 453
제10장 저당권: 근저당과 공동저당 ······ 490
제11장 양도담보: 도입과 성립 ······ 524
제12장 양도담보: 효력과 실행 ······ 540
제13장 집합동산·집합채권의 양도담보와 소유권유보 ······ 566
제14장 가등기담보 ······ 593
제15장 특별법에 따른 담보제도 ······ 618

제 4 편 물건의 용익관계

제1장 임대차: 성립과 효력 ······ 655
제2장 임대차: 당사자 변경과 종료 ······ 702
제3장 전 세 권 ······ 750
제4장 지 상 권 ······ 774
제5장 지 역 권 ······ 799

세부목차

제 1 편 채권과 책임 그리고 법인제도

제 1 장 채권의 효력과 책임 ··· 3

Ⅰ. 서 설 ··· 3
1. 대내적 효력 ··· 3
2. 대외적 효력 ··· 4
Ⅱ. 채무자에 대한 채권의 효력 ··· 5
1. 급부보유력과 청구력 ··· 5
2. 소구력과 집행력 ··· 6
Ⅲ. 채무와 책임 ··· 8
1. 책임의 의의 ··· 8
2. 채무와 책임의 분리 ··· 9
3. 기능적으로 유한책임적 결과를 발생시키는 민법의 제도 ··· 11

제 2 장 법인의 성립과 능력 ··· 17

Ⅰ. 서 론 ··· 17
1. 법인의 의의 ··· 17
2. 법인의 기능 ··· 17
3. 법인의 종류 ··· 19
Ⅱ. 법인의 설립 ··· 21
1. 법인법률주의 ··· 21
2. 사단법인의 설립 ··· 21
3. 재단법인의 설립 ··· 23
Ⅲ. 법인의 능력 ··· 29

1. 법인의 권리능력 ………… 29
2. 법인의 행위능력 ………… 38
3. 법인의 불법행위능력 ………… 39

제 3 장 법인의 기관과 비법인사단 ………… 41

Ⅰ. 법인의 기관 ………… 41
1. 이 사 ………… 41
2. 감 사 ………… 47
3. 사원총회 ………… 47
Ⅱ. 정관변경 ………… 48
1. 사단법인의 정관변경 ………… 48
2. 재단법인의 정관변경 ………… 49
Ⅲ. 법인의 해산 ………… 50
Ⅳ. 법인 아닌 사단·재단 ………… 51
1. 개 관 ………… 51
2. 법인 아닌 사단에 관한 일반적 법리 ………… 51

제 2 편 채권과 책임재산의 보전

제 1 장 소멸시효: 의의, 대상, 기간 ………… 69

Ⅰ. 서 론 ………… 69
1. 소멸시효의 의의 ………… 69
2. 실 효 ………… 70
Ⅱ. 소멸시효에 걸리는 권리 ………… 73
1. 원칙: 소유권 이외의 재산권 ………… 73
2. 소멸시효에 걸리지 않는 권리 ………… 74
Ⅲ. 소멸시효기간의 기산점 ………… 87
1. 소멸시효의 기산에 관한 원칙 ………… 87

2. 구체적인 내용 ······ 91
Ⅳ. 소멸시효기간 ······ 95
1. 채권의 소멸시효기간 ······ 95
2. 기타 재산권의 소멸시효기간 ······ 99
Ⅴ. 시효요건의 강화·완화에 관한 법률행위 ······ 99

제 2 장 소멸시효: 중단과 정지 ······ 100

Ⅰ. 시효의 중단과 정지 ······ 100
1. 시효중단의 의의 ······ 100
2. 시효정지의 의의 ······ 100
3. 시효중단 사유 개관 ······ 101
Ⅱ. 시효중단의 사유: 청구 ······ 101
1. 재판상 청구 ······ 101
2. 최 고 ······ 114
Ⅲ. 시효중단사유: 압류·가압류·가처분과 승인 ······ 119
1. 압류·가압류·가처분 ······ 119
2. 승 인 ······ 121
Ⅳ. 시효중단의 효력 ······ 124
1. 시효중단의 인적 범위 ······ 124
2. 중단 후의 시효진행 ······ 125

제 3 장 소멸시효: 완성의 효과와 제척기간 ······ 127

Ⅰ. 소멸시효 완성으로 인한 권리 소멸 ······ 127
1. 시효 원용의 요부 ······ 127
2. 권리 소멸의 구체적인 내용 ······ 136
3. 시효이익의 포기 ······ 137
Ⅱ. 소멸시효의 남용 ······ 140
Ⅲ. 제척기간 ······ 150
1. 의의와 내용 ······ 150
2. 소멸시효와 제척기간 ······ 158

제 4 장 채권자대위권: 의의와 요건 ······ 160
Ⅰ. 서 론 ······ 160
1. 채권자대위권의 의의 ······ 160
2. 채권자대위권제도의 성질 ······ 161
Ⅱ. 채권자대위권의 요건 ······ 162
1. 보전되는 채권의 존재 ······ 162
2. 채권자의 "채권을 보전"하기 위하여 필요할 것 ······ 163
3. 채무자가 스스로 그의 권리를 행사하지 아니할 것 ······ 199
4. 채권자의 채권이 이행기에 있을 것 ······ 200

제 5 장 채권자대위권: 행사와 효과 ······ 202
Ⅰ. 채권자대위권의 객체 ······ 202
1. 대위의 객체가 될 수 있는 권리 ······ 202
2. 대위의 객체가 될 수 없는 권리 ······ 203
Ⅱ. 채권자대위권의 행사 ······ 205
1. 행사의 방법 ······ 205
2. 행사의 범위 ······ 208
3. 채권자대위소송 ······ 209
Ⅲ. 채권자대위권 행사의 효과 ······ 214
1. 채무자의 지위 ······ 214
2. 채권자의 지위 ······ 217
3. 제 3 채무자의 지위 ······ 218

제 6 장 채권자취소권: 의의와 요건 ······ 219
Ⅰ. 채권자취소권의 의의와 성질 ······ 219
Ⅱ. 채권자취소권의 발생요건 ······ 220
1. 취소채권자의 채권 ······ 220
2. 사해행위 ······ 226
3. 채무자 및 수익자 또는 전득자의 악의 ······ 248

제 7 장 채권자취소권: 행사와 효과 ········ 250
Ⅰ. 채권자취소권의 행사와 내용 ········ 250
1. 행사의 방법 기타 취소소송상의 문제 ········ 250
2. 행사의 내용과 범위 ········ 252
3. 취소권 행사의 제척기간 ········ 260
Ⅱ. 채권자취소권 행사의 효과 ········ 262
1. 채무자의 책임재산의 회복 ········ 262
2. 「취소의 상대효」 ········ 264

제 3 편 채권의 담보

제 1 장 담보제도 서론 ········ 271
Ⅰ. 채권과 물권 ········ 271
1. 채권과 물권의 대비 ········ 271
2. 채권과 물권의 작용 ········ 272
Ⅱ. 선이행위험과 담보의 필요성 ········ 275
1. 선이행위험의 회피 ········ 275
2. 선이행과 담보의 필요성 ········ 277
Ⅲ. 상계의 담보적 기능 ········ 280
1. 의 의 ········ 280
2. 이른바 상계의 예약 ········ 288

제 2 장 보증채무 ········ 291
Ⅰ. 보증채무 일반론 ········ 291
1. 보증채무의 의의와 기능 ········ 291
2. 보증채무의 법적 성질 ········ 292
Ⅱ. 보증채무의 성립 ········ 294

1. 보증의 의사표시 ········ 294
2. 보증의 방식 ········ 300
3. 보증인의 자격 ········ 302
4. 보증의 기간 ········ 303
Ⅲ. 채권자와 보증인 간의 관계 ········ 303
1. 보증채무의 내용 ········ 303
2. 보증인의 권리 ········ 305
3. 채권자의 성실의무 ········ 306
Ⅳ. 주채무자 또는 보증인에게 생긴 사유의 효력 ········ 308
1. 주채무자에게 생긴 사유의 효력 ········ 308
2. 보증인에 관하여 생긴 사유의 효력 ········ 310
Ⅴ. 보증채무의 대내적 효력(구상관계) ········ 310
1. 수탁보증인의 구상권 ········ 311
2. 부탁 없는 보증인의 구상권 ········ 312

제3장 특수한 형태의 보증 ········ 314

Ⅰ. 연대보증 ········ 314
1. 연대보증의 의의 ········ 314
2. 연대보증의 성립과 내용 ········ 315
3. 연대보증에서 구상 ········ 315
Ⅱ. 공동보증 ········ 315
1. 공동보증의 의의 ········ 315
2. 분별의 이익 ········ 316
3. 공동보증의 구상관계 ········ 316
Ⅲ. 근보증(계속적 보증) ········ 319
1. 근보증의 의의 ········ 319
2. 근보증의 성립 ········ 320
3. 근보증의 해지 ········ 321
4. 근보증의 책임 제한 ········ 326
5. 근보증의 상속성 ········ 333
Ⅳ. 신원보증 ········ 333
Ⅴ. 손해담보계약 ········ 334

1. 손해담보계약의 의의 ………… 334
2. 손해담보계약의 성질과 내용 ………… 335

제 4 장 연대채무 ………… 340

Ⅰ. 연대채무의 의의·성질 ………… 340
1. 의 의 ………… 340
2. 법적 성질 ………… 341
Ⅱ. 연대채무의 성립 ………… 341
1. 계약에 의한 성립 ………… 341
2. 법률에 의한 성립 ………… 342
Ⅲ. 연대채무자에 대한 채권자의 권리 ………… 343
1. 연대채무의 대외적 효력 ………… 343
2. 연대채무자의 무자력 ………… 343
Ⅳ. 연대채무자의 일인에게 생긴 사유의 효력 ………… 343
1. 절대적 효력과 상대적 효력 ………… 343
2. 절대적 효력이 있는 사유 ………… 344
3. 상대적 효력이 있는 사유 ………… 347
Ⅴ. 연대채무자들 사이의 구상관계 ………… 347
1. 구상권과 연대채무자의 부담부분 ………… 347
2. 구상권의 성립요건 ………… 348
3. 구상권의 법률관계 ………… 349
4. 제 2 차적 상환의무 ………… 351
Ⅵ. 부진정연대채무 ………… 352
1. 의 의 ………… 352
2. 대외적 효력 ………… 354
3. 채무자의 1인에 관하여 생긴 사유의 효력 ………… 354
4. 대내적 효력 ………… 364

제 5 장 유 치 권 ………… 369

Ⅰ. 유치권의 의의 및 성질 ………… 369
1. 의 의 ………… 369

2. 유치권의 법적 성질 ········· 371
Ⅱ. 유치권의 성립요건 ········· 372
1. 점유요건: 불법행위로 인하지 않은 타인의 물건에 대한 점유 ········· 372
2. 채권요건: 점유하는 물건에 관한 채권이 이행기에 있을 것 ········· 373
Ⅲ. 유치권의 효력 ········· 379
1. 물권적 인도거절권능 ········· 379
2. 유치권자의 그 밖의 권능 ········· 387
Ⅳ. 유치권의 소멸 ········· 388
1. 유치권의 소멸사유 ········· 388
2. 유치권 소멸의 효과 ········· 389

제6장 질 권 ········· 391
Ⅰ. 서 론 ········· 391
1. 질권의 의의와 기능 ········· 391
2. 질권의 객체 ········· 392
3. 질권의 법적 성질 ········· 393
Ⅱ. 동산질권 ········· 393
1. 동산질권의 성립 ········· 393
2. 동산질권의 효력 ········· 395
3. 동산질권의 소멸 ········· 400
Ⅲ. 권리질권 ········· 401
1. 권리질권의 의의와 설정 ········· 401
2. 채권질권 ········· 401

제7장 저당권: 성립과 효력범위 ········· 407
Ⅰ. 저당권의 의의와 법적 성질 ········· 407
1. 저당권의 의의와 기능 ········· 407
2. 저당권의 법적 성질 ········· 408
Ⅱ. 저당권의 객체 ········· 409
1. 부 동 산 ········· 409
2. 그 밖의 재산권 ········· 409

Ⅲ. 설정계약에 의한 저당권의 성립 ········· 409
1. 저당권설정계약 ········· 409
2. 저당권의 피담보채권 ········· 416
3. 저당권의 순위 ········· 418
Ⅳ. 저당권의 효력범위 ········· 418
1. 피담보채권의 범위 ········· 418
2. 저당권의 물적 범위 ········· 420
3. 물상대위 ········· 423

제8장 저당권: 실행 전의 효력 ········· 431

Ⅰ. 저당물소유자의 권한 ········· 431
1. 저당물 소유자의 사용·수익·처분 권능 ········· 431
2. 제3취득자의 보호 ········· 432
Ⅱ. 저당권의 침해에 대한 저당권자의 보호 ········· 434
1. 저당권자의 방해제거·예방청구권 ········· 434
2. 저당권자의 손해배상청구권 ········· 441
3. 채무자의 기한이익 상실 ········· 445
4. 저당물보충청구권 ········· 445
Ⅲ. 저당권의 처분 ········· 446
1. 저당권부 채권의 양도 ········· 446
2. 저당권부 채권에 대한 질권 설정 ········· 451
3. 저당권만의 처분 ········· 452

제9장 저당권: 실행과 소멸 ········· 453

Ⅰ. 저당권자의 우선변제권능 ········· 453
1. 서 설 ········· 453
2. 저당권의 실행 ········· 454
3. 저당권의 우선변제권능의 순위 ········· 456
Ⅱ. 토지와 그 지상 건물로 인한 법문제 ········· 457
1. 법정지상권 ········· 457
2. 일괄경매청구권 ········· 481

Ⅲ. 물상보증인과 제 3 취득자의 구상 483
1. 물상보증인의 구상 483
2. 제 3 취득자의 구상 485
Ⅳ. 저당권의 소멸 487
1. 소멸사유 487
2. 저당권 소멸의 효과 488

제10장 저당권: 근저당과 공동저당 490

Ⅰ. 근 저 당 490
1. 근저당의 의의 490
2. 근저당의 성립 492
3. 피담보채권 확정 전의 근저당권의 효력 497
4. 근저당권의 확정 501
Ⅱ. 공동저당 504
1. 공동저당의 의의 504
2. 공동저당의 성립 505
3. 공동저당의 효력 507
4. 공동근저당 517
5. 유추적용 523

제11장 양도담보: 도입과 성립 524

Ⅰ. 권리이전형 담보 일반론 524
1. 의의와 기능 524
2. 권리이전형 담보의 종류 526
3. 권리이전형 담보에 대한 법적 규율 527
Ⅱ. 양도담보의 의의와 성립 527
1. 양도담보의 의의 527
2. 양도담보의 설정 530

제12장 양도담보: 효력과 실행 540

Ⅰ. 양도담보의 효력 540

1. 피담보채권의 범위 ········· 540
2. 효력이 미치는 목적물의 범위 ········· 541
3. 설정자와 양도담보권자 사이의 채권적 관계 ········· 545
4. 양도담보의 대외적 효력 ········· 547
5. 양도담보의 처분 ········· 552
Ⅱ. 양도담보권의 실행 ········· 552
1. 개 관 ········· 552
2. 정산형 양도담보의 실행 ········· 553
3. 유담보형 양도담보의 실행 ········· 558
4. 실행과 관련된 그 밖의 문제들 ········· 559
Ⅲ. 양도담보의 소멸 ········· 564
1. 소멸사유 ········· 564
2. 소멸의 효과 ········· 564

제13장 집합동산·집합채권의 양도담보와 소유권유보 ········· 566

Ⅰ. 집합동산·집합채권 양도담보 서론 ········· 566
1. 집합담보의 필요성 ········· 566
2. 집합담보의 과제 ········· 567
Ⅱ. 집합동산의 양도담보 ········· 568
1. 집합동산 양도담보의 성립 ········· 568
2. 집합동산의 양도담보의 실행 전 효력 ········· 572
3. 집합동산 양도담보의 실행 ········· 573
Ⅲ. 집합채권의 양도담보 ········· 574
1. 집합채권 양도담보의 유형 ········· 574
2. 집합채권 양도담보의 설정 ········· 575
3. 집합채권 양도담보의 법률관계 ········· 582
Ⅳ. 소유권유보 ········· 585
1. 소유권유보의 의의 ········· 585
2. 법적 성질 ········· 587
3. 소유권유보의 성립 ········· 587
4. 소유권유보의 효력 ········· 588

제14장 가등기담보 593
Ⅰ. 가등기담보의 법률관계 593
1. 의의와 기능 593
2. 성 립 594
3. 가등기담보권의 실행 597
4. 가등기담보권의 소멸 600
Ⅱ. 가등기담보법상의 가등기담보·양도담보 600
1. 서 설 600
2. 가등기담보법의 적용범위 600
3. 가등기담보법상의 가등기담보 603
4. 가등기담보법상의 부동산양도담보 613

제15장 특별법에 따른 담보제도 618
Ⅰ. 특별법에 따른 저당권 618
1. 입목저당 618
2. 동산저당 619
3. 공장의 토지 또는 건물의 저당 620
4. 재단저당 622
Ⅱ. 특별법에 따른 동산·채권담보 624
1. 서 론 624
2. 동산담보권 627
3. 채권담보권 644

제 4 편 물건의 용익관계

제 1 장 임대차: 성립과 효력 655
Ⅰ. 임대차 서론 655

1. 임대차의 의의와 사회적 기능 ········ 655
2. 부동산임차권의 강화와 임차인의 보호 ········ 656
3. 임대차에 관한 법규정 ········ 658
Ⅱ. 임대차의 성립과 존속기간 ········ 659
1. 임대차의 성립 ········ 659
2. 임대차계약의 존속기간 ········ 661
Ⅲ. 임대차의 효력 ········ 664
1. 임차인의 사용수익권 ········ 664
2. 부동산임차권의 대항력 ········ 669
3. 임차권에 기한 물권적 청구권 ········ 692
4. 임대인의 차임채권 ········ 695

제2장 임대차: 당사자 변경과 종료 ········ 702

Ⅰ. 임차권의 양도·임대차목적물의 전대 ········ 702
1. 의 의 ········ 702
2. 양도·전대에 대한 임대인의 동의 ········ 703
3. 임대인의 동의 있는 양도·전대의 법률관계 ········ 706
4. 임대인의 동의 없는 양도·전대 ········ 708
Ⅱ. 임대차의 종료 ········ 709
1. 존속기간의 만료 ········ 710
2. 당사자의 해지 ········ 710
3. 임대인의 사용수익을 가능하게 유지할 채무의 (영구적) 이행불능 ········ 710
Ⅲ. 임대차관계의 청산 ········ 710
1. 임차인의 목적물반환의무 ········ 710
2. 임대토지상의 건물 등 시설 및 부속물 등의 처리 ········ 738
3. 임차인의 비용상환청구권 ········ 740
4. 임차인의 보증금반환청구권 ········ 741

제3장 전 세 권 ········ 750

Ⅰ. 전세권의 의의 및 성질 ········ 750
1. 의 의 ········ 750

2. 법적 성질 ········· 751

Ⅱ. 전세권의 성립 ········· 753

1. 전세권의 설정 ········· 753

2. 전세금지급의무 ········· 757

3. 전세권의 존속기간 ········· 758

Ⅲ. 전세권자의 부동산용익권능 ········· 759

1. 전세권자의 목적물 점유와 사용수익 ········· 759

2. 전세권자의 현상 유지 및 수선의 의무 ········· 760

Ⅳ. 전세권의 처분 ········· 761

1. 전세권의 양도 ········· 761

2. 전세권에 대한 담보 설정 ········· 762

3. 전 전 세 ········· 762

4. 전세목적물의 임대 ········· 763

Ⅴ. 전세권의 소멸 ········· 764

1. 전세권의 소멸 ········· 764

2. 전세권자의 전세금반환채권과 그 만족의 확보 ········· 765

3. 소멸에 따른 전세권자의 의무 ········· 772

제4장 지 상 권 ········· 774

Ⅰ. 지상권의 의의와 성립 ········· 774

1. 의의와 성질 ········· 774

2. 성 립 ········· 775

3. 존속기간 ········· 778

Ⅱ. 지상권의 효력 ········· 782

1. 물권적 토지사용권 ········· 782

2. 지상권의 처분 ········· 783

3. 지료지급의무 ········· 784

Ⅲ. 지상권의 소멸 ········· 788

1. 지상권의 소멸사유 ········· 788

2. 지상권 소멸의 효과 ········· 790

Ⅳ. 특수지상권 ········· 791

1. 구분지상권 ········· 791

2. 관습지상권 ···· 792
3. 분묘기지권 ···· 796

제5장 지 역 권 ···· 799

Ⅰ. 지역권의 의의와 성질 ···· 799
Ⅱ. 지역권의 성립과 존속기간 ···· 800
1. 법률행위에 의한 성립 ···· 800
2. 법률의 규정에 의한 성립 ···· 801
3. 요역지·승역지의 공유 ···· 802
4. 지역권의 존속기간 ···· 803
Ⅲ. 지역권의 효력 ···· 803
1. 지역권자의 물권적 토지이용권 ···· 803
2. 승역지 이용자의 의무 ···· 805
Ⅳ. 지역권의 소멸 ···· 806
1. 지역권의 소멸사유 ···· 806
2. 지역권 소멸의 효과 ···· 806
Ⅴ. 특수지역권 ···· 806
1. 의 의 ···· 806
2. 성 질 ···· 807
3. 효 력 ···· 807

재판례 색인 ···· 809
조문 색인 ···· 837
사항 색인 ···· 852

법령약어

* 달리 법령의 명칭 없이 인용하는 조문은 민법의 조문이다.

가담	가등기담보등에 관한 법률
가소	가사소송법
공연	공무원연금법
공저	공장 및 광업재단 저당법
공취	공익사업을 위한 토지 등의 취득 및 보상에 관한 법률
관세	관세법
광업	광업법
광저	광업재단저당법
국배	국가배상법
국세	국세기본법
국연	국민연금법
국재	국유재산법
국재정	국가재정법
근기	근로기준법
기보	기술보증기금법
노조	노동조합 및 노동관계조정법
농지	농지법
담보	동산·채권 등의 담보에 관한 법률
디보	디자인보호법
문보	문화재보호법
민소	민사소송법
민조	민사조정법
민집	민사집행법
민집규	민사집행규칙
보증	보증인 보호를 위한 특별법
부등	부동산등기법
부실	부동산 실권리자명의 등기에 관한 법률
비송	비송사건절차법
사학	사립학교법
산재	산업재해보상보험법
상	상법

상속	상속세 및 증여세법
상임	상가건물 임대차보호법
상임령	상가건물 임대차보호법 시행령
상표	상표법
선박	선박법
선박등	선박등기법
선박등규	선박등기규칙
소액	소액사건심판법
수산	수산업법
수표	수표법
신보	신용보증기금법
신원	신원보증법
신탁	신탁법
실용	실용신안법
약관	약관의 규제에 관한 법률
어음	어음법
예산	예산회계법
예우	국가유공자 등 예우에 관한 법률
유실	유실물법
입목	입목에 관한 법률
입목령	입목에 관한 법률 시행령
자저	자동차 등 특정동산 저당법
자배	자동차손해배상 보장법
자산유	자산유동화에 관한 법률
저작	저작권법
전자	전자문서 및 전자거래 기본법
주금	한국주택금융공사법
주등	주민등록법
주임	주택임대차보호법
주임령	주택임대차보호법 시행령
지세	지방세법
지재	지방재정법
특허	특허법
회파	채무자회생 및 파산에 관한 법률
하도급	하도급거래 공정화에 관한 법률
할부	할부거래에 관한 법률
형	형법

심화를 위한 문헌

교재의 내용에 대해서 보다 자세한 논의를 알고 싶은 경우 다음의 민법 주석서를 참조할 수 있다. 주석서는 각 조문의 순서대로 관련 내용을 서술하고 있으며, 보다 상세한 분석을 제공하는 문헌에 대한 지시를 포함하고 있다.

— 곽윤직 편집대표, 민법주해, 1992년~; 양창수 편집대표, 민법주해, 제2판, 2022년~
— 김용덕 편집대표, 주석민법, 제5판, 2019년~.

민법 Ⅰ, Ⅱ, Ⅲ의 구성

제1편 총칙

제1장 통칙
제2장 인
　제1절 능력 → 민법 Ⅰ 제7편 제2장
　제2절 주소
　제3절 부재와 실종
　[인격권] → 민법 Ⅱ 제5편 제4장
제3장 법인 → 민법 Ⅲ 제1편 제2장, 제3장
제4장 물건 → 민법 Ⅱ 제1편 제2장, 제3편 제3장
제5장 법률행위
　제1절 총칙 → 민법 Ⅰ 제1편 제4장, 제7편 제3장, 제4장, 제5장
　제2절 의사표시 → 민법 Ⅰ 제7편 제6장, 제7장, 제8장, 제9장
　제3절 대리 → 민법 Ⅰ 제2편 제1장, 제2장, 제3장, 제4장
　제4절 무효와 취소 → 민법 Ⅰ 제7편 제10장
　제5절 조건과 기한
제6장 기간
제7장 소멸시효 → 민법 Ⅲ 제2편 제1장, 제2장, 제3장

제2편 물권

제1장 총칙 → 민법 Ⅱ 제2편 제1장, 제2장, 제3장, 제4장
제2장 점유권 → 민법 Ⅱ 제2편 제4장, 제3편 제1장
제3장 소유권
　제1절 소유권의 한계 → 민법 Ⅱ 제1편 제1장, 제3편 제7장, 제4편 제1장, 제2장
　제2절 소유권의 취득 → 민법 Ⅱ 제2편 제5장, 제3편 제2장, 제3장
　제3절 공동소유 → 민법 Ⅱ 제3편 제4장, 제5장, 민법 Ⅲ 제1편 제1장, 제3장
　[명의신탁] → 민법 Ⅱ 제3편 제6장
제4장 지상권 → 민법 Ⅲ 제4편 제4장

제5장 지역권 → 민법 Ⅲ 제4편 제5장
제6장 전세권 → 민법 Ⅲ 제4편 제3장
제7장 유치권 → 민법 Ⅲ 제3편 제5장
제8장 질권 → 민법 Ⅲ 제3편 제6장
제9장 저당권 → 민법 Ⅲ 제3편 제7장, 제8장, 제9장, 제10장
[비전형담보] → 민법 Ⅲ 제3편 제11장, 제12장, 제13장, 제14장
[특별법상 담보] → 민법 Ⅲ 제3편 제15장

제3편 채권

제1장 총칙
제1절 채권의 목적 → 민법 Ⅲ 제1편 제1장
제2절 채권의 효력 → 민법 Ⅰ 제5편 제1장, 제2장
제3절 수인의 채권자 및 채무자
제1관 총칙
제2관 불가분채권과 불가분채무
제3관 연대채무 → 민법 Ⅲ 제3편 제4장
제4관 보증채무 → 민법 Ⅲ 제3편 제2장, 제3장
제4절 채권의 양도 → 민법 Ⅱ 제2편 제6장
제5절 채무의 인수 → 민법 Ⅱ 제2편 제7장
제6절 채권의 소멸 → 민법 Ⅰ 제4편 제1장
제1관 변제 → 민법 Ⅰ 제4편 제2장
제2관 공탁
제3관 상계 → 민법 Ⅰ 제4편 제3장
제4관 경개
제5관 면제
제6관 혼동
제7절 지시채권
제8절 무기명채권
제2장 계약
제1절 총칙 → 민법 Ⅰ 제1편 제1장, 제2장
제1관 계약의 성립 → 민법 Ⅰ 제1편 제3장, 제5장
제2관 계약의 효력 → 민법 Ⅰ 제1편 제3장, 제2편 제5장, 제3편 제4장, 제6편 제3장

제 3 관 계약의 해지, 해제 → 민법 Ⅰ 제 6 편 제 1 장, 제 2 장
제 2 절 증여
제 3 절 매매
제 1 관 총칙 → 민법 Ⅰ 제 3 편 제 2 장
제 2 관 매매의 효력 → 민법 Ⅰ 제 3 편 제 2 장, 제 5 편 제 3 장
제 3 관 환매
제 4 절 교환
제 5 절 소비대차
제 6 절 사용대차
제 7 절 임대차 → 민법 Ⅲ 제 4 편 제 1 장, 제 2 장
제 8 절 고용
제 9 절 도급 → 민법 Ⅰ 제 3 편 제 3 장
제10절 현상광고
제11절 위임
제12절 임치
제13절 조합 → 민법 Ⅲ 제 1 편 제 1 장
제14절 종신정기금
제15절 화해
제 3 장 사무관리
제 4 장 부당이득 → 민법 Ⅱ 제 4 편 제 3 장, 제 4 장, 제 5 장, 제 6 장
제 5 장 불법행위 → 민법 Ⅱ 제 5 편 제 1 장, 제 2 장, 제 3 장, 제 4 장, 제 5 장, 제 6 장

제 1 편

채권과 책임 그리고 법인제도

제 1 장 채권의 효력과 책임

제 2 장 법인의 성립과 능력

제 3 장 법인의 기관과 비법인사단

제1장 채권의 효력과 책임

Ⅰ. 서 설

채권은 계약 또는 법률에 근거하여 그 권리자인 채권자가 그 의무자인 채무자에 대하여 일정한 행위를 청구할 수 있는 권리이다. 그러므로 이러한 정의에 따를 때 채권의 「효력」이란 채권의 내용을 실현하기 위하여 채권자가 가지는 법적인 권능을 말한다. 이러한 채권의 효력은 채권자가 가지는 권능이 의무자인 채무자에 대한 것인지 아니면 채권관계 외부의 제 3 자에 대한 것인지 여부에 따라 「대내적 효력」과 「대외적 효력」으로 구별되어 설명되고 있다.

1. 대내적 효력

채권은 채무자에 대하여 일정한 급부의 실현을 청구할 수 있는 권리이므로, 채권의 효력은 일차적으로 채무자에 대한 효력이다. 채무자에 대한 효력은 둘로 나누어 볼 수 있다. ① 하나는 채무자가 임의로 채무를 이행하는 경우에 그 이행으로 인한 이익을 보유하는 것이 정당화되는 관계에서의 효력이다. 그리고 ② 다른 하나는 채무자가 채무를 이행하지 아니할 때 채권이 원만하게 실현된 것과 같은 상태를 창출하기 위하여 채권자가 가지는 법적 권능이다. 이러한 대내적 효력에 대해서는 아래에서 살펴본다(Ⅱ).

2. 대외적 효력

나아가 채권이 반드시 채무자에 대한 관계에서만 효력을 가지는 것은 아니다. 채권이 존재하는 경우 단순히 그 당사자 쌍방만이 고립적으로 관계를 맺고 있는 것이 아니라, 그 밖에 다른 사람들도 직접적 또는 간접적으로 그에 관여되어 있을 수 있다. 예를 들어 갑이 을에게 물건을 매도하고 을이 병에게 이를 다시 매도한 사안에서, 갑이 을에게 자신의 매매계약상 채무를 이행하는지 여부는 병과 을의 매매계약에 근거한 채권관계의 내용과 전개에 영향을 줄 수 있다. 그러므로 당사자들 이외의 제 3 자가 그들 사이의 채권관계에 미칠 수 있는 영향에 대하여 채권자가 어떠한 대응을 할 수 있는가 하는 문제가 제기된다.

이러한 제 3 자에 대한 효력도 크게 둘로 나누어 볼 수 있다. ① 하나는 채권실현의 궁극적인 보장이 되는 채무자의 일반재산을 유지하기 위해 채무자와 특수한 관계에 선 제 3 자를 상대로 채권에 기하여 일정한 법적인 영향을 미치는 것이다(제404조 내지 제407조; 본서 제 2 편 제 4 장 내지 제 7 장 참조). ② 다른 하나는 채무자와 그러한 특수한 관계가 없는 일반의 제 3 자가 채권의 귀속 또는 내용을 침해하는 결과를 가져오는 행위를 하는 경우에 대한 것이다. 이 중에서 후자는 반드시 채권에만 고유한 것일 수는 없고, 민법이 권리침해에 대해 일반적인 구제수단으로 정하고 있는 제도, 즉 방해배제 등의 청구권(제214조; 예를 들어 임대차에 근거한 방해배제청구는 가능한가? 본서 제 4 편 제 1 장 참조), 부당이득반환청구권(제741조; 예를 들어 유효하게 변제를 수용한 채권의 준점유자(제470조)에 대해 이로써 불이익을 입은 채권자는 부당이득반환을 청구할 수 있는가?), 그리고 불법행위로 인한 손해배상청구권(제750조; 이른바 「제 3 자에 의한 채권침해」의 문제)의 셋이 채권이 넓은 의미에서 침해된 경우에 각각 어떻게 구현되는가 하는 문제가 된다(이들 문제에 대해서는 「민법 Ⅱ: 권리의 변동과 구제」를 참조하라).

Ⅱ. 채무자에 대한 채권의 효력

1. 급부보유력과 청구력

(1) 채권은 대부분의 경우 채무자 스스로의 의사에 기한 이행에 의하여 그 내용이 실현된다. 채권의 1차적인 효력은 우선 이와 같이 채무자가 자의로 이행한 바를 적법하게 보유할 수 있고 이것을 반환하지 않아도 된다는 데 있다. 채권의 이러한 효력은 통상「급부보유력(給付保有力)」이라고 불린다. 예컨대 갑이 을에 대한 토지 매매계약의 이행으로 목적물인 토지를 인도하였다면, 아직 소유권을 보유하고 있는 갑이 을에 대해 소유물반환청구권을 행사하더라도 을은「점유할 권리」(제213조 단서)를 주장하여 반환을 거절할 수 있다. 을은 적법한 채권(목적물인도청구권)의 이행으로 토지의 점유를 보유하고 있으므로 그 채권의 급부보유력에 따라 점유할 권리가 있다고 인정되는 것이다.

물론 이러한 급부보유력은 채무자가 자발적으로 채무를 이행한 경우뿐만 아니라 강제이행에 의하여 채권이 실현된 경우에도 인정된다. 앞의 예에서 을이 갑의 자발적 이행이 아닌 강제이행의 방법으로(민집 제258조) 토지의 점유를 획득한 경우에도 마찬가지의 결론이 인정된다.

(2) 그러나 다른 한편으로 채권의 대내적 효력은 급부보유력만으로 그치지 않는다. 채무자는 채권관계에 기하여 일정한 의무를 부담하고 있는 것인데, 만일 그 의무의 이행 여부가 순전히 채무자의 의사 내지 양심 여하에 달려 있다고 한다면, 법적으로 의무가 있다거나 권리가 있다고 말할 수는 없을 것이다. 그러므로 채권의 정의상 최소한 채권자는 채무자에 대하여 그 의무의 실행을 요구하는 것이 허용된다고 할 것이다. 그러한 요구는 타인의 의사영역에 대한 부당한 간섭이 되지 아니하며, 법적으로 허용되는 행위이다. 이와 같이 채권자가 채무자에 대하여 그 의무의 실행을 요구할 수 있는 힘을 채권의「청구력(請求力)」이라고 부른다.

(3) 이와 같이 채권자가 채무자에 대하여 그 의무의 이행을 요구할 수 있고 또 채무자가 이행한 급부를 적법하게 보유할 수 있는 것이야말로 채권의 기본적이면서 최소한도의 효력이라고 하겠다.

2. 소구력과 집행력

(1) 그런데 여기서 말하는 청구력을 반드시 재판상 이행을 청구할 수 있는 법적인 힘(訴求力; Klagbarkeit)이라고 이해할 필요는 없다. 물론 우리 법질서는 채권자가 채무자에 대해 그 이행을 재판상 청구할 수 있다는 것을 원칙으로 하고 있다. 그러므로 채권자는 거의 예외 없이 그 채권에 기하여 채무자를 피고로 하는 소를 제기하여 그 채무의 이행을 청구(訴求)할 수 있다. 이러한 소구력은 채권의 실효성을 확보한다는 관점에서 부여되는 채권의 일반적인 효력이다. 그러나 그렇다고 하여서 채권이기만 하면 당연히 그러한 소구력이 주어진다고 단정할 수는 없다. 우리 민법 스스로 「청구」와 그 한 모습으로서의 「재판상의 청구」를 구분하여 이에 각각 다른 법률효과를 부여하고 있다(제168조 제 1 호, 제170조 참조). 따라서 채권의 효력 자체에 의해 채권자가 급부의 이행을 청구할 수 있는 청구력과 채권자가 그러한 청구를 재판상으로 행사할 수 있는 소구력은 개념적으로 구별할 수 있고, 또 구별되어야 한다.

이와 관련하여 종래 다수설은 채권자가 소구할 수 없는 채무를 「자연채무」라고 명명하고, 어떠한 채무가 자연채무에 해당하는지를 논하고 있었다. 대표적으로 당사자들이 약정으로 소구력을 배제한 경우, 채권자가 승소의 종국판결을 받은 후에 소를 취하한 경우(민소 제267조 제 2 항 참조), 채권은 존재하고 있으나 채권자의 패소판결이 확정된 채무 등이 그에 해당한다고 언급된다. 이들 예에서 알 수 있듯이, 실제로 청구력이 있음에도 법적으로 소구할 수 없는 채무가 존재함은 의문의 여지가 없고, 그러한 채무를 자연채무라고 부르는 것 자체에 반대할 이유는 없을지도 모른다. 그러나 종래 학설에서 자연채무라고 인정된 사례들을 살펴보면 소구력이 없다는 것 외에 그들 사이에 공통된 법리를 발견할 수 없다. 그 결과 이들을 자연채무라고 부르는 것으로부터 이론적·실무적으로 의미 있는 인식이나 결과를 획득할 수 없다. 따라서 자연채무는 그저 상이한 이유로 소구할 수 없는 채무를 총괄해서 부르는 (법제사적 연원에서 기인하는) 하나의 이름일 뿐이고, 그에 상응하여 자연채무 일반에 적용될 수 있는 법리나 이론이 있는 것은 아니다.

(2) 채권자가 채무자에 대해 채무의 이행을 청구할 수 있고, 또한 이를 재판상으로 청구하여 국가의 공적인 확인을 받는다고 하더라도, 채무자는 여전히

채무의 이행을 거절할 가능성이 있다. 따라서 채무자가 채권자의 (재판외 내지 재판상) 청구에도 불구하고 스스로 채무를 이행하지 않는 경우에는, 채권 내용의 실현을 위하여 별도로 이행을 강제하는 법적 수단을 강구해야 한다. 현대법은 권리의 실현을 스스로의 힘으로 달성하는 자력구제를 원칙적으로 금지하는 대신(제209조, 형 제23조 참조) 국가가 그러한 권리실현을 위한 폭력을 독점한다는 기초에 서 있기 때문이다.

우리 법은 채무불이행에 대한 제재수단으로서, 채권자에게 채무자에 대하여 단순히 손해배상 기타 채무불이행책임을 묻는 것뿐만 아니라(제390조), 그 채무의 강제적인 이행을 도모할 수 있도록 하는 태도를 취한다(제389조 제 1 항 본문). 우리 법에서 채권은 이와 같은 「집행력(執行力)」(Vollstreckbarkeit)을 가지는 것이 통상이다. 그리고 이러한 채권의 집행력은 채권자 자신의 자력집행에 의하여서는 안 되며, 강제집행절차를 통하여 국가의 힘으로 실현된다고 예정되어 있다.

그러나 이와 같은 채권의 강제적 실현에는 한계가 있다. 우선 일정한 채권에 대하여는 성질상 그 강제수단에 의한 실현이 허용되지 않는다(제389조 제 1 항 단서). 예를 들어 이행이 불가능한 채권에 대해 강제이행을 명하는 것은 무의미하다. 또한 강제이행에 의하여 채권내용이 실현될 수 있다고는 하여도, 그것이 이미 채권자에게 원래의 의미를 상실하거나 인간의 존엄에 반하여 허용되지 않을 수도 있다. 예컨대 자녀가 사망해 상심하고 있는 음악가에게 콘서트 출연을 강제하는 것이나 함께 살기를 거절하고 있는 배우자에게 동거의무(제826조 제 1 항; 가소 제 2 조 제 1 항 마류 제 1 호)의 이행을 강제하는 것이 그에 해당할 것이다.

한편 관점을 달리하여, 이미 그러한 불이행으로 말미암아 발생한 손해는 강제이행만으로는 전보되지 않는다. 이러한 경우에 채권자는 — 채무의 강제이행과 아울러 또는 그것에 갈음하여 — 채무불이행책임을 물어서, 손해배상에 의하여 채권이 만족을 얻은 것과 같은 경제적인 효과를 달성하는 수밖에 없다(제389조 제 4 항 참조). 그런데 우리나라에서 손해배상은 금전으로 하도록 규정되어 있다(금전배상의 원칙, 제394조). 그리고 손해배상채권을 포함한 금전채권은 결국 채무자가 가지는 재산을 강제집행에 붙여 그것을 금전으로 바꾸어 이로부터 만족을 얻을 수밖에 없다(민집 제 2 편 제 2 장 참조). 그러므로 모든 채권은 궁극적으로 채무자의 재산 유무에 그 실질적인 만족 여부가 달려 있다. 다시 말하면 채무자의 재산은 그에 대한 채권 전부의 일반적인 담보가 된다.

Ⅲ. 채무와 책임

1. 책임의 의의

(1) 이러한 채권의 집행력과 관련해서, 채권에는 채무자의 재산을 이상과 같은 형태의 채권의 만족에 돌릴 수 있는 법적인 힘이 있다고 설명되고 있다. 이와 같은 채권의 효력을 「공취력(攻取力)」(Zugriffsmacht)이라고 부른다. 그리고 채무자의 재산이 이러한 공취력에 복종하는 상태를 채무 그 자체와 구별하여 「책임(責任)」이라고 부르기도 한다.[1)] 이러한 공취력은 채권의 집행력을 채무자의 재산과 관련해서 파악한 것이라고 말할 수 있을 것이다. 오늘날 채무자의 재산으로써 채권의 만족을 얻는 것은 법에서 정하여진 강제집행절차에 의하여 행하여지므로, 결국 여기서 책임이란 채무자의 재산에 대한 관계에서의 채권의 집행가능성이라고 말할 수도 있다.

이러한 의미의 책임은 채무에 일반적으로 수반되는 것이기는 하지만, 이를 채무의 본질적인 속성이라고는 할 수 없다. 뒤에서 보는 바와 같이 책임이 없거나 제한되어 있는 채무도 있을 수 있기 때문이다. 다시 말하면 집행이 불가능한 채권이라고 해서 채권이 아니라고는 할 수 없다.

(2) 일반적으로 채권의 만족은 채무자의 모든 재산을 공취함으로써 얻어질 수 있다. 그러나 일정한 채권을 위하여서는 특별히 정한 재산을 그 만족의 확보에 돌리는 경우도 있다. 담보물권을 설정한 경우가 그 대표적인 예이다. 예를 들어 갑이 채권자 을을 위해 자기 재산 중 특정 토지에 저당권을 설정한 경우를 생각해 보자. 이러한 경우에는 그 재산(저당권이 설정된 토지)은 우선 그 특정채권(피담보채권)의 만족에 충당되고, 남은 것이 있을 때 비로소 다른 채권

---

1) 여기서 「책임」이라는 말은 독일어의 Haftung을 번역한 말이다. 그러나 책임이라는 말은 매우 다양한 의미로 사용됨을 주의하여야 한다. 가령 채무불이행 '책임'이라고 하는 경우나 손해배상 '책임'이라고 하는 경우 또는 "책임 있는 사유"(제546조 등 참조)라고 하는 경우에 「책임」은 각각 다른 의미로 쓰이고 있으며, 또 그것들은 여기서 말하는 「책임」과는 다른 의미를 가진다.

의 만족에 돌려진다. 이와 같은 경우에 그 재산은 특별책임을 부담한다고 일컬어진다. 그렇지 아니하고 어떠한 채권자라도 자기 채권의 만족에 돌릴 수 있는 채무자의 책임재산을 일반재산(gage général)이라고 하고, 그와 같이 채무자의 일반재산이 채권자의 공취력에 복종하는 상태를 일반책임 또는 인적 책임(persönliche Haftung)이라고 한다. 채권의 만족을 확보하는 수단을 담보라고 부른다면, 채무자의 일반재산은 그에 대한 모든 채권의 담보가 된다.

2. 채무와 책임의 분리

채무는 통상 일반책임을 수반한다. 그러나 언제나 그러한 것은 아니고, 「책임 없는 채무」, 「책임이 제한되는 채무」 또는 「채무 없는 책임」도 있을 수 있다.

(1) 「책임 없는 채무」

흔히 있는 일은 아니지만, 당사자들은 합의에 의하여 애초부터 집행력이 없는 채권을 발생시킬 수도 있고, 또는 이미 존재하고 있는 통상의 채권에 대하여 강제집행을 하지 않겠다는 특약을 함으로써 집행력이 없는 채권으로 만들 수도 있다. 이러한 부집행(不執行)의 합의에 의하여 채무는 「책임 없는 채무」가 된다. 부집행의 합의라고 인정되는 경우에도 그 채무의 이행을 청구하는 것은 가능하고, 법원은 채권자에게 승소의 이행판결을 하여야 한다. 그러나 채권자가 이것에 기하여 강제집행에 착수하는 경우에는, 채무자는 청구이의의 소를 제기하여(민집 제44조 유추) 경매절차의 진행을 막을 수 있다(대판 1996. 7. 26, 95다19072).

(2) 「책임이 제한되는 채무」

채무자는 그 채무의 전액에 관하여 그의 모든 재산에 대하여 책임을 지는 것이 원칙이다. 그런데 예외적으로 책임이 채무자의 일정한 재산에 한정하여 또는 일정한 금액의 한도에서만 제한되는 경우도 있다. 이러한 예외 중에서 전자를 「물적 유한책임」이라고 하고, 후자를 「금액유한책임」이라고 한다.

(가) 물적 유한책임

채무자의 특정한 재산에만 책임이 한정되는 경우를 말한다. 따라서 채권자는 그 특정재산에 대하여만 강제집행을 할 수 있고, 그 외의 재산에 대한 강제집행에 대하여는 채무자가 이의를 신청할 수 있다. 이에 속하는 예를 들면, 상속의 한정승인(제1028조; 이 경우 상속인은 "상속으로 인하여 취득한 재산의 한도에서" 채무를 변제할 책임이 있다), 신탁수익자에 대한 수탁자의 신탁행위로 인한 채무(신탁 제38조; 그 밖에 유한책임신탁에 대해 신탁 제114조 이하 참조) 등이 있다. 그러므로 예컨대 한정승인을 한 상속인을 상대로 하는 상속채권자의 청구에 대해서는 상속채무 전부에 대한 이행판결을 선고해야 하지만, 그 주문에 상속재산의 한도에서만 집행할 수 있다는 취지를 명시하여야 한다(대판 2003. 11. 14, 2003다30968). 상속채권자가 한정상속인의 고유재산에 집행하는 경우 한정상속인은 항변 제기의 시점에 따라 제 3 자이의의 소(민집 제48조) 내지 청구이의의 소(민집 제44조)로 방어할 수 있다(대결 2005. 12. 19, 2005그128; 대판 2006. 10. 13, 2006다23138).

(나) 금액유한책임

채무자가 그 채무액 중의 일부에 대하여만, 그러나 그의 재산 전부로써 책임을 지는 경우를 말한다. 이것과 채무자의 채무 자체가 제한되는 경우와는 엄격하게 구분되어야 한다.

통설은 일반적으로 합자회사의 유한책임사원, 주식회사의 주주, 유한회사의 사원 등의 각 책임(상 제279조, 제331조, 제553조), 선박소유자의 일정한 채무(상 제769조, 제770조)를 금액유한책임의 예로 들고 있다. 그러나 여기서 특히 주주나 유한회사사원은 단지 회사에 대하여 그 인수한 출자에 대한 출자의무만을 부담하고(이 출자의무에 대하여는 책임이 제한되지 않음은 물론이다), 회사의 채권자에 대하여 아무런 채무를 부담하지 않으므로, 주주나 유한회사사원이 유한책임을 진다는 일은 애초 있을 수 없다. 법률관계는 주주·사원과 회사, 회사와 회사의 채권자로 분리되어 있고 각각의 경우 모두 완전한 책임이 인정되는 채무가 존재할 뿐이다. 또한 합자회사의 유한책임사원은 규정의 문언상 회사의 채권자에 대하여 채무를 부담하는 것은 사실이지만, 이 경우에도 이를 굳이 금액유한책임이라고 이해할 이유는 없다. 이 규정(상 제279조)이 아직 출자의무를 이행하지 아니한 합자회사의 유한책임사원이 불이행으로 인하여 이익을 받는 것을 막기 위해 채권자의 직접청구를 인정하는 것이라고 파악한다면, 오히려 유한책임사원이 동조에 따라 부담하는 채무액 자체가 "그 출자가액에서 이미 이행한 부분을 공제한 가액"으로 제한된다고 해석하는 것이 타당할 것이다.[2] 이는 선박소유자의 채무에 대하여도 마찬가지이다.

우리 법제에서 금액유한책임이 정해진 경우는 많지 않다(관련해 제1088조 제 1 항; 상속세와 관련해 상속 제 3 조의2 제 3 항 및 대판 2001. 11. 13, 2000두3221 참조). 그밖에 금액유한책임은 당사자들이 이러한 내용의 특약을 한 경우에 인정될 수 있을 것이다.

(3) 「채무 없는 책임」

우리 법은 채무가 전혀 존재하지 않는데, 책임만을 지는 경우를 인정하지 않는다. 또한 책임을 채무의 집행가능성이라고 파악하는 관점에서는 그러한 경우를 인정할 수도 없을 것이다. 그러므로 여기서 「채무 없는 책임」이라고 하는 것은, 채무자와 책임의 주체가 서로 일치하지 않는 경우만을 말한다. 타인을 위하여 자기 부동산 위에 저당권을 설정한 물상보증인 또는 저당권이 설정되어 있는 부동산의 소유권을 설정자로부터 취득한 저당부동산의 제 3 취득자 등이 이에 해당한다. 그러한 의미에서의 「채무 없는 책임」은 언제나 특정한 재산만이 채권의 공취력에 복종하는 특별책임에 있어서만 인정되고, 채무자 아닌 자가 타인의 채무에 대해 일반책임을 지는 경우는 존재하지 않는다. 가령 보증인이라고 하여도 그는 주채무에 대하여 일반책임을 부담하는 것이 아니라, 보증채무라는 채무 자체를 부담하고 있는 것이다.

3. 기능적으로 유한책임적 결과를 발생시키는 민법의 제도

(1) 기능적 유한책임의 의의

경제활동에 참가하는 주체는 그에 수반하는 법적인 거래로부터 권리를 취득함과 동시에 의무를 부담하며, 그 의무의 이행에 관하여 「책임」 즉 인적 무한책임(일반책임)을 부담한다. 예를 들어 사업을 위해 금전을 차용하는 사람은 소비대차계약상의 채무를 부담하는 동시에, 그의 재산은 금전대주의 만족을 위

---

2) 두 견해의 차이는 유한책임사원이 알지 못한 채로 자신이 책임을 부담하는 부분을 넘어 변제를 한 경우에 발생한다. 채무액 자체가 제한된다고 이해하는 견해에 의하면 유한책임사원은 초과한 부분에 대해 부당이득반환을 청구할 수 있을 것이지만(제741조, 제742조), 금액유한책임을 인정하는 견해에 의하면 어쨌든 적법한 변제가 되어 그 반환을 청구할 수 없을 것이다. 그런데 알지 못한 채로 자신의 출자가액을 초과하여 변제한 유한책임사원에게 그러한 부담을 지울 합리적인 이유는 발견되지 않는다. 그러한 의미에서도 상법 제279조의 책임이 금액유한책임이라고 말할 수는 없다고 생각된다.

해 공취될 수 있는 책임재산으로 파악된다. 여기서 만일 차주가 차용금전을 상환하지 못한다면, 채권자인 대주는 그의 책임재산에 대해 강제집행을 시도하여 채권을 만족 받는다. 이렇게 채무자의 인적 무한책임을 수반하는 채무부담은 채무자의 비자발적인 재산상실을 가져올 수 있는데, 이는 심중한 경우에는 도산(倒産)에 이를 수도 있고 그 결과 그의 생활기초를 파괴할 수도 있다. 이러한 책임위험은 경제활동을 위축시킬 가능성이 적지 않다. 그러므로 시장경제는 경제활동의 참가자로 하여금 자신의 모든 재산으로 책임을 부담하는 위험을 회피하고, 자신의 재산의 일정부분만을 「투자」하여 그것만으로 책임을 부담하게 하는 법적 수단을 요구하게 된다. 이는 인적 무한책임의 원칙을 우회하여 그 경제적 효과에 있어 유한책임적으로 기능할 수 있는 제도 즉 기능적으로 유한책임을 달성할 수 있는 법제도를 의미한다.

(2) 조합에서 조합재산의 독립화

그러한 기능적 유한책임의 결과를 가져오지는 못하지만 그에 근접하는 초보적인 형태로 조합을 들 수 있을 것이다. 조합은 2인 이상이 상호출자하여 공동사업을 경영할 것을 약정하는 계약인데(제703조 제 1 항), 이로써 성립한 조합을 구성하는 조합원의 출자 기타 조합재산은 조합원의 합유로 한다(제704조). 따라서 조합재산은 조합원들에게 합유적으로 귀속되며, 이는 여러 상황에서 조합재산의 독립화를 가져온다. 아래에서는 조합의 재산관계를 간단하게 살펴본다.

(가) 조합원의 출자 기타 조합재산은 조합원의 합유로 한다(제704조). 즉 조합에 출자된 재산 및 공동사업의 경영으로부터 취득한 재산(적극재산과 소극재산을 포함한다)은 조합원에게 합유적으로 귀속한다. 조합이 소유하는 물건은 조합원 전원의 합유물이므로, 부동산은 소유권이전등기에 조합원 전원이 합유자로서 등기되어야 하고, 동산은 소유권 이전을 받을 때 조합원 전원이 공동점유(대판 1982. 4. 27, 81도2956)를 취득해야 한다. 이에는 물권법의 합유에 관한 규정이 적용된다.[3)]

---

3) 다만 판례에 의하면 제272조 본문은 조합관계에 적용되지 않아 조합재산의 처분·변경은 특별사무로서 조합원 또는 업무집행자 과반수로 결정하게 된다(제706조 제 2 항; 대판 1998. 3. 13, 95다30345). 한편 합유물에 관한 보존행위는 각 조합원이나 업무집행자가 통상사무로 전행할 수 있다(제272조 단서, 제706조 제 3 항). 판례는 보존행위를 넓게 인

우선 조합원은 전원의 동의 없이 조합재산에 해당하는 물건의 지분을 처분할 수 없다(제273조 제 1 항). 즉 조합원의 합유자로서 지분은 처분할 수 있는 지분이 아니며, 조합의 인적 집단으로서의 구속을 받는다. 그래서 조합원의 지분에 대한 압류는 그 조합원의 장래의 이익배당 및 지분의 반환을 받을 권리에 대하여 효력이 있으나(제714조), 조합재산을 구성하는 개개 재산에 대한 합유지분은 집행의 대상이 되지 않는다(대결 2007. 11. 30, 2005마1130). 그런데 지분의 처분에 대해 전원의 동의가 있더라도 조합의 집단성에 비추어 조합원의 자격과 분리하여 지분권만을 처분할 수는 없으므로, 조합원이 지분을 양도하면 조합원의 지위를 상실하며 조합원 지위의 변동은 조합지분의 양도양수에 관한 약정으로써 바로 효력이 생긴다(대판 2009. 3. 12, 2006다28454). 물론 조합계약이 지분을 자유로이 제 3 자에게 양도할 수 있다고 하거나 별도의 조건을 정하는 약정을 포함하고 있다면 그에 따라야 할 것이다. 다만 그 경우에도 지분의 일부양도는 조합원 수를 증가시켜 조합의 의사결정구조를 변경하므로 전원의 동의가 있어야 한다고 한다(대판 2009. 4. 23, 2008다4247).

더 나아가 조합원은 조합재산에 해당하는 물건의 분할을 청구할 수 없다(동조 제 2 항). 그러나 전원의 합의가 있으면 분할할 수 있다고 한다(통설).

(나) 조합재산은 조합원 전원의 합유이므로, 조합이 출자 내지 공동사업과 관련해 취득한 채권은 조합원 전원의 준합유가 된다(제278조). 그러므로 조합에 귀속하는 채권은 조합원 전원의 이름으로 청구되어야 하며, 그에 대한 변제도 조합원 전원에 대해 행해져야 한다. 같은 이유에서 조합의 채무자는 그 채무와 조합원에 대한 채권으로 상계할 수 없다(제715조; 대판 1998. 3. 13, 97다6919). 또한 조합원 중 1인에 대한 채권으로써 그 조합원 개인을 집행채무자로 하여 조합의 채권에 대하여 강제집행을 할 수 없으며, 압류가 있는 경우 다른 조합원이 보존행위로서 제 3 자이의의 소(민집 제48조)를 제기하여 집행을 배제할 수 있다(대판 1997. 8. 26, 97다4401; 2001. 2. 23, 2000다68924). 마찬가지로 일부 조합원이 출자자금 마련을 위해 그 조합재산을 담보로 제공하였다가 경매로 인하여 소유권을 상실하게 되었다 하더라도 이로 인하여 손해를 입은 것은 조합재산을 상실한 조합체(즉 조합원 전원)이어서, 피해자 조합원이 그 부동산에 대한

정하는 것으로 보이는데, 예를 들어 공동수급체가 경쟁입찰과 관련하여 갖는 법적 지위와 관련된 소송행위도 보존행위일 수 있다고 한다(대판 2013. 11. 28, 2011다80449).

합유지분을 상실하였다고 하여도 이는 개인으로서 입은 손해가 아니라 조합원의 지위에서 입은 손해에 지나지 아니하므로, 결국 피해자 조합원으로서는 조합관계를 벗어난 개인의 지위에서 손해배상을 구할 수는 없다고 한다(대판 1996. 9. 20, 94다52881; 1997. 11. 28, 95다35302). 이는 업무집행조합원이 배임행위로 조합원이 출자한 동업자금을 모두 허비해 버린 경우에도 같다(대판 1999. 6. 8, 98다60484). 요컨대 손해배상청구권은 조합원 전원이 조합체로서 입은 손해를 내용으로 하며, 조합원 전원의 준합유인 것이다.

이러한 합유적 귀속과 구별되어야 할 문제는 누가 구체적으로 채권을 행사할 수 있는지이다. 이는 기본적으로 조합의 법률관계에 따라 규율되어야 할 것이다. 즉 당해 채권행사에 권한 있는 조합원이나 업무집행조합원이 이를 조합원 전원의 이름으로 행사해야 하며, 권한을 가진 조합원이나 업무집행조합원이 없는 때에는 조합원 전원이 공동으로 행사해야 한다(대판(전) 2012. 5. 17, 2009다105406; 2013. 2. 28, 2012다107532 등 참조).

(다) 조합이 공동사업에 따른 활동의 결과로 부담하는 채무(조합채무) 역시 조합원 전원에게 합유적으로 귀속한다. 조합채무는 조합원 전원의 채무이기는 하지만 조합원의 개인채무와는 구별된다. 조합채무는 조합원 전원이 공동으로 이행할 의무가 있는 채무로서, 그에 대해서는 조합원이 조합재산과 개인재산으로 책임을 부담한다(대판 1991. 11. 22, 91다30705).

그러므로 조합의 채권자는 한편으로 ① 각 조합원에 대하여 그 이행을 청구할 수 있다. 이 경우 조합채권자는 각 조합원에 대해 손실분담비율에 따라 분할채무로서(대판 1985. 11. 12, 85다카1499, 집 33-3, 161) 이행을 청구하고 각 조합원의 고유재산에 집행할 수 있다. 그러나 조합채권자는 채권발생당시에 조합원의 손실분담의 비율을 알지 못한 때에는 각 조합원에게 균분하여 그 권리를 행사할 수 있으며(제712조; 이 경우 손실부담비율이 다르다는 입증책임은 조합원에게 있다, 대판 1975. 5. 27, 75다169), 조합원 중에서 변제할 자력이 없는 자가 있는 때에는 그 변제할 수 없는 부분은 다른 조합원이 균분하여 변제할 책임이 있다(제713조). 물론 조합채무가 조합원 전원에 대한 상행위로 발생한 것이라면, 조합원들은 연대채무를 부담하게 될 것이다(상법 제57조 제 1 항; 대판 1992. 11. 27, 92다30405; 1995. 8. 11, 94다18638). 그러나 다른 한편으로 ② 조합의 채권자는 조합원 전원을 상대방으로 하여 이행을 청구할 수 있으며(필수적 공동소송),

그러한 경우 조합재산을 책임재산으로 하여 만족을 받을 수 있다. 조합재산은 지분의 처분이 불가능하므로, 조합원 전원을 상대로 하여 권리를 행사할 때에만 조합재산에 공취를 할 수 있는 것이다(제714조 참조). 이때 조합원 전원에 대한 집행권원이 필요하며, 가압류 명령 역시 조합원 전원을 상대로 해야 한다(대판 2015. 10. 29, 2012다21560). 이렇게 조합원 전원에 대한 채권 행사에 대해 조합원 중 1인이 조합채무를 면책시킨 경우 그 조합원은 다른 조합원에 대하여 민법 제425조 제 1 항에 따라 구상권을 행사할 수 있으며, "이러한 구상권은 조합의 해산이나 청산 시에 손실을 부담하는 것과 별개의 문제이므로 반드시 잔여재산분배 절차에서 행사해야 하는 것은 아니라고 한다(대판 2022. 5. 26, 2022다211416). 이렇게 살펴본다면, 조합원들은 인적 무한책임을 부담하고는 있으나, 조합재산은 조합채무의 변제에 우선적으로 충당된다는 의미에서 조합원 각자에 대해서는 일종의 특별재산으로 기능한다(본질상 조합인 합명회사에 대하여 상 제212조 참조).[4)]

물론 조합채무 중 조합이 조합원에 부담하는 채무(예를 들어 이익분배채무)는 조합이 조합재산으로만 책임을 진다고 해야 한다. 그렇지 않으면 조합원들은 현실적으로 추가적인 출자를 강요받는 결과가 발생하기 때문이다.

(라) 조합재산은 일정부분 특별재산으로 취급되는 효과를 받게 되지만, 단체가 아닌 인적 집단으로서 조합원들에게 합유적으로 귀속할 뿐이다. 그러므로 조합재산과 관련해 법률행위는 조합원 전원이 그 당사자가 되고 전원에게 그 효과가 귀속된다. 그러므로 조합이 거래에 참여하는 경우 조합원 전원의 이름으로 법률행위를 해야 한다. 이는 통상 조합으로부터 대리권을 부여받은 사람이 조합원 전원을 위해 현명하여 법률행위를 함으로써 이루어진다(제114조). 물론 조합원 전원의 이름을 일일이 거명할 필요는 없고, 대부분 조합의 이름을 드는 것으로 충분할 것이다. 또한 조합대리에 있어서도 그 법률행위가 조합에게 상행위가 되는 경우에는 조합을 위한 것임을 표시하지 않았다고 하더라도 그 법률행위의 효력은 본인인 조합원 전원에게 미친다(상 제48조; 대판 2009. 1.

4) 이상의 내용은 조합원 전원의 이름으로 거래에 참여하는 외적조합에 대해 인정되는 것이고, 업무를 집행하는 조합원이 자신의 이름으로 행위하고 자신의 재산으로 책임을 지는 이른바 내적조합의 경우에는 인정될 수 없다. 판례도 그러한 내적조합의 경우 제711조 내지 제713조는 적용되지 않는다고 한다(대판 1988. 10. 25, 86다카175; 1997. 9. 26, 96다14838, 14845).

30, 2008다79340).

통설에 의하면 조합계약의 취지상 각 조합원이 조합대리에 관한 대리권을 가지고 있다고 이해한다(다만 민소 제89조의 취지에 비추어 소송대리는 허용되지 않는다). 민법도 업무를 집행하는 조합원은 그 업무집행의 대리권이 있는 것으로 추정한다(제709조). 그러나 조합계약의 해석상 조합대리의 대리권을 가진 조합원의 범위가 제한될 수 있음은 물론이다. 더 나아가 업무집행자가 선임된 경우에는 원칙적으로 이들만이 대리권을 가진다고 이해된다.

(마) 조합은 권리능력이 없으므로 민사소송에서 당사자능력이 없다. 그러므로 조합원 전원이 소송상 당사자가 되어야 한다(필수적 공동소송; 민소 제67조 이하). 다만 조합원 중에 선정당사자(민소 제53조)를 선임해 당사자로 할 수 있을 것이다. 그 밖에 판례는 업무집행조합원에게 임의적 소송담당을 허용하여 조합소송의 단순화를 도모한다(대판 1984. 2. 14, 83다카1815). 한편 일부 문헌에서는 업무집행조합원을 법률상 대리인으로 보아 소송대리권이 있다고 하는 견해도 있으나(민소 제87조 참조), 업무집행자의 대리권은 조합이 수여하는 임의대리권이므로(제709조 참조) 업무집행조합원에게 법률상 소송대리권이 있다는 것은 무리한 해석이라고 보인다.

(3) 법인 설립에 따른 기능적 유한책임

그러나 더 나아가 특별재산 그 자체 또는 인적·물적 결합체에 권리능력 즉 법인격을 부여하여 그것을 마치 사람과 같이 독립한 권리주체로 등장하게 함으로써, 실질에 있어 기능적 유한책임을 달성하는 방법이 가능하다. 이러한 결과를 인정하는 것이 법인 제도이며, 이를 전면적으로 확충한 것이 상법의 회사 제도이다. 법인에 대해서는 다음 장에서 살펴본다.

제2장 법인의 성립과 능력

Ⅰ. 서　　론

1. 법인의 의의

사람은 태어나면서부터 가족의 일원이 되며 자라서도 사회 속에서 다른 사람과 관계를 맺고 살아간다. 그 관계는 지극히 다양한 모습을 가지나, 그 중 현저한 것의 하나는, 복수의 사람이 그들의 공통된 목적을 추구하기 위하여 인위적으로 단체를 구성한다는 점이다. 이와 같은 단체의 문제를 법적으로 처리함에 있어, 단체를 둘러싼 제반 관계를 언제나 구성원 각자의 개별적 법률관계로 환원하고 단체를 이들 관계의 집합이라고 파악하는 것도 가능할 것이다. 그러나 우리 법은 이러한 태도를 취하지 아니하고, 기본적으로 단체 그 자체에 법적 생명을 부여할 수 있는 가능성을 인정한다. 나아가 그것이 독자의 개체로서 법률관계의 당사자이자 권리의무의 주체가 될 수 있는 자격, 즉 법인격(法人格)을 공식적으로 승인하는 길을 열고 있다. 이것이 바로 법인제도이다. 법인이란 자연인 외에 권리능력이 있는 것, 즉 권리와 의무의 주체가 될 자격을 가지는 것을 말한다.

2. 법인의 기능

이와 같이 개개의 실재하는 사람이 아닌 관념상의 존재가 권리의무의 주체가 될 수 있도록 할 법률상의 필요는 어디에 있는가?

(1) 첫째, 법률관계의 처리를 편리하게 하자는 것이다. 예를 들어 어떤 대학의 동창회가 있다고 하자. 그 모임은 회원들로부터 회비를 모아 장학사업 등을 하며, 또 가령 건물을 소유하려는 경우도 있다. 만일 그 모임이 권리의무의 주체가 될 수 없다고 하면, 그러한 금전이나 건물에 대한 권리는 회원 전원이 가지는 것으로 하지 않을 수 없다(조합과 관련해 제 1 편 제 1 장 Ⅲ. 3. (2) 참조). 그러나 이 경우에는 여러 가지 불편이 있다. 가령 동창회에는 매년 졸업생이 새로이 입회하므로 그 권리관계는 그때마다 변경되어야 한다. 이것을 그 동창회 자체가 가지는 것으로 하면 편리하지 않을까? 말하자면 법인이 되면 그 이름으로 권리의무를 가지고, 그 이름으로 계약을 체결하며, 그 이름으로 소송을 제기할 수 있게 된다.

(2) 둘째, 중요한 것은 책임재산의 문제이다. 동창회원 중 하나가 개인적으로 채무를 지고 있다고 하자. 그가 회원으로서 위 건물에 대하여 가지는 관념적인 권리(이를 「지분(持分)」이라고 한다)를 채권자가 자기 채권의 만족을 위하여 압류할 수 있을까? 만일 동창회의 재산이 그 회원들의 재산이라고 한다면 그렇게도 할 수 있는 것처럼 보인다. 그러나 그 모임에 재산이 많은 것으로 믿고 동창회 자체에 대하여 금전을 대여한 자가 있다고 하면 회원 개인에 대한 채권자와 동창회에 대한 채권자와의 사이에 이익충돌이 있게 된다. 그 경우 그 모임에 대한 채권자를 중시하여 단체의 재산을 일차적으로 그의 만족을 위하여 유보하려는 것이 바로 법인 제도이다. 즉, 법인의 재산이 되면 그 구성원에 대한 채권자는 이를 압류할 수 없고, 법인에 대한 채권자만이 압류할 수 있는 것이다.

또한 법인에 대한 채권자로서도 구성원의 개인재산을 공취할 수 없다. 즉 구성원은 법인의 채무에 대하여 법인에 대한 출연의 한도에서만 책임(이른바 기능적인 유한책임)을 지는 것이다(제 1 편 제 1 장 Ⅲ. 참조). 한마디로 하면, 개인의 재산과는 독립하여 단체에게만 귀속하고 단체의 채권자만이 배타적으로 공취할 수 있는 재산을 법적으로 만들어 내고 또 단체의 채무로 인하여 구성원이 개인적으로 책임을 지지 않도록 하는 것이 법인 제도의 기능의 하나이다.

(3) 나아가 일정한 목적에 사용되도록 하기 위하여 출연된 재산의 집합체(예를 들어 장학사업을 위해 출연된 기금)에 관하여도 사람의 결합체와 마찬가지의 문제가 발생한다. 즉 재산 출연자의 개인재산과 출연재산 사이, 또는 재산

관리인의 개인재산과 출연재산과의 사이에서 앞서 살펴본 이익충돌의 문제가 발생할 수 있는 것이다. 이에 대해 우리나라는 민법에서 재단법인 제도를, 신탁법에서 신탁 제도를 인정하여(특히 공익신탁에 관하여 공익신탁법 참조) 이러한 문제에 대응한다.

3. 법인의 종류

(1) 영리법인 · 비영리법인

사법상 법인은 그 목적이 영리(營利)의 추구에 있는지 여부에 따라 영리법인과 비영리법인으로 나눌 수 있다. 민법도 이 구별을 채택하고 있다(제32조, 제39조).

영리법인이란 영리를 목적으로 하는 법인을 말한다. 여기서 영리란 법인이 영위하는 사업의 영리성을 가리키는 것이 아니라, 구성원의 경제적 복리를 추구하여 그 수익이 종국적으로 구성원에게 분배됨을 가리킨다. 그러므로 개념규정상 재단법인은 영리법인이 될 수 없다. 영리법인은 상사회사의 설립요건에 따라 설립되고, 일단 성립된 후에도 상사회사에 관한 규정(상 제 3 편)의 적용을 받는다(제39조, 상 제169조 참조). 그러므로 민법에 의하여 규율되는 것은 "학술, 종교, 자선, 기예, 사교 기타 영리 아닌 사업을 목적으로 하는" 법인, 즉 비영리법인이다(제32조). 여기서 「영리 아닌 사업」에는, 공익, 즉 사회 일반의 이익에 봉사하는 사업뿐만 아니라,[1] 공익을 위한 것이 아니라도 영리를 목적으로 하지 아니하는 비영리 · 비공익의 사업(예를 들면 구성원의 친목 도모 · 사교)도 포함된다. 물론 이러한 비영리법인이라도 본래의 목적을 달성하는 데 필요한 경우에는 부수적으로 영리활동을 할 수 있다(예컨대 동창회가 동창회관 공간을 임대하는 경우).

(2) 사단법인 · 재단법인

(가) 사단법인이란 일정한 목적을 위하여 결합한 사람의 단체, 즉 사단을 법인으로 한 것을 말하고, 재단법인이란 일정한 목적에 바쳐진 재산과 그 관리체, 즉 재단을 법인으로 한 것을 말한다. 전자는 구성원인 사원들의 의사 참여로 능동적 · 전진적으로 목적달성을 위한 활동을 전개하여 갈 수 있는 것에 반하여, 후자는 재산을 출연한 설립자의 의사에 의하여 규정된다. 물론 재단법인

1) 비영리법인 중에서도 공익적 사업을 목적으로 하는 법인에 대해서는 특별법으로 「공익법인의 설립 · 운영에 관한 법률」이 있다.

에서도 목적재산의 운용·관리를 위하여 이사 등 일정한 기관이 필요하나, 이들은 설립자의 기왕의 의사를 실행하기 위하여 행동하는 것이다.

(나) 사단의 구성원을 「사원」이라고 한다. 사원의 지위는 사단과의 사이에 체결하는 계약에 의하여 사단에 가입함으로써 취득된다(대판 1998. 8. 21, 98다21045). 그 외에 사원 자격의 득실에 관한 규정은 정관의 필요적 기재사항이다(제40조 제 6 호). 그래서 사원 자격의 상실에 관한 규정도 정관의 필요적 기재사항이다. 일반적으로 사원의 지위를 소멸시키는 사유로서는 사원의 사망, 탈퇴 및 제명의 셋이 있다.

사원이 사단에 대하여 어떠한 법적 지위에 놓이는가와 관련하여 학설상으로는 「사원권」이라는 개념이 쓰인다. 사원권은 개별적 권리와 의무를 포괄하는 하나의 법률관계이면서, 동시에 타인의 불법행위에 대하여 보호를 받으며 예외적으로는(영리법인에서는 원칙적으로) 처분할 수도 있는 권리이다. 민법은 「사원의 지위」라는 말을 사용하고 있는데(제56조), 이는 양자의 의미를 모두 포용하는 용어라고 하겠다.

사원권의 내용은 원칙적으로 사단의 내부규칙인 정관에 의하여 정하여지며, 또 정관에 규정이 없어도 법에 의하여 인정되는 권리도 있다. 한편 가령 사원총회에서의 결의권과 같이 사단으로서의 성질상 사원인 자격에서 당연히 가지게 되는 권리가 있으며, 이는 정관에 의하여서도 박탈할 수 없다. 사원권의 내용으로 주로 문제되는 것은, 임시총회소집요구권(제70조 제 2 항), 사원총회에의 참가·결의권, 회계장부열람 등의 업무감독권, 잔여재산분배청구권, 시설이용권, 출자의무 등이다. 이들 개별적 사원권은 그 내용에 따라 공익권(共益權)과 자익권(自益權)의 둘로 나누는 것이 보통이다. 전자는 사단의 관리·운영에 참가하는 것을 내용으로 하며, 후자는 사원 자신을 위한 이익향수를 내용으로 한다. 민법이 규정하는 비영리법인에서는 전자가 중심적인 지위를 차지하게 된다.

민법은 사원의 지위는 양도 또는 상속할 수 없는 것으로 정한다(제56조). 그렇다면 담보 설정도 허용되지 않는다고 할 것이다. 여기서 허용되지 않는 것은 「사원의 지위」 그 자체 또는 그와 동일한 의미를 가지는 개별적 권리·의무의 양도 또는 상속이고, 잔여재산분배청구권이나 출자의무 등과 같이 주로 재산적 의미가 있는 개별적 사원권이 구체적으로 발생한 때에는 이는 양도·상속될 수 있다. 나아가 양도 등의 금지에 대하여는 정관으로 달리 정할 수도 있다고 할 것이다(대판 1992. 4. 14, 91다26850). 한편 사원권의 중요한 내용을 이루는 총회에서의 결의권에 대하여 그 행사를 타인에게 위탁하는 것은 허용된다(제73조 제 2 항).

Ⅱ. 법인의 설립

1. 법인법률주의

"법인은 법률의 규정에 의함이 아니면 성립하지 못한다"(제31조). 어떠한 단체에 법인으로서의 자격을 부여할 것인가는 국가가 정책적으로 정할 문제이다. 그러므로 법률이 정하는 요건 아래서만 법인이 될 수 있으며, 이를 법인법률주의 또는 법인법정주의라고 부른다. 이는 법인을 성립시킬 의사로 단체가 구성되면 당연히 법인격이 부여되는 이른바 자유설립주의를 배제하는 의미를 가진다(대판 1996. 9. 10, 95누18437).

법인설립에 대한 입법주의는 공권력의 관여 정도를 기준으로 하여 법률이 정하는 요건을 충족하면 법인이 성립하는 준칙주의(상법상 회사, 노동조합), 법률이 정하는 요건을 충족하고 주무관청의 인가를 받아 법인이 성립하는 인가주의(상공회의소, 농업협동조합, 중소기업협동조합 등 동업자단체), 법률이 정하는 요건을 충족하고 주무관청의 재량에 의한 허가를 요구하는 허가주의 등으로 분류되는데, 민법이 정하는 법인에 대하여는 허가주의를 채택하고 있다(제32조).

2. 사단법인의 설립

사단법인이 설립되려면, 즉 사단이 권리능력을 취득하려면, ① 설립자들의 사단설립행위, ② 주무관청의 허가, 그리고 ③ 법인등기의 셋이 필요하다.

(1) 사단설립행위

사단법인의 설립에는 2인 이상의 사람(이들을 설립자라고 한다)이 사단을 조직하여 그 구성원이 되려고 하는 공동의 의사표시, 즉 설립행위가 있어야 한다. 민법은 설립자들이 일정한 사항을 기재한 정관(定款)을 작성하고 기명날인할 것을 요구한다(제40조). 「정관」이란 단체의 내부질서를 규율하는 기본규칙으로서, 장차 설립되는 사단에서 그 구성원과 기관을 구속하는 자치법규로서의 성질을 가진다(대판 1995. 12. 22, 93다61567).

정관에 있어서는 그에 반드시 기재되어야 하는 사항과 그렇지 아니한 사항이 있다. 전자는 「필요적 기재사항」이라고 불리는데, 그 중 하나라도 누락되면 정관으로서의 효력이 없다(제40조 참조). 한편 정관에는 필요적 기재사항 이외에도 사단의 기본적인 규칙을 기재할 수 있으며, 이를 「임의적 기재사항」이라고 한다(제41조, 제42조 제 1 항 단서, 제58조 제 2 항, 제62조, 제70조 제 2 항 제 2 문, 제68조, 제78조 등 참조). 임의적 기재사항도 일단 정관에 기재되면 그 효력에 있어서 필요적 기재사항과 차이가 없다. 따라서 그 변경도 통상의 정관변경 절차에 의하여야 한다.

(2) 주무관청의 허가

사단법인이 설립되려면 주무관청의 허가를 얻어야 한다(제32조). 주무관청이란 법인이 목적으로 하는 사업을 관장하는 중앙행정관청을 가리킨다. 주무관청이 하는 설립허가에는, 일반의 행정행위와 마찬가지로, 조건·기한 등 부관을 붙일 수 있다. 부관을 준수하지 아니하는 때에는 주무관청은 설립허가를 취소할 수 있다(제38조). 법인설립에 대한 행정관청의 허가는 그 성질상 주무관청의 자유재량에 속하는 사항이지만, 그것이 그 재량권의 한계를 넘거나 남용하는 때에는 이에 대하여 불복할 수 있다(대판 1996. 9. 10, 95누18437).

한편 법인이 목적 이외의 사업을 하거나 기타 공익을 해하는 행위를 한 때에도 주무관청은 그 허가를 취소할 수 있다(제38조). 목적 이외의 사업은 정관에 명시된 목적사업과 이를 수행하는 데 직접 또는 간접으로 필요한 사업 이외의 사업을 말하고, 사업실적이 미흡한 것은 이에 해당하지 않는다. 공익을 해하는 행위는 법인의 기관이 그 직무의 집행으로서 공익을 침해하는 행위를 하거나 사원총회가 그러한 결의를 한 것으로 직접적이고 구체적으로 공익을 침해하고 있어 법인의 소멸을 정당화할 정도이어야 한다(이상 대판 2014. 1. 23, 2011두25012; 2017. 12. 22, 2016두49891도 참조).

(3) 설립등기

법인은 설립등기를 함으로써 성립한다(제33조). 법인이 권리능력을 취득하는 것은 설립등기를 한 때로부터이다(제49조, 제53조).

3. 재단법인의 설립

재단법인을 설립하려면, 먼저 ① 재단의 설립을 내용으로 하는 설립자의 의사표시, 즉 설립행위를 요한다. 그 의사표시는 일정한 내용의 재산출연을 요소로 한다는 점에서 사단법인의 경우와 큰 차이가 있다. 또한 재단법인의 설립은 비단 생전처분에 의하여서뿐만 아니라 사인처분, 즉 유언으로써도 할 수 있다(제47조 참조).

그 외에 재단법인의 설립에는 ② 주무관청의 허가와 ③ 설립등기가 요구되나, 이들에 대하여는 사단법인의 설립과 관련하여 설명한 내용이 그대로 타당하다.

(1) 재단설립행위

설립자는 일정한 목적을 위하여 재산을 출연하여 목적재산을 설정함으로써 재단을 설립하는 의사표시, 즉 재단설립행위를 하여야 한다. 설립행위는 일종의 무상행위이므로, 이에 대하여는 그것이 생전행위로 행하여졌으면 증여에 관한 규정(제554조 이하)을 준용하고, 유언으로 행하여졌으면 유증에 관한 규정(제1060조 이하)을 준용한다(제47조; 예컨대 제557조 내지 제559조, 제1075조 이하, 제1108조, 제1115조 등 참조). 그리고 설립행위도 법률행위의 일종으로서 이에는 법률행위에 관한 규정이 적용된다. 그러므로 예를 들어 착오를 이유로 하는 취소(제109조)도 허용된다(대판 1999. 7. 9, 98다9045).

한편 설립자는 설립행위의 일부로서 재단의 기본규칙인 정관을 작성하여 이에 기명날인하여야 한다(제43조). 필요적 기재사항(제40조 제 1 호 내지 제 5 호)을 결한 정관은 원칙적으로 무효이지만, 설립자가 재단법인정관의 가장 중요한 사항인 목적과 자산에 대하여만 규정하였으면, 나머지 사항에 대해서는 이해관계인 또는 검사의 청구에 의하여 법원이 보충할 수 있다(제44조, 비송 제32조).

(2) 출연재산의 귀속시기

재단법인은 설립등기를 함으로써 성립하는데(제33조), 설립자가 출연한 재산은 언제 재단법인에 귀속되는가? 이에 대하여 민법은 "생전처분으로 재단법인을 설립하는 때에는 출연재산은 법인이 성립된 때로부터 법인의 재산이 된다"고 정한다(제48조 제 1 항).

이와 관련하여, 가령 출연재산이 부동산인 때와 같이 권리의 이전에 단지 당사자의 의사표시 이외의 요건(제186조 참조)이 요구되는 경우에 법인은 그 성립 후 권리취득에 관한 별도의 요건을 갖춤으로써 비로소 이를 취득한다고 할 것인지 여부가 다투어지고 있다. 예컨대 차례로 출연의 의사표시가 있고, 법인 설립등기가 있고, 부동산의 이전등기가 있다면, 부동산 소유권은 법인 설립등기 시점에 이전하는가 아니면 부동산 이전등기 시점에 이전하는가? 실제로 문제는 특히 출연자가 법인성립 후 출연행위에 반하는 처분을 행한 경우에 그 처분을 유효하다고 할 것인가에서 나타난다.

여기서는 성립한 법인의 재산확충을 목적하는 제48조와 물권거래의 명확화를 의도하는 등기주의(제186조)의 어느 것을 우선할 것인지에 따라 견해가 나뉜다. 다수설은, 제48조는 법인이 재산이 없는 상태로 성립하는 것을 예방하기 위한 규정이므로 출연자의 출연행위에 반하는 처분을 제한해야 한다는 이유로, 법인이 설립되기만 하면 등기 등을 갖추지 않더라도 제48조가 정하는 시기에 출연재산을 취득한다고(또는 취득한 것으로 간주된다고) 한다(제187조). 이에 반하여 제48조는 민법상 등기주의의 원칙(제186조)에 대한 예외를 규정한 것으로 볼 수는 없다는 이유에서 법인이 설립되더라도 그 후에 등기 등을 갖추어야 비로소 출연재산을 취득하게 된다는 견해도 있다(제186조). 한편 판례는, 설립자와 법인 사이에서는 등기 등을 요하지 아니하나, 제 3 자와의 관계에서는 등기 등을 요한다고 하는 태도를 취하고 있는데, 이는 실제로는 후자의 견해와 같은 결과가 된다.

[1] 출연재산의 귀속시기(1): 대판(전) 1979. 12. 11, 78다481

[주　　문] 원판결 중 피고 등(상고인등)의 패소에 관한 부분을 모두 파기하고 사건을 서울고등법원으로 환송한다.

[이　　유] 피고들의 상고이유를 함께 판단한다.

원심 판결이유에 의하면 원심은 그 거시 증거를 종합하여 소외 망 이병주가 그 생존시인 1956. 4. 10. 그 소유의 서울 관악구 상도동 223 대 760평(이하 이 사건 토지라 부른다)을 당사자참가인인 재단법인 지덕사의 설립을 위하여 출연하였고 그 후 위 재단법인 지덕사는 1960. 5. 9. 설립허가를 얻어 같은 달 20 그 설립등기를 마쳤으며 한편 위 토지에 대하여 1965. 3. 10. 소외 망 이병기 앞으로 소유권이전등기가 경료된 후 이에 터잡아 피고들 및 원심공동피고 박옥례, 곽찬효, 한후진 등 앞으로 참가청구취지 기재와 같은 각 공유지분이전등기내지는 가등기가 순차 경료된 사실을 인정한 다음 그렇다면 이 사건 토지는 당사자참가인인 재단법인 지덕사의 위 법인설립등기시인 1960. 5. 20. 동 법인에 귀속된 당사자 참가인의 소유라 할 것이니 위 일자 이후에 소외 망 이병기 및 피고등 명의의 각 소유권이전등기 및 가등기는 각 무권리자로부터 경료된 원인무효의 등기라고 할 것이고 원고의 피고 등에 대한 이건 청구는 청구의 실익이 없다고 할 것이어서 피고 등 명의의 위 각 등기가 원고들의 의사에 의하지 아니하고 이루어졌다는 원고들 주장에 대하여 판단할 필요 없이 이유 없다고 하고 이건 부동산은 등기의 유무에 관계없이 민법 제48조의 규정에 의하여 당사자참가인에게 귀속되어 그 소유로 되었다는 주장을 받아들이고 당사자참가인의 이건 청구를 인용하였다.

그러나 민법 제48조는 재단법인 성립에 있어서 재산출연자와 법인과의 간의 관계에 있어서의 출연재산의 귀속에 관한 규정이고 동 규정은 그 기능에 있어서 출연재산의 귀속에 관해서 출연자와 법인과의 관계를 상대적으로 결정함에 있어서 그의 기준이 되는 것에 불과하여 출연재산은 출연자와 법인과의 관계에 있어서 그 출연행위에 터잡아 법인이 성립되면 그로써 출연재산은 민법의 위 조항에 의하여 법인 설립시에 법인에게 귀속되어 법인의 재산이 되는 것이라고 할 것이고, 출연재산이 부동산인 경우에 있어서도 위 양 당사자간의 관계에 있어서는 위 요건(법인의 성립) 외에 등기를 필요로 하는 것이 아니라 함이 상당하다 할 것이다(출연행위는 재단법인의 성립요소임으로 출연재산의 귀속에 관해서 법인의 성립 외에 출연행위를 따로 요건으로 둘 필요는 없는 것이라고 할 것이다).

원래 법적인 관념 따라서 물권변동에 관한 관념은 모든 다른 분야에 있어서의 그것과 마찬가지로 이를 실체화해서 고정적인 것으로 받아들이지 않으면 안 될 이론상 또는 사실상의 이유나 필요가 반드시 있는 것이 아니므로 민법의 위 조항을 위와 같은 취지로 받아들이는 것이 이론상으로나 사실상으로나 무리라고 하여야 할 이유가 있다고 할 수 없으며 또 동 조항을 위와 같은 취지로 받아들이는 것이 동 조항의 문언상 허용할 수 없다고 하여야 할 이유가 있다고도 할 수 없을 뿐만 아니라, 위 조항의 기능을 위와 같이 상대적인 것으로 받아들이는 것은 일반적으로 출연자의 의사에 합치되는 동시에 거래의 안전에 기여하는 결과가 되는 것이라고도 할 수 있고 아울러 법인으로 하여금 성립 후 출연재산에 대하여 제 3 자에 대한 관계에 있어서 권리확보의 필요한 조치를 속히 취하도록 유도함으로써 법인의 재산 충실의 결과를 기대할 수 있게 되어 현실적으로도 출연자와 법인 그리고 제 3 자의 이해관계가 적절히 조화될 것을 기대할 수 있게 되는 것이라고 할 수 있다(원래 공시제도는 그 기능이 개개의 재산을 중심으로 하고 인정되고 있는 것이고 재산의 주체를 중심으로 하고 인정되고 있는 것이 아니므로 법인의 성립은 그로써 그의 재산의 공시를 결과케 하는 것이 아니며, 또 법인의 권리확보에 대한 해태의 결과를 제 3 자의 불이익으로 돌려야 할 합리적인 이유도 없는 것이다).

그러므로 제 3 자에 대한 관계에 있어서는 출연행위가 법률행위이므로 출연재산의 법인에의 귀속에는 부동산의 권리에 관해서는 법인 성립 외에 등기를 필요로 하는 것이라고 함이 상당하다 할 것이다.

따라서 위와 같은 당원의 견해와 다른 견해에서 당사자참가인의 이건 청구를 받아들인 원심판결은 민법 제48조의 법리를 오해하고 그로 인한 심리미진 내지 이유불비의 위법한 조치가 아닐 수 없으니 민사소송법 제400조, 제406조 제 1 항의 규정에 의하여 원판결의 피고 등의 패소에 관한 모든 부분(원판결 중 피고들의 승소부분을 제외한 모든 부분)을 파기하고, 사건을 원심인 서울고등법원으로 환송하기로 하고 주문과 같이 판결한다. […]

[반대의견]

[…] 위와 같은 이론은 민법 제48조의 규정을 무시한 법에 근거 없는 해석일 뿐만 아니라, 제48조의 입법 정신에 어긋나고 거래의 안전에 기여하게 되는 것이 아니라, 거래의 혼란을 가져올 해석이라고 아니할 수 없다.

즉 재단법인의 설립행위인 정관작성과 재산출연 중에서 실질적으로 핵심이 되는 것은 재산출연 즉 목적재산을 설정하는 행위인 것이므로 출연재산이 없는 재단법인은 사실상 존립할 수가 없는 것이므로 민법은 제48조의 규정을 두어 재단법인의 재산유지의 철저를 기하고자 한 것이다.

즉 제48조가 법인으로부터 재산이 일탈하는 것을 극력 방지하고자 한 입법 정신은 제48조 제 2 항을 보아도 알 수 있다.

즉 유언으로 재단법인을 설립하는 때에는 법인의 성립되기 전이라도 유언의 효력이 발생한 때 즉 재산출연자가 사망한 때로부터 법인에 귀속한 것으로 본다고 규정하여 출연자의 사망시로부터 법인의 성립시까지의 사이에 상속인 등에 의하여 출연재산이 침해될 염려가 있기 때문에 재산의 귀속시기에 소급효를 인정하면서까지 법인의 재산이 일탈하는 것을 방지하고자 한 점을 보아도 제48조 제 1 항의 취지도 법인의 성립과 재산의 귀속시기를 일치시켜 재산이 없는 법인이 되는 것을 철저히 방지하자는 규정임을 알 수 있다.

그런데 다수의견은 민법 제48조 제 1 항의 문언 중 어디에서 재산출연자와 법인간에는 등기이전이 필요 없지만 법인과 제 3 자 간에는 등기가 필요하다는 해석을 할 수 있는 근거가 있다는 것인지 동 조문을 검토하여도 이를 수긍할 도리가 없고, 제48조 제 1 항은 민법 제187조 소정의 법률의 규정에 의하여 등기 없이 물권이 취득되는 한 경우를 규정한 것으로 볼 수밖에 없는 것은 이 경우에도 등기이전이 필요하다고 한다면 민법 제186조로서 족하고 제48조의 규정을 따로 둘 필요가 없을 것이요, 다수의견과 같은 효과를 법이 원하였다면 제48조의 규정에 이를 명시할 것이지 “법인이 성립된 때로부터 법인의 재산이 된다” 고만 규정할 리가 없는 것이고, 또 위에 설시한 바와 같이 재단법인의 재산유지의 철저를 기하고자 한 제48조 제1, 2항의 규정으로 보아 다수의견과 같이 제48조 제1, 2항의 취지와 배치되는 입법은 할 수도 없다 할 것이다.

다수의견이 위와 같이 제48조 제 1 항을 복잡하게 해석한 이유는 재산출연 후에도 출연자 명의로 등기가 그대로 남아 있는 경우에 제 3 자가 출연자로부터 매수하는 등 거래가 있을 때 그 제 3 자를 보호하여야 한다는 점에 구애되어 조문에 근거도 없는 비약적인 해석을 한 것으로 보이나 제 3 자를 보호하려다가 재단법인의 성립요소인 재산이 일탈되어 형해에 불과한 법인이 되고 마는 결과가 초래될 것인데 이렇게 되는 것이 민법 제48조의 입법취지와 부합된다고 할 것인가, 또 형식상 성립되어 있기는 하나 실질적으로는 재단법인이 아닌 재산이 없는 재단법인이 그 성립 이후 하나의 법인격자로서 대외적인 법률행위를 한 경우에 그 혼란이 막심할 것인데 그래도 다수의견이 거래의 안전에 기여하는 해석이라고 할 수 있을 것인가, 결국 다수의견은 재단법인의 출연재산이 침해 일탈되는 것을 방지하고자 한 제48조의 입법정신에 정면으로 위배하여 출연재산이 침해되어 제 3 자에게 일탈되는 길을 터놓은 해석이라는 비난을 면치 못할 것이요, 더 나아가 물권변동에 있어서 민법 제186조의 형식주의에 따르거나 예외적으로 제187조의 의사주의에 따르거나 어느 한편에 따를 수밖에 없는 현 법제하에 있어서 대내적으로는 의사주의요, 대외적으로는 형식주의라는 법에 근거 없는 복잡한 제도를 창안하여 재단법인의 성립과 그 기능에 혼란을 야기시킨 해석이라고 아니할 수 없을 것이다.

질문

1. 어떠한 사실관계가 문제되었는가? 관련 법률행위들을 시간순서대로 정리해 보라.
2. 다수의견과 소수의견의 논거를 각각 정리하고 비교해 보라. 두 의견이 제48

조의 해석과 관련하여 어떠한 요소를 강조하는지를 살펴보고, 각 입장을 평가해 보라.

3. 다수의견에 따를 때, 출연자가 출연재산의 소유권을 재단법인에 이전하기 전에 달리 처분하였다면, 출연자와 재단법인 사이의 법률관계는 어떠한가? 이는 재단법인의 운명에 어떤 영향을 미치는가?

한편 "유언으로 재단법인을 설립하는 때에는 출연재산은 유언의 효력이 발생한 때로부터 법인에 귀속한 것으로 본다"고 한다(동조 제 2 항). 즉 유언에 의한 법인설립의 경우에는 법인은 출연자가 사망한 후에야 비로소 설립되게 되지만, 그에 대한 출연재산의 귀속은 유언의 효력발생시, 즉 원칙적으로 출연자가 사망한 때(제1073조 참조)에 소급하여 법인재산이 된 것으로 의제되는 것이다(대판 1984. 9. 11, 83누578 참조). 그러나 판례는 앞서 본 생전행위로 하는 부동산출연행위에 관한 태도를 유언으로 하는 경우에도 그대로 연장하여, 제 3 자에 대한 관계에서는 등기를 요한다고 한다(대판 1993. 9. 14, 93다8054).

[2] 출연재산의 귀속시기(2): 대판 1993. 9. 14, 93다8054

[주 문] 상고를 기각한다. 상고비용은 원고의 부담으로 한다.

[이 유] […] 출연자가 사망(유언으로 설립하는 경우)하면 그로써 출연재산은 법인의 재산이 되고 출연재산이 부동산인 경우에도 위 요건 외에 등기를 필요로 하는 것은 아니지만, 제 3 자에 대한 관계에 있어서는 출연재산이 부동산인 경우 이것이 법인재산으로 귀속되기 위하여는 법인성립 외에 법인 앞으로의 등기가 필요하다고 판단한 것은 옳고, 거기에 민법 제48조의 법리를 오해한 위법이 있다고 할 수 없다. 논지는 유언으로 재단법인을 설립하는 때에는 생전처분으로 재단법인을 설립하는 경우와 구별하여야 한다는 것이나, 원심의 위와 같은 판단은 출연행위가 법률행위이므로 민법 제186조의 원칙에 따라야 하고, 민법 제48조 제 1 항(생전처분)과 제 2 항(유언)의 경우를 구별하여 달리 볼 근거가 없고, 이렇게 해석하는 것이 거래의 안전보호에도 기여함을 그 이유로 한 것으로서, 이를 수긍할 수 있으므로 받아들일 수 없다.

소론의 판례(당원 1984. 9. 11. 선고 83누578 판결)는 이 사건과 사안을 달리한 것으로서, 이 사건에 적절한 것이 아니다. 따라서 논지는 이유 없다. […]

질문

1. 상고인은 기존 판례를 전제로 하면서도 유언의 경우 달리 취급할 여지가 있다고 주장하였으나, 법원은 이를 배척하였다. 상고인의 주장에는 어떤 논거가 있을 수 있는가?
2. 이 판결에서 인용된 대판 1984. 9. 11, 83누578에서는 설립자가 금전채권을 출연한 사안이 문제되었는데, 거기서 대법원은 "제48조 제 2 항의 규정에 의하면, 유언으로 재단법인을 설립하는 때에는 출연재산은 유언의 효력이 발생한 때 즉 출연자가 사망한 때로부터 법인에 귀속한다고 되어 있다. 이것은 출연자의 재산상속인 등이 출연자 사망 후에 출연자의 의사에 반하여 출연재산을 처분함으로써 법인재산이 일실되는 것을 방지하고자 출연자가 사망한 때로 소급하여 법인에 귀속하도록 한 것이므로 출연재산은 재산상속인의 상속재산에 포함되지 않는 것으로서 재산상속인의 출연재산처분행위는 무권한자의 행위가 될 수밖에 없다"고 하고 있었다. 그런데 여기서 대법원은 사안이 달라 결론도 다르다고 말하고 있다. 대법원의 논리를 따를 때 사안의 어떤 차이가 다른 결론을 가져오고 있다고 말할 수 있는가?

Ⅲ. 법인의 능력

1. 법인의 권리능력

(1) 의 의

법인은 자연인과 더불어 사법상의 권리·의무가 귀속되는 주체로서 법에 의하여 인정된 것이므로, 법인이 권리능력을 가짐은 당연한 이치이다. 문제는 법인이 어떠한 범위에서 권리와 의무를 향유할 수 있는가에 있다. 민법은 이에 대하여 "법인은 법률의 규정에 좇아 정관으로 정한 목적의 범위 내에서 권리와 의무의 주체가 된다"고 정한다(제34조). 그러나 법인의 권리능력은 그에 앞서서 성질에 의하여 제한된다.

(2) 성질에 따른 제한

법인은 그 성질에 의하여 권리능력에 제한을 받는다. 법인은 자연적 생식에 의하여서가 아니라 사람의 의사행위에 의하여 조직된 것이므로, 혈연관계

기타 친족관계를 전제로 하는 권리·의무를 가질 수 없다. 그러므로 친권이나 부양청구권 등 친족법상의 권리·의무를 가지지 못하고, 또 현행법상 상속인이 될 수 없다(제1000조 제 1 항 참조). 그러나 유언에 의하여 재산을 취득하는 것은 가능하므로, 포괄유증에 의하여 실질적으로 상속을 받은 것과 유사한 결과를 얻을 수 있다. 또한 법인은 생명이나 육신의 존재를 전제로 하는 권리·의무를 가지지 못한다. 그러나 그 외의 권리는 재산권뿐만 아니라, 성명권, 명예권, 정신적 자유권(언론의 자유 등)과 같은 인격적인 권리도 향유할 수 있다(대판 1996. 4. 12, 93다40614, 40621 참조).

(3) 목적 범위에 따른 제한

민법은 그 외에도 앞에서 본 대로 법인이 “정관으로 정한 목적의 범위 내에서” 권리능력을 가진다고 정한다. 이 규정에 의한다면 정관으로 정한 목적 범위를 일탈한 범위에서는 법인은 권리능력이 없어 법률행위는 무효가 될 것이다. 그러나 이러한 목적 범위는 쉽게 확정하기 어려운 성질의 것이어서 법인의 원활한 활동에 장애가 될 수 있고 나아가 거래상대방에 불측의 불이익을 줄 우려가 있으므로(불리한 거래 이후 상대방의 청구에 대해 법인이 목적 범위 일탈을 이유로 당해 법률행위의 무효를 주장할 위험이 있다), 여기서 정하는 「목적 범위」는 합리적으로 충분히 유연하게 해석할 필요가 있다.

그러한 의미에서 법인의 권리능력의 한계로서의 「목적 범위 내에서」란 정관에 명시된 목적 자체에 국한되지 아니하고 그 목적수행에 직접 또는 간접으로 필요한 업무를 모두 포함하며, 목적수행에의 필요 유무의 판단은 행위의 객관적 성질에 따라서 추상적으로 정하여지고 행위자의 주관적·구체적 의사에 의하여 판단할 것은 아니다(대판 1968. 5. 21, 68다461 등). 그러므로 예컨대 정관에는 언급이 없더라도 목적수행에 필요한 어음행위(대판 1981. 3. 13, 80다1049, 1050)나 연대보증(대판 1999. 10. 8, 98다2488), 영업상 중요한 토지의 매도(대판 2009. 12. 10, 2009다63236) 등의 경우에도 권리능력이 인정된다. 이렇게 해석한다면 실제로 정관의 목적범위를 일탈하여 법인의 권리능력이 제한되는 사안은 쉽게 상정하기 어려울 것이다.[2)]

---

2) 판례에서는 건설공제조합이 비조합원의 대금행위에 대하여 보증한 사안에 대해 이를 목적 범위를 일탈한 것으로 무효라고 한 경우가 있지만(대판 1972. 7. 11, 72다801), 반면 권리능력을 인정하면서도 대표권 남용의 법리를 적용한 경우(대판 1987. 10. 13, 86다카

(4) 법인격의 남용

그런데 법인의 권리능력에 의하여 달성되는 유한책임적 기능은 남용되어 거래에 참여한 당사자들에게 불이익을 야기하는 목적으로 활용될 수도 있다. 이는 한편으로는 실질적으로 거래의 경제적 이익을 향유하는 자가 법적인 당사자로서 법인을 내세워 거래로부터 발생하는 책임을 회피하는 방법으로 이용될 수도 있고, 다른 한편으로는 기존의 채무로부터 면탈하기 위하여 별도의 법인을 설립하거나 기존 법인을 이용하여 자신의 경제적인 실질을 그 법인으로 이전하는 방법으로 이용될 수도 있다. 이러한 경우 신의칙(제 2 조)에 의하여 별개의 법인격 주장을 배척하여, 전자의 경우에는 배후의 경제주체에 책임을 묻거나(아래 대판 2001. 1. 19, 97다21604) 법인을 상대로 배후의 경제주체의 개인채무의 이행을 청구할 수 있는지(대판 2021. 4. 15, 2019다293449), 후자의 경우에는 이전 법인 또는 지배 주주를 상대로 하는 채권에 대해 경제적 실질이 관련되어 있는 법인에게도 책임을 물을 수 있는지(아래 대판 2004. 11. 12, 2002다66892) 여부가 문제된다.

[3] 법인격과 신의칙(1): 대판 2001. 1. 19, 97다21604

[주 문] 상고를 모두 기각한다. 상고비용은 피고들의 부담으로 한다.

[이 유] 상고이유를 본다.

1. 상고이유 제 1 점에 관한 판단

가. 원심은 그 증거에 의하여, 원고는 1991. 6. 19. 피고 회사로부터 이 사건 건물 중 5층 2호를 금 423,832,500원에 분양 받고, 1992. 3. 30.까지 계약금과 1, 2차 중도금 합계 금 254,280,000원을 지급한 사실, 원고는 위 분양계약 당시 피고 회사와 입주시 잔금 84,972,500원을 지급하기로 약정하였을 뿐 위 건물의 완공 및 입주 예정일에 관하여는 별도의 약정을 하지 아니한 사실, 피고 회사는 위 분양계약에 앞서 1991. 6. 10. 소외 주식회사 건영(이하 '소외 회사'라 한다)과의 사이에 이 사건 건물 신축공사에 관하여 공사대금 16,649,600,000원, 공사완공일 1993. 8. 10.까지, 공사대금은 기성고 10% 완성시마다 같은 비율의 공사대금을 지급하기로 하는 내용의 공사도급계약을 체결한 사실, 피고 회사는 당초 이 사건 건물을 분양하여 그 분양대금으로 공사대금을 지급할 예정이었는데 예

1522)도 있다.

상과 달리 분양이 저조하여 일부 공사대금의 지급을 지체하자 소외 회사는 1992년 8월 지하 5층 지상 7층까지의 골조공사만 시행한 채 공사를 중단하여 현재까지 공사가 사실상 중단된 상태로 남아 있는 사실을 인정한 다음, 위 분양계약은 피고 회사의 채무불이행으로 인하여 위 분양계약 해제의 의사표시가 기재된 1996. 5. 9.자 원고 준비서면이 진술된 같은 달 10일 또는 늦어도 원심 변론종결 당시 적법하게 해제되었다고 판단하였다.

나. (1) 신축건물에 관한 분양계약을 체결하면서 당사자 사이에 건물의 완공 및 입주 예정일에 관한 별도의 명시적인 약정이 없었다고 하더라도, 특별한 사정이 없는 한, 분양자는 합리적인 상당한 기간 내에 건물을 완공하여 수분양자로 하여금 입주할 수 있도록 하여 주어야 할 의무가 있다 할 것이고, 그 기간은 분양계약의 내용과 계약체결 경위, 분양계약 체결을 전후하여 당사자가 예상하고 있었던 건물의 완공 및 입주 예정일, 건물의 규모와 용도, 그러한 건물을 신축하는 데에 통상 소요되는 기간, 당초 예상하지 못한 사정의 발생 여부와 그에 대한 귀책사유, 다른 수분양자들과의 사이에 체결된 분양계약의 내용 등 제반 사정을 참작하여 결정하여야 할 것이다.

기록에 의하면, 원고가 2차 중도금을 지급한 1992. 3. 30. 피고 회사 분양업무 담당자인 소외 이수한에게 건물 완공 및 입주 예정일을 확정하여 줄 것을 요구하자 위 이수한은 분양계약서에 입주 예정일을 1993. 7. 10.로 기재하여 주었고 이에 따라 원고는 그 무렵이면 입주가 가능한 것으로 알고 있었던 사실, 피고 회사는 원고가 이 사건 분양계약을 체결할 무렵인 1991. 7. 19. 소외 주식회사 신한은행과 이 사건 건물 1, 2층에 관한 분양계약을 체결하면서 1993. 12. 31.까지 건물을 완공하여 위 은행으로 하여금 입주할 수 있도록 하여 주기로 약정한 사실, 피고 회사는 공사가 중단된 지 무려 2년 5개월이 경과한 1995. 1. 31.에 이르러 소외 회사와 공사재개에 관한 합의를 하였는데 당시 소외 회사는 1996. 3. 30.까지 건물을 완공하여 주기로 약정한 사실을 알 수 있고, 피고 회사는 당초 소외 회사와의 사이에 이 사건 건물에 관한 공사도급계약을 체결하면서 계약일로부터 약 2년 2개월 후인 1993. 8. 10.까지 공사를 완공하기로 약정하였는데 피고 회사가 공사대금을 지급하지 아니함으로써 1992년 8월 이후 사실상 공사가 중단되어 있음은 앞서 본 바와 같은바, 이러한 사정을 종합하여 보면, 이 사건 건물의 규모나 용도, 공사대금 지급의 지체로 인한 일시적인 공사중단 등의 사정을 감안한다 하더라도 피고 회사는 이 사건 분양계약이 체결된 이후 원고가 계약해제의 의사표시를 한 1996년 5월까지 약 5년의 기간 내에는 건물을 완공하여 원고로 하여금 이 사건 건물에 입주할 수 있도록 하여 주었어야 한다고 봄이 상당하다 할 것이므로, 이 사건 분양계약은 원고의 위 계약해제의 의사표시 당시 이미 그 이행기가 경과하여 적법하게 해제되었다 할 것이다.

같은 취지의 원심판결은 옳고, 거기에 처분문서인 분양계약서(갑 제 1 호증)의 해석이나 채무불이행 및 신의칙에 관한 법리를 오해하는 등의 위법이 있다고 할 수 없다.

(2) 소외 회사가 이 사건 건물 신축공사를 중단한 것은 피고 회사가 공사대금의 지급을 지체함으로 인한 것임은 앞서 본 바와 같을 뿐만 아니라, 이는 피고 회사와 소외 회사의 내부관계에 불과한 것으로 이러한 사유를 들어 원고와의 관계에서 피고 회사에게 공사 지연에 대한 아무런 귀책사유가 없다고는 할 수 없다.

같은 취지의 원심판결은 옳고, 거기에 채증법칙에 위배하여 사실을 잘못 인정하였거나, 처분문서인 공사도급계약서(을 제 9 호증의 1, 2)의 해석 등에 관한 법리를 오해하는 등의 위법이 있다고 할 수 없다.

(3) 쌍무계약에 있어 상대방이 미리 채무를 이행하지 아니할 의사를 표시하거나 당사자의 일방이 이행의 제공을 하더라도 상대방이 그 채무를 이행하지 아니할 것이 객관적으로 명백한 경우 그 일방이 이행을 제공하지 아니하더라도 계약을 해제할 수 있고, 당사자의 일방이 상당한 기간을 정하여 이행을 최고하더라도 그 기간 내에 상대방이 그 채무를 이행할 수 없음이 객관적으로 명백한 경우 그 일방이 이행을 최고하지 아니하더라도 계약을 해제할 수 있다고 보아야 할 것이다.

원심이 적법하게 인정한 사실관계에 의하면, 원고가 위 계약해제의 의사표시를 할 당시 피고 회사는 지하 5층, 지상 15층 건물 신축공사 중 겨우 지하 5층, 지상 7층까지의 골조공사만을 시공한 채 1992년 8월 이후 수년째 공사를 방치하고 있었다는 것인바, 위 계약해제 당시까지의 공사진행 정도에 비추어 볼 때, 원고가 자신의 채무를 이행하거나 피고 회사에 대하여 상당 기간을 정하여 그 이행을 최고하더라도 그 기간 내에 피고 회사가 공사를 완공할 수 없음은 객관적으로 명백하므로 원고로서는 자신의 채무를 이행하거나 피고 회사에 대하여 채무의 이행을 최고할 필요도 없이 계약을 해제할 수 있다 할 것이다.

원심판결은 그 이유 설시에 있어 다소 미흡한 점이 있으나, 피고들의 주장을 배척한 결론에 있어서는 옳고, 거기에 상고이유에서 주장하는 바와 같이 채증법칙에 위배하여 사실을 잘못 인정하였거나, 채무불이행으로 인한 계약해제에 관한 법리를 오해한 위법이 없다.

2. 상고이유 제 2 점에 관한 판단

회사는 그 구성원인 사원과는 별개의 법인격을 가지는 것이고, 이는 이른바 1인 회사라 하여도 마찬가지이다.

그러나 회사가 외형상으로는 법인의 형식을 갖추고 있으나 이는 법인의 형태를 빌리고 있는 것에 지나지 아니하고 그 실질에 있어서는 완전히 그 법인격의 배후에 있는 타인의 개인기업에 불과하거나 그것이 배후자에 대한 법률적용을 회피하기 위한 수단으로 함부로 쓰여지는 경우에는 비록 외견상으로는 회사의 행위라 할지라도 회사와 그 배후자가 별개의 인격체임을 내세워 회사에게만 그로 인한 법적 효과가 귀속됨을 주장하면서 배후자의 책임을 부정하는 것은 신의성실의 원칙에 위반되는 법인격의 남용으로서 심히 정의와 형평에 반하여 허용될 수 없다 할 것이고, 따라서 회사는 물론 그 배후자인 타인에 대하여도 회사의 행위에 관한 책임을 물을 수 있다고 보아야 할 것이다.

기록에 의하면, 피고 이정수는 종전부터 욱일팔래스유통 주식회사, 전일산업 주식회사 등 여러 회사를 사실상 지배하면서 이들 회사를 내세워 그 회사 명의로 또는 자신의 개인 명의로 빌딩 또는 오피스텔 등의 분양사업을 하여 왔고, 이러한 사업의 일환으로 이 사건 건물의 분양 및 관리를 위하여 1991. 5. 3. 피고 회사 전 대표이사인 소외 최일형으로부터 피고 회사의 주식을 양수한 다음 자신이 피고 회사의 대표이사로 취임한 사실, 피고 회사 주식은 모두 5,000주인데 현재 외형상 피고 이정수 등 4인 명의로 분산되어 있으나 실질적으로는 피고 이정수가 위 주식의 대부분을 소유하고 있고, 주주총회나 이사회의 결의 역시 외관상 회사로서의 명목을 갖추기 위한 것일 뿐 실질적으로는 이러한 법적 절차가 지켜지지 아니한 채 피고 이정수 개인의 의사대로 회사 운영에 관한 일체의 결정이 이루어져 온 사실, 피고 회사 사무실은 현재 폐쇄되어 그 곳에 근무하는 직원은 없고, 피고 회사가 수분양자들로부터 지급받은 분양대금 약 78억 원 중 30억 원 가량은 피고 이정수가 임의로 자신의 명의로 위 최일형으로부터 이 사건 건물의 부지인 이 사건 대지를 매입하는 자금으로 사용하였고 회사채권자들에 의한 강제집행에 대비하여 위 대지에 관하여 제 3 자 명의로 가등기를 경료하였다가 이를 말소하는 등 피고 회사의 재산과 피고 이정수 개인 재산이 제대로 구분되어 있지도 아니한 사실, 피고 회사가 시행하는 이 사건 공사는 공사 발주금액만도 166억 원 가량에 이르는 대규모 공사이고 이 사건 건물의 분양대금도 수백억 원에 이르는 데에 반하여 피고 회사의 자본금은 5,000만 원에 불과할 뿐만 아니라 이마저도 명목상의 것에 불과하고 위 분양대금으로 매수한 이 사건 대지는 피고 이정수 개인 명의로 소유권이전등기가 경료되어 있고 나머지 분양대금 역시 그 용도가 명확히 밝혀지지 아니한 채 모두 사용되어 버려 피고 회사의 실제 자산은 사실상 전혀 없다시피 한 사실을 인정할 수 있다.

이와 같은 피고 이정수의 피고 회사 주식양수 경위, 피고 이정수의 피고 회사에 대한 지배의 형태와 정도, 피고 이정수와 피고 회사의 업무와 재산에 있어서의 혼융 정도, 피고 회사의 업무실태와 지급받은 분양대금의 용도, 피고 회사의 오피스텔 신축 및 분양사업의 규모와 그 자산 및 지급능력에 관한 상황 등 제반 사정에 비추어 보면 피고 회사는 형식상은 주식회사의 형태를 갖추고 있으나 이는 회사의 형식을 빌리고 있는 것에 지나지 아니하고 그 실질은 배후에 있는 피고 이정수의 개인기업이라 할 것이고 따라서 피고 회사가 분양사업자로 내세워져 수분양자들에게 이 사건 건물을 분양하는 형식을 취하였다 할지라도 이는 외형에 불과할 뿐이고 실질적으로는 위 분양사업이 완전히 피고 이정수의 개인사업과 마찬가지라고 할 것이다.

그런데 피고 이정수는 아무런 자력이 없는 피고 회사가 자기와는 별개의 독립한 법인격을 가지고 있음을 내세워 이 사건 분양사업과 관련한 모든 책임을 피고 회사에게만 돌리고 비교적 자력이 있는 자신의 책임을 부정하고 있음이 기록상 명백한바, 이는 신의성실의 원칙에 위반되는 법인격의 남용으로서 심히 정의와 형평에 반하여 허용될 수 없다 할 것이고, 따라서 피고 회사로부터 이 사건 오피스텔을 분양받은 원고로서는 피고 회사는 물론 피고 회사의 실질적 지배자로서 그 배후에 있는 피고 이정수에 대하여도 위 분양계약의 해제로 인한 매매대금의 반환을 구할 수 있다 할 것이다.

같은 취지의 원심의 사실인정과 판단은 위에서 본 법리에 따른 것으로서 옳다 할 것이고, 거기에 상고이유에서 지적하는 바와 같이 채증법칙에 위배하여 사실을 잘못 인정하였거나 법리를 오해한 위법이 없다.

3. 그러므로 상고를 모두 기각하고, 상고비용은 패소자들의 부담으로 하기로 하여 관여 법관의 일치된 의견으로 주문과 같이 판결한다.

질문

1. 원고는 피고회사에 대해 계약해제로 인한 매매대금반환을 청구하고 있다. 해제의 요건은 모두 충족되고 있는가? 각각 검토해 보라.
2. 원고는 동시에 피고회사의 대표이사인 피고에 대해서도 동일한 내용의 청구를 하고 있다. 이 사건에서 그러한 청구가 받아들여진 이유가 무엇인가? 사실관계의 어떤 점들이 그러한 결론을 뒷받침하는가?

3. 이 판결의 결론을 신의칙의 일반이론에 포섭하여 설명해 보라.

[4] 법인격과 신의칙(2): 대판 2004. 11. 12, 2002다66892

[주 문] 상고를 모두 기각한다. 상고비용은 피고가 부담한다.

[이 유] 상고이유를 본다.

기존회사가 채무를 면탈할 목적으로 기업의 형태·내용이 실질적으로 동일한 신설회사를 설립하였다면, 신설회사의 설립은 기존회사의 채무면탈이라는 위법한 목적달성을 위하여 회사제도를 남용한 것이므로, 기존회사의 채권자에 대하여 위 두 회사가 별개의 법인격을 갖고 있음을 주장하는 것은 신의성실의 원칙상 허용될 수 없다 할 것이어서 기존회사의 채권자는 위 두 회사 어느 쪽에 대하여서도 채무의 이행을 청구할 수 있다고 볼 것이다(대법원 1995. 5. 12. 선고 93다44531 판결, 2001. 1. 19. 선고 97다21604 판결 참조).

원심판결 이유에 의하면, 원심은 제 1 심판결을 일부 인용하여 그 판시 사실을 각 인정한 다음, 피고 회사는 소외 주식회사 안건사(이하 '안건사'라 한다)와 상호, 상징, 영업목적, 주소, 해외제휴업체 등이 동일하거나 비슷한 점, 안건사와 일부 다른 피고 회사의 주요 이사진이나 주주 대부분이 안건사의 지배주주로서 대표이사였던 안용식의 친·인척이거나 안건사에서 안용식의 직원이었던 점, 피고 회사는 대외적으로 영업 등을 하면서 안건사와 동일한 회사인 양 홍보하였으며, 위 안용식과 피고 회사의 대표이사인 김승수도 안건사에서의 직책대로 활동한 점, 그에 따라 피고 회사가 외부에서 안건사와 동일한 회사로 인식된 채로 공사 등을 수주한 점, 피고 회사 내부적으로도 여전히 안용식이 회장으로서 역할을 수행하고 있는 것으로 보이는 점, 이 사건 제 1 심판결로 피고 회사가 안건사의 채무를 부담하게 되는 상황이 되자 이번에는 안용식의 아들 등이 주식회사 뮤텍코리아를 설립하여 피고 회사와 관련된 공사를 수주한 점 등 제반 사정에 비추어 보면, 피고 회사는 안건사에 비해 직원 수 등 그 규모는 줄어들었으나 안건사와 실질적으로 동일한 회사로서 안건사의 채무를 면탈할 목적으로 안건사와 별개의 새로운 회사를 설립하는 형식만 갖춘 것이라 할 것이어서 피고 회사가 원고들에 대하여 안건사와 별개의 법인격임을 내세워 그 책임을 부정하는 것은 신의성실의 원칙에 반하거나 법인격을 남용하는 것으로서 허용될 수 없다 할 것이므로, 원고들은 안건사뿐만 아니라 피고 회사에 대하여도 임대차보증금의 지급을 청구할 수 있다고 판단하였다.

원심판결 이유와 기록에 의하면, 원심의 사실인정에 다소 부적절한 면이 없지는 아니하나, 원심은 안건사가 1999. 10. 20. 피고에게 실내건축공사업을 양도한 사실을 인정하고 있는바 […], 구 건설산업기본법(2002. 1. 26. 법률 제6640호로 개정되기 전의 것, 이하 같다) 제 8 조는 건설업을 일반건설업과 전문건설업으로 구분하고 있고, 같은법시행령 제 7 조 [별표 1]에 의하면 '실내건축공사업'이 전문건설업의 하나로 열거되어 있는데, 같은 법에 의하면 전문건설업자가 건설업을 양도하고자 하는 경우에는 건설교통부령이 정하는 바에 의하여 건설교통부장관 또는 시·도지사에게 신고하여야 하고(제17조 제 1 항 제 1 호), 건설업 양도의 신고가 있은 때에는 건설업을 양수한 자는 건설업을 양도한 자의 건설업자로서의 지위를 승계하는 것으로 되어 있으며(제17조 제 2 항), 건설업을 양도하고자 하는 자는 양도하고자 하는 업종에 관하여 시공중인 공사의 도급계약에 관한 권리·의무, 완성된 공사로서 그에 관한 하자담보책임기간 중에 있는 경우에는 당해 공사의 하자보수에 관한 권리·의무를 모두 양도하여야 하는 것으로 되어 있으므로(제19조 제 1 항), 안건사가 피고 회사에게 '실내건축공사업'이라는 전문건설업을 양도함으로써 피고 회사는 안건사의 건설업자로서의 지위를 승계하고 안건사가 시공중인 공사의 도급계약에 관한 권리·의무와 완성된 공사의 하자보수에 관한 권리·의무를 양도받게 되었다 할 것이어서, 이러한 '실내건축공사업'의 양도사실에다가 원심에서 인정한 다른 사실들을 보태어 보면, 안건사가 채무를 면탈할 목적으로 기업의 형태·내용이 실질적으로 동일한 피고 회사를 설립한 것으로 인정하기에 부족함이 없다. 따라서 피고 회사가 원고들에 대하여 안건사와 별개의 법인격임을 내세워 그 책임을 부정하는 것은 신의성실의 원칙에 반하거나 법인격을 남용하는 것으로서 허용될 수 없다고 한 원심의 판단은 앞서 본 법리에 비추어 결국 정당한 것으로 수긍이 가고, 거기에 판결 결과에 영향을 미친 심리미진 또는 채증법칙 위반으로 인한 사실오인의 위법이나 주식회사 제도 및 법인격 부인에 관한 법리오해의 위법 등이 있다고 할 수 없다.

그러므로 상고를 모두 기각하고, 상고비용은 패소자가 부담하기로 하여 관여 대법관의 일치된 의견으로 주문과 같이 판결한다.

질문

1. 인용된 사실관계에서 피고의 주장을 신의칙 위반이라고 할 수 있는 요소들을 찾아 언급하고 신의칙 법리에 비추어 평가해 보라.
2. 이 판결에 의하면 채권자는 구법인뿐만 아니라 신법인 어느 쪽에 대해서도 청구할 수 있다. 이는 신의칙에 의해 신법인에 대해 채권이 창출된다는 의미인가? 아니면 이를 어떠한 의미로 이해해야 하는가?

3. 이러한 사안유형에서 신의칙을 적용할 때 주의해야 할 점으로 어떤 것들이 있겠는가? 대판 2008. 8. 21, 2006다24438을 비교하여 읽어보고 생각해 보라.
4. 구법인의 재산이 제 3 자에게 양도되었다가 구법인과 밀접한 관련을 가지는 신법인에게 다시 이전된 경우에도, 채무면탈 목적을 이유로 법인격 남용이 인정될 경우가 있을 수 있겠는가? (대판 2019. 12. 13, 2017다271643 참조)

2. 법인의 행위능력

법인은 관념상의 존재이므로, 법인이 실제로 자신의 의사에 기하여 권리를 취득하고 의무를 부담하는 의사행위(법률행위)를 하여 사회적 실재에 값하는 활동을 하려면, 그 의사를 결정하고 이를 외부에 표시하는 별도의 행위 주체가 필요하다. 법인에 있어서 행위능력이란, 자연인의 그것과는 의미를 달리하여, 누구의 어떠한 의사행위에 의하여 법인이 권리·의무를 가지게 되는가를 문제삼는 것이다.

민법은 이를 「대표」라는 법장치에 의하여 처리한다. 즉 법인을 대표할 권한을 가지는 자연인(대표자)이 법인의 이름으로 법률행위를 하면 그 법률효과가 법인에게 귀속된다는 것이다. 이는 기본적으로 대리와 구조를 같이하므로(제114조 제 1 항 참조), 법인의 대표에 대하여는 대리에 관한 규정이 준용된다(제59조 제 2 항). 그러므로, 법인의 이름으로 행위할 것(현명주의)이 요구됨은 물론이고(제114조, 제115조), 그 외에 무권대리에 관한 규정이 준용된다(제130조 이하). 한편 표견대리(表見代理)에 관한 규정(제125조, 제126조, 제129조)도 일반적으로 대표에 준용된다는 견해가 통설이지만, 민법은 대표권 제한은 등기하지 아니하면 선의·악의를 불문하고 「제 3 자에게 대항하지」 못하도록 정하고 있으므로(제41조, 제49조 제 2 항 제 9 호, 제54조 제 1 항, 제60조) 준용될 여지가 없다고 할 것이다. 자세한 것은 이사의 대표권 제한과 관련하여 살펴본다(제 1 편 제 3 장 Ⅰ. 1. (2) (나) 참조).

법인을 대표할 권한은 이사라는 기관이 가진다. 이사는 "법인의 사무에 관하여" 법인을 대표하므로(제59조 제 1 항 본문), 그의 대표권은 원칙적으로 법인 업무 전반에 미친다. 물론 그가 법인을 대표함에 있어서는 "정관에 규정한 취지에 위반할 수 없고", 특히 사단법인에 있어서는 "총회의 의결에 의하여야"

하나(동항 단서), 이는 법인에 대한 내부적 의무를 정한 것이고 대외적으로 법인을 대표할 권한이 그와 같이 제한된다는 의미는 아니다.

3. 법인의 불법행위능력

(1) 의　　의

"법인은 이사 기타 대표자가 그 직무에 관하여 타인에게 가한 손해를 배상할 책임이 있다"(제35조 제 1 항 전단). 이는 법인이 대표기관의 위법하고 유책한 가해행위로 인하여 불법행위책임을 져야 함을 정한 것이다. 법인이 이사 등의 대표행위를 통하여 권리의무를 가지며 독자적인 활동을 전개할 수 있다고 한다면, 그 반면으로 대표자의 행위에 의하여 타인에게 손해를 가한 경우에는 그에 대하여 책임을 져야 할 것이다. 그리하여 위 규정은 「타인의 행위에 대한 책임」을 정한 대표적 예이다.

민법은 그 다른 예로 피용자의 불법행위에 대하여 사용자가 책임을 진다는 사용자책임에 관한 규정을 두고 있는데(제756조), 이사 등은 법인의 지휘·감독을 받는 「피용자」에 해당하지 않으므로 이사 등이 직무관련행위로 가한 손해에 대하여는 이에 기하여 법인에게 책임을 물을 수 없다. 또한 내용적으로 사용자책임에서는 사용자가 피용자의 선임·감독에 대하여 주의의무를 다한 경우를 면책사유로 정하고 있는데(동조 제 1 항 단서), 법인의 불법행위책임의 경우에는 이러한 면책이 인정되지 않는다.

(2) 법인의 불법행위책임

법인이 불법행위책임을 지려면, ① 이사 기타 대표자가 ② 그 직무에 관하여 ③ 불법행위를 하여 타인에게 손해를 가하여야 한다.

(가) 이사 기타 대표기관의 행위이어야 한다. 이사 이외의 대표기관으로서는 임시이사(제63조), 특별대리인(제64조), 청산인(제96조)이 이에 속한다. 감사나 사단법인의 사원총회는 대표기관이 아니므로, 여기에 해당하지 않는다. 대표권 없는 이사의 경우도 마찬가지이다(대판 2005. 12. 23, 2003다30159). 또한 이사를 대리하여 특정한 법률행위를 하는 대리인(제62조) 등도 법인의 대표기관이 아니며, 법인이 그의 행위에 대하여 사용자책임을 질 경우가 있을 뿐이다.

(나) 「직무에 관하여」란 이사의 본래의 직무는 물론이고 외형상 객관적으

로 보아 그의 직무라고 인정되는 사항을 포함한다. 그러므로 대표기관의 주관적 의도는 문제가 되지 않으며, 주무관청의 허가가 없는 등 법령에 위반되었다 하여도 그것이 외형상 이사의 직무와 관련되는 것이면 위의 요건을 충족한다(대판 1969. 8. 26, 68다2320 등 참조). 객관적으로 관련성이 인정되는 이상 대표기관이 개인적인 이익을 추구하였다는 사정은 중요하지 않다(대판 2004. 2. 27, 2003다15280). 이러한 직무관련성은 대체로 사용자책임(제756조)에서 사무집행 관련성 요건의 해석에 준하여 판단될 수 있다.

다만 대표자가 이와 같이 본래의 직무에 속하지 아니하는 행위로 법인의 거래와 관련하여 배신적 불법행위를 행한 경우에는, 법인의 거래상 이익과 상대방 보호의 필요를 형량하여 볼 때, 상대방(피해자)이 그 의무위반을 알았거나 중대한 과실로 알지 못하였다면, 법인은 이에 대하여 책임을 지지 않는다(대판 1968. 1. 31, 67다2785). 그러한 경우에는 법인의 직무에 관한 대표행위가 있다는 점에 대해 상대방의 정당한 신뢰가 없으므로 그를 보호할 필요가 없기 때문이다(사용자책임에서도 대판 1980. 12. 13, 80다134; 1983. 6. 28, 83다카217 등 참조).

(다) 대표기관의 행위가 불법행위의 일반적 요건(제750조 등 참조)을 갖추어야 한다.

(3) 이사의 책임

법인의 불법행위책임이 성립한다고 하여 실제로 불법행위를 범한 이사 등 대표기관 자신이 책임을 면할 이유는 없다(제35조 제 1 항 후단). 법인과 기관 개인의 각 불법행위책임은 부진정연대채무(제 3 편 제 4 장 Ⅳ. 참조)의 관계에 있게 된다. 그러나 법인이 변제 등으로 피해자에게 만족을 준 경우에는, 법인은 기관 개인에 대하여 구상권을 가지게 된다.

그런데 대표기관이 「직무에 관한」 것이 아닌 행위로 인하여 타인에게 손해를 가한 경우에 대하여 민법은 특히 "그 사항의 의결에 찬성하거나 그 의결을 집행한 사원, 이사 및 기타 대표자가 연대하여" 손해를 배상하도록 정하고 있다(제35조 제 2 항). 이는 법인 제도의 신용을 확보하기 위한 규정으로서, 관여자 전원의 연대채무(부진정연대채무라고 해석할 것이다)를 인정한 점에 특징이 있다. 그러나 법인 내부의 의사결정을 거친 사항이 대표이사의 「직무」와 무관하다고 인정될 가능성은 거의 없어서, 이 규정의 실제적 의미는 크지 않다고 하겠다.

제3장 법인의 기관과 비법인사단

Ⅰ. 법인의 기관

법인은 일체로서 법인격을 가지지만, 실제로 목적달성을 위한 활동을 하려면 의사를 결정하고 이를 집행하는 구체적 담당자가 필요하다. 이러한 담당자를 법인 자체의 내적 조직구성이라는 관점에서 파악하는 것이 「기관」이라는 개념이다. 민법이 정하는 기관으로는 이사·감사·사원총회 및 청산인이 있다. 이사는 사단법인·재단법인 모두에 반드시 두어야 하는 필수기관으로, 업무를 집행하는 집행기관이면서 동시에 법인을 대표하는 대표기관이다. 감사는 반드시 두어야 하는 것은 아니나, 사단법인·재단법인 모두에 둘 수 있는 임의기관으로, 이사의 업무집행을 감독한다. 사원총회는 사단법인에만 두는 필수기관으로 법인의 내부적 의사를 결정하는 의사결정기관이다. 한편 청산인은 법인이 해산하는 경우에 청산사무를 담당하는 필수기관이다(다만 파산의 경우는 파산관재인이 담당한다).

1. 이 사

(1) 이사의 지위와 임면

(가) 이사는 대외적으로 법인을 대표하고, 대내적으로 법인의 사무를 집행하는 상설의 필수기관이다. 그 수는 제한이 없으며, 정관에서 정할 수 있다. 이사는 자연인이어야 하나(통설), 자격상실의 형을 받은 자는 이사가 될 수 없다(형 제

43조 제1항 제4호). 한편 이사의 성명과 주소는 등기사항이다(제49조 제2항 제8호). 따라서 이를 등기한 후가 아니면 제3자에게 대항하지 못한다(제54조 제1항).

(나) 이사의 임면에 관한 구체적 요건이나 절차는 정관에 정하여진 바에 의한다(제40조 제5호, 제43조; 필요적 기재사항). 구체적으로 이사로 취임하기 위해서는 법인과 이사가 될 사람 사이에서 계약이 있어야 하는데, 이 계약은 위임에 유사한 성질을 가진다. 그러므로 이사는 선량한 관리자의 주의로 직무를 행할 의무가 있으며(제61조, 제681조), 그 외에도 위임에 관한 규정(제682조 이하)은 정관에 다른 정함이 없는 한 법인과 이사 간의 관계에 준용된다.

이사의 임기만료·해임·퇴임 기타 직무의 종료에 대하여도 정관에 특별한 정함이 없으면 위임에 관한 규정을 준용할 것이다(대판 2013. 11. 28, 2011다41741). 그러므로 이사는 언제라도 사임할 수 있으며(제689조; 이는 해지로서 성질을 가지며, 의사표시 일반이론에 따라 효력이 발생한 이후에는 이를 철회할 수 없다), 또한 임기만료 등의 사유로 이사의 직위가 종료되더라도 "급박한 사정이 있는 때"에는 후임이사의 선임이 있을 때까지 종전의 직무를 수행할 권한을 가진다(제691조; 대판 1983. 9. 27, 83다카938). 마찬가지로 위임 법리에 좇아 법인은 원칙적으로 이사의 임기 만료 전에도 이사를 해임할 수 있다(제689조). 다만 어느 경우나 불리한 시기에 부득이한 사유 없이 해지하였다면 손해배상 책임이 발생할 수는 있다(대결 2014. 1. 17, 2013마1801). 그러나 법인이 정관으로 이사의 해임사유 및 절차 등에 관하여 별도의 규정을 두는 것은 물론 가능하며, 이는 임의규정인 제689조를 배제하는 취지를 가진다. 그 경우 법인은 이사의 중대한 의무위반 또는 정상적인 사무집행 불능 등의 특별한 사정이 없는 이상(그러한 특별한 사정에 대해서는 대결 1969. 7. 12, 69마305 참조) 정관에서 정하지 아니한 사유로 이사를 해임할 수 없다(대판 2013. 11. 28, 2011다41741).

(다) 이사가 없거나 결원이 생긴 경우에 이로 인하여 손해가 생길 염려가 있으면 일정한 사람의 청구에 의하여 법원이 임시이사를 선임하여야 한다(제63조; 판단 기준에 대해 대결 2018. 11. 20, 2018마5471 참조). 이는 대표권 있는 이사가 전혀 없거나 정관에서 정한 인원수에 미달하여 통상 절차에 따른 선임을 기다릴 때에 법인이나 제3자에게 손해가 생길 우려가 있는 경우를 말한다. 임시이사는 이해관계인 또는 검사의 청구에 의하여 법원이 선임한다(비송 제33조 제1항). 임시이사의 권한은 원칙적으로 정식이사와 같다(대판 2013. 6. 13, 2012다40332).

(2) 대표기관으로서 이사

"이사는 각자 법인의 사무에 관하여 법인을 대표한다"(제59조 제 1 항 본문).

(가) 이사는 우선 대외적으로 법인을 대표할 권한을 가지는 대표기관이다. 이사의 대표권은 「법인의 사무」 전반에 미치며, 이는 결국 법인의 행위능력과 범위를 같이한다(그러나 예외적으로 이해상반의 경우에 대해서는 제64조를 보라). 이사가 법인을 대표하여 하는 행위에 대하여는 대리에 관한 규정이 준용된다(제59조 제 2 항). 따라서 이사가 수인 있는 경우에도 각자가 이러한 권한을 가지는 것이 원칙이다(단독대표의 원칙; 제119조 참조).

"이사는 정관 또는 총회의 결의로 금지하지 아니한 사항에 한하여 타인으로 하여금 특정한 행위를 대리하게 할 수 있다"(제62조). 그러므로 포괄적 복임권의 수여는 허용되지 않는다(대판 1996. 9. 6, 94다18522). 그러나 이사의 대표권은 그 범위가 광범하고 계속적이므로, 복임권을 대폭적으로 제한하는 것은 입법론상 적절하지 아니하다(예를 들어 큰 규모의 회사를 생각해 보라). 그러므로 특히 정관의 규정을 유연하게 해석하여, 정관상의 기구가 일정 업무를 수행하도록 되어 있는 경우에는 그 업무의 한도에서 이사에게 복임권이 수여된 것으로 볼 것이다. 이사가 선임한 대리인은 법인의 기관이 아니며, 이사는 그 선임·감독에 관한 책임을 진다(제121조 제 1 항 참조).

(나) 이사의 대표권은 제한될 수 있다.

(a) 법률에 의하면 이사의 대표권은 우선 정관에 의하여 제한될 수 있다(제41조). 그런데 「대표권의 제한」이라고 하려면 법인의 대외관계에서 이사의 대표권이 제한되는 것을 말한다. 이사 전원이 공동하여서만 대표행위를 할 수 있다거나 이사 중 회사를 대표할 자를 별도로 두기로 하는 등이 이에 해당한다.

한편 대표에서도 대리에 있어서와 마찬가지로 본인에 대한 대내적 권리의무관계(제128조: "그 원인된 법률관계")와 제 3 자에 대하여 본인을 대표하는 대외관계는 구분되어야 하므로, 단지 전자의 관계에서 일정한 행위를 하여서는 안된다는 의무를 부담하는 데 그치는 정관 규정은 여기서 말하는 「대표권의 제한」에 해당하지 아니한다. 그러므로 정관에 일정한 사항에 대하여 일정한 제한이나 사전의 절차(가령 사원총회나 이사회의 결의 등)를 부과하고 있는 경우에도 그것이 단지 법인에 대한 대내적 관계에서 업무처리에 관련한 의무를 정하는 취지인 때에는 여기서 말하는 「대표권의 제한」이 아니다(대판 1975. 4. 22, 74다410 참조). 정관의 규정이 「대표권의 제한」에 해당하지 아니하는 경우에는, 이사가 이에 반하여 대표행위를 하였더라도, 대표행위의 효력에는 영향을 미치지 아니한다(물론 「대표권 남용」의 문제는 있을 수 있다). 물론 그 경우에 이사는 법인에 대한 의무위반으로 책임을 져야 할 것이며, 제59조 제 1 항 단서 전단이 이사의 대표행위에 있어서 "정관에 규정한 취지에 위반할 수 없"다고 정하는 것은 바로 이러한 취지라고 볼 것이다.

(b) 정관에 대표권 제한의 정함이 있어도, 이를 "등기하지 아니하면 제 3 자에게 대항하지 못한다"(제60조). 이는 이사 대표권의 제한을 등기사항으로 한 것(제49조 제 2 항 제 9 호)에 대응하여 그 효력을 정한 것이다.

여기서 「제 3 자」란 이사의 제한 없는 대표권을 바탕으로 새로운 이해관계를 맺은 자를 말하며, 전형적으로는 대표권이 제한된 이사가 권한을 넘어서 회사를 대표하여 법인재산을 처분하거나 법인채무를 부담하는 계약을 체결한 경우에 그 상대방이 이에 해당한다. 이에 대해서는 악의의 제 3 자를 보호할 필요가 없다는 이유로 선의의 제 3 자에 한정하여 해석하여야 한다는 견해도 주장되고 있다. 그러나 제60조는 등기의 존부만으로 대표권 제한의 제 3 자적 효력을 판단하려는 입법적 결단을 표명하는 것이어서 존중될 필요가 있다(아래 인용된 판례의 [참고] 내용을 보라). 그러므로 여기서는 선의·악의를 불문하며, 대표권의 제한이 등기되지 아니한 이상 법인은 악의의 제 3 자에 대하여도 대표권이 제한되었음을 주장할 수 없다고 하겠다.

반면 일단 대표권의 제한이 등기된 경우에는, 비록 이를 알지 못하고 대표권이 제한된 이사와 거래한 선의의 제 3 자에 대하여도 법인은 대표권의 제한을 주장할 수 있다. 그러므로 선의의 제 3 자는 민법 제126조 등을 원용하여 법률행위의 효력이 법인에 귀속됨을 주장할 수 없다고 할 것이다. 결국 그 한도에서 표견대리(表見代理)가 성립할 여지는 없다.

[1] 이사의 대표권 제한: 대판 1992. 2. 14, 91다24564

[주 문] 상고를 기각한다. 상고비용은 피고의 부담으로 한다.

[이 유]

1. 상고이유 제 1 점을 본다.

원심판결 이유에 의하면, 원심은 그 채택한 증거를 종합하여 피고 법인이 소외 경원건설주식회사가 피고 범인으로부터 판시 도로포장공사를 도급받아 위 포장공사에 소요되는 레미콘을 원고로부터 구입함에 있어 판시와 같은 경위와 형식으로 원고에 대하여 위 레미콘 대금채무를 연대보증한 사실을 인정하였는바, 기록에 비추어 살펴보면, 원심의 증거취사와 사실인정은 수긍이 가고 거기에 소론과 같이 채증법칙을 어기고 증거 없이 사실을 인정한 위법이 있다고 할 수 없다. 이 점에 관한 논지는 이유 없다.

2. 상고이유 제 2 점을 본다.

법인의 대표자가 법인의 채무를 부담하는 계약을 함에 있어서 이사회의 결의를 거쳐 노회와 설립자의 승인을 얻고 주무관청의 인가를 받도록 정관에 규정되어 있다면 그와 같은 규정은 법인대표권의 제한에 관한 규정으로서 이러한 제한은 등기하지 아니하면 제 3 자에게 대항할 수 없다고 할 것인바(당원 1975. 4. 22. 선고 74다410 판결; 1987. 11. 24. 선고 86다카 2484 판결 각 참조), 피고 법인의 정관 제10조에 그와 같은 취지의 법인 대표권의 제한에 관한 규정이 있음은 소론과 같으나 그와 같은 취지가 등기되어 있다는 주장 입증이 없는 이 사건에서 피고 법인은 원고가 그와 같은 정관의 규정에 대하여 선의냐 악의냐에 관계없이 제 3 자인 원고에 대하여 이러한 절차의 흠결을 들어 이 사건 보증계약의 효력을 부인할 수 없다고 할 것이다. 같은 취지의 원심판단은 정당하고 이와 반대되는 논지는 이유 없다.

그러므로 상고를 기각하고 상고비용은 패소자의 부담으로 하여 관여 법관의 일치된 의견으로 주문과 같이 판결한다.

[참고] 민법안심의록, 상권, 42면

“초안 제56조나 현행법은 대리권제한은 선의의 제 3 자에 대하여 대항할 수 없게 규정하고 있으나 이것은 제 3 자에 대하여 불측(不測)의 불이익을 초래할 것을 방지하는 데 그치고 다수의 이사를 옹호하는 등의 사유로 그 대표권의 제한을 필요로 하는 법인의 편익을 충족시키지 못하므로 법인운영에 지장이 많다. [⋯] 그러므로 대표권제한은 정관상으로는 임의적 기재사항으로 하고 등기에 있어서는 필요적 등기사항으로 하는 것이 좋은 것이다. 이 점에 관하여는 제 3 자 보호와 거래의 민속(敏速)과 안전을 기하기 위하여 대표권제한을 광범위로 허용함은 불가하다고 주장하는 견해도 성립이 되나, 등기는 신시대의 발달된 제도이고 이 제도를 활용함으로써 […] 제 3 자의 불측(不測)의 불이익을 예방하는 동시에 법인의 이익을 충족하여 운영의 묘를 기할 수 있다면 그 제도를 신설함이 적절한 것이다."

질문

1. 입법과정에서 표명되는 위와 같은 입장에 따르면 민법 제60조의 취지는 무엇인가?
2. 등기되지 아니한 대리권 제한이더라도 그 사실을 알고 있었던 악의의 제 3 자에게 대항할 수 있다는 견해는 주장될 수 있는가? 그 경우 민법 제60조와 관련해 어떠한 논거가 제시될 수 있는가? 반면 대리권 제한 사실을 알고 있는 제 3 자이더라도 반드시 보호가치가 없다고 할 수 있겠는가?

(c) 한편 법인의 대표기관이 법인의 목적 범위를 일탈하고 있지는 않지만 법령에 의하여 원시적으로 제한되고 있는 대표권한을 일탈하여 거래행위를 한 경우, 예를 들어 학교법인의 이사가 이사회 결의 및 감독관청의 허가 없이 기본재산을 처분하는 경우(사학 제28조 제 1 항 참조), 상대방은 법인에 대해 표견대리 책임(제126조)을 물을 수 있는가? 여기서 표견대리를 인정하면 법령이 대표권을 제한하는 취지가 몰각될 뿐만 아니라 상대방으로서 법령상 제한은 당연히 고려해야 하므로, 표견대리는 인정될 수 없다고 해야 한다(대판 1975. 8. 19, 75다666). 상대방의 보호는 법인의 불법행위 책임에 의하여 해결해야 한다(제35조).

(3) 업무집행기관으로서 이사

이사는 나아가 대내적으로 법인의 업무를 집행할 권리와 의무를 가지는 집행기관이다. "이사는 법인의 사무를 집행한다"(제58조 제 1 항). 업무집행은 그의 수임인적 지위에 비추어 당연히 정관 및 총회의 의결에 따라야 한다(제59조 제 1 항 단서, 제68조 참조). 한편 이사가 수인인 경우에는 정관에 다른 정함이 없는 한 이사의 과반수로써 업무집행의 내용을 결정한다(제58조 제 2 항).

(4) 이사의 주의의무

이사는 그 직무를 선량한 관리자의 주의로 행하여야 하며(제61조), 이를 해태한 때에는 법인에 대하여 채무불이행으로 인한 책임을 진다(제390조). 이는 비상근 또는 업무집행을 직접 담당하지 아니하는 이사의 경우에도 다르지 않다(대판 2016. 8. 18, 2016다200088). 민법은 특히 법인의 이익을 보호하기 위하여, 그 임무위반에 수인의 이사가 관여한 때에는 이들이 연대하여 책임을 지도록 정한다(제65조).

2. 감　사

감사는 이사와 같은 필수기관은 아니며, 정관 또는 총회의 결의에 의하여 둘 수 있는 임의기관이다(제66조). 감사는 집행기관인 이사의 업무집행을 감독하는 직무를 수행한다(감사의 직무에 대해서는 예시적이지만 우선 제67조 참조). 감사는 선량한 관리자의 주의로 직무를 행하여야 한다(제681조; 그러나 감사에 대하여는 제65조의 적용은 없다고 할 것이다).

3. 사원총회

(1) 내부적 의사결정 기관으로서 사원총회

사단법인에는 내부적 의사를 결정하기 위하여 사원 전원으로 구성되는 사원총회가 필수적으로 있어야 한다. 즉 사원이 존재하지 않는 재단법인과는 달리, 사원 모두에게 사단의 의사결정에 참여하는 것을 보장하는 기관으로 사원총회가 요구되는 것이다. 그러므로 이는 정관에 의하여서도 폐지하지 못한다. 민법은 정관변경이나 임의해산과 같은 사단의 기본에 관한 결정은 반드시 사원총회의 결의에 의하도록 정하고 있다.

(2) 사원총회의 권한

총회는 원칙적으로 법인의 업무 전부에 대하여 결정할 권한을 가진다. 이는 내부적인 의사결정에 관한 것이고 외부적 대표나 내부적 업무집행을 할 권한은 없다. 다만 정관으로 이사 기타의 임원에게 위임한 사항에 대하여는 총회의 결정권이 미치지 않는다(제68조). 또한 정관변경(제42조)과 임의해산(제77조 제 2 항)은 총회의 전권에 속하며, 정관에 의하여서도 이를 박탈하지 못한다.

(3) 사원총회의 소집

사원총회는 상설기관이 아니며, 실제의 직무를 수행하려면 이를 소집하여 사원들이 회의체로 결집되어야 한다. 여기서 그 소집의 형태에 따라 (적어도 매년 1회 일정한 시기에 소집되는) 통상총회(제69조)와 임시총회(제67조 제 4 호, 제70조)가 구분된다. 또한 총회는 그와 같이 구성된 회의체에서 결의의 방법으로 사단의 내부적 의사를 결정한다(총회의 절차에 대해서는 제71조 내지 제76조의 규정을 보라).

Ⅱ. 정관변경

일단 정관으로 사단이나 재단의 내부적 기본질서를 정하였다고 하여도 사정의 변경에 따라 이를 변경할 필요가 생김은 물론이다. 그러나 재단법인의 경우에는, 그것이 설립자가 정한 근본 규칙에 따라서 운용되어야 한다는 「설립자 존중의 원칙」에 따라서, 정관변경은 원칙적으로 허용되지 아니한다. 반면 사단법인의 경우에는, 비록 사안의 중대성에 비추어 사원총회의 특별결의를 요한다고는 하여도, 사원의 의사에 의하여 정관을 변경할 수 있다.

1. 사단법인의 정관변경

우선 사단법인의 정관을 변경함에는, ① 총회의 결의와 ② 주무관청의 허가를 요한다(제42조; 대판(전) 1996. 5. 16, 95누4810에 의하면 이는 성질상 인가이다).

총회가 정관변경을 결의하는 데는 총사원(출석사원이 아니다)의 3분의 2 이상의 동의가 있어야 한다(이는 정관에서 달리 정할 수 있다). 이는 총회의 전권사항으로서, 정관에서 다른 뜻을 정하여도 이는 효력이 없다. 한편 변경의 대상이 되는 정관조항에는 제한이 없다. 그러나 강행법규나 공서양속에 반하는 정관변경이 허용되지 않음은 물론이다. 예컨대 필요적 기재사항인 이사의 임면에 관한 규정을 삭제할 수 없다(대결 1966. 5. 10, 65마109).

이상의 요건에 따라 정관은 변경되며, 그 외에 정관이라는 서면의 변경은 요구되지 않는다. 다만 변경이 등기사항에 관한 것인 때에는, 그 변경을 등기하지 않으면 이를 제 3 자에 대하여 대항하지 못한다(제54조).

2. 재단법인의 정관변경

(1) 재단법인의 경우에는, 그것이 설립자가 정한 근본규칙에 따라서 운용되어야 한다는「설립자 존중의 원칙」에 따라서, 정관변경은 원칙적으로 허용되지 아니하며, 단지 정관에서 변경이 허용되고 또 변경 방법을 정하고 있는 경우에 한하여 이를 할 수 있다(제45조 제 1 항). 그러나 상대적으로 중요성이 덜한 명칭 및 사무소 소재지는 "목적달성 또는 그 재산의 보전을 위하여 적당한 때"라면 이를 변경할 수 있다(동조 제 2 항).

이상의 정관변경에는 주무관청의 허가가 요구된다(동조 제 3 항, 제42조 제 2 항). 한편 판례는 정관에 기재되어 있는 기본재산(제43조, 제40조 제 4 호)을 처분하는 것은 정관변경에 해당하므로, 비록 정관에서 처분이 허용되었다고 하더라도, 주무관청의 허가가 없으면 효력이 없으며, 이는 기본재산의 증가에 대하여도 마찬가지라고 한다(대판 1966. 11. 29, 66다1668 등). 기본재산에 강제집행이 행해지는 경우 정관변경은 경매개시요건은 아니고, 허가를 특별매각조건으로 해서 절차를 진행해야 한다(대결 2018. 7. 20, 2017마1565). 그러나 주무관청의 허가를 받아 저당권을 설정한 경우 매각에 별도의 허가를 받을 필요는 없다(대결 2019. 2. 28, 2018마800).

(2) 법인의 목적을 달성하는 것이 불가능하게 되면 재단법인은 해산한다(제77조 제 1 항 참조). 그러나 경우에 따라서는 해산보다는 목적 등을 변경하여서라도 이를 존속시켜 계속 활동하게 하는 것이 바람직하고 또 설립자의 의사에도 맞을 수 있다. 그러므로 민법은, 정관에 정관변경의 정함이 없는 경우에도, "재단법인의 목적을 달성할 수 없는 때에는 설립자나 이사는 주무관청의 허가를 얻어 설립의 취지를 참작하여 그 목적 기타 정관의 규정을 변경할 수 있다"고 정한다(제46조).「설립의 취지를 참작」하는 것은 애초의 출연행위의 의도를 가능한 한 달성할 수 있도록 하여야 한다는 의미이나, 반드시 원래의 목적과 유사할 필요는 없다. 이상의 정관변경이 등기사항에 관한 것인 때에는, 역시 그 변경을 등기하지 않으면 이를 제 3 자에 대하여 대항하지 못한다(제54조).

Ⅲ. 법인의 해산

자연인은 누구나 피할 수 없는 생명의 소진에 의하여 권리능력을 상실하게 된다. 이에 비하여 법인은 인위적 실체로서 자연적 사망이란 있을 수 없으며, 설립목적을 달성하기 위한 활동이 계속되는 한 존속한다. 그러나 법인에 있어서도 존재를 그쳐야 하는 여러 가지 사유(해산사유)가 발생할 수 있다. 그 때에 법인에게는 자연인에서와 같은 상속은 인정되지 아니하므로, 법인은 본래의 활동을 정지하고 재산관계 등을 정리하는 절차를 밟을 필요가 생긴다. 이와 같이 법인이 일정한 절차를 거쳐 종국적으로 권리능력의 상실에 이르는 중간 단계로서 해산과 청산이 강구되었다.

해산이란 법인이 적극적 활동을 계속할 수 없음을 확정하고, 청산을 위한 범위에 한정하여 존속할 수 있는 상태가 되는 것을 말한다. 해산은 해산 사유의 객관적 발생만으로 자동적으로 일어나며, 법원의 재판으로 선고되는 것이 아니다(다만 공시에 대해서는 제85조, 제86조 참조). 해산 사유로는 우선 법인 일반에 해당하는 것으로 존립기간의 만료, 법인의 목적 달성 또는 달성 불능, 정관이 정한 사유, 파산, 설립허가 취소가 있으며(제77조 제 1 항), 사단법인의 특수한 해산 사유로 사원이 없게 된 사정 및 사원총회의 결의가 있다(동조 제 2 항).

한편 청산이란 해산한 법인이 잔여의 업무나 재산관계를 정리하는 연속적 행위로 이루어지는 절차를 가리킨다. 이는 기본적으로 법인의 업무를 종료하고, 법인의 채권을 추심하고 채무를 변제한 다음, 잔여재산을 분배하는 것을 그 내용으로 한다(제87조 제 1 항 참조). 해산에 의하여 법인은 청산에 필요한 한도에서만 활동하는 소극적 존재가 되었다가, 청산의 종결에 의하여 비로소 소멸하여 권리능력을 상실한다. 그리고 해산 이후 청산종결까지 제한된 권리능력(제81조 참조)의 범위 내에서 존속하는 법인을 「청산법인」이라고 한다. 청산법인은 원래의 법인과 별개의 존재가 아니라, 그 동일성을 유지하면서 단지 목적이나 권리능력이 제한될 뿐이다. 구체적인 청산절차에 대해서는 제81조 이하를 보라.

Ⅳ. 법인 아닌 사단·재단

1. 개 관

사단의 실체를 갖추고 있으면서 법인설립절차를 거치지 아니하여 법인격이 없는 것을 「법인 아닌 사단」 또는 「권리능력 없는 사단」이라고 부른다. 민법은 공동소유의 한 형태로서 "법인이 아닌 사단의 사원이 집합체로서 물건을 소유할 때"에는 이를 총유로 한다고 정한다(제275조 제 1 항). 아래에서는 이 규정에서 말하는 집합체로서의 「법인 아닌 사단」에 대해 간략하게 살펴본다. 또 재단의 실체를 갖추고 있으면서 법인설립절차를 거치지 아니한 「법인격 없는 재단」도 상정될 수 있으나, 실제로는 그 예가 많지 않다.

2. 법인 아닌 사단에 관한 일반적 법리

(1) 법인 아닌 사단의 성립

(가) 사단은 하나의 이념형으로서 인적 결합의 다른 하나의 양태인 조합과 대조된다(조합에 대해 제 1 편 제 1 장 Ⅲ. 3. (2) 참조). 양자는 단체 자체의 단일성과 구성원 개인의 개별성의 상대적 우열에 따른 이념형적 구별이다. 사단은 구성원의 개인성과는 별개로 권리의무의 주체가 될 수 있는 독자적 존재로서의 단체적 조직을 가지며 구성원의 개별적 존재는 그 배후로 후퇴되어 있어서, 구성원의 변경에 의하여 단체의 존속이 영향을 받지 아니한다. 구체적으로는 대체로 ① 독자적으로 추구되는 단체 고유의 목적과 그 목적의 실현을 위한 활동이 있고, ② 단체의 중요한 업무를 규율하는 어떠한 형태의 자치규약(넓은 의미의 정관)을 갖추고, ③ 단체로서의 의사를 결정하고 대외적으로 집행하는 기관을 두고 있다는 세 가지 측면을 고려하여 위와 같은 독자적 단체성의 여부를 판단하여야 할 것이다(대판 1991. 5. 28, 91다7750 등 참조). 그러나 이들은 사단성립의 요건이라고 할 것은 아니며, 독자적 단체성 여부를 판단하는 상관적 요소임에 그친다. 그리고 예컨대 사단법인의 독립된 지부와 같이 사단법인의 하부조직이더라도 이상의 요소들을 충족한다면 별개의 독립한 비법인사단으로 볼 수 있다(대판 2003. 4. 11, 2002다59337).

(나) 판례는 사단의 성립에 반드시 최초 구성원들의 단체조직행위, 특히

단체 설립을 내용으로 하는 법률행위(설립행위)를 요구하지는 않는다. 예를 들면 종중은 관습상 당연히 성립하는 것으로서 그 성립에 어떠한 조직행위를 필요로 하지 않는다고 한다(대판 1983. 2. 22, 81다584). 이는 자연부락과 같은 이른바 자연단체의 경우에도 마찬가지이다(대판 1987. 3. 10, 85다카2508). 이들은 관습상의 단체로서 그 관습의 내용이 중요하여서, 새로운 구성원의 가입의 의사표시도 요구되지 않는다고 한다(그러나 이상의 내용에 대해서는 소극적 결사의 자유라는 관점에서 비판적인 견해도 주장된다). 한편 산림계, 어촌계, 양식계, 보중(洑中; 저수지 또는 보의 몽리민들로 구성된다) 등과 같이, 종래부터 같이 누려 온 일정한 경제적 이익(많은 경우 이는 생존의 문제이다)의 유지·관리에 필요한 업무를 처리하기 위한 사람들의 집합도 사단이다. 그 외에 재판례에 나타난 것으로는, 설립 중의 회사, 노동조합, 동민회, 직장·지역의 주택조합, 재건축조합, 종중, 교회(이른바 교회분열의 법률관계에 대해서는 대판(전) 2006. 4. 20, 2004다37775 참조), 사찰 등이 있다.[1)] 그런데 이러한 비법인사단들은 각각의 고유성이 강하여 일반 법리만으로는 이들 모두를 만족스럽게 규율하기 어렵다. 오히려 각각의 단체 유형에 고유의 법리가 발전되고 있는 경향이라고 말할 수 있을 것이다.

[2] 종중 구성원의 자격: 대판(전) 2005. 7. 21, 2002다1178

[주 문] 원심판결을 파기하고, 사건을 서울고등법원에 환송한다.

[이 유]

1. 원심판결의 요지

원심은, 피고는 용인 이씨 시조 길권의 18세손 말손을 중시조로 하는 종중이고, 원고들은 말손의 후손인 여성들로서 용인 이씨 33세손이며, 피고의 종중규약 제 3 조에 "본회는 용인 이씨 사맹공(휘 末字 孫字)의 후손으로서 성년이 되면 회원자격을 가진다."고 규정되어 있는 사실을 인정한 다음, 위 규약에서 회원 자격을 남자로 제한하고 있지 않으므로 원고들도 피고 종회의 회원(종원) 자격을 갖는다는 원고들의 주장에 대하여, 종래 관습상 종중은 공동선조의 분묘수호와 제사 및 종원 상호간의 친목을 목적으로 공동선조의 후손 중 성년인 남자를 종원으로 하여 구성되는 종족의 자연적 집단으로서 혈족이 아닌 자나 여

1) 다만 노동조합은 법인으로 할 수 있으며(노조 제 6 조), 법령 개정에 따라 재개발조합이나 재건축조합 등은 현재 사단법인이다(도정 제38조 제 1 항).

성은 종중의 구성원이 될 수 없고, 종중의 구성원이 될 수 없는 자에게 종원의 자격을 부여하는 종회의 결의에 따라 제정된 회칙은 종중의 본질에 반하여 부적법하다는 법리에 비추어 볼 때, 비록 피고의 종중규약이 회원의 자격을 명시적으로 남자로 제한하고 있지는 않다고 하더라도 이로 인하여 여성도 피고 종회의 회원 자격을 갖는다고 할 수는 없다고 하여 이를 배척하고, 나아가 피고가 관습상의 종중과 다른 종중 유사단체에 해당한다는 원고들의 주장에 대하여도, 피고의 종중회의에 여성들이 참석한 적이 없었던 점과 종중은 성년의 남자를 구성원으로 하여 자연적으로 성립된다는 점에 비추어 볼 때, 피고가 종중규약을 통하여 피고 종중을 관습상의 종중과는 다른 종중 유사의 사단으로 변경하려는 의사가 있었다고 인정할 수 없다고 하여 이를 배척하였다.

2. 대법원의 판단

가. 종중에 대한 종래의 대법원판례

종래 대법원은 관습상의 단체인 종중을 공동선조의 분묘수호와 제사 및 종원 상호간의 친목을 목적으로 하여 공동선조의 후손 중 성년 남자를 종원으로 하여 구성되는 종족의 자연적 집단이라고 정의하면서, 종중은 공동선조의 사망과 동시에 그 자손에 의하여 성립되는 것으로서 종중의 성립을 위하여 특별한 조직행위를 필요로 하는 것이 아니므로, 반드시 특별하게 사용하는 명칭이나 서면화된 종중규약이 있어야 하거나 종중의 대표자가 선임되어 있는 등 조직을 갖추어야 하는 것은 아니라고 하였고, 종원은 자신의 의사와 관계없이 당연히 종중의 구성원이 되는 것이어서 종원 중 일부를 종원으로 취급하지 않거나 일부 종원에 대하여 종원의 자격을 영원히 박탈하는 내용으로 규약을 개정하는 것은 종중의 본질에 반하는 것으로 보았으며, 혈족이 아닌 자나 여성은 종중의 구성원이 될 수 없다고 하였다.

나. 관습법의 요건

관습법이란 사회의 거듭된 관행으로 생성한 사회생활규범이 사회의 법적 확신과 인식에 의하여 법적 규범으로 승인·강행되기에 이른 것을 말하고, 그러한 관습법은 법원(法源)으로서 법령에 저촉되지 아니하는 한 법칙으로서의 효력이 있는 것이며(대법원 1983. 6. 14. 선고 80다3231 판결 참조), 또 사회의 거듭된 관행으로 생성한 어떤 사회생활규범이 법적 규범으로 승인되기에 이르렀다고 하기 위하여는 헌법을 최상위 규범으로 하는 전체 법질서에 반하지 아니하는 것으로서 정당성과 합리성이 있다고 인정될 수 있는 것이어야 하고, 그렇지 아니한 사회생활규범은 비록 그것이 사회의 거듭된 관행으로 생성된 것이라고 할지라도 이를 법적 규범으로 삼아 관습법으로서의 효력을 인정할 수 없다고 할 것이다(대법원 2003. 7. 24. 선고 2001다48781 전원합의체 판결 참조).

따라서 사회의 거듭된 관행으로 생성된 사회생활규범이 관습법으로 승인되었다고 하더라도 사회 구성원들이 그러한 관행의 법적 구속력에 대하여 확신을 갖지 않게 되었다거나, 사회를 지배하는 기본적 이념이나 사회질서의 변화로 인하여 그러한 관습법을 적용하여야 할 시점에 있어서의 전체 법질서에 부합하지 않게 되었다면 그러한 관습법은 법적 규범으로서의 효력이 부정될 수밖에 없다.

다. 종중 구성원의 자격을 성년 남자로 제한하는 종래 관습법의 효력

(1) 종중에 대한 사회일반의 인식 변화

종중은 조상숭배의 관념을 바탕으로 제사를 일족일가(一族一家)의 최중요사(最重要事)로 하는 종법사상(宗法思想)에 기초한 제도로서, 조상에 대한 제사를 계속 실천하면서 남계혈족(男系血族) 중심의 가(家)의 유지와 계승을 위하여 종원들 상호간에 긴밀한 생활공동체를 달성하는 것을 주된 목적으로 성립되었으며, 성년 남자만을 종중의 구성원으로 하는 종래의 관행은 이러한 종법사상에 기초한 가부장적, 대가족 중심의 가족제도와 자급자족을 원칙으로 한 농경중심의 사회를 그 토대로 하고 있었다.

그런데 우리 사회는 1970년대 이래의 급속한 경제성장에 따른 산업화·도시화의 과정에서 교통과 통신이 비약적으로 발달하고 인구가 전국적으로 이동하면서 도시에 집중되며 개인주의가 발달하는 한편 대중교육과 여성의 사회활동참여가 대폭 증대되고 남녀평등의식이 더욱 넓게 확산되는 등 사회 환경이 전반적으로 변화하였고, 이에 따라 가족생활과 제사문화 등에 있어서도 커다란 변화가 있게 되었다.

가족생활에서는 부모와 미혼의 자녀를 구성원으로 하는 핵가족의 생활공동체를 바탕으로 출산율의 감소와 남아선호(男兒選好) 내지 가계계승(家系繼承) 관념의 쇠퇴에 따라 딸만을 자녀로 둔 가족의 비율이 증가하게 되었고, 부모에 대한 부양에 있어서도 아들과 딸의 역할에 차이가 없게 되었으며, 핵가족의 확산 등에 따라 과거의 엄격한 제사방식에도 변화가 생겨 여성이 제사에 참여하는 것이 더 이상 특이한 일로 인식되지 않게 되었다.

그리고 국토의 효율적인 이용을 위한 국토이용계획의 수립과 묘지제도의 변화로 화장(火葬)이 확산됨에 따라 조상의 분묘수호를 주된 목적의 하나로 하는 종중의 존립기반이 동요될 수 있는 요인이 생겼고, 개인주의의 발달과 함께 조상숭배관념이 약화됨으로써 종중에 대하여 무관심한 현상이 일부 나타나고 있기도 하며, 다른 한편으로는 교통·통신의 발달, 경제적 생활여건의 개선과 더불어 자아실현 및 자기존재확인 욕구의 증대 등으로 종중에 대한 관심이 고조

되는 현상도 일부 나타나고 있다.

이러한 변화된 사회현실은 종중의 구성원에 대한 국민의 인식에도 적지 않은 변화를 가져오게 되었는바, 종중이 종원의 범위를 명백히 하기 위하여 일족의 시조를 정점으로 그 자손 전체의 혈통, 배우자, 관력 등을 기재하여 반포하는 족보의 편찬에 있어서 과거에는 아들만을 기재하는 경우가 보통이었으나 오늘날에는 딸을 아들과 함께 기재하는 것이 일반화되어 가고 있고, 전통적인 유교사상에 입각한 가부장적 남계혈족 중심의 종중 운영과는 달리 성년 여성에게도 종원의 지위를 부여하는 종중이 상당수 등장하게 되었으며, 나아가 종원인 여성이 종중의 임원으로 활동하고 있는 종중들도 출현하게 되었다.

결국, 위와 같은 사회 환경과 인식의 변화로 인하여 종원의 자격을 성년 남자로만 제한하고 여성에게는 종원의 자격을 부여하지 않는 종래의 관습에 대하여 우리 사회 구성원들이 가지고 있던 법적 확신은 그것이 현재 소멸되었다고 단정할 수는 없으나 상당 부분 흔들리거나 약화되어 있고, 이러한 현상은 시일의 경과에 따라 더욱 심화될 것으로 보인다.

(2) 우리 사회 법질서의 변화

우리 헌법은 1948. 7. 17. 제정 시에 모든 국민은 법률 앞에 평등이며 성별에 의하여 정치적, 경제적, 사회적 생활의 모든 영역에 있어서 차별을 받지 아니한다고 선언하였으나, 가족생활관계를 규율하는 가족법 분야에서는 헌법에서 선언한 남녀평등의 원칙이 바로 반영되지는 못하였다.

그 후 1980. 10. 27. 전문 개정된 헌법에서는 혼인과 가족생활은 개인의 존엄과 양성의 평등을 기초로 성립되고 유지되어야 한다는 규정이 신설되었는바, 이는 유교사상에 의하여 지배되던 우리의 전통적 가족제도가 인간의 존엄과 남녀평등에 기초한 것이라고 보기 어렵기 때문에 헌법이 추구하는 이념에 맞는 가족관계로 성립되고 유지되어야 한다는 헌법적 의지의 표현이라고 할 것이다.

한편, 1985. 1. 26.부터 국내법과 같은 효력을 가지게 된 유엔의 여성차별철폐협약(CONVENTION ON THE ELIMINATION OF ALL FORMS OF DISCRIMINATION AGAINST WOMEN)은 '여성에 대한 차별'이라 함은 정치적, 경제적, 사회적, 문화적, 시민적 또는 기타 분야에 있어서 결혼 여부와 관계없이 여성이 남녀동등의 기초 위에서 인권과 기본적 자유를 인식, 향유 또는 행사하는 것을 저해하거나 무효화하는 것을 목적으로 하는 성별에 근거한 모든 구별, 제외 또는 제한을 의미한다고 규정하면서, 위 협약의 체약국에 대하여 여성에 대한 차별을 초래하는 법률, 규칙, 관습 및 관행을 수정 또는 폐지하도록 입법을 포함한 모든 적절한 조치를 취할 것과 남성과 여성의 역할에 관한 고정관념에 근거한 편견과 관습 기타 모든 관행의 철폐를 실현하기 위하여 적절한 조치를 취할 의무를 부과하였다. 그리고 1990. 1. 13. 법률 제4199호로 개정되어 1991. 1. 1.부터 시행된 민법은 가족생활에서의 남녀평등의 원칙을 특히 강조하고 있는 헌법 정신을 반영하여 친족의 범위에 있어서 부계혈족과 모계혈족 및 부족인척(夫族姻戚)과 처족인척(妻族姻戚) 사이의 차별을 두지 아니하고, 호주상속제를 폐지하는 대신 호주승계제도를 신설하면서 실질적으로 가족인 직계비속 여자가 호주승계인이 되어 조상에 대한 제사를 주재(主宰)할 수 있도록 하였으며, 재산상속분에 있어서도 남녀의 차별을 철폐하였다.

또한, 1995. 12. 30. 법률 제5136호로 제정되어 1996. 7. 1.부터 시행된 여성발전기본법은 정치·경제·사회·문화의 모든 영역에 있어서 남녀평등을 촉진하고 여성의 발전을 도모함을 목적으로 하여, 모든 국민은 남녀평등의 촉진과 여성의 발전의 중요성을 인식하고 그 실현을 위하여 노력하여야 하고, 국가 및 지방자치단체는 남녀평등의 촉진, 여성의 사회참여확대 및 복지증진을 위하여 필요한 법적·제도적 장치를 마련하고 이에 필요한 재원을 조달할 책무를 지며, 여성의 참여가 현저히 부진한 분야에 대하여 합리적인 범위 안에서 여성의 참여를 촉진함으로써 실질적인 남녀평등의 실현을 위한 적극적인 조치를 취할 수 있도록 규정하였다.

나아가 2005. 3. 31. 법률 제7428호로 개정된 민법은, 호주를 중심으로 가(家)를 구성하고 직계비속의 남자를 통하여 이를 승계시키는 호주제도가 남녀평등의 헌법이념과 시대적 변화에 따른 다양한 가족형태에 부합하지 않는다는 이유에서 호주에 관한 규정과 호주제도를 전제로 한 입적·복적·일가창립·분가 등에 관한 규정을 삭제하고, 자녀의 성(姓)과 본(本)은 부(父)의 성과 본을 따르는 것을 원칙으로 하되 혼인신고 시 부모의 협의에 의하여 모(母)의 성과 본을 따를 수도 있도록 규정하기에 이르렀다.

(3) 종중 구성원에 관한 종래 관습법의 효력

앞에서 본 바와 같이 종원의 자격을 성년 남자로만 제한하고 여성에게는 종원의 자격을 부여하지 않는 종래 관습에 대하여 우리 사회 구성원들이 가지고 있던 법적 확신은 상당 부분 흔들리거나 약화되어 있고, 무엇보다도 헌법을 최상위 규범으로 하는 우리의 전체 법질서는 개인의 존엄과 양성의 평등을 기초로 한 가족생활을 보장하고, 가족 내의 실질적인 권리와 의무에 있어서 남녀의 차별을 두지 아니하며, 정치·경제·사회·문화 등 모든 영역에서 여성에 대한 차별을 철폐하고 남녀평등을 실현하는 방향으로 변화되어 왔으며, 앞으로도 이러한 남녀평등의 원칙은 더욱 강화될 것인바, 종중은 공동선조의 분묘수호와 봉제사 및 종원 상호간의 친목을 목적으로 형성되는 종족단체로서 공동선조의 사망과 동시에 그 후손에 의하여 자연발생적으로 성립하는 것임에도, 공동선조의 후손 중 성년 남자만을 종중의 구성원으로 하고 여성은 종중의 구성원이 될 수 없다는 종래의 관습은, 공동선조의 분묘수호와 봉제사 등 종중의 활동에 참여할 기회를 출생에서 비롯되는 성별만에 의하여 생래적으로 부여하거나 원천적으로 박탈하는 것으로서, 위와 같이 변화된 우리의 전체 법질서에 부합하지 아니하여 정당성과 합리성이 있다고 할 수 없다. 따라서 종중 구성원의 자격을 성년 남자만으로 제한하는 종래의 관습법은 이제 더 이상 법적 효력을 가질 수 없게 되었다고 할 것이다.

라. 종중 구성원의 자격

민법 제 1 조는 민사에 관하여 법률에 규정이 없으면 관습법에 의하고 관습법이 없으면 조리에 의한다고 규정하고 있는바, 성문법이 아닌 관습법에 의하여 규율되어 왔던 종중에 있어서 그 구성원에 관한 종래 관습은 더 이상 법적 효력을 가질 수 없게 되었으므로, 종중 구성원의 자격은 민법 제 1 조가 정한 바에 따라 조리에 의하여 보충될 수밖에 없다.

종중이란 공동선조의 분묘수호와 제사 및 종원 상호간의 친목 등을 목적으로 하여 구성되는 자연발생적인 종족집단이므로, 종중의 이러한 목적과 본질에 비추어 볼 때 공동선조와 성과 본을 같이 하는 후손은 성별의 구별 없이 성년이 되면 당연히 그 구성원이 된다고 보는 것이 조리에 합당하다고 할 것이다.

마. 새로운 판례의 적용 시점과 이 사건에의 소급적용

이와 같은 종중 구성원의 자격에 관한 대법원의 견해의 변경은 관습상의 제도로서 대법원판례에 의하여 법률관계가 규율되어 왔던 종중제도의 근간을 바꾸는 것인바, 대법원이 이 판결에서 종중 구성원의 자격에 관하여 위와 같이 견해를 변경하는 것은 그동안 종중 구성원에 대한 우리 사회일반의 인식 변화와 아울러 전체 법질서의 변화로 인하여 성년 남자만을 종중의 구성원으로 하는 종래의 관습법이 더 이상 우리 법질서가 지향하는 남녀평등의 이념에 부합하지 않게 됨으로써 그 법적 효력을 부정하게 된 데에 따른 것일 뿐만 아니라, 위와 같이 변경된 견해를 소급하여 적용한다면, 최근에 이르기까지 수십 년 동안 유지되어 왔던 종래 대법원판례를 신뢰하여 형성된 수많은 법률관계의 효력을 일시에 좌우하게 되고, 이는 법적 안정성과 신의성실의 원칙에 기초한 당사자의 신뢰보호를 내용으로 하는 법치주의의 원리에도 반하게 되는 것이므로, 위와 같이 변경된 대법원의 견해는 이 판결 선고 이후의 종중 구성원의 자격과 이와 관련하여 새로이 성립되는 법률관계에 대하여만 적용된다고 함이 상당하다.

다만, 대법원이 위와 같이 종중 구성원의 자격에 관한 종래의 견해를 변경하는 것은 결국 종래 관습법의 효력을 배제하여 당해 사건을 재판하도록 하려는 데에 그 취지가 있고, 원고들이 자신들의 권리를 구제받기 위하여 종래 관습법의 효력을 다투면서 자신들이 피고 종회의 회원(종원) 자격이 있음을 주장하고 있는 이 사건에 대하여도 위와 같이 변경된 견해가 적용되지 않는다면, 이는 구체적인 사건에 있어서 당사자의 권리구제를 목적으로 하는 사법작용의 본질에 어긋날 뿐만 아니라 현저히 정의에 반하게 되므로, 원고들이 피고 종회의 회원(종원) 지위의 확인을 구하는 이 사건 청구에 한하여는 위와 같이 변경된 견해가 소급하여 적용되어야 할 것이다.

따라서 종중 구성원의 자격을 성년 남자로 제한하는 관습에 법적 규범인 관습법으로서의 효력을 인정하고 이를 적용하여 성년 여성인 원고들에게 피고 종회의 회원 자격을 인정하지 아니한 원심의 판단에는 관습법의 효력에 관한 법리를 오해함으로써 판결에 영향을 미친 위법이 있다고 할 것이다.

3. 결 론

그러므로 나머지 상고이유에 관한 판단을 생략한 채 원심판결을 파기하고, 사건을 다시 심리·판단하게 하기 위하여 원심법원에 환송하기로 하여 주문과 같이 판결하는바, 이 판결에는 [···] 별개의견이 있는 외에는 관여 대법관들의 의견이 일치되었고, [···] 다수의견에 대한 보충의견이 있다.

4. [···] 별개의견은 다음과 같다.

가. 시대의 변화와 우리 사회의 법질서의 변천 등에 따라 종중에 관한 종래의 관습법에 일부 변화가 있어야 할 것이라는 점에 대하여는 다수의견과 견해를 같이한다.

그러나 다수의견이 설시한 바와 같은 이유로 종래의 종중 구성에 관한 관습법의 효력을 통틀어 부정한 다음, 공동선조와 성과 본을 같이 하는 후손은 성년이 되면 당연히 그 구성원이 된다고 보는 것이 조리에 합당하다는 견해에는 찬성할 수 없다.

나. (1) 종래 종중에 관한 관습법으로 대법원이 승인한 것은 '고유한 의미의 종중이란 공동선조의 후손 중 성년 이상의 남자를 종원으로 하여 구성되는 자연발생적인 종족단체'라는 것이고, 이러한 고유한 의미의 종중은 남계혈족 중심의 사고를 전제로 한 것임은 분명하다.

남계혈족 중심의 사고가 재음미·재평가되어야 한다는 점에 대하여는 수긍한다 하더라도 종중의 시조 또는 중시조가 남자임을 고려할 때(여자를 시조 또는 중시조로 하는 종중도 가능하나, 이는 관습법의 범위 밖의 문제이다), 종중에 있어서의 남녀평등의 관철의 범위와 한계에 대하여는 보다 신중한 검토가 필요할 것이다.

또한 종중은 다른 나라에서 유래를 찾아보기 어려운 우리나라에 독특한 제도이며, 우리 전통의 산물이다. 그런데 우리 헌법상 국가는 전통문화의 계승·발전과 민족문화의 창달에 노력하여야 할 헌법적 의무를 지고 있다(헌법 제 9 조). 그러므로 종중에 관한 종래의 관습법을 평가함에 있어서도 우리의 전통문화가 현대의 법질서와 조화되면서 계승·발전되도록 노력하여야 할 것이다.

(2) 다수의견은 종래의 관습법이 우리의 '전체' 법질서에 부합하지 않게 되었다고 말하면서도 실제에 있어서는 종중의 구성원에 관하여 오직 남녀평등의 원칙 그 하나만을 유일한 기준으로 종중관습법을 평가하고 있다.

그러나 종중은 그 주된 기능상 제사공동체·친목공동체이며, 본질적으로 사적 자치단체이다. 그리고 이러한 사적 자치단체의 구성에 관하여 그것이 합헌적·합법적인지 여부 등을 '전체 법질서'에 비추어 판단함에 있어서 고려하여야 할 요소로는 남녀평등의 원칙만이 있는 것이 아니며, 오히려 헌법 제21조 제 1 항의 결사의 자유와의 관계가 먼저 검토되어야 할 것이다.

또한, 종중의 주된 목적 중의 하나인 제사와 관련하여서는, 봉제사(奉祭祀)는 인륜의 기본이며 계승되어야 할 미풍양속이라는 견해에서부터 소극적으로 침묵하거나 종교적 신념 또는 양심에 기초하여 이를 미신으로 보아 극단적으로 반대하는 태도에 이르기까지 다양한 입장을 취할 수 있으며, 이러한 개인의 자유는 보장되어야 하는 것이므로, 양심의 자유(헌법 제19조), 종교의 자유(헌법 제20조)와의 관계도 신중히 고려되지 않으면 안 된다.

(3) 이러한 기본인식에 비추어 볼 때, 다수의견이 '공동선조와 성과 본을 같이 하는 후손은 성별의 구별 없이 성년이 되면 당연히 그 구성원이 된다고 보는 것이 조리에 합당하다.'고 하는 결론에 대하여는 의문을 제기하지 않을 수 없다.

일반적으로 어떤 사적 자치단체의 구성원의 자격을 인정함에 있어서 구성원으로 포괄되는 자의 신념이나 의사에 관계없이 인위적·강제적으로 누구든지 구성원으로 편입되어야 한다는 조리는 존재할 수 없으며 존재하여서도 안 된다.

주지하는 바와 같이 결사의 자유는 자연인과 법인 등에 대한 개인적 자유권이며, 동시에 결사의 성립과 존속에 대한 결사제도의 보장을 뜻하는 것이다. 그리고 그 구체적 내용으로서는 조직강제나 강제적·자동적 가입의 금지, 즉 가입과 탈퇴의 자유가 보장되는 것을 말하며, 특히 종중에서와 같이 개인의 양심의 자유·종교의 자유가 보장되어야 할 사법적(私法的) 결사에 있어서는 더욱 그러한 것이다.

(4) 그럼에도 불구하고, 다수의견이 위와 같은 결론을 도출한 것은 종래의 종중관습법상 종중은 '자연발생적' 단체라는 것과 성년 남자는 그 의사와 관계없이 당연히 종중 구성원이 된다는 것과의 균형 때문인 것으로 짐작된다.

그러나 대법원판례가 종중이 자연발생적이라고 한 것은 조상숭배를 일족일가의 가장 중요한 일 중의 하나로 여기는 남계혈족 중심의 종법 아래 특별한 소집권자나 소집절차 없이 그야말로 자연스럽게 모여 제사를 지내고 친목을 도모하던 현상(現象)을 있는 그대로 표현한 것이지, 종중은 자연발생적이어야 한다는 규범을 설정한 것이 전혀 아니다. 그러므로 종중이 자연발생적 단체이기 때문에 성년여자도 그 의사와 관계없이 모두 종중 구성원이 되어야 한다는 논리구성을 취하는 것이라면, 이는 사실과 규범을 혼동한 것이라고 생각된다.

그리고 종래의 관습법상 성년남자는 그 의사와 관계없이 종중 구성원이 된다고 대법원이 파악하여 왔음은 주지하는 바와 같고, 이 부분에 관한 한 현재로서는 문제될 것이 없다는 것이 우리의 견해이다. 그러나 그와 같이 보는 것은 고유한 의미의 종중에 있어서 종원의 가장 주요한 임무는 공동선조에 대한 제사를 계속 실천하는 일이고, 따라서 종원은 기제·묘제의 제수, 제기 구입, 묘산·선영 수호, 제각 수리 등을 비롯한 제사에 소요되는 물자를 조달·부담하는 것이 주된 임무였으며, 종원의 이러한 부담행위는 법률적으로 강제되는 것이 아니고 도덕적·윤리적 의무에 불과하여, 그들의 권리가 실질적으로 침해되는 바가 없었으므로 법률이 간섭하지 않더라도 무방하다고 보기 때문일 뿐이다.

그러므로 관습법과 전통의 힘에 의하여 종래의 종중관습법 중 아직까지는 용인되는 부분이 있을 수 있다는 것을 이유로, 그러한 바탕 없이 새롭게 창설되는 법률관계에 대하여서까지 다수의견이 남녀평등의 원칙을 문자 그대로 관철하려는 것은 너무 기계적이라고 할 것이다.

(5) 이와 같이 볼 때 종래의 종중 구성에 관한 관습법 중 문제가 되는 부분은 종래의 관습법을 해석함에 있어 종중에 가입하려는 의사를 표명한 성년여자가 여자라는 이유만으로 종중 구성원에서 배제된 부분에 한정된다고 본다. 왜냐하면, 공동선조의 후손들이 가지는 분묘수호와 제사 및 종중원 상호간의 친목 등을 통한 명예와 인격권의 발현 또는 종중재산에 대한 이용·관리·처분에 관한 재산상의 권리 등은 그 성질상 종중을 통해서만 실현될 수 있는 것이며, 특히 여성들의 권리의식 및 자기존재 확인의 욕구 등이 높아짐에 따라 성년여자들의 종중 참여욕구가 점증하고 있는 현상도 일부 나타나고 있는데, 그럼에도 불구하고 여자라는 이유만으로 그 참여를 배제하는 것은 우리 헌법과 현행의

법질서상 허용될 수 없기 때문이다.

그리고 우리는 위와 같은 문제는 현행 법질서 안에서 충분히 해결될 수 있다고 생각한다. 즉, 우리 민법 제103조는 선량한 풍속 기타 사회질서에 위반한 사항을 내용으로 하는 법률행위는 무효로 한다고 규정하고 있는데, 그 당연한 이치로서 사적 자치의 적용을 받는 단체라 하더라도 선량한 풍속 기타 사회질서에 반하는 행위로 타인에게 손해를 끼쳐서는 안 되는 것이므로, 이러한 법리에 비추어 보면, 어떤 단체가 그 단체에 대하여 중대하거나 본질적인 이해관계를 가지는 개인이 가입을 원하는 경우 합리적이고 정당한 이유 없이 가입을 거부함으로써 그 개인을 차별적으로 대우하거나 부당한 불이익을 주어서는 안 되는 것이다.

따라서 그 단체의 정관이 별도의 가입요건을 규정하여 제한하고 있더라도 그 요건은 더 이상 무제한적으로 정당화될 수 없고, 그 제한규정에 정당성과 합리성이 없는 한 가입을 허용하여야 할 의무를 부담한다고 보아야 할 것이며, 위와 같은 법리를 이 사건에 적용하면 종중 구성에 관하여 전통적으로 확인하여 온 관습법을 송두리째 허물지 않더라도 전체 법질서에 부합하는 결론을 도출할 수 있기 때문이다.

(6) 다수의견은 법실천적인 면에서도 문제가 있다는 것이 우리의 생각이다. 종중의 목적과 기능에 대한 변화 중 가장 두드러진 것이 종중의 재산공동체적 성격이 제사공동체, 친목공동체적 성격보다 점점 더 전면에 부상하고 중요성을 띠게 되었다는 점이다. 또한 국토이용계획과 장묘문화의 변화와 함께 종중재산의 가치가 증가함에 따라 종중 참여에의 관심이 제고된 반면, 종중의 법률관계를 둘러싼 분쟁도 증가·격화되고 있는 것이 오늘의 현실이다.

그러나 먼저, 종원 자격과 종중재산의 분배의 문제는 전혀 별개의 문제로 보아야 할 것이다. 종중은 종중 목적을 달성하기 위하여 종중재산을 가지고 있으나, 이러한 종중재산은 제사불인멸(祭祀不湮滅)·재산영구보전(財産永久保全)의 원칙 아래 처분은 원칙적으로 금지되며, 종중재산으로부터 얻어지는 수익은 주로 선조의 제사봉행 등에 소요되고, 나머지가 있는 경우에 종원의 원조 내지 공익을 도모하는 용도에 충당되는 것이다.

대법원은 종중을 비법인사단으로 보면서 종중재산은 종중원들의 총유라고 판시하여 왔는바, 종중재산의 형성과정, 목적, 관리·처분관계를 종합적으로 고려하면 여기에서는 일종의 신탁 유사의 관계가 성립한다고 보는 것이 합리적이다. 즉, 종중의 재산은 제사의 봉행 및 공동선조의 후손 전체의 이익을 위해 종중에게 신탁된 것으로 보아, 종중은 신탁목적에 맞게 종중재산을 관리·처분하여야 한다고 해석되므로, 종중재산을 처분하여 이를 개인에게 귀속시킴에 있어서는 신탁의 법리를 유추하여 성년 여자뿐만 아니라 미성년자들을 포함한 전체 후손 전원에게 합리적 기준에 따라 배분하여야 하며, 종원에게만 분배하는 것은 허용될 수 없다고 해석하여야 할 것이다.

요컨대, 종중이 소유하는 재산으로는 분묘수호 등에 쓰이는 종산(宗山)과 제사봉행 등에 소요될 식량 및 그 비용의 조달 등을 위한 위토전답(位土田畓) 그리고 제구(祭具) 등이 주된 것이고, 이러한 재산은 주로 재력 있는 선조나 후손들의 증여 또는 종원들의 출연에 의하여 마련된 종중의 총유로서, 일단 종중의 소유로 귀속되면 그 재산을 종중에 증여한 사람이나 그의 상속인이라도 배타적인 권리를 주장할 수 없고, 오로지 종중의 목적에 합당하게 사용되어야 하며, 종중재산을 처분하여 이를 개인에게 귀속시킴에 있어서는 신탁의 법리를 유추하여 후손 전원에게 합리적으로 분배하고, 종원에게만 분배하는 것은 허용될 수 없는 것이다.

종중재산의 법률관계가 위와 같음에도 불구하고, 현재 종중에 관한 다툼은 종중재산의 보존·관리·처분을 둘러싼 분쟁에서 비롯되는 것이 거의 전부인바, 다수의견대로라면 종원이 그때그때 편의에 따라 소송에 이용되거나 동원되는 현상이 성년여자에게까지 확대됨으로써 분쟁을 더욱 더 심화시키고 복잡화시킬 뿐이라는 우려를 지울 수 없다.

(7) 결국, 우리는 이 사건이 파기환송되어야 한다는 결론에 있어서는 다수의 견과 결론을 같이하나, 이 사건은 다음과 같은 이유로 파기되어야 한다고 본다.

기록에 의하면, 피고 종회규약 제 3 조에는 "본회는 용인 이씨 사맹공(휘末字 孫字)의 후손으로서 성년이 되면 회원자격을 가진다."라고만 규정하고 있을 뿐, 그 어디에도 성년의 여자를 회원에서 배제한다는 규정을 두고 있지 아니한바, 성년 여자인 원고들이 피고 종회에의 가입의사를 표명한 경우 원고들이 용인 이씨 사맹공의 후손이 아니라는 등 그 가입을 거부할 정당하고 합리적인 이유가 없는 이상 원고들은 가입의사를 표명함으로써 피고 종회 회원자격을 가진다고 보아야 할 것이므로, 원심으로서는 이에 관하여 심리를 하여 원고들 청구의 당부를 판단하였어야 함에도 불구하고, 이에 이르지 아니한 채 그 판시와 같은 이유로 원고들의 청구를 배척하고 말았으니, 거기에는 종중에 관한 법리를 오해하여 필요한 심리를 다하지 아니한 위법이 있고, 이는 판결 결과에 영향을 미쳤음이 분명하므로, 원심판결은 이러한 이유로 파기환송되어야 하는 것이다. […]

질문

1. 다수의견과 소수의견은 같은 결론에 이르지만 그 논거를 달리하고 있다. 추론과정을 정리하고, 서로 비판하는 지점을 검토해 보고, 그 타당성을 평가해 보라.
2. 다수의견에 따르면 관습법은 시대의 변화에 따라 그 내용이 변경된 것인가? 아니면 그 내용이 위헌적이어서 효력이 부정된 것인가?
3. 다수의견에 따르면 공동선조와 성과 본을 같이 하는 후손은 성별의 구별 없이 성년이 되면 당연히 그 구성원이 되는데, 헌법상 소극적 결사의 자유(헌 제21조 제 1 항)에 비추어 문제될 여지는 없는가?
4. 대법원이 시간적 한계를 정하여 일정한 시점 이후의 사건에만 일정한 해석을 적용하도록 한정할 수 있는가? (이동진, "판례변경의 소급효", 민사판례연구 36, 2014 참조)
5. 종중이 정관에 해당하는 규약 등으로 일정한 후손(여성, 일정 계파 등)의 종중가입 내지 종원자격 취득을 배제하는 규정을 두는 경우 그 규정의 효력은 어떻게 보아야 할 것인가? 이러한 방법이 허용되는 한에서 소수의견이 주장하는 해법은 만족스러운 결론에 도달할 수 있는가? 아니면 달리 해결할 방법이 있는가?
6. 종중이 정관이나 결의로 일정한 후손에 대한 차별대우를 정하는 경우, 예를 들어 성별이나 연령에 따라 종중재산의 분배를 차별적으로 시행하는 경우, 그러한 정관이나 결의의 효력은 어떻게 평가될 수 있는가? (대판 2010. 9. 9, 2007다42310, 42327 및 2010. 9. 30, 2007다74775 참조)
7. 미성년 자녀의 복리를 위해 모의 성 · 본으로 변경된 경우, 그 자녀가 성년이 되면 모가 속한 종중의 구성원이 되는가? (대판 2022. 5. 26, 2017다260940 참조)

(2) 법인 아닌 사단의 법률관계

(가) 법인 아닌 사단에 대하여는 기본적으로 사단법인에 관한 규정이 준용된다(통설·판례). 즉 사단법인에 관한 규정 중에서 등기 및 법인격을 전제로 하는 것을 제외한 나머지 규정이 성질에 반하지 않는 한 그에 준용된다. 이는 사단이 그 구성원과 구별되는 독자적 단체로 실재하는 것을 정면에서 파악하

는 태도이다.

(나) 비법인사단의 내부관계는 그 자치규약(정관)에 의하여 정하여진다(제275조 제 2 항 참조). 정관은 반드시 서면으로 작성될 필요가 없으며, 관행에 의하여 단체의 조직이나 업무가 규율되는 것으로도 충분하다. 정관에 정함이 없는 경우에는 민법의 사단법인 규정을 준용할 것이다. 즉 사원총회에서 사단의 의사를 결정하게 된다(제276조 제 1 항도 참조).

(다) 비법인사단의 외부관계에 관하여 본다.

(a) 우선 그 업무의 대외적 처리는 사단의 대표자에 의하여 행하여진다. 누가 대표자가 되는가는 앞서 본 자치규약 또는 총회의 결의에 의할 것이다. 대표자가 사단을 대표하여 하는 계약 기타 법률행위에 대하여는 대리에 관한 규정이 준용되어(제59조 제 2 항 참조) 대표자가 「사단을 위하여」 하는 것임을 표시해야 한다.

대표권 제한과 관련해서는, 비법인사단의 경우 등기 가능성이 없으므로 대표권의 제한 등도 등기할 수 없다. 그 결과 사원총회의 결의나 자치규약에 규정이 있더라도 그것만으로 대표권이 제한될 수는 없다. 그러므로 이 문제는 대표권 남용의 법리에 의해 해결될 수밖에 없다. 즉 상대방이 그러한 제한을 알았거나 알 수 있었던 경우가 아닌 한에서는 대표행위는 유효하다고 할 것이다(대판 2003. 7. 22, 2002다64780). 반면 비법인사단의 재산인 총유물의 처분은 달리 정관의 규정이 없는 한 총회의 의결이 있어야 가능하여(제276조 제 1 항) 대표자에게는 법령상 처음부터 대표권이 없으므로, 대표자의 독자적 처분은 무효이고, 이에는 제126조의 규정이 적용될 여지도 없다고 한다(대판 2003. 7. 11, 2001다73626; 2009. 2. 12, 2006다23312).

(b) 비법인사단은 대표자 또는 관리인이 있는 경우에는 소송상의 당사자능력(민소 제52조)이 인정되고, 그 대표자 또는 관리인은 법정대리인에 준하는 취급을 받는다(민소 제64조). 그리하여 그 소송의 기판력은 사단의 구성원이 아니라 사단 자체에만 미치고(대판 1978. 11. 1, 78다1206), 그 판결에 기한 강제집행에서도 사단 자체가 권리자 또는 의무자로 취급되어 비법인사단에 대한 강제집행은 사단의 고유재산만이 대상이 되며 구성원의 재산으로 책임을 지지 않는다. 이는 사단의 재산관계에 있어서 실제로 매우 중요한 점이다.

(c) 또한 비법인사단이 물건을 소유하는 경우에는 「총유」에 의한다(제

275조 제 1 항). 「소유권 이외의 권리」, 예를 들어 예금채권 등에 대하여도 마찬가지이다(준총유, 제278조). 총유는 공동소유의 한 형태로서, 사단의 사원 전원이, 그러나 하나의 「집합체로서」 물건의 소유권을 가지는 것이다. 그리하여 총유에서는 사원 개인이 처분할 수 있는 목적물에 대한 지분은 인정되지 않으며, 단지 정관 기타의 규약에 좇아 총유물 자체를 사용·수익할 수 있을 뿐이다(제276조 제 2 항). 그만큼 단체로서의 지배가 전면에 나타난다(제277조도 참조). 이러한 점을 직시하여, 우리 법은 비법인사단 자체에 부동산등기능력을 인정한다(부등 제26조). 그 결과 비법인사단 자체가 권리자로 등기된다. 이는 부동산에 대한 공시수단인 등기에서의 간편한 처리를 위한 것인데, 사단이 법인격을 가지고 당해 부동산을 소유하는 것과 사실상 다를 바 없게 된다.

(d) 한편 비법인사단이 부담하는 채무는 사단에 총유적으로 귀속되고, 사단이 가지는 총유재산만이 그를 위한 책임재산이 된다. 이는 사단 설립의 목적 달성을 위하여 부득이하나, 채권자 보호의 관점에서 보면 문제가 전혀 없지는 않다(조합과 비교해 보라, 제 1 편 제 1 장 Ⅲ. 3. (2) (다) 참조).

(라) 그밖에 비법인사단은 인격권의 주체도 될 수 있다(성명권이 문제된 대판 2022. 11. 17, 2018다249995).

제 2 편

채권과 책임재산의 보전

제 1 장 소멸시효: 의의, 대상, 기간

제 2 장 소멸시효: 중단과 정지

제 3 장 소멸시효: 완성의 효과와 제척기간

제 4 장 채권자대위권: 의의와 요건

제 5 장 채권자대위권: 행사와 효과

제 6 장 채권자취소권: 의의와 요건

제 7 장 채권자취소권: 행사와 효과

제1장 소멸시효: 의의, 대상, 기간

Ⅰ. 서 론

1. 소멸시효의 의의

(1) 기나긴 시간의 흐름은 인간의 기억을 어둡게 하고 사실을 증명할 수 있는 기록과 증인을 사라지게 한다. 따라서 상당한 시간이 지난 후에 과거의 법률관계를 대상으로 분쟁을 하는 것은 주장하는 당사자뿐만 아니라 이를 판단하는 법원에게도 큰 부담이 된다. 특히 채권을 언제 행사할지 여부는 전적으로 채권자의 선택에 달려 있으므로 채권자로서는 자신에게 가장 유리한 시점을 선택하여 채권을 행사할 수 있다. 따라서 채무자는 다툼이 있을 수 있는 채권관계의 경우 그 성립과 내용에 관한 증거·증인을 오랫동안 확보하고 있어야 하고, 또한 변제를 하였더라도 그 변제 사실에 대한 증거·증인을 경우에 따라서는 상당히 장기간 보존하고 있어야 한다. 그러나 증인은 사망할 수 있고, 증거는 멸실될 수 있으며, 무엇보다 이러한 증거와 증인을 장기간 확보하고 보존하는 일은 채무자에게 심중한 비용을 초래한다(채무자가 기업체나 은행인 경우를 생각해 보라). 소멸시효 제도는 이러한 상황에 대한 해답으로 발전되어 온 제도이다. 즉 일정한 시간이 지나면 권리의 불행사라는 사실상태를 존중하여 그에 따라 권리관계를 재편함으로써 법적인 안정성을 확보하고자 하는 것이다.

(2) 일반적으로 시효란 일정한 사실상태가 상당한 기간에 걸쳐 계속된 경우에 그것이 진실한 권리관계에 부합하는지 여부를 불문하고 그러한 사실상태

를 그대로 권리관계로 인정하는 제도이다. 우리 민법은 시효제도로서 소멸시효(제162조 이하)와 취득시효(제245조 이하)의 두 가지를 인정하고 있다. 전자는 권리가 행사되지 않는 상태의 지속을 요건으로 하여 그 권리의 소멸을 인정하는 것이고, 후자는 그 권리의 내용에 상응하는 사실상태가 계속되는 것을 요건으로 하여 그 권리의 취득을 인정하는 것이다.

2. 실 효

소멸시효와 유사한 기능을 수행하는 것으로 실효의 법리가 있다.

(1) 권리자가 자신의 권리를 행사할 수 있었음에도 불구하고 장기간 행사하지 아니하여 상대방이 더 이상 권리의 행사가 없으리라고 신뢰함에 정당한 이유가 있는 경우에 권리자가 새삼스레 그 권리를 행사하는 것이 신의칙에 반한다고 하여 권리의 행사를 배척하는 법리를 실효(失效)라고 한다. 이러한 실효는 신의칙(제 2 조)에 기한 선행행위와 모순되는 행태의 금지 및 이와 결부된 신뢰보호를 근거로 한다.

(2) 실효는 권리자가 권리행사가 가능했음에도 불구하고 장기간 불행사하였다는 사정과 함께 의무자가 권리자의 전체 행태를 고려하였을 때 장래에 권리 행사가 없으리라는 점을 신뢰하여 그에 좇아 행위하였다는 사정을 요건으로 한다. 그러므로 단순히 장시간의 불행사만으로 권리가 실효하는 것이 아니라(대판 2002. 1. 8, 2001다60019), 상대방의 보호가치 있는 정당한 신뢰가 중요하다(대판 1994. 11. 25, 94다12234 참조).

[1] 실효의 법리: 대판 1992. 12. 11, 92다23285

[주 문] 원심판결 중 피고 패소 부분을 파기하고 이 부분 사건을 서울고등법원에 환송한다.

[이 유] 원심판결 이유에 의하면, 원심은 원고들이 1980. 7.경 국가보위비상대책위원회가 시달한 공직자 및 정부투자기관의 임직원 등에 대한 정화계획에 따라 원심판시와 같이 피고에게 일괄하여 사직원을 제출하였다가 선별적으로 사직원이 수리되어 각 의원면직처분이 된 사실을 인정하고, 원고들은 피고경영진의 지시 또는 종용에 따라 진의 아닌 사직의 의사표시를 하였고 피고는 이러한 사정을 알면서 사직의 의사표시를 받아들였다고 할 것이므로 위 사직의 의

사표시는 비진의 의사표시로서 무효이고 이에 터잡은 의원면직처분은 실질적으로는 사용자의 일방적인 의사에 의하여 근로계약관계를 종료시킨 해고에 해당하는데 이는 정당한 이유 없는 해고로서 근로기준법 제27조 및 피고의 인사관리규약 제 7 조에 위배되어 무효라고 판단한 다음, 원고들은 의원면직이 된 후 아무런 이의의 유보 없이 퇴직금을 수령함으로써 피고와의 사실상 근로관계가 종결된 후 10년 가까운 시일이 경과되었을 뿐 아니라 제 6 공화국에서 제정된 1980년 해직공무원의 보상 등에 관한 특별조치법 소정의 보상금지급기준에 준한 보상금을 지급받았으므로 이제 와서 면직무효를 주장함은 부당하다는 피고의 항변에 대하여, 채택증거에 의하여 원고들이 의원면직 처리된 직후 피고에게 퇴직금지급신청을 하여 1980. 8. 중순경부터 같은 해 12. 말까지의 사이에 각자 아무런 이의나 조건의 유보없이 소정의 퇴직금을 수령한 이후 1989년 위 특별조치법이 시행될 때까지 면직처분의 부당성에 대하여 공식적으로 이의를 제기한 바 없는 사실, 1989. 3. 29. 법률 제4101호로 위 특별조치법이 제정, 시행됨에 따라 피고도 같은 해 7. 12. '80 수협중앙회 해직자 보상 등에 관한 규정'을 마련하였는데 위 보상규정에는 보상금 지급에 관한 조항 이외에 복직을 희망하는 자에 대하여는 회장이 정하는 별도의 절차에 따라 특별채용시킬 수 있도록 한 조항이 있었던 사실, 이에 원고들은 위 보상절차에 응하여 보상금지급신청을 함과 동시에 특별채용을 희망하는 의사표시까지 하였는데 피고는 1989. 11.부터 1990. 1.까지의 사이에 위 보상규정에 따른 보상금은 전액 지급하였으나 특별채용은 아무도 시켜주지 아니한 사실을 각 인정하고, 비록 원고들이 의원면직처분 후 아무런 이의의 유보 없이 퇴직금을 수령하였고 나아가 1989년경 해직자 등에 대한 보상절차가 이루어질 때까지 8년 이상을 면직처분의 효력에 관하여 다툰 바는 없다 하더라도 위 면직처분의 경위나 1980년의 소위 정화계획을 담당하였던 사회주도세력이 지도적 위치를 견지하고 있었고 그 정당성에 대한 의문조차 공식적으로 제기되지 못하던 그 당시의 사회적 분위기를 참작할 때, 원고들이 그 후 보상금지급신청을 하면서 특별채용을 희망하는 의사표시를 한 이상, 원고들이 위 면직처분의 효력을 인정한 것으로 볼 수 없다는 이유로 피고의 위 항변을 배척하였다.

그러나 일반적으로 권리의 행사는 신의에 좇아 성실히 하여야 하고 권리는 남용하지 못하는 것이므로 권리자가 실제로 권리를 행사할 수 있는 기회가 있었음에도 불구하고 상당한 기간이 경과하도록 권리를 행사하지 아니하여 의무자인 상대방으로서도 이제는 권리자가 권리를 행사하지 아니할 것으로 신뢰할 만한 정당한 기대를 가지게 된 다음에 새삼스럽게 그 권리를 행사하는 것이 법질서 전체를 지배하는 신의성실의 원칙에 위반되는 것으로 인정되는 결과가 될 때에는 이른바 실효의 원칙에 따라 그 권리의 행사가 허용되지 않는다고 보아야 할 것이고, 이러한 실효의 원칙이 적용되기 위하여 필요한 요건으로서의 실효기간(권리를 행사하지 아니한 기간)의 길이와 의무자인 상대방이 권리가 행사되지 아니하리라고 신뢰할 만한 정당한 사유가 있었는지의 여부는 일률적으로 판단할 수 있는 것이 아니라 구체적인 경우마다 권리를 행사하지 아니한 기간의 장단과 함께 권리자측과 상대방측 쌍방의 사정 및 객관적으로 존재한 사정 등을 모두 고려하여 사회통념에 따라 합리적으로 판단하여야 할 것인바[…], 원심이 인정한 바와 같이 원고들이 1980. 7. 면직된 후 바로 퇴직금을 청구하여 아무런 이의나 조건의 유보 없이 수령하였으며 그로부터 9년이 지난 1989. 11.부터 1990. 1.까지의 사이에 1980년 해직공무원의 보상 등에 관한 특별조치법 소정의 보상금에 준한 보상금까지 수령하였다면 면직일로부터 10년이 다 되어 피고로서도 원고들에 대한 위 면직처분이 유효한 것으로 믿고 이를 전제로 그 사이에 새로운 인사체제를 구축하여 조직을 관리 경영하여 오고 있는 마당에 새삼스럽게 원고들이 이 사건 면직처분무효확인의 소를 제기함은 신의성실의 원칙에 반하거나 실효의 원칙에 따라 그 권리의 행사가 허용되지 않는다고 보아야 할 것이다.

그리고 피고가 마련한 위 보상규정(갑 제 2 호증)의 제10조(특별채용)에 해직자 중 복직희망자는 회장이 별도로 정하는 바에 의한다는 규정이 있고, 원고들이 보상금 신청시 특별채용을 희망하는 의사표시를 한 사실이 인정됨은 원심 판시와 같으나, 회장이 별도로 정하는 바에 의하여 특별채용된 사례가 있음을 인정할 자료도 없는 이 사건에 있어서 특별채용의 의사표시를 한 일이 있다는 사정만으로 신의성실의 원칙이나 실효의 원칙을 적용함에 있어 위와 달리 볼 것이 아니다. 가령 특별채용이 신규채용의 형식으로 이루어지고 원고들이 이를 전제로 특별채용의 의사표시를 한 것이라면 원고들이 이 사건 면직처분의 효력을 인정하지 아니한 것으로 볼 수도 없을 것이다.

결국 원심판결에는 신의칙 또는 실효에 관한 법리를 오해하여 판결에 영향을 미친 위법이 있다 할 것이므로 이 점을 지적하는 논지는 이유가 있다.

이상의 이유로 원심판결 중 피고 패소부분을 파기하고 이 부분 사건을 원심법원에 환송하기로 하여 관여 법관의 일치된 의견으로 주문과 같이 판결한다.

질문

1. 실효는 장기간의 권리 불행사와 상대방의 정당한 신뢰를 함께 상관적으로 고려하여 인정된다. 이 사안에서 대법원은 각각의 사정에 대하여 어떠한 방식으로 주의를 기울이고 있는가?
2. 대판 1990. 8. 28, 90다카9619를 찾아 읽어보고 위 판결과 비교해 보라. 두 판결은 사안의 유사성에도 불구하고 어떠한 이유로 결론을 달리하는가?
3. 소멸시효가 인정되고 있는 상황에서 실효의 법리를 추가적으로 인정할 이유가 있는가? 그렇다면 소멸시효 제도는 잠탈되는 것이 아닌가?

(3) 이러한 권리의 실효는 실질에 있어 묵시적 권리포기와 유사하다. 따라서 포기할 수 없는 권리에 대해서는 상대방의 불행사에 대한 정당한 신뢰를 인정하기 어려울 것이다. 그러한 관점에서 판례는 포기할 수 없는 권리에 대해서는 실효가 인정되지 아니한다고 한다(예컨대 인지청구권, 대판 2001. 11. 27, 2001므1353).

Ⅱ. 소멸시효에 걸리는 권리

1. 원칙: 소유권 이외의 재산권

민법은 채권, 그리고 소유권[1] 이외의 "재산권"에 대하여 소멸시효가 인정된다고 정하고 있다(제162조). 특히 채권을 소멸시효가 적용되는 대표적인 예로 상정하여 규율을 두고 있으며(동조 제 1 항), 실무상으로도 압도적으로 채권의 소멸시효가 문제된다. 그러나 더 나아가 소유권 이외의 재산권에도 소멸시효가 적용되는데, 예를 들어 용익물권이 그러하다.

반면 제162조 제 2 항은 명시적으로 일정한 권리를 소멸시효의 적용대상에서 제외한다. 우선 소유권은 물건에 대한 절대적인 지배권으로 불행사로 인해

---

1) 한편 광업권이나 조광권, 어업권 또는 특허권 기타의 지적소유권은 소유권과 동일한 성질의 권리로서 권리의 불행사가 있어도 소멸시효에 걸리지는 않는다고 할 것이다. 이들 권리에 관하여는 특별법에 그 존속기간이 정하여진 경우가 많다(광업 제12조, 제49조, 수산 제14조, 제47조, 제48조 제 4 항, 특허 제88조, 실용 제22조, 디보 제91조, 상표 제83조, 저작 제39조 이하 등).

소멸하지 않으며, 다만 다른 사람의 취득시효(제245조, 제294조)나 선의취득(제249조)에 의해 상실되거나 제한을 받을 뿐이다. 또한 재산권만이 소멸시효에 걸리므로 친족권(예컨대 친권)이나 인격권은 존속하는 한 원칙적으로 시효에 걸리지 않는다.

2. 소멸시효에 걸리지 않는 권리

법률에 따르면 소유권 이외의 재산권은 원칙적으로 소멸시효의 적용을 받지만, 그럼에도 그 성질상 소멸시효에 걸리지 않는 것이 있다.

(1) 다른 사실관계·법률관계에 수반하는 권리

일정한 사실관계 또는 법률관계에 수반·종속하여 존재하는 권리는 소멸시효에 걸리지 않는다. 점유권(제192조 이하), 유치권(제328조 참조), 상린관계에 기한 권리(제215조 이하), 공유물분할청구권(제268조; 대판 1981. 3. 24, 80다1888, 1889) 등이 그러하다. 이들 권리는 그 요건이 되는 사실상태, 상린관계, 공유관계 등이 존재하는 한 함께 존속하며 별도로 소멸시효에 걸리지 않는다. 담보물권도 그 피담보채권에 종속되는 권리이므로 피담보채권이 존속하는 한 존속하고 그것만이 독립하여 소멸시효에 걸리지 않는다(제369조 참조).

(2) 물권적 청구권

물권적 청구권은 물권의 내용의 실현이 방해당하거나 방해당할 염려가 있는 경우에 물권자가 그 방해의 제거 또는 예방에 필요한 행위를 청구할 수 있는 권리이다(제213조, 제214조, 제290조, 제301조, 제319조, 제370조 등). 물권적 청구권도 물권을 기초로 하여 발생하는 권리이므로 물권 자체가 소멸하지 않는 한 그것만이 독립하여 소멸시효에 걸리는 일은 없다고 할 것인지 문제된다(점유보호청구권에 관하여는 제척기간이 있다. 제204조 제 3 항, 제205조 제 3 항 등).

소유권에 기한 물권적 청구권이 소멸시효에 걸리지 않는다는 데는 의견이 일치하고 있다. 그렇게 해석하지 않으면, 소유권이 있어도 그 방해의 배제 등을 청구할 수 없어서 소멸시효가 애초 인정되지 않는 소유권이 실질적으로는 허유권(虛有權; nuda proprietas)에 그칠 것이기 때문이다. 그러나 그 외의 제한물권에 기한 물권적 청구권에 대해서는 소유권에서와 마찬가지로 제한물권이 존재하는 한 제한물권의 완전한 권능이 보장되어야 하므로 물권적 청구권은 소멸시효에 걸리지 않는다고 하는 견해와 제한물권 자체가 소멸시효에 걸리므로 물권적 청구권에 소멸시효를 긍정할 수 있다는 견해가 대립하고 있다. 두 견해 모두 주장될 여지가 있으나, 우리 민법이 권리의 불행사로 인한 용익물권 자체의 시효소멸을 상정하고 있다는 점(제162조 제 2 항)을 고려한다면, 물권이 존재하는 한 물권의 내용은 관철되어야 할 것이고, 따라서 물권적 청구권을 별도로 소멸하도록 할 것은 아니라고 생각된다. 즉 절대권적 지위의 직접적 실현을 목적으로 하는 청구권은 시효에 걸리지 않으며, 오히려 절대권적 지위의 소멸로써 함께 소멸한다고 이해해야 한다.

(3) 형 성 권

취소권·해제권·매매예약완결권(제564조) 등과 같은 형성권이 소멸시효에 걸리는가도 문제된다. 형성권은 권리자가 이를 행사하면 그로써 바로 법률관계가 새롭게 형성되는 성질을 가진 권리로서, 그 내용의 실현 여부가 오로지 권리자의 의사 여하에 달려 있다. 그러므로 형성권에서는 채권자의 의사에 반해 권리가 실현되지 않는 상태가 지속된다거나 권리자가 형성권 행사와 별도로 어떠한 청구 등을 함으로써 시효의 진행을 「중단」시키는 일은 쉽사리 관념할 수 없다. 그런데 소멸시효와 제척기간을 구별하는 가장 중요한 실익은 기간 진행의 중단을 인정할 것인가 여부에 있다. 그러므로 일반적으로는 형성권에 대하여 소멸시효의 적용은 없고, 그에 관한 존속기간의 정함은 제척기간이라고 이해한다. 그리고 형성권의 행사로 발생하는 채권이 10년의 소멸시효에 걸리는데 형성권 자체가 20년의 소멸시효에 걸리는 것은 부당하다고 하면서, 형성권 역시 채권과 마찬가지로 특정인에 대한 권리이므로 제162조 제 2 항이 아니라 제162조 제 1 항이 적용된다고 한다(예약완결권에 대해 대판 1992. 7. 28, 91다44766). 계약으로 창설되는 형성권의 경우 당사자들이 다른 기간을 약정할 수 있음은 물론이다(대판 1995. 11. 10, 94다22682,22699). 판례는 형성권인 주식매수청구권의 제척기간과 관련해 제척기간과 관련해 약정이 없으면 그 기초가 되는 계약의 성격, 권리의 동기 및 목적, 행사로 발생하는 채권의 행사기간 등을 고려하여 주식매수청구권의 행사기간을 정해야 한다고 하면서, 상법 제64조에 따라 5년의 제척기간에 걸린다고 한다(대판 2022. 7. 14, 2019다271661).

그러나 민법이 형성권에 대하여 "시효로 인하여" 소멸한다고 하는 명문의 규정을 둔 경우에는 이를 제척기간으로 볼 수 없다(제1024조 제 2 항, 제1075조 제 2 항, 제1117조 등). 이를 제척기간이라고 이해하는 견해도 있으나, 문언이 그 기간의 성질을 소멸시효기간이라고 하는 이상 이를 제척기간이라고 볼 수는 없을 것이다(제1117조 후단에 대하여 대판 1993. 4. 13, 92다3595). 그 경우에도 성질상 형성권에 시효의 중단이 적용될 수는 없겠지만, 입법자는 시효의 정지(제179조 이하) 등이 적용될 것을 고려하여 형성권에 대하여도 소멸시효를 정할 수 있다고 이해해야 하기 때문이다.

형성권의 제척기간의 기산점은 형성권이 성립한 때이다. 그래서 예를 들어 당사자 사이에 매매예약 완결권을 행사할 수 있는 시기를 특별히 약정한 경우에도 그 제척기간은 당초 권리의 발생일로부터 10년간의 기간이 경과되면 만료된다고 한다(대판 1995. 11. 10, 94다22682,22699). 그러나 재판상 행사가 전제되지 않은 형성권의 경우 사적 자치가 넓게 인정되어야 한다는 전제에서, 행사가능시를 기준으로 하는 견해도 주장된다.

(4) 목적물을 인도받아 사용 · 수익하는 부동산 매수인의 소유권이전등기청구권

판례(대판(전) 1976. 11. 6, 76다148)는 부동산 매수인이 그 목적물을 인도받은 경우에는 그 소유권이전등기청구권은 비록 채권적 권리이나 소멸시효에 걸리지 않는다고 한다.

[2] 목적물을 인도받은 매수인의 등기청구권의 소멸시효: 대판(전) 1976. 11. 6, 76다148

[주 문] 원판결을 파기하고, 사건을 서울고등법원에 환송한다.

[이 유] 원심판결 이유에 의하면 원심은 그 적시한 증거에 의하여 원고는 이건 토지를 피고의 전소유자이던 김포군으로부터 매수하였고, 위 토지 소재지가 피고시에 편입됨으로써 동 토지를 승계취득하여 피고시 명의로 소유권이전등기를 경료한 사실을 인정한 후 따라서 피고시는 원고에게 위 매매를 원인으로 한 소유권이전등기 절차를 이행할 의무가 있다고 전제한 후 피고 소송대리인의 이건 등기청구권이 시효소멸되었다는 취지의 항변에 대하여 민법상 매수인의 등기청구권은 채권적 권리로써 그 권리를 행사할 수 있는 날로부터 10년이 경과되면 시효로 인하여 소멸하는 것이므로 원고는 이건 토지를 1962. 12. 29 매수하

였음에도 불구하고 10년이 도과된 이후인 1975. 2. 26 이 사건 제소를 하였으므로 원고의 이 사건 등기청구권은 시효기간의 만료로 소멸되었다는 취지로 판단하여 원고의 이건 등기이전청구를 배척하였다.

그러나 시효 제도는 일정 기간 계속된 사회질서를 유지하고 시간의 경과로 인하여 곤란하게 되는 증거·보전으로부터의 구제 내지는 자기 권리를 행사하지 않고 소위 권리 위에 잠자는 자는 법적 보호에서 이를 제외하기 위하여 규정된 제도라 할 것인바, 토지나 건물 등 부동산을 매수한 자가 아직 자기명의로 그 소유권이전등기를 경료하지 못하였으나, 그 매매 목적물의 인도(명도)를 받아 이를 사용수익하고 있는 경우에는 물권변동에 있어서 형식주의를 취하는 우리의 법제상으로 보아 매수인에게 법률상의 소유권은 이전된 것이 아니므로 매수인의 등기청구권은 채권적 청구권에 불과하여 소멸시효 제도의 일반 원칙에 따르면 매매목적물을 인도받은 매수인의 등기청구권도 소멸시효에 걸린다고 할 것이지만 부동산 매매에 있어서 거래 당사자의 채권 채무의 내용은 다른 경우와 달라서 목적물의 인도와 등기이전이라는 두 가지 형태로 나누어져 있어서 비록 부동산거래의 공시방법을 여행시킬 목적으로 규정된 법률상으로는 등기이전이 물권변동의 요건일 뿐 목적물의 인도는 그 요건이 아니라 할 것이니 매매의 목적물은 부동산 자체이고 등기는 다만 부동산의 거래상황을 공시하기 위한 등기법상의 절차에 불과하므로 부동산의 매수인으로서 그 목적물을 인도받아서 이를 사용수익하고 있는 경우에는 위 시효 제도의 존재이유에 비추어 보아 그 매수인을 권리 위에 잠자는 것으로 볼 수도 없고, 또 매도인의 명의로 등기가 남아있는 상태와 매수인이 인도받아 이를 사용수익하고 있는 상태를 비교하면 매도인 명의로 잔존하고 있는 등기를 보호하기보다는 매수인의 사용수익 상태를 더욱 보호하여야 할 것이며 만일 이러한 경우의 등기청구권도 다른 일반 채권과 동일하게 소멸시효에 걸린다면 매도인의 등기이전의무가 소멸되는 데 그치는 것이 아니고 더 나아가 매도하여 기히 매수인에게 인도까지 완료한 매매목적물이 매도인에게 환원되어야 하는 결과가 되어 비록 그 책임이 매수인의 등기 청구권 행사의 태만에 있다고는 할지라도 우리나라 부동산 거래의 현실정에 비추어 심히 불합리하다고 아니할 수 없다. 따라서 부동산을 매수한 자가 그 목적물을 인도받은 경우에는 그 매수인의 등기청구권은 다른 채권과는 달리 소멸시효에 걸리지 않는다고 해석함이 타당하다. 그런데 원심판결에 의하면 원고가 이건 매매목적물을 인도받았는지 그 여부에 대하여 심리 판단하지 않고 있는바, 원고가 이건 토지를 인도받았다면 위 설시와 같은 이유로 이건 등기청구권은 소멸시효에 걸리지 아니한다고 할 것임에도 불구하고 원심이 위와 같이 판단한 조치는 등기청구권의 소멸시효에 관한 법리를 오해한 위법이 있다 할 것이니 논지는 결국 이유있어 관여법관의 일치된 의견으로 원판결을 파기 환송하기로 하였으나 […] 별항과 같은 별개의견이 있으므로 이를 첨부하여 주문과 같이 판결한다.

[…] 별개의견은 다음과 같다.

다수 의견은 토지와 건물에 관한 매매를 할 경우에 매수인이 가지는 소유권이전등기청구권은 채권적 권리라고 설시하면서, 매수인이 이미 목적물의 인도나 명도를 받지 않고 있는 경우에는 그 등기청구권은 소멸시효의 대상인 권리가 되지마는 그 인도나 명도를 받고 있는 경우에는 그 설시와 같은 여러 이유를 들어 그 등기청구권은 소멸시효의 대상인 권리가 될 수 없다고 설시하고 있다. 그러나 우리 법제상 위와 같은 등기청구권이 매매목적물의 인도나 명도를 받은 경우와 받지 아니하고 있는 경우를 가려서 그와 같이 해석할 수 있는 법적근거를 찾아볼 수 없으니 위 등기청구권은 그 인도나 명도를 받은 여부에 불구하고 채권적 권리로서 모두 소멸시효의 대상이 된다고 보아야 할 것이다. 다만 매수인이 그 매매계약의 이행으로서 목적물의 인도나 명도를 받고 있으면 달리 특별한 사유가 없는 한 매도인은 매수인에 대한 위 등기의무의 존재를 승인하였고, 그 승인의 상태는 계속하고 있다고 보아야 할 것이다. 그러므로 본건의 경우 매도인인 피고가 매수인인 원고에게 본건 토지를 의무의 이행으로서 인도하였고, 그 상태가 계속하고 있다면 달리 특별한 사유가 없는 한 피고는 원고에 대한 그 소유권이전등기의무의 존재를 승인하였고, 그 상태가 계속하고 있다고 보아야 할 것이니 위 인도시까지 위 등기청구권이 시효의 완성으로 이미 소멸된 것이 아니라면, 인도로써 그 청구권의 소멸시효는 중단되고 그 상태는 계속되어 있다고 보아야 할 것이다. 따라서 원심으로서는 본건 토지가 매수인인 원고에게 인도되었는지의 여부를 심리하고 아울러 위에서 말한 특별한 사유가 있는지의 여부를 심리하여 피고의 이건 등기청구권의 소멸시효 완성의 항변의 적부를 가렸어야 할 것이다. 요컨대, 원심판결은 이점에 있어 심리를 다하지 못함으로써 판결 결과에 영향을 미친 위법이 있다 할 것이니 원심판결을 파기하여 원심법원에 환송하기로 하는 다수의견과 그 결론을 같이하는 바이나 그 설시 이유를 위와 같이 달리하는 바이다.

[…] 별개 의견은 다음과 같다.

다수의견과 위 별개의견은 다같이 부동산을 매수한 자가 가지는 소유권이전등기 청구권은 원인행위인 채권행위로부터 발생하고 따라서 그 성질은 채권적 청구권이라는 전제에 서면서 다만 다수의견은 그 등기청구권은 원칙적으로 소멸시효에 걸린다고 할 것이지만 매수인이 그 매매목적물에 관하여 인도(명도)를 받은 경우에는 시효 제도의 성질상 다른 채권과는 달리 소멸시효에 걸리지 않는다고 설시하고 있고, 위 별개의견은 등기청구권은 매매 목적물의 인도 여부에 불구하고 당연히 소멸시효의 대상이 되지만 매수인이 매매목적물의 인도를 받고 있다면 특별한 사유가 없는 한 매도인은 매수인에 대한 등기의무의 존재를 승인하였고, 그 승인상태가 계속되고 있다고 보아 소멸시효가 중단되는 것이라고 설시하고 있다.

그러나 부동산의 매매와 같은 법률행위에 의한 경우에 있어서 매수인이 매도인에 대하여 가지는 등기청구권은 그 원인 행위인 채권행위로부터 발생한다고 볼 것이 아니라 당사자 사이에 그 목적 부동산의 소유권을 이전한다는 합의 즉 이른바 물권적 합의가 있어 이 합의로부터 당연히 소유권 이전등기청구권이 발생한다고 봄이 상당할 것이고, 따라서 그 성질은 다분히 물권적인 것에 가깝다고 보아야 할 것이다. 이와 같이 등기청구권이 물권적 합의에 그 발생 근거가 있다고 본다면 적어도 시효 제도에 관한 한 등기청구권은 그 자체가 독립하여 소멸시효의 대상이 될 수 없는 것이라고 생각한다.

이 점에서 다수의견과 위 별개의견에 결론을 같이 하면서 그 설시 이유만을 달리하는 바이다.

질문

1. 이 판결에서는 물건을 인도받아 사용수익하고 있는 부동산 매수인의 등기청구권이 소멸시효에 걸리지 않는다는 결론을 정당화하기 위하여 세 가지의 견해가 개진되었다. 각각의 주장을 요약하고 평가해 보라.
2. 만일 이 사건에서 결론을 달리하여 등기청구권이 소멸시효에 걸린다고 한다면 당사자들 사이의 법률관계는 어떻게 되는가?
3. 이 판결에서 주장된 견해와는 다른 논거로 판례를 정당화할 수는 있는가?

이후 판례(대판(전) 1999. 3. 18, 98다32175)는 위의 내용을 재확인하면서 부동산의 매수인이 목적물을 인도받아 사용·수익하다가 타인에게 이를 처분하고 이를 인도하였다면 이는 목적물에 대한 보다 적극적인 권리 행사로서 그가 목적물을 스스로 사용·수익하고 있는 경우와 다를 바 없으므로 이 경우에도 그의 소유권이전등기청구권의 소멸시효는 진행되지 않는다고 한다.

[3] 목적물을 인도받아 다시 처분한 매수인의 등기청구권의 소멸시효: 대판(전) 1999. 3. 18, 98다32175

[주 문] 원심판결을 파기하고 사건을 대전지방법원 본원 합의부에 환송한다.

[이 유]

1. 원심판결 이유에 의하면, 원심은, 피고가 1970. 3. 11. 소외 망 김용진에게 원심판결 청구취지 기재 임야들의 각 17분의 1 지분(이하 이 사건 임야라고 한다)을 매도 및 인도하였고 위 망인이 1971. 12. 29. 원고에게 이 사건 임야를 매도 및 인도한 사실을 인정하고, 따라서 이 사건 임야에 관하여 피고는 위 망인의 상속인들인 제 1 심 공동피고 한자옥 등 9인에게 위 1970. 3. 11. 매매를 원인으로 한 소유권이전등기절차를, 위 한자옥 등 9인은 원고에게 위 1971. 12. 29. 매매를 원인으로 한 소유권이전등기절차를 각 이행할 의무가 있다고 일단 판시한 후, 위 망인의 피고에 대한 소유권이전등기청구권이 시효소멸되었다는 피고 소송대리인의 항변에 대하여, 부동산 매수인이 매매목적물을 인도받아 사용·수익하고 있는 경우에는 그의 이전등기청구권은 소멸시효에 걸리지 아니하지만 매수인이 그 목적물의 점유를 상실하여 더 이상 사용·수익하고 있는 상태가 아니라면 그 점유 상실 시점으로부터 매수인의 이전등기청구권에 관한 소멸시효는 진행한다고 보아 위 망인이 원고에게 이 사건 임야를 인도하여 점유를 상실한 1971. 12. 29.경부터 10년이 경과하였으므로 위 망인의 피고에 대한 소유권이전등기청구권은 시효소멸하였다고 판단하여 원고의 이 사건 소유권이전등기청구를 배척하였다.

2. 그러나 시효 제도는 일정 기간 계속된 사회질서를 유지하고 시간의 경과로 인하여 곤란해지는 증거보전으로부터의 구제를 꾀하며 자기 권리를 행사하지 않고 소위 권리 위에 잠자는 자는 법적 보호에서 이를 제외하기 위하여 규정된 제도라 할 것인바, 부동산에 관하여 인도, 등기 등의 어느 한 쪽만에 대하여서라도 권리를 행사하는 자는 전체적으로 보아 그 부동산에 관하여 권리 위에 잠자는 자라고 할 수 없다 할 것이고, 매수인이 목적 부동산을 인도받아 계속 점유하는 경우에는 그 소유권이전등기청구권의 소멸시효가 진행하지 않는다는 것이 당원의 확립된 판례인바[…], 부동산의 매수인이 그 부동산을 인도받은 이상 이를 사용·수익하다가 그 부동산에 대한 보다 적극적인 권리 행사의 일환으로 다른 사람에게 그 부동산을 처분하고 그 점유를 승계하여 준 경우에도 그 이전등기청구권의 행사 여부에 관하여 그가 그 부동산을 스스로 계속 사용·수익만 하고 있는 경우와 특별히 다를 바 없으므로 위 두 어느 경우에나 이전등기청구권의 소멸시효는 마찬가지로 진행되지 않는다고 보아야 할 것이다

[…]. 이와 다른 취지의 당원 […] 판결의 견해는 이를 변경하기로 한다.

3. 결국 위 망인이 이 사건 임야를 인도받아 사용·수익하다가 원고에게 이 사건 임야를 처분하고 그 점유를 승계하여 준 사실을 인정하면서도 위 망인의 피고에 대한 소유권이전등기청구권이 시효소멸하였다고 판단하여 원고의 이 사건 청구를 배척한 원심의 조치에는 소멸시효에 관한 법리 오해로 인하여 판결의 결과에 영향을 미친 위법이 있다 할 것이고, 이 점을 지적하는 상고이유의 주장은 이유 있다.

[…] 반대의견은 다음과 같다.

1. 다수의견은, 부동산의 매수인이, 그 부동산을 인도받은 이상, 이를 사용·수익하다가 그 부동산에 대한 보다 적극적인 권리 행사의 일환으로 다른 사람에게 그 부동산을 처분하고 그 점유를 승계하여 준 경우에도 그 이전등기청구권의 행사 여부에 관하여 그가 그 부동산을 스스로 계속 사용·수익만 하고 있는 경우와 특별히 다를 바 없으므로, 위 두 어느 경우에나 이전등기청구권의 소멸시효는 마찬가지로 진행되지 않는다고 보면서, 이러한 견해에 어긋나는 당원 […] 판결은 변경되어야 한다고 하고 있다.

그러나 다수의견의 이러한 견해는 법률행위를 원인으로 한 소유권이전등기청구권과 그 소멸시효에 관한 법리를 오해한 데에서 비롯된 것으로 볼 수밖에 없어 찬성할 수 없으므로, 다음과 같은 반대의견을 표시하는 것이다.

즉, 부동산의 매수인이 매매목적물을 인도받아 이를 사용·수익하고 있는 동안에는 그 소유권이전등기청구권의 소멸시효가 진행하지 않는다고 보아야 할 것이나, 매수인이 목적물의 점유를 상실하여 더 이상 사용·수익하고 있는 상태가 아니라면 점유의 상실원인이 무엇이든지 간에 점유 상실 시점으로부터 그 이전등기청구권에 관한 소멸시효가 진행한다고 봄이 상당하다.

2. 그 논거는 다음과 같다.

가. 의사주의를 취하던 의용민법하에서 부동산의 매수인은 매매계약만으로도 부동산의 소유권을 취득하고 그 이전등기는 대항요건에 불과하므로, 매수인은, 인도받은 부동산의 점유를 상실한 경우에도, 그 소유권에 기한 등기청구권을 갖는다고 해석할 수 있었다. 그러나 형식주의를 취하는 현행 민법하에서 등기는 법률행위로 인한 부동산 물권변동의 효력발생요건으로서, 부동산의 매수인은 그 이전등기를 경료하여야만 소유권을 취득할 수 있으므로, 그 등기청구권은, 부동산의 인도 여부를 불문하고, 매매계약에 기한 채권적 청구권으로 볼 수밖에 없으며, 이는 민법 부칙 제10조 제 1 항의 규정에 비추어 보더라도 의문의 여지가 없다.

따라서 부동산 매수인의 등기청구권은 일반 채권과 마찬가지로 소멸시효에 걸린다 할 것이지만, 부동산의 매수인이 매매목적물을 인도받아 이를 사용·수익하고 있는 경우에는, 시효제도의 존재 이유가 영속된 사실 상태를 존중하고 권리 위에 잠자는 자를 보호하지 않는다는 데에 있고, 특히 소멸시효에 있어서는 후자의 의미가 강할 뿐만 아니라, 매수인의 매매목적물에 대한 사용·수익이 매도인의 매매계약상 의무의 이행에 터잡은 것임에 비추어, 그러한 매수인을, 매매계약의 상대방인 매도인에 대한 관계에서는, 권리 위에 잠자는 것이라고 볼 수는 없으므로, 매수인의 부동산에 대한 점유·사용이 계속되는 동안에는 그 이전등기청구권의 소멸시효가 진행하지 않는다고 해석할 여지가 있다 할 것이다.

그러나, 매수인이 목적물의 점유를 상실하여 더 이상 사용·수익하고 있는 상태가 아니라면, 매도인에 대한 관계에서 권리의 주장 내지 행사가 계속되고 있다고 볼 만한 사정이 없고, 비록 매수인이 그 부동산을 다른 사람에게 처분하고 인도하여 준 경우라고 하더라도, 그 처분은 타인의 권리를 전매한 것에 불과할 뿐이고 그 소유권을 처분 내지 행사하였다고 볼 수는 없으며, 그 인도 또한, 매수인이 새로운 매매계약에 따른 자신의 의무를 이행한 것에 지나지 아니할 뿐만 아니라, 오히려 그 점유를 이전함으로써 목적물에 대한 사용·수익의 상태에서 벗어나게 된 것이므로 위 처분 내지 인도를 가리켜 매도인에 대한 관계에서 권리 행사라고 볼 수도 없는 것이므로, 점유의 상실 원인이 무엇이든지 간에 점유 상실 시점으로부터 그 이전등기청구권의 소멸시효가 진행한다고 봄이 상당하다.

나. 다수의견에 의하면, 소멸시효 제도 및 등기제도의 근본 취지와 상충되는 다음과 같은 문제점이 따르게 된다.

(1) 다수의견은 그와 같이 해석하는 이유로서, 부동산에 관하여 등기, 인도 등의 어느 한 쪽만에 대하여서라도 권리를 행사하는 자는 전체적으로 보아 그 부동산에 관하여 권리 위에 잠자는 것이라고 할 수 없고, 매수인이 인도받아 사용·수익하던 부동산을 보다 적극적인 권리 행사의 일환으로 다른 사람에게 처분하고 그 점유를 승계하여 준 경우에도 그 이전등기청구권의 행사 여부에 관하여 그가 그 부동산을 스스로 계속 사용·수익만 하고 있는 경우와 특별히 다를 바 없다고 한다.

그러나 소멸시효는 객관적으로 권리가 발생하여 그 권리를 행사할 수 있는 때로부터 진행하고 그 권리를 행사할 수 없는 동안만 진행하지 아니하며, 권리자가 재판상 그 권리를 행사하는 등 권리 위에 잠자는 것이 아님을 표명한 때에는 시효중단사유가 되고, 그러한 사유가 종료한 때로부터 새로이 소멸시효가 진행되는 점에 비추어 볼 때, 시효의 진행을 방해하거나 시효의 대상으로 삼을 수 없는 정도의 권리의 행사가 있다고 하려면, 적어도 시효소멸의 대상이 된 권리를 그 채무자에 대한 관계에서 행사하고 있는 상태가 계속되고 있다고 볼 수 있어야 할 것이다. 그런데, 매수인이 인도받은 부동산을 제 3 자에게 처분하고 그 점유를 이전하여 준 것은, 제 3 자와의 매매계약에 따른 의무의 이행일 뿐이고, 그 계약과 무관한 매도인에 대하여 권리를 행사하였다고는 도저히 볼 수 없으며, 다수의견은 채권관계와 물권관계의 구별을 간과하거나 외면하려는 것이 아닌지 의아스럽다. 가사 백보를 양보하여 위 처분을 매도인에 대한 권리의 행사로 본다고 하더라도, 그 권리의 행사가 위 처분 이후로도 계속되고 있다고 볼 수 없음은 명백하다.

(2) 또한 다수의견이, 부동산이 전매된 경우, 위와 같이 이론적으로 근거가 박약함에도 불구하고, 매수인이 부동산을 계속하여 사용·수익하고 있는 경우와 마찬가지로 그 이전등기청구권의 소멸시효가 진행하지 않는다고 해석하는 데에는, 매도인보다는 최종 매수인을 두텁게 보호하여야 할 현실적 필요성이 강하게 요청됨을 전제로 하는 것으로 여겨진다.

생각건대, 현행 민법의 시행 초기에는, 의사주의를 취하던 의용민법의 영향이 잔존하여 매수인이 매도인으로부터 등기권리증과 부동산의 인도를 받으면 소유권을 취득한 것으로 관념하여 그 이전등기를 게을리하는 경향이 있었으므로, 부동산을 인도받은 매수인의 등기청구권을 다른 채권과 달리 보아 소멸시효의 대상에서 제외할 필요성이 강하게 대두되었고, 당원은 위 전원합의체 판결 등을 통하여, 부동산의 매수인이 매매목적물을 인도받아 사용·수익하는 동안에는 그 이전등기청구권은 소멸시효에 걸리지 아니한다고 해석함으로써 위와 같은 현실적 요청과 소멸시효 제도의 존재 이유라는 상충하는 두 이념의 조화를 꾀하였다. 그런데, 오늘날의 부동산거래에서는 형식주의를 취하는 현행 민법이 정착되어 부동산을 전매한 때로부터 10년의 시효기간이 경과하도록 이전등기를 경료하지 아니하는 경우는 매우 드물게 되었고, 그동안 간이한 방법으로 실체적 권리관계에 부합하는 등기를 할 수 있도록 하는 각종 특별법이 시행되었으며, 최근에는 이를 강제하는 부동산실명제가 실시되기에 이른 점에 비추어, 미등기인 채로 부동산을 전전 매수한 자를 특별히 보호하여야 할 필요성도 그만큼 줄어들었다 할 것이다.

또한, 현행 민법이 형식주의를 채택하여 실체관계에 부합하는 부동산등기를 장려하고 있고, 나아가 법률의 규정에 의하여 부동산물권을 취득함에는 등기를 요하지 아니하나, 등기를 하지 아니하면 이를 처분하지 못하도록 하여, 부동산등기가 물권변동의 과정을 정확히 반영하도록 함으로써 거래의 안전을 도모하고 있음에 비추어 볼 때, 부동산 매수인이 그 이전등기를 경료하지 아니하여 소유권을 취득한 바가 없는 상태에서 이를 처분하였음에도 불구하고 그 등기청구권이 여전히 소멸시효에 걸리지 않는다고 보는 것은 등기의 공시기능을 현저하게 약화시키는 결과를 초래하여 형식주의를 취하는 현행 민법의 체계 및 부동산등기제도의 이념과도 맞지 아니한다 할 것이다.

다. 다수의견이, 부동산에 대한 점유를 상실한 시효취득자의 이전등기청구권이 소멸시효에 걸리는지에 관한 당원의 종래 입장과 조화될 수 있는 것인지에 대하여도 우려하지 않을 수 없다.

당원은, 부동산에 대한 취득시효 기간이 만료되면 그 당시의 점유자가 소유자에 대하여 소유권이전등기청구권을 취득하고, 취득시효 완성 당시의 점유자로부터 점유를 승계한 현 점유자는 전 점유자의 소유자에 대한 소유권이전등기청구권을 대위행사할 수 있을 뿐, 직접 자기에게 취득시효 완성을 원인으로 한 소유권이전등기를 청구할 권원이 없으며[…], 부동산의 시효취득자가 부동산을 양도하여 점유의 승계가 이루어진 사안에서, 부동산에 대한 점유취득시효 완성을 원인으로 하는 소유권이전등기청구권도 채권적 청구권으로서, 취득시효가 완성된 점유자가 그 부동산에 대한 점유를 계속하는 한 소멸시효가 진행하지 아니하나, 그 점유를 상실한 때로부터 10년간 이를 행사하지 아니하면 소멸시효가 완성한다[…]고 본다.

그런데, 다수의견과 같이, 부동산의 처분과 그에 따른 점유의 승계를 부동산에 대한 점유·사용보다 적극적인 권리 행사의 일환으로 파악하여 이와 같은 경우에도 그 이전등기청구권의 소멸시효가 진행하지 아니한다고 본다면, 위와 같이 취득시효 완성 당시의 점유자가 부동산을 처분하고 그 점유를 이전하여 준 경우에 그의 소유자에 대한 이전등기청구권도 소멸시효에 걸리지 아니한다고 보아야 할 것이다. 따라서 위 판례들은, 이를 변경하는 것이 아닌 한, 다수의견과 실질적으로 저촉될 뿐만 아니라 형평에도 맞지 아니하므로, 다수의견은 이러한 불합리한 결과를 신중히 고려하였어야 할 것이다.

3. 이상의 이유로 다수의견에는 찬동할 수 없고, 다수의견이 변경하여야 한다는 당원 […] 판결들은, 위에서 본 바와 같이 부동산 물권변동에 관한 우리 민법의 체계가 의사주의에서 형식주의로 바뀌고, 그로부터 상당 기간이 경과하여 부동산등기의 실태와 그에 관한 법의식이 변화한 최근의 현실 상황을 반영한 것으로서 그대로 유지함이 옳으며, 오히려 다수의견과 견해를 같이하는 당원 […] 판결은, 의사주의를 취하던 의용민법의 영향이 잔존하던 시기의 이론과 현

실에 터잡은 것으로서 이들을 폐기하여야 할 것이다. 이와 정반대의 견해를 취하는 다수의견은 현행 민법의 이론적 체계와도 맞지 아니할 뿐만 아니라, 시대의 조류에도 역행하는 것으로서 부당하다고 하지 않을 수 없다.

[…] 다수의견에 대한 보충의견은 다음과 같다.

1. 부동산의 매수인은 매도인에 대하여 소유권이전등기청구권과 인도청구권을 행사하게 된다. 위 이전등기청구와 인도청구는 일반적으로 그 자체가 채권이라고 이해하고 있으나 그 법률적 성질은 소유권을 이전받을 매수인의 채권에 기한 채권적 권리 행사인 것이고 따라서 매수인이 이전등기청구를 하거나 또는 인도청구를 하는 것은 모두 매수채권을 행사하였다는 점에서 동일한 것이다.

또한 매수인이 인도받음으로써 인도에 관한 채권행사는 일단 완료된 것이고 그 이후 이를 점유·사용하는 것은 매수채권 행사 자체가 계속되는 것이 아니고 그 권리 행사 결과의 상태가 유지되는 것뿐이므로 목적물을 매수인 본인이 점유·사용하든지 또는 제 3 자에 양도하여 점유·사용하게 하든지 매수인의 인도청구권 행사의 결과에 따른 상태는 마찬가지로 유지되고 있어 권리 행사의 상태가 관건이 되는 시효 적용에서 이를 구별할 필요가 없는 것이다. 더욱이 어느 경우에나 매수인의 이전등기청구권 행사 여부에 관하여 하등 다른 점이 없음은 물론이다.

매수인이 10년간 이전등기청구권을 행사하지 않는 경우에 그 이전등기청구권이 시효로 소멸한다고 통상적으로 표현하지만 정확히 분석하면 시효소멸의 대상은 채권적 청구권이 아니고 그 기초가 되는 채권 자체이므로 매매로 인한 매수인의 채권이 소멸하여 인도청구도 불가능하게 되는 것이다.

따라서 반대의견이 주장하는 것처럼 을이 갑으로부터 부동산을 매수 인도받아 점유하다가 미등기 상태로 다시 병에게 전매 인도한 지 10년이 경과한 경우 을의 갑에 대한 소유권이전등기청구권이 시효소멸한다고 하면 이는 갑에 대한 위 매매로 인한 을의 채권이 시효소멸한 것이 되어 갑이 매도를 부인하며 소유권에 기하여 병에게 인도청구를 하는 경우 병은 을을 대위하여 갑에게 매수인으로서 인도를 구할 지위에 있음을 내세워 이를 거절하려 하여도 병이 대위할 을의 채권이 소멸하여 그 인도를 거부할 수 없게 될 것이다.

위 당원 1976. 11. 6. 선고 전원합의체 판결은 세세한 논리설명은 생략하였으나 이러한 점에 착안하여 위와 같은 경우 이전등기청구권의 시효소멸을 인정하면 매수인이 그 목적물을 매도인에게 환수당하는 불합리한 결과를 초래한다고 이미 적절히 지적하고 있는 것이다.

2. 위 전원합의체 판결은 사안 자체는 부동산의 매수인이 목적물을 인도받

아 사용·수익하고 있는 경우이었으나 모름지기 판례란 구체적인 사건에서 선언된 일반 법리를 뜻하는 것인바, 위 전원합의체 판결은 「따라서 부동산을 매수한 자가 그 목적물을 인도받은 경우에는 그 매수인의 등기청구권은 다른 채권과는 달리 소멸시효에 걸리지 않는다고 해석함이 타당하다」고 판시하고 있으므로 위 전원합의체 판례를 적용함에 있어 매수인이 인도받은 후 계속 점유를 필요로 한다고 해석할 수 없을 것이다.

물론 위 전원합의체 판결이 위 판례의 법리를 채택하는 근거의 하나로서 「부동산의 매수인으로서 그 목적물을 인도받아서 이를 사용·수익하고 있는 경우에는 위 시효제도의 존재이유에 비추어 보아 그 매수인을 권리 위에 잠자는 것으로 볼 수도 없고」라고 설시하고 있으나 이는 그 사안이 매수인이 점유·사용중이었으므로 그 사안에 부합되게 설시한 것뿐이지 매수인이 인도받아 처분하여 점유를 이전한 때부터는 권리 위에 잠자는 자에 해당된다고 차별화하는 취지는 아니다. 위 전원합의체 판결은 판례가 되는 결론 부분의 위 일반 법리에서 「부동산을 매수한 자가 그 목적물을 인도받아 점용하는 경우에는」이라고 설시하지 않고 「부동산을 매수한 자가 그 목적물을 인도받은 경우에는」이라고 설시하고 있다는 점을 주목해야 할 것이다.

따라서 위 전원합의체 판결을 유지하는 한 다수의견이 지적하는 판례의 견해는 마땅히 변경되어야 하는 것이다.

질문

1. 이 판결에서 다수의견과 소수의견은 모두 대판(전) 1976. 11. 6. (앞의 재판례 [2])의 다수의견에 따라 논리를 전개하고 있으나 서로 다른 결론에 도달하고 있다. 그 이유는 무엇이라고 생각하는가?
2. 이 사건에서도 만일 결론을 달리하여 등기청구권이 소멸시효에 걸린다고 한다면, 당사자들 사이의 법률관계는 어떻게 되는가?
3. 대판 1992. 7. 24, 91다40924를 찾아 읽어보라. 이 판결은 위 전원합의체 판결이 폐기하는 판결의 목록에 포함되어 있지 않다. 이 판결은 어떠한 점에서 위 전원합의체 판결과 구별되는가? 그러한 차이는 의미가 있는 것인가? 이 판결의 결론은 정당한가?

Ⅲ. 소멸시효기간의 기산점

1. 소멸시효의 기산에 관한 원칙

소멸시효기간은 "권리를 행사할 수 있는 때"(제166조 제 1 항)로부터 진행한다.[2)]

(1) 법률상 장애의 고려

권리를 행사할 수 있다는 것은 권리 행사에 법률상의 장애가 없음을 의미한다. 전형적인 예로서 채권이 시기부 또는 정지조건부인 경우 그 기한이 도래하거나 조건이 성취하지 않은 동안에는 시효기간이 진행하지 않는다. 또한 예컨대 군인 등이 공상을 입은 경우에 법령에 의하여 보상을 받을 수 없음이 판명되어 국가배상법 제 2 조 제 1 항 단서 규정의 적용이 배제됨이 확정될 때까지는 같은 항 본문에 기한 손해배상청구권은 법률상 이를 행사할 수가 없으므로, 이처럼 다른 법령에 의하여 보상을 받을 수 없음이 판명되지 않고 있다는 사정은 위 손해배상청구권의 행사에 대한 법률상의 장애로 기산을 저지한다고 한다(대판 1998. 7. 10, 98다7001).

그러나 권리의 행사에 대한 법적 장애라고 하여도 권리자의 의사로 제거할 수 있는 것인 경우에는 시효의 진행에 영향을 미치지 않는다. 가령 동시이행의 항변권의 대항을 받는 채권의 경우가 그러하다(소유권 이전의무를 부담하는 매도인의 매매대금 채권에 대해 방론으로 대판 1991. 3. 22, 90다9797). 그러나 판례는 임대차 종료 후 목적물반환의무와 보증금반환의무가 동시이행 관계에 있는 때에는 예외를 인정하여 시효가 진행하지 않는다고 한다(대판 2020. 7. 9, 2016다244224, 244231). 그 근거로는 동시이행 항변권의 행사로 보증금반환 채권도 행사되고 있고, 그렇게 해석하지 않으면 임대인의 반환청구권이 통상 물권적 청구권인 것과 균형이 맞지 않으며, 보증금이 반환될 때까지 임대차가 의제되는 취지(주

---

2) 다만 헌법재판소에 따르면 제166조 제 1 항, 제766조 제 2 항의 객관적 기산점을 「진실·화해를 위한 과거사정리 기본법」 제 2 조 제 1 항 제 3 호, 제 4 호의 민간인 집단희생사건, 중대한 인권침해·조작의혹사건에 적용하도록 규정하는 것은, 소멸시효 제도를 통한 법적 안정성과 가해자 보호만을 지나치게 중시한 나머지 합리적 이유 없이 위 사건 유형에 관한 국가배상청구권 보장 필요성을 외면한 것으로서 입법형성의 한계를 일탈하여 청구인들의 국가배상청구권을 침해한다고 한다(헌재결 2018. 8. 30, 2014헌바148 등).

임 제4조 제2항, 상임 제9조 제2항)에 부합하지 않는다는 것을 든다. 그러나 이러한 설명은 기본적으로 의문인데, 우리 민법은 단순히 권리 행사만으로 시효가 정지된다는 내용을 알지 못하며(무엇보다 유치권에 대해 제326조 참조) 또한 그러한 논리는 거의 모든 동시이행 관계에 동일하게 그대로 적용될 수 있기 때문이다. 결국 보증금반환 채권의 보호를 위한 판례의 정책적 법형성이라고 보인다.

(2) 사실상 장애의 불고려

권리의 행사에 위와 같은 법적인 장애가 없는 이상 단순한 사실상의 장애(가령 권리자의 질병, 부재 기타 개인적인 사정)로써는 시효의 진행을 막을 수 없다(대판 2010. 5. 27, 2009다44327). 그러한 사실상의 장애가 시효의 진행에 장애가 되지 않음은 제179조 이하의 시효 정지에 관한 규정에 전제가 되어 있기 때문이다. 특히 권리자가 그 권리가 존재하는 것을 모르거나 모르는 데 과실이 없다고 하여도 시효는 진행된다(대판 1981. 6. 9, 80다316).

(3) 판례 변경의 경우

권리를 부정하는 판례가 변경되어 권리의 행사가 인정된 경우, 이전에 권리를 부정하는 판례의 존재를 법률적 장애에 해당하는 것으로 볼 것인지 아니면 사실상의 장애로 보아 시효진행에 영향이 없다고 볼 것인지 문제된다. 대법원은 이를 사실상의 장애로 이해하여 소멸시효는 행사할 수 있던 시점부터 진행한다고 한다.

[4] 판례변경과 소멸시효의 기산점: 대판 1993. 4. 13, 93다3622

[주 문] 상고를 기각한다. 상고비용은 원고들의 부담으로 한다.

[이 유] 상고이유를 판단한다.

자동차종합보험보통약관에 피보험자가 피해자에게 지는 손해배상액이 판결에 의하여 확정되는 등의 일정한 경우에는 피해자가 보험회사에 대하여 직접 보험금의 지급을 청구할 수 있도록 규정되어 있다 하더라도, 위 약관에 의하여 피해자에게 부여된 보험회사에 대한 보험금액 청구권은 상법 제662조 소정의 보험금액 청구권에 다름 아니므로 이를 2년간 행사하지 아니하면 소멸시효가 완성되는 것으로 보아야 할 것인바, 같은 취지의 원심판결은 옳고, 거기에 소론과 같은 자동차종합보험보통약관의 해석을 그르친 위법이 있다 할 수 없다.

소멸시효는 객관적으로 권리가 발생하고 그 권리를 행사할 수 있는 때로부터 진행하고 그 권리를 행사할 수 없는 동안에는 진행하지 아니하는바, 권리를 행사할 수 없는 때라 함은 그 권리행사에 법률상의 장애사유, 예컨대 기간의 미도래나 조건불성취 등이 있는 경우를 말하는 것이고, 사실상 그 권리의 존부나 권리행사의 가능성을 알지 못하였거나, 알지 못함에 과실이 없다 하여도 이러한 사유는 법률상 장애사유에 해당한다고 할 수 없는 것이다(당원 1992. 7. 24. 선고 91다40924 판결 등 참조).

원심이 확정한 바와 같이 피해자인 원고들이 피보험자인 소외 회사를 상대로 이 사건 교통사고로 인한 손해배상을 청구하는 소송을 제기하여 1989. 6. 30. 일부승소의 확정판결을 받았고, 이에 피보험자가 피해자에게 지는 손해배상액이 판결에 의하여 확정되는 등의 경우에 피해자가 보험회사에 대하여 직접 보험금의 지급을 청구할 수 있다는 자동차종합보험보통약관의 규정에 따라 피해자인 원고들이 보험회사인 피고 회사에 대하여 그 판결금액 상당의 보험금액을 직접 청구하는 이 사건 소송을 제기한 것이라면 이 직접청구권의 소멸시효는 위 확정판결이 있은 때로부터 기산된다 할 것이고, 설사 소론과 같이 대법원전원합의체판결(1991. 12. 24. 선고 90다카23899 판결)에서 무면허운전에 관한 종전의 견해를 변경한 바 있다 하여 이로써 원고들이 피고 회사에 대하여 보험금액 직접청구권을 행사함에 있어 법률상 장애가 있었다 할 수 없으므로 그 소멸시효가 위 대법원판결이 있은 때로부터 기산된다 할 수는 없다 할 것이다.

같은 취지의 원심판결은 옳고, 반대의 견해에서 원심판결을 공격하는 소론 주장은 받아들일 수 없다. 논지는 모두 이유 없다.

그러므로 상고를 기각하고 상고비용은 패소자의 부담으로 하여 관여 법관의 일치된 의견으로 주문과 같이 판결한다.

질문

1. 사실관계를 요약하고, 판례변경에 의해 당사자들의 권리관계가 어떠한 내용으로 변경되었는지 살펴보라.
2. 위 판결에 따라 권리를 부정하는 판례의 존재를 사실상의 장애에 불과한 것으로 본다면, 어떠한 근거들이 제시될 수 있는가?
3. 판례의 결론을 당사자에게 가혹한 결과를 가져올 수 있다. 판례의 결론과 달리 법률상 장애를 인정할 수 있겠는가? 또는 법률상 장애를 인정할 수 있는

경우도 개별적으로 있을 수 있겠는가?

(4) 사실상 장애가 고려되는 경우

입법자는 물론 정책적 고려에 기초하여 사실적 장애가 기산점에 영향을 줄 수 있도록 법률에 규정할 수 있다. 불법행위에 기한 손해배상채권의 경우 채권자의 인식을 기산점으로 하는 제766조 제 1 항(또한 미성년자에 대한 성적 침해의 경우 기산에 관한 동조 제 3 항도 참조)이 그 대표적인 예이다. 이렇게 채권자의 인식이 소멸시효의 기산점인 경우 채권자가 미성년자 등 행위능력이 제한된 자이면 소멸시효는 그의 법정대리인이 당해 사실을 인식한 때로부터 기산한다(대판 2010. 2. 11, 2009다79897).

그 밖에 판례상으로 사실상의 장애가 기산점에 영향을 주는 경우가 인정되어 있다. 예를 들어 보험금청구권의 경우 원칙적으로 보험사고가 발생한 때로부터 기산하지만, 예외적으로 객관적으로 보아 보험사고가 발생한 사실을 확인할 수 없는 사정이 있는 경우에는, 보험금액청구권자가 보험사고의 발생을 알았거나 알 수 있었던 때로부터 보험금액청구권의 소멸시효가 진행한다고 하여 사실상 장애를 고려하기도 한다(대판 1993. 7. 13, 92다39822; 그 밖에 한국공인중개사협회에 대한 공제금청구권에 대해 대판 2012. 2. 23, 2011다77870). 이는 보험금청구권의 단기소멸시효(3년)를 고려할 때(상 제662조 참조) 객관적으로 보험사고 사실을 확인할 수 없는 경우에도 시효가 기산한다면 권리자에게 지나치게 가혹하다는 인식에 근거한 것으로 보인다. 마찬가지 이유로 법인의 이사회결의가 부존재함에 따라 발생하는 제 3 자의 부당이득반환청구권처럼 법인이나 회사의 내부적인 법률관계가 개입되어 있어 청구권자가 권리의 발생 여부를 객관적으로 알기 어려운 상황이 있는 때에는 이사회결의부존재확인판결의 확정과 같이 객관적으로 청구권의 발생을 알 수 있게 된 때로부터 소멸시효가 진행된다고 한다(대판 2003. 4. 8, 2002다64957, 64964). 또한 건물신축에 관한 도급계약에서 하수급인이 수급인을 상대로 저당권설정청구권을 행사하는 때에도(제666조) 신축건물의 소유권이 수급인에게 귀속하는지 여부에 대해 과실 없이 알기 어려울 수 있으므로, 객관적으로 하수급인이 수급인을 상대로 저당권설정청구권을 행사할 수 있음을 알 수 있게 된 때부터 소멸시효가 진행한다고 보는 것이 타당하다고 한다(대판 2016. 10. 27, 2014다211978).

2. 구체적인 내용

채권의 소멸시효 기산점에 대해 보다 구체적으로 살펴보기로 한다.

(1) 원칙: 이행기의 도래

채권은 원칙적으로 이행기가 도래한 시점에 기산한다(이는 이행기가 도래한 날의 다음 날로부터 진행한다는 의미이다, 제157조 본문). 그러므로 확정시기부 채권이나 불확정시기부 채권의 경우 기한이 도래한 시점에 기산하고, 기한의 정함이 없는 채권의 경우 채권이 발생한 시점에 기산한다(그 결과 이행지체의 성립 시점과는 일치하지 않는다, 제387조 참조).

(2) 법률의 규정에 따라 발생하는 채권

법률의 규정에 의하여 발생하는 채권은 기한의 정함이 없으므로 발생의 시점에 시효가 기산한다. 예컨대 각종의 구상권(대판 1979. 5. 15, 78다528)이나 부당이득반환청구권(제741조) 등이 그러하다. 불법행위로 인한 손해배상청구권(제750조)에 관하여는 특칙(제766조 제 1 항, 제 3 항)이 있음은 이미 보았다(앞의 Ⅲ. 1. (4) 참조).

한편 채무불이행으로 인한 손해배상청구권에 대해서는 논의의 여지가 있으나, 마찬가지로 그것이 발생한 시점인 채무불이행 시점부터 시효가 기산한다고 해석해야 한다(대판 1990. 11. 9, 90다카22513; 아래 재판례 [6] 참조). 손해배상의무는 원래의 채무의 내용이 변경된 것일 뿐 채무로서의 동일성에 변화가 없으므로 그 소멸시효는 본래의 채무의 이행을 청구할 수 있는 때로부터 진행된다고 보는 견해도 있다. 그러나 채무불이행에 대한 구제수단으로서의 손해배상청구권의 중요한 기능을 고려한다면 그에 독자적인 소멸시효가 기산한다고 해석하는 것이 타당하다. 게다가 채무불이행을 원인으로 하는 손해배상청구권은 그 내용과 성질이 다양하여(이행이익이 문제되는지, 완전성이익이 문제되는지, 이행이익이 문제되는 경우에도 전보배상이 문제되는지 지연배상이 문제되는지 등) 일률적으로 이행청구권의 연장이라고 단정하기도 어렵다.

(3) 형성권 행사에 따라 발생하는 채권

마찬가지로 제척기간 내에 형성권이 행사된 경우에 그로 말미암아 발생하는 청구권에 관해서도 유사한 문제가 발생한다. 여기서도 일단 발생한 청구권에 대하여는 그것이 비록 형성권의 행사로 인한 것이라고 하더라도 다른 청구권과 마찬가지로 발생한 시점부터 독자적으로 소멸시효에 걸린다고 할 것이다(대판 1991. 2. 22, 90다13420). 제척기간은 형성권으로 인한 불확정적 법률관계의 불안정을 제거하기 위한 것이지, 형성권 행사로 인한 모든 법률관계가 그 기간 중에 해결되어야 함을 정하는 것이라고 단정할 수는 없다. 형성권의 행사로 유동적 권리관계는 제거되었으므로, 그 이후의 권리관계에 다시금 형성권의 제척기간을 적용하여 권리자를 과도하게 제약할 필요는 없는 것이다. 그러나 최근 대법원은 기간의 정함 없는 임치와 관련해 임치물 반환청구권의 소멸시효는 임치계약이 성립하여 임치물이 수치인에게 인도된 때부터 진행하는 것이지, 임치인이 임치계약을 해지한 때부터 진행한다고 볼 수 없다고 하였다(대판 2022. 8. 19, 2020다220140). 이러한 해석은 권리자에게 지나치게 가혹하여 부당하며(그 결과 당사자 의사에 반해 임치 기간을 정해진 제척기간 미만으로 강제하는 효과를 가지게 된다), 종래 판례와도 상충된다.

[5] 형성권 행사로 발생한 채권의 소멸시효: 대판 1991. 2. 22, 90다13420

[주 문] 상고를 모두 기각한다. 상고비용은 각자의 부담으로 한다.

[이 유]

1. 원고 박광한, 박동희, 박동우, 박동진, 박동인의 소송대리인의 상고이유를 본다.

(1) 제 1 점에 대하여

원심판결의 판시이유를 기록에 의하여 살펴본바, 원고 박동춘이 위 원고들을 대리하여 1982. 8.경 피고에 대하여 환매권을 행사하였다는 점에 관한 증인 김학구의 증언은 믿을 수 없고 달리 그 사실을 인정할 증거가 없다고 하여 위 일시경 환매권을 행사하였음을 전제로 한 위 원고들의 청구를 배척한 원심의 조치는 정당하다고 수긍이 가고 거기에 소론과 같이 채증법칙위반의 위법은 없다. 논지는 이유없다.

(2) 제 2 점에 대하여

이 사건 토지에 관하여 아직 환매사유가 발생하지 않았으니 앞으로 환매사유가 발생하면 법에 의하여 통지하겠다는 내용의 소론 1982. 8. 24.자 국방부장관의 민원회신(갑 제10호증)은 원고 박동춘에 대하여만 보낸 것이 분명하고 달리 기록상 위 원고들에 대하여도 그와 같은 내용의 회신을 하였음을 인정할 자료를 찾아볼 수 없을 뿐만 아니라 설령 위 민원회신이 위 원고들도 그 대상으로 한 것이었다 하여도 그러한 사정만으로는 원고들의 환매권이 제척기간 도과로 소멸하였다는 피고의 주장이 신의칙위반 및 권리남용에 해당한다고 볼 수도 없으므로 원심이 이 점에 관한 위 원고들의 주장을 판단하지 아니한 허물은 판결 결과에 영향이 없어 원심판결을 파기할 사유가 되지 못한다 할 것이다. 이 점 논지도 이유 없다.

2. 피고 소송수행자의 상고이유를 본다.

(1) 제 1 점에 대하여

기록에 의하여 살펴본바, 원고 박동춘이 1982. 8.경 피고에 대하여 이 사건 토지에 대한 환매권을 행사하였다고 인정한 원심의 조치에 소론과 같은 채증법칙 위배의 위법이 있다 할 수 없다. 논지는 이유 없다.

(2) 제2, 3점에 대하여

징발재산정리에 관한 특별조치법 제20조 소정의 환매권은 일종의 형성권으로서 그 존속기간(국방부장관으로부터 환매권행사의 통지가 있은 경우에는 위 법조 제 3 항에 의하여 그때로부터 3월, 그렇지 않은 경우에는 환매권이 발생한 날 즉 징발재산의 전부 또는 일부가 군사상 필요없게 된 때로부터 10년)은 제척기간으로 보아야 한다는 것이 당원의 견해인바(당원 1990. 1. 12. 선고 88다카25342 판결; 1990. 4. 27. 선고 89다카31184 판결; 1990. 10. 12. 선고 90다카20838 판결 참조), 위 환매권은 재판상이든 재판외이든 위 기간 내에 이를 행사하면 이로써 매매의 효력이 생기는 것이고 반드시 위 기간 내에 재판상 행사하여야 되는 것은 아니며 또한 환매권의 행사로 발생한 소유권이전등기청구권은 위 기간 제한과는 별도로 환매권을 행사한 때로부터 일반 채권과 같이 민법 제162조 제 1 항 소정의 10년의 소멸시효기간이 진행되는 것이지 위 제척기간 내에 이를 행사하여야 하는 것은 아니라고 보아야 할 것이다.

원심이 위와 같은 취지에서 원고 박동춘은 이 사건 토지에 대하여 환매권을 행사할 수 있게 된 1972. 11. 1.부터 제척기간인 10년이 경과하기 전인 1982. 8.경 환매권을 행사하였고 다시 그때로부터 소멸시효기간인 10년이 경과하지 아니한 1989. 5. 27. 위 환매권 행사로 발생한 소유권이전등기청구권에 기하여 피고를 상대로 이 사건 소를 제기하였으므로 위 환매권과 그 행사에 의한 소유권이전등기청구권은 위 각 기간 내에 적법하게 행사하였다고 판단하였음은 정당하고 거기에 소론과 같은 환매권의 행사 방법과 형성권의 행사로 생긴 청구권의 시효에 관한 법리를 오해한 위법이 없다. 위와 다른 견해를 펴는 논지는 채용할 수 없다.

3. 그러므로 상고를 모두 기각하고 상고비용은 각자의 부담으로 하여 관여 법관의 일치된 의견으로 주문과 같이 판결한다.

질문

1. 사실관계를 정리하여 당사자들의 주장 및 소송 경과를 재구성해 보라.
2. 이 판결은 형성권의 경우 다른 규정이 없으면 원칙적으로 10년의 제척기간에 걸린다고 한다. 제162조에 따를 때 20년이 아닌 10년으로 보아야 할 근거는 무엇인가? (아래 제 2 편 제 3 장 Ⅲ. 1. (2) 참조)
3. 이 사안에서 환매권의 행사로 인해 발생한 소유권이전등기청구권이 환매권의 제척기간 내에 행사되어야 한다고 해석하는 경우 어떠한 결과가 발생하는가? 당사자들의 이익상황을 고려할 때 타당하다고 볼 수 있는가?

(4) 계속적 거래관계에서 발생하는 채권

계속적 거래관계로 인하여 발생한 여러 개의 채권은 그 각각에 대하여 소멸시효의 기산점이 별개로 진행하는 것이 원칙이다(대판 1978. 3. 28, 77다2463). 그런데 가령 할부금채무(월부, 연부 등)에 있어서는 그 각 급부에 대하여 별개의 변제기가 정하여진 때에도 그 1회분의 채무불이행 등의 사유가 있으면 나머지 전 채무에 대하여 기한의 이익을 상실한다는 특약을 하는 경우가 드물지 않다. 그 경우에 기한의 이익을 상실케 하는 사유가 발생하였다면 그때부터 남은 채무 전부에 대하여 소멸시효가 진행하는지 아니면 채권자가 그 후 남은 채무 전부의 이행을 청구하는 등의 의사를 표시하였을 때 비로소 그에 대하여 소멸시효가 진행하는지 문제된다. 판례는 일정한 사유가 발생하면 채권자의 청구 등을 요함이 없이 당연히 기한의 이익이 상실되어 이행기가 도래하는 정지조건부 기한이익 상실의 특약과 일정한 사유가 발생한 후 채권자의 통지나 청구 등 채권자의 의사행위를 기다려 비로소 이행기가 도래하는 형성권적 기한이익 상실의 특약을 구분하면서, 어느 것에 해당하는지 여부는 의사해석에 따르지만 특별한 사정이 없으면 후자로 추정한다. 그리고 그러한 경우에는, 기한이익의 상실 사유가 발생하였다고 하더라도 채권자가 나머지 전액을 일시에 청구할 것인가 또는 종래대로 할부변제를 청구할 것인가를 자유로이 선택할 수 있으므로, 1회의 불이행이 있더라도 각 할부금에 대해 그 각 변제기의 도래시마다 그때부터 순차로 소멸시효가 진행하고 채권자가 특히 잔존 채무 전액의 변제를 구하는 취지의 의사를 표시한 경우에 한하여 전액에 대하여 그때부터 소멸시효가 진행한다고 한다(대판 1997. 8. 29, 97다12990).

(5) 부작위채권

부작위채권은 그 채무자가 부작위채무를 위반한 때로부터 진행한다(제166조 제 2 항).

Ⅳ. 소멸시효기간

1. 채권의 소멸시효기간

(1) 원칙: 10년

보통의 채권의 소멸시효 기간은 10년이다(제162조 제 1 항). 그러나 법률은 권리관계의 조속한 안정이 필요하다고 생각되는 경우에 단기의 소멸시효의 기간을 규정하고 있다.

(2) 민법상의 단기소멸시효기간

(가) 민법은 3년의 시효에 걸리는 채권(제163조)과 1년의 시효에 걸리는 채권(제164조)을 정하고 있다.

이와 관련해 해석상 주의할 점은 제163조 제 1 호의 "1년 이내의 기간으로 정한 채권이라 함은 1년 이내의 정기에 지급되는 채권을 의미하는 것"이고 "변제기가 1년 내의 채권이라는 의미가 아니"라는 것이다(대판 1980. 2. 12, 79다2169). 따라서 지연이자는 이에 해당하지 않는다. 그리고 제163조 제 5 호는 세무자 기타 다른 자격사의 직무에 관한 채권에 유추적용되지 않는다(대판 2022. 8. 25, 2021다311111). 한편 숙박료, 음식료 등의 대가(제164조 제 1 호)를 1년 이내의 기간으로 지급하기로 한 경우(제163조 제 1 호)에 시효기간은 어떠한가? 판례에 따르면 전자가 특칙이므로 1년의 소멸시효가 적용된다(대판 2020. 2. 13, 2019다271012). 그리고 제163조, 제164조가 정하는 단기소멸시효기간은 거기서

명시적으로 언급된 채권에 대해서만 적용되고 상대방의 반대채권은 원칙으로 돌아가서 시효기간이 판단되어야 한다(대판 2013. 11. 14, 2013다65178).

(나) 불법행위로 인한 손해배상채권은 “피해자나 그 법정대리인이 그 손해 및 가해자를 안 날로부터 3년” 또는 “불법행위를 한 날로부터 10년”의 시효에 걸린다(제766조). 후자도 시효기간이다(대판 1974. 10. 22, 74다647). 자세한 내용은 민법 Ⅱ 제 5 편 제 2 장 Ⅴ. 참조.

[6] 채무불이행을 이유로 하는 손해배상채권의 소멸시효: 대판 2005. 1. 14, 2002다57119

[주 문] 상고를 기각한다. 상고비용은 원고의 부담으로 한다.

[이 유] 상고이유를 판단한다.

1. 손해배상청구권의 소멸시효 기간에 관하여

우수현상광고의 광고자로서 당선자에게 일정한 계약을 체결할 의무가 있는 자가 그 의무를 위반함으로써 계약의 종국적인 체결에 이르지 않게 되어 상대방이 그러한 계약체결의무의 채무불이행을 원인으로 하는 손해배상을 청구한 경우, 그 손해배상청구권은 계약이 체결되었을 경우에 취득하게 될 계약상의 이행청구권과 실질적이고 경제적으로 밀접한 관계가 형성되어 있기 때문에, 그 손해배상청구권의 소멸시효기간은 계약이 체결되었을 때 취득하게 될 이행청구권에 적용되는 소멸시효기간에 따른다.

기록에 의하면, 우수현상광고의 당선자인 원고가 광고주인 피고에 대하여 가지고 있는 본래의 채권인 ‘기본 및 실시설계권’이란 당선자인 피고에 대하여 우수작으로 판정된 계획설계에 기초하여 기본 및 실시설계계약의 체결을 청구할 수 있는 권리라고 할 것이고, 이러한 청구권에 기하여 계약이 체결되었을 경우에 취득하게 될 계약상의 이행청구권은 “설계에 종사하는 자의 공사에 관한 채권”으로서 이에 관하여는 민법 제163조 제 3 호 소정의 3년의 단기소멸시효가 적용되므로, 위의 기본 및 실시설계계약의 체결의무의 불이행으로 인한 손해배상청구권의 소멸시효 역시 3년의 단기소멸시효가 적용된다 할 것이다.

같은 취지에서 원심이 이 사건 손해배상청구권의 소멸시효기간이 3년이라고 판단한 것은 정당한 것으로 수긍이 되고, 거기에 상고이유에서 주장하는 바와 같이 단기소멸시효에 관한 법리를 오해한 위법이 있다고 할 수 없다.

2. 소멸시효의 기산일에 대하여

채무불이행으로 인한 손해배상청구권의 소멸시효는 채무불이행시로부터 진행한다 할 것이다(대법원 1973. 10. 10. 선고 72다2600 판결, 1990. 11. 9. 선고 90다카22513 판결, 1995. 6. 30. 선고 94다54269 판결 등 참조).

원심판결 이유에 의하면, 원심은 그 채용 증거들에 의하여 피고 산하의 청담교회는 원고와 설계비에 관하여 협의하면서, 피고가 1993. 11. 11. 제시한 8,000만 원의 설계보수에 관하여 원고가 같은 달 15. 위 제의를 수용할 수 없다는 의사를 표시하였는데도 불구하고, 다시 같은 달 17. 원고에게 같은 달 20.까지 교회의 안을 수용하지 아니하면, 원고가 이 사건 공사에 관한 설계계약을 체결할 의사가 없는 것으로 간주한다는 뜻을 일방적으로 통보하였고, 그 후 원고와의 사이에는 공사를 계속함을 전제로 한 구체적인 협의조차 없었던 사실을 인정한 다음, 그렇다면 이미 원고가 수용거절의 의사를 표시한 바 있는 피고 제시안에 관하여, 3일 안에 수용의사를 표시하라고 통고하고, 원고가 이를 수용하지 아니하면 이 사건 공사에 관한 설계계약을 체결할 의사가 없는 것으로 간주한다는 뜻을 통보한 것은 피고로서 채무이행의 의사가 없음을 명백히 한 것이라고 볼 수 있고, 따라서 그 이행거절의 의사를 표시한 다음날부터 또는 그 통보에서 정한 원고의 회신 시한 다음날인 1993. 11. 21.부터 진행한다고 보아야 한다고 판단하였다.

관계 증거들을 위의 법리와 기록에 비추어 살펴보면, 원심의 위와 같은 사실인정과 판단은 정당하다고 수긍이 되고, 거기에 상고이유에서 주장하는 바와 같이 증거판단을 잘못하여 사실을 오인한 위법이 있다고 할 수 없다.

3. 결　론

그러므로 상고를 기각하고, 상고비용은 패소자의 부담으로 하기로 하여 관여 법관의 일치된 의견으로 주문과 같이 판결한다.

질문

1. 사안에서 원고와 피고 사이에는 어떠한 내용의 계약이 존재하였는가? 원고는 어떠한 이행청구권을 가지는가? 원고는 어떤 사정에 근거해 손해배상을 청구하는가?
2. 채무불이행을 이유로 하는 손해배상청구권의 소멸시효는 언제 기산하고 그 기간은 얼마인가? 위 판결은 어떻게 판단하였는가?
3. 판례가 채무불이행을 이유로 하는 손해배상청구권의 시효기간을 3년이라고 해석한 이유는 무엇인가? 정당하다고 생각되는가?

(3) 특별법상 단기소멸시효기간

다른 법률에서도 단기소멸시효기간을 정하는 경우가 많다. 중요한 것으로 상행위로 인한 채권에 적용되는 5년의 상사소멸시효기간(상 제64조), 유가증권법상의 단기소멸시효기간(어음 제70조, 제77조 제 1 항 제 8 호, 수표 제51조), 국가 및 지방자치단체와의 법률관계에서 적용되는 소멸시효기간(국재정 제96조, 지재 제82조) 등을 들 수 있다.

특히 상사소멸시효와 관련해 부당이득반환청구권이나 계약책임의 시효기간이 문제된다. 판례에 따르면 부당이득반환청구권이라도 그것이 상행위인 계약에 기초하여 이루어진 급부 자체의 반환을 구하는 것으로서, 그 채권의 발생 경위나 원인, 당사자의 지위와 관계 등에 비추어 그 법률관계를 상거래 관계와 같은 정도로 신속하게 해결할 필요성이 있는 경우 등에는 상사 소멸시효가 적용되지만, 이와 달리 부당이득반환청구권의 내용이 급부 자체의 반환을 구하는 것이 아니거나, 위와 같은 신속한 해결 필요성이 인정되지 않는 경우라면 특별한 사정이 없는 한 민사 소멸시효기간이 적용된다고 한다(대판 2021. 6. 24, 2020다208621). 그래서 보험계약자가 다수의 계약을 통하여 보험금을 부정 취득할 목적으로 보험계약을 체결하여 그것이 선량한 풍속 기타 사회질서에 위반하여 무효인 경우(제103조) 보험자의 보험금에 대한 부당이득 반환청구권은 상사 소멸시효기간이 적용된다(대판(전) 2021. 7. 22, 2019다277812). 반면 근로계약이 보조적 상행위이더라도 사용자의 안전배려의무 위반을 이유로 하는 손해배상청구권(제390조)은 정형적이고 신속한 해결의 필요가 없어 10년의 민사소멸시효가 적용된다(대판 2021. 8. 19, 2018다270876). 한편 세무사는 그 직무에 비추어 상인이라고 볼 수 없으므로 세무사의 직무에 관한 채권에 대하여는 10년의 소멸시효가 적용된다(제162조 제 1 항).

(4) 재판이 확정된 경우 시효기간

채무의 이행을 재판에 의하여 청구한 경우에는 그 시효의 진행은 일단 중단되고(제168조 제 1 호), 시효기간은 그 재판이 확정된 때로부터 다시 처음부터 새로이 진행된다(제178조 제 2 항). 그러한 경우 비록 단기의 소멸시효에 걸리는 채권이라도 판결에 의하여 확정된 채권은 10년의 시효기간에 걸린다(제165조 제 1 항). 그 밖에 판결과 동일한 효력을 가지는 절차에 의하여 채권이 확정된 경우도 같다(동조 제 2 항). 채권이 일단 행사되어 재판에 의하여 확정된 이상 다시 신속한 처리를 요구할 필요는 없기 때문이다.

그러나 기한부 채권에 관하여 기한이 도래하기 전에 확정판결을 받은 경우와 같이(민소 제251조 참조), 확정될 당시에 아직 변제기가 도래하지 않은 채권에는 위와 같은 시효기간의 연장은 인정되지 않는다(제165조 제 3 항).

2. 기타 재산권의 소멸시효기간

채권을 제외한 재산권은 20년의 소멸시효에 걸린다(제162조 제 2 항).

Ⅴ. 시효요건의 강화·완화에 관한 법률행위

소멸시효는 법률행위에 의하여 이를 배제, 연장 또는 가중할 수 없다(제184조 제 2 항 전단). 그러나 법률행위에 의하여 소멸시효를 단축하거나 경감하는 것은 허용된다(동항 후단). 여기서 단축은 시효기간을 법정의 것보다 짧게 하는 것을 말하고, 경감이란 소멸시효의 완성을 법이 정하는 것보다 쉽게 하는 것을 말한다. 그러나 소멸시효에 걸리지 않는 권리를 소멸시효에 걸리는 것으로 정할 수는 없다.

제2장 소멸시효: 중단과 정지

Ⅰ. 시효의 중단과 정지

소멸시효는 시간의 흐름에 따라 권리를 소멸하게 함으로써 권리자의 권리행사를 불가능하게 한다. 따라서 권리자로서는 소멸시효의 완성을 저지하는 것에 이해관계를 가진다. 이러한 권리자의 이익을 위하여 민법은 소멸시효의 중단과 정지를 규정한다.

1. 시효중단의 의의

권리자가 법질서가 인정하는 방법으로 권리를 행사하는 경우 소멸시효의 기초인 안정적 사실상태는 깨어진 것이고, 권리자에게 소멸시효의 불이익을 부담하게 할 필요성이 상실된다. 이렇게 법이 정하는 일정한 사유의 발생에 의하여 그때까지 진행된 시효기간을 없던 것으로 돌리고 시효기간이 전혀 진행하지 않았던 것처럼 만드는 것을 시효중단이라고 한다(제178조 제1항 참조).

2. 시효정지의 의의

권리자가 법적으로 또는 사실적으로 권리를 행사하기 어려운 상황에 있음에도 불구하고 사실상태를 존중하여 소멸시효를 진행시키는 것은 권리자에게 지나치게 불리한 결과를 가져온다. 그러한 경우에는 권리자의 권리 행사가 가능하게 되는 시점까지 시효의 완성을 중지시킬 필요가 있다. 민법상 시효정지는, 법이 정하는 일정한 사유가 발생하면 이미 진행한 시효기간에는 영향을 미치지 않으나, 그 사유가 종료된 때로부터 일정기간 내에는 시효가 완성되지 않는 것을 말한다. 시효정지는, 이미 진행한 시효기간에 영향을 미치지 않으며 단지 시효의 완성이 정지사유가 있은 때로부터 일정기간 이후로 연기될 뿐이라는 점에서 시효중단과 다르다. 시효의 정지에 대해서는 여기서 별도로 자세한 설명을 하지 않는다(제179조 내지 제182조의 규정을 꼼꼼하게 읽어 보라).

3. 시효중단 사유 개관

민법은 시효중단의 사유로 청구, 압류·가압류·가처분, 승인의 세 가지를 정하고 있다(제168조). 시효중단이 인정되는 근거로서는 통상, 한편으로 권리자의 권리행사로 말미암아 권리 불행사의 상태가 없게 되었다는 점과, 다른 한편으로 의무자가 의무를 승인하였으면 그에게 시효 제도의 이익을 부여할 보호할 필요가 없다는 점을 든다. 전자는 제168조 제 1 호, 제 2 호의 사유에, 후자는 제168조 제 3 호의 사유에 적합한 설명이라고 하겠다.

Ⅱ. 시효중단의 사유: 청구

여기서 청구란 권리자가 그의 권리를 주장하여 행사하는 것을 말한다. 그 행사가 재판상의 것이든 재판 외의 것이든 불문한다. 시효중단사유로서의 청구의 구체적인 내용에 대하여는 제170조 내지 제174조가 이를 정하고 있다.

1. 재판상 청구

(1) 재판상 청구의 의의

(가) 여기서 '재판상 청구'란 무엇을 가리키는가. 이를 소송상의 청구, 즉 소송에서 심판의 대상이 되는 소송물을 말하는 것이라고 좁게 이해할 수도 있을 것이다. 이러한 입장에서는, 재판의 주문에서 그 존재가 확정되는 권리, 다시 말하면 기판력이 미치는 권리 그것만이 재판상 청구에 의하여 시효중단된다고 할 것이다(권리확정설). 그러나 청구가 시효중단사유가 되는 것은 권리자가 권리를 주장함으로써 시효의 기초인 사실 상태(소멸시효에 있어서는 권리불행

사의 상태)를 깨뜨리는 데 그 이유가 있으므로, 그 권리 행사가 재판에서 어떠한 형태로 또는 어떠한 방식으로 행하여지는가에 구애될 필요는 없다고 생각된다(권리행사설). 판례도 여기서 말하는 「재판상 청구」를 기판력이 미치는 범위에 제한하지 않는 태도를 확고하게 취하고 있다(대판 1979. 7. 10, 79다569).

[1] 재판상 청구의 의의: 대판 2004. 2. 13, 2002다7213

[주　　문] 상고를 모두 기각한다. 상고비용은 각자의 부담으로 한다.

[이　　유]

1. 원고의 상고이유에 대한 판단

원심판결 이유에 의하면, 원심은 그 채용 증거들을 종합하여 그 판시와 같은 사실들을 인정한 다음, 상인인 피고가 사업자금의 조달을 위하여 차용한 금원을 담보하기 위하여 원고와의 사이에 한 근저당권설정약정은 보조적 상행위에 해당하므로 이 사건 근저당권설정등기청구권은 상법 소정의 5년의 소멸시효기간이 경과하여 소멸하였다고 판단하고, '위 근저당권설정약정의 피담보채권인 대여금채권에 관하여 소멸시효가 완성되지 아니한 이상 이 사건 근저당권설정등기청구권도 소멸하지 않는다.'는 원고의 주장에 대하여는, 이 사건 등기청구권은 위 대여금채권과는 별개의 청구권으로서 시효기간 또한 독자적으로 진행된다고 할 것이라고 판단하여 원고의 위 주장을 배척하였는바, 원심의 위와 같은 인정 및 판단은 정당하고, 거기에 채증법칙을 위배하여 사실을 오인하거나, 등기청구권의 소멸시효 및 보조적 상행위에 관한 법리를 오해한 위법이 있다고 볼 수 없다. […]

2. 피고의 상고이유에 대한 판단

가. 소멸시효에 관한 법리오해의 주장에 대하여

원고의 근저당권설정등기청구권의 행사는 그 피담보채권이 될 이 사건 금전채권의 실현을 목적으로 하는 것으로서, 근저당권설정등기청구의 소에는 그 피담보채권이 될 채권의 존재에 관한 주장이 당연히 포함되어 있는 것이고, 피고로서도 원고가 원심에 이르러 금전지급을 구하는 청구를 추가하기 전부터 피담보채권이 될 금전채권의 소멸을 항변으로 주장하여 그 채권의 존부에 관한 실질적 심리가 이루어져 그 존부가 확인된 이상, 그 피담보채권이 될 채권으로 주장되고 심리된 채권에 관하여는 근저당권설정등기청구의 소의 제기에 의하여 피담보채권이 될 채권에 관한 권리의 행사가 있은 것으로 볼 수 있으므로, 근저당권설정등기청구의 소의 제기는 그 피담보채권의 재판상의 청구에 준하는 것으로서 피담보채권에 대한 소멸시효 중단의 효력을 생기게 한다고 봄이 상당하다.

같은 취지에서 원심이, 원고가 이 사건 근저당권설정등기청구의 소를 제기함으로써 원고가 원심에 이르러 지급을 구한 이 사건 대여금채권 전부에 대한 소멸시효가 중단되었고, 비록 근저당권설정등기청구가 근저당권설정등기청구권의 시효소멸로 인하여 받아들여지지 않았다고 하더라도 달리 볼 것은 아니라고 하여 피고의 소멸시효항변을 배척한 것은 정당하고, 거기에 상고이유에서의 주장과 같은 소멸시효에 관한 법리를 오해한 위법이 있다고 볼 수 없다. […]

3. 결　론

그러므로 상고를 모두 기각하고, 상고비용은 패소자 각자의 부담으로 하기로 하여 관여 법관의 일치된 의견으로 주문과 같이 판결한다.

질문

1. 이 사건에 원고는 피고에 대하여 두 가지 청구권을 주장하고 있다. 이들은 어떤 권리인가? 피고가 원고의 청구에 대하여 항변하는 내용은 무엇인가?
2. 피고의 주장은 '재판상 청구'에 대한 어떠한 이해에 바탕하고 있는가? 그에 대하여 대법원은 어떠한 입장에서 그러한 주장을 판단하고 있는가?
3. 만일 채무자 아닌 물상보증인이 저당권설정계약을 체결하였다면 결과는 어떠할 것인가? 대판 2004. 1. 16, 2003다30890을 읽고 비교해 보라.

(나) 재판상 청구의 가장 현저한 예는 소의 제기, 즉 권리자가 원고로서 시효를 주장하는 자를 피고로 하여 그 권리를 소의 형식으로 주장하는 경우이다. 여기서 소제기란 처음부터 새로운 소를 제기하는 경우뿐 아니라, 청구의 변경이나 중간확인의 소(민소 제264조)의 제기를 포함한다.

채무이행청구 등 이행소송이 대표적이며, 권리의 존재확인을 청구하는 확인소송이 이에 해당함은 물론이다. 그러나 형성소송에 대해서도 이를 부정할 이유는 없다(가령 이혼소송의 제기는 이혼의 원인사유에 기한 손해배상청구권에 대하여 소멸시효중단사유가 될 수 있다). 민사소송이기만 하면, 그것이 본소(本訴)이든 반소(反訴)이든 불문한다. 나아가 재심의 소도 상대방의 시효 완성 주장과 양립될 수 없는 것이라면 재판상 청구에 준하는 것으로서 다룰 것이다(대판 1996. 9. 24, 96다11334). 또한 권리를 주장하며 재판상 실현을 요구한다는 점에서 지급명령(민소 제462조)의 신청도 소의 제기로 볼 수 있으며(제172조 및 대판 2011.

11. 10, 2011다54686; 민소 제464조도 참조), 소송으로 이행하는 시점이 아니라 그 신청 시점에 중단효가 발생한다(대판 2015. 2. 12, 2014다228440).

반면 형사소송은 국가형벌권의 행사를 목적으로 하는 것으로서 시효중단 사유가 되지 못한다. 행정처분의 취소나 무효확인을 구하는 행정소송도 사법상 권리를 행사하는 것으로 볼 수 없으므로 원칙적으로는 시효중단사유가 되지 못한다. 그러나 어떠한 재산상의 권리가 행정행위의 무효·취소를 전제로 하는 경우에 무효확인소송이나 취소소송을 제기하는 것은 시효중단사유가 된다고 할 것이다. 가령 과세처분의 취소 또는 무효확인청구의 소가 조세환급을 구하는 부당이득반환청구권의 소멸시효 중단사유인 재판상 청구에 해당한다(대판(전) 1992. 3. 31, 91다32053). 그러나 한국자산관리공사가 국유재산의 무단점유자에 대하여 변상금 부과·징수권을 행사하는 것은(국재 제72조 제 1 항, 제73조 제 2 항) 별개의 권리의 행사이므로 민사상 부당이익반환청구권의 소멸시효가 중단될 수는 없다(대판 2014. 9. 4, 2013다3576).

(다) 상대방이 제기한 소송에서 응소(應訴)하여 자신의 권리를 주장한 것도 시효중단사유로서의 「재판상 청구」가 되는가?

[2] 적극적 응소행위와 시효중단: 대판(전) 1993. 12. 21, 92다47861

[주 문] 상고를 기각한다. 상고비용은 원고의 부담으로 한다.

[이 유] 상고이유를 본다.

1. 민법 제168조 제 1 호, 제170조 제 1 항에서 시효중단사유의 하나로 규정하고 있는 재판상의 청구라 함은, 통상적으로는 권리자가 원고로서 시효를 주장하는 자를 피고로 하여 소송물인 권리를 소의 형식으로 주장하는 경우를 가리키지만, 이와 반대로 시효를 주장하는 자가 원고가 되어 소를 제기한 데 대하여 피고로서 응소하여 그 소송에서 적극적으로 권리를 주장하고 그것이 받아들여진 경우도 마찬가지로 이에 포함되는 것으로 해석함이 타당하다.

원래 시효는 법률이 권리 위에 잠자는 자의 보호를 거부하고 사회생활상 영속되는 사실 상태를 존중하여 여기에 일정한 법적 효과를 부여하기 위하여 마련한 제도이므로, 위와 같은 사실상의 상태가 계속되던 중에 그 사실 상태와 상용할 수 없는 다른 사정이 발생한 때에는 더 이상 그 사실상태를 존중할 이유가 없게 된다는 점을 고려하여, 이미 진행한 시효기간의 효력을 아예 상실케 하려는 데에 곧 시효중단을 인정하는 취지가 있는 것인바[…], 권리자가 시효를 주장하는 자로부터 제소당하여 직접 응소행위로서 상대방의 청구를 적극적으로 다투면서 자신의 권리를 주장하는 것은 자신이 권리 위에 잠자는 자가 아님을 표명한 것에 다름 아닐 뿐만 아니라, 계속된 사실 상태와 상용할 수 없는 다른 사정이 발생한 때로 보아야 할 것이므로, 이를 민법이 시효중단사유로서 규정한 재판상의 청구에 준하는 것으로 보더라도 전혀 시효 제도의 본지에 반한다고 말할 수는 없다 할 것이다.

당원은 종전에 권리자가 피고가 되어 응소행위로서 한 권리의 주장은 소멸시효 내지 소유권의 취득시효에 준용되는 시효중단사유인 위 같은 법조 소정의 재판상의 청구에 해당하지 않는다는 취지로 여러 차례 판시한 바 있으나[…], 이러한 판례들의 견해는 모두 이 사건 판결에 저촉되므로 이를 폐기하기로 한다.

2. 이 사건에서 원심이 적법하게 확정한 바에 따르면, 원고는 1976. 3. 12. 피고로부터 금 4,700,000원을, 변제기는 그 해 12. 11.로 정하여 차용하면서 그 담보를 위하여 이 사건 부동산에 관하여 피고 앞으로 채권최고액을 위 금 4,700,000원으로 한 근저당권설정등기를 마쳐 주었으나, 그 후 원고가 1981. 8. 20. 피고를 상대로 위 피담보채권인 대여금채권이 부존재함을 이유로 위 근저당권설정등기의 말소청구소송을 제기함에 따라 피고가 이에 적극적으로 응소하여 원고 청구기각의 판결을 구하고 위 대여금채권이 유효하게 성립된 것이어서 이를 피담보채권으로 하는 위 근저당권설정등기는 유효하다는 내용의 답변내용을 제출한 결과, 그 소송의 제 1 심 법원에서 1981. 12. 17. 피고의 위 주장을 받아들여 원고 패소판결을 선고하고, 그 후 원고의 항소기각판결을 거쳐 1982. 12. 14. 대법원에서 원고의 상고허가신청기각결정에 의하여 위 판결이 그대로 확정되기에 이르렀다는 것인바, 사실관계가 그러하다면 피고가 위 전소송에서 응소하여 한 위 담보목적의 대여금채권의 존재에 관한 주장은 소멸시효의 중단사유가 되는 재판상의 청구에 준하는 것이므로, 위 채권에 대하여는 피고의 위 응소행위에 의하여 일단 소멸시효의 진행이 중단되었다가 위 재판이 확정된 1982. 12. 14.부터 새로이 그 시효가 진행된다고 봄이 옳다 할 것이다.

결국 원심이 이와 같은 취지에서 위 대여금채권이 시효소멸한 것임을 전제로 하여 대여금채무의 부존재확인 내지 근저당권설정등기의 말소등기 절차 이행을 구하는 원고의 이 사건 청구를 모두 배척한 조치는 정당한 것으로 수긍이 되고, 거기에 소론과 같은 법리 오해 등의 위법이 있음을 찾아볼 수 없다. 논지는 이유 없다.

3. 그러므로 상고를 기각하고 상고비용은 패소자인 원고의 부담으로 하기로 하여 관여 법관 전원의 일치된 의견으로 주문과 같이 판결한다.

질문

1. 이 전원합의체 판결에 의하여 대법원은 판례를 변경하였다. 이전의 판례(예를 들어 대판 1971. 3. 23, 71다37)를 찾아 비교해 보고, '재판상 청구'에 대한 대법원의 관점이 어떻게 변화하였는지 확인해 보라.
2. 적극적으로 응소한 피고가 패소하거나 소송이 각하로 종료된 경우에도 시효중단효는 발생할 수 있을까? 그 경우 제170조 제 2 항을 유추적용할 여지는 있겠는가? (대판 2010. 8. 26, 2008다42416 참조)
3. 적극적 응소행위에 따라 시효가 중단되는 시점은 언제인가? (대판 2005. 12. 23, 2005다59383 참조)

(2) 재판상 청구로 인한 시효중단의 물적 범위

재판상 청구로 인한 시효중단이 그 소송의 소송물에 한정되지 않는다고 하면, 소송물이 아닌 권리에 대하여 시효중단의 효력이 미치는 물적 범위는 어떠한가 하는 문제가 제기된다. 이는 당해 소송에서 다투어지고 있는 법률관계와 시효 완성 여부가 문제되고 있는 권리와의 관련성을 개별적으로 판단하여 정할 수밖에 없다.

(가) 채권자대위소송(제404조)에 의하여 대위의 대상인 피대위채무자의 권리에 대하여 시효가 중단됨은 물론인데, 채권자의 채권에 대하여는 어떠한가? 그 소송이 채권자가 채무자를 상대로 하는 것이 아닌 점(제169조 참조)을 고려하면, 이를 부정할 것이다. 채권자취소소송(제406조)의 경우에도 그에 의하여 채권자의 채권에 대하여 소멸시효가 중단되지 않는다고 할 것이다.

(나) 개개의 권리의 기초가 되는 기본적인 법률관계에 관한 확인청구소송의 제기는 그 개개의 권리에 대한 소멸시효의 중단사유가 된다고 할 것이다. 가령 파면된 직원이 한 파면처분무효확인청구소송의 제기는 그 파면 후의 보수금채권에 대하여 시효중단의 효력이 있다(대판 1978. 4. 11, 77다2509).

그러나 이러한 관계가 없이 대등한 권리가 동일한 사실관계로부터 발생한 경우에 그 중 하나의 권리에 기한 소제기는 다른 권리에 대하여 시효중단의 효력을 미치지 못한다(대판 2014. 6. 26, 2013다45716). 가령 승객이 교통사고로 부상을 당한 경우 불법행위를 이유로 제기한 손해배상청구소송은 계약위반을 이유로 하는 손해배상채권의 시효를 중단시키지 않는다. 그런데 나아가 판례는 불법행위를 이유로 제기된 위자료청구소송은 같은 불법행위에 기한 일실이익(소극적 손해)에 관한 배상청구권의 시효중단사유가 되지 못한다고 하는데(대판 1967. 5. 23, 67다529), 의문이 없지 않다.

반면 기존 채권을 전제로 하여 이를 포함하는 새로운 약정을 하고 그에 따른 약정금 청구권을 재판상 청구의 방법으로 행사한 경우, 그 새로운 약정이 예컨대 양속위반으로 무효임이 밝혀졌더라도 그 행사에는 기존 채권을 실현한다는 취지가 표현된 것이므로, 기존 채권의 소멸시효는 약정금 청구를 한 때에 중단되었다고 보아야 한다(대판 2016. 10. 27, 2016다25140).

(다) 어음이나 수표가 원인채권의 지급확보를 위하여 수수된 경우에, 어음상 채권에 관하여 재판상 청구가 있으면 원인채권에 대하여도 시효중단의 효력이 미치는지 문제되는데, 어음상 채권이 원인채권의 실현수단이라는 점을 고려하면 역시 이를 긍정할 것이다(대판 1961. 11. 9, 4293민상748). 백지어음의 경우 백지부분의 보충이 없이 재판상 청구를 하는 경우에도 시효중단의 효력이 있다고 한다(대판(전) 2010. 5. 20, 2009다48312). 그러나 반대로 원인채권에 관한 재판상 청구는 어음상 채권에 대하여 시효중단의 효력이 없다(대판 1967. 4. 25, 67다75).

(라) 원고가 채권의 일부만을 소송상 청구한 일부청구의 경우에 나머지 부분에 시효중단의 효력이 미치는가에 대하여는 논의가 있다. 가령 1천만 원의 채권을 가진 사람이 5백만 원만을 청구하였다가 시효기간이 지난 후에 청구를 확장하여 나머지 5백만 원도 청구한 경우에, 청구확장부분에 대하여도 애초의 소제기에 의하여 시효가 중단되는가? 이에 대하여 판례는 대체로 일부청구의 기판력에 관한 태도와 궤를 같이 하여, 소제기에 있어서 일부청구임을 명시적으로 밝힌 경우에는 나머지 부분에 미치지 아니하고 그렇지 아니한 경우에는 나머지 부분에도 미친다고 한다. 이에 대하여는 일부청구임을 명시하였더라도 전부가 시효중단된다는 견해도 있으나, 일부청구임을 명시하여 그 부분에서만 권리를 행사하는 의도였다면 굳이 나머지 부분에 시효중단의 효력이 미친다고 할 필요는 없을 것이다. 다만 소장에서 우선 일부를 청구하나 앞으로 청구를 확장할 것임을 명백히 한 경우에는 시효중단의 효력은 전체에 미친다고 할 것이다. 그래서 채권 중 일부만을 청구하면서 이후 청구금액을 확장할 뜻을 표시

하고 그 소송이 종료될 때까지 실제로 청구금액을 확장한 경우에는 소제기 당시부터 채권 전부에 관하여 재판상 청구로 인한 시효중단의 효력이 발생한다(대판 1992. 4. 10, 91다43695). 물론 이때에도 채권의 특정 부분을 청구범위에서 명시적으로 제외하였다면 그 부분에 대해서는 그렇지 않다(대판 2021. 6. 10, 2018다44114; 2022. 5. 26, 2020다206625). 반면 소송이 종료할 때까지 청구금액을 확장하지 않은 경우에는 일부청구 부분에만 시효중단의 효력이 발생하지만, 나머지 부분을 청구할 의사가 재판에서 표시되어 최고가 지속한 것으로 보아 소송이 종료 이후 6개월 이내에 나머지 부분에 대한 소를 제기하면 제174조에 따라 시효를 중단시킬 수 있다(대판 2020. 2. 6, 2019다223723; 2022. 5. 26, 2020다206625).

[3] 일부청구와 시효중단: 대판 1992. 4. 10, 91다43695

[주　문] 상고를 기각한다. 상고비용은 피고의 부담으로 한다.

[이　유] 상고이유에 대하여

1. 한 개의 채권 중 일부에 관하여만 판결을 구한다는 취지를 명백히 하여 소송을 제기한 경우에는 소제기에 의한 소멸시효중단의 효력이 그 일부에 관하여만 발생하고, 나머지 부분에는 발생하지 아니하지만[…], 비록 그 중 일부만을 청구한 경우에도 그 취지로 보아 채권 전부에 관하여 판결을 구하는 것으로 해석된다면 그 청구액을 소송물인 채권의 전부로 보아야 하고, 이러한 경우에는 그 채권의 동일성의 범위 내에서 그 전부에 관하여 시효중단의 효력이 발생한다고 해석함이 상당하다.

2. 원심판결 이유에 의하면, 원심은 피고의 소멸시효 완성 항변에 대하여, 원고는 이 사건 소송을 제기하면서 손해배상으로 금 4,000,000원을 청구하였다가, 민법 제766조 제 1 항 소정의 소멸시효기간이 경과한 후에야 제 1 심 법원에 청구금액을 확장하는 청구취지확장신청서를 제출한 사실, 그러나 원고는 위 소멸시효기간이 경과하기 전에 이 사건 사고로 인한 손해의 배상을 구하는 소장을 제출하면서 앞으로 시행될 법원의 신체감정 결과에 따라 청구금액을 확장할 뜻을 명백히 표시한 사실이 소장 기재 자체로 보아 명백한바, 신체의 훼손으로 인한 손해의 배상을 청구하는 사건에서는 그 손해액을 확정하기 위하여 통상 법원의 신체감정을 필요로 하기 때문에, 앞으로 그러한 절차를 거친 후 그 결과에 따라 청구금액을 확장하겠다는 뜻을 소장에 객관적으로 명백히 표시한 경우

에는, 그 소제기에 따른 시효중단의 효력은 소장에 기재된 일부 청구액뿐만 아니라 그 손해배상청구권 전부에 대하여 미친다는 이유로 이를 배척하였는바, 원심의 이러한 판단은 위 법리에 따른 것으로서 옳고, 여기에 소론과 같은 위법은 없으므로, 논지는 이유 없다.

3. 이에 상고를 기각하고 상고비용은 패소자인 피고의 부담으로 하기로 관여 법관의 의견이 일치되어 주문과 같이 판결한다.

질문

1. 채권자는 어떠한 이유로 일부청구를 하게 될 것인지 생각해 보라.
2. 일부청구가 있는 경우 채권자와 채무자는 어떠한 이해관계를 가지게 되는가? 판례는 위와 같은 해석을 통해 어떻게 그러한 이해들을 조정하고자 하는 것인가?

(3) 재판상 청구에 의한 시효중단의 효과

(가) 소제기에 의한 시효중단의 효과는 소장을 법원에 제출한 때에 발생하고(민소 제265조 전단), 피고에의 소장부본송달(이에 의하여 소송계속이 생기게 된다)과는 무관하다. 이는 송달절차의 장단에 의하여 실체적인 시효중단효력이 좌우되는 것을 막으려는 취지이다. 한편 청구의 변경이 있거나 중간확인의 소가 제기된 경우에는 그 소송서면이 법원에 제출된 때가 기준이 된다(동조 후단). 응소로 인한 시효중단은 소제기의 때가 아니라 현실적으로 응소행위가 있는 때에 일어난다고 할 것이다.

한편 원고가 피고를 잘못 지정한 경우에는 피고를 경정할 수 있는데(민소 제260조), 그때 소제기로 인한 시효중단의 효력은 그 신청서면을 법원에 제출한 때에 발생한다. 그러나 필수적 공동소송인 중 일부가 빠져서 이를 추가한 경우에는(민소 제68조 제 1 항), 시효중단은 원래의 소제기 시점에 일어난 것으로 다루어진다(동조 제 3 항). 이는 소송이 진행되던 중 권리양도가 있어 그 양수인이 소송에 승계참가한 경우에도 마찬가지이다(민소 제81조).

(나) 재판상 청구에 의한 시효중단의 효과는 권리행사자의 권리가 공권적으로 확정됨으로써 발생한다. 그 승소판결이 확정되거나 그와 동일시될 수 있는 청구인낙 또는 화해가 있은 경우(민소 제220조)가 그러하다. 그러나 그 소

송에서 소가 부적법함을 이유로 각하되거나 원고 스스로 소를 취하한 경우, 또는 청구가 이유 없어 기각된 경우에는 시효중단의 효력이 없다(제170조 제 1 항).

(다) 소가 각하되거나 취하된 경우에는, 6개월 내에 재판상 청구, 파산절차참가, 압류 또는 가압류, 가처분을 하면 최초의 재판상 청구로 인하여 중단된 것으로 본다(제170조 제 2 항; 대판 2011. 10. 13, 2010다80930). 즉 시효중단의 기준시점이 최초의 재판상 청구가 있었던 때로 소급되는 것이다. 권리자가 재판상 청구를 위하여 상당한 노력을 기울였고 그 결과 귀중한 자원인 사법절차가 동원되었는데, 그 과정에서 소송요건과 관련된 잘못이 있다거나 스스로 취하를 하였다고 해서 절차의 효과를 없는 것으로 돌리고 이로써 권리 자체를 잃게 하는 것은 부당하므로 이 규정을 둔 것이다.

이러한 취지에 따른다면, 채권자대위권에 기해 재판상 청구를 하다가 피대위채권을 양수하여 양수금청구로 소를 교환적으로 변경한 경우에도, 전소는 취하된 것으로 보아야 하지만 바로 후소가 제기된 것으로 보아 시효중단의 효력은 유지된다고 해야 한다(결과에 있어서 대판 2010. 6. 24, 2010다17284). 마찬가지로 채무자가 제 3 채무자를 상대로 소를 제기하였으나 채권자가 소가 제기된 채권에 대해 압류·추심명령을 받음으로써 소가 각하된 경우에도 추심채권자가 각하판결 확정일로부터 6개월 내에 추심의 소를 제기하였다면 채무자의 소제기에 따른 시효중단의 효력은 유지된다(대판 2019. 7. 25, 2019다212945). 또한 소송목적인 권리를 양도하고 소송에서 탈퇴하였으나 이후 양도의 무효를 이유로 소가 각하 또는 기각되어 양도인이 다시 재판상 청구하는 경우 각하 또는 기각이 확정된 시점부터 6개월 내에 소를 제기하면 시효중단의 효력은 유지된다(대판 2017. 7. 18, 2016다35789). 반면 사망자에 대한 소제기에 기초한 판결은 무효로 그 효력이 상속인에게 미치지 아니하므로, 사망자를 상대로 재판상 청구를 하였다고 하더라도 그에 재판상 청구나 최고의 효력이 없어, 그로부터 6개월에 내에 상속인을 상대로 소제기를 하더라도 제170조 제 2 항에 따른 시효중단의 효력은 인정되지 않는다(대판 2014. 2. 27, 2013다94312).

청구가 이유 없어 기각되면 권리의 부존재가 공권적으로 확정되는 것이어서 시효중단을 운위할 여지가 없고, 다시 재판상 청구나 파산절차참가, 압류 등을 한다는 것은 무의미하므로, 통상은 제170조 제 2 항이 문제될 여지가 없다. 그러나 사안에 따라서는 여전히 제170조 제 2 항의 적용이 가능한 경우가 있을 수 있다. 예컨대 채권양도 후 대항요건이 구비되기 전에 양도인이 제기한 소송 중에 채무자가 채권양도의 효력을 인정하는 등의 사정으로 인하여 양도인의 청구가 기각되어 시효중단의 효과가 소멸되었다고 하더라도(제170조 제 1 항), 양도인의 청구가 처음부터 무권리자에 의한 청구로 되는 것은 아니므로 양수인이 그로부터 6월내에 채무자를 상대로 재판상의 청구 등을 하였다면 양도인의 최초의 재판상의 청구로 인하여 시효가 중단된다고(제169조, 제170조 제 2 항) 한다(대판 2009. 2. 12, 2008두20109).

제170조 제 2 항은 파산절차참가에 대해서만 규정하지만, 그 밖의 도산절차참가(회파 제32조 제 1 호, 제 3 호)도 유사한 성질의 제도이므로 이에 포함된다고 할 것이다. 그러나 화해를 위한 소환이나 임의출석(제174조 참조)은 문언에 근거가 없어 효력부활사유가 되지 못한다.

(라) 제기된 소가 하자로 인하여 각하 또는 기각될 것이었으나 법원의 재판이 있기 이전에 흠이 보정된 경우는 어떠한가?

[4] 흠 있는 소제기와 시효중단: 대판 1992. 9. 8, 92다18184

[주 문] 상고를 기각한다. 상고비용은 피고의 부담으로 한다.

[이 유] 상고이유를 본다.

제 1 점에 대하여

원심판결 이유를 기록에 비추어 보면, 이 사건 토지(원심판결의 별지목록기재 제 1 부동산)에 관한 명의신탁 사실을 인정한 원심의 설시 이유를 수긍할 수 있고, 거기에 소론과 같이 심리미진이나 채증법칙을 어긴 위법이 있다고 할 수 없고, 판결에 영향을 미칠 만한 증거판단의 유탈이 있었다고 할 수도 없다.

사실심의 전권사항을 다투는 논지는 이유가 없다.

제 2 점에 대하여

이 사건과 같이 종중재산이 여러 사람에게 명의신탁이 된 경우 그 수탁인들 상호간에는 형식상 공유관계가 성립한다고 보아야 할 것임은 소론과 같다고 하겠다.

그러나 원심이 인정한 사실에 의하면, 이 사건 토지는 원고 종중 소유의 위토로서 원고 종중이 이를 그 종중원인 소외 망 이규창 등 67인에게 명의신탁하였다는 것이고, 위 이규창이 1950. 9. 18. 사망한 후에는 그의 상속인인 소외 이인표가 원고 종중의 종손으로서 원고 종중의 위토인허신청까지 하였다는 것인바, 그렇다면 수탁명의자 중의 한 사람인 위 이규창이나 위 이인표가 원고 종중의 위와 같은 위토를 점유하였다고 하여도 다른 사정이 없는 한 이는 원고 종중을 위하여 종중의 위토로서 점유하였다고 볼 것이지 그 수탁지분을 넘는 부분을 소유할 의사로 점유하였다고 볼 것은 아니므로, 원심이 위 이규창이나 이인표의 자주점유의 추정을 번복한 조처가 잘못이라고 할 수 없고, 위 이인표가 당시 원고 종중의 대표자가 아니었다고 하여도 마찬가지이다.

논지도 이유가 없다.

제 3 점에 대하여

기록에 의하면, 원래 원고 종중을 대표하여 이 사건 소송을 제기한 사람은 소외 이규대임은 소론과 같으나, 원심이 인정한 사실에 의하면 원고 종중은 1989. 11. 8. 정기총회에서 현대표자 이후종을 회장으로 선출하고, 전회장인 위 이규대가 제기하여 수행한 이 사건 소송을 추인하였다는 것인바, 그렇다면 위 이규대가 제기한 이 사건 소송은 소급하여 유효한 것이고, 소유권이전등기의 말소를 청구하는 이 사건 소송의 제기에 의하여 피고의 이 사건 토지에 대한 취득시효를 중단하는 효력도 생긴다고 보는 것이 상당하므로, 이와 같은 취지의 원심판단은 정당하다.

논지는 원고 종중의 적법한 대표자가 아닌 위 이규대가 이 사건 소장을 제출한 상태에서는 시효중단의 효력이 발생할 수 없고, 그 후에 위 이후종이 원고 종중의 적법한 대표자가 선임되어 그때까지의 소송행위를 추인하였다고 하여도 그 추인의 효력은 소송행위에 관하여만 소급효가 있을 뿐 실체법상의 효력인 시효중단의 효력발생일자가 소제기시까지 소급하는 것은 아니라는 것이나, 가사 소제기 당시에 그 대표자의 자격에 하자가 있다고 하더라도 이 소가 각하되지 아니하고 소급하여 유효한 것으로 인정되는 한, 이에 의한 시효중단의 효력도 유효하다고 볼 것이지, 소송행위가 추인될 때에 시효가 중단된다고 볼 것이 아니므로 이유 없다.

그러므로 상고를 기각하고, 상고비용은 패소자의 부담으로 하여 관여 법관의 일치된 의견으로 주문과 같이 판결한다.

질문

1. 사실관계를 정리해 보라. 만일 추인이 없었다면 법원은 어떻게 재판하였을 것인가?
2. 대법원에 따르면 소멸시효 중단의 효과는 언제 발생하는가? 이러한 해석은 정당화될 수 있는가? 그 법률상 근거는 무엇인가?

3. 대항요건 없는 양수인이 이행의 소를 제기하였으나 판결이 있기 전에 대항요건을 구비한 경우는 어떠한가(대판 2005. 11. 10, 2005다41818)? 같은 법리가 적용될 수 있겠는가? 아니면 채권양도 법리에 따라 해결될 여지가 있는가? 그 경우 어떠한 결론이 타당한가?

(마) 위와 같이 재판상 청구로 인하여 일단 시효중단이 있은 후에는 시효는 그 재판이 확정된 때로부터 새로이 진행된다(제178조 제 2 항). 한편 채권에 관하여 그 존재가 판결이나 그와 동일한 효력이 있는 청구인낙 또는 화해 등에 의하여 확정된 경우에는, 비록 그 채권이 원래는 단기의 소멸시효에 걸리는 것이라도, 새로 진행되는 시효기간이 10년으로 연장된다(제165조 제 1 항, 제 2 항).

재판상 청구에 따른 확정으로 시효가 다시 진행하는 경우, 그 시효기간의 중단을 위해 다시 재판상 청구를 할 수 있는가? 판례는 이를 허용하며 기판력에 저촉되지 않는다는 입장이다(대판(전) 2018. 7. 19, 2018다22008). 다만 이는 시효중단만을 위한 소제기를 허용하는 것으로, 확정된 권리를 주장할 수 있는 모든 요건이 구비되어 있는지 여부에 대해서는 심리할 수 없다고 한다. 더 나아가 후소에서 청구권의 존부에 관한 실체적 심리가 진행되는 것으로부터 발생하는 문제를 예방하기 위해, 시효중단을 위한 후소로서 이행소송 외에 전소 판결로 확정된 채권의 시효를 중단시키기 위한 조치, 즉 '재판상의 청구'가 있다는 점에 대하여만 확인을 구하는 형태의 '새로운 방식의 확인소송'이 허용되고, 채권자는 두 가지 형태의 소송 중 자신의 상황과 필요에 보다 적합한 것을 선택하여 제기할 수 있다고 한다(대판(전) 2018. 10. 18, 2015다232316). 이 중 채권자가 이행소송으로 시효중단을 시도하는 경우, 채무자는 전소 확정판결 이후에 발생한 채권소멸 사유(변제, 상계, 면제 등)를 주장할 수 있음은 물론이다. 그리고 이에는 소멸시효의 완성도 해당하므로, 후소가 전소 확정판결로부터 10년이 지나 제기되었다고 하더라도, 법원은 원칙적으로 곧바로 소의 이익을 부정해서는 안 되고 피고의 항변에 따라 원고의 채권이 소멸시효 완성으로 소멸하였는지 여부를 본안으로 판단해야 한다(대판 2019. 1. 17, 2018다24349). 그러나 법률·판례의 변경은 그러한 사유에 해당하지 않는다(대판 2019. 8. 29, 2019다215272).

(4) 재판상 청구에 준하는 사유

기타 재판상 청구에 준하는 것으로 파산절차참가(제171조, 회파 제32조 제 2 호, 제447조, 제460조를 보라) 및 이에 준하는 사유로 파산선고의 신청(회파 제294조), 회생절차참가 및 개인회생절차참가(회파 제32조 제 1 호, 제 3 호; 대판 2019. 8. 30, 2019다235528 참조), 지급명령(제172조, 민소 제462조 이하를 보라), 화해를 위한 소환(제173조 전단, 민소 제385조 이하를 보라; 그 밖에 민조 제35조, 가소 제49조도 참조), 임의출석(제173조 후단, 소액 제 5 조를 보라) 등이 있다. 민사집행에서 배당요구(민집 제88조, 제217조, 제247조 등)도 파산절차참가에 준해서 시효중단효력이 있다고 볼 수 있으나, 판례는 이를 압류에 준하는 것으로 본다(아래 Ⅲ. 1. (1) 참조).

2. 최 고

(1) 최고의 의의

여기서 최고란 권리자가 재판 외에서 의무자에 대하여 의무의 이행을 청구하는 것을 말한다. 최고는 종국적인 시효중단사유가 아니며, 최고가 있은 후 6개월 내에 다른 시효중단사유가 발생하지 않으면 시효중단의 효력은 없다. 그러한 점에서 최고는 실제로는 시효를 중단한다기보다는 일정 기간 시효의 완성을 유예하는 것에 그친다.

시효중단사유로서의 최고는 아무런 형식을 요하지 않으며, 묵시적인 최고도 가능하다. 구두나 우편에 의한 채무이행최고(독촉)는 물론, 국가배상심의회에 대한 배상신청(국배 제 9 조, 제12조 참조)이나(대판 1975. 7. 8, 74다178; 제174조 소정의 6개월의 기간은 배상심의회의 결정이 있을 때로부터 진행한다고 한다) 법률구조협회에 한 구조신청 등이 채무자에게 고지된 경우(수원지판 1985. 12. 6, 85나216), 재산관계명시신청(민집 제61조; 대판 2001. 5. 29, 2000다32161), 해산법인의 청산에 있어서 채권의 신고(제88조), 상속한정승인자에 대한 채권신고(제1032조) 등도 이에 해당한다. 상계적상을 갖추지 아니한 자동채권에 기한 상계 주장도 최고라고 보아야 할 경우가 있을 것이다(예를 들어 자동채권액이 수동채권액보다 많은 경우에 그러한 자동채권으로 상계하고 남은 액에 대하여는 그 상계의 의사표시 속에 최고의 취지가 포함되어 있다고 보아야 할 것이다). 한편 판례 중에는 채권양도의 통지 후 6개월 내에 재판상 청구 등이 있었던 경우 채권양도통지 시점에 시효중단의 효력을 인정하여 관념의 통지인 채권양도 통지를 최고로 파악한 예도 있으나(대판 2009. 2. 26, 2007다83908), 개별적으로 채권양도통지에 최고가 결합된 예로 이해할 것이다(제척기간에 대해 대판(전) 2012. 3. 22, 2010다28840 참조; 아래 제 2 편 제 3 장 Ⅲ. 1. (4)의 재판례 [6]).

[5] 소송고지와 최고: 대판 2009. 7. 9, 2009다14340

[주 문] 원심판결을 파기하고, 사건을 부산지방법원 본원 합의부에 환송한다.
[이 유] 상고이유를 본다.

1. 소멸시효의 기산점에 관한 법리오해의 주장에 대한 판단

보험금액의 청구권 등의 소멸시효기간에 관하여 규정한 상법 제662조는 달리 특별한 규정이 없는 한 손해보험과 인보험 모두에 적용되는 규정이고, 무보험자동차에 의한 상해담보특약에 기한 보험이 실질적으로 피보험자가 무보험자동차에 의한 사고로 사망 또는 상해의 손해를 입게 됨으로써 전보되지 못하는 실손해를 보상하는 것이라고 하더라도 그 보험금청구권은 상법 제662조에 의한 보험금액의 청구권에 다름 아니어서 이를 2년간 행사하지 아니하면 소멸시효가 완성된다고 할 것이며, 보험금청구권은 보험사고의 발생으로 인하여 구체적으로 확정되어 그때부터 그 권리를 행사할 수 있게 되는 것이므로 그 소멸시효는 달리 특별한 사정이 없는 한 민법 제166조 제 1 항의 규정에 의하여 보험사고가 발생한 때로부터 진행한다고 할 것이다(대법원 2000. 3. 23. 선고 99다66878 판결 등 참조).

원심이 인용한 제 1 심판결 이유에 의하면, 그 채용 증거를 종합하여 그 판시와 같은 사실을 인정한 후 이에 비추어 원고가 이규현의 교통사고처리특례법 위반 등에 대한 유죄판결이 확정될 때까지 이 사건 보험금청구권을 행사하는 것이 사실상 불가능한 상황에 있었다고 보기는 어렵고, 따라서 이 사건 보험금청구권의 소멸시효는 보험사고가 발생한 때인 2001. 9. 3.경부터 진행한다고 판단하였다.

원심의 이러한 판단을 앞서 본 법리와 기록에 비추어 살펴보면 정당한 것으로 수긍이 된다. 원심판결에는 상고이유로 주장하는 바와 같은 소멸시효의 기산점에 관한 법리오해의 위법이 없다.

2. 소멸시효이익의 포기의 효력에 관한 법리오해의 주장에 대한 판단

채무자가 소멸시효 완성 후에 채권자에 대하여 채무를 승인함으로써 그 시효

의 이익을 포기한 경우에는 그때부터 새로이 소멸시효가 진행한다고 할 것이다.

원심이 인용한 제 1 심판결에서는, 피고가 2005. 1. 11.경 원고에게 이 사건 보험금 중 치료비 일부를 지급하여 보험금지급채무를 승인함으로써 소멸시효의 이익을 포기한 것으로도 보이나, 그 소멸시효의 이익을 포기한 경우에는 이후 다시 소멸시효가 진행한다고 판시하였다.

이러한 원심의 판단은 앞서 본 법리에 따른 것으로서 정당하다. 원심판결에는 상고이유로 주장하는 바와 같은 소멸시효이익의 포기의 효력에 관한 법리오해의 위법이 없다.

3. 소송고지로 인한 소멸시효의 중단에 관한 법리오해 주장에 대한 판단

원심이 인용한 제 1 심판결에서는 소송고지로 인하여 이 사건 보험금청구권의 소멸시효가 중단되었다는 취지의 원고의 주장에 대하여, 원고가 이 사건 화물차의 책임보험자인 소외 주식회사등을 상대로 제기한 부산지방법원 2005가단10469호 손해배상청구의 소에서 소송 계속중이던 2006. 6. 1.경 피고에게 '이 사건 사고로 입은 원고의 손해 중 책임보험금의 한도액을 초과하는 손해에 대하여는 피고를 상대로 이 사건 보험금을 청구할 권리가 있다고 할 것인바, 그 보험금지급책임의 범위는 결국 소외 주식회사가 부담하여야 할 책임보험금의 한도액에 따라 정해지는 것이므로 위 소송결과에 이해관계가 있는 피고에게 이 사건 소송을 고지한다.'라는 내용의 소송고지를 한 사실은 인정되나, 소송고지는 원칙적으로 시효중단의 효력이 없을 뿐만 아니라, 설령 소송고지가 최고로서의 효력을 가진다고 하더라도 그로부터 6월 내에 재판상의 청구 등을 하지 아니하면 시효중단의 효력이 없는데, 이 사건 소가 소송고지일인 2006. 6. 1.경부터 6월이 경과된 후인 2007. 1. 16. 제기되었다고 하여 원고의 위 주장을 배척하였다.

그러나 소송고지의 요건이 갖추어진 경우에 그 소송고지서에 고지자가 피고지자에 대하여 채무의 이행을 청구하는 의사가 표명되어 있으면 민법 제174조 소정의 시효중단사유로서의 최고의 효력이 인정된다 할 것이고(대법원 1970. 9. 17. 선고 70다593 판결 참조), 시효중단제도는 그 제도의 취지에 비추어 볼 때 이에 관한 기산점이나 만료점은 원권리자를 위하여 너그럽게 해석하는 것이 상당하다 할 것인데(대법원 2006. 6. 16. 선고 2005다25632 판결 참조), 소송고지로 인한 최고의 경우 보통의 최고와는 달리 법원의 행위를 통하여 이루어지는 것으로서, 그 소송에 참가할 수 있는 제 3 자를 상대로 소송고지를 한 경우에 그 피고지자는 그가 실제로 그 소송에 참가하였는지 여부와 관계없이 후일 고지자와의 소송에서 전소 확정판결에서의 결론의 기초가 된 사실상·법률상의 판단에 반하는 것을 주장할 수 없어(대법원 1991. 6. 25. 선고 88다카6358 판결 등 참조)

그 소송의 결과에 따라서는 피고지자에 대한 참가적 효력이라는 일정한 소송법상의 효력까지 발생함에 비추어 볼 때, 고지자로서는 소송고지를 통하여 당해 소송의 결과에 따라 피고지자에게 권리를 행사하겠다는 취지의 의사를 표명한 것으로 볼 것이므로, 당해 소송이 계속중인 동안은 최고에 의하여 권리를 행사하고 있는 상태가 지속되는 것으로 보아 민법 제174조에 규정된 6월의 기간은 당해 소송이 종료된 때로부터 기산되는 것으로 해석하여야 할 것이다.

원심이 인용한 제 1 심판결 이유 및 기록에 의하면, 원고가 소외 주식회사 등을 상대로 한 손해배상청구의 소에서 소송 계속 중이던 2006. 6. 1.경 이 사건 교통사고로 입은 원고의 손해 중 소외 주식회사가 부담하는 책임보험금의 한도액을 초과하는 손해에 대하여는 피고를 상대로 이 사건 보험금을 청구할 권리가 있다는 취지가 담긴 소송고지 신청을 하여 그 무렵 피고에게 그 소송고지서가 송달된 사실, 소외 주식회사에 대한 위 손해배상청구소송이 2007. 8. 14. 조정에 갈음하는 결정의 확정으로 종료된 사실을 알 수 있는바, 이에 따르면 피고의 보험금지급의무의 범위는 소외 주식회사가 부담하는 책임보험금의 한도액에 따라 정해지는 것이어서 피고지자인 피고는 소외 주식회사에 대한 위 손해배상청구소송에 참가할 자격이 있는 자에 해당하므로 소송고지의 요건을 갖추었다 할 것이고, 소외 주식회사에 대한 위 손해배상청구소송이 종료된 2007. 8. 14.까지 위 소송고지로 인한 최고의 효력이 계속되는 것으로 볼 수 있으므로, 그 이전인 2007. 1. 16. 원고가 이 사건 소를 제기할 당시에는 이 사건 보험금청구권의 소멸시효는 중단된 상태였다고 봄이 상당하다.

그럼에도 원심은 소송고지로는 소멸시효 중단의 효력이 없다거나, 소송고지가 최고로서의 효력을 가진다고 하더라도 소송고지일로부터 6월 내에 재판상의 청구 등을 하지 아니하여 소멸시효 중단의 효력이 없다고 하여 원고의 주장을 배척하였으니, 이러한 원심의 판단에는 소송고지로 인한 소멸시효의 중단에 관한 법리를 오해하여 판결에 영향을 미친 위법이 있다.

이 점을 지적하는 상고이유 주장은 이유 있다.

4. 결 론

그러므로 원심판결을 파기하고, 사건을 다시 심리·판단하게 하기 위하여 원심법원에 환송하기로 하여, 관여 대법관의 일치된 의견으로 주문과 같이 판결한다.

질문

1. 민사소송법상 소송고지(민소 제84조)는 어떠한 내용의 제도인가?

2. 민법은 소송고지를 독립한 시효중단사유로 규정하지 않는다. 대법원은 시효중단과 관련하여 소송고지에 어떠한 효력을 부여하고 있는가? 그리고 그 근거는 무엇인가? 이유제시는 수긍할 수 있는가?
3. 소송고지에 의한 시효중단의 효과는 소송고지서가 송달된 시점에 발생해야 하는가 아니면 당사자가 소송고지서를 법원에 제출한 때에 발생해야 하는가? 그 이유는 무엇인가? (대판 2015. 5. 14, 2014다16494 참조)

시효중단사유로서의 최고를 하기 위해서 상대방에 대해서 장애 없이 이행을 청구하는 것이 가능해야 할 필요는 없다. 가령 상대방이 동시이행의 항변권 등 대항사유를 가진다는 사정은 시효중단사유로서의 최고를 하는 데 장애가 되지 않는다. 또 어음을 제시하지 아니하고 어음채무의 이행을 최고하여도 시효중단사유로서는 적법하며, 채권질권의 설정자는 채권추심권능이 없지만 채무자에 대하여 최고를 함으로써 시효를 중단시킬 수는 있다.

(2) 최고에 의한 시효중단의 효과

최고로 인한 시효중단의 효과는 그 최고가 상대방에게 도달한 때에 발생한다. 일부의 최고의 경우에는 일부 청구의 법리에 준하여 처리한다(앞의 Ⅱ. 1. (2) (라) 참조).

최고는 잠정적인 시효중단사유로서, 최고가 있은 후 6개월 내에 다른 시효중단사유가 없으면 시효중단의 효력이 없다(제174조는 요구되는 후속 사유로서 지급명령(제172조)을 들고 있지 않으나, 이를 제외할 이유는 없을 것이다). 그러나 최고를 한 후 6개월 안에 다시 최고를 되풀이하여도 최고할 때마다 시효중단의 효력이 생기는 것은 아니다. 최고를 반복하다가 재판상 청구 등을 한 경우에, 시효중단의 효력은 재판상 청구 등 후속 사유가 생긴 날을 기준으로 이로부터 소급하여 6개월 이내에 한 최고시에 발생한다(대판 1970. 3. 10, 69다1151). 즉 시효 완성 이전의 최후의 최고에 대해서만 6개월간 시효 완성을 유예하는 효력이 인정된다. 따라서 예를 들어 2월 3일에 시효가 완성하는데 채권자가 1월 15일, 2월 1일, 2월 16일에 최고를 하였다면, 2월 1일자의 최고를 기준으로 6개월 내에 제174조가 정하는 조치를 취해야 한다.

Ⅲ. 시효중단사유: 압류·가압류·가처분과 승인

1. 압류·가압류·가처분

압류·가압류·가처분은 강제집행절차 또는 보전절차에서 권리행사를 내용으로 하는 조치로서 대부분 재판상 청구와 관련이 있으나, 반드시 재판상 청구가 있어야 할 수 있는 것은 아니고 또 재판상 청구가 있더라도 그 후 새로이 시효가 진행되므로, 별도로 시효중단사유로 정할 필요가 있다.

(1) 의 의

압류는 금전채권의 만족을 위하여 확정판결 기타의 집행권원에 기하여 행하는 강제집행의 첫 단계로서, 채무자가 강제집행의 대상이 되는 재산을 처분하는 것을 금지하는 내용을 가진다(민집 제83조, 제188조, 제223조 등). 가압류나 가처분은 집행권원 없이 하는 강제집행 보전처분이다(민집 제276조 이하, 제300조). 이들은 권리자의 강한 권리실행의사를 외부적으로 표출하는 전형적인 행위로서 시효중단사유가 된다.

담보권의 실행을 위한 경매(통상 「임의경매」라고 부른다)에 대하여는 강제집행에 관한 규정이 준용되는데(민집 제268조, 제272조 등), 그 신청은 강력한 권리실행수단이라는 점에서 집행권원에 의한 강제집행과 달리 취급할 이유가 없으므로, 이에도 피담보채권에 대한 시효중단의 효력이 인정된다고 할 것이다. 채무자가 제공한 담보물의 경매는 물론이고, 물상보증인이 제공한 담보물에 대한 경매도 마찬가지이다(대판 1990. 1. 12, 89다카4946; 다만 이 경우에 피담보채권의 채무자는 집행의 당사자가 아니므로, 그의 보호를 위하여 제176조에 따라 그에게 압류사실이 통지되어야 한다). 또한 다른 채권자에 의해 개시된 경매절차에서 집행권원 있는 채권자가 배당을 요구하거나(대판 2002. 2. 26, 2000다25484) 저당권자가 채권을 신고하여 권리를 행사하는 것(대판 2010. 9. 9, 2010다28031)도 압류(제168조 제 2 호)에 준하여 시효중단의 효력이 있다고 한다. 이러한 취지는, 가령 양도담보권자나 가등기담보권자가 담보권의 실행을 위하여 목적물의 인도나 등기의 이전을 청구하는 소송을 제기한 경우에도 관철되어야 할 것이다.

또한 금전채권 이외의 채권의 만족을 위한 강제집행(민집 제257조 이하)도 역시 중단의 효력이 있다고 하겠다.

(2) 압류 등에 의한 시효중단의 효과

압류 등은 강제집행이나 보전처분을 신청할 때에 중단의 효력을 가지게 된다(대판 2017. 4. 7, 2016다35451). 소제기 등의 경우와 마찬가지로, 집행기관의 절차지연에 의하여 실체적 효력이 좌우되는 것을 막으려는 것이다. 한편 배당요구는 그 신청으로 중단이 시작하여 배당표의 확정으로 중단이 종료하여 시효가 다시 기산하며(대판 2009. 3. 26, 2008다89880), 추가 배당이 이루어지는 경우에는 배당절차가 종료하지 않았던 것이므로 추가배당표 확정 시점에 시효가 다시 기산한다(대판 2022. 5. 12, 2021다280026).

그러나 압류 등이 "권리자의 청구에 의하여 또는 법률의 규정에 따르지 아니함으로 인하여 취소된 때"에는 중단의 효력이 없다(제175조). 중단효는 소급적으로 상실되며, 최고로서의 효력도 인정되지 않는다(대판 2010. 10. 14, 2010다53273 참조). 권리자의 청구에 의하여 취소되었다고 함은 권리자가 집행의 신청을 취하한 경우를 말한다. 법률의 규정에 따르지 아니하여 취소되었다고 함은 강제집행이나 보전처분의 신청 그 자체가 법률상의 요건을 갖추지 못한 경우만을 가리킨다. 예컨대 사망한 자를 피신청인으로 한 가압류신청은 부적법하여 가압류결정은 무효이고, 상속인에 대하여 시효중단의 효력도 없다(대판 2006. 8. 24, 2004다26287,26294). 그러므로 적법한 집행절차에서 다른 사유로 압류의 효력이 배제된 경우에는 그때까지의 시효중단의 효력에 영향이 없으며, 집행절차가 종료되는 시점에 중단사유가 종료해 시효가 다시 기산한다. 예를 들어 채무자가 집행을 면하기 위하여 담보를 제공하였기 때문에 집행이 취소된 경우(민집 제49조 제 3 호, 제50조 참조), 압류가 해제되는 경우(국징 제57조), 남을 가망이 없어 경매가 취소되는 경우(민집 제102조 제 2 항; 대판 2015. 2. 26, 2014다228778) 등에서 기왕의 시효중단효는 소멸하지 않는다. 피압류채권의 소멸을 이유로 압류가 실효한 때에도 같다(대판 2017. 4. 28, 2016다239840).

채무자의 주소불명 등의 이유로 집행에 착수하지 못한 때에도 중단의 효력이 없다. 반면 압류 절차에 착수한 이상, 압류할 물건을 발견하지 못하여 집행불능으로 끝났어도 중단의 효력이 있으며 절차가 종료된 때로부터 시효가 새로 진행한다(대판 2011. 5. 13, 2011다10044).

(3) 시효중단효의 확장

"압류, 가압류 및 가처분은 시효의 이익을 받은 자에 대하여 하지 아니한 때에는 이를 그에게 통지한 후가 아니면 시효중단의 효력이 없다"(제176조). 예를 들면 물상보증인이 제공한 저당부동산에 대한 경매는 그 통지에 의하여 채무자에 대하여 중단의 효력을 가지게 된다. 그 외에 제 3 자가 점유하고 있는 채무자 소유의 동산을 압류하는 경우, 채무자의 제 3 자에 대한 채권을 압류하는 경우에도 마찬가지이다. 원래 시효중단은 상대적 효력을 가질 뿐인데(제169조), 제176조는 그 예외로 압류 등이 시효의 이익을 받을 사람(채무자)이 아닌 사람을 상대로 행하여진 경우에 채무자를 위하여 그에게 통지함으로써 비로소 중단의 효력이 있도록 한 것이다. 따라서 채권자가 저당권을 실행하여 물상보증인에 대한 관계에서 시효중단을 주장할 수 있다고 하더라도, 채무자에 대한 통지가 없어 시효가 완성되는 경우 물상보증인은 부종성에 따른 저당권 소멸을 주장할 수 있을 것이다(대판 1994. 1. 11, 93다21477; 2010. 2. 25, 2009다69456).

여기서 통지란 채권자 본인의 통지에 한하지 않으며, 법원이 경매개시결정이나 경매기일을 채무자에게 통지하는 것(민집 제104조 제 2 항)도 포함된다.[1] 그에 의하여 중단의 효력이 발생하는 것은 통지가 도달한 시점이다.

2. 승 인

(1) 의 의

시효중단사유로서의 승인이란, 시효의 이익을 받는 당사자가 시효에 의하여 권리를 잃는 사람에 대하여 그 권리가 존재함을 알고 있음을 표시하는 것을 가리킨다(제168조 제 3 호). 이러한 표시가 있는 경우에는 권리자가 권리를 행사하지 않더라도 권리의 행사를 게을리하고 있다고 말할 수는 없고, 또 권리관계의 존재도 분명하므로, 이를 중단사유로 한 것이다. 한편 시효 완성 후의 승인은 시효이익 포기의 문제가 된다.

승인의 법적 성질은 소위 관념의 통지이다. 그러므로 시효를 중단시키려는 효과의사는 요구되지 않는다. 그러나 이에 대하여는 법률행위에 관한 규정

1) 대법원에 따르면 압류 사실을 채무자가 알 수 있도록 경매개시결정이나 경매기일통지서가 우편송달(발송송달)이나 공시송달의 방법이 아닌 교부송달의 방법으로 채무자에게 송달되어야만 압류 사실이 통지된 것으로 볼 수 있다고 한다(대판 1990. 1. 12, 89다카4946).

이 유추적용되어, 가령 대리인에 의한 승인 또는 대리인에 대한 승인도 중단의 효력이 있다(대판 2013. 11. 14, 2013다56310; 아래 (3) 참조).

(2) 승인의 모습

승인에는 특별한 방식이 요구되지 않는다. 권리의 존재를 인식하여 이 인식을 표시하였다고 인정할 수 있으면 그 행위는 승인이다. 권리의 법적 성질까지 알고 있거나 권리 등의 발생원인을 특정하여야 할 필요는 없다(대판 2012. 10. 25, 2012다45566). 명시적인지 묵시적인지 여부도 중요하지 않다. 가령 채무이행기한의 유예를 청구하는 것(대판 2006. 9. 22, 2006다22852, 22869), 회생절차에서 변제기 유예의 합의(대판 2016. 8. 29, 2016다208303), 담보의 제공 예컨대 면책적 채무인수(대판 1999. 7. 9, 99다12376), 해산법인의 청산절차에서 알고 있는 채권자에의 최고(제89조 참조) 등이 이에 해당한다. 이자를 포함한 채무 일부의 변제는 나머지에 대하여 승인이 되고(그래서 소멸시효가 완성한 이자채권와 그렇지 않은 원본채권에 대해 일부변제를 한 경우, 전자에 대한 시효이익 포기로 추정됨과 동시에 후자에 대한 승인이 된다, 대판 2013. 5. 23, 2013다12464), 이자나 지연이자의 지급 또는 이자채권 등으로 하는 상계는 원본채권의 승인이 된다(대판 1980. 5. 13, 78다1790).

그밖에 판례에 따르면 동일한 채권자와 채무자 사이에 다수의 채권이 존재하는 경우 채무자가 변제를 충당하여야 할 채무를 지정하지 않고 모든 채무를 변제하기에 부족한 금액을 변제한 때에는 특별한 사정이 없는 한 그 변제는 모든 채무에 대한 승인으로서 소멸시효를 중단하는 효력을 가진다고 한다(대판 2021. 9. 30, 2021다239745). 채무자는 자신이 계약당사자로 있는 다수의 계약에 기초를 둔 채무들이 존재한다는 사실을 인식하고 있는 것이 통상적이므로, 변제 시에 충당할 채무를 지정하지 않고 변제를 하였으면 특별한 사정이 없는 한 다수의 채무 전부에 대하여 그 존재를 알고 있다는 것을 표시했다고 볼 수 있다는 것을 이유로 한다.

(3) 승인의 당사자

승인을 할 수 있는 당사자는 시효의 이익을 받는 사람 또는 그를 대리하여 승인을 할 수 있는 사람이다. 판례는 자동차손해보험의 약관에 보험사고가 발생할 때 보험회사가 피해자의 동의와 피보험자의 요청이 있으면 피해자와의 절충, 합의, 중재 또는 소송절차를 대행할 수 있다는 조항이 있다면 이는 손해배상과 관련한 포괄적 대리권을 수여한 것으로 해석되므로, 보험회사가 피해자에게 손해배상금의 일부를 지급하고 합의금액의 절충을 시도한 것은 손해배상채무의 승인으로서 본인인 채무자(보험가입자)에게 중단효가 미친다고 한다(대판 1990. 6. 8, 89다카17812).

반면 위의 사람 이외의 제 3 자가 승인을 하였다면 이는 중단의 효력이 없다. 가령 보증인이나 물상보증인이 한 승인은 채무자에게 중단효가 없고, 이행보증보험에서의 보험회사가 보험금을 지급한 것만으로는 채무자가 채무를 승인한 것이 되지 못한다. 또한 채무의 이행인수인은 채권자에 대한 관계에서 의무를 부담하지 아니하므로 시효를 중단하는 승인을 할 수 없다(대판 2016. 10. 27, 2015다239744).

승인의 상대방은 권리자 또는 그 대리인이다. 그러므로 채무자가 2번 저당권을 설정하였다고 하여서 1번 저당권의 피담보채권을 승인한 것이 되지 않는다. 또 채무자가 보관하는 장부에 채무로 기입되어 있는 것만으로는, 그것이 채권자에게 통지되지 아니한 이상, 여기서 말하는 승인이 있다고 할 수 없을 것이다.

(4) 승인의 능력

"시효중단의 효력 있는 승인에는 상대방의 권리에 관한 처분의 능력이나 권한 있음을 요하지 아니한다"(제177조). 그 의미는, 승인을 하는 사람이 그 권리를 자신이 가지고 있다고 가정할 때 이를 처분할 능력이나 권한이 없어도(제25조, 제118조, 제950조 참조) 그 승인은 중단효가 있다는 것이다. 그러나 그 반대해석으로, 승인을 하는 데는 관리의 능력이나 권한이 필요하다고 할 것이다. 그러므로 피성년후견인은 원칙적으로 승인을 할 수 없고(제10조), 미성년자나 행위능력의 제한을 받는 피한정후견인은 법정대리인의 동의를 얻어야만 승인할 수 있다(제 5 조 이하, 제13조).

Ⅳ. 시효중단의 효력

1. 시효중단의 인적 범위

(1) 시효가 중단되면 그때까지 경과한 시효기간은 이를 산입하지 않는다(제178조 제 1 항 전단). 이러한 효과는 "당사자 및 그 승계인" 사이에서만 발생한다(제169조). 시효중단의 상대효를 정한 것이다.

여기서 「당사자」란 중단사유의 당사자를 말하고, 시효의 대상인 권리관계의 당사자를 가리키는 것이 아니다. 따라서 시효의 대상이 되는 권리의 귀속주체 또는 그 상대방인 의무자가 여럿이라도, 중단사유에 관여하지 아니한 권리자 또는 의무자에게는 중단의 효력이 미치지 않는다. 가령 보증인의 재산에 대한 가압류는 주채무자에 대하여는 중단의 효력이 없다(대판 1977. 9. 13, 77다418).

한편 「승계인」은 중단사유의 당사자로부터 시효의 대상인 권리관계(권리 또는 의무)를 승계한 사람을 말한다. 그 승계는 포괄승계인지 특정승계인지를 불문하며, 당연히 중단사유 발생 후의 승계인에 대하여만 중단의 효과가 미친다(대판 1994. 6. 24, 94다7737 참조).

그런데 상대효를 일관되게 적용하는 경우, 예컨대 채권자가 채무자에 대한 관계에서 소멸시효를 중단시켰더라도 물상보증인에 대한 관계에서는 중단의 효과가 발생하지 않는다고 볼 여지도 없지 않다(대판 1978. 6. 13, 78다314 참조). 그러나 이렇게 해석한다면 채권자로서는 모든 가능한 권리 행사 상대방을 상대로 시효중단 조치를 취해야 하는 불이익을 받게 된다. 따라서 최근 유력설과 판례는 직접의무자에 대해 시효중단 조치가 행해지면 그 권리의 소멸시효는 중단되고 이는 직접의무자 아닌 다른 제 3 자에 대한 관계에서도 효력을 가진다고 한다(예외적 절대효). 예컨대 채무자에 대한 관계에서 시효를 중단하였다면 그 효력은 물상보증인, 제 3 취득자(대판 2009. 9. 24, 2009다39530), 후순위담보권자, 대위채권자(대판 1979. 6. 26, 79다407) 등 제 3 자에게도 미친다(제440조 참조).

(2) 시효중단의 인적 범위에 대한 위의 원칙에 대하여는 예외가 있다(제176조, 제295조 제 2 항, 제296조, 제416조, 제440조 등을 보라).

2. 중단 후의 시효진행

시효가 중단된 후에는 중단사유가 종료한 때로부터 다시 새로이 시효가 진행한다(제178조 제 1 항 후단). 언제 중단사유가 종료하는가는 개별적으로 판단되어야 한다. 가령 파산절차참가의 경우는 파산절차가 종료한 때(원칙적으로 파산종결결정이 있을 때, 회파 제530조 참조), 지급명령의 경우는 지급명령이 확정되는 때(민소 제462조)이고, 압류는 그로 인한 집행절차가 종료한 때이며, 승인은 그 승인이 상대방에 도달하는 때이다. 재판상 청구에 대하여는 명문으로 "재판이 확정된 때로부터" 새로이 진행한다고 규정되어 있다(제178조 제 2 항). 재판이 화해나 청구인낙으로 종료되는 경우에 새로운 시효는 그 화해 등이 성립한 때로부터 진행한다.

한편 가압류·가처분의 경우 시효중단의 효력은 언제 종료하는가? 이에 대해서는 장래의 집행을 보전하기 위한 잠정적 수단인 점에 비추어 가압류 등의 집행이 종료됨으로써 새로이 시효가 진행된다고 하는 견해(비계속설)와 가압류 등으로 인한 집행보전의 효력이 존속하고 있는 한 권리행사는 계속되어서 시효중단의 효력이 유지된다는 견해(계속설)가 대립한다.

[6] 가압류의 시효중단효: 대판 2000. 4. 25, 2000다11102

[주　문] 상고를 기각한다. 상고비용은 신청인의 부담으로 한다.

[이　유] 신청인의 상고이유를 본다.

민법 제168조에서 가압류를 시효중단사유로 정하고 있는 것은 가압류에 의하여 채권자가 권리를 행사하였다고 할 수 있기 때문인데 가압류에 의한 집행보전의 효력이 존속하는 동안은 가압류채권자에 의한 권리행사가 계속되고 있다고 보아야 할 것이므로 가압류에 의한 시효중단의 효력은 가압류의 집행보전의 효력이 존속하는 동안은 계속된다고 하여야 할 것이다.

또한 민법 제168조에서 가압류와 재판상의 청구를 별도의 시효중단사유로 규정하고 있는 데 비추어 보면, 가압류의 피보전채권에 관하여 본안의 승소판결이 확정되었다고 하더라도 가압류에 의한 시효중단의 효력이 이에 흡수되어 소멸된다고 할 수도 없다.

이 사건에서 보건대, 원심이 적법하게 확정한 사실관계에 의하면 이 사건 부동산에 관한 이 사건 가압류의 집행보전의 효력이 현재까지 존속하고 있으므로 이 사건 가압류의 피보전채권에 관한 시효는 중단되어 있다고 할 것이고, 거기에 상고이유와 같은 가압류에 의한 시효중단의 종기에 관한 법리를 오해한 위법은 없다. 논지는 이유 없다.

그러므로 상고를 기각하고 상고비용은 패소자의 부담으로 하기로 하여 관여 법관의 일치된 의견으로 주문과 같이 판결한다.

질문

1. 이 판결은 가압류에 의한 시효중단효의 종료시점에 대해 어떠한 입장을 보이고 있는가? 이러한 결론을 지지할 수 있는 논거와 비판할 수 있는 논거를 생각해 보고, 어느 편이 타당할 것인지 생각해 보라.
2. 가압류한 부동산이 이후 경매로 매각되어 가압류등기가 말소되었고, 집행법원이 가압류채권자의 지위에 상응하는 배당액을 공탁한 경우, 소멸시효 중단효는 유지되는가? 아니면 소멸시효는 새로 진행하는가? (대판 2013. 11. 14, 2013다18622, 18639 참조)

제3장 소멸시효: 완성의 효과와 제척기간

Ⅰ. 소멸시효 완성으로 인한 권리 소멸

소멸시효의 기간이 충족하여 소멸시효가 완성되면 문제가 되는 권리는 소멸한다. 그 결과 권리자는 의무자의 의사에 반하여 권리를 관철시킬 수 있는 가능성을 상실한다. 그런데 시효의 완성으로 인한 권리 소멸에 관하여 민법은 그 의미를 명확히 규정하지는 않고 있다. 그 결과 종래 학설에서는 시효 완성으로 인하여 문제되는 권리가 대세적으로 즉 모든 사람에 대하여 소멸하는 것인지 아니면 시효 완성으로 인하여 의무자를 포함한 일정한 사람들에게 권리 소멸을 주장할 수 있는 권리만이 부여되는 것인지에 관하여 다툼이 있어 왔다.

1. 시효 원용의 요부

(1) 절대적 소멸설과 상대적 소멸설

학설 중 일부는 소멸시효의 완성으로 권리는 당연히 소멸하며, 그 외에 시효이익을 받는 사람의 원용을 요하지 않는다고 한다(소위 「절대적 소멸설」). 이에 반하여 다른 일부는, 시효 완성 자체로는 권리가 소멸하지 않으며 시효이익을 받을 사람에게 권리의 소멸을 주장할 수 있는 권리(시효원용권)가 발생할 뿐이고, 이 권리의 행사, 즉 원용에 의하여 비로소 권리가 소멸한다고 한다(소위 「상대적 소멸설」).

두 견해의 차이는 다음과 같은 점에 있다고 설명된다.

첫째, 상대적 소멸설에 의하면 당사자의 원용이 없으면 권리는 소멸되지 않으므로 법원 기타 누구도 소멸시효로 인한 권리 소멸을 고려할 수 없다고 하는 데 대하여, 절대적 소멸설은 원용이 없어도 권리는 소멸한다고 한다. 그런데 이 점에 대하여는 절대적 소멸설에서도, 적어도 소송에 있어서는 우리 소송법이 취하고 있는 변론주의의 원칙상 당사자가 시효소멸을 소송상의 공격방어방법으로 제출하지 않는 한 법원은 이를 고려할 수 없다고 한다. 그러므로 그 한도에서는 두 견해 사이에 실제적인 차이는 없다고 설명되나, 이에 대해 변론주의의 주장공통의 원칙에 따를 때 절대적 소멸설의 설명은 타당하기 어렵다는 비판도 제기되고 있다.

둘째, 채무자가 소멸시효 완성 후에 변제를 한 경우에 대하여, 상대적 소멸설에서는 아직 원용을 하지 아니한 상태에서는 채무는 존재하는 것이므로, 채무자가 시효 완성을 알았는지 여부에 관계없이 그 변제는 유효하고, 따라서 채무자는 그 반환을 청구하지 못한다고 한다. 그런데 절대적 소멸설에서도 결과에 있어서는 마찬가지이다. 채무자가 시효 완성을 알고 변제한 때에는 시효이익의 포기가 있으므로 그 변제는 유효하며, 모르고 변제한 때에도 이는 "도의관념에 적합한 비채변제"가 되어(제744조) 그 반환을 청구할 수 없다는 것이다. 그러므로 두 견해의 차이는 법률구성상의 차이에 그친다.

셋째, 시효이익의 포기를 이론상 어떻게 구성할 것인가에 대하여, 상대적 소멸설에 의하면 이는 시효원용권의 포기라고 설명되는 데 대하여, 절대적 소멸설에서는 이를 설명하는 데 어려움이 있다고 한다. 그러나 절대적 소멸설에 따를 때에도 법률이 소멸시효의 효과를 번복할 수 있는 형성권을 부여했다고 설명하는 이상, 특별한 난점이 있다고 말할 이유는 없다.

그러므로 실질적으로 시효의 이익을 받고자 하는 자가 법원에 대해 그 이익을 받겠다는 의사를 표시해야 한다고 이해한다는 점에서는 두 견해에 차이가 있다고 하기 어렵다. 다만 절대적 소멸설은 그러한 소멸의 효과가 「절대적으로」 발생한다고 즉 누구나 소멸시효 완성을 주장할 수 있다고 이해하는 것에 대해, 상대적 소멸설은 소멸의 효과가 「상대적으로」 발생한다고 즉 소멸시효의 완성을 주장할 수 있는 것은 일정 범위의 원용권자에 제한된다고 이해한다는 점에 두 견해의 차이가 있다. 그리고 이러한 접근의 차이는 의식적으로 원용에 관한 규정을 두지 않고 있는 민법의 태도를 어떻게 평가할 것인지와 관련된다.

(2) 판례의 태도

판례는 오랫동안 대체로 절대적 소멸설의 입장에 서 있다고 이해되고 있었다. 권리는 당사자의 원용이 없어도 시효 완성의 사실로서 당연히 소멸하는 것이지만, 변론주의의 원칙상 소송당사자가 소멸시효가 완성되었음을 주장하지 아니하면 법원이 이를 고려할 수 없으며 직권으로 시효 완성의 사실을 인정하여 권리의 소멸을 인정할 수 없다고 하였다(대판 1962. 10. 11, 62다466).

[1] 소멸시효 완성의 효과(1): 대판 1966. 1. 31, 65다2445

[이　유] 피고 대리인의 상고이유 제 1 점에 대하여 판단한다. 그러나 소론이 비난하고 있는 원심판단은 정당하여 아무 잘못이 없는 것이고 기록 특히 을 제 6 호증에 의하면 소외 이완희의 본건 채무는 신민법시행 후에 소멸시효가 완성한 것임이 명백한바 신민법 아래서는 당사자의 원용이 없어도 시효 완성의 사실로서 채무는 당연히 소멸하는 것이며 본건에 있어서는 가압류의 신청 또는 그 결정 및 집행이 있기 전에 이미 소멸시효가 완성되어 있었으므로 피고에게 과실이 없었다고는 할 수 없는 것이고 논지는 모두 독자적 견해로 채용할 수 없다 할 것이다.

같은 상고이유 제 2 점에 대하여 판단한다.

원판결에 의하면 원심은 "유체동산에 대한 가압류집행에 있어서 압류동산을 채무자의 보관에 맡기는 경우에도 채무자는 이를 사용할 수 없는 것이 원칙이므로 이 사건에 있어서 특히 원고가 위 황우를 가압류당한 후에도 평소와 같이 사용하였다고 볼 만한 다른 입증이 없는 이상 원고는 위 가압류에 의하여 이를 사용하지 못하였다고 볼 것"이라 하여 본건 가압류로 인하여 원고가 본건 황우를 사용하지 못함으로 인한 손해배상을 피고에게 명하고 있다.

그러나 집달리가 본건에 있어서와 같이 황우에 대하여 가압류를 함에 있어서 그 가압류의 표시를 하고 압류동산을 채무자에게 보관시킨 경우에는 채무자는 가압류의 표시를 훼손하지 아니하는 한 그 황우를 사용할 수 있다고 해석하는 것이 조리라 할 것이므로 본건에 있어서 원고가 가압류의 표시의 손상관계로 본건 황우를 사용하지 못하였다는 점을 주장입증하지 아니한 이상 황우를 사용하지 못하므로 인한 손해는 인용할 수 없는 것임에도 불구하고 원심이 앞에 적기한 바와 같이 판시하였음은 잘못이라 아니할 수 없고 이점에 관한 논지는 이유 있다 할 것이다.

질문

1. 사실관계를 재구성해 보라. 원고는 피고에 대해 어떠한 내용의 청구를 하고 있는가?
2. 이 사건에서 절대적 소멸설과 상대적 소멸설에 의할 때 각각 결론은 달라지는가?
3. 대법원은 어떠한 이유로 원고의 청구를 받아들인 원심을 파기하였는가?

절대적 소멸설에 의하면 소멸시효가 완성된 권리는 누구의 원용을 기다릴 것 없이 당연히 모든 사람에 대한 관계에서 소멸하므로 누구나 필요하면 그 소멸을 주장할 수 있고, 별도로 누가 시효원용권자에 해당하는지 여부를 가릴 필요가 없다. 그런데 어느 시점부터 판례는 상대적 소멸설의 특징인 「시효원용권자의 범위」라는 시각을 유지하고 있으며, 그 결과 현재의 판례는 오히려 상대적 소멸설에 가까운 모습을 보이고 있다. 이에 의하면 시효 원용을 주장할 수 있는 사람은 「시효에 의한 권리 소멸로 인하여 직접적 이익을 받을 자」에 한정된다고 한다. 그러나 이러한 기준은 그것만으로는 공허한 공식이며, 어떠한 경우에 「직접적 이익을 받을 자」가 있다고 할 것인지는 아직 학설·판례에서 명확하게 제시되어 있는 것은 아니다.

판례를 살펴보면 예를 들어 가등기담보가 설정된 부동산의 제 3 취득자는 가등기담보권의 피담보채권의 소멸에 의하여 직접 이익을 받는 자이므로 채무자가 아니더라도 그 피담보채권에 관한 소멸시효를 원용할 수 있어 명도청구를 거부하거나 가등기의 말소를 청구할 수 있고(대판 1995. 7. 11, 95다12446), 채권자취소소송의 수익자도 사해행위취소권을 행사하는 채권자의 채권이 소멸되면 그와 같은 이익의 상실을 면할 수 있는 지위에 있으므로 채권의 소멸로부터 직접 이익을 받는 자에 해당하여 시효 완성을 원용할 수 있다고 하며(대판 2007. 11. 29, 2007다54849), 유치권이 성립한 부동산의 매수인도 마찬가지라고 한다(대판 2009. 9. 24, 2009다39530). 반면 채권자가 채권자대위권을 행사하여 제 3 자에 대하여 하는 청구에 있어서, 채권의 소멸시효가 완성된 경우 이를 원용할 수 있는 자는 원칙적으로는 시효이익을 직접 받는 자뿐이고, 채권자대위소송의 제 3 채무자는 이를 행사할 수 없다(대판 1998. 12. 8, 97다31472; 물론 이미 채무자가 원용한 경우에는 다르다, 대판 2008. 1. 31, 2007다64471)고 한다(다만 이러한 사례에서 결론을 소멸시효 완성의 효과의 문제로 설명할 것인지 아니면 채권자대위소송에서 제 3 채무자는 채무자의 항변을 행사할 수 없다는 법리의 적용으로 이해할 것인지 여부의 문제는 남는다). 또한 예컨대 배당이의 절차에서 채무자의 일반 채권자는 채무의 소멸로 직접 이익을 받는 자가 아니므로 소멸시효 완성을 원용할 수 없지만 채무자를 대위하여(제404조) 시효 완성을 주장할 수는 있다고 한다(대판 1979. 6. 26, 79다407; 1997. 12. 26, 97다22676). 또한 후순위저당권자도 배당액 증가에 대한 기대는 담보권의 순위 상승에 따른 반사적 이익에 지나지 않는다는 이유로 선순위저당권자의 피담보채권의 소멸시효 완성을 원용할 수 없다고 한다(대판 2021. 2. 25, 2016다232597).

이렇게 시효 원용권자의 범위를 제한하는 경우, 시효 원용의 효과는 각 원용권자에 대한 관계에서 상대적이다. 그러나 시효중단에서와 마찬가지로 소멸되는 권리의 직접의무자가 시효를 원용한 때에는 다른 제 3 자인 원용권자에 대한 관계에서도 효력이 있다고 해석되고 있다(예외적 절대효). 그래서 예컨대 채권자대위소송에서 제 3 채무자는 피보전채권의 시효를 주장할 수 없지만, 이미 채무자가 대위채권자에 대한 관계에서 원용하였다면 제 3 채무자 역시 피보전권리 없음을 주장할 수 있다고 한다(대판 2008. 1. 31, 2007다64471).

[2] 소멸시효 완성의 효과(2): 대판 1997. 12. 26, 97다22676

[주 문] 원고 설수곤에 대한 상고를 모두 각하하고, 나머지 원고들에 대한 상고를 모두 기각한다. 상고비용은 피고들 및 피고 보조참가인들의 부담으로 한다.

[이 유] […] 2. 피고들 및 피고 보조참가인들의 원고 전영구, 홍구선에 대한 상고이유를 본다.

가. 제 1 점에 대하여

소멸시효가 완성된 경우 이를 주장할 수 있는 사람은 시효로 인하여 채무가 소멸되는 결과 직접적인 이익을 받는 사람에 한정되므로 채무자에 대한 일반 채권자는 자기의 채권을 보전하기 위하여 필요한 한도 내에서 채무자를 대위하여 소멸시효 주장을 할 수 있을 뿐 채권자의 지위에서 독자적으로 소멸시효의 주장을 할 수 없음은 논지가 지적하는 바와 같다[…].

원심판결 이유에 의하면 원심은, 소외 신주성 소유의 판시 부동산에 대한 경매절차에서 가등기담보권자인 피고들에게 부당하게 많은 금액을 배당한 반면 후순위 채권자인 원고들에게 부당하게 적은 금액을 배당하는 것으로 배당표가 잘못 작성되었음을 이유로 원고들이 피고들을 상대로 제기한 배당이의 사건인 이 사건 소송에서 피고 손병주 및 풍림지업 주식회사의 위 신주성에 대한 채권은 시효로 인하여 소멸하였다는 원고들의 주장을 받아들여 원고 전영구 및 홍구선의 청구를 일부 인용하였는바, 기록에 의하면 채무자인 위 신주성은 판시 부동산에 대한 경매절차가 개시된 이래 무자력의 상태에 빠져 있음을 알 수 있으므로 위 신주성의 채권자인 원고들로서는 위 신주성에 대한 채권을 보전하기 위하여 채무자인 위 신주성을 대위하여 위 신주성의 피고들에 대한 채무가 시효로 소멸하였다는 주장을 할 수 있다 할 것이다.

원심도 원고들의 소멸시효 주장을 원고들이 무자력 상태에 놓인 위 신주성을 대위하여 위 신주성의 피고 손병주 및 풍림지업 주식회사에 대한 채무가 시효로 소멸하였다고 주장하는 취지로 보아 이를 받아들인 것으로 보이므로 원심판결에 소론과 같은 소멸시효 및 변론주의에 관한 법리오해, 심리미진, 채증법칙 위배 등의 위법이 있다고 볼 수 없다. 논지는 이유 없다. […]

라. 제 5 점에 대하여

논지는 가등기의 설정은 가압류, 가처분보다 훨씬 강력한 채권 보호 장치인데 소멸시효 중단사유에 가압류, 가처분을 포함시키면서 가등기의 설정을 제외한 민법 제168조는 헌법상의 평등권 내지 재산권 보장 조항에 위반된다는 것이다.

그러나 기록에 의하면 피고들은 원고들의 소멸시효 주장에 대하여 다른 사유를 들어 다투었을 뿐 채무자인 위 신주성이 자기 소유의 판시 부동산에 대하여 피고들 앞으로 가등기를 마쳐 줌으로써 위 신주성의 피고들에 대한 채무의 소멸시효가 중단되었다고 주장한 바가 전혀 없음을 알 수 있으므로 가등기 설정을 소멸시효 중단사유로 명시하지 아니한 민법 제168조가 헌법상의 평등권 내지 재산권 보장 조항에 위반되는지 여부는 이 사건의 결론에 하등 영향을 미치지 아니하여 논지는 적법한 상고이유가 될 수 없다(채무자가 채권자에 대하여 자기 소유의 부동산에 담보 목적의 가등기를 설정하여 주는 것은 민법 제168조 소정의 채무의 승인에 해당한다고 볼 수 있으므로 위 조항이 헌법상의 평등권이나 재산권 보장 조항에 위반된다고도 볼 수 없다). 논지 역시 이유 없다.

3. 그러므로 원고 설수곤에 대한 상고를 모두 각하하고, 나머지 원고들에 대한 상고를 모두 기각하기로 하며, 상고비용은 패소자들의 부담으로 하기로 하

여 관여 법관의 일치된 의견으로 주문과 같이 판결한다.

질문

사실관계를 재구성하고 절대적 소멸설과 상대적 소멸설에 따라 결론을 도출하고 비교해 보라. 결과에서 차이가 발생할 것인가?

[3] 소멸시효 완성의 효과(3): 대판 2021. 2. 25, 2016다232597

[주 문] 원심판결 중 원고 패소부분을 파기하고, 이 부분 사건을 서울고등법원에 환송한다. 피고의 상고를 기각한다.

[이 유] 상고이유를 판단한다.

1. 기본적 사실관계

원심판결 이유와 기록에 따르면 다음 사실을 알 수 있다.

가. 주식회사 불휘종합건설(이하 '불휘종합건설'이라 한다)은 소외인으로부터 2억 5,000만 원을 차용하면서 2005. 8. 19. 그 담보로 이천시 (이하 생략) 임야 19,080㎡(이하 '이 사건 임야'라 한다)에 관하여 소외인 앞으로 소유권이전청구권가등기(이하 '이 사건 담보가 등기'라 한다)를 하였다. 소외인은 2006. 3. 10. 「가등기담보 등에 관한 법률」(이하 '가등기담보법'이라 한다)에서 정한 청산절차를 거치지 않은 채 이 사건 임야에 관하여 이 사건 담보가등기에 기한 본등기(이하 '이 사건 본등기'라 한다)를 하였다.

나. 불휘종합건설은 2006. 5. 1.경 원고에게 '원고가 소외인에게 4억 원을 대위변제하면, 원인무효인 이 사건 본등기를 말소하고 이 사건 담보가등기를 원고 명의로 이전하며, 1년 기한 6억 원(이자 연 50%)의 약속어음을 발행하여 교부하겠다.'는 내용의 이행 각서를 교부하면서 이 사건 담보가등기의 피담보채무 대위변제를 요청하였다. 원고는 2006. 5. 9. 소외인의 승낙을 얻어 소외인에게 4억 원을 지급함으로써 이 사건 담보가 등기의 피담보채무를 대위변제하였다.

한편 불휘종합건설과 소외인은 2006. 5. 9. 주식회사 엘림건설(이하 '엘림건설'이라 한다) 앞으로 이 사건 임야에 관한 소유권이전등기를 하기로 약정하였다. 그에 따라 이 사건 임야에 관하여 2006. 5. 10. 소외인으로부터 엘림건설 앞으로 2006. 5. 9.자 매매를 원인으로 한 소유권이전등기를 하였다. 엘림건설은 2008. 7. 25. 이 사건 임야에 관하여 채권최고액 15억 원, 근저당권자 피고인 근저당권설정등기(이하 '이 사건 근저당권'이라 한다)를 하였다.

다. 피고가 이 사건 근저당권에 기하여 수원지방법원 여주지원 2010타경

9585호로 임의경매를 신청함에 따라 경매절차가 개시되었는데(이하 '이 사건 경매절차'라 한다), 경매법원은 2012. 11. 6. 배당요구의 종기를 2013. 2. 4.로 정하였다. 원고는 2013. 10. 14. 경매법원에 '담보가등기권리자 권리신고서'를 제출하였다. 경매법원은 2014. 12. 17. 매각허가결정을 하고 2015. 2. 25. 배당기일에 피고에게 2순위로 1,199,866,145원을 배당하는 내용의 배당표를 작성하였고, 원고는 위 배당기일에 출석하여 피고의 배당액 전부에 대하여 이의하였다.

라. 원고는 수원지방법원 2010가합12411호로 피고를 상대로 이 사건 본등기가 원인무효 등기라서 엘림건설 명의의 소유권이전등기와 이 사건 근저당권이 무효라고 주장하면서 이 사건 근저당권 등의 말소를 청구하는 소를 제기하였는데, 1심에서 승소하였으나 항소심에서 패소한 후 대법원에서 항소심 판결이 그대로 확정되었다. 항소심 판결의 취지는 '이 사건 본등기는 원인무효 등기이지만 불휘종합건설과 소외인이 엘림건설과 이 사건 임야에 관한 소유권이전등기를 하기로 합의하였고 그 합의에 따라 이 사건 본등기 말소등기절차를 생략한 채 직접 소외인으로부터 엘림건설 앞으로 소유권이전등기를 한 것이므로, 이는 실체관계에 부합하는 유효한 등기'라는 것이다.

2. 원고가 배당받을 수 있는 채권자인지에 관한 피고의 상고이유

가. 채무자를 위하여 변제한 자는 변제와 동시에 채권자의 승낙을 얻어 채권자를 대 위할 수 있다(민법 제480조 제 1 항). 제 3 자가 채무자를 위하여 채무를 변제함으로써 채무자에 대하여 구상권을 취득하는 경우, 그 구상권의 범위 내에서 종래 채권자가 가지고 있던 채권과 그 담보에 관한 권리는 동일성을 유지한 채 법률상 당연히 변제자에게 이전한다(대법원 1997. 11. 14. 선고 95다11009 판결 등 참조). 이때 대위할 범위에 관하여 종래 채권자가 배당요구 없이도 당연히 배당받을 수 있었던 경우에는 대위변제자는 따로 배당요구를 하지 않아도 배당을 받을 수 있다(대법원 2006. 2. 10. 선고 2004다2762 판결 등 참조).

가등기담보법 제15조는 "담보가등기를 마친 부동산에 대하여 강제경매 등이 행하여진 경우에는 담보가등기권리는 그 부동산의 매각에 의하여 소멸한다." 라고 정하고 있고, 같은 법 제16조 제 1 항은 "법원은 소유권의 이전에 관한 가등기가 되어 있는 부동산에 대한 강제경매 등의 개시결정이 있는 경우에는 가등기권리자에게 해당 가등기가 담보가등기인 경우 그 내용과 채권의 존부·원인 및 금액에 관하여 법원에 신고하도록 적당한 기간을 정하여 최고하여야 한다." 고 정하고, 제 2 항은 "압류등기 전에 이루어진 담보가등기권리가 매각에 의하여 소멸되면 제 1 항의 채권신고를 한 경우에만 그 채권자는 매각대금을 배당받거나 변제금을 받을 수 있다."라고 정하고 있다. 민사집행법 제148조에 따르면 '저

당권·전세권, 그 밖의 우선변제청구권으로서 첫 경매개시결정등기 전에 등기되었고 매각으로 소멸하는 것을 가진 채권자'(제 4 호)는 배당요구 없이도 배당받을 수 있다.

나. 원심은 다음과 같은 이유로 원고가 이 사건 경매절차에서 이 사건 임야 매각대금으로부터 배당받을 채권자라고 판단하였다.

원고는 불휘종합건설과의 대위변제약정에 따라 소외인의 승낙을 받아 소외인에게 이 사건 담보가등기의 피담보채무를 대위변제하였다. 당시 이 사건 본등기는 원인무효의 등기였고 이 사건 담보가등기는 유효한 등기로 남아 있었으므로, 불휘종합건설에 대한 구상권을 취득한 원고는 이 사건 담보가등기와 그 피담보채권인 소외인의 불휘종합건설에 대한 대여금채권을 법률상 당연히 이전받았다.

이 사건 담보가등기는 이 사건 경매절차의 경매개시결정 전에 등기가 되어 있었고, 가등기담보법 제16조 제 1 항에 따라 경매법원이 원고에게 채권신고를 최고하기 전에 원고가 담보가등기권리자라고 주장하며 그 채권을 신고하였다. 따라서 원고는 부동산 매각으로 소멸하는 담보가등기를 가진 채권자로서 이 사건 경매절차의 배당요구 종기 전에 배당요구를 하였는지 여부와 관계없이 이 사건 임야의 매각대금에서 배당받을 수 있다.

원심판결은 위에서 본 법리와 사실관계에 비추어 정당하다. 원심판결에 상고이유 주장과 같이 논리와 경험의 법칙에 반하여 자유심증주의의 한계를 벗어나거나 배당요구 없이 배당받을 채권자 등에 관한 법리를 오해하는 등으로 판결에 영향을 미친 잘못이 없다.

[…]

4. 소멸시효 완성에 관한 피고의 상고이유

가. 소멸시효가 완성된 경우 이를 주장할 수 있는 사람은 시효로 채무가 소멸되는 결과 직접적인 이익을 받는 사람에 한정된다(대법원 1997. 12. 26. 선고 97다22676 판결 등 참조). 후순위 담보권자는 선순위 담보권의 피담보채권이 소멸하면 담보권의 순위가 상승하고 이에 따라 피담보채권에 대한 배당액이 증가할 수 있지만, 이러한 배당액 증가에 대한 기대는 담보권의 순위 상승에 따른 반사적 이익에 지나지 않는다. 후순위 담보권자는 선순위 담보권의 피담보채권 소멸로 직접 이익을 받는 자에 해당하지 않아 선순위 담보권의 피담보채권에 관한 소멸시효가 완성되었다고 주장할 수 없다고 보아야 한다.

나. 원심은 원고의 불휘종합건설에 대한 채권이 상사소멸시효 완성으로 소멸하였다는 피고의 항변에 대하여 피고는 후순위 근저당권자에 불과하여 선순

위 담보권의 피담보채권인 불휘종합건설에 대한 채권에 대하여 소멸시효를 원용할 수 없다는 이유로 위 항변을 배척하였다.

원심판결은 위에서 본 법리에 비추어 정당하고, 후순위 담보권자의 시효원용권에 관한 법리 오해나 석명의무 위반 등으로 판결에 영향을 미친 잘못이 없다.

5. 결 론

원고의 상고는 이유 있어 원심판결 중 원고 패소부분을 파기하고, 이 부분 사건을 다시 심리·판단하도록 원심법원에 환송하며, 피고의 상고는 이유 없어 이를 기각하기로 하여, 대법관의 일치된 의견으로 주문과 같이 판결한다.

질문

1. 사실관계를 재구성해 보라. 절대적 소멸설과 상대적 소멸설에 따를 때 결과는 어떻게 달라지는가?
2. 이 판결에 따르면 후순위 담보권자인 피고는 "피담보채권 소멸로 직접 이익을 받는 자"에 해당하지 않는다고 한다. 과연 그렇게 평가할 수 있겠는가? 피고의 소멸시효 완성 주장을 배척하는 것에는 다른 고려도 있을 수 있겠는가?

2. 권리 소멸의 구체적인 내용

(1) 권리의 소멸

절대적 소멸설에 따를 때 소멸시효의 완성으로 그 권리는 시효 원용이 없이도 바로 소멸한다. 그 권리는, 마치 변제로 채권이 소멸하거나 피담보채권의 만족으로 저당권이 소멸하는 것과 마찬가지로, 시효 완성과 동시에 소멸하는 것이다. 그러므로 누구나 필요하면 그 소멸을 재판상이든 재판외이든 주장할 수 있다. 또 그 권리자에 대한 채권자도, 비록 아직 시효 원용이 없더라도, 그 권리를 자기 채무자의 것이라고 하여 그 채권의 만족을 위하여 공취할 수 없다.

그런데 민법 제495조는 소멸시효가 완성된 채권을 자동채권으로 하여 상계하는 것은 허용된다고 정한다. 이는 상계적상에 있는 채권의 당사자는 서로 채권관계를 결제하였다고 생각하는 것이 보통이어서 이러한 당사자의 신뢰를 보호한다는 별도의 관점에서 마련된 법정책적인 규정일 뿐이다.

(2) 소 급 효

“소멸시효는 그 기산일에 소급하여 효력이 생긴다”(제167조). 소급효를 인정하지 않으면 시효 완성 후에도 그 전의 법률관계에 대하여 분쟁이 계속될 우려가 있으므로, 소급효를 인정하여 법률관계를 간명하게 처리하려는 것이다.

(3) 종속된 권리의 소멸

“주된 권리의 소멸시효가 완성한 때에는 종속된 권리에 그 효력이 미친다”(제183조). 여기서 종속된 권리라 함은 주된 권리의 존재가 전제되어 그로부터 파생적으로 발생하는 권리를 말한다. 원본채권에 대한 이자채권, 임차권에 대한 차임채권, 원래의 채권에 대한 지연손해금채권 또는 지상권에 대한 지료채권 등이 이에 해당한다. 가령 이자 있는 원본채권에 대하여 소멸시효가 완성된 때에는 그 기산일 이후에는 이자가 발생하지 않게 된다.

3. 시효이익의 포기

시효이익의 포기란, 소멸시효의 완성으로 인한 권리 소멸을 주장하지 않겠다고 하는 내용의 상대방 있는 의사표시를 말한다. 민법은 “소멸시효의 이익은 미리 포기하지 못한다”(제184조 제 1 항)고 정한다. 그러므로 그 규정의 반대해석으로 소멸시효의 완성 후에는 시효이익의 포기가 허용된다고 할 것이다.

(1) 시효 완성 전 시효이익의 포기

사전의 시효이익 포기는 무효이다. 그러나 사전에 포기한 사람이 시효 완성 후에 시효이익을 주장하는 것이 신의칙(제 2 조)에 반하여 허용되지 않는 경우도 있을 수 있으며, 시효이익의 포기로서는 무효라고 하여도 시효중단사유인 승인(제168조 제 3 호)으로 해석될 경우도 있을 것이다(승인에 대해 제 2 편 제 2 장 Ⅲ. 2. 참조).

(2) 시효 완성 후 시효이익의 포기

시효 완성 후에 시효이익을 포기하는 것은 허용된다. 포기에는 원칙적으로 소급효가 있다.

(가) 시효이익을 포기할 수 있는 사람은 시효이익을 받을 당사자 또는 그 대리인에 한정되며, 그 밖의 제 3 자는 포기할 수 없다(대판 2014. 1. 23, 2013다

64793). 시효이익의 포기가 유효하게 행하여지기 위하여는 시효중단사유로서의 승인과는 달리 처분의 능력 및 권한이 있어야 한다. 즉 포기자가 그 권리를 가졌다고 가정할 때 이를 처분할 권한과 행위능력을 가졌어야 한다는 것이다. 특별한 방식이 요구되지 않으며, 명시적 포기는 물론 묵시적 포기라도 좋다.

그러므로 채권의 시효 완성 후 채무자가 기한의 유예를 요청하거나 언제까지는 틀림없이 변제하겠다고 말하는 등으로(대판 1965. 12. 28, 65다2133) 채무를 승인하는 경우에는, 시효이익의 포기가 있다고 할 수 있을 것이다. 또한 시효 완성 후 채무를 변제하는 것도 그것이 자의에 기한 것인 이상 시효이익을 포기하는 것으로 볼 것이다(강제집행으로 변제가 된 경우에 대해서는 대판 2010. 5. 13, 2010다6345 참조). 피담보채권의 소멸시효가 완성한 저당권에 기해 배당이 이루어지지만 채무자가 이의를 하지 않은 때에도 같다(대판 2001. 6. 12, 2001다3580). 한편 당사자 사이에 계속적인 거래로 같은 종류를 목적으로 하는 수개의 채권관계가 성립되어 있는 경우에 채무자가 특정채무를 지정하지 아니하고 그 일부의 변제를 한 때에도 통상 시효이익의 포기로 볼 수 있겠지만, 그 채무가 별개로 성립되어 독립성을 갖고 있는 경우에는 일률적으로 그렇게만 해석할 수는 없을 것이고, 특히 채무자가 근저당권설정등기를 말소하기 위하여 피담보채무를 변제하는 경우에는 특별한 사정이 없는 한 다른 채무에 대하여서까지 소멸시효의 이익을 포기한 것이라고 볼 수는 없다고 한다(대판 2014. 1. 23, 2013다64793). 더 나아가 원금채무에 관하여는 소멸시효가 완성되지 아니하였으나 이자채무에 관하여는 소멸시효가 완성된 상태에서 채무자가 채무를 일부 변제한 때에는 원금채무에 관하여 묵시적으로 승인하는 한편 이자채무에 관하여 시효 완성의 사실을 알고 그 이익을 포기한 것으로 추정된다고 한다(대판 2013. 5. 23, 2013다12464).

그러나 소송에서 예비적 항변의 성질을 가지는 상계항변을 한 이후에 소멸시효 완성의 항변을 하였다고 하여 소멸시효 이익을 포기하려는 의사가 있다고 단정할 수는 없다고 한다(대판 2013. 2. 28, 2011다21556). 또한 소멸시효가 완성한 채권의 일부가 전부되었고 그와 관련해 조정에 갈음하는 결정이 내려져 채무자가 변제한 경우에도, 전부명령으로 분할채권관계가 성립할 뿐만 아니라 절차상 소멸시효 항변이 반드시 배척된 것도 아니므로 채무자가 나머지 채권 부분에 대해서 시효이익을 포기하였다고 단정할 수 없다고 한다(대판 2013.

7. 25, 2011다56187, 56194).

한편 시효중단사유로서 채무의 승인은 그 법적 성질이 관념의 통지인 데 비해 시효이익의 포기는 법률행위이므로, 전자가 있다고 해서 반드시 포기의 의사표시가 있다고 단정할 수 없다(대판 2013. 2. 28, 2011다21556). 그래서 예컨대 채무자가 소멸시효가 완성한 후에 중단사유에 해당하는 개인회생채권자목록을 제출하였다고 하더라도(회파 제32조 제 3 호) 그것만으로 바로 소멸시효의 이익의 포기가 있다고 단정해서는 안 된다(대판 2017. 7. 11, 2014다32458).

(나) 시효이익의 일부 포기도 가능하다. 가령 시효 완성 후 채무액의 일부를 승인하는 경우가 이에 해당할 것이다(대판 1987. 6. 23, 86다카2107). 또한 시효 완성 후 일정한 기간 내의 권리 행사에 대하여 시효 완성으로 인한 권리소멸을 주장하지 않겠다고 하는 등의 기한부의 포기도 가능하다고 할 것이다. 이러한 기한부의 포기가 있어도 그 기한이 도과하면 당사자는 시효이익을 주장할 수 있다. 뒤에서 보는 대로 소멸시효기간을 법률행위에 의하여 연장하는 것은 허용되지 않는데(제184조 제 2 항 전단), 소멸시효가 완성된 후에 시효기간의 연장을 합의하는 것은 대체로 이러한 기한부의 포기라고 해석될 경우가 많을 것이다(대판 1987. 6. 23, 86다카2107 참조).

(다) 다만 시효이익의 포기라고 하려면 시효 완성의 사실을 알고 있을 것이 요구된다고 하겠다. 판례는, 채권이 법정기간의 경과로 인하여 소멸시효로 소멸된다는 것은 보통 일반적으로 아는 것이라고 인정할 수 있으므로 채무의 승인이나 변제가 있는 경우에는 채무자가 시효 완성의 사실을 알고 그렇게 한 것으로 추정된다는 태도를 취한다(대판 1965. 11. 30, 65다1996). 그러나 이러한 추정은 경험칙에 반하며 채무자에게 가혹하다는 비판이 있다. 반면 이러한 비판에 따라 시효 완성 사실을 알았다는 점에 대한 추정을 하지 아니하는 견해를 따른다면 시효이익의 포기가 있다고 믿은 채권자의 신뢰보호의 문제가 제기될 수는 있다. 그러나 그러한 경우에도 채무자가 시효 완성의 사실을 알지 못한 채로 이를 포기하는 것으로 이해되는 행태를 보인다면 이를 시효이익의 포기로 볼 수는 없어도 경우에 따라 신의칙(제 2 조)에 반하는 소멸시효의 남용(아래 Ⅱ. 참조)으로 문제 삼을 수는 있다.

(라) 시효이익의 포기는 법률이 특별히 시효로 인한 이익을 누리지 않겠다는 일방적인 의사표시에 효력을 부여한 것(제184조 제 2 항의 반대해석)이다.

이러한 의사표시가 제 3 자에 대한 법률관계에 영향을 미칠 수 없음은 물론이다. 즉 시효이익의 포기의 효과는 상대적이다. 그러므로 예를 들어 피담보채권의 채무자가 시효이익을 포기하더라도, 유치권이 성립한 부동산의 매수인은 그에 영향을 받지 않고 유치권의 소멸을 주장할 수 있을 것이다. 또 주채무자의 포기는 보증인에게 효력이 없다(대판 1991. 1. 29, 89다카1114).

한편 판례에 따르면 일단 시효이익이 포기된 후에 이해관계를 맺은 제 3 자에 대해서는 시효이익 포기의 효력이 미친다고 하며, 그래서 예컨대 채무의 담보를 위해 자신 소유 부동산에 저당권을 설정한 채무자가 피담보채무 시효완성에도 불구하고 시효이익을 포기한 경우, 이후에 그 채무자로부터 소유권을 이전받은 양수인은 채권자에 대해 소멸시효를 주장하여 저당권설정등기의 말소를 청구할 수 없다고 한다(대판 2015. 6. 11, 2015다200227). 그러나 이에 대해서는 시효 완성 포기가 상대적 효력이 있다는 원칙에 예외를 인정할 만한 합리적인 이유가 없다는 비판도 존재한다.

(3) 시효이익 포기 후 시효의 기산

시효의 이익을 포기한 경우, 그 효력은 영구적인가 아니면 이미 완성된 시효의 효력을 부정함에 그치고 시효이익의 포기 시점부터 다시 새로운 시효가 진행되는가? 판례는 포기한 시점부터 다시 기산한다고 한다(대판 2009. 7. 9, 2009다14340).

Ⅱ. 소멸시효의 남용

소멸시효가 완성되었다고 하더라도 이를 주장하는 것이 신의칙에 반하는 때에는(제 2 조) 소멸시효의 주장이 허용되지 아니한다. 이를 소멸시효의 남용이라고 하며, 소멸시효의 법률효과를 주장하는 행위가 신의칙에 반하여 남용적인 권리행사가 되는 경우를 말한다. 이러한 소멸시효 남용이론은 일반조항에 의하여 소멸시효의 효과를 제한하는 것이기 때문에 모든 신의칙 적용례와 마찬가지로 신중한 접근이 필요함은 물론이지만, 신의칙이 모든 권리행사에 적용되는 원칙인 이상 소멸시효의 효과를 주장하는 경우에도 그 적용을 부정할 이유는 없을 것이다. 대법원은 ① 시효중단을 불가능 내지 현저하게 곤란하게 하는 채무자의 방해, ② 시효중단 조치를 불필요하다고 생각하게 하는 신뢰의 야기, ③ 객관적으로 권리를 행사할 수 없는 장애사유의 존재, ④ 시효 완성 후 시효를 원용하지 않을 것 같은 외관의 창출, ⑤ 다수의 채권자들 사이의 불평등한 취급 등을 소멸시효 남용이 고려되는 경우로 들고 있는데(대판 1994. 12. 9, 93다27604), 신의칙의 적용이니만큼 개별 사안의 특수성에 주의를 기울일 필요가 크다(대판 2003. 7. 25, 2001다60392; 2011. 1. 13, 2009다103950 등 참조).

[4] 소멸시효의 남용(1): 대판 1997. 12. 12, 95다29895

[주 문] 상고를 기각한다. 상고비용은 피고의 부담으로 한다.

[이 유] 상고이유를 판단한다. […]

원심판결 이유에 의하면, 원심은 원고가 1980. 2. 22. 대한민국의 영역 안에 있는 피고 산하 육군(이하 '주한미군'이라고 한다) 계약담당부(United States Army Korea Contracting Agency)를 대표한 계약담당관인 소외 레너드 라조프(Leonard Lazoff)와 사이에서 원고가 주한미군의 휴양시설인 내자호텔 내의 상점에서 피고측으로부터 인가된 구매자들에게만 인가된 가격으로 전자제품을 판매하고 위 계약담당관에게 일일보고를 하여 확인을 받으며 위 상점의 월차임 명목으로 금 2,501달러를 지급하기로 하는 내용의 이 사건 계약을 체결하였고, 위 내자호텔의 총지배인인 소외 살레르노(Salerno)는 위 계약의 이행 과정에 있어서의 모든 권한에 관하여 위 계약담당관의 대리인으로 지명된 사실, 위 계약담당관 레너드 라조프, 내자호텔의 총지배인 살레르노 등 피고 소속 공무원들은 이 사건 계약을 체결하기 전에 위 계약에 기하여 판매되는 물품의 면세 여부에 관하여 한미행정협정의 규정 및 대한민국의 세법 등을 조사하거나 대한민국의 세무당국에 그에 관한 문의를 하는 등의 방법으로 이를 면밀하게 검토하지 아니하였음에도 불구하고, 위 살레르노는 위 계약의 체결을 위한 경쟁입찰에의 응찰자들을 상대로 하여 1980. 1. 24. 실시된 현장 설명회에서 원고를 포함한 응찰자들에게 위 계약에 기하여 판매될 물품에 관하여 대한민국에서 부과되는 모든 세금이 면제된다고 설명하였고, 위 레너드 라조프는 위 계약을 체결하면서 그 계약서에 원고가 판매하는 물품에 관하여는 한미행정협정에 의하여 대한민국에서 부과되는 부가가치세, 특별소비세, 관세 기타 세금이 면제된다고 기재함으로써 위와 같은 취지를 위 계약의 내용으로 포함시킨 사실, 원고는 1980. 4. 1.부터 위 내자호텔 내의 상점에서 영업을 개시하면서 소외 주식회사 금성사로부터 텔레비전을 중심으로 전자기기를 공급받았는데, 위 회사는 원고가 제출한 이 사건 계약서를 보고 위 계약에 기하여 판매되는 물품은 면세라고 믿고 원고에게 공급하는 물품에 관한 각종 세금을 제외한 가격으로 이를 공급하고 관할 세무서에 면세의 근거로 원고가 제공한 위 계약서의 사본을 제출하기까지 하였으며, 원고는 위 물품들을 위 계약상 피고측으로부터 인가된 구매자들에게만 인가된 면세 가격으로 판매한 사실, 피고 소속 공무원들은 원고가 영업을 시작하면서 위 내자호텔의 내부에 '면세품점'이라는 대형 광고판을 설치하고 원고가 운영하는 위 상점이 면세점이라는 취지의 광고를 '성조기(Stars and Stripes)' 신문에 게재한 사실, 원고는 1980. 10.경에 이르러 관할 세무당국으로부터 원고가 판매하는 물품을 비록 주한미군의 구성원이나 고용원 및 그들의 가족들이 구입한다고 하더라도 이는 공용이 아닌 개인적인 구입으로서 한미행정협정에 의한 면세의 대상이 아니라는 통보를 받았고, 이에 피고 소속 공무원들은 원고에게 면세가 되도록 해 주겠다고 하여 원고는 피고측의 이러한 말을 믿고 계속 물품을 면세 가격으로 구입하여 전부 면세 가격으로 판매한 사실, 원고는 1981. 4.경에 이르러 부득이 그 동안 자신이 구입하여 판매한 텔레비전 등 물품에 관하여 부과된 부가가치세 금 20,529,797원, 특별소비세 금 49,672,586원, 방위세 금 16,256,480원, 관세 금 9,510,666원 등 합계 금 95,969,529원의 세금을 부담한 사실 등을 인정하고 있다. […]

3. 제 4 점에 대하여

기록에 비추어 살펴보면, 이 사건 계약의 피고측 담당관인 레너드 라조프가 위 계약을 체결하면서 그 계약서에 원고가 판매하는 물품에 관하여는 한미행정협정에 의하여 대한민국에서 부과되는 부가가치세, 특별소비세, 관세 기타 세금이 면제된다고 기재함으로써 위와 같은 취지를 위 계약의 내용으로 포함시켰다고 한 원심의 사실인정은 정당하고, 거기에 소론과 같은 채증법칙 위반으로 인한 사실오인의 위법이 있다고 할 수 없다.

그리고 원심은 위 인정 사실 등을 토대로 하여, 피고 소속 공무원들이 한미행정협정 및 대한민국의 세법에 의하면 면세가 되지 않는 물품의 판매에 관하여 관계 법령의 검토 등을 거치지 아니한 채 만연히 원고에게 이 사건 계약에 기하여 판매하는 물품에 관하여는 면세가 된다고 설명하여 이를 위 계약 내용의 일부로 포함시켜 원고로 하여금 위 물품을 면세 가격으로 판매하도록 하는 등의 과실로 인한 행위로 말미암아 원고는 면세가 되지 않는 물품들을 모두 면세 가격에 판매하고서도 예기치 않게 위 물품들에 관하여 부과된 세금 합계 금 95,969,529원을 추가로 지출하였으므로 피고 소속 공무원들의 위와 같은 과실로 인한 위법행위로 말미암아 원고가 위 금액 상당의 손해를 입은 것이라는 취지로 판단하였는바, 원심의 이러한 판단은 정당하고, 거기에 소론과 같은 불법행위로 인한 손해배상책임의 요건에 관한 법리오해의 위법이 있다고 할 수 없다. 논지 또한 모두 이유 없다.

4. 제 3 점에 대하여

원심은 이 사건 불법행위로 인한 피고의 손해배상채무가 3년의 단기소멸시효의 완성으로 소멸하였다는 피고의 항변에 대하여 판단하지 아니한 잘못이 있고, 위에서 본 사실관계에 의하면 원고로서는 1981. 4.경 이 사건 계약에 기하여 자신이 판매한 물품들에 관하여 부과된 각종의 세금을 부담한 때에 위 불법행위로 인한 손해 및 가해자를 알았다고 할 것이므로 특별한 사정이 없는 한 그 때부터 소멸시효기간이 진행하여 1984. 4.경 3년의 단기소멸시효기간이 완료하게 될 것이라고 함은 소론과 같다 할 것이다.

그러나 원심판결 이유와 기록에 의하면, 원고는 앞서 본 분쟁해결약정에 따라 1983. 3. 30. 피고측 계약담당관에게 위 세금의 부담으로 인한 손해에 대한 미화 환산금 124,147.61달러를 포함하여 미화 234,351.84달러의 손해배상청구서를 제출하였으나 1983. 4. 11. 기각되자 1983. 5. 10. 미군계약소청심사위원회에 이의를 제기한 사실, 이와는 별도로 원고가 한미행정협정 합동위원회에 대하여 한 조정신청과 관련하여 주한미군 부사령관 특별법률고문관은 1984. 2. 6. 원고에게 위와 같은 행정적 구제절차를 거치고도 분쟁을 해결하지 못한 때에는 한미행정협정에 따른 소송을 제기할 수 있다고 회신한 사실, 미군계약소청심사위원회에서는 이 사건 불법행위로 인한 손해배상청구권의 단기소멸시효기간이 지난 1984. 7. 3.경 청문을 개시하여 1986. 8. 25.에 이르러 원고의 피고에 대한 위 손해배상 청구 중 위 세금 부담으로 인한 손해 미화 124,147.61달러에 한하여 이유 있다는 결정을 한 사실, 한편 원고의 대표이사인 장교철은 1981. 1. 20. 위 내자호텔 내의 상점에서 금성사로부터 공급받은 칼라텔레비전들을 비면세권자인 내국인들에게 판매하였다는 혐의로 수사를 받다가, 1987. 11. 2. 검찰에서 위 혐의 사실을 인정할 증거가 없다는 이유로 무혐의처분을 받은 사실, 그럼에도 불구하고 피고측이 1986. 9. 26. 위 소청심사위원회에 위 장교철 등 원고의 위와 같은 위법행위에 대한 새로운 증거가 발견되었다는 이유로 재심을 청구하자, 위 소청심사위원회는 1989. 9. 29. 원고가 피고측으로부터 인가받은 고객들에게 판매한 칼라텔레비전의 수량을 입증하여야 함에도 이를 입증하지 못하였다는 이유를 내세워 원고의 청구를 모두 기각하는 결정을 함으로써 이 때에 비로소 위 행정적 구제절차가 종료된 사실, 위 소청심사위원회의 재심결정에는 상당한 채증법칙상의 오류 등이 있는 사실, 그 후 원고는 1990. 1. 23. 이 사건 소를 제기한 사실 등을 알 수 있다.

위와 같은 제반 사정에 비추어 보면, 이 사건 불법행위로 인한 손해배상채권의 단기소멸시효기간이 경과하기 전에 채무자인 피고가 적극적으로 채권자인 원고의 소 제기 등 시효 중단 조치가 불필요하다고 믿게 하고 이를 위 소청심사위원회에 의한 구제절차의 종료시까지 미루도록 유인하는 행동을 하였다고 할 것이고, 또한 피고와의 약정에 따라 위와 같은 피고측의 행정적 구제절차를 충실히 밟고 이를 기다린 다음 상당한 기간 내에 이 사건 소를 제기한 원고에 대하여, 위 행정적 구제절차를 오래 끌어오면서 애초에는 원고의 청구를 인용하는 결정을 하였다가 오류가 있는 위 재심결정에 의하여 원고의 청구를 부정한 피고가 이번에는 단기소멸시효를 원용하여 채무 이행을 거절하는 것은 현저히 부당하다고 할 것이므로, 피고의 소멸시효 항변은 신의성실의 원칙에 반하는 권리남용으로서 허용되지 않는다고 보아야 할 것이다[…].

그렇다면 피고의 위 소멸시효 항변은 결국 배척될 경우임이 명백하므로, 위와 같은 원심의 잘못은 판결 결과에 영향이 없어 판결의 파기 이유가 되는 위법이라고 할 수 없다. 논지도 역시 이유 없다.

5. 그러므로 상고를 기각하고 상고비용은 패소자의 부담으로 하여 관여 법관의 일치된 의견으로 주문과 같이 판결한다.

질문

1. 사실관계를 재구성해 보라. 대법원의 소멸시효 남용 판단은 사실관계의 어떠한 요소들에 의지하고 있는가?
2. 이러한 사안유형은 앞서 인용한 대판 1994. 12. 9, 93다27604의 유형론에 따른다면 어떠한 유형에 해당하는가?
3. 이 판결의 내용을 다음과 같은 외국법의 규정과 비교해 보라. "채무자와 채권자 사이에 청구권 또는 청구권을 발생시키는 사정에 대한 교섭이 진행 중인 때에는, 소멸시효는 일방 또는 타방이 교섭의 계속을 거절할 때까지 정지한다. 소멸시효는 정지의 종료 후 적어도 3월이 경과하여야 완성된다."(독일 민법 제203조) 관련하여 대판 1995. 5. 12, 94다24336을 읽고 생각해 보라.

[5] 소멸시효의 남용(2): 대판 2010. 5. 27, 2009다44327

[주 문] 상고를 기각한다. 상고비용은 피고의 부담으로 한다.

[이 유] 상고이유를 판단한다.

1. 이 사건의 사실관계 및 원심의 판단은 다음과 같다.

가. 원심판결 이유 및 기록에 의하면 다음과 같은 사실을 알 수 있다. 원고는 1997. 10. 9. 피고와 사이에 이 사건 보험계약을 체결하고 그 보험기간 중인 1998. 6. 27. 자동차를 운전하고 가다가 반대 방향에서 중앙선을 침범한 트럭에 충돌당하는 사고(이하 '이 사건 교통사고'라고 한다)를 당하여 두개기저골 골절, 뇌실질내 혈종 등의 상해를 입었고, 그 결과 이 사건 교통사고 발생 이래 원심 변론종결시까지 의식혼탁, 운동마비 등의 식물인간 상태에 있어 타인과의 대화나 의사소통이 불가능한 심신상실 상태가 계속되고 있다.

피고는 이 사건 교통사고가 발생한 사실 및 원고가 위와 같이 심신상실의 상태에 있다는 사실을 알면서 1998. 12. 14. 및 1999. 4. 1. 원고의 후견인 역할을 하던 그 부 등에게 이 사건 보험계약에 의한 보험금 중 일부인 교통의료비 및 임시생활비를 지급하였다.

이 사건 보험계약에 기한 보험금의 청구를 내용으로 하는 이 사건 소는 원고의 이름으로 선임된 소송대리인에 의하여 2006. 7. 20.에 제기되었고, 이에 대하여 피고는 이 사건 교통사고 발생일로부터 2년이 경과하여 보험금청구권의 소멸시효가 완성되었다는 항변을 하였다. 이에 원고의 처인 소외인은 이 사건 제 1 심소송 계속 중 원고에 대한 금치산선고를 청구하여 2008. 1. 25. 원고에 대하여 금치산이 선고되었다. 소외인은 같은 해 3. 5. 원고의 후견인으로 취임하여 원고의 법정대리인이 된 후 같은 해 4. 3. 위 소송대리인을 다시 이 사건 소송의 소송대리인으로 선임하고 같은 해 8. 17. 이 사건 소송에 관한 친족회의 동의를 받았다.

나. 원심은 이 사건 교통사고로 인한 원고의 보험금지급청구권에 관하여 2년의 소멸시효가 완성하였음을 인정하였으나, 피고가 위 채권의 시효소멸을 주장하는 것은 다음과 같은 이유로 신의성실의 원칙에 반하여 허용되지 아니한다고 판단하여 원고의 이 사건 보험금청구를 인용하였다.

즉 원고는 이 사건 교통사고가 발생한 이후로 의식불명의 식물인간 상태가 되어 심신상실의 상태가 되었는데 이러한 상태에 있던 원고가 스스로 보험계약에 따른 보험금청구권을 행사할 것으로는 사실상 전혀 기대할 수 없었다. 비록 이러한 사유가 사실상의 권리행사 장애사유에 불과할지라도, 보험자와 보험계약자·피보험자 사이의 형평, 보험제도의 사회적 기능, 소멸시효 제도의 존재이유, 보험계약관계에 수반되는 신의성실의 원칙 등에 비추어 보면, 이러한 경우까지 피고가 주장하는 소멸시효 완성의 항변을 받아들이는 것은 의식불명의 원고에게 너무 가혹한 결과가 되어 신의성실의 원칙에 반하여 허용할 수 없다는 것이다.

2. 채권자에게 객관적으로 자신의 권리를 행사할 수 없는 장애사유가 있었다는 것을 들어 그 채권에 관한 소멸시효 완성의 주장이 신의성실의 원칙에 반하여 권리남용으로서 허용되지 아니한다고 평가하는 것에는 주의를 요하고 이를 신중하게 하여야 한다.

가. 민법 제166조 제 1 항은 "소멸시효는 권리를 행사할 수 있는 때로부터 진행한다"고 규정하고 있으며, 판례는 여기서 '권리를 행사할 수 있다'라고 함은 그 권리의 행사가 법률상의 장애, 예를 들면 기간의 미도래나 조건불성취 등이 있는 경우를 말하는 것이고, 사실상 권리의 존재나 권리의 행사가 가능함을 알지 못하였고 알지 못함에 과실이 없다는 것과 같이 그 행사에 사실상의 장애가 있음에 불과한 경우에는 이에 해당하지 아니한다는 태도를 일관되게 취하여 왔다(대법원 1984. 12. 26. 선고 84누572 전원합의체 판결, 대법원 1992. 3. 31. 선고 91다32053 전원합의체 판결, 대법원 2004. 4. 27. 선고 2003두10763 판결 등 참조).

따라서 채권자에게 객관적으로 자신의 권리를 행사할 수 없는 사실상의 장애사유가 있었다는 것을 들어 그 채권에 관한 소멸시효 완성의 주장이 신의칙에 반한다고 쉽사리 인정하게 되면, 소멸시효의 기산점에 관한 위와 같은 법규칙은 많은 부분 그 의미를 상실하게 되기 쉬운 것이다.

나. 신의성실의 원칙이 특히 엄격한 법적용의 가혹함을 완화함에 있어서 중요한 역할을 수행한다는 것은 이를 부인할 수 없다. 그것은 당사자로 하여금 어떠한 법규칙에서 법률요건 등으로 수용되지 아니한 사정을 법관 등 법적용자에게 제시하면서 그러한 사정 아래서 법규칙을 그대로 적용하게 되면 도저히 받아들일 수 없는 가혹한 결과가 됨을 법적용자의 법감정 내지 윤리감각에 호소하여 법규칙을 원래의 모습대로 적용하는 것을 제한 또는 배제하게 하는 하나의 법적 장치로서 기능하는 것이다.

이와 같은 법발동의 방식은 일반적으로 '포섭'이라는 논리적 사고형식으로 적용가능한 구체적 법률요건 및 법률효과로써 구성되는 법규칙의 경우와는 현저한 대비를 이룬다. 법은 개별 법제도와 관련을 가질 수 있는 모든 사정을 남김없이 법률요건 및 법률효과의 구성에 반영하지 아니하며, 당해 법제도에서 전형적으로 문제되는 중요한 사정만을 추출하고 그것들에 앞서 말한 바와 같은 '포섭'이 행하여질 수 있도록 일정한 언어표현을 부여함으로써 법률요건과 법률효과를 마련하는 것이 통상인 것이다. 그 법률요건 등을 보다 명확한 내용으로 해석하는 과정에서 신의칙의 내용을 이루는 다른 법공동체 구성원에 대한 성실한 배려의 정신이 그 하나의 가치지표로 작용할 수 있음은 물론이나, 이는 어디까지나 구체적인 법규칙 내부의 문제이고, 여기서 문제되는 바의, 개별 법규칙의 저편에 있는 일반적 법원칙으로서의 신의칙과는 그 논의의 차원을 달리한다.

따라서 그와 같이 하여 마련된 법규칙을 개별 사안에 적용하는 국면에서 신의칙을 통하여 '당사자 사이의 제반 사정을 종합적으로' 고려할 것을 주장하는 것은 위와 같은 법규칙의 체계를 기본적인 구성원리로 하는 우리 법에서는 예외로서의 자리를 차지할 수밖에 없다. 신의성실의 원칙을 실정적으로 규정하는 민법 제 2 조, 민사소송법 제 1 조 등이 개별적인 법제도와 무관하게 위 각 법률 맨 앞의 '통칙'으로 위치하고 있는 것은 그 법원칙의 '기본원리성'을 말하여 준다고도 할 수 있겠으나 그보다는 오히려 이러한 예외, 그러나 역시 개별 법제도 일반에서 두루 문제될 수 있다는 의미에서 '보편적 예외'로서의 성격을 말하여 준다고 함이 적절할 수 있다.

다. 그러나 그러한 예외가 어떠한 범위에서 어떠한 내용으로 허용되는가는 일률적으로 말할 수 없고, 특히 법적 안정성이 중요한 의미를 가지는 법제도들에 있어서는 앞서 본 바와 같은 신의칙의 성질에 비추어 그 적용에 신중하지 않을 수 없다.

이 사건에서 문제되는 소멸시효 완성의 주장에 관하여 보면, 소멸시효는 시간의 흐름에 좇아 성질상 당연히 더욱 커져가는 법률관계의 불명확성에 대처하려는 목적으로 역사적 경험에 의하여 갈고 닦여져서 신중하게 마련된 제도로서 법적 안정성이 무겁게 고려되어야 하는 영역이다. 그러한 만큼, 신의칙이 이에 아예 적용되어서는 안 된다고는 말할 수 없다고 하여도(시효소멸의 주장에도 신의칙이 적용될 수 있음은 대법원 1994. 12. 9. 선고 93다27604 판결 등 많은 재판례를 통하여 시인되는 바이다), 소멸시효의 기산점에 관하여 변함없이 적용되어 왔던 법률상 장애/사실상 장애의 기초적인 구분기준을 내용이 본래적으로 불명확하고 개별 사안의 고유한 요소에 열려 있는 것을 특징으로 하는 일반적인 법원칙으로서의 신의칙을 통하여 아예 무너뜨리는 오류를 경계하지 아니하면 안 된다. 이는 신의칙이 그 적용의 실제에 있어서 법의 흠결을 보충하는 국면에서 장래의 법규칙 형성을 선도하여 방향을 제시하는 향도적 역할을 하는 것을 인정하더라도 크게 다를 바 없다.

3. 그럼에도 불구하고 이 사건에는 소멸시효 완성의 주장이 신의칙에 반하는지 여부의 문제와 관련하여 특별히 고려되어야 할 다음과 같은 사정이 있다고 할 것이다.

우선 이 사건에서 문제되는 보험금청구권에 대하여 법은 2년이라는 매우 짧은 소멸시효기간을 정하고 있다(상법 제662조). 이와 같이 일반상사채권의 5년에 비하여서도 이례적으로 짧은 소멸시효기간은 보험사업에서 재무상황의 명료성을 확보한다는 보험감독정책상의 요청으로 설명되기도 한다. 그러나 이와 같이 보험금지급관계상의 대립당사자인 보험회사 등 보험자 자신의 이익과 직접으로 관계가 있다고 할 수 없는 설명은 예외적으로 단기인 소멸시효기간으로 말미암아 그만큼 권리를 쉽게 상실하게 되는 보험금청구권자측의 사정에 보험자 스스로도 성실하게 배려할 필요를 예리하게 제시하는 측면이 있음을 부인할 수 없다. 이는 이 사건에서 문제된 것과 같은 상해보험이 원심이 지적하는 대로 피보험자에 대하여 생활보장적 역할을 하는 측면이 있다는 점, 특히 원고와 같이 의식불명상태에 있어서 계속적으로 치료 및 개호를 받기 위하여 막대한 경제적 지출이 강요되는 사정이 있는 점 등을 고려하면 더욱 그러하다.

그리고 무엇보다도 원고는 이 사건 보험금청구권을 발생시키는 보험사고 자체로 인하여 심신상실 상태에 빠짐으로써 그 권리를 행사할 수 없게 되었다. 민법 제179조는 "소멸시효의 기간 만료 전 6개월 내에 무능력자의 법정대리인이 없는 때에는 그가 능력자가 되거나 법정대리인이 취임한 때로부터 6월 내에는 시효가 완성하지 아니한다"고 정하여, 금치산자 등 행위무능력자에게 법정대리인이 없어서 그의 권리를 행사할 수 없는 경우에 대하여 소멸시효의 정지를 명문으로 정하여 소멸시효의 완성을 막고 있다. 이 규정은 법원으로부터 금치산 선고 등을 받아 심신상실의 상태(常態) 등이 공적으로 확인된 사람을 보호하고자 하는 것으로서 그 선고를 받지 아니한 사람에게 쉽사리 준용 또는 유추적용할 것은 아니라고 하여도(채무자는 채권자가 그러한 상태에 있음을 알지 못하여 자신의 채무에 관한 불명확상태가 이미 자신에게 유리하게 종결되었다고, 즉 설사 자신이 채무를 진다고 하더라도 이에 대하여는 소멸시효가 완성되어 이제 법적 추급을 당하지 아니한다고 믿을 만한 정당한 사유가 인정되는 경우도 충분히 상정될 수 있다), 그러한 사람을 보호할 이익 자체가 — 다른 관련자들의 이익과의 균형을 위하여 그 무게를 어느 만큼으로 잡을 것인가는 차후의 문제로 하고 — 법적으로 시인됨을 분명히 말하여 준다. 즉 권리를 행사할 수 없게 하는 여러 장애사유 중 권리자의 심신상실 상태에 대하여는 특별한 법적 고려를 베풀 필요가 있는 것이다(위 민법 제179조의 입법에서 참고가 된 2002년 전면 개정 전의 독일민법 제206조(현행 제210조)도 의사무능력자이기만 하면 그를 위하여 소멸시효의 정지를 인정한다).

또한 피고는 앞서 본 대로 원고가 위 보험사고로 인하여 의식불명의 상태에 있다는 사실을 그 사고 직후부터 명확하게 알고 있었다. 그리하여 피고는

1998년과 1999년의 두 차례에 걸쳐 원고를 사실상 대리하여 그 후견인 역할을 하던 원고의 부 등에게 이 사건 보험계약에 기한 보험금 중 일부를 지급하기까지 하였다. 이는 원고의 심신상실 상태로 그가 스스로 보험금을 청구할 수 없게 되었지만 원고측이 그 때문에 굳이 법원에 금치산선고를 청구하여 그 선고를 받지 아니하고도 피고로부터 보험금을 수령할 수 있다고 믿게 하는 데 일정한 기여를 하였다고 할 것이다. 그 외에 원고측이 이 사건 금치산선고의 청구를 악의적으로 지연하였다는 사정은 엿보이지 아니한다.

이러한 사정들을 종합하여 보면 이 사건에서 원심이 피고의 소멸시효 완성의 주장이 신의칙에 반하여 허용되지 아니한다고 판단한 것은 결과적으로 수긍할 수 있고, 이에 반하는 상고이유의 주장은 받아들일 수 없다.

4. 그러므로 상고를 기각하고 상고비용은 패소자의 부담으로 하기로 하여, 관여 대법관이 일치된 의견으로 주문과 같이 판결한다.

질문

1. 이러한 사안유형은 앞의 대판 1994. 12. 9, 93다27604의 유형론에 따른다면 어떠한 유형에 해당하는가?
2. 이 사건에서 제179조를 유추하여 해결할 수는 없는가? 위 판결은 어떠한 이유로 그러한 유추에 반대하는가? 그럼에도 불구하고 유추를 주장할 여지는 있는가?
3. 이 판결이 이 사건에서 소멸시효 남용에 신중해야 한다고 밝히는 이유는 무엇인가? 그럼에도 어떠한 사정들이 이 사건에서 소멸시효 남용을 인정할 수 있도록 하였는가?

그 밖에 최근 소멸시효 남용으로 확립된 유형으로 이른바 과거사 청산과 관련해 과거 국가의 불법행위를 이유로 하는 손해배상 청구에 대해 국가가 제기하는 소멸시효 항변을 권리남용으로 판단하는 경우를 들 수 있다(대판 2011. 1. 13, 2009다103950 등 다수; 일제강점기 강제징용을 이유로 일본의 회사에 대해 불법행위로 인한 손해배상 청구 및 미지급 임금을 청구하자 피고가 소멸시효 항변을 한 사건도 연장선상에 있다고 할 수 있다, 대판 2012. 5. 24, 2009다22549). 이 유형에서는, 한편으로 채무자가 채권자의 권리행사를 극도로 어렵게 방해하였다는 사정과 다른 한편으로 적절한 과거사 조사 및 해명이 있기 전에는 채무자가 객관적으로 권리를 행사하기 어려운 장애사유가 있었다는 사정(이상 위 대판 2011. 1. 13.), 그리고 「진실·화해를 위한 과거사정리 기본법」의 제정으로 국가가 구체적인 소송사건에서 새삼 소멸시효를 주장함으로써 배상을 거부하지는 않겠다는 의사를 표명한 취지가 내포되어 있다는 사정(대판(전) 2013. 5. 16, 2012다202819) 등이 고려되고 있다.

특히 이들 사건과 관련해서 판례는 채무자가 소멸시효의 이익을 원용하지 않을 것 같은 신뢰를 부여한 경우에도 채권자는 그러한 사정이 있은 때로부터 상당한 기간 내에 권리를 행사하여야만 채무자의 소멸시효의 항변을 저지할 수 있다고 한다. 즉 소멸시효 남용은 예외적인 제한에 그쳐야 하므로 권리행사의 '상당한 기간' 역시 시효정지의 경우에 준하여 원칙적으로 단기간 즉 6개월로 제한되어야 하고, 형사보상 신청 등 예외적인 사정이 있더라도 아무리 길어도 불법행위의 단기소멸시효기간인 3년을 넘을 수는 없다는 것이다(위 대판(전) 2013. 5. 16, 대판 2013. 12. 12, 2013다201844).[1] 이 법리는 다른 소멸시효 남용의 유형(예컨대 객관적으로 권리를 행사할 수 없는 장애사유의 존재)에도 적용될 수 있을 것이다(대판 2013. 7. 12, 2006다17539, 위 대판 2013. 12. 12. 등; 과거사 청산과 관련되지 않은 사안에 대해 대판 2013. 12. 26, 2011다90194, 90200).

Ⅲ. 제척기간

1. 의의와 내용

(1) 의 의

일정한 기간의 경과로 권리가 소멸하는 점에서는 소멸시효와 유사하나 이와는 성질을 달리하는 다른 법장치로서 제척기간이 있다(제146조, 제204조 제 3 항, 제205조 제 3 항, 제556조 제 2 항, 제573조, 제582조, 제839조의2 제 3 항, 제999조 제 1 항 등). 제척기간이란 일정한 권리에 대하여 법이 정하는 존속기간, 즉 권리가 그 사이에 행사되어야만 권리가 배척되지 아니하는 기간을 말한다. 그 기간이 권리행사 없이 만료되면 권리는 당연히 소멸한다. 제척기간의 경우 중단

1) 다만 이제 헌법재판소는 일정한 유형의 과거사 사건의 경우 그에 적용되는 소멸시효의 객관적 기산을 정한 제166조 제 1 항, 제766조 제 2 항 부분을 위헌으로 판단하고 있음에 주의해야 한다(헌재결 2018. 8. 30, 2014헌바148 등; 제 2 편 제 1 장 주 2 참조).

이나 정지가 인정되지 아니하므로 빠른 권리관계 안정에 기여한다. 이 제도는 법률관계의 조속한 확정을 위하여 필요하다고 설명되고 있다.

(2) 제척기간이 적용되는 경우

제척기간이 위와 같이 실정법규로 정하여진 경우에는 물론 이에 따른다. 그러나 이러한 규정이 없는 경우에도 형성권은 일반적으로 10년의 제척기간에 걸린다고 해석되고 있다(통설). 형성권의 행사로 발생하는 채권이 10년의 소멸시효에 걸리는데 형성권 자체가 20년의 소멸시효에 걸리는 것은 부당하다고 하면서, 형성권 역시 채권과 마찬가지로 특정인에 대한 권리이므로 제162조 제 2 항이 아니라 제162조 제 1 항이 적용된다는 것이다. 따라서 매매예약완결권(제564조; 대판 1992. 7. 28, 91다44766)이나 특별법상의 환매권(대판 1990. 1. 12, 88다카25342) 등은 10년의 제척기간에 걸린다. 다만 계약상 권리에 대하여는 당사자의 합의로써 이를 정할 수 있다(대판 1995. 11. 10, 94다22682). 10년을 초과하는 기간을 정하는 것도 가능하다(대판 2017. 1. 25, 2016다42077).

(3) 제척기간의 기산

제척기간은 법에 다른 정함이 없으면 원칙적으로 권리가 성립한 때로부터 기산되며, 소멸시효의 기산점에 관한 제166조는 적용되지 않는다. 다만 계약상 권리에 대하여는 기산점도 계약으로 정할 수 있다(그러나 대판 1995. 11. 10, 94다22682는 반대; 상세한 내용은 제 2 편 제 1 장 Ⅱ. 2. (3) 참조).

(4) 권리의 보전

권리자는 어떠한 방법에 의하여 그 제척을 막아 이를 보전할 수 있는가? 이는 무엇보다도 당해 권리의 성질에 의하여 정하여진다. 예를 들면 형성권 중 법원에 제소하여 형성판결을 얻음으로써 비로소 법률관계가 형성되는 경우(이른바 채권자취소권, 친생부인권 등과 같은 소위 형성소권)에는 당연히 재판상 행사가 요구되며(제406조 제 2 항, 제847조 제 2 항; 제204조 제 3 항에 대해 대판 2002. 4. 26, 2001다8097, 8103), 따라서 제척기간은 제소기간의 의미를 가진다. 그 외의 일반적 권리에 대하여는 재판외 행사로도 충분하다는 것이 판례이다(취소권에 대하여 대판 1993. 7. 27, 92다52795). 주로 문제가 되는 형성권의 경우 권리자의 의사표시만으로 바로 형성의 효과가 발생하고 이로써 권리 자체가 소멸하므로, 법률에 특별한 규정이 없는 이상 굳이 재판상 행사를 요구할 이유가 없는 것이다.

[6] 채권양도 통지와 제척기간을 준수하는 권리행사: 대판(전) 2012. 3. 22, 2010다28840

[주 문] 원심판결 중 피고 패소 부분을 파기하고, 이 부분 사건을 서울고등법원에 환송한다.

[이 유] 상고이유를 판단한다.

1. 구 집합건물의 소유 및 관리에 관한 법률(2003. 7. 18. 법률 제6925호로 개정되기 전의 것, 이하 '구 집합건물법'이라 한다) 제 9 조에 의하여 준용되는 민법 제667조 내지 제671조에 규정된 하자담보책임기간은 재판상 또는 재판외의 권리행사기간인 제척기간이므로 그 기간의 도과로 하자담보추급권은 당연히 소멸한다(대법원 2004. 1. 27. 선고 2001다24891 판결, 대법원 2009. 5. 28. 선고 2008다86232 판결 등 참조).

한편 채권양도의 통지는 그 양도인이 채권이 양도되었다는 사실을 채무자에게 알리는 것에 그치는 행위이므로, 그것만으로 제척기간의 준수에 필요한 권리의 재판외 행사에 해당한다고 할 수 없다.

따라서 집합건물인 아파트의 입주자대표회의가 스스로 하자담보추급에 의한 손해배상청구권을 가짐을 전제로 하여 직접 아파트의 분양자를 상대로 손해배상청구 소송을 제기하였다가, 그 소송 계속 중에 정당한 권리자인 구분소유자들로부터 그 손해배상채권을 양도받고 분양자에게 그 통지가 마쳐진 후 그에 따라 소를 변경한 경우에는, 그 채권양도통지에 채권양도의 사실을 알리는 것 외에 그 이행을 청구하는 뜻이 별도로 덧붙여지거나 그 밖에 구분소유자들이 재판외에서 그 권리를 행사하였다는 등의 특별한 사정이 없는 한, 위 손해배상청구권은 입주자대표회의가 위와 같이 소를 변경한 시점에 비로소 행사된 것으로 보아야 할 것이다(대법원 2008. 12. 11. 선고 2008다12439 판결 등 참조).

2. 원심은 그 채택 증거에 의하여, 원고 입주자대표회의가 구 집합건물법 제 9 조에 의한 하자담보추급권에 기하여 손해배상을 직접 청구할 수 있다고 주장하여 피고를 상대로 이 사건 아파트의 하자로 인한 손해배상청구의 소를 제기하였다가 그 소송 계속 중 위 아파트의 구분소유자들 1,240세대 가운데 2007. 11.경 1차로 1,002세대로부터, 2008. 3.경 2차로 29세대로부터 각 하자보수에 갈음하는 손해배상청구권을 양도받았고, 그 채권양도통지는 원고 입주자대표회의가 구분소유자들의 위임을 받아 1차 채권양도의 경우 2007. 11. 9.에, 2차 채권양도의 경우 2008. 3. 11.에 이루어진 사실, 위 1차 채권양도 세대들 중 967세대는 1997. 11. 10. 이후 아파트를 인도받았고, 8세대는 그 인도일이 1997. 11. 10. 이후일 가능성이 크나 이를 구체적으로 알 수 있는 자료가 없으며, 2차 채

권양도 세대들 가운데 8세대는 1998. 3. 12.(원심판결의 2008. 3. 12.은 오기임이 명백하다) 이후 아파트를 인도받은 사실, 원고는 2008. 4. 25. 제 1 심법원에 위 채권양수를 청구원인으로 하는 청구취지 및 청구원인 변경신청서를 제출한 사실 등을 인정한 다음, 구분소유자들의 위와 같은 채권양도통지는 피고에게 하자담보책임에 따른 의무이행을 최고한 것으로서 각 하자 부분에 대한 자신들의 권리인 하자보수에 갈음하는 손해배상청구권을 재판외에서 행사한 것이고, 위 1차 채권양도 세대 중 967세대와 2차 채권양도 세대 중 8세대는 그 권리행사가 아파트를 인도받은 날부터 10년의 제척기간 내에 이루어졌으므로 위 각 세대의 하자보수에 갈음하는 손해배상청구권은 제척기간 만료로 소멸하였다고 보기 어려우며, 1차 채권양도 세대 중 위 8세대의 경우 그 권리행사가 제척기간 도과 후에 이루어졌다고 인정할 증거가 없다고 보아 피고의 제척기간 도과 주장을 배척하였다.

그러나 이러한 원심의 판단은 옳지 않다.

앞서 본 법리에 비추어 살펴보면, 특별한 사정이 없는 한 이 사건 아파트의 구분소유자들이 이 사건 아파트에 관한 하자담보추급에 의한 손해배상채권을 단순히 원고에게 양도하고 이를 피고에게 통지하였다는 것만으로는 그 채권을 행사하였다고 볼 수 없다. 원심으로서는 위 각 채권양도통지에 이행청구의 뜻이 포함되어 있었는지 여부, 구분소유자 또는 원고가 별도로 재판외에서 권리를 행사하였는지 여부 및 그 시점 등을 심리·확정하여 제척기간 준수 여부를 판단하였어야 한다. 원심판결에는 구 집합건물법상의 하자담보추급권의 행사기간에 관한 법리를 오해하여 판결에 영향을 미친 위법이 있다고 할 것이다. 이 점에 관한 상고이유의 주장은 이유 있다.

3. 그러므로 나머지 상고이유에 대한 판단을 생략한 채 원심판결 중 피고 패소 부분을 파기하고, 이 부분 사건을 다시 심리·판단하도록 원심법원에 환송하기로 하여 주문과 같이 판결한다. [···]

4. [···] 반대의견

채권의 권능은 채무자에 대한 이행청구권이 기본이지만, 현실적으로 채권을 행사·실현하는 방법에는 최고와 같은 채무자에 대한 직접적인 이행 청구 외에 변제의 수령, 상계, 소송상의 청구 및 항변, 압류·가압류·가처분의 신청, 채권자대위권의 행사, 채무자 및 수익자에 대한 채권자취소권의 행사 등 채권이 가지는 다른 여러 가지 권능을 행사하는 것도 포함된다. 한편 제척기간 제도는 권리자가 권리를 주장하거나 실행함이 없이 일정 기간이 경과하면 그 권리가 소멸되도록 함으로써 현 상태로 법률관계를 안정시키고자 하는 데 근본취지가 있다고 할 것이므로, 권리자가 권리실현을 하고자 하는 외부적 징표가 분명하게 표시되면 제척기간에 의한 권리 소멸의 효과는 발생하지 않는다고 할 것이다. 따라서 제척기간의 대상인 권리가 채권인 경우에는 상대방에 대하여 직접 이행청구를 하는 경우뿐 아니라 위에서 예로 든 것과 같은 채권의 다른 권능을 행사하는 등으로 그 채권 내지 청구권을 행사·실현하려는 행위를 하거나 이에 준하는 것으로 평가될 수 있는 객관적 행위 태양이 존재하면 제척기간을 준수한 것으로 보는 것이 제도의 취지에 맞다.

따라서 소멸시효 중단 사유의 하나인 '청구'(민법 제168조 제 1 호)를 한 경우 외에도 다른 시효중단 사유인 압류 또는 가압류·가처분(민법 제168조 제 2 호)이나 채무자의 승인(민법 제168조 제 3 호)이 있었던 경우에도 제척기간에 의한 권리 소멸의 효력은 차단될 수 있고, '최고'(민법 제174조)의 경우에도 소멸시효에서처럼 그로부터 6개월 내에 재판상의 청구나 압류 등 추가조치를 하지 아니하더라도 제척기간 준수의 효과는 확정적으로 부여된다고 보아야 한다.

한편 대법원판례는 소멸시효의 중단과 관련하여, 토지소유자가 그 토지의 일부를 점유하고 있는 자에게 경계의 재측량을 요구하고 그 재측량 결과에 따른 경계선 위에 돌담을 쌓아올리는 것을 점유자가 제지한 것이 시비가 되어 토지소유자의 아버지가 점유자를 상대로 재물손괴죄 등으로 고소를 제기하였다면 이는 민법 제174조 소정의 최고로 못 볼 바 아니라고 하였고(대법원 1989. 11. 28. 선고 87다273, 274, 87다카1772, 1773 판결), 또한 채권자가 확정판결에 기한 채권의 실현을 위하여 재산명시신청을 하고 그 결정이 채무자에게 송달이 되었다면 거기에 소멸시효 중단사유인 최고로서의 효력이 인정된다고 하였으며(대법원 1992. 2. 11. 선고 91다41118 판결), 채권자가 연대채무자 중 1인 소유의 부동산에 대하여 경매신청을 한 경우에도 최고로서의 효력을 가진다고 한 바가 있다(대법원 2001. 8. 21. 선고 2001다22840 판결). 그런데 본래 의미의 최고는 권리행사의 상대방에 대한 의사의 통지로써 하는 것인 반면 형사고소나 재산명시신청, 경매신청 등은 수사기관이나 집행법원에 대한 신청행위일 뿐 채무자에 대한 의무이행의 요구는 아니다. 또한 재산명시신청이나 경매신청은 민법 제168조의 시효중단 사유 중에서는 그 성질상 오히려 압류나 가압류·가처분에 가깝다고도 볼 수 있다. 그럼에도 판례는 그에 대해 모두 '최고'로서의 효력을 인정하고 있고, 나아가 시효중단 제도는 그 제도의 취지에 비추어 볼 때 원권리자를 위하여 너그럽게 해석하는 것이 상당하다는 것을 명시적으로 밝히고 있기도 하다(대법원 2006. 6. 16. 선고 2005다25632 판결).

이처럼 대법원판례에서 시효중단 사유로서의 '최고'조차도 이론적 개념의 틀을 완화하여 해석함으로써 권리자와 의무자 사이의 이익균형 등 구체적 타당성을 도모한 것은 매우 타당하고 합리적인 해석이라고 보인다. 그리고 이러한 취지는 제척기간의 준수 여부에 관한 행위 태양을 이해하는 데 있어서도 분명한 해석의 방향을 제시해 주는 것이라고 할 수 있다.

이러한 관점에서 볼 때, 채권의 양도는 채권자가 가지는 권리를 제 3 자에게 이전하는 행위로서 그 권리가 가지는 가치나 이익을 실현하는 처분행위이므로, 채권자에게는 채무자에 대한 직접적 이행청구를 통한 권리의 실현에 못지않은 법적·경제적 의미가 있다. 따라서 채권의 양도는 그 자체로 채권자의 권리 실행 행위에 준하는 것으로 볼 여지가 있고, 더구나 채권자가 그 양도에 관하여 채무자에게 승낙을 구하거나 양도통지를 하는 경우에는 자신의 처분행위에 대한 대항력의 취득이라는 법적 효과를 획득하기 위하여 채무자를 상대로 채권 자체가 가지는 권능을 행사하는 것에 해당한다고 볼 수 있다. 특히 채권양도의 통지는 양도인이 채무자에 대하여 당해 채권을 양도하였다는 사실을 알리는 것으로서 이론적으로는 이른바 관념의 통지에 불과하지만, 양도인으로서는 이를 통하여 자신이 채무자에 대하여 채권을 보유하고 있었던 사실과 이를 양도하여 그 귀속주체가 변경된 사실, 그리고 그에 따라 채무자는 이제 그 채무를 채권양수인에게 이행해야 할 의무를 부담한다는 사실을 함께 고지하는 것이므로, 이는 채무자에 대하여 권리의 존재와 그 권리를 행사하고자 하는 의사를 분명하게 표명하는 행위를 한 것으로 평가하기에 충분하다. 따라서 비록 그것이 이행청구나 최고와 같이 시효중단의 효력이 인정될 정도의 사유는 아니라고 하더라도 제척기간 준수의 효과가 부여될 수 있는 권리행사의 객관적 행위 태양이라고 인정하는 데에는 부족함이 없다.

다수의견은 채권양도의 통지는 이행청구와는 법적 성질을 달리하는 것이므로 그 채권양도통지에 이행청구를 하는 뜻이 덧붙여져 있다는 등의 특별한 사정이 있을 경우에 한하여 제척기간이 준수된 것으로 볼 수 있다는 취지이다. 그러나 채권양도통지에 이행청구의 취지가 포함되어 있다면 이는 그 자체로 전형적인 권리행사가 되는 것이니 그로써 제척기간에 의한 권리 소멸의 효과가 차단되는 것은 더 말할 필요가 없다. 채권양도 후 대항요건이 구비되기 전의 양도인은 채무자에 대한 관계에서는 여전히 채권자의 지위에 있으므로 양도 이후에도 채무자를 상대로 그 권리행사를 함으로써 제척기간을 준수할 수 있기 때문이다(대법원 2009. 2. 12. 선고 2008두20109 판결 참조). 다만 위와 같은 다수의견에 의하면 채권양도통지가 어떤 표현으로 되어 있는지를 일일이 따진 다음 그 문구가 채권양도 사실의 단순통지로만 되어 있으면 제척기간에 의한 권리 소멸의 효과를 막을 수 없고, 그 밖에 양수인에게 채무를 이행하라는 것으로 이해될 수 있는 취지의 문구가 덧붙여져 있으면 제척기간의 적용은 확정적으로 배제되는 결과가 된다. 말하자면 통지문의 문구와 표현이 권리 소멸 여부를 결정하는 관건이 되는 셈이다. 하지만 제척기간의 준수사유가 되는 행위의 태양은 그 성질상 소멸시효의 중단사유보다는 넓게 새겨야 하고, 채권양도통지 등 당사자가 취한 행위의 법적 의미는 통지문의 문구도 중요하지만 전체적인 맥락을 이해하는 것이 더 중요하다고 본다. 그런 점에서 설사 채권양도통지문에 이행청구의 취지로 이해되는 문구가 직접적으로 표현되어 있지 않다고 하더라도 이는 제척기간 준수사유로서의 권리행사에는 해당한다고 보는 것이 제도의 취지에 부합한다는 생각이다.

그리고 도급계약에 근거한 하자담보청구권의 행사는 일반적인 채무불이행에 의한 손해배상채권의 경우와는 다른 특성이 있다는 점도 고려할 필요가 있다. 도급계약의 수급인은 완성된 목적물 또는 성취된 부분을 인도한 후 일정한 기간 내에 발생한 하자에 대해서 담보책임을 진다(민법 제667조). 그러나 인도받은 목적물에 하자의 원인이 잠복되어 있다고 하더라도 기간 내에 하자가 표면화하여 드러나지 않으면 구체적인 하자보수청구권이나 그에 갈음한 손해배상청구권은 발생하지 않는 것이므로, 위 하자담보책임에서의 제척기간은 권리존속기간이기도 하지만 하자발생기간의 의미를 가진다. 따라서 도급인이 제척기간 내에 하자가 발생하였음을 전제로 하여 하자보수청구권을 양도하였다고 하면서 수급인에게 그 사실을 알리는 것은 그 자체로 구체적 권리의 취득을 주장하는 것이고 그것이 채권양도통지의 방법으로 이루어졌다고 하여 달리 볼 것도 아니므로, 이는 담보책임의 이행을 구하는 권리의 행사 내지 실현 방법의 실질을 가지는 것으로 볼 수 있다.

더욱이 이 사건에서는 집합건물인 아파트의 입주자대표회의인 원고가 스스로 하자보수에 갈음한 손해배상청구권을 가지는 권리자임을 전제로 하여 아파트 분양자인 피고를 상대로 직접 손해배상을 청구하는 소송을 제기하였다가, 그 소송 계속 중에 그 손해배상청구권은 구분소유자들에게 귀속된다는 법리가 밝혀지자 구분소유자들로부터 손해배상청구권을 양도받은 다음 그 양도통지도 구분소유자들의 위임을 받아 양수인인 원고 입주자대표회의가 직접 한 것으로 보인다. 이러한 권리행사의 경위 등에 비추어 볼 때, 원고 입주자대표회의가 한 위 채권양도통지의 표현 자체만으로 보면 채권양도 사실의 통지일 뿐이고 이행청구의 뜻은 포함되어 있지 않다고 하더라도(기록에 의하면 위 채권양도통지서에는 '위 아파트에 대한 하자보수청구권 및 이에 갈음하는 손해배상청구권을 입주자대표회의에 양도하였는바, 동 양도사실을 위 아파트 사업주체인 귀사에 대하여 통지합니다'라고만 되어 있다), 이를 단지 양도인인 구분소유자들을 대신하여 채권양도가 있었다는 사실만을 통지하는 취지에 그치는 것이라고 이해할 것은 아니라고 할 것이다. 이는 오히려 원고가 위 손해배상청구권의 양수인으로서 채무자에 대한 대항력을 취득하고 나아가 그 권리를 행사하겠다는 취지를 함께 담고 있는 것으로 볼 수 있고, 또한 그동안 정당한 권리가 있는지를 다투어 온 채무자에 대하여 진정한 권리자로서 소송상의 권리를 행사하겠다는 취지까지 포함하여 고지한 것으로서, 상대방인 채무자 또한 이를 충분히 인식하고 있었다고 보는 것이 경험칙이나 보편적인 관념에 부합한다고 할 것이다.

따라서 위 채권양도통지가 이 사건 하자보수에 갈음한 손해배상청구권에 대한 제척기간 경과 이전에 이루어졌다면, 양수인이 양수금 청구로 소를 변경하는 신청서를 제척기간 경과 후에 제출하였더라도 그 권리가 제척기간에 의하여 소멸되었다고 볼 것은 아니다. 같은 취지의 원심판단은 옳다. 이에 다수의견에 반대하는 의견을 밝힌다.

질문

1. 사실관계를 정리해 보라. 원고는 어떤 이유로 채권을 양도받아 행사하고 있는가? 이 판결 당시에 시행되고 있던 「집합건물의 소유 및 관리에 관한 법률」 제9조 제1항, 동법 2005. 5. 26. 개정 부칙 제6조, 주택법 제46조, 동법 2005. 5. 26. 개정 부칙 제3항, 헌법재판소 결정 2008. 7. 31, 2005헌가16을 찾아보라.
2. 다수의견과 소수의견은 기본적으로 채권양도 통지를 권리행사로 평가할 수 있는지 여부에 관해 규범적 판단을 달리하고 있다. 각각의 견해를 지지할 만한 논거로 어떤 것들을 생각할 수 있는가?
3. 다수의견에 따른다면, 소멸시효와 관련해 채권양도의 통지 후 6개월 내에 재판상 청구 등이 있었던 경우 채권양도통지 시점에 시효중단의 효력을 인정하여 채권양도 통지를 최고로 파악한 판례(대판 2009. 2. 26, 2007다83908)는 어떻게 이해되어야 하는가? 양자에 모순이 있다고 할 것인가? 아니면 양자를 조화시킬 수 있는가?
4. 소수의견에 의하면 압류, 가압류, 가처분, 채무자의 승인도 제척기간의 권리행사가 있는 경우로 볼 수 있다고 한다. 개별적으로 그 타당성을 검토해 보라.

(5) 직권조사사항

판례는 제척기간 일반에 대하여 그 준수 여부는 직권조사사항으로서 법원은 당사자의 주장이 없이도 이를 심리하여 판단하여야 한다는 태도이다(대판 1993. 2. 26, 92다3083 등).

2. 소멸시효와 제척기간

(1) 양 제도의 차이

(가) 앞서 본 대로 기간의 경과로 권리의 소멸을 인정하는 점에서 양자는 유사하다. 그러나 소멸시효는 권리의 영속성을 전제하되 그것이 일정기간 행사되지 아니하는 것을 요건으로 그 소멸을 인정하는 제도인 데 반하여, 제척기간은 처음부터 권리에 대하여 법이 일정 기간의 존재만을 정하는 것이다. 따라서 소멸시효에서는 권리의 행사 또는 이와 동일하게 평가되는 사정이 있으면 시효의 진행이 중단되는 데 반하여, 제척기간에 대하여는 그러한 장치가 존재하지 않는다. 예를 들어 사기자가 잘못을 인정하고 취소권을 승인(제168조 제 3 호)하였다고 해서 그때까지 진행된 기간이 없던 것으로 돌아가지 않는다. 또 제척기간에 대하여는 원칙적으로 시효이익의 포기와 같은 것이 인정되지 않는다. 다만 판례는 개별 제척기간의 규범 목적에 따라 제척기간 도과 이익의 포기도 가능할 수 있다고 한다(상 제814조 제 1 항에 대해 대판 2022. 6. 9, 2017다247848).

(나) 그 외에 제척기간의 경과로 인한 권리 소멸에는 소급효가 없고(제167조 참조), 소가 각하되면 소멸시효에서와 같은 추완(제170조 제 2 항)이 인정되지 않으므로 소제기가 요구되는 경우에는 애초부터 적법한 소라야 한다.

(다) 소멸시효의 정지에 관한 규정(제179조 이하)도 제척기간에는 원칙적으로 준용되지 않는다. 다만 "천재 기타 사변으로 인하여 소멸시효를 중단할 수 없을 때"의 시효정지를 정하는 제182조는 권리자의 보호를 위하여 일반적으로 제척기간에 유추적용된다고 할 것이다(통설).

(2) 양 제도의 구별

법이 일정한 권리에 대하여 권리행사의 기간이 정하여져 있는 경우에 그것이 소멸시효기간인지 제척기간인지는 원칙적으로 그 규정의 문언에 의하여 정한다. 즉 "시효로 인하여 소멸한다" 또는 "소멸시효가 완성한다"고 표현되는 경우에는 이는 일단 소멸시효를 정한 것이며, 형성권이라고 하여 당연히 제척기간에 걸리는 것은 아니다. 그러므로 불법행위로 인한 손해배상청구권에 관한 제766조 제 2 항은 물론이고(대판 1964. 3. 31, 63다314), 유류분 반환청구권에 관한 제1117조(대판 1993. 4. 13, 92다3595) 등에서 정하는 기간은 소멸시효기간이라고 해석된다. 그러나 제1024조 제 2 항(그리고 이를 준용하는 제1075조 제 2 항)의 기간은 "시효로 인하여 소멸한다"는 문언에도 불구하고 제척기간이라고 할 것이다. 거기서 정하는 "총칙편의 규정에 의한 취소"에는 제146조에 따른 취소가 포함되므로 그 규정에서는 문언상 모순이 있고, 이러한 경우에는 체계해석을 해야 하는 것이다.

제4장 채권자대위권: 의의와 요건

Ⅰ. 서 론

1. 채권자대위권의 의의

(1) 채권자대위권이란 채권자가 자기의 채권을 보전하기 위하여 채무자가 가지는 권리를 행사할 수 있는 권리를 말한다(제404조 제1항 본문). 이는 채무자가 권리의 불행사로 책임재산의 유지·확충을 하고 있지 않은 상황에서 채권자에게 책임재산의 확보를 위하여 채무자의 재산관리에 개입할 수 있도록 하는 권리이다. 예를 들면, 갑에 대하여 금전채무를 부담하고 있는 을이 병에 대하여 금전채권을 가지고 있는데도 이를 행사하지 아니하고 있어 그 채권이 머지않아 소멸시효에 걸리게 되었다고 하자. 이와 같은 경우에 갑으로 하여금 을의 금전채권을 행사하는 것을 허용하여 을의 책임재산을 유지하도록 하는 것이 채권자대위권의 제도이다.

(2) 민사집행법에 의하면, 채권자가 자신의 채권의 만족을 얻기 위해서는, 우선 확정판결 등의 집행권원을 얻고(민집 제24조, 제56조), 나아가 이에 기하여 채무자의 책임재산에 대하여 강제집행을 하여야 한다(책임재산이 채권인 경우 민집 제223조 이하).

그런데 채권자대위권에 기하여 채권자가 채무자의 금전채권을 대위행사하는 경우에는, 채권자는 우선 집행권원이 없이도 채무자의 권리를 행사할 수 있다. 나아가 법원에 의한 압류절차도 필요로 하지 않으며, 채권자가 대위행사

사실을 채무자에게 통지하기만 하면 채무자는 이후 그 권리를 처분하여도 이로써 채권자에게 대항하지 못하는 것이어서(제405조 제 2 항), 압류가 행하여진 것과 유사하게 스스로 권리를 행사할 수 없게 된다.

다른 한편 채권자대위권은 강제집행 제도가 수행할 수 없는 기능을 수행하기도 한다. 우선, 일반적으로 취소권·해제권·상계권 등의 형성권은 강제집행의 대상이 되지 않는다. 나아가 일정한 범위의 의사표시 내지 소의 제기 등을 강제집행에 의하여 할 수도 없다. 그러나 채권자대위권에 기하여서는 이를 할 수 있다. 나아가, 가령 채무자의 채권의 소멸시효를 중단시키기 위한 이행청구와 같은 채무자의 권리를 보존하기 위한 행위는 강제집행에 의하여 할 수 없다.

이러한 특징 때문에 민사집행법의 상세한 집행제도에도 불구하고 채권자대위권은 우리 실무에서 채권자의 구제수단으로 유용하게 활용되고 있다.

2. 채권자대위권제도의 성질

원래 권리는 권리자 자신이 행사하는 것이 원칙이고 제 3 자가 간섭하여 이를 행사할 수 없다. 이에 대해 채권자대위권은 채권자가 채무자의 권리를 행사하는 것을 내용으로 하므로, 어떠한 이유에서 그러한 간섭이 예외적으로 허용되는지에 대한 정당화가 필요하다. 이에 대해 통설은 채권자대위권제도의 목적을 채무자의 일반재산(총채권자를 위한 공동담보)의 보전 및 이를 통한 강제집행의 준비에 있다고 하고, 이러한 관점에서 정식의 민사집행절차에 의하지 아니하고 채무자의 권리영역에 간섭하는 것을 정당화한다. 즉 채무자에게 간섭하지 않으면 책임재산이 감소하여 채권자가 채권의 만족을 얻을 수 없게 되므로, 채권자는 채무자의 권리를 행사하여 「자신의 채권을 보전」하여야 한다는 것이다. 그러므로 이러한 입장에서는 대위권은 채권이 만족을 얻을 수 없는 경우, 즉 채무자가 무자력한 경우에 한정하여 인정된다고 한다.

이러한 입장에 선다면 실체법적 권리로서의 채권자대위권의 법적 성질은 법정의 재산관리권의 일종으로 이해된다. 이는 타인의 권리를 자신의 이름으로 행사하는 것으로서 대리권과는 다르나, 역시 채무자의 권리영역에 간섭하여 그의 의사 여하와는 무관하게 그의 재산을 관리할 수 있는 권한의 하나라는 것이다(가령 제916조, 제949조와 비교해 보라). 이는 기본적으로 채권자대위권이 일차적으로 행사하는 채권자 자신의 이익을 추구하기 위하여서가 아니라 채무자의 이익 및 그와 결부된 채권자 일반의 이익을 도모하기 위하여 인정된 것이라는 관념을 기초로 한다.

Ⅱ. 채권자대위권의 요건

1. 보전되는 채권의 존재

(1) 피보전채권의 요건

제404조 제 1 항은 「채권자」가 채권자대위권을 가진다고 정하고 있으나, 여기서 「채권」이란 엄격한 의미의 채권에 한정되지 아니하고, 널리 청구권을 의미한다. 채권의 종류는 불문하며, 단지 대위에 의하여 보전하기에 적합한 것임을 요할 뿐이다. 그러므로 금전채권은 물론이고, 부작위채권이나 노무제공채권이더라도 장차 불이행으로 손해배상채권으로 전화하는 경우에 일반재산에 의하여 담보되어야 할 채권이면 충분하다. 또 대위의 대상인 권리보다 먼저 성립한 채권일 필요도 없다(이 점에서 채권자취소권과 다르다; 제 2 편 제 6 장 Ⅱ. 1. (1) 참조). 나아가 채권이 저당권에 의하여 담보되어 있는 경우 또는 대위가 유일한 방법이 아니라 다른 보전방법이 있는 경우(가령 바로 강제집행에 착수할 수 있는 채권) 등에도 대위권을 행사할 수 있다. 그리고 그 채권에 대하여 채무자가 동시이행의 항변권을 가지는 경우라도 상관없다(대판 1976. 10. 12, 76다1591). 그러나 협의나 심판에 의해 아직 내용이 구체화되지 아니한 이혼에 따른 재산분할청구권은 추상적 권리에 불과해 피보전권리가 될 수 없다(대판 1999. 4. 9, 98다58016). 또한 금전채권이 도산절차에서 면책결정의 대상이 되었다면, 그 채권은 더 이상 관철할 수 없으므로 피보전채권이 될 수 없다(대판 2022. 9. 7, 2022다230165).

(2) 소송상 취급

피보전채권의 존재는 법원이 직권으로 조사해야 하고, 변론주의가 적용되지 않는다(대판 2009. 4. 23, 2009다3234). 판례에 의하면 피보전채권이 존재하지 않는 경우에 채권자대위청구는 부적법하여 각하되어야 한다고 한다(대판 1988. 6. 14, 87다카2753; 피대위자가 부존재하는 경우에 대해 대판 2021. 7. 21, 2020다300893도 참조). 피보전채권의 범위를 초과해서 채권자대위권을 행사하는 경우에 그

초과부분에 대해서도 마찬가지이다(대판 2012. 8. 30, 2010다39918). 그러나 각하 판결이 있더라도 그 기판력이 나중에 채권자가 채무자에게 피보전채권의 이행을 구하는 소에 미치는 것은 아니다(대판 2014. 1. 23, 2011다108095).

2. 채권자의 "채권을 보전"하기 위하여 필요할 것

(1) 원칙: 채무자의 무자력

통설인 법정재산관리권설에 따라 책임재산의 보전이 대위권 제도의 본래의 목적이라고 한다면, 채권보전의 필요라는 요건은 채무자의 무자력, 즉 채권자 전원의 공동담보인 책임재산에 부족이 생길 우려가 있어서 그 공동담보를 보전할 필요가 있다는 것이 그 내용이 된다. 따라서 공유 부동산에 존재하는 저당권의 부담 때문에 채무자인 공유자 한 사람의 지분에 대해 채권자가 강제집행을 통해서는 만족을 얻을 수 없으나 가액분할로 공유물을 분할하는 경우 공동저당 법리(제368조 제 1 항에 의한 동시배당; 제 3 편 제10장 Ⅱ. 3. (2) 참조)에 의하여 만족가능성이 발생하는 사안에서 대법원은 원칙적으로 채권자가 채무자의 공유물분할청구권을 대위할 수 없다고 한다(대판(전) 2020. 5. 21, 2018다879의 다수의견). 그러한 대위행사는 책임재산의 보전과 직접적인 관련이 없어 채권의 현실적인 이행을 유효·적절하게 확보하기 위하여 필요하다고 보기 어렵고 채무자의 자유로운 재산관리행위에 대한 부당한 간섭이 되므로 보전의 필요성을 인정할 수 없으며, 특정 분할 방법을 전제하고 있지 않은 공유물분할청구권의 성격 등에 비추어 볼 때 그 대위행사를 허용하면 여러 법적 문제들이 발생한다는 것을 이유로 한다.

특히 피보전채권이 금전채권인 경우(원래의 채권은 금전채권이 아니라도 나중에 손해배상채권으로 전화된 경우도 포함)에는 이렇게 해석하는 것이 종래의 통설이고, 또한 판례가 취하는 태도이다(대판 1963. 4. 25, 63다122). 채무자의 무자력은 채권자가 입증하여야 하며(대판 1976. 7. 13, 75다1086), 그 판단의 기준시점은 사실심의 변론종결시이다(대판 1972. 11. 28, 72다1466).

[1] 채권보전의 필요성: 대판 1969. 11. 25, 69다1665

채권자대위권은 그 채권이 금전채권(손해배상 채권포함)일 때에는 채무자가 채무이행의 의사가 없는 것만으로는 행사할 수 없고 채무자가 무자력하여 그 일반 재산의 감소를 방지할 필요가 있는 경우에 이를 행사할 수 있는 것이므로 […] 원심이 이 사건에서 원고의 예비적 청구를 배척하는 이유로서 원고가 그 주장의 손해배상 채권에 기초하여 소외 박규식, 박재봉의 권리를 대위행사하려면 이 사람들이 무자력함을 주장 입증하여야 할 것인바, 이 사람들이 무자력하다는 점에 대하여는 아무런 주장 입증이 없을 뿐만 아니라 원고가 위 박재봉의 권리를 대위행사할 수 있는 권원 있음에 대하여 다른 주장 입증이 없으므로 원고가 박재봉에 대하여 손해배상 채권을 가지고 있다 하여 박재봉을 대위하여 피고들에게 원인무효등기의 말소를 구한다는 예비적 청구는 그 이유 없다고 하여 이를 배척한 조처는 정당하고 이를 논란하는 상고 논지는 채용할 수 없다.

질문

1. 사실관계를 재구성해 보라. 특히 피보전권리와 피대위권리는 무엇인가?
2. 원고가 채권자대위권으로 달성하고자 하는 목적을 민사집행법상의 제도로 달성할 수 있는가?
3. 만일 무자력 요건을 요구하지 않는다면 채무자와 채권자대위의 상대방은 어떠한 불이익을 받을 수 있겠는가?

그러나 다른 한편으로 금전채권을 보전하기 위한 대위의 경우에도 채무자의 무자력을 요건으로 하지 않는 판례도 있다. 대표적인 몇 가지를 살펴본다.[1)]

① 우선 대판 1989. 4. 25, 88다카4253은, 임차인의 보증금반환채권을 양수한 원고가 피고 임대인에 대하여 보증금의 지급을 청구하자 임대인이 임대목적물의 반환과 상환으로만 이행할 것이라는 동시이행의 항변을 한 사안에서, 원고가 임대인을 대위하여 임차인에 대하여 목적물의 반환청구를 할 수 있다고 하면서, 이 경우에는 비록 피보전채권이 보증금반환채권이라는 금전채권이

1) 대판 1981. 6. 23, 80다1351은, 의료법인인 원고가 그가 경영하는 병원에서 치료를 받은 갑에 대하여 가지는 치료비채권의 보전을 위하여 갑이 피고에 대하여 가지는 국가배상법에 의한 손해배상채권을 대위행사한 사안에 대한 것이다. 종래 이 판결을 보전되어야 할 채권이 금전채권임에도 불구하고 채무자의 무자력을 요건으로 하지 않은 판례들의 하나로서 드는 경우도 있으나, 원심이 확정한 사실관계를 살펴보면 법원은 갑의 무자력을 사실로서 인정하고 대위권의 발생을 긍정한 것이므로(서울고판 1980. 4. 17, 79나2778), 그와 같이 이해할 수는 없다.

라도 "그 채권의 보전과 채무자인 임대인의 자력 유무는 관계가 없는 일이므로 무자력을 요건으로 한다고 할 수 없다"고 판시하였다.

[2] 금전채권이 피보전채권인 경우 무자력 요건의 예외(1): 대판 1989. 4. 25, 88다카4253, 4260

[주 문] 원심판결 중 피고 오중현에 대한 원고 패소부분을 파기하고, 그 부분 사건을 서울고등법원에 환송한다. 원고의 나머지 상고를 기각한다. 상고비용 중 원고와 피고 서재명과의 사이에 생긴 부분은 모두 원고 부담으로 한다.

[이 유]

1. 피고 오중현에 대한 청구부분에 대하여,

원심판결 이유에 의하면, 원심은 원고가 피고 오중현으로부터 피고 서재명에 대한 임차보증금반환청구채권을 양수하고 피고 서재명에 대한 양도통지절차도 적법하게 이전되었다고 인정하면서도 원고의 임대차계약 대위해지는 효력이 없다고 판시하여 원고의 동 피고에 대한 건물명도 청구는 이유 없다고 판시하고 있다.

그러나 원심판시에 의하면, 피고 서재명과 피고 오중현 사이의 임대차계약은 1984. 9. 10.에 체결되고 기간은 1년으로 약정하였으나 소위 묵시의 갱신에 의하여 임대차가 계속 중에 있다는 것인바, 그렇다면 원고가 그 보증금반환청구채권을 양수하고 피고 서재명에게 그 통지를 한 1986. 1. 11. 현재로서 보면 1985. 9. 10. 묵시의 갱신에 의하여 1986. 9. 9.까지 임대차의 기간이 남아 있었다고 할 것이고 원고에 대한 관계에서는 그 임대차계약은 1986. 9. 9.이 경과됨으로써 종료되는 것이고 그 무렵이나 그 후에 피고 서재명과 피고 오중현 사이에 계약의 갱신이나 계약기간연장에 관하여 명시적 또는 묵시적 합의가 있었다고 하여도 그 합의의 효과는 계약보증금반환청구채권의 양수인인 원고에게 대하여는 미칠 수 없는 것이라 할 것이다.

그렇다면 피고 서재명으로서는 피고 오중현에 대하여 건물의 명도를 청구하고 그것을 명도받음과 상환으로 그에게 반환하여야 할 임차보증금을 양수인인 원고에게 지급할 의무가 있다 할 것이고 피고 서재명이가 피고 오중현에 대하여 명도청구를 해태하고 있다면 채권자인 원고로서는 채무자 서재명을 대위하여 피고에게 그 건물을 임대인에게 명도할 것을 청구할 수 있다고 할 것이다.

그리고 채권자가 자기채권을 보전하기 위하여 채무자의 권리를 행사하려면 채무자의 무자력을 요건으로 하는 것이 통상이지만 이 사건의 경우와 같이 채권자가 양수한 임차보증금의 이행을 청구하기 위하여 임차인의 가옥명도가 선이행되어야 할 필요가 있어서 그 명도를 구하는 경우에는 그 채권의 보전과 채무자인 임대인의 자력유무는 관계가 없는 일이므로 무자력을 요건으로 한다고 할 수 없다.

그런데 원심이 이 사건 피고들 사이의 임대차계약이 아직 임대기간이 남아 있는 것으로 오해하고 위와 같이 판시한 것은 임대차보증금반환채권이 다른 사람에게 양도된 경우 임대인과 임차인과의 사이에 임대차계약을 갱신한 효력이 당연히 양수채권자에게 미친다고 오해하고 또 채권자대위권의 법리를 오해한 위법이 있다고 할 수밖에 없고 이 점을 지적하는 상고논지는 이유 있다.

그러므로 원심판결 중 원고의 피고 오중현에 대한 청구를 기각하여야 한다고 판시하고 원고의 항소를 기각한 부분은 파기할 수밖에 없다.

2. 피고 서재명에 대한 청구부분에 대하여,

피고 서재명과 피고 오중현 사이의 임대차계약이 원고에 대한 관계에서는 1986. 9. 9.이 경과함으로써 종료되는 것이라 함은 앞에서 본 바와 같으나 피고 서재명으로서는 피고 오중현이가 그 건물을 반환하고 차임을 완급하는 등 임차인의 의무를 완전히 이행하는 것과 상환으로 임차보증금을 반환하겠다고 항변할 수 있는 것이므로 원고가 이 사건 소송제기시에 그 반환청구채권을 즉시 행사할 수 있는 것을 전제로 피고 서재명에게 보증금의 반환을 청구하는 것은 부당하다. 원심의 이유설시는 이와 다르지만 피고 서재명에 대한 원고 청구를 기각하여야 한다는 결론은 정당한 것이므로 이 부분에 대한 원고의 상고는 이유 없는 것이다.

이에 피고 오중현에 대한 원고 청구부분에 대하여 원고의 항소를 기각한 부분을 파기하고, 그 부분 사건을 다시 심리판단하게 하기 위하여 원심법원에 환송하고, 원고의 나머지 상고는 기각하기로 관여법관의 의견이 일치되어 주문과 같이 판결한다.

질문

1. 사실관계를 재구성해 보라. 원고는 각 피고에게 어떤 사실관계에 기해 어떠한 청구를 하고 있는가?
2. 원고가 이 사건에서 채권자대위권을 행사하게 된 동기는 무엇인가? 그가 만일 이를 행사하지 않는다면 어떠한 불이익이 발생하게 될 것인가?
3. 이 사건에서 피보전채권이 금전채권이더라도 무자력 요건이 불필요하다는 판

례는 정당한가? 그러한 결과를 이론적으로 정당화할 수 있는가?
4. 원고는 대위권의 행사가 아닌 다른 방법으로 같은 결과에 도달할 수 있는가?

② 대판 1975. 5. 13, 73다1244는 명시적이지는 않지만 무자력 요건에 대하여 무관심한 태도를 보인다. 이 사건에서 원고는 A에게 소의 매도를 위탁하였고 그에 따라 A는 소를 매도하였는데, 피고들이 그 돈이 든 가방을 편취하였다. 원심법원은 불법행위를 이유로 하는 손해배상청구를 인용하였다. 그러나 대법원은, 피고들의 행위는 원고의 A에 대한 채권을 침해한 데 불과한 것으로서 원고에 대하여 불법행위가 되지 않는다고 한 다음, 그러나 "피고들의 사실행위로 채무자인 A의 일반재산의 감소가 생겼다면 채권자인 원고는 채권자대위권에 기하여 A를 대위하여 피고들에게 손해배상을 청구할 수 있"다고 판단하였다.

③ 대판 1968. 6. 18, 68다663에 따르면, 유실물을 실제로 습득제출한 자가 법률상 습득자를 대위하여 그 보상금의 반액을 청구하는 경우에도 법률상 습득자의 무자력은 검토되고 있지 아니하다. 이 판결도 정면으로 당해 사안에서 금전채권자의 대위권 취득에 있어서 무자력 요건을 불필요하다고 판시하는 것은 아니나, 그러한 태도가 강하게 엿보인다.

④ 그런데 최근에는 보다 일반적으로 피보전채권이 금전채권인 사안에서 무자력 요건을 완화하는 재판례도 발견된다.

[3] 금전채권이 피보전채권인 경우 무자력 요건의 예외(2): 대판 2014. 12. 11, 2013다71784

[주 문] 상고를 기각한다. 상고비용은 원고가 부담한다.

[이 유]

1. 채권자대위 청구에 관하여

가. 채권자대위권 행사요건에 대하여

(1) 채권자는 채무자에 대한 채권을 보전하기 위하여 채무자를 대위해서 채무자의 권리를 행사할 수 있는데, 채권자가 보전하려는 권리와 대위하여 행사하려는 채무자의 권리가 밀접하게 관련되어 있고 채권자가 채무자의 권리를 대위하여 행사하지 않으면 자기 채권의 완전한 만족을 얻을 수 없게 될 위험이

있어 채무자의 권리를 대위하여 행사하는 것이 자기 채권의 현실적 이행을 유효·적절하게 확보하기 위하여 필요한 경우에는 채권자대위권의 행사가 채무자의 자유로운 재산관리행위에 대한 부당한 간섭이 된다는 등의 특별한 사정이 없는 한 채권자는 채무자의 권리를 대위하여 행사할 수 있어야 한다(대법원 2001. 5. 8. 선고 99다38699 판결 등 참조).

(2) 원심판결과 원심이 일부 인용한 제 1 심판결의 이유 및 적법하게 채택된 증거들에 의하면 다음과 같은 사실을 알 수 있다.

(가) 주식회사 에스티에이건설(이하 '에스티에이건설'이라 한다)은 2007. 12. 26. 피고와 사이에 우선수익자를 대출금융기관들로, 수익자를 에스티에이건설로 하여 원심 판시 "스타피카소" 건물(이하 '이 사건 상가'라 한다)에 관한 부동산담보신탁계약(이하 '이 사건 담보신탁계약'이라 한다)을 체결하면서, 신탁의 원본을 신탁부동산 또는 그 물상대위로 취득한 재산, 신탁부동산의 처분대금 등 신탁재산에 속하는 금전의 운용에 의하여 발생한 이익 및 기타 이에 준하는 것으로 약정하였다.

(나) 에스티에이건설은 2007. 12. 26. 이 사건 상가에 관하여 점포별로 소유권보존등기를 마친 다음 피고에게 신탁을 원인으로 하는 소유권이전등기를 마쳐주었다.

(다) 에스티에이건설은 2008. 3. 31. 피고 및 시공사, 대출금융기관들과 사이에 원심 판시 "사업 및 대리사무 약정"(이하 '이 사건 대리사무 약정'이라 한다)을 체결하면서, 피고가 이 사건 상가의 분양수입금 등의 수납·관리·집행 등 자금관리업무를 위탁받아 에스티에이건설을 대리하여 이를 처리하되, 대출금·분양수입금 등 목적사업과 관련한 수입금 일체를 피고 명의로 개설된 분양수입금 관리계좌에 입금하도록 하고, 분양개시 후 분양수입금 관리계좌에 입금된 수입금 중 공사비를 제외한 모든 사업비의 지출은 시공사와 대출금융기관들의 확인을 받은 에스티에이건설의 서면요청에 의하여 피고가 집행하기로 정하였다.

(라) 원고는 2009. 11. 20. 에스티에이건설과 사이에 이 사건 상가 중 4층(호수 생략)(이하 '이 사건 점포'라 한다)에 관하여 원심판시 분양계약(이하 '이 사건 분양계약'이라 한다)을 체결하였다가 2010. 6.경 이를 해제하였다.

(마) 원고는 에스티에이건설을 상대로 서울중앙지방법원 2010가단273747호로 이 사건 분양계약의 해제에 따른 원상회복으로 분양대금(이하 '이 사건 분양대금'이라 한다)의 반환을 청구하는 소송을 제기하여 승소판결을 받았고 그 판결이 확정되었다.

(3) 이러한 사실관계에 의하면, 에스티에이건설은 이 사건 대리사무 약정

에 의하여 피고에게 분양수입금 등의 자금관리를 위탁하면서 공사비를 제외한 사업비 지출을 위하여 필요한 경우 시공사와 대출금융기관들의 확인과 같은 일정한 요건을 갖추어 지급을 요청할 수 있도록 약정하였고, 그 사업비에는 분양계약이 해제될 경우 수분양자에게 반환하여야 할 분양대금도 포함되므로, 에스티에이건설은 이 사건 분양계약의 해제에 따른 이 사건 분양대금 반환을 위하여 피고에게 위 요건을 갖추어 그 상당의 사업비 지출을 요청할 수 있는 권리(이하 '이 사건 사업비 지출 요청권'이라 한다)를 가진다고 할 것이며, 따라서 이 사건 사업비 지출 요청권은 원고가 보전하려는 권리인 에스티에이건설에 대한 이 사건 분양대금 반환채권과 밀접하게 관련되어 있다고 할 것이다.

나아가, 에스티에이건설은 피고에게 이 사건 상가를 신탁하였으므로 소유권이 남아 있지 않고 신탁계약에 따른 수익권만을 가지고 있을 뿐인데, 이러한 수익권은 장래의 채권으로서 강제집행에 의한 현금화와 변제가 즉시 이루어지기 어려우므로, 분양계약을 해제한 수분양자로서는 에스티에이건설의 피고에 대한 이 사건 사업비 지출 요청권과 같은 이 사건 대리사무 약정상의 권리를 대위하여 행사하지 않으면 이 사건 분양대금 반환채권의 유효·적절한 만족을 얻을 수 없을 위험이 있다고 볼 수 있으며, 결국 원고가 에스티에이건설의 피고에 대한 이 사건 사업비 지출 요청권을 대위하여 행사하는 것이 이 사건 분양대금 반환 채권의 현실적 이행을 유효·적절하게 확보하기 위하여 필요한 경우라 할 수 있다.

한편 원고가 분양받은 이 사건 점포는 이 사건 분양계약의 해제에 따라 미분양상태로 되고, 에스티에이건설이나 수탁자인 피고 등은 이를 제 3 자에게 다시 분양하거나 이 사건 담보신탁계약에 따라 처분하여 그 대금으로 사업비나 에스티에이건설의 채무의 변제 등에 충당할 수 있으므로, 분양계약을 해제한 수분양자인 원고가 분양자인 에스티에이건설의 이 사건 사업비 지출 요청권과 같은 이 사건 대리사무 약정상의 권리를 대위하여 행사하는 것이 채무자의 자유로운 재산관리행위에 대한 부당한 간섭이 된다고 보이지도 않는다.

이러한 사정들을 앞서 본 법리에 비추어 보면, 이 사건 점포의 수분양자인 원고로서는 분양자인 에스티에이건설에 대한 이 사건 분양대금 반환채권을 보전하기 위하여 에스티에이건설을 대위하여 피고에게 이 사건 분양대금 상당의 이 사건 사업비 지출 요청권을 행사할 수 있다고 보아야 할 것이다.

(4) 그럼에도 이와 달리 원심은, 에스티에이건설이 무자력인 경우에만 원고가 에스티에이건설의 피고에 대한 권리를 행사할 수 있다는 잘못된 전제 아래 에스티에이건설이 무자력이라고 인정하기에 부족하므로 보전의 필요성이 없

다고 인정하여 이 사건 소 중 채권자대위 청구 부분을 부적법하다고 판단하였다.

따라서 이러한 원심의 판단에는 채권자대위권의 행사요건인 채권보전의 필요성을 인정하기 위한 판단기준에 관한 법리를 오해하여 필요한 심리를 다하지 아니한 잘못이 있다. [···]

3. 결 론

그러므로 상고를 기각하고 상고비용은 패소자가 부담하기로 하여, 관여 대법관의 일치된 의견으로 주문과 같이 판결한다.

질문

1. 사실관계를 재구성하고, 원고의 대위청구의 당부를 평가해 보라. 금전채권이 피보전채권인 경우 채무자의 무자력을 요건으로 한다는 원칙을 유지할 경우, 이 사건에서 대위청구의 운명은 어떻게 되겠는가?
2. 대법원은 어떤 경우에 무자력 요건에 예외를 둘 수 있다고 하는가? 그리고 이 사안에서 어떻게 평가하는가? 어떠한 사정들이 특히 고려되고 있는가?
3. 무자력 요건에 예외를 설명하는 대법원의 일반론은 아래 살펴볼 특정채권 보전을 위한 전용의 사안에서 예외를 인정하던 판례로부터 나온 것으로 보인다. 이를 금전채권에 확장하는 것은 정당화될 수 있는가? 그리고 이 기준은 구체적인 사안에 적용하기에 명확하다고 보이는가? 보다 일반적으로 예외가 확대될 가능성이 있을 것인가?
4. 이 사건에서 채무자의 무자력이 요구되지 않는다고 보는 경우, 대위청구는 인용될 수 있을 것인가? 사실관계에 이를 방해할 만한 사정이 있는가?

[4] 금전채권이 피보전채권인 경우 무자력 요건의 예외(3): 대판(전) 2022. 8. 25. 선고 2019다229202

[주 문] 원심판결을 파기한다. 제 1 심판결을 취소하고, 이 사건 소를 각하한다. 소송총비용은 원고가 부담한다.

[이 유] 상고이유(상고이유서 제출기간이 지난 뒤에 제출된 상고이유보충서 기재는 상고이유를 보충하는 범위에서)를 판단한다.

1. 사안의 개요와 쟁점

가. 사안의 개요

(1) 원고는 다수의 보험계약자들과 실손의료보험계약을 체결한 보험자이다. 위

실손의료보험계약의 피보험자들은 피고가 운영하는 병원에서 트리암시놀른 주사 치료(이하 '이 사건 진료행위'라 한다)를 받고 진료계약에 따라 피고에게 진료비를 지급하였다. 원고는 실손의료보험계약의 보험계약자 또는 피보험자의 청구에 따라 피보험자에게 진료비 전액이나 일부에 해당하는 보험금을 지급하였다.

(2) 이 사건 진료행위는 「국민건강보험 요양급여의 기준에 관한 규칙」 제 9 조 [별표 2]에 규정된 비급여대상에 해당하지 않는 이른바 임의 비급여 진료행위에 해당한다.

(3) 원고는, 피고가 수진자인 피보험자들에게 행한 임의 비급여 진료행위가 무효이므로 피보험자들이 수령한 보험금은 법률상 원인 없이 지급된 것이라고 주장하면서, 피보험자들에 대한 보험금 상당의 부당이득반환채권을 피보전채권으로 피보험자들을 대위하여 피고를 상대로 진료비 상당의 부당이득반환을 구하는 채권자대위소송을 제기하였다.

(4) 원심은, 이 사건 채권자대위소송의 경우에 피보전채권이 금전채권이지만 채무자의 무자력 요건을 엄격히 적용할 수 없다고 보아 이를 심리하지 않은 채 채권자대위권 행사의 요건을 충족하였다고 판단하여 원고의 청구를 일부 인용하였다.

나. 이 사건의 쟁점

이 사건의 쟁점은 채권자인 보험자가 채무자인 피보험자에 대한 보험금 상당의 부당이득반환채권을 보전하기 위하여 채무자를 대위하여 요양기관의 채무자에 대한 임의 비급여 진료행위가 무효임을 이유로 제 3 채무자인 요양기관을 상대로 진료비 상당의 부당이득반환을 청구하는 경우, 채무자의 자력과 관계없이 보전의 필요성을 인정할 수 있는지 여부이다.

2. 보전의 필요성 인정 여부에 관한 판단

가. 채권자가 보전하려는 채권이 금전채권인 경우 보전의 필요성에 관한 대법원 판례

(1) 대법원은 오랜 기간 채권자대위권의 피보전채권이 금전채권인 경우에서, 채권자대위권이 채무자의 책임재산을 보전하기 위한 제도인 만큼 원칙적으로 채무자가 자력이 있다면 채권자는 채무자의 책임재산에 대한 집행을 통해 채권의 만족을 도모할 수 있으므로 채무자의 권리를 대위행사하여 책임재산을 보전할 필요성을 인정하기 어렵고, 채무자의 책임재산이 부족하거나 없는 상태, 즉 채무자가 자력이 없어 일반재산의 감소를 방지할 필요가 있는 경우에 보전의 필요성이 인정된다는 견해를 밝혀 왔다(대법원 1963. 2. 14. 선고 62다884 판결, 대법원 1963. 4. 25. 선고 63다122 판결, 대법원 1976. 7. 13. 선고 75다1086 판

결, 대법원 1993. 10. 8. 선고 93다28867 판결, 대법원 2015. 5. 14. 선고 2013다96783 판결 등 참조). 즉 대법원은 피보전채권이 금전채권인 경우 채무자의 자력 유무를 채권자대위권 행사에서 보전의 필요성을 인정할지 여부를 판단하는 핵심적인 요소로 보아 왔다.

(2) 한편 대법원은 피보전채권이 금전채권인 경우에도, ① 유실물의 실제 습득자가 법률상의 습득자에게 보상금의 절반을 청구할 수 있는 채권의 보전을 위하여 법률상 습득자를 대위하여 유실자를 상대로 보상금청구권을 행사한 사안과 같이 피보전채권의 실현을 위하여 대위채권의 실현이 필수적으로 요구되는 경우(대법원 1968. 6. 18. 선고 68다663 판결 참조), ② 부동산의 소유권이전등기가 국가의 강박행위로 말미암아 명의수탁자(채무자)로부터 제 3 채무자(국가)와 그 외 제 3 자로 전전 이전되었는데 제 3 자가 선의여서 명의신탁자와 명의수탁자의 각 등기청구권이 모두 이행불능이 된 사안과 같이 등기청구권인 피보전채권과 대위권리가 이행불능에 따라 금전채권으로 변형된 경우(대법원 2006. 1. 27. 선고 2005다39013 판결 참조), ③ 채권자가 채무자에게 골프장 신축 사업과 관련하여 투자하고 채무자는 그 투자금으로 제 3 채무자로부터 사업 부지를 매수하고 매매대금을 지급하면서 회원제 골프장 관련 인허가를 받지 못하면 투자약정과 토지 매매계약을 각각 해제하기로 정하였는데, 채무자가 그 인허가를 받지 못하였음에도 불구하고 토지에 대한 매매계약을 해제하지 않자 채권자가 채무자의 해제권을 대위행사하면서 원상회복으로 토지 매매대금의 반환을 구한 사안과 같이 피보전채권과 대위권리가 동일한 경제적 목적과 동일한 해제 사유를 매개로 결합된 특수한 경우(대법원 2017. 7. 11. 선고 2014다89355 판결 참조) 등에서 피보전채권과 채권자가 대위행사할 권리 사이의 밀접한 관련성 등 그 밖의 특수한 사정에 비추어 채무자의 자력 유무와 관계없이 보전의 필요성을 인정하기도 하였다.

(3) 최근 대법원은 전원합의체 판결로, 채무자의 책임재산인 부동산 공유지분에 대한 강제집행이 민사집행법 제102조 등의 제한으로 곤란한 경우에 채권자가 금전채권을 보전하기 위하여 자력이 없는 상태인 채무자를 대위하여 공유물분할청구권을 행사할 수 있는지 여부가 쟁점이 된 사안에서, 보전의 필요성에 관한 판단 기준에 관하여 다음과 같이 판시하면서, 금전채권을 보전하기 위하여 공유물분할청구권을 행사하는 것은 채무자의 책임재산의 감소를 방지한다거나 책임재산을 증가시킨다고 일반적으로 말할 수 없어 책임재산의 보전과 직접적인 관련이 없고, 채권자로서는 여전히 채무자의 공유지분으로부터 채권의 만족을 얻을 가능성이 있다는 점, 단순히 금전채권자의 채권 보전을 위하여 채

무자의 재산뿐만 아니라 공유물 분할을 희망하지 않는 다른 공유자의 공유지분 전부가 경매되게 하는 것은 채무자를 포함한 공유자들에게 지나치게 가혹하다는 점 등의 이유로 금전채권자는 자력이 없는 채무자를 대위한다고 하더라도 극히 예외적인 경우가 아니라면 부동산에 관한 공유물분할청구권을 대위하여 행사할 수 없다고 하여 보전의 필요성을 인정하지 않았다.

채권자는 자기의 채권을 보전하기 위하여 일신에 전속한 권리가 아닌 한 채무자의 권리를 행사할 수 있다(민법 제404조 제 1 항). 권리의 행사 여부는 그 권리자가 자유로운 의사에 따라 결정하는 것이 원칙이다. 채무자가 스스로 권리를 행사하지 않는데도 채권자가 채무자를 대위하여 채무자의 권리를 행사할 수 있으려면 그러한 채무자의 권리를 행사함으로써 채권자의 권리를 보전해야 할 필요성이 있어야 한다. 여기에서 보전의 필요성은 채권자가 보전하려는 권리의 내용, 채권자가 보전하려는 권리가 금전채권인 경우 채무자의 자력 유무, 채권자가 보전하려는 채권과 대위하여 행사하려는 권리의 관련성 등을 종합적으로 고려하여 채권자가 채무자의 권리를 대위하여 행사하지 않으면 자기 채권의 완전한 만족을 얻을 수 없게 될 위험이 있어 채무자의 권리를 대위하여 행사하는 것이 자기 채권의 현실적 이행을 유효·적절하게 확보하기 위하여 필요한지 여부를 기준으로 판단하여야 하고, 채권자대위권의 행사가 채무자의 자유로운 재산관리행위에 대한 부당한 간섭이 되는 등 특별한 사정이 있는 경우에는 보전의 필요성을 인정할 수 없다(대법원 2020. 5. 21. 선고 2018다879 전원합의체 판결 참조).

위 법리에 따르면, 보전의 필요성이 인정되기 위하여는 우선 적극적 요건으로서 채권자가 채권자대위권을 행사하지 않으면 피보전채권의 완전한 만족을 얻을 수 없게 될 위험의 존재가 인정되어야 하고, 나아가 채권자대위권을 행사하는 것이 그러한 위험을 제거하여 피보전채권의 현실적 이행을 유효·적절하게 확보하여 주어야 하며, 다음으로 소극적 요건으로서 채권자대위권의 행사가 채무자의 자유로운 재산관리행위에 대한 부당한 간섭이 된다는 사정이 없어야 한다. 이러한 적극적 요건과 소극적 요건은 채권자가 보전하려는 권리의 내용, 보전하려는 권리가 금전채권인 경우 채무자의 자력 유무, 피보전채권과 채권자가 대위행사하는 채무자의 권리와의 관련성 등을 종합적으로 고려하여 그 인정 여부를 판단하여야 한다.

(4) 이러한 판례의 흐름과 같이, 대법원은 원칙적으로 채권자대위권을 채무자의 일반재산의 감소를 방지하여 책임재산을 보전하기 위한 제도로 자리매김하고 채권자대위권 행사를 위한 요건인 보전의 필요성의 인정 여부는 책임재

산 보전이라는 채권자대위권의 목적을 바탕으로 판단하여 왔다. 이러한 맥락에서 채권자가 금전채권을 피보전채권으로 하여 금전채권을 대위행사하는 경우에 대법원은, 채무자가 자력이 없으면 특별한 사정이 없는 한 보전의 필요성을 긍정하는 한편 채무자의 자력이 있는 경우에도 예외적으로 채권자가 보전하려는 채권과 대위하여 행사하려는 권리 사이에 밀접한 관련성이 인정되는 등 특수한 사안에서 보전의 필요성을 인정하기도 하였다.

나. 임의 비급여 진료행위로 발생한 부당이득반환채권과 보전의 필요성

피보험자가 임의 비급여 진료행위에 따라 요양기관에 진료비를 지급한 다음 실손의료보험계약상의 보험자에게 청구하여 그 진료비와 관련한 보험금을 지급받았는데, 그 진료행위가 위법한 임의 비급여 진료행위로서 무효이고, 동시에 보험자와 피보험자가 체결한 실손의료보험계약상 그 진료행위가 보험금 지급사유에 해당하지 아니하여 보험자가 피보험자에 대하여 보험금 상당의 부당이득반환채권을 갖게 된 경우, 채권자인 보험자가 금전채권인 부당이득반환채권을 보전하기 위하여 채무자인 피보험자를 대위하여 제 3 채무자인 요양기관을 상대로 진료비 상당의 부당이득반환채권을 행사하는 형태의 채권자대위소송에서 채무자가 자력이 있는 때에는 보전의 필요성이 인정된다고 볼 수 없다. 구체적인 이유는 다음과 같다.

(1) 보전의 필요성에 관한 적극적 요건에 대하여 본다.

보전의 필요성이 인정되기 위하여는 적극적 요건으로서 먼저 채권자가 채무자의 권리를 대위하여 행사하지 않으면 자기 채권의 완전한 만족을 얻을 수 없게 될 위험이 있어야 하고, 채무자의 권리를 대위하여 행사하는 것이 위와 같은 위험을 제거하여 줌으로써 자기 채권의 현실적 이행을 유효·적절하게 확보하는 데에 필요하다는 점이 인정되어야 한다. 그러나 채무자인 피보험자가 자력이 있는 경우라면, 특별한 사정이 없는 한 채권자인 보험자가 채무자의 요양기관에 대한 부당이득반환채권을 대위하여 행사하지 않으면 자신의 채무자에 대한 부당이득반환채권의 완전한 만족을 얻을 수 없게 될 위험이 있다고 할 수 없다. 나아가 이 사건에서 피보전채권인 보험자의 피보험자에 대한 부당이득반환채권과 대위채권인 피보험자의 요양기관에 대한 부당이득반환채권 사이에는 피보전채권의 실현 또는 만족을 위하여 대위권리의 행사가 긴밀하게 필요하다는 등의 밀접한 관련성을 인정할 수도 없다. 만약 채무자인 피보험자의 자력이 있는데도 보전의 필요성을 인정한다면, 이는 채권자인 보험자에게 사실상의 담보를 취득하게 하는 특권을 부여하고, 법적 근거 없이 직접청구권을 인정하는 위험을 야기하며, 다른 채권자보다 우선하여 보험자의 채권만족이 실현되어 채권자평등주의에 기반한 민사집행법 체계와 조화를 이루지 못할 우려가 있다. 따라서 이 사건에서 보전의 필요성에 관한 적극적 요건이 인정되지 않는다.

(가) 이 사건은 금전채권인 부당이득반환채권을 피보전채권으로 하여 금전채권인 부당이득반환채권을 대위행사하는 경우이다. 금전채권을 피보전채권으로 하는 사안에서 보전의 필요성을 판단하는 기준에 대한 대법원의 확립된 판례에 의하여 채무자인 피보험자가 자력이 있다면 채권자가 보전하려는 채권과 대위하여 행사하려는 권리 사이에 밀접한 관련성이 인정되는 등의 특수한 사정이 없는 한 원칙적으로 보전의 필요성이 인정될 수 없다.

1) 피보전채권이 금전채권인 경우 '채권자가 채무자의 권리를 대위하여 행사하지 않으면 자기 채권의 완전한 만족을 얻을 수 없게 될 위험'은 채권자가 민사집행법이 정한 강제집행의 방법으로는 구제받을 수 없거나 구제받지 못할 위험이 있을 때를 의미한다. 일반적으로 금전채권자가 채권의 완전한 만족을 얻을 수 없게 될 위험은 채무자에게 책임재산이 부족하거나 없는 경우에 발생한다. 채무자인 피보험자가 자력이 있다면, 채권자인 보험자는 피보험자의 책임재산에 대한 집행을 통해 채권을 실현할 수 있으므로 특별한 사정이 없는 한 자기의 채권의 완전한 만족을 얻지 못할 위험이 없는 것이고, 따라서 피보험자의 일반재산의 감소를 방지할 필요도 인정되지 않는다.

2) 금전채권자가 단순히 채권회수의 편의나 실효성을 위하여 채무자의 제3채무자에 대한 금전채권을 대위행사하는 경우에는, 보전의 필요성의 적극적 요건을 충족하였다고 볼 수 없다.

이 사건에서 보험자는 요양기관의 임의 비급여 진료행위가 무효인 경우에 채권자대위권을 행사하지 않더라도 피보험자에 대하여 직접 보험금의 반환을 청구하여 변제받는 데 아무런 법률상 장애가 없고, 자신의 피보험자에 대한 부당이득반환채권을 집행채권으로 하여 피보험자의 요양기관에 대한 진료비 상당의 부당이득반환채권을 압류하여 추심·전부명령을 받는 등으로 채무자의 일반재산에 대한 강제집행을 통하여 채권의 만족을 얻을 수 있다. 이 경우 보험자가 피보험자의 권리를 대위하여 행사하는 것은 피보험자에 대한 집행권원을 확보하는 절차와 피보험자의 책임재산에 대해 집행을 개시하는 절차를 생략할 수 있게 함으로써 보험자의 채권회수의 편의성과 실효성이 높아진다는 것에 불과할 뿐 피보험자의 권리를 대위하여 행사하지 않으면 자기 채권의 완전한 만족을 얻을 수 없게 될 위험이 있다고 보기 어렵다. 위와 같은 위험이 존재한다고 볼 수 없는 이상 나아가 보험자의 채권자대위권 행사가 채권 불만족의 위험을 제거함으로써 그 채권의 현실적 이행을 확보하는 데에 필요하다고 할 수도 없다.

(나) 이 사건에서 피보전채권인 보험자의 피보험자에 대한 부당이득반환채권과 대위채권인 피보험자의 요양기관에 대한 부당이득반환채권 사이에는 보전의 필요성이 있다고 할 수 있을 정도의 밀접한 관련성을 인정하기 어렵다.

1) 채권자대위권 행사에서 보전의 필요성을 위한 적극적 요건을 인정하기 위해서는 단순히 채권자가 보전하려는 채권과 대위하여 행사하려는 권리 사이에 사실상의 관련성이 있다는 사정만으로는 부족하고 두 권리의 내용이나 특성상 보전하려는 권리의 실현 또는 만족을 위하여 대위하려는 권리의 행사가 긴밀하게 필요하다는 등의 밀접한 관련성이 요구된다.

대법원은 2001. 5. 8. 선고 99다38699 판결에서 처음으로 피보전채권과 대위채권 사이의 밀접한 관련성 등을 이유로 보전의 필요성을 인정하였다. 위 사안에서 채권자인 정유회사는 유류공급계약을 근거로 채무자인 한국도로공사에 대하여 고속도로 휴게소에 있는 특정 주유소에서 자신의 정유제품만을 공급받고 자신의 상표만을 표시할 것을 요구할 권리가 있었고, 이를 보전하기 위하여 채무자가 주유소 운영자인 제 3 채무자에 대하여 같은 주유소에서 다른 정유회사의 상표 표시를 철거하고 다른 정유회사의 제품을 판매하지 말 것을 요구할 권리를 대위행사하였다. 여기서 피보전채권과 대위채권은 모두 특정 주유소의 운영과 관련된 것으로서 대체성이 없는 작위채권 또는 부작위채권이고 두 채권은 목적과 수단의 관계를 가지고 있다. 즉, 대위채권을 행사하는 것이 피보전채권의 실현이라는 목적 달성을 위한 수단적 성격을 가지고 있다.

이처럼 채권자가 보전하려는 채권과 대위하여 행사하려는 권리가 사실상 목적과 수단의 관계를 가지고 있거나 서로 담보적 기능을 하고 있을 때, 또는 대위하여 행사하려는 권리나 그 목적물이 궁극적으로 대위채권자에게 귀속될 성질의 것이라고 볼 수 있는 특수한 관계가 있는 경우 등에서, 두 권리의 내용이나 특성상 채권자가 보전하려는 권리의 만족이 대위하여 행사하려는 권리의 실현 여부에 달려 있기 때문에, 채무자의 권리를 대위하여 행사하지 않으면 채권자가 보전하려는 권리의 완전한 만족을 얻을 수 없게 될 위험이 발생한다고 볼 수 있고, 채권자대위권의 행사를 통하여 채무자의 권리를 실현하는 것이 이러한 위험을 제거하여 채권자가 보전하려는 권리의 목적을 달성하는 데에 긴밀하게 필요하다는 점을 인정할 수 있어, 이를 바탕으로 두 채권 사이에 밀접한 관련성이 있다고 할 수 있다.

이와 달리 채권자가 보전하려는 채권과 대위하여 행사하려는 권리의 종류, 발생원인, 목적 등에 동일성 또는 유사성이 있다는 사정은 사실상의 관련성일 뿐이므로 그 자체만으로는 채권자대위권의 보전의 필요성을 인정하기 위한 근거가 될 수 없다. 특히 금전채권을 보전하기 위하여 채무자의 금전채권을 대위행사하는 경우에, 금전채권자는 채무자의 책임재산에 대한 집행을 통해 채권을 실현하는 것이 우리 법체계상 원칙적인 방법이고, 채권자대위권은 채무자의 일반재산의 감소를 방지하여 책임재산을 보전하기 위한 제도인 점을 고려하여 볼 때, 채무자의 자력 유무에 관계없이 금전채권인 피보전채권과 대위채권 사이의 관련성 등을 이유로 보전의 필요성을 인정하려면 채권의 상대효 원칙에도 불구하고 일반채권자로 하여금 채무자의 금전채권을 행사하도록 허용하는 것을 정당화할 수 있는 정도의 밀접한 관련성이 요구된다.

2) 이 사건에서 보험자와 피보험자가 가지는 각각의 부당이득반환채권의 내용이나 특성에 비추어 보면 두 채권 사이에 존재하는 관련성은 사실상의 것일 뿐이고 피보전채권인 보험자의 부당이득반환채권의 실현 또는 만족을 위하여 대위채권인 피보험자의 부당이득반환채권의 행사가 긴밀하게 필요하다는 등의 밀접한 관련성이 인정된다고 볼 수 없다.

이 사건에서 보험자의 피보험자에 대한 부당이득반환채권과 피보험자의 요양기관에 대한 부당이득반환채권은 모두 위법한 임의 비급여 진료행위의 효력 유무를 매개로 발생하였다는 점에서 발생원인이 되는 사실관계에 일부 동일성이 인정된다. 그러나 위 두 채권의 발생원인에 일부 동일성이 있는 것은, 보험자가 실손의료보험계약의 약관을 작성하면서 피보험자가 특정 진료비를 지출함으로써 입은 손해를 보험사고로 구성하였기 때문에 보험사고의 발생을 구성하는 기초적 사실관계가 보험금 지급의 원인이 되는 진료계약의 사실관계와 직접적으로 연동되어 원인관계에서 관련성을 갖게 될 수밖에 없고, 나아가 보험자가 진료계약의 무효 사유를 파악하지 못한 채 단순히 피보험자의 진료비 지출에 따라 보험금을 잘못 지급함으로써 당초의 보험계약관계가 이른바 급부부당이득관계로 전환되면서 실손의료보험계약과 진료계약관계에서 발생한 일부 관련성이 부당이득관계에서도 여전히 나타나기 때문이다.

그러나 이러한 관련성은 모두 사실상의 것이다. 피보험자가 요양기관을 상대로 부당이득반환채권을 행사하지 않는 것이 보험자와 체결한 실손의료보험계약상 의무를 위반한 것도 아니고, 피보험자가 요양기관에 대하여 부당이득반환청구를 하는 것이 보험자의 피보험자에 대한 부당이득반환채권의 내용을 실현시켜 주는 수단이 되는 것도 아니며, 두 채권 사이에 담보적 기능이 예정되어 있었던 것도 아니다. 피보험자가 요양기관에 대하여 권리를 행사하지 않더라도 피보험자의 자력에 문제가 없다면 보험자가 피보험자에 대하여 가지는 권리를 실현하는 데 아무런 장애가 없다. 또한 위 두 채권은 각자의 의사에 따라 체결한 완전히 독립된 별개의 계약에서 정해진 내용에 기초하여 실현된 급부가 그 원인이 무효가 되어 각각 발생한 것일 뿐이다. 보험자가 갖는 부당이득반환채권은 보험계약자와 체결한 실손의료보험계약에서 정한 보험금 지급요건을 충족하지 못하였다는 것을 요건으로 한다. 반면 피보험자가 갖는 부당이득반환채권은 임의 비급여 진료행위가 강행규정인 국민건강보험법 관련 법령을 위반하였고 대법원 2012. 6. 18. 선고 2010두27639, 27646 전원합의체 판결에서 설시한 예외적인 유효 요건을 갖추지 못하여 무효라는 법리적 판단에 기초한 것이다. 결국 이 사건의 피보전권리와 대위채권 사이에 채권자가 후자의 권리를 행사하는 것이 전자의 실현 또는 만족을 위하여 긴밀하게 필요하다는 등의 사정이 인정된다고 보기 어렵다.

피보험자와 요양기관 사이의 진료계약이 유효하여 실손의료보험계약과 진료계약이 정상적으로 작동할 때 위에서 본 바와 같이 요양기관의 피보험자에 대한 진료비채권과 피보험자의 보험자에 대한 보험금채권 사이에는 발생원인 등에 관한 관련성이 인정되지만, 이를 이유로 피보험자로부터 진료비채권의 일부만을 변제받은 요양기관이 나머지 진료비채권을 보전하기 위하여 피보험자의 자력과 관계없이 그를 대위하여 보험자에게 일부 변제된 진료비에 관한 보험금을 청구하는 것을 허용할 수는 없다. 이는 진료비채권과 보험금채권의 발생원인 등에 관한 동일성이 사실상의 관련성에 불과하기 때문이다. 이 사건과 같이 피보험자와 요양기관 사이의 진료계약이 무효이고 이와 관련하여 피보험자에게 보험금을 잘못 지급한 보험자가 의료기관을 상대로 피보험자를 대위하여 부당이득반환채권을 행사하는 경우에도, 이러한 법리는 마찬가지로 적용된다.

(다) 손해보험의 일종인 실손의료보험계약의 보험자가 보험금을 잘못 지급함으로써 입은 손실을 회복하기 위하여 피보험자의 자력과 관계없이 피보험자의 요양기관에 대한 권리를 대위행사하게 하는 것은 보험자에게 피보험자의 일반채권자에 우선하는 사실상의 담보권을 부여하는 것이어서 부당하다.

실손의료보험은 “피보험자가 질병이나 상해로 인하여 병원에서 치료를 받거나 처방조제를 받은 경우 등에서 의료비 명목으로 지출한 진료비 및 처방조제비를 보상”하는 손해보험의 일종이다. 이 사건에서 보험자가 피보험자에 대하여 취득한 부당이득반환채권은 약관에 정한 보험사고가 아님에도 보험자가 보험사고 해당 여부에 관한 판단을 그르쳐 피보험자에게 보험금을 잘못 지급함으로써 입은 손해를 회복하기 위한 것이다. 이러한 손해는 보험자의 과실로 발생하는 전형적인 보험영업상의 손실에 해당한다. 그런데 보험자로 하여금 이러한 경우에 채권추심의 편의성과 실효성을 이유로 피보험자의 자력 유무와 무관하게 피보험자의 요양기관에 대한 부당이득반환채권을 대위행사할 수 있도록 허용하는 것은, 보험자에게 보험금 지급 과정에서 업무상 과실로 발생하는 영업상 손실에 대하여 사실상의 담보를 취득하게 하는 것이다. 보험자는 요양기관에 대한 피보험자의 권리를 대위행사함으로써 피보험자를 채무자로 하는 집행절차를 생략한 채 곧바로 요양기관에 대하여 금전지급을 명하는 판결을 받고 이를 집행권원으로 궁극적으로는 국민건강보험 제도 등을 이용하여 요양기관의 요양급여채권을 추심하는 등의 방법으로 자신의 과실로 발생한 영업상 손실을 위험부담 없이 안정적으로 전보받을 수 있게 된다. 이와 같이 보험자에게 실손의료보험계약이나 손해보험 제도, 국민건강보험 제도 등에서 당초 예정하지 않았던 방식으로 사실상의 담보권을 부여하는 것은 피보험자의 권익을 희생시켜 실손의료보험계약의 보험자에게 일반채권자가 갖지 못하는 특별한 이익을 부여하는 것으로서 채권자대위권 제도의 목적 범위를 벗어나는 것이다.

(라) 보험자가 피보전채권과 대위채권 사이에 사실상의 관련성이 있다는 사정이나 채권회수의 편의성과 실효성을 이유로 피보험자의 자력 유무와 관계없이 피보험자가 가지는 권리를 대위하여 행사할 수 있다고 보면 이는 명시적인 법률의 규정 없이 채권자의 제 3 자에 대한 직접청구권을 인정하는 결과를 초래하여 채권의 상대효 원칙에 반할 우려가 있다.

채권은 원칙적으로 상대적 효력만을 갖는 것이어서 법률에 특별한 규정이 없는 한 채권자는 채무자의 제 3 채무자에 대한 권리를 직접 행사할 수 없다. 직접청구권은 채권의 상대효 원칙에 대한 중대한 예외로서 특정한 권리관계에서 발생하는 채권자의 이익을 두텁게 보호하기 위하여 개별 법률에 특별한 규정을 두어 채권자로 하여금 채무자의 제 3 채무자에 대한 특정 청구권을 직접 행사할 수 있는 권한을 부여함으로써 발생한다. 우리 법체계상 민법과 상법 등에서는 전대에 동의한 임대인의 전차인에 대한 직접청구권(민법 제630조)과 책임보험에서 피해자의 보험자에 대한 직접청구권(상법 제724조 제 2 항, 자동차손해배상 보장법 제10조)을 규정하고 있고, 「하도급거래 공정화에 관한 법률」(이하 '하도급법'이라 한다) 제14조와 건설산업기본법 제35조 제 2 항은 직불합의 등의 법정 요건을 갖춘 경우 수급사업자(하수급인)의 발주자에 대한 직접청구권을 인정하고 있다. 이와 같이 직접청구권은 이를 허용하는 개별 법률의 규정에 의하여 극히 예외적으로 인정되는 것이 원칙이고, 그러한 명시적 법률 규정 없이 이를 인정할 수 없다.

보험자가 금전채권인 부당이득반환채권을 보전하기 위하여 채무자인 피보험자의 자력이 있음에도 그를 대위하여 제 3 채무자인 요양기관을 상대로 진료비 상당의 부당이득반환을 청구하는 것을 허용하는 것은 보험자가 피보전채권의 만족을 위하여 제 3 채무자인 요양기관에 대하여 직접 이행을 구할 수 있는 직접청구권을 인정하는 결과를 가져온다. 이는 채권의 상대효 원칙에 반하는 것으로서 우리 법체계 전체와 조화를 이룰 수 없다.

(마) 피보험자의 자력 유무를 따지지 아니한 채 보전의 필요성을 인정한다면 채권자대위권 행사를 통한 사실상의 우선변제 효과로 인해 채권집행에 있어 채권자평등주의 원칙에 기반을 둔 현행 민사집행법 체계와 조화를 이루지 못할 우려가 있다.

보험자는 요양기관의 위법한 임의 비급여 진료행위로 인한 진료비 중 일부를 보험금으로 지급하는 경우가 많으므로 통상 보험자가 갖는 부당이득반환채권보다 피보험자가 갖는 부당이득반환채권의 액수가 더 크다. 따라서 보험자는 피보험자가 요양기관에 대하여 가지는 진료비 상당의 부당이득반환채권을 압류·추심하는 등의 채권집행을 통해 채권의 완전한 만족을 얻을 수 있다. 피보험자의 다른 일반채권자들이 위 채권집행절차에 참여하여 배당의 결과 보험자가 자신의 채권 전액을 회수하지 못하게 되는 상황이 발생할 여지가 있기는 하나, 채무자가 자력이 있다면 다른 일반재산에 대한 추가적인 집행을 통하여 나머지 부분을 회수할 가능성이 여전히 있다. 이러한 절차적 번거로움은 우리 민사집행절차가 압류선착주의를 취하고 있지 않음에 따라 발생하는 결과일 뿐이므로, 이를 들어 책임재산 보전의 필요성이 있다고 할 수는 없다. 현재 실체법 영역에 규정된 채권자대위권 제도는 금전채권을 보전하기 위하여 금전채권을 대위행사하는 사안에서 사실상 채권집행 제도의 역할을 수행함과 동시에 채권자의 상계권 행사와 결합하여 채권자에게 사실상 우선변제의 권능을 부여하는 현상으로 나타나고 있다. 채무자의 자력이 있음에도 사실상의 관련성을 이유로 금전채권을 보전하기 위하여 금전채권을 대위행사할 수 있는 범위를 확장하게 되면, 채권자대위권 제도의 위와 같은 사실상의 기능과 결합하여 민사집행법상 채권집행절차가 취하고 있는 채권자평등주의 원칙을 무력화하고, 부동산, 동산 등에 대한 집행절차와 달리 채권집행 영역에서만 사실상 우선주의가 적용되는 불균형한 결과를 발생시킴으로써 민사집행 제도 전반의 균형과 안정을 깨뜨리는 위험을 야기할 수 있다.

(2) 보전의 필요성에 관한 소극적 요건에 대하여 본다.

보험자가 요양기관의 위법한 임의 비급여 진료행위가 무효라는 이유로 자력이 있는 피보험자의 요양기관에 대한 권리를 대위하여 행사하는 것은 피보험자의 자유로운 재산관리행위에 대한 부당한 간섭이 될 수 있다.

(가) 권리의 행사 여부는 그 권리자가 자유로운 의사에 따라 결정하는 것이 원칙이다. 한편 피보전채권의 실현에 위험이 발생하여 채무자의 권리를 행사하는 것이 이러한 위험을 제거하여 피보전채권의 목적을 달성하는 데 필요한 경우라면, 채무자의 위와 같은 권리를 희생하여 채권자의 채무자의 재산관리에 대한 간섭을 용인하는 것이 채권자대위권 제도의 본질이기도 하다. 따라서 채권자대위권의 행사가 채무자의 자유로운 재산관리행위에 대한 부당한 간섭이 된다는 사정이 없을 것이라는 보전의 필요성에 대한 소극적 요건의 판단은, 피보전채권에 발생한 위험을 제거하여 자기 채권을 실현하려는 채권자의 이익과 고유의 재산관리권 행사를 간섭받지 않을 채무자의 이익을 비교형량하는 것을 핵심으로 한다.

(나) 대법원은 채무자가 자력이 있는 사안에서, ① 명의수탁자가 명의신탁자에 대하여 부담하는 소유권이전등기의무가 이행불능이 되어 그에 따른 손해배상을 하여야 하는 상황에서, 채권자인 명의신탁자가 채무자인 명의수탁자의 손해배상에 갈음하여 위 이행불능에 책임이 있는 제 3 채무자에 대한 채무자의 손해배상채권을 대위행사하여 지급받는 것이 채무자의 의사에도 부합한다고 보았고(대법원 2006. 1. 27. 선고 2005다39013 판결 참조), ② 채권자(수분양자)의 분양계약 해제로 채무자(분양자)나 제 3 채무자(신탁회사)는 분양 목적물인 부동산을 제 3 자에게 다시 분양하거나 처분하여 그 대금으로 사업비나 채무의 변제 등에 충당할 수 있으므로, 분양계약을 해제한 수분양자인 채권자가 분양자인 채무자의 신탁회사에 대한 사업비 지출 요청권과 같은 대리사무 약정상의 권리를 대위하여 행사하는 것이 채무자의 경제적 이익에 반하지 않는다고 하여(대법원 2014. 12. 11. 선고 2013다71784 판결 참조) 일정한 경우에 한하여 보전의 필요성을 위한 소극적 요건을 인정하였다. 한편 대법원은, 채권자가 자신의 금전채권을 보전하기 위하여 무자력인 채무자를 대위하여 부동산에 관한 공유물분할청구권을 행사하는 것은, 채권자로서는 여전히 채무자의 공유지분으로부터 채권의 만족을 얻을 가능성이 있고 공유물분할이 책임재산의 증감에는 실질적인 영향을 주지 않음에도, 공유자 중 어느 누구도 공유물의 분할을 희망하지 않는 상황에서 단순히 금전채권자의 채권 보전을 위하여 채무자의 재산뿐만 아니라 다른 공유자의 공유지분 전부가 경매되게 하는 것으로서 채무자를 포함한 공유자들에게 지나치게 가혹하다는 등의 이유로 채무자의 자유로운 재산관리행위에 대한 부당한 간섭이 된다고 판단하기도 하였다(대법원 2020. 5. 21. 선고 2018다879 전원합의체 판결 참조). 보전의 필요성의 소극적 요건에 관한 이러한 판단은 채

권자와 채무자 사이의 이익형량의 결과이기도 하다.

(다) 피보험자가 위법한 임의 비급여 진료행위를 이유로 요양기관에 대하여 진료비 상당의 부당이득반환채권을 갖는다 하더라도 현실적으로 이를 행사할 것인지 여부는 피보험자의 의사에 달려 있고 피보험자는 무자력이 아닌 한 그 행사 여부를 직접 결정할 권리를 가지고 있다. 진료계약은 개인의 신체 및 정신의 질병 등에 대한 진단과 치료 등을 목적으로 하는 위임계약이라는 특수성이 있고, 피보험자인 수진자와 의사 등 요양기관 사이의 관계에 따라 권리의무의 내용과 실현에서 다양한 형태가 나타날 수 있다. 또한 진료계약에는 극히 사적이고 민감한 개인정보의 수집과 생산이 필수적으로 동반되므로 이를 정당화할 수 있는 특별한 사정이 없는 한 당사자의 동의 없이 진료계약과 관련한 개인정보가 공개되거나 타인의 소송자료로 사용되어서는 아니 된다. 이러한 특수성을 고려하여 볼 때 수진자인 피보험자가 실제로 요양기관을 상대로 진료계약이 무효임을 이유로 부당이득반환채권을 행사할 것인지 여부는 피보험자와 요양기관과의 관계, 진료의 목적이나 경위 및 결과 등 개인별 사정에 따라 달라질 수 있는 것이어서 피보험자가 당연히 요양기관에 대해 부당이득반환채권을 행사할 것이라고 단정할 수 없다. 대위권리의 귀속자인 채무자의 결단 또는 선택의 자유를 통하여 비로소 대위권리가 실현될 수 있는 사안에서 채무자에 의하여 그러한 결단이나 선택권의 행사가 이루어지지 않았음에도 불구하고 마치 채무자가 대위권리를 행사할 것을 당연시하여 이를 채권자가 대위할 수 있다고 하는 것은 채권자대위권 제도의 기본적인 취지에 반한다. 그럼에도 보험자의 채권 행사 의사와 피보험자의 채권 행사 의사를 동일하게 보아 금전채권자일 뿐인 보험자로 하여금 자력이 있는 피보험자의 진료계약과 관련된 권리를 대위하여 행사하는 것을 허용한다면 이는 피보험자의 자유로운 재산관리행위에 대한 부당한 간섭에 해당할 여지가 있다.

다. 이 사건에 대한 판단

원심판결 이유를 위에서 본 법리에 비추어 살펴본다. 원고가 피보험자들에 대하여 가지는 부당이득반환채권은 금전채권으로서 이를 보전하기 위하여 피보험자들의 피고에 대한 진료비 상당의 부당이득반환채권을 대위하여 행사하기 위해서는 원칙적으로 피보험자들의 무자력이 요구된다. 이 사건의 경우 피보험자들이 무자력이라는 주장·증명이 없고 피보전권리의 실현 또는 만족을 위하여 대위권리의 행사가 긴밀하게 필요하다는 등의 밀접한 관련성을 인정할 수도 없으며, 원고가 피보험자들의 피고에 대한 권리를 대위하여 행사하지 않으면 자기 채권의 완전한 만족을 얻지 못할 위험이 있다고 보기 어렵다. 나아가 채권자대위권의 행사가 피보험자의 자유로운 재산관리행위에 대한 부당한 간섭이 될 수 있으므로 보전의 필요성이 인정된다고 볼 수 없다. 따라서 이 사건 소는 부적법하다.

그럼에도 원심은 이와 달리 피보전채권과 대위채권 사이의 밀접관련성을 인정하고 채무자인 피보험자들의 자력 유무와 관계없이 채권자대위권 행사의 적극적 요건을 갖춘 것으로 보아 보전의 필요성이 인정된다고 판단하였다. 이러한 원심판단에는 채권자대위권의 행사요건인 보전의 필요성에 관한 법리를 오해하여 판결에 영향을 미친 잘못이 있다. 이를 지적하는 상고이유 주장은 정당하다.

3. 결 론

다른 상고이유에 대한 판단을 생략한 채 원심판결을 파기하되, 이 사건은 대법원이 직접 재판하기에 충분하므로 민사소송법 제437조에 따라 자판하기로 하여, 제 1 심판결을 취소하고 이 사건 소를 각하하며, 소송총비용은 패소자가 부담하도록 하여, 주문과 같이 판결한다. [...]

4. 보전의 필요성에 관한 [...] 반대의견

가. 다수의견은 보험자가 피보험자에 대하여 갖는 보험금 상당의 부당이득반환채권과 피보험자가 요양기관에 대해 갖는 진료비 상당의 부당이득반환채권 사이에 밀접관련성을 부정하면서 채권자인 보험자의 채권자대위권 행사가 채권의 현실적 이행을 위한 유효·적절한 수단이라고 보기 어렵고 채무자의 자유로운 재산관리행위에 대한 부당한 간섭에 해당하므로 보전의 필요성을 인정할 수 없다고 한다. 그러나 이러한 의견에는 찬성할 수 없다.

채권자대위권의 요건을 정한 민법 제404조 제 1 항 본문에서 말하는 '자기의 채권을 보전하기 위하여', 즉 보전의 필요성이란 채권자가 채무자에 대한 채권의 실현을 확보하기 위한 것을 뜻한다. 대법원은 채권자대위권의 행사로 채권자가 보전할 채권이 금전채권인 경우에 그 채권과 채권자가 대위할 권리 사이에 밀접한 관련성이 있는 사안에서 채무자의 무자력(무자력)을 문제 삼지 않고 보전의 필요성을 넓게 인정하였다. 이 사건에서 갑자기 보전의 필요성을 엄격하게 인정하려는 다수의견의 태도는 채권자대위권에 관한 문언해석에 맞지 않을 뿐만 아니라 무자력 요건을 완화하여 채권자대위권 행사의 허용 범위를 확대해 온 판례의 기본적인 방향과 배치된다.

요양기관의 피보험자에 대한 진료행위가 위법한 임의 비급여 진료행위에 해당하는 경우 그 계약은 효력이 없다. 이러한 경우 보험자가 피보험자에 대하여 갖는 보험금 상당의 부당이득반환채권과 피보험자가 요양기관에 대하여 갖는 진료비 상당의 부당이득반환채권 사이에는 밀접한 관련성이 있다. 채권자인 보험자가 자신의 부당이득반환채권을 보전하기 위하여 채무자인 피보험자를 대위하여 제 3 채무자인 요양기관을 상대로 진료비 상당의 부당이득반환채권을 청구하는 채권자대위권 행사는 채권의 현실적 이행을 위한 유효·적절한 수단으로서 채무자의 자유로운 재산관리행위에 대한 부당한 간섭에 해당한다고 볼 수 없다. 따라서 이 사건에서 채무자의 자력 유무와 관계없이 채권자대위권 행사요건인 보전의 필요성이 인정된다고 봄이 타당하다.
상세한 이유는 다음과 같다.

(1) 채권자대위권에 관한 법규정과 판례의 흐름

(가) 채권자대위권은 채권자가 채무자의 권리를 대위하여 행사하지 않는다면 자기 채권의 완전한 만족을 얻을 수 없게 될 위험이 있으므로 그 채권의 실현을 위하여 필요한 경우 채무자의 권리를 대위하여 행사하는 권리이다. 채권자가 이러한 권리를 행사하는 한도에서는 채무자의 자유로운 재산관리에 개입하는 것이 허용된다.

민법 제404조 제 1 항은 본문에서 "채권자는 자기의 채권을 보전하기 위하여 채무자의 권리를 행사할 수 있다."라고 정함으로써 채권자대위권의 행사요건을 아주 단순하게 정하고 있고, 그 단서에서 '일신에 전속한 권리'에 대해서는 채권자대위권을 행사할 수 없다는 예외를 정하고 있을 뿐이다. 이 규정에서 '채무자의 무자력'을 요건으로 정하고 있는 것도 아니다. 이와 같은 법률의 문언과 달리 채권자대위권이라는 권리를 제한하기 위해서는 헌법이나 법률을 비롯하여 정당한 근거가 있어야 한다.

채권자대위권의 요건인 보전의 필요성은 채권자가 채무자에 대한 채권의 실현을 확보할 필요성을 뜻한다. 채권자가 채무자의 권리를 대위하여 행사하지 않으면 자기 채권의 완전한 만족을 얻을 수 없게 될 위험이 있어 채무자의 권리를 대위하여 행사하는 것이 자기 채권의 현실적 이행을 유효·적절하게 확보하기 위하여 필요한 경우가 이에 해당한다. 보전의 필요성은 탄력적인 개념이기 때문에, 위와 같은 경우에 한정하여 보전의 필요성을 인정해야 하는 것은 아니고, 그 인정 범위가 좀 더 포괄적으로 설정될 수 있음은 물론이다.

(나) 대법원은 채권자대위권의 행사로 채권자가 보전할 채권이 금전채권인 경우에는 채무자가 자력이 없어 일반재산의 감소를 방지할 필요가 있으면 원칙적으로 보전의 필요성을 인정하였다(대법원 1963. 4. 25. 선고 63다122 판결, 대법원 1969. 7. 29. 선고 69다835 판결 등 참조). 여기서 채무자에게 자력이 없다는 것, 즉 무자력은 일반적으로 총채권자의 채권을 변제하기에 부족한 채무초과 상

태에 있다는 것을 말한다.

그런데 대법원은 채권자가 보전할 채권이 소유권이전등기청구권과 같은 특정채권인 경우 채권자가 대위할 권리와 밀접한 관련이 있는 때에는 채무자의 무자력을 요건으로 하지 않고 채권자대위권 행사를 넓게 허용함으로써(대법원 1964. 12. 29. 선고 64다804 판결, 대법원 1992. 10. 27. 선고 91다483 판결, 대법원 2001. 5. 8. 선고 99다38699 판결 등 참조) 채권자대위권의 행사요건을 완화해 왔다. 특정채권을 보전하는 것은 채무자의 무자력과는 상관없는 문제이기 때문이다.

이후 대법원은 피보전채권이 금전채권인 경우에도 '보전의 필요성'을 판단할 때 피보전채권과 채권자가 대위할 권리 사이에 밀접한 관련성이 있는 예외적인 사안에서 채무자의 무자력을 문제 삼지 않고 채권자대위권 행사를 인정하였다(대법원 2002. 1. 25. 선고 2001다52506 판결, 대법원 2014. 12. 11. 선고 2013다71784 판결, 대법원 2017. 7. 11. 선고 2014다89355 판결 등 참조). 대법원은 채무자의 자유로운 재산관리행위에 대한 부당한 간섭이 아닐 것이라는 요건을 고려하지 않고 피보전채권과 채권자가 대위할 권리 사이에 밀접한 관련성이 있다는 이유만으로 보전의 필요성이 있다고 판단하기도 하였다(대법원 2006. 1. 27. 선고 2005다39013 판결 참조). 대법원은 위 사안들에서 채권자대위권 행사를 허용하는 이유가 무엇인지에 관하여 명확히 제시하지 않았으나, 피보전채권이 금전채권인 경우에도 구체적 타당성 있는 해결을 위해 기존 판례와는 달리 채무자의 무자력을 요구하지 않고 채권자대위권 행사를 허용하였다고 볼 수 있다.

특히 대법원 2020. 5. 21. 선고 2018다879 전원합의체 판결은 보전의 필요성에 관한 기존 판례의 흐름을 정리하여 채권자가 채무자의 권리를 대위하여 행사하는 것이 채권의 현실적 이행을 유효·적절하게 확보하기 위하여 필요한지 여부를 기준으로 판단하여야 하고 그 고려사항으로 채권자가 보전하려는 권리의 내용, 채권자가 보전하려는 권리가 금전채권인 경우 채무자의 자력 유무, 채권자가 보전하려는 권리와 대위하여 행사하려는 권리의 관련성 등을 종합하여 고려하여야 한다고 하였다.

이러한 판례의 태도는 피보전채권이 금전채권이더라도 '보전의 필요성'을 판단할 때 '채무자의 자력 유무'가 유일한 판단 기준이 아니라는 점을 명백히 한 것으로서, 전체적으로 '무자력'을 채권자대위권 행사의 요건으로 정하지 않은 민법 제404조 제 1 항 문언에 좀 더 가까워졌다고 볼 수 있다. 채무자가 무자력인 경우에 보전의 필요성이 인정될 뿐만 아니라, 채무자가 자력이 있더라도 피보전채권과 대위할 권리 사이의 밀접한 관련성 등을 이유로 보전의 필요성을 긍정할 수 있다는 것이 판례이다.

금전채권 보전을 위한 채권자대위권 행사에서 채무자의 무자력을 요구하며 보전의 필요성을 엄격하게 인정하려는 다수의견의 태도는 무자력 요건을 완화하여 채권자대위권 행사를 허용하는 범위를 확대해 온 판례의 기본적인 방향과 배치된다. 그런데도 이 판결은 위에서 본 대법원 2001다52506 판결이나 대법원 2005다39013 판결 등 기존 판례를 변경하지 않고 있다.

(2) 채권자인 보험자가 피보험자에 대해 갖는 피보전채권과 채무자인 피보험자가 요양기관에 대해 갖는 권리, 즉 대위할 권리는 두 채권의 발생원인, 내용과 목적 등에 비추어 밀접한 관련성이 인정된다.

피보험자는 요양기관이 한 임의 비급여 진료행위에 대하여 진료비를 지급하였고, 보험자는 피보험자에게 진료비를 보상하기 위하여 보험금을 지급하였다. 이때 진료행위가 위법한 임의 비급여 진료행위로서 이에 관한 계약이 무효라면 피보험자는 요양기관에 진료비 상당액의 부당이득반환을 청구할 수 있다. 보험자와 피보험자 사이의 보험계약은 진료행위를 대상으로 이를 보상하기 위하여 체결된 것이고(채권의 발생 근거), 피보험자와 요양기관 사이의 진료계약은 진료를 받기 위하여 체결된 것으로서(채권의 내용), 모두 진료행위의 실현을 목적으로 한다. 또한 보험자의 피보험자에 대한 보험금 상당의 부당이득반환채권과 피보험자의 요양기관에 대한 진료비 상당의 부당이득반환채권은 모두 진료행위가 무효임을 원인으로 하여 발생하였다. 따라서 피보험자가 요양기관으로부터 부당이득으로 반환받을 진료비 중 보험금에 해당하는 부분은 결국 보험자에게 귀속되어야 한다. 이와 같이 두 채권은 발생과 그 원인, 채권의 내용과 목적에서 밀접한 관련성이 있다.

(3) 이 사건에서 보험자의 채권자대위권 행사는 피보전채권의 현실적 이행을 유효·적절하게 확보하기 위하여 필요하다.

채권은 채권자가 채무자에게 그 이행을 청구할 수 있는 권리로서, 채무자가 제 3 자에 대해 채권 등 권리를 가지고 있는 경우에는 민사집행법에 따라 채무자에 대한 채권을 집행채권으로 하여 채무자의 제 3 자에 대한 채권을 압류·추심하는 등의 방법을 통하여 만족을 얻는 것이 원칙이다.

그러나 이러한 원칙에 대한 중대한 예외가 채권자대위권에 관한 민법 제404조이다. 민법은 채권자가 제 3 자를 상대로 권리를 행사할 수 있도록 하는 특별한 법률 규정으로 민법 제404조를 두고 있다. 채권의 이른바 상대효 원칙은 채권자대위권을 적용하는 국면에서는 그대로 적용할 수 없다. 채권자대위권을 적용하는 단계에서 마치 채권자대위권에 관한 규정이 없는 것처럼 채권의 상대효 원칙을 들어 채권자대위권의 적용 범위를 줄이려고 해서는 안 된다.

이와 같이 민법은 민사집행법에 따른 채권 실현의 방법과 별도로 채권자대위권을 규정하여 일정한 경우 채무자의 책임재산을 보전하여 채권자에게 사실상 우선변제를 받을 수 있도록 하였다. 민법에서 채권자대위권 제도를 둔 취지에 비추어 채권자대위권이 독자적 제도로서 효율적으로 운용될 수 있도록 하는 것이 바람직하다. 민사집행법상 강제집행 제도는 채권자에게 권리를 실현시켜 주기 위해 마련된 것으로서, 민법이 규정한 채권자대위권이라는 권리의 행사를 금지하거나 제약하는 것이라고 할 수 없다.

이 사건에서 보험자는 피보험자의 요양기관에 대한 진료비 상당의 부당이득반환채권을 대위하여 행사하지 않으면 자신의 피보험자에 대한 보험금 상당의 부당이득반환채권의 완전한 만족을 얻을 수 없게 될 위험이 있다. 따라서 보험자가 피보험자의 권리를 대위행사하는 것은 자기 채권의 현실적 이행을 유효·적절하게 확보하기 위하여 필요한 경우라고 보아야 한다.

만일 채권자대위권의 행사를 허용하지 않으면 보험자는 채무자인 피보험자를 상대로 개별적으로 부당이득반환을 청구해야 하고, 피보험자는 다시 요양기관을 상대로 부당이득반환을 청구해야 한다. 동일한 분쟁에 관련된 피보험자가 수백 명에 이르고, 수많은 피보험자를 상대로 직접 소액인 보험금의 부당이득반환을 구하는 데에는 시간적·금전적으로 많은 비용이 소요될 뿐만 아니라 이는 사법자원의 낭비로도 이어진다. 이러한 이유 때문에 특히 보전하고자 하는 채권액이 소액인 경우에 보험자로서는 각각의 피보험자를 상대로 채권의 이행을 위하여 소를 제기하는 것이 현실적으로 어려울 수 있다. 그동안 보험자가 각각의 피보험자를 상대로 임의 비급여와 관련하여 부당이득반환을 청구한 사례가 극히 드물었다는 것이 이를 방증한다. 나아가 이미 보험자로부터 보험금을 지급받아 요양기관을 상대로 위법한 임의 비급여 진료행위로 인한 진료비 반환을 구할 아무런 유인이 없는 피보험자를 분쟁의 당사자로 불러내는 것이 합리적인 분쟁의 해결수단이라고 보기도 어렵다.

이 사건에서 보험자가 다수의 피보험자들에 대한 소액의 보험금 상당의 부당이득반환청구를 하고 다시 피보험자들이 요양기관에 그만큼의 부당이득반환채권을 청구하는 것이 어렵지 않다면, 보험자가 애써 이 사건 채권자대위권을 행사할 필요도 없고 그렇게 하지도 않을 것이다.

이러한 사정을 종합적으로 고려할 때 보험자가 채권자대위권을 행사할 수 없다고 한다면 보험자가 보전하려는 채권의 현실적 이행을 유효·적절하게 확보하는 것이 매우 곤란한 경우에 해당한다고 볼 수 있다. 보험자는 위법한 임의 비급여 진료행위를 반복적으로 하는 요양기관에 대해 채권자대위권을 행사함으로써 자신의 부당이득반환채권을 효율적으로 행사할 수 있다.

(4) 보험자의 채권자대위권의 행사가 피보험자의 재산관리에 부당한 간섭이 된다고 보기 어렵다.

채권자대위권 행사는 채무자의 동의를 요건으로 하지 않고 채무자가 그 행사를 반대하는 경우에도 가능하다(대법원 1963. 11. 21. 선고 63다634 판결 참조). 보험자는 피보험자의 일반 채권을 대위하여 행사하는 것이 아니라 보험자가 보전하려는 채권의 발생 원인이 된 위법한 임의 비급여 진료행위에 대한 진료비를 반환받을 채권을 대위하여 행사하는 것이다.

진료행위가 위법하여 무효사유가 있는 경우, 건강보험의 가입자 등이 진료비를 돌려받는 방법은 원칙적으로 의사나 요양기관 등이 속임수나 그 밖의 부당한 방법으로 가입자 등으로부터 요양급여비용을 받은 경우에 해당한다고 국민건강보험공단에 신고하면, 국민건강보험공단은 이를 조사하여 해당 요양기관 등으로부터 무효인 진료행위에 대한 진료비를 징수한 후 이를 가입자 등에게 지급하는 것이다(국민건강보험법 제57조 제 5 항). 그러나 위법한 임의 비급여 진료행위가 있었다고 하더라도 진료를 받은 피보험자는 진료행위가 이미 종결되었거나, 의사 등 요양기관과의 관계 등 다양한 면을 고려하여 요양기관에 진료비의 반환을 구할 수 있을지 의문이다. 그런데 피보험자는 진료비 상당을 부당이득으로 반환받기를 원할 수 있고, 나아가 이후 위법한 임의 비급여 진료행위로 인한 진료비 반환을 받을 수 있게 되었을 때 이를 포기할 의사를 가졌을 것이라고 추단하기도 어렵다. 또한 피보험자는 보험자의 채권자대위권 행사가 인정되지 않을 경우 보험자에게 받은 보험금을 부당이득으로 반환해야 하는 상황이라면 사회통념상 자신이 직접 요양기관을 상대로 부당이득반환청구를 할 의사는 아니더라도 적어도 보험자의 채권자대위권 행사를 거절할 의사는 아니라고 충분히 짐작할 수 있다. 만일 진료비가 다액인 경우는 더욱 포기하지 않을 것이다. 또한 보험자가 피보험자에게 직접 보험금 상당의 부당이득반환을 청구하거나 장래에 청구할 것으로 예상되는 경우를 제외하고는 피보험자는 요양기관에 대한 부당이득반환채권을 행사할 필요가 없다. 따라서 보험자의 채권자대위권 행사가 피보험자의 재산관리에 부당한 간섭이 된다고 보기 어렵다.

실제로 보험자는 피보험자와 실손의료보험계약을 체결하고 실손의료보험계약에 따라 임의 비급여 진료행위에 대하여 보장할 수 있는 범위에 포함된다고 판단하여 이미 보험금을 지급하였다. 그 후 피보험자와 요양기관 사이의 진료행위가 무효인 진료계약에 기초한 경우에 보험자가 피보험자에게 보험금에 관한 부당이득반환을 구하고 다시 피보험자로 하여금 요양기관에 대해 진료비를 부당이득으로 반환받도록 하는 것이 당사자들의 의사나 거래관념에 부합한다고 보기 어렵다. 오히려 피보험자는 보험자가 진료행위의 당사자인 요양기관을 상대로 부당한 이익의 반환을 구하도록 하여 자신은 분쟁으로부터 벗어나기를 원한다고 보는 것이 피보험자의 의사나 거래관념에 부합하고 바람직하다.

이 사건에서 보험자의 채권자대위권의 행사가 피보험자의 재산관리에 부당한 간섭이 된다는 것은 도저히 납득할 수 없다.

(5) 채권자대위권의 행사가 허용되지 않는다면, 보험자는 피보험자를 상대로 부당이득반환청구(주로 지급명령 제도 등을 이용할 것으로 보인다. 실제로 금융기관들이 소액 청구나 시효중단을 위해 지급명령을 이용하여 대량으로 처리하고 있다)를 할 것이다. 그런데 피보험자는 위에서 보았듯이 피보험자의 개인적인 이유나 요양기관과의 관계, 또는 소송 제기의 어려움 등 다양한 이유로 요양기관에 대하여 진료비의 반환을 포기할 가능성이 매우 높다. 다른 한편으로는 피보험자가 직접 국민건강보험법 제48조에 따라 건강보험심사평가원에 진료행위가 요양급여 대상인지에 관하여 확인 요청 등을 하여, 위법한 임의 비급여 진료행위로서 무효라는 확인을 받고 국민건강보험공단을 통하여 진료비를 반환받는 방법이 있다. 그러나 이런 경우는 실제로 사례가 매우 드물다. 따라서 채권자대위권의 행사가 허용되지 않는다면, 위법한 임의 비급여 진료행위를 한 요양기관이 그로 인한 부당한 이익을 그대로 보유하게 될 여지가 크다. 이렇게 되면 요양기관의 위법한 임의 비급여 진료행위에 대하여 현실적이고 효과적으로 통제할 수 있는 방법도 없게 되어 국민보건 향상과 사회보장 증진에 이바지함을 목적으로 하는 국민건강보험법의 목적에 반하고 정의 관념에 비추어 보더라도 바람직하지 않다.

(6) 당사자들의 이익 상황에 비추어 보더라도 이 사건에서 채권자대위권 행사를 긍정하는 것이 옳다. 위법한 임의 비급여 진료행위로 보험금을 지급한 보험자의 입장에서든 진료비를 지출한 수진자의 입장에서든 요양기관이 위법한 임의 비급여 진료행위로 인한 이익을 보유하는 것을 받아들이기 어렵다. 이 사건에서 채권자대위권 행사를 인정하든 그렇지 않든 요양기관은 위법한 임의 비급여 진료행위를 통한 이익을 보유할 정당한 권리자가 아니고 원칙적으로 이를 수진자에게 반환하여야 한다. 정당한 권리자인 수진자가 위 돈을 돌려받는 방법은 요양기관을 상대로 직접 부당이득반환을 구하거나 보험자가 수진자의 부당이득반환채권을 대위행사하는 것이다. 만약 수진자가 요양기관으로부터 직접 진

료비 상당을 부당이득으로 돌려받게 되면 수진자는 이를 다시 보험자에게 부당이득으로 돌려주게 될 것이다. 그러나 보험자가 수진자를 대신하여 요양기관으로부터 진료비 상당을 반환받을 수 있다고 본다면 이런 절차의 무의미한 반복을 피할 수 있다. 따라서 보험자는 채권자대위권을 행사할 이익이 크고, 이러한 보험자의 채권자대위권은 수진자의 권리행사를 대신하는 측면이 강하다. 수진자 입장에서도 소송의 직접 당사자가 되지 않아 소송으로 인한 경제적 손실과 정신적 고통을 막을 수 있다. 이와 같이 이 사건에서 채권자대위권 행사를 인정하는 것은 당사자들의 이익에도 부합하고 불필요한 비용을 줄일 수 있어 효율적이다.

(7) 다수의견은 보험자에게 채권자대위권을 행사하도록 할 보전의 필요성이 인정되지 않는다고 한다. 그러나 이러한 다수의견은 위에서 보았듯이 타당하지 않을 뿐만 아니라, 금전채권 보전을 위한 채권자대위권 행사요건에서 점진적으로 보전의 필요성을 인정하는 범위를 확대해 온 판례의 태도와도 배치되므로 찬성하기 어렵다.

나. 이 사건의 해결

원심판결 이유를 이러한 법리에 비추어 살펴본다.

보험자인 원고와 실손의료보험계약을 체결한 사람들은 피고가 운영하는 병원에서 비염 개선을 위해 코와 목 주변 등 여러 곳에 트리암시놀른 주사 치료인 이 사건 진료행위를 받았다. 수진자들은 피고에게 진료비를 지급하였고, 원고는 수진자들에게 보험계약에 따라 진료비 전액이나 일부에 해당하는 보험금을 지급하였다. 이 사건 진료행위는 국민건강보험법령에서 정한 이른바 '법정비급여 진료'에 해당하지 않지만, 피고가 임의로 비급여 진료행위를 하고 수진자들과 비급여대상으로 하기로 합의하여 그 진료비용을 수진자들로부터 지급받았다.

원심은 이 사건 채권자대위권의 피보전채권이 금전채권이지만 채무자의 자력 유무와 관계없이 보전의 필요성이 인정된다고 보아 원고가 채무자인 피보험자들의 피고에 대한 부당이득반환채권을 대위하여 행사할 수 있다고 판단하였다. 보험자인 원고의 피보험자들에 대한 피보전채권인 부당이득반환채권과 대위할 권리인 피보험자들의 피고에 대한 부당이득반환채권 사이에 밀접한 관련성이 있다. 이 사건에서 원고의 채권자대위권 행사가 피보전채권의 현실적 이행을 유효·적절하게 확보하기 위하여 필요할 뿐만 아니라 피보험자들의 재산관리에 부당한 간섭이 된다고 보기도 어렵다.

이 사건에서 채권자대위권에서 말하는 '보전의 필요성'을 긍정하여 채권자대위권을 인정한 원심판결은 위 법리에 따른 것으로 정당하다. 원심판결에 상고이유 주장과 같이 필요한 심리를 다하지 않고 논리와 경험의 법칙에 반하여 자유심증주의의 한계를 벗어나거나 채권자대위권 행사에 있어 보전의 필요성 등에 관한 법리를 오해한 잘못이 없으므로 상고를 기각하여야 한다(피고의 나머지 상고이유에 관해서도 간략하게 살펴본다. 원심판결 이유를 관련 법리와 기록에 비추어 살펴보면, 원심이 이 사건 진료행위가 위법한 임의 비급여로서 강행규정인 국민건강보험법 제57조에서 정한 '속임수나 그 밖의 부당한 방법으로 가입자 등에게 요양급여비용을 부담하게 한 경우'에 해당하여 무효라고 판단한 것은 정당하다. 원심판결에 상고이유 주장과 같이 필요한 심리를 다하지 않고 논리와 경험의 법칙에 반하여 자유심증주의의 한계를 벗어나거나 비채변제 등에 관한 법리를 오해한 잘못이 없다).

이상과 같은 이유로 다수의견에 반대한다.

[…]

질문

1. 다수의견과 소수의견의 논거를 정리하여 비교해 보라.
2. 다수의견과 소수의견 모두 피대위권리와 피보전채권 사이에 밀접한 관련성이 있을 때에는 채무자의 무자력이 요구되지 않는다는 점에서 출발하면서도, 이 사건에서는 밀접 관련성 인정에서 서로 다른 결론에 도달하였다. 밀접 관련성을 각각 어떻게 이해하고 있는가?

(2) 특정채권 보전을 위한 「전용」의 경우

한편 금전채권이 아닌 채권(이를 「특정채권」이라고 부르는 경우도 있으나, 이는 특정물채권과 혼동될 우려가 있으므로 비금전채권이라고 부르는 것이 보다 적절할 것이다), 특히 특정물에 관한 채권에 기하여 대위권을 취득하는 데는 채무자의 무자력을 요구하지 않는 것이 확고한 판례의 태도이다. 즉 비금전채권이 피보전채권인 때에는 "채권자가 보전하려는 권리와 대위하여 행사하려는 채무자의 권리가 밀접하게 관련되어 있고 채권자가 채무자의 권리를 대위행사하지 않으면 자기 채권의 완벽한 만족을 얻을 수 없게 될 위험이 있어 채무자의 권리를 대위하여 행사하는 것이 자기 채권의 현실적 이행을 유효·적절하게 확보하기 위하여 필요한 경우"(대판 2007. 5. 10, 2006다82700)에 채무자의 무자력 요건은 필요하지 않다고 한다. 이러한 판례의 태도는 결국 대위권제도가 총채권자를 위한 공동담보로서의 채무자의 책임재산을 보전하는 데 그치지 아니하고, 당해 채권자의 개별채권의 만족을 위한 사전집행 내지 집행준비조치로서의 실질도 가지게 됨을 의미한다. 이러한 적용례는 종래 채권자대위권의 「전용(轉用)」이라고 명명되고 있다.

(가) 우선 부동산이 매매 등으로 계속 양도된 경우, 최종양수인의 소유권이전등기청구에서 그러한 「전용」이 인정된다. 가령 부동산이 갑→을→병으로 매도되었으나 여전히 소유권등기가 갑에게 남아 있는 경우에, 병은 을의 무자력 여부를 불문하고 을을 대위하여 그의 갑에 대한 소유권이전등기청구권을 행사할 수 있다(대판 1956. 12. 1, 4289민상343; 1968. 5. 28, 68다397; 부등 제28조 참조).

(나) 나아가 부동산소유자에 대하여 소유권이전등기청구권을 가지는 사람의 부실등기말소 등의 청구에서도 마찬가지이다. 현재 소유자로 등기된 자가 사실은 무권리자인 경우에 진정한 소유자는 그에 대하여 소유물방해배제청구권으로서 말소등기청구권 또는 진정명의회복을 위한 이전등기청구권을 가지므로, 소유자에 대하여 이전등기청구권을 가지는 사람은 그를 대위하여 위와 같은 등기청구권을 대위행사할 수 있다(대판 1966. 6. 21, 66다417; 1990. 11. 27, 90다6651). 예컨대 반사회질서의 부동산 이중매매에서 제 1 매수인의 제 2 매수인에 대한 등기말소청구가 그러하다. 또한 부동산의 소유자는 아니더라도 현재의 등기명의인에 대하여 채권적인 말소등기청구권을 가지는 사람에 대하여 소유권이전등기청구권을 가지는 사람도 그 말소등기청구권을 대위행사할 수 있다(예컨대 명의신탁이 해지된 경우에 명의신탁자로부터의 매수인).

(다) 소유자에 대하여 각종의 원인에 기하여 인도청구권을 가지는 사람은 소유자의 불법점유자 등에 대한 소유물반환청구권 등의 물권적 청구권을 대위행사할 수 있다. 이 경우의 대위권 취득에는 채권자가 전에 그 물건의 점유를 취득한 일이 있을 것은 요구되지 않는다. ① 미등기건물의 매수인은 비록 소유권등기를 이전받을 수 없어 소유권을 취득할 수는 없으나(제187조 단서 참조), 원래의 소유자가 가지는 불법점유자에 대한 소유물반환청구권 등을 대위행사할 수 있다(대판 1973. 7. 24, 73다114). ② 등기된 건물의 매수인이라도 아직 소유권등기를 이전받지 못하고 있는 상태에서는 매도인의 물권적 청구권을 대위행사할 수 있다(대판 1955. 4. 7, 4288민상18). ③ 임차인은 점유취득의 유무를 불

문하고 소유자인 임대인의 물권적 청구권을 대위행사할 수 있다(대판 1955. 10. 13, 4288민상364; 1962. 1. 25, 4294민상607).

뿐만 아니라 채무자가 소유자는 아니나 제 3 자에 대하여 채권적인 인도청구권을 가지는 경우에도 인도청구의 채권자는 그것을 대위행사할 수 있다.

(라) 최근의 판례에서는 비금전채권을 피보전채권으로 하는 채권자대위권의 전용사례도 다양한 모습을 취하고 있다. 예를 들어 수임인이 위임인을 위하여 (그리고 위임인과 연대하여) 채무를 부담하였는데, 위임인이 그 상대 채권자에 대하여 당해 채무에 관하여 상계적상에 있었던 경우, 수임인은 제688조 제 2 항의 대변제 청구권을 보전하기 위하여 위임인의 상계권을 행사할 수 있다고 한다(대판 2002. 1. 25, 2001다52506). 또 지상 건물 소유자에 대하여 철거청구권을 가지는 토지 소유자는 지상 건물 임차인에 대하여 임대인인 건물 소유자를 대위하여 임대차계약을 해지할 수 있다고 한다(대판 2007. 5. 10, 2006다82700, 82717). 그러나 토지거래허가를 받지 않아 유동적으로 무효인 매매계약에 따른 협력의무를 피보전권리로 한 경우에 제반사정을 고려해 보전의 필요성을 부정한 예도 있다(대판 2013. 5. 23, 2010다50014).

[5] 채권자대위권의 전용: 대판 2001. 5. 8, 99다38699

[주 문] 원심판결 중 채권자대위권에 기한 상호·상표의 말소와 폴사인의 철거 및 판매금지에 관한 부분을 파기하고, 이 부분 사건을 서울고등법원에 환송한다. 나머지 상고를 기각한다.

[이 유]

1. 원심판결이 인정한 사실관계의 요지

가. 피고와 한국도로공사 사이의 제1, 2차 기흥주유소 운영계약

(1) 유료도로에 따른 휴게소와 주유소의 설치 및 관리 등의 업무를 맡고 있는 한국도로공사(아래에서는 '도로공사'라 한다)가 1991년 12월경 경부고속도로 서울 기점 하행 35km 지점에 있는 기흥휴게소에 기흥주유소를 신설하기로 계획하고, 원고에게 원고가 생산하는 석유제품을 위 주유소에 공급할 권리를 부여하겠다고 제의하면서, 도로공사가 제시하는 조건으로 주유소 운영계약을 체결할 적임자를 추천해 달라고 의뢰하였다. 원고는 1991. 12. 17. 이미 원고와 석유제품 판매대리점 계약을 맺고 있던 피고를 그 운영자로 추천하였고, 도로공사는 1992. 2. 17. 피고와 사이에 도로공사가 제시한 조건에 따른 기흥주유소 신축에

관한 협약을 체결하였다.

(2) 피고는 1992. 4. 2. 원고로부터 금 8억 5천만 원을 대여받아 기흥주유소를 신축한 다음 1992. 7. 25. 도로공사와 사이에 주유소 운영계약(아래에서는 '제 1 차 운영계약'이라 한다)을 체결하고 그때부터 기흥주유소를 운영하였는데, 그 계약의 주요 내용은 피고가 1995. 7. 24.까지 기흥주유소를 운영하되 피고가 신축한 주유소 건물과 시설을 도로공사에게 기부채납하고 신축비용은 주유소 사용료와 상계하여 이를 보전받으며 다만 기흥주유소에 석유제품을 공급할 업체는 도로공사가 지정하기로 하였다. 그 후 도로공사는 피고로부터 기흥주유소를 기부채납받고 그 신축비용은 1992년 3/4분기부터 1995년 1/4분기에 이르기까지 주유소 사용료와 상계하여 모두 보전하여 주었다.

(3) 도로공사와 피고는 제 1 차 운영계약의 기간이 끝나는 1995. 7. 24. 석유제품 공급업체를 별도로 정하지 아니한 채 계약기간을 그 다음날부터 장차 도로공사의 명도요구 통지 이후 30일까지로 잠정적으로 연장하기로 하는 주유소 운영계약(아래에서는 '제 2 차 운영계약'이라 한다)을 체결하였다.

나. 원고와 피고 사이의 대리점 계약관계 및 그 종료

(1) 원고는 1990. 9. 28. 피고와 사이에 대리점 계약을 체결하였고 이는 1995. 9. 27.까지 매년 1년씩 자동 연장되었다. 원고는 처음에는 피고가 후발 대리점인 점을 고려하여 피고에게 무담보 거래 및 외상기일 연장 등 여러 가지 특혜를 주었는데 1993년 초경 원고에게 피고의 내부 비리에 관한 투서가 접수되고 1993년 8월경 원고가 모(母) 그룹으로부터 감사를 받은 결과, 과다한 무담보 거래 등 특혜를 시정하라는 지적을 받자 1993년 12월경부터 피고에 대한 외상 유류 공급량을 줄이고 외상기일을 단축하는 등의 조치를 취하였다.

(2) 이로 인하여 피고는 자금 압박에 직면하여 원고와의 관계가 악화되었고, 1994. 7. 18. 원고의 경쟁업체인 현대정유 주식회사(아래에서는 '현대정유'라 한다)로부터 27억여 원을 대여받아 거래대금을 결제하면서부터 점차 원고와의 거래관계를 청산하고 거래처를 현대정유로 바꾸는 작업에 착수하였다. 피고는 1995. 6. 19. 원고에게 대리점 계약을 해지할 것을 서면으로 통지하고, 원고와 피고 사이의 대리점 계약은 1995. 9. 27. 종료되었다.

(3) 피고는 위 대리점 계약이 종료한 이후인 1995. 9. 27. 현대정유와 대리점계약을 체결하고, 1995. 10. 25.부터 기흥주유소에서 현대정유의 석유제품을 공급받아 판매하면서, 주유소 방화벽과 캐노피(canopy) 및 상호간판에 현대정유의 상호 및 오일뱅크(OIL BANK) 등 상표를 표시하고 폴사인(pole sign)에도 현대정유의 상표를 표시하였다.

다. 도로공사의 유류공급 방침 및 원고에 대한 석유제품공급권 부여협약

(1) 도로공사는 종래 고속도로 주유소의 유류공급과 관련하여 고속도로 이용 고객의 유류 구입선택권 보호를 최우선으로 하고, 유류공급사의 시설 능력을 감안하여 정유업체 간에 균등한 기회를 부여하며, 고속도로 노선별·행선지별로 폴의 중복배치를 지양하는 방향으로 유류공급 회사를 선정하는 것을 그 운영방침으로 삼아 왔다. 도로공사는 1995년경 정부의 고속도로상 휴게소 및 주유소의 민영화 방침에 따라 주유소의 운영자를 공개경쟁입찰을 통하여 선정할 때에도 사전에 입찰유의서 등에 석유제품 공급자로 도로공사가 선정한 정유업체를 공시하고 그러한 조건아래에서 입찰에 참가하도록 한 다음, 낙찰자와 사이에 주유소 운영권 임대차계약을 체결할 때 도로공사의 석유제품공급업체 지정권을 명시하였다.

(2) 도로공사는 위 방침에 따라 1995. 9. 19. 원고와 사이에 도로공사가 원고에게 기흥주유소를 포함한 고속도로상의 11개 주유소에 대한 석유제품공급권을 부여하되, 원고는 그가 생산하는 석유제품을 그 주유소들에 공급하며 계약기간은 각 주유소별 운영계약 기간까지로 하는 내용으로 석유제품공급에 관한 협약(아래에서는 '이 사건 공급협약'이라고 한다)을 체결하였고, 이를 일반에 공시하였다.

(3) 한편 공정거래위원회는 1993. 12. 8. 고속도로상의 주유소 운영계약과 관련하여 도로공사가 정유업체 선정 및 상품판매승인권을 가지도록 규정한 것은, 도로공사가 우월적 지위를 남용한 행위로서 공정한 거래질서를 저해할 우려가 있는 행위에 해당하여 독점규제및공정거래에관한법률에 위반된다는 이유로 이를 시정하도록 권고하고, 1995. 8. 1. 도로공사가 시정권고를 수락하고도 시정기한까지 기흥주유소에 관하여 시정권고에 따른 시정조치를 하지 아니하였다고 고발하여, 도로공사의 시정조치불이행에 대하여 1997. 4. 25. 유죄판결이 확정되었다. 그리고 공정거래위원회는 1995. 8. 7. 도로공사가 민영화를 위하여 고속도로상 주유소 운영권자를 입찰에 의하여 선정함에 있어 정유업체 지정을 명시하고 낙찰 후 계약조건으로 제시하는 것은 임대 운영업자의 경영활동을 간섭하는 행위로서 위 법률에 저촉된다고 통지하고, 1995. 8. 29. 도로공사가 특정 정유업체로 하여금 공급을 계속시켜야 할 부득이한 사유 등 정당한 사유가 있어 주유소 별로 특정 정유업체와 석유제품 공급계약을 체결할 수밖에 없는 때에는 계약체결 후 그 사실을 충분히 제 3 자가 알 수 있도록 공시한 후 공개입찰에 의하여 운영자를 결정하는 행위는 법에 규정된 부당한 경영 간섭의 소지가 없다고 통보하였다.

라. 도로공사와 피고 사이의 제 3 차 운영계약

(1) 도로공사는 이 사건 공급협약을 체결한 뒤 기흥주유소의 운영자를 선정함에 있어서는 공개경쟁입찰 방식에 의하지 않고 피고와 수의계약을 체결하기로 방침을 정한 다음, 1995. 9. 22. 계약기간은 1995. 10. 1.부터 2000. 9. 30.까지, 석유제품을 공급할 정유업체는 이 사건 공급협약에 따라 원고로 하기로 하는 내용의 주유소운영권 임대차계약서를 작성하여 피고에게 교부하고 1995. 9. 26.까지 서명하여 달라고 요구하였다.

(2) 그런데 피고가 원고와의 대리점계약이 1995. 9. 27. 종료하고 도로공사가 주유소에 석유제품을 공급할 정유업체를 원고로 지정하는 것은 불공정거래행위에 해당할 소지가 있다는 등의 이유로 위 계약서에 따른 주유소운영권 임대차계약의 체결에 응하지 않자, 도로공사는 1995. 9. 27. 일단 주유소운영권 임대차계약의 체결을 보류하되, 당분간 제 2 차 운영계약에 의거하여 도로공사가 별도로 통보하는 날까지 피고로 하여금 잠정적으로 기흥주유소를 운영하도록 하였다.

(3) 한편, 공정거래위원회는 1995. 10. 7. 도로공사가 피고에게 요구한 위 계약조건에 대한 피고의 질의에 대하여 도로공사가 수의계약으로 피고와의 기흥주유소 운영권 임대차계약을 5년간 연장함에 있어 도로공사가 지정한 정유업체인 원고와 거래할 것을 조건으로 하는 것은 위 법률에 저촉될 소지가 있으며 정당한 사유에도 해당하지 않는다는 취지로 회신하였다.

(4) 그 후 원고의 신청에 의하여 1995. 11. 15. 법원에서 기흥주유소에 대한 석유제품 공급권이 원고에게 있음을 전제로 하여 도로공사에게 원고의 권리를 침해하는 행위의 금지를 명하는 취지의 가처분 결정이 내려지자, 도로공사가 이에 대하여 본안 제소명령을 신청하고 피고가 도로공사에 보조참가하여 소송이 시작되었는데, 그 제 1 심에서는 1997. 1. 10. 원고의 청구를 기각하는 판결이 선고되었으나, 항소심에서는 1997. 9. 25. 원고의 청구를 모두 인용하는 판결이 선고되었고, 위 항소심 판결에 대하여 피고가 보조참가인으로서 상고장을 제출하였으나, 도로공사가 상고를 포기함으로써 위 판결은 1997. 10. 24. 확정되었다.

(5) 한편, 도로공사와 피고는 1996. 1. 31. 기흥주유소의 운영권에 관하여 계약기간은 1996. 2. 1.부터 2001. 1. 31.까지로, 석유제품 공급정유업체와 공급정유업체의 상표 표시는 도로공사와 원고 사이의 위 가처분사건의 본안소송이 종결될 경우 그 판결 결과에 따르기로 하여 주유소운영권 임대차계약(아래에서는 '제 3 차 운영계약'이라 한다)을 체결하였고, 그 후 피고가 현재까지 기흥주유소를 운영하고 있다.

2. 이 법원의 판단

가. 채권자대위권에 기한 청구 부분에 관하여

원심은, 위 인정 사실을 기초로 원고는 도로공사에 대하여 이 사건 공급협약에 의하여 기흥주유소에 원고의 상표를 표시하고 원고의 석유제품을 공급할 권리가 있고, 도로공사는 피고에 대하여 제 3 차 운영계약에 의하여 기흥주유소에 원고의 상표를 표시하고 원고의 제품 외에 다른 제품을 공급받지 않을 것을 청구할 권리가 있다고 한 후, 원고가 도로공사에 대한 위 석유제품공급권 및 상표표시권을 보전하기 위하여 도로공사의 피고에 대한 제 3 차 운영계약상의 위 권리를 대위행사한다는 주장에 대하여, 원래 채권자대위권은 채무자의 책임재산을 보전함으로써 채권자 일반의 이익을 도모하기 위하여 인정된 것이고 특정채권의 보전을 위한 경우에는 순차매도 또는 임대차에 있어 소유권이전등기청구권이나 명도청구권 등의 보전을 위한 경우에 한하여 예외적으로 그 행사가 허용되는데 원고의 도로공사에 대한 피보전권리 및 도로공사의 피고에 대한 피대위채권은 모두 이러한 유형의 권리에 해당하지 아니한다는 이유로 이를 배척하였다.

그러나 채권자는 채무자에 대한 채권을 보전하기 위하여 채무자를 대위해서 채무자의 권리를 행사할 수 있는바, 채권자가 보전하려는 권리와 대위하여 행사하려는 채무자의 권리가 밀접하게 관련되어 있고 채권자가 채무자의 권리를 대위하여 행사하지 않으면 자기 채권의 완전한 만족을 얻을 수 없게 될 위험이 있어 채무자의 권리를 대위하여 행사하는 것이 자기 채권의 현실적 이행을 유효·적절하게 확보하기 위하여 필요한 경우에는 채권자대위권의 행사가 채무자의 자유로운 재산관리행위에 대한 부당한 간섭이 된다는 등의 특별한 사정이 없는 한 채권자는 채무자의 권리를 대위하여 행사할 수 있어야 하고, 피보전채권이 특정채권이라 하여 반드시 순차매도 또는 임대차에 있어 소유권이전등기청구권이나 명도청구권 등의 보전을 위한 경우에만 한하여 채권자대위권이 인정되는 것은 아니다.

그럼에도 불구하고 원심은 원고의 도로공사에 대한 채권이 순차매도 또는 임대차에 있어 소유권이전등기청구권이나 명도청구권 등의 유형에 해당하지 아니한다는 이유만으로 원고의 채권자대위권 행사를 허용할 수 없다고 판단하였으니, 원심판결에는 채권자대위권의 법리를 오해하여 판결에 영향을 미친 잘못이 있고, 따라서 이 점을 지적하는 상고이유는 이유가 있다.

나. 제 3 자에 의한 채권침해를 원인으로 한 방해배제청구 부분에 관하여

원고가 도로공사에 대하여 기흥주유소에 원고의 상표를 표시하고 원고의

석유제품을 공급할 권리가 있다 하더라도 이는 채권적 권리에 불과하여 대세적 인 효력이 없으므로 피고가 기흥주유소에 현대정유의 상호와 상표를 표시하고 그 석유제품을 공급받음으로써 원고의 위 권리가 사실상 침해되었다는 사정만으로 곧 제 3 자인 피고에게 현대정유와 관련된 시설의 철거나 상호·상표 등의 말소 및 판매금지 등을 구할 수는 없다.

같은 취지의 원심 판단은 정당하고, 거기에 상고이유의 주장과 같은 제 3 자의 채권침해에 따른 방해배제청구에 관한 법리오해 등의 잘못이 없다. 따라서 이 점에 관한 상고이유는 받아들일 수 없다.

다. 제 3 자에 의한 채권침해를 원인으로 한 불법행위로 인한 손해배상청구 부분에 관하여

제 3 자에 의한 채권침해가 불법행위를 구성할 수는 있으나 제 3 자의 채권침해가 반드시 언제나 불법행위가 되는 것은 아니고 채권침해의 태양에 따라 그 성립 여부를 구체적으로 검토하여 정하여야 한다(대법원 1975. 5. 13. 선고 73다1244 판결 참조).

원심은, 피고가 기흥주유소에 현대정유의 상호와 상표를 표시하고 그 석유제품을 공급받음으로써 원고의 도로공사에 대한 기흥주유소 석유제품공급권이 사실상 침해되어 손해를 입었으니 피고는 불법행위자로서 원고에게 그로 인한 손해를 배상할 책임이 있다는 원고의 주장에 대하여 독립한 경제주체간의 경쟁적 계약관계에 있어서는 단순히 제 3 자가 채무자와 채권자간의 계약내용을 알면서 채무자와 채권자간에 체결된 계약에 위반되는 내용의 계약을 체결한 것만으로는 제 3 자의 고의·과실 및 위법성을 인정하기에 부족하고, 제 3 자가 채무자와 적극 공모하였다거나 또는 제 3 자가 기망·협박 등 사회상규에 반하는 수단을 사용하거나 채권자를 해할 의사로 채무자와 계약을 체결하였다는 등의 특별한 사정이 있는 경우에 한하여 제 3 자의 고의·과실 및 위법성을 인정하여야 할 것인데, 이 사건 사실관계에 의하면 피고는 1993년부터 원고와의 관계가 악화되기 시작하여 1995. 9. 27. 원고와의 대리점계약을 종료한 상태에서 자신의 활로를 모색하기 위하여 현대정유와 새로 대리점계약을 체결하고 기흥주유소에 대한 종래의 운영권을 계속 유지하기 위하여 다양한 방책을 강구하던 중 마침 공정거래위원회에서 도로공사가 고속도로 주유소에 대한 운영계약을 체결함에 있어 석유제품 공급업체를 지정하는 것이 불공정거래행위라고 하여 시정권고를 하였고 이러한 시정권고가 피고의 경영방침에 부합하는 것이기에 도로공사에게 주유소 운영계약상의 석유제품 공급업체 지정권 관련조항의 부당성을 주장하게 된 것이고, 도로공사도 공정거래위원회의 시정권고를 수락하고 자신의 판단하에

피고와 제 2 차 운영계약 및 제 3 차 운영계약을 체결하게 된 것으로서, 이러한 피고의 제 2 차·제 3 차 운영계약체결행위 및 그에 따른 주유소운영행위가 원고의 기흥주유소에 대한 석유제품공급권을 침해하기 위한 도로공사와의 적극적인 공모에 의해 이루어진 것이라거나 그 수단이나 목적이 사회상규에 반하는 것으로서 위법하다고 할 수 없고, 달리 피고가 원고의 석유제품공급권을 침해하기 위하여 도로공사와 적극적으로 공모하였다거나 그 수단이나 목적이 사회상규에 반하는 위법한 행위를 하였음을 인정할 수 없다고 판단하여 원고의 위 주장을 배척하였다.

살펴보니 원심의 위와 같은 판단은 정당하고, 거기에 상고이유의 주장과 같은 채권침해로 인한 불법행위의 성립에 있어 위법성에 대한 법리오해, 석명권 불행사, 심리미진, 판단유탈 등의 잘못이 없다. 따라서 이 점에 관한 상고이유도 모두 받아들일 수 없다.

3. 그러므로 원심판결 중 채권자대위권에 기한 상호·상표의 말소와 폴사인의 철거 및 판매금지에 관한 부분을 파기하여 이 부분 사건을 원심법원에 환송하고, 나머지 상고를 기각하기로 하여 주문과 같이 판결한다.

질문

1. 사실관계를 재구성해 보라. 원고는 피고에 대하여 어떠한 권리주장들을 하고 있는가? 구체적으로 어떠한 경제적 목적을 위하여 어떠한 청구들을 제기하고 있는가?
2. 채권자대위권의 피보전권리는 무엇인가? 이에 기초한 원고의 채권자대위권 행사에 대한 원심의 견해와 대법원의 견해는 어떤 점에서 차이가 있는가?
3. 결론적으로 원고의 채권자대위권 행사는 인정되었지만, 채권침해를 이유로 제기한 원고의 나머지 청구들은 배척되었다. 이는 타당한가? 이러한 결과에 비추어 볼 때 채권자대위권의 「전용」은 채권자에게 어떠한 지위를 부여하는가?

3. 채무자가 스스로 그의 권리를 행사하지 아니할 것

채무자가 스스로 권리를 행사하고 있음에도 불구하고 채권자의 대위권을 허용하는 것은 채무자에 대한 부당한 간섭이 된다. 그러므로 대위권은 채무자가 법률상 장애가 없음에도 스스로 권리를 행사하지 않는 때에 한하여 허용된다(대판 1969. 2. 25, 68다2352). 채무자가 그 권리에 대하여 소를 제기하여 이미 판결을 받은 경우는 물론이고, 단지 소를 제기한 것만으로도 대위권은 발생하지 않는다. 그러나 권리를 행사하려는 채무자의 의사에 기한 행사여야 하므로, 예컨대 비법인사단이 채무자인 경우 그 소제기가 사원총회의 결의 없음을 이유로 각하된 때에는 사단의 의사결정이 없었으므로 채무자의 권리행사를 인정할 수 없다(대판 2018. 10. 25, 2018다210539).

한편 채무자가 그 권리를 행사하지 아니하는 것만으로 충분하고 그 이유는 불문하며, 고의·과실의 유무도 문제되지 않는다. 채권자가 채무자에게 그 권리의 행사를 최고할 필요도 없다. 대위행사에 대한 채무자의 동의를 요하지 않을 뿐 아니라, 채무자가 이에 반대하더라도 채권자는 대위권을 행사할 수 있다(대판 1963. 11. 21, 63다634).

4. 채권자의 채권이 이행기에 있을 것

채권자의 채권이 이행기에 있어야 하는 것이 원칙이다. 그러나 채권보전의 긴급성에 비추어 다음과 같은 예외가 인정된다(민법 제404조 제 2 항).

(1) 예외(1): 법원의 허가

채권의 기한이 도래하기 전이라도 법원의 허가가 있으면 대위할 수 있다(제404조 제 2 항 본문). 재판상의 대위의 절차에 대하여는 비송사건절차법이 정하고 있는데(비송 제45조 내지 제52조), 동법 제45조에 의하면, "채권의 기한 전에 채무자의 권리를 행사하지 아니하면 그 채권을 보전할 수 없거나 보전하는 데에 곤란이 생길 우려가 있을 때"에는 채권자가 재판상의 대위를 신청할 수 있다고 한다. 그리고 그 신청을 받은 법원은 "담보를 제공하게 하거나 제공하게 하지 아니하고" 이를 허가할 수 있으며(제48조), 대위를 허가한 재판은 직권으로 채무자에게 고지하여야 한다(제49조 제 1 항). 그리고 이 고지를 받은 채무자는 "그 권리를 처분할 수 없다"(제49조 제 2 항). 이는 민법 제405조 제 2 항에 대응하는 규정이다.

(2) 예외(2): 보존행위

보전행위 즉 보존행위는 법원의 허가 없이도 기한의 도래 전에 할 수 있다(제404조 제 2 항 단서). 보존행위란 채무자의 재산의 감소를 방지하는 행위를 말한다. 예를 들면 채무자의 권리가 소멸시효에 걸리려 하는 경우에 시효의 진행을 중단시키거나, 보존등기를 하거나, 제 3 채무자가 파산한 경우에 채무자의 채권을 신고하는 것 등이 이에 해당한다. 이러한 행위는 채무자에게 불이익이 없고 또한 보통의 경우에 긴급을 요하므로, 예외를 인정한 것이다.

제5장 채권자대위권: 행사와 효과

Ⅰ. 채권자대위권의 객체

1. 대위의 객체가 될 수 있는 권리

(1) 채무자의 권리

채권자대위권은 원칙적으로 채권의 공동담보의 보전을 목적으로 하므로, 채권의 공동담보를 보전하는 데 기여하는 채무자의 권리는 일단 대위권의 객체가 된다고 할 수 있다. 여기서 말하는 「권리」는 엄격한 의미의 그것에 한정되지 않으며, 요컨대 채권보전의 목적에 적합한 채무자의 법적 지위가 모두 포함된다. 그리고 채권자대위권의 「전용」이 인정되는 경우에는 위에서 본 대로 비금전채권의 집행을 준비하는 데 필요한 채무자의 권리가 대위의 객체가 된다.

(2) 피대위권리의 예시

그러므로 채무자가 가지는 권리는 그 성질의 여하를 불문하고 원칙적으로 대위의 객체가 된다. 우선 채권은 종류를 불문하고, 금전채권뿐만 아니라 수임인의 대변제청구권(제688조 제2항) 같은 작위청구권도 포함된다(대판 2018. 11. 29, 2016다48808). 또한 물권적 청구권과 같은 청구권도 대위의 객체가 된다. 나아가 취소권, 계약해제권, 공유물분할청구권, 대금감액청구권, 차임증감청구권, 부속물매수청구권과 같은 형성권도 마찬가지이다. 채무자가 가지는 채권자대위권이나(대판 1968. 1. 23, 67다2440) 채권자취소권도 대위의 객체가 될 수 있다.

엄격한 의미의 「권리」가 아니라는 형식적 이유만으로 대위를 부정할 것은 아니고, 그 실질적인 성질에 좇아 판단되어야 한다. 가령 채무자가 다른 채권자에 대하여 부담하는 채무의 시효소멸은 채무자에 대위하여 원용할 수 있다(대판 1979. 6. 26, 79다407). 그러나 계약의 승낙과 같이 계약관계를 새롭게 형성하는 행위는 채무자 자신의 고유한 의사에 의하여야 하므로 부정할 것이다. 또한 채권양도의 통지를 양수인이 양도인에 대위하여 하는 것도 양도통지를 양도인으로 하여금 하도록 한 취지(제450조)에 비추어 허용되어서는 안 된다.

한편 공법상의 권리는 원칙적으로 채무자의 일반재산의 보전과는 무관하므로 대위의 객체가 될 수 없지만, 그것이 채무자가 가지는 재산권의 행사를 위하여 필요한 것이면 역시 대위행사가 허용된다고 할 것이다(농지취득자격증명 발급신청권에 대해 대판 2018. 7. 11, 2014두36518 참조). 등기신청권에 대하여는 명문의 규정이 있다(부등 제28조).

(3) 소송행위의 경우

소송법상의 행위를 대위할 수 있는가. 이는 경우를 나누어 보아야 한다. 우선 실체법상의 권리를 주장하는 형식으로서의 소송상의 행위를 대위할 수 있음에는 의문이 없다. 예를 들면 소의 제기, 강제집행의 신청, 청구이의의 소(민집 제44조), 제 3 자이의의 소(민집 제48조), 가처분의 취소신청(민집 제307조) 등이 그러하다. 그러나 채무자와 제 3 자와의 사이에 소송이 개시된 후에 그 소송을 수행하기 위한 개별적인 소송행위, 가령 그때그때의 공격방어방법의 제출, 상소의 제기, 경매개시결정에 대한 이의, 가압류결정에 대한 이의 등은 대위할 수 없다고 할 것이다(대판 2012. 12. 27, 2012다75239: 재심의 소 제기). 이들 행위는 실체법상의 권리를 행사하는 것이 아니며, 오로지 재판상의 절차진행을 위해 소송법상 인정된 것이므로, 그러한 행위를 할 수 있는 사람의 범위도 관련 규정에 의하여 결정되어야 하기 때문이다.

2. 대위의 객체가 될 수 없는 권리

(1) 일신전속권

권리의 행사여부가 개인의 자유로운 의사에 따라야 하는 권리는 성질상 타인이 대위할 수 없다고 해야 한다(제404조 제 1 항 단서). 어떠한 권리가 대위의 객체가 될 수 없는 일신전속권[1]인가는 채권자대위권제도의 목적과 권리의 성질에 비추어 개별적으로 정할 수밖에 없다(예컨대 공공주택 특별법에 따른 임차인의 해지권에 대해 대판 2022. 9. 7, 2022다230165 참조).

(가) 먼저 이른바 신분권(가족권)이 이에 해당한다. 가족법상의 권리 중에서 친족관계의 형성과 직접 관련이 있는 권리가 대위의 객체가 될 수 없음에는 이론이 없다(제816조, 제840조, 제846조, 제863조, 제884조, 제905조 등; 그 밖에 제950조 제 3 항과 관련해 대판 1996. 5. 31, 94다35985 참조). 가족법상의 권리로서 재산적인 이익을 내용으로 하는 것 중에서도 일정한 신분적 지위에서 발생하는 것으로 책임재산의 보전과는 무관한 권리는 대위행사될 수 없다(제916조, 제949조 등).

나아가 보다 재산적인 의미를 가지는 것, 가령 부양청구권(제974조), 이혼에 있어서의 재산분할청구권(제839조의2, 제843조) 등은 채권의 공동담보의 보전에 기여하지 않는다고 말할 수는 없겠으나, 친족관계라는 감정적·개인적인 유대관계의 전개의 일환을 이루는 것으로서 그 행사의 여부는 권리자의 자유의사에 맡겨야 할 것이기 때문에, 대위행사할 수 없다고 할 것이다. 다만 재산분할청구권(제839조의2, 제843조)은 주로 부부재산관계를 이혼 시에 청산한다는 이유에서 인정되는 것이고, 일단 협의나 심판에 의하여 구체적인 내용이 형성된 후에는 다른 재산권과 달리 볼 이유가 없다고 생각되므로 이에 대한 대위권의 행사를 인정할 수 있다.

한편 재산상속으로 인하여 가지게 되는 개별적인 상속재산에 대한 상속분, 이에 대한 방해를 배제하기 위한 상속회복청구권(제999조)은 대위행사할 수 있다고 보아야 한다. 반면 대법원은 유류분반환청구권(제1115조)을 일신전속권으로 이해해 권리자에게 행사의 확정적 의사가 있는 경우가 아니라면 채권자

1) 일반적으로 일신전속권에는 「귀속상의 일신전속권」(소위 향유전속권)과 「행사상의 일신전속권」이 있다고 일컬어진다. 전자는 타인에의 양도나 상속이 제한되는 권리를 말하며, 제1005조 단서의 일신전속권은 이를 말한다. 이는 권리의 성질이나 법률에 의하여 인정되는데, 가족법상의 권리는 대개 이에 해당한다. 후자는 특정한 권리자만이 행사할 수 있고, 타인, 특히 법정대리인이나 채권자라도 행사할 수 없는 권리를 말하며, 여기서 문제되는 제404조 제 1 항 단서의 일신전속권은 이를 말하는 것이다. 양자는 일정한 관련성을 가지고 있으나, 반드시 일치하는 것은 아니다. 뒤에서 보는 대로 당사자 사이의 특별한 신뢰관계를 기초로 하는 채권(가령 위임, 고용 등에 기한 채권)은 양도가 제한되나, 대위행사는 가능하다.

대위권의 목적이 될 수 없다고 한다(대판 2010. 5. 27, 2009다93992). 그리고 상속재산분할청구(제1013조)는 그 분할심판절차의 복잡성이나 공동상속인들 간의 친족관계 등에 비추어 권리자의 자유의사에 맡겨야 할 것이고, 상속의 승인 또는 포기(제1019조 이하)도 역시 피상속인과의 인적인 관계 등에 대한 고려에 기하여 이루어지는 것으로서 타인이 이를 대위할 수는 없다고 할 것이다.

(나) 인격권도 일신전속권에 해당한다. 생명이나 신체, 명예, 프라이버시와 같은 인격권은 책임재산의 보전과는 무관할 뿐만 아니라, 성질상으로도 그 행사를 권리자의 자유의사에 맡겨야 한다. 따라서 인격권은 대위의 객체가 되지 않는다. 다만 인격권의 침해를 이유로 하는 금전적인 손해배상청구권(위자료청구권)은, 그것이 합의나 소송 등에 의하여 구체적으로 확정된 단계에서는, 이를 일반적인 재산권과 달리 볼 이유는 없으므로 대위의 객체가 된다고 보아도 좋을 것이다(제806조 제 3 항 참조).

(다) 한편 고용이나 위임 등과 같이 당사자 사이의 특별한 신뢰를 기초로 하는 계약관계로부터 발생하는 채권은 소위 「귀속상의 일신전속권」으로서, 상속의 목적이 될 수 없고 그 양도성은 제한되어 있다. 그러나 이러한 채권의 재산적 성질을 고려할 때 채권자대위권의 객체는 될 수 있다고 할 것이다. 이는 종신정기금채권(제725조)과 같이 당사자의 사망을 종기로 하는 채권도 마찬가지이다.

(2) 압류할 수 없는 권리

압류하지 못하는 권리(민집 제246조, 근기 제86조, 국배 제 4 조, 공연 제39조, 국연 제58조, 예우 제19조 등)는 채권의 공동담보가 되지 못하므로, 채권자대위권의 대상이 될 수 없다.

Ⅱ. 채권자대위권의 행사

1. 행사의 방법

(1) 자기의 이름으로 행사

채권자는 채권자대위권에 기하여 채무자의 권리를 행사할 수 있다. 이 경우 채무자의 권리를 행사하는 것은 채무자의 이름으로, 즉 채무자를 대리하여 행사하는 것이 아니라, 채권자가 「자기의 이름으로」 행사하는 것이다.

채권자가 채무자가 가지는 채권을 행사하여 제 3 채무자에 대하여 급부청구를 하는 경우에, 원칙적으로 채권자는 그 급부를 원래의 권리자인 채무자에게 이행할 것을 구하여야 하고 자신에게 이행할 것을 구할 수는 없다(대판 1966. 9. 27, 66다1149). 그러나 채무자의 권리가 그 급부를 현실적으로 수령하지 않으면 채권보전의 목적을 달성할 수 없는 것인 경우에 채무자가 급부를 수령할 수 없거나 수령하려고 하지 않는 때에는, 그리고 그 경우에 한정하여, 채권자는 자신에게 급부할 것을 청구할 수 있다고 할 것이다. 만일 이러한 직접의 급부청구를 인정하지 아니하면 대위권의 행사는 실효가 없는 것이 되기 때문이다.

그런데 판례의 태도는 적어도 금전지급 또는 물건인도의 청구에 대하여는 그러한 한정을 두지 아니하고 일반적으로 채권자가 제 3 채무자를 상대로 자신에게 급부할 것을 청구할 수 있다는 것이라고 이해되기도 한다.

[1] 채권자대위권 행사의 방법: 대판 1962. 1. 11, 61다195 또는 1962. 1. 11, 4294민상195

[이 유] 제 1 점에 대하여, 민법 제404조 제 1 항의 규정은 결국 채권자로 하여금 채무자에 갈음하여 간접으로 그 권리를 행사하고 채권자의 공동담보되는 채무자의 재산의 감소를 막아서 자기의 채권을 보전시키고자 하는 취지이므로 채권자가 자기의 채권에 관하여 제 3 채무자로부터 직접 변제를 받을 수 없음은 물론이라 할 것이나 제 3 채무자로 하여금 그 채무자에 대한 채무의 이행으로서 채권자에게 출급을 하게 하고 채무자의 채권에 관하여 추심을 함과 같음은 위의 규정이 인정한 권리의 행사방법으로서 아무런 지장이 없다고 할 것이다. 만일 그렇지 아니하고 채권자는 다만 제 3 채무자로부터 채무자에 대하여 출급을 할 것을 청구할 수 있을 뿐이라 하면 채무자에 있어서 제 3 채무자의 출급을 받지 아니하면 채권자는 도저히 그 채권을 보전할 수 없게 되고 위의 법조의 정신을 잃어버리게 되는 것이다. 이리하여 원심이 소외 이◇정의 채권자인 원고는 그 채권을 보전하기 위하여 채무자 이◇정이가 제 3 채무자인 피고에게 예금한 금 3,000,000환의 반환청구채권을 대위 행사하여 직접 원고에게 지급을 구할 수 있다고 판시하여 원고 승소의 판결을 한 것은 위에서 말한 법리에 비추어 적법하다 할 것이다.

제 2 점에 대하여, 은행은 예금통장의 제시가 없어도 다만 예금 지급 청구서에 찍힌 인영과 미리 계출된 인영과 맞으면 예금을 지급하는 것이 은행거래의 상관습이라 하는 점에 관하여서는 원심에서 이를 인정하지 아니하였으며 기록을 자세히 살펴볼지라도 원심의 조처에는 피고가 말하는 위법은 조금도 없음이 분명하니 피고의 이 점에 관한 말은 받아들이지 아니하기로 한다.

질문

1. 채권자대위의 효과는 채무자에게 귀속되는 것이므로 급부 역시 채무자에게 행해지는 것이 원칙임에도 불구하고(대판 1967. 10. 31, 66다2614), 위 판결은 채권자가 직접 급부를 수령할 수 있다고 한다. 대법원의 근거는 무엇인가? 더 나아가 대판 2005. 4. 15, 2004다70024를 찾아보고 비교해 보라.
2. 이 경우 채권자대위권을 행사한 채권자와 채무자 사이에 발생하는 법률관계를 설명해 보라. 그러한 경우 당신이 채권자라면 어떠한 모습으로 법률관계를 전개시키는 것이 합리적인가?
3. 이러한 결과를 인정하는 것은 채권자대위권의 취지와 모순되지 않는가? 다른 일반채권자의 관점에서 생각해 보라.

(2) 재판 외 행사와 재판상 행사

대위권은 채권자취소권과는 달리 반드시 재판상 행사되어야 하는 것은 아니며, 재판 외에서도 행사될 수 있다. 가령 채무자가 가지는 계약의 취소권은 채권자가 계약상대방에게 취소의 의사표시를 함으로써 대위행사될 수 있다. 또한 재판 외에서 이행청구나 채권추심도 할 수 있음은 물론이다. 채권자가 재판상 채무자의 권리를 행사하는 경우에는 채무자가 아니라 채권자가 소송당사자가 된다. 한편 채권자대위소송 계속 중 소송물이 동일하다면 다른 채권자가 공동소송 참가신청을 할 수 있으며(민소 제83조 제 1 항), 이는 금전지급청구인 경우에도 마찬가지이다(대판 2015. 7. 23, 2013다30301, 30325).

(3) 채무자에 대한 통지

채권자가 대위권을 행사한 경우에는 보존행위의 경우를 제외하고는 그 사실을 채무자에게 통지하여야 한다(제405조 제 1 항). 채권자가 채무자의 권리를 소송상 행사한 경우에는 단순한 통지만으로는 부족하고 소송고지(민소 제84조 이하)를 하여야 할 것이다. 재판상의 대위에 있어서는 법원이 직권으로 대위를 허가한 재판을 채무자에게 고지하여야 한다(비송 제49조 제 1 항). 그리고 이러한 대위권행사의 통지를 받은 후에는 채무자는 자신의 권리라도 이를 처분하지 못하게 된다(제405조 제 2 항, 비송 제49조 제 2 항).

2. 행사의 범위

(1) 채권보전에 필요한 행위

채권자대위권은 채권의 보전을 위하여 인정되는 것이므로, 그 행사는 채권보전에 필요한 범위에 한정된다(대판 2014. 10. 27, 2013다25217 참조). 이와 관련하여 학설은 채무자의 재산권을 관리하는 행위는 할 수 있으나 그것을 처분하는 것은 허용되지 않는다고 일반적으로 설명한다. 그러나 중요한 것은 그것이 채무자의 권리를 관리하는 것인가 아니면 처분하는 것인가 하는 행위의 성질이 아니라, 오히려 그 행위가 전체적으로 보아 채권의 보전을 위하여 필요한 것인가 여부이다.

따라서 채권자가 채무자에 대위하여 채무자의 권리를 포기하거나 제 3 채무자에 대하여 채무면제행위를 하거나 기한을 유예하는 등으로 채무자의 일반재산을 감소시키는 행위는 할 수 없다. 그러나 취소권·해제권과 같은 형성권의 행사는 동시에 그 권리에 대한 처분행위가 되기는 하지만 일반적으로 허용된다고 할 것이다. 상계도 마찬가지이다(대판 2002. 1. 25, 2001다52506). 한편 경개나 매매와 같은 이익교환행위도 전체 재산과의 관계에서 재산보전을 위하여 필요한 때에는 일종의 관리행위로서 허용된다는 견해가 있으나, 위에서 본 대로 이러한 행위는 새로운 채권관계를 형성하는 행위로서 채무자 자신의 고유한 의사에 의하여야 할 것이기 때문에 대위할 수 없다고 하여야 한다.

특정물에 관한 채권을 보전하기 위하여 대위권을 행사하는 경우에는 당해 채권의 보전에 필요한 채무자의 권리, 즉 당해 특정물에 관한 권리만을 행사할 수 있음은 물론이다(대판 1975. 5. 27, 74다1657).

(2) 피보전채권액과의 관계

채권자는 자신의 채권액의 범위를 넘어서 채무자의 권리를 행사할 수 있는가. 채권자대위권은 총채권자의 공동담보를 보전하고자 하는 것이므로, 이를 굳이 대위권을 행사하는 채권자의 채권의 범위로 한정할 이유는 없다. 특히 대위의 대상인 채무자의 권리가 하나의 불가분의 권리인 경우에는 그 가액을 불문하고 대위행사할 수 있다. 그러나 다른 한편 이미 일정한 범위 내에서 채무자의 권리를 행사함으로써 총채권자의 공동담보를 보전할 수 있게 되었는데도 그 이상으로 다른 권리를 행사하는 것은 이미 채권보전의 필요가 없는 경우로서 대위권을 인정할 수 없다.

3. 채권자대위소송

(1) 법적 성질

앞에서 말한 대로 대위권은 재판외에서도 행사될 수 있으나, 많은 경우에 이는 재판상 행사된다. 특히 대위채권자가 채무자가 가지는 채권을 행사하여 제 3 채무자에 대하여 이행소송을 제기한 경우와 관련하여서 많은 문제가 제기된다. 채권자가 재판상 채무자의 권리를 행사하는 경우에는 채무자가 아니라 채권자가 소송당사자가 되며, 채권자의 소송상 지위는 (다툼은 있으나) 제 3 자 소송담당의 한 경우로서 설명되는 것이 일반이다.

채권자대위소송이 제기된 경우에 채무자는 스스로 그 소송에 참가하여 자신의 이익을 주장할 수 있다. 이 경우의 소송참가는 소위 공동소송적 보조참가에 해당한다. 또 대위소송의 당사자가 된 채권자나 제 3 채무자는 채무자에게 소송고지를 할 수 있다(민소 제84조 이하).

(2) 피보전채권의 존재

판례는 채권자대위권에 기한 소송(대위소송)에 있어서 피보전채권의 존재는 소송요건에 속하므로 채권자 아닌 사람의 대위소송은 당사자적격이 없다고 하여 소를 각하하여야 한다는 태도를 취하고 있다(대판 1988. 6. 14, 87다카2753). 그러나 채권자대위권은 실체법상의 권리이고, 피보전채권의 존재는 그 권리가 발생하기 위한 실체법상의 요건이라고 할 것이므로, 피보전채권이 존재하지 않은 경우에는 청구를 기각하여야 할 것이다.

(3) 중복소송의 문제

일단 채권자대위소송이 제기된 이상 채무자라고 하더라도 같은 내용의 별소를 제기하는 것은 중복소송으로서 허용되지 않는다는 것이 판례이다(민소 제

259조; 대판 1974. 1. 29, 73다351). 대위소송이 계속 중인데 다른 채권자가 채무자를 대위하여 동일한 내용의 별소를 제기한 것도 중복소송이다(대판 1989. 4. 11, 87다카3155). 그리고 채권자대위소송에서 본안판결이 선고된 후 대위채권자가 소를 취하하면 채무자가 소송계속을 안 이상 채무자도 재소금지의 효과(민소 제267조 제 2 항)를 받는다(대판 1981. 1. 27, 79다1618).

(4) 기 판 력

특히 문제가 되는 것은 채권자대위소송의 판결이 그 소송에서 주장된 채무자의 권리의 존부에 관하여 채무자에 대한 관계에서도 기판력을 가지는지 여부이다.

물론 채무자가 대위소송에 참가하거나 소송고지를 받은 경우에는 그는 소위 참가적 효력(민소 제77조, 제86조)을 받게 된다. 그러나 참가적 효력과 기판력은 그 내용을 달리 하므로, 위의 경우에도 문제는 여전히 남게 된다. 판례는 종전에 채무자의 권리의 존부에 관하여는 채무자에게 기판력이 미치지 않는다는 태도를 취하였으나, 후에 태도를 바꾸어 채무자가 대위소송의 계속을 알았다면 그에게도 기판력이 미친다고 한다. 그리고 이는 대위소송에서 재판상 화해가 이루어진 경우에도 마찬가지라고 한다(대판 1978. 10. 10, 78다473).

[2] 채권자대위소송 판결의 기판력: 대판(전) 1975. 5. 13, 74다1664

[주 문] 원판결을 파기하고, 사건을 대구고등법원에 환송한다.

[이 유]

먼저 피고 신연수의 상고에 관하여 본다.

원판결 이유와 성립에 다툼이 없는 을 제1, 2, 3호증(기록 516, 527, 539면 참조)의 각 기재내용에 의하면 소외 수산업협동조합중앙회가 원고로부터 이 사건 부동산(분할전)에 대하여 근저당권을 취득하고 그 설정등기를 필한 자임을 이유로 하여 원고를 대위하여 부산지방법원 66가1006, 1647호로써 피고 신연수를 상대로 이 사건 소송과 동일한 내용의 소유권이전등기말소청구 소송을 제기하여 1966. 9. 15. 동 법원에서 동 소외인의 패소판결이 선고되고 이에 대한 항소제기로 대구고등법원(70나172, 173호)에서 1970. 12. 30. 이 사건 부동산은 농지개혁법시행당시 농지로서 이를 적법하게 분배받은 자들로부터 피고 신연수가 매수하여 등기까지 마친 동 피고의 소유라는 이유로 항소기각의 판결이 선고된 후 이에 대한 상고가 제기되지 아니한 채 당시경 그 판결이 확정된 사실을 엿볼 수 있는바 원심은 피고 신연수가 원심에서 위와 같이 이 사건 원고의 채권자인 소외 수산협동조합중앙회가 채무자인 원고를 대위하여 피고 신연수를 상대로 한 소송에서 소외인의 패소판결이 확정된 이상 그와 동일한 내용인 이 사건 소송은 기판력에 저촉되어 각하되어야 한다는 본안전항변을 한 데 대한 판단을 함에 있어 원심은 채권자가 채권자대위권을 행사하는 방법으로 제 3 채무자에 대하여 소송을 제기하여 판결을 받은 경우에 그 확정판결의 효력은 당사자 아닌 채무자에게는 미칠 수 없다는 종전 본원의 판례에 의거하여 위 본안전항변을 배척하여 본안판결을 하였다.

그러나 채권자가 채권자대위권을 행사하는 방법으로 제 3 채무자를 상대로 소송을 제기하고 판결을 받은 경우에는 채권자가 채무자에 대하여 민법 제405조 제 1 항에 의한 보존행위 이외의 권리행사의 통지, 또는 민사소송법 제77조에 의한 소송고지 혹은 비송사건절차법 제84조 제 1 항에 의한 법원에 의한 재판상 대위의 허가를 고지하는 방법 등을 위시하여 어떠한 사유로 인하였던 적어도 채권자대위권에 의한 소송이 제기된 사실을 채무자가 알았을 경우에는 그 판결의 효력은 채무자에게 미친다고 보는 것이 상당하다 할 것이다. 왜냐하면 민법 제405조에 의하여 채권자가 대위권을 행사한 경우에는 채무자에게 그 통지를 하여야 하고 이 통지를 받은 후에는 채무자가 그 권리를 처분하여도 이로써 채권자에게 대항하지 못한다고 규정하고 있고, 또 이보다 직접적인 규정이라고 볼 수 있는 위 비송사건절차법 제84조는 채권자대위신청의 허가는 직권으로 채무자에게 고지하여야 하고 이 고지를 받은 채무자는 그 권리를 처분할 수 없다고 규정하고 있다. 즉, 이 대위권에 의한 제소의 고지는 채무자에게 그 권리의 처분행위를 금하고 있다. 그러므로 이 경우에 비록 채권자는 채무자의 대리인 자격으로가 아니고 자기이름으로 원고가 되어 제소한다고 하여도 채무자의 권리를 관리 처분할 권능을 갖고 소송을 수행하므로 이는 흡사 파산재단에 관한 소송에 있어서의 파산관재인 또는 추심명령을 받고 채무자의 채권의 추심소송을 하는 채권자의 경우와 같아서 타인의 권리에 관하여 그 자를 위하여 당사자가 되는 소위 소송신탁의 경우에 해당한다고 보아 그 판결의 효력은 채무자에게도 있다고 보아야 함이 우리 민사소송법 제204조 제 3 항의 규정에 비추어 정당한 해석이라고 할 것이다. 종전의 판례나 학설이 채권자의 대위소송에 있어서 한편 법이론적인 면에서 채권자가 자기이름으로 당사자가 되는 점에 착안하여 그 판결의 효력은 당사자간에 국한된다는 민사소송법의 대 원칙에 비추어 이 경우에도 당사자가 아닌 채무자에게는(그 효력이) 미치지 않는다고 해석하였고 실제 문제로 변론주의 소송제도하에서 불성실한 채권자, 심지어는 채권자와 제삼(3)채무자와 서로 짜고 하는 채권자에 의한 소송수행의 결과 이루어진 판결 등은 예컨대 유력한 증거자료를 구비하고 있으면서도 소송이 진행중인 사실조차 알지도 못한 채 채권자가 패소한 경우도 없지 않을 것인데도 그대로 그 효력이 채무자에게 미친다고 해석한다면 그것은 혹은 속담에 날벼락에 가까운 가혹한 결과를 채무자에게 가져올 우려가 있다는 데 그 근본적인 존재이유 혹은 가치를 지녀 왔다고 본다. 그러나 위와 같은 해석은 첫째 법이론적으로 위에 설시한 민법상의 채권자대위권의 본질이나 그 절차법상의 규정의 정신을 정당히 이해 못한 형식론에 불과할 뿐만 아니라 실용적 면에서도 그 반면 채무자는 제일(1) 제이(2) 제삼(3)의 채권자대위권자에 의한 소송에 응소하는 고통에 겹쳐 채무자 본인에 의한 소송에 응소하여야 하는 이중 삼중의 소송의 쓰라림을 강요당하는 결과가 될 뿐 아니라 때로는 기판력이 없다는 이유로 그 확정판결간에 상호 저촉되는 결과가 나오므로 재판의 위신문제는 고사하고 일반거래에 막심한 혼란과 손실을 가져오는 결과가 될 수도 있는 더 중대한 실제의 해악을 무시 간과할 수 없는 현실이 있다. 그러므로 채무자에게 고지 등의 방법으로 알게 하여 필요에 따라 소위 공동소송적 참가 기타의 방법으로 그 고유의 권리를 보호할 기회를 주는 동시에 그 기판력도 채무자에게 미치게 하자는 데 후자와 같은 해석의 의의가 있고 효용이 있다. 이와 같은 고지 등에 의하여 채무자에게 제소사실을 알리어야 한다는 법적근거는 위에서 이미 설시하였거니와 실제 성실한 당사자라면 채권자대위권에 의한 소송의 원피고는 정정당당히 채무자에게 그 제소사실을 알려야 하고 또 알고도 이에 협력 않고 불리한 판결을 받은 채무자에게 불이익을 주어도 위와 같은 법적근거와 권리 위에 잠자는 채무자를 돕지 않는다고 하여 불공평하다고 할 수 없다고 할 것이다. 그러나 이 경우에 채무자가 모르는 사이에 확정된 판결의 효력은 채무자에게 미치지 않는다고 해석하여 종전 판례가 추구할려던 폐단도 방지하도록 보장하였다.

그러므로 이와 배치되는 위 종전의 본원판결은 전원일치의 의견으로 폐기하고 본원의 다음 3인을 제외한 전원은 위 후자와 같은 해석을 한다.

그러나 대법원판사 이영섭, 동 임항준, 동 김윤행은 나아가 이 채권자가 한 대위소송을 채무자가 알든 모르든(知, 不知間에) 이에 대하여 모든 경우에 그 기판력이 있다고 해석하여야 한다고 주장한다.

그 이유는 다음과 같다.

첫째로 기판력의 주관적 범위를 규정한 민사소송법 제204조 제 3 항의 규정에 의하면 타인을 위하여 원고가 된 자에 대한 확정판결은 그 타인에 대하여도 효력이 있다고 되어 있다. 이 사건에서처럼 채권자대위권을 행사한 채권자에게 대한 기판력이 피대위자인 채무자에게 미치는 것으로 보는 근거를 위 법문에 찾는 한에 있어서는 피대위자가 알고, 모르는 것을 가려서 기판력의 파급 여부를 가리기에는 그 법문상의 근거가 전혀 없다. 둘째로, 다수의견에서는 민법 제405조 제 1 항과 비송사건절차법 제84조 제 1 항의 규정을 들어 이 사건에서 대위권자인 채권자가 피대위자에게 알릴 방도가 있는 양으로 주장하지만 이 사건은 소유권이전등기말소등기절차이행청구소송이므로 대위하는 채권자의 채권의 기한은 이미 도래된 경우일 뿐 아니라 오히려 그 권리의 행사는 보전행위에 가깝기 때문에 엄격한 의미에서는 위의 두 법조가 적용될 성질의 경우라고는 보기 어렵다고 생각한다. 셋째로, 법률상 이해관계가 있는 소송이 계속중인 사실을 소송고지에 의하여 알았거나 또는 기타 방법에 의하여 알게 된 제 3 자가 계속중인 소송에 보조참가를 하여 피참가인과 공동투쟁을 벌인 경우에도 이 제 3 자가 받을 수 있는 불이익은 기판력이 아니라 참가적 효력에 불과한 민사소송법 이론에 비추어 다수 의견처럼 소송계속의 사실을 알았다고 하여 기판력을 미치게 하는 것은 피차 균형을 잃는 느낌이 든다. 넷째로, 기판력은 분쟁의 종식으로 법적 안정성을 가져오려는 데 그 본질적인 기능이 있다 할 것이어늘 다수의견처럼 피대위자가 소송이 계속중인 사실을 알았었는지의 여부에 따라서 증명하기 곤란한 주관적 사정에 의하여 기판력의 파급여부에 영향을 미치게 한다면 법정안정성을 내세우는 기판력의 정신과 정면으로 부딪치는 느낌이 든다. 이상과 같은 이유에 의하여 기왕 종전 대법원판결을 폐기할 바에는 피대위자가 소송계속을 알았었는지의 여부를 따지지 말고 일률적으로 그 기판력이 피대위자에게 미친다고 보는 것이 좋다고 생각하여 다수의견에 반대하는 것이다.

그러므로 원심이 위에서 본 바와 같은 그 판결 이유로 피고 신연수의 본안전 항변을 배척하였음은 채권자 대위소송에 있어서의 기판력의 소위 주관적 범위에 관한 법리를 잘못 해석한 결과 위에서 설시한 모든 점에 대한 심리를 다하지 못하고 또 그 이유를 갖추지 못한 위법을 범하였다 할 것이므로 피고 신연수의 상고논지는 결국 이유 있다고 인정한다.

다음 피고 박복남, 동 김수경, 동 신정윤 동 한국외환은행의 상고를 본다.

이 피고들에 대한 원고의 청구는 동인 등은 피고 신연수로부터 소유권 또는 근저당권을 취득한 자들로서 피고 신연수가 소유권자가 아니고 무권리자라고 인정하고 그로부터 소유권 또는 근저당권을 취득한 위 피고들 역시 무권리자이므로 그들 명의로 경료된 소유권이전등기 또는 근저당권설정등기는 원인무효의 등기라는 취지임이 원판결 설시에 의하여 명백하다. 그런데 위에서 이미 판시한 바와 같이 만일 피고 신연수가 적법하게 소유권을 취득하였음이 위 확정판결에 의하여 인정된다면 그로부터 권리의 양수 또는 설정을 받은 위 피고들은 특별한 사정이 없는 한 유효한 권리의 취득이 있었다고 보아야 할 것이다. 그러므로 전단의 확정판결의 기판력의 범위에 관한 원심의 위법한 판결은 본 피고들의 패소의 이유가 되었으므로 전단과 같은 이유로 상고는 모두 그 이유 있다고 인정한다.

따라서 나머지 상고이유에 대한 판단을 생략하고 원판결을 파기하여 원심으로 하여금 소외 수산업협동조합중앙회가 피고 신연수를 상대로 한 전소에서 원고가 동 소송이 제기된 사실을 알았는가의 점을 위시하여 다시 심리판단케 하기 위하여 사건을 원심법원에 환송한다.

질문

위의 전원합의체 판결 이전의 판례는 기판력은 소송의 당사자 사이에만 미친다는 원칙(민소 제218조 제 1 항)에 충실하여 채권자대위소송의 판결의 기판력은 채무자에게 미치지 않는다는 입장을 취하고 있었다(대판 1967. 3. 28, 67다212). 반면 다수설은 채권자대위소송을 제 3 자를 위한 소송담당으로 파악하여 기판력이 항상 미친다고 해석하고 있었다(민소 제218조 제 3 항). 위 판결은 이러한 두 입장 사이에서 절충적인 해법을 추구하고 있다. 그런데 이들 견해는 각각 난점이 없지 않다. 어떠한 난점이 있을지 생각해 보라. 그리고 그러한 난점에 비추어 위 판결을 평가해 보라.

Ⅲ. 채권자대위권 행사의 효과

1. 채무자의 지위

(1) 처분금지의 효력

채권자가 채무자의 권리를 대위행사한 경우에도 그 대위의 객체는 어디까지나 채무자에게 속한 권리이므로, 채무자는 이를 자유로이 처분할 수 있다고 하여야 할는지도 모른다. 그러나 민법은 채무자에게 권리의 양도나 포기 등의 처분행위를 허용하면 채권자의 대위권행사가 방해받을 우려가 있다고 하여, 일정한 요건 아래 그의 처분권을 제한하고 있다. 즉 채무자가 채권자로부터 보존행위 이외의 대위권행사의 통지를 받은 후에는, 그는 “그 권리를 처분하여도 이로써 채권자에게 대항하지 못한다"(제405조 제 2 항). 그리고 재판상의 대위에 있어서 법원으로부터 그 허가의 재판을 고지받은 후에는 채무자는 "그 권리를 처분할 수 없다"(비송 제49조 제 2 항). 판례는 비록 채권자로부터 대위권행사의 통지가 없더라도 채무자가 그 사실을 알았을 때에는 마찬가지로 다루어야 한다는 태도를 취하고 있다(대판 1962. 5. 24, 4294민상251, 252).

(2) 「처분」으로 인정되는 경우

판례는 원래의 의미의 처분에 해당하지 않는 경우에도 그 행위가 대위권행사의 목적을 좌절시키는 결과를 초래하는 것인 경우에는 이를 채권자에 대하여 주장할 수 없다는 태도를 취한다. 가령 채권자 갑이, 채무자 을이 그로부터 무효인 매매계약에 기하여 소유권등기를 이전해 간 병에 대하여 가지는 말소등기청구권을 대위행사한 경우에, 을이 매매계약을 추인하는 것은 대위의 대상인 말소등기청구권을 "처분하는 것과 같은 것이므로" 그 효과를 갑에게 주장할 수 없다고 한다(대판 1975. 12. 23, 73다1086). 그리고 채권자가 중간 매수인을 대위하여 최초의 매도인에 대하여 소유권이전등기 청구권을 행사한 경우 중간 매수인은 매매계약의 합의해제로 채권자에 대항할 수 없다(대판 1993. 4. 27, 92다44350). 그런데 이전 판례는, 병→을→갑으로 부동산이 순차 매도된 경우에 갑이 을을 대위하여 병에 대하여 을에게 소유권이전등기를 하도록 청구하는 소송을 제기한 후에는, 병이 을에 대하여 매매대금의 부지급을 이유로 최고 후 계약을 해제하였더라도, 을이 그 대금지급최고에 응하지 아니함으로써 병으로 하여금 계약을 해제할 수 있도록 하는 행위는 을이 자신의 병에 대한 소유권이전등기청구권을 처분하는 것에 해당한다는 이유로, 병은 그 계약해제를 갑에게 대항할 수 없다고 하였다(대판 2003. 1. 10, 2000다27343). 그러나 이러한 판례에서 대해서는 비판이 있었다. 즉 채무자의 채무불이행을 그의 채권에 대한 처분으로 보는 것이 개념상 무리하다는 점, 같은 처분금지효를 발생시키는 압류의 경우 그러한 해제가 가능한 것과 비교할 때 균형이 맞지 않는다는 점, 그리고 법정해제가 채무불이행의 효과로서 인정되는 정당한 구제수단이라는 점에서 제 3 채무자에게 지나치게 불리하여 부당하다는 점 등이 지적되고 있었다. 그래서 대법원은 이제 판례를 변경하여 그러한 해제는 처분금지효의 적용을 받지 않는다고 하면서, 다만 예외적으로 그 실질이 채무자의 채무불이행을 이유로 한 법정해제라기보다는 채무자와 제 3 채무자의 합의해제에 해당하면서 법정해제의 외관만을 갖춘 것과 같은 특별한 사정이 있는 경우에는 처분금지효에 따라 제 3 채무자는 계약해제로써 채권자에게 대항할 수 없다고 한다(대판(전) 2012. 5. 17, 2011다87235).[2)]

그러나 채무자가 할 수 없는 「처분」의 범위에 변제의 수령은 포함되지 않는다. 변제의 수령은 채권의 소멸이라는 결과를 가져오기는 하여도 이는 원래의 의미의 처분에 해당하지 않을 뿐만 아니라, 채권압류에 있어서와 같이(민집 제227조 제 1 항) 제 3 채무자에 대하여 채무자에 대한 지급을 금지하는 명령이 송달되는 것도 아니다. 그리고 무엇보다도 변제의 수령은 채무자의 일반재산을 보전한다는 대위권제도의 목적을 해하지 않는다(대판 1983. 3. 22, 80다1416).

한편 채권자가 채무자의 권리를 대위행사한 때에도 여전히 채무자가 권리자이므로 채무자의 다른 채권자가 피대위채권을 압류·가압류 할 수 있으나, 압류에 기초해 전부명령을 받는 것은 처분권 제한 및 대위소송의 취지에 반해 허용될 수 없다(대판 2016. 8. 29, 2015다236547). 따라서 다른 압류채권자에게는 추심명령에 따른 집행만이 가능하다. 그런데 그 경우 다른 채권자의 압류가 있다는 사정은 대위행사에 기해 행해지는 강제집행에 대해 집행장애사유가 되므로, 대위채권자도 이제 피대위채권을 압류하여 만족을 받을 수밖에 없을 것이다(대판 2016. 9. 28, 2016다205915).

(3) 대위행사 효과의 귀속

채권자가 채무자의 권리를 대위행사한 경우에 그 행사의 효과는 그 권리의 주체인 채무자에게 귀속된다. 가령 채권자가 채무자가 가지는 계약취소권을 대위행사한 경우에는 그 취소로 말미암아 발생하는 원상회복의무 등은 채무자에게 귀속된다. 또 대위채권자가 제 3 채무자에게 이행청구를 하면 채무자의 채

---

2) 한편 채권자대위권이 행사된 상황에서 제 3 채무자의 불이행을 이유로 채무자가 법정해제를 하는 것은 처분금지효에 반한다고 할 것인가? 이러한 해제는 일견 형식적으로는 채무자의 처분으로 볼 여지도 있지만 그럼에도 법률이 인정하는 범위에서 계약관계를 해소하는 것이므로 쉽게 동일시하기 어렵고, 계약상 급부가 동시이행으로 원상회복되기 때문에(제548조, 제549조) 실질적으로 책임재산에 거의 영향을 주지 아니한다. 또한 압류의 경우와 비교할 때에도(대판 1997. 4. 25, 96다10867; 2001. 6. 1, 98다17930 등 참조) 특별히 이를 금지할 이유가 없다고 생각된다. 그러므로 이때에는 처분금지효의 저촉을 받지 않아 채무자의 법정해제는 허용된다고 볼 것이다.

권에 대하여 시효중단의 효력이 생긴다(대판 2011. 10. 13, 2010다80930). 나아가 앞에서 본 대로 예외적으로 채권자가 제 3 채무자에 대하여 직접 자신에게의 이행을 청구하여 그 급부를 수령한 경우에도, 그 변제의 효과는 채무자에게 발생한다.

2. 채권자의 지위

(1) 법정위임관계

채권자가 실제로 채무자의 권리를 행사하는 경우에는 이로써 일종의 법정위임관계가 성립되어 위임에 관한 규정이 적용된다. 따라서 채권자는 선량한 관리자의 주의로써 채무자의 권리행사라는 업무를 처리하여야 한다(제681조). 채권자가 이 주의의무에 위반하는 행위를 하여 채무자에게 손해를 가한 경우에는 채무자에 대하여 손해배상책임을 지게 된다(제390조). 또한 채권자가 대위권행사와 관련하여 비용을 지출한 경우에는 비용상환청구권을 가진다(제688조). 그리고 이 비용상환청구권에 기하여 채권자가 제 3 채무자로부터 수령한 물건에 유치권을 가지게 된다.

(2) 대위행사 효과의 귀속

대위권행사의 효과는 직접으로 채무자에게 귀속되고, 채권자에게는 귀속되지 않는다. 채권자가 제 3 채무자를 상대로 자신에 대한 급부이행을 청구할 수 있는 경우에도, 그 급부는 채무자에 대한 변제로서 행하여지는 것이며, 비록 그 급부가 채무자가 대위채권자에 대하여 의무를 부담하는 급부와 동종의 것 또는 그 자체라고 하더라도 그것이 바로 채권자 자신의 채권에의 변제가 되는 것이 아니다. 따라서 대위채권자가 제 3 채무자를 상대로 자신에게 직접 지급할 것을 청구해 확정판결을 받더라도 대위채권자의 채권자가 이를 압류할 수는 없다(대판 2016. 8. 29, 2015다236547). 채권자는 직접청구하여 수령한 급부를 채무자에게 인도할 의무를 부담하며(제684조, 제734조, 제738조, 제741조 등), 만일 채권자가 그 급부로부터 자기 채권의 만족을 얻으려고 한다면, 일단 채무자에게 인도한 후 채무자로부터 임의의 변제를 받든가 강제집행의 절차를 취하여야 한다.

다만 채권자는 상계의 요건이 갖추어진 경우에는 자신의 위 인도의무와 채무자의 자신에 대한 채무를 상계할 수 있다고 해석되고 있다(제492조). 그리하여 이로써 사실상 우선변제를 받는 것과 같은 결과가 발생한다. 물론 총채권자를 위한 공동담보를 보전한다는 대위권제도 본래의 목적에서 보면, 대위수령한 목적물을 법원 등에 보관시킨 다음 채권자에게 강제집행절차를 취하도록 하여 다른 채권자에게 배당가입의 기회를 주어야 할 것이다(압류채권자가 추심명령을 받은 경우에 대한 민집 제236조 등 참조). 그러나 이에 대한 절차법의 뒷받침이 없는 이상 위와 같은 처리를 부정하기는 어렵다.

3. 제 3 채무자의 지위

채권자는 채무자에 대위하여 채무자의 권리를 행사하는 것이므로, 그 상대방인 제 3 자(제 3 채무자)는 채무자 자신이 권리를 행사하는 경우보다 불이익한 지위에 놓일 이유가 없다. 따라서 제 3 자는 채무자에 대하여 가지는 모든 대항사유를 채권자에게 주장할 수 있다. 따라서 제 3 자는 취소나 해제 등으로 인한 권리의 불발생, 변제나 상계 등으로 인한 권리의 소멸이나 동시이행의 항변 등을 채권자에게 주장할 수 있다.

한편 앞에서 본 대로 채무자는 대위권행사의 통지 등을 받은 후에는 그 처분행위로써 채권자에게 대항할 수 없게 되는데, 그 경우에는 제 3 자도 이를 가지고 채권자에게 대항할 수 없다고 할 것이다. 가령 채무자가 제 3 채무자의 채무를 면제하는 의사표시를 하였더라도, 제 3 채무자는 그로 인한 채권의 소멸을 채권자에게 주장하지 못한다. 그러나 그 경우에도 채무자의 처분행위에 의하지 않고서 제 3 자가 취득하게 된 대항사유는 이로써 채권자에게 대항할 수 있다. 그러므로 제 3 자가 통지 등을 받은 후에 변제를 하거나 그 후 취득한 반대채권으로 상계를 한 경우에는 이로써 대위채권자에게 대항할 수 있다.

제 6 장 채권자취소권: 의의와 요건

Ⅰ. 채권자취소권의 의의와 성질

1. 채권자취소권이란, 채무자의 일반재산을 부당하게 감소시킨 채무자의 행위(사해행위)의 효력을 부인하고 그 행위에 기하여 채무자의 책임재산으로부터 일탈한 것을 원상회복시키는 채권자의 권리이다(제406조 제 1 항). 채권자대위권이 채무자가 자신의 책임재산이 감소하는 것을 소극적으로 방치하고 있는 경우에 채권자가 채무자 대신 그것을 방지하는 조치를 강구하는 권리라면, 채권자취소권은 가령 채무자가 그 재산을 제 3 자에게 증여하거나 채권을 포기하는 경우와 같이 적극적으로 자신의 책임재산을 감소시키는 행위를 한 경우에 그 일탈한 재산을 회복시킴으로써 책임재산의 보전을 달성하고자 하는 구제수단이다. 말하자면 양자는 책임재산의 보전이라는 기본목적에서는 다름이 없으나, 그 규율의 대상을 달리한다고 할 수 있다.

그 밖에 제839조의3은 이혼시 재산분할청구권 보전을 위한 채권자취소권을 정하고 있는데, 제406조의 특칙에 해당한다. 더 나아가 채권자취소권과 동일한 성질을 가지는 권리이나 도산절차를 전제하는 것으로 도산법이 정하는 부인권이 있다(회파 제100조 이하 및 제391조 이하).

2. 채권자취소권은 채권의 공동담보인 채무자의 책임재산을 보전하기 위하여 채권의 보호수단으로서 채권자에게 주어진 실체법상의 권리이다. 그런데 채권자취소권을 실체법상의 권리라고 하더라도, 그 법적 성질이 무엇인가는 반

드시 명확한 것은 아니며, 종래 채권자취소권을 형성권으로 이해할 것인지 아니면 청구권으로 파악할 것인지 여부에 대하여 많은 논의가 있었다. 민법은 채권자취소권이 "그 취소 및 원상회복"을 내용으로 함을 명문으로 정하여, 형성권과 청구권의 성격을 모두 가짐을 밝히고 있다(제406조). 통설과 판례에 의하면 이것은 구체적으로 다음과 같은 것을 의미한다. ① 채권자취소권은 취소뿐만 아니라 원상회복도 내용으로 하는 권리이므로, 취소의 상대방은 채무자가 아닌 수익자·전득자이다. ② 그러나 채권자는 원상회복 없이 취소만으로 목적을 달성할 수 있는 경우(예를 들어 채무자가 채무면제를 한 경우, 원인행위만 존재하고 아직 이행이 없는 경우 등)에는 수익자·전득자를 상대로 취소만을 구할 수도 있다. ③ 채권자취소권은 수익자·전득자에 대해 행사하는 권리이므로 취소 및 원상회복은 취소채권자와 수익자·전득자 사이에서 발생하는 상대적 효력만을 가진다(이른바 「취소의 상대효」). 청구권설적 내용(①, ③)과 형성권설적 내용(②)이 절충되어 있음을 알 수 있다.

Ⅱ. 채권자취소권의 발생요건

1. 취소채권자의 채권

(1) 사해행위 전 피보전채권의 발생

취소채권자의 채권은 사해행위가 행해지기 이전에 발생한 것이어야 한다(대판 1962. 2. 15, 4294민상378). 원래 채권자는 채권 발생 당시의 채무자의 자력을 신용의 기초로 하는 것이고, 사해행위 당시 아직 존재하지 아니한 채권이 그 행위에 의하여 침해된다는 일은 있을 수 없기 때문이다. 예컨대 부동산을 싼 값에 매각한 사람에게 금전을 대여한 채권자는 자신의 대여금채권을 이유로 대여 이전에 있었던 매매를 취소할 수는 없는 것이다. 그러나 사해행위 당시 이미 발생한 채권이라면 그 후 양도나 상속 등으로 채권의 귀속이 변동되었더라도 현재의 채권자가 취소권을 가진다(대판 2012. 2. 9, 2011다77146). 아직 확정되지 아니한 이혼시 재산분할청구권에 대해서는 특칙이 있다(제839조의3; 위의 Ⅰ. 1. 참조).

그러나 판례는 예외적으로 채권의 성립의 기초가 되는 법률관계가 발생되어 있고 가까운 장래에 그에 기하여 채권이 성립한다는 고도의 개연성이 있으면 장래채권을 피보전채권으로 하는 것을 인정한다. 예컨대 보증인이 채무자의 사정에 비추어 발생의 개연성이 높은 장래의 구상금 채권을 보전하기 위하여 채무자 내지 구상보증인의 사해행위를 취소하는 경우(대판 1997. 10. 28, 97다34334)가 이에 해당한다. 신용보증약정이 존재하는 경우 사전구상권을 보전하기 위해 취소하는 경우도 마찬가지이다(대판 2012. 1. 12, 2010다64792). 반면 채권자와 채무자 사이에 계속적 물품공급계약이 존재하더라도 주문에 의해 공급이 이루어지고 대금이 결제되는 관계라면, 채무자의 행위 당시 계속적 물품공급계약이 있다는 사정만으로 이후 성립한 채권이 피보전채권이 된다고 볼 수는 없다(대판 2023. 3. 16, 2022다272046).

[1] 장래채권의 피보전채권성: 대판 1995. 11. 28, 95다27905

[주　　문] 원심판결을 파기하여 사건을 부산고등법원에 환송한다.

[이　　유] 상고이유를 본다.

원심은, 원고는 1991. 8. 12. 이천산업이라는 상호로 신발제조업체를 경영하는 소외 김길용이 장차 소외 주식회사 제일은행(이하 제일은행이라 한다)으로부터 대출받게 될 대출금의 상환채무에 관하여, 보증금액을 금 200,000,000원, 보증기한을 1992. 8. 12.로 정하여 신용보증하였고, 소외 김영종은 위 김길용의 원고에 대한 구상금채무의 연대보증인이 된 사실, 위 김길용은 같은 해 8. 16. 제일은행으로부터 금 200,000,000원을 변제기를 1992. 6. 30.로 정하여 대출받았으나 그 변제기까지 위 대출금 중 금 191,288,000원을 변제하지 못한 사실, 그런데 위 김영종은 1992. 8. 21. 자기 소유인 이 사건 부동산에 관하여 그의 처남인 피고와 사이에 매매예약을 체결하고 같은 달 28. 피고 앞으로 가등기를 경료한 사실, 위 매매예약 및 가등기 당시 위 김영종의 재산으로는 위 부동산 외에 시가 약 금 3,500,000원 상당의 임야가 있었을 뿐인 사실 등을 인정한 후, 위 인정 사실에 의하면 원고는 위 김길용이 제일은행으로부터 대출받은 금 191,288,000원을 그 변제기까지 변제하지 못함으로써 위 김길용에 대하여 민법 제442조 제 1 항 제 4 호에 따라 사전구상권을 행사할 수 있었다고 할 것이고, 원고가 위와 같이 주채무자인 김길용에 대하여 사전구상권을 행사할 수 있는 상태에서 그 구상금 채권의 연대보증인인 위 김영종이 이 사건 부동산에 관하여 한 위 매매예약은 구상금 채권자인 원고에 대하여 사해행위가 된다는 이유로, 원고의 채권자취소에 관한 주장을 받아들였다.

채권자취소권에 의하여 보호될 수 있는 채권은 원칙적으로 사해행위라고 볼 수 있는 행위가 행하여지기 전에 발생된 것임을 요하지만(당원 1978. 11. 28. 선고 77다2467 판결, 1995. 2. 10. 선고 94다2534 판결 등 참조), 그 사해행위 당시에 이미 채권 성립의 기초가 되는 법률관계가 발생되어 있고, 가까운 장래에 그 법률관계에 기하여 채권이 성립되리라는 점에 대한 고도의 개연성이 있으며, 실제로 가까운 장래에 그 개연성이 현실화되어 채권이 성립된 경우에는, 그 채권도 채권자취소권의 피보전채권이 될 수 있다고 할 것이다. 왜냐하면, 위와 같은 경우에도 채권자를 위하여 책임재산을 보전할 필요가 있고, 채무자에게 채권자를 해한다는 점에 대한 인식이 있었다고 볼 수 있기 때문이다.

그러므로, 보증인이 주채무자에 대하여 사전구상권을 행사할 수 있는 상태에서 주채무자가 사해행위로 볼 만한 행위를 하였을 경우에 나중에 보증인이 보증채무를 이행함으로써 주채무자에게 구상권을 갖게 되면 보증인도 자기의 구상금 채권을 피보전채권으로 하여 채권자취소권을 행사할 수 있는 경우가 있을 수 있다는 취지의 원심판결의 이유는 일단은 정당하다고 할 것이다.

그러나 관련 증거들을 종합하여 보면, 위 김길용은 1991. 8. 16. 제일은행과 사이에 여신한도를 금 200,000,000원, 대출기한을 1992. 6. 30.로 한 여신한도거래 약정을 체결하고 거래처인 소외 주식회사 삼화로부터 받은 약속어음을 위 제일은행에게 제시하고 이를 현금으로 할인하는 어음할인거래를 하게 되었는데, 위 대출기한에 이르러 어음할인거래 잔액이 금 191,288,000원에 이르자 위 여신한도거래 약정을 다시 1년간 갱신하기로 약정한 사실, 원고는 제일은행이 위 김길용에게 위 주식회사 삼화 발행의 어음만을 할인하여 줄 것을 조건으로 원심이 인정한 바와 같은 내용의 신용보증을 하였다가, 제일은행이 위와 같이 여신한도거래 약정을 1년간 갱신하게 되자 원고도 종전의 신용보증을 종전과 같은 조건으로 갱신하게 되었고, 다만 위 갱신 당시의 어음할인거래 잔액 금 191,288,000원을 보증금액 금 200,000,000원에 포함시켜 신용보증을 하였던 사실, 그런데 위 김길용은 1992. 5.경 위 주식회사 삼화 발행의 액면 금 50,000,000원의 약속어음 1매와 액면 금 40,000,000원의 약속어음 1매를 제일은행으로부터 할인한 사실이 있었는데, 제일은행은 위 약속어음들이 만기인 1992. 10. 6. 부도처리되자 위 김길용에게 위 부도된 어음금 합계 금 90,000,000원을 즉시 변제할 것을 요구한 사실, 이에 위 김길용은 금 40,000,000원은 스스로 마련하고 나머지 금 50,000,000원은 제일은행으로부터 일반대출을 받아 변제하기로 계획을 세우고 그에 대하여 원고의 동의를 받은 다음, 1992. 11. 5. 원고로부터 종전의 신용보증과는 별도로 보증금액을 금 50,000,000원으로 한 새로운 신용보증서를 발급받아 제일은행에 제출하고 제일은행으로부터 금 50,000,000원을 일반 자금으로 대출받은 후 그 대출금 50,000,000원에다가 자기가 마련한 금 40,000,000원을 합하여 제일은행에게 위 금 90,000,000원을 변제한 사실, 그 후 위 금 200,000,000원의 신용보증의 대상이 된 제일은행과의 한도거래 약정은 대출기한 종료시까지 거래잔액을 남기지 아니하고 종료되었고, 단지 위 금 50,000,000원의 일반대출금만이 변제되지 아니하여 원고가 이를 대위변제하게 되었던 사실 등을 인정할 수 있으므로, 원고가 제일은행에 대위변제하여 위 김길용에 대하여 갖게 된 위 일반대출 원리금 상당의 구상금 채권은 그 보증인인 위 김영종이 피고와 사이에 이 사건 부동산에 관하여 위 매매예약을 체결할 때까지 발생하지 아니하였음은 물론, 그 구상금 채권 발생의 전제가 되는 신용보증약정조차 체결되지 아니하였음이 명백할 뿐만 아니라, 기록에 의하면 원고는 위 김영종이 이 사건 부동산에 관하여 가등기를 경료한 사실을 확인한 후에 위 금 50,000,000원의 일반대출금 채무에 대하여 신용보증을 하였음을 알 수 있는 바, 그렇다면 원고는 위 가등기가 경료되어 있는 상태에서의 위 김영종의 재산을 담보로 하여 위 김영종을 연대보증인으로 삼았다고 할 것이므로, 위 김영종과 피고 사이에 매매예약이 그 후에 체결된 신용보증약정에 의하여 발생한 구상금 채권에 대하여 사해행위가 될 수 없음은 명백하다고 할 것이다.

그럼에도 불구하고, 원심은 위와 같은 사실관계에 대하여는 전혀 심리하지 아니한 채 단지 위 김길용이 제일은행과의 1차 한도거래 약정을 체결한 후 그 대출기한 종료시까지 어음거래 잔액을 남겨두고 있었다는 사실만에 기하여 위 김영종의 매매예약이 있기 이전에 원고가 위 김길용에 대하여 사전구상권을 행사할 수 있었다고 잘못 판단하고 말았으니, 원심판결에는 심리미진, 채증법칙 위반, 채권자취소권의 발생 및 보증인의 사전구상권에 관한 법리오해의 위법이 있다고 할 것이고, 위와 같은 위법은 판결에 영향을 미쳤음이 명백하므로, 이 점을 지적하는 논지는 이유가 있다(원고는 위 김길용의 주식회사 동남은행에 대한 대출금 채무를 대위변제하였음을 이유로 하여 그 구상금 채권에 기하여도 채권자취소권을 행사한다고 주장하고 있으므로, 원심으로서는 위 대출금 채권의 발생원인이 된 은행거래 약정의 내용이나 그 은행거래 약정의 갱신 여부에 관하여도 심리판단하였어야만 할 것이다).

그러므로 원심판결을 파기하고 사건을 원심법원에 환송하기로 하여 관여 법관의 일치된 의견으로 주문과 같이 판결한다.

질문

1. 이 판결에서 대법원은 사해행위 시점에 피보전채권이 존재해야 한다는 법리에 어떠한 예외를 인정하였는가? 여기서는 어떤 사안 유형이 문제되었는가? 대법원은 어떠한 사정을 고려하여 피보전채권성을 부정하였는가?
2. 신용카드 가입계약만을 체결하고 신용카드 자체는 사용하지 않은 상태에서 부동산을 매도하였고 이후 신용카드를 사용하여 연체에 빠진 경우, 연체대금 채권을 피보전채권으로 하여 부동산매매를 취소할 수 있겠는가? (대판 2004. 11. 12, 2004다40955 참조)

판례는 더 나아가 "채권성립의 기초가 되는 법률관계"는 채권성립의 개연성이 있는 준법률관계나 사실관계 등을 포함한다고 하며, 따라서 당사자 사이에 계약의 교섭이 상당히 진행되어 그 계약체결의 개연성이 고도로 높아진 경우에도 채권자취소권을 인정하기도 한다(대판 2002. 11. 8, 2002다42957). 이렇게 피보전채권이 될 수 있는 장래채권은 당연히 채무자의 무자력을 파악할 때 그의 소극재산에 포함되어야 한다(대판 2011. 1. 13, 2010다68084).

(2) 피보전채권의 모습

취소채권자의 채권이 아직 그 이행기에 도달하지 아니하였더라도, 그 채권이 조건부나 기한부이더라도(정지조건부 채권에 대해 대판 2011. 12. 8, 2011다55542), 또 그 채권의 금액이 아직 확정되지 아니하였더라도(손해배상채권에 대해 대판 2018. 6. 28, 2016다1045), 그 채권자에게는 취소권이 인정된다. 그러한 채권자는 비록 사실심변론종결시까지 그러한 불확정상태가 종결되지 아니하였더라도 그 취소권을 행사할 수 있다고 해석되고 있다. 예컨대 내용이 확정되지 않은 부양청구권도 피보전채권이 될 수 있다(대판 2015. 1. 29, 2013다79870; 제척기간에 대해서는 확정과 무관하게 제406조 제 2 항이 그대로 적용된다).

(3) 금전채권과 특정채권

채권자취소권에 의해 보전되는 채권으로서 전형적인 것은 금전채권이다. 그러나 피보전채권이 금전채권에 한하는 것은 아니며, 그 채무의 불이행으로 말미암아 손해배상채권(금전채권, 제394조)으로 변할 수 있는 것이면 충분하다(통설). 채무자의 일반재산에 의하여 담보되는 것은 원래부터의 금전채권에 한정되지 않고, 궁극적으로 손해배상채권으로 변하는 모든 채권이기 때문이다(제 1 편 제 1 장 참조).

판례는 "금전 이외의 물건의 급부를 목적으로 하는 채권이라도 그 물건이 특정물이 아닌 이상" 채권자취소권이 인정된다고 하는 것이 있다(대판 1965. 6. 29, 65다477). 그러나 그것이 손해배상청구권으로 전화될 가능성이 있다면 특정물채권자라고 해서 채권자취소권을 행사하지 못한다고 볼 이유는 없다. 특히 판례는 특정물채권자는 채권자취소권을 가지지 못한다고 하는 명제로부터 부동산 이중매매의 경우 부동산양수인의 소유권이전청구권을 보전하기 위하여 제 2 양도행위의 취소를 청구할 수 없다고 하고(대판 1965. 3. 30, 64다1483), 그 이유로 이중양도로 인한 제 1 양수인의 손해배상청구권은 사해행위(제 2 양도행위) 전에 발생하였다고 할 수 없어서 취소권이 발생하지 않는다고 한다(대판 1999. 4. 27, 98다56690). 그러나 이 경우에도 사해행위 이전에 채권 발생의 기초가 되는 법률관계가 매매라는 쌍무계약의 형태로 존재하고 있었고 사해행위와 동시에 손해배상채권이 필연적으로 발생하므로 판례에 의하더라도 채권자취소권이 인정될 수 있는 경우라고 생각된다. 물론 공동의 책임재산을 회복한다는 채권자취소권의 취지에 비추어 사해행위가 취소되어 원상회복된 경우 취소채권자인 제 1 매수인이 자신의 특정채권(소유권이전청구권)을 행사할 수는 없고, 오로지 손해배상청구권에 기해 강제집행을 할 수 있음에 그친다고 해석해야 할 것이다.

(4) 담보가 설정되어 있는 채권

질권이나 저당권과 같은 특별담보에 의하여 담보되고 있는 채권은 그 담보에 의하여 만족될 수 없는 한도에서만 취소권이 인정된다(대판 2000. 12. 8, 2000다21017). 예컨대 2억 원의 금전채권이 채무자가 제공한 최고액 1억 원의 저당권에 의해 담보되고 있는 경우, 채권자는 물적 담보를 초과하는 1억 원에 대해서만 채권자취소권을 행사할 수 있다. 우선변제권이 존재하고 그로부터 안정적으로 만족을 받을 수 있는 한에서는 채권 보전의 필요가 없기 때문이다(그러한 의미에서 우선하는 임금 우선특권이 있으면 그 액수를 고려해야 한다는 대판 2021. 11. 25, 2016다263355 참조). 담보물의 가치는 사해행위 시점의 시가에 의해 산정한다(대판 2002. 11. 8, 2002다41589). 물적 담보의 제공자가 채무자인지 물상보증인지 여부는 묻지 않는다.

그러나 보증채무나 연대채무와 같이 인적 담보가 붙은 채권은 비록 보증인 등에게 변제자력이 있다고 하여도 반드시 우선변제가 보장되는 것은 아니므로 채권자는 채권 전액에 대하여 취소권을 가진다(대판 2003. 7. 8, 2003다13246 참조).

(5) 피보전채권의 소멸

피보전채권이 소멸하면 채권자취소권도 소멸한다. 취소판결이 확정되었으나 원상회복 이전에 피보전채권이 소멸한 경우, 이는 청구이의의 사유가 된다(대판 2017. 10. 26, 2015다224469). 한편 피보전채권에 대해 소멸시효가 완성한 경우는 어떠한가? 판례는 채권자취소소송에서 수익자도 "사해행위취소권을 행사하는 채권자의 채권이 소멸되면 그와 같은 이익의 상실을 면할 수 있는 지위에 있으므로" 채권의 소멸로부터 직접 이익을 받는 자에 해당하여 시효 완성을 원용할 수 있다고 한다(대판 2007. 11. 29, 2007다54849).

(6) 소송상 취급

채권자가 사해행위의 취소를 청구하면서 피보전채권을 추가하거나 교환하는 것은 사해행위취소권을 이유 있게 하는 공격방법에 관한 주장을 변경하는 것일 뿐이지 소송물 또는 청구 자체를 변경하는 것이 아니므로 소의 변경이라 할 수 없으며(대판 2003. 5. 27, 2001다13532), 이는 전·후소 중 하나가 승계참가신청에 의해 이루어진 경우도 마찬가지이다(대판 2012. 7. 5, 2010다80503).

2. 사해행위

채권자취소권이 인정되려면 채무자가 "채권자를 해하는, 재산권을 목적으로 한 법률행위", 즉 사해행위를 하여야 한다. 이하 ① 채무자의 법률행위, ② 재산권을 목적으로 한 법률행위, ③ 채권자를 해하는 법률행위의 셋으로 나누어 살펴본다.

(1) 채무자의 법률행위

(가) 채무자가 한 법률행위만이 취소의 대상이 될 수 있다. 따라서 채무자 이외의 사람이 한 행위라면 결과적으로 채권자를 해하는 것이라도 취소하지 못한다.

법률행위인 한 그 종류를 묻지 아니한다. 계약인 것이 보통이나, 가령 채무면제와 같은 단독행위(이 경우에는 제 3 채무자가 수익자에 해당한다)나 소위 합동행위(상 제185조, 제269조, 제552조 참조)라도 관계없다. 또한 각종의 「의제된 법률행위」(제15조, 제131조, 제145조 등)나 강제집행의 방법으로 이루어진 법률행위(제389조 제 2 항 전단, 민집 제263조)도 취소의 대상이 된다.

(나) 제406조는 "법률행위"라고 하나, 엄격한 의미에서의 법률행위만을 가리키지 않는다. 도산법은 부인의 대상을 단순히 "채무자가 회생채권자 또는 회생담보권자를 해하는 것을 알고 한 행위"(회파 제100조 제 1 항 제 1 호), "채무자가 파산채권자를 해하는 것을 알고 한 행위"(회파 제391조 제 1 호)라고 규정하고, 이에는 시효중단사유로서의 채무승인이나 채권양도의 통지·승낙 등의 준법률행위뿐 아니라, 소송행위, 예를 들면 청구의 포기·인낙, 소 또는 상소의 취하, 재판상 화해 등도 포함된다고 해석되는데, 이는 채권자취소권에 대해서도 타당하다. 다만 사해행위가 채무의 발생을 내용으로 하고 그 채무의 이행으로서 일정한 행위가 행하여지는 경우(가령 부동산매매계약과 그 계약상 의무의 이행으로서의 소유권등기이전)에는 그 채무발생행위만이 취소의 대상이 되고, 이행행위는 그 취소의 효과로서 "원상회복"되면 충분하므로, 따로 이행행위만을 취소의 대상으로 삼을 수는 없다. 또한 채무자의 단순한 부작위나 사실행위는 취소할 수 없다.

[2] 채권양도 통지의 취소: 대판 2012. 8. 30, 2011다32785, 32792

[주 문] 상고를 모두 기각한다. 상고비용 중 본소로 인한 부분은 피고들(반소원고 포함)이 부담하고, 반소로 인한 부분은 피고(반소원고) 주식회사 리맥스파트너스가 부담한다.

[이 유] 상고이유를 판단한다.

1. 본소에 관한 피고들의 상고이유 주장에 대하여

원심판결 이유에 의하면, 원심은 주식회사 쿨투(이하 '쿨투'라 한다)와 소외인 등은 이 사건 임대차계약 체결 당시 임대차보증금반환채권을 양도하지 못하는 것으로 약정하였는데, 쿨투가 원고(반소피고)(이하 '원고'라 한다)에게 위 임대차보증금반환채권을 양도하였으므로 그 채권양도는 피고들(반소원고 포함)(이하 '피고들'이라 한다)에 대하여 효력이 없다는 피고들의 주장에 대하여, 이 사건 임대차계약 당시 "임차인은 계약기간 중에 제 3 자에게 이 계약상의 권리를 양도하거나 임대차 물건의 전부나 일부를 전대할 수 없으며 이는 불법점유로 본다."고 약정한 사실을 인정할 수 있으나, 그 약정의 취지는 판시와 같은 이유로 임차권의 양도 및 전대를 금지한 것으로 봄이 상당하지 임대차보증금반환채권의 양도를 금지하는 것으로 보기 어렵고, 또한 설령 임대차보증금반환채권에 대한 양도금지 특약이 있었다 하더라도 그에 대한 원고의 악의 내지 중과실을 인정할 증거가 없으므로, 피고들의 위 주장은 이유 없다고 판단하였다.

기록에 비추어 살펴보면, 원심의 위와 같은 판단은 수긍할 수 있고, 거기에 상고이유의 주장과 같은 채권양도 금지 특약 등에 관한 법리오해나 채증법칙 위반 등의 위법이 없다.

2. 반소에 관한 피고 주식회사 리맥스파트너스(이하 피고 '리맥스'라 한다)의 상고이유 주장에 대하여

채권자취소권은 채무자가 채권자에 대한 책임재산을 감소시키는 행위를 한 경우에 이를 취소하고 원상회복을 하여 공동담보를 보전하는 권리이고, 채권양도의 경우 그 권리이전의 효과는 원칙적으로 당사자 사이의 양도계약의 체결과 동시에 발생하며 채무자에 대한 통지 등은 채무자를 보호하기 위한 대항요건일 뿐이므로, 채권양도행위가 사해행위에 해당하지 않는 경우에 양도통지가 따로 채권자취소권 행사의 대상이 될 수는 없다.

원심판결 이유에 의하면, 원심은 피고 리맥스가 이 사건 채권자취소권의 피보전권리로 주장하는 대여금채권은 원고가 쿨투로부터 이 사건 임대차보증금반환채권을 양도받은 이후에 발생하였고, 다만 채권양도 통지는 위 피보전권리가 발생한 후에 이루어진 사실을 인정한 다음, 채권양도행위와 분리하여 양도통지만을 사해행위로 취급하여 그것에 대한 채권자취소권의 행사를 인정할 수는 없다는 이유로 피고 리맥스의 반소청구를 기각하였다.

앞서 본 법리에 의하면, 이 사건 임대차보증금반환채권은 원고와 쿨투 사이의 채권양도계약으로 이미 원고에게 이전되는 효력이 발생한 것이니, 이는 그 이후에 피보전권리를 취득한 피고 리맥스에 대한 관계에서는 채권자취소권에 의하여 보전할 책임재산에 포함되지 않는 것이고, 결국 위 채권양도행위가 사해행위에 해당하지 않는 이상 그 이후에 이루어진 채권양도 통지만이 채권자취소의 대상이 될 수는 없다.

따라서 원심판결의 판시 중 채권양도 통지가 채무자에 대한 관계에서 양도행위의 효력발생요건이라고 한 부분은 부적절하지만, 이 사건 임대차보증금반환채권의 양도통지가 채권자취소권 행사의 대상이 되지 않는다고 한 결론은 정당

하고, 원심판결에 달리 상고이유의 주장과 같은 채권자취소권 등 관련 법리를 오해한 위법은 없다. […]

질문

1. 이 판결은 채권양도 통지를 사해행위로 취소할 수 없다고 한다. 결론과 이유는 타당하다고 생각되는가? 채권양도 자체가 아닌 통지만의 취소를 허용할 실익은 있는가?
2. 채권자취소권과 동일한 성질을 가진다고 파악되는 부인권(회파 제100조 제1항 제1호, 제391조 제1호)에 의해서는 채권양도 통지와 같은 대항요건을 부인할 수 있다. 각각 다른 결론을 유지하는 것을 정당화할 만한 합리적 이유가 존재하는가?
3. 만일 채권양도 통지에 대한 사해행위 취소를 인정한다면, 관계인들 사이의 법률관계는 어떠한가?

(다) 무효인 법률행위는 원칙적으로 이를 사해행위 취소의 대상으로 삼을 수 없다. 채무자의 책임재산을 감소시키는 효과가 없기 때문에 사해행위에 해당하지 않기 때문이다(대판 2013. 9. 12, 2011다89903 참조). 채권자는 채무자를 대위하여 그 무효를 원인으로 채무자가 취득하는 "원상회복"의 권리를 행사하면 충분하다(제404조). 그런데 채무자는 가장매매와 같은 허위표시에 의하여 재산을 은닉하는 일이 적지 않다. 그 경우에 채권자가 사해행위를 이유로 그 요건을 입증하여 취소를 구하는 것은 어떠한가? 통설과 판례(대판 1961. 11. 9, 4293민상263)는 이를 허용한다. 채권자가 사해행위를 주장하여 그 취소를 구하는 데 대하여 피고가 그것이 허위표시임을 주장하여 이것을 저지하는 것은 허용되어서는 안 될 것이다. 이러한 태도는 일반적으로 무효를 선의의 제 3 자에게 대항할 수 없는 경우(가령 제107조 제 2 항 참조)에도 관철되어야 할 것이다.

(2) 재산권을 목적으로 한 행위

채권자취소권은 채무자의 일반재산의 보전을 목적으로 하는 것이므로, 취소의 대상인 법률행위는 채무자의 일반재산을 구성하는 권리에 관한 것이어야 한다. 그러므로 재산권을 목적으로 하지 않는 법률행위는 사해행위의 대상이 되지 않는다. 예를 들어 어업허가는 재산권이라고 할 수 없어 어업허가 양도는 사해행위가 될 수 없다(대판 2010. 4. 29, 2009다105734).

특히 혼인, 입양, 이혼 등의 친족법상 법률행위는 비록 그것이 채무자의 재산에 상당한 영향을 사실상 미치는 것이라도 사해행위가 되지 않는다. 반면 상속의 승인·포기나 유증의 포기에 대해서는 논란이 있으나, 그것이 채무자의 적극재산의 증가를 막거나 소극재산을 증가시키는 결과가 되는 경우에도, 피상속인 내지 유언자와의 관계를 고려한 채무자 자신의 인격적 선택에 따라 정하여져야 할 것이고 타인의 의사에 의하여 이것을 강제하여서는 안 된다. 그러므로 취소의 대상이 되지 않는다고 할 것이다. 유증의 포기도 마찬가지이다(대판 2019. 1. 17, 2018다260855).

[3] 상속포기의 사해행위성: 대판 2011. 6. 9, 2011다29307

[주 문] 상고를 모두 기각한다. 상고비용은 원고가 부담한다.

[이 유] 상고이유를 판단한다.

1. 상속의 포기는 상속이 개시된 때에 소급하여 그 효력이 있고(민법 제1042조), 포기자는 처음부터 상속인이 아니었던 것이 된다(대법원 2003. 8. 11.자 2003마988 결정 등 참조). 따라서 상속포기의 신고가 아직 행하여지지 아니하거나 법원에 의하여 아직 수리되지 아니하고 있는 동안에 포기자를 제외한 나머지 공동상속인들 사이에 이루어진 상속재산분할협의는 후에 상속포기의 신고가 적법하게 수리되어 상속포기의 효력이 발생하게 됨으로써 공동상속인의 자격을 가지는 사람들 전원이 행한 것이 되어 소급적으로 유효하게 된다고 할 것이다. 이는 설사 포기자가 상속재산분할협의에 참여하여 그 당사자가 되었다고 하더라도 그 협의가 그의 상속포기를 전제로 하여서 포기자에게 상속재산에 대한 권리를 인정하지 아니하는 내용인 경우에는 마찬가지라고 볼 것이다.

한편 상속의 포기는 비록 포기자의 재산에 영향을 미치는 바가 없지 아니하나(그러한 측면과 관련하여서는 '채무자 회생 및 파산에 관한 법률' 제386조도 참조) 앞서 본 대로 상속인으로서의 지위 자체를 소멸하게 하는 행위로서 이를 순전한 재산법적 행위와 같이 볼 것이 아니다. 오히려 상속의 포기는 1차적으로 피상속인 또는 후순위상속인을 포함하여 다른 상속인 등과의 인격적 관계를 전체적으로 판단하여 행하여지는 '인적 결단'으로서의 성질을 가진다고 할 것이다. 그러한 행위에 대하여 비록 상속인인 채무자가 무자력상태에 있다고 하여서 그로 하여금 상속포기를 하지 못하게 하는 결과가 될 수 있는 채권자의 사해행위

취소를 쉽사리 인정할 것이 아니다. 그리고 상속은 피상속인이 사망 당시에 가지던 모든 재산적 권리 및 의무·부담을 포함하는 총체재산이 한꺼번에 포괄적으로 승계되는 것으로서 다수의 관련자가 이해관계를 가지는 바인데, 위와 같이 상속인으로서의 자격 자체를 좌우하는 상속포기의 의사표시에 사해행위에 해당하는 법률행위에 대하여 채권자 자신과 수익자 또는 전득자 사이에서만 상대적으로 그 효력이 없는 것으로 하는 채권자취소권의 적용이 있다고 하면, 상속을 둘러싼 법률관계는 그 법적 처리의 출발점이 되는 상속인 확정의 단계에서부터 복잡하게 얽히게 되는 것을 면할 수 없다. 또한 이 사건에서의 원고와 같이 상속인의 채권자의 입장에서는 상속의 포기가 그의 기대를 저버리는 측면이 있다고 하더라도 채무자인 상속인의 재산을 현재의 상태보다 악화시키지 아니한다. 이러한 점들을 종합적으로 고려하여 보면, 상속의 포기는 민법 제406조 제 1 항에서 정하는 "재산권에 관한 법률행위"에 해당하지 아니하여 사해행위 취소의 대상이 되지 못한다고 함이 상당하다.

2. 원심이 인정한 사실관계 및 원심의 판단은 다음과 같다.

가. 원고는 소외 1을 상대로 서울중앙지방법원 2007가합76615호로 2억8천만 원 및 그에 대한 지연손해금의 지급을 구하는 약정금청구소송을 제기하여 2007. 10. 23. 위 법원으로부터 승소판결을 받았고, 그 판결은 그 무렵 확정되었다.

한편 소외 1 및 피고들의 어머니인 망 소외 2가 2009. 12. 4. 사망하였다. 그러자 망인의 공동상속인 중 소외 1은 상속포기기간 동안인 2010. 1. 28. 서울가정법원 2010느단852호로 상속포기의 신고를 하였고, 위 신고는 2010. 3. 15. 위 법원에 의하여 수리되었다.

소외 1을 제외한 나머지 공동상속인인 피고들은 위 신고가 수리되면 그 포기의 소급효로 인하여 소외 1은 처음부터 망인의 상속인에 해당하지 아니한다고 생각하여, 위 상속포기의 신고와 같은 날인 2010. 1. 28. 소외 1을 제외한 채 망인의 상속재산인 이 사건 부동산의 망인 소유 지분(13분의 3. 이하 '이 사건 상속재산'이라고 한다)에 관하여 그들의 법정상속분 비율에 따라 이를 분할하는 내용으로 상속재산분할협의를 한 다음 2009. 12. 4.자 협의분할로 인한 재산상속을 원인으로 하여 각 지분소유권이전등기를 마쳤다.

나. 원고는 이미 채무초과상태에 있던 소외 1이 2009. 12. 4. 공동상속인들인 피고들과 사이에 이 사건 상속재산 중 자신의 상속분에 관한 권리를 포기하는 내용으로 행한 상속재산분할협의는 채권자인 원고를 해하는 사해행위에 해당하므로 취소되어야 하고, 그 원상회복으로 피고들은 위 각 지분소유권이전등기의 말소등기절차를 이행할 의무가 있다고 주장하였다.

원심은 소외 1의 법정상속분에 상당하는 지분을 포함하여 이 사건 상속재산 전부에 관하여 소외 1을 제외한 피고들 앞으로 위 각 지분소유권이전등기가 행하여진 것은 소외 1이 상속을 포기함으로써 그가 처음부터 상속인이 아니게 된 데서 연유한 것으로서 이를 원고의 주장과 같이 소외 1과 피고들 사이에서 소외 1이 자신의 상속분에 관한 권리를 포기하는 내용으로 상속재산분할협의를 한 결과로 볼 수 없다고 전제한 다음, 나아가 상속의 포기는 사해행위 취소의 대상이 된다고 할 수 없다는 이유로 원고의 청구를 기각하였다.

3. 앞서 본 법리를 기록에 비추어 살펴보면, 상속의 포기가 사해행위 취소의 대상이 될 수 없고, 또한 원고의 주장과 같이 설사 소외 1이 상속재산분할협의에 참여하여 그 당사자가 되었다고 하더라도 그 협의의 내용이 그의 상속포기를 전제로 하여서 그에게 상속재산에 대한 권리를 인정하지 아니하는 것으로서 같은 날 행하여진 그의 상속포기 신고가 후에 수리됨으로써 상속포기의 효과가 적법하게 발생한 이상 이를 달리 볼 것이 아니라는 취지의 원심 판단은 정당하다. 원심판결에 상고이유의 주장과 같이 논리와 경험의 법칙에 반하여 사실을 잘못 인정하거나 상속의 포기와 단순승인에 관한 법리를 오해하여 판결 결과에 영향을 미친 위법이 있다고 할 수 없다.

4. 그러므로 상고를 모두 기각하고 상고비용은 패소자의 부담으로 하기로 하여 관여 대법관의 일치된 의견으로 주문과 같이 판결한다.

질문

대법원은 채무자의 상속포기는 사해행위로 취소할 수 없다고 하지만, 반대로 취소할 수 있다는 주장도 유력하다. 대법원은 어떠한 이유를 제시하고 있는가? 각각의 견해를 뒷받침할 수 있는 논거로 무엇이 있는가? 생각할 수 있는 논거들을 들고 평가해 보라.

그러나 친족법이나 상속법상의 법률행위라고 하여 일률적으로 채권자취소권의 대상이 될 수 없는 것은 아니다. 내용상 재산적 성질이 강한 권리는 개별적으로 판단하여 채권자취소를 할 수 있다고 해석되어야 하는 경우도 있다. 이혼시 재산분할이나 상속재산분할이 그 예이다.

[4] 재산분할의 사해행위성: 대판 2000. 7. 28, 2000다14101

[주 문] 원심판결을 파기하고, 사건을 광주지방법원 본원 합의부에 환송한다.

[이 유] 상고이유를 본다.

1. 명의신탁재산의 반환이라는 점에 대하여

원심판결 이유에 의하면, 원심은 피고가 소외인으로부터 이 사건 부동산에 관한 소유권이전등기를 경료받은 것은 명의신탁한 재산을 반환받은 것이므로 사해행위가 되지 않는다는 피고의 주장에 대하여 이에 부합하는 듯한 제 1 심 증인 소외인, 김정숙의 증언은 을 제 3 호증의 기재 및 제 1 심 증인 김정식의 증언에 비추어 믿지 아니하고, 나머지 증거만으로는 이를 인정하기에 부족하며 달리 이를 인정할 증거가 없다고 하여 피고의 위 주장을 배척하고 결국 원고 승계참가인의 청구를 인용하였는바, 기록에 비추어 살펴보면 원심의 위와 같은 사실인정과 판단은 수긍이 가고, 거기에 채증법칙과 경험칙에 반하여 사실을 인정하거나 심리미진의 잘못으로 판결 결과에 영향을 미친 위법이 없다.

이 부분 상고이유의 주장은 이유 없다.

2. 이혼에 따른 재산분할로 받은 것이라는 점에 대하여

이미 채무초과 상태에 있는 채무자가 이혼을 함에 있어 자신의 배우자에게 재산분할로 일정한 재산을 양도함으로써 결과적으로 일반 채권자에 대한 공동담보를 감소시키는 결과로 되어도, 위 재산분할이 민법 제839조의2 제 2 항 규정의 취지에 따른 상당한 정도를 벗어나는 과대한 것이라고 인정할 만한 특별한 사정이 없는 한 사해행위로서 채권자에 의한 취소의 대상으로 되는 것은 아니라고 할 것이고, 다만 위와 같은 상당한 정도를 벗어나는 초과부분에 관한 한 적법한 재산분할이라고 할 수 없기 때문에 그 취소의 대상으로 될 수 있다고 할 것인바, 위와 같이 상당한 정도를 벗어나는 과대한 재산분할이라고 볼 만한 특별한 사정이 있다는 점에 관한 입증책임은 채권자에게 있다고 할 것이다.

원심판결 이유와 기록에 의하면, 피고는 1991년경부터 위 소외인을 만나 동거하다가 1994. 12. 30. 혼인신고를 마쳤는바, 1998. 3. 20.경 가정불화로 말미암아 협의에 의한 이혼을 약정함에 있어 위 소외인은 피고에게 이 사건 부동산 전체를 이혼에 따른 위자료 등 명목으로 증여하기로 함으로써 실질적으로 협의에 의한 재산분할로 이 사건 부동산을 양도한 사실이 인정되는바, 이에 의하면 피고가 이 사건 부동산을 취득한 것은 일응 이혼으로 인한 협의 재산분할에 따른 것으로서 적법한 것으로 보여져 사해행위 취소의 대상이 된다고 할 수 없을 것이다. 그러나 한편 기록에 의하여 인정되는 피고와 위 소외인이 서로 만나 동거하면서 혼인에 이르게 된 경위, 위 소외인이 이 사건 부동산을 분양받을 수 있었

던 사정, 피고와 위 소외인이 파경에 이르게 된 경위 및 양자가 이혼 후 소유하게 되는 재산의 정도와 함께 위 소외인이 피고에게 이 사건 부동산 전체를 재산분할로 양도함으로써 위 소외인에게 집행 가능한 재산은 전무해지는 반면 채권자인 원고의 승계참가인이 위 소외인에 대하여 가지는 채권은 원금만 하여도 금 4억 원에 이르는 사실 및 기타 제반 사정을 참작하면 위 소외인이 피고에게 이 사건 부동산 전체를 재산분할로서 양도하는 것은 그 상당성을 넘는 것이라고 보여지므로, 사실심인 원심 법원으로서는 피고와 위 소외인의 이혼으로 인한 재산분할과 관련된 위와 같은 제반 사정을 좀 더 심리한 후 피고가 위 소외인으로부터 받을 수 있는 위자료를 제외한 상당한 재산분할의 액수를 확정한 다음 그 상당한 정도를 초과하는 부분에 한하여 사해행위로서 그 취소를 명하였어야 할 것이다.

그럼에도 불구하고, 원심은 이 사건 부동산의 증여가 이혼에 수반되는 상당한 재산분할이라고 볼 만한 증거가 없다는 이유로 피고가 이 사건 부동산을 증여받은 것이 사해행위에 해당하지 않는다는 주장을 배척하였는바, 이에는 재산분할에 이르게 된 사정에 관한 심리미진 내지 사해행위 취소의 대상으로서의 재산분할에 관한 법리오해의 위법이 있다고 하지 않을 수 없다.

이 점을 지적하는 피고의 이 부분 상고이유의 주장은 이유 있다.

3. 그러므로 원심판결을 파기하고, 사건을 다시 심리·판단하게 하기 위하여 이를 원심법원에 환송하기로 하여 관여 법관의 일치된 의견으로 주문과 같이 판결한다.

질문

1. 대법원은 어떠한 조건이 충족되는 경우에 이혼에 따르는 재산분할합의가 사해행위가 될 수 있다고 하는가? 그러한 조건이 요구되는 이유는 무엇인가?
2. 이 사건에서는 어떠한 정황을 고려하여 어떠한 판단이 내려졌는가?
3. 판례는 상속재산의 분할협의(대판 2001. 2. 9, 2000다51797)에 대해서도 유사한 입장을 보인다. 이들 법률행위는 어떠한 공통점을 가지는가? 판례 법리는 이들의 어떠한 특성을 고려한 것으로 생각되는가?

반면 판례는 협의 또는 심판에 의하여 구체화되지 아니한 재산분할청구권은 아직 책임재산에 해당한다고 하기 어려워 이를 포기하더라도 채권자취소권의 대상이 되지 아니한다고 한다(대판 2013. 10. 11, 2013다7936).

(3) 채권자를 해하는 행위

(가) "채권자를 해한다"라고 함은, 변제자력을 부족하게 하는 것, 즉 채무자의 일반재산을 감소시킴으로써 채권자에게 충분한 채권의 만족을 줄 수 없게 하는 것을 말한다. 종래 통설은 이를 채무자의 무자력이라고 설명한다. 즉 그때까지 충분하였던 채무자의 자력이 당해 행위에 의하여 비로소 부족하게 된 경우뿐만 아니라(채무초과의 발생), 이미 부족한 채무자의 자력이 한층 더 부족하게 되는 경우도 포함된다(채무초과의 강화). 무자력 여부의 판정시기는 원칙적으로 사해행위의 시점이지만(대판 2001. 4. 27, 2000다69026), 행위 이후 채무자의 자력이 회복되어 사실심 변론종결시에 더 이상 무자력이 아니라면 사해행위는 성립하지 않는다고 한다(대판 2007. 11. 29, 2007다54849). 무자력 판단은 실질적으로 이루어져야 한다. 예컨대 압류금지재산은 채권자가 집행할 수 없는 재산이므로 적극재산에 포함시켜서는 안 되며(대판 2005. 1. 28, 2004다58963), 실질적으로 재산적 가치가 없는 재산도 마찬가지이다(대판 2021. 6. 10, 2017다254891). 반면 금전채권은 그 실현을 의심하게 하는 특별한 사정이 없는 한 적극재산에 포함된다(대판 2013. 4. 26, 2012다118334). 반대로 부동산 양도에 따른 양도소득세와 지방소득세 채무는 양도 이후에 성립하므로 양도의 사해행위성을 판단할 때 소극재산으로 파악되어서는 안 된다(대판 2022. 7. 14, 2019다281156).

그런데 이러한 사해성의 유무는, 사해의 인식의 정도나 행위의 상당성 여부를 판단함에 있어서와 같이, 총채권자의 공동담보의 보전을 위하여 채무자의 재산적 판단에 따른 행위에 채권자가 개입하는 것을 승인할 것인가 하는 보다 정책적인 관점에서 판단되어야 한다. 그러므로 그것은 단지 대차대조표에 나타나는 재산상태의 변화라는 객관적인 사정에만 의하여 정하여질 것은 아니고, 총채권자를 위한 공동담보가 실질적으로 위태롭게 되는가를 따져 보아야 한다(대판 2011. 10. 13, 2011다28045; 2014. 3. 27, 2011다107818 참조).[1] 채무자의 적극재산이라도 그 종류에 따라 공동담보로서의 의미는 달라진다. 따라서 가령 채무자가 부동산을 매도하여 금전을 취득한 경우에, 계산상으로는 채무자의 재산상태에 아무런 변화가 없고 금전이 소비된 시점에서 비로소 자산의 감소가 있

1) 그래서 「부동산 실권리자명의 등기에 관한 법률」의 적용을 받는 신탁 부동산의 경우, 동법의 규율에 따른 부동산의 소유권 귀속을 판단하고 그에 좇아 누구의 책임재산인지 여부를 결정해야 한다(대판 2012. 8. 23, 2012다45184; 2012. 10. 25, 2011다107382 등 참조).

게 되나, 금전의 소비를 저지하거나 그 소비행위를 사해행위로서 취소하는 것은 불가능에 가깝다. 그러므로 총채권자의 공동담보의 보전이라는 관점에서는 부동산의 매도행위를, 그것이 비록 적정한 가격으로 이루어졌더라도, 사해행위라고 볼 여지가 생긴다. 또 이미 대폭적인 채무초과 상태에 있는 채무자가 가지는 금전으로 일부의 채권자에게 변제한 경우에도 금전의 감소로 채무도 역시 감소되었으므로 재산 상태에는 아무런 변화가 없다. 그러나 그러한 상태에서 일부의 채권자가 완전한 만족을 얻는 것은 필연적으로 다른 채권자를 해하는 것이 되므로, 단지 계산상의 변화가 없다는 것을 가지고 사해성이 없다고 단정할 수는 없다. 그러므로 사해행위의 판단은 책임재산의 감소로 무자력이 발생하였는지 여부 외에도, 현실적인 만족가능성의 감소, 채권자 처우의 편파성, 당사자들의 주관적 의도나 비난가능성 등의 제반사정을 고려해 종합적으로 판단되어야 한다. 아래에서 구체적인 내용을 판례에 비추어 살펴본다.

(a) 부동산 기타의 재산의 양도 적극재산을 무상 또는 부당한 염가로 처분하는 것이 사해행위가 된다는 것에는 의문이 없다(대판 1996. 5. 14, 95다50875; 영업양도에 따른 영업권 처분에 대해 대판 2015. 12. 10, 2013다84162도 참조). 반면 상당한 대가를 받고 부동산 기타의 재산을 매각하는 것은 어떠한가? 판례는 "채무자가 그 채무 있음을 알면서 자기의 유일한 재산인 부동산을 매각하여 소비하기 쉬운 금전으로 바꾸는 행위는 그 매각이 일부 채권자에 대한 정당한 변제에 충당하기 위하여 상당한 가격으로 이루어졌다든가 하는 특별한 사정이 없는 한 항상 채권자에 대하여 사해행위가 된다"고 하여, 유일한 부동산의 매각은 상당한 대가를 받은 것이더라도 사해행위가 된다고 한다(대판 1966. 10. 4, 66다1535). 앞서 설명한 바와 같이 이는 일률적으로 판단할 문제는 아니며, 매매목적물이 채무자의 전체 재산 가운데에서 가지는 비중, 채무자의 무자력의 정도, 상대방의 사해 인식의 정도, 법률행위의 경제적 목적 등을 종합적으로 고려하여 사해행위를 인정해야 할 것이다. 그러한 의미에서 「유일한 재산」을 처분하는 것은 상당한 대가에 의한 것이더라도 무자력 상태의 채무자의 전재산을 은닉할 수 있는 위험이 있으므로, 그에 사해행위성을 인정하는 판례는 수긍할 수 있다고 생각된다. 반면 판례는 유일한 부동산을 매각한 경우에도 그것이 채무의 변제 또는 변제자력을 얻기 위한 목적으로 행해지고 또 그에 따라 사용되는 경우에는, 채무자가 일부 채권자와 통모하였다는 사정 등이 없는

한 사해행위에 해당하지 않는다고 한다(대판 2015. 10. 29, 2013다83992; 같은 법리를 영업양도에 적용하는 대판 2021. 10. 28, 2018다223023도 참조). 이상의 내용은 상대방에게 예약완결권을 부여하는 매매예약에도 마찬가지이다(대판 2018. 11. 29, 2017다247190).

한편 이미 저당권이 설정되어 있는 부동산이 양도되는 경우, 사해행위는 부동산의 가액에서 저당권의 피담보채권액을 공제한 잔액의 범위에서만 성립하고, 피담보채권액이 그 재산의 가액을 초과하는 때에는 사해행위에 해당하지 않는다. 자세한 내용은 반환방법과 관련해 살펴본다(제 2 편 제 7 장 Ⅰ. 2. (1) 참조).

(b) 채무의 변제　　원칙적으로 일부의 채권자에게 변제하는 것은 사해행위가 되지 않는다는 것이 통설이고 또 판례이다(대판 1967. 4. 25, 67다75; 1981. 2. 24, 80다1963). 여기서의 변제는 이행기가 도래하였고 항변권 등의 대항을 받지 않아 그대로 관철가능한 채권에 대한 변제를 말한다. 이러한 변제는 채무자의 의무일 뿐만 아니라 청구가 있으면 이를 거절할 수도 없고, 또한 채무의 내용에 좇은 변제가 있으면 변제에 의하여 일반재산에서 적극재산이 차지하는 부분이 감소하여도 소극재산 역시 감소하기 때문이라는 것이다. 그래서 예컨대 채무자가 부당이득 반환채무를 이행하기 위해 강제집행을 승낙하는 취지가 기재된 공정증서(민집 제56조 제 4 호)를 작성해 주어 그에 기초해 집행이 행해졌다고 하더라도, 전체적으로 책임재산이 감소하지 아니하여 사해행위로 볼 수 없다고 한다(대판 2011. 12. 22, 2010다103376; 2015. 10. 29, 2012다14975; 제666조에 따른 저당권 설정청구 이행에 대해 대판 2021. 5. 27, 2017다225268). 다만 변제의 경우에도 예외적으로 일부의 채권자와 통모하여 다른 채권자를 해할 의사를 가지고 변제하는 것은 사해행위가 된다고 한다(대판 2001. 4. 10, 2000다66034).

한편 변제를 위하여 채권을 양도하는 경우에도 대법원은 마찬가지로 판단하고 있었으나(대판 1967. 7. 11, 67다847), 근래에는 오히려 원칙적으로 사해행위성을 인정하고 예외적으로 이를 부정하는 사정을 입증하게 하는 것으로 보인다(대판 2011. 10. 13, 2011다28045).

(c) 대물변제　　대물변제에 대하여는, 그 갈음하는 물건이 정당한 가격으로 평가되어 그에 상당하는 채무를 소멸시키는 경우에는 원칙적으로 사해행위가 되지 않는다는 것이 통설이다. 판례도 같은 태도였고(대판 1962. 11. 15, 62다634; 1981. 7. 7, 80다2613), 예외적으로 대가가 정당하지 아니한 경우나(대판

1996. 5. 14, 95다50875) 특정한 채권자와 통모하여 대물변제를 한 경우에는 사해행위가 된다고 하였다(대판 1966. 10. 18, 66다1447). 그러나 그 이외의 경우에도 그 갈음하는 물건의 중요성, 채무자의 무자력의 정도 등을 종합적으로 고려하여 사해행위를 인정하여야 할 경우가 있었으며, 특히 「유일한 재산」의 대물변제가 문제되는 경우에 그러하였다(아래 대판 1996. 10. 29, 재판례 [5]).

그런데 판례는 점차 정당한 가격의 대물변제도 원칙적으로 사해행위가 된다고 인정하기 시작하였다. 일반론으로 그러한 단초를 보이는 이전의 선례들은 실제 사실관계에서는 모두 「유일한 재산」의 대물변제가 문제되었으므로 변화를 단정하기 어려웠다(대판 1990. 11. 23, 90다카27198; 2010. 9. 30, 2007다2718). 그러나 최근에는 정당한 가격의 대물변제는 그것이 「유일한 재산」의 처분이 아니더라도 원칙적으로 사해행위에 해당한다고 하면서(대판 2007. 7. 12, 2007다18218), 대물변제로 금전채권을 양도하는 경우에도 사해행위가 될 수 있음을 인정하였다(대판 2010. 9. 30, 2007다2718; 다만 이 사건에서는 그러한 대물변제가 갱생을 위한 유일한 방안이라는 점을 고려해 결론적으로는 사해행위가 부정되었다).

[5] 대물변제의 사해행위성: 대판 1996. 10. 29, 96다23207

[주 문] 원심판결을 파기하여 사건을 부산고등법원에 환송한다.

[이 유] 상고이유를 판단한다.

1. 원심의 사실인정과 판단의 요지는 다음과 같다.

가. 원래 소외 이윤홍 소유이던 원심판결의 별지 목록 기재 각 부동산(이하 이 사건 각 부동산이라 한다)에 관하여 1994. 7. 22.자로 피고 명의로 같은 날짜 매매를 원인으로 한 각 소유권이전등기가, 그 전인 1994. 6. 16.자로 채무자 위 이윤홍, 근저당권자 주식회사 제일은행, 최고액 3억 5천만 원으로 된 각 근저당권설정등기가 각 경료되어 있다.

원고는 위 이윤홍이 1994. 5. 14.부터 같은 해 7. 15.까지 사이에 발행한 원심판결의 별지 약속어음 5장 액면 합계 금 108,650,000원의 최종 소지인으로서, 위 어음 중 1장을 1994. 7. 20. 지급제시하였으나 예금부족으로 지급거절되었고, 그 후 같은 해 8. 26. 나머지 어음 4장을 지급제시하였으나 무거래로 지급거절됨으로써 발행인인 위 이윤홍에 대하여 같은 금액 상당의 어음금채권을 가지게 되었다.

위 이윤홍은 대명산업이라는 상호로 조선용 기자재를 생산, 판매하면서 위 각 약속어음을 비롯하여 7억 내지 8억 원에 달하는 약속어음을 발행하였다가 자금사정이 악화되어 1994. 7. 20. 위와 같이 약속어음을 지급하지 못함으로써 부도를 내게 되었는데, 그 당시 위 이윤홍의 채무는 원고에 대한 위 금 108,650,000원을 비롯하여 ① 주식회사 제일은행에 금 153,188,041원(위 채무는 이 사건 부동산에 관하여 경료되어 있던 위 제일은행 명의의 1번 근저당권에 의하여 담보된 것이다), ② 신용보증기금에 금 140,000,000원, ③ 소외 삼성중공업 주식회사에 금 88,000,000원, ④ 피고 회사에 금 72,000,000원 등 합계 금 561,838,041원이고, 이에 반하여 위 이윤홍의 재산으로는 시가 310,040,000원(토지평가액 65,960,000원+건물평가액 244,080,000원)의 이 사건 각 부동산이 있을 뿐이므로, 위 이윤홍은 재산보다 채무가 더 많은 채무초과 상태에 있었다.

그런데, 위 이윤홍은 위와 같이 부도를 당한 후인 1994. 7. 22. 피고와의 사이에 위 이윤홍이 부담하고 있던 위 ①, ②, ③의 채무를 피고가 인수하는 대신 자신의 유일한 재산인 이 사건 부동산을 피고에게 양도하기로 하여, 이 사건 각 부동산에 관하여 매도인 위 이윤홍, 매수인 피고, 매매대금 2억 원으로 된 매매계약을 체결하고, 같은 날 이 사건 각 부동산에 관하여 위 매매를 원인으로 피고 명의의 각 소유권이전등기를 경료하여 버렸다.

나. 채무자의 재산이 채무의 전부를 변제하기에 부족한 경우에 채무자가 그의 유일한 재산인 부동산을 어느 특정 채권자에게 대물변제로 제공하여 소유권이전등기를 경료하였다면 그 채권자는 다른 채권자에 우선하여 채권의 만족을 얻는 반면 그 범위 내에서 공동담보가 감소됨에 따라 다른 채권자는 종전보다 더 불리한 지위에 놓이게 되므로 이는 곧 다른 채권자의 이익을 해하는 것이라고 보아야 하고, 따라서 이미 채무초과의 상태에 빠져 있는 채무자가 그의 유일한 재산인 부동산을 채권자들 가운데 어느 한 사람에게 대물변제로 제공하는 행위는 다른 특별한 사정이 없는 한 다른 채권자들에 대한 관계에서 사해행위가 된다고 할 것인바, 돌이켜 이 사건에서 보건대, 위 이윤홍이 위 주식회사 제일은행, 신용보증기금, 삼성중공업 주식회사에 합계 금 381,188,041원의 채무를 부담하고 있었고, 피고가 위 이윤홍의 채무를 인수하는 대신(또는 피고는 위 이윤홍의 위 채무를 연대보증하였으므로 그 사전구상권에 대한 대물변제 명목으로) 위 이윤홍으로부터 이 사건 각 부동산을 양도받은 사실은 위에서 본 바와 같은데, 피고가 위 채무인수에 대한 대가로 이 사건 각 부동산을 양도받아 그 주장과 같이 그 채무인수금을 변제하였다 하더라도, 위 양도 당시 위 이윤홍의 재산이 채무총액에 훨씬 못 미칠 뿐만 아니라 그 소유인 이 사건 부동산에는 그 시가를 초과하는 최고액의 근저당권이 설정되어 있어서 사실상 유일한 재산

이라 할 수 있는 이 사건 부동산을 피고에게 대물변제하였다면 이는 원고에 대한 사해행위가 성립됨이 명백하다 할 것이다(더욱이 위 이윤홍은 그 당시 피고에 대하여 위 금 72,000,000원의 차용금 채무를 부담하고 있었으므로, 이 사건 부동산의 양도에는 피고 자신의 위 이윤홍에 대한 위 채권 변제의 이행을 위한 의미도 포함되어 있다).

따라서 피고와 위 이윤홍 사이의 이 사건 각 부동산에 관한 위 매매계약은 채권자인 원고를 해하는 사해행위라 할 것이고, 한편 이 사건 각 부동산은 대지 및 그 지상건물로서 경제적으로 불가분의 관계에 있다고 보여지므로 일괄하여 위 매매계약을 취소하고, 피고는 위 이윤홍에게 이 사건 각 부동산에 관하여 경료된 위 각 소유권이전등기의 말소등기절차를 이행할 의무가 있다.

2. 그러나, 사해행위 취소의 범위와 방법에 관한 위와 같은 원심의 판단은 그대로 유지하기 어렵다.

가. 어느 부동산의 매매계약이 사해행위에 해당하는 경우에는 원칙적으로 위 매매계약을 취소하고 그 소유권이전등기의 말소 등 부동산 자체의 회복을 명하여야 하는 것이지만, 위 사해행위가 저당권이 설정되어 있는 부동산에 관하여 당해 저당권자 이외의 자와의 사이에 이루어지고 그 후 변제 등에 의하여 저당권설정등기가 말소된 때에는 위 부동산 자체의 회복을 명하는 것은 당초 담보로 되어 있지 아니하던 부분까지 회복시키는 것이 되어 공평에 반하는 결과가 되므로 위 부동산의 가액에서 저당권의 피담보채권액을 공제한 잔액의 한도에서 위 매매계약을 취소하고 위 가액의 배상을 명할 수 있을 뿐이라 할 것이다.

나. 위에서 원심이 인정한 바와 같이 위 이윤홍의 소유이던 이 사건 부동산에 관하여 1994. 6. 16.자로 채무자 위 이윤홍, 근저당권자 주식회사 제일은행, 최고액 3억 5천만 원으로 된 근저당권설정등기가 마쳐져 있고, 그 피담보채무가 금 153,188,041원이었으며, 원고가 위 이윤홍에게 108,650,000원의 어음금채권이 있었는데, 위 이윤홍이 1994. 7. 22. 그 유일한 재산인 이 사건 부동산을 피고에게 매도하여 같은 날 위 부동산에 관하여 같은 날짜 매매를 원인으로 한 소유권이전등기를 경료한 것이라면 이는 사해행위에 해당한다고 할 것이다.

그런데, 기록(제95, 98, 521, 549, 553, 633, 636, 637, 641 내지 648쪽)에 의하면, 주식회사 제일은행 명의의 위 각 근저당권설정등기는 위 사해행위 후에 피담보채무가 변제되어 1995. 9. 5.자로 모두 말소된 사실을 인정할 수 있는바, 그렇다면, 이와 같은 사해행위에 있어서는 위에서 본 법리에 비추어, 원심으로서는 이 사건 매매계약을 취소하여 이 사건 부동산의 반환을 명할 것이 아니라 이 사건 각 부동산의 가액에서 위 피담보채권액을 공제한 잔액의 한도에서 매매계약의 일부를 취소하고 피고에 대하여 그 가액의 배상을 명하였어야 할 것이다.

그럼에도 원심은 이와 다른 견해에서 위 이윤홍과 피고 사이의 이 사건 각 부동산 매매계약 전부를 취소하고 피고에 대하여 이 사건 각 부동산에 관하여 경료된 위 각 소유권이전등기의 각 말소등기절차의 이행을 명하였으니, 결국 원심판결에는 사해행위 취소의 법리를 오해하였거나 그 심리를 다하지 아니하여 판결에 영향을 미친 위법이 있다 할 것이다.

3. 그러므로 나머지 상고이유를 판단할 것 없이 원심판결을 파기하고 사건을 원심법원에 환송하기로 하여 관여 법관의 일치된 의견으로 주문과 같이 판결한다.

질문

1. 종래 판례는 변제나 적정한 평가에 따른 대물변제는 사해행위가 되지 않는다고 하면서도, 예외를 인정하고 있었다. 이 사안에서는 어떠한 요소들이 고려되어 사해행위성이 인정되었다고 보이는가?
2. 본문에서 언급한 대물변제에 관한 판례 변화를 고려하면 위 사안의 경우 이유제시는 어떻게 달라질 것인가? 이렇게 대물변제 일반에 대해 사해행위성을 인정하는 태도는 본지변제에 대한 판례와의 균형을 고려할 때 타당한가?
3. 결론에 있어 대법원은 반환방법에 관한 법리오해를 이유로 원심을 파기하였다. 이에 대해서는 제 2 편 제 7 장을 참조하라.

(d) 담보의 제공 채무자가 담보를 제공하는 경우에 대하여 종래 통설은 물적 담보와 인적 담보를 나누어, 전자의 경우에는 변제의 경우와 다를 것이 없으므로 원칙적으로 사해행위가 되지 않으나, 후자의 경우에는 채무를 새로이 부담하는 것이어서 소극재산이 증가하므로 사해행위가 된다고 한다. 그러나 물적 담보를 제공하는 것은 변제기 이전에 만족을 확보해 주는 행위이므로 물적 책임을 지는 것에 불과하여 변제와 다를 것이 없다고 말할 수는 없다. 판례는 물적 담보가 제공되는 경우에도 원칙적으로 사해행위성을 인정한다. 즉 채무초과 상태에 빠져 있는 채무자가 부동산을 채권자들 중 1인에게 채권담보로 제공하는 행위는 다른 특별한 사정이 없는 한 다른 채권자들에 대한 관계에서 채권자취소권의 대상이 되는 사해행위가 된다고 하며(대판 1986. 9. 23, 86

다카83), 특정 채권자에게 부동산을 담보로 제공한 경우 반드시 유일한 부동산인 경우에 한하여 사해행위가 인정되는 것도 아니라고 한다(대판 2008. 2. 14, 2005다47106 등).

[6] 물적 담보의 제공의 사해행위성(1): 대판 1986. 9. 23, 86다카83

[주　문] 원심판결을 파기하고, 사건을 서울고등법원으로 환송한다.

[이　유] 원고 소송대리인의 상고이유를 판단한다.

채무자의 재산이 전 채권을 변제하기에 부족한 경우에 채무자가 그의 유일한 재산인 부동산을 어느 특정채권자에 대한 채권담보로 제공하여 그 채권자명의로 매매예약에 인한 가등기를 경료해 주거나 그 가등기에 기한 본등기를 경료한 때에는 그 채권자는 다른 채권자보다 우선하여 피담보채권을 변제받을 수 있게 되므로 그 범위 내에서 채권자의 공동담보는 감소되고 이로 인하여 다른 채권자는 종전보다 더 불리한 지위에 서게 되므로 이는 곧 다른 채권자의 이익을 해하는 것이라 할 것이며 이러한 법리는 담보채권자가 최고액 채권자이고 부동산의 시가가 담보채권자의 채권액에 미치지 못하는 경우에도 마찬가지라 할 것이다. 따라서 이미 채무초과의 상태에 빠져있는 채무자가 그의 유일한 재산인 부동산을 채권자 중의 어느 한 사람에게 채권담보로 제공하는 행위는 다른 특별한 사정이 없는 한 다른 채권자들에 대한 관계에서 사해행위가 된다 할 것인바, 원심이 적법하게 확정한 사실에 의하면, 소외 강병희는 유진상사라는 상호로 가전제품 판매상을 경영하면서 원고 및 피고에게 각각 그 판시와 같은 대여금 채무를 부담하고 있는 것을 비롯하여 총 합계금 3,000만 원 이상의 채무를 부담하게 되어 채무초과로 변제불능 상태에 이르게 되자 동 소외인의 유일한 재산인 이 사건 부동산을 동인의 처남인 피고의 판시 대여금채권에 대한 담보로 제공하여 그 위에 피고명의로 매매예약에 인한 가등기 및 소유권이전본등기를 경료하였다는 것이니, 그렇다면 동 소외인의 위와 같은 소위는 앞서 설시한 사해행위의 법리로 보아 원고에 대한 사해행위가 됨이 명백하다고 할 것임에도 불구하고 원심이 이와 다른 견해에서 동 소외인의 소위를 사해행위가 아니라고 판단한 것은 필경 사해행위에 대한 법리를 오해하여 판결에 영향을 미친 위법을 범하였다 할 것이고 이는 소송촉진 등에 관한 특례법 제12조 제 2 항 소정의 파기사유에 해당된다 할 것이다.

따라서 이 점을 지적하는 논지는 이유 있어 다른 상고이유에 대한 판단을 생략한 채 원심판결을 파기하고, 사건을 원심법원에 환송하기로 하여 관여 법관의 일치된 의견으로 주문과 같이 판결한다.

질문

1. 판례는 변제와 달리 담보제공의 경우 원칙적으로 사해행위성을 인정한다. 본지변제와 담보제공을 달리 볼 이유가 있는가? 있다면 어떤 점을 들 수 있는가?
2. 채무초과 상태의 채무자가 대물변제를 하는 경우와 물적 담보를 설정하는 경우 이익상황을 비교할 때, 양자는 동등하게 취급하는 것이 정당한가 아니면 법적 취급에서 차이를 두는 것이 합리적인가?
3. 채무초과 상태의 채무자가 주택임대차보호법상 우선변제권 있는 임대차를 설정하였다면, 사해행위에 해당한다고 볼 수 있겠는가? 어떠한 이유에서 그러한가? (대판 2005. 5. 13, 2003다50771 참조)

다만 판례는 담보제공 전후의 다른 법률행위와 관련하여 살펴볼 때 담보제공이 책임재산의 감소를 수반하지 아니하는 경우에는 사해행위성을 부정한다. 그래서 채무자가 채무 변제를 위하여 자금을 융통하거나 사업을 계속하기 위하여 부득이 부동산을 특정 채권자에게 담보로 제공한 경우에는 사해행위에 해당하지 않는다고 한다. 또한 수익자가 채무초과 상태에 있는 채무자의 부동산에 관하여 설정된 선순위 근저당권의 피담보채무를 변제하여 근저당권설정등기를 말소하는 대신 동일한 금액을 피담보채무로 하는 새로운 근저당권설정등기를 설정하는 경우(대판 2012. 1. 12, 2010다64792), 부동산을 양수하면서 양수대가의 담보를 위해 양수인이 양도인에게 목적 부동산에 담보를 설정하는 경우(대판 2017. 9. 21, 2017다237186), 제666조에 따른 저당권설정청구의 이행으로 저당권이 설정되는 경우(대판 2018. 11. 29, 2015다19827) 등도 마찬가지이다.

[7] 물적 담보의 제공의 사해행위성(2): 대판 2001. 5. 8, 2000다66089

[주 문] 상고를 기각한다. 상고비용은 원고의 부담으로 한다.
[이 유] 상고이유를 본다.

1. 원심의 판단

가. 원심은 그 채택한 증거를 종합하여 다음과 같은 사실을 인정하였다.

(1) 소외 장안공업 주식회사(이하 '장안공업'이라 한다)는 경기 안성군 양성

면 명목리 302의 2 외 7필지 지상에 공장을 신축, 이전하기로 하고 1997. 9. 11. 건축허가를 받았다.

(2) 장안공업은 당초에는 소외 경언종합건설 주식회사와 위 공장신축공사에 관한 공사도급계약을 체결하고 공사를 진행하였으나 1997. 11. 12. 경언종합건설이 자금사정으로 공사를 포기하자, 위 공장신축공사를 계속하기 위하여 새로 피고와 위 공장신축공사에 관하여 공사대금을 29억 4,800만 원으로 한 공사도급계약을 체결하였다.

(3) 그러나 장안공업은 1997. 12. 2. 부도를 내고, 장안공업이 기성고 대금으로 피고에게 교부한 어음 및 수표 16억 원이 그 무렵 부도처리되자 피고는 공사를 중단하였다.

(4) 장안공업의 채권자들 중 다수는 채권자단을 구성하고(원고는 참가하지 않음), 장안공업의 위임을 받아 당시 공정률이 60-70% 정도였던 공장신축공사를 완공하여 공장을 가동하기로 결의하고 그 방법을 모색하다가 1998. 1. 7. 피고와 사이에 다음과 같이 약정하였다.

공사 설계를 변경하고 그 공사대금을 17억 원(부가가치세 제외)으로 하며, 이미 지급된 공사대금을 2,000만 원으로 확정한다.

피고는 1998. 1. 14. 공사를 재개한다. 채권자단은 피고에게 공사대금으로 1998. 1. 14. 금 1억 원, 1998. 1. 31. 금 7,000만 원, 1998. 2. 15. 금 6,000만 원, 1998. 2. 28. 금 7,000만 원, 준공 후 금 5억 원, 1999년 8월 말까지 나머지 잔금을 지급한다.

채권자단이 위 약정된 공사비를 지급하지 못할 경우 피고는 신축 공장 건물을 처분하여 공사비에 충당할 수 있고, 이를 위하여 장안공업은 건축주 명의를 피고로 변경한다.

(5) 피고는 위 약정에 따라 장안공업으로부터 건축주명의변경동의서와 대지사용승낙서를 받아 1998. 2. 7. 신축 공장에 대한 건축주명의를 피고로 변경하였다.

(6) 원고는 장안공업에 대하여 1998. 1. 31. 기준으로 금 2,349,915,000원의 대출금채권을 갖고 있고, 기록에 의하면 원고는 그 채권에 대한 담보권으로 신축 공장 부지에 대하여 근저당권을 갖고 있다.

(7) 원고 은행 동대문지점은 1998. 1. 8. 장안공업에 대한 실태조사를 하였는데 위 부지의 감정가가 공사 전에는 금 184,363,000원 정도이나 공장시설이 완성되면 금 15억 원 정도로 가치가 상승되고 시설 준공 후 공장건물의 감정가도 금 20억 원 정도 되는 것으로 조사되었다.

나. 원심은 위와 같은 사실관계에 기초하여, 먼저 장안공업을 대리한 채권자단과 피고와 사이의 신축 공장 허가명의변경약정이 사해행위인지의 여부는, 위 신축 공장의 공정이 60-70% 정도 진행된 상태에서 건축물 및 그 부지를 매각하는 경우의 순자산가치와 공사 완공 후 건축물 및 그 부지 전체를 하나의 영업단위로 매각하는 경우의 순자산가치에서 피고의 공사비를 공제하고 남는 차액을 비교형량하여 판단할 수밖에 없다고 전제한 후, 위 신축 공장 건물이 생산시설이라는 점, 일반적으로 생산설비의 경우 투입된 공사비보다는 완성된 시설의 경제적 가치가 클 것으로 추정되는 점, 장안공업에 대하여 실태조사를 한 원고 은행의 직원조차도 공사를 완공시키는 것이 일반재산을 증가시키게 될 것이라고 보고한 점, 장안공업의 채권자단 스스로가 위 담보제공 약정의 당사자라는 점을 종합해 볼 때 이 사건 건축물을 담보로 제공하고 공사를 완공시키기로 한 약정은 장안공업의 일반재산을 감소시키는 것이 아니라 오히려 증가시키는 행위로 평가되고, 더구나 피고는 공사수급인으로서 위 약정이 없었다고 하더라도 이 사건 건축물에 대한 유치권에 기하여 사실상 우선변제를 받을 수 있는 지위에 있으므로 위와 같은 약정으로 인하여 장안공업의 적극재산이 감소되는 것이라고 단정할 수도 없으므로, 장안공업의 채권자단과 피고와의 위 약정은 사해행위에 해당하지 않을 뿐 아니라 위와 같은 담보제공 약정의 경위에 비추어 보면 사해의 의사도 없었다고 판단하여 위 약정이 사해행위임을 전제로 하는 원고의 청구를 기각하였다.

2. 상고이유에 대한 판단

채무초과 상태에 있는 채무자가 그 소유의 부동산을 채권자 중의 어느 한 사람에게 채권담보로 제공하는 행위는 특별한 사정이 없는 한 다른 채권자들에 대한 관계에서 사해행위에 해당한다(대법원 1986. 9. 23. 선고 86다카83 판결, 1989. 9. 12. 선고 88다카23186 판결, 1997. 9. 9. 선고 97다10864 판결 등 참조)고 할 것이나, 이 사건과 같이 자금난으로 사업을 계속 추진하기 어려운 상황에 처한 채무자가 자금을 융통하여 사업을 계속 추진하는 것이 채무 변제력을 갖게 되는 최선의 방법이라고 생각하고 자금을 융통하거나 사업을 계속하기 위하여 부득이 부동산을 특정 채권자에게 담보로 제공하였다면 달리 특별한 사정이 없는 한 채무자의 담보권 설정행위는 사해행위에 해당하지 않는다고 할 것이다.

그런데 이 사건에서 원심이 인정한 사실에 의하면, 장안공업은 피고와 공사도급계약을 체결하고 공장을 신축하던 중 공정률 60-70% 정도 진행된 상태에서 자금난으로 공사를 중단하고 자력으로는 공사를 계속할 수 없게 되어 장안공업의 위임을 받은 채권자단(기록에 의하면 채권자단은 원고를 제외한 모든 채권자들로 구성된 것으로 보이고, 원고는 채권자단에 가입할 기회가 있었으나 추가 대출 등 위험을 인수하지 않기 위하여 채권자단에 가입하지 않은 것으로 보인다)은 피고로 하여금 공장 건물을 완공하도록 하여 공장을 가동하는 것이 장안공업의 변제능력을 확보하는 최선의 방법이라고 판단하고 피고로 하여금 공사대금 확보에 관한 위험을 안고 공장건물을 완공하게 하기 위하여 채권자단이 공사대금 지급채무를 인수하는 한편 공사대금 지급담보를 위하여 위 신축 공장의 건축주 명의를 피고로 변경하여 주기로 하고, 장안공업이 채권자단의 안을 받아들여 그 건축주 명의를 피고로 변경하여 주었는바, 이러한 사정에 비추어 보면 당시 채무자인 장안공업으로서는 위 공장 신축공사를 완공하여 공장을 가동하는 것이 채권자들에 대한 최대한의 변제력을 확보하는 최선의 방법이었고, 공사대금 지급을 담보하기 위하여 피고에게 그 신축 공장의 건축주 명의를 변경하여 준 것은 공장을 완공하기 위한 부득이한 조치였다고 할 것이므로 이는 사해행위가 되지 않는다고 할 것이다.

따라서 이와 같은 취지에서 한 원심의 판단은 정당하고 이에 상고이유에서 주장하는 바와 같은 사해행위에 관한 법리를 오해한 위법이 있다고 할 수 없다.

3. 결 론

그러므로 상고를 기각하고, 상고비용은 패소자의 부담으로 하기로 하여 관여 대법관의 일치된 의견으로 주문과 같이 판결한다.

질문

1. 대판 1986. 9. 23, 86다카83과 대판 2001. 5. 8, 2000다66089는 모두 담보제공이 문제되고 있음에도 결론을 달리한다. 이러한 차이를 정당화할 수 있는 요소로 어떠한 것들이 있겠는가?
2. 대법원은 사업목적의 물적담보 제공의 경우에도 신규자금의 융통 없이 기존 채무의 이행의 유예만을 목적으로 한 담보제공은 다른 채권자들과의 관계에서 사해행위에 해당한다고 한다(대판 2009. 3. 12, 2008다29215). 이를 읽어보고, 위의 대판 2001. 5. 8, 2000다66089와 달리 볼 이유는 무엇인지 생각해 보라.

담보제공과 유사한 법률관계로 가등기가 있다. 수익자가 부동산에 대해 소유권이전청구권만을 취득했더라도 그것이 가등기에 의해 보전되는 경우에는 이후 본등기 경료에 의해 대세적으로 책임재산 이탈의 효과가 발생하므로 가등기 원인인 법률행위는 사해행위 취소의 대상이 된다. 그래서 사해행위로 가등기가 이루어지고 수익자가 소유권이전청구권을 양도하여 전득자 앞으로 가등기가 이전되고 본등기가 이루어진 경우, 부기등기는 사해행위인 매매예약에 기초한 수익자의 권리의 이전을 나타내는 것이므로 채권자는 수익자를 상대로 그 사해행위인 매매예약의 취소를 청구할 수 있고, 다만 가등기말소의무의 이행이 불가능하므로 수익자는 가액을 배상할 의무를 진다(대판(전) 2015. 5. 21, 2012다952). 반면 가등기된 원인행위가 아닌 다른 법률행위를 원인행위로 하여 말소되어야 할 가등기를 전용해 소유권이전등기가 행해진 때에는 그 다른 법률행위가 취소의 대상이 된다(대판 2021. 9. 30, 2019다266409).

(e) 시효이익의 포기 채무자가 소멸시효 완성 후에 한 소멸시효이익의 포기행위는 소멸하였던 채무가 부활하여 결과적으로 부담할 필요 없는 채무를 새로 부담하게 하므로 사해행위가 될 수 있다(대결 2013. 5. 31, 2012마712 참조).

(f) 여러 개의 법률행위 채무자가 연속하여 여러 개의 재산행위를 한 경우에는 각 행위별로 그로 인하여 무자력이 초래되었는지 여부에 따라 사해성을 판단하는 것이 원칙이지만, 그 일련의 행위들을 하나의 행위로 볼 특별한 사정이 있는 때에는 이를 일괄하여 전체로서 사해성이 있는지 판단하여야 한다(대판 2010. 5. 27, 2010다15387). 예를 들어 갑이 거의 비슷한 시기에 자신의 가족·친척들에게 자신 소유 부동산 A, B, C의 소유권을 순차적으로 이전해 준 경우, 이를 하나의 행위로 볼 여지가 크다. 그렇다면 A의 처분의 사해성을 판단할 때 B, C를 적극재산으로 평가해서는 안 되며, A, B, C의 처분 전체를 하나의 행위로 보아 사해행위성을 판단해야 할 것이다(대판 2014. 3. 27, 2012다34740). 담보제공 전후의 다른 법률행위와 관련하여 책임재산 감소가 없을 경우 담보제공의 사해행위성을 부정하는 판례(앞의 (d) 참조)도 이러한 관점에서 이해할 여지가 있다.

(나) 앞의 1.에서 본 채권의 존재나 뒤의 3.에서 보는 채무자·수익자 등의 악의 등을 포함하여 사해행위인지 여부의 판단을 하는 기준시점은 문제의 행위가 행하여질 때이다. 그런데 여기서 「행위시」란 구체적으로 언제인지 문제되는 경우도 있다. 우선 계약체결과 이행(등기나 대금 지급 등)이 시간적으로 분리되는 경우에는 계약시가 기준이 된다고 할 것이다. 나아가 매매예약의 경우도

예약완결권이 행사되어 본계약이 성립된 때가 아니라 예약 당시가 기준이 된다. 마찬가지로 재산처분행위에 정지조건이 붙은 경우에도 그 처분행위 당시를 기준으로 판단한다(대판 2013. 6. 28, 2013다8564).

3. 채무자 및 수익자 또는 전득자의 악의

(1) 채무자의 악의

채무자가 사해행위의 당시에 그 행위에 의하여 채권자를 해하게 됨을 알고 있어야 한다(제406조 제 1 항 본문). 이를 통상 「사해의 의사」라고 한다. 이는 채권자를 해하게 됨, 즉 공동담보에 부족이 생긴다는 사실에 대한 단순한 인식으로 충분하고, 어느 채권자가 가지는 채권의 만족을 저해하려는 적극적 의욕을 필요로 하지 않는다(대판 2009. 3. 26, 2007다63102). 이 인식은 사해행위의 당시에 존재하여야 한다. 채무자의 사해의사에 대한 증명책임은 채권자에게 있다(대판 1997. 5. 23, 95다51908).

(2) 수익자 또는 전득자의 악의

채무자의 사해행위에 의하여 직접으로 이익을 받은 사람(수익자) 또는 이로부터 그 이익을 전득한 사람(전득자)이 그 이익의 취득 또는 전득 당시에 채무자의 행위로 인하여 채권자를 해함을 알고 있어야 한다(제406조 제 1 항 단서). 여기서 수익자나 전득자는 채무자의 법률행위가 채권자를 해하고 있음(사해행위의 객관적 요건)을 알면 악의로 인정된다(대판 2012. 8. 17, 2010다87672 참조). 여기서 「전득자」는 수익자로부터의 직접전득자만을 가리키는 것이 아니라, 그로부터 전전취득한 자도 포함된다. 중간에 선의의 전득자가 있어도 최종의 전득자가 악의이면, 채권자는 사해행위를 취소하고 그에 대하여 재산의 원상회복을 청구할 수 있다. 즉 전득자의 선의·악의는 상대적으로 결정된다. ① 그러므로 전득자가 있는 경우에도 수익자가 악의이면 충분하고 전득자까지 악의이어야 할 필요는 없다. 그 경우 채권자는 수익자를 상대로 사해행위를 취소하고 가액배상을 청구할 수 있다. ② 다른 한편 전득자가 있는 경우에는 수익자가 선의라도 전득자의 악의로 충분하며, 이때 채권자는 전득자를 상대로 사해행위를 취소하고 원물반환을 청구할 수 있다(대판 2012. 8. 17, 2010다87672). ③ 수익자와 전득자가 모두 악의인 경우에는 채권자는 선택적으로 청구를 할 수 있다.

수익자 또는 전득자의 악의가 문제되는 경우, 판례는 수익자 또는 전득자가 자신의 선의에 대해 입증책임이 있다고 한다(대판 1988. 4. 25, 87다카1380). 즉 채무자의 법률행위가 사해행위에 해당하는 경우 수익자 또는 전득자의 악의는 추정되는 것이며, 추정의 번복은 객관적이고 납득할 만한 증거에 의해야 한다(대판 2015. 6. 11, 2014다237192). 그러나 수익자, 특히 전득자의 악의를 추정하는 것은 거래의 안전에 위협이 될 소지가 크기 때문에 운용에 주의를 요한다. 그러므로 예컨대 부동산 매매에서 당사자 사이에 친인척관계나 거래관계가 없어 채권채무관계나 재산상태 등에 관하여 알기 어려운 상태였고, 매매대금의 지급 등 계약의 이행이 정상적으로 이루어지는 등의 사정이 있었다면 악의 추정이 번복되었다고 판단할 가능성이 크다고 하겠다(대판 2010. 2. 11, 2009다80484).

제7장 채권자취소권: 행사와 효과

Ⅰ. 채권자취소권의 행사와 내용

1. 행사의 방법 기타 취소소송상의 문제

(1) 자기의 이름으로 소 제기

채권자취소권은 채권자가 그 자격에서 가지는 자신의 권리이므로, 그 행사는 물론 자기의 이름으로 행한다. 또한 그 행사는 법원에 일정한 청구를 하는 방법으로, 즉 재판상으로 행하여져야 한다(제406조 제1항 본문). 채권자취소권 행사의 결과는 제3자의 이해에 중대한 영향을 미치므로, 법원으로 하여금 취소권의 요건이 충족되었는가를 신중하게 판단하게 하기 위한 것이다. 취소권의 행사는 반드시 소의 제기에 의하여 행하여져야 한다. 소 제기이면 충분하므로 예컨대 반소(대판 2019. 3. 14, 2018다277785, 277792)나 배당이의의 소(대판 2004. 1. 27, 2003다6200)의 형태로도 가능하다. 그러나 항변 기타 소송상의 공격방어방법으로 행할 수는 없다는 것이 판례이다(대판 1978. 6. 13, 78다404).

(2) 취소의 상대방

취소권 행사의 상대방, 즉 취소소송의 피고는 언제나 수익자 또는 전득자이며(대판 1962. 2. 15, 4294민상378), 채무자는 단독으로는 물론 그들과 공동하여서도 피고가 될 수 없다(대판 1961. 11. 9, 4293민상263). 수익자 또는 전득자를 상대로 하지 아니하는 채권자취소청구는 부적법하여 각하된다. 채무면제와 같은 채무자의 단독행위를 취소하는 경우에도 채무면제로 이익을 얻은 수익자(채무면제의 경우에는 채무자의 채무자)만이 피고가 된다. 사해행위에 기판력이 있더라도, 수익자 또른 전득자를 상대로 상대적인 취소 및 원상회복을 청구하는 것이므로 장애가 되지 않는다(대판 2017. 4. 7, 2016다204783).

한편 수익자 또는 전득자에게 도산절차가 개시된 경우에도 채권자취소권은 행사할 수 있으며, 원물반환 청구는 환취권(회파 제70조, 제407조)의 행사에(대판 2014. 9. 4, 2014다36771), 가액반환 청구권은 공익채권(회파 제179조 제 1 항 제 6 호) 내지 재단채권(회파 제473조 제 5 호)에 해당한다(대판 2019. 4. 11, 2018다203715).

(3) 중복소송의 문제

한 사람의 채권자가 취소소송을 제기한 때 다른 채권자도 동일한 내용의 취소소송을 제기할 수 있는가? 물론 전자의 소송의 결과로 실제로 재산이 회복되어 집행이 가능한 한도에서는 후소는 그 목적이 달성되어 권리보호이익이 없고 그 결과 청구는 각하될 것이다(대판 2005. 3. 24, 2004다65367). 그러나 그렇지 않은 한에서는 한 사람의 채권자가 제기한 취소소송의 판결의 효력은 취소채권자와 피고가 된 수익자·전득자와의 사이에서만 발생하고 또 취소의 범위는 각 취소채권자의 채권액에 한정되므로, 다른 채권자에 의한 후소는 허용된다고 할 것이다(위 대판 2005. 3. 24, 2004다65367; 2005. 11. 25, 2005다51457). 즉 각 채권자가 동시에 또는 이시에 채권자취소소송을 제기해도 이는 중복제소가 아니며 그 중 하나에 승소판결이 확정되어도 재산이 원상회복되지 않는 한에서는 권리보호이익이 있다.

그러므로 다수의 채권자가 취소소송을 진행하는 경우 법원은 각 소송에서 채권자의 청구에 따라 사해행위의 취소 및 원상회복을 명하는 판결을 선고하여야 하고, 수익자·전득자가 가액배상을 해야 하는 사안에서도 채권자의 채권액에 비례하여 채권자별로 안분한 범위 내에서 반환을 명할 것이 아니라 반환하여야 할 가액 범위 내에서 각 채권자의 피보전채권액 전액의 반환을 명하여야 한다(위 대판 2005. 11. 25, 2005다51457).

그런데 이렇게 다수의 취소채권자에게 가액배상이 명해지는 경우, 그 가액의 합이 수익자·전득자가 사해행위로 취득한 재산의 가액을 초과하는 일이 발생할 수 있다. 이때에는 수익자·전득자는 취득한 공동담보가액을 초과하는 범위에서는 청구이의의 소(민집 제44조)를 제기해서 집행력을 배제해야 한다(대판 2022. 8. 11, 2018다202774). 예컨대 수익자가 사해행위로 100을 취득하였는데, 채권자 갑, 을에게 각각 80을 가액배상하라는 판결을 받은 경우, 갑이 60을 받고 나머지 청구를 포기하였다면 수익자는 을의 청구에 대해 40을 지급하고 나머지 부분에 대해 청구이의를 제기해야 한다.

(4) 소송중 원상회복

그러나 채권자취소소송 중 사해행위의 해제·해지 등으로 재산이 원상회복된 경우에는 권리보호 이익이 없어진 것이므로 소를 각하해야 한다(대판 2008. 3. 27, 2007다85157 참조).

2. 행사의 내용과 범위

(1) 취소 및 원상회복의 모습

취소권의 행사, 즉 취소소송의 제기에 있어서, 채권자는 수익자 또는 전득자를 상대로 하여 채무자의 사해행위를 취소할 것과 그 행위에 의하여 채무자의 책임재산으로부터 이탈한 재산의 원상회복(반환)을 명할 것을 청구한다. 이는 사해행위로 일탈한 재산의 성질에 따라 사해행위로 인도된 동산의 반환, 사해행위로 이루어진 소유권이전등기 또는 저당권설정등기의 말소(진정명의 회복을 위한 이전등기로도 가능하다, 대판 2000. 2. 25, 99다53704), 사해행위로 설정된 저당권에 기초해 작성된 배당표의 경정(대판 2015. 10. 15, 2012다57699), 사해행위로 성립한 채권의 양도(예컨대 예금주 명의신탁계약이 사해행위인 경우에 대해 예금채권 양도를 명하는 대판 2015. 7. 23, 2014다212438; 소비된 경우에 대해 대판 2018. 12. 27, 2017다290057도 참조), 채권양도가 사해행위로 취소된 경우 수익자의 제3채무자에 대한 통지(대판 2015. 11. 17, 2012다2743) 등을 내용으로 한다. 거기서 「원상회복」은 반드시 원물반환의 형태를 갖추어야 하는 것은 아니며, 원물반환이 불가능한 경우에는 그 재산의 가액의 반환을 청구할 수 있다. 그러나 책임재산을 회복하는 채권자취소의 취지에 비추어 원물의 사용이익이나 과실은 반환할 필요가 없다(대판 2008. 12. 11, 2007다69162).

문제가 되는 것은 채무자가 사해행위 전에 이미 유효하게 성립한 저당권이 붙은 부동산을 사해행위로 수익자에게 양도한 경우이다(이는 특정동산저당의 경우에도 같다, 대판 2014. 9. 4, 2013다60661). 이 경우에는 원래 부동산가격으로부터 당해 저당권의 피담보채권액을 뺀 잔액만이[1] 일반채권자들을 위한 책임재산이 되고 있었으므로, 그 한도에서만 사해행위가 된다고 할 것이다(대판 1997. 9. 9, 97다10864).[2] 예를 들어 채무자가 피담보채권액 1억 원의 저당권이 설정된 시가 2억 원의 유일한 부동산을 증여하였다면, 저당권이 파악하고 있는 가치는 그 저당채권자를 위해 예정되어 있고 공동담보로서 채무자의 책임재산에 속하지 않으므로, 그 나머지 가액인 1억 원에 대해서만 사해행위가 성립한다.[3]

---

1) 공동저당권의 경우에는 각각의 저당부동산의 가액에서 얼마의 피담보채권액을 차감해야 하는가? 판례에 의하면 공동저당이 설정된 부동산은 제368조의 취지를 유추하여 공동저당권의 목적으로 된 각 부동산의 가액에 비례하여 공동저당권의 피담보채권액을 안분한 금액을 공제해야 하지만(대판 2003. 11. 13, 2003다39989), 공동저당 부동산의 일부는 채무자 소유이고 일부는 물상보증인 내지 제 3 취득자의 소유라면 이들이 구상권에 기해 채무자 소유의 부동산에 대하여 저당권을 행사할 수 있는 한도에서(제481조, 제482조 제 1 항) 채무자 소유의 부동산에 관한 피담보채권액은 공동저당권의 피담보채권액 전액으로 보아야 한다고 한다(대판 2010. 12. 23, 2008다25671). 그리고 이는 하나의 공유부동산 중 일부 지분이 채무자 소유이고, 다른 일부 지분이 물상보증인 소유인 경우에도 마찬가지이다(대판(전) 2013. 7. 18, 2012다5643). 물론 공동저당이 설정된 부동산 전부의 매매가 사해행위라면 전체 부동산 가액으로부터 피담보채권 전액을 공제하는 것이 가능할 것이지만, 그 경우에도 일부만 취소되는 경우에는 앞의 설명에 따라 분담비율을 정해야 한다(대판 2014. 6. 26, 2012다77891). 공동저당에서 후순위권리자, 물상보증인, 제 3 취득자 사이의 분담에 대한 내용은 공동저당에 관한 설명(아래 제 3 편 제10장 Ⅱ.)을 참조하라.

2) 그러므로 사해행위로 양도된 부동산에 설정된 저당권의 피담보채권액이 그 부동산의 가액을 초과하는 때에는 당해 부동산의 양도는 사해행위에 해당한다고 할 수 없다. 그런데 그러한 경우에도 예를 들어 채무자의 임금채권자들은 자신들의 임금우선특권(근기 제38조)에 기하여 저당권에 우선하여 만족을 받을 수 있으므로 채권자취소권을 행사할 유인이 있다. 여기서 채권자 전부를 위한 것이 아니라 일부의 우선특권을 가진 채권자를 위해 후자에 대한 관계에서 사해행위 취소를 인정할 수 있을 것인지 여부가 문제된다. 판례는 채권자취소권은 책임재산 일반을 회복하는 제도이므로(제407조 참조) 비록 임금채권자와 같은 우선권자가 존재하더라도 그들에 대한 관계에서 (상대적인) 사해행위를 인정할 수는 없다고 하여 이를 부정한다(대판 2006. 4. 13, 2005다70090).

3) 본문의 법리를 전제로 한다면 저당권설정계약이 해지되어 저당권설정등기가 말소된 상태이더라도, 해지된 저당권설정계약을 사해행위로 취소할 여지가 있다. 원칙적으로 법률행위가 해제·해지되어 재산이 원상회복한 경우에는 권리보호이익이 없다고 인정된다(대판 2008. 3. 27, 2007다85157). 그러나 대법원은 저당권이 설정된 다음 부동산이 양도되었고 그 후 저당권설정행위가 해지되어 저당권설정등기가 말소된 사안에서, 부동산 양도행위가 사해행위에 해당하는지 여부는 저당권설정행위가 사해행위에 해당하는지 여부에 좌우될 수 있으므로(저당권 설정이 사해행위가 아니라면 그 피담보채권액을 부동산 가치에서 차감해야 하므로 양도행위가 사해행위에 해당하지 않을 가능성이 높아진다는 이유이다; 대판 2007. 7. 26, 2007다23081 참조), 이 경우에는 해지된 저당권설정행위에 대해 사해행위취소 소송을 제기할 이익이 있다고 판단한다(대판 2013. 5. 9, 2011다75232). 반면 대

부동산 가치가 피담보채권액을 초과하였는지 여부는 처분 당시 시가를 기준으로 판단하며(대판 2014. 9. 4, 2013다60661), 그 증명책임은 채권자취소권을 행사하는 채권자에게 있다(대판 2002. 11. 8, 2002다41589). 근저당권의 경우에 공제할 피담보채권액은 채권최고액이 아니라 실제 채권액이다(대판 2001. 10. 9, 2000다42618). 마찬가지 이유에서 양도된 부동산에 주택임대차보호법이나 상가건물임대차보호법에 의해 우선변제권 있는 임차인이 있는 경우 공동담보에 제공되는 책임재산은 부동산의 가액에서 그의 우선변제권이 미치는 보증금액을 공제한 나머지 부분이다.[4]

여기서 이 공제할 1억 원의 가치를 어떠한 방법으로 반환할 것인지 문제된다. 저당권의 효력은 부동산의 전부에 미치며 불가분적이므로 원물반환은 허용되지 않는다고 생각될 수도 있겠지만, 이러한 경우에는 저당권의 부담이 있는 채로 채무자에게 그 부동산을 회복시켜도 책임재산을 보전하는 데는 아무런 지장이 없다. 그러므로 이러한 경우에 취소채권자는 원물반환을 구하여 수익자에 대하여 증여계약을 취소하고 그 소유권이전등기의 말소를 청구할 수 있다. 다만 그 경우 저당권자 자신이 수익자이어서 혼동이 발생하였거나 수익자가 저당권의 피담보채권을 변제하여서 이미 저당권등기를 말소하여 버린 경우에는, 이미 원물반환은 인정될 수 없고, 가액반환을 청구할 수밖에 없다(대판 1996. 10. 29, 96다23207; 제 2 편 제 6 장의 재판례 [5]). 그렇지 않으면 사해행위에 해당하지 아니하는 부분까지 원상회복되는 결과가 발생할 것이기 때문이다. 이 경우 가액반환이 이루어질 때 현실적으로 반환되어야 할 가액의 산정기준시점은 사실심변론종결시이다(대판 2001. 12. 27, 2001다33734).

제 2 편 제 6 장(Ⅱ. 3. (2))에서 살펴본 대로 이미 전득자가 생긴 경우에는 악의의 수익자에 대하여 재산의 반환에 갈음하는 그 재산의 가액의 배상을 청구할 수 있다. 물론 그 경우에도 수익자에 대하여 원물반환을 청구하더라도 전

법원은 다른 판결에서 양도되는 부동산에 대한 저당권 설정이 사해행위로 판단된 때에도 취소판결은 상대적 효력만을 가지므로 그 피담보채권액을 공제해야 한다고 한다(대판 2018. 6. 28, 2018다214319). 이 두 판결은 모순된다고 보인다.

4) 판례에 따르면, 임차목적물을 공유하는 공동임대인이 있었던 경우에는, 이들은 보증금반환채무에 대해 불가분채무자로서 책임을 지므로 그중 1인인 채무자가 처분한 지분의 가액에 대해서 우선변제권 있는 임차보증금 전액을 공제해야 한다고 한다(대판 2017. 5. 30, 2017다205073).

득자에게 불이익이 없다면, 그 범위에서 원물반환을 청구할 수도 있다. 가령 채무자의 사해행위에 의하여 부동산을 취득한 악의의 수익자가 선의의 전득자 앞으로 저당권을 설정한 경우 저당권이 존재하여도 채권자취소의 목적을 달성할 수 있다면, 채권자는 수익자에 대하여 양도행위의 취소와 함께 소유권이전등기의 말소를 청구할 수 있다.

[1] 원상회복의 방법: 대판 2006. 12. 7, 2004다54978

[주 문] 상고를 기각한다. 상고비용은 원고가 부담한다.

[이 유]

[…] 민법 제406조 제 1 항에 따라 채권자의 사해행위 취소 및 원상회복청구가 인정되면, 수익자는 원상회복으로서 사해행위의 목적물을 채무자에게 반환할 의무를 지게 되고, 만일 원물반환이 불가능하거나 현저히 곤란한 경우에는 원상회복의무의 이행으로서 사해행위 목적물의 가액 상당을 배상하여야 한다. 여기에서 원물반환이 불가능하거나 현저히 곤란한 경우라 함은 원물반환이 단순히 절대적·물리적으로 불능인 경우가 아니라 사회생활상의 경험법칙 또는 거래상의 관념에 비추어 그 이행의 실현을 기대할 수 없는 경우를 말한다.

따라서 사해행위 후 그 목적물에 관하여 제 3 자가 저당권이나 지상권 등의 권리를 취득한 경우에는 수익자가 목적물을 저당권 등의 제한이 없는 상태로 회복하여 이전하여 줄 수 있다는 등의 특별한 사정이 없는 한 채권자는 수익자를 상대로 원물반환 대신 그 가액 상당의 배상을 구할 수 있지만, 그렇다고 하여 채권자가 스스로 위험이나 불이익을 감수하면서 원물반환을 구하는 것까지 허용되지 아니하는 것으로 볼 것은 아니며, 채권자는 원상회복 방법으로 가액배상 대신 수익자를 상대로 채무자 앞으로 직접 소유권이전등기절차를 이행할 것을 구할 수도 있다. 이 경우 원상회복청구권은 사실심 변론종결 당시의 채권자의 선택에 따라 원물반환과 가액배상 중 어느 하나로 확정되며, 채권자가 일단 사해행위 취소 및 원상회복으로서 원물반환 청구를 하여 승소 판결이 확정되었다면, 그 후 어떠한 사유로 원물반환의 목적을 달성할 수 없게 되었다고 하더라도 다시 원상회복청구권을 행사하여 가액배상을 청구할 수는 없으므로 그 청구는 권리보호의 이익이 없어 허용되지 않는다고 할 것이다.

원심은, 그 채용 증거들을 종합하여, 피고가 이 사건 부동산의 소유자인 심원보로부터 사해행위로서 이 사건 부동산을 매수하여 소유권이전등기를 마친 다음 수산업협동조합중앙회 앞으로 근저당권설정등기를 마쳤는데, 그 후 심원보의 채권자인 원고가 피고를 상대로 사해행위 취소 및 원상회복으로서 심원보에게로의 소유권이전등기를 청구하여 원고 승소 판결이 확정된 사실 및 원고가 위 확정 판결에 따른 소유권이전등기를 지체하던 중 사해행위 이전에 이미 이 사건 부동산에 설정되어 있던 삼성화재해상보험 주식회사의 근저당권이 실행되어 제 3 자에게 매각됨으로써 심원보에게로의 소유권이전등기가 불가능해진 사실을 인정한 다음, 종전 확정 판결에 따른 원물반환이 불가능해졌음을 이유로 가액배상을 구하는 이 사건 주위적 청구 부분의 소를 권리보호의 이익이 없어 부적법하다는 이유로 각하하였는바, 앞서 본 법리에 비추어 보면, 원심은 그 이유 설시를 일부 달리하는 부분은 있으나 주위적 청구가 부적법하다는 결론에 있어서는 정당하므로, 거기에 사해행위 취소 및 기판력에 관한 법리오해 등으로 판결에 영향을 미친 위법이 있다고 할 수 없다.

상고이유에서 들고 있는 판결들은 사안을 달리하여 이 사건에 원용하기에 적절하지 아니하다. [···]

그러므로 상고를 기각하고, 상고비용은 패소자가 부담하도록 하여 관여 법관의 일치된 의견으로 주문과 같이 판결한다.

질문

1. 이 사건에서 원고는 채권자취소권을 행사하여 가액배상을 청구하지만 법원은 이를 각하하고 있다. 사해행위가 인정되었음에도 원고가 목적을 달성하지 못한 이유는 무엇인가?
2. 대법원은 이 사건에서 가액반환은 가능하겠지만 "채권자가 스스로 위험이나 불이익을 감수하면서 원물반환을 구하는 것"을 막을 이유는 없다고 한다. 채권자에게는 어떠한 위험이나 불이익이 있을 수 있는가? 이 사건에서는 어떠하였는가?
3. 이 사건에서 원고가 처음부터 가액배상을 청구할 수 있었는가? 그 경우 법률관계는 어떻게 전개되었을 것인가?

원상회복청구권은 사실심 변론종결 당시의 채권자의 선택에 따라 원물반환과 가액반환 중 어느 하나로 확정된다. 예컨대 원물반환으로 등기말소청구가 받아들여진 경우, 판결 전 저당권 설정 등으로 말소가 불능이라고 하더라도, 가액반환을 청구하거나(대판 2006. 12. 7, 2004다54978), 이전등기를 청구할 수 없다(대판 2018. 12. 28, 2017다265815).

(2) 취소채권자 자신에 대한 반환청구의 허부

채권자가 취소권에 기하여 원상회복을 청구하는 경우에 수익자 또는 전득자에 대하여 직접 자신에게 그 재산(원물이든 그 가액이든)을 인도할 것을 청구할 수 있는가? 민법이 정하는 대로 원상회복의 청구가 채권자취소권 자체의 내용이라고 한다면, 채권자는 직접 자신에게 인도할 것을 청구할 수 있다고 할 것이다(대판 1999. 8. 24, 99다23468 참조). 특히 판례가 취하는 소위 「취소의 상대효」를 전제로 한다면, 채무자와의 관계에서 사해행위는 유효하므로 채무자가 반환청구를 할 수 있는 근거가 없고, 채권자에의 인도청구를 인정하는 외에는 달리 방법이 없다. 취소채권자는 총채권자와의 관계에서 책임재산에 대한 일종의 법정관리권자로서 총채권자를 위하여 재산의 반환청구권을 행사한다고 이해할 수 있을 것이다.

그러나 부동산의 경우에는 채권자로의 등기이전은 인정되지 않고 채무자의 명의로 등기를 회복하여야 한다는 것에 이론이 없다. 「취소의 상대효」라는 입장에 서면 취소의 효과가 미치지 않는 채무자에게 명의가 회복될 이유가 없다고 할는지도 모르나, 이는 부동산에 대한 강제집행이 채무자 명의의 소유권등기를 전제로 하는 데서(민집 제81조 제 1 항 참조) 오는 부득이한 결과라고 할 것이다.

(3) 취소권 행사의 범위

(가) 채권자취소권은 채권의 공동담보의 보전을 목적으로 하는 것이므로, 취소권 행사의 범위는 그에 필요하고 충분한 범위에 한정되어야 한다. 취소권은 사해행위의 취소와 재산의 원상회복청구의 둘을 모두 내용으로 하므로, 취소의 범위를 제한하는 것은 필연적으로 원상회복청구의 범위를 제한하는 결과를 가져온다. 그러나 이와 관련하여서는 사해행위의 목적물이 불가분인 경우 등에는 전부반환을 인정하여야 할 것이므로 그 전제로 전부취소를 해야 하는지, 지분반환이 곤란한 경우에는 가액배상에 의하여야 하는지 등 어려운 문제가 제기된다.

(나) 우선 취소는 원칙적으로 취소채권자의 채권액을 넘지 못한다. 채권자취소권은 채무자의 거래의 자유를 현저하게 제약하는 결과를 가져오므로 취소

채권자의 채권을 보전하는 한도에서만 인정하려고 하는 것이다. 가령 채무자에게 적극재산이 1천만 원, 부채가 1천만 원 있는데 채무자가 8백만 원을 제 3 자에게 증여하였다면, 5백만 원의 채권자는 그 증여계약을 5백만 원의 한도에서만 취소하고 또 그 액만의 반환을 청구할 수 있다.

그 채권액은 사해행위 당시를 기준으로 정하고 그 후에 증가한 채권액은 이를 가산할 수 없다는 것이 통설의 태도이다. 그러나 원래의 채권에 종된 채권, 가령 이자채권이나 지연배상채권 등은 원래의 채권에 부수하는 내용이므로 사해행위 후에 발생한 것이라도 이에 포함된다고 할 것이다.

(다) 또한 다른 채권자가 많이 있는 경우에도 원칙적으로는 취소권을 행사하는 당해 채권자의 채권액을 넘지 못한다(대판 2010. 8. 19, 2010다36209). 다만 이때에도 취소채권자는 다른 채권자들과 평등한 지위에서 안분비례하여 만족을 얻을 수 있는 범위에서만 취소권을 행사할 수 있는 것이 아니라, 역시 자기 채권의 전액을 기준으로 취소할 수 있다.

그러나 이와 같이 취소권의 행사를 취소채권자의 채권액에 제한하는 입장을 그대로 관철하게 되면, 취소채권자라고 하여도 회복된 재산으로부터 우선변제를 받을 권능이 없기 때문에(제407조) 그의 채권이 충분히 확보되지 못할 수도 있고, 이는 취소권제도의 활발한 이용을 저해할 우려가 있다. 그러므로 학설이나 판례는 위와 같은 원칙에 대하여 일정한 예외를 인정한다. ① 우선, 사해행위의 목적물이 불가분인 경우에는 비록 목적물의 가액이 취소채권자의 채권액을 넘더라도 그 전부에 대하여 취소할 수 있다. 이때 목적물의「불가분성」의 판단은 비단 물리적인 성질에 의하여만 결정되는 것이 아니라, 실제의 거래관념상 이를 분할하여 거래의 대상으로 삼는 것이 바람직하지 못한 경우를 포함한다고 할 것이다. 그러므로 토지와 그 지상의 건물과 같이 별개의 물건이기는 하나 경제적으로 밀접하게 결합되어 있는 경우에도 그 불가분성이 긍정될 수 있다(대판 1975. 5. 25, 74다2114; 건물과 그 대지가 문제된 제 2 편 제 6 장의 재판례 [5] 참조). ② 나아가, 재산이 채무자에게 원상회복된 후에 다른 채권자들이 그 재산으로부터 자기 채권의 만족을 도모할 것이 명백한 경우에는 취소채권자는 자신의 채권액을 넘어 취소권을 행사할 수 있다(대판 1997. 9. 9, 97다10864). 즉 다른 채권자들이 배당에 참가할 것이 명백한 경우에까지 일부취소를 하도록 하는 것은 취소채권자에게 취소소송의 부담만을 안기면서 충분한 만족을 제공하지 못하는 결과를 초래하므로, 그러한 경우에는 배당에 참가할 것이 명백한 모든 채권자들을 위해 그들의 채권액까지도 취소를 할 수 있도록 하는 것이 타당한 것이다(제407조 참조).

(라) 한편 사해행위가 부분적으로만 성립한 경우에도 원칙적으로 당해 부분에 대하여만 채권자취소권을 행사할 수 있다. 가령 채무자의 적극재산이 1천만 원이고 부채가 8백만 원인데 채무자가 5백만 원의 금전을 제 3 자에게 증여한 경우에, 채권자는 수증자에 대하여 3백만 원의 한도에서만 취소하고 그 반환을 청구할 수 있다. 그러나 이 경우에도 사해행위의 목적물이 1동의 건물과 같이 불가분인 때에는 채권자는 그 사해행위의 전부를 취소할 수 있다고 할 것이다(대판 1975. 6. 24, 75다625).

(4) 가액반환의 내용

한편 원물반환을 할 수 없는 때에는 가액반환을 할 수밖에 없다. 원물반환이 가능한지 여부는 사회관념상 원물이 원래의 동일성을 유지하며 회복될 수 있는지에 따라 판단되어야 한다(영업권의 반환불능에 대해 대판 2015. 12. 10, 2013다84162 참조).

(가) 이 가액반환의무는 어떠한 법적 성질을 가지는 것인가? 종전의 통설은 「손해배상」의 의무라고 하는데, 그 배경에는, 채무자의 사해행위에 불법행위성을 인정하고, 이에 가공하거나 적어도 악의로 관여한 수익자 또는 전득자에 대하여 불법행위책임에 유사한 책임을 부담시킨다는 생각이 있는 것으로 추측된다. 그러나 오히려 가액반환의무는 부당이득반환의무와의 유비에서 이해하는 것이 적절하다(대판 2019. 4. 11, 2018다203715도 참조). 사해행위가 취소되면 그에 의하여 이동된 재산이 — 비록 채권자와 수익자 또는 전득자와의 사이에서 상대적이기는 하지만 — 원상회복되어야 한다는 것은 부당이득적인 사고가 전제되어 있는 것이다. 그러므로 부당이득반환의무의 내용을 정하는 제747조 제 1 항은 이 경우에도 유추될 수 있다. 그렇다면 원물이 수익자 등에게서 그의 귀책사유 없이 멸실하여 반환할 수 없게 된 경우에도, 부당이득의 경우와 마찬가지로, 설사 적시에 반환되어도 채무자에게서 마찬가지로 멸실되었을 것이 아닌 한, 가액반환의무를 면하지 못한다고 할 것이다.

(나) 채권자는 현물반환이 가능한 때에도 가액반환을 청구할 수 있는가?

채권자로서는 금전으로 반환받는 것이 더 유리할 것이다. 우선, 뒤에서 살펴보겠지만, 현재의 통설을 전제로 하는 한 그의 채무자에 대한 금전채권을 자동채권으로 상계하여 우선변제를 받는 효과를 볼 가능성이 훨씬 높고, 나아가 채무자의 책임재산으로 돌아와도 금전이라면 별도의 환가절차를 요하지 않고 또 경매를 하는 경우라면 있을지 모르는 매각가격의 저하를 회피할 수 있기 때문이다. 그러나 취소채권자가 우선변제를 누리는 것은 채권자취소권의 목적에 비추어 보면 하나의 변칙(變則)이어서 쉽사리 이를 확대하게 할 수 없고, 또 경매절차의 생략이나 경매가격저하의 회피도 애초 채무자가 사해행위를 하지 않았어도 불가피한 것인데 그 불이익을 수익자 또는 전득자에게 전가할 것은 아니다. 그러므로 현물반환을 할 수 있는 경우에는 채권자가 가액반환을 청구할 수는 없다고 할 것이다. 그리고 이것이 도산법상의 부인권의 내용이 파산재단의 원상회복을 원칙으로 하는 것(회파 제397조 제 1 항 참조)과도 일관된다고 하겠다.

(다) 그 가액을 산정하는 기준시는 언제인가? 사해행위의 취소의 효과가 취소판결이 확정되는 때 비로소 형성적으로 발생한다고 보면, 그에 가장 가까운 시점, 즉 그 소송의 사실심변론종결시를 기준으로 하여야 할 것이다(대판 2001. 9. 4, 2000다66416).

(5) 대상청구의 문제

원물반환이 불능인 경우 취소채권자는 대상청구권을 행사할 수 있는가? 예컨대 사해행위 취소로 반환되어야 할 동산이 선의의 전득자에게 처분되었거나, 사해행위 취소에 따른 저당권등기의 말소가 임의경매 실행 때문에 불가능하게 된 경우에, 사해행위 취소의 피고가 그로부터 받은 이익을 대상청구할 수 있는지 여부의 문제이다. 우리 판례는 이를 인정한다(대판 2012. 6. 28, 2010다71431 참조). 그러한 경우 어차피 가액배상이 성립하므로 인정할 이익이 없다고 할 수도 있겠지만, 예컨대 기판력을 이유로 가액배상을 청구할 수 없는 경우 등에 실익이 있을 수 있다(위 대판 2012. 6. 28.이 그러한 사안에 관한 것이다).

3. 취소권 행사의 제척기간

채권자취소권은 "채권자가 취소원인을 안 날로부터 1년, 법률행위 있은 날로부터 5년 내에" 행사되어야 한다(제406조 제 2 항). 이 권리행사기간은 소멸시효기간이 아니라 제척기간, 즉 취소소송이 제기되어야 하는 기간으로 이해되고 있다(대판 1975. 4. 8, 74다1700). 통상의 취소권처럼 법률행위의 성립에 하자가 있는 것이 아님에도 일단 유효하게 성립한 법률행위를 공동담보의 보전을 위하여 취소하는 것이고, 또 제 3 자에게 미치는 영향이 크므로, 법률관계의 조속한 안정을 위하여 특히 단기의 권리행사기간을 설정한 것이다.

채권자취소권은 사해행위가 행해진 날로부터 5년이 경과하지 않았더라도 채권자가 취소원인을 안 날로부터 1년 내에 이를 행사하지 않았으면 소멸한다. 다만 사해행위 취소청구가 기간 안에 제기되었다면 원상회복의 청구는 그 기간이 지난 뒤에도 할 수 있다(대판 2001. 9. 4, 2001다14108). 이때 「취소원인을 안 날」이라고 함은 사해행위의 객관적 요건뿐만 아니라 채무자가 채권자를 해함을 알면서 그러한 행위를 하였다는 주관적 요건까지도 채권자가 안 날을 가리킨다. 그리고 채권자가 사해행위의 객관적 사실을 알았다는 것만으로 취소원인을 알았다고 추정할 수는 없다는 것이 판례의 태도이다(대판 1989. 9. 12, 88다카26475; 2023. 4. 16, 2021다309231). 그러나 채권자가 수익자나 전득자의 악의까지 알아야 하는 것은 아니다(대판 2000. 9. 29, 2000다3262). 그렇게 하지 않으면, 법률관계가 장기간 불확정한 상태에 있게 되어서 단기의 권리행사기간을 정한 취지에 반하고, 또한 오히려 수익자 등의 악의라는 요건은 그들의 입증에 의하여 책임을 면하게 되는 일종의 면책사유라고 파악할 것이기 때문이다. 한편 피보전채권의 양도가 있는 경우 양도인이 취소원인을 안 날을 기준으로 판단된다(대판 2018. 4. 10, 2016다272311).

또한 제척기간을 채무자의 법률행위 시점을 기준으로 기산하는 것은 전득자에 대한 관계에서도 다름이 없다. 제소기간은 수익자 및 전득자 모두에 대하여 각각 충족되어야 한다(대판 2005. 6. 9, 2004다17535). 그래서 예컨대 채권자가 수익자와 전득자를 공동피고로 하여 “채무자와 수익자 사이의 사해행위 취소”를 구하는 소를 제기한 경우 전득자에 대한 관계에서도 소가 제기된 것이어서 제척기간은 준수된 것이다(대판 2021. 2. 4, 2018다271909). 반면 채권자가 채권자취소권을 행사해 전득자 명의의 저당권양수등기가 말소되었으나 그 이후 제소기간이 도과하였고, 수익자가 명의가 회복됨을 기화로 다른 전득자에게 저당권을 양도하였다면, 새 전득자에 대한 관계에서는 제척기간 도과로 소를 제기할 수 없다고 한다(대판 2014. 2. 13, 2012다204013).

Ⅱ. 채권자취소권 행사의 효과

1. 채무자의 책임재산의 회복

(1) 다른 채권자에 대한 효력

채권자취소권의 행사로 인한 사해행위의 취소와 원상회복은 "모든 채권자의 이익을 위하여 그 효력이 있다"(제407조). 앞서 본 바에 따라 채권자취소권이 행사되어 수익자 또는 전득자로부터 반환된 재산(원물이든 가액이든)은 채무자의 일반재산으로 회복되어 모든 일반채권자를 위한 공동담보가 된다. 취소채권자라고 하여 그것으로부터 우선변제를 받을 수 있는 것은 아니다. 따라서 취소채권자가 그 재산으로부터 자기 채권의 만족을 얻으려면 다시 집행권원에 기하여 그 재산에 대하여 강제집행의 절차를 밟아야 한다. 그리고 다른 채권자들은 그때 배당에 가입할 수 있다. 다만 사해행위 시점에 이미 채권자였던 자만이 회복되는 재산을 책임재산으로 파악하였므로 제407조에 따른 효력을 받는다(대판 2009. 6. 23, 2009다18502).

(2) 취소채권자가 직접 인도를 받은 경우

이상은 취소채권자가 그 재산을 직접 인도받은 경우에도 마찬가지이다. 다른 채권자들은 취소채권자가 강제집행에 착수하기 전에는 취소채권자가 인도받아 점유하고 있는 물건에 의하여 자기 채권의 만족을 얻을 방도가 없는가?

부동산은 통상 채무자 앞으로 등기명의가 회복되므로, 별다른 문제가 없다. 동산의 경우 제 3 자가 점유하는 채무자 소유의 물건은 그 점유자가 이를 집행관에게 제출하여야 강제집행을 할 수 있다(민집 제191조 참조). 취소채권자가 인도받은 물건을 회수할 집행법상의 절차가 없는 이상, 결과적으로 다른 채권자들은 채무자를 대위하여 취소채권자에 대하여 물건의 인도청구를 하여 이에 대하여 강제집행을 행할 수밖에 없다.

통설과 판례는 취소채권자가 원상회복으로 받은 금전 등에 대하여 취소채권자가 가지는 채권이 그 재산을 채무자에게 반환할 의무와 상계적상에 있다면, 유효하게 상계를 할 수 있다고 한다. 이 경우에 취소채권자는 사실상 우선변제를 받는 결과가 되는데, 이는 채권자취소권의 행사로 회복된 재산은 총채권자의 만족을 위하여만 제공되어야 한다는 제도의 취지(제407조 참조)와는 부합하지 않는다고 볼 여지가 있다.

[2] 취소채권자의 금전 수령과 상계: 대판 2008. 6. 12, 2007다37837

[주　　문] 상고를 기각한다. 상고비용은 원고가 부담한다.

[이　　유] 상고이유를 판단한다.

사해행위의 취소와 원상회복은 모든 채권자의 이익을 위하여 그 효력이 있으므로(민법 제407조), 채권자취소권의 행사로 채무자에게 회복된 재산에 대하여 취소채권자가 우선변제권을 가지는 것이 아니라 다른 채권자도 총채권액 중 자기의 채권에 해당하는 안분액을 변제받을 수 있는 것이지만, 이는 채권의 공동담보로 회복된 채무자의 책임재산으로부터 민사집행법 등의 법률상 절차를 거쳐 다른 채권자도 안분액을 지급받을 수 있다는 것을 의미하는 것일 뿐, 다른 채권자가 이러한 법률상 절차를 거치지 아니하고 취소채권자를 상대로 하여 안분액의 지급을 직접 구할 수 있는 권리를 취득한다거나 취소채권자가 인도받은 재산 또는 가액배상금의 분배의무를 부담한다고 볼 수는 없는 것이다. 가액배상금을 수령한 취소채권자가 이러한 분배의무를 부담하지 아니함으로 인하여 사실상 우선변제를 받는 불공평한 결과를 초래하는 경우가 생기더라도, 이러한 불공평은 채무자에 대한 파산절차 등 도산절차를 통하여 시정하거나 가액배상금의 분배절차에 관한 별도의 법률 규정을 마련하여 개선하는 것은 별론으로 하고, 현행 채권자취소 관련 규정의 해석상으로는 불가피한 것이다.

위 법리에 비추어 보면, 원심이 가액배상금을 수령한 취소채권자인 피고에게 다른 채권자들에 대한 가액배상금의 분배의무가 없다고 판단하여, 다른 채권자 겸 수익자인 원고의 채권 안분액 지급 청구를 배척한 것은 정당하고, 거기에 채권자취소권에 대한 법리오해 등의 위법이 없다.

그러므로 상고를 기각하고, 상고비용은 패소자가 부담하도록 하여 관여 법관의 일치된 의견으로 주문과 같이 판결한다.

질문

1. 이 판결에 따르면 금전을 직접 수취한 취소채권자는 어떠한 이유로 사실상 우선변제를 받게 되는가? 채무자가 그에게 반환을 청구할 수는 없는가?
2. 대법원은 취소채권자의 사실상 우선변제가 현행법의 해석으로는 불가피하다고 한다. 다른 해석에 의해 다른 결론에 도달할 여지는 없는가?
3. 위와 같은 결론은 채권자대위권에서도 인정되고 있다(제 2 편 제 5 장 Ⅲ. 2.

(2) 참조). 이러한 결과는 책임재산을 보전하는 제도라고 이해되는 채권자대위권과 채권자취소권에 어떠한 영향을 주게 되는가? 이러한 결과에 의해 채권자대위권과 채권자취소권의 취지를 달리 이해할 여지도 있겠는가?

4. 이러한 판례에 따르면 가액배상을 수령한 취소채권자는 채무자에 대해 부당이득 반환의무를 부담함은 별론, 채권자취소권에 따른 수령권한에 기초해 가액배상의 이익은 일단 그에게 귀속하게 된다. 그렇다면 예컨대 가액배상을 해야 하는 수익자가 취소채권자에 대해 별개의 다른 채권을 가지고 있는 경우, 그 집행을 위해 자기 자신에 대한 가액배상 청구권을 압류하여 전부 받을 수 있겠는가? (대결 2017. 8. 21, 2017마499 참조). 이를 허용하는 것이 채권자취소권의 취지에 부합할 수 있겠는가? 그리고 이때 가액배상을 해야 하는 수익자가 채무자에 대한 채권자라는 이유로 채무자에 대해 가지는 자기 자신의 채권과의 상계를 주장할 수 없다는 판례(대판 2001. 6. 1, 99다63183)와의 관계에서 모순이 있다고 볼 것인가?

2. 「취소의 상대효」

(1) 의 의

취소의 효력은, 다수설과 판례가 택하는 「취소의 상대효」의 이론에 의하면, 공동담보의 보전에 필요한 한도에서 취소소송의 당사자인 채권자와 수익자 등과의 상대적인 관계에서 사해행위를 무효로 한다. 이러한 상대효에 의해 취소판결의 기판력은 취소소송의 당사자가 아닌 채무자에게는 미치지 않으며, 채무자와 수익자, 수익자와 전득자 사이의 법률관계에 아무런 영향을 미치지 않는다(대판 1988. 2. 23, 87다카1989). 또한 채권자가 취소소송에서 자신의 채권을 주장하여도 이는 피고가 된 수익자 등에 대한 것이고 직접 채무자에 대한 것은 아니므로, 그로써 그 채권의 소멸시효가 중단된다고 할 수 없다.

[3] 취소의 상대효: 대결 1984. 11. 24, 84마610

[주 문] 재항고를 기각한다.

[이 유] 재항고이유를 본다.

재항고이유의 요지는, 재항고인은 그 소유인 이 사건 부동산에 대하여 신청외 최원섭 앞으로 소유권이전등기를 하고 최원섭은 이 사건 경매채권자인 영남투자금융주식회사 앞으로 근저당권설정등기를 하였는데, 재항고인의 채권자인 신청외 조준걸, 같은 김재덕이 위 최원섭 앞으로의 소유권이전등기에 대하여 사해행위취소 및 소유권이전등기말소청구소송을 제기하고 승소판결을 받아 위 소유권이전등기를 말소하였으므로 위 근저당권설정등기는 무효라는 것이다.

그러나 기록에 의하면, 위 사해행위 취소의 소는 채무자인 재항고인과 수익자인 최원섭만을 상대로 한 것으로서 전득자에 해당하는 영남투자금융주식회사를 상대로 한 것이 아님이 명백하므로, 위 소송에서 채무자와 수익자간의 법률행위를 취소하고 수익자명의로 된 소유권이전등기의 말소를 명하는 판결이 확정되었다고 하여도 그 판결의 효력은 전득자에게 미칠 수 없는 것이니 이 사건 근저당권설정등기가 무효라는 논지는 이유 없다. […]

그러므로 재항고를 기각하기로 관여법관의 의견이 일치되어 주문과 같이 결정한다.

질문

1. 사실관계와 재항고인의 주장을 재구성해 보라(민집 제128조 이하 참조). 여기서 사해행위 취소판결이 소송당사자 사이에서 상대적 효력만 가진다는 법리는 이 결정의 결론에 어떠한 영향을 미치는가? 그러한 법리를 인정하지 않는 경우 결론은 어떠한가?
2. 수익자의 채권자가 수익자가 사해행위로 취득한 부동산을 압류한 경우는 어떠한가? (대판 2005. 11. 10, 2004다49532 등 참조)
3. 이미 저당권이 설정된 부동산을 채무자가 타인에게 처분하였으나, 채무자의 임금채권자들이 이를 사해행위로 취소한 경우, 이후 그 부동산의 경매에서 임금채권자들은 저당권자에 우선하여 우선변제를 받을 수 있는가? (대판 2001. 5. 29, 99다9011 참조).
4. 갑이 을에 대해 대물변제약정을 원인행위로 하여 소유권이전을 청구하는 소송에서, 을의 채권자 병이 갑과 을 사이 대물변제가 사해행위라는 이유로 독립당사자참가를 할 수 있겠는가? (대판 2014. 6. 12, 2012다47548 참조)
5. 토지와 지상 건물이 함께 양도되었다가 채권자취소권의 행사에 따라 그중 건물에 관하여만 양도가 사해행위로 취소되어 수익자 명의의 소유권이전등기가 말소된 경우, 관습상 법정지상권의 성립요건인 '동일인의 소유에 속하고 있던

토지와 지상 건물이 매매 등으로 인하여 소유자가 다르게 된 경우'에 해당하는가? (대판 2014. 12. 24, 2012다73158 참조)

그런데 이러한 상대적 효력은 여러 사안에서 특히 부동산의 명의가 채무자에게 회복되는 사안에서 구성상의 난점을 야기한다. 취소채권자가 수익자로부터 원상회복된 채무자 명의의 부동산에 강제집행을 시도하는 순간 그들 사이의 관계에서 「상대적으로」 그 부동산은 수익자 소유이므로, 법적으로는 타인 소유 부동산에 대한 부당집행이 된다는 결론을 피하기 어렵기 때문이다. 이는 판례에서 혼선을 가져오는 원인이 되고 있다.[5)]

(2) 상대효에 따른 법률관계

취소권이 행사되어 취소판결이 확정되어도 이는 상대적 효력만을 가지므로, 채무자와 수익자, 수익자와 전득자 사이의 각 법률관계에 원칙적으로 아무런 영향을 미치지 않는다. 가령 수익자가 후에 취소채권자에게 원물을 반환하였다고 하여도, 채무자가 애초에 수익자에 대한 그의 채무를 제대로 이행하여 일단 채무가 소멸한 이상에는, 다시 그 채무가 부활되거나 채무불이행으로 인

---

5) 예를 들어 이행된 부동산 매매가 사해행위로 판단되어 취소되었으나 등기명의가 회복된 채무자가 이를 기화로 다시 처분한 경우, 소유권은 누구에게 있는가? 한 판결은 양수인이 유효하게 소유권을 취득하는 것을 전제로 수익자의 가압류채권자를 상대로 하는 양수인의 제 3 자이의를 부정하나(대판 1990. 10. 30, 89다카35421), 다른 판결은 상대적 효력을 이유로 수익자에게 소유권이 있다고 하여 양도는 무효라고 판단하고, 사해행위 취소의 효력을 받는 채권자는 강제집행을 위해 (직접) 등기명의인을 상대로 말소등기를 청구할 수 있다고 한다(대판 2017. 3. 9, 2015다217980). 한편 부동산에 대해 사해행위로 저당권이 설정되어 있는 경우, 후순위 저당권 설정이나 부동산 양도의 사해행위성을 판단할 때 그러한 사정을 고려해야 하는가? 한 판결은 이를 고려해서 취소된 선순위 저당권의 피담보채권액을 후순위 저당권의 사해행위성을 판단할 때 공제하면 안 된다고 하지만(대판 2007. 7. 26, 2007다23081; 2013. 5. 19, 2011다75232), 다른 판결은 저당권의 취소는 상대적 효력만을 가지므로 나중 양도의 사해행위성을 판단할 때 그 피담보채권액을 공제해야 한다고 한다(대판 2018. 6. 28, 2018다214319). 또한 채무자의 수익자에 대한 채권양도가 사해행위로 취소되고, 그에 따른 원상회복으로서 제 3 채무자에게 채권양도가 취소되었다는 취지의 통지가 이루어지더라도, 채권자와 수익자의 관계에서 채권이 채무자의 책임재산으로 취급될 뿐, 채무자가 직접 채권을 취득하여 권리자로 되는 것은 아니므로, 채권자는 채무자를 대위하여 제 3 채무자에게 채권에 관한 지급을 청구할 수 없다고 하지만(대판 2015. 11. 17, 2012다2743), 채권자가 압류하여 전부명령이나 추심명령을 받는 경우에도 그는 결국 채무자의 제 3 채무자에 대한 급부청구권을 전제로 권리를 행사하는 것이어서 양자를 구별할 수 있는지의 의문이 있다.

한 책임 또는 담보책임(특히 제570조의 담보책임)을 져야 하는 것은 아니다. 또 그들 사이에서 그 법률행위는 여전히 유효하므로 자신이 급부한 것의 반환을 상대방에 대하여 청구할 수도 없다. 이는 수익자가 가액반환을 한 경우에도 마찬가지이다. 또한 이는 전득자가 원물반환을 한 경우 그의 수익자에 대한 법률관계에 있어서도 다름이 없다.

취소채권자에게 재산을 반환함으로써 손실을 입은 수익자나 전득자는 (변제·대물변제의 경우) 원래 채무자에 대하여 가지고 있던 채권이 부활하거나(대판 2003. 6. 27, 2003다15907), (매매·담보설정의 경우) 채무자에 대한 부당이득반환청구권을 취득하여 이를 전보받게 된다(대판 2017. 9. 26, 2015다38910). 통설에 따르면 후자의 경우 채무자와 수익자 등과의 관계에서 그 재산은 어디까지나 수익자 등에게 귀속되는 것인데, 이로써 채무자의 책임재산이 증가되었으므로, 수익자 등의 손실에 의하여 채무자가 얻은 이러한 「이익」을 수익자 등에게 반환하여야 한다고 이해한다(대판 2015. 10. 19, 2012다14975 참조). 그러나 상대적 효력을 관철한다면 채무자의 이익은 책임재산의 반환이라기보다는 수익자의 손실로 채무자가 채무에서 벗어났다는 사실에서 찾아야 할 것이다. 이때 부활한 채권을 가진 수익자 등은 원상회복된 재산의 집행에 참여할 수 있을 것이지만(대판 2003. 6. 27, 2003다15907), 부당이득반환청구권을 취득한 수익자 등은 사해행위 이후에 취득한 권리이므로 그 집행에서 배당요구를 할 수는 없다(대판 2015. 10. 19, 2012다14975). 그러나 어느 경우나 그가 그 절차에서 자신의 채권액에 비례하여 얻을 수 있을 안분액만큼 원상회복을 거절하거나 자신의 채권을 자동채권으로 상계할 수 있는 것은 아니라고 하겠다(대판 2001. 6. 1, 99다63183). 채권자들 중에서 수익자에 대해서만 원상회복 거절이나 상계를 이용한 실질적 우선변제를 허용할 이유는 없기 때문이다.

제 3 편

채권의 담보

제 1 장 담보제도 서론
제 2 장 보증채무
제 3 장 특수한 형태의 보증
제 4 장 연대채무
제 5 장 유 치 권
제 6 장 질 권
제 7 장 저당권: 성립과 효력범위
제 8 장 저당권: 실행 전의 효력
제 9 장 저당권: 실행과 소멸
제10장 저당권: 근저당과 공동저당
제11장 양도담보: 도입과 성립
제12장 양도담보: 효력과 실행
제13장 집합동산·집합채권의 양도담보와 소유권유보
제14장 가등기담보
제15장 특별법에 따른 담보제도

제1장 담보제도 서론

Ⅰ. 채권과 물권

1. 채권과 물권의 대비

(1) 채권과 물권은 민법이 규율하고 있는 대표적인 재산적 권리이다. 민법전의 제 2 편에는 「물권」, 제 3 편에는 「채권」이라는 표제가 붙어 있고, 이는 서로 대비를 이룬다.

일반적으로 채권은 특정한 사람(채무자)에 대하여 일정한 행위를 할 것을 요구할 수 있고, 이 행위에 의하여 얻은 생활이익의 보유가 채무자와의 상대적인 관계에서 법적으로 정당화되는 독립된 법적 지위라고 정의되고 있다. 그러한 권리를 가진 사람을 채권자라고 하고, 그가 요구할 수 있는 채무자의 행위, 나아가 그 행위에 의하여 실현되는 생활이익을 급부라고 한다. 그러한 급부의 내용으로서는 물건의 인도나 금전의 지급과 같은 적극적인 행위뿐만 아니라 경쟁영업을 하지 않는 것과 같은 소극적인 부작위도 가능하다.

(2) 실제로 이와 같은 채권에 대한 정의는 물권 개념과의 대비에서 의미를 가진다. 그러므로 채권을 물권과 확연하게 구분되는 개념징표로써 정의하는 것은 민법의 체계를 이해하는 데는 중요한 일이다. 그리하여 물권은 물건에 대한 직접적인 지배를 내용으로 하는 권리라고 정의되고 있는데, 이들 정의는 다음과 같이 서로 비교된다.

첫째, 물권은 물건에 대한 권리인 데 비하여, 채권은 법공동체의 공동구성원인 다른 사람에 대한 권리이다. 사람은 누구나 인격의 존엄을 가지므로, 비록 채무자라고 하여도 다른 사람이 지배하는 대상인 객체가 될 수는 없다. 물론 채무자는 일정한 급부를 하여야 할 의무를 부담하므로, 이를 이행하지 아니할 때에는 그 이행의 강제를 받는다(제389조 제 1 항). 그러나 그 경우에도 힘으로 채무자 자신이 채무를 이행하도록 강요하거나 신체를 훼손한다든가 하는 인격에 대한 지배는 허용되지 않는다.

둘째, 물권은 물건의 지배를 내용으로 하나, 채권은 채무자에의 급부요구를 내용으로 한다. 다시 말하면, 물권은 수직적인 지배관계이고, 채권은 수평적인 청구관계이다. 지배란 대체로 대상을 자기의 의사대로 하고, 그에 대한 타인의 간섭을 배제하는 것에서 성립한다. 따라서 물권을 가진 사람은 어느 누구에 대해서도 그 물건에의 간섭을 물리칠 수 있다. 이에 비하여 채권은 채무자에 대한 관계에서만 존립한다. 그러한 의미에서 물권은 절대권이고, 채권은 상대권이다(이를 물권의 절대성, 채권의 상대성이라고도 부른다). 다시 말하면, 채권은 원칙적으로 채무자 이외의 제 3 자에 의한 침해에 대하여는 보호를 받지 못하는데, 물권은 어느 누구의 침해로부터도 보호를 받는다.

2. 채권과 물권의 작용

(1) 위에서 본 바와 같은 이념형으로서의 채권은 물권과 대비하여 볼 때 다음과 같은 성질을 가진다고 이해되고 있다. 이러한 성질의 차이를 위에서 본 채권·물권의 개념정의로부터 도출되는 것으로 설명하는 방식도 있으나, 이러한 연역적인 설명보다는 오히려 구체적인 법령과 제도로부터의 추상에 의하여 물권/채권의 각 개념이 추출되었다고 보는 것이 사태의 진상을 올바로 파악하는 것일지도 모른다.

(가) 첫째, 채권은 채무자에 대하여 급부할 것을 요구할 수 있는데, 실제로 채무자가 그 요구에 좇을 것인지 여부는 채무자의 자유로운 의사에 달려 있다. 따라서 채무자는 동일한 내용의 채무를 둘 이상 부담할 수도 있다. 가령 부동산의 소유자가 서로 다른 사람과의 사이에 그 부동산을 매도하는 계약을 따로 맺었거나 가수가 같은 시간에 서로 다른 두 개의 무대에 출연하기로 계약을 체결한 경우에, 가수나 부동산소유자는 서로 다른 채권자에 대하여 각기 유효하게 채무를 부담한다. 그리고 제 2 계약의 상대방은 제 1 계약의 사실을

알고 있다고 하여도 이것만으로써는 원칙적으로 원래의 채권자에 대하여 가령 불법행위의 책임(제750조)을 지지는 않는다.

이에 비하여 물권은 애초부터 하나의 물건에 대하여 같은 내용의 것이 둘 이상 존재할 수 없다.[1] 같은 대상을 지배하는 사람이 여럿 있다는 것은 이미 그 어느 누구도 그 대상을 지배하지 못하고 있다는 말이 되는 것이다(물권의 배타성). 따라서 위에서 든 부동산의 이중매매의 경우를 보면 두 사람의 매수인이 모두 매도인으로부터 소유권을 취득한다는 일은 있을 수 없다. 그러므로 물권에 관하여 거래를 맺으려는 사람으로서는 그 권리의 존부 및 내용에 관하여 정확한 정보를 가질 필요가 있으며, 이러한 필요에 대응하여 물권에 대하여는 등기 등의 공시방법이 취하여진다(제186조 이하). 그러나 가령 계약을 맺어 채권을 취득함에 있어서는 이러한 필요가 별로 크지 않다.

(나) 둘째, 위의 예에서 이중으로 계약을 체결한 사람이 그 중 어느 하나의 계약을 준수하지 못하였을 때에는 상대방(채권자)은 채무불이행의 책임을 물어 손해배상청구나 계약의 해제를 할 수 있을 뿐이다(제390조, 제546조). 가령 부동산의 매도인이 목적물의 소유권을 다른 매수인에게 양도하여 버리면, 제 1 매수인의 소유권이전채권(제568조 제 1 항)은 이행불능으로 말미암아 손해배상채권(이는 금전의 지급을 내용으로 하는 채권이다, 제394조)으로 전화된다. 이와 같이 채권은 채권자의 의사에 기하지 아니하고 그 권리의 내용이 변경될 가능성이 있다.

이에 비하여 물권은 자기 의사에 기하지 아니하고는 그 권리의 내용이 변경되지 않는다. 가령 제한물권이 설정되어 있는 물건의 소유권이 제 3 자에게 양도되더라도 오히려 새로운 양수인이 제한물권의 부담을 안게 되며, 그러한 처분으로 말미암아 그 물권의 내용에 변화가 생기지는 않는다.

(다) 셋째, 채권은 채무자에 대한 관계에서만 존립하는 상대적인 권리이므로, 채권의 행사로써 제 3 자가 가지는 물권을 객관적으로 침해하고 있다면, 그 채권의 존재를 들어 그 침해를 정당화할 수는 없다. 가령 임대인이 임대차목적물의 소유권을 제 3 자에게 양도한 경우, 그 양수인은 그 물건을 점유하고 있는

1) 공유와 같은 공동소유는 하나의 물건에 대하여 소유권이 여럿 존재하는 것이 아니라, 하나의 소유권이 여러 사람에게 귀속되는 관계이다. 또 저당권은 하나의 물건에 여럿 존재할 수 있으나, 그들 사이에는 등기의 선후에 따라 순위가 매겨진다. 따라서 선순위의 저당권과 후순위의 저당권이 '같은 내용의' 물권이라고는 할 수 없다.

임차인에 대하여 자기 소유권의 침해를 중지할 것(보다 구체적으로는 물건의 반환)을 청구할 수 있다("매매는 임대차를 깨뜨린다"; 제 4 편 제 1 장 Ⅲ. 2. 참조). 이 경우 비록 임차인이 그 물건을 점유하는 것이 그가 임대인에 대하여 가지는 권리, 즉 임차권에 기한 것이라고 하여도, 임차권은 채권이므로(제618조 참조) 이를 그 채무자가 아닌 새로운 양수인에게 주장하여 자신의 점유를 정당화할 수는 없다(제213조 단서 참조).

이에 반하여 만일 목적물의 점유자가 목적물의 사용을 내용으로 하는 물권(용익물권)을 가지고 있다면, 그는 이를 들어 새로운 소유자의 반환청구를 물리칠 수 있다. 용익물권도 물권인 이상에는 새로운 소유자를 포함하는 어느 누구로부터도 보호되는 것이기 때문이다.

(라) 넷째, 채무자가 채무를 이행하지 않으면 채권자는 궁극적으로 채무자의 일반재산으로부터 만족을 얻을 수밖에 없고(이에 대하여는 제 1 편 제 1 장 참조), 그 경우 채무자에 대한 여러 명의 채권자들 사이에는 서로 우열이 있을 수 없으며 모두 동등한 지위에 있다(채권자평등의 원칙). 따라서 채무자의 일반재산이 채권 전부를 만족시키기에 부족한 경우에는 채권자들은 각자의 채권액에 비례하여 만족을 얻고, 나머지는 채무자가 무자력상태로부터 벗어나는 후일을 기약할 수밖에 없다.

그러나 물권은 물건에 대한 직접적인 지배를 내용으로 하므로, 만일 그 내용이 실현되지 않고 있으면 물권을 가지는 사람은 그 실현을 방해하는 사람에 대하여 직접 그 방해의 배제를 청구할 수 있다(제213조, 제214조 참조). 그리고 자신에 대한 채권자가 아닌 사람이 그 물권(소유권 및 용익물권)을 자기 채권의 만족에 충당하려 하는 때에는 이를 배제할 수 있다(가령 민집 제48조에서 정하는 제 3 자이의의 소, 회파 제70조 이하, 제407조 이하에서 정하는 환취권, 별제권 등).

(2) 이상과 같은 채권개념은 현실적으로 존재하는 다양한 채권 모두에 공통되는 사항을 종합한 것이 아니라, 전형적인 물권으로서의 소유권과 대비하여 어떠한 원형적인 채권의 내용을 파악하려는 목적 아래 설정된 하나의 이념형으로서의 채권을 서술한 것이다. 실제로는 일정한 채권에 대하여는 그 자체로서 또는 일정한 다른 요건이 부가된 경우에 물권적인 성질이 인정되는 경우가 다수 존재하고(예컨대 부동산임차권의 물권화, 우선변제권 있는 채권, 가등기된 권리 등), 다른 한편 실정법상 물권으로 정하여져 있는 권리가 위와 같은 물권적인

성질을 갖추지 못한 경우도 없지 않다(예컨대 유치권).

그러나 일반적이고 전형적인 경우를 상정할 때 법률관계의 당사자가 자신이 확보하고자 하는 이익을 달성하는 수단으로 채권을 보유하고 있는지 아니면 물권을 보유하고 있는지에 따라 그 지위는 현저하게 달라짐을 알 수 있다. 즉 채권만을 보유한 당사자는 그 효력을 원칙적으로 채무자에 대해서만 주장할 수 있기 때문에 다른 '경쟁자' 내지 일반채권자를 배제할 수 없고, 그 결과 자신의 권리의 내용을 그대로 관철할 수 없는 경우가 있을 수 있다. 그리고 그로부터 발생하는 손해배상채권 등의 만족은 채무자의 책임재산에 의존하므로 그의 무자력위험을 부담하게 된다. 이에 대하여 물권을 보유한 당사자는 그 효력을 원칙적으로 절대적 즉 대세적으로 주장할 수 있고, 그에 의하여 물권의 내용을 온전하게 실현함으로써 자신의 권리상태를 그대로 보존할 수 있는 것이다.

Ⅱ. 선이행위험과 담보의 필요성

그러므로 타인에 대해서 채권을 가지고 있는 당사자로서는 그것의 확실한 실현에 대하여 불안정한 지위에 있게 된다. 즉 그의 채권은 채무자에 의해 그 실현이 좌절될 수 있고, 그 만족 역시 채무자의 책임재산에 의존하는 것이다. 그러나 그가 보유하는 채권이 쌍무계약으로부터 발생한 경우, 그는 비록 그 채권의 내용을 대세적으로 온전히 실현할 가능성은 여전히 가지지 못하지만, 쌍무계약의 이행상 견련성을 활용하여 상대방의 무자력위험을 부담하지 않을 가능성을 보유한다.

1. 선이행위험의 회피

(1) 쌍무계약상의 견련관계는 각 당사자의 채무가 이행되는 과정에서도 관철되어야 하며, 이러한 관계를 실현하는 법적인 장치가 동시이행의 항변권이다.

쌍무계약에 의하여 각 당사자는 서로 상대방에 대하여 채무를 부담한다. 그런데 그 각각을 서로 관련 없는 별개의 채무라고 하면, 자기의 채무를 임의로 또는 강제집행을 당하여 먼저 이행한 당사자는 상대방이 부담하는 채무(이미 이루어진 급부에 대한 반대급부를 할 의무)를 이행받지 못할 위험을 안게 된다. 상대방은 자기가 받을 것은 이미 받았으나, 자기가 줄 것은 아직 현실로 주지 않고 단지 주어야 할 채무만을 여전히 부담하고 있다. 이와 같은 경우에 그 채무가 반드시 제대로 이행된다고는 말할 수 없다. 우선 채무자는 그 자신의 행위에 의하여 그 채무를 이행불능상태에 빠뜨릴 수 있다(가령 특정물매도인이 목적물을 제 3 자에게 이중 매도하고, 그 소유권을 양도한 경우). 이 경우에 채권자는 본래의 채권의 내용을 실현할 수 없다. 물론 손해배상의 방법으로 그 "이익"의 만족을 얻을 수는 있겠으나, 손해배상은 금전지급에 의하는 것이 원칙이므로(제394조), 이것이 애초에 채권자가 그 계약에 의하여 실현하고자 하는 상태가 아님은 명백하다. 또 손해배상청구권이라고 하여도 그것은 채무자에게 자력(일반책임재산)이 충분할 때 원만하게 이행받을 수 있는 것이므로 채무자가 무자력이라면 그 청구권은 실제로는 무가치한 것이다. 이러한 위험은 채권은 채무자의 이행이 있어야만 그 내용이 실현되고 결국 그 실현은 궁극적으로 채무자의 일반재산이 충분한지 여부에 달리게 된다고 하는 모든 채권에 고유한 위험이라고 할 수 있다. 특히 쌍무계약에서 일방 당사자가 자신의 채무를 선이행하였으나 이러한 자신의 출연에 대한 반대급부를 얻지 못하게 되는 위험을 선이행위험(Vorleistungsrisiko)이라고 한다.

그런데 쌍무계약에서 각 당사자가 부담하는 채무는 "공여받기 위하여 공여한다"(do ut des)라는 관계에 있으므로, 그중 한편의 당사자에게 선이행하도록 하여 위와 같은 위험을 부담하게 하는 것은 쌍무계약의 위와 같은 내적인 구조에 적합하지 않다. 따라서 민법은 쌍무계약에 있어서 이행상의 견련관계를 인정하여, 동시이행의 항변권을 쌍무계약의 각 당사자에게 부여하고 있다(제536조). 따라서 쌍무계약의 당사자는 동시이행의 항변권을 활용하여 채권자로서 부담할 수 있는 선이행위험을 예방함으로써, 자신의 계약상대방의 무자력위험에서 벗어날 수 있는 것이다.

(2) 쌍무계약에 고유한 이러한 견련관계는 파산이나 회생절차와 같은 집단적·총괄적 채권실현절차에서도 고려된다. 즉 그 절차에서도 채무자가 가지는 채권이 쌍무계약으로부터 발생한 것이면, 이 채권과 그 계약에 기하여 생긴 상대방의 채권을 서로 분리하여 후자를 단순히 채무자에 대한 일반채권과 같

이 파산채권 또는 회생채권으로 취급하지는 않는다(만일 그와 같이 취급한다면 상대방의 채권은 파산절차나 회생절차 안에서 다른 채권들과 같은 자격에서 총체적·일괄적으로만 만족을 얻을 수 있고, 개별적으로는 이행을 받을 수 없다). 오히려 쌍무계약에서 기인하는 서로 대립하는 채권에 대하여는 통일적인 처리를 하도록 하여, 계약을 해제함으로써 양자를 같이 소멸시키거나 아니면 파산관재인 등이 그 채무를 통상의 경우와 같이 개별적으로 이행하면서 비로소 상대방에 대하여 채무이행을 청구할 수 있도록 규정하고 있다(회파 제119조, 제335조 참조). 이로써 채권의 만족이 가장 "위기"에 처하게 되는 도산절차에서도 동시이행의 항변권을 보유한 채권자는 채무자의 무자력위험을 회피할 수 있는 것이다.

2. 선이행과 담보의 필요성

이상에서 살펴본 바와 같이 현대사회에서 재화의 운동을 매개하는 쌍무계약에서 당사자들은 동시이행의 관계를 관철시킴으로써 상대방의 무자력위험을 회피할 수 있는 가능성을 가지게 된다. 그러나 실제 자본주의 거래에 있어서는 경제활동의 필요에 따라 일방이 선이행할 수밖에 없는 상황, 즉 일방의 선이행에 따라 경제의 순환이 조직되는 상황이 필연적으로 발생한다.

(1) 재화의 소유권을 이전하는 매매계약에 있어서도 항상 동시이행의 관계를 고수할 수 있는 것은 아니다. 예를 들어 금속가공제품을 생산하기 위해 철판을 공급받은 제조업자는 많은 경우 그가 가공한 제품을 판매해야만 비로소 철판공급대금을 지급할 수 있게 될 것이다. 마찬가지로 제조업자는 가공을 위하여 고가의 기계를 매수해야 하지만, 그 기계를 활용하여 상품을 제조·판매함으로써 기계의 대금을 지급할 수 있다. 이러한 경우 매도인은 선이행위험을 고려하여 공급을 하지 않고 자신의 재산상태를 현상 유지하는 것보다는(성장하는 경제에서 이는 현실적으로 재산의 감소를 의미한다), 일단 선이행으로 철판이나 기계를 공급한 다음 자신의 채권적 지위를 다른 방법으로 안전하게 함으로써 자신의 경제활동을 촉진하는 것이 바람직하다.

(2) 여유의 금전을 가지고 이자를 수취하는 방법으로 재산을 증식하고자 하는 사람은 이를 위한 거래에서 구조적으로 선이행위험을 인수하지 않을 수 없다. 예를 들어 은행이 새로운 사업을 시작하고자 하는 기업에 이자부 소비대차에 의하여 금전을 대여하고자 하는 경우, 은행은 필연적으로 선이행을 하게

된다. 왜냐하면 대주인 은행이 우선 "금전 기타 대체물의 소유권을 상대방에게 이전"한 다음에 비로소 차주는 정한 기한에 따라 이자지급의무와 차금반환의무를 부담하게 될 것이기 때문이다(제598조, 제600조를 보라). 그러나 은행으로서 단순히 금전을 보유하고 있는 것은 그의 영업에 어떠한 이익도 없다. 은행으로서는 선이행위험을 부담하고 금전을 대여하면서, 자신의 채권적 지위를 다른 방법으로 안전하게 하는 것이 필요하다.

(3) 이상에서 살펴본 바와 같이, 거래에 참여하는 경제주체들은 많은 경우 선이행위험을 인수함으로써 있게 될 지위를 안전하게 확보할 법적인 수단 즉 자신의 채권적 지위를 「담보」하는 법적인 제도를 필요로 한다. 이러한 채권의 담보는 여러 가지 방법으로 나타날 수 있다.

(가) 우선 채권자는 자신의 의무를 일부 선이행하기는 하지만, 동시에 가능한 한도에서 자신이 가지고 있는 동시이행의 관계를 관철시키는 방법으로 자신의 채권을 담보할 수 있다. 예를 들어 타인에게 철판이나 기계를 선이행하는 매도인은 일단 매수인이 이를 가공하거나 사용할 수 있도록 목적물은 인도하지만, 소유권은 대금의 완납이 있어야 비로소 이전한다는 조건을 부가함으로써, 부분적인 선이행과 함께 동시이행의 관계를 여전히 유지한다. 이것이 이른바 소유권유보이다. 이로써 매도인은 상대방의 채무불이행시에 계약의 해제와 결부된 원상회복(소유물반환)을 통해 매수인의 무자력위험을 회피할 수 있는 수단을 가지게 된다.

(나) 더 나아가 채권자는 자신이 만족을 받을 수 있는 기초인 책임재산을 확장하는 방법을 사용할 수 있다. 즉 채권자는 자신의 채무자의 책임재산 외에 다른 채무자를 확보하여 그들의 재산도 자신의 책임재산으로 함으로써 만족을 추구할 책임재산의 규모를 확장할 수 있다. 이러한 목적으로 활용되는 제도가 보증이나 연대채무이고, 이들 담보제도를 「인적 담보」라고 부른다.

이러한 인적 담보제도는 그 나름의 장점과 단점이 있다. 우선 장점으로는 예를 들어 보증인이 채무자와 인적으로 가까운 관련이 있는 사람인 경우, 이는 채무자의 도피를 저지할 수 있고, 채무자와 보증인 양자의 채무이행을 촉진하는 계기가 될 수도 있다. 또한 법인을 매개로 기능적으로 유한책임이 작동하는 경우에도 그 이사를 보증인으로 세워 무한책임을 지움으로써 책임 있는 경영을 유도할 수도 있다. 그러나 인적 담보제도는 채권자가 공취할 수 있는 책임재산의 범위를 외연적으로 확장하는 것에 불과하기 때문에, 채무자와 보증인의 다른 채권자들과 경쟁해야 한다(채권자평등주의). 따라서 인적 담보는 채무자와 보증인의 무자력위험을 종국적으로 제거할 수는 없으며, 책임재산이 증가함에 따라 무자력의 가능성을 낮추는 것에 그친다. 따라서 신용거래는 보다 확실한 만족을 「계산」할 수 있는 담보제도를 요구할 수밖에 없다.

(다) 마지막으로 채권자는 채무자 또는 다른 사람(물상보증인)의 책임재산에 속하는 특정재산으로부터 배타적으로 우선적인 만족을 받을 수 있는 지위를 획득하여 자신의 채권을 담보할 수 있다. 예를 들어 채권자가 채무자에 대하여 1억 원의 채권을 가지고 있는 경우, 그는 채무자의 시가 2억 원의 부동산에 저당권을 설정하여 당해 부동산에 대해서는 다른 채권자에 우선하여 만족을 받을 수 있는 지위를 획득할 수 있다. 이러한 담보를 「물적 담보」라고 부른다.

이러한 물적 담보는 채권자로 하여금 담보목적물의 시가를 평가하여 자신의 채권액을 충족하는 범위에서 담보취득을 가능하게 함으로써, 보다 안전하고 확실한 담보의 기초를 제공할 수 있다. 게다가 이러한 담보권이 적절하게 공시될 수 있다면, 채무자의 입장에서는 담보목적물의 가치를 분할하여 다수의 채권자에게 담보를 제공하는 방법으로 담보목적물의 가치를 충분히 활용하여 최대한의 신용을 수수할 수 있는 장점이 있다.

민법은 이러한 목적을 위한 담보권으로 (동산과 권리에 대해) 질권과 (부동산에 대해) 저당권을 두고 있으며(유치권은 법정담보물권으로 그 기능을 달리한다), 특별법상 동산과 채권에 대해 등록담보권이 도입되어 있다. 그러나 민법이 정한 담보권이 거래계의 담보수요를 완전히 충족시킬 수 있는 것은 아니었기 때문에, 거래계는 계약의 방법으로 다양한 담보제도들을 발전시켜왔다. 가등기담보, 양도담보 등이 그것인데, 이들을 「비전형 물적 담보」라고 부른다.

이 책의 제 3 편에서는 이러한 각종의 담보제도들을 자세히 살펴보기로 한다. 그러나 그 전에 엄밀한 의미에서 담보제도는 아니지만 담보적 기능을 수행하는 제도로서 상계를 살펴보기로 한다.

Ⅲ. 상계의 담보적 기능

1. 의 의

(1) 상계는 우선 「간이한 변제수단」으로서의 기능을 가진다. 쌍방 모두에게 노력·비용이 절약되고, 상계자에게는 사적인 강제집행(사집행)이 허용되어 있는 것과 같은 결과가 된다.

(2) 그런데 더 나아가 상계는 담보적인 기능을 가진다고 일컬어지고 있다. 그것은 다음과 같은 의미이다. 채무자가 다른 채권자들에 대하여도 많은 채무를 부담하는 경우에 채권자들 전원은 채무자가 가지는 일반재산을 평등하게 자기 채권의 만족에 돌릴 수 있는 것이 원칙이다(채권자평등주의). 그때 채무자가 채권자 중의 한 사람에 대하여 채권을 가진다고 하면, 이 채권도 채권자 전원에게 돌아가지 않으면 안 된다. 그러나 반대채무를 부담하는 채권자가 자신의 채권으로써 상계하면, 채무자의 그 채권은 그 반대채권자의 채권의 만족에만 돌려지는 결과가 발생한다. 즉 반대채무를 부담하는 채권자는 채무자의 자산상태 여하에 불구하고 그 채무자에 대한 다른 채권자들에 우선하여 자신의 채권의 만족이 확보되는 것이다. 이러한 우선변제적 기능은, 당사자들이 대립하는 채권을 가지고 있으면 통상적으로 상대방의 자력 여하에 상관없이 서로 채권의 만족을 기대하고 있는 신뢰(이른바 상계기대)를 보호할 필요가 있다는 것으로 설명되고 있다. 즉 채권의 가치는 일반적으로는 채무자의 자력에 의하여 정하여지는데, 당사자 간에서는 그 자력에 관계없이 수액이 같은 것은 같은 가치를 가진다고 하는 것이 공평에 맞는다는 것이다.

(3) 그런데 이러한 담보적 기능이 무한정하게 인정되면, 채무자의 재산상태가 악화된 경우에 다른 채권자들의 이익이 부당하게 침해당할 우려가 있다. 가령 많은 채무를 부담하고 있는 A는 B에 대한 채권이 그 책임재산의 중요부분을 이루고 있다고 하자. 이때 B가 A에 대한 채권의 일부를 싼값으로 양도받아 이것으로써 자신의 A에 대한 채무를 상계하여 버리면, A의 책임재산은 훨씬 줄어들게 되어서 A에 대한 다른 채권자들은 예상외의 불이익을 입는다. 그러므로 도산법은 이러한 상계를 광범위하게 금지하고 있으나(회파 제144조 이하, 제416조 이하), 이 규정은 역시 도산절차를 전제로 한 것이어서 그 적용에

한계가 있다고 하지 않을 수 없다. 또 가령 다른 채권자들이 채무자 A의 B에 대한 채권을 압류하여 강제집행에 착수하였는데 B가 반대채권을 언제 어떠한 방식으로 취득하였는가에 상관없이 그것으로써 상계할 수 있다고 하면, 그 강제집행은 언제라도 무위에 돌아갈 가능성을 가지게 된다. 그러나 상계가 가지는 사집행으로서의 성격에 비추어서도 이와 같이 강제집행을 공동화시키는 결과는 허용되어서는 안 된다(제498조 및 대판(전) 2012. 2. 16, 2011다45521 참조). 특히 제 3 채무자의 반대채권은 공시되지도 않으므로 이해관계인으로서는 예상하지 아니한 손실을 입게 될 가능성도 높다.

따라서 상계의 담보적 기능은 어디까지나 앞서 본 상계의 간편한 변제수단으로서의 기능에 부수적인 것으로서 이를 무한정으로 인정할 것은 아니며, 압류채권자를 포함하는 다른 채권자들이나 채권양수인의 정당한 이익을 고려하여 이에 적절한 제한을 가하는 것이 바람직하다.

[1] 상계의 남용(1): 대판 2003. 4. 11, 2002다59481

[주 문] 원심판결 중 피고 패소 부분을 파기하고, 이 부분 사건을 대전고등법원에 환송한다. 원고의 상고를 기각한다.

[이 유]

1. 원고의 상고이유에 대하여

일반적으로 당사자 사이에 상계적상이 있는 채권이 병존하고 있는 경우에는 이를 상계할 수 있는 것이 원칙이고, 이러한 상계의 대상이 되는 채권은 상대방과 사이에서 직접 발생한 채권에 한하는 것이 아니라, 제 3 자로부터 양수 등을 원인으로 하여 취득한 채권도 포함한다 할 것인바, 이러한 상계권자의 지위가 법률상 보호를 받는 것은, 원래 상계제도가 서로 대립하는 채권, 채무를 간이한 방법에 의하여 결제함으로써 양자의 채권채무관계를 원활하고 공평하게 처리함을 목적으로 하고 있고, 상계권을 행사하려고 하는 자에 대하여는 수동채권의 존재가 사실상 자동채권에 대한 담보로서의 기능을 하는 것이어서 그 담보적 기능에 대한 당사자의 합리적 기대가 법적으로 보호받을 만한 가치가 있음에 근거하는 것이다.

따라서 당사자가 상계의 대상이 되는 채권이나 채무를 취득하게 된 목적과 경위, 상계권을 행사함에 이른 구체적·개별적 사정에 비추어, 그것이 위와 같은 상계 제도의 목적이나 기능을 일탈하고, 법적으로 보호받을 만한 가치가 없는 경우에는, 그 상계권의 행사는 신의칙에 반하거나 상계에 관한 권리를 남용하는 것으로서 허용되지 않는다고 함이 상당하고, 상계권 행사를 제한하는 위와 같은 근거에 비추어 볼 때 일반적인 권리 남용의 경우에 요구되는 주관적 요건을 필요로 하는 것은 아니라고 할 것이다.

원심이 확정한 사실관계에 의하면, 원고는 소외 주식회사 대전백화점(이하 '대전백화점'이라고 한다)의 부도로 인하여 대전백화점이 발행한 약속어음의 가치가 현저하게 하락된 사정을 잘 알면서 오로지 자신이 대전백화점에 대하여 부담하는 임대차보증금반환채무와 상계할 목적으로 대전백화점이 발행한 약속어음 20장을 액면가의 40%에도 미치지 못하는 가격으로 할인·취득하고, 그 약속어음채권을 자동채권으로 하여 상계를 하였다는 것이다.

그렇다면 원고가 위 약속어음 채권을 취득한 목적과 경위, 그 대가로 지급한 금액, 상계권을 행사하게 된 위와 같은 사정에 비추어, 원고의 상계권 행사는 상계제도의 목적이나 기능을 일탈하는 것이고, 법적으로 보호받을 만한 대립하는 채권, 채무의 담보적 기능에 대한 정당한 기대가 없는 경우에 해당하여 신의칙에 반하거나 상계에 관한 권리를 남용하는 것으로서 허용되지 않는다고 할 것이다.

원심이 같은 취지에서 원고의 상계 주장을 배척하였음은 정당하고 거기에 상고이유의 주장과 같은 채증법칙 위배로 인한 사실오인이나 상계, 채권양도, 권리남용에 관한 법리오해의 위법이 없다.

2. 피고의 상고이유에 대하여

가. 원심의 판단

원심은, 채용 증거를 종합하여, 원고가 1993. 4. 23. 대전백화점과 사이에 원고 소유인 원심 판시 별지 목록 기재 부동산 중 35호 점포 14.1평(이하 '이 사건 점포'라고 한다)을 임대보증금 202,886,000원, 월임료 2,233,800원, 임대기간 1997. 6. 30.까지로 정하여 임대하였고, 그 후 위 임대차계약은 묵시적으로 갱신된 사실, 대전백화점은 위 임대차보증금 반환채권을 피고에게 양도한 다음, 2000. 3. 20. 원고에게 임대차계약의 해지통고와 함께 채권양도 통지를 한 사실, 대전백화점은 원고에게 1999. 10. 8. 이후의 월임료를 지급하지 아니하였고, 위 임대차계약의 해지통고를 한 후에도 이 사건 점포를 소외 주식회사 멜리오에게 일방적으로 전대하여 현재까지 이를 점유·사용하고 있는 사실을 인정한 다음, 임대차보증금은 임대차관계에 따른 임차인의 모든 채무를 담보하는 것으로서 그 피담보채무 상당액은 임대차관계의 종료 후 목적물이 반환될 때에 특별한 사정이 없는 한 별도의 의사표시 없이 보증금에서 당연히 공제되는 것이고, 이는 임대차보증금 반환채권이 제 3 자에게 양도되었다 하더라도 마찬가지이므로, 원고가 피고에게 반환하여야 될 임대차보증금 채무는 202,886,000원에서 1999. 10. 8.부터 대전백화점이 원고에게 이 사건 점포를 명도하는 날까지 매월 2,233,800원의 비율에 의한 금원을 공제한 나머지 금원이라고 판단하였다.

나. 이 법원의 판단

임차인이 임대차계약 종료 이후에도 동시이행의 항변권을 행사하는 방법으로 목적물의 반환을 거부하기 위하여 임차건물 부분을 계속 점유하기는 하였으나 이를 본래의 임대차계약상의 목적에 따라 사용·수익하지 아니하여 실질적인 이득을 얻은 바 없는 경우에는 그로 인하여 임대인에게 손해가 발생하였다 하더라도 임차인의 부당이득반환의무는 성립되지 아니한다 할 것이다(대법원 1998. 7. 10. 선고 98다8554 판결, 대법원 2001. 2. 9. 선고 2000다61398 판결 등 참조).

그런데 기록에 의하면, 원고와 대전백화점이 1993. 4. 23. 체결한 임대차계약서상으로는 임대물건 소재지는 대전 동구 원동 63의 88, 89, 90으로, 그 면적은 14.1평으로 각 기재되어 있고(기록 제24면), 원고 본인이 제출한 준비서면에서는 점포 1개소 14.5평을 대전백화점에 임대하고 있다고 되어 있는 반면에(기록 제259면), 부동산 등기부상으로는 원심 판시 별지 목록 기재와 같이 1층부터 5층, 옥탑 및 지하실까지 총 215.1m^{2}을 원고가 소유하는 것으로 되어 있고, 원고와 대전백화점 사이에 1987.에 체결된 종전의 임대차계약서상으로는, 1층부터 5층, 옥탑 및 지하실까지 총 216.9m^{2}가 임대 목적물로 기재되어 있음을 알 수 있으며, 한편 피고는 2002. 8. 23. 원심 제 2 회 변론기일에서 진술한 준비서면에서 대전백화점의 3층부터 5층은 비어 있는 공간이 많다고 주장하고 있는바, 그렇다면 원심으로서는 원고와 대전백화점 사이에 체결한 임대차계약 목적물의 위치와 면적을 특정하고, 대전백화점이 임대차계약 종료 후에도 그 임대목적물을 사용·수익하고 있는지 등에 관하여 좀 더 세밀히 심리하여 본 후 임대차보증금에서 공제되어야 할 임료 상당의 부당이득이 있는지 여부 및 그 액수를 판단하였어야 마땅하다(더욱이 기록에 의하면 단전·단수조치로 대전백화점의 모든 층에서 영업을 하지 못한 사정도 일부 보이고, 이 사건 점포를 대전백화점이 일방적으로 소외 주식회사 멜리오에게 전대하였다고 인정함에 있어 원심이 채용한 증거로는 원고가 약속어음을 취득하는 데 중개를 하여준 성은모의 제 1 심에서의 증언이 있을 뿐인데, 위 증언의 취지가 대전백화점과 주식회사 멜리오 사이에 대전백화점 소유 부분을 임대하였는데 이 사건 점포는 이와 별도로 전대하였다는 취지인지, 이 사건 점포에 대하여는 주식회사 멜리오가 대전백화점 소유 부분을 임차하였음을 기화로 무단으로 점유·사용하고 있다는 취지인지가 불분명하여 대전백화점이 주식회사 멜리오를 통하여 이 사건 점포를 간접점유하고 있음을 인정하기에 충분하지 않음을 지적하여 둔다).

그럼에도 불구하고, 원심이 그 판시와 같은 사정만으로 이 사건 점포의 명도일까지 월 임료 상당액을 공제하여야 한다고 판단한 것은 심리미진 또는 채증법칙을 위배하여 사실을 오인하였거나 부당이득에 관한 법리를 오해한 위법이 있고, 이는 판결 결과에 영향을 미쳤음이 분명하다. 이 점을 지적하는 상고이유의 주장은 이유 있다.

3. 결 론

그러므로 원심판결의 피고 패소 부분을 파기하고, 이 부분 사건을 다시 심리·판단하게 하기 위하여 원심법원에 환송하며, 원고의 상고를 기각하기로 하여 관여 대법관의 일치된 의견으로 주문과 같이 판결한다.

질문

1. 보증금반환의무를 부담하는 임대인인 원고는 이 의무를 면탈하기 위하여 어떠한 방식으로 상계를 활용하였는가? 여기서 상계는 어떠한 기능을 수행하고 있는가?
2. 이러한 방법이 권리남용이 되는 이유는 무엇인가? 「채무자 회생 및 파산에 관한 법률」 제422조 제 3 호, 제 4 호와 비교해 보라.

[2] 상계의 남용(2): 대판 2010. 5. 27, 2007다66088

[주 문] 원심판결을 파기하고, 사건을 광주고등법원에 환송한다.

[이 유]

1. 자금이체는 은행 간 및 은행점포 간의 송금절차를 통하여 저렴한 비용으로 안전하고 신속하게 자금을 이동시키는 수단이고, 다수인 사이에 다액의 자금이동을 원활하게 처리하기 위하여, 그 중개역할을 하는 은행이 각 자금이동의 원인인 법률관계의 존부, 내용 등에 관여함이 없이 이를 수행하는 체제로 되어 있다. 따라서 예금거래기본약관에 따라 송금의뢰인이 수취인의 예금계좌에 자금이체를 하여 예금원장에 입금의 기록이 된 때에는 특별한 사정이 없는 한 송금의뢰인과 수취인 사이에 자금이체의 원인인 법률관계가 존재하는지 여부에 관계없이 수취인과 수취은행 사이에는 위 입금액 상당의 예금계약이 성립하고, 수취인이 수취은행에 대하여 위 입금액 상당의 예금채권을 취득하고(대법원 2007. 11. 29. 선고 2007다51239 판결 등 참조), 수취은행은 원칙적으로 수취인의 계좌

에 입금된 금원이 송금의뢰인의 착오로 자금이체의 원인관계 없이 입금된 것인지 여부에 관하여 조사할 의무가 없으며, 수취은행이 수취인에 대한 대출채권 등을 자동채권으로 하여 수취인의 계좌에 입금된 금원 상당의 예금채권과 상계하는 것은 신의칙 위반이나 권리남용에 해당한다는 등의 특별한 사정이 없는 한 유효하다.

그런데 송금의뢰인이 착오송금임을 이유로 거래은행을 통하여 혹은 수취은행에 직접 송금액의 반환을 요청하고 수취인도 송금의뢰인의 착오송금에 의하여 수취인의 계좌에 금원이 입금된 사실을 인정하고 수취은행에 그 반환을 승낙하고 있는 경우에는, 은행 간 및 은행점포 간에 다수인 사이의 다액의 자금이동을 원활하게 처리한다는 측면에서 수취은행을 보호할 필요성은 현저히 감쇄되고, 송금의뢰인과 수취인 사이의 원인관계를 둘러싼 분쟁에 수취은행이 휘말리거나 대응하기 곤란한 상황에 처할 우려는 없는 점, 금융기관인 은행은 영리법인인 일반의 주식회사와는 달리 예금자의 재산을 보호하고 신용질서 유지와 자금중개 기능의 효율성 유지를 통하여 금융시장의 안정 및 국민경제의 발전에 이바지해야 하는 공공적 역할을 담당하고 있고(대법원 2002. 3. 15. 선고 2000다9086 판결 참조), 그 일환으로 자금이체시스템의 운영에 참가하여 송금·입금에 관한 용역업무 등을 담당하고 있는 점, 수취인이 착오송금으로 인하여 예금채권을 취득한 상태는 공평·정의의 이념에 반하는 것으로서 수취인은 송금의뢰인에게 그 입금액 상당을 반환할 의무를 부담하고, 착오송금 사실을 알고 있는 수취인이 불법영득의 의사로 그 예금을 인출·사용하는 행위는 형법상 금지되어 있는바(대법원 1968. 7. 24. 선고 66도1705 판결, 대법원 2005. 10. 28. 선고 2005도5975 판결 등 참조), 위와 같은 상태에 놓인 수취인이 그 법적 상태를 교정하기 위하여 송금의뢰인의 반환요구에 응하여 수취은행에게 착오로 입금된 금원의 반환을 승낙하고 있음에도 수취은행이 그 입금액 상당의 수취인의 예금채권을 상계의 대상으로 삼아 채권회수를 도모하는 것은 일반적으로 공평·정의의 이념에 합당한 조치라고 보기 어려운 점 등을 종합·참작할 때, 위와 같은 경우 수취은행이 수취인에 대한 대출채권 등을 자동채권으로 하여 수취인의 계좌에 착오로 입금된 금원 상당의 예금채권과 상계하는 것은, 수취은행이 선의인 상태에서 수취인의 예금채권을 담보로 대출을 하여 그 자동채권을 취득한 것이라거나 그 예금채권이 이미 제 3 자에 의하여 압류되었다는 등의 특별한 사정이 없는 한, 공공성을 지닌 자금이체시스템의 운영자가 그 이용자인 송금의뢰인의 실수를 기화로 그의 희생하에 당초 기대하지 않았던 채권회수의 이익을 취하는 행위로서 상계제도의 목적이나 기능을 일탈하고 법적으로 보호받을 만한 가치가 없으므로, 송금의뢰인에 대한 관계에서 신의칙에 반하거나 상계에 관한 권리를 남용하는 것이다.

2. 원심판결 이유에 의하면, 원고는 2003. 8. 12. 소외 1을 현장소장으로 임명하여 일반전기공사를 시행하던 중, 2004. 11. 23. 소외 1을 현장소장에서 해임하고 소외 2를 현장소장으로 임명한 사실, 소외 2가 2005. 1.경 원고에게 전도금을 청구하자, 원고의 관리부장 소외 3은 그 여직원인 소외 4에게 65,680,000원을 송금하도록 지시한 사실, 소외 4는 2005. 2. 25. 현장소장이 바뀐 것을 알지 못한 채 주식회사 광주은행(이하 '광주은행'이라고 한다)에게 피고 은행 왕십리지점에 개설된 소외 1명의의 계좌(이하 '이 사건 예금계좌'라고 한다)로 65,680,000원을 송금하여 줄 것을 의뢰하였고, 이에 광주은행은 타행환공동망시스템을 이용하여 이 사건 예금계좌로 위 금액을 송금하여 이 사건 예금계좌의 예금원장에는 원고를 입금자로 하여 위 금액이 입금된 것으로 기록된 사실, 원고는 2005. 2. 28. 소외 2의 연락을 받은 후 위 송금이 잘못되었음을 알고 입금의뢰 은행인 광주은행을 통하여 피고에게 위 송금액의 반환을 요구하였으나 거부당하고, 2005. 3. 11. 광주은행을 통하여 피고 은행에게 위 송금액의 반환을 요구하였다가 다시 거부당한 사실, 원고는 2005. 3. 28. 소외 1을 피고 은행의 왕십리지점에 출석시켜 위 송금액의 반환에 대하여 이의 없다는 취지의 확인서를 작성·제출하게 하고 위 송금액의 반환을 요구였으나 피고 은행으로부터 거부당한 사실, 이에 원고는 2005. 4. 7. 광주지방법원 2005카단5645호로 소외 1의 피고 은행에 대한 예금채권 중 65,680,000원에 관하여 채권가압류 결정을 받고, 소외 1을 상대로 광주지방법원 2005가단22805호 부당이득금 반환소송을 제기하여, 2005. 7. 21. 같은 법원으로부터 소외 1은 원고에게 65,680,000원 및 이에 대한 지연손해금을 지급하라는 내용의 원고 승소판결을 받은 후, 2005. 8. 17. 위 판결정본에 기하여 광주지방법원 2005타채5880호로 위 가압류를 본압류로 이전하는 채권압류 및 전부명령을 받았고, 그 후 위 전부명령은 2005. 8. 19. 피고에게 송달된 사실, 한편 소외 1은 2004. 4. 29.과 2004. 11. 18. 피고 은행과 사이에 자신이 대표이사로 있던 주식회사 케이에치이엔지의 피고 은행에 대한 대출금채무에 관하여 근보증계약을 체결하였는데, 주식회사 케이에치이엔지가 2004. 11. 23. 당좌거래정지를 당하자 피고 은행은 소외 1의 이 사건 예금계좌에 대하여 지급정지를 시켰던 사실, 피고 은행은 2005. 11. 7. 현재 소외 1에 대하여 갖고 있는 238,644,653원의 보증채권을 자동채권으로 하여 2005. 11. 10. 위와 같이 소외 1의 이 사건 예금계좌에 입금된 65,680,000원 상당의 예금채권과 상계한다는 취지가 기재된 내용증명을 발송하여 그 무렵 그 통지가 소외 1에게 도달한 사실

등을 알 수 있다.

이를 앞에서 본 법리에 비추어 살펴보면, 원고의 직원인 소외 4가 전도금 65,680,000원을 소외 2의 예금계좌에 송금하여야 함에도 착오로 소외 1의 이 사건 예금계좌에 잘못 송금함으로써 소외 1이 피고 은행에 대하여 65,680,000원 상당의 예금채권을 취득하게 되었지만, 원고가 위 금원의 반환을 요청하고 소외 1역시 위 금원의 반환에 대하여 이의가 없다는 취지의 확인서를 피고 은행에 작성·제출하여 착오송금 사실이 확인된 이상, 그 후 피고 은행이 위 착오송금 전에 소외 1에 대하여 취득한 보증채권을 자동채권으로 하여 위 65,680,000원 상당의 예금채권과 상계하는 행위는 특별한 사정이 없는 한 송금의뢰인인 원고에 대한 관계에서 신의칙에 반하거나 상계에 관한 권리를 남용하는 것이다.

그런데도 원심은 원고의 송금에 의하여 소외 1의 이 사건 예금계좌에 65,680,000원이 입금된 것으로 기록됨으로써 소외 1의 피고 은행에 대한 예금채권이 성립되었고, 그 후 소외 1의 이 사건 예금계좌에 대한 입금취소처리가 없었던 점 등에 비추어 볼 때 피고 은행의 위와 같은 상계가 권리남용에 해당한다고 보기 어렵다는 취지로 판단하였다. 이러한 원심의 판단에는 신의칙이나 권리남용에 관한 법리를 오해하여 판결에 영향을 미친 위법이 있다. 이를 지적하는 주위적 청구에 관한 상고이유는 이유 있다.

3. 그러므로 예비적 청구에 관한 상고이유에 대한 판단을 생략한 채 원심판결을 파기하고, 사건을 다시 심리·판단하게 하기 위하여 원심법원에 환송하기로 하여 관여 대법관의 일치된 의견으로 주문과 같이 판결한다.

질문

1. 피고 은행의 상계의 자동채권과 수동채권을 특정하고, 그것의 기초가 되는 법률관계를 설명해 보라.
2. 이 사안에서는 어떠한 점에서 피고 은행의 상계 및 그에 따른 우선적 만족이 권리남용이라고 파악되었는가? 관련되는 제반사정을 지적해 보라.
3. 수동채권이 될 수 있는 어떤 채권이 압류·전부된 경우, 채무자의 입장에서 수동채권으로 할 수 있는 채무들이 다수 존재하고 있고 전부되지 아니한 나머지 채무의 변제기가 전부된 것보다 나중임에도 불구하고 나머지 채무를 먼저 변제하고 전부된 채권을 수동채권으로 하여 상계를 하는 사안을 생각해 보자. 이러한 상계는 권리남용으로 볼 수 있는가? 아니면 다른 사정이 없는 한 허용되는 상계로 볼 것인가?

2. 이른바 상계의 예약

(1) 당사자들은, ① 장래에 일정한 사정이 발생하면 자동채권의 변제기가 도래한 것으로 보고(따라서 채무자는 기한의 이익을 상실하고) 그 채권자는 자신의 반대채무의 기한이익을 포기하고 상계를 할 수 있다고 하거나, ② 장래에 일정한 사정이 발생하면 상계적상의 유무와는 무관하게 어느 당사자의 일방적인 의사표시로 대립하는 채권을 대등액에서 소멸시킬 수 있다고 하거나, ③ 장차 서로 대립하는 채권이 발생하여 상계하는 것이 가능하게 되면, 양 채권은 별도의 의사표시 없이도 당연히 소멸한다고 하는 약정을 하는 경우가 있다. 이들은 모두 채권소멸의 효과발생이 장래의 일정한 사정에 매여 있다는 점에서, 그 계약 자체로써 상계의 효과를 발생시키는 통상의 상계계약과 구별된다.

이와 같이 장래 일정한 사정이 발생하면 민법이 정하는 원칙적인 상계요건이나 상계방법과는 무관하게 상계의 효과를 얻을 수 있도록 하는 뜻의 합의를 총칭하여서 일반적으로 「상계의 예약」이라고 부르고 있다. 그러나 원래 예약이란 예약완결권자의 의사표시가 있어야 비로소 본계약의 효력이 발생하고 또 그것만 있으면 본계약의 효력이 적어도 발생할 수 있어야 하는 것이므로, 위와 같은 경우를 모두 포괄하여 「상계의 예약」이라고 부르는 것은 정확한 용어법이라고 할 수 없다.

일반적으로는 ①과 같은 약정은 단순히 민법이 정하는 상계적상의 요건을 특약으로써 완화하는 데 그친다고 할 것이고, ②는 약정해제권의 경우와 같이 일방적인 상계의 권능을 계약에 의하여 설정하는 것이며, ③은 정지조건부 상계계약이라고 파악할 것이다.

(2) 「상계의 예약」이 현실적으로 문제되는 것은 은행거래와 관련하여서이다. 예를 들어 종래 은행이 사용하고 있던 기업용 은행여신거래기본약관(공정거래위원회 표준약관 제10005호, 2013. 12. 20. 개정)에는, 채무자가 어음교환소로부터 거래정지처분을 받거나(소위 부도) 채무자의 은행에 대한 제예치금 기타 채권이나 담보물에 압류나 가압류 등의 명령이 발송되거나 은행에 대한 채무의 일부(가령 이자)라도 그 이행을 지체하는 등으로 채무자의 신용이 위태로워졌다고 생각되는 사정이 발생하면, 채무자의 은행에 대한 모든 채무에 관하여 당연히 기한의 이익을 상실하고(제7조 제1항), 그 경우 은행은 채무자의 예치금

등 그의 은행에 대한 모든 채권을 그 기한 도래 여부에 불구하고 서면통지에 의하여 상계할 수 있으며(제10조 제 1 항), 이와 같은 상계할 수 있는 경우에는 "사전의 통지나 소정의 절차를 생략하고, 채무자를 대리하여 채무자가 담보로 제공한 채무자의 제 예치금을 그 기한도래 여부에 불구하고 환급받아서 채무의 변제에 충당할 수 있"다고(제10조 제 3 항) 정하고 있었다. 이러한 약관 규정은 현재에도 유지되고 있다.[2]

이들 조항이 은행이 채무자에 대한 다른 채권자들에 우선하여 자신의 채권의 확실한 만족을 도모하기 위하여 설정된 것으로 앞서 본 「상계의 예약」에 해당함에는 의문의 여지가 없다. 특히 위 제10조 제 1 항은 상계적상의 요건을 완화하는 약정이라고 이해할 것이며, 제10조 제 3 항도 민법이 요구하는 상계의 의사표시에 갈음하여 상계의 효력발생을 객관적인 요건에 걸리게 하는 약정이라고 이해된다. 그런데 이러한 약관조항의 효력을 그대로 인정하면, 실질적으로 채무자의 은행에 대한 예금반환채권 등은 전적으로 은행의 채권에 대한 특별담보가 되고, 채무자에 대한 다른 채권자들은 이를 자기 채권의 만족에 돌릴 수 없다는 결과가 된다. 왜냐하면 채무자에 대한 다른 채권자들이 예금반환채권을 압류하더라도 위의 약정에 의하여 이미 그 압류명령의 「발송」에 의하여 은행과 채무자와의 상대방에 대한 채권에 대하여는 상계적상이 발생하고, 따라서 그 후 압류명령이 제 3 채무자인 은행에 송달되더라도 은행은 상계(그 의사표시 자체는 압류 이후에 행하여지더라도 상관없다)에 의하여 압류채권자에게 대항할 수 있기 때문이다(제492조, 제498조 참조).

따라서 이들 조항의 효력을 제 3 자, 특히 압류채권자에 대한 관계에서 제한하여야 하지 않는가 하는 논의가 행하여지고 있다. 그러나 채무자의 예금반환채권이 은행의 채무자에 대한 대출금 등의 채권에 대한 담보로서 기능하고 있음을 무시할 수 없고(이는 은행이나 채무자 모두에게 양해되고 있는 바이다), 계

2) 2016. 10. 7. 개정된 기업용 은행여신거래기본약관의 표준약관은, 한편으로 기한이익 상실의 사유에서 가압류를 제외하면서, 다른 한편으로 해당 사유의 발송으로 충분하지 않고 채무자에게 도달해야 할 것을 규정하고(제 7 조 제 1 항), 더하여 기한이익의 상실에 대해 여러 가중된 요건을 도입하고 있다(동조 제 4 항 이하). 이러한 개정된 내용은 종래 법상태와 비교할 때 은행의 이익을 크게 제약하는 것이어서, 현재 은행계에서 거부되고 있는 것으로 보인다. 시중 은행의 은행여신거래기본약관은 여전히 대체로 본문에 서술된 개정 전 표준약관의 내용을 따르고 있다(약관 제19조의3 제 6 항 참조).

약자유에 따라 그러한 담보의 기능을 채무자에게 신용악화를 추단시키는 사정이 발생하였을 때 발동시키는 것을 반드시 부당하다고 할 수는 없을 것이다. 또한 위와 같은 약관의 내용은 거래계에서는 상당히 알려져 있으므로, 이러한 공지성으로써 공시에의 요구는 어느 정도 만족되고 있다고 하겠다. 그러므로 위와 같은 「상계의 예약」은 압류채권자에 대한 관계에서도 효력을 가진다고 할 것이다.

제2장 보증채무

Ⅰ. 보증채무 일반론

1. 보증채무의 의의와 기능

(1) 보증채무는 어느 채무자가 그 채무를 이행하지 않는 경우에 이를 이행하는 것을 내용으로 하는 채무를 말한다(제428조 제1항). 그리고 보증채무를 부담하는 사람을 보증인이라고 한다. 보증채무는 다른 채무(이를 「주채무」라고 하고, 그 채무자를 「주채무자」라고 한다)의 존재를 전제로 하여 그 채무의 채권자와 보증인 사이의 계약으로 성립하며, 주채무의 목적인 급부가 실현되도록 하는 것을 내용으로 한다. 그러므로 보증채무는 오로지 주채무에 대한 채권의 만족을 담보하기 위하여 성립한다.

(2) 보증제도는 주채무의 이행을 담보하는 수단으로서의 기능을 가진다.

보증인이 제공된 어떠한 채무의 채무자가 그 채무를 이행하지 않는 경우에 채권자는 주채무자와 보증인 양자의 일반재산 전부를 자기 채권의 만족을 위하여 공취(攻取)할 수 있다. 따라서 비록 주채무자가 무자력하게 되더라도 보증인에게 충분한 책임재산이 있으면 채권의 만족은 보장된다. 물론 보증인까지 무자력하게 되면 그렇지 아니하나, 이와 같이 보증인의 무자력으로 인하여 채권의 만족을 얻지 못할 위험은 보증인을 여러 사람 둠으로써 상당한 정도 회피할 수 있다. 보증은 오늘날 가장 현저한 인적담보제도로서의 기능을 가지며, 그 점에서 중요성은 아무리 강조하여도 지나치지 않다.

특히 회사 등 법인이 도산하는 경우, 현실적으로 법인을 통제하고 있는 실질적 운영자(지배주주 등)는 별개의 법인격을 이유로 채무에 대하여 책임을 부담하지 아니하는 결과가 발생할 수 있다. 보증제도는 그러한 운영자를 보증인으로 하여 법인의 채무에 대하여 책임을 부담하게 함으로써 법인격의 창설을 통한 도산절연성(제 1 편 제 1 장 Ⅲ. 및 제 2 장, 제 3 장 참조)을 돌파하는 수단으로서 기능할 수 있다.

(3) 그런데 종래 우리나라에서의 보증의 실태를 보면, 보증계약을 체결하는 데 있어서 합리적인 계산과 숙고의 과정을 거치기보다는, 여러 가지의 인적인 관계에 이끌려서 비타산적으로 또 대가 없이 행하여지는 경우가 적지 않다. 한편 종래 우리나라에서 행하여지고 있는 보증의 상당부분, 특히 금융기관이 채권자인 보증의 대부분은, 보증기간이나 보증액의 제한이 없거나, 보증의 대상이 되는 주채무의 발생원인이 특정되지 않고 있었다. 이러한 형태의 보증에서는 주채무관계의 전개에 따라 보증채무가 예상하지 못한 과도한 액수에 도달할 수도 있었다. 그러므로 이러한 경우에는 일정한 요건하에 보증인의 책임을 제한할 필요성이 제기되기도 하였다.

이러한 위험으로부터 보증인을 보호하기 위해 그동안 판례는 특히 근보증과 관련해 여러 법리를 발전시켜 왔다(자세한 것은 제 3 편 제 3 장 Ⅲ. 참조). 입법자도 2008년 「보증인 보호를 위한 특별법」을 제정하고, 2015년 보증인 보호를 위한 규정들을 민법에 신설함으로써 이에 대응하였다. 「보증인 보호를 위한 특별법」은 민법에 따른 보증을 전제로 적용되나, 일정한 범위의 보증인은 동법의 보호를 받지 아니하는 한편(보증 제 2 조 제 1 호 참조), 금융기관인 채권자에 대해 특별한 규율도 존재한다(보증 제 2 조 제 3 호, 제 5 조 제 2 항, 제 8 조 참조).

2. 보증채무의 법적 성질

(1) 별개의 채무로서 보증채무

물상보증인이 「물적 책임」만을 지는 것과는 달리, 보증인은 스스로 인적 채무를 부담한다. 그러나 보증채무는 주채무와 별개의 채무로, 보증채무를 다시 보증하는 것(이른바 부보증(副保證))도 가능하고, 이에 대해서만 물적 담보를 설정할 수도 있다. 주채무가 민사채무이지만 보증채무는 상사채무일 수 있고, 그 경우에는 각자의 소멸시효기간이 다르다. 주채무의 연체이율이 당연히 보증채무에도 적용되는 것도 아니어서 달리 약정이 없는 한 법정이율이 적용된다(대판 2003. 6. 13, 2001다29803). 보증채무 자체의 이행지체로 인한 지연손해금도 보증한도액과는 별개이다(대판 2014. 3. 13, 2013다205693). 또 보증채무를 이행하지 않는 경우에 대비하여 별도로 위약금이나 손해배상액의 예정을 할 수도 있다(제429조 제 2 항).

(2) 보증채무의 부종성

보증채무는 주채무에 부종된다. 부종성(附從性)은 보증채무가 주채무의 이행을 확보한다는 목적상의 종속성으로부터 도출되는 법적 귀결을 총칭하는 개념이다. 즉 보증채무가 성립, 존속(소멸), 내용(범위, 태양) 등의 면에서 주채무의 그것에 의존하는 관계를 지칭한다.

(가) 성립에 관한 부종성

주채무가 무효, 취소 또는 해제 등에 의하여 성립하지 않으면 보증채무도 성립하지 않는다. 그러한 경우 보증인이 채권자에게 급부한 것이 있으면 그로부터 부당이득으로서 반환을 청구할 수 있다(대판 2004. 12. 24, 2004다20265). 그러나 보증채무의 성립에 반드시 주채무의 현존이 요구되는 것은 아니며, 장래의 채무에 대해서도 보증할 수 있다(제428조 제 2 항).

(나) 존속(소멸)에 관한 부종성

주채무가 변제나 소멸시효의 완성(대판 2002. 5. 14, 2000다62476), 주채무자의 귀책사유 없는 이행불능 기타의 사유로 소멸한 때에는 보증채무도 소멸한다. 보증인이 이러한 부종성의 이익을 포기하는 것은 가능하나, 그 판단은 물론 엄격해야 한다(대판 2018. 5. 15, 2016다211620; 삭제 전 제436조도 참조).

(다) 내용에 관한 부종성

첫째, 보증채무는 그 내용 및 태양에 있어서 주채무보다 중한 것은 허용되지 않고 그 경우에는 주채무의 한도로 감축되며(제430조), 둘째, 주채무의 내용에 변경이 생긴 때에는 그에 응하여 보증채무의 내용도 변경된다.

(라) 행사에 관한 부종성

보증인이 주채무자가 가지는 대항사유를 원용할 수 있다는 것(제433조 제 1 항)은 일반적으로 부종성의 내용으로 이해된다. 더 나아가 주채무자에게 취소권·해제권·해지권이 있는 동안에 보증인은 채권자에 대하여 이행을 거절할 수 있고(제435조), 주채무에 생긴 사유가 보증채무에도 효력을 미치며 주채무에 대한 시효중단의 효력이 보증채무에도 미친다는 것(제440조) 등도 부종성의 관점에서 설명할 수 있다.

(마) 귀속에 관한 부종성

주채무자에 대한 채권이 채권양도 등으로 이전하는 때에는 보증인에 대한 채권도 당사자 사이에 별도의 특약이 없는 한 이전하고, 주채권의 양도에 관하여 대항요건을 갖추면 별도로 보증채권에 관하여 대항요건을 갖출 필요가 없다(대판 1976. 4. 13, 75다1100). 그리고 보증인에 대한 채권만을 별도로 제 3 자에게 양도하는 것은 부종성에 반하고 이를 인정할 실익도 없으므로 허용되지 않는다(대판 2002. 9. 10, 2002다21509). 한편 주채무가 제 3 자에게 면책적으로 인수되거나 채무자의 변경으로 인한 경개가 있는 등과 같이 주채무자가 변경되는 경우에는 그에 대한 보증인의 동의 또는 승낙이 없으면 보증채무는 소멸한다(제459조, 제505조). 그러한 경우 채무자의 변경은 보증인의 의사 관여 없이 행하여지는데, 보증채무는 주채무자의 변경에 의하여 실질적으로 중대한 영향을 받기 때문이다. 다만 주채무자의 사망으로 상속이 행하여진 경우에는 물론 그러하지 아니하다.

(3) 보증채무의 보충성

보증채무는 주채무의 이행이 없는 경우에 비로소 그것을 이행할 책임을 진다. 보증채무의 이러한 보충성은 채권자가 보증채무의 이행을 청구하기 위하여 주채무의 불이행을 적극적으로 주장, 입증하여야 한다는 것을 의미하지 않으며, 채권자의 이행청구에 대하여 보증인이 최고·검색의 항변(제437조)을 할 수 있다는 것뿐이다. 한편 연대보증에 있어서 보증인은 이 항변을 할 수 없으며(제437조 단서), 따라서 이때 보증채무에는 보충성이 없다. 상사보증에서는 연대보증이 원칙적 형태이다(상 제57조 제 2 항).

Ⅱ. 보증채무의 성립

1. 보증의 의사표시

(1) 계약에 의한 성립

보증채무는 통상 보증인과 채권자 사이의 계약으로 성립한다. 주채무자는 보증계약의 당사자가 아니지만, 보증인의 대리인 또는 사자의 자격으로 계약에 관여할 수 있다(다만 수권의 방식에 대해 아래 Ⅱ. 2. 참조).[1)2)]

보증계약에서 보증인이 주채무자의 자력 유무 또는 다른 담보의 존재 여부나 그 내용에 관하여 주채무자로부터 기망당하거나 착오에 빠지는 경우가 종종 있다. 그러나 주채무자의 기망은 제 3 자의 사기이어서 채권자가 이를 알거나 알 수 있었을 경우에만 취소할 수 있다(제110조 제 2 항; 보증보험에 대해 대판 2001. 2. 13, 99다13737 참조). 또 그러한 착오는 동기의 착오에 불과하여, 보증인은 원칙적으로 계약을 취소할 수 없다.

[1] 주채무자 자력에 관한 보증인의 착오: 대판 1987. 7. 21, 85다카2339

[주 문] 원심판결 중 피고 패소부분을 파기하고, 그 부분 사건을 서울고등법원에 환송한다.

[이 유] 피고 소송대리인의 상고이유를 본다.

원심판결 이유에 의하면, 원심은 소외 박경진이 1982. 10. 29. 금융기관인 원고(원고중앙회 화천군지부)로부터 농업개발자금으로 금 19,800,000원을 판시와 같은 내용으로 대출받음에 있어 피고가 위소외인을 위하여 판시와 같은 신

1) 주채무자의 위탁으로 보증인이 되기로 한 경우에 보증인이 불완전하게 작성된 주채무에 관한 계약서 또는 보증계약서에 기명날인하여 채무자에게 주고 채무자가 이것을 채권자에게 교부하여 보증계약이 체결되는 예가 있다. 이는 보증인이 채무자에게 보증계약의 체결에 관한 대리권을 수여한 것으로 볼 것이다. 따라서 채무자가 함부로 계약서의 기재를 보충하는 등의 방법으로 보증인이 승낙한 범위를 넘는 내용으로 보증계약을 체결하였다면, 이는 표견대리(제126조)로서 채권자가 그 사정을 알지 못하였고 또 알 수 없었을 때에는 보증인은 계약대로의 책임을 지게 된다. 채무자가 보증인의 단순한 사자라고 하여도 제126조의 규정이 유추적용되어 같은 결과가 된다.

2) 종래 판례는 타인 간의 금전소비대차의 편의를 도모하기 위하여 수표를 발행하여 채권자에게 교부한 경우에는 특별한 사정이 없으면 수표상의 책임은 물론 소비대차에 있어서도 채무자를 위하여 보증채무를 부담할 의사표시를 한 예가 있었으나(대판 1965. 9. 28, 65다1268), 반대의 취지로 계약해석한 경우도 있었다(대판 1988. 3. 8, 87다446). 반면 어음이나 수표를 배서함으로써 인수하는 숨은 어음보증·수표보증(예컨대 약속어음의 경우 어음 제77조, 제43조)에 의해 민법상 보증채무도 인수되는지 여부에 대해서는, 원칙적으로 이를 부정하였다(대판 1988. 3. 8, 87다446). 또한 대출 절차상 편의를 위하여 명의를 대여한 것으로 인정되는 경우, 원칙적으로 그 형식상의 주채무자에게 실질적 주채무자를 위해 보증한다는 의사가 있는 것으로 볼 수는 없다고 하였다(대판 1996. 8. 23, 96다18076). 그러나 이제는 보증의사표시의 서면 방식을 규정하는 제428조의2를 고려할 때 이상의 사안들에서 민법상 보증이 인수되었다고 보기는 어려울 것이다.

용보증을 한 사실을 확정한 다음, 피고의 위 신용보증은 원고가 발행한 위 소외인에 대한 거래상황확인서(을 제 5 호증)가 그 신용조사의 근거가 된 것인데 거기에 허위내용의 기재가 있어 피고의 위 신용보증행위는 원고의 기망에 의하거나 혹은 요소의 착오가 있는 경우에 해당하므로 이를 취소한다는 취지의 피고의 항변에 대하여 판단하기를, 채무자인 소외 박경진은 이 사건 대출금 이외에도 1981. 12. 31. 원고로부터 농기업운전자금 20,000,000원을 연이율은 1할8푼(연체시는 2할5푼), 변제기는 1982. 12. 31.로 정하여 대출을 받고서 1982. 7. 1. 이후의 이자가 연체되어 있었는데도 원고가 위 소외인에 대한 거래상황확인서를 발급함에 있어 그 조사기준일인 1982. 10. 23. 당시 위 소외인이 원고에 대하여 최근 3개월 이내에 10일 이상 계속 연체된 원금 및 이자가 없다는 내용의 기재를 하여 이를 발급한 사실은 있으나 위 소외인이 위 대출금 20,000,000원에 대한 1982. 7. 1.부터의 이자가 연체되고 있었다 하여도 그것은 일부이자의 연체에 불과하고 그것마저 같은 해 12. 31.에 그때까지 밀린 이자를 연체이율이 아닌 연 1할8푼의 약정이율에 의하여 일괄하여 변제하였고, 위 박경진은 피고의 위 보증이전에도 위 대출금에 대한 1982. 1. 1.부터 같은 달 7.까지의 이자와 같은 해 2. 1.부터 같은 해 5. 31.까지의 이자의 지급을 일시 지체한 일이 있었으나 연체로 취급되지 아니하고 약정이율에도 미달되는 연 1할7푼과 연 1할6푼 및 연 1할4푼의 이율을 각 적용받아 같은 해 1. 7.과 같은 해 5. 31.에 변제하였으며, 위 대출금의 상환기일은 1982. 12. 31.일 뿐만 아니라 그 지급방법으로 지급기일 1982. 12. 31.로 된 약속어음 1매가 발행되어 있어 피고의 이 사건 보증당시 아직 그 지급기일이 도래하지 아니하였으며, 당시 금융기관에 적용되는 "연체대출금에 대한 해석 및 보고"에 따르면 당시 금융기관에서는 약정기일에 상환되지 아니한 대출금과 약정기일 내라도 이자가 납입되지 아니하고 어음기일이 경과한 대출금을 연체대출금으로 취급하였고(매월말 현재의 연체대출금은 다음달 20.까지 은행감독원장에게 보고하도록 되어 있다), 피고의 업무방법서는 법령에 기한 것이기는 하나, 이는 피고의 대내관계를 규율하는 지침에 불과하고, 대외적인 구속력은 없을 뿐 아니라 위 업무방법서 제10조 제 2 호에 의하더라도 연체대출금보유기업에 대하여 신용보증이 절대 불가능한 것이 아니고 이사회의 의결을 거치면 신규대출도 가능하다고 인정한 다음, 이러한 모든 사정을 종합하면, 원고가 소외 박경진에게 발급한 위 금융거래확인서는 그 내용에 있어서 실제는 연체대출원금은 없으나 연체대출이자는 있었음에도 연체대출원금과 이자가 모두 없다고 기재함으로써 다소 사실과 상위한 점은 있으나, 이로써 원고가 피고를 기망하였다거나 피고의 위 신용보증이 법률행위의 중요부분의 착오가 있는 행위라고 볼 수 없으므로 피고의 위 법률행위의 취소의 주장은 이유 없다라고 판단하고 있다.

살피건대, 신용보증기금법 제 1 조는 피고기금을 설립하여 담보능력이 미약한 기업이 부담하는 채무를 보증하게 함으로써 기업의 자금융통을 원활히 하여 건전한 신용질서를 확립하고 균형있는 국민경제의 발전에 기여함을 목적으로 한다라고 규정하고, 이러한 목적수행을 위하여 동법 제 6 조에서 피고기금의 재산조성을 정부, 금융기관 및 기업의 출연으로 할 것을 규정하고, 동법 제 2 조 제 2 항은 피고기금의 신용보증대상채무를 기업이 금융기관에게 부담하는 채무, 공개상장기업의 사채, 기타 대통령령으로 정하는 채무에 국한하면서 동법 제27조, 제28조, 제31조의2는 피고기금이 사전에 기업의 금융거래상황 등을 조사하며 신용자료의 효율적 수집관리를 위해서 관계기관에 협조를 요청할 수 있고, 이 요청을 받은 기관은 정당한 이유가 없는 한 이에 응하여야 한다고 규정하고, 동법 제24조에 근거한 피고기금의 업무방법서 제10조는 금융기관 연체대출금 보유기업 등에 대한 보증을 금하는 규정을 두어 신용보증의 대상기업을 신용이 있는 기업으로 제한하고 있는바, 이러한 제규정취지에 비추어 본다면 피고기금의 신용보증에 있어서 기업의 신용유무는 그 절대적 전제사유가 되며 피고의 보증의사표시의 중요부분을 구성한다고 새길 것인바, 원심이 배척하지 아니한 갑 제 8 호증의 기재와 한국은행총재의 사실조회회보에 의하면 원고는 위 소외인에게 대출한 1981. 12. 31.자 대출원금 20,000,000원에 대하여 1982. 1. 1.부터 1982. 6. 30.까지 6개월 동안 매월 이자를 그 당시에 약정이율인 연 17%, 연 16%, 연 14%에 의한 이자를 받다가 1982. 7월분 이후의 이자는 받지 못하고 같은 해 12. 31.에 가서 그간 연체된 6개월분의 이자에 대하여 그 당시 연체이율인 연 18%의 비율에 의한 연체이자를 받은 사실을 인정할 수 있고, 한편 이 사건에서 문제된 을 제 5 호증(거래상황확인서)의 기재를 살펴보면, 위 거래상황확인서는 피고기금 제출용으로 작성된 것이며, 그 이면의 작성상 유의사항에 원금과 이자의 구분 없이 연체여부를 명시하여 주도록 요망되어 있음에도 불구하고, 원고는 그 채무자인 소외인에게 조사기준일인 1982. 10. 23. 현재 원금은 물론 이자에 관하여도 아무런 연체가 없는 것처럼 기재하여 발급한 것임을 엿볼 수 있는바, 이와 같은 사실관계에서 채무자인 위 소외인이 원고가 발급한 위 거래상황확인서를 피고에게 제출하여 피고가 이를 믿어 위 소외인이 금융기관대출에 있어 신용 있는 중소기업인 것으로 착각하여 이 사건 신용보증을 하게 되었다면 그 법률행위의 중요부분에 착오가 있는 경우에 해당한다 할 것이다.

그렇다면, 원심이 위와 같은 판단은 증거의 가치판단을 그릇하여 사실을 오인하거나 법률행위의 착오에 관한 법리를 오해하여 결국 판결에 영향을 미친 위법이 있다 할 것이고, 이는 소송촉진 등에 관한 특례법 제12조 제 2 항의 파기 사유에 해당한다고 할 것이니 이 점에 관한 상고논지는 이유 있다.

그리하여 나머지 상고이유에 대한 판단을 생략하고, 원심판결을 파기하여 사건을 원심인 서울고등법원에 환송하기로 하여 관여법관의 일치된 의견으로 주문과 같이 판결한다.

질문

1. 위 판결은 보증인의 주채무자의 자력에 대한 착오를 이유로 보증인에게 취소권을 인정하고 있다. 이는 동기착오인데 제109조에 따라 취소 가능하다고 할 것인가? 어떤 법리에 따라 취소가 정당화되는가?
2. 보증제도는 보증인이 주채무자의 무자력 위험을 부담하는 것을 본질로 한다. 그런데 이렇게 보증인이 주채무자 자력에 대한 착오를 이유로 취소를 할 수 있다면 보증제도의 실효성은 상실되지 않겠는가? 아니면 이 사건에서 예외적으로 착오를 정당화할 만한 사정이 있는가?
3. 갑이 채무자 을을 위하여 신원보증을 한다고 생각하여 보증을 하였으나 실제로는 병을 위한 연대보증서에 서명한 경우, 착오를 이유로 취소할 수 있겠는가? 위 사안과는 어떻게 구별되는가? (대판 2005. 5. 27, 2004다43824 참조)
4. 신설된 제436조의2를 고려할 때 이러한 유형의 사건이 이제 달리 해결될 가능성은 존재하는가?

(2) 주채무의 존재

앞서 부종성과 관련하여 살펴본 바와 같이, 보증채무가 성립하기 위해서는 보증의 대상인 주채무가 존재하여야 한다. 채무관계의 담보를 목적으로 하는 계약이라도 주채무의 존재를 전제로 하지 않으면, 이는 보증계약이 아니라 손해담보계약(제 3 편 제 3 장 Ⅴ. 참조)이다.

(3) 후원선언과 보증

한편 이른바 컴포트레터(letter of comfort) 내지 후원선언(Patronatserklärung)에 의해서는 일반적으로 보증채무가 인수되지 아니한다. 자회사나 공기업이 금전을 대출받는 등의 거래에서 대주(貸主)가 모회사나 정부에 대해 지급에 대한 보장을 요구하는 경우가 있다. 이때 모회사 등이 직접 보증채무를 인수할 수도 있겠지만, 이행을 보장하는 자신의 명예나 신용 등에 일임할 뿐 거기에 법적 구속력을 부여하지 아니하는 서면, 즉 자회사 등에 대한 지분의 확인 및 유지에 대한 언급, 자회사 등이 체결하는 계약에 대한 인식 및 승인, 자회사 등의 자력 또는 이행능력을 뒷받침할 방침의 선언 등을 담은 서면의 작성·교부에 그칠 수도 있다. 판례에 따르면 이러한 후원선언만으로는 원칙적으로 계약해석상 보증채무의 인수가 있다고 보기 어렵지만(대판 2006. 8. 25, 2004다26119), 제반사정을 고려할 때 발행인이 컴포트레터를 교부함으로써 수취인이 거래에 응하도록 유인하였고 수취인은 발행인의 신용에 대한 합리적인 신뢰를 바탕으로 계약의 체결에 이른 사정 등이 있다면 모회사 등은 채무불이행으로 인한 손해배상책임을 부담할 수도 있다고 한다(대판 2014. 7. 24, 2010다58315).

이러한 후원선언의 효력은 계약해석의 문제이다. 판례가 말하는 바와 같이, 모회사 등의 후원선언이 보증 내지 그와 유사한 지급의무를 부담하는 의사표시에 해당하는 사안도 있을 수 있으나, 반대로 모회사 등에 법적 효과를 발생시키지 아니하는 구속력 없는 의향표시일 수도 있다. 후자의 경우 채권자는 사안에 따라 불법행위(제750조)에 기해 손해를 전보받을 수밖에 없을 것이다. 그러나 모회사 등의 후원선언이 채권자에 대해 그가 만족을 받을 때까지 자회사 등에 자금을 확충해 줄 의무를 부담하는 의사표시를 내용으로 할 수도 있다. 이때에는 채권자는 자회사 등으로부터 만족을 받지 못한 경우 모회사 등을 상대로 후원선언의 불이행을 이유로 채무불이행 책임을 물을 수 있을 것이다(제390조).

(4) 채권자의 정보제공의무

「보증인 보호를 위한 특별법」이 적용되는 경우, 금융기관인 채권자에게 보증계약 체결시 일정한 정보제공의무가 부과되어 있었다(보증 제 8 조 참조). 이에 대하여 2015년 개정된 민법은 일반적으로 보증계약의 성립과 관련한 채권자의 정보제공의무를 강화하여 도입하였다. 이에 따르면 채권자는 보증계약을 체결할 때 보증계약의 체결 여부 또는 그 내용에 영향을 미칠 수 있는 주채무자의 채무 관련 신용정보를 보유하고 있거나 알고 있는 경우에는 보증인에게 그 정보를 알려야 한다(제436조의2 제 1 항 제 1 문). 보증계약을 갱신하는 경우에도 같다(동항 제 2 문). 즉 채권자는 보증계약을 체결·갱신할 때 보증계약의 체결 및 내용에 인과관계를 가질 수 있는 주채무자의 채무 관련 신용정보를 보유하거나 알고 있는 때에는 이를 보증인에게 제공해야 할 의무를 부담한다(민법은 신용정보에 대해 정의를 내리고 있지 않지만, 대체로 보증 제 2 조 제 4 호의 내용이 여기에서도 참조될 수 있을 것이다). 채권자가 이러한 의무를 위반하여 보증인에게 손해를 입힌 경우에는 법원은 그 내용과 정도 등을 고려하여 보증채무를 감경하거나 면제할 수 있다(동조 제 4 항). 그러므로 정보제공의무는 엄밀한 의미에서의 의무가 아니라 불이행시 의무자에게 불이익이 발생함에 그치는 강학상 자기의무(책무; Obliegenheit)에 해당한다.

이러한 정보제공의무는 종래 판례(대판 1998. 7. 24, 97다35276)와 통설이 인정하던 범위와 비교할 때 상당히 강화된 것으로, 보증의 담보목적을 저해할 우려가 없지 않다. 그러므로 제436조의2 제 1 항은 신중하게 해석할 필요가 있다. 따라서 우선 보증인이 이미 알고 있었던 사실이나 평균인의 관점에서 보증인이 알 것이라고 기대해도 좋은 사실에 대해서는 고지의무가 발생하지 않는다고 할 것이다. 그리고 채권자가 정보를 제공하였더라도 보증인이 보증을 인수하였을 한도에서는 인과관계가 없다고 보아 위반을 이유로 하는 감경·면제를 할 수 없다고 해야 한다. 한편 정보제공의무 준수에 대한 입증책임에 대해서는 제436조의2 제 3 항의 규정형식에도 불구하고 채권자에게 있다고 보아야 할 것이다. 보증인에게 사실의 부존재를 입증하게 하는 것은 현실적으로 기대할 수 없기 때문이다. 그밖에 「보증인 보호를 위한 특별법」의 적용범위에서는 동법의 규정이 특별법으로 우선한다.

2. 보증의 방식

(1) 서면방식

민법상 보증계약은 무상·편무계약이며, 요식의 낙성계약이다. 보증의 의사는 보증인의 기명날인 또는 서명이 있는 서면으로 표시되어야 한다(제428조의2 제 1 항 본문). 이 경우 전자적 형태의 의사표시로는 충분하지 않지만(동항 단서), 보증인이 자기의 영업 또는 사업으로 작성한 보증의 의사가 표시된 전자문서는 방식을 충족한 것으로 규율된다(전자 제 4 조 제 2 항). 이러한 서면 방식은 기존의 보증채무를 보증인에게 불리하게 변경하는 경우에도 적용되며(동조 제 2 항), 더 나아가 불확정한 다수의 채무를 보증하는 근보증에서는 채무의 최고액도 서면으로 특정되어야 한다(제428조의3 제 1 항). 이는 보증인 책임범위를 예견할 수 있도록 하기 위한 취지이므로, 보증인의 의사표시가 표시된 서면에 보증채무의 최고액이 명시적으로 기재되어 있거나, 기재가 없더라도 서면 자체만으로 보증채무의 최고액이 얼마인지를 객관적으로 알 수 있는 등 명시적 기재와 동일시할 수 있어야 한다(대판 2019. 3. 14, 2018다282473). 그 밖에도 「보증인 보호를 위한 특별법」이 적용되는 보증의 경우 일반 보증계약을 체결할 때에도 보증채무의 최고액을 서면으로 특정해야 하며, 보증기간을 갱신할 때에도 그러하다(보증 제 4 조).

이와 관련하여 판례는 보증의 방식이 입증기능과 경고기능을 추구한다는 점을 고려하여, 보증의 의사가 서면에 표시된 이상 작성된 서면에 반드시 '보증인' '보증한다'라는 문언의 기재가 있을 필요는 없고, 최고액 역시 채무자가 부담하는 원본채무의 금액이 명확히 기재되어 있으면 충분하다고 한다(개정전 보증 제 3 조, 제 4 조에 대해 대판 2013. 6. 27, 2013다23372 참조). 그러나 방식의 목적에 비추어 서명은 당연히 보증인이 직접 자신의 이름을 쓰는 것을 말하며, 타인이 보증인의 이름을 대신 쓰는 것은 해당하지 않는다(개정전 보증 제 3 조에 대해 대판 2017. 12. 13, 2016다233576).

(2) 보증예약과 수권행위

제428조의2는 보증의 의사표시에 대해서만 규정하고 있지만, 그 목적을 고려할 때 채권자에게 완결청구권이나 예약완결권을 부여하는 형태의 보증예약을 하는 경우에 그 의사표시도 서면 방식을 갖추어야 할 것이다. 마찬가지로 보증인이 되려는 자가 대리인을 사용하여 보증의 의사표시를 하는 경우, 보증인에 대한 관계에서 유효한 보증의 의사표시 성립에 관여하는 다른 법률행위도 방식을 충족해야 한다. 그래서 대리인이 하는 보증의 의사표시뿐만 아니라(제116조 참조) 대리인에 대한 수권의 의사표시에도 보증인의 보증의사가 표현되므로 수권행위도 서면 방식을 갖추어야 한다. 무권대리에 의한 보증계약을 추인하는 의사표시(제130조)도 마찬가지이다.

법원은 앞서 인용한 대판 2017. 12. 13.(앞의 Ⅱ. 2. (1) 참조)과 관련지으며 "'보증인의 서명'은 원칙적으로 보증인이 직접 자신의 이름을 쓰는 것을 의미하므로 타인이 보증인의 이름을 대신 쓰는 것은 이에 해당하지 않지만[…], '보증인의 기명날인'은 타인이 이를 대행하는 방법으로 하여도 무방하다"고 하면서 대리인의 기명날인에 의한 보증의 성립을 인정하였다. 그런데 이 판시는 오해의 여지가 있다. 적법하게 선임된 대리인이 현명과 함께 대리인의 이름을 서명하는 경우에도 유효한 보증의 성립을 부정할 수 없기 때문이다. 중요한 것은 본인의 수권행위에서 본인의 서명 또는 기명날인을 통해 보증의사가 확인되고, 대리인이 그에 기해 적법한 서명 또는 기명날인을 통해 대리의 의사표시를 하였는지 여부이다.

(3) 방식위반의 효과

서면 방식을 갖추지 아니한 보증은 무효이다(제428조의2 제 1 항, 제 2 항, 제428조의3 제 2 항). 방식은 보증채권의 성립요건이므로 보증계약의 유효를 주장하는 자(통상 채권자)가 방식준수에 대해 증명책임을 진다(대판 2017. 12. 13, 2016다233576). 보증의 의사표시를 포함하는 서면에 보증인의 서명이나 기명날인이 있다고 인정되는 경우에는 이는 진정의 추정을 받을 것이다(민소 제358조). 그러나 방식을 갖추지 못한 경우에도 보증인이 보증채무를 이행한 때에는 방식의 하자를 이유로 무효를 주장할 수 없다(제428조의2 제 3 항).[3] 일부의 이행이 있는 때에는 그 한도에서만 하자가 치유되고, 나머지 부분에 대해서는 여전히 무효를 주장할 수 있다. 변제 외에 대물변제, 공탁, 상계에 의해서도 방식위반은 치유되지만, 담보의 제공으로는 충분하지 않다. 한편 최고액을 특정하지 아니한 근보증계약을 보증인이 이행한 경우에 대해서는 명시적인 규정이 없으나, 제428조의2의 방식 목적과 달리 취급할 이유가 없으므로 제428조의2 제 3 항을 유추하여 방식 하자는 치유된다고 볼 것이다.

3. 보증인의 자격

보증인의 자격에 대해서 일반적인 제한은 없으나, 채무자에게 보증인을 세울 의무가 있는 경우에는 행위능력의 제한이 없고 변제자력 있는 자를 보증인으로 해야 한다(자세한 것은 제431조 참조).

---

3) 이상의 방식은 2016년 2월 4일 이후에 체결되거나 갱신되는 보증계약에 대해 적용되며 (법률 제13124호, 2015. 2. 3. 부칙 제 3 조), 그 이전에 체결된 보증계약의 방식은 「보증인 보호를 위한 특별법」의 규율에 따른다(부칙 제 6 조, 보증 제 3 조).

4. 보증의 기간

당사자들이 보증의 기간을 별도로 정하지 아니하는 한, 보증채무는 부종성에 따라 주채무가 존속하는 동안 유지된다. 이는 계속적 채권관계에 기해 발생하는 다수의 채무를 보증하는 근보증의 경우에도 다르지 않다. 다만 「보증인 보호를 위한 특별법」이 적용되는 보증의 경우에는 보증기간의 제한이 있으며, 그에 따라 약정이 없는 경우 보증기간은 3년으로 제한되나 갱신이 가능하다(보증 제 7 조 참조). 여기서 말하는 보증기간은 보증인이 책임을 지는 주채무의 발생기간을 말하며, 보증채무의 존족기간을 의미하는 것은 아니다(대판 2020. 7. 23, 2018다42231). 주채무의 계약기간은 존속하나 보증계약은 기간 만료로 종료한 경우, 보증채무는 그 시점에 확정되는 주채무에 대해 보증책임을 진다(대판 2021. 1. 28, 2019다207141).

Ⅲ. 채권자와 보증인 간의 관계

1. 보증채무의 내용

보증채무의 내용은 보증계약에 의하여 정하여지며, 이는 계약해석에 의해 탐구된다. 그러나 보증채무의 내용을 보충함에 있어서는 그것이 주채무의 담보로 기능한다는 점에서 부종성을 고려할 필요가 있다.

(1) 보증채무의 내용

보증채무의 내용인 급부는 주채무와 동일한 것이 원칙이다(제428조 제 1 항 참조). 주채무가 이행불능으로 말미암아 손해배상채무가 되는 경우 등 주채무가 그 동일성을 잃지 않고 내용이 변경되는 때에는 보증채무의 내용도 그에 따라 변경된다고 볼 것이다. 더 나아가 주채무의 발생원인인 계약이 해제됨으로써 주채무자가 부담하게 되는 원상회복의무 또는 손해배상의무(제551조 참조)에 대해서도 보증인이 보증책임을 지는지 여부가 문제되는데, 원칙적으로는 이를 긍정할 수 있을 것이지만(대판 1967. 9. 16, 67다1482) 개별적인 사안유형의 특수성 및 의사해석에 따라 예외를 인정해야 할 경우도 있다.

(2) 보증채무의 범위

보증채무는 주채무의 범위를 넘지 못하며, 넘는 것을 보증채무의 내용으로 약정하면 주채무의 한도로 감축한다(제430조). 물론 주채무의 범위보다 적은 것으로 약정하는 것은 허용된다(일부보증). 이와 관련하여 민법은 보증채무의 범위에 관하여 "주채무의 이자, 위약금, 손해배상 기타 주채무에 종속한 채무를 포함"(제429조 제 1 항)한다는 보충규정을 두고 있다. 한편 보증인은 채권자와, 보증채무가 불이행되면 위약금을 지급하기로 약정하거나 또는 손해배상액의 예정을 할 수 있다(동조 제 2 항).

(3) 보증채무의 형태

보증채무의 「형태」, 즉 조건이나 기한이 붙어 있는가, 이자부인가 등도 주채무와 동일한 것이 원칙이다. 그러나 채권자와 주채무자 사이의 계약으로 주채무의 내용이 확장 또는 가중되어도, 보증채무의 내용이 그에 따라 변경되지 않으며(대판 1974. 11. 12, 74다533 참조), 보증인의 동의가 없는 한 보증채무는 확장되지 아니하고 변경전의 주채무의 내용에 따라 책임을 부담한다(대판 2000. 1. 21, 97다1013). 새로운 계약에 의하여 제 3 자에게 법적으로 부담을 줄 수는 없는 것이며, 그렇지 않으면 보증인의 책임이 채권자와 채무자의 자의에 의해 확장될 위험이 있기 때문이다. 예를 들어 채권자와 주채무자의 합의로 이자율을 높인다거나 기한을 단축하는 경우, 보증채무 성립 이후에 손해배상액이 예정된 경우(대판 1996. 2. 9, 94다38250), 보증인이 임대인의 임대차보증금반환채무를 보증한 후에 임대인과 임차인 간에 임대차계약과 관계없는 다른 채권으로써 연체차임을 상계하기로 약정하는 경우(대판 1999. 3. 26, 98다22918, 22925) 등이 이에 해당한다.

그러나 채권자와 주채무자가 이자율을 낮춘다거나 이행을 유예하는(대판 2012. 8. 30, 2009다90924 참조) 등으로 주채무의 내용을 경감하는 것은 보증채무에도 영향을 준다(제430조 참조).

(4) 일부보증

앞서 본 대로 보증인은 주채무의 일부에 대하여, 특히 수량을 한정하여 보증할 수도 있다. 가령 1천만 원의 주채무에 대하여 5백만 원만을 보증하는 경우가 그러하다. 이에는 두 가지 경우가 있을 수 있다. 하나는, 그 한도까지의 변제가 있음을 담보한다는 것으로서, 채무자의 임의변제 또는 채권자의 집행에 의하여 그 한도의 만족을 얻으면 보증인은 책임을 면하게 된다. 다른 하나는, 주채무의 변제충당 이후 채무가 남아 있는 한 그 한도까지는 일부보증인이 책임을 진다는 것이다. 특별한 사정이 없는 한 후자라고 추정할 것이다(대판 2002. 10. 25, 2002다34017; 2016. 8. 25, 2016다2840). 그것이 당사자의 통상의 의사이고 거래계의 관행에도 부합한다고 생각되기 때문이다.

2. 보증인의 권리

(1) 최고·검색의 항변권

채권자가 보증인에게 채무 이행을 청구하는 경우 보증인은 "주채무자의 변제자력이 있는 사실"과 "그 집행이 용이할 것"을 증명하면 "먼저 주채무자에게 청구할 것과 그 재산에 대하여 집행할 것"을 항변할 수 있다(제437조). 이를 최고·검색의 항변권이라고 한다.

그러므로 항변권이 행사되면, 채권자가 먼저 주채무자에게 청구하고 그 재산에 집행하지 않는 한 그의 이행청구는 거부된다. 즉 보증인에 대한 이행소송에서 청구기각된다. 한편 항변권의 행사가 있었음에도 주채무자에 대한 권리행사를 게을리 한 채권자는 엄격한 책임을 진다. "보증인의 항변에 불구하고 채권자의 해태로 인하여 채무자로부터 전부나 일부의 변제를 받지 못한 경우에는 채권자가 해태하지 아니하였으면 변제받았을 한도에서 보증인은 그 의무를 면한다"(제438조).

그 밖에 채무자의 재산에 채권자 앞으로 물적 담보가 설정되어 있는 등 채권의 용이한 만족이 확보되었다는 사정이 있는 경우에는, 보증인은 채권자의 이행청구에 대하여 먼저 그 물적 담보의 실행을 주장할 수 있는 항변권을 가진다고 할 것이다(제437조의 유추적용). 그러나 그 물적 담보가 제 3 자가 제공한 것인 경우에는, 보증인이 물상보증인보다 더 보호받아야 한다고는 말할 수 없으므로 그렇지 않다고 할 것이다.

(2) 주채무자의 항변

보증인은 "주채무자의 항변으로 채권자에게 대항할 수 있다"(제433조 제 1 항). 이는 부종성에 따라 인정되는 결과이다. 주채무자의 대항사유 포기도 보증인에게는 효력이 없다(동조 제 2 항). 여기서 「주채무자의 항변」이란 동시이행의 항변권, 부보증에 있어서의 최고·검색의 항변권 등을 말한다.

(가) 소멸시효 완성의 효력에 관한 절대적 소멸설에 의하면, 주채무자에 대한 채권에 관하여 시효 완성으로 주채무가 그대로 소멸하므로, 보증채무도 역시 보증인의 원용이 없어도 따라서 소멸하게 된다. 따라서 주채무자가 시효이익을 포기해도 이는 상대적 효력밖에 없으므로, 보증인은 보증채무의 소멸을 주장할 수 있고(제433조 제 2 항을 기다릴 것도 없다), 주채무가 보증이 없는 채무가 될 뿐이다. 상대적 소멸설에 의하더라도 보증인은 시효 완성을 원용할 지위에 있으므로 결과는 같다.

(나) 주채무자에게 채권자에 대한 반대채권이 있는데 상계의 의사표시를 하지 않으면 보증인은 그 채권으로 상계의 의사표시를 하고 그로써 주채무가 소멸하는 결과로 보증채무도 소멸하였음을 채권자에게 주장할 수 있다(제434조). 주채무자의 상계가 가능해야 하므로, 예컨대 주채무자에 회생절차가 개시한 때에는 보증인은 상계할 수 없다(대판 2018. 9. 13, 2015다209347). 반대로 주채무자가 보증인이 가지는 반대채권으로 상계를 할 수 없음은 물론이다.

(다) 주채무자가 채권자에 대하여 취소권 또는 해제권·해지권을 가지고 있는 동안에는 보증인은 채권자에 대하여 채무의 이행을 거절할 수 있다(제435조).

3. 채권자의 성실의무

(1) 신의칙상 성실의무 일반

보증계약도 계약상 채권관계를 창설하므로, 채권자는 거래관행을 고려한 신의성실에 따라 자신의 이익에 반하지 않는 한 상대방의 이익도 고려할 보호의무를 부담하는 경우가 있을 수 있다. 이를 채권자의 성실의무라고 한다. 이러한 성실의무는 당사자들이 명시적으로 약정하는 경우도 있으나(대판 1993. 4. 27, 92다49942; 2008. 5. 8, 2006다57193), 신의칙에 따른 계약해석으로 인정될 수도 있다(제 2 조). 주의할 점은 보증은 채권자의 만족을 위해 담보를 제공하는 계약이므로, 성실의무를 넓게 인정하여 보증인이 인수한 무자력 위험을 채권자에게 돌리는 것은 채권담보의 기능을 해하게 될 위험이 있다. 그러므로 법률이 정하는 외에(제436조의2, 제438조, 보증 제 8 조, 신원 제 4 조, 제 5 조 등) 채권자의 성실의무를 인정하는 것에는 신중히 접근해야 할 것이지만(대판 2002. 2. 26, 2001다74353; 2002. 6. 14, 2002다14853 등 참조), 보증계약에 신의칙이 적용되는 이상 그 인정가능성을 부정할 이유는 없다.

이러한 채권자의 성실의무는 근보증의 경우 신의칙에 의한 보증인의 책임 감경과 관련해 큰 의미를 가진다. 판례상 특히 문제되는 사안유형은 그곳에서 설명하며(제 3 편 제 3 장 Ⅲ. 참조), 여기서는 보증 일반에서의 성실의무에 대해 살펴본다.

(2) 채권자의 통지의무

유효하게 성립한 보증계약의 채권자는 제436조의2에 따라 보증인에 대해 통지의무를 부담한다. 채권자는 보증계약을 체결한 후에 다음 사유가 있는 경우에는 지체 없이 보증인에게 그 사실을 알려야 한다(제436조의2 제 2 항; 보증 제 5 조도 참조). ① 주채무자가 원본, 이자, 위약금, 손해배상 또는 그 밖에 주채무에 종속한 채무를 3개월 이상 이행하지 아니하는 경우, ② 주채무자가 이행기에 이행할 수 없음을 미리 안 경우, ③ 주채무자의 채무 관련 신용정보에 중대한 변화가 생겼음을 알게 된 경우가 그것이다. 또한 채권자는 보증인의 청구가 있으면 주채무의 내용 및 그 이행 여부를 알려야 한다(제436조의2 제 3 항). 이러한 통지의무는 보증인의 책임이 유지됨을 전제로 보증인이 위험을 평가할 수 있게 하면서 그의 주채무자에 대한 구상을 확보해 주기 위한 것으로 이해된다. ①, ②의 경우와 보증인의 청구가 있는 경우에 대해서는 판단이 비교적 명확할 것이므로, 적용에서 어려움은 주로 ③의 경우의 통지의무와 관련해 발생할 것으로 예상되는데, 앞의 두 사유와의 균형을 고려할 때 신용정보의 중대한 변화는 주채무 전부 또는 상당 부분의 불이행의 원인이 될 정도의 사유이어야 한다고 해석된다. 제436조의2 제 1 항에서와 마찬가지로, 이미 보증인이 알고 있거나 평균인의 관점에서 보증인이 알 것임을 기대해도 좋은 사실은 통지할 필요가 없다고 할 것이다.

채권자가 이상의 성실의무를 위반하여 보증인에게 손해를 입힌 경우에는 법원은 그 내용과 정도 등을 고려하여 보증채무를 감경하거나 면제할 수 있다(제486조의2 제 4 항). 그러므로 채권자의 성실의무는 개념상 자기의무(책무; Obliegenheit)에 해당한다. 규정의 취지에 비추어 통지의무 위반으로 보증인이 입은 손해는 통지의 지연으로 보증책임이 확대된 부분의 손실이나 주채무자에 대한 적시의 구상 가능성을 상실하여 받은 재산상 손실을 말한다고 이해된다. 통지의무를 이행하였더라도 보증인에게 아무런 재산상 차이가 발생하지 않았을 경우였다면 인과관계 결여로 채무의 감경 또는 면제를 할 수 없다고 하겠다. 그리고 통지의무의 불이행은 채권자의 인식을 전제로 하므로 이를 약관으로 배제하는 조항은 「약관의 규제에 관한 법률」 제 7 조 제 1 호에 위반하여 무효일 것이다.

(3) 담보보존의무

그 밖에 채권자에게는 변제자대위와 관련해서 담보보존의무가 있다. 민법 제481조의 규정에 의하여 대위할 자가 있는 경우에 채권자의 고의나 과실로 담보가 상실되거나 감소된 때에는 대위할 자는 그 상실 또는 감소로 인하여 상환을 받을 수 없는 한도에서 그 책임을 면한다(제485조). 변제자대위의 가능성이 있는 자들에 대한 채권자의 성실의무를 규정한 조항이다(그 내용은 민법 I 참조).

Ⅳ. 주채무자 또는 보증인에게 생긴 사유의 효력

1. 주채무자에게 생긴 사유의 효력

(1) 부종성에 따른 효력

이에 대해서는 앞서 부종성과 관련하여 살펴본 바 있다(앞의 Ⅰ. 2. (2) 참조).

그러나 다음은 주의할 필요가 있다. ① 주채무에 관하여 상속이 개시된 경우 상속인의 한정승인(제1028조)으로 그 책임이 상속재산에 한정되는 경우에도 보증채무에는 영향이 없고 보증인은 무한책임을 진다. ② 주채무자가 파산하여 파산절차에서 면책된 경우, 회생절차가 개시되어 그에 대한 채권자의 권리행사가 회생계획에 의하여 제한되는 경우(회파 제567조, 제250조)에도 그러하다(대판 1988. 2. 23, 87다카2055; 2020. 4. 29, 2019다226135 참조; 그러나 기보 제37조의3, 신보 제30조의3 참조). ③ 회사 기타의 법인인 주채무자가 해산·청산하여도, 보증채무는 소멸하지 않는다. 이들 사안에서 보증책임이 그대로 유지되는 것은, 주채무자의 무자력에 대비하기 위한 인적 담보로서의 보증의 성질에 비추어 볼 때, 바로 보증이 대비하고자 했던 사태가 발생한 상황에서 보증채무의 제한·감축을 인정하는 것은 보증의 취지에 반하기 때문이다. 즉 보증의 담보 목적에 따라 부종성은 제한을 받는 것이다.

(2) 주채무에 대한 시효중단

주채무에 대한 시효의 중단은 보증인에 대하여 그 효력이 있다(제440조). 「보증인에게 그 효력이 있다」고 함은 주채무의 시효중단을 보증인에 대하여도 주장할 수 있음은 물론이고, 보증채무 자체의 시효가 중단된다는 의미이다(대판 1988. 2. 23, 87다카2055). 그런데 보증인에게 미치는 「시효중단의 효력」은 단기소멸시효에 걸리는 채무에 대하여 재판상 청구가 행하여져 그 판결이 확정되는 경우의 시효기간연장의 효과(제165조 제 1 항)도 포함하는가? 다시 말하면 주채무에 대한 판결이 확정됨으로써 그 시효기간은 10년으로 연장되는데 보증인에 대한 채권은 여전히 단기소멸시효에 걸린다고 할 것인가?

[2] 시효중단의 효력과 보증채무: 대판 1986. 11. 25, 86다카1569

[주 문] 원심판결을 파기하고, 사건을 서울고등법원에 환송한다.

[이 유] 상고이유를 판단한다. […]

민법 제165조가 판결에 의하여 확정된 채권, 판결과 동일한 효력이 있는 것에 의하여 확정된 채권은 단기의 소멸시효에 해당한 것이라도 그 소멸시효는 10년으로 한다고 규정하는 것은 당해 판결 등의 당사자 사이에 한하여 발생하는 효력에 관한 것이고, 채권자와 주채무자 사이의 판결 등에 의해 채권이 확정되어 그 소멸시효가 10년으로 되었다 할지라도 위 당사자 이외의 채권자와 연대보증인 사이에 있어서는 위 확정판결 등은 그 시효기간에 대하여는 아무런 영향이 없고, 채권자의 연대보증인의 연대보증채권의 소멸시효기간은 여전히 종전의 소멸시효기간에 따른다고 보아야 한다.

보증채무가 주채무에 부종한다 할지라도 보증채무는 주채무와는 별개의 독립된 채무의 성질이 있고, 민법 제440조가 주채무자에 대한 시효의 중단은 보증인에 대하여 그 효력이 있다라고 규정하고 있으나 이는 보증채무의 부종성에 기한 것이라기보다는 채권자보호 내지 채권담보의 확보를 위한 특별규정으로서 이 규정은 주채무자에 대한 시효중단의 사유가 발생하였을 때는 그 보증인에 대한 별도의 중단조치가 이루어지지 아니하여도 동시에 시효중단의 효력이 생기도록 한 것에 불과하고 중단된 이후의 시효기간까지가 당연히 보증인에게도 그 효력을 미친다고 하는 취지라고는 풀이되지 아니한다.

그럼에도 원심이 원고의 주채무자인 소외 삼성주물공업주식회사에 대한 가집행선고부 지급명령의 확정으로 위 주채무의 소멸시효기간은 민법 제165조가 규정에 의하여 10년으로 변경되고 이에 따라 보증채무도 보증채무의 부종성에 비추어 주채무와 마찬가지로 소멸시효기간이 10년으로 변경되었다고 판단하여 피고의 소멸시효항변을 배척하였음은 보증채무의 소멸시효기간에 관한 법리를 오해한 것으로 위법하고 이는 판결에 영향을 미쳤다 할 것이니 논지는 그 이유가 있다.

질문

이 판결의 결론에 대해서는 찬반양론이 있다. 판례는 어떠한 논거로 결론을 정당화하는가? 이는 타당한가? 반대의 입장에서는 어떤 논거를 주장할 수 있겠는가? 어느 편이 보다 설득력이 있다고 생각되는가?

2. 보증인에 관하여 생긴 사유의 효력

보증인에 관하여 생긴 사유는 주채무자에게 영향을 미치지 않는다. 연대보증의 경우도 마찬가지이다. 물론 변제·대물변제·공탁·상계와 같이 채권을 만족시키는 사유는 절대적 효력을 가지므로 주채무도 소멸한다.

Ⅴ. 보증채무의 대내적 효력(구상관계)

보증인이 보증채무를 이행한 경우, 그는 비록 형식적으로 자기 자신의 채무를 변제한 것이지만 실질적으로는 그 부담이 주채무자에게 돌아가야 하는 채무를 변제한 것이다. 그러므로 보증인은 특별한 사정이 없는 한 주채무자에게 자신의 부담을 돌릴 수 있어야 하며, 이를 구상이라고 한다. 물론 주채무자와 보증인 사이에서 채권자를 만족시키는 출연의 부담을 보증인이 부담하기로 하는 법률관계가 존재하는 경우라면, 보증인은 채권자를 만족시켰다고 하더라도 아래 내용에 따라 주채무자에게 구상을 할 수 없다(대판 1999. 10. 22, 98다22451 등). 이는 물상보증인에 대해서도 같다(대판 2008. 4. 24, 2007다75648).

민법은 보증채무를 이행한 보증인의 구상권에 관하여 계약·사무관리·부당이득에 의하는 방법을 선택하지 않고, 특별히 구상권 발생규정을 두고 있다(제441조 이하). 보증인의 구상권에 관한 규정은 물상보증인의 경우에도 적용된다(제341조, 제370조). 한편 보증인은, 부탁의 유무를 불문하고, 변제할 정당한 이익이 있으므로, 변제에 의하여 당연히 채권자를 대위한다(제481조 참조).

1. 수탁보증인의 구상권

(1) 사후구상권

주채무자의 부탁을 받고 보증인이 된 사람(수탁보증인)이 변제 기타의 출재로 주채무를 소멸하게 한 때에는 주채무자에 대하여 구상권을 가지게 된다(제441조 제 1 항). 이를 사후구상권이라고 한다. 채무자의 부탁은 묵시적으로도 가능하다(대판 2017. 7. 18, 2017다206922). 「변제 기타의 출재로 주채무를 소멸하게 한 때」의 의미에 대해서는 연대채무에 관한 설명을 원용할 수 있다(제 3 편 제 4 장 Ⅴ. 2. 참조).

(2) 사전구상권

일정한 요건 아래서 수탁보증인은 주채무를 소멸시키는 출재를 하기 전에도 주채무자에 대하여 구상을 할 수 있다(제442조). 이를 사전구상권이라고 한다. 원래 위탁을 받은 수임인은 원칙적으로 위임인에 대하여 위임사무 처리비용의 선급청구권을 가지나(제687조), 보증에서 항상 선급을 인정하면 이는 신용을 준다는 보증의 취지에 맞지 않고 당사자의 의사에 반하기 때문에 특별히 정한 경우에만 이를 인정하는 것이다. 사전구상권은 사후구상권과는 별개의 권리로서, 사전구상권이 있는 동안 보증인이 변제를 함으로써 주채무를 소멸시키면 사전의 상환을 받지 못한 한도에서 사후구상권이 별도로 발생한다(대판 1982. 1. 12, 80다2967).

한편 주채무자와 보증인 사이의 합의로 보증인이 일정한 경우에 사전구상을 할 수 있음을 정하는 것은 계약자유의 원칙상 허용된다. 특히 금융기관의 지급보증이나 신용보증기금 등의 기관보증의 경우에는, 주채무자의 신용이 위태롭다고 보여지는 사유(예를 들어 "제 3 자가 채무자의 재산에 가압류나 압류의 신청을 한 경우", 대판 1989. 1. 31, 87다카594)가 발생하면 보증인이 사전구상을 할 수 있다는 특약이 빈번하게 행하여지고 있다. 그리고 이러한 사전구상권에 기하여 보증인이 주채무자에 부담하는 반대채무(담보예금, 보증금 등)를 상계하는 것에 관한 소위「상계의 예약」도 아울러 행하여지는 것이 통상이다(앞의 제 3 편 제 1 장 Ⅲ. 2. 참조).

(3) 구상권의 내용

수탁보증인의 구상권의 범위는 우선 보증인과 채무자 사이의 위탁약정에 의하여 정하여진다. 그러나 당사자 사이에 약정이 없으면 연대채무자의 구상권에 관한 규정에 따른다(제441조 제 2 항, 제425조 제 2 항; 제 3 편 제 4 장 Ⅴ. 3. 참조). 즉 보증인의 구상권은 주채무자가 면책된 날 이후의 법정이자 및 피할 수 없는 비용 기타 손해배상을 포함한다. 다만 사전구상으로 청구할 수 있는 범위에는 주채무인 원금과 사전구상에 응할 때까지 이미 발생한 이자와 기한 후의 지연손해금, 피할 수 없는 비용 기타의 손해액이 포함될 뿐이고, 주채무인 원금에 대한 완제일까지의 지연손해금은 포함될 수 없으며, 또한 사전구상권은 장래의 변제를 위하여 자금의 제공을 청구하는 것이므로 수탁보증인이 아직 지출하지 아니한 금원에 대하여 지연손해금을 청구할 수도 없다(대판 2004. 7. 9, 2003다46758).

(4) 보증인의 통지의무

보증인이 면책을 위한 출연행위를 함에 있어서 주채무자에게 사전 및 사후에 통지를 할 것이 요구된다. 물론 이는 구상권의 성립요건은 아니나, 이를 게을리 한 경우에는 구상권이 제한된다(제445조). 반면 주채무자의 경우 보증인에 대한 통지의무가 있고, 이를 게을리 한 경우에는 보증인은 자신의 면책행위의 유효를 주장할 수 있다(제446조). 이 규정의 해석에 대해서는 연대채무에 규정된 통지의무(제426조)에 대한 설명을 참조하라(제 3 편 제 4 장 Ⅴ. 3. (2) 참조).

2. 부탁 없는 보증인의 구상권

(1) 사후구상권

부탁 없는 보증인이 구상권을 취득하는 요건은 수탁보증인과 다를 바 없다. 즉 "변제 기타 자기의 출재로 주채무를 소멸하게" 하여야 한다(제444조 제 1 항). 다만 부탁 없는 보증인에게는 사전구상권은 인정되지 않는다. 부탁 없는 보증인이라도 면책행위를 하기 전에, 또 그것을 한 후에, 주채무자에게 이를 통지하여야 하며, 통지를 게을리하면 구상권이 제한된다는 점은 수탁보증인과 같다(제445조). 그러나 부탁 없는 보증인에 대하여는 주채무자가 면책행위를 한 후에 이를 통지할 필요가 없음은 수탁보증인의 경우와 다르다.

(2) 구상권의 내용

보증인에 대한 부탁의 유무에 따라 달라지는 중요한 점은 구상권의 범위이다.

보증인이 된 것이 주채무자의 의사에 반하지 않았던 경우에는, 주채무자는 "그 당시에 이익을 받은 한도에서" 상환하여야 한다(제444조 제 1 항; 제739조 제 1 항 참조). 따라서 면책된 날 이후의 법정이자나 손해배상 등은 포함하지 않는다.

반면 보증인이 된 것이 주채무자의 의사에 반하였던 경우에는, 보증인은 주채무자에게 현존이익이 있는 한도에서만 구상할 수 있다(제444조 제 2 항; 제739조 제 3 항 참조). 따라서 주채무자가 면책행위 이후 구상청구가 있을 때까지 채권자에 대하여 반대채권을 취득한 때에는 이로써 보증인의 구상에 대항할 수 있는데, 민법은 이를 대항한 때에는 그 채권은 보증인에게 당연히 이전된다고 정한다(제444조 제 3 항).

제3장 특수한 형태의 보증

Ⅰ. 연대보증

1. 연대보증의 의의

(1) 의의와 성질

연대보증은 보증인이 주채무자와 연대하여 채무를 부담함으로써 주채무의 이행을 담보하는 보증채무를 말한다(제437조 단서). 다시 말하면 주채무와 보증채무가 연대관계에 있는 보증이라고 할 수 있다. 연대보증에 특수한 법리로는 다음의 두 가지를 들 수 있다. ① 연대보증은 통상의 보증이 가지는 보충성이 없어서, 연대보증인은 최고·검색의 항변권이 없다(제437조 단서). ② 또한 연대보증인이 여럿이라도 통상의 공동보증에서의 이른바 「분별의 이익」(제439조)을 가지지 못한다(제448조 제2항: "주채무자와 연대로").

그러나 연대보증이 부종성을 가진다는 점은 일반 보증과 다를 바 없다.

(2) 보증연대와의 구별

연대보증은 보증연대와는 구별되어야 한다(제448조 제2항: "각 보증인이 상호 연대로"). 보증연대는 보증인이 여럿 있는 경우에 보증인들 사이에 연대의 특약이 있는 경우로서 보증인이 주채무자와 연대하는 연대보증과는 다르다. 보증연대의 경우 보증인들은 보충성에 기해 최고·검색의 항변권은 가지지만(제437조 본문), 「분별의 이익」(제439조)을 가지지는 못한다.

2. 연대보증의 성립과 내용

연대보증채무는 보증인이 채권자와의 보증계약에서 주채무자와 연대하여 보증한다는 뜻을 특약한 경우에 성립한다. 그 특약의 존부는 물론 계약의 해석에 따른다(통상 "채무자와 연대하여 보증한다"라는 계약문언이 사용된다). 경우에 따라서 연대채무인가 연대보증채무인가의 점에 의문이 있을 수 있으나, 이는 요컨대 채무부담이 독립적인가 부종적인가에 달려 있다. 상법은 보증이 상행위이거나 주채무가 상행위로 인한 것인 때에는 연대보증이라고 정한다(상 제57조 제 2 항). 한편 연대채무의 성립에 관한 제415조는 연대보증에는 적용이 없다.

3. 연대보증에서 구상

연대보증인이 출재로 주채무자를 면책시키는 경우 주채무자에 대해 구상을 할 수 있다는 것은 일반 보증에서와 다르지 않다(제 3 편 제 2 장 V. 참조). 문제는 연대보증인이 여러 명 있는 경우에 그들 사이의 구상관계이다. 앞서 언급한 바와 같이 연대보증인이 여러 명인 경우 그들 사이에는 분별의 이익이 없다(제448조 제 2 항). 구상의 구체적인 내용은 분별의 이익 없는 공동보증과 관련하여 아래에서 살펴본다.

Ⅱ. 공동보증

1. 공동보증의 의의

하나의 주채무에 대하여 여러 사람이 보증채무를 부담하는 것을 공동보증이라고 한다. 전원이 하나의 계약으로 보증인이 된 경우는 물론 각자 별개의 보증계약으로 보증인이 된 경우(대판 2012. 5. 24, 2011다109586 참조)에도 성립한다(제439조 참조). 공동보증에는, 이들 수인의 보증인이 ① 보통의 보증인인 경우, ② 연대보증인인 경우, ③ "각 보증인이 상호 연대로" 채무를 부담하는 경우(보증연대)의 세 가지 형태가 있다.

공동보증도 원칙적으로 보통의 보증과 다를 바 없다. 다만 민법은 보증인 1인과 채권자 사이의 관계와 공동보증인 상호간의 구상관계의 두 가지 측면에서 단독보증과 다른 특수한 점을 정하고 있다. 즉 전자에 관하여는 ①의 경우에 소위 「분별의 이익」을 인정하고(제439조), 후자에 관하여는 ① 및 ②, ③의 둘로 나누어 규정하고 있다(제448조 제 1 항 및 제 2 항).

2. 분별의 이익

공동보증에는 제408조가 적용된다(제439조). 그러므로 공동보증인은 주채무를 균등한 비율로 분할한 부분에 대하여만 보증채무를 부담한다. 이를 「분별의 이익」이라고 한다. 분별의 이익은 보증인의 보호를 위하여 로마법에서 인정되었던 것이지만, 채권담보라는 보증제도의 기능에 부합하지 않고, 또 채권의 담보력을 강화하기 위하여 여러 사람의 보증인을 세우려는 채권자의 의사에 적합하지 않으며, 나아가 비교법적으로도 드물다고 하여, 이를 원칙으로 택한 민법의 태도는 비판적으로 평가되고 있다.

그러나 ① 주채무가 불가분채무인 경우, ② 각 보증인이 상호 연대로 책임을 부담하는 보증연대의 경우, ③ 연대보증의 경우에는(대판 1988. 10. 25, 86다카1729) 분별의 이익이 없다. 제448조 제 2 항은 그러한 내용을 전제로 하고 있다고 하겠다(아래 Ⅱ. 3. (3) 참조).

3. 공동보증의 구상관계

(1) 구상관계 일반

공동보증인 중의 1인이 변제 기타 출재로 채권을 만족시키면 자기 및 다른 보증인의 보증채무뿐만 아니라 주채무도 소멸하고, 변제자가 전액에 관하여 주채무자에 대하여 구상할 수 있음은 말할 것도 없다. 민법은 공동보증인 상호간에도 특히 구상권을 인정하고 있다(제448조). 주채무자의 자력이 충분하지 않다고 하면 출연을 한 보증인만이 손실을 부담하게 되는데, 이러한 손실의 위험을 공동보증인 사이에 분담시키고자 하는 취지이다. 이 구상권은 주채무자에 대한 구상권과는 별도의 권리이며, 단지 그 각 구상권의 현실적인 만족을 얻는 범위에서 다른 권리를 소멸시킬 뿐이다.

(2) 분별의 이익이 있는 경우

분별의 이익이 있는 공동보증의 경우에는 보증인은 자신의 부담부분만 변제하면 충분하다. 그러한 그가 부담부분을 넘어 변제를 하였다면 이는 다른 공동보증인과의 관계에서 부탁 없는 보증인과 유사한 지위에 있게 되므로, 민법은 부탁 없는 보증인에 준하여 다른 공동보증인에게 구상을 할 수 있도록 한다(제448조 제 1 항).

(3) 분별의 이익이 없는 경우

분별의 이익이 없는 공동보증의 경우 어느 보증인이 자기의 부담부분을 넘은 변제를 한 때에는 연대채무자의 구상에 준하여 다른 공동보증인에게 구상을 할 수 있다(제448조 제 2 항, 제425조 내지 제427조). 예컨대 여러 명의 연대보증인이 있는 경우 어느 연대보증인이 자기의 부담부분을 넘은 변제를 한 때에 비로소 다른 연대보증인에 대해 구상권을 가지지만(제448조 제 2 항, 제425조 내지 제427조), 다른 연대보증인 중 이미 자기의 부담부분을 변제한 사람에 대하여는 구상을 할 수 없고 아직 부담부분을 변제하지 아니한 사람에 대하여만 할 수 있다고 한다. 그들 사이의 분담비율은 특약이 있으면 그에 따르지만, 특약이 없으면 평등한 비율로 부담을 진다(대판 1990. 3. 27, 89다카19337).

[1] 연대보증인 사이의 구상: 대판 1988. 10. 25, 86다카1729

[주 문] 원심판결을 파기하고, 사건을 대구고등법원에 환송한다.

[이 유]

1. 원고의 상고이유를 본다.

원심판결에 의하면, 원심은 소외 이봉의가 소외 대구은행으로부터 어음할인대출을 받음에 있어 원고, 피고, 소외 손병준, 이갑순이 각 연대보증을 하였다고 인정하였으나 원고가 위 사실인정의 증거로 들고 있는 갑 제2, 3, 4, 5호증이나 을 제12호증, 제19호증에는 위 이갑순이 연대보증을 한 흔적이 보이지 아니한다.

원심은 을 제12호증(어음할인 거래약정서)에 위 이갑순이 연대보증인으로 되어 있는 것을 보고 위 사실인정의 자료로 삼은 듯하나 이는 위 은행에 대한 것이 아니다.

그렇다면 원심판결에는 증거 없이 사실을 인정한 위법이 있다 할 것이고 이는 판결에 영향을 미치는 것이라 할 것이니 논지는 이유 있다.

2. 피고의 상고이유를 본다.

수인의 보증인이 각자 채무자와 연대하여 채무를 부담하는 경우에 있어서는 보증인 상호간에 연대의 특약이 없는 경우에도 채권자에 대하여는 분별의 이익이 없는 것이므로 각자 채무전액 또는 각자가 약정한 보증한도액 전액을 변제할 책임이 있는 것이라 하겠으나 보증인 상호간의 내부관계에 있어서는 일정한 부담부분이 있는 것이고 일정한 분할액에 한정하여 보증인의 지위에 놓이게 되는 것이라 할 것이다.

그러므로 그 연대보증인 중의 한 사람이 채무를 변제하고 다른 연대보증인에게 구상권을 행사하려면 자기의 부담부분을 초과하여 변제를 하여 공동의 면책을 얻은 경우라야 가능한 것이고(민법 제448조 제 2 항, 같은 법 제425조 제 1 항) 따라서 다른 보증인 중 이미 자기의 부담부분을 변제한 사람에 대하여는 구상을 할 수 없고 아직 부담부분을 변제하지 아니한 사람에 대하여만 할 수 있다고 해석하여야 할 것이다.

원심이 확정한 사실에 의하면, 피고는 주채무자인 소외 이봉의의 대구은행에 대한 총 채무 금 56,789,974원 중 금 36,064,724원(원금 29,498,200원, 이자금 6,566,524원)을 변제하여 그의 부담부분 이상을 변제하였다는 것인바, 그렇다면 원고가 그의 부담부분 이상을 변제하였다 하여도 피고에 대하여는 구상을 할 수 없다고 보아야 할 것인데 원심은 구상권이 있다고 판단하였으니 이는 연대보증인의 구상권행사에 관한 법리를 오해한 위법이 있는 경우라 할 것이고 이는 판결에 영향을 미치는 것이므로 논지도 이유있다.

3. 그러므로 원심판결을 파기하여 사건을 원심인 대구고등법원으로 환송하기로 하여 관여법관의 일치된 의견으로 주문과 같이 판결한다.

질문

1. 이 판결에 의하면 여러 명의 연대보증인들 사이의 구상은 어떠한 내용으로 이루어지는가? 그 근거는 무엇인가?
2. 분별의 이익이 없는 공동보증인들 사이의 구상은 연대채무자들 사이의 구상(제425조 제 1 항 참조)과는 내용을 달리 한다. 양자를 달리 취급할 이유로는 어떠한 것을 생각할 수 있는가?
3. 채권자가 채무자에 대해 1200만 원의 채권이 있고, 갑, 을, 병이 이를 연대보증한 사안을 상정해 보자. 갑이 전액을 변제한 경우, 갑은 채무자에 대해 1200만 원(제441조 제 1 항), 을, 병에 대해 각각 400만 원을 청구할 수 있다

(제448조 제 2 항, 제425조 제 1 항). 그런데 갑이 채무자로부터 600만 원을 변제받았다면, 갑은 여전히 채무자에 대해서는 600만 원을 청구할 수 있을 것이지만, 을, 병에 대해서는 어떠한가? 반대로 부담부분을 초과하지 않은 경우, 예를 들어 갑이 채무자로부터 300만 원만을 변제받은 경우에는 갑은 을, 병에 대해서 얼마를 청구할 수 있는가? (대판 2010. 9. 30, 2009다46873을 참조하되, 비판적으로 검토해 보라)

Ⅲ. 근보증(계속적 보증)

1. 근보증의 의의

어음할인계약·당좌대월계약 기타의 은행거래계약, 계속적 물품공급계약 등과 같이 계속적인 계약관계로부터 발생하는 불특정의 채무에 대하여 행하여지는 보증을 근보증(根保證)이라고 한다. 이와 같이 계속적 법률관계로부터 발생하는 채무를 보증한다는 의미에서 「계속적 보증」이라는 용어도 쓰인다. 민법은 보증은 불확정한 다수의 채무에 대해서도 할 수 있다고 하여, 이러한 근보증의 가능성을 인정한다(제428조의3 제 1 항; 보증 제 6 조도 참조).

근보증은 근저당이나 근질과 같은 물적 담보에서의 근담보에 평행하여 이해될 수 있다(제 3 편 제 2 장 Ⅱ. 1. (3), Ⅲ. 2. (1) (라) 및 제10장 참조). 그런데 근저당이나 근질의 경우에는 특정한 담보목적물의 교환가치를 지배하는 범위를 확정하기 위하여 적어도 "담보할 채권의 최고액"은 미리 정하여져야 한다(제357조 제 1 항, 부등 제75조 제 2 항 참조). 그러나 종래 근보증에 있어서는 보증한도액에 관한 정함이 있어야 하는 것은 아니었으며, 실제로도 보증한도에 관하여 제한이 없는 것으로 약정하는 경우가 적지 않았다. 그러한 경우 보증인은 자신이 예상하지 못한 범위의 책임을 부담하게 될 가능성도 존재하였다. 입법자는 그러한 경우 보증인을 보호하기 위하여 「보증인 보호를 위한 특별법」에서 일정한 근보증에 대해서 최고액을 서면으로 특정하고 보증기간을 제한하는 등의 규정을 두게 되었고(보증 제 2 조, 제 6 조, 제 7 조 참조), 개정된 민법 역시 최고액을 서면으로 정하도록 하고 이를 특정하지 않으면 보증을 무효로 하고 있다(제428조의3 제 1 항 단서, 제 2 항).

2. 근보증의 성립

(1) 계약에 의한 성립

근보증도 보증의 일종으로서, 채권자와 보증인 사이의 근보증계약에 의해 성립한다. 보증한도액의 정함이 없는 경우는 물론이고 보증기간의 정함이 없이 주채무자가 채권자와 일정한 거래를 유지하고 있는 한에서는 계속해서 보증의 구속을 받는 것으로 정하는 경우가 상당수 있다. 나아가 주채무도 단지 "채무자가 채권자와의 일정 거래관계들로 인하여 현재 및 장래 부담하는 일체의 채무"라고만 하여 주채무의 발생원인이 되는 구체적인 거래의 종류를 지정하지 아니하거나, 심지어 "채무자가 채권자에 대하여 부담하는 현재 및 장래의 일체의 채무"라고 하여 가령 폭행으로 인한 손해배상채무와 같이 채무자가 거래행위와는 무관하게 부담하는 채무까지도 보증의 대상으로 포함시키는 경우도 없지 않다. 이를 포괄근보증이라고 하며, 그중에서 전자는 「한정포괄근보증」이라고 부르기도 한다(대판 2013. 11. 14, 2011다29987 참조).

(2) 보증기간과 최고액

이전에는 근보증의 경우 당사자들이 최고액이나 보증기간을 약정할 수도 있었으나 이것이 반드시 필연적인 것은 아니었다. 이렇게 보증책임의 한도액이나 보증기간에 관하여 아무런 정함이 없는 계속적 보증계약에서도 보증인은 변제기에 있는 주채무 전액에 관하여 보증책임을 부담하는 것이 원칙이었다(대판 1988. 11. 8, 88다3253). 그런데 이에 따르면 (특히 포괄근보증의 경우) 보증인으로서는 자신이 부담해야 할 책임의 범위가 어느 정도인지 그리고 어느 정도 증가할 것인지 등을 예상하기 쉽지 않을 뿐만 아니라, 그러한 피담보채무에 대하여 자신의 전재산으로 인적 무한책임을 지게 되므로 상당한 위험의 부담을 안게 되는 경우가 적지 않았다. 그리고 이러한 위험은 보증이 인적인 관계에 기하여 비타산적으로 인수되는 경우에 특히 가혹하게 나타났다.

개정된 민법에 따르면 근보증의 경우 당사자들은 보증하는 채무의 최고액을 약정해야 하며, 이를 서면으로 특정해야 한다(제428조의3 제 1 항; 보증 제 6 조도 참조). 최고액의 특정이 없는 보증계약은 무효이다(동조 제 2 항; 그 내용에 대해 제 3 편 제 2 장 Ⅱ. 2. 참조). 그리고 「보증인 보호를 위한 특별법」의 적용을 받는 근보증의 보증기간 역시 3년으로 제한된다(보증 제 7 조 참조).

(3) 근보증과 관련된 판례 법리 개관

종래 판례나 학설은 여러 가지로 근보증의 가혹함을 완화하려는 노력을 하고 있었으며, 그러한 노력은 보증기간과 책임범위라는 두 가지 관점에서 나누어 살펴볼 수 있다(아래 Ⅲ. 3, 4. 참조).

그러나 다른 한편으로 보증인이 과중한 부담을 진다는 이유만으로 보증채무의 제한 등을 인정하게 되면, 보증제도 자체를 불신하는 경향을 낳아서 물적담보 없는 사람은 금융을 얻는 것이 어려워지는 등 금융질서에 혼란을 일으킬 우려도 없지 않으므로, 이에 대하여는 신중한 대처가 요구된다.

3. 근보증의 해지

(1) 근보증인의 특별해지권

보증계약에 의하여 그 기간이 정하여지면, 채권자와 주채무자의 계약으로 양자 간의 거래기간이 연장되어도 이는 보증인을 구속하지 않으므로, 연장된 기간 중에 생긴 채무에 대하여 보증인이 책임을 지지 않음은 당연하다(대판 1974. 11. 26, 74다310; 2014. 4. 10, 2011다53171). 그러나 애초 채권자와 주채무자 간의 거래계약에 특별한 사정이 없는 한 기간이 갱신된다는 내용의 약정이 있고, 보증인이 이 약정의 존재를 알고서 보증계약을 체결한 때에는, 보증인은 갱신 후의 거래에 의한 채무도 책임질 의사가 있었다고 해석할 것이다(대판 1989. 4. 11, 87다카22).

한편 보증기간의 정함이 있는 경우에도, ① 그 사이에 채무자의 자산 상태가 급격히 악화하는 등 보증계약을 체결할 때 예측할 수 없었던 특별한 중대 사정이 발생하거나 ② 채권자인 은행이 방만하게 대규모의 대출을 새로 하는 등 채권자와 주채무자 사이의 거래관계가 정상적인 과정을 밟지 않는 등의 사정이 있어서, 장래에도 여전히 보증인을 구속한다면 신의칙에 반한다고 인정되는 경우에는, 보증인은 장래를 향하여 보증계약을 해지할 수 있다고 할 것이다(소위 「특별해지권」).

[2] 보증기간 있는 근보증의 해지: 대판 1990. 2. 27, 89다카1381

[주 문] 원심판결을 파기하고 사건을 대구고등법원에 환송한다.

[이 유]

[…] (1) 원심판결 이유에 의하면, 원심은 원고조합의 조합원인 소외 대일콩크리트공업주식회사에서 재직하고 있던 피고가 1985. 8. 21. 위 회사와 원고조합간의 시멘트 외상거래로 인하여 향후 3년의 기간 동안에 발생하게 될 원고조합에 대한 위 회사의 외상대금지급채무와 이와 관련된 특별회비 지급채무를 그 구매금액의 한도 내외를 불문하고 전액 연대보증한 사실과 위 회사가 1986. 8. 29.부터 1987. 3. 30.까지 시멘트 등의 공동구매사업을 영위하는 원고 조합으로부터 시멘트를 외상으로 구입함으로써 그 거래종료당시의 물품대금잔액과 이와 관련하여 체납된 999,509원의 특별회비의 합계액이 156,450,875원에 달하는 사실을 인정하고, 원고 조합에서는 위 거래종료후 위 회사로부터 위 특별회비 전액과 외상대금 일부에 대한 변제로서 85,865,920원을 지급받았음을 자인하고 있으므로 피고는 특별한 사정이 없는 한 원고 조합에 아직도 미변제된 위 외상잔대금 70,584,955원을 일응 지급할 의무가 있다고 한 후, 피고가 위 보증계약 당시 위 회사의 일개 직원에 불과하였는데도 그 대표이사의 지시로 단순히 요식을 갖춘다는 뜻으로 위의 보증을 하였을 뿐이고 1985. 9. 3.에는 위 회사의 계속된 다른 보증의 요청을 받아들일 수 없어 부득이 위 회사에서 퇴사하여 같은 달 30. 원고 조합의 실무책임자인 상무이사 소외 이상도를 찾아가 그에게 이러한 전후 사정을 알리며 구두로 위 연대보증을 해지한다는 통고를 하였으므로 그 해지 이후에 이루어진 위와 같은 외상거래로 인한 물품대금 채무에 대하여 피고는 보증인의 책임을 질 수 없다고 주장한 데에 대하여, 피고의 위와 같은 연대보증행위가 관계당사자들의 양해아래 연대보증의 진의 없이 단순한 요식적 의미로 이루어진 것이라는 점에 관하여는 이를 인정할 만한 증거가 없고, 또 피고가 위 회사를 퇴사한 후 보증해지의 의사를 표명하였다 하여도 보증후의 회사 퇴사라는 한 가지 사유만으로는 위 인정과 같은 계속적 보증계약을 일방적으로 해지할 수 있을 정도의 중대한 사정변경이 있는 경우에 해당되지 않으므로 피고의 위 주장은 이유 없다고 판단하여 이를 배척하였다.

(2) 그러나 이른바 계속적인 보증계약에 있어서 보증계약 성립 당시의 사정에 현저한 변경이 생긴 경우에는 보증인은 보증계약을 해지할 수 있다고 보아야 할 것인바, 회사의 임원이나 직원의 지위에 있기 때문에 회사의 요구로 부득이 회사와 제 3 자 사이의 계속적 거래로 인한 회사의 채무에 대하여 보증인이 된 자가 그 후 회사로부터 퇴사하여 임원이나 직원의 지위를 떠난 때에는 보증계약

성립 당시의 사정에 현저한 변경이 생긴 경우에 해당하므로 사정변경을 이유로 보증계약을 해지할 수 있다고 보아야 하며, 위 계속적 보증계약에서 보증기간을 정하였다고 하더라도 그것이 특히 퇴사 후에도 보증채무를 부담키로 특약한 취지라고 인정되지 않는 한 위와 같은 해지권의 발생에 영향이 없다고 할 것이다.

그러므로 원심으로서는 피고가 소외 대일콩크리트공업주식회사의 직원으로 있었기 때문에 위 회사의 요구에 따라 이 사건 보증계약을 체결하게 되었던 것인지의 여부와 피고가 적법하게 위 보증계약해지의사표시를 하였는지의 여부를 가려보아 피고의 보증책임 유무를 판단하였어야 함에도 불구하고 만연히 보증 후의 회사 퇴사라는 한 가지 사유만으로는 일방적으로 해지할 수 없다고 판단하고 말았음은 계속적인 보증계약의 해지에 관한 법리를 오해한 위법이 있고 이는 소송촉진 등에 관한 특례법 제12조 제 2 항 소정의 파기사유에 해당하므로 이 점에 관한 논지는 이유 있다.

(3) 이 밖에 원심판결은 피고의 위 보증행위가 보증의 진의가 없는 단순한 요식적 의미를 가진 것에 불과하다는 피고주장을 배척하고 있는바, 기록에 의하여 살펴보면 이러한 원심판단은 정당하고 소론이 지적한 사유들만으로 위 보증을 비진의 의사표시라고 볼 수 없으므로 위 원심판단 부분에 채증법칙을 위반하여 사실을 오인한 위법이 있다는 논지는 이유 없다. [⋯]

질문

1. 피고는 보증책임을 부담하지 않기 위해 어떠한 주장을 하는가? 그에 대해 원심과 대법원은 어떻게 판단하였는가?
2. 대법원은 사정변경을 이유로 피고의 해지권을 긍정하였다. 사정변경 법리에 따라 설명될 수 있는가?
3. 이 사안에서는 어떠한 사정이 해지권을 정당화하는가?

(2) 근보증인의 임의해지권

보증계약에 기간의 정함이 없는 경우에도 보증인이 무한정 책임을 지게 할 수는 없다. 상당한 기간이 경과하여 보증이 그 예정된 목적을 다하였다고 평가되는 이후에는 보증인은 장래를 향하여 계약을 해지할 수 있다고 할 것이다(소위 「임의해지권」). 물론 「임의해지권」과 「특별해지권」의 구분은 엄격하게 준별될 성질이 아니고, 하나의 기준을 보이는 것일 뿐이다. 실제의 판단에서는,

보증계약 후 얼마만큼의 기간이 경과하였는가 하는 사정 외에도 보증의 경위, 보증한도액에 관한 정함이 있는지 여부, 주채무자의 자력 기타 사정 변화의 내용과 정도, 주채무자에 대한 보증인의 신뢰가 깨진 이유와 정도 등 여러 가지의 사정이 종합적으로 고려될 것이다(해지권의 궁극적인 근거가 신의칙에 있음을 상기하라).

[3] 보증기간 없는 근보증의 해지: 대판 1978. 3. 28, 77다2298

[주 문] 원심판결을 파기하고 사건을 서울민사지방법원 합의부에 환송한다.
[이 유] 상고이유를 판단한다.

1. 제 1 점에 대하여,

원심판결은 1975. 3. 14. 소외 신기상이 원고 산하 국립의료원에 입원함에 있어 피고가 장래 발생할 입원치료비에 관하여 위 신기상을 위하여 연대보증한 사실은 당사자 사이에 다툼이 없다 전제하고 피고는 그 연대보증할 당시 피고의 형인 소외 박지환이 위 신기상을 때려서 상처를 입히고 따라서 위 박지환이 그 치료비를 배상할 책임이 있는 줄로 잘못 알고 연대보증을 하게 된 것인데 나중에 알아본즉 위 박지환은 위 신기상의 부상과는 아무런 관련이 없고 위 신기성은 순전히 자신의 부주의로 인하여 상처를 입은 것이라는 사실이 밝혀졌으므로 피고는 위 같은 해 3. 17. 원고에 대하여 위 연대보증계약의 중요부분에 착오가 있었음을 내세워 이를 취소하였다는 피고 주장사실은 인정할 수 있으나 위와 같은 착오는 이른바 동기의 착오에 불과한 것으로 당사자 사이에서 특히 그 동기를 계약의 내용으로 삼지 아니한 이상 이를 이유로 당해계약을 취소할 수 없는 것이라고 할 것인데 이 사건에서 보면 피고가 원고에게 위 연대보증의 의사표시를 할 당시 원, 피고 사이에서 위에서 본 동기를 연대보증계약의 내용으로 하기로 하였다는 사정은 보이지 아니하므로 피고의 위 취소의사표시는 효력이 없다고 판시하였는바, 기록을 살피건대 원심의 그 조치를 수긍할 수 있고 거기에 소론과 같은 채증법칙위배나 착오에 관한 법리오해가 있다 할 수 없다.

2. 제 2 점에 대하여,

소론은 피고는 주채무자 박지환의 채무를 보증한 것으로 주장하고 있으나 위 설시에서 본 바와 같이 원심의 사실인정은 소외 신기상의 입원치료비 채무를 피고가 보증하였다는 것이니 원심이 인정하고 있지 아니하는 소외 박지환의 채무를 전제로 하여 이론을 펴고 있는 소론은 채택할 수 없다.

3. 제 3 점에 대하여,

원심판결은 피고의 보증계약 해지주장에 대하여 이 사건에서의 장래의 입원치료비 보증과 같은 이른바 계속적 보증의 경우는 보증인이 그 보증을 해지함에 상당한 이유가 있는 경우에는 이를 해지할 수 있다고 할 것이나 다만 이 경우 보증의 상대방에게 신의칙상 묵과할 수 없는 손해를 입힐 우려가 있다면 그 해지권은 배제되어야 한다고 할 것인바, 이 사건에서 피고에게는 위에서 본 바와 같이 더 이상 위 신기상의 입원치료비를 보증할 까닭이 없으므로 일응 해지의 상당한 이유가 있다고 할 것이나, 한편 원고 쪽에서 본다면 병원에서 일단 환자를 입원시킨 이상 입원 치료비의 지급이 불확실하다는 이유만으로 계속 치료를 요하는 환자에 대하여 치료를 거부하고 강제 퇴원시키는 것은 사실상 어려운 일인 만큼 피고가 어느 시점에서 보증을 해지하고 그 이후의 입원치료비를 부담하지 아니한다면 원고로서는 부당한 손해를 입는 결과가 된다 할 것이므로 결국 위 주장과 같은 보증해지권을 발생할 수 없다고 판시하여 피고의 동 주장을 배척하였다.

기록을 살피건대 피고는 그 책임한도의 정함이 없이 소외 신기상의 상처를 치료하는 불확정한 기간 동안 계속적으로 발생한 그 입원치료비를 보증한 것임이 분명한데 앞에서 본 바와 같이 피고는 그 형인 소외 박지환이 위 신기상에 가해한 것으로 잘못알고 그 치료비를 보증하였으나 그런 착오가 없었으면 그 보증을 할 아무런 까닭이 없는 본건과 같은 사정 아래서 피고로 하여금 그 보증계약을 그대로 유지 존속케 한다는 것은 사회통념상 바람직한 바 못 되므로 그 계약해지로 인하여 상대방인 원고에게 신의칙상 묵과 할 수 없는 손해를 입게 하는 등 특단의 사정이 있는 경우를 제외하고 피고는 일방적으로 이를 해지할 수 있다고 봄이 상당하다 할 것이다.

그런데 기록을 아무리 살펴보아도 원판시와 같은 위 해지로 인하여 원고에게 부당한 손해가 발생한다는 점에 관하여 이를 뒷받침할 자료를 찾아볼 수 없을 뿐 아니라 그 당시 환자의 용태 내지는 입원치료의 필요성 여부 치료비지급의 불확실 여부 등 사정에 대한 심리를 한 흔적이 없으니 특단의 사정이 있다 하여 해지권을 배척한 원심판결에는 이유불비의 위법이 있다 할 것이고 이유의 위법은 판결결과에 영향을 미쳤다 할 것이니 이 점에서 논지 이유 있다고 할 것이다. [⋯]

질문

1. 기간의 정함이 없는 계속적 보증의 경우 원칙적으로 상당한 기간이 경과한 후에 보증인에게 해지권을 인정하는 이유는 무엇인가? 그 경우 상당한 기간은 어떻게 판단되어야 할 것인가?
2. 이 사안에서 보증인의 임의해지를 정당화하는 사정으로는 어떤 것들이 고려

되고 있는 것으로 보이는가?

3. 회사의 임원이나 종업원이 기간의 정함 없는 계속적 보증을 하였으나 이후 퇴사를 한 경우, 일정한 동업관계를 전제로 기간의 정함 없는 계속적 보증을 하였으나 동업이 파기된 경우 등에서도 제반사정에 따라 임의해지를 인정할 수 있겠는가? 그러한 경우 특별해지와의 관계는 어떠한가? (대판 1996. 12. 10, 96다27858; 2002. 2. 26, 2000다48265 등 참조)

(3) 해지의 의사표시

보증인이 보증계약을 해지할 권리를 가진다는 사정만으로는 보증계약의 효력이 상실되지 않으며, 해지의 의사표시를 해야 한다. 또한 그러한 의사표시를 하더라도 그에 의하여 보증계약은 장래를 향하여만 그 효력을 상실하므로(제550조), 보증인은 그 이전에 이미 발생한 채무에 대하여는 책임을 면하지 못한다. 그러나 뒤에서 보는 대로 보증인이 해지권을 가진다는 사정은 그의 책임 범위를 제한할 이유가 된다고 하겠다.

4. 근보증의 책임 제한

보증채무의 내용에 대한 개입은 두 가지로 나눌 수 있다. 하나는 계약의 해석을 통하여 애초부터 보증인이 책임을 지도록 되어 있는 대상을 한정적으로 인정하는 것이고, 다른 하나는 일단 보증채무가 인정되더라도 일정한 사정 아래서 신의칙에 기하여 이를 일정한 한도로 감축하는 것이다.[1)]

(1) 주채무의 범위 제한

(가) 보증계약의 해석에서도 일단 계약 문언이 중시된다. 가령 보증서가 "채무자가 채권자에 대하여 부담하는 현재와 장래의 모든 채무"에 대하여 보증한다는 내용으로 작성되어 있는 경우에는, 통상 그 문언에 따른 책임을 진다(대판 1988. 11. 8, 88다3253 등 다수; 한정근보증에 대해 대판 2013. 11. 14, 2011다

---

1) 이제는 근보증의 경우 제428조의3에 따라 최고액을 정해야 하므로, 종래 보증인의 책임 제한에 관한 판례법리가 적용될 사안은 그다지 많지 않을 것으로 예상된다. 그러나 최고액이 정해진 보증에서도 계약해석으로 피담보채무를 제한하거나 신의칙에 따른 책임 제한을 해야 할 경우(특히 제436조의2 제 4 항 참조)가 없을 것이라고 단정할 수는 없다. 그러한 범위에서 종래의 판례법리는 여전히 의미를 가질 것이다.

29987). 그러나 판례는 근보증 성립과 관련된 제반사정을 고려하여 「문언의 축소해석」을 인정하는 경우가 있다.

[4] 계약해석에 의한 주채무 범위제한: 대판 1987. 4. 28, 82다카789

[주 문] 원심판결을 파기하고, 사건을 서울고등법원에 환송한다.

[이 유] 피고 소송대리인의 상고이유 제 1 점을 본다.

원심판결 이유에 의하면, 원심은 원심공동피고 대진상사 주식회사와 원고은행 사이에 1974. 12. 17. 및 1976. 9. 13.에 어음거래약정을, 또한 1974. 12. 17.과 같은 해 12. 26. 당좌계정차월약정을 맺은 사실 등은 당사자 사이에 다툼이 없다고 하고, 그 채택한 증거를 종합하여 원심에서의 위 회사를 제외한 나머지 공동피고들이 1974. 12. 27.부터 1976. 12. 26.까지 사이에 여러 차례에 걸쳐 위 회사의 원고에 대한 그 어음거래약정에 기한 채무와 당좌계정차월로 인한 채무에 대하여 현재 부담한 채무 및 기간과 보증한도액의 정함이 없는 일체의 채무에 관하여 연대보증채무를 부담하기로 약정한 근보증계약을 체결한 사실을 인정한 다음 1977. 6. 30. 위 회사에서 퇴직하였음을 이유로 보증책임의 범위 또는 기간을 다투는 피고의 주장을 배척하고 원고은행과 위 회사 사이에서 1977. 4. 4.부터 1978. 1. 10.까지의 어음거래로 인하여 부담한 합계 금 160,249,576원과 1977. 12. 26.까지 차월한 합계 금 105,336,068원을 합친 금 265,615,644원 및 각 금원에 대한 지연이자에 대하여 피고의 연대보증 책임을 인정하였다.

원심판결이 든 갑 제1, 2호증 및 갑 제25호증 등에 의하면, 위 회사가 원고은행 사이에 1974. 12. 17.과 1976. 9. 13. 어음거래약정을, 또한 1974. 12. 17. 당좌계정차월약정을 각 체결함에 있어서 피고가 그 약정서상 보증기간이나 보증한도액을 명백히 함이 없이 위 회사가 그 약정에 의하여 부담하는 모든 채무에 대하여 보증인으로서 연대하여 채무이행의 책임을 진다는 문언으로 된 근보증계약을 체결한 사실은 인정된다.

그러나 이 사건 근보증계약에 있어서와 같이 비록 계약서의 문언상 기간이나 보증한도액을 정함이 없이 위 회사가 부담하는 모든 채무를 보증하는 것으로 되어 있다 하더라도 그 보증을 하게 된 동기와 목적, 피보증채무의 내용, 거래의 관행 등 제반사정에 비추어 당사자의 의사가 계약문언과는 달리 일정한 범위의 거래의 보증에 국한시키는 것이었다고 인정할 수 있는 경우에는 그 보증책임의 범위를 제한하여 새겨야 할 것이다. 이 사건에서 원심이 채택한 갑 제34호증의1(차입신청품의서), 갑 제34호증의5(이사회기채결의서), 갑 제34호증의

7(보증인명세), 원심이 배척하지 아니한 을 제 6 호증(회사등기부등본), 을 제 7 호증(대출규정)의 각 기재와 원심증인 안태교의 증언 및 원심의 대출관계서류 검증결과 등에 의하면 피고는 1971. 12. 23. 위 회사의 이사로 취임하였다가 1977. 6. 30. 그 직을 사임한 사실, 원고은행은 원고은행의 대출규정에 따라 법인에 대한 대출에 있어서는 사원, 이사 또는 이에 준하는 임원으로 하여금 개인자격으로 연대보증을 하게 하고 따라서 피고 역시 위 회사의 이사로 재직중인 1974. 12. 17. 및 1976. 9. 13. 위 회사가 원고은행과 어음거래약정 및 당좌계정차월약정을 체결함에 있어서 회사를 위하여 연대보증을 하게 된 사실, 원고가 구하는 이 사건 채권은 대부분 피고가 위 회사의 이사직을 퇴임한 후에 이루어진 것으로서 어느 경우에도 피고가 새로이 어음거래약정서 및 보증서에 연대보증인으로서 서명날인하거나 발행된 어음에 배서를 한 사실이 없으며 오로지 그 당시 이사였던 원심공동피고 차용대, 김영소, 김일묵 등이 위 회사의 연대보증인이 되어 어음거래 등이 있을 때마다 새로이 어음거래약정서나 보증서를 원고은행에 제출한 사실을 인정할 수 있다.

위와 같이 피고는 위 회사의 이사라는 지위에 있었기 때문에 원고은행의 대출규정상 계속적 거래로 인하여 생기는 회사의 채무에 대하여 연대보증을 하게 된 것이고, 원고은행은 거래시마다 그 당시 회사의 이사 등의 연대보증을 새로이 받아 왔다면 원고은행과 피고 사이의 연대보증계약은 피고가 회사의 이사로 재직중에 생긴 채무만을 책임지우기 위한 것이었다고 보아야 할 것이다.

그러므로 원심으로서는 원고은행이 구하는 이 사건 청구채권 중 거래관계의 실질을 파악하여 어음개서 등의 형식으로 다루어진 거래관계를 포함하여 피고가 대진상사 주식회사에 재직하고 있었던 사이에 이루어졌던 실질적인 거래관계로 인하여 회사가 부담하게 된 채무를 가려서 피고의 연대보증계약의 효력이 미치는 피담보채무의 범위를 정하여야 함에도 불구하고 원심이 피고의 연대보증의 효력은 회사 이사직을 퇴임한 이후의 거래관계로 인하여 생긴 채무에까지 미친다고 판시한 조처는 결국 근보증계약의 해석에 관한 법리를 오해하여 그 계약내용에 대한 심리를 다하지 아니하였거나 채증법칙을 위배하여 사실을 오인함으로써 판결에 영향을 미친 위법을 저질렀다고 할 것이고, 이는 소송촉진 등에 관한 특례법 제12조가 규정하는 파기사유에 해당한다 할 것이므로 논지는 이유 있다. [···]

질문

1. 이 판결은 피고가 보증채무를 부담하는 주채무의 범위를 계약해석으로 제한

하고 있다. 계약해석에 의하여 어떠한 채무가 책임범위에서 제외되고 있는가? 그리고 그러한 해석에는 어떠한 사정들이 고려되고 있는 것으로 보이는가?

2. 계약서의 문언에도 불구하고 이러한 축소해석을 하는 것이 계약해석의 법리에 따를 때 허용될 수 있는가?
3. 대판 1988. 5. 24, 87다카2896을 찾아서 읽어 보라. 이 판결은 위의 대판 1987. 4. 28, 82다카789가 가지는 의미를 제한하고 있다. 양자의 사실관계를 비교하고, 계약해석으로 책임 제한을 달성하는 태도가 가지는 한계에 대해 생각해 보라.

(나) 이러한 문언의 축소해석이 나타나는 모습을 살펴보기로 한다.

첫째, 보증인이 근보증계약을 함과 아울러 그 소유의 부동산에 근저당권을 설정하는 경우(즉 보증인이 동시에 물상보증인이 되는 경우)가 적지 않은데, 그 경우 보증서에는 보증한도액에 제한이 없어도 이를 근저당권설정계약상의 채권최고액으로 한정된다고 의사해석한 예가 있다(대판 1983. 7. 26, 82다카1772). 그러나 이는 항상 그러한 것은 아니며 개별 사안에서 문제되는 계약해석에 따른다(대판 1993. 7. 13, 93다17980).

둘째, 당사자들이 비록 근보증 또는 근저당이라고 이름 붙은 계약을 체결한 경우에도, 채무자가 채권자로부터 받는 1회의 특정한 금융만을 염두에 두고 담보를 제공한 것인 사정이 두드러지는 때에는, 보증책임은 당해 금융거래로 인한 개별채무에 한정되고, 그 후에 채권자와 채무자 사이에 이루어진 금융거래로부터 발생하는 채무에는 그의 책임이 미치지 않는다고 해석하는 예도 있다(대판 1979. 8. 31, 79다640).

셋째, 주채무자가 부담하는 채무액에 한도가 마련된 경우에 이를 보증한 사람은 그 한도액의 범위에서 보증한 것으로 해석되기도 한다. 판례는 신용카드소지인의 카드회사에 대한 채무를 보증한 사람의 책임은 특별한 다른 사정이 없으면 카드소지인의 월간 신용거래한도액(사용한도액)에 제한된다고 하며(대판 1986. 7. 8, 85다카1740), 또한 당좌대월한도액의 정함이 있는 경우에도 그러한 것으로 추측된다(대판 1972. 11. 28, 72다921).

넷째, 보증기간에 대하여도 보증문언에 불구하고 이를 제한하는 예가 존재한다. 예컨대 회사의 이사가 은행의 대출규정상 그 지위 때문에 회사의 은행과의 거래로 인한 채무에 대하여 연대보증을 하게 되었고, 은행은 거래시마다 그 당시 회사이사의 연대보증을 새로이 받아 왔다면, 그 연대보증계약은 보증인이 회사의 이사로 재직중에 생긴 채무만을 책임지우기 위한 것이라고 보아야 한다(대판 1987. 4. 28, 82다카789; 위의 재판례 [4])고 한다.

(2) 책임내용의 제한

(가) 한도액이 정해진 근보증의 경우 이자 등 부수채무를 합하여 그 한도에서만 책임을 진다. 보증기간이 만료하거나 보증계약이 해지되거나 또는 보증의 대상인 기본계약이 종료된 때 등의 시점(결산기)에서 존재하는 채무 중에서 보증한도액만큼의 보증책임을 지는 것이다. 그 이전에 성립한 채무 중 변제된 것이 있어도 보증인의 책임에는 영향이 없다(대판 1985. 3. 12, 84다카1261). 채무총액이 보증한도액을 넘는 때에는 일종의 일부보증이 되어서, 원칙적으로 보증인은 채무의 잔액이 있는 한에서 한도액만큼 책임을 진다. 한편 보증인 자신이 한도액의 일부를 변제한 경우에는 그 잔액에 대하여만 책임을 진다(대판 1980. 3. 25, 79다2251).

(나) 그러나 종래 한도액의 정함이 없고 나아가 보증기간의 정함도 없는 경우에 보증인은 원칙적으로 변제기에 있는 주채무 전액에 관하여 책임을 진다고 해석되었다. 판례는, 보증인의 책임한도액을 정하지 아니한 경우는 물론이고 위와 같이 보증한도액이 정하여진 경우에까지도, 일정한 사정 아래서는 신의칙에 의하여 이를 합리적인 범위 내로 제한할 수 있다고 하였다. 그러나 이제는 이러한 책임 제한이 문제되는 사안들도 제436조의2 제 2 항, 제 4 항의 적용에 의해 해결될 경우가 많을 것이다.

[5] 보증인 책임의 제한: 대판 1984. 10. 10, 84다카453

[주　문] 원심판결을 파기하고, 사건을 서울고등법원에 환송한다.

[이　유] 원고 소송대리인의 상고이유를 판단한다.

1. 채권자와 주채무자 사이의 계속적 거래관계로 현재 및 장래에 발생하는 불확정적 채무에 관하여 보증책임을 부담하기로 하는 이른바 계속적 보증계약은 보증책임의 한도액이나 보증기간에 관하여 아무런 정함이 없는 경우라 하더라도, 그 본질은 의연히 보증계약임에 변함이 없는 것이므로 보증인은 변제기에 있는 주채무 전액에 관하여 보증책임을 부담함이 원칙이라 할 것이다.

다만 보증인의 부담으로 돌아갈 주채무의 액수가, 보증인이 보증당시에 예상하였거나 예상할 수 있었던 경우에는 그 예상범위로 보증책임을 제한할 수 있다 할 것이나 그 예상범위를 훨씬 상회하고 그 같은 주채무과다발생의 원인이 채권자가 주채무자의 자산상태가 현저히 악화된 사실을 익히 알면서도(중대한 과실로 알지 못한 경우도 같다) 이를 알지 못하는 보증인에게 아무런 통보나 의사타진도 없이 고의로 거래규모를 확대함에 연유하는 등 신의칙에 반하는 사정이 인정되는 경우에 한하여 보증인의 책임을 합리적인 범위내로 제한할 수 있다 할 것이다.

2. 원심판결 이유에 의하면, 원심은 피고들이 1977. 6. 30. 원고은행과 소외 주식회사 양지기업(이하 소외 회사라 한다) 사이의 어음거래에 관하여 소외 회사를 위하여 책임한도액과 기간의 정함이 없는 계속적 보증계약을 체결한 다음 소외 회사는 원고로부터 그 약정에 따라 판시와 같이 당일 금 50,000,000원을 같은 해 8. 2.과 8. 18. 각 25,000,000원씩 변제기를 1985. 6. 30.로 정하여 차용하였으나 위 회사는 1979. 3. 28. 부도를 내고 파탄함으로써 보증인인 피고들은 원고은행에 대하여 원금 41,410,874원과 원심인정의 소정이자에 대한 보증책임을 지게 된 사실을 확정한 후, 위 원금 및 이자에 대한 보증책임의 이행을 구하는 원고은행의 이 사건 청구에 대하여 그 거시의 증거를 모아 (1) 피고들은 모두 소외 회사의 이사라는 직책 때문에 이 사건 연대보증인이 되었을 뿐 아무런 대가도 수령한 바 없고 (2) 보증계약체결당시의 원고에 대한 소외회사의 채무는 금 50,000,000원밖에 없었으며 (3) 소외 회사의 1978년도 당기 순손실이 금 103,289,000원, 부채비율이 951.6퍼센트, 자기자본비율이 9.5퍼센트여서 재무구조가 악화되어 있었고 (4) 원고은행은 소외 회사가 이 사건 부도를 내기 직전인 1979. 3. 2.부터 동년 3. 15. 사이에 소외 회사를 위하여 대한 및 중앙 등 2개의 투자금융주식회사에 대하여 금 300,000,000원에 달하는 대출보증을 해 주었다가 결국 소외 회사의 파탄으로 말미암아 위 각 투자금융주식회사에 대하여 위 보증채무를 변제하였고 더욱이 부도 이틀 전인 동년 3. 26. 소외회사에 대하여 금 30,000,000원을 추가로 대출함으로써 이 사건 주채무자인 소외 회사의 채무액수가 급격히 증가한 사실 (5) 원고은행은 소외 회사의 부도 즉시 대출금회수조치를 취했어야 함에도 불구하고 1981. 2. 21. 이후까지 이를 지연시킨 탓으로 연체이자가 과다하게 발생된 사실 (6) 그 밖에 담보확보시의 부주의로 인하여 부실담보 내지 하자있는 담보물을 취득하였을 뿐더러 담보실행절차에서 적절한 조치를 취하지 못하여 감정가액 금 232,806,000원 상당의 담보물이 불과 금 97,002,000원에 경락되도록 방치한 사실 등을 인정한 후, 이상 여러 가지 정황

에 비추어 피고들의 이 사건 보증책임은 이를 원심판시 범위로 감축함이 신의칙상 부합한다고 판단함으로써 원고의 이 사건 청구 중 위 범위를 벗어난 부분을 배척하였다.

3. 그러나 원심이 인정한 바에 의하더라도 이미 피고들이 이 사건 계속적 보증계약의 체결 당시 이미 소외 회사는 원고은행으로부터 금 50,000,000원을 대출받은 바 있었다는 것이고, 잇달아 2개월 미만의 기간에 추가로 금 50,000,000원이 대출되었다는 것이니 그렇다면 피고들은(피고 이영주가 위 보증후 1개월 안에 퇴직하였다 하더라도) 적어도 위 합계 금 100,000,000원 또는 50,000,000원(피고 이영주의 경우)의 채무에 대하여 그들이 보증책임이 있음을 이미 알고 있었거나 충분히 알 수 있었다고 봄이 상당하다. 그런데 피고들의 보증책임의 액수가 원심이 인정한 바와 같이 금 41,410,874원 및 이에 부대되는 이자 등이라면 이는 피고들이 위 보증계약체결당시에 예상하였거나 예상할 수 있었던 범위를 벗어나는 액수라고는 볼 수 없다 할 것이므로, 가사 원심 인정의 위 (1) 내지 (6)의 사정이 있다 한들 원고은행의 피고들에 대한 이 사건 보증책임의 추급이 신의칙에 반하거나 권리남용에 해당한다고 단정할 수는 없다.

그러함에도 판시와 같은 이유를 들어 원고의 이 사건 청구를 일부 배척한 원심판결에는 필경 계속적 보증계약의 본질이나 신의칙의 적용에 관한 법리를 오해한 소치라 할 것이고 그로 인하여 판결에 영향을 미쳤음이 분명하므로 이를 탓하는 이 사건 상고논지는 이유있어 원심판결은 파기를 면할 수 없다. […]

질문

1. 이 판결은 보증인의 책임범위가 확정되어 있는 경우에도 채권자의 의무(보다 정확하게는 자기의무 내지 책무; Obliegenheiten) 위반을 이유로 이를 제한할 수 있다는 입장을 보인다. 대법원은 그러한 의무의 근거를 어디에서 찾고 있는가?
2. 이 판결에서는 어떤 사정들이 고려되어 어떠한 결론이 도출되었는가?
3. 민법 제485조와 비교해 보라. 어떠한 공통의 법리를 발견할 수 있는가?
4. 신설된 제436조의2 제 2 항, 제 4 항이 위 사실관계에 적용되는 경우, 결론은 어떠한가?
5. 실제로 재판례에서 신의칙을 이유로 책임을 감경한 예는 드물다. 사안유형을 형성하고 있는 것으로는 신용카드채무의 보증인의 책임이 문제된 경우를 들 수 있다(대판 1986. 2. 25, 84다카1587; 1989. 5. 9, 88다카8330 등). 이들을 찾

아 읽어보고 권리남용이 인정될 만한 어떠한 점들이 있는지 위 판결에 비추어 생각해 보라.

5. 근보증의 상속성

(1) 결산 이후의 상속성

우선 근보증관계가 종료하여 결산이 행하여지면 그때 보증인이 부담하는 채무는 보통의 보증채무와 다를 바 없으므로, 그 후에 보증인이 사망하더라도 그 채무가 상속됨에는 의문의 여지가 없다.

(2) 결산 이전의 상속성

결산에 이르지 아니한 근보증에서 지위의 상속성에 대하여(신원 제 7 조 참조), 판례는 경우를 나누어 보증한도액 있는 계속적 보증계약의 상속성은 원칙적으로 긍정하지만(대판 1999. 6. 22, 99다19322), 보증한도액과 보증기간에 제한이 없는 계속적 보증관계에서는 이를 원칙적으로 부정하고 있었다(대판 2001. 6. 12, 2000다47187; 2003. 12. 26, 2003다30784). 이렇게 상속성이 부정되는 경우 보증인이 사망할 때까지 이미 발생한 채무는 어떻게 되는지가 문제되는데, 그러한 채무는 일단 결산하여, 그 결과 확정된 채무가 상속의 대상이 된다고 볼 것이다. 특히 보증기간과 한도액의 정함이 없는 경우에는 위에서 본 대로 변제기에 있는 주채무 전부에 대하여 보증책임이 있다고 하므로, 주채무 각각이 개별적으로 보증의 대상이 된 경우와 별로 다를 바 없어서 그렇게 보아도 무리는 없다.

(3) 주채무자의 사망

한편 근보증관계의 지속 중에 주채무자가 사망한 경우에 대하여는 보증기간과 보증한도액의 약정이 없으면 상속성을 부인하여 근보증관계가 종료된다고 할 것이고, 그러한 약정이 있으면 상속성은 인정되나 보증인은 보증계약을 해지할 수 있다고 한다(특별해지권).

Ⅳ. 신원보증

사람을 고용하는 법률관계에 부수하여 「신원보증」이 많이 행해진다. 신원보증에는 대체로 세 가지가 있다. ① 피용자가 장차 고용계약에 기한 채무를 불이행하거나 고용관계와 관련하여 불법행위를 행함으로써 사용자에 대하여 손해배상채무를 부담하게 되는 경우에 그 이행을 담보한다는 것이거나, 또는 ② 보다 넓게, 피용자에게 귀책사유가 없다든가 하여 그가 사용자에게 손해배상채무를 지지 않는 경우에도 그를 고용함으로써 발생하는 모든 손해의 전보를 담보한다는 것이거나, 나아가 드물게는 ③ 일체의 재산상의 손해에 관하여서뿐만 아니라 피용자의 신상이나 성품이 올바름을 보장하고 또한 설사 그의 질병 등으로 노무에 종사할 수 없게 되는 경우에도 사용자에게 부담이 되는 일은 없도록 하겠다는 것(「신원인수」라고도 불린다)이다. 법적인 성질로 보면, ①은 장래채무의 보증 또는 계속적 보증이고, ②와 ③은 일종의 손해담보계약이라고 할 수 있다.

신원보증을 서는 것은 직장의 취득과 관련되어 있고 직접 재산적 이익이 개재되는 금융의 획득과는 일단 관련이 없다. 그러므로 신원보증은 다른 계속적 보증의 경우보다도 더욱 비계산적으로 피보증인과 단지 일정한 인적 관계에 있기 때문에 행하여진다. 그리고 일단 얻어진 직장은 장기간의 근무를 예정하고 있으므로, 그 보증기간도 자연히 장기간에 이르게 되고, 또 담당직무에 따라서는 엄청난 손해를 가할 위험을 내포한 것일 수도 있는 것이다. 그러므로 신원보증인은 의외로 가혹한 책임을 짊어지게 될 위험이 항상 존재한다. 이러한 특이성을 고려하여 신원보증인의 책임을 다양한 각도에서 완화하기 위하여 「신원보증법」(1957년 법률 제449호; 2009. 1. 30. 전문개정 법률 제9363호)이 마련되었다. 이 법률에서 제시된 각종의 책임완화장치는 다른 계속적 보증에 대하여도 하나의 모범으로서의 역할을 하고 있다.

Ⅴ. 손해담보계약

1. 손해담보계약의 의의

당사자의 일방(담보자)이 상대방(담보수령자)에 대하여 일정한 결과의 발생 또는 불발생을 담보(보장)하고 그 보장이 실현되지 않았을 때에는 그로 말미암아 발생한 상대방의 불이익을 전보하여 주기로 하는 계약이 체결되는 경우가 있다. 이를 통상 손해담보계약이라고 한다. 이러한 계약에 대하여 민법은 아무런 규정도 두지 않으나, 계약자유의 원칙에 의하여 허용된다. 흔히 볼 수 있는 예로는 물품제조자의 품질보증계약을 들 수 있다.

그러나 손해담보계약 중에는 다른 채무자의 급부에 관한 담보를 내용으로 하는 것도 있다. 가령 물건매매에서 제 3 자(가령 융자은행 등)가 매수인의 대금지급을 매수인이 매도인에 대하여 대항사유를 가지는지를 불문하고 담보하는 경우, 물건매매의 중개인이 물건의 가격상승을 보장하는 경우 등이 이에 해당한다. 이 중 보증과 유사한 것은 물론 담보자가 채무자의 채무이행을 채권자에 대하여 담보한 경우(소위 이행담보)이다. 이하에서는 이에 한정하여 설명한다.

2. 손해담보계약의 성질과 내용

(1) 손해담보채무의 비부종성

손해담보계약은 담보의 내용인 일정한 결과의 발생 또는 불발생을 실현할 급부의무를 담보자에게 부담시키지는 않는다. 오히려 담보자는 단지 보장한 담보가 실현되지 아니하였을 경우에 이로써 상대방이 입은 불이익을 어떠한 방식으로든 전보하여 줄 계약상의 의무를 부담한다. 또한 이행담보를 내용으로 하는 손해담보계약에서는 채무자가 실제로 그러한 급부를 내용으로 하는 채무를 부담하는지를 묻지 않는다. 즉 담보수령자에게 일정한 급부가 실현되지 않았다는 객관적인 사실로 말미암아 그에게 발생한 불이익의 전보만이 문제되며, 그 급부의 불실현이 채무의 부존재 또는 소멸로 인한 것인지 여부는 크게 문제되지 않는다. 그러므로 어떠한 채무자의 채무이행을 담보하는 것을 내용으로 하는 손해담보계약에서 담보자의 채무는 법적으로는 그 채무자의 채무와는 독립된 별개의 채무로서, 그에 대하여 부종성이나 보충성이 없다.

(2) 손해담보채무의 내용

손해담보계약에 기하여 담보자가 부담하는 채무의 내용은 물론 그 계약의 해석에 달려 있다. 배상할 손해 또는 불이익의 액이 처음부터 확정되어 있을 필요는 없으며, 담보자가 보장한 일정한 결과로부터 발생하는 손해 또는 불이익으로서 나중에 그 담보가 실현되지 않았을 때 확정될 수 있으면 충분하다.

[6] 독립적 은행보증: 대판 1994. 12. 9, 93다43873

[주 문] 원심판결을 파기한다. 사건을 서울고등법원에 환송한다.

[이 유] 상고이유와 상고이유서 제출기간 경과 후에 제출된 상고이유보충서 중 상고이유를 보충하는 부분을 함께 판단한다.

1. 원심판결 이유에 의하면 원심이 인정한 사실관계 및 판단내용을 요약하면 다음과 같다.

신청인이 1984. 2. 25. 사우디아라비아 왕국 보건성(이하 사우디 보건성이라고 한다)으로부터 원심 판시의 공사를 도급받기로 하는 계약을 체결함에 있어, 위 보건성의 요구에 따라 피신청인으로부터 1984. 1. 21.자 계약이행보증서와 1984. 3. 7.자 선수금지급보증서를 발급받아 위 보건성에 제공하였는데, 위 각 보증서의 당초 유효기간은 모두 1986. 3. 11.이었으나 그 후 몇 차례에 걸쳐 그 유효기간이 연장되어 1991. 3. 11. 최종적으로 그 보증기간이 1991. 12. 11.까지로 연장되었고 위 선수금지급보증서의 보증금액도 감액된 사실, 위 각 보증서에 의하면 도급인(사우디 보건성)의 절대적 판단으로 수급인(신청인)이 도급조건의 어느 것이라도 불이행하였다고 보는 때에는 보증인(피신청인)은 도급인의 서면에 의한 청구를 받는 즉시 수급인이 반대하더라도 보증금을 지급하고, 이 보증서에 기재한 확약사항들은 보증인의 무조건적이고 취소불능인 직접의무(unconditional and irrevocable direct obligation)이며, 계약조건의 변동 또는 도급공사의 범위 및 내용의 변동이 있거나 만일 이 조항이 없으면 보증인에 대한 면책사유가 될 수도 있는 도급인에 의한 시간적 여유의 허용 또는 그 밖의 다른 행위로 인한 관용이나 양보가 있더라도 보증인은 이 보증서상의 책임을 어떤 식으로든지 면할 수 없는 것으로 규정되어 있는 사실, 한편 위 공사도급계약 당시 공사기간은 1986. 11. 24.까지로 약정되었으나 그 후 몇 차례 연장되어 최종적으로는 1992. 4. 14.로 연장된 사실, 그런데 사우디 보건성은 위 보증기간이 만료되기 전인 1991. 11. 13. 자기의 거래은행인 내쇼날 코머셜 뱅크(National Commercial Bank)를 통하여 피신청인에게 공문을 발송하여 위 보증기간을 1992. 9. 11.까지 다시 연장할 것을 요구하고 만일 이에 응할 수 없는 경우에는 보증금 전액을 지급하여 줄 것을 요청한 사실 등을 당사자 사이에 다툼이 없는 사실로 인정하였다.

나아가 신청인이 피신청인에 대하여 위 보증금의 지급금지를 구하는 이 사건 가처분의 신청이익의 존부의 점에 관하여, 신청인은 피신청인에 대하여 이 사건 각 보증서의 발급을 신청함에 있어 그 신청서의 뒷면에 기재된 지급보증약정서의 각 조항을 무위준수할 것을 확약하였는데, 그 지급보증약정서 제 6 조

제 3 항에서는 "본인은 귀행의 보증채무 이행을 저지할 목적으로 가압류, 가처분 신청을 포함한 일체의 이의를 제기하지 않겠으며, 어떠한 사유로도 귀행의 보증채무에 대하여 일체의 압류, 보전처분신청 및 본안소송을 제기하지 않겠음"이라고 규정하고 있는 사실을 인정하고, 위 약정조항은 이 사건 각 지급보증서를 둘러싼 모든 권리관계 및 법률관계에 관하여 보전처분 및 소제기를 금하는 것은 아니고 피신청인이 보증채무를 이행하는 것을 저지하려는 보전처분 신청 및 본안소송을 제기하지 않기로 하는 특약을 한 것이라고 해석되므로, 피신청인은 수익자의 보증채무 이행청구가 명백히 신의칙에 반하거나 권리남용에 해당하는 기망적인 청구일 경우라도 자신의 책임과 판단 아래 신청인으로부터 보전처분이나 제소행위를 통하여 저지를 받지 아니하고 그 보증채무를 이행할 수 있다 할 것이고, 따라서 신청인은 위 약정 조항에 따라 피신청인에 대하여 이 사건 보증에 기한 보증채무 이행을 저지하는 가처분신청을 할 권리보호의 이익이 없어 부적법하다고 판단하였다.

그리고 다시 이 사건 지급보증서발급 의뢰시에 한 위 가처분신청금지의 약정조항은 약관의 규제에 관한 법률(이하 약관규제법이라고 한다) 제14조에 위반되어 무효라는 신청인의 주장에 대하여는, 위 법률은 그 부칙 제 1 조 및 제 2 조에 따라 위 법률 시행 이전인 1984년경에 체결된 이 사건 보증계약에는 이를 적용할 수 없고, 그 후 수차에 걸쳐 보증기한이 연장갱신되고 보증금액이 감액되면서 그때마다 같은 종류의 약정서가 첨부된 대외지급보증서 조건변경신청서가 작성되었다 하더라도 이는 원보증계약의 조건변경에 불과할 뿐 위 부칙 제 3 조 소정의 위 법률 시행 후의 이행분이라고 볼 수는 없으며, 또 이를 가리켜 위 법 제14조의 소정의 고객에 대하여 부당하게 불리한 소제기의 금지조항이라고 단정할 수도 없다고 판단하고 있다.

2. 먼저 이 사건 지급보증을 둘러싼 당사자 사이의 법률관계 및 그에 기한 이 사건 가처분신청의 피보전권리와 필요성에 관하여 살피기로 한다.

가. 피신청인이 신청인의 보증의뢰에 따라 사우디 보건성을 수익자로 하여 발행한 이 사건 각 지급보증서는 원심도 인정하고 있는 것처럼 그 문언상 보증의뢰인이 수익자와의 계약조건의 어느 것이라도 불이행하였다고 수익자가 그 절대적 판단에 따라 결정한 때에는 보증인은 수익자의 서면에 의한 청구가 있으면 보증의뢰인이 어떤 반대에도 불구하고 즉시 수익자가 청구하는 보증금을 지급하겠다는 것으로서, 그 의무의 성질이 무조건적이고 보증인이 주장할 수 있는 어떠한 면책사유로도 대항하지 않겠다는 것임이 분명하므로, 이는 주채무에 대한 관계에 있어서 부종성을 지니는 통상의 보증이 아니라, 주채무자(보증의뢰

인)와 채권자(수익자) 사이의 원인관계와는 독립되어 그 원인관계에 기한 사유로서는 수익자에게 대항하지 못하고 수익자의 청구가 있기만 하면 보증인의 무조건적인 지급의무가 발생하게 되는 이른바 독립적 은행보증(first demand bank guarantee)이라고 할 것이다.

따라서 이러한 은행보증의 보증인으로서는 수익자의 청구가 있기만 하면 보증의뢰인이 수익자에 대한 관계에 있어서 채무불이행책임을 부담하게 되는지의 여부를 불문하고 그 보증서에 기재된 금액을 지급할 의무가 있다고 할 것이며, 이 점에서 이 은행보증은 수익자와 보증의뢰인과의 원인관계와는 단절된 추상성 내지 무인성을 가진다.

그러나 독립적 은행보증의 경우에도 신의성실의 원칙 내지 권리남용금지의 원칙의 적용까지 배제되는 것은 결코 아니라고 할 것이므로 수익자가 실제에 있어서는 보증의뢰인에게 아무런 권리를 가지고 있지 못함에도 불구하고 위와 같은 은행보증의 추상성 내지 무인성을 악용하여 보증인에게 청구를 하는 것임이 객관적으로 명백할 때에는 이는 권리남용의 경우에 해당하여 허용될 수 없는 것이고, 이와 같은 경우에는 보증인으로서도 수익자의 청구에 따른 보증금의 지급을 거절할 수 있다고 보아야 할 것이다.

한편 기록에 의하면, 이 사건 각 지급보증서에는 “이 보증은 사우디아라비아 왕국의 법령에 따라 규율되고 그에 의하여 해석되어야 한다”라는 규정이 포함되어 있음이 분명하므로, 이 사건 은행보증거래에 있어서 생기는 위와 같은 문제를 해결하여야 할 준거법은 당연히 사우디아라비아 왕국의 법령이 된 다 할 것인데, 기록상 위에서 본 바와 같은 법리는 위 사우디아라비아 왕국의 법령의 해석작용에 의하더라도 모두 그대로 승인되는 것으로 보인다(소 갑 제 1 호증 및 제 2 호증, 소 을 제17호증 및 제19호증의 1 각 참조).

나. 위에서 본 바와 같은 보증의뢰인과 보증인 사이의 은행보증서의 발행을 위한 보증의뢰계약은 그 보증에 따른 사무처리를 내용으로 하는 민법상의 위임계약에 다름 아닌 것으로서, 보증인은 그 수임인으로서 상대방인 보증의뢰인의 당해 보증서에 관한 이익을 보호하여야 할 의무를 부담하게 된다. 따라서 보증인은 특히 수익자의 보증금 지급청구가 권리남용임이 객관적으로 명백할 때에는 보증의뢰인에 대한 관계에 있어서 마땅히 그 지급을 거절하여야 할 보증의뢰계약상의 의무를 부담하고, 그 반면에 보증의뢰인으로서도 보증인에 대하여 위와 같이 수익자의 청구가 권리남용임이 명백하다는 것을 입증하여 그 보증금의 지급거절을 청구할 수 있는 권리를 가진다고 보아야 할 것이다.

이와 같이 해석하는 한, 수익자가 이처럼 권리남용적인 보증금의 지급청구를 하는 경우에는 보증의뢰인은 그 보증금의 지급거절을 청구할 수 있는 권리에 기하여 직접 그 의무자인 보증인을 상대방으로 하여 수익자에 대한 보증금의 지급을 금지시키는 가처분을 신청할 수 있다고 볼 것이고, 보증인이 수익자의 그러한 권리남용적인 보증금청구에 응하여 보증금을 지급하여 버리게 되면, 그에 따라 보증인의 보증의뢰인에 대한 상환청구가 당연히 수반될 것이고, 나아가 보증의뢰인이 보증인의 위 보증금 지급을 무효라고 주장하여 상환을 거절하는 경우에는 보증인으로부터 각종 금융상의 제재조치를 받게 되는 등의 사실상 경제적인 불이익을 감수할 수밖에 없게 될 것인 점 등에 비추어 볼 때, 위와 같은 보증금의 지급거절을 둘러싼 권리관계의 분쟁으로부터 생길 수 있는 현저한 손해를 방지한다는 측면에서 그 보전의 필요성도 충분히 인정될 여지가 있을 것이다. [···]

4. 그렇다면, 이 사건 상고이유 중 위에서 판단한 사항들을 지적하는 부분은 모두 이유 있으므로, 원심판결을 파기하고 사건을 다시 심리·판단하게 하기 위하여 원심법원에 환송하기로 관여 법관의 의견이 일치되어 주문과 같이 판결한다.

질문

1. 이 판결에서 문제되고 있는 「독립적 은행보증」은 어떠한 성질과 내용의 계약인가?
2. 이러한 「독립적 은행보증」이 특히 수출입거래에서 담보수단으로 활용되는 이유는 무엇이라고 생각되는가?
3. 이 사건에서 대법원은 가처분 보전의 필요성을 인정하고 있다. 어떠한 이유를 들고 있는가? 이 사건에서와 같은 가처분을 쉽게 인정한다면, 「독립적 은행보증」이 예정한 기능을 원활히 수행할 수 있겠는가? 그럼에도 그러한 제한은 인정되어야 하는가? (대판 2014. 8. 26, 2013다53700 참조)

제4장 연대채무

Ⅰ. 연대채무의 의의·성질

1. 의 의

연대채무는 여러 사람의 채무자가 동일한 급부에 대하여 각자 독립해서 전부의 이행을 하여야 할 채무를 부담하나 그 중 한 사람의 이행이 있으면 다른 채무자의 채무도 소멸하는 다수당사자의 채무를 말한다(제413조). 연대채무자들은 각자 독립한 채무를 부담하므로, 채권자는 ① 연대채무자 중 일인(一人)에 대하여 전부나 일부의 이행을 청구할 수 있고, 또는 ② 그 중 수인(數人) 나아가 전원에 대하여 전부나 일부의 이행을 청구할 수 있는데, 그러한 다수의 연대채무자에 대한 이행청구는 동시에 할 수도 있고 또는 순차로 할 수도 있다(제414조). 그러나 채권의 만족은 하나의 급부에 의하여 행하여지도록 되어 있으므로, 연대채무자 중 1인의 이행이 있으면 채권은 그 범위에서 소멸하고 다른 채무자들에게 이행청구를 하지 못하는 것이다.

연대채무는 채권의 효력을 강화하여 채권의 만족을 확보하는 기능을 가진다. 채권자는 급부가 행하여지기 전까지 연대채무자 전원에 대하여 각자 전부의 이행을 할 것을 청구할 수 있고, 나아가 채권의 만족을 위하여 연대채무자 전원의 일반재산 전체를 공취할 수 있다. 이는 채권의 일반담보로 한 사람의 채무자의 책임재산만을 파악할 수 있는 경우에 비하여, 채무자가 무자력하게 됨으로써 채권이 실현될 가능성이 없어지는 위험을 훨씬 줄이는 결과가 된다.

2. 법적 성질

오늘날 연대채무자는 각자 독립한 채무를 부담한다는 데 견해가 일치한다. 그 결과 연대채무자 중의 한 사람에 대한 채권만을 분리하여 양도할 수 있고, 압류 및 전부할 수도 있다. 또한 연대채무자 중의 한 사람에 대하여만 보증인을 세울 수 있고(제447조 참조) 그 채무에 대하여만 물적 담보를 설정할 수도 있다. 나아가 각 채무자의 채무는 그 내용을 달리 할 수 있다(채무액, 조건, 기한, 이행기, 변제의 장소 등). 연대채무자 중의 1인에 대한 법률행위에 무효나 취소의 사유가 있어도 그것은 다른 연대채무자의 채무에 영향을 미치지 않는다는 규정(제415조)도 이러한 관점에서 이해할 수 있다.

Ⅱ. 연대채무의 성립

1. 계약에 의한 성립

(1) 연대의 특약

채권의 발생원인인 법률행위, 특히 계약에서 아울러 연대의 특약이 행하여지면, 연대채무가 성립한다(약정연대채무). 이는 다른 의사표시와 마찬가지로 묵시적으로도 행하여질 수 있다. 특히 우리 민법의 경우 당사자들의 약정이나 법률이 없으면 분할채권관계가 성립함이 원칙이나(제408조), 이러한 분할채권관계에서는 채권의 행사가 번거롭고 또 채권의 만족가능성을 저하시키는 단점이 있으므로, 학설은 채무자들 사이에 공동의 이해관계가 있는 경우라면 묵시적 의사표시에 따라 연대채무관계를 인정할 여지가 크다고 설명한다.

(2) 병존적 채무인수

특히 인적 담보라는 관점에서 연대채무는 병존적 채무인수에 의해 성립하는 경우가 많다.

민법이 명시적으로 규율하는 채무인수는 채무자의 교체를 가져오는 면책적 채무인수로서, 채권자와의 계약에 의하는 것이 아니라면 채권자의 승낙이 필요하다(제453조 제 1 항, 제454조 제 1 항). 이는 책임재산의 변동을 가져오므로 이해관계인인 채권자의 의사관여가 요구되는 것이다. 그러나 병존적 채무인수는 채무자를 추가하여 연대채무를 성립시키므로, 채권자가 공취할 수 있는 책임재산은 증가한다. 따라서 병존적 채무인수는 채무자와 인수인 사이의 계약에 의해서도 가능하며,[1] 이때 인수인이 채무자와의 계약에 의해 채권자에 대해 추가적인 채무를 부담하기로 하는 약정은 제 3 자를 위한 계약(제539조)에 해당한다(대판 1989. 4. 25, 87다카2443).

병존적 채무인수에 의해서 담보제공자는 채무자와 더불어 연대채무 또는 부진정 연대채무의 관계에 들어간다(주 1 참조). 따라서 그는 이제 원래의 채무자와 함께 한 사람의 연대채무자로서 채권자에 대해 책임을 진다. 병존적 채무인수는 기존의 채무가 존재해야 유효하게 성립할 수 있다는 점에서 성립상의 부종성은 있다고 할 수 있다. 그러나 일단 연대채무관계가 성립한 이후에 각각의 채무는 서로 상이한 내용과 운명을 가질 수 있다.

2. 법률에 의한 성립

(1) 연대의 추정

법률은 일정한 계약관계에서 그 일방당사자가 다수인 경우에는 그들의 채무를 연대채무로 추정하고 있다(제616조, 제654조, 상 제57조 제 1 항). 이들 경우에는 당사자들이 연대채무가 아닌 것으로 특약함으로써 비로소 연대의 구속에서 벗어날 수 있다.

(2) 법정연대채무

그 밖에 연대채무는 법률의 규정에 의하여서도 성립한다(법정연대채무; 제35조 제 2 항, 제65조, 제760조,[2] 제832조 등, 상 제81조, 제212조, 제321조, 제333조, 제399조, 제567조 등).

---

1) 판례는 병존적 채무인수가 채무자의 부탁에 의한 경우에는 주관적 공동관계가 있어 연대채무가 성립하지만 그렇지 않은 경우에는 부진정 연대채무가 성립한다고 한다(대판 2009. 8. 20, 2009다32409).

2) 그러나 통설과 판례에 따르면 제760조의 경우 공동불법행위로 인한 다수인의 채무는 그 문언에도 불구하고 원래의 연대채무가 아니라 부진정연대채무라고 해석되고 있다.

Ⅲ. 연대채무자에 대한 채권자의 권리

1. 연대채무의 대외적 효력

채권자가 연대채무자에 대하여 어떠한 권리를 가지는가, 보다 구체적으로는 어떠한 내용의 이행을 청구할 수 있는가에 대하여 제414조는 "채권자는 어느 연대채무자에 대하여 또는 동시나 순차로 모든 연대채무자에 대하여 채무의 전부나 일부의 이행을 청구할 수 있다"고 정한다. 그러나 채무의 일부에 대하여서라도 변제가 행하여지면 그 범위에서 채권은 소멸하므로, 채권자는 나머지에 대하여만 권리를 가진다.

2. 연대채무자의 무자력

연대채무는 채권의 만족이 확보되는 데 그 주요한 효용이 있다. 이는 채무자 중의 1인이 무자력하게 되더라도, 채권자는 위에서 본 바와 같이 다른 채무자에 대하여 채권 전부의 이행을 청구할 수 있고, 채무자들은 각자 그 전부를 이행할 책임을 진다는 데서 명백하게 드러난다. 채권자가 다른 채무자로부터 받은 급부는 그것이 그 채무자의 내부적인 부담부분을 넘는 것이라고 하여도 이를 반환할 필요가 없음은 물론이다(다만 예외적으로 제427조 제 2 항 참조).

한편 연대채무자 중 한 사람이 파산한 경우에 채권자는 "파산선고시에 가진 채권의 전액에 관하여" 파산재단에 참가할 수 있다(회파 제428조; 대판 2003. 2. 26, 2001다62114). 그 후에 채권의 일부에 대하여 만족을 얻더라도 이를 감액할 필요가 없다.

Ⅳ. 연대채무자의 일인에게 생긴 사유의 효력

1. 절대적 효력과 상대적 효력

연대채무자들은 각각 독자적인 채무를 부담하나, 그 채무자 중의 1인이 채권의 목적을 달성시키는 경우에는 다른 채무자도 그 의무를 면하게 된다. 그러므로 변제·대물변제·공탁·상계와 같이 채권의 목적을 달성시키거나 이에 준하는 사유가 발생하면 그것이 모든 채무자를 위하여 효력이 발생하는 것(절대적 효력)은 당연하다. 그러면 그 이외의 사유는 다른 채무자에게 영향을 미치지 않는다고 할 것(상대적 효력)인가? 물론 그렇게 하는 것이 일반적으로는 채권자에게 유리할 것이나, 연대채무자 사이에는 일정한 결합관계가 있는 것이 통상이므로 일정한 사유에 대하여는 절대적 효력을 인정하는 것이 공평에도 맞고 또 당사자 사이의 법률관계를 간이하게 처리할 수 있게 한다. 우리 민법은, 한편으로 채권자의 연대채무자 1인에 대한 이행청구에 절대적 효력을 인정하여 채권자에게 유리한 처리를 하면서, 다른 한편으로 경개, 면제, 혼동 또는 소멸시효의 완성이나 채권자지체와 같이 채권의 목적달성과는 무관한 사유에 대하여도 절대적 효력을 인정하여 균형을 잡고 있다.

2. 절대적 효력이 있는 사유

이는 채권자와 채무자 1인 사이에서 생긴 사유의 효력이 그대로 다른 채무자에게도 미치는 것과 그것이 당해 채무자의 부담부분의 범위에서만 다른 채무자에게 미치는 것으로 나누어진다. 전자는「일체형 절대적 효력사유」, 후자는「부담부분형 절대적 효력사유」라고 부를 수 있을 것이다.

(1) 일체형 절대적 효력사유

(가) 채권을 그 원래의 내용대로 만족시키는 변제가 절대적 효력을 가짐은 물론이다.[3] 그리고 이에 준하는 대물변제나 공탁도 모든 채무자에 대한 관계에서 효력을 가진다는 데 이론이 없다. 그리고 상계에 대하여는 민법이 이를 명문으로 정하고 있는데(제418조 제 1 항), 이 역시 변제에 준하는 사유라고 할 것이다. 그런데 연대채무자 중의 일인이 채권자에 대하여 반대채권을 가지고 있다고 하더라도, 그것만으로는 위와 같은 채권소멸의 효과가 발생하지 않으

3) 여러 명의 연대채무자 또는 연대보증인에 대하여 따로따로 소송이 제기되는 등으로 그 판결에 의하여 확정된 채무원본이나 지연손해금의 금액과 이율 등이 서로 달라져 채무자들이 공동으로 부담하는 부분과 공동으로 부담하지 않는 부분이 생긴 사안이 발생할 수 있다. 그러한 경우 어느 채무자가 채무 일부를 변제하였다면, 어느 범위에서 변제에 따른 절대효가 발생하는지 문제된다. 판례는 일부변제는 그 변제자가 부담하는 채무 중 공동으로 부담하지 않는 부분의 채무 변제에 우선 충당되고 그 다음 공동 부담 부분의 채무 변제에 충당되며, 다른 채무자와 공동으로 부담하는 부분의 채무가 소멸되면 그 채무 소멸의 효과는 다른 채무자 전원에 대하여 미친다고 한다(대판 2013. 3. 14, 2012다85281). 이른바 외측설을 채택한 것이다(본장 주 4도 참조).

며, 그 반대채권자가 구체적으로 상계의 의사표시를 하여야 한다. 민법은 그 경우에, 다른 채무자가 반대채권자의 부담부분에 한하여서는 스스로 상계의 의사표시를 하여 채권을 소멸시킬 수 있다고 정한다(제418조 제 2 항; 한편 회파 제416조도 참조). 그러나 이는 임의규정이다.

(나) 채무자 1인과 채권자 사이에 경개가 행하여진 때에는 채권은 모든 채무자의 이익을 위하여 소멸한다(제417조). 이는 경개로 발생한 신채무와 다른 채무자가 여전히 부담하는 채무 사이에 발생할 수 있는 복잡한 관계를 간략하게 처리하려는 취지에서 정하여진 것이다. 경개한 채무자는 물론 다른 채무자에 대하여 구상을 할 수 있다. 이 규정도 역시 임의규정이어서, 경개 당사자들은 다른 채무자에게는 영향이 없다는 반대의 특약을 할 수 있다.

(다) 채무자 중의 1인이 행한 이행의 제공을 채권자가 받을 수 없거나 받지 않음으로 말미암아 채권자지체가 발생한 경우에 이는 다른 채무자에게도 효력이 있다(제422조). 그리하여 다른 채무자도 귀책사유가 경감되고, 이자지급의무를 면하며, 그의 증가된 보관비용 등은 채권자의 부담이 된다(제401조 내지 제403조). 또한 다른 채무자도 이제 유효하게 변제공탁을 할 수 있다(제487조).

(라) 이상이 연대채무자들의 이익으로 절대적 효력이 생기는 사유임에 반하여, 민법은 채권자의 채무자 중 1인에 대한 이행청구에 채권자의 이익으로 절대적 효력이 발생하는 것을 인정하고 있다(제416조).

여기서 말하는 「이행청구」는 재판상, 재판외의 청구를 모두 포함한다. 이행청구의 결과로 발생하는 이행지체나 시효중단 등의 효과도 절대적 효력이 있다(그러나 제168조 제 2 호, 제 3 호에 따른 시효중단은 이행청구에 의한 것이 아니므로 절대적 효력이 없다; 대판 2001. 8. 21, 2001다22840 참조). 그러므로 이행청구를 받지 아니한 채무자도 이행지체로 인한 손해배상책임을 부담하게 된다(제387조 제 2 항 참조). 물론 연대채무가 각기 이행기를 달리하는 경우에는 이행기가 아직 도래하지 아니한 채무자에 대하여는 그러한 효과가 발생하지 않는다. 그러나 이행지체를 이유로 계약을 해제하는 경우에는 계약당사자인 채무자 전원에게 해제의 의사표시를 하여야 한다(제547조 제 1 항). 그 경우에는 해제권의 발생요건으로서의 최고(제544조 참조)도 절대적 효력이 있다고 할 것이다. 한편 재판상의 청구로 인하여 시효의 진행이 중단된 경우에는 그 재판의 확정과 함께 다른 채무자 전원에 대하여 시효가 새로이 진행된다(제178조 제 2 항).

(2) 부담부분형 절대적 효력사유

(가) 채권자가 연대채무자 중 1인에 대하여 그 채무를 면제한 경우에는 그 채무자의 부담부분에 대하여 다른 채무자도 채무를 면한다(제419조). 이는 구상관계를 간략하게 처리하기 위한 것이라고 설명되고 있다. 가령 다른 채무자들이 채무 전부를 이행하고 면제받은 채무자에게 구상하는 것을 막기 위하여 처음부터 다른 채무자들이 책임범위를 축소한다는 것이다.

(a) 채권자가 채무자 사이의 부담부분이 평등한 것으로 알고 그 중 1인에게 면제를 하였으나 사실은 내부적으로 다른 채무자의 부담부분은 없고 면제를 받은 채무자만이 전부를 부담하는 것으로 되어 있었던 경우는 어떠한가? 이와 같은 경우에도 위 규정을 그대로 적용하면 채권자에게 너무 불리하므로, 그 경우에 다른 채무자가 부담부분의 비율이 평등하지 않음을 주장할 수 있는 것은 채권자가 이를 알았거나 알 수 있는 경우에 한한다는 것이 다수설이다. 그러나 이러한 해석은 제419조의 문언에 합치한다고 하기는 어렵다. 그렇다면 위와 같은 경우에는 일반적인 착오 법리(제109조)를 적용하여 문제를 해결하면 충분할 것이다.

(b) 채권자는 채무자들의 채무 전부를 면하게 하는 효력을 가지는 면제의 의사표시를 연대채무자 1인에 대하여 할 수 있는가? 이는 그 의사표시를 수령하는 채무자가 다른 채무자를 대리하여 이를 수령할 권한이 있는가에 달려 있다고 할 것이다. 수령대리권이 없는 경우에는 그러한 전체적 면제의 효과를 가질 수 없으나, 다른 채무자는 이를 추인함으로써 채무를 면제받을 수 있다(제136조 제 2 문, 제130조 이하).

(c) 채권자가 연대채무자 중의 1인에 대하여 그 채무의 일부만을 면제한 경우에 이는 연대채무에 어떠한 영향을 미치는가? 이에 대하여는 견해가 나뉘지만, 종래 다수설은 다음과 같이 해석하고 있다. 일부면제는 면제받은 채무자의 부담부분에 관하여 그 면제액의 비율로 모든 채무자의 채무를 소멸시키며, 나아가 면제받은 채무자의 내부적인 부담부분도 그 비율로 축소된다고 한다. 예를 들어 A, B, C 3인이 내부적인 부담부분이 균등하게 6백만 원의 연대채무를 부담하는 경우에, 채권자가 A의 채무의 2분의 1, 즉 3백만 원을 면제하였다고 하자. 그렇다면 B, C의 연대채무액은 5백만 원이 된다. A의 부담부분

2백만 원의 2분의 1에 해당하는 1백만 원만큼 그들의 채무가 소멸하기 때문이다. 나아가 A의 내부적인 부담부분도 원래의 2분의 1로 축소된다. 그러나 판례는 일부 면제에 의한 피면제자의 잔존 채무액이 부담부분보다 적은 경우 그 차액(부담부분－잔존 채무액)의 범위에서 절대적 효력이 발생한다고 해석한다(대판 2019. 8. 14, 2019다216435). 앞의 예에서 A의 잔존채무액 3백만 원이 부담부분을 초과하므로, 절대적 효력은 발생하지 않지만, 예컨대 면제액이 5백만 원인 경우에는 1백만 원의 범위에서 절대적 효력이 발생한다는 것이다.

(나) 연대채무자 중의 1인과 채권자 사이에 혼동이 있는 때에는 그 부담부분에 한하여 다른 채무자도 의무를 면한다(제420조). 일부혼동이 있는 때에는 일부면제의 경우와 같이 처리할 것이다.

(다) 연대채무자 중의 1인에 대하여 소멸시효가 완성된 때에는 그 부담부분에 한하여 다른 채무자도 의무를 면한다(제421조). 한편 이 경우에도 채무의 일부에 대하여만 소멸시효가 완성된 때에는 일부면제의 경우와 같이 처리할 것이다.

3. 상대적 효력이 있는 사유

위에서 본 바와 같이 절대적 효력이 있는 사유 이외에는 모두 상대적 효력밖에 없으므로, 그 사유가 채무자 중 1인에게 발생하였어도 다른 채무자에게는 영향을 미치지 않는다(제423조). 물론 이는 임의규정으로, 당사자들의 특약으로 일정한 사유에는 일정한 내용으로 절대적 효력을 가지는 것으로 정하는 것은 허용된다.

V. 연대채무자들 사이의 구상관계

1. 구상권과 연대채무자의 부담부분

(1) 구상권의 발생

연대채무자 중 1인이 변제 기타 자신의 출재로 채무자 전원의 공동면책을 얻은 때에는 다른 채무자에 대하여 그 각자의 부담부분에 관한 구상권을 가진다(제425조 제 1 항). 연대채무자들 사이에서는 공동면책을 위한 비용지출을 나누어 부담하는 관계가 있으므로, 그러한 출재의 궁극적인 분담은 채무자들 사이의 내부관계에서 행하여져야 하는 것이다. 이러한 내부적인 비용분담관계를 구상관계라고 하고, 그로부터 발생하는 분담청구권이 곧 구상권이다.

(2) 부담부분의 의의

여기서 부담부분이란 연대채무자 각자가 그들 사이의 내부관계에서 공동면책을 위한 출연(비용지출)에 대하여 분담하는 비율을 말한다(대판 2013. 11. 14, 2013다46023). 이는 비율을 가리키고 고정된 액수를 말하는 것은 아니지만, 때로는 그 비율에 따른 액수라는 의미로 쓰이는 경우도 있다(가령 제448조 제1항). 이러한 부담부분은 어떠한 기준에 의하여 정하여지는가? 민법은 채무자들의 부담부분을 "균등한 것으로" 추정하고 있다(제424조). 이는 명백히 당사자들이 부담부분을 균등하지 아니한 것으로 하는 약정(나아가서는 어느 채무자의 부담부분을 0으로 하는 약정)을 할 수 있음을 전제하는 규정이다. 그래서 특약이 있거나 특약이 없더라도 채무의 부담과 관련해 각 채무자의 수익비율이 다르다면 그 특약 또는 비율에 따라 부담부분이 결정된다(대판 2014. 8. 20, 2012다97420, 97437). 이렇게 당사자들의 약정이 있으면 그에 따라 부담부분이 정해지고, 약정이 없는 경우에는 법률에 따라 부담부분은 균등하게 취급된다.

2. 구상권의 성립요건

(1) 공동면책

우선 연대채무자 중의 1인이 모든 채무자를 위하여 채무를 소멸시키거나 감소하게 하였을 것, 즉 공동면책이 요구된다. 보증채무에서와는 달리 공동면책을 얻기 전에 사전구상을 하는 것(제442조 참조)은 인정되지 않는다. 한편 이러한 공동면책을 채무 전부에 대하여 얻을 필요는 없다. 그리고 공동면책을 얻은 채무의 비율이 채무 전부에 대한 구상권자의 부담부분보다 적은 경우에도 구상권이 발생한다. 예를 들어 A, B, C가 갑에 대해 180의 연대채무를 부담하는 경우, A가 60을 변제하였다면 B, C로부터 각각 20을 청구할 수 있고, B가 90을 변제하였다면 B는 A, C로부터 각각 30을 청구할 수 있는데, 이 경우 A가 이미 60(180×1/3)을 변제하였다고 B의 구상청구를 거절할 수는 없다(대판 2013. 11. 14, 2013다46023).

(2) 출 재

이러한 공동면책은 구상권자의 출재에 의한 것이어야 한다. 출재란 출연과 동일한 의미로서, 자기의 재산을 감소시켜서 타인의 재산을 증가시키는 행위를 말한다. 그러므로 변제 및 이와 같이 취급되는 대물변제·공탁·상계는 물론이고, 경개나 혼동에 의하여서도 구상권이 발생한다. 그리고 임의의 변제 등의 경우뿐만 아니라 강제집행에 의한 경우도 포함됨은 물론이다. 그러나 면제나 소멸시효의 완성의 경우에는 비록 공동면책이 있어도 이것이 면제를 얻은 채무자 등의 출연에 의한 것이 아니므로 구상권은 발생하지 않는다.

3. 구상권의 법률관계

(1) 구상권의 범위

구상권의 범위에 포함되는 것으로는 당연히 출재액이 주가 되나, 그 외에 면책된 날 이후의 법정이자 및 피할 수 없는 비용 기타의 손해배상도 포함된다(제425조 제 2 항). 그것을 모두 합한 총액에 각 채무자의 부담부분을 곱한 것이 구상권의 내용이 된다. 한편 연대채무자는 변제할 정당한 이익이 있으므로, 그가 변제에 의하여 구상권을 가지는 경우에는 그 구상권의 범위에서 당연히 채권자를 대위한다(제481조).

(2) 사전 및 사후의 통지

민법은 연대채무자가 공동면책을 얻기 위하여 출연행위를 함에 있어서 다른 채무자에게 사전 및 사후에 통지를 하도록 요구한다. 물론 이러한 통지는 구상권의 성립요건은 아니나, 이를 게을리 한 경우에는 구상권이 제한되도록 하였다(제426조). 그러므로 연대채무자의 통지의무는 이를 위반하면 일정한 법적인 불이익을 가져오는 일종의 자기의무(책무; Obliegenheit)에 속한다.

(가) 사전의 통지

어느 연대채무자가 변제 기타 자신의 출재로 공동면책을 이루었으나 그 출연행위를 하기 전에 다른 채무자에게 이를 통지하지 않은 경우에, 다른 채무자가 당시 채권자에게 대항할 수 있는 사유를 이미 가지고 있었다면, 그는 출연행위를 한 채무자의 구상청구에 대하여 그 대항사유로써 자신의 부담부분의 범위에서 대항할 수 있다(제426조 제 1 항). 이 규정은, 채권자에 대한 대항사유를 가지고 있는 채무자에게 그것을 행사할 수 있는 기회를 잃지 않게 하려는 데 목적이 있다. 그러므로 채권자의 이행청구가 있는 사실을 미리 알고 있어서 자신의 대항사유를 주장할 기회가 있었던 채무자에 대하여는 이 규정에 의한 구상권의 제한이 적용되지 않는다.

여기서 「대항할 수 있는 사유」로서 대표적인 예는 상계할 수 있는 반대채권을 가지고 있는 사정이다. 가령 A, B, C 3인이 내부관계에서 균등하게 G에 대하여 6백만 원의 연대채무를 부담하고 있는데 그중 B는 G에 대하여 3백만 원의 반대채권을 가지고 있어 이를 자신의 채무와 상계할 수 있었던 경우에는, A가 통지 없이 6백만 원을 변제하여 B에게 2백만 원의 구상을 해 오더라도, B는 G에 대한 채권으로써 A의 구상채권을 상계할 수 있다. 그리고 그가 그러한 상계를 한 경우에는 그의 G에 대한 채권은 2백만 원의 범위에서 A에게 법률상 당연히 이전된다(제426조 제 1 항 후단).

(나) 사후의 통지

어느 연대채무자가 변제 기타 자신의 출재로 공동면책이 되었음을 사후에 다른 연대채무자에게 통지하지 않은 경우에 다른 채무자가 선의로 채권자에게 변제 기타 유상의 면책행위를 한 때에는 그 채무자는 자신의 면책행위의 유효를 주장할 수 있다(제426조 제 2 항). 이 규정은 비채변제의 위험을 사전에 방지하고, 일단 비채변제가 일어나면 그에 관하여 과실 없는 변제자를 구상관계에서 보호하려는 데 목적이 있다. 가령 앞의 예에서 A가 6백만 원을 변제하고 통지를 하지 않고 있는 동안에 B가 사전의 통지를 하고 선의로(A가 B의 통지를 받고도 아무런 주의를 주지 않으면 선의일 수 있다) 다시 변제를 한 경우에, B는 A의 구상을 거부할 수 있을 뿐만 아니라 반대로 그에게 구상할 수 있다.

이 규정에 의하면 선의로 면책행위를 한 연대채무자는 "자기의 면책행위의 유효를 주장할 수 있다." 그것이 통지를 게을리 한 채무자와의 관계에서 자신의 면책행위의 유효를 주장하여, 그로부터의 구상청구를 거부할 수 있고 또한 그에 대하여 구상권을 행사할 수 있다는 의미임에는 이론이 없다. 현재의 통설은 그 효과가 이에 그치며, 나아가 채권자나 그 외의 채무자와의 관계에서도 통지를 게을리 한 채무자의 면책행위가 효력을 상실하고 뒤의 채무자의 면책행위가 유효가 되는 것은 아니라고 한다(소위 상대적 효과). 이중으로 면책행위를 한 선의의 채무자를 보호하기 위해서는 상대적 효과만으로 충분하고, 특히 이중으로 급부를 수령한 채권자로서는 뒤에 수령한 급부는 전적으로 비채변제로서 이를 보유할 법적인 원인이 없다고 할 것이지만 처음 수령한 급부는 이를 반환할 이유가 없기 때문이다. 예를 들어 C에 대하여 2백만 원의 구상을 할 수 있는 것은 여전히 A이며, 채권자 G와의 관계에서도 A의 급부는 그대로 유효하고 오히려 B로부터 수령한 급부가 그의 부당이득이 된다고 한다. 이 경우 다수설에 따르면 A는 C로부터 2백만 원의 구상을 청구할 수 있으나, B는 A에게 2백만 원의 구상을 청구함과 동시에 A가 C로부터 받은 2백만 원을 부당이득으로 반환청구할 수 있으며, B가 G에 대해 가지는 6백만 원의 부당이득 반환청구권은 B가 A로부터 4백만 원을 지급받음으로써 A에게 이전한다고 한다(제399조의 유추적용).

(다) 사전의 통지와 사후의 통지가 모두 없었던 경우

사후의 통지와 사전의 통지가 모두 행하여지지 아니한 경우는 어떠한가? 가령 어느 연대채무자가 면책행위를 하였으나 사후의 통지를 게을리 하고 있는 동안에 다른 연대채무자가 사전의 통지 없이 면책행위를 한 경우에, 제 2 의 출연채무자가 제426조 제 2 항에 의하여 자신의 면책행위의 유효를 주장할 수 있는가 하는 문제이다. 통설은 양자가 모두 통지를 하지 않았다는 점에서 마찬가지이므로 제426조의 제 1 항 또는 제 2 항을 적용하여 어느 한편을 보호할 수는 없다고 하여, 그 적용을 모두 배제한다. 그러므로 일반원칙으로 돌아가 제 1 의 면책행위만이 유효한 것이 되고, 제 2 의 변제는 비채변제로서 변제자에게 반환되어야 한다(보증의 제445조, 제446조에 대하여 대판 1997. 10. 10, 95다46265).

4. 제 2 차적 상환의무

(1) 구상권의 확장

자신의 출연으로 채권을 소멸시켜서 공동면책을 얻은 채무자는 위에서 본 바와 같이 다른 채무자들에게 구상권을 행사함으로써 내부관계에서 자신의 비용지출을 상환받게 된다. 그런데 이 구상권 자체도 하나의 채권에 불과하므로, 다른 채무자가 무자력한 경우에는 역시 현실적인 전보를 받지 못할 우려가 있다. 이에 대비하여 민법은 “연대채무자 중에 상환할 자력이 없는 자가 있는 때에는 그 채무자의 부담부분은 구상권자 및 다른 자력이 있는 채무자가 그 부담부분에 비례하여 분담한다”고 정하고 있다(제427조 제 1 항 본문). 이는 내부관계에 있어서 연대채무자의 제 2 차적인 상환의무를 규정한 것이라고 할 수 있다. 그러나 가령 구상할 수 있었는데도 그 시기를 놓쳤기 때문에 무자력하게 된 경우와 같이 구상권자에게 과실이 있는 때에는 다른 연대채무자에게 분담을 청구하지 못한다(동항 단서).

(2) 연대면제와 무자력

어느 연대채무자가 채권자로부터 「연대의 면제」를 받았는데, 다른 채무자 중에 상환의 자력이 없는 사람이 있는 경우에는, 그 무자력자가 상환할 수 없는 부분 중에서 연대의 면제를 받은 사람이 위의 규정에 의하여 분담하였어야 할 부분은 채권자가 이를 부담하여야 한다(제427조 제 2 항).

연대의 면제라 함은, 통상의 채무면제와는 달리, 채무자에 대하여 채무를 다른 채무자와 연대하여 이행할 의무만을 면제하는 것을 말한다. 바꾸어 말하면 채권자가 채무자와의 관계에 있어서 전부급부의 청구권을 포기하고 그 채무자의 채무액을 그의 부담부분의 범위로 한정하는 것이다. 연대의 면제도 일종의 채무의 일부면제로서 채권자의 단독행위로 할 수 있다. 연대의 면제가 연대채무자 전원에 대하여 이루어지면, 연대채무는 소멸하고 각 채무자의 부담부분액을 내용으로 하는 여러 개의 채무가 되며 따라서 구상관계란 발생할 여지가 없게 된다(절대적 연대면제). 연대채무자 중의 1인 또는 수인에 대하여 연대의 면제를 하는 때(상대적 연대면제)는 면제를 받은 채무자의 채무만이 그 부담부분액에 한정된 채무로 변하게 되고 다른 채무자의 연대채무에는 영향을 미치지 않는다.

Ⅵ. 부진정연대채무

1. 의 의

(1) 「부진정연대채무」라는 문제제기

여러 사람의 채무자가 동일한 급부에 대하여 각자 독립해서 전부의 이행을 하여야 할 채무를 부담하나 그 중 한 사람의 이행이 있으면 다른 채무자의 채무도 소멸하는 점에서는 연대채무와 동일하지만, 민법의 연대채무에는 포함되지 않는 다수당사자의 채무관계가 있다. 종래의 통설은 이러한 채무를 모두 통틀어 부진정연대채무라는 하나의 개념으로 파악하여 왔다(대판 2009. 3. 26, 2006다47677 참조).

그러한 의미의 부진정연대채무로 인정되었던 것은 주로 동일한 손해를 수인이 각각의 입장에서 전보하여야 할 의무를 부담하는 경우이다. 예를 들면, 우선 ① 법인의 이사가 그의 직무에 관하여 불법행위를 행한 경우 법인의 손해배상의무(제35조 제 1 항)와 그 이사 자신의 일반적 불법행위책임(제750조), ② 피용자가 업무집행에 관하여 불법행위를 행한 경우 사용자 또는 감독자의 손해배상의무(제756조 제 1 항, 제 2 항)와 그 피용자 자신의 일반적 불법행위책임, ③ 책임무능력자의 불법행위에 대한 법정감독의무자와 대감독자의 각 손해배상의무(제755조), ④ 동물이 가한 손해에 대한 점유자와 보관자의 각 손해배상의무(제759조) 등 불법행위의 분야에서 그러하다. 그리고 ⑤ 근로자 등이 근로재해로 인하여 인신피해 등을 입었을 경우 그 재해에 대하여 귀책사유 있는 사람의 일반적 불법행위책임과 여러 사회보장법률에 의한 사용자나 나라 등의 보상금지급의무(근기 제78조 이하, 산재 제36조 이하 등)는 부진정연대관계에 있다고 한다. 이는 ⑥ 자동차운행으로 인한 인신사고 기타의 경우에 있어서 자동차운행자의 특별법상 가중된 책임(자배 제 3 조 등)과 운전자 등 구체적 행위자의 일반적 불법행위책임과 같이 소위 위험책임의 영역에서도 마찬가지이다. 특히 ⑦ 공동불법행위의 경우에는 법에 가해자들이 "연대하여" 그 손해를 배상하여야 한다고 규정되어 있음에도 불구하고(제760조), 통설과 판례는 이를 부진정연대채무라고 이해하고 있다(대판 1967. 12. 29, 67다2034, 2035). 뿐만 아니라, ⑧ 임차물·임치물·운송물이 보관의무 등의 불이행으로 도난당하거나 멸실·훼손당한 경우 임차인 등의 채무불이행으로 인한 손해배상의무와 도취자 또는 파손자의 불법행위책임, ⑨ 이행보조자가 고의 또는 과실로 목적물을 멸실·훼손시킨 경우 채무자의 채무불이행책임(제390조, 제391조)과 이행보조자의 불법행위책임(제750조) 등과 같이 하나의 손해전보에 계약책임과 불법행위책임이 경합하는 경우에도 이들을 부진정연대채무라고 파악하여 왔다. 그러나 그 외에 ⑩ 임대인의 동의를 얻어 임대목적물이 전대된 경우 임차인과 전차인의 임대인에 대한 각 임료지급의무, 목적물반환의무 등(제630조, 특히 제 2 항 참조)도 부진정연대채무라고 한다.

(2) 부진정연대채무의 취급

이른바 부진정연대채무의 사례는 매우 다종다양한 것이고, 이들에 단순히 민법의 연대채무에 관한 규정이 그대로 적용되지 않는다거나 그들 사이에 연대채무의 특징인 주관적 공동목적이 결여되어 있다는 어떠한 부정적인 징표만을 드는 것 외에 공통적인 법리를 설정하는 것은 쉽지 않다. 그러므로 오늘날 다수의 채무자 각자가 동일한 급부, 특히 금전채무와 같은 가분급부를 전부 실현하여야 할 의무를 부담하는 경우가 매우 많으며(특히 사회국가사상의 진출로 인한 피해자구제의 필요상 그러하다), 그들 채무자 사이의 관계는 민법이 정하는 연대채무의 규정을 적용하기에 적합하지 아니한 경우도 적지 않다는 점을 우선 명확하게 인식할 필요가 있다고 생각된다. 그리고 그 인식 위에서 나아가 다수채무자의 전부의무가 인정되는 개별유형들의 성질을 탐구하여, 연대채무의 법리가 적용되지 않는 이유와 그 범위, 그리고 그 경우의 대체 법리 등 실질에 알맞은 법리를 찾으려는 노력이 이루어져야 할 것이다. 그러한 노력의 성과 위에서만 「부진정연대채무」라는 개념을 하나의 법기술로서 인정할 것인가, 또 어느 범위에서 어떠한 내용으로 인정할 것인가를 정할 수 있을 것이다.

2. 대외적 효력

채권자의 채무자들에 대한 권리는 연대채무에 있어서와 같다. 다만 채무자 중의 1인이 파산선고를 받은 경우에는 비록 그 전에 다른 채무자로부터 일부변제 또는 일부배당을 받았더라도, 연대채무에서와는 달리, 채권의 전액으로써 배당가입을 할 수 있다고 해석되고 있다(회파 제428조의 적용은 배제된다).

3. 채무자의 1인에 관하여 생긴 사유의 효력

채권을 만족시키는 사유, 즉 변제나 이와 동일하게 평가할 수 있는 대물변제·공탁·상계가 절대적 효력을 가짐에는 이론이 없다.[4)]

---

4) 부진정연대채무에서 서로 다른 금액의 채무가 부진정연대관계에 있는 사안이 종종 발생한다. 그러한 경우 소액의 채무를 부담하는 자의 일부변제는 당연히 다액의 채무를 부담하는 자의 채무를 일부변제액만큼 감소시킨다고 볼 것이다(대판 2012. 2. 9, 2009다72094). 그러나 반대로 다액 채무자가 일부변제를 한 경우에는 그것이 소액 채무자의 채무를 얼마나 감소시킬 것인지의 문제가 발생한다. 이는 기본적으로 일부변제액을 소액 채무자의 부담부분에부터 충당할 것인지 아니면 소액 채무자의 부담부분을 초과하는 부

[1] 부진정연대채무에서 상계의 절대적 효력: 대판(전) 2010. 9. 16, 2008다97218

[주 문] 상고를 기각한다. 상고비용은 원고가 부담한다.

[이 유] 상고이유를 판단한다.

1. 기업개선작업절차에서 이루어진 출자전환행위의 해석에 관한 법리오해 주장에 관하여

당사자 쌍방이 가지고 있는 같은 종류의 급부를 목적으로 하는 채권을 서로 대등액에서 소멸시키기로 하는 상계계약이 이루어진 경우, 상계계약의 효과로서 각 채권은 당사자들이 그 계약에서 정한 금액만큼 소멸한다. 이러한 법리는 기업개선작업절차에서 채무자인 기업과 채권자인 금융기관 사이에 채무자가 채권자에게 주식을 발행하여 주고 채권자의 신주인수대금채무와 채무자의 기존 채무를 같은 금액만큼 소멸시키기로 하는 내용의 상계계약 방식에 의하여 이른바 출자전환을 하는 경우에도 마찬가지로 적용되며, 이와 달리 주식의 시가를 평가하여 그 시가 평가액만큼만 기존의 채무가 변제되고 나머지 금액은 면제된 것으로 볼 것은 아니다.

원심판결 이유에 의하면, 원심은 그 채택 증거를 종합하여, 쌍용건설 주식회사(이하 '쌍용건설'이라고 한다)가 1990년대 초부터 자금사정이 악화됨에 따라 1998. 11. 12. 기업개선작업절차에 들어간 후 경영이 정상화되어 2004. 10. 18. 기업개선작업절차가 종료된 사실, 원고와 쌍용건설은 위 기업개선작업절차에서 체결된 1999. 3. 29.자 기업개선작업약정에 따라, 원고의 쌍용건설에 대한 150억원의 기업어음 매입채권 및 13,485,000,000원의 대출금 채권(이하 위 두 채권을 함께 '이 사건 대출금 등 채권'이라고 한다)에 관하여 원고가 쌍용건설로부터 1주당 발행가를 5,000원으로 하여 신주를 발행받고 그 신주인수대금채무와 이 사건 대출금 등 채권을 상계하기로 합의하여 이 사건 대출금 등 채권을 주식으로 출자전환한 사실을 인정한 다음, 원고의 쌍용건설에 대한 이 사건 대출금 등 채

분에부터 충당할 것인지 여부에 따라 결과가 달라지기 때문에 그러하다. 이에 대해서는 중첩되지 않는 다액채무자의 채무가 먼저 변제된다는 견해(이른바 외측설), 중첩되는 부분의 채무가 먼저 변제된다는 견해(이른바 내측설), 책임비율에 따라 안분된다는 견해(이른바 안분설)이 대립하는데, 주류의 판례는 공동불법행위에 따른 부진정연대의 경우에는 안분설(대판 1994. 2. 22, 93다53696; 1995. 3. 10, 94다5731 등), 사용자책임에 따른 부진정연대의 경우에는 외측설에 의해 해결하고 있었다(대판 2000. 3. 14, 99다67376; 2010. 2. 25, 2009다87621). 그러나 절대적 효력을 가지는 사유인 변제 등이 문제되는 이상 연대채무에서와 달리 볼 이유는 없으므로(본장 주 3 참조), 일반적으로 외측설에 의하는 것이 타당하다(제477조 제 2 호 참조). 대법원도 최근 판례를 변경하여 공동불법행위에 따른 부진정연대에서 일부변제가 이루어진 경우에도 외측설을 채택하였다(대판(전) 2018. 3. 22, 2012다74236).

권은 위와 같은 출자전환에 의하여 전액 만족을 얻어 소멸하였다는 취지로 판단하였다.

원심의 판단은 앞서 본 법리에 비추어 정당한 것으로 수긍할 수 있고, 거기에 기업개선작업절차에 있어 출자전환의 해석에 관한 법리오해 등의 잘못이 없다.

2. **상계 내지 상계계약의 효력에 관한 법리오해 주장에 관하여**

부진정연대채무자 중 1인이 자신의 채권자에 대한 반대채권으로 상계를 한 경우에도 채권은 변제, 대물변제, 또는 공탁이 행하여진 경우와 동일하게 현실적으로 만족을 얻어 그 목적을 달성하는 것이므로, 그 상계로 인한 채무소멸의 효력은 소멸한 채무 전액에 관하여 다른 부진정연대채무자에 대하여도 미친다고 보아야 한다. 이는 부진정연대채무자 중 1인이 채권자와 상계계약을 체결한 경우에도 마찬가지이다. 나아가 이러한 법리는 채권자가 상계 내지 상계계약이 이루어질 당시 다른 부진정연대채무자의 존재를 알았는지 여부에 의하여 좌우되지 아니한다.

이와 달리 부진정연대채무자 중 1인이 자신의 채권자에 대한 반대채권으로 상계하더라도 그 상계의 효력이 다른 부진정연대채무자에 대하여 미치지 아니한다는 취지의 대법원 1989. 3. 28. 선고 88다카4994 판결, 대법원 1996. 12. 10. 선고 95다24364 판결, 대법원 2008. 3. 27. 선고 2005다75002 판결의 견해는 이와 저촉되는 한도에서 변경하기로 한다.

원심은, 원고와 쌍용건설이 이 사건 출자전환에 의하여 원고가 발행받는 주식에 대한 신주인수대금채무와 이 사건 대출금 등 채권을 상계하기로 합의함으로써 원고는 이 사건 대출금 등 채권 전액의 만족을 얻었고, 이와 같은 사유는 쌍용건설의 원고에 대한 채무와 부진정연대채무 관계에 있는 피고의 원고에 대한 손해배상채무에 절대적 효력을 미쳐 피고의 손해배상채무도 같은 금액만큼 소멸하였다는 취지로 판단하였다.

원심의 판단은 앞서 본 법리에 따른 것으로서 정당하고, 거기에 상계 내지 상계계약의 효력에 관한 법리오해의 잘못이 없다.

3. 결　론

그러므로 상고를 기각하고, 상고비용은 패소자가 부담하기로 하여 주문과 같이 판결한다. 이 판결에는 상고이유 중 기업개선작업절차에서 이루어진 출자전환행위의 해석에 관한 대법관 신영철의 반대의견과, 상고이유 중 부진정연대채무자 중 1인이 한 상계 내지 상계계약이 다른 부진정연대채무자에 미치는 효력에 관한 [···] 반대의견이 있는 외에는 관여 법관들의 의견이 일치되었고, 다수의견에 대한 [···] 보충의견, [···] 반대의견에 대한 [···] 보충의견이 있다. [···]

5. 상고이유 중 부진정연대채무자 중 1인이 한 상계 내지 상계계약이 다른 부진정연대채무자에 미치는 효력에 관한 […] 반대의견

가. 다수의견은 부진정연대채무자 중 1인이 자신의 채권자에 대한 반대채권으로 상계를 한 경우 또는 채권자와 상계계약을 체결한 경우, 그로 인한 채무소멸의 효력이 소멸한 채무 전액에 관하여 다른 부진정연대채무자에 대하여도 미친다고 해석하고, 그와 다른 종전 대법원판결들의 견해가 변경되어야 한다고 하고 있으나, 이러한 견해에는 찬성할 수 없다. 그 이유는 다음과 같다.

나. 우선 연대채무의 경우에는 민법 제418조 제 1 항에서 채무자 1인이 상계를 함으로써 다른 연대채무자의 채무도 상계한 금액만큼 소멸한다는 이른바 절대적 효력의 취지를 규정하고 있으나, 부진정연대채무의 경우에는 그러한 명문의 규정이 없으므로 이에 관하여는 합리적인 해석에 의하여 해결할 수밖에 없다.

대법원이 종래 민법상의 연대채무와 구별되는 부진정연대채무의 개념을 인정하면서 채무의 변제에 대하여는 연대채무와 같이 절대적 효력을 인정하는 반면 채무면제, 채권의 포기에 대하여는 연대채무와는 달리 절대적 효력을 인정하지 아니하고(대법원 1993. 5. 27. 선고 93다6560 판결, 대법원 1997. 10. 10. 선고 97다28391 판결, 대법원 2006. 1. 27. 선고 2005다19378 판결 등 참조) 또한 다른 부진정연대채무자가 가진 채권으로 상계하는 것을 허용하지 아니하여 온 것(대법원 1994. 5. 27. 선고 93다21521 판결 참조)은 주로 당사자 사이의 계약에 의하여 성립하는 연대채무 관계와는 달리 부진정연대채무 관계는 주로 당사자의 의사에 기하지 아니한 불법행위를 매개로 하여 성립하게 되므로 불법행위 피해자인 채권자의 보호를 위하여는 채권의 담보력을 강화하여 채권자로 하여금 현실적인 채권의 만족을 얻도록 할 필요가 있기 때문이다.

이러한 불법행위 피해자 보호의 필요성은 상계가 이루어지는 경우에 있어서도 다르지 않을 뿐만 아니라 상계는 채무면제나 채권의 포기 등과는 달리 채무자의 일방적인 의사표시에 의하여 이루어지기 때문에 채권자를 보호할 필요성이 더욱 크다고 할 수 있다.

다수의견이 지적하는 것처럼 상계가 이루어지는 경우 채권자로서는 자신이 채무자에 대하여 부담하는 채무가 소멸하기 때문에 그 한도 내에서 이익을 얻게 되는 것을 부정할 수는 없다. 그러나 이러한 상계에 의한 채무 소멸의 이익은 어디까지나 관념적인 것에 불과하고 현실적으로 변제가 이루어지는 경우와 같이 당장의 경제적 효용을 향유할 수 있도록 하는 것은 아니기 때문에 다수의견의 해석에 따른다면 불법행위 피해자 보호의 취지는 현저히 반감된다.

특히 대법원은 공동불법행위자의 손해배상책임에 관하여 민법 제760조의 문언에 불구하고 이를 부진정연대채무로 해석하여 왔다. 이는 불법행위 피해자인 채권자로 하여금 공동불법행위자 중 어느 누구로부터도 현실적인 급부를 받아 피해를 전보할 수 있도록 하는 데 그 주된 의의가 있다. 그러나 다수의견과 같이 공동불법행위 채무자 1인의 상계에 의한 채무소멸의 효력을 다른 부진정연대채무자에 대하여도 미치는 것으로 확대해석하게 된다면 채권자는 현실의 급부를 받을 수 없게 되어, 공동불법행위에 의한 손해배상책임을 연대채무가 아닌 부진정연대채무로 해석하는 판례의 의의는 대부분 사라지게 된다.

나아가 공동불법행위자의 책임 이외에도 민법이 불법행위 피해자를 두텁게 보호하기 위하여 직접의 가해자가 부담하는 불법행위 손해배상채무에 대하여 특별히 추가적으로 인정하고 있는 책임으로서, 사용자 책임(민법 제756조), 공작물의 점유자 또는 소유자의 책임(민법 제758조) 등이 있다. 사용자 책임과 직접의 가해자인 피용자의 손해배상책임에 관하여는 대법원이 그동안 직·간접적으로 부진정연대채무의 관계에 있음을 밝혀 왔고(대법원 1975. 12. 23. 선고 75다1193 판결, 대법원 1992. 6. 23. 선고 91다33070 전원합의체 판결 등 참조), 공작물의 점유자 또는 소유자 책임과 직접의 가해자의 불법행위 손해배상책임의 관계에 관하여도 이에 준하여 부진정연대채무라고 해석함이 옳을 것이며, 이에 대하여는 다수의견도 반대하지 않을 것이다. 그런데 이들 각 책임에 있어 사용자 또는 공작물의 점유자·소유자가 하는 상계에 절대적 효력을 인정한다면, 채권자는 그러한 추가적인 책임이 없었다면 여전히 가지고 있었을 직접의 가해자에 대한 손해배상채권도 상실하게 된다. 이와 같이 다수의견의 종전 판례와 다른 새로운 해석론에 따르면, 민법이 불법행위 피해자의 보호를 위하여 특별히 추가적인 책임을 인정하였음에도 불구하고 피해자는 현실적 급부를 받지 못하게 됨으로써 그렇지 않은 경우에 비하여 오히려 불리한 지위에 놓이게 되는 불합리한 결과를 낳게 된다.

이상과 같은 문제는 부진정연대채무 관계를 가져온 불법행위가 과실에 기한 경우에도 발생하는 것이지만, 그러한 불법행위가 고의에 기한 경우에는 불법행위의 억제 및 피해자 보호의 요청이 더욱 절실하다는 점에서 다수의견이 가지는 문제는 더 크다고 할 수 있다. 특히 고의의 불법행위 손해배상채권을 수동채권으로 하는 상계를 금지하고 있는 민법 제496조와의 관계에서 다수의견의 불합리함이 극명하게 드러난다.

민법 제496조는, 고의의 불법행위에 의한 손해배상채권에 대하여 상계를 허용한다면 고의로 불법행위를 한 자까지도 상계권 행사로 현실적으로 손해배상을 지급할 필요가 없게 되어 불법행위를 유발하게 될 우려가 있고 또 고의의 불법행위로 인한 피해자가 가해자의 상계권 행사로 인하여 현실의 변제를 받을 수 없는 결과가 됨은 사회적 정의관념에 맞지 아니하므로, 고의에 의한 불법행위의 발생을 방지함과 아울러 고의의 불법행위로 인한 피해자에게 현실의 변제를 받게 하려는 데에 그 취지가 있다(대법원 2002. 1. 25. 선고 2001다52506 판결 등 참조). 그런데 이 사건과 같이 고의의 불법행위 채무자와 다른 채무자가 부진정연대의 관계에 있을 경우 그 다른 채무자가 상계를 함으로써 고의의 불법행위 채무자도 자신의 채무를 면한다고 해석하게 되면 불법행위 피해자로 하여금 현실의 변제를 받지 못하도록 하는 것이고, 또한 그러한 한도에서 고의의 불법행위 채무자에 대한 제재가 이루어지지 아니하여 손해배상을 통한 불법행위 억제의 효과를 거둘 수 없게 되므로, 이는 바로 강행규정인 민법 제496조가 달성하고자 하는 바를 회피하는 것에 다름 아니다.

공동불법행위 등의 경우에 연대채무와 구별되는 부진정연대채무가 인정되는 취지와 사용자 책임, 공작물의 점유자 등의 특수한 책임을 인정하고 특히 고의의 불법행위 채권을 수동채권으로 하는 상계를 금지하는 민법의 태도로부터 알 수 있는 바는, 민법은 채권자의 이중의 채권만족의 위험을 감수하면서까지도 불법행위 피해자로 하여금 현실적으로 채권의 만족을 얻게 하여 피해를 실질적으로 회복할 수 있도록 배려하고 있다는 것이다.

이상과 같은 여러 사정을 모두 고려하여 보면, 부진정연대채무자 중 1인의 상계에는 절대적 효력을 인정하지 아니함이 타당하고, 나아가 부진정연대채무자 중 1인이 채권자와 상계계약을 한 경우에도 상계와 달리 볼 것이 아니다. 이에 관한 종전의 대법원의 견해를 변경할 필요는 없다.

다. 그럼에도 원심은, 원고와 쌍용건설이 이 사건 출자전환을 하여 원고가 발행받는 주식에 대한 신주인수대금채무와 이 사건 대출금 등 채권을 상계하기로 합의함으로써 원고는 이 사건 대출금 등 채권 전액의 만족을 얻었고, 이와 같은 사유는 쌍용건설의 원고에 대한 채무와 부진정연대채무 관계에 있는 피고의 원고에 대한 손해배상채무에 절대적 효력을 미쳐 위 손해배상채무도 같은 금액만큼 소멸하였다는 취지로 판단하였으니, 원심판결에는 부진정연대채무자 중 1인의 상계계약의 효력에 관한 법리를 오해하여 판결의 결과에 영향을 미친 잘못이 있다. 원심판결은 파기되어야 한다.

6. 다수의견에 대한 […] 보충의견

가. […] 반대의견은, 불법행위를 억제하고 불법행위 피해자를 보호하기 위하여는 부진정연대채무자 중 1인이 한 상계 내지 상계계약에 절대적 효력을 인

정하여서는 아니 된다는 것이다.

그러나 민법 규정의 합리적인 해석 및 반대의견과 같은 해석에 의할 경우 아래에서 보는 것과 같이 해결하기 어려운 문제들이 발생하는 점에 비추어 보면, 다수의견과 같이 부진정연대채무자 중 1인이 한 상계 및 상계계약에 절대적 효력을 인정하는 것이 타당하다.

나. 우리 민법을 해석함에 있어 부진정연대채무라는 관념을 인정할 필요가 있는가에 관하여는 종래부터 논의가 되어 왔는바, 부진정연대채무가 민법상의 연대채무와 기본적으로 성질이 동일하긴 하지만 채무자 중 1인에게 발생한 사유가 다른 채무자에 대하여 절대적 효력을 미치는 것으로 규정하고 있는 연대채무에 관한 민법 제416조 내지 제422조 및 출재채무자의 구상권에 관한 민법 제425조 내지 제427조가 당연히 적용되는 것은 아니라는 점에서 대법원은 부진정연대채무의 관념을 인정하여 왔다.

그런데 연대채무의 기본적인 성질 중의 하나는 민법 제413조가 명문으로 규정하고 있듯이 '채무자 1인의 이행으로 다른 채무자도 그 의무를 면하는 것', 즉 '급부의 1회성'이고, 이는 연대채무뿐만 아니라 불가분채무, 보증채무 등 민법이 인정하는 다수 당사자의 채무관계에 공통되는 본질적인 성질이라고 할 수 있다. 왜냐하면 채무자 1인의 이행에도 불구하고 다른 채무자가 여전히 원래대로의 채무를 부담한다면 이는 독립된 별개의 채무가 단순히 중첩되고 있는 것에 불과하고, 연대채무, 불가분채무, 보증채무 등 '수인의 채무자가 존재하는 채무관계'를 민법이 별도로 규율할 이유가 없기 때문이다.

이러한 '급부의 1회성'은 마찬가지 이유에서 부진정연대채무에 관하여도 인정하지 않을 수 없다. 부진정연대채무에 있어 이러한 '급부의 1회성'은 특히 채무불이행이나 불법행위에 기한 손해배상에 있어 채권자는 자신이 입은 손해 이상의 배상을 받지 못한다는 대원칙에서도 그 근거를 찾을 수 있다. 피해자인 채권자로 하여금 자신의 손해 이상으로 배상을 받게 하는 것은 가해행위가 이루어지기 전 상태로의 회복을 도모한다고 하는 손해배상의 본래 목적에 반한다. 이는 민법이 명문으로 규정하고 있지는 아니하지만, 민법 제390조, 제393조, 제741조, 제742조, 제750조 등의 합리적인 해석으로부터 도출될 수 있는 것이다.

다. 한편, 상계는 쌍방 당사자가 서로 같은 종류를 목적으로 한 채무를 부담하는 경우, 일방이 자신의 채무를 이행한 후 다시 동일한 내용의 자신의 채권의 이행을 받는 무용한 절차를 생략하기 위하여 쌍방의 채무를 동시에 소멸시키는 것으로서, 본래의 채무이행에 갈음하여 민법이 인정하는 간편한 결제수단이다. 또한 경제적인 관점에서도 상계가 이루어짐으로써 채권자는 자신이 채무자에 대하여 부담하는 채무가 소멸하는 이익을 얻게 되므로, 그 한도에서 자신의 채권의 만족을 얻게 되는 것이다.

이는 부진정연대채무에 있어서도 마찬가지이다. 부진정연대채무를 지는 채무자 중 1인이 상계를 함으로써 채무의 이행이 이루어지고 채권자의 채권은 만족을 얻게 되며, 그에 따라 다른 채무자도 자신의 채무를 면한다고 해석하여야 한다.

만약 반대의견과 같이 부진정연대채무 관계에서 상계에 절대적 효력을 인정하지 아니한다면 필연적으로 이중의 채무이행, 즉 이중의 채권만족이 일어날 수 있다. 요컨대 채권자는 채무자 1인의 상계로 자신의 채무가 소멸하였음에도 다시 다른 채무자에 대하여 채무의 이행을 청구할 수 있게 되는 것이다. 심지어 채무자가 3인 이상인 경우 복수의 상계가 이루어진다면 채권자는 여러 차례에 걸쳐서 거듭 채권의 만족을 얻을 수 있게 되는 불합리한 상황이 발생한다.

이러한 이중의 채권만족을 허용하지 않으려면 채권자로 하여금 궁극적으로 자신의 본래 채권액을 초과하여 만족을 얻은 금액 상당액을 도로 반환하도록 할 수밖에 없는데, 이처럼 채권자의 반환의무를 인정할 바에는 도로 반환하여야 할 이익의 보유를 아예 처음부터 허용하지 않는 것이 합리적이다.

라. 나아가, 부진정연대채무의 경우에도 형평의 원칙상 일정한 경우에는 부담 부분이 있을 수 있고, 따라서 출재채무자의 구상권도 인정되는 경우가 있을 수 있는데, 반대의견에 따르면 상계를 한 부진정연대채무자는 상계에도 불구하고 다른 채무자에 대하여 부담 부분에 따른 구상권을 행사할 수 없게 된다. 반면 다른 채무자에 의한 상계가 이루어진 후에 채권자의 청구에 응하여 현실의 변제를 한 채무자가 상계를 한 채무자에 대하여 부담 부분에 따른 구상권을 행사할 수 있는지에 관하여는 논란의 여지가 있는바, 만약 구상권을 행사할 수 있다고 해석한다면, 상계를 한 채무자는 상계에 의하여 자신의 채권자에 대한 반대채권이 소멸하였음에도 불구하고 다른 채무자에 대하여 구상권을 행사할 수 없으면서도, 변제를 한 다른 채무자의 구상청구에 응하여야 하는 부담을 지게 되어 매우 불리하다. 반대로 현실변제를 한 채무자가 구상권을 행사할 수 없다고 해석한다면 그는 자신이 먼저 변제를 하여 공동면책을 가져왔다면 행사할 수 있었을 구상권을 다른 채무자가 먼저 상계를 하였다는 우연한 사정에 의하여 행사할 수 없게 되는 불이익을 입게 된다.

이와 같이 반대의견이 취하는 해석론을 일관할 경우 부진정연대채무 관계에 있어 어느 채무자에 의하여 상계나 변제가 이루어졌는가 하는 우연한 사정에 의하여 상계를 한 채무자와 그렇지 아니한 채무자 사이에 최종적으로 부담하는 채무액이 달라지는 불합리한 결과를 초래한다.

마. 한편 반대의견은 부진정연대채무자 1인의 상계에 의하여 고의의 불법행위 채무자도 자신의 채무를 면한다고 해석하면 민법 제496조가 달성하고자 하는 바를 회피하게 된다는 취지로 다수의견을 비판한다. 그러나 민법 제496조가 규정하는 바는 고의에 기하여 타인에게 손해를 가한 사람이 자신이 가진 반대채권으로 상계하는 것은 정의의 관념에 어긋나므로 이를 허용하지 아니하겠다는 것이지, 우연히 함께 동일한 채무를 지게 된 다른 부진정연대채무자가 자신의 상계권을 행사함으로써 그 반사적 효과로서 고의에 기한 불법행위자의 채무를 소멸하게 하는 것까지 금지하는 것은 아니므로 반대의견의 비판은 타당하지 아니하다.

바. 반대의견에서 지적하는 바와 같이 불법행위 피해자의 보호 및 불법행위 가해자에 대한 제재 등이 불법행위, 공동불법행위, 사용자 책임, 고의의 불법행위 채무에 있어서의 상계의 금지 등에 관한 규정을 통하여 우리 민법이 추구하는 가치 중의 하나라는 점은 충분히 수긍할 수 있다. 그러나 그러한 가치의 추구도 민법의 전체적인 합리적 해석의 한도 내에서 이루어져야 하는 것이다. 앞서 본 바와 같은 수인의 채무자가 존재하는 경우의 채무관계에 관한 민법 규정, 민법상 손해배상 제도의 목적 등으로부터 도출되는 부진정연대채무의 기본적인 성질인 '급부의 1회성' 및 채무자 사이의 공평한 배상책임의 분담 등을 종합적으로 고려하면, 민법의 합리적 해석을 포기하면서까지 반대의견이 내세우는 가치를 보호할 필요는 없다고 할 것이다.

7. [···] 반대의견에 대한 [···] 보충의견

가. 다수의견에 대한 [···] 보충의견은, 부진정연대채무자 중 1인이 한 상계 또는 상계계약에 상대적 효력을 인정하는 해석론에 의할 경우 해결하기 어려운 문제들이 있어 다수의견과 같이 그 절대적 효력을 인정하지 않을 수 없다고 주장하나, 그 보충의견에 대하여도 다음과 같은 이유에서 찬성할 수 없다.

나. 민법 제418조는 주관적 공동관계에 있는 연대채무자 중 1인이 반대채권으로 상계한 때에는 채권은 모든 연대채무자의 이익을 위하여 소멸한다고 규정하고, 아울러 민법 제423조는 민법 제416조 내지 제422조의 사항 외에는 연대채무자 중 1인에게 발생한 사유는 상대적 효력을 가질 뿐이라는 원칙을 선언하고 있다. 변제 등과 같이 채권의 현실적 만족을 가져오는 사유는 민법에 특별한 규정이 없더라도 그 절대적 효력을 인정해야 한다는 점에는 의문이 없으나, 상계 등 그 외의 사유는 주관적 공동관계에 있는 연대채무에 있어서조차 절대적 효력을 인정하는 법규정이 있음으로 인해 연대채무자들 사이에서 그 효력이

확장될 수 있는 것이다. 더구나 민법 제418조는 강행규정이 아니어서 당사자들 사이에서 상계의 절대적 효력을 배제하는 특약도 허용된다고 해석되고 있다. 그러나 부진정연대채무에 관하여는 이와 같은 법규정이 없을 뿐 아니라 그들 사이에 아무런 주관적 공동관계도 존재하지 않는다. 이러한 민법의 규정에 비추어 볼 때, 부진정연대채무자 중 1인에게 발생한 상계 내지 상계계약에 의한 효력이 다른 부진정연대채무자에게 당연히 확장된다고 볼 수 없음은 자명하다.

상계권 행사로 인한 채무소멸의 효력이 해당 채권자에 대한 관계에서 발생한다는 점과 다른 부진정연대채무자에 대하여 그 채무소멸의 효력이 확장되는 문제는 구별되어야 하며, 나아가 부진정연대채무자의 채권자적 지위에서의 상계권이 보장되어야 한다고 하여 그로 인한 채무소멸의 효력이 다른 부진정연대채무자에 대하여 곧바로 확장되는 근거가 될 수는 없다.

다. 다수의견에 대한 보충의견은, 상계에 의해 변제가 이루어진 것과 같은 경제적 효과가 발생하고 채권자에 대한 초과배상이 발생할 여지가 있다는 점에서 상대적 효력설이 부당하다고 하나, 다음과 같은 이유에서 이러한 지적은 타당하다고 할 수 없다.

우선, 부진정연대채무자 1인이 그의 반대채권을 희생함에 따른 효과는 상계의사표시자에 대한 관계에서 채무소멸이라는 효력을 인정하면 충분한 것일 뿐 다른 부진정연대채무자에게까지 채무소멸의 효력을 확장하는 논거가 될 수 없다. 다수의견에 대한 보충의견은 피해자의 부진정연대채무자들에 대한 채권과 부진정연대채무자 1인의 피해자에 대한 반대채권이 서로 대등액에서 소멸하는 상계의 효력에 비추어 이를 채권의 만족 또는 채무자 1인의 이행과 동일한 것으로 볼 수 있다는 취지로 보이나, 다수의 채무자에 대하여 각각 독립적인 채권을 가진 피해자에게 있어 그 중 1인과의 상계에 의해 생긴 반대채권의 소멸이 곧 변제 등에 의한 현실적 만족과 같다고 보는 것은 지나친 의제라고 하지 않을 수 없다.

또한, 부진정연대채무자 중 1인이 상계하더라도 다른 채무자에 대해 구상권을 행사할 수 없게 되는 것은 상계로 인한 채무소멸의 효력이 다른 채무자에게 미치지 아니함으로써 구상권 행사의 전제가 되는 공동면책에 이르지 못한 당연한 결과이므로, 다수의견에 대한 보충의견이 지적하는 구상권 제한의 문제는 부진정연대채무에서의 상계의 효력에 관한 다수의견과 반대의견의 기본적인 견해 차이에서 비롯되는 것에 지나지 않는다. 이에 비하여 현실변제를 한 부진정연대채무자의 구상권 행사는 공동면책에 따른 것이므로 허용된다고 해석하여야 하고, 불법행위 피해자 보호의 견지에서 이러한 해석이 상계를 한 채무자에게 지나치게 가혹한 것이라고 할 수는 없다. 나아가 반대의견은 중복된 채권만족을 용인하겠다는 것이 아니라, 공평의 관념에서 손실과 이득 사이의 궁극적 조정이 가능하다고 새기는 입장임을 밝혀둔다.

절대적 효력설이 구상관계의 간략화라는 측면에서 장점이 없지는 않으나, 그것이 상대적 효력설이 갖는 피해자의 두터운 보호라는 가치보다 더 우선되어야 한다고 생각되지는 않는다. 구상의무 분담비율에 상응하는 금액을 넘는 반대채권을 가진 부진정연대채무자에 의해 상계가 이루어진 경우, 절대적 효력설에 의하면 피해자는 상계로 소멸한 채무액 부분만큼 그 실제 피해에 대한 현실적 만족을 받지 못하게 되는 반면, 상계의사표시자인 부진정연대채무자는 '부담 부분을 넘어 상계로 소멸한 채권'에 상응하는 구상권을 취득하게 되어 다른 부진정연대채무자로부터 현실적 만족을 얻게 될 수 있다. 이와 달리 상대적 효력설에 따르면, 피해자는 부진정연대채무자 1인의 상계의사표시에도 불구하고 다른 부진정연대채무자로부터 먼저 현실적 만족을 받을 수 있다. 이처럼 피해자를 두텁게 보호하고자 하는 상대적 소멸설의 장점은 결코 가볍게 볼 수 없는 것이다.

질문

이 전원합의체 판결에 의해 대법원은 종래 부진정연대채무에서 상계에 상대적 효력만을 인정하던 판례를 변경하여 절대적 효력을 인정하였다. 판결에 개진된 찬반양론을 읽고 당부를 생각해 보라.

통설은, 모든 「부진정연대채무」에 있어서 그 외의 모든 사유는 상대적 효력밖에 없으며, 연대채무에 관한 제416조 내지 제422조는 상계에 관한 제418조 제 1 항을 제외하고는 적용되지 않는다고 한다. 원칙적으로는 타당하다고 하겠으나, 유형을 나누어 다른 결론을 인정해야 할 경우도 존재할 수 있을 것이다.

4. 대내적 효력

부진정연대채무자 사이에서는 부담부분이나 구상관계가 연대채무에 있어서와 같이 그 당연한 내용이 되는 것은 아니다. 그러나 또한 그들 사이에 언제나 부담부분이나 구상관계가 존재하지 않는 것도 아니다. 오히려 명백히 부담부분 및 이에 따른 구상관계를 인정할 수 있는 사안유형도 존재한다. 앞에서 본 예 중에서 법인 책임(①), 사용자책임(②), 근로재해(⑤), 자동차손해(⑥) 등에 있어서는 제750조에 의하여 일반적인 불법행위책임을 지는 채무자의 부담부분이 전부이고, 다른 채무자의 부담부분은 0이어서, 다른 채무자(법인, 사용자, 보상금지급의무자, 자동차보유자)가 피해자에 대하여 손해배상을 한 경우에는 그 전부를 일반적 불법행위자(이사, 피용자, 가해행위자, 운전자)로부터 구상할 수 있는 것이 원칙이다(제756조 제 3 항; 대판 1975. 12. 23, 75다1193 참조).[5] 그리고 책임무능력(③), 동물 가해(④)의 경우에는 법정감독의무자와 대감독자, 점유자와 보관자 사이의 계약관계에 따라 구상관계가 정하여진다. 실제적으로 현저히 중요한 공동불법행위(⑦)에서는 각 행위자의 과실의 정도가 부담부분을 이루며, 이에 따른 구상관계가 형성된다. 다만 구상요건으로서의 통지에 관한 제426조나 제 2 차적 상환의무에 관한 제427조는 모두 채무자 간에 주관적 공동목적이 존재하는 것을 전제로 하는 규정으로서, 부진정연대채무에는 적용이 없다고 할 것이다(제426조에 대하여 대판 1976. 7. 13, 74다746).

[2] 공동불법행위자 사이의 구상: 대판 1989. 9. 26, 88다카27232

[주 문] 상고를 기각한다. 상고비용은 원고의 부담으로 한다.

[이 유] 상고이유를 본다.

제 1 점에 대하여,

원심판결 이유를 일건 기록에 비추어 보면, 원심의 사실인정을 수긍할 수가 있고 사실관계가 원심이 인정한 바와 같다면 이 사건 사고에 관한 소외 경기여객주식회사(이하 소외회사라고 한다)의 운전자 김복남과 피고들의 피상속인인 소외 망 서희범 그리고 피해자인 소외 망 김동오, 김정남, 김창길 간의 과실비율이 8 : 2 : 1로 봄이 상당하다는 원심의 판단에 잘못이 있다고 할 수는 없다고 보며 피고들이 원고들 상대로 한 손해배상청구사건(이하 종전사건이라고 한다)에서 과실비율이 이 사건에 있어서 보다 원고에게 유리하게 인정된 바 있다고 하여 이 사건의 경우에 있어서도 반드시 과실의 정도가 같은 비율로 인정되어야 한다거나 원심과 같은 과실비율을 인정함에 장애가 되는 것은 아니라고 할 것이고 이 사건에 있어서의 과실비율의 인정이 정당한 이상은 종전사건에서는 과실비율이 이 사건에서 보다 원고에게 유리하게 인정된 바 있었다고 하여

---

5) 다만 사용자책임의 경우에는 판례가 신의칙을 근거로 피용자에 대한 구상권이 제한 또는 배제될 수 있음을 인정하고 있음에 주의해야 한다(대판 1987. 9. 8, 86다카1045 등; 민법 Ⅱ 제 5 편 제 3 장 Ⅱ. 참조).

도 이 때문에 원고에게 형평에 반하는 불이익을 감수하게 하는 결과가 된 것이라고 할 수 없고(오히려 종전사건에서 과실비율이 유리하게 인정된 범위만큼 이익을 본 것이라고 보아야 할 것이다) 따라서 반대의 입장에서 원심판결을 비난하는 논지는 이유가 없다.

제 2 점에 대하여,

원심은 원고가 이 사건 피해자의 유족들에게 원심이 인정한 바와 같은 금액의 돈을 망인과 그 유족들이 입은 손해의 배상으로 지급하고 그 나머지 일체의 손해배상채권은 소멸시키기로 하는 내용의 합의를 하였다고 인정한 것이지 이 사건의 피해자들이 입은 손해금 자체를 원고가 지급한 금액으로 확정하고 나머지 청구권을 포기하는 합의를 한 것이라고 인정한 것은 아니다.

또한 원심판결 이유를 일건 기록에 비추어 보면, 갑제10호증의 1 내지 3(합의서)의 추가기재사항 및 날인부분은 원고회사의 직원이 이 사건 소송의 계속중에 원래의 합의서(갑제 4 호증의 1 내지 4)에 대한 결재를 받는 데 필요하다 하여 그 내용을 모르는 이점순 등 유족들로부터 그들의 인장을 받아다가 원래의 합의서(갑제 4 호증의 1 내지 4)위에 서희범의 성명을 기재하고 그 옆에 해당 유족의 인장을 찍어서 일방적으로 만들어 놓은 것이고 이 사건 피해자의 유족들이 피고들의 위 유족들에 대한 손해배상의무까지도 원고가 변제하였다고 하는 금 40,305,580원의 범위를 넘어 면제시킨 것이라고 인정되지 아니한다는 원심의 사실인정은 수긍이 되는 바이고 갑제10호증의1 내지 3의 작성경위가 원심이 인정한 바와 같다면 위 갑제10호증의1 내지 3은 이 사건 피해자의 유족들이 소외 망 서희범과의 사이에 있어서도 손해배상청구권을 포기하고 합의내용대로 종결짓겠다는 의사였음을 확인하는 뜻으로 재작성한 것이라고 할 수는 없는 것이고 또한 원고와 위 유족들과의 합의에 있어서 위 유족들의 진의가 반드시 소외 망 서희범에 대한 관계에 있어서도 그 합의내용대로 해결짓겠다는 의사였다고 단정할 수는 없다고 할 것이므로 원심의 사실인정에 소론과 같이 채증법칙을 어긴 위법이 있다고 할 수도 없다.

그리고 원심은 원고가 이 사건 피해자의 유족들에게 변제한 금액이 원고나 소외회사가 부담하여야 할 금액을 넘지 아니한다는 이유로 구상권을 부인한 것에 지나지 아니한 것이므로 원심판결에 소론과 같은 형평의 원리에 어긋난 위법이 있다고 할 수 없는 것이다.

또한 원심이 원고가 소외회사를 대리하여 소외 망 김동오 등 3인의 상속인들에게 원심이 인정한 바와 같은 금액의 돈을 지급하고 나머지 손해배상채권은 소멸시키기로 합의하였다고 인정한 것은 위와 같은 합의는 원고와 위 상속인들 사이의 약정이고 피고들에게는 효력이 미치는 것이 아님을 전제로 한 것이므로 원심판결에 소론과 같은 이유의 모순이 있다고 할 수도 없다. 따라서 논지도 모두 이유 없다.

제 3 점에 대하여,

공동불법행위자는 채권자에 대한 관계에 있어서는 연대책임(부진정연대채무)이 있는 것이나 그 공동불법행위자의 내부관계에 있어서는 일정한 부담부분이 있는 것이라고 할 것이고 이 부담부분은 공동불법행위자의 과실의 정도에 따라 정하여지는 것이며 공동불법행위자 중의 한 사람이 자기의 부담부분 이상을 변제하여 공동의 면책을 얻게 하였을 때에는 다른 공동불법행위자에게 그 부담부분의 비율에 따라 구상권을 행사할 수 있다고 보아야 할 것이다.

그런데 원심이 확정한 사실에 의하면 이 사건에서 원고가 지급하였다는 금원은 원고가 부담하여야 할 내부적 부담부분에 상응하는 금액에 미치지 못한다는 것인바 사실관계가 그와 같다면 원고의 구상권을 부인한 원심의 조처는 정당하다고 보아야 할 것이다.

그리고 논지가 들고 있는 당원판례(1971. 2. 9. 선고 70다2508 판결)는 이 사건에 적절하지 않은 것이다.

논지는 원심이 인정하지 아니한 사실 즉 원고와 이 사건 피해자의 유족들과의 합의가 피고들과의 사이에도 효력이 있음을 전제로 한 것이거나 공동불법행위자의 한 사람이 그의 부담부분을 초과하지 아니하는 변제를 하였을 때에도 구상권을 행사할 수 있음을 전제로 한 주장으로서 이유가 없다.

그러므로 상고를 기각하고, 상고비용은 패소자의 부담으로 하여 관여 법관의 일치된 의견으로 주문과 같이 판결한다.

질문

1. 사실관계를 시간 순서에 따라 재구성해 보라. 원고는 피고에 대하여 어떠한 주장을 어떠한 근거에 기하여 제기하고 있는가? 법원은 그에 대해 어떻게 판단하고 있는가?
2. 이 판결에 의하면 공동불법행위자들 사이의 구상의 요건은 무엇인가? 그러한 결론은 어떠한 법률상 근거에 의해 정당화될 수 있을 것인가?
3. 공동불법행위자들 사이에서 구상권자와 구상의무자들 사이의 관계는 분할채권관계인가 아니면 부진정연대채무관계인가? 그 이유는 무엇인가? 한편 내부관계에서 구상권자에게 과실이 전혀 없는 경우 즉 내적 부담부분이 없는

경우가 있을 수 있는가? 그러한 경우에 구상권자와 구상의무자들 사이의 관계는 어떠한가? (대판 2002. 9. 27, 2002다15917 및 2005. 10. 13, 2003다24147 참조)

그 밖에 손해배상자의 대위(제399조)의 법리에 따라 구상관계를 처리하는 것이 보다 타당한 사안유형도 존재한다. 앞에서 본 채무불이행과 불법행위의 경합(⑧, ⑨)의 예에서는 채무불이행책임을 지는 채무자가 손해 전부를 배상하면 그때에 비로소 위 규정에 의하여 채권자의 불법행위자에 대한 손해배상청구권이 그에게 당연히 이전되어 구상의 실질을 달성할 수 있게 된다. 이 경우 내부적인 부담부분에 따른 구상관계를 인정한다면, 내부적인 부담부분이 없는 채무자가 일부의 이행만을 하고 다른 채무자에 대하여 구상을 하는 경우 채권자의 채권의 만족이 위협받을 수도 있다. 그 다른 채무자가 무자력인 경우에는 구상권자와 채권자가 평등한 지위에서 만족을 얻게 되어 채권자가 불리하기 때문이다.

제5장 유 치 권

Ⅰ. 유치권의 의의 및 성질

1. 의　의

유치권이란 타인의 유가증권 기타 물건을 점유한 사람이 그 물건에 관하여 생긴 채권을 가지는 경우에 그 채권의 만족을 얻을 때까지 그것을 유치할 수 있는 권리를 말한다(제320조 제1항). 유치권의 객체는 동산이든 부동산이든 묻지 않으며, 물건의 일부에 대한 유치권도 가능하다(대판 1968. 3. 5, 67다2786).

유치권은 무엇보다도 물건을 유치하여 반환하지 아니함으로써, 즉 통상 물건의 사용수익의 전제가 되는 점유를 가져서 사용가치를 이용하지 못하게 함으로써 간접적으로 채무의 이행을 강제한다. 이와 같이 하여 유치권은 담보적 작용을 한다. 목적물이 부동산인 경우에 그것이 다른 채권자 또는 담보권자에 의하여 강제집행되어도 유치권자는 여전히 자신의 채권이 만족을 얻을 때까지 그 절차상의 매수인에게 인도를 거절할 수 있다(민집 제91조 제5항). 뿐만 아니라 유치권자는 목적물을 경매할 수 있고(제322조 제1항), 일정한 요건 아래서는 목적물로써 직접 변제에 충당할 수 있다(동조 제2항). 이와 같이 유치권은 유치권자의 물권적 유치권능, 즉 대세적 인도거절권능을 중심에 놓고 그 외에 위와 같이 경매청구권 등을 인정함으로써 유치권자의 채권의 만족을 도모하는 물권이다.

[1] 유치권의 기능: 대판 1995. 9. 15, 95다16202, 95다16219

[주 문] 원심판결 중 본소부분을 파기하고, 이 부분 사건을 인천지방법원 합의부에 환송한다. 피고(반소원고)의 나머지 상고를 기각한다. 상고기각 부분에 관한 상고비용은 피고(반소원고)의 부담으로 한다.

[이 유] 피고(반소원고, 이하 피고라고만 한다)의 상고이유를 본다. […]

2. 사실관계가 원심이 확정한 바와 같다면, 이 사건 각 건물의 도급계약에 있어서 그 판시와 같이 완성된 건물의 소유권을 도급인에게 귀속시키기로 하였다고 보아야 할 것이고 수급인인 피고에게 이 사건 각 건물의 소유권이 귀속된다고는 볼 수 없다. 본소에 관하여 같은 취지로 판단하고, 나아가 피고에게 이 사건 각 건물의 소유권이 귀속됨을 전제로 한 반소청구를 받아들이지 않은 원심은 정당하다. 논지는 이유 없다.

3. 그러나, 원심이 적법히 인정하고 있는 바와 같이 피고가 현재 점유중인 원심판결 별지목록 1기재 주택건물의 신축공사를 한 수급인으로서 위 건물에 관하여 생긴 공사금 채권이 있다면, 피고는 그 채권을 변제받을 때까지 위 건물을 유치할 권리가 있다고 할 것이고, 이러한 유치권은 피고가 점유를 상실하거나 피담보채무가 변제되는 등 특단의 사정이 없는 한, 소멸되지는 아니하는 것이므로, 원심이 판시한 대로 건물이 완공된 후인 1987. 5. 29.자 약정에 의하여 도급인이 피고에게 위 건물 등 이 사건 각 건물에 대한 처분권을 위임하여 그 분양대금에서 공사대금 등 건축과 관련한 일체의 비용을 지급받을 수 있는 권한을 부여하였기 때문에 피고가 위 건물 등을 매각처분하여 그 대금으로 공사대금을 지급받을 수 있게 되었다고 하더라도 그러한 약정만으로 피담보채권인 공사대금이 변제된 것이라고 볼 수는 없고, 그 외에 기록을 살펴보아도 달리 위 공사대금 채권이나 유치권이 소멸되었다고 볼 만한 사유를 찾아 볼 수 없다.

그러하다면 피고는 그 공사대금 채권을 담보하는 의미에서 의연히 위 목록 1기재 부동산에 대한 유치권을 가지고 있는 것으로 보아야 할 것이다.

그럼에도 불구하고 피고는 위 약정에 의해서 위 건물 등을 처분하여 그 대금으로 공사대금의 지급에 갈음하는 것은 별론으로 하고, 위 부동산에 대한 공사대금 채권을 전제로 유치권을 행사할 수 없다고 판시하여 피고의 유치권 항변을 배척하고 원고의 이 사건 건물명도 청구를 인용한 원심은 유치권에 관한 법리를 오해하여 판결에 영향을 미친 위법을 저지른 것이라 할 것이다. 이를 지적하는 논지는 이유 있다. […]

질문

1. 사실관계를 재구성해 보라. 원심은 어떠한 점을 고려하여 유치권을 부정하였는가? 대법원은 어떠한 점을 고려하여 유치권을 인정하고 있는가?
2. 판결이유 중 "2." 부분은 유치권 인정에 어떠한 의미를 가지고 있는가?

민법뿐만 아니라 상법도 유치권에 관하여 다양한 규정을 두고 있다. 상법이 정하는 유치권은 상사유치권이라고 부르는데, 이는 일반상사유치권과 특별상사유치권으로 나눌 수 있다. 전자는 상인 간의 상행위로 인한 채권을 가지는 사람이 그 채무자와의 상행위에 기하여 점유하는 채무자 소유의 물건을 유치할 수 있는 권리이다(상 제58조). 후자는 대리상·위탁매매업자·운송주선인·운송인과 같이 개별적인 업종에 관하여 인정되는 유치권이다(상 제91조, 제111조, 제120조, 제147조). 상사유치권에서는 민사유치권의 성립에 필요한 물건 자체와 당해 피담보채권과의 견련관계가 일반적으로 요구되지 않지만, 그 목적물이 채무자 소유 물건으로 제한된다. 상사유치권의 효력은 민사유치권에서 정하여진 바에 따르지만, 특수성을 고려하여 특별한 법리가 인정될 수도 있다(아래 Ⅲ. 1. (1) 재판례 [5] 참조).

2. 유치권의 법적 성질

(1) 물권으로서 유치권

유치권은 물권이다. 민법은 이를 단순히 목적물의 반환을 거절할 수 있는 권능에 그치는 것이 아니라 독자적인 물권으로 구성하였다. 따라서 유치권은 대세적인 효력을 가져서, 그 채권의 채무자뿐만 아니라 물건의 소유자나 용익물권자에 대하여도 이를 대항할 수 있다. 그러므로 A 소유의 자전거를 B가 차용하여 타다가 고장이 나서 C에게 수리를 맡겨 C가 수리를 마친 경우에 C는 유치권자로서 채무자 B는 물론이고 소유자 A의 반환청구도 거절할 수 있다. 이는 자전거의 소유권을 A로부터 이전받은 D에 대하여도 마찬가지이다.

(2) 담보물권으로서 유치권

유치권은 목적물의 반환거절을 통하여 유치권자가 가지는 채권의 우선적 만족을 도모하는 담보물권이다. 그러나 유치권에는 목적물을 사용·수익하는 권능은 없다(제324조 제2항).

유치권은 담보물권으로서, 우선 부종성이 있어서, 유치권의 성립·존속·소멸은 피담보채권의 성립·존속·소멸에 달려 있다. 또한 불가분성이 있어서, 유치권자는 채권 전부의 변제를 받을 때까지 목적물 전부에 대하여 유치권을 행사할 수 있다(제321조). 그러나 유치권에는 우선변제권이 없으므로 질권이나 저당권에 인정되는 물상대위(제343조, 제370조)가 적용되지 않는다.

(3) 법정담보물권으로서 유치권

유치권은 목적물소유자의 의사로 설정되는 것이 아니라 법이 정하는 요건이 갖추어지면 당연히 성립하는 법정담보물권이다. 그러므로 그 성립에는 목적물이 부동산인 경우에도 등기를 요하지 않으며(제187조), 유가증권인 경우에는 배서가 요구되지 않는다. 그리고 동산의 경우에도 소유자가 자신의 소유물에 유치권이 성립하였는지 알지 못할 수 있다. 이러한 사정은 거래에 부담을 주고 그 신속과 안정을 해친다(앞의 예에서 A 또는 A로부터 자전거를 매수하거나 기타 거래를 맺으려는 사람을 생각해 보라). 그러므로 가능하면 유치권은 이를 긍정할 만한 이유가 있는 경우에 한하여, 즉 점유자의 채권이 위와 같은 부담을 무릅쓰고서라도 채권자에게 물권적인 보호를 줄 만한 특별한 의미를 가지는 경우에 한하여 제한적으로 인정하는 것이 바람직하다.

한편 법정담보물권이라고 하더라도 유치권은 오로지 채권자의 이익만을 위해 인정되는 권리이므로 그 성립을 배제하는 약정은 유효하다고 해석되고 있다(대판 2018. 1. 24, 2017다37324; 상 제58조 단서 참조).

Ⅱ. 유치권의 성립요건

1. 점유요건: 불법행위로 인하지 않은 타인의 물건에 대한 점유

(1) 유치권자의 점유

유치권을 취득하려면 유치권의 객체인 물건을 점유하고 있어야 한다. 그 점유가 직접점유이든 간접점유이든 상관없다(대결 2002. 11. 27, 2002마3516). 여기서의 물건은 채무자의 소유인 것에 한정되지 않고 제 3 자의 소유물이라도 무방하다. 한편 점유는 피담보채권의 발생시 또는 그 이행기에 갖추어져 있을 필요는 없으며, 채권 취득 또는 이행기 도래 전에 이미 또는 그 후에 비로소 점유를 취득하여도 유치권의 성립에 영향이 없다(대판 1965. 3. 30, 64다1977).

(2) 점유가 불법행위로 인하지 않을 것

점유가 불법행위로 인한 것이어서는 안 된다(제320조 제2항). 이 점에 대한 입증책임은 유치권을 부인하는 측에 있다.

여기서 불법행위로 「인한 것」이란 점유가 불법행위에 의하여 시작된 것을 의미한다(통설). 나아가 점유자가 채권을 취득하는 때의 점유가 불법행위에 해당하는 경우에도 유치권의 성립을 부인할 것이다. 그렇게 해석하지 않으면, 예를 들어 점유의 개시는 적법하게 하였으나 후에 점유권원을 상실한 경우에 점유자가 그 불법의 점유에 관하여 고의 또는 과실이 있어도 피담보채권(예를 들면 비용상환청구권)의 취득으로 그 점유가 유치권에 기하여 적법한 것으로 바뀌게 되어 부당하다. 한편 여기서의 점유에 관한 불법행위가 반드시 채무자 또는 유치권행사의 상대방에 대한 것일 필요는 없다. 그것이 제3자에 대한 것이라도 유치권은 성립하지 않는다. 예를 들어 소유자 A로부터 B가 물건을 훔친 사실을 알면서 C가 B로부터 그 수선을 의뢰받아 이를 수선한 경우에, C의 점유는 A에 대하여 불법행위가 될 뿐 B에게는 불법행위가 아니라고 할 것이나, C는 유치권을 취득하지 못한다.

2. 채권요건: 점유하는 물건에 관한 채권이 이행기에 있을 것

(1) 견련관계

물건의 점유자가 가지는 채권이 그 물건에 "관하여 생긴" 것이어야 한다. 이러한 유치목적물(점유물)과 피담보채권 간의 견련관계(牽聯關係)가 유치권의 성립요건에서 핵심적으로 중요하다. 대판 2023. 4. 27, 2022다273018은 임차인의 유익비상환청구권과 관련하여 판단하면서, "유치권의 목적물과 견련관계가 인정되지 않는 채권을 피담보채권으로 하는 유치권을 인정한다면, 법률이 정하지 않은 새로운 내용의 유치권을 창설하는 것으로서 민법 제185조 소정의 물권법정주의에 반하여 허용되지 않는다"고 설시하여 이를 강조한다.

종래 이 견련관계의 요건은 다음 중 하나에 해당하면 긍정되어 왔다(이른바 이원기준설). ① 채권이 목적물 자체로부터 발생한 경우. 그 예로는, 목적물에 지출한 비용의 상환청구권, 목적물로부터 받은 손해의 배상청구권을 든다.

그러나 채권은 목적물을 원인으로 하여 발생하여야 하고, 그것이 임차권과 같이 점유물 자체를 목적물로 하는 경우에는 이에 해당하지 않는다고 한다. ② 채권이 목적물의 반환청구권과 동일한 법률관계 또는 사실관계로부터 발생한 경우. 예를 들면 매매가 취소됨으로 인하여 급부의 원상회복의무로서 발생하는 매수인의 대금반환채권은 그가 매도인으로부터 인도받아서 이제 반환의무를 부담하게 된 물건과 견련관계가 인정된다고 한다. 또 공중접객업소에서 손님이 서로 맡긴 물건을 바꾸어 간 경우와 같이 동일한 사실관계로부터 발생한 반환채권도 각자가 보관하는 물건에 관하여 생긴 채권이라고 한다.

이러한 설명은 기본적으로 독일 민법의 유치권에 관한 동법 제273조의 규정 내용을 참고한 것이다. 그런데 독일 민법의 유치권은 채권적 항변권에 불과하여, 유치권을 대세적인 효력 있는 물권으로 정한 우리 민법의 해석에 그 내용을 끌고 오면 공시되지 아니하는 유치권을 대세적으로 주장할 수 있는 범위가 지나치게 광범위하게 되어 거래의 안전을 위협할 우려가 있다. 뿐만 아니라, 위의 설명은 그 내용이 모호하고, 또 유치권의 성립을 통제하는 실질적인 요건으로서 기능하지 못한다. 이는 특히 ②의 기준에서 그러하다. 실제로 이원기준설은 채권이 목적물의 반환청구권과 동일한 법률관계로부터 발생하는 많은 경우에 유치권의 성립을 부인하는데, 이는 ②가 판단기준으로서 기능하지 않음을 말하여 준다.

(2) 구체적인 판단

유치권은 피담보채권을 위하여 채권자가 점유하는 물건의 반환을 거부할 수 있는 물권적 권능을 인정하는 것이므로, 그 채권은 그러한 대세적인 물적 지배를 정당화할 만한 것이어야 한다. 그것은 우선 채권이 물건 또는 그 가치 자체의 변형물인 경우이다. 그러나 이에 한정되는 것은 아니고, 그 채권의 실현이 유치권의 인정으로 인한 거래에의 부담을 감수할 만큼 법정책상 매우 중요하고, 또한 그 채권의 실현을 도모하기 위한 보다 일반적인 법장치가 존재하는 등 유치권의 성립을 부정하여야 할 별도의 법적 고려사항이 존재하지 아니한 경우에는 예외적으로 견련관계를 시인하여도 될 것이다.

(가) 우선 목적물의 제작·수리·개량·보관·운송 등에 재료 또는 노력의 제공을 포함하여 넓은 의미에서 비용을 지출한 경우에, 그에 대한 대가로서 지

출자가 가지게 되는 채권은 견련관계가 인정된다. 그 채권은, 비용지출자가 그 일의 수행과 관련하여 도급 등의 계약을 체결하여 위와 같은 지출을 함으로써 가지게 되는 보수채권(제664조 등)이든(대판 1965. 3. 30, 64다1977 등), 그 이외의 계약관계 또는 나아가 제한물권관계에서 인정되는 비용상환청구권(제594조 제2항, 제611조, 제626조, 제310조, 제325조, 제343조 등)이든(대판 1963. 7. 11, 63다235), 사무관리에 기한 비용상환청구권(제739조)이든, 소유물반환의무를 부담하는 점유자로서의 비용상환청구권(제203조)이든(대판 1968. 3. 5, 67다2786) 차이가 없다. 이들 경우에는 그 비용지출이 당해 물건의 형성·보존·개량·가치실현을 위한 것이어서 그로 인한 재산적 출연이 물건에 침전되어 있으므로, 물건 자체로써 그 출연에 관한 채권의 담보로 하기에 적절하다. 즉 여기서 이들 채권은 물건 또는 그 가치의 변형물인 것이다.

[2] 견련관계(1): 대판 1967. 11. 28, 66다2111

[…] 원심이 적법히 확정한 사실에 의하면 다음과 같다. 즉, 본건 건물(서울 동대문구 숭인동 (지번 생략)지상)은 본래 소외인 한정팔의 소유건물인데, 이 소외인이 위 건물을 건축 할 때 기초공사, 벽체공사, 옥상 스라브 공사만을 완성하고 나머지 부분에 대한 공사를 하지 않은 채 이것을 1962. 11. 21 피고에게 전세금 250,000원에 대여하였다. 피고는 위 건물을 전세로 든 뒤 이 건물이 공장으로 사용하는 데 유용하고, 시장도 가까운 것을 고려하여 장차 이 건물을 피고가 매수하기로 위의 한정팔과 합의가 되어서 위 건물의 미완성부분을 자기 자금으로 완성시켰고, 이때에 피고가 들인 돈이 507,000원 상당이었다 한다. 사실이 위와 같다면 피고가 타인의 물건을 점유하면서 이 물건에 관하여 받을 채권(507,000원)을 취득한 것이요, 따라서 피고는 변제기에 있는 이 채권의 변제를 받을 때까지 이 물건을 유치할 수 있다 할 것이다. 그리고 위에서 본 바와 같이 피고가 본건 건물에 관하여 들인 돈은 피고가 적법하게 본건 건물을 점유하고 있는 동안에 들인 것이므로 유치권의 성립에 아무러한 영향이 없다. 논지는 피고와 위의 한정팔이 본건 건물을 공동건축하여 피고가 사기로 한 셈이 되므로, 피고는 한정팔에게 대하여서만 그 청산 잔금을 청구할 수 있고, 이미 이 건물이 한정팔의 소유로 보존등기가 되고, 이것이 다시 소외인 이신애에게 이전되고 다시 이것을 원고들이 이신애로부터 경락 취득한 경우에 있어서는 피고는 본건 건물의 점유자로서 제3취득자인 원고들에게 대하여 유치권을 주장할 수 없다 하나 이미 위에서 판단한 바와 같이 피고의 한정팔에게 대한 507,000원의

채권은 본건 건물에 관하여 발생한 것이므로 피고를 위하여 유치권이 발생한다고 보는 것이 상당하다.

이처럼 피고가 본건 건물을 점유하고 있는 것이 유치권에 의한 것이라면 피고가 원고들의 명도청구에 대하여 불응하였다 할지라도 원고들에게 불법행위를 가한 것이라고는 볼 수 없다. 즉, 원고들이 본건 부동산을 제 3 자에게 전매하였다가 약정 기일 안에 명도의무를 이행하지 못하여 가사 원고 주장대로 65,000원의 손실을 보았다 할지라도 이러한 손해가 피고가 부당하게 본건 건물을 점유하고 이것을 내주지 아니한 탓이라고는 말할 수 없는 것이다.

질문

1. 사실관계를 재구성해 보라. 원고는 어떠한 내용의 청구를 하고 있는가? 그러한 청구들에 대해 대법원은 어떻게 판단하고 있는가?
2. 피고의 유치권의 피담보채권은 무엇이며, 어떠한 법률규정에 근거한 것인가? 그러한 경우 「견련관계」를 인정할 근거는 무엇이라고 생각하는가?
3. 만일 위 사건에서 피고가 아니라 피고에게 건축자재를 공급한 사람이 그 대금채권을 가지고 건물을 점유하고 있다고 상정해 보자. 그러한 경우에 점유와 채권의 견련관계를 인정하여 유치권이 성립한다고 할 수 있겠는가? (대판 2012. 1. 26, 2011다96208 참조)

(나) 나아가 목적물에 의하여 발생한 손해의 배상청구권에도 견련관계가 인정된다. 그 손해배상청구권에는 불법행위에 기한 것은 물론이고, 매매목적물이나 임치물 등의 하자로 인하여 손해가 생긴 경우(제580조, 제697조 등)와 같이 채무불이행으로 인한 것도 포함된다. 앞의 (가)와는 반대로 여기서는 물건이 손해를 발생시켜서 손실자에게 마이너스의 방향으로 비용지출을 강요한 것이므로, 물건 자체가 그 채권의 담보가 되어도 좋다. 이러한 경우에도 손해배상채권은 물건의 반가치(反價値)의 변형물이라고 할 것이다. 그러므로 물건의 반가치가 발현됨으로써 발생한 것이 아닌 손해의 배상청구권에는 견련관계가 인정되지 않는다. 예를 들어 임대인이 임대목적물에 일정한 시설을 갖추어 주기로 한 계약상 의무를 이행하지 아니함으로 말미암아 임차인이 그 건물을 임차목적대로 사용하지 못함으로 인한 손해배상청구권이 그러하다(대판 1976. 5. 11, 75다1305).

[3] 견련관계(2): 대판 1969. 11. 25, 69다1592

[…] 원심은 본건 말 2필이 원고의 피상속인 망 소외인의 소유이었는데 피고가 1965. 7. 18. 이를 습득하여 그 달 25일 그 습득계출을 하고 1966. 10. 21. 그 가압류가 있을 때까지 약 1년 3개월간 이를 점유 사육한 사실을 인정한 다음 설사 피고가 이 말들을 그 소유자인 원고에게 내줄 의무가 있다 하더라도 위 말들이 북제주군 구좌면 (상세지번 생략)밭 4,959평 중 약 3,000평에다 심어 놓은 피고 소유의 육도를 먹은 까닭에 피고는 그로 인해서 그 경작지의 평균수확량 정미 10섬의 절반 5섬 시가 15,000원 상당의 감수피해를 보았고, 또 피고는 그 말들의 사육비로서 하루 50원씩 약 1년 3개월간 도합 22,500원을 지출하였으므로 원고는 위 말들에 관해서 생긴 손해와 비용 도합 52,500원을 피고에게 지급하지 않고는 그 말의 인도만을 구하는 것은 부당하다 하고 원고의 청구를 배척하였다. 그러나 물건의 인도를 청구하는 소송에 있어서 피고의 유치권 항변이 인용되는 경우라도 원고의 청구를 전적으로 배척할 것이 아니라 그 물건에 관해서 생긴 채권의 변제와 상환으로 그 물건의 인도를 명하여야 된다 할 것이므로 이와 견해를 달리한 원심판결은 필경 유치권에 대한 법리를 오해하여 판결결과에 영향을 미쳤다 할 것이고, 또 원심은 피고의 원고에 대한 채권액을 그 말들로부터 직접받은 손해액 15,000원과 사육비 22,500원으로 인정하였으니 이는 도합 37,500원임이 분명한데도 불구하고 그것을 도합 52,500원이라고 인정하고 있으니 이는 판결이유에 모순이 있다 할 것이다.

질문

1. 피고가 주장하는 유치권의 피담보채권은 무엇인가? 그러한 경우 「견련관계」는 어떠한 이유에서 인정되는가?
2. 대법원은 유치권의 성립을 인정하면서도 원심을 파기하였다. 어떠한 이유에서인가?

(다) 그 밖에 견련관계가 인정되어야 하는지가 문제되는 몇 가지 경우가 있다.

(a) 임차인은 보증금반환채권에 기하여 유치권을 가지는가? 이는 무엇보다도 대항력제도와의 균형상 부인되어야 한다(대판 1976. 5. 11, 75다1305). 대항력을 인정하는 실제 의미의 상당 부분은, 임대차목적물의 소유권이 이전된 경우에 임대차관계가 당연히 승계되고 보증금반환채권에 기한 동시이행의 항

변권(대판(전) 1977. 9. 28, 77다1241)을 새로운 소유자에 대항해서도 주장할 수 있도록 함으로써 그 채권의 만족을 확보하는 데 있다. 그런데 보증금반환채권을 가진 임차인에게 일반적으로 유치권이 인정되면, 법률이 인정하는 대항력의 의미는 크게 상실된다.

(b) 부동산의 이중매매 또는 타인의 물건의 매매로 인하여 소유권을 취득하지 못한 매수인이 가지는 손해배상청구권에도 매매목적물과의 견련관계가 부인된다. 이중매매의 법적 처리에서 위의 매수인에게 유치권이 인정된다면, 물권변동에서 등기를 요건으로 하여 권리관계의 명확 및 거래의 안전과 원활을 꾀하려는 취지가 실질적으로 부인되거나 상당 부분 몰각된다. 타인의 물건의 매매에서도 매수인에게 유치권이 인정되면, 그는 목적물을 실제로 선의취득하는 것과 같은 경제적 지위에 있게 된다. 그는 목적물 자체는 아니라도 담보물권으로서의 유치권에 기하여 그 시가를 실효적으로 배상받을 수 있기 때문이다.

(c) 매도인의 매매대금채권도 그가 점유하는 매매목적물에 관하여 생긴 것이 아니라고 할 것이다(대결 2012. 1. 12, 2011마2380). 여기서 유치권의 성립 여부가 실제로 문제되는 것은 매수인이 매매목적물의 소유권을 제 3 자에게 양도하여 그 제 3 자가 소유권에 기하여 매도인에 대하여 물건의 인도를 청구하는 경우에서일 것이다. 그러나 매도인은 스스로 동시이행의 항변권을 포기하고 대금을 모두 수령하지 아니한 채로 매수인에게 소유권을 이전하였으므로 이른바 「선이행의 위험」을 인수한 것이고, 따라서 매수인으로부터 목적물을 유효하게 양도받은 사람에 대하여 이제 새삼 매매대금채권의 확보를 위한 유치권을 주장할 수는 없다.

(d) 한편 매매계약이 무효이거나 취소되거나 기타 효력이 없음으로 인한 원상회복관계에서 매수인이 가지는 매매대금반환채권은 그 목적물과의 견련관계를 긍정할 것이다. 그 경우 매도인은 자신이 가지는 목적물반환채권을 통상 원래대로 가지는 또는 회복된 소유권에 기하여 이를 매수인은 물론 제 3 자에 대하여도 관철할 수 있으므로, 이에 평행하여 매수인에게도 대금반환채권의 만족을 확보할 수 있는 대세적 권능으로서 유치권이 주어져야 한다. 그런데 이 경우에 매매 기타 쌍무계약의 당사자가 부담하는 각자의 원상회복의무 사이에는 동시이행의 항변권이 인정된다는 것이 판례이므로(대판 1976. 4. 27, 75다1241), 유치권이 실제로 기능하는 경우는 많지 않다.

(3) 피담보채권의 변제기

또한 유치목적물과 위와 같이 견련관계가 있는 채권이 변제기에 있어야 한다(제320조 제1항). 변제기가 도래하지 않은 채권에 기하여 유치권을 인정하면, 변제기 전의 채무이행을 강요하는 것이 되기 때문이다. 판례는 같은 이유에서, 건축을 담당한 수급인의 보수채권에 대해 도급인이 하자담보책임에 기한 손해배상을 주장할 수 있는 사안에서처럼(제667조 제2항, 제3항), 피담보채권에 대해 채무자가 동시이행의 항변권을 행사할 수 있는 경우에도 유치권은 성립하지 않는다고 한다(대판 2014. 1. 16, 2013다30653).

한편 통설은 유익비상환청구권에 대하여 법원이 유예기간을 허여하면(제203조 제3항 등), 변제기가 도래하지 않아 유치권은 성립하지 않거나 소멸하지만, 채권자가 목적물을 계속 점유하는 한 그 기간이 도과함으로써 유치권이 (다시) 성립한다고 해석한다. 판례는 채권자에 의한 변제기 유예에 대해서도 같은 태도이며, 유예 기간 중에 경매개시결정이 있다고 하더라도 이후 유치권 성립에 장애가 되지 않는다고 판단한다(대판 2022. 12. 29, 2021다253710). 그러나 그 허여는 지체책임을 발생시키지 않는 데 그치고, 변제기의 도래를 막지 않는다고 해석할 것이다.

Ⅲ. 유치권의 효력

1. 물권적 인도거절권능

(1) 유치권능의 내용

유치권자는 그의 채권이 만족을 얻을 때까지 목적물을 유치할 물권적 권능을 가진다. 여기서 「유치」란 점유를 계속하여 그 인도를 거절하는 것을 말한다. 유치권은 물권이므로, 목적물이 누구의 소유에 속하게 되든 유치권자는 인도거절권능을 가진다. 목적물이 피담보채권의 성립 당시 제3자에 속하는 경우는 물론이고, 유치권의 발생 후에 그 소유권이 제3자에게 이전되었어도 유치권자는 새로운 소유자에 대하여 그 인도를 거절할 수 있다. 유치권에 기한 점유는 적법한 것이므로, 그것이 소유자 등에 대한 불법행위가 되지 않음은 물론이다. 유치권자로부터 점유나 보관을 위탁받은 자도 점유할 권리가 있다(제213

조 단서; 대판 2014. 12. 24, 2011다62618).

유치물이 부동산인 경우에 그에 대한 강제집행에서 목적물이 매각되면(임의경매를 포함한다), "매수인은 유치권자에게 그 유치권으로 담보하는 채권을 변제할 책임이 있다"(민집 제91조 제 5 항, 제268조). 여기서 정하는 매수인의 변제책임이란 목적물에 대한 물적 부담을 승계한다는 의미이고 인적 채무를 인수한다는 취지가 아니다. 그러므로 유치권자는 집행절차에서의 매수인에 대하여 피담보채권의 변제가 있을 때까지 유치목적물의 인도를 거절할 수 있을 뿐이고, 피담보채권의 변제를 청구할 권리는 없다(대판 1996. 8. 23, 95다8713). 그리고 이러한 효력은 유치권의 요건이 충족되기 이전에 저당권이 설정된 경우이더라도 다를 바 없다. 다만 부동산에 경매가 진행되어 경매개시결정의 기입등기가 마쳐서 압류의 효력이 발생한 후에 유치권이 성립한 경우에는 압류의 효력에 따라 그 부동산의 경락인에게 유치권을 주장할 수 없다(대판 2009. 1. 15, 2008다70763; 2013. 6. 27, 2011다50165). 점유는 경매개시결정 이전에 취득하였어도 피담보채권이 그 이후에 성립한 경우에도 마찬가지이다(대판 2013. 6. 27, 2011다50165).

[4] 저당권과 유치권의 우열관계: 대판 2009. 1. 15, 2008다70763

[주　문] 상고를 모두 기각한다. 상고비용은 각자가 부담한다.

[이　유] 상고이유를 판단한다.

1. 원고의 상고이유에 대하여

증거의 취사선택과 사실인정은 그것이 자유심증주의에 위반되는 등의 특별한 사정이 없는 한 사실심법원의 전권에 속한다(대법원 2006. 5. 25. 선고 2005다77848 판결 등 참조). 그리고 부동산 경매절차에서 유치권 행사가 허위채권에 기한 것일 경우 매각대금을 부당하게 하락시켜 경매의 공정성을 훼손하고 이해관계인의 권리를 침해할 우려가 있으므로, 유치권 성립 여부에 대한 판단은 신중하게 할 필요가 있다.

원심은 채용 증거를 종합하여, 원고들이 이 사건 건물 중 이 사건 사무실 부분만을 점유하여 온 사실을 인정한 다음, 이 사건 건물 중 이 사건 사무실 부분에 대하여만 유치권확인 및 점유방해금지청구를 인용하고, 나머지 부분에 대한 유치권확인 및 점유방해금지청구와 점유회수청구를 기각하였는바, 위 법리와 기록에 비추어 살펴보면 이러한 원심의 사실인정과 판단은 정당하고, 거기에 상고이유의 주장과 같은 법리오해 또는 채증법칙 위배 등의 위법이 없다.

2. 피고의 상고이유에 대하여

부동산 경매절차에서의 매수인은 민사집행법 제91조 제5항에 따라 유치권자에게 그 유치권으로 담보하는 채권을 변제할 책임이 있는 것이 원칙이나, 채무자 소유의 건물 등 부동산에 경매개시결정의 기입등기가 경료되어 압류의 효력이 발생한 이후에 채무자가 위 부동산에 관한 공사대금 채권자에게 그 점유를 이전함으로써 그로 하여금 유치권을 취득하게 한 경우, 그와 같은 점유의 이전은 목적물의 교환가치를 감소시킬 우려가 있는 처분행위에 해당하여 민사집행법 제92조 제1항, 제83조 제4항에 따른 압류의 처분금지효에 저촉되므로 점유자로서는 위 유치권을 내세워 그 부동산에 관한 경매절차의 매수인에게 대항할 수 없다(대법원 2005. 8. 19. 선고 2005다22688 판결 참조). 그러나 이러한 법리는 경매로 인한 압류의 효력이 발생하기 전에 유치권을 취득한 경우에는 적용되지 아니하고, 유치권 취득시기가 근저당권 설정 이후라거나 유치권 취득 전에 설정된 근저당권에 기하여 경매절차가 개시되었다고 하여 달리 볼 것은 아니다.

원심은 채용 증거를 종합하여, 이 사건 건물에 관하여 2002. 9. 27. 농업협동조합중앙회에 채권최고액 18억 2,000만 원의 근저당권이 설정된 사실, 소외 회사가 2003. 9. 2. 이 사건 건물의 소유권을 취득한 후 2004. 5.경까지 이 사건 건물을 찜질목욕탕으로 개조하는 공사를 시행한 사실, 원고들은 소외 회사로부터 위 공사의 일부를 도급받아 시행하였는데 소외 회사가 2004. 6. 9.경 부도가 나는 바람에 공사대금을 받지 못하자 그 무렵 이 사건 건물 중 이 사건 사무실 부분에 대한 유치권을 행사하기 시작한 사실, 그 후 농업협동조합중앙회가 이 사건 건물에 대하여 위 근저당권에 기한 임의경매신청을 하여 2004. 7. 15. 임의경매개시결정이 내려지고 같은 달 19. 임의경매개시결정 기입등기가 이루어졌으며 이 경매절차에서 피고가 2006. 1. 10. 이 사건 건물을 경락받아 소유권을 취득한 사실 등을 인정한 다음, 원고들이 이 사건 사무실 부분에 대하여 유치권을 가지고 있으므로 피고가 원고들의 유치권을 부정하고 있는 이상 그 확인의 이익이 있으며, 피고는 원고들의 점유를 방해하지 않을 의무가 있다고 판단하고, 나아가 원고들은 그 유치권 취득 이전부터 설정되어 있던 위 근저당권에 기한 경매절차의 매수인인 피고에게 대항할 수 없다는 취지의 피고의 주장을 배척하였는바, 위 법리와 기록에 비추어 보면 이러한 원심의 사실인정 및 판단은 정당한 것으로 수긍이 가고, 거기에 상고이유의 주장과 같은 유치권과 신의칙에 관한 법리오해, 담보권 설정에 관한 법리오해, 채증법칙 위배, 심리미진 등의 위법이 없다.

한편, 피고가 상고이유에서 들고 있는 대법원 1987. 3. 10. 선고 86다카 1718 판결은 근저당권 설정 이후에 대항력 있는 임차권을 취득한 임차인이 그 이후 개시된 강제경매절차의 경락인에 대해 대항할 수 없다는 것으로서, 이 사건과는 그 사안을 달리하여 이 사건에 원용하기에는 적절하지 아니하다.

3. 결 론

그러므로 상고를 모두 기각하고, 상고비용은 패소자들 각자가 부담하도록 하여 관여 대법관의 일치된 의견으로 주문과 같이 판결한다.

질문

1. 이 사건에서는 근저당권이 설정된 다음에 비로소 유치권이 성립하였다. 그러한 경우 근저당권을 실행하는 경매절차에서 유치권자의 지위는 어떠한가?
2. 이 사건에서 유치권이 먼저 설정된 근저당권에 대해서도 관철되는 것을 정당화할 수 있는 이유로는 무엇을 들 수 있는가? 반대로 그러한 결론을 비판적으로 검토한다면 어떠한 문제를 제기할 수 있는가? 해석론으로 타당한 해결은 무엇이라고 생각하는가?
3. 이 판결은 대판 2005. 8. 19, 2005다22688을 인용하여 저당권이 실행된 이후에는 채권자가 점유를 취득하여도 유치권은 성립하지 않는다고 한다. 그 법률상 근거는 무엇인가? 또한 실질적인 이유는 무엇이라고 생각하는가?
4. 이러한 판례를 전제로 할 때에는 제 1 순위 저당권자의 후순위담보권자나 일반채권자가 채무자와의 공모하에 유치권을 성립시켜 제 1 순위 저당권자를 해할 우려가 있다. 그러한 경우 유치권 주장은 허용된다고 할 것인가? 제 1 순위 저당권자는 어떠한 방법으로 자신의 지위를 관철시킬 수 있을 것인가? (대판 2011. 12. 22, 2011다84298 참조)
5. 위의 질문 3과 관련하여 부동산에 가압류가 있은 후에 채권자에게 그 점유가 이전되는 경우에도 유치권은 성립한다고 할 것인가? (대판 2011. 11. 24, 2009다19246 참조)
6. 위의 질문 3, 5와 관련하여 부동산에 체납처분에 의한 압류(국징 제24조)가 있은 후에, 공매절차(국징 제64조 이하)가 개시되기 전에 유치권을 취득한 사람은 이를 공매절차의 매수인에게 행사할 수 있는가? (대판(전) 2014. 3. 20, 2009다60336 참조).

[5] 저당권과 상사유치권의 우열관계: 대판 2013. 2. 28, 2010다57350

[주 문] 원심판결 중 원고 2에 대한 부분을 파기하고, 이 부분 사건을 대전지방법원 본원 합의부에 환송한다. […]

[이 유] 상고이유를 판단한다.

1. 피고의 원고 2에 대한 상고에 대하여

상사유치권은 민사유치권과 달리 그 피담보채권이 '목적물에 관하여' 생긴 것일 필요는 없지만 유치권의 대상이 되는 물건은 '채무자 소유'일 것으로 제한되어 있다(상법 제58조, 민법 제320조 제 1 항 참조). 이와 같이 상사유치권의 대상이 되는 목적물을 '채무자 소유의 물건'에 한정하는 취지는, 상사유치권의 경우에는 목적물과 피담보채권 사이의 견련관계가 완화됨으로써 피담보채권이 목적물에 대한 공익비용적 성질을 가지지 않아도 되므로 피담보채권이 유치권자와 채무자 사이에 발생하는 모든 상사채권으로 무한정 확장될 수 있고, 그로 인하여 이미 제 3 자가 목적물에 관하여 확보한 권리를 침해할 우려가 있어 상사유치권의 성립범위 또는 상사유치권으로 대항할 수 있는 범위를 제한한 것으로 볼 수 있다. 즉 상사유치권이 채무자 소유의 물건에 대해서만 성립한다는 것은, 상사유치권은 그 성립 당시 채무자가 목적물에 대하여 보유하고 있는 담보가치만을 대상으로 하는 제한물권이라는 의미를 담고 있다 할 것이고, 따라서 유치권 성립 당시에 이미 그 목적물에 대하여 제 3 자가 권리자인 제한물권이 설정되어 있다면, 상사유치권은 그와 같이 제한된 채무자의 소유권에 기초하여 성립할 뿐이고, 기존의 제한물권이 확보하고 있는 담보가치를 사후적으로 침탈하지는 못한다고 보아야 한다. 그러므로 채무자 소유의 부동산에 관하여 이미 선행(선행)저당권이 설정되어 있는 상태에서 채권자의 상사유치권이 성립한 경우, 상사유치권자는 채무자 및 그 이후 그 채무자로부터 부동산을 양수하거나 제한물권을 설정받는 자에 대해서는 대항할 수 있지만, 선행저당권자 또는 선행저당권에 기한 임의경매절차에서 부동산을 취득한 매수인에 대한 관계에서는 그 상사유치권으로 대항할 수 없다.

원심판결 이유 및 원심이 적법하게 채택한 증거에 의하면, 원고 2가 2004. 7. 7. 명성아이앤디 주식회사(이하 '명성아이앤디')로부터 이 사건 115호 점포를 분양받기로 하는 분양계약을 체결하고, 2004. 9. 3. 그 점포를 사업장소재지로 하여 부동산임대업의 사업자등록을 마친 사실, 원고 2가 위 점포의 분양대금 중 136,667,000원을 납입한 상태에서 명성아이앤디는 2006. 8. 원고 2에게 위 점포를 분양계약의 목적에 따라 사용할 수 있도록 인도한 사실, 한편 명성아이앤디는 2006. 9. 7. 피고에 대한 대출금채무의 담보를 위하여 위 115호 점포를 포함한 이 사건 상가건물 전체 점포에 관하여 피고에게 소유권이전청구권가등기 및 근저당권설정등기를 해 준 다음 피고로부터 2006. 11. 9. 70억 원을 대출받는 등 2006. 12. 5.까지 합계 75억 원을 대출받은 사실, 피고는 위 대출금의 이자가 연체되자 2007. 5. 8. 위 115호 점포 등에 관하여 위 가등기에 기한 본등기를 마친 사실, 그 후 명성아이앤디는 채무초과의 무자력 상태가 됨으로써 이제는 피고에 대한 채무를 변제하고 위 가등기와 근저당권설정등기 등을 말소하여 원고 2에게 위 115호 점포에 관한 소유권이전등기절차를 이행하는 것이 불가능하거나 극히 곤란한 지경에 이르게 되었고, 이에 2007. 7. 30. 피고를 상대로 위 가등기 및 본등기에 따른 청산금청구의 소를 제기하였고, 그 소송 과정에서 2008. 1. 3. 피고 명의의 위 가등기에 기한 본등기를 말소하기로 하는 화해권고결정이 확정된 사실, 피고는 2008. 1. 2. 위 근저당권에 기한 부동산임의경매를 신청하고, 그 경매절차에서 위 115호 점포 등을 낙찰받은 다음 2008. 9. 25. 매각대금을 완납함으로써 그 소유권을 취득한 사실을 알 수 있다.

위와 같은 사실관계를 앞에서 본 법리에 비추어 보면, 이 사건 115호 점포에 대하여 원고 2가 주장하는 상사유치권이 성립하려면 위 115호 점포에 대한 점유 요건 외에 피담보채권의 발생 요건도 갖추어져야 하는 것이고, 또 그로써 근저당권자인 피고에게 대항하려면 상사유치권이 성립한 시점이 근저당권의 성립 시점보다 앞서야만 할 것이다. 그런데 명성아이앤디의 원고 2에 대한 위 115호 점포에 관한 소유권이전등기의무가 이행불능이 됨으로써 원고 2가 주장하는 전보배상청구권이 발생한 것은, 명성아이앤디가 피고에 대한 위 본등기에 의하여 부동산에 대한 권리는 이전되었음을 전제로 그에 따른 청산금청구소송을 제기한 2007. 7. 30.경이라 할 것이고, 그와 달리 위 근저당권설정등기가 마쳐진 2006. 9. 7. 이전에 원고 2가 주장하는 상사유치권의 피담보채권이 발생하였다는 점을 인정할 다른 자료는 없다. 그러므로 원고 2는 선행저당권자이자 선행저당권에 기한 임의경매절차에서 낙찰을 받아 소유권을 취득한 피고에 대한 관계에서는 위 전보배상청구권을 피담보채권으로 한 상사유치권으로 대항할 수 없다 할 것이다.

그럼에도 원심은 원고 2가 피고를 상대로 이 사건 115호 점포에 관한 상사유치권으로 대항할 수 있다는 취지로 판단하였으니, 거기에는 상사유치권의 대항범위에 관한 법리를 오해함으로써 판결에 영향을 미친 위법이 있다. 이 점에 관한 피고의 상고이유의 주장은 이유 있다. […]

질문

1. 이 사안에서 원고 2의 점유와 피담보채권 사이에는 민법상 유치권이 성립될 만한 견련관계가 존재하는가? 상법에서는 왜 그러한 견련관계가 없어도 유치권을 인정하는가?
2. 대법원은 상법 제58조에 따른 유치권은 (민법상 유치권과는 달리) 그보다 먼저 성립한 저당권에 대해 대항할 수 없다고 한다. 어떠한 논거로 이러한 결과를 정당화하고 있는가? 그 배후에 있는 정책적인 고려는 무엇이라고 짐작되는가?
3. 이 사안에서 원고 2의 상사유치권이 성립하기 전에 명성아이앤디의 채권자가 상가건물을 가압류하였다면, 원고 2는 이후 상사유치권으로 가압류 채권자에게 대항할 수 있겠는가?

한편 「유치」에 대해서는 유치권자가 유치권 취득 당시 목적물을 사용하고 있었다면 종전과 같이 사용상태를 계속하는 것이 그 유치의 방법이 되나(제324조 제2항 단서의 유추) 그로 인한 이익은 부당이득으로 반환되어야 한다고 할 것이다. 유치권자의 유치물사용은 원칙적으로 금지되어 있으므로(제324조 제2항 본문) 엄밀하게 말하면 그 사용의 계속은 유치권자의 권리 범위를 넘어선 것이라고 해야겠지만, 그러나 이러한 해석은 종전과 같은 상태를 그대로 유지하여 온 유치권자에게 지나치게 가혹하기 때문이다.

유치권자의 유치권능이 미치는 것은 그의 채권과 견련관계가 있는 목적물에 한한다. 그러므로 건물에 관한 채권에 기하여 유치권이 있다고 하여도, 그 대지를 유치할 권한은 없다(대판 1989. 2. 14, 87다카3073). 그러나 건물의 점유에는 대지의 이용이 필수적이므로, 건물유치권자는 대지를 유치할 수는 없지만, 건물점유에 필요한 한도에서 대지를 이용하는 것은 허용된다(대판 1980. 10. 14, 79다1170 참조).

(2) 유치권능의 불가분성

그리고 유치권자는 피담보채권 전부의 변제 기타 만족을 얻을 때까지 유치물 전부에 대하여 그 권리를 행사할 수 있다(제321조). 이른바 유치권의 불가분성을 정한 것이다. 이는 유치물이 가분적인 물건인 경우에도 그러하다(대판 2007.

9. 7, 2005다16942). 그러므로 채권의 일부가 변제되더라도 유치물이 그에 비례하여 유치권의 구속을 벗어나지 않으며, 여전히 유치권은 원래의 목적물 전부에 미친다. 또 목적물의 일부가 멸실되더라도, 그것이 불가항력에 의한 경우를 포함하여, 유치권자는 피담보채권 전부의 변제를 받을 때까지 나머지 부분을 유치할 수 있으며, 피담보채권이 그 멸실된 부분의 비율로 감액되지 않는다. 이는 목적물이 공유에 속하여서 유치권의 성립 후 분할된 경우에도 다를 바 없다.

한편 예를 들어 여러 채의 건물에 관한 공사를 도급받은 사람이 공사를 마친 경우에 그의 유치권에 의하여 담보되는 것은 그가 점유하여 유치권을 행사하는 하나의 건물에 관한 수리비용채권에 한정되는가, 아니면 계약상의 채권 전부인가? 이는 그 계약이 1개인가, 채권이 각개의 물건에 관하여 별개로 발생하는가 아니면 일체로서 발생하는가 등을 종합적으로 고려하여 판단할 것이다.

(3) 소송상 행사

유치권의 목적물에 관하여 소유자 등이 점유자를 상대로 그 인도청구소송을 제기한 경우에 유치권자가 소송에서 그 권리를 행사하지 않으면, 법원은 유치권을 이유로 원고의 청구를 배척할 수 없다. 또한 피고가 이를 소송상 행사하더라도 법원은 원고의 청구를 기각하지 아니하고, 피담보채권의 변제와 상환으로 인도하라는 원고 일부승소의 판결을 한다(대판 1969. 11. 25, 69다1592; 앞의 재판례 [3] 참조).

(4) 유치권자의 주의의무

유치권자는 목적물을 선량한 관리자의 주의로 점유하여야 한다(제324조 제 1 항). 한편 그는 목적물의 점유를 계속할 수 있을 뿐, 소유자의 승낙이 없이는 이를 사용하거나 대여 또는 담보제공을 하지 못한다(동조 제 2 항 본문). 유치권자가 그 권능의 범위를 넘어 목적물을 사용한 경우에는 그 이익을 소유자에게 부당이득으로 반환하여야 한다(제741조; 대판 1963. 7. 11, 63다235). 그러나 유치권자는 예외적으로 "유치물의 보존에 필요한 사용"은 할 수 있다(제324조 제 2 항 단서). 그러므로 예를 들면 유치권자는 유치건물의 수리를 위하여 그 건물의 전기 등 설비를 이용할 수 있다. 한편 유치권자가 유치권 발생 당시의 사용상태를 그대로 유지하는 것은 여기의 「보존에 필요한 사용」에 준하여 처리할 것임은 앞서 본 바와 같다(앞의 Ⅲ. 1. (1) 참조).

(5) 유치권 행사와 소멸시효

유치권자가 유치권을 행사한다고 해도, 그것이 피담보채권에 대하여 소멸시효가 진행하는 것에 영향을 미치지 않는다(제326조). 다시 말하면 목적물을 유치하고 있다고 해서 그 피담보채권을 행사하는 것이 되지는 않는다.

2. 유치권자의 그 밖의 권능

(1) 경매청구권

유치권자는 채권의 변제를 받기 위하여 목적물을 경매할 수 있다(제322조 제1항, 민집 제274조). 유치권자는 경매를 신청하기 전에 미리 채무자에게 그 뜻을 통지하여(제322조 제2항 제2문 참조), 채무자가 채무를 변제하거나, 상당한 담보를 제공하여 유치권의 소멸을 청구할(제327조) 기회를 주어야 한다. 경매에 의하여 목적물이 환가되어도 유치권에는 우선변제권능이 없으므로, 그로부터 우선변제를 받을 수는 없다.

유치권에 의한 경매는 담보권 실행을 위한 경매의 예에 따르는데(민집 제274조 제1항) 경매법원이 특별한 매각조건을 정하지 않는 한 소멸주의에 따라 유치권을 포함한 목적부동산 위의 부담을 소멸시키는 것을 법정조건으로 하여 실시되고, 그 경매에는 일반채권자도 배당을 요구할 수 있다고 한다(대결 2011. 6. 15, 2010마1059). 물론 집행법원이 인수주의에 좇아 매각조건을 변경하였다면 그렇지 않으며, 그때에는 배당요구나 배당이 허용되지 않는다(대판 2014. 1. 23, 2011다83691). 그러나 학설에서는 민사집행법 제91조 제5항의 취지상 해당 경매는 이른바 형식적 경매로서 인수주의가 원칙이 되어야 한다는 견해도 유력하며, 그에 따른다면 유치권자는 매각대금을 전부 교부받아 채무자에 대한 관계에서 상계를 통해 실질적 우선변제를 받을 수 있다.

이렇게 유치권자의 경매신청이 있더라도 채무자의 다른 채권자가 유치권의 목적인 물건을 압류할 가능성은 존재한다. 그때에는 목적물이 동산이라면 유치권자가 점유하고 있는 것과 동등하게 취급해서 압류에 유치권자의 동의가 필요하며(민집 제191조 참조), 반면 유치권자의 동의가 없는 상태에서 다른 채권자의 압류가 행해져 유치권에 따른 경매절차가 정지되고 강제경매가 행해진 경우(민집 제274조 제2항)에는 유치권자는 목적물을 계속 유치할 권리가 있다고 한다(대결 2012. 9. 13, 2011그213). 이때에는 유치권이 존속하기 때문이다.

(2) 간이변제충당

민법은 경매를 통하여 이를 환가하지 아니하는 대신에, 감정인의 평가에 의하여 유치물로써 직접 변제에 충당하는 이른바 간이변제충당을 인정한다(제322조 제 2 항). 이 간이변제충당은 정당한 이유가 있는 때에 법원에 청구하여 그 허가의 결정에 기하여 하며(비송 제56조, 제53조, 제59조 참조), 그 청구 전에 채무자에게 그 뜻을 통지하여야 한다.

(3) 과실수취권

유치권자는 유치물의 과실을 수취하여 다른 채권보다 먼저 그 채권의 변제에 충당할 수 있다(제323조 제 1 항 본문). 유치권자는 유치물 자체에 대하여는 우선변제권을 가지지 못하는데, 유치권자의 편의를 위하여 과실에 관한 한 우선변제권을 인정한 것이다. 여기서의 과실에는 천연과실뿐만 아니라, 예를 들어 소유자의 승낙을 얻어서 한 임대차에서의 차임과 같은 법정과실도 포함된다. 나아가 부당이득으로 반환하여야 할 사용이익도 과실에 준하여 처리된다. 수취한 과실은 그것이 금전이 아닌 한 이를 민사집행법이 정하는 경매절차에 붙여 환가하여야 한다(동항 단서, 민집 제274조). 그 환가금은 먼저 채권의 이자에 충당하고, 나머지가 있으면 원본에 충당한다(제323조 제 2 항).

(4) 별 제 권

유치권자는 유치물에 대하여 우선변제권을 가지지 못한다. 그러나 채무자가 파산한 경우에는 유치권자는 별제권을 가진다(회파 제411조).

Ⅳ. 유치권의 소멸

1. 유치권의 소멸사유

(1) 일반적 소멸사유

유치권은 목적물의 멸실, 혼동(제191조), 토지의 수용(공취 제45조 제 1 항), 포기(대판 1980. 7. 22, 80다1174) 등으로 소멸한다. 또한 유치권은 담보물권이므로, 피담보채권이 변제·소멸시효 등으로 소멸하면 그 부종성에 기하여 소멸한다.

(2) 유치권에 특유한 소멸사유

(가) 유치권자가 선량한 관리자의 주의로 유치물을 점유할 의무를 위반하거나 그 권능의 범위를 넘어서 유치물을 사용·대여·담보제공한 경우에는, 채무자 또는 소유자는 유치권의 소멸을 청구할 수 있다(제324조 제3항). 이 소멸청구권은 형성권으로서 권리자의 의사표시로 바로 유치권 소멸의 효과가 발생한다.

여러 가분적 물건을 유치하고 있는 유치권자가 일부에 대해서만 선량한 관리자의 주의를 위반한 사용 등을 하였다면, 채무자의 소멸청구는 위반행위가 있었던 물건에 대해서만 가능하다(대판 2022. 6. 16, 2018다301350). 일부 유치물의 점유를 상실한 것과 달리 취급할 이유가 없으며, 불가분성은 유치권자의 이익을 위한 것이기 때문이다.

(나) 채무자 또는 소유자는 상당한 담보를 제공하여 유치권의 소멸을 청구할 수 있다(제327조). 그 담보가 실제로 제공되어야 하고, 담보제공을 제의하는 것만으로는 부족하다. 이미 피담보채권에 관하여 상당한 담보가 제공되어 있는 경우에는 별도의 담보제공을 요하지 않는다고 할 것이다. 위 규정에 의한 유치권소멸청구도 역시 형성권으로서 권리자의 의사표시로 유치권은 바로 소멸한다. 유치권 소멸청구는 채무자뿐만 아니라 유치물 소유자도 할 수 있으며, 유치물 가액이 피담보채권액보다 많을 경우에는 피담보채권액에 해당하는 담보를 제공하면 되고, 유치물가액이 피담보채권액보다 적을 경우에는 유치물 가액에 해당하는 담보를 제공하면 된다(대판 2021. 7. 29, 2019다216077).

(다) 유치권은 점유의 상실로 인하여 소멸한다(제328조). 유치권은 점유를 기반으로 인정되고 점유에 의하여 대외적으로 공시되므로, 그 존속을 아예 점유의 유지에 의존하게 한 것이다. 점유가 침탈된 경우에 점유물반환청구에 기하여 이를 회복하면, 점유는 애초부터 상실되지 않은 것으로 처리되므로(제192조 제2항 단서), 유치권도 소멸하지 않는다(대판 2012. 2. 9, 2011다72189 참조).

2. 유치권 소멸의 효과

(1) 유치권능의 상실

유치권이 소멸하면, 유치권자는 물권적 유치권능을 상실한다. 그러므로 그는 소유자의 반환청구에 대하여 유치권을 들어 「점유할 권리」가 있음을 주장하지 못한다.

(2) 비용상환청구권

유치권자가 유치권에 기하여 목적물을 점유하는 동안에 그 물건에 관하여 필요비를 지출한 때에는 소유자에 대하여 그 상환을 청구할 권리를 가진다(제325조 제 1 항). 유치권자가 유익비를 지출한 경우에는 그 가액의 증가가 현존한 경우에 한하여 소유자의 선택에 좇아 그 지출한 금액이나 증가액의 상환을 청구할 수 있는데, 법원은 소유자의 청구에 의하여 상당한 상환기간을 허여할 수 있다(동조 제 2 항). 이 비용상환청구권은 유치권이 소멸하는 때에 발생하며, 이에 기하여 다시 유치권이 인정될 수 있다. 다만 원래의 유치권이 존속하고 있으면, 위 규정에 의한 비용상환청구권은 원래의 유치권의 피담보채권에 포함된다고 해도 좋을 것이다(대판 1972. 1. 31, 71다2414 참조).

제6장 질　　권

Ⅰ. 서　　론

1. 질권의 의의와 기능

(1) 질권의 의의 일반

질권이란 채권의 담보로 채무자 또는 제3자가 제공한 동산을 점유하고 그 동산으로부터 다른 채권자보다 우선하여 채권의 만족을 얻을 수 있는 권리를 말한다(제329조). 질권은 이와 같이 원래 동산을 객체로 하나, 채권 기타 재산권에 대하여도 설정될 수 있다(제345조). 어떠한 재산에 질권을 설정하는 것을 입질(入質)이라고도 한다.

(2) 동산질권의 기능

동산질권은 우선 유치권에서와 같이 목적물을 점유하여 피담보채권의 변제가 있을 때까지 그 반환을 거절함으로써 간접적으로 채무의 이행을 강제하는 유치적 효력이 있다. 또한 질권은 저당권에서와 같이 피담보채권이 채무자의 이행으로 만족을 얻지 못하는 경우에는 목적물로부터 다른 채권자에 우선하여 만족을 얻는 우선변제적 효력을 가진다.

그런데 이러한 질권자의 유치권능과 환가권능은 질권설정자가 입질로 인하여 불리한 입장에 놓이게 됨을 의미한다. 특히 기업이 가지는 동산인 기계·제품·원자재·부품 등 자산을 질권자에게 현실인도하여서는 그것들을 기업의 생산 또는 판매 등의 활동에 활용할 수 없게 되므로, 질권은 이들 재산을 담보로 제공하여 기업의 운용자금을 조달하려는 목적에는 적합하지 않다. 또한 금전 대여자(예컨대 은행)의 입장에서도 담보를 위해 기계·제품·원자재·부품 등의 점유를 확보하는 것은 불필요한 관리비용만 발생시키는 일이므로 질권 설정을 반기지 않는다. 그러므로 점유개정에 의한 소유권양도에 의하여 담보의 목적을 달성하려는 양도담보가 동산을 중심으로 해서 발달한 것은 주로 법률이 정하는 동산담보물권으로서의 질권이 위와 같은 한계를 가지는 데 연유하는 것이다(제 3 편 제11장 내지 제13장 참조). 또한 입법자는 동산에 대한 비점유 등록담보권을 도입하는 「동산·채권 등의 담보에 관한 법률」을 제정하여 동산 담보수요에 대처하고자 한다(제 3 편 제15장 참조). 결국 동산질권은 점유에 기초한 사용·수익이 절실하지 않은 동산(귀금속, 고가의 사치재)을 중심으로 활용될 것으로 예상된다.

(3) 권리질권의 기능

그러나 권리질권은 앞에서 본 동산질권과는 이익상황이 다르다. 채권·주식·어음·지식재산권 등에서는 물질적인 사용가치는 문제되지 않고 그것의 교환가치가 담보로서 의미를 가진다. 이는 화물상환증·선하증권·창고증권 등과 같이 운송 중 또는 보관 중의 물건을 표창하는 인도증권에서도 다를 바 없다. 물론 권리질권이 설정되면 질권설정자의 처분 기타 권리행사는 제한을 받으나(제352조, 제353조), 담보로 얻은 자금에 의하여 그 가치의 상당 부분이 이미 회수되었으므로, 권리행사의 제한은 대부분의 경우에 질권설정자에게 현저한 부담이라고 할 수 없다. 그리하여 오늘날 질권제도는 실제의 기능으로서는 오히려 상법상의 주식질(상 제338조 이하)·사채의 입질, 어음의 입질(어음 제19조, 제77조 제 1 항 제 1 호)을 포함하여 채권질 등 권리질권에서 그 본령을 발휘하고 있다.

2. 질권의 객체

질권은 동산 또는 채권 기타 재산권을 객체로 한다. 부동산은 질권의 객체가 되지 못하며, 지상권이나 전세권과 같이 부동산의 사용수익을 목적으로 하는 권리도 마찬가지이다(제345조 단서). 다만 부동산 또는 지상권·전세권은 저당권의 객체가 된다(제356조, 제371조). 더 나아가 등기선박·자동차·항공기·

건설기계 등과 같이 등기·등록의 대상이 되는 동산도 질권의 객체가 될 수 없다(상 제789조, 자저 제9조 등 참조).

그러나 양도할 수 없는 동산 또는 재산권은 이를 질권의 객체로 하지 못한다(제331조, 제355조). 양도가 법적으로 금지되어 있는 재산(문보 제66조, 형 제198조 이하, 제208조, 제243조, 국재 제11조 제2항 등 참조)은 교환가치가 없어 그 환가금으로부터 우선변제를 받을 수 없기 때문이다.

3. 질권의 법적 성질

질권은 물권이며, 그 중에서도 채권의 담보를 위하여 설정되는 담보물권이다. 담보물권으로서, 부종성·수반성·불가분성·물상대위성을 가진다. 일반적으로 질권은 질물소유자와의 계약에 의하여 설정되는 약정담보물권이다. 법이 정하는 요건이 갖추어지면 당연히 질권이 성립하는 법정질권(제648조, 제650조)도 있으나, 이는 실제로는 커다란 기능을 하지 않는다.

Ⅱ. 동산질권

1. 동산질권의 성립

(1) 질권설정계약

질권설정계약은 질권의 설정에 관한 당사자의 물권적 합의와 목적물의 인도에 의하여 성립한다. 피담보채권의 채권자가 질권자가 되는 것이고, 제3자의 채권을 담보하기 위하여 질권만을 가지는 것은 원칙적으로 인정되지 않는다.

질권설정자는 피담보채무의 채무자에 한정하지 않고, 제3자라도 무방하다. 이와 같이 타인의 채무를 위하여 자기 소유의 동산 위에 질권·저당권 등 담보권을 설정하는 사람을 「물상보증인」이라고 부른다. 물상보증인은 자신이 인적으로 피담보채무의 채무자가 되는 것은 아니다. 그러므로 질권자 기타 담보권자는 물상보증인에 대하여 채무의 이행을 청구하거나 그의 일반재산에 집행을 하지는 못한다. 그러나 물상보증인이 담보로 제공한 재산은 담보권자의 채권의 만족에 충당되어야 하는 물적인 부담(책임)을 진다(제1편 제1장 Ⅲ. 참조). 따라서 그는 자신의 재산을 이러한 책임에서 면하게 하기 위하여 그 채무의 변제에 관하여 이해관계가 있고 또 변제할 정당한 이익이 있다(제469조, 제481조). 또한 물상보증인이 채무를 변제하거나 질권의 실행으로 실물의 소유권을 잃은 때에는 보증채무에 관한 규정에 의하여(제441조 이하) 채무자에 대해 구상권이 있다(제341조).

(2) 점유질원칙

질권이 설정되려면, 목적물이 질권자에게 인도되어야 한다(제330조). 물론 질권자가 이미 목적물을 점유하고 있는 경우에는 인도를 요하지 않으며, 질권설정의 물권적 합의만으로 질권설정계약이 성립한다(제188조 제 2 항, 제196조). 여기서의 인도로는 현실인도는 물론이고, 반환청구권의 양도(제190조, 제196조)도 허용된다. 그러나 점유개정으로 인도에 갈음하는 것으로는 질권을 설정하지 못한다(제332조: 점유질원칙). 일단 질권을 설정한 후에 설정자에게 원래의 점유를 회복시키는 것도 허용되지 않으며, 그렇게 하면 질권은 소멸한다.

한편 화물상환증·선하증권·창고증권 등과 같이 운송 중 또는 보관 중의 동산을 표창하는 인도증권이 발행된 경우에는, 그 물건에 대한 처분은 그 인도증권에 의해서만 할 수 있다. 그리고 그 동산에 대한 질권의 설정에 인도는 그 증권을 질권자에게 배서·교부함으로써 행하여진다(상 제130조, 제132조, 제133조, 제157조, 제861조).

(3) 질권의 피담보채권

질권설정계약에서는 피담보채권이 정하여져야 한다. 피담보채권은 대체로 금전채권이나, 이에 한정되지 않는다. 정지조건부이거나 시기부인 채권 또는 장래의 채권에 관하여도 그 우선변제를 현재 확보할 필요가 있으므로 역시 피담보채권이 될 수 있다고 할 것이다. 또 특정한 채권만이 아니라 일정한 계속적 관계로부터 현재 및 장래 발생하는 불특정의 채권을 위한 근질(根質)도 인정된다고 할 것이다.

(4) 설정자의 처분권

질권설정계약은 질권설정자의 처분행위이므로, 파산 등의 특별한 사유가 없는 한 그가 목적물의 소유자가 아니라면 그 계약은 효력을 가지지 못한다. 그와 같이 무권리자의 처분이 예외적으로 유효하게 되는 것이 선의취득에서인데, 민법은 질권의 설정에 있어서도 이를 인정한다(제343조, 제249조 내지 제251조).

2. 동산질권의 효력

(1) 질권의 효력범위

(가) 질권은 피담보채권의 원본 외에도 그 이자, 위약금, 질권실행의 비용, 질물보존의 비용, 채무불이행 또는 질물의 하자로 인한 손해배상을 담보한다(제334조 본문). 이는 권리질권에서도 다를 바 없다. 그러나 질권설정자와 질권자의 약정에 의하여 피담보채권의 범위를 달리 정할 수 있다(동조 단서). 질권의 경우 후순위질권자나 제3취득자가 나타나는 경우가 드물기 때문에, 당사자들에게 피담보채권의 범위를 정할 수 있는 가능성을 허여한 것이다.

그리고 질권은 피담보채권과 관련해 불가분성을 가진다. 즉 질권자는 위와 같은 피담보채권의 전부를 변제받을 때까지 질물의 전부에 관하여 그 권리를 행사할 수 있다(제343조, 제321조).

(나) 종물은 주물의 처분에 따르므로(제100조 제2항), 질물의 종물은 다른 약정이 없는 한 아울러 질권의 목적이 되는 것으로 의사해석된다. 그리고 종물이 질권자에게 인도됨으로써 질권이 그에 미치게 된다. 그 밖에 질물의 과실로부터 우선변제를 받을 권리가 유치권에 준하여 인정된다(제343조, 제323조).

(다) 질권에는 물상대위성이 있다. 즉 질권은 질물의 멸실, 훼손 또는 공용징수로 인하여 질권설정자가 받을 금전 기타 물건에 대하여도 이를 행사할 수 있다(제342조). 물상대위의 자세한 내용은 저당권과 관련하여 살펴본다(제3편 제7장 Ⅳ. 3. 참조).

(2) 유치적 효력

질권자는 앞서 본 바와 같은 피담보채권의 만족을 얻을 때까지 질물을 유치할 수 있다(제335조 본문). 그때까지 질권자는 점유를 계속하고 인도를 거절할 수 있는 대세적 권능을 가진다. 질권자의 질물점유에 관하여는 유치권에 관한 제324조가 준용된다(제343조). 물론 질권설정자가 피담보채무가 변제되기 전에 질물의 반환을 청구하는 경우에는 유치권의 경우와는 달리 상환이행의 판결이 아니라 청구기각의 판결을 한다. 그러나 질권자는 질권자보다 우선권이 있는 채권자에게는 이러한 유치권능을 대항할 수 없다(제335조 단서). 그러므로 선순위의 질권자(제333조 참조) 기타 질권자에 우선하는 채권자(예컨대 상 제788

조 참조)에 대하여는 질물을 「점유할 권리」(제213조 단서)를 주장하지 못한다.

(3) 우선변제적 효력

(가) 질권자는 질물로부터 다른 채권자보다 먼저 자기 채권의 우선변제를 받을 권능이 있다(제329조). 담보물권으로서의 질권의 주요한 내용이다. 질권자의 우선순위는 일반채권자보다는 항상 앞서나, 다른 질권자 기타 담보물권자와의 사이에서는 그 성립의 시간적 순서에 의한다. 그리고 질물의 소유자가 파산한 경우에는 질권자에게 별제권이 인정되어 파산절차에 의하지 아니하고 이를 행사할 수 있으며(회파 제411조, 제412조), 그에 대하여 회생절차가 개시되면 그 피담보채권은 회생담보권이 되어 회생절차 내에서 우선변제를 받을 수 있다(회파 제141조).

(나) 질권자는 질물이 다른 담보물권자나 일반채권자에 의하여 경매·환가되는 경우에도 위와 같은 우선변제권능을 관철할 수 있음은 물론이다. 그러나 질권자는 채권의 만족을 얻기 위하여 스스로 질물을 경매에 붙일 수 있다(제338조 제 1 항, 민집 제271조, 제272조). 또한 정당한 이유가 있는 때에는 법원에 청구하여 그 선임하는 감정인의 평가에 따라서 질물로써 직접 변제에 충당할 수 있다(비송 제56조, 제53조 참조). 이러한 간이변제충당을 하려는 때에는 미리 채무자 및 질권설정자에게 그 뜻을 통지하여야 한다(제338조 제 2 항).

(다) 위와 같이 법이 정한 방법에 의하여 질물을 환가하지 아니하고 질권설정자와 질권자의 계약으로 질권자에게 변제에 갈음하여 질물의 소유권을 취득하게 하거나 질물을 임의로 평가하여 변제에 충당하는 것을 유질약정(流質約定)이라고 한다. 이러한 유질약정은 질권을 설정할 때 장래의 채무불이행 위험을 가볍게 평가한 설정자로 하여금 불리한 조건에서 질권을 설정하게 할 가능성이 있어 이후 질물을 상실하게 할 위험이 있다. 그러므로 민법은 유질약정이 그 피담보채무의 이행기가 도래한 후에 행하여진 경우에 한하여 유효한 것으로 하고, 그 전의 것이면 이를 금지하여 무효로 하는 태도를 취하였다(제339조). 그러나 상행위로 인하여 생긴 채권을 담보하기 위하여 설정된 상사질에서는 유질약정이 처음부터 허용된다(상 제59조; 대판 2008. 3. 14, 2007다11996 참조). 그러므로 피담보채권이 상행위(일방적 상행위가 포함된다; 상 제 3 조 참조)로 인하여 생긴 채권인 질권에는 유질계약이 가능하며(대판 2017. 7. 18, 2017다207499),

그래서 예컨대 실행방법으로 처분청산을 약정할 수도 있다(대판 2021. 11. 25, 2018다304007).

(라) 질권자는 동시에 채권자이다. 그가 우선 질권을 실행하였으나 그로부터 채권의 만족을 전부 또는 일부 얻지 못하였으면, 그에 관하여 아무런 제한 없이 채무자의 일반재산에 대하여 강제집행할 수 있음은 물론이다. 그러나 질권을 실행하기 전에 먼저 질권자가 일반채권자로서 채무자의 일반재산을 공취하는 것을 허용하면, 채무자의 자력이 충분하지 않은 경우에는 다른 일반채권자가 불이익을 입을 우려가 없지 않다. 그리하여 민법은 "질물에 의하여 변제를 받지 못한 부분에 한하여" 채무자의 다른 일반재산을 공취할 수 있다고 정한다(제340조 제 1 항). 이는 채무자가 아니라 다른 일반채권자를 보호하려는 취지이므로 채무자와의 관계에서 그의 일반재산에 강제집행하는 것을 아예 금하는 것은 아니며, 다른 일반채권자에게 질권자가 질물의 실행 전에 채무자의 일반재산에 대하여 강제집행을 하는 것에 대하여 이의를 제기할 권리를 부여하는 것에 그친다(민집 제16조).

이러한 제한은 질권의 실행에 앞서 다른 채권자의 강제집행에 의하여 채무자의 일반재산에 관한 배당이 실시되는 경우에는 적용되지 않는다. 다만 다른 채권자는 질권자에게 그 배당금액의 공탁을 청구할 수 있다(제340조 제 2 항).

(4) 질권 또는 질물의 처분

(가) 질권은 물권으로서 그 권리자는 이를 처분할 수 있다. 질권에는 수반성이 있어서, 피담보채권이 양도되면 다른 약정이 없는 한 질권도 양도의 목적이 되는 것으로 의사해석된다. 그리고 질물이 채권양수인에게 인도 또는 대용인도됨으로써 질권이 양도된다(제188조 제 1 항, 제190조). 피담보채권의 양도에서 질권이 양도의 목적이 되지 않는 것으로 특약한 경우에는, 피담보채권의 양도와 동시에 질권은 소멸한다.

(나) 나아가 질권자는 질물에 다시 질권을 설정할 수 있다. 이와 같이 질권자가 다시 행한 질권 설정을 전질(轉質)이라고 하고, 그와 같이 설정된 질권을 전질권(轉質權)이라고 한다. 전질은 질권자로서 입질하는 것을 말하며, 그가 소유자로서 입질하는 경우에 상대방은 통상의 질권을 선의취득하는 경우가 있을 뿐 전질권을 취득하지 않는다. 전질은 원질권의 범위 내에서 행하여져야 하

므로, 그 피담보채권은 그 액이나 이행기가 원질권의 피담보채권의 그것을 넘지 못한다.

제343조는 제324조를 질권에 준용하므로, 질물소유자의 승낙을 얻으면 질권자가 질물을 담보에 제공함으로써 전질을 할 수 있다. 이러한 전질을 승낙전질이라고 한다. 한편 민법은 그와는 별도로 "질권자는 그 권리의 범위 내에서 자기의 책임으로 질물을 전질할 수 있다"고 정한다(제336조 제 1 문). 이는 소유자의 승낙 유무와는 무관한 것으로 책임전질이라고 한다.

(다) 책임전질에서 전질권자는 통상의 질권에서와 같이 유치적 권능 및 우선변제권을 가진다. 그러나 전질권자가 그 질권을 실행하려면, 자신의 피담보채권뿐만 아니라 원질의 피담보채권에 대해서도 이행기가 도래하여야 한다. 한편 전질의 실행으로 얻어진 환가금은 먼저 전질권자의 우선변제에 충당되고, 나머지가 원질권자에게 돌려진다. 그와 같이 전질권자가 피담보채권의 만족을 얻으면, 원질권의 피담보채권도 그 한도에서 소멸한다.

전질의 설정에 의하여 원질권자는 자신이 파악한 담보가치를 소멸시켜서는 안 되는 구속을 받는다(제352조 참조). 그러므로 원질권자는 그 질권을 포기할 수 없으며, 그 피담보채권의 이행기가 도래하였어도 자신의 질권을 실행하기 위하여 경매를 신청할 수 없다. 그런데 이러한 결론을 관철한다면 원질권자는 피담보채권의 만족을 얻더라도 그로 인한 원질권의 소멸을 전질권자에게 대항할 수 없다고 할 것이다. 그러나 이렇게 하면 원질의 피담보채권의 채무자나 그 보증인 또는 질권설정자는 예상치 못한 손해를 입을 우려가 있다. 그리하여 민법은 원질권자가 그 채무자에게 전질권의 설정을 통지하거나 채무자가 이를 승낙하지 않으면 전질로써 채무자, 보증인, 질권설정자 및 그들의 승계인에게 대항할 수 없다고 정한다(제337조 제 1 항). 그러므로 그러한 통지나 승낙이 있기 전에 채무자 등이 원질의 피담보채무를 이행하면, 그로 인한 질권의 소멸을 전질권자에게 대항할 수 있고, 따라서 전질권도 소멸한다. 한편 그러한 통지 또는 승낙 후에는 채무자 등은 전질권자의 동의 없이 원질권자에게 원질의 피담보채무를 변제하여도 이를 전질권자에게 대항할 수 없다(동조 제 2 항).

(라) 책임전질의 경우, 전질권설정자(원질권자)는 전질을 하지 않았으면 생기지 않았을 불가항력으로 인한 손해에 대하여도 배상책임을 진다(제336조 제 2 문). 예를 들어 전질권자의 창고가 불가항력으로 소실되었으나, 원질권자의 창

고는 소실되지 않았으면, 원질권자는 그로 인한 손해를 배상하여야 한다. 질물 소유자의 승낙 없이 전질한 것에 따르는 책임가중이다.

(마) 한편 승낙전질에 있어서는 책임전질에서와 같은 원질권자의 책임가중은 인정되지 않는다. 그리고 원질권의 피담보채권이 만족되더라도 이로 인한 원질권의 소멸을 전질권자에게 대항할 수 없다. 그러나 그 채무자가 전질권자의 동의를 얻어 채무를 변제한 경우에는 그로 인한 원질권의 소멸을 전질권자에게 대항할 수 있다고 할 것이다(제337조 제2항의 유추적용). 그리고 소유자의 승낙을 받아 전질이 이루어졌으므로, 전질권의 실행에는 원질권의 실행요건이 갖추어질 것을 요하지 않는다.

(5) 질권의 침해

질권이 침해된 경우에 질권자는 제750조에 따라 불법행위에 기한 손해배상청구권을 가지며, 그 외에 기한이익의 상실도 일어날 수 있다(제388조 제1호). 그때 질권자는 방해배제청구권 기타 물권적 청구권을 가지는가? 민법은 소유권의 침해에 관한 물권적 청구권에 관한 규정(제213조, 제214조)을 다른 제한물권에서와는 달리 질권에 준용하지 않는다(제343조 참조). 그리하여 질권이 침해된 경우에는 점유보호청구권(제204조 이하) 외에 이들 규정에 의한 보호는 인정되지 않는다는 견해와 질권도 물권으로서 그 침해에 대하여 물권적 청구권이 당연히 인정되어야 하고 사기에 의한 질물 인도나 질물의 유실 등의 경우에는 점유보호청구권이 미치지 않으므로 물권적 청구권이 인정되어야 한다는 등의 이유로 이를 긍정하는 견해로 나뉜다. 그런데 민법의 제정과정을 살펴보면, 질권에 제213조, 제214조를 준용하자는 수정안이 제출되었다가, 질권에 대한 보호는 점유보호청구권으로 충분하다는 입법관여자의 설명에 밀려 이 수정안이 철회됨으로써 현재와 같이 규정되기에 이르렀다. 그렇다면 우리 입법자의 의사는 명확하며, 또 그에는 나름대로 합리적인 이유가 없다고 할 수 없다. 그러므로 이에 반하는 해석론적 주장을 하려면 그만큼 강력한 논거가 제시되어야 할 것이고, 단지 물권에 관한 추상적 본질론으로써는 부족하다. 또 사기에 의한 질물 인도의 경우에는 질권자가 그 사기를 이유로 인도의 원인이 된 법률행위를 취소함으로써 질물을 반환받을 수 있고, 질물이 유실된 경우에도 질권자가 그 습득자에게 질물의 반환을 청구할 수 있다(유실 제1조 제1항 본문

전단). 그러므로 입법론이라면 별론이나, 현행법의 해석으로는 질권에 기한 물권적 청구권은 인정되지 않는다고 할 것이다.

3. 동산질권의 소멸

(1) 소멸사유

질권은 목적물의 멸실, 제 3 자의 시효취득, 혼동(제191조), 포기 등으로 소멸한다. 다만 목적물의 멸실의 경우에는 물상대위에 의하여 질권의 효력이 유지될 수 있다(제342조). 또한 질권은 담보물권이므로, 피담보채권이 변제 등으로 소멸하면 그 부종성에 기하여 소멸한다. 나아가 질물이 강제집행으로 매각되면, 그 강제집행이 질권자에 의하여 개시된 것인지 여부를 불문하고, 질권은 소멸한다.

그 외에 질물을 설정자에게 반환하는 것(제332조), 질권자의 의무위반으로 인한 소멸청구(제343조, 제324조 제 3 항)에 의해서도 질권은 소멸한다.

(2) 질권 소멸의 효과

질권이 소멸하면 질권자는 유치적 권능을 상실하고, 질권 설정의 원인계약의 효과로서 목적물을 설정자에게 반환할 의무를 진다. 질권이 소멸하면, 질권자는 질물에 관하여 지출한 필요비 또는 유익비에 관하여 상환청구권을 가지게 된다(제343조, 제325조). 이 비용상환청구권에 기하여 질권자는 이제 유치권을 가진다.

(3) 물상보증인의 구상권

물상보증인이 피담보채무를 스스로 변제를 한 경우 또는 질권의 실행으로 질물의 소유권을 잃은 때에는 보증채무에 관한 규정에 의하여 채무자에 대한 구상권을 취득한다(제341조). 그리고 그 구상권의 만족을 위하여 변제자의 법정대위에 기하여 물상보증인은 질권자의 채권 및 질권을 당연히 승계한다(제481조, 제482조). 이상은 질물의 제 3 취득자가 있는 경우에 그가 변제를 하거나 질권의 실행으로 소유권을 잃은 때에도 마찬가지이다.

Ⅲ. 권리질권

1. 권리질권의 의의와 설정

권리질권이란 동산 이외의 재산권을 객체로 하는 질권을 말한다. 그런데 민법은 권리질권에 대하여는 그 설정의 방법에 대하여 정할 뿐이고(제346조), 그 외에 구체적으로 규정을 둔 것은 대체로 채권질권에 대한 것이다.

민법 제346조는 "권리질권의 설정은 법률에 다른 규정이 없으면 그 권리의 양도에 관한 방법에 의하여야 한다"고 정한다. 지명채권의 입질에 관한 제349조는 이를 확인하여 규정한 것이다. 이 규정은 권리의 양도요건에 대하여는 명문의 정함이 있으나 질권 설정에 대하여는 그렇지 아니한 무기명주식(상 제336조) 등의 입질에서 특히 의미가 있다. 예를 들어 합자회사 유한책임사원의 지분에 대한 질권 설정은 무한책임사원 전원의 동의를 얻으면 충분하고(제272조, 제704조, 상 제195조, 제269조), 그 밖의 대항요건을 따를 필요는 없다.

물론 권리질권의 설정에 있어서도 질권의 설정에 관한 의사표시가 요구된다.

2. 채권질권

(1) 채권질권의 설정

(가) 양도할 수 없는 채권은 이를 채권질권의 객체로 할 수 없다(제355조, 제331조). 채권은 원칙적으로 양도성을 가지며(제449조 제1항), 장래의 채권도 마찬가지이다. 입출금이 자유로운 요구불 예금과 같이 그 액이 변동하는 채권에 대해서도, 계좌번호의 특정 등에 의하여 채권의 동일성을 확인할 수 있는 한, 질권이 설정될 수 있다.[1] 또 질권자 자신을 채무자로 하는 것이라도 무방

---

1) 그런데 은행의 수신거래표준약관 중 예금거래기본약관(2022. 12. 23. 개정, 표준약관 제10012호) 제12조 제1항에는 예금의 양도나 입질에는 사전에 이를 은행에 통지하고 동의를 얻어야 한다고 하고, 동 제2항은 입출금이 자유로운 예금(즉 요구불 예금)은 질권을 설정할 수 없다고 한다. 그러므로 예금채권에 유효하게 질권을 설정받으려면, 질권자가 위와 같은 제한을 중대한 과실 없이 알지 못했어야 한다(제449조 제2항, 대판 1996. 6. 28, 96다18281 등). 그런데 그러한 제한은 일반적으로 알려져 있으므로, 비록 이 요건에 대한 입증책임이 특약으로 양수인·질권자에게 대항하는 측에 있다고 하여도, 이를 충족하는 것은 쉬운 일이 아니다.

하다. 특히 은행이 자신에 대한 예금채권에, 보험회사가 자신에 대한 보험금청구권에 각각 질권을 설정받고 금융을 제공하는 일은 종종 행하여진다.

예외적으로 양도가 금지되는 채권에 대하여는 채권양도에 대한 규정에 따른다(제449조 참조).

(나) 채권질권의 설정에는 우선 그 질권의 설정에 관한 질권설정자와 질권자의 물권적 합의를 요한다. 그 외에 어떠한 사실적 요소가 요구되는가는 채권의 종류에 따라 달라진다.

우선 채권 일반의 입질에 관하여 민법은 채권증서가 있으면 그 증서를 질권자에게 교부하는 것을 물권행위로서의 질권설정계약을 구성하는 사실적 요소로 요구한다(제347조). 그러나 증권적 채권인 지시채권·무기명채권에는 특칙이 있으므로(제350조, 제351조를 보라), 이는 지명채권(채권자가 특정되어 있는 채권)의 입질에 대하여만 적용된다. 여기서 말하는 '채권증서'는 채권의 존재를 증명하기 위하여 채권자에게 제공된 문서로서, 장차 변제 등으로 채권이 소멸하는 경우에는 민법 제475조에 따라 채무자가 채권자에게 그 반환을 청구할 수 있는 성질의 문서이어야 하며, 그래서 예컨대 임대차계약서와 같이 계약 당사자 쌍방의 권리의무관계의 내용을 정한 서면은 이에 해당하지 않는다(대판 2013. 8. 22, 2013다32574).

한편 지명채권의 입질을 그 입질된 채권의 채무자(제 3 채무자) 기타의 제 3 자에게 대항하기 위하여는 채권양도에 준하여 질권 설정의 대항요건을 갖추어야 한다(제349조 제 1 항, 제450조 이하; 대판 2010. 11. 25, 2009두18639 참조).

(다) 저당권부 채권을 질권의 객체로 하는 경우에는 그 저당권등기에 질권 설정의 부기등기를 하여야 질권의 효력이 저당권에 미친다(제348조, 부등 제76조). 물론 입질의 당사자들이 질권의 효력이 저당권에 미치지 않도록 약정하는 것은 가능하다. 그리고 이러한 내용은 채권에 질권을 설정한 다음에 저당권이 설정된 경우에도 같다(대판 2020. 4. 29, 2016다235411).

(라) 동산질권에서와 마찬가지로 채권질권에서도 특정한 채권만이 아니라 일정한 계속적 관계로부터 현재 및 장래 발생하는 불특정의 채권을 위한 근질(根質)도 인정된다(대판 2009. 10. 15, 2009다43621; 이에 의하면 입질된 채권에 대하여 제 3 자가 강제집행을 시도하는 경우 근질권자가 그 사실을 알게 된 시점에 근질권은 확정된다고 한다).

(2) 채권질권의 효력

(가) 채권질권자는 지시채권, 무기명채권에서의 증서를 포함하여 교부받은 채권증서를 점유하고 피담보채권 전부의 만족을 얻을 때까지 이를 유치할 수 있다(제355조, 제335조). 그는 그 증서를 선량한 관리자의 주의로 점유하여야 한다(제355조, 제324조 제 1 항). 그러나 입질채권은 무형의 것으로 거의 사용가치를 가지지 않으므로, 그 자체에 대하여는 유치적 효력을 생각할 수 없다. 그러나 질권의 실행에 이르기 전이라도 질권설정자와 제 3 채무자는 질권 설정의 목적이 저해되는 일이 없도록 역시 목적채권의 행사 등에 관하여 일정한 제한을 받는다.

(나) 질권설정자는 질권자의 동의 없이 질권의 목적인 채권[2]을 소멸하게 하거나 질권자의 이익을 해치는 변경을 할 수 없다(제352조). 그러므로 그가 한 채권의 포기·면제, 다른 채무와의 상계, 상계계약(대판 2018. 12. 27, 2016다265689) 등은 이를 질권자에게 대항할 수 없다(반면 목적채권의 양도는 질권자에게 영향이 없으므로 이에 해당하지 않는다, 대판 2005. 12. 22, 2003다55059). 나아가 설정자는 채권을 추심할 수 없고, 따라서 제 3 채무자를 상대로 이행청구의 소를 제기하지 못한다. 제 3 채무자가 설정자 또는 그 승계인에게 변제하여도 순위에서 앞서는 질권자에게 이를 대항할 수 없다(대판 2022. 3. 31, 2018다21326). 그리고 파산절차의 개시는 질권자의 추심권에 중대한 영향을 미치므로, 질권설정자는 제 3 채무자의 파산을 신청할 수도 없다. 그러나 채권존재확인의 소의 제기 또는 소멸시효의 중단을 위한 최고(제174조)는 할 수 있다.

(다) 제 3 채무자는 질권 설정의 통지 또는 승낙 후에는 질권설정자 또는 목적채권의 양수인에게 변제하여도 그로 인한 목적채권의 소멸을 질권자에게 대항할 수 없다(제349조 제 1 항, 제451조 제 2 항). 그러나 피담보채권보다 목적채권의 변제기가 먼저 도래한 때에는 "채권자가 변제를 받을 수 없는 때"에 해당한다고 보아(제487조 제 1 문 제 1 경우), 제 3 채무자는 변제공탁으로 채무를 면할 수 있다고 할 것이다(제353조 제 3 항 참조). 이때 질권은 그 공탁물출급청구권 위에 존속한다고 할 것이다(제353조 제 3 항 제 2 문의 유추적용).

한편 제 3 채무자가 하는 상계에 대하여는, 질권 설정의 대항요건이 구비되

---

2) 제352조는 질권의 목적인 「권리」를 소멸하게 하지 못한다고 정한다. 그러므로 이는 채권질권만이 아니라 다른 권리질권에도 적용된다.

는 시점을 기준으로 그의 채권이 압류된 경우(제498조)에 준하여 처리할 것이다(민법 Ⅰ 제 4 편 제 3 장 Ⅱ. 1. (3) (다) 참조).

(라) 질권이 존속함에도 질권자가 제 3 채무자에 대해 해지 등으로 질권이 소멸하였다고 통지하였고, 이를 믿고 제 3 채무자가 질권설정자에게 변제하였다면, 제452조 제 1 항을 유추하여 제 3 채무자는 질권설정자에 대해 주장할 수 있는 사유로 질권자에게 대항할 수 있다(대판 2014. 4. 10, 2013다76192; 제349조 참조).

(3) 질권의 목적채권·질권부 채권의 처분

질권설정자가 질권자의 이익을 해치는 행위를 할 수 없다고 하여도, 그가 목적채권을 양도하는 것을 막을 이유는 없고, 다만 그 양수인은 여전히 질권의 물적 부담을 진다.[3] 또 설정자는 요건을 갖추어 목적채권을 다시 입질할 수 있다.

반면에 채권질권자는 자신의 질권을 피담보채권과 함께 양도할 수 있다. 또 그는 목적채권을 전질할 수 있다. 이들은 동산질권에서와 다를 바 없다.

(4) 우선변제적 권능

(가) 채권질권자는 목적채권으로부터 다른 채권자보다 자기 채권의 우선변제를 받을 권능이 있다(제355조, 제329조). 우선변제권을 행사하여 채권의 만족을 얻으려면, 피담보채권의 이행기가 도래하여야 하고, 또한 피담보채권의 원래 목적이 금전의 지급이 아닌 경우에는 그것이 금전으로 바뀔 것을 요한다. 유질계약의 금지는 채권질권의 실행에도 적용된다(제355조, 제339조). 한편 채권질권자도 질권설정자가 파산한 경우에는 별제권을 가진다(회파 제411조).

그 밖에 채권질권자는 목적채권의 과실을 수취하여 피담보채권의 변제에 충당할 수 있다(제355조, 제343조, 제323조 제 1 항 본문). 따라서 목적채권이 이자 있는 채권인 경우에 개별적으로 발생하는 지분적 이자채권에 관하여 원본과는 별도로 이행기가 도래한 때에는 질권자는 이를 직접 추심하여, 피담보채권의 이자, 나아가 원본에 충당할 수 있다(제323조 제 2 항).

---

3) 목적채권에 질권이 설정되어 있다는 것을 질권설정자의 다른 채권자는 쉽사리 알지 못하므로 이를 압류하는 일이 종종 있다. 그러나 그 압류는 질권의 실행에 영향을 미치지 못한다. 압류채권자가 이를 전부받아도, 그는 목적채권을 질권의 부담 아래 취득하며, 제 3 채무자가 그에게 변제하여도 그로 인한 채무의 소멸을 질권자에게 대항할 수 없다.

(나) 채권질권을 실행하는 방법은 우선 질권자가 목적채권을 직접 추심하는 것이다(제353조 제 1 항). 질권자는 선량한 관리자의 주의로 이 직접청구권을 행사하여야 한다.

목적채권이 금전채권인 경우에, 질권자는 피담보채권액의 한도에서 제 3 채무자에 대하여 직접 자신에게 이행할 것을 청구하여, 그 수령한 것을 피담보채권에 충당할 수 있다(제353조 제 2 항). 그런데 제 3 채무자로서는 피담보채권액을 알지 못하는 경우가 있으므로, 그 경우에는 변제공탁을 허용할 것이다(제487조 제 2 문). 한편 피담보채권의 변제기가 도래하기 전에 목적채권의 변제기가 도래하면, 질권자는 제 3 채무자에 대하여 변제금액을 공탁할 것을 청구할 수 있는 데 그치고, 이때 질권은 그 공탁금(정확하게는 공탁금출급청구권) 위에 존속한다(제353조 제 3 항).

목적채권이 금전채권이 아닌 경우에도, 질권자는 제 3 채무자에 대하여 직접 자신에게 이행할 것을 청구할 수 있다(동조 제 1 항). 그러나 추심한 급부로 직접 변제에 충당할 수 없으므로, 질권은 그 이행된 급부 위에 존속한다(동조 제 4 항). 이와 같이 그 급부로 피담보채권이 만족을 얻는 것이 아니므로, 이 경우에는 피담보채권의 이행기가 도래하지 않아도 추심을 할 수 있다고 할 것이다.

(다) 저당권부 채권에 질권이 설정되고 그 효력이 저당권에 미치는 경우에는, 위와 같은 질권자의 직접청구권을 실현하기 위하여 저당권을 실행할 수 있다. 다만 그 저당권의 실행에는 목적채권은 물론이고 자신의 피담보채권에 관해서도 그 실행의 요건이 갖추어져야 한다. 나아가 목적채권이 보증채무에 의하여 담보되고 있는 경우에 질권은 보증채무의 수반성에 의하여 질권설정자의 보증채권에도 미치므로, 질권자는 질권의 실행으로 보증인에 대하여 보증책임의 이행을 청구할 수 있다. 목적채권이 질권부 채권인 경우에 그에 대한 질권 설정의 효력이 그 질권에 미치므로 질권자는 이를 실행할 수 있다.

(라) 채권질권을 실행하는 다른 하나의 방법은 민사집행법에서 정한 집행방법에 의하는 것이다(제354조). 그 집행방법은 담보집행이다(민집 제273조). 이 방법은 목적채권이 조건부 등으로 질권자가 이를 직접 청구하기가 곤란하여 양도명령, 매각명령 등을 집행법원으로부터 얻어야 하는 때(민집 제273조 제 3 항, 제241조)에 특히 실익이 있다.

(마) 채권질권자가 채권질권의 실행 외에 채무자의 일반재산으로부터 피

담보채권의 만족을 얻을 수 있는지에 대하여는 제340조가 준용된다(제355조).

(5) 채권질권의 소멸

채권질권은 목적채권의 멸실, 혼동(제191조), 포기 등으로 소멸하는 외에, 특히 피담보채권이 변제 등으로 소멸하면 그 부종성에 기하여 소멸한다. 또 채권질권이 실행되어 우선변제권능이 종국적으로 행사되면, 채권질권은 소멸한다. 채권질권이 소멸하면, 질권자가 교부받은 채권증서는 설정자에게 반환하여야 한다.

제7장 저당권: 성립과 효력범위

Ⅰ. 저당권의 의의와 법적 성질

1. 저당권의 의의와 기능

(1) 저당권이란 채권의 담보로 채무자 또는 제 3 자가 제공한 부동산을 점유하지 아니하면서 그 부동산으로부터 다른 채권자보다 우선하여 채권의 만족을 얻을 수 있는 권리를 말한다(제356조). 저당제도는 원래 부동산에 설정되는 것으로 발달하였으나, 그 후 부동산에 관한 물권으로서의 지상권·전세권(제371조), 등기·등록으로 공시되면서 부동산에 준하여 취급되는 권리(광업 제11조, 제38조, 수산 제16조 제 3 항, 제26조 등), 나아가 등기·등록으로 공시되는 동산(자저 제 3 조, 선박등 제 3 조 등), 재산의 집합체로서의 재단(공저 제10조, 제52조, 입목 제 4 조 등) 등으로 그 범위가 확대되었다(이들 내용에 대해서는 제 3 편 제15장 Ⅰ. 참조).

(2) 저당권은 질권과 함께 민법이 정하는 약정담보물권의 하나로서, 우선변제적 권능을 핵심으로 한다. 질권과의 근본적인 차이는 목적물의 점유를 그 설정자로부터 저당권자에게 이전할 필요가 없다는 데 있다. 즉 저당권은 비점유담보이다.

그러므로 저당권에서는 설정자가 목적물의 사용을 계속할 수 있어 기업의 기본설비인 공장이나 사무실건물 또는 생활의 필수적 수단인 주택 등도 그 객체로 하기에 적합하다. 저당권자도 저당권을 실행하기까지는 목적물관리의 부담을 지지 않는다. 이러한 장점에 힘입어 오늘날 저당권은 물적 담보제도로서 가장 중요한 기능을 하며, 그 중추적인 지위에 있다. 저당제도가 그 적용범위를 점점 넓혀가는 것은 기본적으로 저당권의 위와 같은 특성에 힘입은 것이다.

한편 이와 같이 저당권에서는 목적물에 대한 외부적인 지배상태에 변화가 없으므로, 그 권리의 존재와 내용을 외적으로 공시하는 것이 긴요한 문제가 된다. 저당권의 존재를 쉽사리 알 수 없으면, 그 목적물에 이해관계를 맺은 당사자로서는 후에 저당권의 실행에 의하여 불측의 손해를 입을 수 있기 때문이다. 그러한 공시방법으로 채택된 것이 등기제도이고, 저당권은 등기제도와 평행하게 발달되어 갔다.[1] 그리고 오늘날에도 저당제도의 확대는 원래 등기와는 무관하였던 일정한 재산에 관하여 우선 등기할 수 있도록 하여 등기능력을 부여하는 것을 출발점으로 한다. 한편 등기를 공시방법으로 채택한 것은 동시에 복수의 저당권이 그 순위를 달리하여 설정되는 것을 가능하게 하였다. 통상 하나만이 설정되는 질권에서 질물을 담보로 당해 질권자로부터만 신용을 얻을 수 있고 따라서 피담보채권에 비하여 훨씬 고가의 담보물이 제공된 경우에는 그 담보가치를 충분히 살릴 수 없음에 비하여, 저당권의 경우에는 저당물을 담보로 제공하여 여러 사람으로부터 금융을 얻는 것을 가능하게 하고, 나아가 저당물의 담보가치를 끝까지 활용할 수 있는 이점을 가지게 되었다.

2. 저당권의 법적 성질

저당권은 물권이며, 그 중에서도 채권의 담보를 위하여 설정되는 담보물권이다. 담보물권으로서, 부종성·수반성·불가분성·물상대위성을 가진다. 저당권은 일반적으로 저당물소유자와의 계약에 의하여 설정되는 약정담보물권이다. 법규정에 의하여 저당권이 성립하는 경우도 있으나(제649조), 이는 예외적이다.

1) 부동산등기제도는 역사적으로는 저당권의 공시를 위하여 발달되어 이후 소유권양도 등 부동산물권변동의 양태 일반에 확대되어 갔다.

Ⅱ. 저당권의 객체

1. 부 동 산

저당권의 객체가 되는 것은 부동산이다(제356조). 1개의 부동산의 양적인 일부에 저당권을 설정하는 것은 허용되지 않는다. 그러므로 토지라면 먼저 그 부분을 분필하여 독립한 토지로 하여야 한다. 한편 집합건물법에 의하여 구분소유권이 성립하는 건물부분은 법적으로 1개의 건물이므로, 그것은 물론 저당권의 객체가 될 수 있다.

마찬가지로 공유지분은 기본적으로 소유권과 같은 성질을 가지므로, 이에 저당권을 설정할 수 있다. 즉 설정자가 단독으로 소유하는 부동산에서 그 일부의 지분에 저당권을 설정하거나 공유자 1인의 지분 전부 또는 일부에 저당권을 설정할 수 있다. 그러나 집합건물법에 의하여 구분소유권과 종속적인 일체를 이루는 공용부분에 대한 구분소유자의 지분 및 대지권은 구분소유권에 대한 저당권설정과 별개로 저당권을 설정할 수 없다(집합 제13조, 제20조).

한편 하나의 채권을 담보하기 위하여 여러 개의 부동산에 저당권을 설정할 수 있다(제368조 제 1 항). 이를 공동저당이라고 하는데, 이는 그 여러 개의 부동산에 1개의 저당권이 성립하는 것이 아니라, 각 부동산마다 별개의 저당권이 성립한다(제 3 편 제10장 Ⅱ. 참조).

2. 그 밖의 재산권

지상권 또는 전세권도 저당권의 객체가 된다(제371조). 그 외에 저당권의 객체가 될 수 있는 재산권은 앞서 언급하였다(앞의 Ⅰ. 1. (1) 참조).

Ⅲ. 설정계약에 의한 저당권의 성립

1. 저당권설정계약

(1) 원인행위로서 저당권설정계약

일반적으로 저당권의 설정을 내용으로 하는 채권계약이 물권적 합의에 앞서서 행하여진다. 그것은 저당권을 설정할 채권적 의무를 발생시키는 계약으로 저당권을 설정하는 물권행위의 원인행위로서 역할을 한다. 이러한 원인행위는 많은 경우에 저당권의 피담보채권을 발생시키는 계약의 체결과 동시에 또는 그와 전후하여 행하여진다. 저당권설정의 원인행위는 반드시 저당목적물의 소유자가 이를 하지 않아도 유효하다. 그 계약에서 저당권설정의 의무를 지는 사람은 소유권을 취득하거나 소유자의 동의를 얻어 유효하게 저당권을 설정하여야 하며(제569조 참조), 이를 이행하지 아니하면 채무불이행책임(제390조)을 진다. 또한 채무자가 담보제공의무를 이행하지 못하는 경우에는 기한의 이익을 상실한다(제388조 제 2 호).

(2) 물권행위로서 저당권설정행위

물권행위로서 저당권설정행위는 저당권의 설정에 관한 당사자의 물권적 합의와 저당권의 설정에 관한 등기에 의하여 성립한다(제186조). 저당권설정의 물권적 합의는 저당권설정자가 그 설정등기에 필요한 서류를 저당권자에게 교부하면서 묵시적으로 행하여지는 경우가 대부분이다. 저당권설정계약은 목적부동산에 저당권을 설정하는 사람(저당권설정자)이 일방 당사자가 되고, 저당권을 취득하는 사람(저당권자)이 타방 당사자가 된다. 저당권설정자는 피담보채무의 채무자에 한정하지 않고, 제 3 자(물상보증인)라도 무방하다(물상보증인에 대하여는 제 3 편 제 6 장 Ⅱ. 1. (1) 참조).

저당권설정계약은 처분행위이므로, 그것이 유효하려면, 저당권설정자가 목적물에 관하여 처분권을 가져야 하고, 따라서 저당권설정자는 원칙적으로 그 소유자이어야 한다. 소유자 아닌 사람이 행한 저당권설정은, 그가 등기부상 소유자로 등기되었더라도, 또 상대방이 선의무과실이라도, 소유자의 추인 등 특별한 사정이 없는 한 무효이다.

(3) 저당권자

피담보채권의 채권자가 저당권자가 되며, 제 3 자의 채권을 담보하기 위하여 저당권만을 가지는 것은 원칙적으로 인정되지 않는다. 그런데 판례는 제 3 자의 채권의 담보로 저당권이 설정된 경우에, 그에 관하여 채권자·채무자·저당권자 사이에 합의가 있고, 채권양도, 제 3 자를 위한 계약, 불가분적 채권관계의 형성 등의 방법으로 피담보채권이 저당권자에게 실질적으로 귀속된다고 볼 특별한 사정이 있으면 그 저당권은 유효하다는 태도를 취한다.

[1] 채권자 아닌 사람에 대한 저당권 설정: 대판 2000.1.14, 99다51265, 51272

[주 문] 상고를 기각한다. 상고비용은 원고(반소피고)의 부담으로 한다.

[이 유] 상고이유(상고이유서 제출기간 경과 후에 제출된 상고이유보충서의 기재는 상고이유를 보충하는 범위 내에서)를 본다. […]

2. 상고이유 제 2 점에 관하여

원심판결 이유에 의하면, 원심은, 원고가 당좌수표 등을 할인하는 방법으로 금전대차거래를 한 상대방이 피고가 아닌 그 형인 소외 원영희임은 인정하면서도, 그 채택한 증거에 의하여, ① 위 원영희는 피고 등과 동업으로 삼풍약품이라는 상호로 의약품 도매업을 하여 오면서 자금관계 업무를 담당하여 왔는데, 원고와 금전거래를 하면서 피고 등의 명의로 된 삼풍약품 계좌에서 인출한 자금으로 원고에게 대여하여 온 사실, ② 원고도 같은 제약업계에 종사하면서 직접 삼풍약품 경리과에서 어음 등을 할인받는 등 장기간에 걸쳐 금원을 차용하여 온 관계로 이러한 사정을 잘 알고 있었고, 그 금원 차용시 장부상으로는 삼풍약품으로부터 차용한 것으로 정리하여 온 사실, ③ 이 사건 각 근저당권을 설정할 당시 원고는 피고에 대하여 현재 부담하고 있거나 장래 부담하게 될 일체의 채무에 대한 담보로 이 사건 아파트에 근저당권을 설정한다는 내용의 근저당권설정계약서를 작성하고, 피고에게 그 각 근저당권의 채권최고액에 상당한 액면 금 70,000,000원과 금 100,000,000원의 각 약속어음을 발행·교부하는 한편, 이 사건 아파트의 담보가치를 유지하기 위하여 이를 타에 임대하지 아니하되, 이에 관하여 물권 등을 설정할 경우 피고의 동의를 받기로 하는 내용의 각서를 작성하여 준 사실, ④ 소외 원영희가 원고에게 대여한 금원 중 상당 부분이 피고의 은행계좌에서 출급된 사실 및 이 사건 숭인동 부동산에 대한 경매절차에서 소외 원영희가 배당받은 금 167,959,460원이 피고 계좌로 입금된 사실을 각 인정한 다음, 사정이 위와 같다면, 이 사건 각 근저당권 설정 당시 원고와 피고 및 위 원영희 사이에 피고 명의로 근저당권을 설정하는 것에 대한 합의가 있었음은 물론이고, 원고가 삼풍약품의 대표자로서 일부 대여자금을 제공한 피고 앞으로 위와 같이 약속어음을 발행하고 이 사건 각 근저당권을 설정하여 준 이상 원고가 이 사건 각 근저당권설정등기를 경료하면서, 피고에 대하여 아무런 채무를 부담하지 않고 무효인 명목상의 근저당권을 설정했다고 볼 수는 없고, 저당권 명의자인 피고도 채권자로서 채무자인 원고로부터 채권을 변제받을 수 있고, 채무자인 원고로서도 당초의 채권자인 위 원영희나 저당권 명의자인 피고 중 누구에게든 채무를 변제할 수 있으며 이같이 변제하는 경우 당초의 채권자인 위 원영희나 저당권명의자인 피고 모두에게 그 유효함을 주장할 수 있는 관계, 즉 묵시적 약정에 의하여 피고는 소외 원영희와 더불어 불가분적 채권자의 지위에 있다고 봄이 상당하다고 판단하였다.

기록에 비추어 살펴볼 때, 원심의 위와 같은 판단은 정당하고 거기에 상고이유로 주장하는 바와 같이 채증법칙을 위반한 사실오인, 담보물권의 부수성 및 불가분채권에 관한 법리오해 등의 위법이 있다고 할 수 없다. […]

질문

1. 원고는 피고에게 근저당권설정등기말소를 청구하고 있다. 청구의 이유는 무엇인가? 그에 대해 피고는 어떠한 사정을 주장하고 있는가? 법원의 판단은 어떠한가?
2. 대법원은 이 사건에서 원고의 청구를 기각하기 위한 논리로서 어떠한 법률구성을 채택하고 있는가?

(4) 저당권설정의 등기

저당권의 설정에는 그에 관한 등기를 요한다(제186조).

(가) 저당권설정등기의 신청서에는 그 등기원인(저당권설정에 관한 물권적 합의가 아니라 그 원인행위인 저당권 설정계약을 말하며, 일반적으로 "○년 ○월 ○일 설정계약"으로 간단하게 기재된다) 외에도 그 피담보채권의 액과 채무자가 필수적으로 기재되어야 한다(부등 제48조 제 1 항, 제75조 제 1 항). 이는 등기사항이다.

더 나아가 저당권설정의 원인행위에 피담보채권의 변제기, 이자 및 그 발생기·지급시기, 원본 또는 이자의 지급장소, 채무불이행으로 인한 손해배상에 관한 약정이나 저당권이 미치는 물적 범위에 관한 특별한 약정(제358조 단서)이 있는 경우에는 이를 등기신청서에 기재할 수 있다(부등 제75조 제 1 항 제 6 호, 제 7 호). 이와 같은 사항도 등기되며, 그로써 제 3 자에 대한 대항력을 가지게 된다(임의적 기재사항).

(나) 저당권설정등기의 내용이 그 원인행위와 일치하지 않은 경우에 그 등기의 무효 여부는 등기사항을 정한 취지에 비추어 판단된다. 등기신청서에

채무자가 아닌 사람을 채무자로 기재하여 그와 같이 등기된 경우는 어떠한가?

[2] 채무자 아닌 사람을 채무자로 기재한 저당권 설정: 대판 1980. 4. 22, 79다1822

[주 문] 상고를 기각한다. 상고 소송비용은 원고의 부담으로 한다.

[이 유] 원고의 첫째 상고이유를 본다.

근저당권은 계속적인 거래관계에서 발생하는 미확정채무를 담보하기 위한 것으로서, 원심이 확정한 사실에 의하면, 이 사건 부동산은, 소외 김남천이 소외 이동현에게 명의신탁한 것으로서, 위 김남천은 피고와의 거래관계에서 발생하는 차용금 채무를 담보케 하기 위하여, 이 사건 부동산에 피고 명의의 제 2 순위 근저당권을 설정함에 있어서, 당사자간의 편의에 따라 위 이동현을 채무자로 등재하였다는 것이니, 그렇다면 이 사건 부동산상의 제 2 순위 근저당권이 담보하는 채무는, 위 김남천의 피고에 대한 채무로 보아야 할 것인바, 원심 판결이유에 의하면, 원심은 같은 취지로 판단하였음이 분명하니 원심의 그와 같은 판단에 원고가 주장하는 바와 같은 근저당권이 담보하는 채무의 존부에 관한 법리를 오해한 허물이 있다고 할 수 없다. […]

질문

1. 이 판결은 채무자가 아닌 사람을 채무자로 등기하여 설정한 저당권이 유효할 수 있다고 판시한다. 그렇게 볼 실질적인 이유는 무엇인가? 무효로 볼 수는 없는가(대판 1981. 9. 8, 80다1468 참조)? 더 나아가 대판 1996. 12. 23, 96다43348을 읽어보고 판례가 어떠한 경우에 채무자 아닌 사람을 채무자로 등기한 경우에도 유효한 저당권 설정을 긍정하는지 공통점을 찾아보라.
2. 위 판결들 및 앞서 살펴본 앞의 대판 2000. 1. 14, 99다51265, 51272(재판례 [1])를 바탕으로 다음 사안을 어떻게 해결할 수 있을지 생각해 보라. 매매잔대금채무를 지고 있는 부동산 X의 매수인인 주식회사 B가 매도인 A와의 사이에 소유권이전등기를 경료하지 아니한 상태에서 그 부동산 X를 담보로 하여 대출받는 돈으로 매매잔대금을 지급하기로 하는 한편, 매매잔대금의 지급을 위하여 당좌수표를 발행 교부하고 이를 담보하기 위하여 그 부동산 X에 제 1 순위 근저당권을 설정하되, 그 구체적 방안으로서 채권자인 매도인 A와 채무자인 매수인 B 및 A가 지정한 A의 처 C 사이의 합의 아래, 근저당권자를 C로, 채무자를 A로 하기로 하였고, 이를 위하여 매도인 A는 C과 아무런 금

전대차 관계가 없음에도 불구하고 형식상 C로부터 매매잔대금 상당액을 차용하는 내용의 차용금증서를 작성 교부하고, 같은 날 이를 피담보채권으로 하여 부동산 X에 관하여 채무자를 A, 근저당권자를 C, 채권최고액을 2억 원으로 하는 근저당권설정등기를 마친 후, 매수인 B로부터 액면 2억 원의 당좌수표를 발행 교부받으면서 향후 잔대금 2억 원을 지급받기로 하고 B에게 근저당권설정등기에 필요한 일체의 서류를 교부하였다. 부동산 X상에 있는 근저당권에 대하여, 이는 매도인 A가 C에게 단순히 근저당권의 명의만을 신탁한 것으로 볼 것인가? 아니면 채무자인 매수인 B의 승낙 아래 매매잔대금채권이 제 3 자인 C에게 이전되었다고 보아야 하는가? 또한 제 3 자인 C 명의의 근저당권설정등기는 부종성에 반하는 무효의 등기인가? (대판(전) 2001. 3. 15, 99다48948 참조)

3. 물상보증인이 채무자의 동일성을 잘못 알고 저당권설정의 의사표시를 한 경우에는, 착오(제109조)를 이유로 하여 이를 취소할 수 있겠는가? (대판 1986. 8. 19, 86다카448; 1995. 12. 22, 95다37087 등 참조).

(다) 무효등기의 전용(轉用)은 저당권등기와 관련하여 문제되는 경우가 많다. 즉 어느 채권의 담보로 행하여진 저당권등기가 그 채권이 변제됨으로써 저당권이 소멸하여 무효가 되었으나 당사자들이 새로 발생한 채권의 담보를 위하여 당해 등기의 효력을 그대로 유지하기로 합의한 경우가 그것이다. 판례는 일찍부터 등기의 무효와 전용합의 사이에 등기상 이해관계 있는 제 3 자가 나타나지 않는 한 그 등기는 다시 유효하게 된다고 한다.

[3] 무효인 저당권등기의 전용: 대판 1963. 10. 10, 63다583

원판결은 그 이유설명에서 본건 계약당사자간에는 이미 성립하여 거래되었던 본건 근저당권 설정계약을 1962. 8. 1.에 해약하고 그 이전의 채무관계가 청산되었음이 위에 인정되는 바와 같으므로 그 후에 동 근저당권 등기가 말소되지 않고 있음을 기화로 당사자간에 그 등기를 그대로 원용하여 거래를 계속하였다 할지라도 그로써 이미 소멸된 근저당권이 회복된 것이라 인정할 수 없다고 하여 당사자가 유용하기로 한 본건 근저당권 결정등기까지 무효의 것이라는 취의로 판단하였으나 등기가 유효하기 위하여는 등기기재에 부합하는 실체법상의 권리관계가 존재함을 필요로 하여 이 실체적 유효요건의 흠결이 있으므로 인하여 무효인 등기가 그 후에 그 등기면에 대응하는 실체관계가 존재하게 된 때에는 그 후부터는 유효한 등기라 할 것으로서 그것이 처음부터 무효인 등기가 후에 실체적 유효요건을 충족한 때에는 물론 처음에는 유효하든 등기가 후에 실체관계의 흠결을 가져오게 됨으로 인하여 무효로 된 등기가 다시 그 후에 내용에 있어 처음의 것과 동일한 실체관계를 구비하게 된 때라 하여도 그것이 건물 멸실 후의 새건물이 건축된 경우를 제외하고는 이미 등기상 이해관계 있는 자가 생긴 것이 아닌 이상 구 등기의 유용이 가능하다 할 것인바 본건에 있어서 보건대 1962. 8. 1.에 근저당권 설정계약이 해약되어 그 근저당권 설정등기는 일단 실체적 권리관계가 없는 무효의 등기로 되었던 것이고 이미 소멸된 근저당권이 회복될 수 없음은 원판결 판단과 같으나 처음의 근저당권 설정계약이 해약되고 그 근저당권이 소멸된 후에 당사자가 무효로 된 처음의 근저당권 설정등기를 유용하여 거래를 하기로 한 이상 그 구등기에 부합하는 근저당권 설정계약의 합의가 새로 있어 구 등기를 유용하기로 하고 거래를 계속하였다는 취의로 해석함이 타당하다 할 것이며 구등기가 실체적 권리의 소멸로 무효화되었으나 그 후 그 등기면에 부합하는 근저당권 설정의 합의가 새로 있어 구 등기를 유용하기로 한 바이므로 구근저당권 설정계약 해제 이후 원판결이 확정한 그 유용 합의 일자인 1962. 8. 17. 이전에 이미 등기상 이해관계 있는 제 3 자가 나타났음이 인정되지 않는 한 본건 근저당권 설정등기는 유효하다할 것인 만큼 이와 견해를 달리한 원판결은 부동산등기법상의 법리를 오해한 위법이 있다 할 것으로서 상고논지는 이유 있고 원판결은 파기를 면치 못할 것이다.

질문

1. 위 판결은 어떠한 조건 하에 이미 소멸한 저당권 등기의 「전용」을 인정하였는가? 이 결론은 어떻게 법률구성할 수 있겠는가? 대법원이 일정한 조건을 부가한 이유는 무엇인가?
2. 실무상 소멸한 저당권 등기의 「전용」이 행해지는 이유는 무엇이라고 생각하는가?
3. 저당권 등기가 무효인 경우, 새로운 채권자가 원래의 저당권자가 아닌 제 3 자인 때에도 저당권등기의 전용합의에 기하여 그 제 3 자 앞으로 저당권이전의 부기등기가 행하는 방식으로 무효등기를 「전용」할 수 있겠는가(대판 1998. 3. 24, 97다56242 참조)? 또는 채권자 아닌 자에게 설정되어 무효인 제 3 자

명의의 저당권등기라도 후에 채권자 본인 앞으로 저당권이전의 부기등기가 되는 경우에는 어떠한가(대판 2007. 1. 11, 2006다50055 참조)?

2. 저당권의 피담보채권

저당권설정계약에서는 피담보채권 및 그 액이 정하여져야 한다. 한편 특정한 채권이 아니라 일정한 계속적 관계로부터 현재 및 장래 발생하는 불특정의 채권을 위한 근저당에 대하여는 후술한다(제 3 편 제10장 Ⅰ.).

(1) 원칙: 금전채권

저당권은 그 실행에 의하여 얻은 환가금 또는 수익으로부터 우선변제를 받는 것을 핵심적인 권능으로 하므로, 기본적으로는 금전채권이 피담보채권이 된다. 그러나 애초부터 금전의 지급을 내용으로 하는 채권이 아니라도, 후에 채무불이행에 의하여 손해배상채권으로 바뀌므로, 피담보채권이 될 수 있다. 이와 같이 피담보채권이 일정한 금액을 목적으로 하지 않는 채권인 경우에는, 저당권설정등기의 신청서에 그 채권의 가액을 기재하여야 한다(부등 제77조). 금전으로 가액으로 산정할 수 없는 채권(제373조)이라도 좋다.

(2) 정지조건부 채권, 시기부 채권, 장래의 채권

정지조건부 또는 시기부인 채권은 물론이고, 장래의 채권에 관하여도 그 우선변제를 현재 확보할 필요가 있으므로 이를 특정할 수 있는 이상 역시 피담보채권이 될 수 있다(보증에 관해 제428조 제 2 항 참조; 실제로 근저당은 장래 확정될 잔고 채권을 담보하는 저당권이다. 제357조 제 1 항). 따라서 보증인이 장차 보증채무를 이행함으로써 취득할 구상권(제441조), 현재는 계약이 유효하게 존속하고 있으나 장차 계약이 해제되면 발생하는 원상회복채권(제548조 제 1 항 본문)과 같이 채권 발생의 기초가 되는 법률관계가 전부 또는 일부 현존하는 경우에는 물론 가능하다. 나아가 그러한 기초적 법률관계가 아직 없더라도 예를 들어 당사자가 계약내용을 협상하고 있어서 장래 계약의 체결이 기대되는 것과 같이 채권 성립의 사실적 가능성이 있는 경우에도 이를 특정할 수 있는 이상 피담보채권으로서의 적격을 부정할 이유는 없다. 이와 같은 장래의 채권을 위한 저당권도 현재 유효하게 성립하며, 다만 아직 채권이 성립하지 아니하는 동안에는 우선변제권능을 행사하지 못할 뿐이다.

(3) 여러 개의 피담보채권

1개의 채권의 일부만을 피담보채권으로 할 수 있다. 반대로 1인 또는 수인의 채무자에 대한 여러 개의 채권을 피담보채권으로 하여 하나의 저당권을 설정할 수도 있다(등기부에는 채권총액 및 각 채권액, 그리고 그에 대응하여 각 채무의 채무자가 기재된다). 나아가 수인의 채권자가 독립적으로 가지는 여러 개의 채권이 1개의 저당권의 피담보채권이 될 수 있는지에 대하여는 논의가 있으나, 각자의 채권을 위하여 하나의 저당권을 준공유(제278조)한다고 볼 수 있으므로 이를 긍정할 것이다. 이 경우 준공유자들은 각자의 공유지분을 약정하여 등기할 수 있고(부등 제48조 제 4 항), 그러한 약정이 없는 경우에는 각자의 채권액의 비율에 따라 우선변제받을 권리가 있다고 할 것이다(대판 2008. 3. 13, 2006다31887).

(4) 피담보채권의 변경

피담보채권 및 그 액은 합의에 의하여 변경할 수 있다. 저당물소유자와 저당권자는 피담보채권의 액, 이자에 관한 정함 등을 변경하는 계약을 하고, 이를 원인으로 변경등기를 부기등기의 방식으로 할 수 있다. 등기부상 이해관계 있는 제 3 자가 있는 경우에는 그 등기의 신청에 있어서 그의 승낙서 또는 그에 갈음하는 재판의 등본을 첨부하여야 한다(부등 제52조 단서). 나아가 피담보채권의 채무자 또는 채권자가 채권양도·채무인수·경개·상속·회사합병 등에 의하여 변경되면, 이 역시 부기등기의 방식으로 등기된다.

(5) 저당권의 부종성

저당권은 채권을 담보하기 위하여 존재하는 것이므로, 그 성립·존속·소멸을 피담보채권에 의존한다. 이를 「저당권의 부종성」이라고 한다. 피담보채권이 존재하지 않거나 무효이면, 비록 저당권설정계약이 성립하여 저당권등기가 되었어도, 저당권은 무효이다(제369조 참조). 이는 피담보채권을 발생시키는 계약이 후에 취소되거나 해제되어 그 계약의 효력이 소급적으로 소멸된 경우에도 마찬가지이다. 또 피담보채권이 변제 등으로 소멸하면, 저당권설정등기가 말소되지 않더라도, 저당권은 바로 소멸한다(제187조, 제369조).

3. 저당권의 순위

(1) 우선주의

저당권은 하나의 목적물에 여럿이 설정될 수 있다. 이 경우에는 각 저당권의 순위가 문제되는데, 이들 사이의 순위는 그 설정의 시간적 순서에 의한다(제370조, 제333조). 결국 이는 저당권설정등기의 순위에 따라 정하여진다(부등 제 4 조 제 1 항). 한편 1개의 저당권이 여러 사람에게 설정되어, 그들이 저당권을 준공유할 수 있음은 물론이다(제278조, 부등 제48조 제 4 항).

(2) 순위승진주의

민법은 한 번 부여된 저당권의 순위가 그대로 고정되어 선순위의 저당권이 소멸해도 상승하는 일은 없는지(순위확정주의), 아니면 그 순위가 자동적으로 상승하는지(순위승진주의)에 대하여 명문의 규정이 없다. 그러나 저당권의 부종성(제369조)이나 공동저당에서 후순위저당권자의 대위(제368조 제 2 항) 등은 순위승진주의를 전제로 하는 것으로 보이며, 순위확정주의를 관철하기 위하여 필요한 소유자저당도 우리법제에서 인정되어 있지 않으므로, 순위승진주의에 의하고 있다고 해석된다. 실무도 일찍부터 이러한 태도를 취하고 있다.

Ⅳ. 저당권의 효력범위

1. 피담보채권의 범위

(1) 저당권에 의해 담보되는 범위

저당권은 피담보채권의 원본 외에도 그 이자, 위약금, 채무불이행으로 인한 손해배상 및 저당권의 실행비용을 담보한다(제360조 본문). 피담보채권은 저당권설정계약에 의해 정해지지만, 제360조는 이와 구별되는 문제 즉 저당권의 실행으로 저당권자가 우선변제를 받을 수 있는 피담보채권의 범위를 규율한다. 질권과는 달리(제334조 단서 참조), 설정자와 저당권자의 약정에 의하여 우선변제권 있는 피담보채권의 범위를 달리 정할 수 없다.

피담보채권은 원래 저당권설정계약에서 정하여지는데, 제 3 자에 대항할 수 있는 우선변제권능은 등기된 범위에서만 생긴다. 이자에 관한 약정 및 위약금 약정(제398조 제 4 항 참조)도 마찬가지이다.

(2) 지연배상의 제한

(가) 피담보채무의 불이행으로 인한 손해배상은 그에 관한 약정이 없어도, 나아가 그에 관한 등기가 없어도 우선변제를 청구할 수 있다. 그 손해배상은 채무의 이행청구와 병존하여 행하여지는 지연배상과 "이행에 갈음한 손해배상"(제395조), 즉 전보배상으로 나뉜다. 금전채무의 불이행의 경우에는 지연배상만이 가능한데, 이는 법정이율 또는 유효한 약정이율(약정이율에 관한 등기가 있으면 그 이율에 의하여 지연손해금이 계산된다)에 의하여 정하여진다(제397조 제 1 항; 이를 「지연이자」라고 부르기도 하나 이는 이자는 아니며 지연손해의 배상이다). 피담보채무의 불이행으로 인한 지연손해의 배상에 한해서는 저당권의 실행절차에서 우선변제권능이 미치는 범위에 제한이 있어서, 그 1년분에 한정된다(제360조 단서).

(나) 지연손해는 기간의 경과와 더불어 그 액이 증가하는 성질을 가지는데 그 내용은 등기되지 않으므로 제 3 자가 그 누적액을 예상하기 어려워 불측의 불이익을 받을 수 있다. 제360조 단서는 이러한 위험을 예방하기 위한 것이다. 또한 동시에 피담보채권의 불이행으로 저당권의 실행이 가능함에도 저당권자가 이를 실행하지 아니하고 방치하면서 지연배상에도 무한정 우선변제권능을 미쳐서 부동산 가치를 소진하여 후순위저당권자·일반채권자 등 제 3 자의 이익을 해치는 것을 막기 위한 것이기도 하다.

(다) 지연손해의 배상이 그 1년분에 한정된다는 것은 채무자에 대한 관계에서는 피담보채권 자체가 그에 제한된다는 것이 아니라, 저당권의 실행절차에서 저당권자가 우선변제를 받을 수 있는 것은 그에 한정된다는 의미이다. 그러므로 1년분을 넘는 지연손해가 발생한 경우에, 채무자가 원리금과 1년분의 지연손해배상금을 저당권자에게 변제하여도 원본채권의 일부가 남게 되어(제479조 참조) 저당권은 존속한다. 그러나 물상보증인·제 3 취득자·후순위권리자 등 제 3 자에 대한 관계에서 이는 피담보채권의 객관적 제한으로서의 의미를 가진다고 할 것이다.

(라) 이 제한은 요컨대 제 3 자의 이해관계를 보호하는 데 그 취지가 있으

므로, 저당권의 실행에서 저당권자와 이해관계를 달리하는 제 3 자가 등장하지 않는 경우에는 적용되지 않는다(대판 1992. 5. 12, 90다8855). 그러므로 후순위담보권자, 일반채권자 등 다른 채권자가 동일한 집행절차에서 전혀 권리를 행사하지 않아 배당에 참여하지 않는 경우에는, 저당권자는 지연손해 전부에 대하여 우선배당을 받는다. 그러나 이 경우에도 물상보증인이 저당목적물을 제공하거나 그 제 3 취득자가 있는 때에는 그러하지 아니하고, 이들에게는 피담보채권에 대한 제한의 적용이 있다고 하여야 한다. 이들은 저당권자의 우선변제권에 대한 제한을 전제로 해서 저당부동산을 담보로 제공하거나 저당부동산의 잔여가치를 기대하여 목적물을 취득하였다는 점에서 후순위저당권자와 다를 바 없는 것이다.[2] 한편 제 1 순위의 저당권 a와 제 2 순위의 저당권 b가 있는 경우에는, b에는 후순위저당권이 없지만, a가 제한에 걸리므로 b도 제한을 받는다.

(3) 저당권의 불가분성

저당권은 불가분성을 가진다. 즉 저당권자는 위와 같은 피담보채권의 전부를 변제받을 때까지 저당물의 전부에 관하여 그 권리를 행사할 수 있다(제370조, 제321조). 한편 저당권에서는 질권과 마찬가지로 피담보채권이 완전히 만족된 후에야 비로소 저당권등기의 말소를 청구할 수 있고, 유치권에서와 같이 피담보채권의 변제와의 상환판결을 구할 수는 없다.

2. 저당권의 물적 범위

저당권의 효력, 특히 우선변제권능은 애초에 그것의 객체가 된 부동산 외에도 다양한 목적물에 미친다(제358조, 제359조). 또 예외적으로는 토지저당권에 기하여 그 지상의 건물에 대하여 경매를 청구할 수 있다(제365조). 나아가 물상대위도 인정된다(제370조, 제342조).

(1) 경제적 단일성의 고려

저당권의 효력은 저당부동산에 부합된 물건과 종물에도 미친다(제358조 본

2) 이에 대해 물상보증인은 자신이 제공한 부동산의 가치에 의하여 피담보채권을 담보할 책임을 지므로 제 3 취득자와는 달리 피담보채권의 제한을 누릴 수 없다고 보는 견해도 주장되고 있으나, 물상보증인도 제 3 취득자와 마찬가지로 저당권의 우선변제권에 대한 제한을 전제로 자신의 부동산을 담보로 제공하였다고 보아야 할 것이다.

문). 그러나 법률에 특별한 규정(공저 제 9 조, 수산 제22조 등)이 있거나 저당권 설정행위에 다른 약정이 있으면 그러하지 아니하다(동조 단서). 이는 저당권이 저당목적물 외에 부합된 물건과 종물에도 효력을 미치게 함으로써 저당목적물이 가지는 경제적 단일성을 유지하고 그에 따라 저당목적물이 적정한 가치로 환가될 수 있도록 하기 위한 것이다.

(2) 부합물에 대한 저당권의 효력

저당권의 효력은 우선 저당부동산에 부합된 물건에도 미친다.

(가) 부합이라고 함은 저당부동산에 부착·합체하여 그 부동산을 훼손하거나 과다한 비용을 들이지 않고서는 분리할 수 없는 것을 말한다. 그에 해당하는지는 요컨대 거래관념상 독립성의 유무에 의하여 제반 사정을 고려하여 판단된다. 건물에 지붕을 새로 내는 등 부합물이 부동산의 구성부분이 되어 독립한 물건으로 분리될 수 없게 되는 「강한 부합」의 경우는 물론이고, 정원에 정원석을 설치하는 것과 같이 그러한 정도까지는 아니어서 여전히 이를 분리하면 독립한 물건이 될 가능성이 있는 「약한 부합」의 경우에도, 부합물에는 저당권의 효력이 미친다. 그 부합의 시기는 묻지 않으며, 또 부합이 물상보증인 또는 제 3 취득자에 의하여 행하여졌어도 저당권의 효력은 그에 미친다.[3] 저당권의 효력이 미친다는 것은 부합된 물건은 부합의 기초인 저당목적물의 경매에 따라 당연히 그에 수반하여 경락인에게 소유권이 이전된다는 의미이다. 그러므로 저당부동산에 대한 경매절차에서 부합물이 경매목적물로 평가되지 않았다고 해도 저당권의 효력이 그에 미치므로, 경락인은 그에 대한 소유권을 취득한다(대판 1981. 11. 10, 80다2757).

(나) 다만 부합이 타인의 권원에 기하여 행하여진 경우에는 부합물은 독립한 소유권의 객체가 되고(제256조 단서), 따라서 저당권의 효력도 그에 미치지 않는다. 다만 강한 부합의 경우에는 권원 있는 사람이 부합시킨 것이라도 목적부동산의 소유권이 이에 미치고, 또 저당권의 효력도 마찬가지이다.

(다) 특히 약한 부합의 경우에 그 부합물인 동산이 저당부동산으로부터 분리되었다고 해서, 저당권의 효력이 그에 미치지 않게 되는 것은 아니다. 그러

3) 한편 제 3 취득자가 부합을 위하여 저당목적물에 지출한 비용이 필요비 또는 유익비에 해당하는 경우에 그는 비용상환청구권을 가지며, 이 청구권은 목적물로부터 우선변제를 받는 권능으로 보호된다(제367조).

므로 그것은 여전히 경매의 대상이 된다. 그러나 그것이 부동산 밖으로 반출된 경우에는 이에 경매청구를 할 수 없고, 그에 대하여 동산경매의 방법으로 저당권을 실행할 수는 없다. 다만 저당권자는 저당권에 기하여 그 반출된 동산을 원래의 장소로 원상회복하는 것을 청구할 수 있다(제370조, 제214조; 제 3 편 제 8 장 Ⅱ. 1. 참조). 이는 바로 뒤에 설명하는 종물이나 과실의 경우에도 다를 바 없다.

(3) 종물에 대한 저당권의 효력

더 나아가 저당권의 효력은 저당부동산의 종물에도 미친다(제358조 본문). 즉 저당부동산의 경락인은 그에 대한 종물의 소유권도 아울러 취득한다.

(가) 종물이란 주물 자체의 경제적 효용에 계속적으로 이바지하는 관계에 있는 주물소유자의 물건을 말한다(제100조 제 1 항). 종물인 동산으로서는 보일러시설·지하수펌프·주유소의 주유기·백화점 건물 내의 전화교환설비 등이고, 부동산인 종물로서는 별채의 화장실·목욕탕·창고·정화조 등이다. 그러나 주물의 소유자나 이용자의 상용에 공여되어 있어도 주물 자체의 효용과 관계없는 것은 종물이 아니다(대판 1985. 3. 26, 84다카269 참조). 종물이 된 것이 저당권의 설정 전인지 후인지를 묻지 않는다(대결 1971. 12. 10, 71마757).

(나) 저당권의 효력은 종물뿐만 아니라 저당부동산에 종된 권리에도 미친다(지역권에 대하여 제292조 제 1 항 본문 참조). 또한 건물저당권에서 건물의 존립을 위한 토지임차권(대판 1993. 4. 13, 92다24950)·지상권(대판 1992. 7. 14, 92다527) 등 토지이용권이 이에 해당하며, 구분건물에 대한 저당권에서 대지사용권도 마찬가지이다.

(다) 건물은 언제나 그 대지와는 별개의 물건이고, 그 종물이 아니다. 그러므로 토지저당권은 그 지상 건물에 효력이 미치지 않는다(대판 1974. 2. 12, 73다298 참조).

(4) 과실에 대한 저당권의 효력

(가) 저당권의 효력은 원칙적으로 과실에 미치지 않는다. 저당권자는 목적물을 점유할 권리가 없으며, 그 사용수익의 권능을 설정자에게 계속 맡겨 그로 하여금 과실을 수취하게 하기 때문이다. 그러나 저당권의 피담보채무가 불이행되어 저당권자가 저당권의 실행에 착수한 단계에서는 그 용익권능도 포함하여 목적물로부터 저당권자의 만족을 도모함으로써 저당권을 강화하는 것이 적절

하다. 그리하여 민법은 저당부동산에 대한 압류가 있은 후부터의 시기에 관하여는 저당권의 효력이 과실에 미친다고 정한다(제359조 본문). 여기서의 압류란 담보경매의 절차에서 그 개시결정으로 행하여지는 압류를 말한다(민집 제268조, 제83조 제 1 항).

(나) 여기서의 과실에 천연과실이 포함됨에는 의문이 없다. 그러므로 경락인은 천연과실에 대한 소유권도 취득한다. 다만 제 3 자가 임차권 기타의 정당한 권원에 기하여 수취하는 천연과실은 그 제 3 자의 소유에 속하므로(제102조 제 1 항), 이에는 저당권의 효력이 미치지 않는다. 그리고 통설에 의하면 설정자가 지급받는 차임 또는 지료 등 법정과실도 제359조에서 정하는 과실에 포함된다(대판 2016. 7. 27, 2015다230020). 그러한 경우 저당부동산의 압류가 있으면 부동산의 차임에도 저당권의 압류의 효력이 미쳐서 저당권설정자가 이를 수취할 수 없고, 저당부동산에 포함되어 저당부동산과 함께 경매절차에서 환가되어야 한다(서울동부지판 2007. 4. 24, 2006가단62400 참조). 그 밖에도 법정과실에 대한 저당권자의 지위는 물상대위의 경우와 비슷하므로 민사집행법 제273조를 유추하여 차임채권을 환가하는 방법을 인정하는 것이 타당하다(대판 2016. 7. 27, 2015다230020).

(다) 저당권이 설정된 후에 목적부동산에 소유권·지상권 또는 전세권을 취득한 제 3 취득자는 저당권실행의 착수로 저당권의 효력이 그 과실에 미침을 알지 못하고 이를 수취하여 소비 기타 처분을 하기 쉽고, 그 경우에는 법률관계가 복잡하게 된다. 그러므로 민법은 미리 위의 제 3 취득자에게 압류의 사실을 통지하지 않으면 저당권의 효력이 과실에 미침을 그에게 대항할 수 없다고 정한다(제359조 단서). 그런데 이러한 취지는, 예를 들어 저당목적물이 임대된 경우에 임차인은 목적부동산이 압류된 사실을 알지 못하고 차임을 종전의 임대인에게 지급하게 될 우려가 있으므로, 그 경우에도 타당하다. 이에도 이 규정을 유추적용할 것이다.

3. 물상대위

(1) 물상대위의 의의

저당권에서도 물상대위가 인정된다(제370조, 제342조). 그러므로 저당권은 저당부동산 자체만이 아니라, 그 일정한 가치적 대위물, 즉 멸실·훼손 또는 공용징수로 저당권설정자가 받을 금전 기타 물건에도 저당권의 효력이 미친다.

저당물의 소유자(법문은 「저당권설정자」라고 하나, 그것은 엄밀하게는 저당물의 소유자를 의미한다)가 그 멸실·훼손으로 가지는 불법행위로 인한 손해배상청구권이나 부당이득반환청구권, 보험금청구권(대판 2004. 12. 24, 2004다52798), 전세권이 저당권의 목적인 경우 전세권소멸에 따른 전세금반환청구권(대판 1995. 9. 18, 95마684)[4] 등이 이에 해당한다. 즉 물상대위의 객체는 저당물의 소유자가 수령하는 금전이나 물건이 아니라 그에 관한 인도청구권 내지 지급청구권이다. 또한 여기서의 멸실·훼손도 물리적인 그것에 한정할 필요는 없고, 법적인 사유로 저당물의 소유권이 소멸하거나 가치가 저감되는 경우를 포함한다. 실제로 많이 문제되는 것은 저당물의 공용징수로 인한 수용보상금청구권이다.

(2) 물상대위의 법률관계

저당권자가 위와 같은 대위물에 물상대위권을 행사하려면, "그 지급 또는 인도 전에 압류하여야 한다"(제370조, 제342조 단서).

(가) 이 규정의 취지에 대하여, 특히 물상대위를 행사하기 위해 지급 또는 인도 전에 압류를 해야 한다는 요건의 의미를 중심으로, 종래 학설상의 논의가 있었다. 이는 크게 다음의 두 가지 문제를 내포한다. ① 물상대위는 저당목적물의 멸실·훼손만으로 이미 효력을 발생하는 것이고, 압류는 다른 목적(예를 들어 특정성보전 또는 제 3 채무자 보호)을 추구하는 것인가? 아니면 압류가 있어야 비로소 물상대위의 효력이 발생하는가? ② 법률이 요구하는 압류는 반드시 저당권자 자신이 해야 하는 것인가? 아니면 다른 누군가의 압류만 있으면 충분하다고 할 것인가?

이에 대해 종래 다수설과 판례는 다음과 같은 입장이다(특정성보전설). 이

---

4) 전세권자에 대한 관계에서 상계적상이 있는 전세권설정자는 상계로 물상대위권자에 대항할 수 있는가? 판례는 물상대위에 기초한 우선변제권을 이유로 원칙적으로 이를 부정한다(대판 2014. 10. 27, 2013다91672). 저당권에 따른 물상대위권은 채권질권과 성질이 유사하므로, 제352조를 고려할 때 타당하다고 하겠다(제 3 편 제 6 장 Ⅲ. 2. (2) (나) 참조). 다만 대법원은 정당한 상계 기대에 대한 법리(대판(전) 2012. 2. 16, 2011다45521)를 적용하여, 예외적으로 전세권저당권이 설정된 때에 이미 전세권설정자가 전세권자에 대하여 반대채권을 가지고 있고 반대채권의 변제기가 장래 발생할 전세금반환채권의 변제기와 동시에 또는 그보다 먼저 도래하는 경우에는, 전세권설정자에게 합리적 기대를 인정할 수 있어 반대채권을 자동채권으로 하여 전세금반환채권과 상계함으로써 전세권저당권자에게 대항할 수 있다고 한다.

견해는 물상대위는 저당목적물의 멸실 등으로 당연히 효력이 있으며, 압류는 단지 가치적 대위물인 권리의 특정성을 유지하기 위한 것이라고 설명한다. 즉 설정자에게 지급 또는 인도가 있으면 가치대위물인 권리는 소멸하고 지급 또는 인도된 물건은 설정자의 다른 재산에 섞여서 그 특정성을 잃게 되므로 저당권은 더 이상 물상대위에 의해 효력을 미칠 수 없다. 그러므로 물상대위의 객체인 채권의 특정성을 유지하기 위하여 압류를 요구하는 것이라고 한다. 이러한 전제에 선다면 특정성보전이라는 목적이 충족되는 이상 여기서의 압류는 반드시 저당권자가 할 필요가 없고 제 3 자의 압류로도 무방하다. 나아가 굳이 압류가 없더라도 제 3 채무자(물상대위의 대상인 채권의 채무자)의 공탁 등으로 특정성이 유지되는 한에서는 물상대위가 허용된다(대판 1987. 5. 26, 86다카1058; 대결 1992. 7. 10, 92마380 등). 이렇게 보면, 압류는 물상대위의 적극적인 요건이 아니라 단지 그 지급 또는 인도 전에 특정성을 잃으면 물상대위권도 상실된다는 정도의 의미를 가지게 된다.

이러한 다수설과 판례에 대해서는 반대견해들이 주장되고 있고 실제로 세부적인 논리전개나 설명에 의문이 없지는 않지만, 그 결론에 있어서는 대체로 수긍할 수 있다고 생각된다. 그러므로 아래에서는 기본적으로 다수설과 판례의 입장을 전제로 하여 살펴보기로 한다.

(나) 물상대위권은 저당권자가 목적채권에 관하여 「지급 또는 인도」가 있기 전에 이를 압류하여야만 행사할 수 있다. 그 압류 전에 제 3 채무자가 이를 변제한 경우에는 저당권자는 물상대위권을 행사할 수 없다. 제 3 자가 유효하게 변제한 경우(제469조), 또 상계 기타의 채무소멸사유가 있는 경우에도 마찬가지이다.

한편 목적채권이 양도되어 그 대항요건을 갖추거나 그에 질권이 설정되거나 압류 및 전부되었다고 해도, 또 그 목적채권의 채권자, 즉 저당물소유자가 파산선고를 받았어도, 이는 「지급 또는 인도」에 해당하지 않으므로, 저당권자는 물상대위권을 행사할 수 있다(대판 1994. 11. 22, 94다25728; 1998. 9. 22, 98다12812). 즉 물상대위권과 양도·전부의 우열은 저당권등기와 양도의 대항요건(전부의 효력발생요건)의 선후에 의한다. 다만 목적채권을 양도받거나 압류·전부로 취득한 제 3 자가 물상대위권자의 압류 전에 제 3 채무자로부터 만족을 얻었으면 물상대위권은 더 이상 행사할 수 없다.

같은 이유에서 제 3 채무자가 저당물소유자에게 반대채권을 가지고 있는 경우, 저당권 설정시점 이전에 반대채권이 성립하였고 이에 더하여 상계적상이 도래했거나 적어도 자동채권의 변제기가 수동채권의 변제기보다 먼저 도래할 경우에 상계로 대항할 수 있다(대판 2014. 10. 27, 2013다91627; 주 4 및 대판 2014. 9. 25, 2012다58609도 참조). 물론 이미 언급하였지만 저당권자 압류 이전의 상계의 의사표시는 지급 또는 인도 전 변제에 준할 것이다.

[4] 물상대위와 전부명령의 우열: 대판 1987. 5. 26, 86다카1058

[주 문] 상고를 기각한다. 상고 소송비용은 원고의 부담으로 한다.

[이 유]

[…] 국세징수법 제34조에 의하면, 세무공무원이 질권이 설정된 재산을 압류하고자 할 때에는 그 질권자는 질권의 설정시기여하에 불구하고 질물을 세무공무원에게 인도하여야 하고, 동법 제80조 제 2 호, 제81조 제 1 항에는 채권, 유가증권, 무체재산권 등의 압류로 인하여 체납자 또는 제 3 채무자로부터 받은 금전은 국세, 가산금과 체납처분비, 기타의 채권에 배분하고, 이러한 기타의 채권 중에는 압류재산에 관계되는 전세권, 질권 또는 저당권에 의하여 담보된 채권을 열거하고 있고, 동법 제84조에는 세무서장은 배분한 금액 중 채권자에게 지급하지 못한 것은 이를 한국은행(국고대리점 포함)에 예탁하도록 규정하고 있는바, 이러한 규정들을 종합하여 보면 국가의 체납처분으로 인하여 질물인 금전채권들이 압류되어 그 질권 등이 상실되는 경우 이러한 질권자를 보호하기 위하여 세무서장으로 하여금 그 배분된 금원을 한국은행에 예탁하도록 의무화한 것이라고 할 것이고 이처럼 세무서장에게 배분된 금원에 대하여 공탁의무가 부과된 이상 위 금원은 압류된 것과 같이 특정되었다 할 것이어서 질권자는 민법 제342조 단서에 의한 압류를 하지 않더라도 당연히 그 물상대위권의 효력이 미쳐 국가로부터 이를 지급받을 수 있으며, 질권설정자 또는 이로부터 양도, 전부받은 자는 그 배분된 금전 중에 위 담보채권을 초과한 잔액이 없는 한 국가에 대하여 직접 이를 청구할 수는 없다고 할 것이다.

원심이 확정한 사실에 의하면, 피고산하인 동마산세무서장은 소외 김창열에 대하여 동인이 부가가치세 등 각종 국세를 납부하지 않는다는 이유로 추계방식에 의하여 합계 금 138,148,845원의 과세처분을 한 다음 보조참가인 한국산업은행이 질권을 취득한 소외 김창열의 정기예금채권(주식회사 한일은행에 입금된 원금 120,000,000원 및 그 이자 금 4,860,367원)을 압류하고 위 국세 등에 충당한 바 있는데 위 김창열의 위 국세 등의 부과처분에 대한 실사신청에 따라 실사를 한 결과, 1984. 6. 30. 위 과세처분중 금 51,678,889원에 해당하는 부과처분이 취소됨으로써 결국 위 충당된 예금채권중 그때까지의 체납된 세금 등을 공제한 나머지 금 28,606,915원의 국세환급금이 발생하였고, 위 한국산업은행은 위 김창열에 대한 금 538,000,000원의 대출금담보조로 위 정기예금채권에 대하여 질권을 취득하였는바, 그렇다면 위 국세환급금은 위 국세징수법의 규정에 따라 모두 질권자인 한국산업은행에게 배분되어야 할 금원이라 할 것이고, 그 잔여금액이 존재하지 아니하는 이상, 비록 위 한국산업은행이 위 환급채권에 대하여 민법 제342조 단서에 의한 압류를 하기 전에 원고가 미리 위 환급채권에 대하여 압류 및 전부명령을 받은 바 있다고 하더라도 위 압류 및 전부명령은 그 효력이 발생할 수 없다고 할 것이다.

이와 같은 취지로 판단한 원심의 조치는 정당하고 거기에 질권의 효력 내지 국세환급금의 성질에 관한 법리를 오해한 위법이 없다. 위와 같이 원고의 압류 및 전부명령이 효력이 없다고 판단된 이상 국세환급금채권의 피전부적격이 있었다는 피고의 상고논지에 대한 판단은 필요 없이 그 이유가 없다. 그러므로 상고를 기각하고, 상고 소송비용은 패소자의 부담으로 하여 주문과 같이 판결한다.

질문

1. 이 사건에서는 국세환급금채권에 대한 전부명령을 받은 원고가 피고인 대한민국에 대해서 전부금을 청구하고, 질권자인 한국산업은행이 피고보조참가를 하였다. 질권자가 제342조 단서가 정하는 압류를 하지 않았음에도 원고의 전부명령의 효력이 부정되는 이유는 무엇인가?
2. 만일 압류에 의해 비로소 물상대위가 효력을 발생한다고 해석한다면 결론은 어떻게 달라지는가? 그 경우 압류의 주체는 누구이어야 하겠는가? 이러한 견해에 의할 때 다수설 및 판례와는 달리 당사자들의 이익상황은 어떻게 바뀌는가? 어떠한 입장이 타당하다고 생각되는가?

(다) 저당권자가 물상대위에 기하여 목적채권에 대하여 저당권을 실행하는 방법은 다음의 두 가지에 한정된다(민집 제273조 제 2 항, 제 3 항; 대판 1999. 5. 14, 98다62688). ① 우선 담보권의 존재를 증명하는 서류를 집행법원에 제출하여 채권의 압류 및 전부의 명령을 신청하는 것이다(민집 제273조, 제223조 이하). 이 압류 등은 물상대위권을 실행하는 방법으로서 행하는 것으로서 그 한도에

서 강제집행으로 하는 채권압류와는 성질을 달리하므로, 다른 일반채권자가 이미 압류를 했어도 이 전부명령은 유효하다(즉 민집 제229조 제 5 항은 적용되지 않는다). ② 나아가 대위목적채권이 다른 채권자에 의해 이미 압류된 경우에는 민사집행법의 규정에 의하여 당해 절차에서 배당요구를 할 수도 있다(민집 제273조, 제247조). 이들은 모두 배당요구의 종기시(민집 제247조)까지 행하여져야 한다(대판 1998. 9. 22, 98다12812; 2000. 5. 12, 2000다4272). 이상과 같이 물상대위권을 적시에 적극적으로 행사함이 없이 단지 저당권이 설정되어 있다는 것만으로 우선변제권능을 실현할 수 없다(대판 1990. 12. 26, 90다카24816).

[5] 물상대위의 행사방법: 대판 1994. 11. 22, 94다25728

[주 문] 상고를 기각한다. 상고비용은 원고의 부담으로 한다.

[이 유] 상고이유를 본다.

민법 제370조, 제342조 단서가 저당권자는 물상대위권을 행사하기 위하여 저당권설정자가 받을 금전 기타 물건의 지급 또는 인도 전에 압류하여야 한다고 규정한 것은 물상대위의 목적인 채권의 특정성을 유지하여 그 효력을 보전함과 동시에 제 3 자에게 불측의 손해를 입히지 않으려는 데 있는 것이므로, 저당목적물의 변형물인 금전 기타 물건에 대하여 일반 채권자가 물상대위권을 행사하려는 저당채권자보다 단순히 먼저 압류나 가압류의 집행을 함에 지나지 않은 경우에는 저당권자는 그 전은 물론 그 후에도 목적채권에 대하여 물상대위권을 행사하여 일반 채권자보다 우선변제를 받을 수가 있고, 그 실행절차는 민사소송법 제733조에서 채권 및 다른 재산권에 대한 강제집행절차에 준하여 처리하도록 규정하고 있으므로, 결국 채권의 압류 및 전부명령을 신청하여야 할 것이나 이는 어디까지나 담보권의 실행절차이므로, 그 요건으로서 담보권의 존재를 증명하는 서류를 집행법원에 제출하여 개시된 경우이어야 하고(당원 1990. 12. 26. 선고 90다카24816 판결 참조), 또 민사소송법 제733조, 제580조의 각 규정의 취지에 비추어 보면 이와 같은 방법의 물상대위권의 권리실행은 늦어도 민사소송법 제580조에서 규정하고 있는 배당요구의 종기까지 하여야만 물상대위권자의 우선변제권이 확보되는 것이고, 그 이후에는 그런 권리가 없다고 봄이 상당하다고 할 것이다.

그런데 이 사건의 경우에는 원심이 적법히 확정한 사실관계에 의하면 원고는 1989. 11. 16. 소외 주식회사 청성(이하 소외 회사라 한다)에 대한 원심판시 대출금채권의 담보를 위하여 소외 회사 소유의 충무시 도남동 370의 15 대

93m²에 대하여 그 판시와 같이 채권최고액을 금 500,000,000원으로 한 근저당권설정등기를 경료하였고, 1993. 4. 30. 현재 위 대출금채권의 원리금이 금 509,733,416원에 이르렀는데 한편 소외 한국토지개발공사는 1991. 7. 25. 위 토지를 수용하고, 같은 해 8. 30. 그 보상금으로 금 25,055,500원을 창원지방법원 충무지원에 공탁하였으며 이에 원고는 같은 해 12. 9. 위 대출금 채권의 일부인 금 25,055,500원을 청구금액으로, 피고는 같은 해 12. 31. 금 2,145,000,000원을 청구금액으로 하여 소외 회사의 위 공탁금출급청구권에 대하여 그 판시와 같이 각 채권가압류 결정을 받았고, 소외 회사의 근로자들은 임금청구사건의 집행력 있는 판결정본에 기하여 위 공탁금출급청구권에 대하여 채권압류 및 전부명령을 받아 각 그 무렵 제 3 채무자인 소외 대한민국에 송달되는 등 위 공탁금출급청구권에 대하여 압류와 가압류가 경합되자, 위 충무지원 공탁공무원은 1992. 11. 17. 사유신고서를 작성하여 집행법원인 위 충무지원에 제출하였으며, 그 후 원고는 같은 해 12. 2. 위 대출금채권의 일부인 금 25,055,500원을 청구금액으로 하여 위 공탁금출급청구권에 대하여 물상대위에 의한 채권압류 및 전부명령을 받았고, 동 명령은 그 무렵 제 3 채무자인 대한민국에 송달, 확정되었는데 집행법원인 위 충무지원은 1993. 4. 30. 위 공탁금출급청구권에 관한 강제집행사건의 배당절차에 있어서 원고의 위 가압류의 피보전채권액인 금 25,055,500원과 피고의 위 가압류의 피보전채권액인 금 2,145,000,000원의 비율에 따라 원고에게 금 289,000원을, 피고에게 금 24,766,100원을 각 배당하여 피고는 그 배당금을 수령하였음을 알 수 있다.

사정이 이와 같다면 원고가 비록 그 저당목적물인 이 사건 토지가 수용되어 민법 제370조, 제342조, 토지수용법 제69조에 의하여 그 수용으로 인한 소외 회사의 위 공탁금출급청구권에 대하여 물상대위를 할 수 있다고 하더라도 위 공탁금출급청구권에 대하여 원고 스스로 위 물상대위권의 행사가 아닌 강제집행에 의하여 가압류를 하고, 그 후 다른 가압류채권자 등에 있어 제 3 채무자인 대한민국이 민사소송법 제581조 제 2 항에 의하여 그 채무액을 공탁하고, 그 사유를 집행법원에 신고한 이상 원고로서는 그 배당요구의 종기, 즉 대한민국이 사유신고를 한 1992. 11. 17.까지 집행법원에 저당권의 존재를 증명하는 서류를 제출하고 저당권에 기한 배당요구 또는 이에 준하는 저당권행사의 신청을 하였어야 위 배당절차에서 우선변제를 받을 수 있다고 할 것인데, 그 배당요구의 종기가 지난 같은 해 12. 2.에야 비로소 물상대위에 기한 채권압류 및 전부명령을 받고 그 시경 위 명령이 제 3 채무자에게 송달되었을 뿐이므로, 위 배당절차에서 우선변제를 받을 수 없다고 할 것이고, 따라서 원고에게 우선변제권이 있음을 전제로 하여 피고가 교부받은 금원이 원고에 대한 관계에서 부당이득이 된다는 원고의 청구를 이유 없다고 배척한 원심의 조치는 정당하다 할 것이고, 이와 반대의 입장에서 물상대위권은 배당요구의 종기 이후에도 그 특정성을 추급만 할 수 있으면 언제까지라도 가능하다는 등의 이론으로 원심판결에 법리오해의 위법이 있다고 비난하는 상고논지는 받아들일 수 없다.

따라서 상고를 기각하고, 상고비용은 패소자의 부담으로 하여 관여 법관의 일치된 의견으로 주문과 같이 판결한다.

질문

1. 판례에 따르면 이 사건에서 원고가 물상대위에 기하여 우선변제를 받을 수 있기 위해서는 어느 시점까지 어떠한 조치를 취했어야 하는가?
2. 판례에 따르면 배당요구의 종기는 요컨대 "지급 또는 인도"(제342조 단서)에 상응하는 기능을 수행하게 된다. 이는 정당한가? 이러한 결론을 정당화할 수 있는 이유를 제시할 수 있는가?

(라) 저당권자가 물상대위권을 행사할 수 있는 시기를 도과한 경우, 저당권자는 대위목적채권의 변제를 받은 저당권설정자에 대해서는 부당이득반환청구권을 행사할 수 있지만(대판 1975. 4. 8, 73다29; 2009. 5. 14, 2008다17656), 대위목적채권에 대한 강제집행절차에서 배당요구를 하지 않았다면 저당권자가 배당의 잘못을 들어 그 절차에서 만족을 받은 배당채권자들에 대하여 부당이득반환청구를 할 수 없다(대판 2002. 10. 11, 2002다33137)는 것이 판례이다. 이중 후자는 집행절차에서 배당요구를 하지 않은 권리자에게 절차 종료 후 부당이득을 부정하는 판례(대판 1996. 12. 20, 95다28304; 1997. 2. 25, 96다10263 등 참조)의 연장선상에서 절차의 안정을 도모하고자 하는 것으로 보이지만, 특정성유지설의 전제를 유지할 때 두 경우를 나누어 결론을 달리할 수 있는지에 대해서는 의문이 없지 않다.

(마) 그런데 원래 저당권의 실행에는 피담보채권의 변제기가 도래할 것이 요구된다. 그러나 물상대위에서는 기본적으로 저당부동산이 가치적 대위물로 전환하는 경우에 그 대위물에 저당권의 효력이 미치는지 여부가 문제되고 저당권의 실행과는 차원을 달리하므로, 물상대위권의 행사에는 피담보채권의 변제기의 도래를 요하지 않는다고 할 것이다.

제8장 저당권: 실행 전의 효력

Ⅰ. 저당물소유자의 권한

1. 저당물 소유자의 사용·수익·처분 권능

저당물 소유자는 자신의 부동산에 저당권을 설정하여도, 저당권을 위법하게 침해하지 아니하는 한, 소유자로서의 사용·수익·처분의 권능(제211조)을 그대로 가진다. 그는 저당부동산을 스스로 사용할 수 있음은 물론이고, 제3자에게 양도하거나 지상권·지역권·전세권 또는 저당권을 설정하거나 임대할 수 있다.

저당권의 설정 후에 저당부동산을 취득한 사람(제3취득자)은 저당권의 부담이 있는 소유권을 취득한 것으로, 저당권자는 저당권을 여전히 실행할 수 있다. 그 실행절차에서의 매수인은 소유권을 취득하며 이로써 제3취득자는 소유권을 상실한다. 또한 저당권 설정 후에 성립한 지상권·지역권·전세권·임차권은 저당권의 실행으로 인한 매각으로 소멸하여(민집 제268조, 제91조 제3항), 경매절차의 매수인은 그 권리자들에게 부동산의 인도청구 등 소유권의 내용을 관철할 수 있다. 또 새로운 저당권도 먼저의 저당권에 순위가 뒤쳐져서, 설사 그 후순위저당권에 기하여 담보경매가 행하여지는 경우에도, 그 매각대금으로부터 선순위저당권자가 우선변제를 받는다(민집 제268조, 제91조 제2항).

2. 제 3 취득자의 보호

저당권의 실행에 의하여 자신의 권리가 소멸되는 것은 비록 미리 예측할 수 있었다고는 해도 양수인과 같은 새로운 소유자, 지상권자 등 제 3 취득자로서는 원하는 바가 아닐 것이다. 따라서 민법은 저당권자의 권리를 부당하게 해하지 않는 범위에서 그들에게 자신의 이익을 지킬 수 있는 법적 수단을 마련하고 있다.

(1) 구 상 권

제 3 취득자는 이해관계 있는 제 3 자로서 저당권자의 채권을 변제할 정당한 이익이 있으므로(제469조, 제481조; 대판 1974. 12. 10, 74다1419), 그 채권을 변제하여 저당권의 부담이 없는 소유권을 취득할 수 있다. 나아가 저당권의 실행으로 목적물을 상실하거나 이를 저지하기 위하여 제 3 자로서 변제한 제 3 취득자는 물상보증인과 비슷한 지위에 있게 되므로 제370조, 제341조를 유추하여 또는 제576조 제 2 항에 따라 구상채권을 가지게 되는데(대판 1997. 7. 25, 94다8403), 그 만족을 위하여 변제자대위로 그 피담보채권 및 저당권 자체를 취득할 수도 있고(제482조 제 1 항), 아니면 그 구상채권으로 자신의 매매대금채무 등을 상계할 수도 있다(제492조). 이는 특히 목적부동산의 가액이 저당권의 피담보채권액 총액보다 많은 경우에 유익한 방법이다(제 3 취득자의 구상권에 대해 상세한 내용은 제 3 편 제 9 장 Ⅲ. 2. 참조).

이상과 같은 제 3 취득자의 변제는 저당권자가 피담보채무자로부터 이자 등을 원만하게 수취하고 있는 등의 이유로 피담보채권의 소멸을 원하지 않는 경우에도 그의 의사에 반하여 이를 할 수 있다(제469조 제 2 항). 특히 피담보채권의 이행기가 도래하기 전이라도 변제할 수 있으나, 다만 저당권자에게 받지 못하게 된 이자 등의 손해가 있으면 이를 합하여 변제하여야 한다(제468조).

(2) 저당권소멸청구권

민법은 제 3 취득자가 저당부동산으로 담보된 채권을 변제하고 저당권의 소멸을 청구할 수 있는 권리를 별도로 규정하고 있다(제364조). 그 취지는 이미 저당권이 설정되어 있는 부동산을 취득한 제 3 취득자는 저당권자의 우선변제권에 대한 제한을 예측하고 물적 부담을 인수한 것이므로, 그 통상적인 예측의 범위에서 피담보채무를 변제하고 물적 부담을 면할 기회를 주려는 것이다.

그런데 앞서 본 대로 제 3 취득자는 제 3 자로서 유효하게 변제하여 저당권을 소멸시킬 수 있는데, 특히 위 규정을 두는 실익은 무엇인가? 무엇보다도 그가 제 3 자로서 변제하는 경우에는 저당권자의 피담보채권(제360조 본문)을 전부 변제하여야 저당권이 소멸할 것이지만, 위 규정에 의한 저당권소멸청구에서는 제360조 단서에 의하여 지연손해의 배상액을 1년분에 한정하여 변제하면 충분하다는 것이다.

여기서의 제 3 취득자는 저당권의 실행 전에 권리를 취득한 사람에 한하지 않으며, 그 후에 취득한 사람도 포함된다(대결 1971. 5. 15, 71마251). 그러나 후순위저당권자는 제 3 취득자에 해당하지 아니하여 그러한 소멸청구를 할 수 없으므로 제 3 자로서 변제를 해야 한다(대판 2006. 1. 26, 2005다17341). 또 제 3 취득자가 저당권의 피담보채무를 인수하였다면, 그의 법적 지위는 단순히 물적 책임을 지는 것이 아니라 인적 채무를 부담하므로, 여기서의 저당권소멸청구를 할 수 없다(대판 2002. 5. 24, 2002다7176).

이 규정에 의한 저당권소멸청구권의 성질에 대하여는 논의가 있다. 다수설은, 위 규정에 의한 제 3 취득자의 변제로 저당권의 피담보채권이 소멸하고 저당권도 그 부종성에 의하여 당연히 소멸하므로 법문의 「소멸의 청구」는 의미가 없다고 한다. 그러나 앞서 본 대로 제 3 취득자가 위 규정에 의한 변제를 하였다고 해서 저당권의 피담보채권이 전부 소멸하였다고 할 수 없다. 저당권소멸청구권은 제 3 취득자를 위하여 특별히 인정된 것으로서, 그 소멸청구의 의사표시에 의하여 저당권등기의 말소 없이도 저당권소멸의 효과가 발생하는 형성권이라고 하겠다.

(3) 경매인으로 등장

제 3 취득자는 경매절차에 참가하여 경매인(競買人)이 될 수 있고(제363조 제 2 항), 따라서 저당부동산을 경락받을 수 있다. 특히 저당채무가 저당물의 가액을 초과하는 경우에는 저당채무를 소멸시키는 것보다 저당물을 경락받는 것이 더 부담이 적어 실리적이다.

(4) 비용의 우선상환

제 3 취득자는 저당부동산의 보존·개량을 위하여 지출한 필요비 또는 유익비에 관하여 제203조 제 1 항, 제 2 항의 규정에 의하여 저당물의 매각대금으로부터 우선상환을 받을 수 있다(제367조). 제 3 취득자가 한 비용지출은 자신의 소유물에 대한 것이므로 원래라면 비용상환청구권을 가지지 못할 것이지만, 저당권이 실행되는 단계에서 보면 그 지출로 저당물의 가치를 유지·증가시킴으로써 저당권자나 경락인 등에게 이익을 주었으므로 비용상환 및 우선변제를 인정하는 것이다. 이 규정에 기하여 우선상환을 받으려면 경매절차 내에서 배당요구의 종기(민집 제84조 제 1 항)까지 배당요구를 하여야 한다.

Ⅱ. 저당권의 침해에 대한 저당권자의 보호

일반적으로 저당권설정자는 저당권설정의 원인계약에 기하여 그가 저당부동산을 점유하고 사용·수익함에 있어서 저당물의 담보가치를 해하지 아니할 채권적 의무를 부담한다고 할 것이다. 반면에 그는 그 계약 또는 목적물의 성질에 의하여 정하여진 용법으로 통상의 범위에서 사용·수익을 할 수 있으며, 저당권자는 이를 인용하여야 할 의무를 진다. 이러한 채권적 측면은 저당물의 소유권이 이전되면, 새로운 소유자에게 당연히 승계된다.

1. 저당권자의 방해제거·예방청구권

저당권이 위법하게 침해되거나 침해될 우려가 있으면, 저당권자는 그 배제나 예방을 청구할 수 있다(제370조, 제214조). 특히 문제가 되는 몇 가지 쟁점을 위주로 살펴본다(저당권자가 담보가치 확보를 위해 지상권을 설정하는 경우에 대해서는 제 4 편 제 4 장 재판례 [1] 참조).

(1) 저당권이 미치는 목적물의 멸실·훼손 및 분리·반출

목적물이 물리적으로 훼손되는 경우에는, 그 배제로서 훼손행위의 중지를 청구할 수 있다(제370조, 제214조). 또 저당물의 일부가 분리·반출되면, 이에 경매를 청구할 수 없고 또 저당권실행으로 하는 압류의 효력범위에서 벗어나서 그로부터 우선변제를 받을 수 없게 된다. 그러므로 이때 저당권자는 방해배제로서 그 원상회복을 구할 수 있고, 저당물소유자가 그 인도를 받지 아니하거나 받을 수 없는 경우에는 저당권자에 대한 인도를 청구할 수 있다고 할 것이다

(다만 제 3 자가 그것을 선의취득한 경우에는 그러하지 아니하다). 이상과 같은 훼손이나 분리·반출이 있은 후에도 저당물로써 피담보채권의 만족을 얻을 수 있다고 하여도, 저당권은 목적물 전부에 미치는 권리이므로(제370조, 제321조) 역시 방해의 배제를 청구할 수 있다.

[1] 저당권자의 방해배제청구(1): 대판 1996. 3. 22, 95다55184

[주 문] 상고를 기각한다. 상고비용은 피고의 부담으로 한다.

[이 유] […]

1. 저당권자는 물권에 기하여 그 침해가 있는 때에는 그 제거나 예방을 청구할 수 있다고 할 것인바(민법 제370조, 제214조 참조), 공장저당권의 목적 동산이 저당권자의 동의를 얻지 아니하고 설치된 공장으로부터 반출된 경우에는 저당권자는 점유권이 없기 때문에 설정자로부터 일탈한 저당목적물을 저당권자 자신에게 반환할 것을 청구할 수는 없지만, 저당목적물이 제 3 자에게 선의취득되지 아니하는 한 원래의 설치 장소에 원상회복할 것을 청구함은 저당권의 성질에 반하지 아니함은 물론 저당권자가 가지는 방해배제권의 당연한 행사에 해당한다고 할 것이다.

2. 원심이 이 사건 동산은 원래 이 사건 공장저당 설정 당시 설정자인 소외 극동산업기계 주식회사(이하, 소외 회사라고 한다)의 인천 남동구 남천동 소재 공장 안에 있었는데, 그 후 원고의 동의 없이 소외 회사와 피고 사이의 임대차약정에 따라 피고 회사의 안산시 성곡동 소재 공장으로 반출된 사실을 인정한 다음, 공장저당권자인 원고로서는 그 방해배제청구권의 행사로서 이 사건 동산을 점유하고 있는 피고에 대하여 이 사건 동산을 원래의 설치 장소인 소외 회사의 위 공장건물에 원상회복할 것을 청구할 권리가 있다고 판단하였음은 옳고, 거기에 소론과 같은 공장저당권의 효력에 관한 법리오해의 위법이 있다고 할 수 없다. 논지는 이유가 없다.

3. 이에 상고를 기각하고 상고비용은 패소한 피고의 부담으로 하기로 관여 법관의 의견이 일치되어 주문과 같이 판결한다.

질문

1. 이 판결은 공장저당권이 설정된 사안을 다루고 있지만(공저 제 7 조 참조), 대법원은 원고의 청구를 민법상의 저당권 법리로부터 정당화하고 있다. 이러한

법리에 따른다면 저당권자는 예를 들어 반출된 부합물이나 종물의 원상회복을 청구할 수 있을 것인가?

2. 민법은 저당물의 사용수익권이 설정자에게 있음을 전제로 하여 저당권자에게는 반환청구권을 인정하지 아니하고 방해배제청구권만을 부여한다. 그런데 이 판결에서와 같이 방해배제청구권에 의해 일종의 반환을 청구하는 결론이 정당화될 수 있는가? 그 이유는 무엇인가?

(2) 권한 없는 점유자에 대한 반환청구

저당물을 권한 없이 점유하는 제 3 자에 대하여 저당권자는 방해배제를 청구할 수 있는가? 그가 저당물을 훼손할 우려가 있는 경우에는 방해배제로서 그로부터의 퇴출을 구할 수 있음은 물론이다. 그 이외의 경우에는, 저당권은 저당물의 점유를 내용으로 하지 않고, 또 무권원점유자는 저당물의 경락인에게 대항할 수 없으므로, 우선변제권능 기타 저당권의 방해가 있다고 하기 어렵다고 할는지 모른다. 그러나 실제의 경매절차에서는 불법점유된 부동산을 취득하려는 사람은 별로 없고, 그 평가액도 현저히 저감된다. 그러므로 무권원점유는 그로 인하여 저당권자의 우선변제권능이 충분히 발휘될 수 없게 되는 한, 즉 저당권자가 배당받을 액이 감소하는 한, 저당권을 방해하는 것이고, 저당권자는 직접 그 상태의 배제를 청구할 수 있다. 그 구체적 내용으로는, 우선 소유자에의 반환을 청구할 것이나, 소유자가 그 반환을 받지 않으려 하거나 받을 수 없다면, 저당권자는 자신에게 반환할 것을 청구할 수 있다.

(3) 저당부동산 소유자의 사용·수익(특히 건축)

저당물의 소유자가 목적물을 사용·수익할 수 있는 것이 저당권의 특성이다. 따라서 통상의 사용·수익에 대하여는 설사 그것이 저당부동산의 가치를 하락시키는 것이라도 위법한 방해라고 할 수 없다. 예를 들면, 저당가옥에 계속 거주하여 어느 정도 더럽혀지는 것, 저당산림의 수목을 통상의 범위에서 벌채하는 것 등이다. 목적물을 임대하여 임차인으로 하여금 사용하게 하는 것도 다를 바 없다. 다만 이와 같이 제 3 자의 점유·사용이 저당물소유자의 위와 같은 적법한 사용수익권에 기하여 허용되었다고 하여도, 그것이 저당권의 실현을 방해하려는 목적으로 행하여진다면, 이는 저당권을 위법하게 방해하는 것이라고 하겠다.

[2] 저당권자의 방해배제청구(2): 대판 2005. 4. 29, 2005다3243

[주　　문] 원심판결을 파기하고, 사건을 인천지방법원 본원 합의부로 환송한다.

[이　　유]

1. 원심의 판단

원심은, 인천 남동구 구월동 1158-8 대 229.4m^2 지상 3층 다세대 3층 301호(이하 다세대주택을 표시할 때에는 '이 사건 다세대주택'이라 하고, 이 사건 다세대주택 3층 301호를 표시할 때는 '이 사건 주택'이라고 한다)에 관하여 소외 김영수 명의의 소유권이전등기가 되어 있는 사실을 인정한 다음, 피고의 주장 즉, 이 사건 다세대주택을 신축한 소외 주식회사 대한주택이 인천 남동구 구월동 1158을 분할하여 등기하는 과정에서 착오로 1158-2를 1158-8로, 1158-8을 1158-2로 등기함으로써 등기가 잘못된 것인데 피고는 1158-2 301호를 분양받은 김명두로부터 이를 매수한 후 건물의 외벽에 "가"동으로 표시된 1158-8 301호에 거주하고 있으므로 피고는 이 사건 주택을 점유할 정당한 권원이 있다고 주장함에 대하여, 피고는 김명두로부터 1158-2 301호를 매수하고 소유권이전등기를 마친 것에 불과하고 분할이나 등기과정에서 착오가 있었다는 증거가 없다는 이유로 이를 배척하고 이 사건 주택에 대한 경매개시결정 이후에 이 사건 주택의 소유권을 주장하는 피고의 점유는 소외 김영수에 의하여 설정된 근저당권자인 원고의 근저당권을 침해하는 것이라 하여 근저당권에 기하여 피고에 대하여 이 사건 주택으로부터 퇴거를 구하는 원고의 이 사건 청구를 인용하였다.

2. 대법원의 판단

그러나 원심의 위와 같은 판단은 다음과 같은 점에서 수긍하기 어렵다.

피고의 위 주장은 결국 소외 김영수의 분양목적물과 등기가 일치하지 아니한다는 주장으로 보아야 할 것인데, 기록에 의하면, 이 사건 다세대주택의 대지와 인접한 위 구월동 1158-2 지상에도 이 사건 다세대주택과 같은 구조의 다세대주택이 신축되어 두 다세대주택(이하 '인접 다세대주택'이라 한다)이 모두 1989. 9. 27. 보존등기가 되어 있고, 인접 다세대주택 3층 301호(이하 '인접 건물'이라 한다)에 관하여는 소외 김명두의 소유권이전등기에 이어 피고의 소유권이전등기가 순차 경료되어 있으나 실제로는 이 사건 주택의 등기명의인인 소외 김영수가 거주하고 있는 사실, 이 사건 다세대주택의 외벽에는 "가"동이라고 표시되어 있고, 인접 다세대주택의 외벽에는 "나"동이라고 표시되어 있으며, 소외 김영수의 등기부 및 주민등록상 주소는 "인천 남동구 구월동 1158-8 대한주택 나동 301호"로, 소외 김명두 및 피고의 주소는 "인천 남동구 구월동 1158-2 대한주택 가동 301호"로 되어 있는 사실, 소외 김영수와 김명두는 이 사건 각 다세대주택의 보존등기 이후에 최초로 소유권이전등기가 경료된 자들인 사실을 각 인정할 수 있다.

위와 같은 사실과 아울러 다세대주택을 분양받거나 매수하는 경우에 위치를 특정하여 분양 또는 매수하는 것이 일반적이라는 점과 소외 김영수나 김명두 그리고 피고의 주민등록상 주소는 건물 외벽의 동 표시와 일치한다는 사실에 비추어 보면 소외 김영수와 김명두가 모두 착오를 일으켜 잘못 입주하였다고 선뜻 단정하기는 어려우므로 원심으로서는 분양계약서를 포함하여 분양과정과 입주과정을 심리하고, 아울러 다른 입주자들의 등기와 입주관계는 어떻게 되어 있는지를 심리하여 소외 김영수와 김명두가 분양받은 주택과 등기의 일치 여부를 판단하였어야 할 것이다.

나. 한편, 저당권은 경매절차에 있어서 실현되는 저당부동산의 교환가치로부터 다른 채권자에 우선하여 피담보채권의 변제를 받는 것을 내용으로 하는 물권으로, 부동산의 점유를 저당권자에게 이전하지 않고 설정되고, 저당권자는 원칙적으로, 저당부동산의 소유자가 행하는 저당부동산의 사용 또는 수익에 관하여 간섭할 수 없고, 다만 저당부동산에 대한 점유가 저당부동산의 본래의 용법에 따른 사용·수익의 범위를 초과하여 그 교환가치를 감소시키거나, 점유자에게 저당권의 실현을 방해하기 위하여 점유를 개시하였다는 점이 인정되는 등, 그 점유로 인하여 정상적인 점유가 있는 경우의 경락가격과 비교하여 그 가격이 하락하거나 경매절차가 진행되지 않는 등 저당권의 실현이 곤란하게 될 사정이 있는 경우에는 저당권의 침해가 인정될 수 있을 것이다.

원심은, 피고가 소유권을 주장하면서 이 사건 주택을 점유하고 있어 경매법원의 낙찰불허가결정이 내려지고 경매기일이 추정되는 등 경매절차가 제대로 진행되지 못하고 있는 사실 등을 들어 원고의 저당권이 침해되었다고 판단하였으나, 경매법원이 이 사건 주택의 낙찰불허가결정을 한 것은 이 사건 주택의 소유관계와 그에 기초한 원고의 저당권의 효력에 관한 법률관계를 명확하게 한 이후에 경매를 진행하겠다는 경매법원의 판단에 의한 것이지, 피고의 소유권 주장으로 인한 것이라고는 볼 수 없고, 기록상 그 밖에 피고의 점유가 이 사건 주택의 점유로서는 적정하지 않다거나, 경매절차의 진행이나 경락을 곤란하게 하여 그로 인하여 정상적인 경락가격보다 교환가치를 하락시켜 원고의 저당권을 침해하고 있다고 볼 사정도 보이지 아니하므로, 원고가 이 사건 저당권에 기한 방해배제 또는 소유자의 방해배제청구권을 대위하여 피고에게 이 사건 주택에서의 퇴거를 구하는 것은 받아들이기 어려워 보인다.

다. 그렇다면 원심판결에는 이 사건 주택의 소유관계에 관한 심리를 다하지 아니하였을 뿐만 아니라, 저당권에 기한 방해배제청구권에 관한 법리를 오해하여 판결 결과에 영향을 미친 위법이 있다 할 것이고, 이 점을 지적하는 상고이유의 주장은 이유 있다.

3. 그러므로 원심판결을 파기하고, 사건을 다시 심리·판단하게 하기 위하여 원심법원에 환송하기로 하여 관여 대법관의 일치된 의견으로 주문과 같이 판결한다.

질문

1. 사실관계를 재구성하고 원심과 대법원의 판단을 그에 비추어 검토해 보라. 대법원은 어떠한 이유로 퇴거청구를 부정하였는가?
2. 피고가 주장하는 점유할 권리는 무엇인가? 그것의 존부에 따라 사건의 결론이 달라지는가?
3. 판례가 예외적으로 반환청구를 인정하는 경우는 어떠한 경우인가? 그 이유는 무엇이라고 생각하는가?

저당권이 설정된 나대지에 토지소유자가 건물신축공사를 하는 것은 저당권을 방해하는 것인가? 그러한 건물신축공사가 피담보채무가 변제되지 못함으로써 저당권이 실행에 이르렀거나 실행이 예상되는 경우인 때에는 어떠한가?

[3] 저당권자의 방해배제청구(3): 대판 2006. 1. 27, 2003다58454

[주 문] 상고를 기각한다. 상고비용은 피고가 부담한다.

[이 유] 상고이유를 판단한다.

저당권자는 저당권을 방해하거나 방해할 염려있는 행위를 하는 자에 대하여 방해의 제거 및 예방을 청구할 수 있다(민법 제370조, 제214조).

저당권은 목적 부동산의 사용·수익을 그대로 설정자에게 맡겨 두었다가 경매 절차를 통하여 경매목적물을 환가하고 그 대금에서 피담보채권을 우선 변제받는 것을 본질적인 내용으로 하는 담보물권으로서(민법 제356조) 저당부동산의 소유자 또는 그로부터 점유권원을 설정받은 제 3 자에 의한 점유가 전제되어 있으므로 소유자 또는 제 3 자가 저당부동산을 점유하고 통상의 용법에 따라 사용·수익하는 한 저당권을 침해한다고 할 수 없다. 그러나 저당권자는 저당권 설정 이후 환가에 이르기까지 저당물의 교환가치에 대한 지배권능을 보유하고 있으므로 저당목적물의 소유자 또는 제 3 자가 저당목적물을 물리적으로 멸실·훼손하는 경우는 물론 그 밖의 행위로 저당부동산의 교환가치가 하락할 우려가 있는 등 저당권자의 우선변제청구권의 행사가 방해되는 결과가 발생한다면 저당권자는 저당권에 기한 방해배제청구권을 행사하여 방해행위의 제거를 청구할 수 있다.

대지의 소유자가 나대지 상태에서 저당권을 설정한 다음 대지상에 건물을 신축하기 시작하였으나 피담보채무를 변제하지 못함으로써 저당권이 실행에 이르렀거나 실행이 예상되는 상황인데도 소유자 또는 제 3 자가 신축공사를 계속한다면 신축건물을 위한 법정지상권이 성립하지 않는다고 할지라도 경매절차에 의한 매수인으로서는 신축건물의 소유자로 하여금 이를 철거하게 하고 대지를 인도받기까지 별도의 비용과 시간을 들여야 하므로, 저당목적 대지상에 건물신축공사가 진행되고 있다면 이는 경매절차에서 매수희망자를 감소시키거나 매각가격을 저감시켜 결국 저당권자가 지배하는 교환가치의 실현을 방해하거나 방해할 염려가 있는 사정에 해당한다.

원심판결 이유를 기록에 비추어 살펴보면, 원심은 그 판결에서 들고 있는 증거들을 종합하여, 나산종합건설 주식회사가 판시 대지에 관하여 주식회사 한국외환은행에게 근저당권설정등기를 마치고 그 대지상에 20층 규모의 오피스텔을 신축한 지 1년 여 만에 지하층의 공사를 한 상태에서 부도를 내자 피고 조합이 그 무렵 위 회사로부터 건축사업 시행권을 양수하고 공사를 속행하였고, 이후 위 은행으로부터 근저당권부 채권을 양수한 원고의 신청에 의하여 임의경매절차가 개시되었음에도 공사를 강행한 사실을 인정한 다음 피고 조합의 공사는 원고의 저당권을 침해하는 행위라고 판단하여 그 중지를 구하는 이 사건 청구를 인용하였는바, 원심의 위와 같은 판단은 앞에서 본 법리에 비추어 볼 때 정당하고, 거기에 상고이유 주장과 같이 근저당권에 기한 방해배제청구권과 경매에 관한 법리오해의 위법이 없다.

그러므로 상고를 기각하고, 상고비용은 피고가 부담하기로 관여 대법관의 의견이 일치되어 주문과 같이 판결한다.

질문

1. 토지 소유자 또는 그로부터 적법하게 용익권을 부여받은 사람의 사용·수익권에도 불구하고 위 판결은 저당권이 실행되어 경매절차가 개시한 때에는 저당권자에게 방해제거로서 건축중지청구를 인정한다. 저당권 실행 이후 그러한 차이를 인정하는 것은 정당한가? 찬반의 논거를 생각해 보라(제359조, 제

366조, 민집 제268조, 제83조 제 2 항 등 참조).

2. 이 판례와 위 대판 2005. 4. 29, 2005다3243(위 재판례 [2])은 서로 조화시킬 수 있는가? 아니면 일정한 법리상 차이가 있는가?

(4) 정정적 등기의 청구

저당권자는 자신의 권리를 방해하는 부실등기가 있으면 그 말소 기타 정정을 방해배제로서 청구할 수 있다. 통상 선순위의 저당권이 그 피담보채권이 변제되어 소멸하였음에도 그 등기가 그대로 남아 있는 경우를 그 예로 드나, 나아가 일반적으로 저당권자는 저당부동산에 관하여 행하여진 부실등기의 말소 기타 정정을 청구할 수 있다고 할 것이다. 그러한 등기는 그것이 지상권·전세권과 같은 용익물권에 관한 것이든, 후순위의 저당권에 관한 것이든, 저당권자의 법적 지위 또는 이익에 사실상 중대한 영향을 미치기 때문이다.

(5) 부합물·종물 등에 대한 강제집행 저지

저당부동산에 다른 채권자가 강제집행을 하여도 저당권자는 그 절차에서 자신의 우선변제권능을 실현하면 충분하고 이를 저당권의 침해라고 할 수 없다. 그러나 저당권의 효력이 부수적으로 미치는 객체, 즉 부합물·종물(종된 권리) 또는 과실 등에만 강제집행을 실시하는 경우에 저당권자는 제 3 자이의의 소(민집 제48조)로써 이를 막을 수 있다. 이들은 저당부동산과 일체가 되어 그 경제적 가치를 높이는 것으로서, 이를 다른 채권자가 강제집행하는 것은 저당물의 담보가치를 해치기 때문이다(앞의 제 3 편 제 7 장 Ⅳ. 2. 참조). 공장저당권의 객체가 되는 기계·기구, 재단저당권의 객체가 되는 재단구성물을 개별적으로 강제집행하는 경우에도 마찬가지이다(공저 제 8 조 제 2 항).

2. 저당권자의 손해배상청구권

저당권 자체의 침해를 이유로 하여 채무불이행 또는 불법행위로 인한 손해배상청구권(제390조, 제750조)이 인정될 수 있음은 물론이다. 여기서 손해의 발생을 인정하기 위해서는 저당부동산의 가치가 감소한 것만으로는 부족하고, 나아가 그 잔존가치가 피담보채권의 우선변제를 받기에 부족하다는 사정이 필요하다(대판 2009. 5. 28, 2006다42818). 그런데 그러한 부족이 있는지 여부는 반드시 저당권의 실행이나 피담보채권의 변제기의 도래를 기다릴 필요는 없고, 불법행위시라도 저당부동산의 가치의 감소분이 피담보채권의 만족에 미치는 영향을 평가하여 판단하면 충분하다고 할 것이다(대판 2009. 5. 28, 2006다42818; 1998. 11. 10, 98다34126도 참조).

[4] 저당권 침해를 이유로 하는 손해배상: 대판 1997. 11. 25, 97다35771

[주 문] 상고를 기각한다. 상고비용은 피고의 부담으로 한다.

[이 유] 상고이유(기간 도과하여 제출된 상고이유보충서 기재 이유는 상고이유를 보충하는 범위 내에서)를 본다.

1. 피고의 피용자인 소외 문인환의 과실의 존부에 관하여

구 법무사법(1996. 12. 12. 법률 제5180호로 개정되기 전의 것) 제23조에 의하면, 법무사가 사건의 위촉을 받은 경우에는 위촉인에게 법령에 의하여 작성된 인감증명서나 주민등록증 등을 제출 또는 제시하게 하거나 기타 이에 준하는 확실한 방법으로 위촉인이 본인 또는 그 대리인임이 상위 없음을 확인하여야 하고, 그 확인 방법 및 내용 등을 사건부에 기재하여야 한다고 규정하고 있는바, 그 취지는 법무사가 위촉인이 본인 또는 대리인임을 확인하기 위하여 주민등록증이나 인감증명서를 제출 또는 제시받도록 하여 특별히 의심할 만한 사정이 발견되지 아니하는 경우에는 그 증명서만으로 본인임을 확인할 수 있을 것이나, 그와 같은 확인 과정에서 달리 의심할 만한 정황이 있는 경우에는 가능한 여러 방법을 통하여 본인 여부를 한층 자세히 확인할 의무가 있다고 할 것이다(대법원 1996. 5. 14. 선고 95다45767 판결 참조).

원심은 1991. 12. 28. 소외 이영옥 소유의 이 사건 제1, 2부동산에 관하여 원고 명의의 근저당권설정등기가 경료된 후, 위 이영옥이 위 근저당권설정등기가 기재된 등기부등본을 발급받은 다음, 원고의 상무인 소외 김원식의 도장을 임의로 조각하는 등의 방법으로 위 김원식 명의의 위임장을 위조한 뒤 1991. 12. 30. 피고가 운영하는 법무사 사무실을 찾아가 그 사무장인 소외 문인환에게 이 사건 제1, 2부동산에 관한 근저당권설정등기의 말소등기신청을 위임하여 원고 명의의 위 근저당권설정등기가 해지를 원인으로 말소된 사실, 위 이영옥이 위 등기신청 위임시 제시한 근저당권설정계약서상의 김원식의 인영과 위 이영옥이 위조한 위임장상의 김원식의 인영이 육안으로 보기에도 서로 현저하게 상이한 사실, 위 근저당권설정등기의 말소등기신청이 그 근저당권설정등기가 경료된 지 불과 3일 뒤에 이루어진 사실, 원고 농협에서는 그 등기 업무를 그 동안

피고가 아닌 다른 법무사에게 위임하여 처리하여 온 사실을 인정한 다음, 위 인정 사실에 의하면 위 이영옥이 위임장을 위조하는 등의 방법에 의하여 근저당권자인 원고의 의사에 반하여 위 근저당권설정등기의 말소등기신청을 할 수 있다고 의심할 만한 정황을 충분히 엿볼 수 있으므로 이러한 경우 위 문인환으로서는 위 이영옥이 원고로부터 위 말소등기신청에 대한 정당한 위임을 받았는지의 여부를 전화 등 여러 가지 방법으로 확인하였어야 하였고, 또 그러할 경우 쉽사리 확인할 수 있었음에도 불구하고 이를 게을리 한 채 이미 여러 차례 위 이영옥으로부터 등기신청 사건을 수임하여 처리한 사실이 있어 얼굴을 잘 알고 있었던 위 이영옥이 위 근저당권설정계약서를 갖고 오자 동인이 원고로부터 위 근저당권설정등기의 말소등기신청에 관하여 정당한 위임을 받은 것으로 속단한 나머지 함부로 위 근저당권설정등기의 말소등기신청을 대행하였다고 할 것이므로, 피고의 피용자인 위 문인환에게는 구 법무사법 제23조에서 규정한 주의의무를 다하지 아니한 과실이 있다고 판단하였다.

기록에 의하여 살펴보면, 원심의 이러한 인정 및 판단은 앞서 본 법리에 따른 것으로 정당하고 거기에 소론과 같은 심리미진, 채증법칙 위배, 법리오해 등의 위법이 있다고 할 수 없다. 소론이 들고 있는 대법원판결은 사안을 달리하여 이 사건에 원용하기에 적절한 것이 아니다. 논지는 이유 없다.

2. 손해배상책임의 발생에 관하여

부동산에 관하여 근저당권설정등기가 경료되었다가 그 등기가 위조된 관계서류에 기하여 아무런 원인 없이 말소되었다는 사정만으로는 곧바로 근저당권이 소멸하는 것은 아니라고 할 것이지만, 부동산이 경매절차에서 경락되면 그 부동산에 존재하였던 저당권은 당연히 소멸하는 것이므로(민사소송법 제608조 제 2 항, 제728조 참조) 근저당권설정등기가 원인 없이 말소된 이후에 그 근저당 목적물인 부동산에 관하여 다른 근저당권자 등 권리자의 신청에 따라 경매절차가 진행되어 경락허가결정이 확정되고 경락인이 경락대금을 완납하였다면, 원인 없이 말소된 근저당권은 비로소 소멸하였다고 할 것이다.

원심이 적법하게 인정한 바와 같이 피고의 피용자인 소외 문인환의 과실로 말미암아 이 사건 제 2 부동산에 관한 근저당권설정등기가 위법하게 말소되었고 나아가 그 이후에 원고보다 후순위 근저당권자인 소외 송수일의 경매신청에 의하여 경매절차가 진행되어 경락허가결정이 확정되고 그 경락인이 경락대금을 완납하였으나 원고가 그 명의의 근저당권설정등기가 말소되어 아직 회복등기를 경료하지 못한 연유로 위 부동산에 대한 경매절차에서 피담보채권액에 해당하는 금액을 전혀 배당받지 못한 채 그 근저당권이 소멸하였다면, 위 문인환의 사용자인 피고로서는 그 근저당권의 소멸로 인하여 원고가 입은 손해를 배상할 책임이 있다고 할 것이다.

원심의 이유 설시는 다소 미흡하나 결과적으로 피고의 손해배상책임의 발생을 인정한 원심판결은 정당하고 거기에 소론과 같은 불법행위의 성립 요건에 관한 법리오해 등의 위법이 있다고 할 수 없다. 한편 원고로서는 이 사건 제 2 부동산에 관한 위 경매절차에서 실제로 배당받은 자에 대하여 부당이득반환 청구로서 그 배당금의 한도 내에서 위 근저당권설정등기가 위법하게 말소되지 아니하였더라면 원고가 배당받았을 금액의 지급을 구할 수 있다고 할 것이지만, 이러한 사정은 원고의 손해 발생에 아무런 장애가 되지 아니한다고 할 것이다. 논지는 이유 없다.

3. 손해배상책임의 범위에 관하여

타인의 불법행위로 인하여 근저당권이 소멸되는 경우에 있어 근저당권자로서는 근저당권이 소멸하지 아니하였더라면 그 실행으로 피담보채무의 변제를 받았을 것임에도 불구하고 근저당권의 소멸로 말미암아 이러한 변제를 받게 되는 권능을 상실하게 되는 것이므로, 그 근저당권의 소멸로 인한 근저당권자가 입게 되는 손해는 근저당 목적물인 부동산의 가액 범위 내에서 채권최고액을 한도로 하는 피담보채권액이라고 할 것이다.

따라서 원고가 피고의 피용자의 불법행위에 기하여 이 사건 제 2 부동산에 관한 근저당권이 소멸함으로써 입은 손해는 특별한 사정이 없는 한 그 근저당권에 의하여 담보되는 대출금 및 이에 대한 약정이자라고 할 것이므로, 원심이 같은 취지에서 이 사건 대출금에 대한 약정이자 상당액도 손해액에 포함된다고 보아 원고가 수령한 일부 변제금을 대출금에 대한 약정이자에 먼저 충당한 것은 정당하고 거기에 소론과 같은 불법행위책임의 범위에 관한 법리오해 등의 위법이 있다고 할 수 없다.

그리고 불법행위로 인한 손해배상 청구사건에서 과실상계 사유에 관한 사실인정이나 그 비율을 정하는 것은 그것이 형평의 원칙에 비추어 현저히 불합리하다고 인정되지 않는 한 사실심의 전권사항에 속한다고 할 것인데, 기록에 의하여 살펴보면, 원심이 판시와 같은 사실을 인정한 다음 이 사건 손해의 발생 및 그 확대에 기여한 원고의 과실을 50%로 정한 것은 수긍이 가고 거기에 소론과 같은 과실상계에 관한 법리오해의 위법이 있다고 할 수 없다. 원고의 위 과실이 피고의 손해배상책임을 면제할 정도에 이른다는 것은 독자적인 견해에 불과하다. 논지는 모두 이유 없다.

4. 그러므로 상고를 기각하고 상고비용은 패소자의 부담으로 하기로 하여

관여 법관들의 일치된 의견으로 주문과 같이 판결한다.

질문

1. 저당권 등기가 원인 없이 말소되는 경우 저당권은 소멸하는가? 이 사건에서 저당권 침해는 어떠한 사정을 원인으로 하여 발생하였는가?
2. 저당권 침해를 이유로 하는 불법행위의 손해요건이 충족되기 위해서는 어떠한 사정이 필요한가? 그 손해는 어떻게 산정되는가? (대판 2009. 5. 28, 2006다42818 참조)
3. 원고는 경매절차에서 배당받은 채권자들에 대하여 배당금의 한도에서 부당이득반환을 청구할 수 있는가? 그러한 부당이득청구권은 손해배상청구권에 영향을 주는가?

3. 채무자의 기한이익 상실

채무자가 담보를 손상·감소 또는 멸실하게 하면, 그는 기한의 이익을 상실한다(제388조 제 1 호). 여기서의 「담보」에는 저당권이 포함된다. 물상보증인이나 제 3 취득자가 담보의 손상 등을 일으킨 경우에는 기한의 이익이 상실되지 않는다. 한편 저당권자 자신에게만 귀책되는 사유 또는 저당물이 가진 성질상 위험의 발현에 의한 경우에는 기한의 이익은 상실되지 않는다.

4. 저당물보충청구권

저당권설정자의 책임 있는 사유로 저당물의 가액이 현저히 감소된 때에는 저당권자는 저당권설정자에 대하여 그 원상회복 또는 상당한 담보제공을 청구할 수 있다(제362조). 이는 저당권의 침해에 대하여 법률이 특별히 마련한 구제수단이다. 저당권의 위법한 침해가 있어도 그 침해가 이미 종료하였으면 침해원인의 제거를 내용으로 하는 방해배제 등 물권적 청구권은 인정되지 않고 채무불이행 또는 불법행위를 이유로 하여 손해배상청구만이 가능하나, 손해배상은 금전으로 하는 것이 원칙이고 원상회복은 다른 의사표시나 별도의 법규정이 있어야 하며(제394조, 제763조), 원상회복이라고 해도 당해 저당물의 원상을 회복하는 것이고 다른 담보(이른바 대담보(代擔保))의 제공을 청구하는 것은 허용되지 않는다. 위 규정은 일정한 요건 아래 원래의 저당물의 원상회복 또는 상당한 대담보의 제공을 청구할 수 있게 하는 것이다.

이 권리가 발생하려면, 저당물소유자(법문은 「저당권설정자」라고 하나, 요컨대 저당물의 소유자라는 의미이다)의 책임 있는 사유로 저당물의 가액이 현저히 감소하였어야 한다. 「현저한 감소」 여부는 구체적 사정 아래서 개별적으로 판단될 수밖에 없으나, 피담보채권의 만족에 어떠한 영향을 주는지 등이 고려요소가 될 것이다. 그 요건이 갖추어지면, 저당권자는 원상회복 또는 상당한 대담보의 제공을 청구할 수 있다. 원상회복이 가능해도 저당권자는 대담보제공을 청구할 수 있다. 대담보는 물적 담보이든 인적 담보이든 묻지 않는다. 한편 이 권리가 일단 행사되면, 그 실효적인 만족이 없을 때에 비로소 손해배상청구나 기한이익상실의 주장을 할 수 있다고 해석되고 있다.

Ⅲ. 저당권의 처분

저당권은 피담보채권과 분리하여 이를 독립적으로 양도하지 못한다(제361조 제 1 경우). 그러므로 저당권은 피담보채권과 함께 양도될 수 있을 뿐이고, 저당권만을 양도하는 것은 효력이 없다. 그러나 이는 역으로 피담보채권이 저당권을 동반하지 않고 독자적으로 양도될 수 없음을 의미하지는 않는다. 우선 저당권부 채권의 양도에 대하여 살펴보고, 나아가 피담보채권만이 양도되는 경우를 보기로 한다.

1. 저당권부 채권의 양도

(1) 분리양도의 취급

저당권부 채권의 양도는 어떠한 요건 아래서 행하여지는가? 이에 대하여는 여러 가지 견해를 생각해 볼 수 있으나, 판례는 기본적으로 채권의 양도와 저당권의 양도를 별개로 판단하여 그 각각의 요건에 따르도록 하는 입장(대판 2003. 10. 10, 2001다77888)을 따르고 있다.

그런데 그와 같이 채권양도와 저당권양도를 별개로 판단하여 그 각각의 요건에 따른다고 하면, 그 각각의 효과가 시간적으로 간격을 두고 발생하므로,

피담보채권 없이 저당권만이 이전되는 경우나 저당권 없이 채권만이 이전되는 경우가 생긴다. 이 중 전자의 경우, 즉 저당권부 채권의 양수인이 저당권만을 먼저 취득하는 것은 비록 일시적이라도 제361조에 반하여 효력이 없고, 저당권부 채권은 여전히 양도인에게 남으며, 후에 채권양도가 행하여짐으로써 저당권도 함께 이전된다고 할 것이다. 반면 저당권 없이 채권만을 취득하는 것은 그 효력을 인정하여도 좋은데, 이때 그대로 남은 저당권은 소멸하지 않고 예외적으로 채권과 별도로 유효하게 존속한다고 할 것이다. 그러나 그 저당권에는 피담보채권이 없으므로, 실제로 저당권은 일종의 휴면상태에 들어가서 이를 실행할 수 없게 된다. 판례는 피담보채권이 먼저 양도된 경우 저당권은 채권양수인에게 이전되어야 할 것에 불과하고 피담보채권이 없으므로, 집행채무자로부터 변제를 받기 위하여 자신에게 배당하는 것으로 배당표의 경정을 구할 수 없다고 한다.

[5] 저당권부 채권의 양도: 대판 2003. 10. 10, 2001다77888

[주 문] 원심판결을 파기하고, 이 부분 사건을 서울고등법원에 환송한다.

[이 유] [⋯]

가. 원심의 판단

(1) 원심이 적법하게 인정한 사실과 기록에 의하면, 원고는 소외 이종신과 1997. 11. 6.부터 상업어음할인거래를 하다가, 다시 1997. 12. 17. 한도액 3억 원의 한도에서 상업어음할인대출거래를 위한 어음한도거래약정을 체결하고 앞서의 어음할인거래를 포함하기로 하였고, 또한 1997. 11. 26. 신용카드거래계약을 체결하고 신용카드거래를 시작한 사실, 소외 김경자는 1997. 12. 16. 위 이종신의 원고에 대한 채무를 담보하기 위하여 김경자 소유의 이 사건 부동산에 관하여 채권최고액 2억 5천만 원, 채무자 이종신, 근저당권자 원고로 된 근저당권설정계약을 체결하고, 같은 날 근저당권설정등기(이하 '이 사건 근저당'이라 한다)를 마친 사실, 이종신은 어음한도거래 전후의 어음할인거래 중 총 7건의 어음할인거래의 최종만기일인 1998. 4. 27.까지 대출원금 255,896,776원과 1998. 2. 12.까지 신용카드거래대금 5,800,500원 및 그 각 금원에 대한 그 이자를 상환하지 아니한 사실, 그런데 원고는 1999. 9. 17. 당시 시행되던 구 금융기관 부실자산 등의 효율적 처리 및 성업공사의 설립에 관한 법률 제 4 조에 근거하여 원고보조참가인(이하 '참가인'이라 한다)에게 위 대출원금채권과 신용카드대금채권 합

계액 261,697,276원 및 이에 대한 지연이자 등 채권 전액을 양도하였고, 1999. 9. 29. 채무자 이종신 및 연대보증인 김경자에게 확정일자 있는 증서로 채권양도통지를 하였으나, 근저당권이전등기는 하지 아니한 사실, 그런데 소외 주식회사 국민은행이 2000. 2. 24. 자신의 근저당권에 기하여 이 사건 부동산에 관하여 관할 집행법원에 담보권실행을 위한 경매신청을 하였는데, 원고는 이 사건 근저당권에 의하여 담보되는 이종신에 대한 채권액이 322,707,608원이라는 채권계산서를 제출하였고, 피고는 1995. 6. 20.자 확정일자 있는 주택임차인으로 배당요구를 한 사실, 집행법원은 2000. 8. 25. 배당기일에서 1번 근저당권자 축산업협동조합중앙회에 35,191,400원, 2번 근저당권자 서울우유협동조합에 28,843,887원, 3번 근저당권자 국민은행에 30,319,262원, 4번 교부권자 마포구청장에 528,330원, 5번 주택임차권자 피고에 100,000,000원, 6번 주택임차권자 구자겸에 38,991,310원을 배당하였음을 알 수 있다.

(2) 한편 원고는, 자신은 이 사건 근저당권의 권리자이고 피고는 가장임차인이라고 주장하며 배당이의를 제기하였고, 이에 대하여 피고는, 원고는 피담보채권을 양도하였으므로 더 이상 채권자가 아닐 뿐 아니라 이 사건 근저당권은 소멸하였고, 김경자는 이 사건 근저당권의 피담보채무를 모두 변제하였으며, 피고는 가장임차인이 아니라고 주장하였는바, 이에 대하여 원심은, 이 사건 근저당권은 그 계속적 거래의 기본계약인 어음할인거래약정 및 신용카드거래약정에 의한 거래가 1998. 4. 27. 및 1998. 2. 12.에는 각 종료되어 원고가 참가인에게 채권을 양도할 무렵에는 그 피담보채권이 확정되었으므로 이 사건 근저당권은 채권최고액을 한도로 확정채권을 담보하는 보통의 저당권과 같다고 전제한 뒤, 원고는 이 사건 근저당권의 등기명의자인데, 원고가 그 피담보채권을 참가인에게 양도하고 채권양도 통지를 함으로써 채권양도의 대항요건을 갖추었으나, 참가인 앞으로 근저당권의 이전등기를 경료하지 아니하였는바, 원고는 채권의 양도인으로서 원칙적으로 이종신에 대한 대출원리금채권을 행사할 수 없으나, 피담보채권을 양도하는 당사자 사이에 저당권의 양도를 배제하는 특약이 있는 등의 특별한 사유가 존재하는 경우에만 채권양수인은 저당권이 없는 무담보의 채권을 양수한 것이 되고, 피담보채권의 처분에 따르지 않은 저당권은 소멸하게 되는데 이 사건의 경우에는 원고와 참가인 사이에 이 사건 근저당권의 양도를 배제하는 특약이 있었다고 인정할 증거가 없어, 원고와 원고보조참가인 사이에 저당권 양도의 약정이 있었다고 봄이 상당하므로 피담보채권의 양도로 인하여 이 사건 근저당권이 소멸한다고 볼 수 없다고 판시하고, 나아가 피담보채무가 변제되었다는 피고의 주장을 배척한 후 피고는 소유자 김경자의 딸로서 피고 명의의 위

임대차계약은 피고와 김경자의 통정허위표시에 해당한다고 봄이 상당하다고 하여 원고의 청구를 인용하였다.

나. 대법원의 판단

원심이 이 사건 근저당권의 피담보채권이 확정되어 보통의 저당권으로 되었다고 판단한 것은 옳고, 또한 원고와 원고보조참가인 사이에 이 사건 근저당권의 양도를 배제하는 특약이 있었다고 인정할 증거가 없는 이 사건에서는 피담보채권과 저당권을 함께 양도하기로 하였다고 봄이 상당한데, 이처럼 피담보채권과 저당권을 함께 양도하는 경우에 채권양도는 당사자 사이의 의사표시만으로 양도의 효력이 발생하지만 저당권이전은 이전등기를 하여야 하므로 채권양도와 저당권이전등기 사이에 어느 정도 시차가 불가피한 이상 피담보채권이 먼저 양도되어 일시적으로 피담보채권과 저당권의 귀속이 달라진다고 하여 저당권이 무효로 된다고 볼 수는 없으므로 이 점에서 원심이 피담보채권의 양도로 인하여 이 사건 근저당권이 소멸한다고 볼 수 없다고 판단한 것은 수긍할 수 있으나, 그렇다고 하더라도 근저당권이 소멸하지 아니하였다는 이유만으로 원고가 그 피담보채권의 변제를 수령할 수 있음을 전제로 원고의 이 사건 청구를 인용한 원심의 판단은 수긍할 수 없다.

즉, 원고 명의의 이 사건 근저당권은 그 피담보채권의 양수인인 참가인에게 이전되어야 할 것에 불과하고, 원고는 피담보채권을 양도하여 결국 피담보채권을 상실한 셈이므로, 집행채무자로부터 변제를 받기 위하여 배당표에 자신에게 배당하는 것으로 배당표의 경정을 구할 수 있는 지위에 있다고 볼 수 없고, 또한 참가인이 이 사건 저당권을 이전받지 못할 아무런 장애도 없는데도 피담보채권을 양수하고도 단지 등록세 등의 비용을 절약하기 위하여 장기간 저당권의 이전등기를 해태한 끝에 결국 저당권이 말소된 이 사건에서 양도인인 원고가 양수인인 참가인을 대신하여 변제를 수령할 수 있다고 볼 아무런 근거도 없다고 할 것이다.

따라서 이 점을 지적하는 피고의 상고이유의 주장은 정당하다.

[…] 그러므로 나머지 상고이유에 대한 판단을 생략한 채 원심판결을 파기하고, 이 부분 사건을 다시 심리·판단하게 하기 위하여 원심법원에 환송하기로 관여 대법관의 의견이 일치되어 주문과 같이 판결한다.

질문

1. 대법원이 이 판결에서 저당권자의 원고의 배당이의를 받아들이지 않은 이유는 무엇인가?

2. 대법원과 다른 결론을 취할 여지는 있는가? 생각할 수 있는 입장과 근거, 이론구성을 제시해 보라.

(2) 피담보채권 및 저당권 양도의 법률관계

(가) 피담보채권의 양도는 채권양도에 관한 규정(제449조 이하)에 따라 행하여진다. 이에 있어서는 특히 채권양도 자체와 그 대항요건은 구분하여 생각되어야 한다. 채권은 채권양도에 관한 계약으로 양수인에게 이전하며, 다만 이를 채무자에게 대항하려면 각각의 대항요건을 갖추어야 한다(제450조). 그러므로 채권양도계약이 있으면 그 대항요건이 갖추어지기 전이라도 저당권양도의 등기로써 양수인은 유효하게 저당권부 채권을 취득하고, 한편 채무자는 대항요건의 흠결을 들어 채권의 취득을 자신에게 대항할 수 없음을 주장할 수 있으며 저당권등기에 의하여 그 흠결이 치유되지 않는다. 따라서 저당권양도의 등기가 행하여진 양수인은 대항요건을 갖추기 전에도 저당권실행을 위하여 경매신청을 할 수 있고 나아가 양수채권의 우선배당도 받을 수 있다. 물론 채무자는 대항요건 미비를 이유로 그 절차 내에서 경매개시결정에 대한 이의(민집 제268조, 제86조) 등으로 이를 다툴 수 있겠지만, 저당권의 후순위권리자들은 이해관계 있는 「제 3 자」(제450조 제 2 항)에 해당하지 않아 다툴 수 없다(대판 2005. 6. 23, 2004다29279).

(나) 한편 채무자는 그 대항요건이 구비될 때까지의 대항사유로 양수인에게 대항할 수 있다(제451조 제 2 항). 다만 채무자가 이의를 유보하지 아니하고 승낙하였으면(단순승낙), 그는 양도인에게 대항할 수 있는 사유가 있었어도 이제 이를 양수인에게 대항할 수 없게 된다(동조 제 1 항). 그러므로 그 채권이 불발생·무효 또는 소멸하였어도 양수인은 유효하게 채권을 취득하여, 채권은 부활하는 결과가 된다. 이와 관련하여서는 저당권부 채권이 변제 등의 이유로 소멸하였음에도 저당권등기가 말소되지 않고 있는 상태에서 저당권부 채권이 양도되고 저당권이전등기(부기등기)가 행하여진 경우에 채무자가 저당권부 채권의 양도를 단순승낙하였다면 채권과 아울러 저당권도 부활하는가가 논의된다. 채무자에 대한 관계에서는 저당권도 부활한다고 하여도 좋을 것이다. 문제는 물상보증인, 저당부동산의 제 3 취득자, 후순위저당권자 등 제 3 자에 대한 관계

에서 어떠한가 하는 것이다. 즉 예를 들면 채무자의 단순승낙으로 인하여 물상보증인이나 저당부동산의 제 3 취득자는 저당권의 실행을 감수하여야 하고, 후순위저당권자는 순위의 상승을 주장할 수 없게 되는가 하는 점이다. 그러나 제451조 제 1 항은 채무자의 대항사유 주장에 관한 규정이고, 채무자의 단순승낙으로 그와 무관한 제 3 자의 법률관계가 영향을 받을 이유는 없다. 그러므로 위의 제 3 자는 채무자의 단순승낙에도 불구하고 여전히 저당권의 소멸을 주장할 수 있다. 다만 단순승낙 후 새로이 법률관계를 맺게 된 제 3 자는 채무자가 저당권의 소멸 등 대항사유를 주장할 수 없게 된 법률상태를 전제로 하고 있었으므로, 채무자와 마찬가지로 대항사유를 주장할 수 없다고 할 것이다.

(다) 저당권의 양도에는 그에 관한 물권적 합의와 저당권양도의 등기를 요한다(제186조). 그 등기는 양도되는 저당권에 관한 등기에 부기등기로 행하여진다.

(라) 피담보채권이 가분이면, 그 일부가 양도될 수 있다. 그 경우 저당권의 변경에 관한 등기의 신청에는 양도되는 채권액을 기재하여야 한다(부등 제79조). 그 등기에 의하여 저당권은 채권자 전원이 그 채권액의 비율로 준공유하게 된다.

(3) 피담보채권만의 양도

한편 앞서 말한 대로 제361조는 저당권이 피담보채권과 분리하여 양도될 수 없음을 정하는 것이고, 피담보채권이 저당권과 별도로 양도되지 못함을 의미하지는 않는다. 물론 피담보채권은 통상 저당권을 수반하여 양도되는 것으로 해석되어야 할 것이나, 예외적으로 그 채권만의 양도를 합의하는 것을 막을 이유는 없다. 이 경우에 저당권은 목적을 잃어 소멸한다고 할 것이다.

2. 저당권부 채권에 대한 질권 설정

저당권은 그 피담보채권과 함께 다른 채권의 담보가 될 수 있다(제361조 제 2 경우). 채권에 대하여 설정될 수 있는 담보권은 채권질권이므로, 이는 곧 저당권부 채권의 입질에 관한 규정이다. 이에는 채권질권의 설정에 관한 요건(제346조 내지 제351조)과 아울러 저당권에 대한 질권 설정의 요건(특히 제348조)을 갖출 것이 요구되는데, 전자는 기본적으로 채권의 양도에 관한 규정이 적용된다(제346조). 그러므로 저당권부 채권의 입질에 대하여는 앞서 저당권부 채권의 양도에 관한 설명이 그대로 타당하다. 재판실무에서는 이와 같이 하여 설정된 저당권부(또는 근저당권부) 채권에 대한 질권을 '(근)저당권부 질권'이라고 부른다(예를 들면 대판 2023. 1. 12, 2020다296840).

저당권부 채권에 대한 질권의 효력에 대하여는 앞서 질권의 설명에서 본 바와 같다(제 3 편 제 6 장 Ⅲ. 2. (4) (다) 참조). 질권설정자인 저당권자는 설사 그 저당권의 피담보채권의 액이 질권의 피담보채권의 액을 넘는 경우라도, 제 3 채무자에 대하여 그 채무의 이행을 청구할 수 없고, 그는 질권이 존재하는 한 자신의 저당권을 실행할 수 없다고 할 것이다. 그리고 질권으로 담보되는 채권에는 채무불이행으로 인한 손해배상채권이 포함되는데(제334조 본문), 다른 한편 저당권부 질권의 등기를 함에는 그 피담보채권의 약정이자와는 달리 지연손해금은 등기사항이 아니다(부등 제76조 제 1 항 참조). 판례는 그러한 지연손해금이 저당권부 질권에 관한 등기부에 기재되지 않았다고 하더라도 이는 저당권부 질권으로 담보된다고 한다(대판 2023. 1. 12, 2020다296840).

3. 저당권만의 처분

저당권의 처분에 대하여 민법은 제한적인 태도를 취한다. 질권에서의 전질에 대응하는 전저당은 부인되며, 저당권 자체의 양도나 그 순위만의 양도·포기·변경의 합의도 허용되지 않는다.

제9장 저당권: 실행과 소멸

I. 저당권자의 우선변제권능

1. 서 설

저당권의 우선변제권능(제356조)은 기본적으로 저당부동산에 대한 강제집행절차에서 환가금으로부터 우선변제를 받음으로써 실현된다. 즉 저당부동산을 경매를 통하여 「현금화」하여 저당권자가 그 금전으로부터 우선적으로 배당을 받는 것이다(민집 제264조, 제268조 참조). 저당부동산을 경매하지 아니하고 강제관리(민집 제163조 이하)에 붙여서 부동산의 수익으로부터 피담보채권의 만족을 얻는 것은 일반채권자로서 집행권원에 기해서는 할 수 있으나, 저당권의 우선변제권능의 실현방법으로서는 인정되지 않는다.

경매절차는 저당권자 스스로가 개시할 수도 있으나, 다른 저당권자가 개시한 절차에서도 저당권자는 우선변제를 받을 수 있다. 이와 같이 담보권의 실행을 위하여 집행권원 없이 행하여지는 경매는, 일반채권자가 집행권원에 기하여 그 절차를 개시하여 행하여지는 강제경매와 대비하여, 담보경매 또는 임의경매라고 불린다. 나아가 저당권자는 강제경매절차에서 우선변제권능을 실현할 수도 있다(민집 제148조 제4호).

저당부동산의 소유자가 파산하여도 저당권자에게는 별제권이 인정되어 파산절차에 의하지 아니하고 이를 행사할 수 있으며(회파 제411조, 제412조), 그에 대하여 회생절차가 개시되면 그 피담보채권은 회생담보권이 되어 회생절차 내에서 우선변제를 받을 수 있다(동법 제141조).

2. 저당권의 실행

(1) 경매청구권

저당권자는 저당부동산이 다른 담보물권자나 일반채권자에 의하여 경매·환가되는 경우에도 위와 같은 우선변제권능을 관철할 수 있음은 물론이다. 그러나 저당권자는 채권의 만족을 얻기 위하여 스스로 저당부동산의 경매를 청구할 수 있다(제363조 제 1 항). 경매를 청구하려면, 피담보채권이 존재하고 또 그 이행기가 도래하였음에도 이행이 없을 것을 요한다. 저당권에 기한 경매는 임의경매(담보경매)에 의하며, 그 절차에 대하여는 민사집행법이 정한다(민집 제264조, 제268조).

저당권은 그 행사에 있어 피담보채권에 부종적이다. 저당부동산의 소유자는 경매절차의 개시결정에 대한 이의사유로 (절차가 부적법하다는 것 외에도) 담보권이 부존재하거나 소멸되었다는 것을 주장할 수 있다(민집 제265조). 더 나아가 이 규정의 해석상 변제기의 미도래(대결 1968. 4. 24, 68마300)나 "저당채무에 대하여 ① 정당한 액을 변제제공하였음에도 불구하고 채권자의 수령거절로 채권자지체에 있다든지 ② 변제 기타로 이를 소멸하였다든가 ③ 변제연기 등의 이유로 담보권 실행이 위법이라고" 주장할 수도 있다(대결 1973. 2. 26, 72마991). 요컨대 저당부동산 소유자는 저당권의 피담보채권에 관한 대항사유를 주장하여 경매를 저지할 수 있다.

따라서 행사상의 부종성의 관점에서는, 피담보채권이 부존재하거나 소멸하여 저당권도 부존재하거나 소멸한 경우에는 경락받은 매수인이 부동산의 소유권을 취득할 수 없는 것이 원칙일 것이다. 그러나 법률은 예외를 두어 저당부동산 소유자가 이의를 제기하지 않아 경매가 종료하고 매각대금이 납부된 경우, 매수인의 부동산 취득은 담보권 소멸로 영향을 받지 아니한다고 정한다(민집 제267조). 이 한도에서 부분적인 공신력이 인정되어 있다고 할 수 있다. 다만 이 규정의 적용범위에 대해서는 세부적으로 다툼이 있다. 일단 담보권이 부존재한 경우에 이 규정은 적용되지 않는다(대결 1992. 11. 11, 92마719). 그래서 결국 담보권 소멸의 경우가 문제되는데, 판례는 '담보권 소멸'을 경매개시결정 이후의 소멸이라고 한정적으로 해석하여(사후소멸설), 경매개시결정전에 저당권이 소멸한 경우에는 소유권을 취득하지 못한다고 해석하면서 경매개시 후 변제 등으로 저당권이 소멸한 경우에만 적용한다(위 대결 1992. 11. 11.; 이를 재확인하는 대판(전) 2022. 8. 25, 2018다205209). 그러나 변제기가 도래하지 않은 상태에서 저당권이 실행되어 매각대금이 완납된 때에는 소유권 취득에 영향이 없다고 한다(대판 2002. 1. 25, 2000마26388). 저당권이 소멸한 경우는 아니며, 경매를 무효로 할 정도의 하자라고 볼 수는 없기 때문이다.

(2) 유저당약정

법이 정한 방법에 의하여 저당부동산을 환가하지 아니하고 저당물소유자와 저당권자의 계약으로 저당권자에게 변제에 갈음하여 저당물의 소유권을 취득하게 하거나 저당물을 임의로 평가하여 변제에 충당하는 것을 유저당약정이라고 한다. 즉 유저당약정은 저당권에서의 유담보약정이다.

민법은 유질약정에 대하여는 그것이 피담보채권의 변제기 전에 행하여진 경우에는 이를 무효로 하나(제339조), 유저당약정에 대하여는 그러한 규정이 없다. 그리하여 유저당약정은 공서양속(제103조)에 반하지 않는 한 변제기 전후를 불문하고 유효하다. 그러나 “차용물의 반환에 갈음하여” 저당부동산을 이전하기로 약정한 경우에 관하여는, 제607조가 정하는 다른 요건이 충족되는 한 그 유저당약정은 효력이 없다(제608조). 또한 유저당약정은 등기될 수 없으므로 그 효력은 당사자들 사이에서만 발생하며, 후순위담보권자나 압류채권자 등 이해관계 있는 제 3 자가 있는 때에는 그들에 대한 관계에서 유저당약정을 주장할 수 없다.

(3) 일반재산에 대한 집행

저당권자는 동시에 채권자이다. 그러므로 저당권자의 우선변제권능은 그가 일반적인 채권자의 지위에서 채무자의 일반재산으로부터 채권의 만족을 얻을 권능(일반적 공취권능)과 어떠한 관계에 있는지가 문제된다. 이에 대하여 민법은 질권에 관한 제340조를 저당권에 준용하고 있다(제370조). 그러므로 ① 우선 저당권을 실행하였으나 그로부터 채권의 만족을 전부 또는 일부 얻지 못하였으면, 그에 관하여 아무런 제한 없이 채무자의 일반재산에 대하여 강제집행할 수 있다. ② 그러나 다른 일반채권자를 보호하기 위하여 저당권자는 저당부동산에 의하여 변제를 받지 못한 부분에 한하여 채무자의 다른 일반재산을 공취할 수 있다(그 상세에 대하여는 제 3 편 제 6 장 Ⅱ. 2. (3) (라) 참조).

3. 저당권의 우선변제권능의 순위

동일한 부동산에 설정된 복수의 저당권 간의 순위에 대하여는 앞서 본 바 있다(제 3 편 제 7 장 Ⅲ. 3. 참조). 여기서는 저당부동산의 매각대금으로부터 채권의 만족을 얻는 것에 관련하여 다른 권리와의 사이의 순위를 살펴보기로 한다.

(1) 저당권자는 일반채권자에 대하여는 언제나 우선한다. 전세권이나, 가등기담보법이 적용되는 가등기담보권과 같은 담보물권과의 사이에서는 각 등기의 시간적 순서에 의한다.

(2) 담보물권은 아니라도 우선변제권능을 동반하는 일련의 채권이 있다.

(가) 등기 외의 방법으로 보증금 또는 전세금의 반환청구권에 관하여 우선변제권을 취득한 임차인(주임 제 3 조의2 제 2 항, 상임 제 5 조 제 2 항)의 경우에 그 순위는 우선변제권 취득을 위한 요건이 모두 갖추어진 날과 저당권설정등기가 행해진 날의 선후에 따른다. 그래서 예를 들어 대항력 취득을 위한 인도·주민등록과 확정일자가 같은 날 행해졌다면, 그 날에 등기가 행하여진 저당권자보다 후순위가 된다(주임 제 3 조 제 1 항, 상임 제 3 조 제 1 항 참조; 대판 1997. 12. 12, 97다22393). 한편 주택 또는 점포에 관한 일정액 이하의 보증금 또는 전세금은 그 중 일정한 액의 범위 내에서 다른 모든 채권에 우선하여 변제를 받을 수 있으므로(최우선변제권; 주임 제 8 조, 상임 제14조), 그 반환채권자는 그 액의 한도에서 항상 저당권자에 우선한다.

(나) 최종 3개월분의 임금 및 재해보상금은 사용자의 총재산에 대하여 최우선변제권이 있으므로(근기 제38조 제 2 항), 항상 저당권자에 우선한다(다만 사용자가 부동산을 특정승계취득하기 전에 설정되어 있었던 저당권에 대해서는 그러하지 아니하다, 대판 1994. 1. 11, 93다30938; 2011. 12. 8, 2011다68777도 참조). 이것이 앞의 (가)의 최우선변제권과 경합하는 경우에 매각대금이 양자를 모두 충족하기에 부족하면 양자는 동순위로서 그 액의 비율로 안분된다.

(다) 국세·지방세·관세 및 그 가산금과 체납처분비용(조세)은 다른 공과금 기타 채권에 우선하여 징수한다(조세채권우선의 원칙에 따른 국세우선권). 그런데 조세와 저당권의 피담보채권 사이에서는 저당권의 설정등기일이 그 조세의 납부의무가 성립한 날 기타 법으로 정한 날(국세 제35조 제 1 항 제 3 호, 지세 제

71조 제 1 항 제 3 호 등)보다 앞서는 경우에는 저당권자가 우선한다. 다만 매각부동산 자체에 대하여 부과된 조세와 가산금을 당해세라고 하는데, 이 당해세는 위에서 본 법정기일 전에 설정된 저당권의 피담보채권보다도 우선한다(국세 제35조 제 1 항, 지세 제71조 제 1 항, 관세 제 3 조 제 2 항).

Ⅱ. 토지와 그 지상 건물로 인한 법문제

1. 법정지상권

(1) 의의와 기능

(가) 민법은 토지와 건물은 별개의 부동산이라는 입장에 서 있으므로, 토지 위에 건물이 존재하여도 그 일방에만 저당권을 설정하는 것이 가능하다. 그 저당권이 실행되면 토지와 건물의 소유자가 달라진다. 이는 쌍방에 공동저당권이 설정되더라도 저당권의 실행이 반드시 일괄경매로 행하여지는 것은 아니므로 마찬가지이다. 이러한 경우에 민법은, 토지소유자의 법적 지위는 이제 건물의 계속 존립을 전제로 정하는 것이 타당하고 또 그것이 당사자의 통상적 의사에 맞는다는 고려에 기하여, 건물의 계속 존립을 위하여 법정지상권을 인정한다(제366조).

(나) 예를 들어 A 소유의 토지에 같은 A 소유의 건물을 위한 지상권을 설정하는 것(이른바 자기지상권)이 법으로 인정된다면, 건물에 저당권을 취득하려는 B는 건물의 담보가치 확보를 위하여 당연히 A로 하여금 그러한 지상권을 설정하도록 하여 이 지상권에도 저당권의 효력을 미치도록 하였을 것이다. 그런데 자기지상권은 애초 법으로 인정되지 않고, 또 저당권의 실행절차인 임의경매에서도 당사자들이 건물의 존립을 위한 합의를 할 기회가 마련되어 있지 않으므로, 건물의 계속 존립을 보장하기 위하여 경락인의 법정지상권을 법으로 정하는 것이다. 이와 같이 법정지상권제도는 일차적으로 당사자의 합리적 의사를 사후적으로 실현한다는 의미가 있으며, 동시에 건물의 존립가능성 및 토지의 이용상태를 기준으로 하여 미리 저당권설정 당시에 저당권설정자 및 저당권자가 목적물의 담보가치를 평가하도록 함으로써 담보거래의 예측가능성과 합리성을 높이려는 것이다.

(다) 이와 같이 법정지상권제도는 다수 당사자의 이해관계를 조정하기 위한 것이므로, 제366조는 강행규정이고, 그 적용을 배제 또는 제한하는 약정은 대세적인 효력이 없다(대판 1988. 10. 25, 87다카1564).

(라) 제366조는 저당권의 실행으로 토지와 건물의 소유자가 달라진 경우에 대해서만 규정하나, 그 취지는 집행권원에 기하여 행하는 협의의 강제경매나 국세징수법이 정하는 공매의 경우에도 마찬가지로 적용되어야 하므로, 이를 이들 경우에도 유추적용할 것이다(다만 판례는 이들 경우에도 관습상 법정지상권의 법리를 적용하여 동일한 결과에 도달한다. 제 4 편 제 4 장 Ⅳ. 2. 참조). 또한 민법 외의 저당권 또는 그에 준하는 담보권의 실행으로 토지와 건물의 소유자가 달라진 경우에 법정지상권의 성립을 정하는 적지 않은 규정이 있다(가담 제10조, 입목 제 6 조, 공저 제24조 제 1 항, 제54조 등).

(2) 법정지상권의 요건

(가) 저당권설정 당시에 토지 위에 건물이 존재하여야 한다(제305조도 참조). 이는 우선 법정지상권이 앞서 본 대로 토지 위에 건물이 있는 상태에서 저당권이 설정된 경우에 당사자의 의사를 사후적으로 실현하는 제도인 것과 관련된다. 또한 나대지는 그 담보가치가 건물 있는 토지보다 높다. 그런데 후에 건물이 건축되었다고 해서 법정지상권이 인정된다면 저당권자는 불측의 불이익을 입게 되는 것이다.

(a) 따라서 나대지에 저당권이 설정된 후에 건물이 건축된 경우에는 그 건물을 위한 법정지상권은 인정되지 않는다(대판 1978. 8. 22, 78다630). 그리고 나대지에 대한 저당권의 설정에 있어서 토지소유자에 의한 건물의 건축에 동의한 경우 또는 저당권설정 후 토지소유자가 법정지상권의 성립에 대한 저당권자와의 합의 아래 건물을 건축한 경우에도 그러한 사정은 주관적 사항이고 공시할 수도 없는 것이어서 토지를 낙찰받는 제 3 자로서는 알 수 없는 것이므로 다를 바 없다(대판 2003. 9. 5, 2003다26051). 그러나 저당권설정 당시 그 건물에 관하여 보존등기가 되어 있을 것은 요구되지 않는다.

반면 저당권설정 당시 토지소유자에 의하여 건물의 건축이 진행 중이었던 경우에 대하여, 판례는 당시 아직 건물이라고 할 수 없으나 건물의 규모·종류를 외형상 예상할 수 있는 정도로 건축이 진척되어 있었고 후에 저당권의 실행절차에서 매수인이 경매목적물의 소유권을 취득할 때까지 건물이 완성되었다면 건물의 존재를 긍정할 수 있다고 한다(대판 1992. 6. 12, 92다7221).

(b) 나대지 위에 1번 저당권이 설정된 후 건물이 건축되고 이어 2번 저당권이 설정되었는데 2번 저당권자의 신청으로 경매가 진행된 경우에도 위의 요건은 충족되지 않는다. 저당권실행절차에서 저당부동산을 매수하는 사람의 법적 지위는 그 매각으로 같이 소멸하는 1번 저당권을 기준으로 정하여져야 하기 때문이다(민집 제91조 제 2 항).

(c) 저당권설정 당시 토지 위에 존재하던 건물이 후에 멸실된 경우는 어떠한가? 저당권의 실행으로 경매가 개시하여 토지에 대한 처분이 금지될 때까지 아직 새로운 건물이 건립되지 않았으면, 법정지상권으로 그 존립을 보호할 건물이 없으므로, 이는 부인되어도 좋을 것이다. 한편 그 전에 새 건물이 지어진 경우에는 위의 요건은 충족된다. 이는 건물 멸실 후 토지소유자가 토지를 제 3 자에게 임대하여 그 임차인이 건물을 신축한 경우에도 다를 바 없다. 판례는 이때 성립하는 법정지상권의 존속기간이나 범위 등은 종전 건물을 기준으로 정하여진다고 한다(대판 1990. 7. 10, 90다카6399).

[1] 건물의 철거·신축과 법정지상권의 성립: 대판 1991. 4. 26, 90다19985

[주 문] 원심판결 중 피고들 패소부분을 파기하고, 이 부분 사건을 인천지방법원 합의부에 환송한다.

[이 유] 상고이유를 본다.

원심은 소외 망 장춘수는 물상보증인으로서 자기 소유인 부천시 중동 852의6(원심이 852의1로 표시한 것은 오기로 보임), 같은 동 854의1, 4 세 필지의 대지에 관하여 근저당권자 주식회사 한일은행, 채권최고액 금 45,000,000원으로 하는 근저당권설정등기를 1983. 2. 2.자로 경료한 후, 위 854의1 지상에 위 근저당권설정 당시부터 건립되어 있던 목조와즙 평가건 주택 1동 건평 12평을 철거하고 그곳에 새로운 건물인 별지목록 제1, 2기재 건물(이하 이 사건 건물이라고 한다)을 신축하였는데, 그 후 위 각 대지들은 토지구획정리사업법에 의하여 신지번인 같은 동 749의3 대 114.6제곱미터, 749의4 대 118.2제곱미터(이하 이 사건 대지라고 한다)로 각 제자리 환지된 사실, 한편 이 사건 대지는 위 근저당권의 실행으로 1984. 3. 27. 원고가 경락받음으로써 이 사건 대지와 건물은 그 소유자를 각 달리하게 된 사실을 인정하고 나서, 이 사건 건물이 철거된 위 구건물과 동일성이 없는 새로운 건물이고 또한 위 근저당권설정등기가 경료된 후에 신축된 것이므로 위 근저당권의 실행으로 원고가 경락한 이 사건 대지 위에 위 건물의 사용을 위한 법정지상권은 성립될 수 없는 것이라 하고, 피고들에게 이 사건 건물의 철거 및 그 대지의 인도와 임료상당의 손해금의 지급을 명하고 있다.

살피건대, 민법 제366조 소정의 법정지상권이 성립하려면 저당권의 설정 당시 저당권의 목적이 되는 토지 위에 건물이 존재하여야 하는 것이고, 저당권 설정 당시 건물이 존재한 이상 그 이후 건물을 개축 증축하는 경우는 물론이고 건물이 멸실되거나 철거된 후 재축 신축하는 경우에도 법정지상권이 성립한다 할 것이며, 이 경우의 법정지상권의 내용인 존속기간, 범위 등은 구건물을 기준으로 하여 그 이용에 일반적으로 필요한 범위 내로 제한된다고 할 것이다[…].

이 사건 근저당권설정 당시 이 사건 대지상에 위 구건물이 존재하였음이 명백한 이 사건에서 피고들은 새로이 건축한 이 사건 건물을 위한 법정지상권의 성립을 주장할 수 있고, 다만 그 범위는 구건물의 유지 및 사용을 위하여 필요하였던 범위 내의 대지부분에 한정된다고 할 것이므로, 원심으로서는 이 사건 대지위에 성립되는 법정지상권의 범위를 확정한 후 이 사건 건물의 철거 여부와 그 범위를 확정하고 그에 따른 지료나 손해금의 지급을 명하여야 함에도 불구하고 법정지상권의 성립을 부인하고 이 사건 건물의 철거와 대지의 인도 및 임료상당의 손해금의 지급을 명하였음은 위와 같은 법리를 오해한 위법을 범하였다고 하겠다. 이 점을 지적하는 논지는 이유 있다.

그러므로 원심판결 중 피고들의 패소부분을 파기하고 이 부분 사건을 인천지방법원 합의부에 환송하기로 하여 관여 법관의 일치된 의견으로 주문과 같이 판결한다.

질문

1. 대법원이 법정지상권 성립을 인정하면서도 그 범위를 구건물을 기준으로 한다고 판시한 것은 어떠한 고려에서 기인한 것인가?
2. 판례와 같이 구건물을 기준으로 하여 법정지상권을 인정할 경우 발생할 수 있는 문제로 어떠한 것이 있을 수 있는가?

그러나 토지와 그 지상 건물에 공동저당권이 설정되었던 경우는 그와 같이 볼 수 없다. 그 경우 저당권자는 토지와 건물 모두로부터 자유롭게 피담보채권의 만족을 얻을 수 있다. 그런데 후에 건물이 멸실되면 이로써 건물저당권은 소멸하고, 나아가 저당권 실행 전에 신축된 건물을 위하여 법정지상권이 인정된다면 토지는 그에 의하여 제약된 것으로서 담보가치가 파악되어서 저당권자에게 현저히 불리하다. 따라서 이 경우에는 법정지상권은 부인되어야 한다. 다만 새 건물의 소유자가 토지소유자와 동일인이고 또 새 건물에 그 토지저당권과 동순위의 공동저당권을 설정받는 것과 같이 건물의 멸실 전과 같은 상태가 회복된 경우에는, 원래대로 위의 요건이 충족된다고 하여도 좋을 것이다.

[2] 공동저당권이 설정된 건물의 철거·신축과 법정지상권: 대판(전) 2003. 12. 18, 98다43601

[주 문] 원심판결을 전부 파기하고, 사건을 서울고등법원에 환송한다.

[이 유]

1. 원심의 판단

가. 원심은 그 판시 증거들을 종합하여, 이 사건 대지 위에는 단층주택이 건축되어 있었는데, 위 대지 및 단층주택을 매수하여 소유권을 취득한 피고 백재호는 1989. 2. 11. 위 대지 및 단층주택을 공동담보로 제공하여 개봉단위농업협동조합 앞으로 근저당권설정등기를 마쳐 주었다가, 그 후 1991. 12. 5. 위 근저당권의 실행에 의하여 위 대지 및 단층주택에 관한 임의경매절차가 개시된 사실, 그런데 피고 백재호는 그 전인 1991. 9. 30.경 피고 서성문에게 위 단층주택의 철거와 이 사건 3층 주택의 신축공사를 도급주었는데, 피고 서성문은 1991. 10.경 위 단층주택을 철거하고 이 사건 3층 주택(이하 '이 사건 신축건물'이라 한다)의 신축공사를 시행하여 1992. 3.경 완공하였으나, 준공검사를 받지는 못하고 있고, 이 사건 신축건물은 피고들이 일부씩 나누어 점유하고 있는 사실, 한편, 위 임의경매절차에서는 위 단층주택이 이미 철거되었다는 이유로 위 단층주택에 대한 경매절차는 취소되고, 이 사건 대지에 대한 경매절차만이 속행되어 1992. 4. 23. 김영숙이 이 사건 대지를 경락받은 사실, 그 후 이 사건 대지의 소유권은 위 김영숙으로부터 유춘자를 거쳐 1994. 10. 11. 원고에게로 순차 이전된 사실, 원고는 1994. 9. 6. 피고 서성문으로부터 이 사건 신축건물을 대금 1억 3,800만 원에 매수하기로 약정하고 계약금 2,000만 원을 피고 서성문에게 지급한 후, 이 사건 신축건물이 피고 백재호의 소유라는 취지의 이 사건 제 1 심판결이 선고되자 다시 1997. 12. 18. 피고 백재호로부터 이 사건 신축건물을 대금 1억 4,400만 원에 매수하기로 약정하고 계약금 1,500만 원을 피고 백재호에게 지급한 사실을 인정하였다.

나. 원심은 위와 같은 사실관계에 터잡아, (1) 원고의 피고 백재호에 대한 청구에 대하여는, 이 사건 신축건물의 소유자가 피고 백재호인 점에는 당사자 사이에 다툼이 없다고 전제한 후, 저당물의 경매로 인하여 저당권설정 당시 동일인의 소유에 속하던 토지와 그 지상건물이 각각 다른 사람의 소유에 속하게 된 경우에는 그 지상건물 소유자는 민법 제366조에 따라 법정지상권을 취득하고 이는 저당권설정 당시 존재하던 건물이 철거되고 새로운 건물이 신축된 경우에도 마찬가지라는 이유로 피고 백재호의 법정지상권에 기한 항변을 받아들여 원고의 주위적 청구인 건물철거 및 대지인도청구를 배척한 다음, 이 사건 신축건물에 관한 매매계약의 이행으로서 그 매매잔대금의 지급과 상환으로 이 사건 신축건물의 명도와 이 사건 대지의 인도를 구하는 원고의 예비적 청구를 인용하였고, (2) 원고의 피고 서성문에 대한 청구에 대하여는, 이 사건 신축건물은 피고 서성문이 원시취득한 것이라고 판단한 후, 피고 백재호에 대한 판단에서와 같은 법리로 이 사건 신축건물을 위한 법정지상권이 성립한다고 보아 원고의 주위적 청구인 건물철거 및 대지인도청구와 이 사건 신축건물에 관한 매매계약의 불이행으로 인한 원상회복 및 손해배상청구를 모두 배척하고, 이 사건 신축건물에서의 퇴거를 구하는 제1 예비적 청구도 배척한 다음, 원고와 피고 서성문 사이의 이 사건 신축건물에 관한 매매계약의 이행으로서 그 매매잔대금의 지급과 상환으로 이 사건 신축건물의 명도와 이 사건 대지의 인도를 구하는 제2 예비적 청구를 인용하였다.

2. 이 법원의 판단

가. 원고의 피고 백재호에 대한 청구에 관하여

(1) 동일인의 소유에 속하는 토지 및 그 지상건물에 관하여 공동저당권이 설정된 후 그 지상건물이 철거되고 새로 건물이 신축된 경우에는, 그 신축건물의 소유자가 토지의 소유자와 동일하고, 토지의 저당권자에게 신축건물에 관하여 토지의 저당권과 동일한 순위의 공동저당권을 설정해 주는 등 특별한 사정이 없는 한, 저당물의 경매로 인하여 토지와 그 신축건물이 다른 소유자에 속하게 되더라도 그 신축건물을 위한 법정지상권은 성립하지 않는다고 해석함이 상당하다. 왜냐하면, 동일인의 소유에 속하는 토지 및 그 지상건물에 관하여 공동저당권이 설정된 경우에는, 처음부터 지상건물로 인하여 토지의 이용이 제한 받는 것을 용인하고 토지에 대하여만 저당권을 설정하여 법정지상권의 가치만큼 감소된 토지의 교환가치를 담보로 취득한 경우와는 달리, 공동저당권자는 토지 및 건물 각각의 교환가치 전부를 담보로 취득한 것으로서, 저당권의 목적이 된 건물이 그대로 존속하는 이상은 건물을 위한 법정지상권이 성립해도 그로 인하

여 토지의 교환가치에서 제외된 법정지상권의 가액상당가치는 법정지상권이 성립하는 건물의 교환가치에서 되찾을 수 있어 궁극적으로 토지에 관하여 아무런 제한이 없는 나대지로서의 교환가치 전체를 실현시킬 수 있다고 기대하지만, 건물이 철거된 후 신축된 건물에 토지와 동순위의 공동저당권이 설정되지 아니하였는데도 그 신축건물을 위한 법정지상권이 성립한다고 해석하게 되면, 공동저당권자가 법정지상권이 성립하는 신축건물의 교환가치를 취득할 수 없게 되는 결과 법정지상권의 가액상당가치를 되찾을 길이 막혀 위와 같이 당초 나대지로서의 토지의 교환가치 전체를 기대하여 담보를 취득한 공동저당권자에게 불측의 손해를 입게 하기 때문이다.

이와 달리, 동일인의 소유에 속하는 토지와 그 지상건물에 관하여 공동저당권이 설정된 후 그 지상건물이 철거되고 새로 건물이 신축된 경우에도 그 후 저당권의 실행에 의하여 토지가 경락됨으로써 대지와 건물의 소유자가 달라지면 언제나 토지에 관하여 신축건물을 위한 법정지상권이 성립된다는 취지의 대법원 [⋯] 판결의 견해는, 위와 저촉되는 한도 내에서 이를 변경하기로 한다.

(2) 이 사건에서, 피고 백재호의 소유이던 이 사건 대지 및 그 지상 단층주택에 관하여 개봉단위농업협동조합의 공동저당권이 설정된 후, 위 단층주택이 철거되고 이 사건 신축건물이 신축되었으나, 그 신축건물에 관하여 개봉단위농업협동조합이 이 사건 대지에 대한 것과 동일한 순위의 공동저당권을 설정받지 못하였으므로, 이 사건 대지에 대한 저당권의 실행에 의하여 이 사건 대지와 그 지상의 이 사건 신축건물이 각각 다른 사람의 소유에 속하게 되었다고 하더라도, 이 사건 신축건물을 위한 법정지상권은 성립되지 아니한다고 할 것이다.

그럼에도 불구하고 원심은, 피고 백재호가 이 사건 대지상에 신축된 건물을 위한 법정지상권을 취득한 것으로 보고, 원고의 피고 백재호에 대한 주위적 청구인 이 사건 신축건물의 철거 및 이 사건 대지의 인도청구를 모두 배척하고 말았으니, 원심판결에는 토지와 그 지상건물의 공동저당에 있어서의 법정지상권의 성립에 관한 법리를 오해하여 판결에 영향을 미친 위법이 있다고 할 것이다. 이 점을 지적하는 상고이유의 주장은 이유 있다.

나. 원고의 피고 서성문에 대한 청구에 관하여

(1) 일반적으로 자기의 노력과 재료를 들여 건물을 건축한 사람이 그 건물의 소유권을 원시취득하는 것이지만, 도급계약에 있어서는 수급인이 자기의 노력과 재료를 들여 건물을 완성하더라도 도급인과 수급인 사이에 도급인 명의로 건축허가를 받아 소유권보존등기를 하기로 하는 등 완성된 건물의 소유권을 도급인에게 귀속시키기로 합의한 것으로 보여질 경우에는 그 건물의 소유권은 도

급인에게 원시적으로 귀속된다(대법원 1990. 4. 24. 선고 89다카18884 판결, 1992. 3. 27. 선고 91다34790 판결 등 참조).

(2) 기록에 의하면, 피고 백재호가 1991. 9. 30. 피고 서성문에게 이 사건 신축건물의 신축공사를 도급함에 있어, 건물완공 후 이를 임대하여 얻는 수입으로 먼저 공사대금에 충당하고 나머지는 피고 백재호가 가지기로 하고 그 중개비용 및 세금은 피고 백재호가 부담하기로 약정하였고(기록 502면), 건물완공 직후인 1992. 7. 8.에는 피고들 사이에서, 이 사건 신축건물에 관하여 피고 백재호의 이름으로 준공검사를 받아 준공하고 피고 백재호는 소유권보존등기를 필한 후 융자금 1억 원을 받아 피고 서성문에게 지급하기로 약정하였음을 엿볼 수 있는바, 이러한 각 약정은 이 사건 신축건물의 소유권을 공사도급인인 피고 백재호에게 귀속시키는 것을 당연한 전제로 하고 있는 것이라고 보아야 할 것이므로 이 사건 신축건물은 피고 백재호가 원시취득한 것으로 볼 여지가 충분하다고 할 것이다.

그럼에도 불구하고 피고 서성문이 이 사건 신축건물의 소유권을 원시취득한 것으로 단정한 원심판결에는 신축건물의 소유권의 귀속에 관한 법리를 오해하였거나 심리를 다하지 아니하여 판결에 영향을 미친 위법이 있다고 할 것이다.

(3) 또 원고는 이 사건 신축건물이 피고 서성문의 소유임을 전제로 피고 서성문에 대하여 이 사건 신축건물의 철거와 이 사건 대지의 인도를 구하고, 만약 법정지상권이 인정되어 원고의 청구가 배척되는 경우에는 이 사건 신축건물에 대한 매매계약을 원인으로 하여 매매잔대금의 지급과 상환으로 이 사건 신축건물의 명도와 이 사건 대지의 인도를 구한다고 주장하는 한편, 다시 이 사건 신축건물이 피고 백재호의 소유임을 전제로 피고 서성문에 대하여 매매계약의 해제로 인한 원상회복 및 손해배상의 청구와 이 사건 신축건물에서의 퇴거를 구하고 있어서 위 양 청구가 서로 모순되는 관계에 있는 청구라고 할 것임에도 불구하고, 원심은 원고의 주장내용을 제대로 정리하지 아니한 채 이 사건 신축건물이 피고 서성문의 소유임을 전제로 원고의 제2 예비적 청구를 제외한 나머지 청구들을 모두 배척함으로써 이유모순 또는 이유불비의 위법을 범하였다고 할 것이다. 이 점을 지적하는 상고이유의 주장은 이유 있다(원고의 피고 서성문에 대한 청구 중 이 사건 신축건물의 철거와 이 사건 대지의 인도청구 부분을 배척한 원심의 결론은 타당하다고 할 것이나 원고의 모순된 주장을 정리한 후 이 부분 사건을 다시 심리·판단함이 상당하므로 이 부분 사건 전부를 파기하기로 한다).

(4) 한편, 원고가 피고 서성문에 대하여 매매계약의 이행으로서의 건물명

도 등을 구하는 제2 예비적 청구는, 원고가 그 청구에 이른 전후 사정에 비추어 이 사건 신축건물이 피고 서성문의 소유이지만 같은 피고의 항변 등으로 인하여 주위적 청구인 건물철거 등의 청구가 배척되는 경우에 대비한 예비적 청구라고 봄이 상당하다고 할 것이므로, 만일 이 사건 신축건물이 피고 백재호의 소유이고 피고 서성문의 소유가 아니라고 판단되는 경우에는, 피고 서성문에 대한 원고의 위 제2 예비적 청구에 관하여 나아가 판단할 것이 아니라는 점을 아울러 지적하여 둔다.

3. 그러므로 원고의 나머지 상고이유 및 피고 서성문의 상고이유에 대하여 나아가 판단할 필요없이, 원심판결을 전부 파기하고, 사건을 다시 심리·판단하게 하기 위하여 원심법원에 환송하기로 하여 주문과 같이 판결하는바, 이 판결 제 2 의 가.항 판단에 관하여 […] 반대의견이 있는 외에는 관여 대법관들의 의견이 일치되었고, 다수의견에는 아래 5항과 같은 […] 보충의견이 있다.

4. 위 제 2 의 가.항의 판단에 관한 […] 반대의견은 다음과 같다.

가. 민법 제366조가 법정지상권제도를 규정하는 근본적 취지는, 저당물의 경매로 인하여 토지와 그 지상건물이 다른 사람의 소유에 속하게 된 경우에 건물이 철거됨으로써 생길 수 있는 사회경제적 손실을 방지하려는 공익상 이유에 있는 것이지, 당사자 어느 한편의 이익을 보호하려는 데 있는 것이 아니다(대법원 1966. 9. 6. 선고 65다2587 판결 참조). 그리고 법정지상권이 성립하려면 저당권의 설정 당시 저당권의 목적이 되는 토지 위에 건물이 존재하고 있어야 하고, 저당권설정 당시에 건물이 존재하였던 이상, 후에 건물이 개축·증축되는 경우는 물론이요 건물이 멸실되거나 철거된 후 재축·신축되는 경우에도 법정지상권이 성립하는 데 지장이 없으며, 이 경우 신 건물과 구 건물 사이에 동일성이 있을 것을 요하지 아니하고, 다만 그 법정지상권의 내용인 존속기간, 범위 등이 구 건물을 기준으로 하여 그 이용에 일반적으로 필요한 범위로 제한된다고 함은, 일찍부터 대법원이 선언하여 온 법리이다(대법원 1991. 4. 26. 선고 90다19985 판결, 1997. 1. 21. 선고 96다40080 판결 등 참조).

나. 그런데 다수의견은 위와 같은 법리 자체를 정면에서 부정하지는 않으면서도, 동일인의 소유에 속하는 토지와 건물 중 토지만에 대하여 저당권이 설정된 경우와 달리, 토지와 건물 양자에 대하여 공동으로 저당권이 설정된 경우(이른바 공동저당권의 경우)에만은 특별한 사정이 없는 한 경매로 인하여 토지와 신축건물이 다른 소유자에 속하게 되더라도 그 신축건물을 위한 법정지상권이 성립하지 않는다고 보아야 하고, 그 이유는 공동저당권자의 담보가치 파악에 관한 '기대' 및 법정지상권이 성립하는 경우 공동저당권자가 입게 되는 '불측의

손해' 때문이라고 설명한다. 그러나 이러한 다수의견에는 다음과 같은 이유에서 찬성할 수 없다.

(1) 민법 제366조가 규정하는 법정지상권의 일반적인 성립요건은 ① 저당권설정 당시 건물의 존재, ② 토지와 건물 소유자의 동일성, ③ 토지와 건물의 일방 또는 쌍방에 관한 저당권설정, ④ 경매로 인한 건물과 토지에 대한 소유의 분리라고 할 수 있는데, 이들은 객관적인 사실만으로 구성되어 있으므로, 법정지상권은 저당권설정 당사자의 의사와 관계없이 객관적 요건만으로써 그 성립이 인정되는 법정물권이다. 당사자 간의 특약으로 저당목적물인 토지에 대하여 법정지상권을 배제하는 약정을 하였더라도 그 특약의 효력이 부정되는 것(대법원 1988. 10. 25. 선고 87다카1564 판결 참조)도 같은 이유에서이다. 그런데 다수의견은 유독 저당권자가 그 설정 당시 가졌던 '기대'가 어떤 것이었느냐에 의하여 법정지상권의 성립 여부를 달리 판단하고 있으니, 우선 이 점에 있어서 법정지상권 성립요건의 객관성 및 강제성과 조화되기 어렵다고 생각된다.

(2) 토지와 건물 양자에 대하여 공동으로 저당권이 설정된 경우, 원칙적으로 그 공동저당권자가 토지에 관하여 파악하는 담보가치는 법정지상권의 가치가 제외된 토지의 가치일 뿐이고, 건물에 관하여 파악하는 담보가치는 건물 자체의 가치 외에 건물의 존속에 필요한 법정지상권의 가치가 포함된 것이며(토지와 건물이 따로 경매되는 경우에는 그러한 결과가 실제로 나타나고, 다수의견도 이 점에서 법정지상권의 가치만큼 감소된 토지의 교환가치는 법정지상권이 성립하는 건물의 교환가치에서 되찾을 수 있다고 표현한다), 법정지상권은 그 성질상 건물에 부수하는 권리에 불과하다. 따라서 구건물이 멸실되거나 철거됨으로써 건물저당권 자체가 소멸하면, 공동저당권자는 건물 자체의 담보가치는 물론 건물저당권을 통하여 파악하였던 법정지상권의 담보가치도 잃게 되고, 이에 따라 토지소유자는 건물저당권의 영향에서 벗어나게 된다고 보는 것이 논리적으로 합당하다. 그러므로 토지소유자는 그 소유권에 기하여 토지 위에 신건물을 재축할 수 있고, 그 후 토지저당권이 실행되면 위 가.항에서 살펴본 법리에 따라 신건물을 위한 법정지상권이 성립하며, 다만 그 내용이 구건물을 기준으로 그 이용에 일반적으로 필요한 범위로 제한됨으로써 공동저당권자가 원래 토지에 관하여 파악하였던 담보가치, 즉 구건물을 위한 법정지상권 가치를 제외한 토지의 담보가치가 그대로 유지된다고 보는 것이 옳다. 이것이 바로 가치권과 이용권의 적절한 조절의 모습이다. 공동저당권자가 당초 나대지로서의 토지의 교환가치 전체를 '기대'하면서 담보를 취득하였었다고 설명하는 다수의견은, 그 실질에 있어서 공동저당권자가 원래 토지에 관하여 파악하였던 담보가치를 무리하게 확

장하는 것이라고 아니할 수 없다. 또한 다수의견에 따라 법정지상권의 성립 자체를 부정하게 되면, 원래 건물저당권을 통하여 법정지상권의 담보가치를 파악하였을 뿐인 공동저당권자의 '기대'가 그 건물저당권 자체의 소멸에도 불구하고 토지의 이용권을 실질적으로 지배하는 불합리한 결과에 이르게 된다. 이것은 가치권과 이용권의 조절이 아니라, 이용권에 대한 가치권의 압도를 의미한다. 다수의견이 내세우는 공동저당권자의 이른바 '기대'에 대하여 그와 같이 막강한 힘을 부여할 수는 없다.

(3) 이러한 다수의견의 문제점은 손해배상제도를 적용시켜 보면 더욱 쉽게 이해할 수 있다. 즉 다수의견은 이 사건과 같은 경우 법정지상권이 성립하게 되면 공동저당권자가 '기대'에 어긋나는 '불측의 손해'를 입을 수 있다고 하지만, 공동저당권자가 '불측의 손해'를 입게 되는 근본적인 이유는 법정지상권이 성립하기 때문이 아니라, "구건물의 멸실·철거 및 신건물의 재축"이라는 예측하지 못한 사태가 발생하였기 때문이다. 또한 위와 같은 사태가 현실적으로 발생한 이상, 공동저당권자로서는 건물 자체의 담보가치를 상실하는 것은 물론 건물저당권을 통하여 파악하였던 법정지상권의 담보가치도 상실하는 손해를 전면적으로 입게 되는 것이 원칙이고, 다수의견이 내세우는 '불측의 손해'라는 것은 위와 같이 전면적으로 발생하는 손해 중 법정지상권의 가치에 상응하는 부분에 불과한 것이다. 그리고 이러한 공동저당권자의 손해는 통상의 경우 불법행위나 채무불이행으로 말미암은 것이므로, 그 전보 문제는 손해배상제도의 적용을 통하여 해결하는 것이 옳다. 그런데 다수의견에 따르게 되면 법정지상권의 부정이라는 용익물권제도의 역이용을 통하여 공동저당권자가 입게 되는 손해의 전보를 꾀함으로써, 법정지상권의 가치에 상응하는 손해 자체가 아예 발생하지 않는 것, 더 정확하게는 발생할 수 없는 것으로 의제되는 결과에 이른다. 그리고 이로 말미암아 구건물이 멸실 또는 철거되고 신건물이 재축되지 않은 채 토지가 나대지로 남게 된 경우와 비교하여 별 차이가 없는 상태가 인위적으로 만들어질 뿐만 아니라, 전체 손해에서 법정지상권의 가치에 상응하는 손해만 별도로 분리되어 불법행위나 채무불이행의 귀책사유와는 무관하게 타에 전가되는 불합리한 현상이 나타난다. 나아가 공동저당권자에게 나대지의 담보가치를 확보해 주기 위하여 다수의견과 같이 법정지상권의 성립을 부정한다고 하더라도, 토지 위에 신건물이 현실적으로 존재하고 있는 이상, 그 토지의 담보가치가 순수한 나대지(최대한의 활용이 가능하다)의 경우와 결코 같을 수는 없으므로, 공동저당권자가 나대지로서 담보가치를 실현할 것으로 기대한다거나 그 기대에 맞는 결과가 실현된다는 것도 일종의 의제에 불과하다.

(4) 저당권자가 담보가치에 관하여 가지는 '기대'의 내용은 저당권이 토지에만 설정된 것인지 아니면 토지와 건물에 설정된 것인지라고 하는 외형만에 의하여 단정할 수는 없다. 오히려 위와 같은 저당권의 외형 이외에도 저당목적물의 현상과 가치, 피담보채권의 액수, 저당권자가 법정지상권의 제한이 있는 토지만의 경매로 만족을 얻을 수 있는지 여부 등을 종합해 보아야만 실제의 '기대'가 어떤 것이었는지를 제대로 파악할 수 있을 것이다. 먼저 토지와 지상건물 중 토지에 대하여만 저당권이 설정된 경우를 보면, 저당권자가 건물의 멸실이나 철거를 예상하여 토지만을 나대지로 평가하는 경우가 있고, 건물이 무허가(미등기)인 관계로 저당권을 취득하지 못한 채 그 건물에 관하여 별도의 양도담보약정을 함으로써 토지와 건물 전체의 담보가치를 파악하려 하는 경우(위에서 든 대법원 1988. 10. 25. 선고 87다카1564 판결의 사안 참조)도 있다. 다음으로, 토지와 건물 양자에 대하여 공동저당권이 설정된 경우에도 그 저당권자가 구건물의 멸실이나 철거 및 신건물의 재축을 예상하여 담보가치를 파악하는 경우도 있다. 특히 구건물이 멸실되거나 철거되어 신건물이 재축될 정도라면 구건물 자체의 담보가치는 대부분 미미할 것인데, 그러한 경우 구건물을 저당목적물에 포함시켰는지 여부에 의하여 법정지상권의 성립 여부를 정반대로 보아야 할 수밖에 없을 정도로 결정적인 '기대'의 차이가 과연 존재하는지는 의문이라 아니할 수 없다. 다수의견은 "구건물의 멸실·철거 및 신건물의 재축"이라는 쟁점 상황의 구체적 측면을 떠나서 일반적으로 저당권자가 파악하는 담보가치의 추상적 기준만을 가지고 쟁점을 해결하려는 것으로 보인다. 나아가 공동저당권이 설정된 경우라 하더라도 법정지상권의 제한이 있는 상태로 토지를 평가하여 배당을 한 결과 저당권자가 충분히 만족을 얻는 경우에는 다수의견이 내세우는 '불측의 손해'조차 없으니 법정지상권의 성립을 부정할 이유가 없다. 그럼에도 불구하고 다수의견은 일률적으로 공동저당권자의 경우에는 토지와 건물 전체의 담보가치 실현을 기대하는 반면, 토지만의 저당권자의 경우에는 법정지상권의 가치만큼 감소된 토지의 담보가치 실현을 기대할 뿐이라고 단정한 나머지, 결국 저당권의 외형에만 의존하여 법정지상권의 성립 여부를 판단하고 있으니, 이는 다수의견이 근본적 논거로 삼고 있는 저당권자의 담보가치에 대한 '기대' 자체를 올바르게 파악하지 못하여 구체적 타당성에서 벗어나게 될 위험이 많은 이론이라고 아니할 수 없다.

(5) 저당물 자체에 대한 침해행위가 일어나는 경우, 저당권자는 우선 그 침해행위의 초동 단계에서 채무자의 기한의 이익을 상실시키고(민법 제388조 제 1 호), 물권적청구권을 행사하여 그 원상회복을 요구함으로써 자신이 입게 될

더 이상의 손해 확대를 막을 수 있다. 또한 저당물의 가액이 현저히 감소된 경우, 저당권자는 민법 제362조에 기하여 원래의 저당물에 갈음할 수 있는 상당한 담보의 제공청구권을 행사함으로써 감소된 담보가치를 보충할 수 있다. 그리고 대법원 1998. 4. 28.자 97마2935 결정은 공동저당권자가 민법 제365조에 의하여 그 토지와 신건물의 일괄경매를 청구할 수 있다고 판시함으로써, 이 사건과 같은 경우 법정지상권의 성립이 인정되더라도 공동저당권자가 일괄경매를 활용하여 그 법정지상권의 성립으로 인한 손해를 전보받는 효과(토지와 신건물이 동일 소유자에게 귀속되므로, 토지의 평가에서 법정지상권에 해당하는 가치가 제외되지 않는다)를 거둘 수 있게 하고 있다. 그럼에도 불구하고 다수의견이 '불측의 손해'를 내세워 법정지상권의 성립 자체를 부정하는 것은 다른 관계 당사자에 비하여 저당권자만을 지나치게 보호하는 것이라고 아니할 수 없다.

(6) 오늘날 토지와 그 지상 건물을 소유하고 있는 사람이 토지와 건물에 관하여 공동저당권을 설정하는 경우는 적지 않다. 또한 낡은 가옥을 헐고 연립주택이나 다세대주택을 재축하는 경우도 흔한 일이므로, 이 사건 쟁점이 문제되는 사안 역시 적지 않고 그에 얽힌 이해관계도 매우 다양하리라고 예상된다. 그런데 토지와 건물에 공동저당권이 설정되는 경우 그 저당권자의 '기대'를 추단하는 요소는 사안에 따라 제각기 다를 수밖에 없고, 더구나 공동저당권자가 입을 수 있다는 '불측의 손해'가 실제로 없는 경우도 있을 수 있는데도 불구하고, 공동저당권의 외형을 갖추었다는 이유만으로 토지에만 저당권이 설정된 경우와는 정반대로 법정지상권의 성립을 일률적으로 부정한다면 큰 혼란을 야기할 수 있다. 특히 연립주택이나 다세대주택인 신건물이 다수의 서민들에게 분양되거나 임대된 경우, 다수의견을 취하여 법정지상권의 성립을 부정하게 되면 많은 피해자를 양산하여 공익을 해하는 결과에 이를 위험성이 높다.

다. 이상에서 살펴본 바와 같이, 다수의견은, 토지와 지상건물이 공동으로 저당권의 목적이 된 경우에 한하여, 저당권자의 '기대'나 '불측의 손해'라는 주관적·의제적이고 모호한 요소를 근거로 삼아, 구건물의 멸실·철거 후 재축된 신건물에 관한 법정지상권의 성립을 부정하는 내용이어서, 그 이론적 근거가 희박하고 구체적 타당성 및 법적 안정성과도 조화되지 않는 견해라고 생각되므로 여기에 찬성할 수 없다. 다수의견이 변경하고자 하는 판례는 변경할 것이 아니라 유지하여야 한다고 믿는다.

한 마디 부언한다면, 구건물이 철거되고 그보다 훨씬 큰 규모의 신건물이 축조된 경우에 구건물을 기준으로 그 존립에 필요하였던 범위 안에서만 법정지상권을 긍정하는 종전의 판례에 의하면, 우선 이미 없어져버린 구건물의 규모를 새삼스럽게 확정하기가 어렵고, 가사 확정할 수 있다 하더라도 신건물 중 구건물의 범위를 초과하는 부분은 철거될 수밖에 없고 잔존 부분만으로는 건물로서의 기능을 유지하지 못하게 되어 결국 건물의 유지라는 공익적 요청도 충족하지 못할 뿐더러, 법률관계를 복잡하게 하고 소송진행을 어렵게 한다는 문제점이 지적되고 있다는 점이다. 그러나 이러한 문제점에 대하여는, 차라리 일정한 경우에 신건물 전체에 관하여 법정지상권을 넓혀 인정하는 방향으로 종전 판례를 변경하는 길을 모색함이 온당한 것이지, 반대로, 공동저당권이라는 한 가지 이유만으로 신건물에 관하여 일률적으로 법정지상권을 부정함으로써 어떤 경우에도 신건물을 철거할 수밖에 없도록 하는 것은 옳지 않을 것이다.

5. 대법관 배기원의 다수의견쪽 보충의견은 다음과 같다.

민법 제366조가 '저당물의 경매로 인하여 토지와 그 지상건물이 다른 소유자에게 속한 경우'라고 규정하여, 마치 경매당시에 건물이 존재하기만 하면 법정지상권이 성립할 수 있는 것처럼 규정하고 있지만, 위 조문의 해석상 법정지상권이 성립하기 위하여 저당권설정당시 토지상에 건물이 존재하여야 하고, 따라서 나대지에 저당권설정 후 설정자가 그 지상에 건물을 신축 후 경매로 토지와 건물의 소유자가 달라진 경우에는 그 신축건물을 위한 법정지상권의 성립을 부정하는 것이 판례·통설인바, 이는 이러한 경우에도 건물보호라는 공익적 요청을 고려하여 법정지상권의 성립을 허용하면 당초 건물 없는 토지의 교환가치를 기대한 저당권자의 기대 내지 의사에 반하기 때문에 이러한 당사자의 의사를 고려한 것으로 볼 수 있고, 이를 미루어 보아 법정지상권제도가 당사자의 의사를 전혀 도외시한 채 건물보호라는 공익적 요청에 의한 것이라고만 할 수는 없다.

한편, 물권법정주의에 입각한 위 조문의 엄격한 해석에 의하면 경매로 인하여 건물과 토지 소유권이 분리될 때까지 당초의 건물이 그대로 존재할 경우에만 그 건물을 위한 법정지상권이 성립될 수 있고, 구건물이 헐린 후 신건물이 신축되더라도 그 신건물은 설정당시 존재하던 건물이 아니어서 원칙적으로 그 신건물을 위한 법정지상권이 성립될 수 없다. 그럼에도 불구하고 판례·학설이 단독저당의 경우(건물 있는 토지만이 저당권의 목적이 된 경우)에는 건물이 멸실 내지 철거된 후 신축된 건물에 대하여도 구건물의 범위에서 법정지상권의 성립을 인정하는 데 거의 일치하고 있는바(반대의견이 가.항 말미에 내세운 90다19985 판결도 이러한 사안에 대한 것이다), 이는 신건물을 보호하고자 하는 공익적 요청에 부합할 뿐 아니라 그렇게 확장 해석해도 애당초 건물 있는 토지의 교환가치를 파악하여 저당권설정을 한 저당권자의 기대 내지 의사에 반하지 않기 때문이다. 이에 반하여, 공동저당의 경우에는 위 2.의 가(1)항에서 본 바와 같이 신건물을 위한 법정지상권의 성립을 인정하게 되면 궁극적으로 나대지로서의 토지교환가치 전체를 파악하고 저당권설정을 한 공동저당권자의 기대 내지 의사에 반하기 때문에 재축된 신건물에까지 법정지상권이 성립하는 것으로 확장해석할 수는 없다. 이처럼 단독저당의 경우와 공동저당의 경우를 달리 해석하는 것이 당사자 특히 저당권자의 기대 내지 의사를 고려하면서 건물보호라는 공익적 요청을 달성하려고 하는 법정지상권제도의 입법취지에도 부합한다.

반대의견은 단독저당과 공동저당에 있어서의 당사자의 기대 내지 의사가 위와 같이 전혀 다르다는 것을 간과한 채 어느 경우에나 구건물이 헐리고 신건물이 재축될 경우 형식적으로는 같은 외양을 갖추고 있으니 당사자의 의사 내지 기대를 고려함이 없이 신건물 보호라는 공익적 이유에서 법정지상권이 성립하는 것으로 해석을 하여야 하고 다수의견처럼 저당권자의 기대 내지 의사에 따라 전자의 경우에는 법정지상권의 성립을 인정하면서 후자의 경우에는 법정지상권의 성립을 부정하는 것은 법정지상권의 성립요건의 객관성과 강제성에 반하는 듯이 설명한다. 그러나 단독저당, 공동저당 어느 경우나 원칙적으로 저당권설정 당시 존재하던 건물이 헐린 후 재축된 신건물에 대하여는 물권법정주의의 원칙상 법정지상권이 성립될 수 없지만, 예외적으로 그 성립을 인정하여도 저당권자의 의사 내지 기대에 반하지 아니하는 경우(단독저당이 여기에 해당한다)에 국한하여 건물보호를 위하여 법정지상권의 성립범위를 확장해석하는 것은 법정지상권의 성립요건의 객관성이나 강제성과는 관련이 없다. 오히려 반대의견이 법정지상권의 성립요건의 하나로 '저당권설정 당시 건물의 존재'를 내세우면서도 단독저당, 공동저당 어느 경우에나 공익상 이유로 저당권설정 당시 존재한 바 없는 신건물에 대하여까지 법정지상권이 성립한다고 해석하는 것은, 마치 나대지에 저당권설정 후 건물이 신축된 경우에 공익상 이유로 신축건물을 위한 법정지상권의 성립을 인정하여야 한다고 주장하는 것처럼 물권법정주의와 정면으로 배치된다 할 것이다.

질문

1. 토지와 지상 건물에 공동저당권이 설정되었다가 지상 건물이 철거되고 신축된 사안에서 법정지상권이 인정될 것인지 여부에 대해 다수의견과 소수의견은 견해를 달리하고 있다. 두 견해가 다른 결론에 이르는 이유는 무엇인가? 두 견해의 논거들을 비교하고 비판적으로 검토해 보라.
2. 각 의견에 따른다면 토지 저당권자는 건물에 대해 일괄경매청구(제365조)를

할 수 있을 것인가? 할 수 있다면 토지에 안분할 매각대금(민집 제101조 제2항)은 법정지상권의 이용제한을 고려해야 하는가? (대결 1998. 4. 28, 97마2935 및 대판 2012. 3. 15, 2011다54587 참조)

3. 토지와 함께 공동근저당권이 설정된 건물이 그대로 존속함에도 등기부에 멸실의 기재가 이루어지고 이를 이유로 등기부가 폐쇄된 후 토지에 대하여만 경매절차가 진행되어 토지와 건물의 소유자가 달라진 경우, 법정지상권이 성립한다고 볼 수 있는가? 위 판례의 취지에 비추어 생각해 보라. (대판 2013. 3. 14, 2012다108634 참조)

(나) 저당권설정 당시에 토지와 건물이 동일한 소유자에게 속하여야 한다(제305조도 참조). 저당권설정 전에 토지와 건물의 소유자가 달랐다면, 이미 건물을 위한 토지이용권이 존재하거나 존재하지 않을 것이다. 그런데 만일 존재한다면, 토지저당권은 순위상 그 제한을 받는 것으로 성립하고, 건물저당권은 그 용익권에도 미치므로(제 3 편 제 7 장 Ⅳ. 2. (3) (나) 참조), 법정지상권은 별도로 논의할 필요가 없다. 또 만일 존재하지 않는다면, 그 건물은 존립의 법적 기초 없이 존재하고 있는 것이므로, 새삼 법정지상권에 의하여 그에 그 기초를 부여할 이유가 없다.

(a) 따라서 미등기건물을 그 대지와 함께 매수하여 대지에 대하여만 소유권이전등기를 받고 그에 저당권을 설정하였으면, 그 시점에 저당권설정자가 건물의 소유자가 아니었으므로 위 요건을 충족하지 못한다(대판 1987. 12. 8, 87다카869). 이는 토지와 그 지상 건물을 매수하였으나 그 어느 일방에 대하여만 소유권이전등기를 경료받은 상태에서 저당권이 설정된 경우에도 마찬가지이다.

(b) 저당권설정 후에 토지 또는 건물의 소유권이 제 3 자에게 양도되어도 위의 요건은 충족된다(대판 1999. 11. 23, 99다52602). 그 양도에서는 건물을 위하여 지상권이나 임차권이 약정되었을 것이나, 이는 저당권자에게는 대항할 수 없고 저당권의 실행에 의하여 소멸하므로, 건물소유자를 위하여 법정지상권을 인정할 필요가 있다.

(c) 1번 저당권의 설정 당시에 토지와 건물이 동일인에게 귀속되지 않았다면, 2번 저당권의 설정시에 동일인의 소유에 속하였어도, 위의 요건을 갖추지 못한다. 여기서도 저당권실행절차에서 저당부동산을 매수하는 사람의 법

적 지위는 그 매각으로 같이 소멸하는 1번 저당권을 기준으로 정하여져야 하기 때문이다(민집 제91조 제 2 항).

(d) 토지와 건물이 다른 소유자에게 속하는 상태에서 그 중 어느 하나에 저당권이 설정된 후에 양자가 같은 소유자에게 귀속되었어도 법정지상권은 성립하지 않는다. 이러한 경우에도 저당권설정 당시 존재하였던 토지이용권의 운명에 관한 저당권자의 예기를 존중할 것으로서, 결국 애초의 토지이용권이 저당권자에게 대항할 수 있는지 여부에 의하여 판단되어야 하고, 법정지상권을 인정할 것이 아니다. 토지이용권이 저당권자에게 대항할 수 있는 것이면, 토지와 건물이 동일인에게 귀속되어도, 혼동(제191조)의 예외로서 그 권리는 소멸하지 않는다고 할 것이다.

(e) 공유의 토지 위에 공유자 중 1인이 건물을 소유하는 경우에 그의 토지공유지분에 저당권이 설정된 경우에는 위의 요건을 충족하지 못한다. 그 경우에 법정지상권의 성립을 인정하면, 다른 공유자들의 동의 없이 공유물에 대한 처분을 한 것과 같은 결과가 되기 때문이다(제264조; 그러나 구분공유관계에서 구분공유자가 자신의 전유부분 위에 건물을 소유하는 경우에는 그 대지에 관하여 공유지분권자가 되었어도 그 요건이 충족되는 것으로 인정된다, 대판 2004. 6. 11, 2004다13533). 토지와 건물 모두가 공유에 속하였던 경우에도 같다(대판 2014. 9. 4, 2011다73038, 73045). 반면 토지 소유자가 건물의 공유자인 때에는 위 요건은 충족된다고 볼 것이다. 건물공유자 1인이 자신 소유인 건물 부지에 저당권을 설정하였다가 그 경매로 토지의 소유자가 변경된 경우에도, 토지 소유자는 다른 공유자의 토지 이용을 인정하고 있었으며 저당권자도 건물의 부담을 예견할 수 있으므로 법정지상권이 성립한다(대판 2011. 1. 13, 2010다67159).

(다) 토지 또는 건물에 저당권이 설정되고 그 저당물의 경매로 토지와 건물의 소유자가 달라져야 한다. 한편 저당권이 설정된 목적물이 일반채권자에 의하여 강제경매에 붙여진 경우나 저당권자가 집행권원에 기하여 저당물을 경매한 경우에도 위 요건은 충족된다(민집 제91조 제 2 항 참조).

(3) 법정지상권의 내용

제366조에 의하여 성립하는 법정지상권의 내용은 기본적으로 통상의 지상권(제279조 이하; 제 4 편 제 4 장 Ⅱ. 참조)과 다를 바 없다. 이하 몇 가지 주의할

점만을 설명한다.

(가) 여기서 법정지상권은 제366조의 요건이 갖추어진 때에 등기 없이도 성립한다. 그것은 즉 저당물의 경매로 그 소유권이 매수인에게 이전됨으로써 토지와 건물의 소유권이 달라지는 때, 즉 매각대금이 납부된 때(민집 제268조, 제135조)이다. 그러므로 건물소유자는 그 당시의 토지소유자뿐만 아니라, 그 승계인에 대해서도 법정지상권을 대항할 수 있다. 다시 말하면 토지소유권을 그 후에 이전받는 사람은 지상권등기가 없어도 지상권의 물적 부담을 안게 된다. 그러나 건물소유자가 (특히 지상 건물과 함께) 지상권을 양도하거나 그에 저당권을 설정하는 등으로 처분하려면, 지상권에 관한 등기를 하고 다시 그 처분에 관한 등기를 경료하여야 한다(제187조 단서). 단지 지상 건물에 관하여 소유권이전등기를 받아서 건물소유권을 양수하는 것만으로 지상권이 당연히 건물양수인에게 이전되지 않는다. 그러나 그 경우에도 건물의 양수인은 지상권자로부터 그 목적토지의 점유를 승계하여 그 토지를 「점유할 권리」를 가진다고 할 것이므로(제213조 단서), 토지소유자는 특별한 사정이 없는 한 건물의 양수인에 대하여 건물의 철거나 토지의 인도를 청구하지 못한다.

[3] 법정지상권이 이전되지 않은 건물에 대한 철거청구: 대판(전) 1985. 4. 9, 84다카1131, 1132

[주　문] 상고를 기각한다. 상고 소송비용은 원고(반소피고)의 부담으로 한다.

[이　유] 원고(반소피고, 이하 원고라고만 한다) 소송대리인의 상고이유를 본다.

원심이 적법히 확정한 바에 의하면, 이 사건 대지와 건물은 원래 소외 김순자의 소유이었는데 위 소외인은 위 대지에 대하여 소외 염봉효와 근저당권설정계약을 체결하고 1970. 3. 30. 그 근저당권설정등기를 마쳤으며, 한편 피고(반소원고, 이하 피고라고만 한다) 김말출은 1970. 9. 위 김순자로부터 이 사건 대지와 건물을 매수하여 이를 명도받아 점유사용하면서 건물은 미등기인 채로 두었으나 대지에 대하여는 1970. 10. 1. 그 소유권이전등기를 마쳤더니 그 후 위 염봉효가 근저당권을 실행하고 그 경매절차에서 위 대지를 경락받아 그 명의로 소유권이전등기를 하고 이에 터잡아 1978. 6. 26. 원고 앞으로 같은 날자 매매에 의한 소유권이전등기가 되었으며, 한편 피고 김말출이 이 사건 건물의 소유자인 위 김순자를 대위하여 이 사건 건물에 대하여 1978. 3. 20. 위 김순자 앞으로 소유권보존등기를 하고 다시 같은 날 위 피고 앞으로 1970. 9. 23.자 매매를 원인으로 한 소유권이전등기를 마쳤으며 또한 위 건물매매에 있어서 피고 김말출은 위 김순자로부터 법정지상권을 양도받기로 하는 채권계약이 있었다는 것이다.

사실관계가 위와 같다면 이 사건 대지와 건물은 위 근저당권설정 당시는 동일인인 소외 김순자의 소유에 속하였다가 그 후 대지의 경매로 인하여 대지와 건물이 다른 소유자에게 속하게 된 것이니 위 건물의 소유자인 소외 김순자는 민법 제366조에 의하여 이 사건 대지에 대하여 건물의 소유를 목적으로 하는 법정지상권을 취득하였다 할 것이고, 법정지상권자는 물권으로서의 효력에 의하여 이를 취득할 당시의 대지소유자나 이로부터 소유권을 전득한 제삼자에 대하여도 등기 없이 위 지상권을 주장할 수 있는 것이므로 소외 김순자는 위 대지의 전득자인 원고에 대하여 지상권설정등기청구권이 있다 할 것이며, 위 법정지상권을 양도받기로 한 피고 김말출은 채권자대위의 법리에 의하여 원고 및 소외 김순자에 대하여 차례로 지상권설정등기 및 이전등기절차의 이행을 구할 수 있다 할 것이다.

그리고 이와 같이 이 사건 대지에 대한 법정지상권을 취득할 지위에 있는 위 피고에 대하여 원고가 대지소유권에 기하여 건물철거를 구함은 지상권의 부담을 용인하고 또한 그 설정등기절차를 이행할 의무 있는 자가 그 권리자를 상대로 한 청구라 할 것이어서 신의성실의 원칙상 허용될 수 없다 할 것이다. 위의 견해에 저촉되는 당원 1982. 10. 12. 선고 80다2667 판결 등 종전의 견해는 이를 변경하기로 한다.

결국 같은 취지에서 피고 김말출의 원고에 대한 지상권설정등기절차 이행을 구하는 반소청구를 인용하고 원고의 피고들에 대한 건물철거, 퇴거 및 대지인도를 구하는 본소청구를 기각한 원심의 조처는 정당하고, 거기에 법정지상권과 채권자 대위 및 신의성실의 원칙에 관한 법리를 오해한 위법이 없다. 논지는 이유 없다.

이에 상고를 기각하고, 상고 소송비용은 패소자의 부담으로 하기로 하여 [...] 다음과 같은 반대의견을 제외한 나머지 법관의 일치된 의견으로 주문과 같이 판결한다.

[...] 반대의견

1. 다수의견의 요지는 법정지상권을 가진 전 건물소유자로부터 건물을 양수한 자는 전 건물소유자에 대한 법정지상권의 이전등기청구권에 터잡아 토지소유자에게 법정지상권의 설정등기청구권을 대위행사 할 수 있으므로 그 설정등기의무를 부담하고 있는 토지소유자가 건물양수인에게 건물철거를 구하는 것은 신의성실의 원칙에 반한다고 함에 있다.

그러나 이러한 견해는 신의성실의 원칙을 지나치게 확장적용하는 것이어서 찬성할 수 없으므로 아래와 같이 우리의 반대 견해를 밝혀두고자 한다. 먼저 건물양수인과 토지소유자 사이의 법정지상권에 관한 법률관계를 살펴본 다음에 신의성실의 원칙적용의 타당여부에 관하여 논급하기로 한다.

2. 토지와 그 지상건물의 소유자가 다르게 된 때에 건물소유자에게 발생하는 법정지상권은 법률에 의한 물권의 취득이므로 건물소유자는 등기없이도 법정지상권을 누구에게나 주장할 수 있으나, 법정지상권의 처분은 법률행위에 의한 물권변동으로서 등기를 갖추어야만 그 효력이 발생하는 것이므로 법정지상권을 가진 전 건물소유자로부터 건물을 양수한 자는 법정지상권의 이전등기를 하지 않는 한 법정지상권을 취득할 수 없다.

다시 말하면 법정지상권은 건물의 존립을 위하여 토지를 이용하는 권리이긴 하나 건물의 소유권과는 독립한 별개의 물권이며 건물소유권에 부종하여 건물소유권의 이전에 따라 같이 이전되는 것이 아니므로 건물소유권이 이전되었다고 하여도 법정지상권에 관하여 별도로 공시방법을 갖춘 유효한 처분행위가 없는 한 그 권리는 당초의 건물소유자에게 남아 있는 것이다.

따라서 이러한 경우에 토지소유자는 법정지상권을 가진 당초의 건물소유자에 대하여는 자기의 토지용익권을 주장할 수 없지만 아직 법정지상권을 취득하지 못한 건물양수인에 대하여는 신의칙 위반이나 권리남용과 같은 특단의 사정이 없는 한 자기의 토지용익권을 주장하지 못할 이유가 없으며, 이와 달리 일단 법정지상권이 설정된 이상 그 권리의 존속기간 중에는 토지소유자는 어느 누구에 대해서도 토지의 용익권을 주장하지 못한다고 볼 것이 아니다.

신의성실의 원칙의 적용을 주장하는 다수의견도 위와 같은 법리에는 원칙적으로 이론이 없을 것으로 생각된다(왜냐하면 건물양수인이 전소유자의 법정지상권을 가지고 자기에 대한 토지소유자의 토지용익권 주장에 당연히 대항할 수 있는 것이라면 구태여 신의성실의 원칙을 이끌어 쓸 필요가 없기 때문이다).

3. 그러면 다수의견이 주장하는 바와 같이 토지소유자의 건물양수인에 대한 건물철거는 과연 신의성실의 원칙에 반하는 권리행사라고 볼 수 있는가?

(1) 먼저 토지소유자가 법정지상권의 설정등기의무를 부담하고 있다는 사실이 신의칙위반의 근거가 될 수 있는지부터 살펴본다.

예컨대, 토지소유자가 취득시효 완성으로 소유권이전등기청구권을 취득한 토지점유자에 대하여 그 토지의 인도를 구하는 경우를 생각해 보면 토지소유자는 점유자에 대하여 소유권이전등기의무가 있고 그 의무의 이행으로 토지소유권자체를 상실할 지위에 놓인 자이므로 이러한 토지소유자가 점유자에 대하여 토지인도를 구하는 것은 신의성실의 원칙에 위반된다고 볼 수밖에 없을 것이며 (당원 1967. 7. 18. 선고 67다954 판결 참조), 다수의견은 아마도 이러한 경우를 염두에 두고 이 사건에서도 신의칙의 이론을 적용한 것이 아닌가 여겨진다.

그러나 법정지상권의 경우에 있어서는 앞서 말한 바와 같이 토지와 그 지상건물의 소유권이 분리될 당시의 건물소유자는 등기 없이도 법정지상권을 취득하고 그 설정등기를 마쳐야 취득하는 것은 아니므로, 토지소유자가 부담하고 있는 설정등기의무는 이미 유효하게 존속하는 법정지상권의 공시방법을 갖추어 준다는 의미가 있을 뿐이고 그 의무이행으로 법정지상권이 새로 설정되거나 토지소유권이 상실되는 것과 같은 권리변동의 효과를 가져오는 것은 아니며, 또 설정등기가 됨으로써 바로 상대방인 건물양수인에게 토지소유자에 대항할 수 있는 어떤 권원이 발생하는 것도 아니다.

그러므로 토지소유자가 법정지상권의 설정등기의무를 부담하고 있다는 사실은 취득시효 완성으로 인한 소유권이전등기의무를 부담하고 있는 경우와는 달리 그다지 큰 의미가 없는 것으로서 이를 신의칙위반의 근거로 삼는 것은 타당하지 않다고 할 것이다.

이러한 점은 법정지상권의 설정등기를 이미 마친 경우를 생각해 보면 더욱 뚜렷해진다. 토지소유자가 설정등기의무를 이행하여 이미 설정등기를 마친 경우에는 더 이상 설정등기의무는 남아 있지 않고 따라서 건물양수인에게도 대위행사할 설정등기청구권이 없으므로, 이러한 경우에 토지소유자의 건물양수인에 대한 철거청구는 다수의견대로라면 신의칙위반이 아니라고 보아야 할 것인바, 이미 법정지상권이 유효하게 성립한 뒤에 단지 그 공시방법을 갖추어 줄 의무가 남아 있는지 또는 없는지에 따라 신의칙의 적용여부가 좌우된다는 것은 불합리하다고 하지 않을 수 없는 것이다.

결국 토지소유자에게 법정지상권의 설정등기의무가 있다는 사실을 가지고 신의칙위반 여부를 논할 것이 아니라, 건물양수인이 전 건물소유자에게 법정지상권의 이전등기청구권을 가지고 있다는 사실이 과연 신의칙적용의 근거가 될 수 있는지를 살펴보아야 할 것이다.

(2) 그러면 건물양수인이 전 건물소유자에 대하여 법정지상권의 이전등기청구권을 가지고 있다는 사실이 신의성실의 원칙을 적용할 근거가 될 수 있는가?

가. 민법 제 2 조에 규정된 신의성실의 원칙은 법률관계의 당사자는 상대방의 이익을 배려하여 형평에 어긋나거나 신뢰를 져버리는 내용 또는 방법으로 권리를 행사하거나 의무를 이행하여서는 안 된다는 추상적 규범을 말하는 것인바, 이러한 추상적 규범을 구체적인 법률관계에 적용함에 있어서는 상대방의 이

익의 내용, 행사하거나 이행하려는 권리 또는 의무와 상대방 이익과의 상관관계 및 상대방의 신뢰의 타당성 등 모든 구체적인 사정을 고려하여 그 적용여부를 결정하여야 한다.

이 사건에서 토지소유자는 일단 법정지상권을 유효하게 취득한 건물소유자에 대하여는 그 권리를 용인하고 그 권리실현에 협력할 의무가 있으나, 아직 법정지상권을 취득하지 못하고 다만 그 이전등기청구권을 가진 자로서 그 청구권을 행사하여 장차 법정지상권을 취득할 이익을 가진 데에 불과한 건물양수인에 대하여는 그 이익의 실현에 협력할 의무를 부담하고 있지 않으며 그 의무는 법정지상권자에게 있을 뿐이다.

원래 법정지상권은 토지소유권에 우선하여 그 용익적 효력을 제한하는 권리로서 성질상 토지소유권과 상충되는 관계에 있다는 점을 생각해 볼 때, 위와 같이 건물양수인의 법정지상권 승계취득에 협력할 의무가 없는 토지소유자에게 그 승계취득에 관한 건물양수인의 이익을 배려하라고 요구할 수는 없다고 할 것이므로 이를 배려하지 아니한 행위를 가리켜 형평에 어긋나거나 신뢰를 져버린 신의칙위반의 행위라고 나무랄 수는 없음이 명백하다.

더구나 이 사건에서와 같이 지상건물을 매도한 토지소유자로부터 토지소유권을 양수한 제 3 취득자의 경우에 있어서는, 법정지상권의 이전등기가 되어 있지 않는 한 토지등기부와 건물등기부를 대조하여 법정지상권의 존부를 가려낸다는 일은 일반인으로서 반드시 쉬운 일이 아니며 오히려 그와 같은 법정지상권이 명시되어 있지 않기 때문에 그 지상건물을 철거 가능한 것으로 믿고 토지소유권을 취득하는 수도 있으므로, 이러한 토지소유자의 권리행사를 획일적으로 상대방의 이익을 배려하지 아니하고 형평과 신뢰에 어긋나는 권리행사라고 몰아치는 것은 옳지 않다고 생각한다.

나. 또 건물양수인이 법정지상권의 이전등기청구권을 가지고 있다는 사실만으로 획일적으로 신의성실의 원칙을 적용하여 토지소유자의 권리행사를 모조리 배척한다는 것은 현재의 부동산 공시제도의 원칙에 비추어 보아도 부당하다.

물권은 배타성이 있으므로 거래의 안정을 위하여 물권변동에는 외부에서 인식할 수 있는 표상인 공시방법을 갖출 것이 요망되는바, 우리 민법은 공시방법의 효력에 관하여 형식주의를 택하고 공시방법을 갖추지 아니한 물권변동의 효력을 부인하며 다만 법률의 규정에 의한 물권의 취득에 한하여 등기없이도 취득의 효력을 인정하고 있으나 그 처분은 등기를 하여야만 효력이 발생하는 것으로 하고 있다.

그러므로 법정지상권이 일단 성립하면 그 배타적 효력에 의하여 법정지상권자에 대한 토지소유자의 토지용익권 주장은 차단될 수밖에 없으나, 이러한 배타적 효력있는 법정지상권을 아직 취득하지 못하고 단지 그 이전등기청구권이라는 채권적 청구권을 가진 데에 불과한 건물양수인에 대하여는 토지소유자의 토지용익권이 차단될 이유가 없으므로 이러한 건물양수인에 대한 토지소유자의 토지용익권 주장은 우리의 공시제도하에서 우월한 효력이 인정되는 권리의 행사로서 원칙적으로 정당한 것이다.

그런데도 건물양수인이 장차 법정지상권의 이전등기청구권을 행사하여 배타적 효력 있는 법정지상권을 취득할 지위에 있다는 이유만으로 그 이전등기의무자도 아닌 토지소유자의 권리행사를 획일적으로 신의칙위반이라 하여 배척한다면, 채권적청구권에 불과한 이전등기청구권에 신의칙의 이름을 빌어 사실상 배타적 대항권을 부여하는 결과가 된다.

예컨대 법정지상권이 설정된 후 그 등기가 되지 않은 채로 건물의 소유권이 여러 사람에게 전전양도되고 토지소유권 또한 여러 사람에게 전전양도된 경우를 생각해 볼 때, 건물의 최종소유자는 언제든지 전자를 순차 대위하여 법정지상권의 이전등기청구권을 행사할 수 있으므로 현재의 토지소유자의 권리행사는 항상 신의칙위반으로서 배척되고 말 것이며, 이렇게 되면 건물소유권과 토지소유권이 아무리 전전양도 되었다고 하여도 건물의 양수인은 전혀 등기를 하지 않고도 사실상 법정지상권의 배타적 효력을 향유하는 결과가 되어 공시제도의 원칙의 본래취지에 어긋난다고 보지 않을 수 없는 것이다.

다. 법정지상권제도는 건물을 위한 토지이용권을 법률이 확보해 줌으로써 건물의 존립을 보호하여 건물의 철거멸실로 인한 사회경제적 손실을 피하고자 하는 데에 그 의의가 있고, 신의성실의 원칙을 적용하여 토지소유자의 건물철거청구를 배제하려는 견해는 위와 같은 건물보호의 취지를 보다 철저하게 관철하려는 입장이라고 볼 수도 있다.

그러나 토지와 그 지상건물을 각각 독립한 부동산으로 취급하여 별개로 처분할 수 있도록 허용하고 있는 우리의 법제하에서는 토지와 건물의 소유자가 다르게 된 경우에 건물의 존립을 위한 토지이용 관계의 조정이 항상 문제가 될 수밖에 없는바, 이러한 토지이용 관계의 조정에 있어서는 오로지 사회경제적 손실을 이유로 건물의 존립보호만을 금과옥조로 내세울 수 없고 토지소유자의 권익과 현재의 공시제도의 원칙 등을 고려하여 토지소유권과의 조화내지 균형 위에서 조정이 이루어져야 하는 것이다.

건물의 철거멸실이 사회경제적으로 손실이라 하여 건물보호만을 우선시킬 수 없다는 것은 극단적인 예로 아무런 권원 없이 건립된 건물의 경우에는 그 철거로 인한 손실이 아무리 크다고 하여도 이 이유만으로 토지소유자의 권리에 우선시켜 존립시킬 수 없는 점에 미루어 보아도 쉽게 알 수 있다.

이렇게 볼 때 건물의 존립을 위한 토지이용권을 확보해 주는 법정지상권이 설정된 경우에 있어서는 건물양수인은 그 법정지상권을 유효하게 취득함으로써 건물을 보호받을 수 있는 법적수단을 가진 자이므로, 이러한 법적수단을 갖춘 경우에만 이해가 상충되는 토지소유자의 토지용익권에 우선할 수 있고 그렇지 않는 한 토지소유자의 철거청구에 대항할 수 없다고 보는 것이 토지이용 관계의 조정상 공평하고 합리적인 해석이라고 할 것이다.

4. 결론적으로 우리는 법정지상권을 아직 취득하지 못하고 그 이전등기청구권을 가진 데에 불과한 건물양수인에 대한 토지소유자의 건물철거청구를 획일적으로 신의성실의 원칙에 반한다 하여 배척하는 것은 타당하지 않다고 보며, 따라서 당원 1982. 10. 12. 선고 80다2667 판결(당원 1965. 2. 4. 선고 64다1418, 1419 판결도 같은 취지이다)은 폐기될 것이 아니라 유지되어야 한다고 생각한다.

질문

1. 다수의견은 토지소유자의 법정지상권 등기 없는 건물양수인에 대한 철거청구를 신의칙 위반으로 부정하고 있다. 이러한 사안유형에 신의칙은 적용될 수 있는가? 그러한 경우 고려되어야 할 사항은 무엇인가? 다수의견은 어떠한 사실들을 고려하여 결론을 내리고 있는가?
2. 소수의견은 다수의견의 신의칙 적용을 비판하고 있다. 그 타당성을 검토해 보라.
3. 대법원은 "토지의 매수인이 아직 소유권이전등기를 경료 받지 아니하였다 하여도 매매계약의 이행으로 그 토지를 인도받은 때에는 매매계약의 효력으로서 이를 점유 사용할 권리가 생기게 된 것으로 보아야 하고, 또 매수인이 그 토지 위에 건축한 건물을 취득한 자는 그 토지에 대한 매수인의 위와 같은 점유사용권까지 아울러 취득한 것으로 봄이 상당하므로 매도인은 매매계약의 이행으로서 인도한 토지위에 매수인이 건축한 건물을 취득한 자에 대하여 토지소유권에 기한 물권적 청구권을 행사할 수 없는 것"이라고 한다(대판 1988. 4. 25, 87다카1682). 이 법리를 위 판결의 법리와 비교해 보라. 같이 취급될 만한 유사성이 있는가? 아니면 다른 사안유형에 관한 것이어서 달리 판단되는 것이 타당한가?

4. 건물 양수인이 건물철거나 대지인도를 거부할 수 있다고 하더라도 대지 소유자에게 어떠한 의무를 부담하는가? (대판 1988. 10. 24, 87다카1604 참조)

(나) 법정지상권은 건물을 이용하는 데 필요한 범위에서 그 건물의 기지 주위에도 미친다(대판 1977. 7. 26, 77다921). 이는 반드시 1필의 토지라고 단정할 수 없다. 한편 법정지상권의 존속기간은 그 정함이 없는 것으로 보아, 제281조를 준용할 것이다(대판 1992. 6. 9, 92다4857).

(다) 법정지상권자는 토지소유자에게 지료를 지급하여야 하며, 그 지료에 대하여는 당사자의 합의가 없는 한 당사자의 청구에 의하여 법원이 이를 정한다(제366조 단서). 지료는 당사자가 법원에 지료결정청구를 하여 형식적 형성판결로 이를 정할 수도 있고(대판 2001. 3. 13, 99다17142), 당사자의 이행청구에 대하여 법원이 당부와 액수를 판단하여 이행판결을 함으로써 정할 수도 있다(대판 2003. 12. 26, 2002다61934 참조).

법정지상권자가 2년분 이상의 지료지급을 지체한 경우에도 토지소유자는 그 지상권의 소멸을 청구할 수 있다(제287조). 그러나 위와 같이 지료가 정하여진 바 없다면 그 지급이 지체되었다고 할 수 없으므로, 이를 청구하지 못한다.

2. 일괄경매청구권

(1) 의의와 기능

경매청구의 대상은 저당목적물에 한정되는 것이 원칙이다. 그러므로 토지저당권자는 그 토지에 대하여만 경매를 청구할 수 있다. 그런데 저당부동산이 나대지인 경우에 저당권의 설정 후 그 지상에 건물이 건축된 경우는 어떠한가? 토지소유자가 저당권의 설정에도 불구하고 그 토지를 사용할 권능을 유지하며, 이에는 그 위에 건물을 신축하는 것이 포함된다. 그런데 후에 토지저당권이 실행되어 토지와 건물의 소유자가 달라지는 일이 발생하여도, 법정지상권은 인정되지 않는다(제366조). 그렇다고 토지의 경락인이 건물의 철거를 구하는 것은 그에게 번거롭고 많은 비용을 요구하므로, 경매에서 토지의 매각을 어렵게 하고, 나아가 나대지의 담보가치를 하락시켜 저당권자에게 불리하다. 또 저당권자에게 대항할 수 있는 토지이용권을 갖추지 못한 건물은 그 존립의 법적 토대가 없으므로 이를 일괄경매에 붙여 매각대금을 그 소유자에 교부하는 것은 그에게 반드시 불리하다고 할 수 없다. 또 자신의 토지 위에 건립된 건물이 종국적으로는 철거되어야 한다면, 토지의 소유자로서는 저당권의 실행 전에 이를 제 3 자에게 임대하여 임차인으로 하여금 건물을 짓게 하는 등으로 자신의 재산을 원활하게 운용하는 것이 어려워진다.

그리하여 민법은 그러한 경우에 저당권자가 토지와 함께 건물에 대하여 일괄경매를 청구할 수 있도록 함으로써(제365조) 건물의 철거를 피하면서 저당권의 실행을 용이하게 한다. 이와 같이 일괄경매청구권은 단지 저당권자의 이익만을 위한 것이 아니라 토지저당권에서 저당물소유자의 토지이용의 권능을 의미 있게 하고 그의 재산운용을 보다 원활하게 하기 위한 것으로 이해해야 한다.

(2) 일괄경매청구권의 요건

(가) 우선 토지에 대한 저당권을 설정할 당시에 그 지상에 건물이 없었어야 한다. 건물이 현존하였으나 그에는 저당권을 설정하지 않았다면 저당권자는 건물의 존립을 용인한 것이므로 후에 건물소유자를 위하여 법정지상권이 인정되기 때문이다(대판 1987. 4. 28, 86다카2856; 1992. 6. 12, 92다7221 참조).

(나) 통설은 저당권의 설정 후 저당권설정자가 당해 토지에 건물을 건축하였어야 하고, 저당권설정자 아닌 제 3 자가 축조한 경우에는 일괄경매청구가 인정되지 않는다고 한다. 그러나 저당권의 설정 후에 토지를 취득한 사람이 그에 건물을 건축한 경우에도 일괄경매를 청구할 수 있어야 할 것이므로, 여기서 「저당권설정자」는 저당부동산의 소유자를 의미한다고 해석해야 할 것이다. 나아가 위 규정이 저당물소유자의 토지이용권능에도 배려한다는 점에 유의한다면, 건물을 축조한 것이 저당토지소유자 자신일 필요는 없고, 토지의 임차인 또는 지상권자와 같은 제 3 자가 토지소유자로부터 얻은 토지이용권능에 기하여 건물을 신축한 후 저당권설정자가 그 건물의 소유권을 취득한 경우에도 이를 긍정할 것이다(대판 2003. 4. 11, 2003다3850). 토지소유자의 이용권능은 자신이 이용하는 것뿐만 아니라 제 3 자에게 이용하게 하는 것에도 미치므로, 두 경우를 구별할 이유가 없고, 또 일괄경매청구를 인정한 취지는 이 경우에도 관철되어야 하기 때문이다. 다만 토지소유자에게 대항할 수 있는 토지이용권능을 가지지 못한 사람이 건물을 신축한 경우는 이를 일괄경매로 보호할 필요가 없다.

(다) 또한 통설은 경매신청시 토지와 건물이 동일한 소유자에게 속하고 있어야 한다고 한다. 그 이유는 제 3 자의 소유물에 대하여 저당권자의 경매청구권이 미친다고 할 수 없다는 데 있다. 그리하여 토지소유자가 건물을 건립한 후 그 건물의 소유권이 제 3 자에게 이전된 경우에도 일괄경매청구를 할 수 없다고 한다(대결 1994. 1. 24, 93마1736). 그러나 이 경우에도 건물을 존속시켜 토지와 함께 매각함으로써 토지의 환가를 돕는다는 일괄경매청구를 인정하는 취지가 그대로 타당하므로, 그러한 해석은 의문이다. 건물의 새로운 소유자는 종전 소유자의 법적 지위를 승계한 것이며, 법문이 이를 요구하는 것도 아니므로, 일괄경매를 긍정해야 한다.

(3) 일괄경매청구권의 내용

통설은 일괄경매를 청구하지 아니하고 토지만의 경매를 청구할 수도 있다고 한다. 즉 일괄경매의 청구는 권리이고 의무가 아니라는 것이다. 판례도 같은 태도를 취한다(대판 1977. 4. 26, 77다77). 다만 사안에 따라 토지의 경매만을 청구하는 것이 권리남용이 될 여지는 있다(제 2 조).

토지와 건물을 일괄하여 경매한다고 하여도, 건물의 매각대금에 우선변제 권능이 미치는 것은 아니다(제365조 단서). 토지 저당권자는 건물의 경매대가에서 만족을 받기 위해서는 토지의 저당권자는 적법한 배당요구를 하여야 한다(대판 2012. 3. 15, 2011다54587). 그리고 일괄경매에서는 토지와 건물을 별개로 평가하여 최저매각가격을 정하여야 한다(민집 제101조 제 2 항; 토지와 건물에 공동저당이 설정되었던 경우에 대해 앞의 대판 2012. 3. 15, 2011다54587 참조). 그리고 건물을 유지하려고 하는 것이 이 규정의 취지이므로, 경매에서 토지와 건물은 동일인에게 매각되어야 한다.

Ⅲ. 물상보증인과 제 3 취득자의 구상

1. 물상보증인의 구상

(1) 물상보증인의 지위

물상보증인은 피담보채무를 부담하는 채무자는 아니지만, 자신의 부동산에 저당권의 실행을 인용할 물적 책임을 부담한다. 그러므로 물상보증인은 부동산 소유권의 상실을 예방하기 위하여 정당한 이해관계 있는 제 3 자로서 피담보채무를 변제할 수도 있고(제469조, 제481조), 저당권 실행을 감수하여 피담보채무를 변제하도록 하는 효과를 발생시킬 수도 있다. 그런데 이렇게 물상보증인이 저당채권자를 만족시키는 경우 이는 통상 종국적으로 채무자에게 돌아갈 부담을 물상보증인이 잠정적으로 인수하였음을 의미하며, 이제 물상보증인은 그 부담을 채무자에게 돌리기 위해 구상을 청구할 수 있어야 한다.

그러나 채무자와 물상보증인 사이에 부담의 분배에 대해 다른 약정이 존재한다면, 그 범위에서 채권자를 만족시킬 부담은 종국적으로 물상보증인에게 돌아가는 것이며, 그 한도에서 물상보증인이 구상할 수 없음은 물론이다(대판 2008. 4. 24, 2007다75648).

(2) 물상보증인의 구상권

물상보증인이 피담보채무를 변제하거나 저당권의 실행으로 인하여 저당물의 소유권을 잃은 때에는 보증채무에 관한 규정에 의하여 채무자에 대한 구상권을 가진다(제370조, 제341조). 이는 물상보증 위탁계약이 상행위인지 여부와 상관없이 민법에 의하여 인정된 별개의 독립한 권리로, 민사 소멸시효가 적용된다(대판 2001. 4. 24, 2001다6237).

구상의 내용은 물상보증이 위임에 의한 것인지 여부에 따라 달라진다. 우선 위임을 받은 물상보증인은 자신이 출연한 액수에 더하여 채무자가 면책된 날 이후 법정이자 및 피할 수 없는 비용 기타 손해배상을 구상으로 청구할 수 있다(제441조, 제425조 제 2 항). 경락으로 저당부동산의 소유권을 상실한 경우 출재액은 원칙적으로 소유권을 상실한 시점(대금완납시점을 의미한다, 민집 제135조)의 부동산 시가 상당액을 의미하며(대판 1978. 7. 11, 78다639 참조), 경매에서의 매각대금을 기준으로 할 것은 아니다(대판 2018. 4. 10, 2017다283028). 또 물상보증인이 스스로 경락받아 소유권을 보전한 때에는 납부한 경락대금 상당액을 의미한다. 반면 부탁 없이 물상보증인이 된 자는 채무자가 이익을 받은 한도에서 구상할 수 있다(제444조 제 1 항). 특히 부탁 없는 물상보증이 채무자의 의사에 반하였던 때에는 물상보증인은 현존이익의 한도에서만 구상할 수 있으며, 이때 채무자가 구상한 날 이전에 상계원인이 있음을 주장한 때에는 그 상계로 소멸할 채권은 물상보증인에게 이전된다(제444조 제 2 항, 제 3 항).

반면 제442조에 따른 사전구상권도 물상보증인에게 인정되는가? 다수설은 보증의 규정에 따라 구상을 할 수 있다는 문언에 근거하여 사전구상권도 인정된다고 해석한다. 그러나 법률이 채무를 변제하거나 저당권의 실행으로 저당물의 소유권을 잃을 때를 요건으로 명시하고 있을 뿐만 아니라, 위탁의 내용은 담보제공에 그치지 변제를 포함하지 아니하여 비용선급을 생각할 수 없으며, 물적 책임만을 부담하는 물상보증인의 구상권 범위는 출재의 시점에 비로소 확정된다는 이유에서 사전구상권은 인정되지 않는다는 견해도 유력하다. 이것이 판례의 태도이다(대판 2009. 7. 23, 2009다19802, 19819). 사전구상권이 인정되지 않는다면, 제443조도 준용되지 않는다고 할 것이다. 또한 통지의무를 정하는 제445조도 준용되지 않으며, 공동물상보증인이 있는 경우에도 제448조가 아니라 변제자대위의 방법으로 이들 사이의 책임의 분담을 명시적으로 정하고 있는 제482조 제 1 항, 제 2 항 제 3 호, 제 4 호에 따라야 한다.

(3) 물상보증인의 변제자대위

물상보증인은 변제할 정당한 이익이 있는 자이므로 저당채권자를 만족시킴으로써 당연히 그를 대위한다(제481조). 그는 채무자에 대한 관계에서는 앞서 살펴본 고유의 구상권의 범위에서(대판 2014. 4. 30, 2013다80429 참조) 저당채권자의 채권 및 그 담보에 관한 권리를 이전받는다(제482조 제 1 항). 고유의 구상권과 대위한 권리는 청구권 경합관계에 있으며 변제자대위권은 고유의 구상권의 효력을 확보하는 역할을 한다(대판 1997. 5. 30, 97다1556). 그래서 변제자대위를 배제하는 약정이 있더라도 그것이 반드시 고유한 구상권을 배제하는 의미로 해석될 수는 없다. 이러한 변제자대위에 기초하여 물상보증인은 다른 보증인, 물상보증인, 제 3 취득자에 대해서도 부분적으로 구상할 가능성을 가지는데, 이는 제482조 제 2 항에 따라 정해진다.

2. 제 3 취득자의 구상

(1) 제 3 취득자의 지위

제 3 취득자가 채무자에 갈음하여 채권자를 만족시킨 경우, 그의 채무자에 대한 구상권이 문제된다(제 3 편 제 8 장 Ⅰ. 2. (1) 참조). 제 3 취득자는 제364조, 제486조에 따라 자발적으로 변제를 함으로써 채권자를 만족시킬 수 있지만, 그렇지 않고 경매를 수인함으로써 만족시킬 수도 있다. 저당부동산의 제 3 취득자는 채무 없이 책임만을 부담한다는 점에서 일견 물상보증인과 비슷한 지위에 있게 되나, 그가 채무자로부터의 제 3 취득자인지 아니면 물상보증인으로부터의 제 3 취득자인지 여부에 따라 이익상황이 상이하므로 구상의 내용도 달라진다.

(2) 채무자로부터의 제 3 취득자

채무자로부터의 제 3 취득자가 제364조에 따라 저당권을 소멸시키거나 경매를 수인하여 채권자를 만족시킨 경우, 그의 구상권은 당사자들의 법률관계에 따라 정해진다. 원칙적으로 제 3 취득자는 지위가 물상보증인과 유사하므로 제341조, 제370조가 유추적용되어 채무자에 대해 고유의 구상권을 가진다(대판 1997. 7. 25, 97다8403; 2014. 12. 24, 2012다49285). 또한 출재로 부동산을 보존하거나 경매로 부동산을 상실한 제 3 취득자는 자신의 매도인에 대해 구상을 할 수 있으므로(제576조 제 2 항), 이 규정에 따라서도 구상권을 가진다(채무자로부터의 제 3 취득자에게는 두 구상권이 청구권경합의 관계에 있게 될 것이지만, 제 3 취득자가 물상보증인으로부터 부동산을 취득하였을 때에는 제576조 제 2 항이 물상보증인에 대한 관계에서 추가적인 구상권을 창출해 주는 효과가 있다). 또한 이렇게 구상권을 가지는 제 3 취득자는 변제할 정당한 이익이 있는 자이므로 저당권자의 권리를 법정대위하여 행사할 수 있을 것인데(제481조), 대위후보자들 사이의 관계에서 채무자로부터의 제 3 취득자는 채무자의 지위에 준해서 취급되고 물상보증인으로부터의 제 3 취득자는 물상보증인의 지위에 준해서 취급된다(제482조 참조). 이때 대위할 저당권을 소유자인 제 3 취득자가 대위함으로써 저당권은 혼동으로 소멸하지만, 후순위저당권자 등이 존재하는 경우에는 이들에게 망외의 이익을 줄 이유가 없으므로 저당권은 존속한다(제191조 제 1 항의 유추).

반면 채무자로부터 저당부동산을 매수하는 제 3 취득자가 매매계약에서 피담보채무를 변제하기로 하고(제364조, 제469조, 제481조 참조) 그 액수만큼 매매대금에서 공제하는 경우, 의사해석상 매도인의 채무를 변제할 이행인수(대판 1997. 5. 30, 97다1556) 또는 병존적 채무인수(대판 1997. 10. 24, 97다28698)가 있는 것이다. 제 3 취득자와 매도인 사이에 이러한 이행인수나 병존적 채무인수가 있었다면, 채권자를 만족시키는 출재의 부담은 제 3 취득자에게 돌아가게 되므로 그는 그 범위에서는 구상권을 가지지 아니한다.

(3) 물상보증인으로부터의 제 3 취득자

이러한 내용은 물상보증인으로부터 취득한 제 3 자에 대해서도 타당하다. 그러므로 예컨대 제 3 취득자가 물상보증인과 자신의 출재로 소유권을 보존한다는 등의 약정을 한 경우에는 담보책임의 면제가 있어 제576조 제 2 항의 구상권은 약정으로 배제된 것이다(대판 2002. 9. 4, 2002다11151). 그러한 약정 하에 제 3 취득자가 물상보증인으로부터 양수하였다면 이는 매매당사자 사이의 내부적인 계약에 불과하여 이로써 물상보증인의 책임이 소멸하지 않아 제 3 취득자가 아닌 원래의 물상보증인이 채무자에 대한 구상권(제341조, 제370조)을 취득한다(대판 1997. 5. 30, 97다1556). 이행을 인수한 제 3 취득자가 변제 등을 한 경우 그는 물상보증인에 대해 이행인수 약정의 이행으로서 급부를 한 것이어서 채무자와의 관계에서 독자적인 변제지정이 없어 채무자에 대한 관계에서 구상권을 취득할 여지가 없다. 그 경우 물상보증인이 출연자로서 제341조, 제370조에 따라 구상권을 가지는 것이다.

Ⅳ. 저당권의 소멸

1. 소멸사유

(1) 일반적 소멸사유

저당권은 목적물의 멸실, 제 3 자의 목적물 시효취득(대판 2015. 2. 26, 2014다21649 참조), 혼동(제191조), 포기 등으로 소멸한다. 물론 저당물이 멸실되어도 저당권은 물상대위에 의하여 그 효력이 유지될 수 있으며(제370조, 제342조; 제 3 편 제 7 장 Ⅳ. 3. 참조), 지상권 또는 전세권이 저당권의 목적인 경우에 지상권자 등이 저당권자의 동의 없이 이를 포기하여도 이는 저당권자에게 대항하지 못한다(제371조 제 2 항).

(2) 저당권에 특유한 소멸사유

또한 저당권은 담보물권이므로, 피담보채권이 변제·소멸시효의 완성·면제 등으로 소멸하면 그 부종성에 기하여 소멸한다(제369조). 피담보채권의 변제와 저당권설정등기의 말소는 동시이행의 관계에 있지 않으며, 변제가 이루어진 후에 비로소 등기말소를 청구할 수 있다(대판 1991. 4. 12, 90다9872). 그 밖에 저당목적물이 그에 대한 강제경매 또는 임의경매로 매각되면, 그것이 저당권자에 의하여 개시된 것인지 여부를 불문하고, 저당권은 소멸한다(민집 제91조 제 2 항, 제268조).

2. 저당권 소멸의 효과

저당권이 소멸하면, 저당권등기는 효력을 상실한다. 그러므로 저당권자는 그에 관한 등기를 말소할 의무를 진다. 부동산소유자는 소유권에 기한 방해배제(제214조)로서 그 등기의 말소를 청구할 수 있고, 다른 한편 저당권설정의 원인행위에 기하여 채권적인 성질을 가지는 등기말소청구권도 가진다.

[4] 채권적 등기말소청구권: 대판(전) 1994. 1. 25, 93다16338

[주 문] 원심판결을 파기하고 사건을 서울고등법원에 환송한다.

[이 유] 상고이유를 본다.

원심판결 이유에 의하면 원심은 원고가 그 소유이던 이 사건 부동산에 관하여 1989. 9. 27. 및 같은 해 12. 14. 두 번에 걸쳐 피고를 근저당권자로 하여 경료된 각 근저당권설정등기의 피담보채무가 변제 및 변제공탁으로 인하여 소멸되었다는 이유로 피고를 상대로 그 말소를 청구한 데 대하여, 근저당권설정등기의 말소를 청구할 수 있는 자는 청구 당시에 있어서의 그 부동산의 소유자 또는 말소등기로 인하여 직접적인 법률상의 이해관계를 가지고 있는 등기부상의 이해관계인에 한정된다고 풀이한 다음, 원고는 위 각 근저당권의 피담보채무가 소멸되었다고 주장하는 시기 이전인 1990. 4. 1. 이 사건 부동산을 소외 김재석에게 매도하고 같은 달 9. 그 소유권이전등기까지 경료하여 주어 그 소유권을 상실하였음에도 불구하고 그 이후에 이 사건 청구를 하였을 뿐만 아니라 원고에게 위 각 근저당권설정등기의 말소를 청구할 등기부상의 직접적인 이해관계 있음을 인정할 만한 아무런 주장, 입증을 찾아볼 수 없다고 하여 원고의 이 사건 청구는 더 나아가 살펴볼 필요 없이 이유가 없다고 판단하였다.

그러나 이 사건에 있어서와 같이 근저당권이 설정된 후에 그 부동산의 소유권이 제 3 자에게 이전된 경우에는 현재의 소유자가 자신의 소유권에 기하여 피담보채무의 소멸을 원인으로 그 근저당권설정등기의 말소를 청구할 수 있음은 물론이지만, 근저당권설정자인 종전의 소유자도 근저당권설정계약의 당사자로서 근저당권소멸에 따른 원상회복으로 근저당권자에게 근저당권설정등기의 말소를 구할 수 있는 계약상 권리가 있으므로 이러한 계약상 권리에 터잡아 근저당권자에게 피담보채무의 소멸을 이유로 하여 그 근저당권설정등기의 말소를 청구할 수 있다고 봄이 상당하고(당원 1988. 9. 13. 선고 86다카1332 판결; 1993. 9. 14. 선고 92다1353 판결 참조), 목적물의 소유권을 상실하였다는 이유만으로 그러한 권리를 행사할 수 없다고 볼 것은 아니다.

이에 어긋나는 취지의 당원 1962. 4. 26. 선고 4294민상1350 판결은 이로써 폐기하기로 한다.

따라서 이 점을 지적하는 논지는 이유가 있으므로 원심판결을 파기하고 사건을 원심법원에 환송하기로 관여 법관 전원의 의견이 일치되어 주문과 같이 판결한다.

질문

1. 원고의 말소청구권의 근거가 되는 저당권설정계약은 어떠한 성질의 계약인가? 이 계약은 어떠한 내용의 의무를 발생시키는가? (제 3 편 제 7 장 Ⅲ. 1 참조)
2. 위와 같은 사안에서 부동산 소유자는 저당권의 말소등기를 청구할 수 있다. 여기서 원고의 말소청구를 인정할 현실적인 실익은 무엇인가?

제10장 저당권: 근저당과 공동저당

지금까지는 특정한 채권을 담보하기 위하여 1개의 부동산에 설정되는 통상의 저당권을 중심으로 살펴보았다. 이하에서는 피담보채권의 확정이 장래에 유보되는 근저당, 그리고 저당권의 객체가 통상과는 다른 공동저당 등에 대하여 살펴본다.

Ⅰ. 근 저 당

1. 근저당의 의의

(1) 근저당권이란 우선변제를 받을 최고액만을 정하고 장래에 확정될 채권을 담보하는 저당권을 말한다(제357조 제1항 제1문). 실제의 거래에서는 기업과 주거래은행, 제조업자와 그 대리점, 원료공급업자와 제조업자 사이에서 보듯이 당사자들은 계속적인 거래관계를 가지는 경우가 많고, 이러한 계속적 거래관계상의 채권은 발생과 소멸을 거듭한다. 통상의 저당권으로 이들 채권을 담보하려면 저당권설정의 물권적 합의와 등기, 그 말소를 반복하여야 하는 불편함이 있다. 그러므로 그와 같이 계속적 거래관계로부터 발생하는 불확정한 채권을 일괄하여 하나의 저당권으로 담보하는 제도로서 근저당제도가 마련되었다. 근저당권은 계속적 거래관계로부터 발생하여 장래에 확정될 잔고 채권 즉 설정 당시에 그 내용이 확정되지 아니한 장래의 잔고 채권을 담보하는 저당권

이다.

(2) 그런데 우리나라에서 근저당은 오히려 저당권의 보편적인 형태이고, 따라서 근저당권의 법리는 매우 중요한 의미를 가진다. 1회적인 금융거래를 담보하는 경우에도 일반저당권이 설정되는 일은 별로 없고, 그 피담보채권액에 적어도 3할 정도를 가산한 액을 채권최고액으로 하여 등기하는 것이 통상이다. 특히 금융기관의 담보거래실무에서는 근저당 아닌 저당을 찾기 어렵다. 이는 통상의 저당에서 피담보채권의 범위에 관하여 존재하던 제한(제360조 단서)을 피하기 위해서 근저당권을 설정하던 것이 어느덧 일반적인 관행이 된 데서 연유한다고 추측되나, 다른 한편 장차 다른 신용거래가 없다고 단정할 수 없으므로 이에 미리 대비하기 위해서이기도 할 것이다. 그러므로 근저당권등기가 행하여진 이상 착오나 사기 등의 흠이 없는 한 근저당권으로서 효력이 있고, 확정된 채무의 담보를 주된 목적으로 하여 근저당권이 설정되었다고 하여 이를 쉽사리 무효라고 하거나 일반저당권이 성립하여 제360조 단서의 제한을 받는다고 할 것은 아니다. 동일성과 액수가 특정되어 있는 채권이 담보되어야 하는 경우, 당사자들은 이를 피담보채권으로 하고 이자를 별도로 등기하는 방법으로 통상의 저당권을 설정할 수도 있지만(부등 제75조 제 1 항; 이때에는 제360조 단서가 적용된다), 그 대신에 특정되어 있는 채권에 앞으로 발생할 이자를 더하여 그 전체를 액수가 장래 확정될 피담보채권으로 하여 근저당권을 설정할 수도 있으며(부등 제75조 제 2 항; 이때에는 제357조 제 2 항이 적용된다), 어느 것이나 민법과 부동산등기법의 규정에 비추어 법적으로 가능한 것이다.

(3) 근저당권도 저당권의 일종으로서, 채무자 또는 제 3 자가 점유를 이전하지 아니한 채로 채무의 담보로 제공한 특정의 부동산으로부터 저당권자가 자기 채권의 우선변제를 받는 권리이다(제356조). 그러므로 저당권에 관한 법리는 기본적으로 근저당권에서도 그대로 타당하다.

근저당권이 일반저당권과 다른 점은 무엇보다도 그 담보할 채권의 확정이 "장래에 보류"된다는 것(제357조 제 1 항 제 1 문) 즉 장래 그 존부와 액수가 확정될 잔고 채권을 담보한다는 것이다. 이와 같이 근저당권이 그 권리자의 저당채무자에 대한 채권 중 어떤 채권을 담보할 것인지는 근저당권의 설정 당시에 확정되지 아니하며, 장차 그것이 확정될 때까지 근저당권자의 채권이 변제 등으로 소멸하거나 제 3 자에게 양도 기타 이전하여도 이러한 사정은 근저당권에 영향이 없다(동항 제 2 문). 근저당권은 장래 확정될 잔고 채권을 담보하므로, 이러한 결론은 저당권의 부종성으로부터 자연스럽게 도출되는 결론이다. 그러므로 근저당권에서는 우선 그에 의하여 담보될 수 있는 채권의 범위가 어떠한지 그리고 그 피담보채권이 어떠한 사유에 의하여 확정되는지가 문제된다.

2. 근저당의 성립

(1) 근저당설정계약

근저당권의 설정은 기본적으로 일반적인 저당권의 설정과 다를 것이 없다. 다만 그 설정의 당사자들은 근저당권의 설정을 내용으로 하는 합의를 하여야 하고, 또 그 등기를 신청할 때 신청서에 특히 등기원인이 근저당권설정계약이라는 뜻과 채권의 최고액 및 채무자를 기재하여야 한다(부등 제75조 제 2 항).

(가) 근저당권설정의 합의에는 피담보채권의 범위를 정하는 기준이 포함된다. 피담보채권의 범위는 많은 경우에 피담보채권 발생의 기초가 되는 당좌대월계약·어음할인계약·물품외상공급계약 등의 계속적 거래에 관한 계약관계를 특정하거나 그 종류를 지정함으로써 정하여진다. 이러한 계속적 계약은 「기본계약」이라고 불린다. 그리고 기본계약에 존속기간(이를 「결산기」라고 한다) 기타 계약관계의 소멸사유에 관한 정함이 있는 경우, 이는 등기될 수 있다(부등 제75조 제 2 항 제 4 호). 한편 반드시 계약관계가 아니라도, 계속적으로 발생하는 채권의 특정한 종류(예를 들면 어음상 채권 또는 수표상 채권 등) 또는 계속적으로 채권을 발생시키는 특정한 원인(예를 들면 조세 또는 지연손해금 등)을 지정함으로써 정하여질 수도 있다.

(나) 저당권은 채권을 담보하기 위하여 존재하는 것이므로, 그 성립·존속·소멸을 피담보채권에 의존하며, 이러한 성질을 저당권의 부종성이라고 함은 앞서 본 바와 같다. 그런데 근저당권에서는 피담보채권의 확정이 장래에 유보된다. 그러므로 그 확정시에 근저당권에 의하여 담보될 채권의 범위가 근저당권의 설정에 있어서 정하여지면 충분하고, 당사자 사이에 아무런 거래도 행하여지지 않아서 채권이 전혀 없는 때에도 장래 확정될 잔고 채권이 성립할 가능성이 존재하는 이상 이를 위해 설정된 근저당권은 유효하다. 마찬가지 이유에서 장차 그것이 확정될 때까지 근저당권자의 채권이 변제 등으로 소멸하거나 제 3 자에게 양도 기타 이전하여도 이러한 사정은 근저당권에 영향이 없다(제

357조 제 1 항 제 2 문).

[1] 무효인 근저당설정: 대판 2004. 5. 28, 2003다70041

[주 문] 원심판결을 파기하고, 사건을 대전지방법원 본원 합의부에 환송한다.

[이 유] 상고이유를 본다.

1. 상고이유 제 1 점에 대하여

통정한 허위표시에 의하여 외형상 형성된 법률관계로 생긴 채권을 가압류한 경우, 그 가압류권자는 허위표시에 기초하여 새로운 법률상 이해관계를 가지게 되므로 민법 제108조 제 2 항의 제 3 자에 해당한다고 봄이 상당하고, 또한 민법 제108조 제 2 항의 제 3 자는 선의이면 족하고 무과실은 요건이 아니다.

따라서 원심이, 피고가 원고와 이향순 사이의 근저당권설정계약이 유효하다고 믿고 그 피담보채권에 대하여 가압류하였음을 전제로 민법 제108조 제 2 항의 선의의 제 3 자에 해당한다고 본 것은 정당하고, 거기에 주장과 같은 통정허위표시의 제 3 자에 대한 법리오해의 위법이 없다.

2. 상고이유 제 2 점에 대하여

강제집행을 면할 목적으로 부동산에 허위의 근저당권설정등기를 경료하는 행위는 민법 제103조의 선량한 풍속 기타 사회질서에 위반한 사항을 내용으로 하는 법률행위로 볼 수 없다(대법원 1994. 4. 15. 선고 93다61307 판결 참조).

원심판결의 이유 설시에 적절치 않은 점이 있기는 하지만, 이 사건 근저당권을 설정한 행위가 반사회질서의 법률행위에 해당하여 무효라는 원고의 주장을 배척한 결론에 있어서는 정당하고, 거기에 주장과 같은 반사회질서의 법률행위에 관한 법리오해의 위법이 없다.

3. 상고이유 제 3 점에 대하여

원심은 제 1 심판결을 인용하여, 원고가 이향순과 통모하여 허위의 의사로 채권최고액 1억 원의 근저당권설정계약을 체결하고 이에 따른 근저당권을 경료하였는데, 이향순이 피고에게 위 근저당권설정계약서를 제시하면서 금원을 빌려줄 것을 요청하여, 피고가 이향순에게 3,200만 원을 대여해 준 다음, 근저당권설정등기의 피담보채권 중 3,200만 원 부분에 대하여 근저당권부 채권가압류결정을 받아 그 기입등기가 경료된 사실을 인정한 뒤, 피고가 통정허위표시인 근저당권설정계약이 유효하다고 믿고 그 피담보채권에 대하여 가압류결정을 받은 선의의 제 3 자에 해당하는 한 원고가 피고에 대하여 근저당권설정계약의 무효를 주장하거나, 피담보채권이 부존재한다거나 무효라고 볼 수도 없으므로 피고는 근저당권의 말소에 대한 승낙의 의사표시를 할 의무가 없다고 판단하였다.

그러나 원심의 위와 같은 판단을 그대로 수긍하기는 어렵다.

근저당권은 그 담보할 채무의 최고액만을 정하고, 채무의 확정을 장래에 보류하여 설정하는 저당권으로서(민법 제357조 제 1 항), 계속적인 거래관계로부터 발생하는 다수의 불특정채권을 장래의 결산기에서 일정한 한도까지 담보하기 위한 목적으로 설정되는 담보권이므로, 근저당권설정행위와는 별도로 근저당권의 피담보채권을 성립시키는 법률행위가 있어야 한다.

한편, 근저당권이 있는 채권이 가압류되는 경우, 근저당권설정등기에 부기등기의 방법으로 그 피담보채권의 가압류사실을 기입등기하는 목적은 근저당권의 피담보채권이 가압류되면 담보물권의 수반성에 의하여 종된 권리인 근저당권에도 가압류의 효력이 미치게 되어 피담보채권의 가압류를 공시하기 위한 것이므로, 만일 근저당권의 피담보채권이 존재하지 않는다면 그 가압류명령은 무효라고 할 것이고, 근저당권을 말소하는 경우에 가압류권자는 등기상 이해관계 있는 제 3 자로서 근저당권의 말소에 대한 승낙의 의사표시를 하여야 할 의무가 있다.

기록에 의하면, 원고와 이향순은 근저당권설정계약만 체결하였을 뿐, 피담보채권을 성립시키는 의사표시가 있었다고 볼 만한 자료가 없으므로 위 근저당권은 피담보채권이 존재하지 아니하여 무효라고 볼 여지가 있다고 할 것이다.

그렇다면 원심으로서는 원고와 이향순 사이에 근저당권에 의하여 담보되는 채권을 성립시키는 법률행위가 있었는지 여부에 대하여 충분한 심리를 하였어야 할 것임에도 불구하고, 이에 대한 심리를 전혀 하지 아니한 채 원고의 청구를 배척하였으니, 원심판결에는 심리를 다하지 아니하였거나 근저당권이 있는 채권의 가압류에 관한 법리를 오해한 위법이 있다 할 것이다. 이 점을 지적하는 상고논지는 이유 있다.

4. 그러므로 원심판결을 파기하고, 사건을 다시 심리·판단하게 하기 위하여 원심법원에 환송하기로 하여 관여 대법관의 일치된 의견으로 주문과 같이 판결한다.

질문

1. 사실관계를 재구성해 보라. 원고는 피고에게 무엇을 청구하고 있는가?
2. 이 사건에서 원심은 피고의 근저당권을 유효한 것으로 판단하였다. 그 이유는 무엇인가?
3. 대법원은 어떠한 법률론에 기초해서 원심을 파기하였는가? 그러한 대법원의

법률론은 근저당권의 성질을 생각할 때 타당하다고 생각되는가? 그러한 법률론을 채택하지 않더라도 동일한 결론에 도달할 여지는 없는가?

(다) 그런데 피담보채권의 범위를 정하는 기준을 제한적으로 정하지 아니하고 피담보채권을 "각종의 원인으로 인하여 발생하는 모든 채권" 또는 "현재 부담하고 있거나 장래 부담하게 될 일체의 채권" 등으로 하여 근저당권이 설정되는 경우도 있다. 이를 포괄근저당이라고 한다. 근저당은 저당권이 완화된 것에 불과하고 민법이 「채무의 확정을 장래에 유보」한다고 정하는 것(제357조 제 1 항 제 1 문)은 피담보채권의 발생에 관한 당사자 사이의 어떤 합의가 있어야 함을 전제한다는 이유로 이러한 포괄근저당약정은 무효라는 견해도 있다. 그러나 일반적으로 포괄근저당약정은 유효하다고 할 것이다(대판 1982. 12. 14, 82다카413; 1994. 9. 30, 94다20242 등 참조). 우선 「채무의 확정을 장래에 유보」한다는 문언 자체로부터 피담보채권의 범위를 제한해야 한다는 취지를 읽을 수 없을 뿐만 아니라, 포괄근저당에 관한 합의가 있다고 해도 근저당의 채권최고액이 공시되어 있는 이상 근저당설정의 당사자는 물론이고 후순위저당권자, 제 3 취득자, 일반채권자 등 어느 제 3 자에게도 불의의 손해를 끼치지 않기 때문이다.

(라) 장래 확정될 피담보채권을 구성하는 개별 채권들의 발생기초가 되는 기본계약의 내용은 등기되지 않는다. 그러므로 근저당권설정계약의 당사자들은 피담보채권이 확정되기 이전에는, 계약으로 기본계약의 내용을 변경하거나, 그 범위를 확장하거나, 기본계약을 교체할 가능성을 가지게 된다(대판 1993. 3. 12, 92다48567 등). 등기가 필요한 계약인수에 따른 저당권 양도나 채무자 변경 또는 존속기간이 아니라면(대판 1961. 12. 24, 4293민상893), 해당 내용은 등기될 사항이 아닐 뿐만 아니라 최고액이 등기되어 있는 이상 제 3 자의 이익을 해하지도 아니하므로, 당사자들은 원칙적으로 그러한 변경을 할 수 있다고 보아야 할 것이다(대판 2021. 12. 16, 2021다255648).

(2) 채권최고액

채권최고액은 저당부동산으로부터 근저당권자가 우선변제권을 가지는 한도를 의미한다. 저당부동산에 이해관계를 가지려고 하는 제 3 자로서는 이 최고액을 등기에 의하여 확인하고, 저당부동산의 가액으로부터 최고액 전부를 공제한 나머지 가치 부분만을 만족의 기초로서 기대할 수 있다.

(가) 근저당에 의하여 담보되는 것으로 확정된 채권은 구체적으로 어떠한 내용으로 최고액에 산입되는가? 그 채권의 원본이 최고액에 산입되는 것은 당연하고, 그 이자도 그에 산입된다(제357조 제 2 항). 또 위약금이나 채무불이행으로 인한 손해배상금도 제360조 단서의 제한을 받지 않고 산입된다고 할 것이다(대판 1957. 1. 10, 4289민상401). 한편 근저당권의 실행비용은 최고액에 산입되지 않으며, 매각대금으로부터 이를 공제한 나머지를 근저당권자에게 최고액의 한도까지 우선변제한다(대결 1971. 5. 15, 71마251).

(나) 최고액은 근저당권이 채무자에 의하여 설정된 때에는 제한적인 의미밖에 없다. 즉 피담보채권의 확정 후 그 채권액이 최고액을 넘는 경우에는 채무자가 최고액을 변제하는 것만으로는 근저당권의 말소를 청구할 수 없고, 그 채권액 전부를 변제하여야 한다(대결 1971. 1. 26, 71마1151). 또한 이해관계 있는 후순위권리자 등 제 3 자가 없는 때에는 저당부동산의 매각대금 중 채권최고액을 넘는 금액을 근저당권설정자에게 반환하여서는 안 되고 채권최고액을 넘는 근저당권자의 채무의 변제에 충당하여야 한다(대판 1992. 5. 26, 92다1896). 한편 물상보증인이나 제 3 취득자는 최고액만을 변제함으로써 근저당권의 말소를 청구할 수 있다(대판 1974. 12. 10, 74다998). 최고액은 후순위권리자, 물상보증인이나 제 3 취득자와 같은 제 3 자에 대한 관계에서 저당부동산에 의하여 우선변제되는 물적 책임의 범위를 정하는 의미를 가지는 것이기 때문이다(제360조 단서와 비교해 보라. 제 3 편 제 7 장 Ⅳ. 1. (2) 참조).

(다) 여러 채권자가 하나의 근저당권을 설정받아 이를 준공유하는 경우에는 근저당권은 준공유자들의 피담보채권액을 모두 합하여 최고액까지 담보한다. 이때 준공유자들이 약정한 각자의 공유지분을 등기함으로써 지분비율로 근저당권을 준공유하는 경우에는 각기 그 지분비율에 따라 우선변제를 받을 권리가 있고, 공유자 중 1인의 채권액이 그와 같이 안분된 최고액에 미달하면 그 잔여액을 다른 준공유자들에게 각자의 지분비율에 따라 안분할 것이다. 한편 그와 같은 공유지분의 약정이 없으면, 준공유자들은 근저당권의 확정시에 가지는 채권액의 비율에 따라 우선변제를 받을 수 있다고 하겠다(대판 2008. 3. 13, 2006다31887).

(라) 최고액은 목적물의 소유자와 근저당권자의 합의로 변경될 수 있다.

그 변경을 제 3 자에게 대항하려면 그에 관한 등기를 요한다. 최고액을 증액하는 경우에는 등기상 이해관계 있는 제 3 자의 승낙서 또는 이에 대항할 수 있는 재판의 등본을 첨부하여야 한다(부등 제52조 단서).

3. 피담보채권 확정 전의 근저당권의 효력

(1) 근저당에 의해 담보되는 채권

근저당권의 피담보채권의 범위는 근저당권설정계약의 해석에 달려 있다(대판 1987. 12. 8, 87다카2008). 특히 약관에 의하는 경우 약관법의 해석원칙이 존중되어야 한다. 그 계약의 해석 일반에 관하여, 판례는 일단 계약서 문언의 객관적 의미를 중시하지만, 그 계약체결의 경위, 채무성립의 시기 및 경위, 대출관행, 채무액과 근저당권의 채권최고액과의 관계, 당사자들의 그 사이의 거래내용이나 인적 관계 등 제반 사정에 비추어 예외적으로 그 의미를 (때로는 현저히) 제한적으로 해석하는 경우도 있으며, 특히 포괄근저당의 문언에도 불구하고 피담보채권에 관한 개별약정의 존재를 긍정하여 그것을 특정한 채권에 한정하는 예도 드물지 않다(대판 1984. 6. 12, 83다카2159; 1990. 6. 26, 89다카26915; 1992. 11. 27, 92다40785; 1997. 5. 28, 96다9508 등).

[2] 피담보채권의 범위: 대판 1984. 6. 12, 83다카2159

[주 문] 원심판결을 파기하고, 사건을 서울고등법원에 환송한다.

[이 유] 상고이유를 판단한다.

1. 원심판결은 소외 차병춘이 원고의 연대보증 아래 1981. 6. 11. 소외 중소기업은행으로부터 금 15,000,000원을 차용한 사실, 원고가 소외 차병춘을 대신하여 1982. 7. 10. 위 차용금 15,000,000원과 이에 대한 지연손해금 합계 금 15,114,246원을 소외 은행에 변제한 사실, 위 1981. 6. 10. 소외 은행과 사이에 원고는 소외 차병춘의 소외 은행에 대하여 부담하고 있는 채무와 장래 부담하게 될 모든 채무를 최고액 금 45,000,000원의 한도에서 담보하기로 하는 내용의 이 사건 부동산에 대한 근저당권설정등기가 경료된 사실, 위 차병춘은 위 근저당설정등기 이전인 1980. 10. 29. 이미 피고의 보증 아래 소외 은행으로부터 금 38,000,000원을 차용하였는데 위 차병춘이 이를 변제하지 아니하여 피고가 1982. 12. 8. 위 원금과 이자 합계 금 42,311,176원을 소외 은행에 대신 변제하고 변제자의 법정대위의 효과로서 피고는 이 사건 부동산에 관한 소외 은행의

앞서 본 근저당권을 대위하게 되었고 따라서 피고가 원고로부터 상환받을 구상권의 범위 내에서 소외 은행으로부터 위 근저당권 일부를 이전받기로 하여 같은 해 12. 14. 채무일부 대위변제를 원인으로 앞서 본 근저당권 일부이전등기를 경료한 사실을 각 인정한 다음, 소외 차병춘의 소외 은행에 대한 위 금 38,000,000원의 채무 역시 위 근저당권의 피담보채무였다 할 것이므로 원고가 위 차병춘의 채무금 15,000,000원의 원리금을 변제하였다 하여도 위 근저당권의 피담보 채무가 모두 소멸하였다 할 수 없다 하여 이 사건 근저당권 일부 이전등기의 말소를 구하는 원고청구를 기각한 제 1 심판결을 유지하고 원고의 항소를 기각하였다.

2. 기록에 의하여 원심의용의 을 제 2 호증의 기재에 의하면 채권자인 위 소외 은행의 채무자 차병춘에 대한 어음대출, 어음할인, 당좌대월, 증서대출, 유가증권대여, 지급보증 등 원인으로 차병춘이 위 소외 은행에 대하여 현재부담하고 또 장래 부담하게 될 모든 채무를 담보하기 위하여 원고 소유 이 사건부동산에 순위 제 1 번 채권최고액 금 45,000,000원의 근저당권을 설정하기로 약정한 점은 얼핏 수긍이 간다. 그러나 원심증인 송재민의 증언과 당사자의 변론취지에 의하면 당초 소외 차병춘은 소외 중소기업은행으로부터 금 30,000,000원을 차용하기로 하여 1981. 6. 10. 그 담보로서 원고소유의 이 사건 부동산에 대하여 채권최고액 금 45,000,000원의 근저당권설정등기를 하였음을 알 수 있다. 그리고 그 당시 위 차병춘은 이미 위 소외 은행으로부터 금 38,000,000원을 차용하여 그 원리금 채무가 있었음은(원고는 그 채무를 보증한 바 없었다) 당사자 간에 다툼이 없는 바이므로 위와 같이 당시 현존하는 금 38,000,000원의 채무와 새로 차용할 금 30,000,000원(실지차용금은 15,000,000원)을 담보하기 위하여 최고액 금 45,000,000원은 근저당권설정을 약정한다는 것은 은행의 대차관계에서는 극히 이례에 속한다고 아니할 수 없다. 그런데 기록에 의하면 위 근저당권설정등기를 한 다음날인 1981. 6. 11. 위 차병춘은 동 은행으로부터 금 15,000,000원을 차용하고 원고는 동 소외 은행에 소외 차병춘의 어음상의 채무차용금 증서채무, 당좌대월채무, 보증채무 등에 대하여 금 15,000,000원을 한도로 연대보증을 하되 이 채무에 대한 이자비용 및 배상금 등 제종속 채무는 전기한도액을 불문하고 전부 부담하겠다는 내용의 연대보증서인 갑 제 2 호증을 제출한 점을 알 수 있고 증인 윤명노(당시의 은행지점장) 및 송재민(당시의 은행대출 사무담당자)의 각 증언에 의하면(원심이 배척한 것이지만)위 근저당권은 위 차용금 15,000,000원을 담보키 위하여 설정된 것임을 엿볼 수 있으니 이런 사정들을 종합검토하면 위 근저당권설정계약서(을 제 1 호증)의 "현재 부담하고 있는 채무"라는 기재

는 부동문자로서 인쇄된 예문에 불과하다고 봄이 우리의 경험칙에 합당하다고 할 것이다.

그렇다면 원심이 을 제 1 호증의 기재에 의하여 위 근저당권은 위 금 38,000,000원도 그 피담보채무에 포함된다고 단정하였음은 채증법칙을 어긴 처사라고 아니할 수 없고 타에 동 금 38,000,000원의 채무를 원고가 보증하였다고 볼 자료가 없는 이 사건에서 있어 그 채무를 보증인으로서 대위변제한 피고는 그 채무와 아무런 관계없는 원고에 대하여 변제자의 법정대위권을 주장할 법적 근거가 없다고 할 것이니 이 점을 논란하는 소론은 이유 있어 원심판결은 파기를 면할 수 없다고 할 것이다.

이상의 이유로서 원심판결을 파기환송하기로 한다.

질문

1. 사실관계를 재구성하고 원고와 피고의 주장을 정리해 보라. 대법원은 어떠한 사정들을 고려하여 근저당권의 피담보채권의 범위를 제한하고 있는가?
2. 대법원의 판단을 계약해석의 일반법리에 따라 설명해 보라.

(2) 확정 전 피담보채권의 변동

앞서 본 대로 근저당권의 특성은 피담보채권의 확정이 장래에 유보된다는 점에 있다. 그러므로 개개의 채권이 비록 피담보채권의 범위에 들어갈 수 있는 것이라도 피담보채권의 확정 전에 일어난 그 소멸·이전 등의 권리변동은 근저당권의 효력에 영향을 미치지 않는다.

따라서 근저당권자가 그 개별 채권을 양도하여도 근저당권이 이에 수반하지 않고, 양수인은 근저당권을 가지지 못한다. 채무자를 위하여 그 채무를 변제하여 채권자를 대위한 경우에도 마찬가지이다. 그 채권이 압류되거나 그에 질권이 설정된 경우에도 근저당권에 영향이 없다. 피담보채권의 확정 전에 채무자의 개별적인 채무가 유효하게 제 3 자에게 면책적으로 인수되어도, 근저당권은 그에 미치지 않게 된다.

[3] 근저당권 확정전 피담보채권의 양도: 대판 1996. 6. 14, 95다53812

[주　　문] 상고를 기각한다. 상고비용은 원고의 부담으로 한다.

[이 유] 상고이유를 판단한다. […]

원심판결 이유에 의하면 원심은, 원고가 이 사건 각 근저당권에 의하여 담보되는 신풍어패럴의 피고 은행 롯데월드지점에 대한 채무 중 원금 및 약정이자에 해당하는 금 734,625,070원을 보증채무의 이행으로서 대위변제한 사실은 인정되나, 한편 위 각 근저당권에 의하여 담보되는 신풍어패럴의 피고 은행에 대한 채무는 원고에 의하여 대위변제된 피고 은행 롯데월드지점에 대한 채무뿐만 아니라 피고 은행 신림동지점에 대하여 부담하는 신풍어패럴의 연대보증채무 또한 존재하고 있는 사실이 인정되므로, 원고의 보증채무의 이행은 결국 채무의 일부의 대위변제에 불과한 것인바, 채무의 일부 대위변제자는 그 대위변제한 가액의 범위 내에서 채권자가 가지는 채권 및 담보에 관한 권리를 법률상 당연히 취득하나, 한편 일부 대위자로서는 그 권리를 단독으로 행사할 수는 없고, 채권자가 이를 행사하는 경우에만 채권자와 함께 이를 행사할 수 있으며, 이 경우에도 변제에 관하여 달리 특약이 없는 한 채권자에 우선하여 변제받을 수는 없다 할 것이므로, 채권의 일부 대위자에 불과한 원고로서는 피고 은행에 대하여 이를 이유로 근저당권이전의 부기등기절차의 이행을 구할 수 없다고 판단하였다.

근저당권이라고 함은 계속적인 거래관계로부터 발생하고 소멸하는 불특정 다수의 장래채권을 결산기에 계산하여 잔존하는 채무를 일정한 한도액의 범위 내에서 담보하는 저당권이어서, 거래가 종료하기까지 채권은 계속적으로 증감변동되는 것이므로 근저당 거래관계가 계속 중인 경우 즉, 근저당권의 피담보채권이 확정되기 전에 그 채권의 일부를 양도하거나 대위변제한 경우 근저당권이 양수인이나 대위변제자에게 이전할 여지가 없다 할 것이다. 원심이 적법하게 확정한 사실에 의하면 삼원프라자의 피고 은행 신림동지점에 대한 주채무가 확정되지 아니하여 신풍어패럴의 연대보증채무의 범위도 확정할 수 없어 이 사건 각 근저당권에 의하여 담보되는 피담보채권의 범위를 확정할 수 없다는 것이므로, 그렇다면 원고가 채무를 대위변제할 당시에는 이 사건 근저당권의 피담보채권이 확정되기 전임이 명백하므로 원고는 피고에게 위 근저당권이전의 부기등기절차의 이행을 구할 수 없다 할 것이다. 원심이 원고의 근저당권이전의 부기등기절차의 이행을 배척한 것은 정당하고, 원심판결에 담보대위를 원인으로 한 담보권이전등기청구권에 관한 법리오해의 위법이 없다. 이 점을 지적하는 상고이유도 받아들일 수 없다. […]

질문

1. 원심은 어떠한 법리에 기초하여 원고의 근저당권이전 부기등기청구를 배척하였는가? 그 법리는 정확하게 적용되고 있는가?
2. 대법원은 같은 결론에 도달하지만 다른 이유로 원고의 근저당권이전 부기등기청구를 배척하고 있다. 무엇을 근거로 하는가?
3. 사실관계를 어떻게 변경하면 원고의 근저당권이전 부기등기청구가 비로소 가능하였을 것인가?

그리고 근저당권의 확정 전에 개별 채무가 변제 등의 사유로 소멸하여도 이는 근저당권에 영향을 미치지 않는다. 그리하여 채무자가 근저당권자에 대하여 아무런 채무를 지지 않게 되어도 마찬가지이며, 그 후 그 확정까지 사이에 다시 채권이 발생하면 그것이 근저당권에 의한 담보의 대상이 될 수 있다.

(3) 근저당권의 양도

일반저당권의 양도는 그 담보한 채권의 양도와 함께 행해질 것이 요구되는데(제361조), 근저당권은 피담보채권의 확정 전에는 피담보채권을 발생시키는 기본계약과 함께 양도될 수 있다. 그러므로 그 양도는 계약인수와 함께 행하여지며, 등기가 요구된다(제186조; 「근저당권에 관한 등기사무처리지침」(등기예규 제1656호, 2018. 11. 22.) 제3조 참조). 한편 채무자측도 마찬가지로 계약인수, 계약의 일부인수 또는 계약가입(중첩적 계약인수)에 의하여 변경될 수 있으며, 그에 관한 등기를 요한다(채무자변경의 부기등기에 대해서는 위 등기예규 제4조 참조). 물론 근저당권자이든 채무자이든 그 사망이나 합병 등으로 포괄승계가 행하여지면 근저당관계도 당연히 승계되며, 이에는 등기를 요하지 아니한다(제187조).

4. 근저당권의 확정

근저당권의 확정이란 근저당권으로 담보되는 채권의 원본이 확정되는 것을 말한다. 이로써 피담보채권의 미확정상태는 종료되고, 근저당권은 일반저당권으로 전화된다.

(1) 근저당의 확정사유

근저당권의 일반적인 확정사유는 다음과 같다(대판 2001. 11. 9, 2001다47528;

특별법이 정하는 확정사유로 자산유 제 7 조의2, 주금 제27조 참조).

(가) 기본계약에서 정한 결산기 또는 근저당권설정계약에서 정한 근저당권의 존속기간이 도래하면 근저당권은 확정된다.[1] 애초 그 시기를 약정하였더라도 나중에 연장될 수 있다(대판 1961. 12. 24, 4293민상893 참조). 기본계약이나 근저당권설정계약에서 정한 계약의 소멸사유가 발생하였거나, 당사자들이 그 계약의 소멸에 관하여 합의한 경우에도 마찬가지이다. 한편 결산기의 정함이 있어도 「부득이한 사정」이 있으면 그 도래 전이라도 기본계약을 해지할 수 있고(대판 1966. 3. 22, 66다68: "피담보채권이 전부 소멸하고 채무자가 새로 금전을 차용하는 등 거래를 계속할 의사가 없는 경우"), 그 계약이 유효하게 해지되면 근저당권은 확정된다(이는 계속적 계약관계의 「특별해지」에 상응한다).

결산기의 정함이 없는 경우에는, 우선 "그 거래관계가 종료됨으로써 피담보채무가 발생할 가능성이 없게 된 때"에는 근저당권이 확정된다(대판 1993. 12. 14, 93다17959). 이는 실질에 있어 당사자들의 묵시적 합의해지에 가깝다. 그러나 그러한 사유가 없더라도, 반대의 약정이 없는 한 근저당권설정자는 결산기의 정함이 없는 기본계약을 해지할 수 있고(대판 1962. 3. 22, 4294민상1149), 그 계약이 유효하게 해지되면 근저당권은 확정된다(이는 계속적 계약관계의 「임의해지」에 상응한다).

(나) 근저당권자가 채무불이행을 이유로 근저당부동산에 대하여 경매신청을 하면, 그때 근저당권은 확정된다(대판 1988. 10. 11, 87다카545). 이는 채무불이행을 이유로 설정계약을 해지하고 거래를 종료시키려는 의사의 표현이기 때문이다. 경매신청이 취하된 때에도 채권자가 기본계약을 해지하여 결산한 이상 확정의 효과는 원칙적으로 번복되지 않는다.

더 나아가 근저당목적물에 대한 제 3 자의 경매신청으로도 근저당권은 확정된다(민집 제91조 제 2 항 참조). 그 확정의 시기에 대하여 판례는 뜻하지 않게 실행을 맞게 된 근저당권자의 담보이익을 최대한 실현하도록 근저당권이 소멸하는 매각대금의 완납시(민집 제91조 제 2 항, 제135조)를 기준으로 한다(대판 1999. 9. 21, 99다26085).

---

1) 판례는 종래 저당목적물의 제 3 취득자라고 해서, 존속하고 있는 계속적 거래관계를 일방적으로 종료시키고 그때까지의 피담보채권만을 변제할 수는 없다고 하였으나(대판 1979. 8. 21, 79다783; 2000. 12. 26, 2000다54451 등), 대판 2001. 11. 9, 2001다47528은 제 3 취득자가 근저당권설정자의 기본계약해지권 등을 스스로 행사할 수 있다고 한다.

(다) 채무자 또는 저당부동산의 소유자에 대하여 파산선고가 있거나 회생절차가 개시되면, 근저당권은 확정된다고 할 것이다(대판 2001. 6. 1, 99다66649). 그와 같은 도산절차에서는 포괄적으로 채무를 정리할 필요가 있기 때문이다.

(라) 판례에 따르면 물상보증인이 설정한 근저당권의 채무자가 합병으로 소멸하고 합병 후 물상보증인이 존속·신설회사를 위해 근저당권을 유지하는 것에 동의하지 않는 경우에 근저당권의 피담보채권은 확정되며, 같은 법리가 제3취득자에 대해서도 적용된다(대판 2010. 1. 28, 2008다12057). 채무자 변경에 따라 물상보증인 또는 제3취득자의 위험 예측이 교란된다는 사정이 고려된 것이다. 그러므로 채무자가 저당권설정자인 경우에는 그대로 거래관계가 지속한다고 보아 근저당이 확정되지 않는다.

같은 법리가 포괄승계인 상속에서도 인정될 수 있는가? 피상속인이 물상보증인인 경우에는 동일한 이익상황이 문제되므로 긍정해야 한다. 반대로 피상속인이 채무자로서 자신의 부동산에 근저당을 설정한 경우에는, 상속인은 원칙적으로 계속적 거래관계를 그대로 승계하고 근저당권은 상속인을 채무자로 하여 존속한다고(제187조) 해야 할 것이다. 그러나 많은 계속적 거래관계는 상속인에게 이를 지속할 것을 기대할 수 없는 성질일 것이므로, 그러한 경우 상속인은 중대한 사정을 이유로 기본계약을 특별해지함으로써 근저당을 확정할 수 있다고 해야 할 것이다. 그밖에 상속인이 한정승인을 하는 경우에는 어차피 청산을 이유로(제1032조 이하 참조) 확정이 불가피하다.

(마) 공동근저당의 확정에 대해서는 아래 Ⅱ. 3. 참조.

(2) 확정근저당권의 내용

근저당권의 확정으로 인하여 그 시점에 존재하는 채권으로서 앞서 본 피담보채권의 범위에 들어가는 것이 근저당권의 피담보채권이 된다.

(가) 이와 같은 「확정근저당권」은 이제 기본적으로 그 개별의 구체적인 채권을 담보하는 저당권으로 바뀐다. 확정 후에 근저당권자가 취득한 채권은 피담보채권이 되지 못한다(대판 1988. 10. 11, 87다카545). 그러나 이상은 채권의 원본에 관한 것이고, 이자·지연손해금 등 부수채권은 확정 후에 발생한 것도 담보됨은 물론이다. 또한 지연손해금은 제360조 단서의 제한을 받지 않고 최고액까지 담보된다.

(나) 확정근저당권은 일반저당권과 같이 이제 그 개별의 피담보채권과 함께 양도될 수 있고, 피담보채권이 대위변제된 경우에는 그 변제자에게 이전한다. 또 그 피담보채권이 변제 등으로 소멸하면, 그에 부종하여 소멸한다.

(다) 우리의 실제거래에서는 동일한 계속적 신용거래관계로부터 발생하는 증감·변동하는 채무를 담보하기 위하여 근저당과 아울러 보증한도액을 정하여 근보증이 행하여지는 경우가 있다. 특히 채무자 아닌 사람이 근보증을 하면서 동시에 자신의 부동산을 담보로 제공하여 근저당을 설정하는 경우가 적지 않다.

원칙적으로 근보증과 근저당은 별개의 계약으로 행하여지므로, 그 성립과 소멸은 별개로 다루어져야 한다. 판례는 이 경우 근보증과 근저당은 특별한 사정이 없는 한 동일한 채무를 담보하기 위한 중첩적인 담보로서 근저당권의 실행으로 변제를 받은 금액은 근보증의 보증한도액에서 공제되어야 한다고 한다(대판 2004. 7. 9, 2003다27160). 그러나 이에는 의문이 있다. 근저당 외에 근보증을, 또는 근보증 외에 근저당을 별도로 설정하는 당사자들의 의사는 채권의 만족을 보다 완벽하고 용이하게 얻으려는 것이므로, 일방으로부터의 만족이 타방에 영향을 주어서는 안 될 것이고, 이는 근보증인이 근저당의 목적물을 제공한 경우에도 다를 바 없다.

Ⅱ. 공동저당

1. 공동저당의 의의

(1) 공동저당이란 동일한 채권의 담보로 여러 개의 부동산에 저당권이 설정된 것을 말한다(제368조 제1항). 이는 1개의 저당권이 복수의 부동산을 객체로 하는 것이 아니라, 각 부동산마다 1개의 저당권이 있고 다만 이들 저당권 전부가 동일한 채권을 담보하는 것이다. 공유 부동산의 지분들에 각각 저당권이 설정된 경우(대판 2011. 10. 13, 2010다99132)나 저당권이 설정된 부동산이 지분으로 분할된 경우(대판 2012. 3. 29, 2011다74932)에도 마찬가지이다.

(2) 공동저당은 무엇보다도 다수의 부동산의 담보가치를 집적하고 또 목적물 중 하나에 일어날 수 있는 가치하락의 위험을 다른 목적물에 의하여 회피함으로써 피담보채권의 만족가능성을 높이는 기능을 한다. 특히 실제에 있어

서 한꺼번에 거래되는 토지와 그 지상 건물이 우리 법에서는 별개의 부동산으로 다루어지므로, 이들을 공동저당의 목적으로 함으로써 그 각각의 가치를 제대로 평가받을 수 있고 나아가 매각이 용이하게 되는 이점이 있다. 또한 공동저당권자는 자신의 임의적인 판단에 의하여 그 실행이 용이한 것으로부터 자기 채권의 회수를 도모할 수 있는 이점도 있다.

2. 공동저당의 성립

(1) 공동저당은 그 각 목적물에 대하여 동시에 행하여져야 할 필요는 없으며, 나중에 목적물을 추가함으로써 설정될 수도 있다(부등 제78조 제3항 참조). 나아가 목적물의 소유자가 동일할 필요도 없다. 또한 각 부동산에 대한 저당권의 순위가 동일하여야 하는 것도 아니어서, 하나의 부동산에는 1번 저당권이, 다른 부동산에는 2번 저당권이 공동저당으로 설정될 수 있다. 또 공장저당의 목적이 된 토지 및 건물 및 기계·기구에 대해서도 공동저당의 법리가 적용된다(대판 1998. 4. 24, 97다51650 참조). 한편 토지나 건물이 아니라도, 저당권의 목적이 될 수 있는 선박·자동차·항공기·입목 등의 동산, 나아가 공장재단이나 광업재단 등도 동종의 목적물을 동일한 채권의 담보로 하는 한 공동저당의 법리에 따른다. 그러나 선박과 부동산을 동일한 채권의 담보로 하는 경우와 같이 서로 종류를 달리하는 목적물 사이에서는 후순위저당권자의 대위를 정하는 제368조는 적용 내지 유추적용되지 않는다고 할 것이다(대판 2002. 7. 12, 2001다53264).

(2) 공동저당의 등기는 각 목적물에 대한 저당권마다 일반원칙에 따라 행하여진다. 각 저당권의 등기에 있어서 공동담보가 되는 다른 목적물 및 그 목적물에 관한 권리를 기재해야 하나(부등 제78조), 이는 권리관계를 명확하게 하기 위한 것으로 공동저당의 성립요건은 아니다(대판 2010. 12. 23, 2008다57746).

(3) 실무에서는 당사자 사이에 채권을 담보하기 위하여 여러 개의 근저당권을 설정하면서, 제368조의 적용을 배제하고 각각의 채권최고액을 합한 금액을 우선변제 받기 위하여 공동근저당의 형식을 취하지 않는 경우가 있다. 이는 특히 추가적 공동저당의 사례에서 종종 발생한다. 예를 들어 가액 8천만 원의 갑 부동산에 최고액 6천만 원의 근저당을 설정한 후에 동일한 근저당거래를 확대하기 위해 다시 최고액 3천만 원을 증액할 필요가 있는 경우에, 갑 부동산

의 최고액을 9천만 원으로 증액하면서 을 부동산에 최고액 9천만 원의 근저당을 설정하고 공동담보의 등기를 하여 공동근저당을 성립시키는 대신, 갑 부동산의 근저당을 그대로 두고 을 부동산에 최고액 3천만 원의 개별 근저당을 설정하고 공동담보의 등기를 하지 않는 것이다. 이러한 관행은 등록세를 절약하고 변경등기의 번거로움을 피하고자 이루어진다고 한다. 이상과 같은 방법으로 근저당이 추가된 경우에도 공동저당의 성립을 긍정하여 제368조를 적용할 것인지 여부가 문제된다. 공동저당이 성립한다고 하면, 앞의 예에서 갑과 을에 3천만 원의 공동저당이 성립하면서 채권자는 갑에 동순위의 3천만 원의 개별 저당권을 가지게 되는 결과가 된다. 반면 이를 부정하면, 채권자는 갑으로부터 6천만 원까지, 을로부터 3천만 원까지 만족을 받게 될 것이다.

제368조의 적용을 부정하는 견해는 이른바 누적적 근저당을 부정하여 공동저당을 성립시키면 근저당권을 추가한 당사자들의 의사에 반하여 채권자에게 불리하게 되면서 후순위권리자에게는 망외의 이익이 발생한다는 것을 근거로 한다. 대법원도 같은 이유에서 누적적 근저당을 가능한 것으로 판시한 바 있다(대판 2020. 4. 9, 2014다51756). 그러나 동일한 채권의 담보를 위하여 수개의 부동산에 저당권이 설정되는 것만으로 공동저당이 성립하며 공동담보의 등기는 성립요건이 아니라는 종래의 해석에 따르는 이상(앞의 (1), (2) 참조), 그러한 주장은 제368조를 임의규정으로 이해하는 것에 다름 아니다. 그러나 제368조는 후순위담보권자와 일반채권자를 포함하는 관계인들의 이익조정을 도모하는 규정으로 설정자와 채권자가 처분할 수 있는 규정이라고는 볼 수 없으며, 그러한 의미에서 강행규정이다. 그러므로 학설에서 주장되는 모습의 누적적 근저당은 입법적 결단이 없는 이상 제368조에 비추어 허용하기 어렵다고 생각된다.

다만 이상의 설명은 동일한 피담보채권을 전제로 누적적 근저당을 설정하는 것이 제368조에 반한다는 것이므로, 당사자들이 기본계약으로부터 나오는 피담보채권을 달리 정하여 누적적 근저당에 해당하는 효과를 창출하는 것은 당연히 허용된다. 즉 앞의 예에서 설정자와 채권자는 을 부동산에 최고액 3천만 원의 근저당을 설정하면서, 설정계약에서 갑 부동산 근저당의 기본계약으로부터 확정되는 피담보채권 중 완제되지 아니한 부분을 그 피담보채권으로 지정할 수 있다. 이 경우 피담보채권이 중첩하지 아니하므로 공동근저당이 성립하지 않아 제368조는 적용되지 아니하고, 을 부동산의 근저당권은 갑 부동산의 근저당권으로부터 만족받지 못하는 부분을 담보하는 개별 저당권으로 존속한다.

3. 공동저당의 효력

(1) 공동저당에서의 이익상황

공동저당에서 채권자는 어느 목적물로부터도 임의로 채권 전부 또는 일부의 우선변제를 받을 수 있다. 그러나 이를 저당권자의 자유에만 맡겨 두면, 특히 후순위의 권리자·일반채권자 또는 저당부동산의 소유자는 현저히 불리한 취급을 받게 될 수 있다.

예를 들어, 가액 6천만 원의 갑 부동산과 가액 4천만 원의 을 부동산에 A가 피담보채권액 5천만 원의 1번 저당권을 가지는데, B가 갑 부동산에 피담보채권액 4천만 원의 2번 저당권을, C가 을 부동산에 피담보채권액 5천만 원의 2번 저당권을 가진다고 하자.

	갑 (가액 6천만)	을 (가액 4천만)
1순위	A 5천만	A 5천만
2순위	B 4천만	C 5천만

이때 A가 갑 부동산에 대한 저당권을 실행한다고 하면, 그는 그 매각대금 6천만 원으로부터 피담보채권액 5천만 원을 우선변제받고, 나머지 1천만 원을 B가 배당받는다. 그 후 C가 을 부동산에 대한 저당권을 실행하면 매각대금 4천만 원은 전부 C에게 배당된다. 결국 A는 채권 전부를 회수하고, B는 채권액 4천만 원 중 1천만 원만을 변제받으며, C는 그 5천만 원 중 4천만 원의 만족을 얻을 수 있다. 그런데 A가 갑 부동산이 아니라 을 부동산에 대한 저당권을 먼저 실행하면, A가 매각대금 4천만 원 전부를 취득하고, C는 아무런 배당도 받지 못한다. 그 후 A가 갑 부동산에 대한 저당권을 실행하면, 그 매각대금 중 1천만 원이 A의 나머지 채권액에 충당되고, 이어서 B가 4천만 원을 배당받으며, 잔액 1천만 원은 일반채권자에게 돌아간다. 결과적으로 A와 B는 채권을 모두

변제받고, C에게는 5천만 원의 무담보채권이 그대로 남게 되는 것이다.

위와 같은 결과가 공평하다고는 생각되지 않는다. 후순위저당권자의 지위는 공동저당권자가 목적부동산 중 어느 것에 대하여 먼저 자신의 저당권을 실행하는가에 따라 크게 변화하여 현저히 불안정하게 되기 때문이다. 그리고 이러한 결과를 시인하는 경우, 일단 공동저당의 목적물이 되면, 그 각각의 부동산에 관하여 최악의 경우에 대비하여 채권 전액의 우선변제의 부담을 지게 되는 것을 각오하여야 하고, 이는 공동저당의 목적물이 다른 채권자를 위한 담보로 제공되는 범위를 줄이게 되어 그 담보가치 전체의 활용을 막는다.

그리하여 민법 제368조는 공동저당권자가 그 목적물 전부에 대하여 동시에 저당권을 실행하는 때에 배당받는 액을 기준으로 하여 후순위저당권자 기타 이해관계인의 이익을 조정하도록 정하고 있다.

(2) 공동저당 목적물이 모두 채무자 소유인 경우

우선 공동저당의 목적물이 모두 채무자의 소유인 경우를 보자.

(가) 저당부동산 전부가 동시에 경매되어 배당이 동시에 행하여지는 경우(이를 「동시배당」이라고 한다)에는 각 부동산의 가액[2]에 비례하여 공동저당권자의 피담보채권이 각 부동산에 분담된다(제368조 제 1 항). 그러므로 앞의 예에서 A의 5천만 원의 채권은 갑 부동산에 3천만 원, 을 부동산에 2천만 원으로 나뉘어 배당을 받는다(민집 제268조, 제101조 제 2 항도 참조). 그러므로 갑 부동산의 나머지 매각대금 3천만 원은 B에게, 을 부동산의 나머지 매각대금 2천만 원은 C에게 배당된다.

제368조 제 1 항은 부동산에 관하여 후순위저당권자가 있는지의 여부를 불문하고 적용된다. 이 규정은 부동산 소유자나 일반채권자의 보호도 그 목적으로 하고 있기 때문이다. 공동저당물이 추가되기 전에 기존 저당물에 관하여 후순위 저당권자가 있었던 경우에도 같다(대판 2014. 4. 10, 2013다36040).

(나) 공동저당목적물 중 일부 부동산의 매각대금만이 배당되는 경우(「이시

2) 공동저당권에 우선하는 권리가 있으면 그 권리의 평가액을 공동저당부동산의 가액에서 공제한 액이 여기서의 「부동산의 가액」이 된다. 그 부동산이 공동저당권자에 있어서 어느 만큼의 가치가 있는지가 기준이기 때문이다. 그런데 그 선순위의 담보권이 역시 공동저당권인 경우에는 그 각 공동저당부동산의 가액의 비례로 산정한 액을 당해 부동산의 가액에서 공제한 액을 기준으로 할 것이다(대판 1971. 6. 22, 71다513).

배당」이라고 한다)에 저당권자는 그 채권의 전부에 관하여 우선변제를 받을 수 있다(제368조 제 2 항 제 1 문). 그러나 당해 부동산의 후순위저당권자는 만일 동시배당이 이루어졌다면 공동저당권자가 다른 부동산으로부터 우선변제를 받았을 액의 한도에서 공동저당권자의 그 다른 부동산에 대한 저당권을 대위취득한다(동항 제 2 문).

앞의 예에서 먼저 갑 부동산만이 경매되었으면, A는 그 환가금에서 5천만 원 전액을 회수하나(나머지 1천만 원은 B에게 배당된다), 이제 그의 을 부동산에 대한 저당권은 소멸하지 않고, 갑 부동산의 후순위저당권자 B가 동시배당이었다면 A가 을 부동산으로부터 우선변제받을 수 있었을 2천만 원을 한도로 을 부동산에 대한 A의 저당권을 대위취득하여 이를 행사할 수 있는 것이다. 따라서 을 부동산이 후에 경매되면, 그 환가금으로부터 B에게 2천만 원이 우선적으로 배당되고, 나머지 2천만 원이 C에게 배당된다. 결국 A는 5천만 원 전액, B는 채권액 4천만 원 중 3천만 원, C는 채권액 5천만 원 중 2천만 원의 만족을 얻어서, 동시배당의 경우와 같은 결과가 된다.[3]

(다) 위와 같이 후순위저당권자의 대위로 인한 저당권의 취득은 법률의 규정에 의한 물권변동으로서 등기를 요하지 아니하고 효력이 발생한다. 이 대위의 효력은 배당기일의 종료시(민집 제146조 이하)에 발생하고, 배당이의소송의 확정 등으로 그 배당표가 확정될 때가 기준이 되지 않는다(대판 2006. 5. 26, 2003다18401). 그러나 그 경우에 대위권자는 변제자대위(제482조, 부등 제79조)에 준하여 저당권대위의 부기등기를 함으로써(대판 2001. 6. 1, 2001다21854) 권리관계의 명확화와 권리실현의 용이화를 꾀할 수 있다(부등 제80조).[4]

---

3) 그러나 언제나 동시배당의 경우와 같은 결과가 발생하는 것은 아니다. 그것은 공동저당 부동산의 일부에만 후순위저당권자가 있는 때에 그러하다. 앞의 예에서 갑 부동산에 후순위저당권자 B가 없다고 하자. 이 경우 동시배당이 이루어지면, A의 채권액 5천만 원이 역시 갑 부동산에 3천만 원, 을 부동산에 2천만 원 분담되고, C는 을 부동산의 매각대금으로부터 2천만 원의 배당을 받게 된다. 이에 대하여 갑 부동산만이 경매된 경우에는, A가 그 환가금 6천만 원으로부터 5천만 원의 채권액 전부를 회수함으로써 (그에 대위할 후순위저당권자가 없어서) 그의 을 부동산에 대한 저당권은 소멸한다. 그리고 후에 을 부동산이 경매되면, 그 환가금 4천만 원은 전액 C에게 배당된다.

4) 후순위저당권자가 대위한 저당권에 부기등기를 하기 전에 선순위저당권자에 의해 그 저당권등기가 말소되어 저당권이 대위되어 있음을 확인할 수 없는 상태에서 그 부동산에 소유권이나 저당권 등 새로운 이해관계를 취득한 사람(제 3 취득자)이 있는 경우, 후순위저당권자는 그러한 경우에도 대위를 주장할 수 있는가? 판례는 변제 이후 권리 소멸을

그리고 공동저당권자가 앞선 경매절차에서 채권의 일부만을 우선변제받은 경우에도 후순위저당권자의 대위가 일어나며, 그에 기하여 대위권자는 저당권의 실행도 할 수 있다. 다만 그때 공동저당권자는 뒤의 경매절차에서 자신의 나머지 채권액에 관하여 대위권자보다 우선하여 배당을 받을 수 있다.

(라) 공동저당권자가 일부의 목적물에 대한 저당권을 포기한 경우는 어떠한가? 물론 그 포기는 자유롭고 저당권은 그 한도에서 소멸한다. 그러나 후순위저당권자의 대위의 이익을 보호하기 위하여 그 포기가 없었다면 후순위저당권자가 대위할 수 있었던 금액에 관하여는 다른 목적물에 대한 경매절차에서의 배당에서 공동저당권자는 후순위저당권자에 우선할 수 없다(대판 2009. 12. 10, 2009다41250; 비슷한 이익상황에 대해 제485조 참조). 앞의 예에서 A가 을 부동산에 대한 저당권을 포기하여 그 저당권이 소멸하여도 갑 부동산으로부터 자신의 채권 전액을 우선적으로 변제받을 수 있다고 한다면, B의 대위의 이익이 해쳐진다. 그러므로 을 부동산에 대한 A의 공동저당권은 소멸하지만, 갑 부동산에 대한 경매에서 A는 B가 후순위저당권자의 대위로 을 부동산에 대한 경매절차에서 우선변제를 받을 수 있었을 2천만 원에 관하여 B에 우선할 수 없고(나머지 매각대금 3천만 원은 A에게 배당된다), 만일 A가 우선변제를 받았으면 B는 부당이득으로 반환청구를 할 수 있다(제741조).

한편 공동저당권자가 일부의 목적부동산에 대하여 소유권을 취득한 경우에는 혼동에 의하여 저당권이 소멸하는 것이 원칙이겠으나(제191조 제 1 항 본문), 후순위저당권자의 대위의 대상이 되는 한에서는 소멸하지 않는다(동항 단서).

(3) 공동저당 목적물의 일부가 물상보증인 또는 제 3 취득자 소유인 경우

나아가 물상보증인 또는 제 3 취득자가 있는 경우를 보자.

(가) 먼저 공동목적부동산 전부가 동일한 물상보증인에게 속한다면 그 이익상황이 모두 채무자에게 속하는 경우와 다를 바 없으므로 그 경우와 같이 처리된다.

신뢰할 제 3 취득자의 보호를 도모하는 변제자대위에 관한 제482조 제 2 항 제 1 호, 제 5 호의 취지를 이 경우에도 유추하여, 부기등기를 하지 않은 이상 후순위저당권자는 저당권설정등기가 말소된 이후 나타난 제 3 취득자에 대해 더 이상 대위를 주장할 수 없다고 한다(대판 2015. 3. 20, 2012다99341). 물론 후순위저당권자는 등기말소에 관여한 선순위저당권자와 저당물소유자에 대해 손해배상을 청구할 수 있을 것이다(제750조).

(나) 앞의 예에서 갑 부동산은 물상보증인 P, 을 부동산은 채무자 S의 소유라고 하자.

	갑 (P 소유; 가액 6천만)	을 (S 소유; 가액 4천만)
1순위	A 5천만	A 5천만
2순위	B 4천만	C 5천만

이때 동시배당이 행하여지는 경우라면, 물상보증인은 종국적으로 자신의 지출을 채무자에게 구상하여 그의 부담으로 돌릴 수 있으므로, 애초부터 제368조 제 1 항에 의한 분담이 행하여지지 않고, 공동저당권자는 그 채권액 전부에 관하여 먼저 채무자 소유의 부동산으로부터 우선변제를 받는다(대판 2010. 4. 15, 2008다41475). 그리고 채무자 소유의 공동저당목적물에 대한 후순위저당권자는 채무자의 종국적인 책임을 예기할 수 있었으므로, 그를 위한 제368조 제 2 항의 대위는 일어나지 않는다. 즉 물상보증인의 책임에 대해 일종의 보충성이 인정된다. 그러므로 앞의 예에서 을 부동산의 환가금 4천만 원은 전액이 A에게 배당되고, 갑 부동산의 환가금은 A에게 그 나머지 채권액 1천만 원, B에게 4천만 원이 배당되며(나머지 1천만 원은 일반채권자에게 돌아간다), 을 부동산에 대한 2번 저당권자 C의 채권은 무담보채권이 된다. 이때 물상보증인이 채무자에 대한 연대보증인의 지위를 겸하고 있더라도 마찬가지이다(대판 2016. 3. 10, 2014다231965).

이시배당이 행하여지는 경우에도 을 부동산이 먼저 경매되는 때에는 위와 같다. 그런데 갑 부동산이 먼저 경매되면, A는 그 매각대금으로부터 5천만 원의 채권액 전부를 우선변제받을 수 있다. 그리고 P는 S에 대한 5천만 원의 구상권의 범위에서 변제자대위에 의하여 A의 원채권 및 을 부동산에 대한 저당권을 대위한다(제481조, 제482조 제 1 항). 그런데 B는 P 소유의 갑 부동산에 저당권을 가지고 있었던 터이므로 P의 후순위저당권자로서 P의 변제자대위권에 물상대위를 할 수 있고(제370조, 제342조),[5] P가 변제자대위하는 을 부동산에

5) 이때 채무자가 물상보증인의 구상권에 대해 상계할 자동채권을 가지고 있더라도 상계로

대한 저당권으로부터 그 한도에서 P보다 우선하여 변제를 받을 수 있다.[6]

이상의 법리는 채무자 소유 부동산에 후순위저당권이 설정된 다음에 물상보증인 소유의 부동산이 추가로 공동저당의 목적이 된 경우에도 마찬가지로 적용된다(대판 2014. 1. 28, 2013다207996).

[4] 공동저당에서 후순위저당권자와 물상보증인의 우열: 대판 1994. 5. 10, 93다25417

[주　문] 상고를 기각한다. 상고비용은 원고의 부담으로 한다.

[이　유] 상고이유를 본다.

(1) 원심판결 이유에 의하면, 원심은, ① 피고은행이 소외 코리아임펙스 트레이딩 주식회사(이하 소외회사라 한다)에게 금 1,218,979,822원을 대여하면서, 소외 회사 소유의 판시 별지목록 제 3 기재 부동산 및 각각 원고, 소외 황세원, 같은 박준호, 같은 박준규 소유의 판시 별지목록 제1, 2, 4, 5기재 부동산(이하 이 사건 제1 내지 5부동산이라 한다)에 대하여 각 1, 2, 3번공동근저당권설정등기를 경료하고, 그 후 추가로 위 박준규의 소유의 이 사건 제 5 부동산에 대하여 5번근저당권설정등기까지 경료한 사실, 소외 신용보증기금이 소외 회사에게 금 7,022,460원(판시 금 30,000,000원은 오기로 보인다)을 대여하면서, 이 사건 제1 내지 5부동산에 대하여 각 4번공동근저당권설정등기를 경료한 사실, 피고보조참가인(이하 참가인이라 한다) 박상연이 위 박준호에게 금 300,000,000원(판시 금 30,000,000원은 오기로 보인다)을 대여하면서, 동인 소유의 이 사건 제 4 부동산

후순위저당권자의 물상대위권을 소멸시킬 수 없다. 판례(대판 2017. 4. 26, 2014다221777)는 채무자가 반대채권을 가지게 되는 것은 우연한 사정에 기인하므로 그러한 우연한 상계기대가 후순위저당권자가 가지는 지위에 우선할 수 없다는 것을 이유로 한다. 그러나 우연한 사정으로 반대채권을 가지는 경우에도 상계는 허용되는 것이므로, 이러한 설명은 적절하지 않다. 오히려 물상대위가 가지는 채권질권 유사의 성질을 고려할 때 제352조의 유추에 의해 정당화되는 결론이라고 할 것이다.

6) 다만 현실에서는 물상보증인이 실질적으로 채무자이고 채무자가 실질적으로 물상보증인인 상황에서 공동저당이 설정되는 경우가 있다. 이때에는 당사자들의 약정에 따라 P는 S에 대해 구상권을 가지지 못하고, 그에 따라 변제자대위도 할 수 없다(제482조 제 1 항). 그렇다면 B는 물상대위할 대상이 없으므로 채무자 소유의 부동산에 대한 선순위저당권자의 저당권에 대해 물상대위를 할 수 없게 된다(대판 2015. 11. 27, 2013다41097, 41103). B의 입장에서는 일견 가혹하게 보일 수도 있지만, 그는 어디까지나 물상보증인의 구상권 범위에서만 대위가 가능하다는 것을 감수하는 지위에 있으므로 특별히 보호가치가 있다고 할 수는 없을 것이다.

및 각각 위 황세원, 소외 회사 소유의 이 사건 제2, 3부동산에 대하여 각 5번공동근저당권설정등기를 경료한 사실, 참가인 주식회사 한국외환은행이 소외 태광상역 주식회사에게 금 291,695,643원을 대여하면서, 위 박준규 소유의 이 사건 제5부동산에 대하여 6번근저당권설정등기를 경료한 사실, ② 그 후 소외 회사가 위 대출금상환을 연체하자 피고은행은 공동담보물인 이 사건 제1 내지 5부동산에 대하여 따로 따로 임의 경매신청을 하는 바람에, 각 그 경매절차가 별도로 진행된 결과, 이 사건 제2 내지 5부동산에 대한 경매절차가 먼저 종료되어 각 그 배당절차에서 피담보채권을 전부 변제받고 이 사건 제1부동산에 대한 경매는 이를 취하한 사실, 한편 위 신용보증기금은 이 사건 제5부동산에 대한 경매절차에서 그 피담보채권 전액을 변제받았으나, 위 각 부동산에 대한 경매절차가 동시(同時)에 이루어지지 아니하고 이시(異時)에 이루어짐에 따라, 후순위근저당권자인 참가인 박상연은 이 사건 제2, 3, 4부동산에 대한 경매절차에서 전혀 배당을 받지 못하였고, 후순위근저당권자인 참가인 은행은 이 사건 제5부동산에 대한 경매절차에서 금 23,528,860원만을 배당받은 사실을 인정한 다음, 위 인정사실에 의하면, 공동저당의 목적물 중 물상보증인 소유의 부동산이 있는 경우에도 민법 제368조 제2항은 적용되어야 하므로 먼저 경매된 이 사건 제2 내지 5부동산의 후순위저당권자인 참가인들은 동시배당이 되었더라면 피고가 이 사건 제1부동산의 경매대가에서 배당받을 수 있었던 금액 범위 내에서 선순위저당권자인 피고를 대위하여 근저당권을 행사할 수 있으며, 그 범위 내에서 피고의 이 사건 제1부동산에 대한 1, 2, 3번근저당권은 차순위저당권자인 참가인들에게 이전되었으므로, 원고는 근저당권이전의 기초가 되는 피고의 위 각 근저당권설정등기의 말소를 구할 수 없고, 나아가 가사 물상보증인의 변제자대위가 우선한다 하더라도 물상보증인들이 변제자대위에 의하여 피고의 위 각 근저당권을 취득하였으므로, 원고는 위 각 근저당권설정등기의 말소등기를 청구할 수 없다고 판단하여 원고의 이 사건 청구를 기각하였다.

(2) 공동저당의 목적인 채무자 소유의 부동산과 물상보증인 소유의 부동산에 각각 채권자를 달리하는 후순위저당권이 설정되어 있는 경우에 있어서, 물상보증인 소유의 부동산에 대하여 먼저 경매가 이루어져 그 경매대금의 교부에 의하여 1번저당권자가 변제를 받은 때에는 물상보증인은 채무자에 대하여 구상권을 취득함과 동시에, 민법 제481조, 제482조의 규정에 의한 변제자대위에 의하여 채무자 소유의 부동산에 대한 1번저당권을 취득한다고 봄이 상당한바, 이는 물상보증인은 다른 공동담보물인 채무자 소유의 부동산의 담보력을 기대하고 자기의 부동산을 담보로 제공하였으므로, 그 후에 채무자 소유의 부동산에

후순위저당권이 설정되었다는 사정에 의하여 그 기대이익을 박탈할 수 없기 때문이라 할 것이다. 또한 이러한 경우 물상보증인 소유의 부동산에 대한 후순위저당권자는 물상보증인에게 이전한 위 1번저당권으로부터 우선하여 변제를 받을 수 있다고 봄이 상당한바, 이는 물상보증인 소유의 부동산에 대한 후순위저당권자으로서는 공동저당의 목적물 중 채무자 소유의 부동산의 담보가치뿐만 아니라, 물상보증인 소유의 부동산의 담보가치도 고려하여 저당권을 설정받았고, 물상보증인으로서는 자기 소유의 부동산에 설정된 후순위저당권에 의한 부담을 위 후순위저당권의 설정 당초부터 이를 감수하고 있었다고 할 수 있으며, 공동저당의 목적물 중 채무자 소유의 부동산이 먼저 경매된 경우 또는 공동저당의 목적물의 전부가 일괄경매된 경우와의 균형상, 물상보증인 소유의 부동산이 먼저 경매되었다는 우연한 사정에 의하여 물상보증인이 그 구상권에 대하여 채무자 소유의 부동산으로부터 후순위저당권자보다도 우선하여 변제를 받을 수 있고, 본래 예정되어 있던 후순위저당권에 의한 부담을 면할 수 있다고 하는 것은 불합리하므로, 물상보증인 소유의 부동산이 먼저 경매된 경우에 있어서는 민법 제368조 제 2 항 후단이 후순위저당권자의 보호를 기하고 있는 취지를 고려하여 물상보증인에게 이전한 1번저당권은 위 후순위저당권자의 피담보채권을 담보하는 것으로 되어, 위 후순위저당권자는 마치 위 1번저당권상에 민법 제370조, 제342조의 규정에 의하여 물상대위를 하는 것과 같이 그 순위에 따라 물상보증인이 취득한 1번저당권으로부터 우선하여 변제를 받을 수 있다고 보아야 하기 때문이다.

그리고 이러한 법리는 물상보증인이 수인인 경우에도 마찬가지라 할 것이므로(이 경우 물상보증인들 사이의 변제자대위관계는 민법 제482조 제 2 항 제 4 호, 제 3 호에 의하여 규율될 것이다), 자기 소유의 부동산이 먼저 경매되어 1번저당권자에게 대위변제를 한 물상보증인은 위 1번저당권을 대위취득하였고, 그 물상보증인 소유의 부동산의 후순위저당권자는 위 1번저당권에 대하여 물상대위를 할 수 있다 할 것이므로, 그 1번저당권설정등기는 말소등기가 경료될 것이 아니라 위 물상보증인 앞으로 대위에 의한 저당권이전의 부기등기(부동산등기법 제148조)가 경료되어야 할 성질의 것이며, 따라서 아직 경매되지 아니한 공동저당물의 소유자로서는 위 1번저당권자에 대한 피담보채무가 소멸하였다는 사정만으로는 그 말소등기를 청구할 수 없다고 보아야 할 것이다.

따라서 원심이 공동저당물 중 물상보증인 소유의 부동산이 있는 경우에도 민법 제368조 제 2 항의 규정이 적용되어야 함을 전제로 원고의 이 사건 청구를 기각한 것은 후순위근저당권자의 대위에 관한 법리를 오해한 위법을 범하였다

할 것이다.

(3) 그러나 원심은 원고의 이 사건 청구에 대한 부가적 판단으로 가사 물상보증인의 변제자대위가 우선한다 하더라도 물상보증인들이 변제자대위에 의하여 이 사건 제1부동산에 대한 1, 2, 3번근저당권을 취득하였으므로 원고는 그 근저당권설정등기들의 말소등기를 청구할 수 없다고 판단하여 원고의 청구를 기각하였는바, 원심이 적법히 인정한 위 사실관계에 의하면, 물상보증인인 위 황세원, 박준호, 박준규는 각 자기의 책임분담액을 초과하는 금액(그 구체적인 액수는 이 사건 제1부동산이 경매되어야 확정될 것이다)의 한도에서 변제자대위에 의하여 이 사건 제1부동산에 대한 위 근저당권들을 취득하였다 할 것이고, 위 물상보증인들 소유의 이 사건 제2, 4, 5부동산에 대한 후순위저당권자인 참가인들은 위 물상보증인들에게 이전된 위 근저당권들에 대하여 물상대위를 할 수 있다 할 것이므로(다만 참가인 박상연의 후순위저당권 중 채무자 소유의 이 사건 제3부동산에 설정되어 있는 저당권은 민법 제368조 제2항이 적용되지 아니하므로 소멸하였다 할 것이다), 위 근저당권설정등기들은 위 소외인들 앞으로 대위에 의한 저당권이전의 부기등기가 경료되어야 할 성질의 것인즉, 원고로서는 피고에 대한 피담보채무가 소멸하였다는 사정만으로는 그 말소등기를 청구할 수 없다 할 것이다. 원심의 위와 같은 부가적 판시는 다소 미흡한 점은 있으나, 결국 위 소외인들이 변제자대위에 의하여 위 근저당권들을 취득함으로써 원고가 그 말소등기를 청구할 수 없다는 취지로 판단하고 있으므로, 위 근저당권설정등기들이 원인무효라는 원고의 주장은 배척될 것임이 명백하며, 따라서 원심의 위와 같은 법리오해는 판결결과에 영향이 없어 파기의 이유가 되는 위법이라 할 수 없다. 논지는 이유 없다.

(4) 그러므로 상고를 기각하고 상고비용은 패소자의 부담으로 하기로 하여 관여 법관의 일치된 의견으로 주문과 같이 판결한다.

질문

1. 사실관계를 재구성해 보라. 대법원이 판시한 법리에 따라 당사자들의 법률관계를 도출해 보라.
2. 공동저당권이 설정된 부동산의 일부가 물상보증인에게, 일부가 채무자에게 속하는 경우, 대법원은 제368조에 의한 대위를 후순위저당권자에게 인정하지 않는다. 그 이유는 무엇인가? 다른 견해를 고려할 여지는 없는가? 판례의 입장을 법률의 규정에 비추어 정당화할 수는 있겠는가?

3. 저당부동산이 물상보증인이 아닌 제 3 취득자의 소유일 때에는 후순위저당권자의 대위와 변제자대위의 충돌은 어떠한 방법으로 해결되어야 하는가? 위 판례법리가 그대로 적용되는가? 아니면 다른 내용의 해결이 필요한가? (아래 Ⅱ. 2. (3) (라) 참조)
4. 물상보증인과 그 후순위권리자가 대위의 부기등기를 하기 전에 공동저당권자가 만족을 받았다는 이유로 대위할 저당권의 설정등기를 말소해버렸고, 그러한 상태에서 대위할 저당권이 설정된 부동산의 경매가 진행되어 매각되어 버렸다면, 물상보증인과 후순위권리자는 경매로 부동산을 취득한 매수인에게 대항할 수 있는가? 그들은 등기를 말소한 공동저당권자에 대해서는 어떠한 권리를 가지는가? (대판 2011. 8. 18, 2011다30666, 30673 참조)

(다) 갑 부동산은 물상보증인 Q, 을 부동산은 다른 물상보증인 R의 소유인 경우는 어떠한가? 이 경우에 물상보증인 상호간의 대위는 변제자대위의 법리에 의하여 "각 부동산의 가액에 비례하여" 다른 물상보증인에 대하여 채권자를 대위하게 된다(제482조 제 2 항 제 4 호, 제 3 호). 이와 같이 물상보증인 상호간에 이미 대위취득의 범위가 제한되므로, 이시배당에서 문제되는 공동저당목적물에 대한 후순위저당권자의 법적 지위는 그 제한된 대위취득을 전제로 하여 정해진다. 즉 이 경우는 제368조 제 2 항의 문제가 아니라, 변제자대위로써 처리된다.[7]

(라) 제 3 취득자가 있는 경우는 어떠한가? 판례에 따르면, 저당목적 부동산이 모두 동일 채무자 또는 동일 물상보증인의 소유였던 경우에는 제 3 취득자가 소유권을 취득하여 물상보증인적 지위를 가지게 된 시점과 후순위저당권

7) 구체적으로 살펴보면 다음과 같다. 동시배당의 경우에는 제368조 제 1 항이 적용된다. 한편 이시배당에서 갑 부동산이 먼저 경매되면, 그 환가금 6천만 원은 A에게 5천만 원이 우선배당되는데(나머지 1천만 원은 B에게 배당된다), Q는 변제자대위에 의하여 A의 5천만 원 채권과 을 부동산에 대한 저당권을 취득할 것이나, 제482조 제 2 항 단서 제 4 호, 제 3 호에 의하여 각 공동저당부동산의 가액에 비례하여 을 부동산에 대한 저당권은 2천만 원의 범위에 제한된다. 그리고 B는 Q 소유의 부동산에 저당권을 가지고 있었으므로, 그의 후순위저당권자로서의 대위권은 Q의 위 대위권에 우선하여서, 을 부동산에 대한 경매에서 Q의 위 대위취득한 저당권으로부터 Q보다 우선하여 변제를 받을 수 있다. 결국 A가 5천만 원, B가 3천만 원(갑 부동산으로부터의 1천만 원+을 부동산으로부터의 2천만 원), C가 2천만 원(을 부동산의 환가금 4천만 원에서 B가 위와 같이 우선변제받은 2천만 원을 공제한 액)을 회수할 수 있다.

자가 저당권을 취득한 시점의 선후에 따라서 먼저 대위의 기대를 가지게 된 사람이 우선해야 한다(대판 2011. 10. 13, 2010다99132). 그에 따르면 후순위저당권자가 먼저 등장한 경우에는 제 3 취득자와의 사이에서 부동산 가액에 따른 분담이 이루어지지만(제368조; 대판 2021. 12. 16, 2021다247258), 반대로 제 3 취득자가 먼저 등장한 경우에는 그는 물상보증인과 같이 취급되어 분담이 일어나지 않고 제 3 취득자만이 변제자대위할 수 있게 된다(제481조, 제482조 제 1 항; 대판 2010. 12. 23, 2008다25671 참조).

그러나 이 경우에도 변제자대위자 상호간의 관계를 정하는 법리에 따른 구상기대가 기준이 되어야 한다. 그러므로 저당목적 부동산이 각각 채무자와 물상보증인 소유인 경우 또는 서로 다른 물상보증인들의 소유인 경우, 제 3 취득자는 전 소유자 즉 자신이 승계한 자의 법률상 지위에 따른다. 제482조 제 2 항 제 3 호는 제 3 취득자가 채무자에 대해 가지는 전면적 구상의 기대는 보호받지 못하며, 나중에 등장한 다른 제 3 취득자에 대한 관계에서 제한된다는 결과를 예정하고 있다. 그렇다면 이러한 결과는 당해 부동산에 소유권을 취득한 제 3 취득자뿐만 아니라 저당권을 취득한 후순위저당권자에 대한 관계에서도 달리 볼 이유가 없다고 생각된다. 그렇다면 제482조 제 2 항 제 3 호를 유추할 것이고, 이는 결국 제368조가 적용되는 것과 같은 결과가 될 것이다. 요컨대 채무자로부터의 제 3 취득자는 언제나 채무자처럼 취급되는 것으로 충분하다.

4. 공동근저당

(1) 의 의

근저당권도 공동저당의 형태로 설정될 수 있다(대판 2010. 12. 23, 2008다57746). 즉 동일한 기본계약 등에 기하여 발생하는 증감·변동하는 채권의 담보로 여러 개의 부동산 위에 근저당권이 설정되는 것이다. 이를 공동근저당이라고 한다. 이 역시 근저당권에 다름이 없으므로, 채권최고액이 정하여져서 등기된다. 공동근저당은 동일한 채권의 담보를 위하여 설정되는 것으로서, 공동저당에서와 마찬가지로 그 목적물 전체에 관하여 하나의 채권최고액을 정함으로써 우선변제액을 단일하게 하여야 한다. 그리고 그 목적물 사이의 종국적인 물적 부담은 경매대가에 비례하여 행하여져야 한다(제368조 제 1 항).

(2) 공동근저당의 효력

공동근저당권이 확정되기 전의 효력에 대하여는 근저당권에 관하여 설명한 내용이 그대로 타당하다. 확정사유에 대하여도 기본적으로 다를 바 없다.

그러나 공동근저당에 고유한 문제로서, 공동근저당을 구성하는 일부 근저당과 관련해 피담보채권의 확정사유가 있을 때, 그것에 의해 다른 근저당의 피담보채권도 확정되는지 여부가 다투어진다. 먼저 근저당권설정계약이 예정하여 그 진행으로부터 발생하는 사유에 의해 일부 근저당이 확정되는 경우에는 다른 근저당도 확정된다고 보아야 한다. 예컨대 공동근저당권자가 피담보채무의 불이행을 이유로 일부 부동산의 경매를 신청한 경우가 그러하다(대판 1996. 3. 8, 95다36596). 반면 공동근저당권의 목적인 개별 부동산에 대하여 공동근저당권자의 의사와 무관하게 경매가 개시된 경우에는 채권자와 채무자 사이의 거래관계가 종료된다고 볼 수 없으므로 확정을 부정하는 것이 타당하다(대판 2017. 9. 21, 2015다50637). 저당권자에게 환가주도권이 완전히 인정되고 있지 아니하는 우리 법제에서(민집 제91조 제 2 항 참조) 해석으로 가능한 범위에서 저당권자에게 환가를 강요당하지 아니할 지위를 인정하는 것은 적절하기 때문이다.

한편 공동근저당권이 확정되면, 이는 기본적으로 통상의 공동저당권으로 전화한다. 따라서 확정공동근저당권에 대하여도 제368조가 적용되어 후순위저당권자의 대위가 인정된다.

(3) 일부 만족을 받은 공동근저당의 취급

공동근저당에서 채권최고액은 각 목적부동산마다 정하여진 최고액까지 별개로 우선변제를 받는 것이 아니라, 목적부동산 전부로부터 최고액까지 우선변제를 받는 것이라고 할 것이다. 즉 공동근저당에서 「채권최고액」이란 저당목적물 각각에 대해서가 아니라 그 목적물 전부를 통틀어서 그 금액 한도에서만 우선변제권을 가지고, 각 목적물에 대한 부담은 종국적으로는 그 가액에 좇아 분담되는 것(제368조 제 1 항)이다. 따라서 공동근저당권자가 그 목적물 중 하나에 대한 경매절차에서 우선변제를 받으면, 그로 인하여 다른 공동근저당목적물에 대한 채권최고액은 감소한다. 예를 들어 A가 갑 부동산에 관한 경매에서 채권최고액 전부의 만족을 얻으면, 을 부동산에 대한 저당권은 소멸하며, 그 일부의 만족을 얻으면 그만큼 을 부동산에 관한 최고액은 감소한다. 이는 공동근저당이 설정된 일부 부동산을 임의환가하여 피담보채권의 만족을 받는 때에도 마찬가지이다(대판 2018. 7. 11, 2017다292756).

[5] 공동근저당의 법률관계: 대판 2006. 10. 27, 2005다14502

[주 문] 원심판결을 파기하고, 이 사건을 서울고등법원에 환송한다.

[이 유] 상고이유(상고이유서 제출기간이 경과한 후에 제출된 준비서면의 기재는 상고이유를 보충하는 범위 내에서)를 판단한다.

1. 원심의 판단

원심은, 원심 판시 현대아파트 제306동 제304호(이하 '이 사건 부동산' 이라 한다)에 관하여, 피고가 원심 판시 부천시 각 토지(이하 '부천시 토지'라 한다)를 공동담보로 하는 채권최고액 3억 6,000만 원의 제3순위 근저당권설정등기를, 원고들이 채권최고액 7억 2,000만 원의 제4순위 근저당권설정등기를 각 마친 사실, 피고는 부천시 토지의 수용보상금에 대한 배당절차에서 위 수용보상금에 대한 압류권자의 지위로 3억 6,000만 원을 배당받아 당시까지의 피담보채권액 중 원금 부분에 충당한 사실, 그 후 이 사건 부동산에 대한 임의경매절차에서 피고에게는 피고가 부천시 토지의 수용보상금에 대한 배당절차에서 신고한 채권에 대한 이자 채권액 135,696,067원을, 원고들에게는 101,513,667원을 각 배당하는 내용의 배당표가 작성된 사실을 인정한 후, 원고들의 주장, 즉 근저당권자가 담보권을 실행하기 위하여 근저당권 목적물의 수용보상금에 대하여 압류신청을 하는 것 역시 피담보채권의 확정사유에 해당하고 이와 같은 담보권의 실행절차를 밟음으로써 공동담보로 제공된 다른 부동산에 대하여도 피담보채권이 확정되는데, 피고가 부천시 토지의 수용보상금 청구권에 대하여 채권압류명령을 신청하고 그 배당절차에서 자신의 공동근저당권의 확정된 피담보채권액 최고액인 3억 6,000만 원을 전액 배당받은 이상, 피고에게는 이 사건 부동산에 대한 임의경매사건에서 우선배당을 받을 수 있는 채권이 존재하지 않고, 따라서 배당법원이 원고들에 우선하여 피고에게 135,696,067원을 배당한 것은 위법하다는 주장에 대하여, 공동근저당에 있어서 공동근저당권자가 아닌 제3자가 일부 공동담보물에 관하여 경매신청을 한 경우 그 경매가 진행된 당해 부동산에 관하여는 공동근저당권자의 피담보채권이 확정된다고 할 것이나, 이 경우는 공동근저당권자의 채권회수 의사에 기하여 경매절차가 개시된 것이 아니어서 공동근저당권자가 채무자와 사이의 기본거래관계를 종료하겠다는 적극적인 의사를 외부적으로 표현한 것으로 볼 수 없으므로 나머지 공동담보물에 관하여도 함께 피담보채권이 확정되는 것은 아니며, 근저당권자가 경매 실행된 일부 공동담보물로부터 피담보채권을 변제받았다 하더라도 이는 임의로 변제받은 경우와 같은 것으로 나머지 공동담보물에 관하여 설정된 근저당권의 담보한도에는 아무 영향이 없다고 전제한 다음, 비록 피고가 공동근저당권의 목적인 부천시 토지의 수용보상금에 대하여 압류절차를 취하고 그 배당절차에서 채권최고액 해당액을 배당받았다 하더라도 공동담보물인 이 사건 부동산에 관한 근저당권의 피담보채권까지 함께 확정되었다고 볼 수 없고, 부천시 토지의 수용보상금에서 배당받은 금액만큼 이 사건 부동산에 관한 근저당권의 담보한도가 축소되는 것으로 볼 수도 없다는 이유로, 원고들의 이 사건 배당이의 청구를 배척하였다.

2. 당원의 판단

가. 저당권이란 채무자 또는 제 3 자가 점유를 이전하지 않고 채무의 담보로 제공한 부동산으로부터 채권자가 우선변제를 받을 수 있는 권리로서, 저당권자가 저당 목적물의 환가대금으로부터 다른 채권자에 우선하여 변제를 받을 수 있는 우선변제권이 저당권의 본체적 효력이라고 볼 것인데, 이러한 우선변제권은 저당권자가 스스로 저당권을 실행하는 방법으로만 행사하는 것이 아니라, 타인에 의하여 경매가 실행되거나 공매 또는 수용으로 인하여 환가가 된 경우에도 저당권자는 이를 저지할 수 없는 대신 그 우선순위에 따라 환가대금 또는 수용보상금으로부터 우선 변제를 받는 방법으로 행사할 수 있는 것이다.

한편, 근저당권이라 함은 그 담보할 채권의 최고액만을 정하고 채무의 확정을 장래에 유보하여 설정하는 저당권을 말하고, 이 경우 그 피담보채무가 확정될 때까지의 채무의 소멸 또는 이전은 근저당권에 영향을 미치지 아니하므로, 근저당권자로서 우선변제권을 행사하기 위해서는 근저당권의 피담보채권이 확정될 것이 요구될 뿐 그 본체적 효력으로서의 우선변제권은 저당권과 다를 바가 없다고 할 것이며, 이 경우 근저당권의 우선변제권은 채권최고액을 한도로 민법이나 상법 기타의 법률이 정한 바에 따라 일반 채권자 또는 후순위의 담보권자보다 우선하여 변제를 받는 것이고, 이는 공동근저당권의 경우에도 마찬가지여서 공동근저당권의 우선변제권은 그 목적물의 전체 환가대금에서 위와 같은 우선변제권 범위의 채권을 우선하여 변제받을 수 있는 권리라고 할 것이다.

따라서 선순위 공동근저당권이 설정되어 있는 부동산에 대하여 후순위로 근저당권을 취득하려는 자는 선순위 공동근저당권 목적물의 전체 환가대금에서 공동근저당권의 채권최고액만큼의 담보가치를 선순위 공동근저당권자의 몫으로 파악하고 그 나머지 담보가치만을 고려하여 근저당권을 취득하는 것이 보통이라고 할 것이며, 이는 동일한 부동산에 대하여 순위가 다른 다수의 저당권을 설정할 수 있게 함으로써 자산의 효율적 이용을 꾀하는 민법상 저당권제도의 근본취지에 따른 당연한 결과라고 할 것이다.

나. 이러한 법리에 비추어 볼 때 원심의 판단은 다음과 같은 점에서 수긍할 수 없다.

(1) 우선, 원심의 판시에 따른다면 공동근저당권자는 자신이 스스로 경매실행을 하지 않는 경우 공동근저당권 목적물의 각 환가대금으로부터 채권최고액만큼 반복하여(극단적인 경우에는 공동근저당권이 설정된 목적물의 수만큼 채권최고액 해당액을 반복하여) 배당받을 수 있게 되고, 이로써 선순위 공동근저당권이 설정되어 있는 부동산에 대하여 후순위로 근저당권을 취득한 자에게 예측하지 못한 손해를 입히는 부당한 결과가 발생하게 된다.

(2) 한편, 민법 제368조 제 1 항은 “동일한 채권의 담보로 수개의 부동산에 저당권을 설정한 경우에 그 부동산의 경매대가를 동시에 배당하는 때에는 각 부동산의 경매대가에 비례하여 그 채권의 분담을 정한다.”라고 규정하고 있으며, 제 2 항은 “전항의 저당부동산 중 일부의 경매대가를 먼저 배당하는 경우에는 그 대가에서 그 채권 전부의 변제를 받을 수 있다. 이 경우에 그 경매한 부동산의 차순위 저당권자는 선순위 저당권자가 전항의 규정에 의하여 다른 부동산의 경매대가에서 변제를 받을 수 있는 금액의 한도에서 선순위자를 대위하여 저당권을 행사할 수 있다.”라고 규정하고 있는바, 공동저당권의 목적인 수개의 부동산이 동시에 경매된 경우 공동저당권자로서는 어느 부동산의 경매대가로부터 배당받든 우선변제권이 충족되기만 하면 되지만, 각 부동산의 소유자나 차순위 담보권자 기타의 채권자에게는 어느 부동산의 경매대가가 공동저당권자에게 배당되는지에 관하여 중대한 이해관계를 갖게 되므로, 민법 제368조 제 1 항은 공동저당권의 목적물의 전체 환가대금을 동시에 배당하는 이른바 동시배당의 경우에 공동저당권자의 실행선택권과 우선변제권을 침해하지 않는 범위 내에서 각 부동산의 책임을 안분시킴으로써 각 부동산상의 소유자와 차순위 저당권자 기타의 채권자의 이해관계를 조절하고, 같은 조 제 2 항은 대위제도를 규정하여 공동저당권의 목적 부동산 중 일부의 경매대가를 먼저 배당하는 이른바 이시배당의 경우에도 최종적인 배당의 결과가 동시배당의 경우와 같게 함으로써 공동저당권자의 실행선택권 행사로 인하여 불이익을 입은 차순위 저당권자를 보호하는 데에 그 취지가 있다고 할 것이다.

민법 제368조는 공동근저당권의 경우에도 적용되는 것이고, 또한 공동근저당권자 스스로 경매를 실행하는 경우는 물론 타인이 실행한 경매에서 우선배당을 받는 경우에도 적용된다고 할 것인데, 원심 판시와 같이 해석할 경우 공동근저당권자는 타인이 실행한 공동근저당권의 목적 부동산 중 일부 부동산에 대한 경매에서 채권최고액만큼 전액 배당을 받고도 자신이 실행한 것이 아니라는 이유로 다른 공동근저당권의 목적 부동산에서 또다시 일반 채권자 또는 후순위 담보권자에 우선하여 나머지 피담보채권 범위 내의 채권최고액을 배당받을 수 있게 되고, 반면 먼저 경매가 실행된 부동산의 후순위권자로서는 대위가 불가능하게 되므로, 이러한 점에서 민법 제368조의 취지는 몰각된다고 볼 수밖에 없다.

(3) 그리고 공동근저당권의 목적물이 물상보증인의 소유일 경우 물상보증인은 자신이 부담하게 될 책임의 한도가 채권최고액 상당액이라고 믿게 마련인데, 원심의 판단에 의하면 이 경우 물상보증인은 채권최고액 해당액만큼 수차에 걸쳐 책임을 부담하게 되는바, 이와 같이 공동근저당권자가 적극적으로 경매를 신청하였는지 아니면 제 3 자의 경매신청에 소극적으로 참가하였는지의 여부에 의하여 물상보증인의 책임이 그 담보제공의사와 무관하게 결정된다면 이는 불합리하다고 볼 수밖에 없을 뿐 아니라, 나아가 앞에서 본 바와 같은 이유로 물상보증인의 대위권도 침해되는 부당한 결과를 낳게 되는 것이다.

다. 그렇다면 비록 공동담보의 목적 부동산인 부천시 토지가 수용됨에 따라 피고가 물상대위의 법리에 의하여 불가피하게 그 수용보상금에 대한 배당절차에 참가함으로써 배당을 받게 된 것이라 하더라도, 그 배당절차에서 자신의 우선변제권을 행사하여 우선변제권 범위의 채권최고액에 해당하는 전액을 배당받은 피고로서는 이 사건 부동산에 대한 임의경매절차에서 다시 반복하여 공동근저당권자로서의 우선변제권의 행사를 주장할 수는 없다고 볼 것이다. 따라서 원심에는 공동근저당권의 우선변제권 행사에 관한 법리를 오해하여 판결에 영향을 미친 위법이 있다 할 것이고 이 점을 지적하는 원고들의 상고논지는 이유 있는 것이다.

3. 결 론

그러므로 나머지 상고이유에 대한 판단을 생략한 채 원심판결을 파기하고, 이 사건을 다시 심리·판단하도록 원심법원에 환송하기로 하여 관여 대법관의 일치된 의견으로 주문과 같이 판결한다.

질문

1. 공동근저당에서 이시배당의 경우 후순위저당권자의 대위는 최고액에 어떠한 영향을 미치는가? 그 이유는 무엇인가? 이를 인정하지 아니하면 어떠한 결과가 발생하는가? (대판(전) 2017. 12. 21, 2013다16992 참조)
2. 공동근저당에서 이시배당의 경우 어느 저당부동산의 경매신청은 공동근저당

의 확정을 가져온다고 볼 수 있는가? (앞의 Ⅱ. 3. (2) 참조).

5. 유추적용

제368조는 우선특권의 실행에 의해 저당권자가 불이익을 받는 경우에 유추적용될 수 있다. 예를 들어 사용자 소유의 수 개의 부동산 중 일부가 먼저 경매되어 그 경매대가에서 임금채권자들이 우선 변제를 받은 결과 동시배당의 경우에 비하여 불이익을 받은 저당권자는 나머지 부동산에 대해 제368조 제2항에 따라 대위를 할 수 있다(대판 1998. 12. 22, 97다9352). 이때 저당권자는 임금채권자의 우선특권을 대위하므로 만족을 위해서는 배당요구나 그에 준하는 조치(예컨대 가압류)가 필요하다(대판 2005. 9. 29, 2005다34391; 2014. 6. 26, 2014다204857). 이러한 내용은 조세우선변제권(대판 2001. 11. 27, 99다22311)이나 주택임차인의 소액보증금에 대한 우선변제권(대판 2003. 9. 5, 2001다66291)이 행사된 경우에도 마찬가지이다.

제11장 양도담보: 도입과 성립

Ⅰ. 권리이전형 담보 일반론

1. 의의와 기능

(1) 권리이전형 담보란 채권담보의 목적으로 재산권을 양도하는 방법으로 행하여지는 담보형태를 말한다. 민법이 정하는 물적 담보는 모두 타인의 물건 또는 권리를 원래의 보유자에게 그대로 두고 담보권자가 그 목적물에 일정한 종류의 제한물권(담보물권)을 가지는 방도를 취한다. 권리이전형 담보는 그와 같이 법이 정하는 담보형태가 아니라는 의미에서 「비전형담보」라고도 불린다.

(2) 거래의 실제에 있어서 권리이전형 담보가 이용되는 이유는 무엇인가? 이를 특히 동산담보와 관련하여 살펴보기로 한다. 근대법에서는 자산의 원활한 유동화를 위하여 간편한 권리양도의 방도가 모색되고 있다(제188조 이하 참조). 그런데 담보물권의 설정에는 권리의 양도에 비하여 여러 가지 제한이 있다. 우선 동산은 질권의 목적이 되는데, 무엇보다도 점유질원칙에 의하여 점유개정에 의한 질권 설정은 허용되지 않는다(제332조). 질권설정자가 담보목적물을 종전과 같이 점유·용익할 수 없다는 것은 특히 기업이 가지는 제품·원자재·부품 등의 자산을 기업의 생산 또는 판매 등의 활동에 활용할 수 없다는 것을 의미한다. 그러므로 동산을 담보로 제공하여 자금을 획득하려는 기업은 위와 같은 제한이 없는 양도담보와 같은 권리이전형 담보에 의지하게 되었다(제 3 편 제 6

장 Ⅰ. 1.도 참조).[1)]

담보물권의 설정에 관한 위와 같은 법적 제한 외에도 권리이전형 담보에서 담보권자는 다음과 같은 이점을 가지는데, 이는 특히 담보목적물이 부동산인 경우에 두드러진다. 즉 이제 담보권자의 의사에 반하여 목적물에 이해관계를 가지는 사람(예를 들어 만기 이전에 저당권을 소멸시킬 가능성이 있는 제3취득자, 후순위권리자, 설정자의 일반채권자 등)은 등장할 여지가 없게 되어서 그의 권리행사에 제3자의 간섭을 받지 않아도 되며, 이로써 담보권자는 담보권의 실행에 있어서 주도권을 가지게 된다. 반면 민법이 부동산 담보물권으로 정하는 저당권의 경우에는 담보제공자는 여전히 저당부동산을 제3자에게 양도하거나 다시 이를 담보로 제공하여 후순위저당권을 설정할 수 있고, 나아가 담보제공자의 다른 채권자들이 이를 압류 등으로 공취할 수 있는데, 여기서 제3취득자, 후순위권리자 또는 일반채권자는 저당권자가 원하지 않음에도, 피담보채권을 변제하여 저당권을 소멸시키거나 또는 목적물을 경매에 붙임으로써 결국 저당권을 소멸하게 할 수 있다. 그리고 저당권의 실행으로 하는 경매에서 담보목적물이 제 가액대로 현금화될 수 있다는 보장은 없으며, 또 담보권자로서는 법이 정하는 절차를 어김없이 밟아가야 하는 공경매(公競賣)가 시간과 비용을 소요하는 것으로 여길 수도 있다.

(3) 이렇게 보면, 권리이전형 담보는 채권자의 수긍할 수 있는 필요를 실현하기 위하여, 보편적으로 인정되는 권리의 양도라는 법형식을 담보의 목적에 이용하는 것으로서, 일반적으로 이에 부정적인 평가를 주어서는 안 된다. 다만 여기서 채권자는 자신의 채권의 만족을 확보한다는 원래의 목적을 넘어서 목적물 자체를 보유함으로써 담보권의 실행과는 무관하게 이를 처분하는 등 그

---

1) 반면 현실에서 개별 채권이 양도담보의 목적이 되는 경우는 많지 않은 것으로 보인다. 그것은 한편으로 채권의 양도담보가 기본적으로 그 설정요건 및 대항요건에 있어서(제346조, 제349조, 제350조, 제351조), 또 실행의 국면에서 제3채무자를 상대로 하는 추심을 통하여 만족이 얻어진다는 점(제353조)에서 채권질권과 기본적으로 다르지 않으므로, 굳이 양도담보로 나아갈 필요가 적다는 사정에서 연유할 것이다. 다른 한편으로 주로 문제되는 금전채권은 팩토링 등의 방법으로 이를 매도하여 그 대금으로 자금을 조달하면서 양수인으로 하여금 이를 행사하게 하는 것이 간편한 반면, 후에 피담보채무를 이행하여 이를 환수한 다음 채무자에게 다시 채권을 추심하여야 하는 것은 번잡하다는 사정과도 관련된다고 보인다. 그래서 채권양도담보는 집합채권을 담보목적물로 하여 주로 나타난다. 따라서 이하에서는 주로 물건의 양도담보를 염두에 두고 설명하며, 집합채권의 양도담보에 대해서는 제3편 제13장 Ⅲ.에서 살펴본다.

법적 지위를 남용할 우려가 있다. 또한 특히 유담보약정이 특약된 경우에 담보목적물의 가액이 피담보채권액을 넘으면 그 잉여가액의 이익을 취할 수도 있다. 그러므로 권리이전형 담보의 법리와 관련하여서는 이러한 남용의 위험에 충분히 주의하여야 한다.

2. 권리이전형 담보의 종류

넓은 의미의 권리이전형 담보는 대체로 다음의 셋으로 나눌 수 있다.

첫째, 양도담보이다. 이는 채권의 담보를 위하여 권리를 채권자에게 이전하는 것이다. 권리이전형 담보의 전형이라고 할 수 있고, 좁은 의미의 권리이전형 담보라고 하면 양도담보만을 가리킨다. 양도담보는 부동산, 동산, 채권 등 양도가 가능한 각종의 권리를 목적물로 할 수 있다.

둘째, 가등기담보이다. 이는 부동산과 같이 등기할 수 있는 목적물에서만 문제된다. 가등기담보에서는 담보설정 당시에는 목적물을 채권자에게 이전하지 않는다. 그러나 장차 채무불이행이 있을 때 권리의 이전을 청구할 수 있는 권리에 기하여 가등기를 함으로써, 장래의 권리취득을 확보하고 또 가등기 후에 행하여진 담보제공자의 처분의 효력을 배제할 수 있게 한다. 그러한 의미에서 가등기담보는 적용범위가 부동산 등으로 축소된 권리이전예약형 담보라고 할 수 있다.

셋째, 소유권유보이다. 이는 주로 동산매매에서 문제되어서, 소유권유보부 매매라고 불리기도 한다. 동산매매에서 목적물이 매수인에게 인도되면, 통상은 이로써 소유권이 매수인에게 이전된다. 그러나 소유권유보부 매매에서는 대금채권의 담보를 위하여 목적물의 인도에도 불구하고 소유권은 매도인에게 유보되고, 매수인이 대금을 모두 지급한 때에 비로소 매수인이 소유권을 취득한다. 그러므로 양도담보가 채권자에게 적극적으로 소유권을 이전함으로써 행하여지는 데 반하여, 여기서는 채권자가 이전하여야 할 소유권을 채무자에게 이전하지 아니함으로써 담보의 목적이 달성된다. 그러한 의미에서 이는 음(陰)의 권리이전형 담보라고 할 수 있다.

3. 권리이전형 담보에 대한 법적 규율

민법이 제정되기 전에 권리이전형 담보는 법률에 의하여 규율되지 않았고, 그 유효성과 내용은 판례와 학설에 맡겨져 있었다. 그런데 민법은 권리이전형 담보에 관하여 중요한 규정인 제607조, 제608조를 두고 있고, 이는 소비대차에 기한 차용물반환의무의 이행과 관련하여 행하여진 유담보약정의 유효 여부를 극히 엄격한 객관적 요건을 기준으로 정하려는 것이다. 입법연혁을 고찰할 때 제607조, 제608조가 양도담보도 규율의 대상에 포함함은 명백하고, 따라서 이들 규정은 양도담보에서의 유담보약정에 대하여도 적용된다.

1983년 법률 제3681호로 제정되어 1984년 1월 1일부터 시행된 「가등기담보 등에 관한 법률」(이하 '가등기담보법'으로 명명한다)은 제607조, 제608조를 기초로 하여 가등기담보 및 부동산양도담보를 규율한다. 이 법률은 그 적용이 있는 한에서는 가등기담보나 양도담보를 하나의 담보물권으로 규율하는 것을 내용으로 한다. 그러나 이 법률은 소비차주의 차용물반환채무에 관한 유담보약정을 규율하는 제607조, 제608조를 기초로 마련되었으므로, 그 적용범위가 제한적이 될 수밖에 없는 기본적인 한계를 가진다.

이하에서는 가등기담보법의 적용을 받지 않는 양도담보에 대하여 우선 살펴보고, 동법의 적용을 받는 양도담보에 대하여는 가등기담보법상의 가등기담보를 설명하면서 같이 논의하기로 한다.

Ⅱ. 양도담보의 의의와 성립

1. 양도담보의 의의

(1) 양도담보의 개념

양도담보는, 채권을 담보할 목적으로 채무자 또는 제 3 자로부터 물건 기타의 재산권을 채권자에게 이전하고, 채무가 이행되면 목적물을 그 설정자에게 반환하지만 채무불이행이 있는 경우에는 목적물로부터 채권의 우선적인 만족을 얻는 담보방법을 말한다.

(2) 양도담보의 법적 구성에 관한 논의

양도담보는 목적물인 권리를 채권자에게 이전하는 것이므로, 양도담보권자가 그 권리의 보유자가 되고, 따라서 목적물이 물건인 경우에는 그 소유자가 되는 것이 당연하다. 그런데 다수의 학설은 가등기담보법이 시행된 후에는 일반적으로 양도담보권자는 단지 제한물권을 가지는 것에 불과하다고 한다. 가등기담보법은 부동산의 양도담보에 관하여 양도담보권자가 담보설정자에게 청산기간의 경과 후에 청산금을 지급한 때에 소유권을 취득한다고 명문으로 규정하고 있으므로(가담 제 4 조 제 2 항), 그와 같이 청산절차가 행하여지기 전까지 소유권은 여전히 설정자에게 속한다. 그렇다면 양도담보권자는 저당권 유사의 담보물권을 가진다고 할 수밖에 없다. 그런데 양도담보를 목적물에 따라 그 이론구성과 법적 성질을 달리하는 것은 타당치 않으므로, 동산의 양도담보 역시 일종의 담보물권이라고 해석함이 타당하다는 것이다.

그러나 이러한 이해에는 찬성할 수 없다. 첫째, 가등기담보법은 부동산의 양도담보에 한정하여 보더라도 그 일부를 규율하는 것에 불과하다(제 3 편 제14장 Ⅱ. 2. 참조). 우선 동법은 민법 제607조, 제608조를 기초로 하는 법률로서 피담보채무가 소비대차(및 준소비대차)로 인한 차용물반환의무인 경우만 규율하며, 그리하여 피담보채무가 소비대차로 인한 차용물반환의무가 아닌 경우(외상매매로 인한 대금채권, 도급으로 인한 공사대금채권 등)에는 그 적용이 부정된다. 나아가 동법은 담보계약 당시의 목적물의 시가가 채무원리금을 넘는 경우에만 적용된다. 이와 같이 부동산의 양도담보에 한정하더라도 적용범위가 상당히 제한되는 가등기담보법을 다른 목적물을 포함하여 양도담보 일반에 관한 기준적 법리를 선언한 것으로 이해하기는 어려울 것이다.

둘째, 가등기담보법은 동법의 적용이 있는 한 명백히 소유권등기를 받은 부동산의 양도담보권자가 소유권을 가지지 못함을 정한다. 그러나 그렇다고 해서 그 소유권등기가 무효라고는 하지 않고, 오히려 그것이 유효이어서 누구도 그 말소를 청구할 수 없음을 전제로 규정한다. 이는 양도담보권자가 소유권을 가지지 못하는데도 그 소유권등기는 유효하고, 그 소유권등기에 의하여 저당권 유사의 권리가 공시됨을 의미한다. 이러한 법상태는 병적인 것으로서 결코 바람직하다고 할 수 없다. 게다가 그 결과 담보설정자는 여전히 소유권을 가짐에도 불구하고 등기절차상 등기의무자(부등 제28조)가 될 수 없어 사실상 이를 처분할 수 없는 것에 반하여, 채권자는 소유자가 아님에도 불구하고 목적물을 선의의 제3자에게 유효하게 처분할 사실상의 가능성을 가진다(가담 제11조 단서). 이러한 법상태가 부동산양도담보 일반에 확장하여 적용되는 것에 쉽사리 찬성할 수 없다.

셋째, 양도담보에서 당사자들이 채권자 앞으로의 권리이전을 의욕하였음은 부인될 수 없다. 당사자들은 앞서 본 대로 일반적으로 제3자의 공취의 배제, 채권만족의 방법·시기의 자유로운 선택의 필요 등 합리적 이유에 기하여 신탁적 양도를 의도한 것이다. 그것이 담보 목적으로 행하여졌다는 것이 의사표시의 해석에 영향을 미칠 수는 있어도, 법률행위에서 기준이 되는 것은 법적 효과의사이고 그러한 경제적 목적이 당사자가 명백하게 합의한 바를 뒤엎을 수는 없다.

(3) 신탁적 양도로서 양도담보

결국 양도담보 일반에 대하여는 가등기담보법 시행 전의 다수설 및 일관된 판례에 좇아서 신탁적 양도, 즉 담보 목적으로 하는 신탁행위로 이해되어야 한다.

(가) 양도담보에서의 법률행위는 둘로 나눌 수 있다. 하나는 담보설정자가 소유권 기타 재산권을 채권자에게 이전하는 것을 내용으로 하는 처분행위(처분으로서의 양도담보)이다. 다른 하나는 그 재산권 이전의 법률상 원인(causa)이 되기도 하는 담보 목적에 관한 합의 및 당사자들 사이의 권리의무관계에 관한 약정을 포함하는 채권계약(양도담보계약)이다. 양도담보는 수탁자가 신탁재산의 보유·관리에 자기 고유의 이익을 가지는 신탁(이른바 eigennützige Treuhand)의 대표적인 예이다.

(나) 채권자 즉 양도담보권자는 담보목적물의 권리자가 된다. 그러나 양도담보권자는 채권관계의 존속 중 설정자에 대하여 이전된 권리를 담보의 목적으로만 보유할 채권적 의무를 부담하고, 또 그렇게 할 권리를 가진다. 일반적으로 설정자는 목적물을 계속 점유하고 또 사용·수익할 권리를 보유한다. 그리고 권리의 취득 및 보유는 채권의 담보를 위한 것이므로, 채권자는 피담보채권이 만족되면 목적물을 설정자에게 반환할 의무를 부담한다. 채권자가 이들

의무에 위반한 경우에는 그는 채무불이행을 이유로 그로 인한 손해를 배상하여야 한다.

(4) 가등기담보법이 적용되는 양도담보

그러나 가등기담보법의 적용이 있는 한에서는 양도담보권자는 저당권자 유사의 법적 지위만을 가진다고 할 것이다. 이는 강행법규로서의 성질을 가지는 동법의 규정, 특히 제 3 조 제 1 항, 제 4 조 제 2 항에 의한 것이다.

2. 양도담보의 설정

(1) 양도담보계약

우선 양도담보의 당사자, 즉 양도담보설정자(채무자 또는 제 3 자)와 양도담보권자(채권자) 사이에 양도담보계약이 체결된다(가담 제 2 조 제 1 호도 참조). 양도담보계약은 채권의 담보를 위하여 일정한 물건 기타 재산권을 채권자에게 이전하기로 하되 피담보채권이 만족을 얻으면 목적물이 설정자에게 회복되고 그에 관하여 채무불이행이 있으면 채권자는 목적물로부터 자신의 채권의 우선적인 만족을 얻을 수 있다는 것을 내용으로 한다.

(가) 양도담보계약은 채권적 성질을 가지는 계약으로서, 채권자는 이에 기하여 담보목적물의 양도를 청구할 수 있으며, 또 그 계약이 양도담보권자의 권리취득의 법률상 원인(causa)이 된다. 당사자들이 목적물의 양도 또는 회복의 법형식으로 매매, 양도담보, 환매, 매매 등의 해제 기타 어떠한 것을 채택하는지는 중요하지 않으며, 그것이 채권의 담보를 목적으로 하는 한 여기서의 양도담보계약에 해당한다.

[1] 부동산 양도담보의 성립: 대판 1990. 4. 24, 89다카18884

[주 문] 원심판결을 파기하고, 사건을 수원지방법원 합의부에 환송한다.

[이 유]

1. 피고들 소송대리인의 상고이유 제 1 점을 본다.

(1) 원심판결 이유에 의하면, 원심은 소외 유병각은 1984. 9. 25. 다세대주택의 신축과 분양을 목적으로 소외 윤풍자로부터 위 윤풍자 소유의 수원시 지동 113의16 대 688평방미터를 대금 97,000,000원에 매수하고 계약금 10,000,000원

은 계약당일에, 중도금 10,000,000원은 같은 해 10. 5.에, 잔금 77,000,000원은 같은 해 10. 30.에 각 지급하기로 하되, 위 잔금 중 금 45,000,000원은 그 지급에 갈음하여 위 윤풍자의 남편인 소외 최무남이 소외 주식회사 경기은행에 대하여 부담하고 있는 같은 액의 채무를 인수하기로 하며 나머지 잔금 32,000,000원의 지급 전에 위 토지상에 주택을 신축할 수 있되 위 나머지 잔금의 지급을 담보하기 위하여 신축건물의 건축허가 명의를 위 윤풍자로 하기로 하고, 위 토지에 대한 소유권이전등기는 그 지상에 위 유병각이 주택을 건축하여 분양할 때 그가 요구한 자에게 하여 주기로 약정한 사실, 위 유병각은 위 계약금 및 중도금을 지급하고 위 토지상에 4채의 다세대주택을 짓기 위하여 위 토지를 이 사건 건물의 대지인 수원시 지동 113의16 대 160평방미터 등 4필지로 분할한 다음 1984. 10. 24. 소외 윤풍자 명의로 건축허가를 받아 자기의 자재와 비용으로 이 사건 건물 등 4채의 다세대주택을 신축한 사실, 소외 유병각이 공사착수 후 자금사정으로 예정대로 건축공사를 진행하지 못하고 위 토지잔대금을 약정기일에 지급하지 못하게 되자 위 유병각과 윤풍자 사이에 1984. 12. 28. 위 건물건축을 1985. 5. 31.까지 완성하고 그때까지 위 토지잔대금지급기일을 유예하기로 새로이 약정이 이루어진 사실, 위 유병각은 1985. 4.경 이 사건 건물을 포함한 4채의 다세대주택을 완공하였으나 그 완공 무렵 부동산경기침체로 건물분양이 되지 않자 앞서 본 바와 같이 이 사건 건물 2층 및 1층 일부를 피고들에게 임대한 것을 비롯하여 나머지 건물들도 다른 사람들에게 임대하여 그 임대차보증금을 수령하고도 위 윤풍자에게는 위 잔금지급기일이 지나도록 잔금을 지급하지 아니하므로, 위 윤풍자는 1985. 8. 19. 이 사건 건물에 관하여 그 명의로 소유권보존등기를 경료하고 원고로부터 합계금 50,500,000원을 차용하고 1985. 11. 27. 및 1987. 1. 14. 2차에 걸쳐 이 사건 건물 및 그 대지 위에 원고 앞으로 근저당권을 설정하였다가 1987. 5. 27. 위 차용금에 대한 대물변제로 원고에게 이 사건 건물 및 그 대지의 소유권을 이전하여 준 사실을 인정한 다음, 위 인정사실에 의하면 소외 유병각이 자신의 자재와 비용으로 이 사건 건물을 건축하였다고 하여도 소외 윤풍자에 대한 토지잔대금 지급채무를 담보할 목적으로 건축허가 명의를 담보권자인 위 윤풍자로 하여 이 사건 건물을 건축한 이상 건물완공과 동시에 대외적인 소유권은 그 건축허가명의자로서 담보권자인 위 윤풍자에게 그 담보의 목적에서 원시적으로 귀속된다고 할 것이므로, 위 건물의 소유권을 위 유병각이 원시취득하였음을 전제로 위 유병각으로부터 위 건물을 임차한 피고들에게 이를 점유할 권원이 있다는 피고들 주장은 이유 없다고 판단하였다.

(2) 그러나 일반적으로 자기의 노력과 재료를 들여 건물을 건축한 사람은

그 건물의 소유권을 원시취득하는 것이고, 다만 도급계약에 있어서는 수급인이 자기의 노력과 재료를 들여 건물을 완성하더라도 도급인과 수급인 사이에 도급인 명의로 건축허가를 받아 소유권보존등기를 하기로 하는 등 완성된 건물의 소유권을 도급인에게 귀속시키기로 합의한 것으로 보여질 경우에는 그 건물의 소유권은 도급인에게 원시적으로 귀속된다.

이 사건에서 원심이 확정한 사실에 의하면 소외 유병각은 소외 윤풍자로부터 그 소유 토지를 매수하고 매매잔대금의 지급을 담보하기 위하여 위 토지위에 신축하는 건물의 건축허가명의를 위 윤풍자 명의로 하였다는 것이므로 두 사람의 관계를 도급관계로 보기 어려운바, 이와 같이 단지 채무의 담보를 위하여 채무자가 자기비용과 노력으로 신축하는 건물의 건축허가명의를 채권자명의로 하였다면 이는 완성될 건물을 담보로 제공키로 하는 합의로서 법률행위에 의한 담보물권의 설정에 다름 아니므로, 완성된 건물의 소유권은 일단 이를 건축한 채무자인 유병각이 원시적으로 취득한 후 채권자인 윤풍자 명의로 소유권보존등기를 마침으로써 담보목적의 범위 내에서 위 채권자에게 그 소유권이 이전된다고 보아야 할 것이며, 이와 달리 위 채권자가 완성될 건물의 소유권을 원시적으로 취득한다고 볼 것이 아니다.

결국 원심이 위 윤풍자와 유병각간의 계약관계를 도급관계가 아니라 토지매매대금에 대한 담보설정관계로 인정하면서도 도급관계에서도 같은 이론으로 그 소유권의 귀속을 판단한 것은 신축건물의 소유권귀속과 담보권설정의 효력에 관한 법리를 오해한 것으로서 소송촉진등에관한특례법 제12조 제 2 항 소정의 파기사유에 해당하므로 이점 논지는 이유 없다.

2. 같은 상고이유 제 2 점을 본다.

원심은 피고들이 가사 위 건물의 소유권을 소외 유병각이 원시취득한 것이 아니고 소외 윤풍자가 원시취득하였다 하더라도 위 윤풍자는 위 건물의 신축에 앞서 위 유병각에게 위 건물을 타에 분양 또는 임대할 수 있는 처분권과 관리권을 주었으며 따라서 위 유병각은 위 윤풍자로부터 부여받은 건물관리처분권에 기하여 피고들에게 위 건물을 임대한 것이므로 결국 피고들이 위 유병각을 통하여 위 윤풍자로부터 임차한 주택임차권의 대항력으로 위 윤풍자와 그로부터의 양수인인 원고에게 대항 할 수 있다고 주장한 데에 대하여, 앞서 인정한 사실에 의하면 위 윤풍자는 위 토지매매계약 당시 위 유병각으로 하여금 위 토지 위에 건물을 건축하여 분양하는 것을 허용하고 분양시 위 유병각이 지정하는 자에게 위 토지에 대한 소유권이전등기를 하여 주기로 하였다 할 것이나, 위 토지잔대금의 지급담보를 위하여 위 윤풍자 명의로 건축허가 명의를 하기로 한

이 사건에 있어서, 이는 위 유병각이 위 윤풍자에게 위 토지대금을 전부 지급하여 피담보채권이 소멸된 경우에 실질적 소유권자가된 위 유병각의 분양행위의 효력을 승인하여 그 피분양자에게 위 토지 및 신축 건물의 소유권을 이전하여 주기로 한 것에 불과하다고 보여지고, 이와 달리 위 윤풍자가 위 유병각에게 대외적으로 자기 소유인 이 사건 건물의 관리처분권을 위임하여 위 유병각의 관리처분행위에 따른 책임을 자신이 부담하기로 한 것이라는 피고들 주장에 부합하는 듯한 원심증인 유병각의 증언은 앞서 인정된 사실들에 비추어 믿기 어렵고 달리 이를 인정할 만한 증거가 없다 하여 위 피고들 주장을 배척하였다.

그러나 원심이 채용한 원심증인으로서 위 윤풍자의 남편인 최무남의 증언을 보면 이 사건 신축주택은 건축업자인 위 유병각이 완공해서 이를 관리분양하여 토지대금을 위 윤풍자에게 지급하기로 하였다고 진술하고 있어 위 유병각이 신축주택을 관리, 분양하여 얻은 금원으로 토지대금을 지급키로 하였다는 취지로 풀이됨에도 불구하고, 원심이 위 증언과 상반되게 위 유병각은 토지대금을 완급한 뒤에야 위 건물의 관리처분권을 취득하는 것으로 판단하고 위 피고들의 주장을 인정할 증거가 없다 하여 배척한 것은 채용한 증거와 모순된 판단을 한 것이거나 채용한 증거가치의 판단을 그르친 위법을 저지른 것으로서 위 원심판단을 다투는 논지는 이유 있다.

3. 그러므로 원심판결을 파기환송하기로 하여 관여 법관의 일치된 의견으로 주문과 같이 판결한다.

질문

1. 사실관계를 정리하고, 문제가 된 다세대주택 건물의 소유권 귀속관계를 추적해 보라.
2. 이 사건에서 원고의 피고에 대한 명도청구가 받아들여지지 않은 이유는 무엇인가? 그렇다면 그러한 청구가 받아들여지기 위해서는 어떠한 사정이 있어야 할 것인가?

(나) 채무자는 물론이고, 제 3 자도 자신의 물건 기타 재산권을 양도담보의 목적물로 제공하여 양도담보계약의 당사자가 될 수 있다. 이에는 물상보증인에 관한 법리가 적용될 것이다. 양도담보의 설정은 그 목적물에 대한 처분행위이므로, 양도담보설정자가 목적물을 가지지 않는 경우 양도담보권자는 원칙적으로 그 권리를 취득하지 못한다. 그러나 동산이나 증권적 채권의 양도담보에는

선의취득의 법리가 적용된다(제249조 이하, 제514조, 제524조 등).

(다) 양도담보계약에 기하여 담보물을 취득하는 것은 통상 채권자이다. 그러나 저당권 설정과 관련된 법리를 확장하여(제 3 편 제 7 장 Ⅲ. 1. 참조) 채권자가 아닌 제 3 자라고 하여도 설정자 및 채권자와의 약정에 의하여 권리를 취득할 수 있다고 할 것이다.

(2) 양도담보의 내부관계

양도담보의 당사자 사이의 채권적인 관계(내부관계)는 양도담보계약의 해석에 의하여 정하여진다. 그 계약은 일반적으로 ① 피담보채무 및 그 내용, ② 담보목적물 및 그 점유·용익 및 관리에 관한 사항, 그리고 ③ 채무불이행시의 양도담보권 실행의 방법 등을 내용으로 한다.

(가) 양도담보의 피담보채권에 대하여는 기본적으로 저당권의 피담보채권에 관하여 설명한 바가 타당하다. 기본적으로는 금전채권이 피담보채권이 되나, 애초부터 금전의 지급을 내용으로 하는 채권이 아니더라도 손해배상채권으로 전환될 수 있으면 피담보채권이 될 수 있다. 정지조건부 또는 시기부인 채권은 물론이고, 장래의 채권도 피담보채권이 될 수 있다. 나아가 계속적 거래로부터 발생하는 증감·변동하는 채권도 장래의 확정을 유보하여 피담보채권으로 할 수 있고(근양도담보; 대판 1986. 8. 19, 86다카315), 포괄근양도담보도 공서양속에 반하지 않는 한 허용된다. 이러한 근양도담보에서는 근저당권에서와는 달리 채권한도액의 정함도 필요하지 않다고 할 것이다.

(나) 부동산·동산은 물론이고 채권 기타 양도할 수 있는 재산권(예컨대 주식, 골프장회원권, 카바레영업권, 아파트입주권 등)은 양도담보의 목적이 될 수 있다. 동산이나 채권 등 권리가 압류가 금지된다고 해서(민집 제195조 등 참조) 당연히 양도담보의 목적으로 삼을 수 없는 것은 아니다. 또 장래의 채권도 양도할 수 있으므로, 역시 양도담보의 목적이 될 수 있다. 한편 목적물의 점유·사용·수익 및 관리는 거의 예외 없이 설정자에게 맡겨지는 것으로 약정된다.

(다) 피담보채무가 불이행되는 때에 채권자는 목적물로부터 자기 채권의 만족을 얻을 수 있다. 양도담보에서 채권의 만족은 민사집행법 등이 정하는 공경매에 의하지 아니하고, 채권자의 사적인 주도 아래 행하여지는 사적 실행의 방법에 의하게 된다. 그 방법은 크게 다음의 두 가지로 나뉜다.

(a) 하나는 목적물을 환가(현금화)하여 그 환가금을 자기 채권의 만족에 충당한 다음, 나머지가 있으면 이를 설정자에게 반환하고, 부족하면 일반채권자로서의 권리를 행사하는 것이다. 이와 같이 채권의 정산절차를 수반하는 양도담보를 「정산형(또는 청산형) 양도담보」 또는 「약한(또는 약한 의미의) 양도담보」라고 부른다. 판례는 이러한 정산형 양도담보가 양도담보의 원칙적인 모습으로서, 다른 특별한 약정이 없는 한 이에 해당한다고 한다(대판 1996. 11. 15, 96다31116 등). 여기서 환가의 구체적인 방법으로는 채권자가 목적물을 시가대로 평가하여 자신에게 귀속시키는 것(귀속청산 또는 취득청산)과 제 3 자에게 매각 기타 처분하는 것(처분청산)이 상정된다.

(b) 다른 하나는 목적물을 피담보채무에 갈음하여 양도담보권자에게 귀속시킴(유담보)으로써 피담보채무가 소멸하는 것이다. 이와 같이 정산절차를 요하지 아니하고 양도담보권자가 피담보채무에 갈음하여 취득하는 양도담보를 「유담보형 양도담보」 또는 「강한 양도담보」라고 부른다. 그리고 이 역시 둘로 나뉘어, 양도담보권자가 피담보채무에 갈음하여 목적물을 취득할 것을 선택하여 그 의사표시를 함으로써 비로소 유담보가 이루어지는 유담보권리형과 채무자의 채무불이행이 있으면 자동적으로 유담보가 행하여지는 자동유담보형이 있다. 그러나 실제로 판례가 「강한 양도담보」를 인정한 예는 드물다.

(라) 양도담보계약은 소비대차 기타 피담보채권의 발생원인이 되는 계약과는 별개의 법률행위이다. 이는 양자가 하나의 계약서로 행하여진 경우에도 마찬가지이다. 그러나 후자의 계약이 애초 무효이거나 사후적으로 취소·해제됨으로 말미암아 피담보채권이 발생하지 않거나 소급적으로 소멸되면, 이제 양도담보계약에 기한 권리이전은 법률상 원인(제741조)이 없는 것이어서 부당이득으로 원상회복되어야 한다. 아직 양도담보계약에 기하여 권리이전이 행하여지지 않은 경우에는, 채권자는 양도담보계약의 이행, 즉 담보목적물의 양도를 청구할 수 없다고 할 것이다.

(3) 양도행위

나아가 양도담보가 성립하려면, 설정자가 채권자에게 담보의 목적인 물건 기타 재산권을 양도하여야 한다. 이와 같이 물건 기타 재산권의 양도에 관한 법률행위는 양도담보계약을 원인으로 행하여지는 설정자의 처분행위이다.

(가) 목적물이 물건인 경우에는 물권적 합의 외에도 부동산 기타 권리양도에 등기·등록을 요하는 재산권이면 소유권 기타 권리의 이전에 관한 등기,[2] 동산이면 인도가 행하여져야 한다(제186조, 제188조 제 1 항). 그러나 동산에서는 거의 예외 없이 점유개정(제189조)에 의한 대용인도가 행하여진다. 이와 같이 부동산·동산의 양도담보에서 채권자는 일반적으로 목적물을 직접점유하지 않으며, 직접적인 지배의 외관에 변화가 없는 것이 통상이다.

(나) 채권 기타 재산권의 양도담보에서는 그 재산권의 양도 자체를 내용으로 하는 물권적 합의로써 충분하다. 채권의 양도담보에서 채무자 기타 제 3 자에 대한 대항요건(제450조)을 갖추는 것은 양도담보권자의 채권취득 그 자체와는 무관하다. 그러나 무엇보다도 채무자에 대하여 채권을 행사하려면 대항요건의 구비가 필요하므로, 채권자는 설정자에 대하여 담보목적물인 채권의 채무자에 통지할 것을 청구할 수 있는 것이 원칙이다. 그러나 양도담보의 피담보채무의 불이행이 있기 전에 양도된 채권의 채무자가 양도담보권자를 채권자로 알고 채무를 이행하게 되면 법률관계가 복잡해지므로, 양도담보계약에서 장차 피담보채무의 불이행이 있을 때 비로소 설정자로 하여금 채권양도의 통지를 하도록 약정하거나 양도담보권자가 채권양도의 통지를 그때에 하는 것에 관한 대리권을 미리 부여받는 일이 적지 않다(제 3 편 제13장 Ⅲ. 1. 참조).

(다) 양도담보도 선의취득에서 요구되는 「양도」의 요건을 충족한다(제249조). 특히 증권적 채권에서는 무권리자로부터 이를 양도담보받은 채권자도 당해 채권을 선의취득하는 경우가 적지 않다. 그러나 동산의 선의취득에서 점유개정에 의한 인도는 그 「인도」의 요건을 충족하지 못하므로, 동산양도담보권자는 일반적으로 목적물을 선의취득하지 못한다. 이는 양도담보가 이중으로 행하여진 경우에 시간적으로 앞선 양도담보권자가 우선하게 되는 결과로 이어진다. 그러나 일단 점유개정으로 양도담보를 받았어도 후에 채권자가 현실인도나 선의취득이 허용되는 대용인도를 받은 경우에는 그때를 기준으로 다른 요건이 갖추어졌으면, 목적물을 선의취득할 수 있다.

---

2) 부동산의 양도담보에서 등기를 함에 있어서는 "채무자·채권금액 및 채무변제를 위한 담보라는 뜻이 기재된 서면을 등기신청서와 함께 등기관에게 제출하여야" 하며(부실 제 3 조 제 2 항), 이에 위반한 채권자는 과징금뿐만 아니라 5년 이하의 징역 등의 형사처벌을 받는다(부실 제 5 조 제 1 항 제 2 호, 제 7 조 제 1 항 제 2 호).

[2] 이중양도담보의 설정: 대판 2000. 6. 23, 99다65066

[주　　문] 상고를 기각한다. 상고비용은 피고의 부담으로 한다.

[이　　유] 상고이유를 판단한다.

1. 상고이유 제 1 점에 대하여

동산에 대하여 점유개정의 방법으로 양도담보를 일단 설정한 후에는 양도담보권자나 양도담보설정자가 그 동산에 대한 점유를 상실하였다고 하더라도 그 양도담보의 효력에는 아무런 영향이 없다 할 것이고, 양도담보권 실행을 위한 환가절차에 있어서는 환가로 인한 매득금에서 환가비용을 공제한 잔액 전부를 양도담보권자의 채권변제에 우선 충당하여야 하고 양도담보설정자의 다른 채권자들은 양도담보권자에 대한 관계에 있어서 안분배당을 요구할 수 없으며, 동산에 대하여 점유개정의 방법으로 이중양도담보를 설정한 경우 원래의 양도담보권자는 뒤의 양도담보권자에 대하여 배타적으로 자기의 담보권을 주장할 수 있으므로, 뒤의 양도담보권자가 양도담보의 목적물을 처분함으로써 원래의 양도담보권자로 하여금 양도담보권을 실행할 수 없도록 하는 행위는, 이중양도담보 설정행위가 횡령죄나 배임죄를 구성하는지 여부나 뒤의 양도담보권자가 이중양도담보 설정행위에 적극적으로 가담하였는지 여부와 관계없이, 원래의 양도담보권자의 양도담보권을 침해하는 위법한 행위라고 할 것이다.

원심판결 이유에 의하면 원심은, 판시 증거에 의하여 판시 사실을 인정한 다음, 원고가 제 1 심 공동피고 전국통운 주식회사(이하 '위 전국통운'이라 한다) 소유의 이 사건 컨테이너에 대한 양도담보권을 이미 취득하였다는 사실을 피고가 알았거나 적어도 조금만 주의를 기울였다면 이를 알 수 있었을 것임에도 불구하고 이를 게을리 한 채 위 전국통운과 사이에 이 사건 컨테이너에 대한 이중의 양도담보약정을 체결하고 나아가 이 사건 컨테이너를 넘겨받아 제 3 자에게 처분까지 한 행위는 원고의 양도담보권을 침해하는 것으로서 불법행위에 해당하므로 피고는 이로 인하여 원고가 입은 손해를 배상할 의무가 있다고 판단하였는바, 원심판결 이유를 기록에 의하여 살펴보면 원심의 사실인정 및 판단은 위 법리에 따른 것으로서 옳게 수긍이 가고, 거기에 지적하는 바와 같은 점유개정의 방법에 의한 동산의 양도담보와 그 양도담보권을 침해하는 불법행위, 가압류집행의 효력 등에 관한 법리를 오해하거나 채증법칙을 위배한 사실오인 또는 이유 불비의 위법은 없다.

상고이유 제 1 점은 받아들일 수 없다. […]

3. 상고이유 제 3 점에 대하여

원심판결 이유에 의하면 원심은, 피고의 이 사건 불법행위로 인하여 원고가 입은 손해액을 피고가 이 사건 컨테이너를 처분할 당시의 이 사건 컨테이너의 시가인 금 133,754,094원으로 인정한 다음, 피고는 위와 같이 소외인들에게 이 사건 컨테이너를 매도하면서 원고와 피고 사이의 제 3 자이의 소송에서 피고가 최종적으로 패소하는 경우 이 사건 컨테이너를 반환받기로 약정하였는데 피고로부터 매수한 컨테이너들을 제 3 자에게 다시 양도한 소외 최일랑의 경우를 제외한 나머지 228개의 컨테이너는 지금이라도 소외 이태문, 성우해운 주식회사로부터 이를 반환받을 수 있고 원고도 직접 그들에게 그 반환을 구할 수 있으므로, 원고가 위 컨테이너 자체의 인도를 구하지 아니하고 시가 상당의 가액배상을 구하는 것은 부당하다는 피고의 주장에 대하여 피고가 위와 같이 소외인들에게 이 사건 컨테이너를 매도하면서 위 제 3 자이의 소송에서 피고가 최종적으로 패소하는 경우 이를 반환받기로 약정한 사실은 인정되나, 원고는 이 사건 컨테이너에 대한 양도의무가 이행불능임을 전제로 하여 그 배상을 구하는 것이 아니고 피고와 위 전국통운의 불법행위로 인하여 원고가 양도담보권을 침해당하는 손해를 입었음을 원인으로 하여 손해배상을 구하고 있고, 한편 손해배상에 있어서 손해는 당사자 사이에 다른 의사표시가 없는 이상 금전으로 배상함이 원칙이라는 이유로 이를 배척하였다.

기록에 의하여 살펴보면, 원심이 이 사건 컨테이너의 위 처분 당시의 시가를 금 133,754,094원으로 인정한 것은 옳게 수긍이 가고, 거기에 지적하는 바와 같은 채증법칙을 위배한 위법은 없으며, 피고가 원고의 양도담보권의 목적물인 이 사건 컨테이너를 처분함으로써 원고가 위 양도담보권을 실행하는 것이 사실상 불가능하게 된 이상 비록 이 사건 컨테이너의 점유자들에 대한 원고의 인도청구권이 형식적으로 존재한다고 하더라도(기록에 의하면, 피고는 위 제 3 자이의 소송이 피고패소로 확정된 후 2년 6개월 가까이 경과한 원심 변론종결일까지도 원고가 위 양도담보권을 실행할 수 있도록 이 사건 컨테이너를 반환한 바가 없다) 원고는 위 양도담보권의 상실로 인한 손해를 입었다고 할 것이고, 민법 제763조에 의하여 불법행위에 준용되는 민법 제394조는 "다른 의사표시가 없으면 손해는 금전으로 배상한다."고 함으로써 이른바 금전배상의 원칙을 규정하고 있으므로 법률에 다른 규정이 있거나 당사자가 다른 의사표시를 하는 등 특별한 사정이 없는 이상 불법행위로 인한 손해배상은 금전배상으로 하여야 할 것이어서, 원심의 위 판단은 수긍할 수 있고, 거기에 지적하는 바와 같은 손해배상의 방법 및 범위에 관한 법리를 오해한 위법은 없다.

상고이유 제 3 점도 받아들일 수 없다.

그러므로 상고를 기각하고, 상고비용은 패소자의 부담으로 하기로 관여 법관들의 의견이 일치되어 주문과 같이 판결한다.

질문

1. 이 사안에서 양도담보의 목적물인 컨테이너의 소유권의 귀속관계를 추적해 보라. 만일 피고가 컨테이너를 양수함에 있어 선의 · 무과실이었다고 한다면, 법률관계는 어떻게 달라지는가?
2. 이 사안에서 원고는 불법행위로 인한 손해배상을 청구하고 있다. 손해요건은 충족되는가? 이 점에 대해 원심과 대법원은 어떠한 이유를 들어 손해를 긍정하고 있는가? 타당하다고 생각되는가?
3. 원고가 피고를 상대로 컨테이너 가치에 상당하는 금액을 부당이득으로 반환 청구하는 것은 가능한가?

(4) 설정비용의 부담

양도담보권자가 담보목적물을 취득하는 데 드는 비용은 자기 채권의 담보를 위한 것으로서 다른 특별한 약정이 없는 한 그가 부담하여야 한다(대판 1972. 1. 31, 71다2539; 1982. 4. 13, 81다531). 따라서 부동산의 양도담보에서 등록세, 취득세, 소개비, 대서료 등은 그의 부담으로 돌아가며(대판 1981. 7. 28, 81다257), 이를 양도담보권자가 지급하였다고 해서 양도담보의 피담보채권이 되지 않는다.

제12장 양도담보: 효력과 실행

Ⅰ. 양도담보의 효력

양도담보는 채권 등 권리도 목적으로 하나, 이하에서는 주로 문제되는 부동산·동산의 양도담보를 염두에 두고 설명한다.

1. 피담보채권의 범위

피담보채권의 범위는 양도담보계약의 해석에 의하여 정해진다. 그러나 양도담보가 일반적으로 목적물의 점유를 수반하지 않는 양도저당인 점에 비추어, 제360조 본문이 정하는 바가 기준이 될 것이다. 그러나 부동산양도담보의 경우에도 제360조 단서가 양도담보에 유추적용되지 아니하고, 지연손해금도 그 전액이 담보된다. 한편 양도담보권자가 목적물에 존재하는 저당권 등의 부담을 소멸시키기 위하여 피담보채무를 변제함으로써 가지는 구상권도 특별한 사정이 없는 한 피담보채권에 포함되며(대판 1976. 10. 26, 76다2169), 설정자가 부담하여야 할 공조·공과 또는 필요비를 양도담보권자가 체당한 경우에는 그 체당금청구권도 양도담보의 피담보채권이 된다고 할 것이다.

한편 양도담보권에도 불가분성(제321조)이 인정되어, 그 피담보채권 전부의 이행이 있을 때까지 목적물 전부를 계속 보유할 수 있다(대판 1970. 9. 17, 70다1250; 1987. 12. 8, 87다카1320).

2. 효력이 미치는 목적물의 범위

(1) 과 실

동산의 경우에는 설정자가 통상 그 사용 및 수익의 권능을 여전히 가지므로(대판 1966. 9. 27, 66다1330; 1977. 5. 24, 77다430), 동산의 천연과실 기타 산출물은 설정자에게 귀속되고(제102조 제1항; 대판 1996. 9. 10, 96다25463), 다른 특별한 약정이 없는 한 양도담보의 목적물이 되지 않는다. 그러나 양도담보권자가 과실을 취득하는 것으로 하는 특약은 무방하며, 특히 과실을 포함하여 집합물 양도담보가 약정될 수도 있다(대판 2004. 11. 12, 2004다22858 및 제3편 제13장 Ⅱ. 1. 참조).

(2) 부합물과 종물

부동산의 경우에는 부합물·종물에 관하여 제358조가 유추적용된다(통설). 그러나 종물에 대하여는 약간의 문제가 있다. 양도담보에서 채권자는 저당권에서와는 달리 사적 집행에 의하여 채권의 만족을 얻으므로, 종물(또는 종된 권리)도 채권자에게 그 권리가 귀속되어야 양도담보권의 효력이 그에 미칠 수 있다. 따라서 권리의 변동에 의사표시 이외에 등기가 요구되는 종물(또는 종된 권리)에 있어서는 그에 관한 등기가 없으면 채권자는 아직 이를 취득하지 못한다고 할 것이다. 그리고 토지의 임차인이 소유하는 건물이 양도담보의 목적이 된 경우에 그 효력은 원칙적으로 종된 권리인 건물소유자의 토지임차권에 미친다. 부합물 또는 종물을 목적물에서 배제하는 특약을 한 경우에는 이를 공시할 방법(저당권에 관한 제358조 단서, 부등 제75조 제1항 제7호)이 없으나, 양도담보관계가 기본적으로 당사자의 약정에 의하여 정하여진다는 것에 비추어 역시 그 효력을 인정할 것이다. 한편 과실에 대한 제359조는 양도담보에 유추적용되지 않는다. 부동산의 양도담보에서는 채권자가 담보권의 실행으로 하는 「압류」란 있을 수 없기 때문이다.

(3) 물상대위

신탁적 양도설에 따를 때 통상 물상대위는 문제될 여지가 없다. 목적물이 멸실·훼손 또는 공용징수된 경우에 양도담보권자는 소유권의 침해를 이유로 직접 가해자 또는 사업시행자에 대하여 손해배상청구권이나 보상금청구권을 가진다. 한편 양도담보의 목적물이 제공자의 무단양도 등으로 인하여 양수인에게 선의취득됨으로써 양도담보권자의 소유권이 상실된 경우에는, 처분자가 그로 인하여 취득한 처분대가가 부당이득으로 양도담보권자에게 반환되어야 하나(대판 1997. 6. 27, 96다51332), 이 역시 물상대위와는 관계가 없다. 그러나 경우에 따라서는 예외적으로 양도담보에서도 물상대위가 문제될 수도 있다.

[1] 양도담보와 물상대위: 대판 2009. 11. 26, 2006다37106

[주 문] 상고를 기각한다. 상고비용은 피고가 부담한다.

[이 유] 상고이유를 판단한다.

1. 상고이유 제 1 점에 관한 판단

법원의 판결, 결정, 명령은 국가기관인 법원의 공권적 판단으로서 이에 의하여 분쟁을 해결함으로써 국민의 법적 생활의 안정을 기하는 데에 그 목적이 있기 때문에 상소 또는 재심의 소 등에 의하여 취소되지 않는 한, 그 절차가 위법하다거나 내용이 부당하다 하여 이것을 사인(私人)들 사이에 이루어지는 법률행위에서와 같이 당연 무효라고 할 수 없을 뿐만 아니라, 민사소송법 제224조에 의하면 결정과 명령에는 판결에 관한 규정을 준용하되 이유를 적는 것을 생략할 수도 있으므로, 채권압류 및 전부명령의 주문에 압류·전부되는 채권들이 모두 명시되어 있는 이상 그 명령의 이유에 압류·전부되는 채권 중 일부 채권에 관한 집행권원의 기재가 누락되어 있다고 하더라도 그와 같은 사정만으로 그 집행권원의 기재가 누락된 일부 채권에 대하여 위 압류·전부명령의 효력이 미치지 않는다고 볼 수는 없다.

원심판결 이유에 의하면, 원심은 그 채택 증거를 종합하여 판시와 같은 사실을 인정한 다음, 이 사건 채권압류 및 전부명령의 주문에 이 사건 건물뿐만 아니라 이 사건 시설장비에 관한 화재보험금채권도 압류·전부한다고 명시되어 있으므로, 위 압류 및 전부명령의 이유에 이 사건 시설장비에 대한 양도담보권의 물상대위권 행사라는 취지가 기재되어 있지 않다고 하더라도 그와 같은 사정만으로 이 사건 시설장비에 관한 화재보험금채권에 위 압류 및 전부명령의 효력이 미치지 않는다고 볼 수 없다고 판단하였다.

위에서 본 법리와 기록에 비추어 살펴보면, 원심의 위와 같은 판단은 정당하고, 거기에 상고이유 주장과 같은 압류·전부명령의 효력에 관한 법리를 오해한 위법이 있다고 할 수 없다.

2. 상고이유 제 2 점에 관한 판단

동산에 대하여 양도담보를 설정한 경우 채무자는 담보의 목적으로 그 소유의 동산을 채권자에게 양도해 주되 점유개정에 의하여 이를 계속 점유하지만, 채무자가 위 채무를 불이행하면 채권자는 담보목적물인 동산을 사적으로 타에 처분하거나 스스로 취득한 후 정산하는 방법으로 이를 환가하여 우선변제받음으로써 위 양도담보권을 실행하게 되는데, 채무자가 채권자에게 위 동산의 소유권을 이전하는 이유는 채권자가 양도담보권을 실행할 때까지 스스로 담보물의 가치를 보존할 수 있도록 함으로써 만약 채무자가 채무를 이행하지 않더라도 채권자가 양도받았던 담보물을 환가하여 우선변제받는 데에 지장이 없도록 하기 위한 것인바, 이와 같이 담보물의 교환가치를 취득하는 것을 목적으로 하는 양도담보권의 성격에 비추어 보면, 양도담보로 제공된 목적물이 멸실, 훼손됨에 따라 양도담보 설정자와 제 3 자 사이에 교환가치에 대한 배상 또는 보상 등의 법률관계가 발생되는 경우에도 그로 인하여 양도담보 설정자가 받을 금전 기타 물건에 대하여 담보적 효력이 미친다고 보아야 할 것이다(대법원 1975. 12. 30. 선고 74다2215 판결 참조).

따라서, 양도담보권자는 양도담보 목적물이 소실되어 양도담보 설정자가 보험회사에 대하여 화재보험계약에 따른 보험금청구권을 취득한 경우에도 담보물 가치의 변형물인 위 화재보험금청구권에 대하여 양도담보권에 기한 물상대위권을 행사할 수 있다고 봄이 상당하다(대법원 2004. 12. 24. 선고 2004다52798 판결 참조).

원심판결 이유에 의하면, 원심은 그 채택 증거를 종합하여 판시와 같은 사실을 인정한 다음, 원고 승계참가인은 양도담보 목적물인 이 사건 시설장비가 소실됨으로써 소외인이 피고에 대하여 취득한 화재보험금청구권에 대하여 물상대위권을 행사할 수 있다고 판시하였다.

위에서 본 법리와 기록에 비추어 살펴보면, 원심의 위와 같은 판단은 정당하고, 거기에 상고이유 주장과 같은 양도담보권의 물상대위에 관한 법리를 오해한 위법이 있다고 할 수 없다.

3. 상고이유 제 3 점에 관한 판단

원심에서 주장한 바 없이 상고심에 이르러 새로이 하는 주장은 원심판결에 대한 적법한 상고이유가 될 수 없는바(대법원 2009. 8. 20. 선고 2009다20475, 20482 판결 참조), 기록에 의하면, 피고는 원심 변론종결일까지 채권압류의 경합으로 이 사건 전부명령은 그 효력이 없다는 주장을 한 바 없으므로, 이 부분 상고이유는 적법한 상고이유가 되지 못한다.

4. 상고이유 제 4 점에 관한 판단

동산 양도담보 설정자는 위 동산의 소유권을 채권자에게 이전해 주지만 이는 결국 채권자의 우선변제권을 확보해 주기 위한 목적에 따른 것임은 앞서 본 바와 같은바, 양도담보 설정자는 여전히 그 물건에 대한 사용, 수익권을 가지고 변제기에 이르러서는 채무 전액을 변제하고 소유권을 되돌려 받을 수 있으므로, 그 물건에 대한 보험사고가 발생하는 경우에는 그 물건에 대한 사용·수익 등의 권능을 상실하게 될 뿐 아니라 양도담보권자에 대하여는 그 물건으로써 담보되는 채무를 면하지 못하고 나아가 채무를 변제하더라도 그 물건의 소유권을 회복하지 못하는 경제적인 손해를 고스란히 입게 된다. 따라서, 양도담보 설정자에게 그 목적물에 관하여 체결한 화재보험계약의 피보험이익이 없다고 할 수 없다.

원심판결 이유에 의하면, 원심은 그 채택 증거를 종합하여 판시와 같은 사실을 인정한 다음, 이 사건 시설장비에 대한 양도담보권자인 원고 승계참가인은 소외인의 화재보험금청구권에 대한 물상대위권을 행사할 수 있다고 판시하면서, 이 사건 시설장비는 원고 승계참가인의 소유이므로 양도담보 설정자인 소외인이 화재보험금청구권을 가지는 것을 전제로 하는 이 사건 압류 및 전부명령은 그 효력이 없다는 피고의 주장을 받아들이지 아니하였다.

위에서 본 법리와 기록에 비추어 살펴보면, 원심판결에 다소 미흡한 점이 없지는 아니하나, 위 판시는 양도담보 설정자인 소외인은 이 사건 시설장비에 관한 화재보험계약상의 피보험이익을 가지므로 그 보험사고 발생으로 인한 보험금청구권을 취득한다는 것을 전제로 한 것으로 보이는바, 위와 같은 원심의 판단은 위 법리에 따른 것이라고 수긍할 수 있고, 거기에 상고이유로 주장하는 바와 같이 양도담보 설정자의 피보험이익에 관한 법리를 오해한 위법이 있다고 할 수 없다.

5. 결　론

그러므로 상고를 기각하고 상고비용은 패소자가 부담하기로 하여 관여 대법관의 일치된 의견으로 주문과 같이 판결한다.

질문

1. 신탁적 양도설에 따라 양도담보를 이해할 때 통상 물상대위는 문제될 여지가 없음에도, 이 사안에서는 물상대위의 문제가 발생하였다. 당사자들의 어떠한 법률적 사정에 기인한 것인가?
2. 물상대위 규정을 유추하는 판례는 정당한가? 만일 물상대위 규정을 유추하지

않는다면 결론은 어떻게 되어야 할 것인가? 계약해석에 의해 동일한 결론에 도달할 수 있는가?

3. 위와 같은 사안에서 동산 양도담보권자가 물상대위로 양도담보 설정자의 보험금청구권에 대하여 압류 및 추심명령을 얻어 추심권을 행사하는 경우, 제3채무자인 보험회사는 양도담보 설정 후 취득한 양도담보 설정자에 대한 별개의 채권을 가지고 상계할 수 있겠는가? 제498조의 취지 및 저당권에 기한 물상대위의 경우 법리(제3편 제7장 Ⅳ. 3. (2) 참조)와 비교해서 생각해 보라. (대판 2014. 9. 25, 2012다58609 참조)

3. 설정자와 양도담보권자 사이의 채권적 관계

(1) 설정자의 사용·수익권능

양도담보계약의 내용으로 거의 예외 없이 양도담보의 설정자가 그 목적물을 종전과 같이 사용·수익하는 것으로 정하여진다. 그러한 내용의 명시적 약정이 없다고 하더라도, 다른 특별한 사정이 없는 한 그와 같이 해석할 것이다. 이와 같은 경우를 「양도저당」이라고 불러서, 예외적으로 채권자가 목적물을 사용·수익하는 「양도질」과 대비하기도 한다.

(가) 양도담보계약에서 이러한 목적물의 용익관계를 따로 임대차라고 정하고 설정자가 채권자에게 그 대가로 차임을 지급하기로 약정하는 경우도 있다. 그러나 양도담보에서의 목적물 용익관계는 별도의 용익계약의 내용을 이루는 것이 아니라 양도담보계약의 한 내용이 될 뿐이다. 따라서 약정된 「차임」도 다른 특별한 사정이 없는 한 피담보채무에 대한 이자로 볼 것이고(이자 제4조 제1항), 나아가 이자제한법의 규율을 받는다(대판 1977. 5. 24, 77다430). 그런데 그러한 임대차약정에서, 차임을 지급하지 않는 경우에는 임대인(양도담보권자)이 임대차계약을 해지하고 그 목적물의 인도를 청구할 수 있다고 정하여진 경우도 있다. 이는 이자지급의 지체를 이유로 하는 피담보채무에 관한 기한이익의 상실약정으로 해석되고, 양도담보권자는 이제 양도담보권의 실행을 위하여 목적물의 인도를 청구할 수 있다.

(나) 설정자는 자신의 용익권능에 기하여 이를 제3자에게 임대할 수 있다. 이 경우 임차인은 목적물을 「점유할 권리」(제213조 단서)를 가지므로, 양도담보권자는 자신의 소유권에 기하여 그에 대하여 물건의 반환을 청구할 수 없

다. 이는 특히 예를 들어 나대지의 매수인 A가 그 위에 건물을 신축하여 분양함으로써 얻은 분양대금으로써 토지매매대금을 지급하기로 약정하면서 매도인 B의 그 매매대금채권의 담보를 위하여 건축허가명의를 매도인 B 앞으로 함으로써 B가 양도담보권을 가지는 경우에, 신축건물을 A로부터 분양받거나 임차하여 이를 점유하는 사람에 대하여 그러하다(대판 1991. 8. 13, 91다13830; 1996. 6. 28, 96다9218). 나아가 그를 상대로 임료 상당의 부당이득청구나 손해배상청구도 하지 못한다(대판 1988. 11. 22, 87다카2555).

그러나 피담보채무의 불이행으로 양도담보권자가 채권의 만족을 위하여 양도담보권을 실행하는 단계가 되면, 그들은 양도담보권자에게 대항할 수 있는 별도의 권원이 없는 한 이를 양도담보권자에게 반환하여야 한다(대판 1979. 10. 30, 79다1545).

(다) 제 3 자가 양도담보의 목적물을 불법으로 사용·수익하는 경우에 대하여, 판례는 양도담보권자에게는 사용수익권이 없으므로 그 제 3 자에 대하여 불법행위에 기하여 차임 상당의 손해배상을 청구하거나 부당이득반환을 청구할 수는 없다고 한다(대판 1991. 10. 8, 90다9780).

(2) 설정자의 의무

설정자는 양도담보계약에 기하여 양도담보권자에 대하여 담보목적물을 선량한 관리자의 주의로 보관하고 담보목적물의 가치를 유지하며 이를 제 3 자에게 처분하지 아니할 채권적 의무를 진다. 나아가 목적물에 대한 공조·공과 및 필요비는 설정자가 부담하며, 채권자가 이를 지급한 경우에 그의 상환청구권은 양도담보의 피담보채권이 된다.

한편 설정자가 위의 의무에 반하여 목적물을 멸실·훼손하거나 제 3 자에게 양도·담보제공 등으로 처분하는 경우에는 우선 채무불이행책임을 진다(제390조). 또 그 경우에는 불법행위를 이유로 손해배상책임을 질 수도 있다(제750조). 여기서 손해의 발생은 저당권의 침해의 경우와 마찬가지로 목적물의 가치가 감소한 것만으로는 부족하고, 그 잔존가치가 피담보채권의 우선변제를 받기에 부족할 것을 요한다. 나아가 양도담보권자는 소유자로서 설정자의 담보물침해에 대하여 물권적 청구권을 가진다(제214조). 그 외에 기한이익의 상실(제388조 제 1 호), 담보물보충의무(제362조) 등에 대하여는 저당권의 침해에서와 같이 처리되어도 좋다.

한편 설정자는 담보목적물의 가치를 유지할 의무를 지므로, 그가 목적물에 비용을 지출하여도 원칙적으로 그 상환을 청구할 수 없으며, 다만 유익비를 지출한 경우에는 양도담보관계의 종료시에 그 상환을 청구할 수 있다고 할 것이다(제310조 유추).

(3) 양도담보권자의 의무

양도담보권자는 양도담보계약에 기하여 설정자에 대하여 목적물을 담보의 목적으로 보유하고, 그 목적의 범위를 넘지 않는 한도에서만 그 권리를 행사하여야 할 채권적 의무를 진다. 또 양도담보권자가 목적물을 점유하여 사용·수익하는 경우에는 이를 선량한 관리자의 주의로 보존하여야 할 의무를 진다(제374조). 그러므로 양도담보권자가 담보권의 실행과 무관하게 목적물을 제 3 자에게 양도하거나 담보로 제공하는 등으로 그 의무에 위반하는 경우에, 그 처분은 원칙적으로 유효하나, 양도담보권자는 설정자에 대하여 채무불이행책임을 진다(제390조). 이 경우에는 설정자는 채무불이행 당시, 즉 목적물의 반환불능이 확정적으로 되는 처분이나 훼멸이 있었던 때를 기준으로 하여 목적물의 가액 전부를 청구할 수 있으며, 피담보채무의 이행기의 도래 등을 기다릴 필요가 없다. 그리고 설정자가 채무자인 경우에는 이 손해배상채권으로써 피담보채무를 상계할 수 있다(제492조).

4. 양도담보의 대외적 효력

(1) 양도담보권자의 권리

양도담보권자는 담보목적물을 보유하며, 그 권리는 대외적으로는 채권적인 제한을 받지 않는다. 따라서 그는 목적물이 물건인 경우에는 이를 사용·수익·처분할 물권적인 권능을 가진다(제211조).

(가) 목적물이 설정자의 채권자에 의하여 압류되는 등으로 그에 대하여 강제집행절차가 진행되는 경우에는 양도담보권자는 제 3 자이의의 소(민집 제48조)를 제기하여 이를 막을 수 있다(대판 1971. 3. 23, 71다225).

[2] 양도담보의 대외적 효력: 대판 1994. 8. 26, 93다44739

[주 문] 원심판결을 파기한다. 사건을 전주지방법원 합의부에 환송한다.

[이 유] 상고이유를 판단한다.

원심판결 이유에 의하면 원심은 원고가 소외 주식회사 세민(이하 소외 회사라 한다) 소유의 이 사건 계쟁 동산에 관하여 양도담보를 설정하여 점유개정의 형식으로 그 인도를 받았는데 그 후 피고가 소외 회사에 대한 집행력 있는 판결정본에 기하여 이 사건 동산을 압류한 사실을 인정한 후, 양도담보가 설정되더라도 양도담보권자는 그 목적물의 소유권을 취득하는 것이 아니고 소유권은 여전히 양도담보설정자가 가지는 것이며, 양도담보권자는 단순히 양도담보권이라는 담보권만을 취득한다고 할 것이므로 그 피담보채무의 변제기가 도래하였다고 할지라도 청산 등의 권리취득을 위한 일련의 절차를 거치지 않는 한 바로 소유권을 취득하지 못한다고 할 것인데, 원고가 이러한 일련의 절차를 거쳤음을 인정할 아무런 증거가 없는 이 사건에 있어서 원고는 이 사건 동산의 소유자라고 할 수 없으므로 제 3 자이의의 소에 의하여 위 강제집행의 배제를 구할 수 없다고 하여 원고의 이 사건 청구를 배척하였다.

그러나 원심이 확정한 바와 같이 이 사건 동산에 관하여 양도담보계약이 이루어지고 원고가 점유개정의 방법으로 인도를 받았다면 그 청산절차를 마치기 전이라 하더라도 담보목적물에 대한 사용수익권은 없지만 제 3 자에 대한 관계에 있어서는 그 물건의 소유자임을 주장하고 그 권리를 행사할 수 있다 할 것이다. 따라서 이 사건 강제집행의 목적물에 관한 양도담보권자인 원고는 강제집행을 한 피고에 대하여 그 소유권을 주장하여 제 3 자이의의 소를 제기함으로써 그 강제집행의 배제를 구할 수 있다고 하겠다.

그럼에도 불구하고 원심은 양도담보권자는 담보물에 대하여 소유권을 취득하는 것이 아니라 단순히 양도담보권이라는 담보권만을 취득하는 것이라고 하여 원고의 이 사건 청구를 배척하였으니, 원심은 동산의 양도담보에 관한 법리를 오해함으로써 판결 결과에 영향을 미친 위법을 저질렀다고 하겠다. 상고이유 중 이 점을 지적한 부분은 이유 있다.

그러므로 나머지 상고이유를 판단할 필요 없이 원심판결은 이를 파기하고, 사건을 다시 심리판단하도록 하기 위하여 원심법원에 환송하기로 관여 법관의 의견이 일치되어 주문과 같이 판결한다.

질문

1. 원심은 어떠한 이유에서 원고의 제 3 자이의의 소를 부정하였는가? 반면 대법원은 어떠한 이유에서 이를 인정하였는가?
2. 양도담보권자인 원고에게 우선변제를 부여하는 것으로 충분하다고 볼 수 있지 않은가? 아니면 오히려 제 3 자이의의를 인정할 채권자의 이해관계는 있는가? 설정자인 채무자의 이해관계는 어느 편을 더 선호할 것인가?

그러나 설정자가 파산한 경우에 양도담보권자는 통상의 소유자와는 달리 환취권(회파 제407조)을 가지지 못하고, 별제권(회파 제411조)을 가진다. 파산은 파산자의 물권적 관계뿐만 아니라 채권적 관계를 포함하여 모든 재산관계의 포괄적인 청산을 그 실질적인 가치의 관점에서 행하는 것을 목적으로 하는 절차로서, 양도담보에서도 양도담보권자가 파산절차에서 양도담보목적물로부터 채권의 우선적 만족을 도모하면 충분하고, 또 그것을 환취하더라도 파산재단에 대하여 여전히 정산의무를 부담하여서 결과적으로 다를 바 없기 때문이다(대판 2002. 4. 23, 2000두8752 참조). 그 밖에 양도담보권자는 회생절차에서는 회생담보권자로 취급된다(회파 제141조).

(나) 양도담보권자가 제 3 자에게 양도하거나 담보로 제공하는 등으로 목적물을 처분한 경우에, 이는 공서양속에 반하지 않는 한 유효하고(대판 1979. 7. 24, 79다942 참조), 상대방은 악의이더라도 유효하게 권리를 취득한다(대판 1967. 3. 28, 67다61). 그러나 그는 양도담보로 취득한 권리를 담보의 목적을 넘어서 행사하지 아니할 의무를 부담하므로, 양도담보권의 실행과 무관하게 위와 같은 처분을 하면 채무불이행책임을 진다(제390조).

(다) 그러나 양도담보권자가 취득하는 권리는 어디까지나 담보의 목적을 위한 것이고 채무의 이행이 있을 때까지 보유하는 말하자면 임시적인 성질의 권리이다. 따라서 양도담보권자는 개별적인 규정의 목적이나 맥락에 비추어 통상의 권리자 또는 양수인과는 다른 취급을 받을 수 있다. 따라서 부동산의 양도담보권자는 임차권에 대항력이 있는 경우에 임대차관계를 당연승계하여 가령 보증금반환의무를 부담하여야 하는 「양수인」에 해당하지 않으며(제621조 제 2 항, 주임 제 3 조 제 4 항, 상임 제 3 조 제 2 항; 대판 1993. 11. 23, 93다4083), 자동차의 양도담보권자는 운행자(자배 제 3 조)가 아니므로 자동차의 운행으로 발생한

인신사고에 대하여 동법상의 가중된 손해배상책임을 지지 않는다(대판 1980. 4. 8, 79다302). 그리고 지상권자가 그 목적 토지를 양도담보로 취득한 경우에도 혼동을 이유로 지상권이 소멸하지 않는다(대판 1980. 12. 23, 80다2176).

(2) 양도담보설정자의 권리

양도담보권자의 일반채권자가 양도담보목적물을 압류하는 등으로 그에 대한 강제집행절차를 진행하는 경우에, 설정자는 제 3 자이의의 소 등으로 이를 막을 수 없다. 일반채권자 등 제 3 자에 대한 관계에서 그것은 양도담보권자에게 속하기 때문이다. 다만 설정자가 변제하는 등 피담보채권이 소멸하여 양도담보권자가 반환의무를 지는 경우에 어떻게 처리할 것인지는 문제인데, 그러한 경우에는 제 3 자이의의 소를 인정하는 것이 타당하다고 생각된다. 담보목적을 위하여 잠정적으로 소유권을 이전시킨 물건이 그 담보목적이 소멸하였음에도 불구하고 계속 양도담보권자의 책임재산에 속한다고 하는 것은 설정자에게 지나치게 불리하고 일반채권자들에게 이중의 만족을 주는 결과이기 때문이다.

한편 양도담보권자가 파산하더라도 피담보채권이 존속하고 있는 동안에는 설정자는 그에 대하여 환취권을 가지지 못한다. 그러나 피담보채권이 소멸한 경우에는 앞서 본 바와 같이 재산관계를 실질적인 관점에서 포괄적으로 청산하는 파산절차의 취지에 비추어 이를 환취할 수 있다고 할 것이다(대판 2004. 4. 28, 2003다61542).

(3) 제 3 자의 침해에 대한 구제

제 3 자가 목적물을 불법으로 점유하거나 기타 불법한 침해를 하는 경우에 양도담보권자는 어떠한 구제수단을 가지는가?

(가) 그는 우선 소유권에 기한 물권적 청구권을 가진다(제213조, 제214조). 여기서의 소유물반환청구에 있어서, 그에게 애초 이를 직접점유할 권리가 없는 경우에는, 양도담보권자는 불법점유자에 대하여 목적물을 설정자에게 반환할 것을 청구할 수 있을 뿐이나, 설정자가 이를 받을 수 없거나 원하지 아니하는 경우에는 자신에게 반환할 것을 청구할 수 있다(제207조 제 2 항의 유추). 한편 설정자가 목적물을 점유하는 경우에 그가 점유보호청구권을 가짐은 물론이나(제204조 이하), 본권에 기한 물권적 청구권을 가지지는 못한다(대판(전) 1979. 9. 25, 77다1079).

(나) 제3자가 목적물을 불법하게 침해하거나 멸실·훼손하는 경우에는, 우선 양도담보권자가 그 소유권의 침해를 이유로 손해배상청구권을 취득한다(제750조). 이 경우 손해배상액은 피담보채권액을 한도로 한다. 그가 실제로 배상을 받으면 그 액수만큼 피담보채권은 소멸한다. 나아가 설정자도 사용수익권을 가지는 통상의 경우에는 그 침해를 이유로 손해배상을 청구할 수 있다(제750조). 양자의 손해배상청구권은 중첩되는 한도에서는 부진정연대채권관계에 있다. 한편 설정자가 손해의 배상을 받았어도 이는 피담보채무에 영향을 미치지 않는다.

(다) 양도담보가 설정된 목적물이 담보약정에 반하는 방법으로 타인의 부동산이나 주된 동산에 부합되어 소유권이 상실되는 형태로 담보침해가 발생한 경우(제256조, 제257조), 양도담보권자는 그 소유권을 취득한 부동산 또는 주된 동산의 소유자로부터 부당이득으로 그 가액을 반환청구할 수 있는가? 그 경우 이익상황은 부동산 또는 주된 동산의 소유자가 양도담보가 설정된 목적물을 양수받은 다음 부합시킨 경우와 다르지 아니하므로, 그 소유자가 부합의 시점에 양수를 받았다면 선의취득(제249조 이하)을 할 수 있었는지 여부에 따라 달라진다. 만일 선의취득을 할 수 없었던 경우라면(그가 양도담보 목적물임을 알았거나 알 수 있었던 경우, 인도 요건이 충족되지 않은 경우, 목적물이 도품·유실물의 형태로 반출된 경우 등), 그가 처음부터 양도담보권자에게 반환해야 할 목적물임에도 부합을 통해 그 가치를 보유할 수 있게 되는 결과는 부당하므로, 그는 그 가액을 부당이득으로 반환해야 한다(제261조, 제741조). 반대로 그가 선의취득을 할 수 있었던 경우라면, 물건 자체를 보유할 수 있었던 상황에서 부합으로 결과가 달라질 이유가 없으므로, 부당이득 반환의무를 부담하지 않는다.[1]

---

1) 이는 대법원이 소유권유보와 관련해 대판 2009. 9. 24, 2009다15602에서 인정한 법리이다. 그러나 대법원은 이후 양도담보에 관한 대판 2016. 4. 2, 2012다19659에서 이 법리를 일관하게 관철시키지 못했다. 여기서는 채권자 갑에게 점유개정으로 양도담보된 선박과 채권자 을에게 선하증권 인도로 양도담보된 카고펌프가 설정자의 점유 하에서 부합된 사실관계가 문제되었다. 이때 갑은 부합으로 카고펌프의 소유권은 취득하였지만, 부합 이전에 양도가 있었다면 갑에 대한 인도는 점유개정으로 이루어질 수밖에 없었으므로 선박의 소유자인 갑은 선의취득의 요건을 충족시키지 못할 경우였다. 따라서 갑은 양도담보를 상실한 을에게 부당이득으로 카고펌프의 가치를 반환해야 한다. 대법원은 이에 대해 양도담보라는 성질을 고려할 때 “주된 동산이 담보물로서 가치가 증가된 데 따른 실질적 이익은 주된 동산에 관한 양도담보권설정자에게 귀속”되었다는 이유로 양도담보설정자가 부당이득의무자라고 판시하였다. 그러나 이는 부당하다. 그러한 “실질적 이익”이라는 관

5. 양도담보의 처분

양도담보권자는 담보목적물인 권리 자체를 취득하므로, 원칙적으로 이를 유효하게 처분할 수 있음은 앞서 본 바와 같다. 다른 한편 그 권리는 어디까지나 담보의 목적으로 보유하는 것으로서 피담보채권의 실현에 봉사한다. 그러므로 피담보채권이 양도되는 경우에는 그 당사자들이 그 채권을 위한 양도담보권의 존재를 아는 한 다른 특별한 약정이 없으면 양도담보의 목적물인 권리도 같이 양도하는 것으로 의사해석된다. 그 권리의 양도에 당사자의 합의 외에 등기·인도 등과 같은 다른 요건이 필요한 경우에 이를 갖추기 전에는 양도가 일어나지 않음은 물론이다. 피담보채권과 함께 양도담보의 목적물을 양도받은 양수인은 이제 직접 설정자와의 사이에서 양도담보관계에 들어가게 된다.

한편 피담보채권 양도의 당사자들은 양도담보의 목적물이 피담보채권의 양도에 수반하지 않는 것으로 특별히 약정할 수도 있다. 이 경우에 양도담보권은 저당권 등에서와 같이 소멸하며, 양도담보권자는 목적물을 반환할 의무를 진다.

Ⅱ. 양도담보권의 실행

1. 개 관

피담보채무의 불이행이 있으면, 양도담보권자는 목적물로부터 자기 채권

점은 설명력이 없는 가장이유에 불과하다. 예컨대 담보물의 가치증가를 받은 갑에게 "실질적" 이익이 없다고 말하지 못할 이유가 없기 때문이다. 게다가 주된 동산에 설정된 양도담보가 실행되지 않은 이상 설정자가 받은 이득조차 존재하지 않는다. 견해에 따라서는 나중에 갑의 양도담보가 실행될 것을 전제로 설정자는 자신의 채무가 변제되거나 정산을 받을 지위라는 모습으로 이득을 취득했다고 지적되기도 한다. 그러나, 그러한 지위가 종래 부당이득 법리가 전제하는 이득 개념에 잘 들어맞지 않음은 별론, 이 설명은 양도담보 목적물의 가치가 부합으로 인하여 주된 동산의 소유자에게 귀속하게 됨을 전제로 하고 있어 자신의 결론을 논증의 선결문제로 삼고 있는 부당전제(petitio principii)에 지나지 않는다. 또한 대법원의 결론은 이익상황의 관점에서도 불합리하다. 양도담보권자가 설정자에 대해 부당이득 채권을 가지게 되면 설정자의 무자력 위험을 지게 되어 결과적으로 담보를 상실하는 결과를 가져오기 때문이다. 이 결론이 과연 대법원과 논자들이 언필칭 말하는 양도담보의 "담보로서의 실질"에 부합하는지 의문이다.

의 만족을 얻을 수 있다. 양도담보에서 채권의 만족은 민사집행법·국세징수법 등이 정하는 공경매에 의하지 아니하고, 기본적으로 채권자의 사적인 주도 아래 행하여지는 사적 실행의 방법에 의하게 된다(아래 Ⅱ. 2, Ⅱ. 3.). 한편 양도담보권자가 목적물에 대하여 강제집행을 할 수 있는 집행권원, 특히 강제집행 승낙의 공정증서(집행증서, 민집 제56조 제 4 호)를 가지고 이에 기하여 강제집행을 실시할 수도 있다(아래 Ⅱ. 4. (1)). 양도담보권자가 양도담보권을 실행하지 아니하고 일반채권자로서 채무자의 다른 재산으로부터 채권의 만족을 얻는 것에 대하여는 제340조가 유추적용된다고 할 것이다(제 3 편 제 6 장 Ⅱ. 2. (3) (라) 참조).

2. 정산형 양도담보의 실행

실행의 방법은 원칙적으로 목적물을 환가(현금화)하여 그 환가금을 자기 채권의 만족에 충당하고, 나머지가 있으면 이를 설정자에게 반환하되, 부족하면 일반채권자로서의 권리를 행사하는 것이다. 양도담보는 다른 특별한 약정이 없으면 이러한 「정산형 양도담보」에 해당한다.

(1) 청산의 방법

환가의 구체적인 방법으로는 채권자가 목적물을 시가대로 자신에게 귀속시키는 것(귀속청산 또는 취득청산)과 제 3 자에게 매각 기타 처분하는 것(처분청산)이 있다. 양자 중 어느 방법으로 환가할 것인가는 양도담보계약에서 별도의 정함이 없는 한 양도담보권자가 자유로이 선택할 수 있다(대판 1988. 12. 20, 87다카2685). 이와 같이 양도담보권의 실행을 위하여 종래 양도담보권자가 보유하는 목적물의 처분권에 부착되어 있었던 채권적인 제한은 소멸한다. 한편 처분청산을 하는 경우에는 제 3 자에게 매도하는 것이 일반적이나, 제 3 자에게 목적물을 담보로 제공하여(양도담보를 포함한다) 얻은 금전으로 피담보채권에 충당하는 것도 구체적인 사정 아래서 선량한 관리자의 주의의무를 다한 것이라고 평가되는 한 허용된다고 할 것이다.

(2) 양도담보권자의 주의의무

환가에 관한 한 양도담보권자는 수임인의 지위에 있다고 할 것이므로, 귀속청산이나 처분청산을 막론하고 선량한 관리자의 주의의무로 이를 하여야 한다(제681조). 그러므로 다른 특별한 사정이 없는 한 처분청산으로 하는 매각은 객관적으로 공정한 가격으로 하여야 하며, 이에 위반하여 부당하게 저렴하게 매각한 경우에는 채무불이행으로 그 차액에 관하여 손해배상책임을 진다(대판 1969. 3. 25, 69다112; 1973. 6. 5, 73다38). 재판례 중에는 객관적으로 공정한 가격에서 피담보채무액을 공제한 나머지에 대하여 설정자는 부당이득반환청구권을 가진다고 하는 것도 있으나(대판 1981. 5. 26, 80다2688), 그것은 단지 계약상 정산금청구권의 내용이 된다고 하면 충분하다.

(3) 실행을 위한 인도청구

양도담보권자는 양도담보권의 실행을 위하여 이제 설정자 또는 그로부터 인도받은 자에 대하여 소유권에 기하여 목적물의 인도를 청구할 수 있다(표현에 오해의 소지는 있으나 대판 1991. 11. 8, 91다21770; 그 밖에 대판 2002. 1. 11, 2001다48347 등). 한편 설정자 등은 그 인도청구에 대하여 다른 특별한 사정이 없는 한 정산금청구권에 기하여 동시이행의 항변을 할 수 있다고 할 것이다. 이는 목적물의 인도 후에는 설정자의 정산금청구권의 만족을 확보할 가능성이 사실상 없어지는 것에 비추어서도 필요하다.

[3] 양도담보의 실행: 대판 2001. 1. 5, 2000다47682

[주 문] 원심판결을 파기한다. 사건을 서울지방법원 본원 합의부에 환송한다.
[이 유] 상고이유를 판단한다.

1. 원심판결 이유에 의하면, 원심은 그 판결에 채용하고 있는 증거들을 종합하여, 부천시 오정구 원종동 198의 21 대 380m²는 원래 반소원고 및 소외 정홍주(이하 '반소원고 등'이라고 한다)의 소유였는데, 소외 김휘열이 1992. 8. 12. 반소원고로부터 위 대지를 대금 266,970,000원에 매수하면서 계약금과 중도금으로 합계 금 180,000,000원을 먼저 지급하고 나머지 잔대금은 위 대지에 신축할 12세대의 다세대주택을 타인에게 분양하여 수령할 분양대금에서 우선적으로 지급하기로 하되, 그 지급을 담보하기 위하여 위 다세대주택의 건축허가를 반소원고 등의 명의로 받기로 약정한 사실, 그 후 김휘열은 자신의 노력과 비용을 들여 위 12세대의 다세대주택의 건축을 모두 완성한 다음 잔대금 지급채무의 담보를 위하여 그에 관하여 1993. 8. 7.자로 반소원고 등 명의로 각 소유권보존등기를 하여 둔 사실, 김휘열은 위 12세대 중 11세대를 제 3 자에게 분양하고,

반소원고는 김휘열로부터 위 대지의 매매대금 명목으로 분양대금을 수령한 후 수분양자들 앞으로 그 각 소유권이전등기를 경료하여 주었으나, 나머지 한 세대인 이 사건 건물은 김휘열과 반소원고 등 사이의 매매 잔대금 지급내역에 관한 다툼으로 타인에게 분양을 하지 못하고 있었던 사실, 그러던 중 반소피고는 1995. 3. 29. 김휘열을 대리한 소외 이용성, 황운배로부터 이 사건 건물을 임대차보증금을 금 30,000,000원, 임대차기간을 1995. 4. 2.부터 12개월로 정하여 임차한 다음 1995. 4. 12. 전입신고를 마친 이래 위 임대차계약을 묵시적으로 갱신하면서 이 사건 건물을 점유·사용하여 오고 있는 사실을 각 인정한 다음 나아가, 김휘열이 이 사건 대지의 잔대금 중 금 60,000,000원 및 그에 대한 지연손해금을 지급하지 않고 있으니 이 사건 건물에 관하여 담보 목적의 소유권보존등기를 경료한 담보권자로서, 그 담보권 실행을 위하여 반소피고에 대하여 이 사건 건물의 명도를 구한다는 반소원고의 주장에 대하여, 이 사건 건물의 담보권 실행이라 함은 양도담보권자인 반소원고가 가등기 담보 등에 관한 법률 소정의 청산절차를 거쳐 귀속정산의 형식으로 이 사건 건물의 소유권을 취득하는 것을 의미하는데, 반소피고는 이 사건 건물의 원시취득자인 김휘열로부터 이 사건 건물을 적법하게 임차하여 전입신고를 마친 후 이를 점유·사용하고 있는 주택임대차보호법 소정의 대항력 있는 임차인이므로 장차 반소원고가 담보권 실행을 한다면 반소원고는 주택임대차보호법에 따라 이 사건 건물의 임대인으로서의 지위를 승계한다고 할 것이고, 따라서 담보권을 실행할 경우 이러한 지위에 놓이게 되는 반소원·피고 사이에서 반소원고가 반소피고에 대하여 이 사건 건물의 명도를 구할 수는 없다고 판단한 끝에 반소원고의 위 주장을 배척하고 이 사건 반소청구를 모두 기각하고 있다.

2. 채무의 담보를 위하여 채무자가 자기의 비용과 노력으로 신축하는 건물의 건축허가 명의를 채권자 명의로 하였다면 이는 완성될 건물을 양도담보로 제공하기로 하는 담보권 설정의 합의로서(대법원 1992. 12. 8. 선고 92다21395 판결, 1997. 5. 30. 선고 97다8601 판결 등 참조), 완성된 건물에 관하여 자신 명의로 소유권보존등기를 마친 채권자는 채무자가 변제기를 도과하여 피담보채무의 이행지체에 빠졌을 때에는 담보계약에 의하여 취득한 목적 부동산의 처분권을 행사하기 위한 환가절차의 일환으로서, 즉 담보권의 실행으로서 채무자에 대하여 그 건물의 명도를 구할 수 있고, 제 3 자가 채무자로부터 적법하게 건물의 점유를 이전받아 있는 경우에는 그 제 3 자를 상대로 명도청구를 할 수도 있으며(대법원 1991. 11. 8. 선고 91다21770 판결 참조), 여기의 제 3 자에는 담보권 설정 후에 대항요건을 갖춘 주택임차인도 당연히 포함된다고 할 것이다.

원심판결 이유에 의하면, 소외 김휘열은 반소원고에 대한 대지 매매대금채무의 담보를 위하여 이 사건 건물을 포함한 12세대의 다세대주택의 건축허가 명의를 반소원고 앞으로 하였다가 그 완성 후에 그에 관하여 반소원고 명의의 소유권보존등기까지 마쳐주었다는 것인바, 그렇다면 반소원고는 그에 관하여 적법하게 담보권을 취득하였다고 할 것이므로, 만약 김휘열이 이 사건 대지 매매대금채무의 이행을 지체하고 있다면 다른 특별한 사정이 없는 한 담보권자인 반소원고로서는 그 담보권의 실행을 위하여, 김휘열로부터 이를 임차하여 점유·사용하고 있는 반소피고에 대하여 그 명도를 구할 수 있다고 할 것이다.

주택의 임대차는 그 등기가 없는 경우에도 임차인이 주택의 인도와 주민등록을 마친 때에는 그 익일부터 제 3 자에 대하여 효력이 생기고, 그 경우 임차주택의 양수인은 임대인의 지위를 승계한 것으로 보게 되나(주택임대차보호법 제 3 조 제 1 항, 제 2 항), 이와 같은 대항요건을 갖춘 주택임차인이라고 하더라도 그에 앞서 담보권을 취득한 담보권자에게는 대항할 수 없고, 그러한 경우에는 그 주택임차인은 그 담보권에 기한 환가절차에서 당해 주택을 취득하는 취득자에 대하여도 자신의 임차권을 주장할 수 없다고 할 것인바(대법원 1999. 4. 23. 선고 98다32939 판결 참조), 이러한 법리는 채무의 담보를 위하여 부동산의 소유권을 이전하는 양도담보의 경우에도 그대로 타당하다고 할 것이므로, 반소피고가 김휘열로부터 이 사건 건물을 임차한 후 이를 인도받아 주민등록을 마침으로써 주택임대차보호법 소정의 대항요건을 갖추었다고 하더라도 반소피고는 그러한 사유를 들어 그에 앞서 담보권을 취득한 반소원고나 그 담보권에 기한 환가절차에서 이 사건 건물을 취득하는 취득자에 대하여 자신의 임차권을 주장할 수 없으며, 이는 그 환가절차가 담보권자 자신에게 목적물의 소유권을 귀속시키는 귀속정산의 방법으로 이루어진다고 하여 달리 볼 수 없다고 할 것이다.

그럼에도 불구하고, 원심은 반소피고가 주택임대차보호법 소정의 대항요건을 갖추었다는 점만에 근거하여 그 판시와 같은 이유로 반소원고의 담보권 실행을 위한 명도 청구를 기각하고 말았으니 원심판결에는 양도담보나 주택임대차의 효력에 관한 법리를 오해하여 필요한 심리를 다하지 아니한 위법이 있다고 할 것이다. 상고이유 중 이 점을 지적하는 부분은 이유 있다.

다만 반소원고와 김휘열이 이 사건 건물을 포함한 12세대의 다세대주택을 타에 처분하여 그 대금으로 이 사건 매매대금에 충당하기로 약정한 바 있고, 그 약정에 기하여 이 사건 임대차가 이루어졌다면, 이 사건 건물에 관한 반소원고의 담보권은 이미 실행되어 소멸된 것으로 보거나(대법원 1992. 12. 8. 선고 92다21395 판결, 1999. 12. 24. 선고 98다14818, 14825 판결, 2000. 4. 25. 선고 99다

59450, 59467 판결 등 참조), 반소원고가 그 부분에 한하여 담보권 주장을 포기한 것으로 볼 여지가 없지 아니하므로(대법원 2000. 6. 19. 선고 99다28968 판결 참조), 원심으로서는 반소원고와 김휘열이 위와 같은 약정을 한 바 있는지, 있다면 그것이 이 사건 임대차 시점까지 계속 유지되었는지 아니면 그 이전에 적법하게 해제되었는지 등에 관하여도 나아가 심리해 보아야 할 것이다. 한편 가등기 담보 등에 관한 법률은 차용물의 반환에 갈음하여 다른 재산권을 이전할 것을 예약한 경우에 적용되는 것으로서, 매매대금의 지급을 담보하기 위하여 부동산의 소유권을 이전하는 이 사건과 같은 경우에는 적용되지 아니한다고 할 것이다. 이와 같은 점들도 아울러 지적해 두고자 한다.

3. 그러므로 원심판결을 파기하고, 사건을 다시 심리·판단케 하기 위하여 원심법원에 환송하기로 관여 법관의 의견이 일치되어 주문과 같이 판결한다.

질문

1. 반소원고와 반소피고의 법적 지위는 반소원고의 양도담보 실행 시점을 전후로 어떻게 달라지는가? 그리고 그러한 차이가 나타나는 이유는 무엇인가?
2. 이 사안에서 반소원고의 청구가 기각될 수도 있게 할 사정으로 무엇이 언급되고 있는가? 그 이유는 무엇인가?

(4) 청산금의 반환

환가의 결과로 얻은 금전은 피담보채권에 충당되고 그 한도에서 피담보채권은 소멸한다. 그리고 남는 것이 있으면 양도담보권자는 이를 설정자에게 반환하여야 한다. 그런데 설정자가 목적물을 여전히 점유하는 경우에는 그는 이와 같은 정산금청구권에 기하여 그 물건을 유치할 권리가 있다고 할 것이다(제320조; 가담 제3조 제1항, 제4조 제2항도 참조). 이는 특히 가등기담보법이 적용되는 부동산의 양도담보에서 동법이 정하는 바의 정산을 행함으로써 비로소 양도담보권자가 소유권을 취득하는 것(동법 제3조 제1항, 제4조 제2항)과의 균형상으로도 요청된다.

(5) 청산의 효과

환가가 행하여지면, 목적물의 양수인(처분청산의 경우) 또는 양도담보권자(귀속청산의 경우)는 종국적으로 권리를 취득한다. 그러므로 양도담보권 실행 전의 양도담보권자와 같은 임시적인 지위는 해소된다. 또한 양도담보의 설정 후에 대항력을 취득한 목적물의 임차인은 이를 가지고 위의 권리자에게 대항할 수 없다(위 대판 2001. 1. 5, 2000다47682 재판례 [3]).

또한 이로써 피담보채무는 변제되어 소멸하므로, 그 후에는 채무자는 피담보채무를 변제함으로써 양도담보목적물의 반환(회수)을 청구할 수 없게 된다. 그 기준시기는 처분청산의 경우에는 양도담보권자의 처분이 효력을 발생하는 때이고(대판 1971. 5. 24, 71다669), 귀속청산에서는 양도담보권자가 담보물을 적정한 가격으로 평가한 후 그 대금으로 피담보채권의 원리금에 충당하고 나머지 금원을 반환하거나 평가금액이 피담보채권액에 미달하면 그와 같은 내용의 통지를 하는 등으로 정산절차를 마친 때이다(대판 1977. 11. 22, 77다1513). 이는 바꾸어 말하면 비록 피담보채무의 이행기가 경과하였더라도 위의 기준시기 전이라면 채무자는 여전히 피담보채무를 변제하여 목적물을 회수할 수 있음을 의미한다.

3. 유담보형 양도담보의 실행

양도담보권자는 피담보채무에 갈음하여 목적물을 자신에게 귀속시킬 수도 있다(유담보). 이와 같이 정산절차를 요하지 아니하고 양도담보권자가 피담보채무에 갈음하여 취득할 수 있는 것은 당사자 사이에 특별한 약정이 있는 경우에 한정된다.

(1) 유담보형 양도담보의 유형

이러한 유담보형 양도담보는 다시 둘로 나뉘어, 양도담보권자가 피담보채무에 갈음하여 목적물을 취득할 것을 선택하여 그 의사표시를 함으로써 비로소 유담보가 이루어지는 유담보권리형과 채무자의 채무불이행이 있으면 자동적으로 유담보가 행하여지는 자동유담보형이 있다.

그 중에서도 전자가 통상적인 경우라고 할 것인데, 이 권리는 일방예약의 완결권(제564조)에 준하는 형성권으로서의 유담보권이라고 파악할 것이다. 이 권리는 제척기간에 걸리며, 당사자 사이에 행사기간을 약정한 때에는 그 기간 내에, 그러한 약정이 없는 때에는 그 권리가 발생한 때로부터 10년 내에 행사하여야 한다(대판 1997. 6. 27, 97다12488). 유담보권의 행사는 양도담보권자의 의사표시로써 행하여진다. 이 권리의 행사로 담보목적물은 종국적·확정적으로 양도담보권자에게 귀속되고, 피담보채무가 소멸한다. 그리하여 채무자가 피담보채무를 이행하더라도 이는 비채변제에 해당하고 목적물의 반환은 청구될 수 없다.

자동유담보형의 유담보약정이 있으면, 별도의 의사표시 없이 피담보채무의 불이행과 동시에 앞의 법률효과가 발생한다.

(2) 제607조, 제608조에 따른 제한

위와 같은 유담보약정은 일반적으로 유효하다. 그러나 ① 피담보채무가 소비대차(및 준소비대차. 제605조)에 기한 차용물반환채무이고, ② 그 약정 당시 담보목적물의 가액이 차용원금 및 그에 대한 이자의 합산액을 넘는 경우에는, 유담보약정은 그것이 유담보권리형이든 자동유담보형이든 무효이다(제607조, 제608조). 즉 제608조에서 정하는 "효력이 없다"는 양도담보계약 자체가 아니라 그에 포함되거나 별도로 행하여진 유담보약정에 대한 것이다. 유담보특약이 무효가 되면, 양도담보권의 실행은 이제 원칙으로 돌아가 앞의 본 정산절차를 밟아서 행하여져야 한다.

4. 실행과 관련된 그 밖의 문제들

(1) 집행권원에 기초한 강제집행

한편 양도담보권자가 목적물에 대하여 강제집행을 할 수 있는 집행권원, 특히 강제집행 승낙의 공정증서(집행증서, 민집 제56조 제 4 호)를 가지는 경우도 적지 않다. 이 경우에 양도담보권자는 그 집행증서에 기하여 양도담보목적물에 강제집행을 할 수도 있다고 할 것이다. 이때의 강제경매는 형식상은 강제집행이나 그 실질은 통상의 강제집행이 아니라 양도담보권의 실행을 위한 환가절차로서, 매득금에서 환가비용을 공제한 잔액은 양도담보권자의 채권변제에 우선적으로 충당하여야 한다. 그 절차에서 설정자의 다른 채권자가 경합하여 압류하더라도 그는 양도담보권자에 대한 관계에서 압류경합권자나 배당요구권자로 인정될 수 없다(대판 2005. 2. 18, 2004다37430). 또한 양도담보권자는 앞서 본 대로 설정자의 일반채권자가 실시하는 강제경매에 대하여 제 3 자이의의 소를 제기하여 이를 배제할 수도 있으나, 위와 같이 집행증서를 가지는 경우에는 그렇게 하지 아니하고 집행증서에 의한 담보목적물에 대한 이중압류의 방법으로 위 강제경매의 배당절차에 참가하여 설정자의 일반채권자에 우선하여 배당을 받을 수도 있다(대판 2004. 12. 24, 2004다45943).

[4] 양도담보권자의 집행증서에 기한 환가: 대판 1994. 5. 13, 93다21910

[주 문] 상고를 모두 기각한다. 상고비용은 원고들의 부담으로 한다.

[이 유] 상고이유를 본다.

1. 원심은, 피고가 1991. 3. 28. 소외 주식회사 광신무역(이하 소외 회사라 한다)에게 금 165,000,000원을 변제기를 1991. 4. 27.로 정하여 대여하면서 소외 회사로부터 소외 회사의 채무불이행시 피고가 즉시 강제집행을 개시하여도 이의가 없다는 집행수락의 의사표시가 담긴 서울지방검찰청 소속 서울공증인합동사무소 1991년 증서 제188호 양도담보부금전소비대차계약공정증서를 작성, 교부받으면서 소외 회사와 사이에 소외 회사가 소유하는 태환기 6대(이하 이 사건 동산이라 한다)를 위 채무의 담보로 피고에게 양도하고, 다만 점유개정의 방법으로 소외 회사가 계속 점유·사용하기로 약정하면서 위 양도담보계약은 위 집행수락의 의사표시에 의한 강제집행에 지장이 되지 아니한다고 특약한 사실, 피고는 소외 회사가 위 변제기가 지났음에도 위 채무를 변제하지 못하자 1992. 1. 27. 위 양도담보부금전소비대차계약공정증서 정본에 기하여 청구금액을 금 90,000,000원으로 하여 소외 회사가 점유하고 있는 이 사건 동산에 대하여 강제집행신청을 하여 같은 달 29. 이를 압류한 사실, 그 당시 원고 유일형은 금 28,000,000원, 원고 최양주는 금 32,000,000원의 각 약속어음금 채권을 소외 회사에 대하여 가지고 있었는데 위 각 약속어음에 대하여 원고 유일형은 1992. 3. 6. 공증인가 동일종합법무법인 1992년 증서 제1592호로서, 원고 최양주는 1992. 3. 5. 같은 법무법인 1992년 증서 제1589호로서 즉시 강제집행할 것을 수락하는 취지의 약속어음공정증서를 각 작성, 교부받아 원고 유일형은 1992. 3. 14.에, 원고 최양주는 같은 달 13.에 위 각 약속어음공정증서정본에 기하여 이 사건 동산에 대한 강제집행을 신청하였던바, 집행위임을 받은 집달관은 1992. 3. 16. 이 사건 동산이 이미 압류되어 있음을 이유로 선집행한 집달관에게 각 집행신청서를 교부한 사실, 위 각 강제집행신청에 따라 진행된 강제경매절차에서 소외 현명효가 1992. 4. 1. 경락대금 32,000,000에 이 사건 동산을 경락받아 그 무렵 그 대금을 완납하였고, 원고들 및 피고가 위 집달관에 대하여 위 매득금의 배당과 관련하여 피고는 금 90,000,000원, 원고 유일형은 금 28,000,000원, 원고

최양주는 금 32,000,000원의 각 채권액으로 배당요구를 하여 위 집달관은 위 매득금에서 집행비용 합계 금 902,000원(원고 유일형은 압류관련비용으로 금 54,500원과 경매관련비용으로 금 656,500원을, 원고 최양주는 압류관련비용으로 금 54,500원을 각 지출하였다)을 공제한 나머지 금 31,098,000원을 위 각 채권청구액에 비례하여 피고는 금 18,658,800원, 원고 유일형은 금 5,804,960원, 원고 최양주는 금 6,634,240원을 각 배당금으로 한 배당계산표를 작성하였으나 1992. 4. 14. 경락대금 배당협의기일에서 피고가 우선변제권을 주장하는 등 각 채권자들 사이에 배당협의가 성립되지 아니하여 위 집달관은 1992. 4. 15. 위 매득금 전액을 공탁한 사실, 위 집달관의 배당협의불성립의 신고에 따라 서울지방법원 동부지원 92타기1696호로 배당절차가 개시되어 위 배당법원은 1992. 5. 20. 피고가 양도담보권자로서 위 매득금에 대한 우선변제권이 있음을 이유로 공탁된 위 매득금 32,000,000원을 집행비용을 공제하지 아니한 채 피고에게 전액 배당하는 내용의 배당표를 작성하여 같은 달 28. 위 배당표에 따라 피고에게 금 32,000,000원을 배당지급한 사실을 인정한 다음, 먼저 피고의 이 사건 동산에 관한 강제집행절차의 성질에 관하여 보건대, 현행 민사소송법 제731조에서는 유체동산을 목적으로 하는 담보권실행을 위한 경매는 채권자가 그 목적물을 제출하거나 그 목적물의 점유자가 압류를 승낙한 때에 개시한다고 규정하고, 같은 법 제732조는 위 경매절차에 유체동산에 대한 강제집행절차에 관한 규정을 준용하도록 규정하고, 같은 법 제734조에서는 민법, 상법 기타 법률에 의한 환가를 위한 경매는 담보권실행을 위한 경매의 예에 의하여 실시한다고 규정하고 있는바, 위 인정사실에 의하면 피고는 이 사건 동산의 양도담보권자로서 이 사건 동산을 환가하여 소외 회사에 대한 채권을 변제받기 위하여 이 사건 강제경매절차를 개시한 것이라 할 것이므로 피고로서는 같은 법 제734조, 제731조의 규정에 따라 피고가 직접 이 사건 동산을 제출하거나 그 점유자인 소외 회사가 압류를 승낙하여 위 경매절차를 개시하여야 할 것이나(양도담보권이란 대외적 관계에서의 소유권과 대내적 관계에서의 소유권이 분리되는 것으로서 대내적 관계에 있어서는 채권확보를 위한 유질적 성질이 강한 점에 비추어 판례에 의하여 인정되는 관습법상의 담보물권으로 파악하여 위 담보권에 해당된다고 봄이 상당하다), 위와 같은 절차를 밟지 아니하고 유체동산에 대한 일반 강제집행절차에 의하여 이 사건 동산을 압류하는 방식으로 위 강제경매절차가 이루어졌다고 하더라도 그 성질은 여전히 양도담보권실행을 위한 환가절차에 불과하다 할 것이어서 제3채권자의 압류경합이나 배당요구는 그 성질상 허용되지 아니하고(왜냐하면, 이 사건 동산의 소유권은 대외적으로 피고의 소유이므로 위 경매절차는 대외적 관계에 있어서 피고가 자기 소유의 동산에 대하여 강제경매를 실행하고 있을 뿐이므로 이 사건 동산의 소유권이 피고가 아닌 소외 회사에 있음을 전제로 한 원고들의 압류는 허용되지 않기 때문이다), 따라서 피고로서는 이 사건 경매절차를 통하여 이 사건 동산에 대한 위 매득금을 양도담보권자로서의 우선변제권 여부에 관계없이 원고들의 배당요구를 배제하고 배당지급받을 수 있다 할 것이라고 하여 피고와 원고들의 위 각 채권액에 안분비례하여 위 매득금을 배당하지 아니한 위 배당절차는 위법이라는 원고들의 주장을 배척하였다.

2. 동산을 목적으로 하는 양도담보는 부동산을 목적으로 하는 양도담보와는 그 사회적 작용에 있어서 큰 차이가 있고 이 사건에서와 같이 동산을 목적으로 하는 양도담보설정계약을 체결함과 동시에 채무불이행시 강제집행을 수락하는 공정증서를 작성한 경우, 채무자가 채무를 불이행한 때에는 채권자로서는 위 양도담보권을 실행하기 위하여 담보목적물인 동산을 환가함에 있어서 위 공정증서에 기하지 아니하고 양도담보의 약정 내용에 따라 이를 사적으로 타에 처분하거나 스스로 취득한 후 정산하는 방법으로 환가할 수도 있지만 양도담보 목적물을 위 공정증서에 기하여 압류하고 강제경매를 실시하는 방법으로 환가할 수도 있다고 할 것이다.

이 경우 후자의 방법은 형식적으로는 양도담보 목적물의 소유권이 담보권자에게 있으므로 자기 소유물건에 대하여 강제집행을 실시하는 것으로서 전후가 모순되는 것 같이 보인다. 그러나, 동산에 대한 압류의 효력문제는 압류채무자가 실제 보관자인가 여부를 기준으로 그 적법여부를 판별하게 되는 것이므로 양도담보 목적물을 담보권자가 점유하든 채무자가 점유하든 담보권자가 집행채권자가 되어 하는 압류도 유효하다고 할 것이고, 양도담보권자가 갖는 소유권의 기능은 담보물의 가치를 자기가 담보권을 실행할 때까지 보존하는 것과 담보목적물을 환가하는 경우에 우선변제를 받는 데 있는 것인데 양도담보권이 실행단계에 이르게 되면 후자의 기능이 주로 발휘되게 되어 소유권의 기능은 목적물을 환가한 대금으로부터 피담보채권을 우선변제 받는 데 필요한 범위에서만 작용하게 되는 것이어서 이 단계에서의 담보권자의 소유권은 실질적으로 우선변제수령권한만을 갖게 되는 것이므로, 실질적으로는 양도담보권자의 담보목적물에 대한 환가를 위한 강제경매는 자기 소유물에 대한 강제집행이라고 볼 수 없는 것이고, 따라서 위와 같은 방법의 양도담보권실행을 위한 환가를 허용하여도 동산양도담보의 법리와 모순된다고 할 수도 없다.

그리고, 위의 방법에 의한 경매절차는 제 3 자가 그 목적물이 양도담보물임을 인식할 수 있었는지에 관계없이 형식상은 강제경매절차에 따르지만 그 실질은 일반 채권자의 강제집행절차가 아니라 동산양도담보권 실행을 위한 환가절차라고 할 것이므로 위 환가를 위한 압류절차에 압류를 경합한 양도담보설정자의 다른 채권자는 양도담보권자에 대한 관계에서는 압류경합권자나 배당요구권자로 인정될 수 없고, 따라서 위 환가로 인한 매득금에서 환가비용을 공제한 잔액은 양도담보권자의 채권변제에 전액 충당함이 당연하고 양도담보권자와 압류경합자 사이에 각 채권액에 따라 안분비례로 배당할 것이 아니다(당원 1979. 3. 27. 선고 78다2141 판결 참조).

같은 취지에서 위 방법에 의한 담보권실행을 위한 환가를 인정하고 이에 기하여 양도담보권자인 피고에게 매득금 중 경매절차를 위한 공익비용을 공제한 잔액 전부를 배당하여야 한다고 판시한 원심의 판단은 정당하고 거기에 소론과 같은 법리오해 등의 위법이 있다고 할 수 없다. 논지는 이유가 없다.

3. 그러므로 상고를 모두 기각하고 상고비용은 패소한 원고들의 부담으로 하기로 관여 법관의 의견이 일치되어 주문과 같이 판결한다.

질문

1. 이 사안에서 양도담보권자인 피고는 양도담보 목적물에 대하여 강제집행을 시도하여 우선변제를 받고자 한다. 양도담보권자는 어떠한 이유로 그러한 이해관계를 가지는가?
2. 양도담보권자가 자신의 소유물에 강제집행을 하여 만족을 받을 수 있다는 결론은 신탁적 양도설과 모순되는가? 대법원은 이러한 결과를 어떠한 근거로 정당화하고 있는가?
3. 양도담보권자는 일반채권자로서 집행을 하였음에도 우선변제를 받는다고 한다. 이는 정당화될 수 있는가?

(2) 채권 양도담보의 목적채권의 이행기 미도래

채권의 양도담보에서의 실행과 관련하여, 목적채권의 이행기가 피담보채권의 이행기보다 후에 도래한 경우에는 양도담보권자가 목적채권을 행사하여 그 추심금을 자기 채권에 충당하고 남은 것이 있으면 이를 반환하는 방법으로 실행할 수 있음은 물론이다. 그런데 목적 채권의 이행기가 먼저 도래한 경우는 어떠한가? 양도담보계약에서 피담보채권의 이행기가 도래하지 않아도 목적 채권을 추심하여 피담보채권에 충당할 수 있다고 약정하는 경우도 적지 않고, 이 약정은 유효하다. 그러나 그러한 약정이 없으면 채권질권(제353조 제 3 항)에 준하여 양도담보권자는 제 3 채무자에게 공탁을 청구할 수 있을 뿐이고 양도담보권은 그 공탁금 위에 존속한다는 견해도 생각할 수 있다. 그러나 그러한 제한은 목적 권리가 양도담보권자에게 이전되는 양도담보와 조화되기 어렵다. 역시 제 3 채무자에 대하여 직접 채무의 이행을 청구할 수 있으나, 그 충당은 피담보채무의 이행기를 기다려서 비로소 할 수 있고 그 사이에는 이를 선량한 관리자의 주의로 보관할 의무를 설정자에 대하여 진다고 볼 것이다.

Ⅲ. 양도담보의 소멸

1. 소멸사유

양도담보권은 물권에 공통한 소멸원인인 목적물의 멸실이나 포기 외에 무엇보다도 변제 또는 소멸시효의 완성 등으로 피담보채권이 소멸함으로써 소멸한다. 피담보채무의 변제와 양도담보권자의 원상회복(예를 들면 소유권이전등기의 말소)은 동시이행관계에 있지 않으며, 전자가 선행되어야 한다(대판 1981. 6. 23, 80다3108).

나아가 양도담보권의 실행에 의하여 소멸함은 물론이다. 또한 양도담보의 피담보채권이 제 3 자에게 양도되었으나 양도담보권이 이에 부수하지 않는 예외적인 경우에도 양보담보권은 소멸한다.

2. 소멸의 효과

양도담보권이 소멸하는 경우, 원칙적으로 목적물이 설정자에게 당연히 복귀하지는 않으며(대판 1979. 9. 25, 79다709 등), 양도담보권자는 목적물을 설정자에게 반환하거나 그에 관한 등기를 말소하는 등으로 원상회복할 채권적 의무를 부담한다. 따라서 양도담보권자가 담보목적물을 제 3 자에게 양도하거나 기타 처분한 경우에 이 처분은 원칙적으로 유효하다. 그러나 이 단계에서는 대리권 남용의 법리에 준하여(제107조 제 1 항 단서의 유추적용) 상대방이 처분자가 위 목적물을 설정자에게 반환할 의무를 부담한다는 사실을 알았거나 알 수 있었으면 그 처분은 무효라고 할 것이다.

판례는 양도담보설정자의 원상회복청구권은 소멸시효에 걸리지 않는다고 한다(대판 1979. 2. 13, 78다2412). 그 이유는 위의 권리는 양도담보설정자의 실질적 소유권에 기한 물권적 청구권이라는 데 있으나, 「실질적 소유권」이라는 법 개념은 시인될 수 없으므로 이는 의문이다. 그러나 목적물을 인도받은 부동산 매수인의 소유권이전등기청구권이 애초 소멸시효에 걸리지 않는다는 판례 법리가 유지되는 한, 그와의 균형상 적어도 목적물을 점유하는 양도담보설정자의 원상회복청구권은 소멸시효에 걸리지 않는다고 해도 좋을 것이다.

제13장 집합동산·집합채권의 양도담보와 소유권유보

Ⅰ. 집합동산·집합채권 양도담보 서론

1. 집합담보의 필요성

오늘날 모든 자산의 유동화에 대한 요청은 집합동산 또는 집합채권도 이를 양도담보의 목적으로 하도록 이끌었다.

예를 들어 물품의 도매업자는 일정한 종류의 물건을 계속적으로 구입하여 창고에 보관하였다가 다시 판매하여 반출하는데, 물론 그 재고의 내용은 변동하지만 통상 일정한 수량 이상이 유지되고 그 가치는 상당한 금액에 이른다. 이들 물품 하나하나를 개별적으로 질권 또는 양도담보의 목적으로 하는 것은 그 영업을 위하여 전혀 바람직하지 않다. 이와 같이 내용이 변동하는 일정한 물품의 집합체를 일괄하여 담보로 하는 데 이용되는 것이 바로 집합동산(또는 「유동동산」)의 양도담보이다. 이는 비단 위와 같은 판매업자의 경우뿐만 아니라, 물품제조업자·축산업자·양식업자 등과 같이 내용이 변동하나 통상 일정한 수량 이상의 동산을 소유하는 기업에게도 자신의 자산을 유동화하여 지금 자금을 조달할 수 있는 법적 수단을 제공한다.

동산뿐만이 아니라, 채권도 위와 같이 내용이 변동하나 대체로 일정한 수량 이상이 유지되는 경우가 있다. 예를 들어 물품의 판매업자는 구매자와의 사이에 할부 등 신용거래를 한다. 이로써 그가 가지게 되는 대금채권은 계속적으로 발생하고 또 채무자의 이행에 의하여 소멸하여 그 내용이 변동한다. 그러나 여기서도 채권의 수 또는 채권총액으로 보면 일반적으로 일정한 수준이 유지되고, 그 가치는 상당하다. 이와 같이 내용이 변동하는 집합채권(또는 「유동채권」)을 유동화하여 자금을 조달하고자 할 때, 그에 대한 양도담보가 이용된다. 특히 판매회사의 할부대금채권, 리스회사의 리스료채권, 소비자금융회사의 대여금채권, 대형빌딩의 차임채권 등과 같이 정기적으로 발생하는 채권으로서 이행기가 한참 후에 도래하는 것에 대하여는 그 즉각적인 자금화의 필요가 더욱 긴절하다.

2. 집합담보의 과제

집합동산 또는 집합채권과 관련하여서는 다음과 같은 세 가지의 기본적인 문제를 해결할 필요가 있다.

첫째, 목적물을 적절하게 담보로 포착하는 것이다. 새로이 담보에 제공되는 목적물 각각에 대하여 채권자 앞으로 양도되기 위한 법률요건을 개별적으로 갖추려고 하면, 이는 당사자에게 견딜 수 없는 채권관리상의 부담을 준다. 그러므로 일회적인 행위로써 내용이 변동하는 목적물을 계속적으로 담보로 포착할 수 있는 법논리를 찾아야 한다.

둘째, 담보제공자의 원만한 영업활동을 보장하는 것이다. 예를 들어 집합동산을 보유하는 사람의 영업활동에는 그 동산을 판매하거나 가공하는 등의 업무가 당연히 포함된다. 따라서 담보제공자가 일정한 범위에서 담보목적물을 처분하여도 개별동산의 양도담보에서와는 달리 그것이 채권자에 대한 채무불이행이 되거나 기타 법적 분쟁거리가 되어서는 안 된다. 그렇다고 예를 들어 목적물의 전부 또는 일부를 제 3 자에게 다시 담보로 제공하는 것과 같은 담보제공자의 처분은 허용될 수 없을 것이다. 그 경계는 어떠한 기준에 의하여 설정되는가?

셋째, 일단 피담보채무가 불이행되면 채권자가 담보목적물로부터 어려움 없이 채권의 만족을 얻을 수 있도록 하는 것이다. 양도담보권이 실행되려면 그 실행 전의 유동상태와는 달리 사적 집행의 대상이 될 목적물이 특정되어야 한다. 누가 어떠한 기준과 방법으로 이를 행하는가?

아래에서는 이러한 사항을 중심으로 집합동산·집합채권의 양도담보의 특수한 문제를 살펴보기로 한다(양도담보에 대한 일반적인 사항은 제 3 편 제11장, 제12장 참조).

Ⅱ. 집합동산의 양도담보

1. 집합동산 양도담보의 성립

(1) 목적물의 특정

우선 채권자와 목적물소유자 사이의 채권계약으로서의 양도담보계약이 체결된다. 특히 양도담보계약에서 담보목적물이 정하여진다. 내용이 유동하는 집합동산의 양도담보에서는, 당사자의 권리관계를 명확하게 하고 제 3 자에게 불측의 손해를 입히지 않으며 집행절차가 부당히 지연되지 않도록 하기 위하여, 그 목적물을 특정할 수 있는 기준을 제시하여 양도담보의 효력이 미치는 범위를 명시하여야 한다. 그리하여 담보목적물은 설정자의 다른 물건과 구별될 수 있도록 그 종류, 소재하는 장소 또는 수량의 지정 등의 방법에 의하여 외부적·객관적으로 특정될 수 있어야 한다(대판 1990. 12. 26, 88다카20224; 2003. 3. 14, 2002다72385). 그러나 이러한 목적물이 그 전체로서 일체를 이루어 경제적 일체성을 가져야 하는 것은 요구되지 않는다. 우리 재판례에 나타난 것으로는, 제강회사가 제품의 생산에 필요하여 반입하는 원자재, 특정한 창고에 보관 중인 의류, 농장·돈사·양만장 등에서 사육 중인 뱀장어·돼지 등의 동물 등이 있다.

물론 계약해석에 따라서는 집합동산 양도담보로 보이는 문언을 채택하였더라도 특정동산 양도담보로 이해되는 사안도 있을 수 있다. 예컨대 기계기구 또는 영업설비 등 내구연수가 장기간이고 가공 과정이나 유통 과정 중에 있지 아니한 여러 개의 동산을 목적으로 하고 있으며, 담보목적물마다 명칭, 성능, 규격, 제작자, 제작번호 등으로 특정하고 있는 경우에 그럴 가능성이 높을 것이다(대판 2015. 4. 28, 2015다221286).

(2) 집합동산의 인도

양도담보는 동산소유권이 채권자에게 이전됨으로써 비로소 설정된다. 집합동산의 경우에도 그에 관한 물권적 합의와 인도가 요구된다. 전자가 일반적으로 양도담보계약과 별도로 의식되는 경우는 드물 것이다. 문제는 인도요건이다.

판례는 이러한 집합동산의 양도담보에서의 목적물을 「집합물」이라는 하나의 물건으로 파악하는 태도(집합물설)에서 출발한다. 그리하여 그 집합물에 관하여 점유개정이 행하여짐으로써 양도담보가 설정되고, 그 후 집합물을 구성하는 개개의 물건이 변동되거나 변형되더라도 한 개의 물건으로서의 동일성이 유지되는 한에서는 애초 설정한 양도담보의 효력이 유지되므로, 설정자가 새로 취득하는 물건에 대하여 개별적으로 양도행위를 할 필요가 없게 된다고 한다.

그러나 민법은 소유권 기타의 물권은 하나의 특정한 물건에만 성립할 수 있다는 원칙, 따라서 다수의 개별 물건의 결합에 하나의 물권이 인정되지 않는다는 원칙에서 출발하고 있으며, 「집합물」이라는 것은 민법이 인정하고 있는 법개념이 아니다. 중요한 점은 계약 당초에 구비된 담보의 대세적 효력을 그 후 채무자가 취득한 동산에 자동적으로 미치게 한다는 데 있는데, 이는 애초의 담보계약의 내용으로 장래 채무자가 취득할 동산 각각에 대하여 미리 「포괄적인 사전점유개정의 약정」(제189조)을 함으로써 달성될 수 있다(논의의 실익에 대해서는 아래 재판례 [1]의 질문 3을 참조하라).

[1] 집합동산 양도담보의 설정: 대판 1990. 12. 26, 88다카20224

[주 문] 상고를 모두 기각한다. 상고비용은 피고들의 부담으로 한다.

[이 유] 상고이유를 판단한다.

원심판결 이유에 의하면 원심은, 당사자간에 다툼이 없는 사실과 거시증거를 종합하여 소외 대한제당주식회사가 1986. 6. 17. 소외 박도배에 대한 광주지방법원 86카5489호 유체동산가압류결정에 기하여 판시 박도배 경영의 대수개발 양만장 내에 있던 뱀장어에 대한 가압류집행을 하고 피고 동화석유주식회사도 1986. 9. 6. 위 뱀장어에 대하여 위 박도배에 대한 위 법원 86카7983호 유체동산가압류결정에 기하여 강제집행을 한 사실, 위 가압류물건인 뱀장어는 그 보존관리에 특별한 주의가 필요하고 사육에 많은 비용을 요하게 되어 광주지방법원 소속집달관 염동헌은 1986. 9. 6. 위 양만장 내의 뱀장어 26,500킬로그램을 사육불능에 따른 특수보존처분으로서 이를 경매하여 환가한 대금 180,366,750원 중 경매비용을 공제한 나머지 금 176,875,500원을 보관하게 된 사실, 위 보관금에 대하여 피고 유진상교주식회사, 피고 유덕님, 피고 이성용 및 피고 박복균 등이 원심판시와 같은 각 집행력 있는 공정증서정본에 기하여 강제집행을 한 사실, 원고는 1985. 3. 20. 위 박도배와 당시 위 박도배가 원고에 대하여 부담하고 있던 채무 금 410,000,000원과 장래 부담하게 될 채무를 한도액 금 1,400,000,000원으로 하여 이를 담보할 목적으로 위 양만장 내에 있던 뱀장어를 약 1,000,000마리로 추산하여 이를 일괄하여 원고에게 소유권을 양도하고 이를 인도하되 점유개정에 의하여 위 박도배가 계속하여 위 뱀장어를 점유하고 관리, 사육하면서 원고의 승낙하에 이를 처분할 수 있음과 동시에 장래에 있어서 위 양만장에 입식하는 뱀장어도 1,000,000마리의 한도 내에서 위 담보의 목적으로 되어 원고가 그 소유권을 갖기로 하되 위 뱀장어는 치만(새끼뱀장어)을 구입하여 양만장에 입식시킨 후 약 1년 내지 1년 6월 정도 사육한 성만이 되었을 때가 그 성장도와 경제성에 비추어 상품으로서의 가치가 가장 높아 그 때에 처분하여야 하고 또한 이를 위하여는 계속적으로 치만을 구입하여 양만장에 입식시켜야 하는데 위 박도배도 위 양만장 내에 있던 뱀장어 중 적정크기의 뱀장어를 원고의 승낙하에 처분하여 그 대금을 채무변제와 인건비, 사육비 및 치만구입비 등에 사용하기로 하는 내용의 양도담보계약을 체결한 사실을 각 인정한 후 원고와 위 박도배 사이의 위 양도담보계약의 목적물은 위 박도배의 다른 재산과 구별되는 위 양만장 내의 뱀장어 1,000,000마리로 한정되어 있고 또한 위 뱀장어는 위 양만장 내의 개개의 뱀장어를 떠난 1,000,000마리의 한도 내에서 증감 변동하는 집합동산으로서 계속적으로 단일한 경제적 가치가 유지되어 양도담보계약의 목적물로 될 수 있을 정도로 특정되어 위 양도담보계약은 유효한 계약이라 할 것이고 따라서 피고들이 위와 같이 강제집행할 당시의 위 양만장 내의 뱀장어 약 26,500킬로그램 상당은 원고의 소유이며 이를 환가한 위 금 176,875,500원의 금원 역시 원고의 소유라 할 것이므로 피고들이 위 박도배에 대한 각 채무명의에 기하여 원고소유의 위 뱀장어 및 금원에 대하여 한 위 각 강제집행은 부당하다고 판시하였음을 알 수 있다.

일반적으로 일단의 증감 변동하는 동산을 하나의 물건으로 보아 이를 채권담보의 목적으로 삼으려는 이른바 집합물에 대한 양도담보설정계약체결도 가능하며 이 경우 그 목적동산이 담보설정자의 다른 물건과 구별될 수 있도록 그 종류, 장소 또는 수량지정 등의 방법에 의하여 특정되어 있으면 그 전부를 하나의 재산권으로 보아 이에 대해 유효한 담보권의 설정이 된 것으로 볼 수 있다 할 것인바(당원 1988. 10. 25. 선고 85누941 판결; 1988. 12. 27. 선고 87누1043 판결 각 참조), 살피건대 원심은 원고와 위 소외인이 이 사건 양도담보계약의 목적물로 위 양만장 내에서 사육 관리되고 있는 뱀장어 중 1,000,000마리의 한도 내라고 약정한 사실을 인정하여 위 양도담보계약은 목적물이 특정되었으므로 유효하다고 판단하였으나 원심이 인용한 양도담보계약서(갑 제2호증의 1) 중

양도물건목록에는 소재지란에 담양군 금성면 대곡리 646 등, 보관창고명란에 대수개발양만장, 물건의 종별란에 위 양만장 내 뱀장어, 수량 약 백만마리라고 기재되어 있을 뿐이며, 원심 및 제 1 심증인 정대웅, 원심증인 최경남의 각 증언에 의하면 위 양도담보계약의 목적물로 계약당시 위 양만장 내의 모든 뱀장어 수를 약 1,000,000마리로 추산하여 그 전부를 목적물로 하였다는 취지로 증언하고 있고 달리 위 양만장 내의 뱀장어 중 1,000,000마리로 그 수량을 지정하여 담보의 범위를 제한한 사실을 인정하였다고 보기는 어려운 이 사건에 있어서 위 양도담보계약서에 기재된 수량은 단순히 위 계약당시 위 양만장 내에 보관되고 있던 뱀장어 등의 수를 개략적으로 표시한 것에 불과하고 오히려 당사자는 위 양만장 내의 뱀장어 등 어류전부를 그 목적으로 하였다고 봄이 당사자의 의사에 합치된다고 할 것이다.

그렇다면 비록 성장을 계속하는 어류일지라도 기본적으로는 원자재, 제품의 원료, 재고상품과 달리 볼 아무런 이유가 없어 집합물 양도담보의 대상이 될 수 있다 할 것이어서 위 양만장 내의 뱀장어 등 전부에 대한 위 당사자 간의 이 사건 양도담보계약은 그 담보목적물이 특정되었다 할 것이므로 그 담보계약은 유효하게 성립하였다고 할 것이며, 이러한 집합물에 대한 양도담보권설정계약이 이루어지면 그 집합물을 구성하는 개개의 물건이 변동되거나 변형되더라도 한 개의 물건으로서의 동일성을 잃지 아니한 채 양도담보권의 효력은 항상 현재의 집합물 위에 미치는 것이고 따라서 양도담보권자가 담보권설정계약 당시 존재하는 집합물을 점유개정의 방법으로 그 점유를 취득하면 그 후 양도담보설정자가 그 집합물을 이루는 개개의 물건을 반입하였다 하더라도 그 때마다 별도의 양도담보권설정계약을 맺거나 점유개정의 표시를 하여야 하는 것은 아니라고 할 것이다.

결국 원심이 이 사건 뱀장어 1,000,000마리만을 양도담보의 목적으로 한 듯이 설시한 점은 잘못이라 하겠으나 이 사건 양도담보계약이 유효하다고 보아 위 환가대금에 대한 피고들의 가압류 내지 강제집행을 부당하다고 본 결론은 정당하며 또 거기에 뱀장어 1,000,000마리만이 이 사건 양도담보의 목적이 된 것을 전제로 한 법리오해, 채증법칙위반, 심리미진 내지 이유불비의 위법이나 달리 소론과 같은 판단유탈의 위법이 있다 할 수 없다. 논지는 모두 이유 없다.

그러므로 상고를 모두 기각하고 상고비용은 패소자의 부담으로 하기로 하여 관여 법관의 일치된 의견으로 주문과 같이 판결한다.

질문

1. 원심이 제 3 자이의의 소를 제기하는 원고에게 양도담보권을 인정한 결과를 대법원은 수용하지만 이유제시를 달리한다. 원심의 이유에는 어떠한 문제점이 있는가? 대법원은 이를 어떠한 방법으로 회피하는가?
2. 위 판결은 변동하는 뱀장어 집단을 하나의 물건으로 취급하는 이른바 집합물설의 견해에 기초하고 있다. 이를 포괄적인 사전점유개정 약정으로는 어떻게 설명할 수 있는가?
3. ① 집합물의 일부가 압류된 경우나 설정자가 집합물의 일부를 영업에 반하여 반출하는 경우, ② 위기에 빠진 설정자의 담보목적물 처분에 대해 채권자취소권이나 부인권이 행사되는 경우 등과 관련해 집합물설에 의한 설명과 포괄적인 사전점유개정약정에 의한 설명이 어떻게 다른 결과에 이르는지 생각해 보라. 그리고 어느 견해가 보다 타당한지 생각해 보라.

2. 집합동산의 양도담보의 실행 전 효력

(1) 양도담보설정자의 권한

집합동산의 양도담보에서는 설정자가 담보로 제공된 집합동산을 활용하여 영업을 계속하도록 할 이해관계가 존재한다. 따라서 양도담보계약에서는 설정자가 그의 정상적인 영업 또는 생활의 범위 내에서 집합동산을 사용·수익할 뿐만 아니라 나아가 그 범위에서 동산을 처분하는 권한을 양도담보권자로부터 수여받는다고 해석된다. 여기서의 처분에는 가공·조립·변경 등의 사실적 처분뿐만 아니라, 제 3 자에의 양도 등 처분행위도 포함된다. 후자의 경우 그 권한은 대리권이 아니라 처분수권으로서, 설정자가 그 권한범위 내에서 자신의 이름으로 행한 처분은 유효하다. 따라서 그 상대방은 적법하게 권리를 취득한다. 따라서 그러한 처분이 있으면, 그 목적물은 이제 담보에서 제외된다고 할 것이다.

(2) 다른 물건의 혼입

집합동산 중에 제 3 자의 소유물 또는 제 3 자의 소유권유보물 등이 혼입한 경우는 어떠한가? 양도담보에서는 점유개정으로 소유권이 이전하는데, 점유개정으로는 선의취득에서 요구되는 인도요건을 충족하지 못하므로, 양도담보권자는 그 물건을 취득하지 못한다(집합물설의 입장에서 이유제시 없이 대판 2016. 4. 2,

2012다19659). 이는 소유권유보물의 경우에도 마찬가지이다. 재판례 중에는 설정자가 운영하던 돈사의 돼지들이 집합적으로 양도담보에 제공되었는데 그 후 그 돈사가 제 3 자에게 인수된 경우에 그 양수인이 돼지들을 선의취득하지 않은 이상 종전의 양도담보권이 현재의 돼지들에 미치나, 그 양수인이 별도의 자금을 투입하여 반입한 돼지에까지는 미치지 않는다고 판시한 것이 있다(대판 2004. 11. 12, 2004다22858).

3. 집합동산 양도담보의 실행

(1) 양도담보의 실행시기

양도담보권자는 피담보채무가 불이행에 빠지는 등 양도담보를 실행할 수 있는 시기가 되면 그 시점에 자신의 소유에 속하는 담보목적물을 환가하여 이로부터 우선변제를 받을 수 있다. 설정자 또는 채무자가 파산선고를 받거나 회생절차가 개시된 때에도 그러하며, 그 밖에도 양도담보계약에서 예를 들면 제 3 자에 의한 개별 동산의 압류 등과 같이 실행시기를 정한 사유가 있으면 그에 따른다.

(2) 실행을 위한 인도청구

양도담보권의 실행으로 설정자의 목적물처분권은 소멸한다. 양도담보권자는 환가를 위해 자신에게 소유권이 이전되어 있는 집합물 전체의 인도를 청구할 수 있다. 권리남용(제 2 조)에 해당하지 않는 한, 담보권의 불가분성에 따라 피담보채권액을 고려하지 아니하고 집합물 전체의 인도를 청구할 수 있다.

문제는 양도담보권자가 인도를 청구한 이후 현실적으로 인도가 이루어질 때까지 사이에 물건이 유입해 집합물이 증가하는 경우, 새로 추가된 물건에 대해서도 양도담보의 효력이 미치는지 여부이다. 환가에 의해 피담보채권이 소멸하지 않는 이상 양도담보는 여전히 존속하는 것이고, 그렇다면 사전점유개정약정(앞의 Ⅱ. 1. (2) 참조)에 따라 양도담보권자는 그 물건에 대해 소유권을 취득한다고 보아야 한다. 그러므로 집합물이 (임의로 또는 인도집행으로) 현실적으로 인도되는 시점까지 새로 추가된 목적물에도 양도담보의 효력이 미친다고 보아야 할 것이다. 이는 특히 기존의 담보목적물만으로 피담보채권의 만족을 얻기 부족한 경우에 유의미하다. 이에 대해 인도청구 즉 실행의 통지의 시점에 목적물이 고정된다고 보는 견해도 있으나, 그 이후에 유입되는 물건에 대해서도 담보권자의 환가이익이 있을 뿐만 아니라, 그 전후에 유입된 물건을 구별하는 것이 반드시 용이하지 아니하므로 적절하지 않다고 보인다(특히 대판 2004. 11. 12, 2004다22858에 따라 양도담보의 효력이 미치지 않음을 주장하는 자가 그에 대해 증명책임을 부담한다고 해석하면 더욱 그러하다). 반면 양도담보권자에게 집합물이 인도된 시점 이후에 설정자가 취득한 물건은 양도담보의 목적이 되지 아니한다. 그렇지 않으면 양도담보권자는 인도받은 물건의 환가를 늦추면서 설정자 및 그의 일반채권자들을 해할 수 있기 때문이다.

(3) 양도담보의 환가

양도담보권자는 복수의 목적물에 대한 양도담보권을 일괄하여 실행하여 그 전체의 가액을 피담보채권액에 충당하고, 남는 것이 있으면 이를 설정자에게 반환하여야 한다. 환가의 방법은 통상의 양도담보에서 설명한 바와 같다(제 3 편 제12장 Ⅱ. 참조).

Ⅲ. 집합채권의 양도담보

1. 집합채권 양도담보의 유형

집합채권의 양도담보에는 이른바 본계약형과 예약형이 있다. 본계약형은 별도로 채권자에게 양도될 채권을 구체적으로 지정하는 행위를 요하지 아니하고 양도담보계약으로 일정한 범위의 집합채권을 양도하기로 하는 것이다. 이에 대하여 예약형은 처음부터 일정한 범위의 집합채권을 양도하는 것이 아니라 담보계약 당시에는 장차 양도할 집합채권의 범위만을 정하여 두었다가 후에 피담보채무의 채무불이행이나 채무자의 재산상태의 악화를 추단케 하는 제 3 자의 채무자재산에 대한 가압류 또는 압류 등의 사유가 발생하면 그때 채권자의 의사표시에 의하여 그 범위 내에서 구체적으로 양도될 채권이 정하여지는 것이다. 이 유형에서는 애초 양도담보계약의 예약이 있고, 그 후 일정한 사유가 발생하면 양도될 채권을 그 정하여진 범위 내에서 선택하여 이를 설정자에게 통지함으로써 그 예약을 완결할 권리를 채권자가 가지게 된다. 그리고 그 권리의 행사에 의하여 비로소 채권자는 담보를 위하여 목적 채권을 취득하게 된다(대판 2002. 7. 9, 2001다46761; 2004. 2. 12, 2003다53497).

실제의 거래에서는 예약형이 많이 이용되고, 이때에는 그 예약완결권의 확보를 위하여 일정한 시기에 설정자로부터 목적채권의 명세서를 제출받는 경우가 대부분이다.

2. 집합채권 양도담보의 설정

(1) 목적채권의 특정

여기서도 집합동산 양도담보에서와 마찬가지로 그 목적물을 장차 특정할 수 있는 기준이 제시되어 양도담보의 효력이 미치는 범위가 명확하게 될 필요가 있다. 그러므로 담보목적물은 담보에 제공되지 않은 설정자의 다른 채권과 구별될 수 있도록 그 발생원인·발생시기·금액·제 3 채무자 등의 전부 또는 일부를 지정하는 방법으로 객관적으로 특정될 수 있어야 한다. 한편 이러한 특정가능성은 대항요건에 있어서의 특정과는 엄밀하게 구분되어야 한다.

(2) 장래채권의 양도담보

판례는 장래채권의 양도에 관하여 그 채권이 "가까운 장래에 발생할 것이 상당한 정도로 기대되는 경우"에만 유효하게 양도될 수 있다는 입장을 취한다(대판 1991. 6. 25, 88다카6358 등). 그러나 이는 그 기준이 모호하여 불필요한 분쟁을 일으킬 소지가 있고, 장래채권의 양도를 포함하는 장래권리의 처분에 관한 일반적인 법리에 반할 뿐만 아니라, 점점 중요성을 더해 가는 장래채권의 유통성확보를 부당하게 제약하는 것으로서 찬성할 수 없다. 그러므로 집합채권에 포함되는 장래채권의 양도 나아가 양도담보도 앞서 본 바와 같이 그 목적물의 특정가능성이 확보되는 한 이를 부인할 이유가 없다.

(3) 대항요건의 구비

양도담보의 설정을 제 3 채무자 기타 제 3 자에게 대항하려면 채권양도의 대항요건을 구비하여야 한다. 이는 물론 채권양도의 통지 또는 승낙이다(제450조). 이를 위해서는 먼저 통지의 상대방 또는 승낙의 주체가 될 제 3 채무자가 정하여져야 한다. 그리고 그 제 3 채무자가 그의 어느 채무가 양도되었는가를 알 수 있도록 특정하여 통지를 행하거나 제 3 채무자가 그것을 특정하여 승낙을 하여야 한다. 그러한 통지는 위와 같이 특정된 것이라면, 1회의 포괄적인 통지 또는 승낙이 행하여져도 대항요건으로서의 효력이 있고, 또 그 시점에서 장래의 채권에 대하여도 대항력이 생긴다.

그런데 실제의 거래에서는 양도담보의 설정시에 대항요건이 구비되는 일은 거의 없다. 채무자가 그 채권에 양도담보가 설정되었음을 제 3 채무자에게 알리면 경영상태가 악화한 것으로 오해될 소지가 있고, 또 장래의 채권에 관하여 설정시에 아직 제 3 채무자가 정하여지지 아니하여 통지 등을 할 수 없거나 다수의 제 3 채무자가 존재하여 그 통지에 적지 않은 비용이 들기 때문이다. 그리하여 담보설정시에 채무자로부터 백지의 채권양도통지서를 받아서 채무자의 자력상태가 악화되면 백지를 보충하여 통지를 행하는 방법이 쓰인다.

그러나 이러한 방법으로는 양도담보권자의 보호에 문제가 없지 않다. 우선 채무자의 자력이 위태로운 조짐이 보이는 때에 그에 대한 다른 채권자가 목적 채권을 먼저 압류하게 되면, 양도담보권자는 이에 대하여 이의를 제기할 수 없고 목적 채권을 자기 채권의 만족에 돌릴 수 없게 된다. 나아가 대항요건 구비행위가 채권자취소권(제406조)이나 부인권(회파 제100조 이하, 제103조, 제391조 이하, 제394조 제 2 항)의 대상이 될 우려가 있다.

[2] 집합채권 양도담보와 부인권 행사: 대판 2002. 7. 9, 2001다46761

[주 문] 원심판결을 파기하고, 이 사건을 서울고등법원에 환송한다.

[이 유] 상고이유를 본다.

1. 원심이 그 채택 증거를 종합하여 적법하게 확정한 사실은 다음과 같다.

가. 1997. 8.경 해태전자 주식회사(현재 회사명은 주식회사 이트로닉스, 이하 '해태전자'라고 한다)가 피고로부터 담보제공 없이 신용거래의 형태로 수십억 원 규모의 여신을 제공받고 있던 중 피고에게 단기대출금의 만기를 연장해 달라고 요청하자, 피고는 해태전자의 매출채권을 담보로 제공받아 만기를 연장해 주기로 하고 해태전자와 사이에 다음과 같은 약정(이하 '이 사건 기본약정'이라 한다)을 하였다.

이 사건 기본약정의 내용은, ① 해태전자가 피고에게 해태전자의 매출채권을 양도함에 있어 제 3 채무자와 제 3 채무자별 채권금액 및 지급기일 등의 명세를 피고에게 제출하고 변동이 있을 때 수시로 보고하며, ② 해태전자가 피고에 대한 채무에 관한 기한의 이익을 상실하는 경우 피고가 해태전자를 대리하여 채권양도의 통지를 할 수 있고, ③ 해태전자는 채권양도계약서 및 채권양도통지서의 일부 또는 전부를 백지로 피고에게 제출하고, 피고는 위 채권명세에 따라 양도받을 채권을 확정하고 백지의 채권양도계약서와 채권양도통지서에 제 3 채무자 및 채권금액을 기재할 수 있는 권한을 갖는다는 것이다.

나. 위 약정에 따라, 해태전자는 피고에게 ① 채무자란에만 해태전자의 명판과 대표이사의 인감을 날인하고 연월일란이 백지인 상태로 위 약정내용이 인쇄된 '각서'(갑 제 3 호증의 1, 2)를 제출함과 동시에, ② 양도인란에 해태전자의 명판과 대표이사의 인감만 날인하고 채무자 및 제 3 채무자, 채권의 종류, 그 금액, 연월일란이 모두 백지인 '채권양도계약서'와 ③ 역시 통지인란에만 해태전자의 명판과 대표이사의 인감을 날인하고 채권의 종류 및 그 금액, 통지서를 수령할 제 3 채무자란을 모두 공란으로 둔 '채권양도통지서', ④ 그리고 해태전자가 제 3 채무자들에게 가지는 외상매출금이 기재된 '매출채권명세서'를 각 교부하였다.

다. 해태전자가 피고에게 교부한 매출채권명세서에는 현대전자산업 주식회사(이하 '현대전자'라고 한다)에 대한 채권은 기재되어 있지 않았고, 그 후 해태전자가 피고에게 변동된 매출채권명세를 보고한 사실도 없었다.

라. 해태전자는 1999. 11. 30. 인천지방법원 99회15호로 회사정리절차개시신청을 하였다.

마. 피고는 해태전자와 현대전자 사이의 거래 사실을 우연히 알게 되어 1999. 12. 2. 이미 백지상태로 교부받은 위 채권양도계약서 및 채권양도통지서의 제 3 채무자란에는 현대전자를, 채권의 종류란에는 물품대금을, 금액란에는 이십억 원을, 채권양도계약서의 연월일란에는 1998. 2. 18. 및 채권양도통지서의 연월일란에는 1999. 12. 2.을 각 기재하고, 양수인란의 피고의 명칭 옆에는 피고의 대표이사 인장을 날인하여 같은 날 위 통지서를 현대전자에 발송하였으며, 위 통지서는 그 무렵 현대전자에게 도달되었다.

바. 그 후 인천지방법원은 위 회사정리절차개시신청을 받아들여 2000. 2. 10. 11:30에 회사정리절차개시결정을 함과 동시에 허진호와 남기호를 정리회사의 공동관리인으로 선임하였다.

2. 원고는, 주위적으로 해태전자와 피고 사이의 위 현대전자에 대한 매출채권에 관한 1999. 12. 2.자 양도행위와 현대전자에 대한 채권양도통지행위는 회사정리법 제78조 제 1 항 제 2 호에 정한 위기부인 사유에 해당한다고 주장하고, 예비적으로 1999. 12. 2.자 채권양도통지행위는 회사정리법 제80조 제 1 항에 정한 권리변동의 대항요건 부인사유에 해당한다고 주장하면서 해태전자의 현대전자에 대한 위 매출채권 양도행위와 채권양도통지행위의 취소 및 그 원상회복조치로서 취소 사실을 현대전자에 통지할 것을 청구하고 있다.

3. 이러한 주장과 관련하여 원심은 다음과 같은 이유에서 원고의 주장을 받아들여 피고의 항소를 기각하고 원고의 청구를 인용한 제 1 심판결을 유지하였다.

가. 원심은 먼저 이 사건 기본약정의 성질과 관련하여, 위 약정은 해태전자가 피고의 단기채권의 만기를 연장하여야 할 긴절한 필요가 있는 상황에서 해태전자와 피고가 그 만기연장에 즈음하여 종래의 신용대출을 일종의 담보대출로 전환하면서 그 담보로서 자신의 특정 매출채권을 장차 양수·양도하기로 하는 추상적, 방침적인 약정을 한 것으로서 장차 해태전자가 매출채권명세서를 피고에게 제출하면 그에 기재된 채권에 관하여 피고의 자유로운 판단에 따라 피고가 임의로 이를 특정, 양수하는 권한을 행사할 수 있도록 피고에게 위임하기로 하는 포괄적, 기본적인 채권양도계약 혹은 담보제공계약의 성질을 띤 무명계약이라 할 것이고, 나아가 해태전자가 피고에게 이 사건 기본약정에 기하여 양도인란과 통지인란에 해태전자의 명판과 인감만 날인된 채 백지로 된 채권양도계약서 및 채권양도통지서를 교부한 것은 장차 피고가 구체적, 현실적으로 담보를 제공받거나 또는 채무변제를 위하여 매출채권을 양수하고자 할 경우 그때그때 해태전자의 협력 없이도 원활하게 개개의 매출채권에 관한 양도계약이 체결되도록 피고에게 미리 해태전자의 대리권 내지 처분권한을 부여하여 자기대리의 형식으로 채권양도계약이 체결되도록 한 것이라고 판단하였다.

나. 원심은 이 사건 기본약정의 성질에 관한 위 판단에 기초하여, 이 사건 기본약정만으로는 양도대상 채권, 채권액, 제 3 채무자, 양도시기, 그 피담보채권 혹은 변제대상채권 등이 확정되지 아니한 상태이어서 구체적인 개개의 채권에 관하여는 채권양도계약이 체결되었다고 볼 수 없고, 이 사건 기본약정에 터잡아 피고가 위임받은 대리권을 행사하여 백지상태로 교부받은 위 채권양도계약서와 채권양도통지서에 그 공란을 보충한 1999. 12. 2.에 이르러서야 비로소 피고와 해태전자 사이에 현대전자에 대한 매출채권에 관한 양도계약이 성립됨과 동시에 그 효력이 발생하였고, 그 대항요건도 피고가 해태전자를 대행 내지 대리하여 위 채권양도통지서를 발송하여 그것이 현대전자에 도달됨으로써 그 효력이 발생되었다고 판단하였다.

다. 또한 원심은, 회사정리법 제78조 제 1 항 제 2 호 소정의 이른바 위기부인(危機否認)의 대상이 되는 '회사의 행위'라 함은 회사가 제 3 자의 행위에 협력하거나 제 3 자가 회사의 행위를 대행하는 경우, 또는 제 3 자의 행위의 효과가 실질적으로 회사가 한 것과 동일시할 수 있을 정도에 이르러야 한다고 새겨야 할 것인데, 위 사실관계와 이 사건 기본약정, 채권양도계약서 등 서식의 교부행위, 피고의 보충행위의 법적 성질 등에 비추어 보면, 위 1997. 8.경의 이 사건 기본약정과 그에 터잡아 백지를 보충함으로써 1999. 12. 2.자 채권양도계약이 체결되게 한 피고의 행위는 전체적으로 '회사'인 해태전자에 의한 채권양도계약의 체결로서의 실질을 가진다 할 것이고, 대항요건을 갖추기 위한 피고의 통지행위 역시 해태전자를 대리 내지 대행한 것이므로, 결국 '회사'인 해태전자의 행위로 볼 수 있다고 판단하였다.

라. 원심은 결국 해태전자와 피고 사이의 1999. 12. 2.자 채권양도계약 및 그 통지행위는 회사정리절차개시신청 이후 정리채권자들 사이의 평등에 위배되는 불공평한 담보제공 또는 불공평한 채무소멸에 관한 행위로서 해태전자의 행위 또는 그와 동일시할 수 있는 행위이므로, 회사정리법 제78조 제 1 항 제 2 호 소정의 부인권 행사의 대상이 되어 취소되어야 하고, 위 1999. 12. 2.자 채권양도계약이 부인된 이상, 피고는 원고에게 그 원상회복 절차를 이행할 의무가 있다고 판단하였다.

4. 그러나 원심의 판단은 다음과 같은 이유에서 수긍할 수 없다.

가. 먼저 이 사건 기본약정의 성질에 관하여 보건대, 위 약정은 해태전자와 피고가 대출금에 대한 담보로서 해태전자의 특정 매출채권을 장차 양도·양수하기로 하는 추상적, 방침적인 약정을 하면서 장차 피고가 해태전자를 대리하는 자기대리의 형식으로 해태전자의 매출채권을 특정하여 양도계약을 체결할 수 있는 대리권 내지 처분권한을 부여한 계약이 아니라, 해태전자와 피고가 해태전자의 대출채무를 담보하기 위하여 해태전자의 매출채권에 관한 채권양도를 목적으로 한 대물변제의 예약을 체결한 계약 이른바 예약형 집합채권의 양도담보에 해당하는 것으로서, 그 예약을 일방적으로 완결할 수 있는 예약완결권을 피고에게 부여함과 동시에 해태전자가 매출채권명세서에 기재한 매출채권 중에서 대물변제로 양도·양수할 매출채권을 선택할 수 있는 선택권을 피고에게 부여하기로 하는 한편 피고가 위 선택권과 예약완결권을 행사할 경우 그 실효성과 편의를 위하여 피고가 해태전자를 대리하여 제 3 채무자에게 채권양도사실을 통지할 수 있도록 해태전자가 피고에게 그 대리권을 부여한 계약이라고 할 것이다. 따라서 이 사건 기본약정에 의하여, 피고는 대물로 할 해태전자의 매출채권을 선택하는 선택권, 대물변제 예약을 완결하여 채권양도계약을 성립시키는 예약완결권을 취득함과 더불어 해태전자를 대리하여 제 3 채무자에게 채권양도사실을 통지할 수 있는 대리권을 수여받았다고 보아야 한다.

나. 그러므로 피고가 1999. 12. 2.에 한 행위는 이 사건 기본약정에서 주어진 위 매출채권 선택권과 예약완결권을 행사한 것으로서 피고의 행위이고, 원고가 부인권의 대상으로 삼고자 하는 해태전자의 채권양도행위가 있었던 것은 아

니다.

다. 한편, 회사정리법 제78조 제 1 항 각 호의 규정에 의하면, 회사정리법상의 부인의 대상은 원칙적으로 정리 전 회사의 행위라고 할 것이고, 다만 회사의 행위가 없었다고 하더라도 정리 전 회사와의 통모 등 특별한 사정이 있어서 채권자 또는 제 3 자의 행위를 회사의 행위와 동일시할 수 있는 경우에는 예외적으로 그 채권자 또는 제 3 자의 행위도 부인의 대상으로 할 수 있다고 할 것이지만, 이 사건의 경우에는 기록을 살펴보아도 피고가 정리 전 회사인 해태전자와 통모하여 위 예약완결권을 행사하였다고 볼 수 없고, 달리 피고의 예약완결권 행사행위를 해태전자의 행위와 동일시 할 만한 특별한 사정을 찾아볼 수 없다. 따라서 1999. 12. 2. 해태전자가 피고에게 현대전자에 대한 매출채권을 양도하는 행위가 있었음을 전제로 그 행위가 회사정리법 제78조 제 1 항 제 2 호에 정한 위기부인의 대상에 해당한다는 원고의 주장은 받아들일 수 없다고 할 것이다.

라. 또한, 위에서 본 바와 같이 피고의 1999. 12. 2.자 예약완결권 행사행위를 부인할 수 없는 이상, 같은 날 피고가 해태전자를 대리하여 현대전자에 매출채권양도사실을 통지한 행위는 위 예약완결권의 행사로 효력이 발생한 매출채권의 양도사실을 통지하여 그 채권양도의 대항력을 갖추는 행위이므로 회사정리법 제78조 제 1 항 제 2 호가 부인의 요건으로 정한 "정리채권자 등을 해하는 행위와 담보의 제공 또는 채무의 소멸에 관한 행위"에 해당한다고 할 수 없다.

한편, 원고는 예비적으로 회사정리법 제80조 제 1 항을 매출채권양도행위에 대한 부인의 근거로 주장하지만(원심은 원고의 주위적 주장을 받아들였으므로 예비적 주장에 나아가 판단하지 않았다), 회사정리법 제80조 제 1 항은 "지급의 정지 또는 파산, 화의개시, 정리절차개시의 신청이 있은 후 권리의 설정, 이전 또는 변경으로써 제 3 자에 대항하기 위하여 필요한 행위를 한 경우에 그 행위가 권리의 설정, 이전 또는 변경이 있은 날로부터 15일을 경과한 후 악의로 한 것인 때에는 이를 부인할 수 있다."라고 규정하고 있는바, 피고가 해태전자를 대리하여 현대전자에게 채권양도사실을 통지한 행위는 예약완결일로부터 15일 이내의 행위임이 명백하므로 원고가 이에 대하여 위 규정상의 부인권을 행사할 수도 없다고 할 것이다.

마. 그렇다면 이와 다른 견해에서 1999. 12. 2. 해태전자와 피고 사이에 채권양도계약이 체결되었거나 이와 동일시할 수 있음을 전제로 그 채권양도 행위와 채권양도 통지행위에 대한 원고의 부인권행사 주장을 받아들여 원고의 청구를 인용한 제 1 심판결을 유지한 원심의 판단에는 분명 예약형 집합채권 양도담

보와 회사정리법상의 부인권에 관한 법리를 오해한 위법이 있다고 할 것이므로 이 점을 지적하는 상고이유의 주장은 정당하다(다만, 원심이 적법하게 확정한 사실에 의하면, 피고가 선택한 현대전자에 대한 해태전자의 매출채권은 해태전자가 피고에게 교부한 매출채권명세서에 기재되어 있지 아니한 것이므로 그러한 선택이 기본약정의 취지에 맞는 유효한 것인지는 별개의 문제이다).

5. 그러므로 원심판결을 파기하고, 이 사건을 새로 심리·판단하게 하기 위하여 원심법원에 환송하기로 하여 관여 대법관의 일치된 의견으로 주문과 같이 판결한다.

[참고]

구 회사정리법 제78조, 제80조는 현행 채무자회생 및 파산에 관한 법률 제100조, 제103조로 승계되었다.

질문

1. 채무자회생 및 파산에 관한 법률 제100조, 제103조의 부인권의 내용을 숙지하고 이 사안에 적용가능한지 검토해 보라.
2. 원심과 대법원은 이 사안에서 문제된 채권양도를 둘러싼 법률관계의 법률구성을 달리하였기 때문에 부인권의 성립 여부에 대하여 다른 결론에 도달하였다. 그 내용을 비교하고 타당성을 검토해 보라.
3. 대법원의 견해에 따를 경우 현실적으로 발생할 수 있는 문제점으로는 어떠한 것을 생각할 수 있는가?
4. 대법원은 예약완결권 행사는 채무자의 행위가 아니라서 부인권 행사의 대상이 될 수 없다고 한다. 그러나 채권자가 채무자와 공모를 하는 등 긴밀히 관여한 경우에는 달리 볼 여지가 있는가? (회파 제391조 제1호에 대해 대판 2011. 10. 13, 2011다56637 참조)
5. 앞서 판례 법리는 부인권 행사가 아닌 사해행위 취소(제406조)의 경우에도 마찬가지로 적용될 수 있는가? (대판 2016. 7. 14, 2014다233268 참조)
6. 앞서 판례 법리는 예약완결권 행사를 기다릴 필요 없이 지급정지 등 채무자의 일정한 "위기" 상황이 있으면 채권양도가 효력을 발생한다는 정지조건을 활용한 때에도 그대로 적용될 수 있는가? (대판 2013. 6. 28, 2013다8564 참조)

3. 집합채권 양도담보의 법률관계

(1) 설정자와 양도담보권자 사이의 채권적 관계

집합채권 양도담보에서 목적채권의 행사와 관련하여서는, 담보설정시부터 양도담보권자에게 목적채권의 추심권을 부여하는 것[1]과 설정자에게 양도담보권의 실행이 있기까지 채권의 추심 및 회수금의 자기사용을 인정하는 것의 두 유형으로 나누어진다. 전자의 경우에는 제 3 채무자를 상대로 하는 권리행사를 위하여 양도담보권의 실행이 있기 전의 어느 단계에서 채권양도의 통지(제450조)가 행하여지나, 후자의 경우에는 일반적으로 양도담보권의 실행의 일환으로 비로소 채권양도의 통지가 행하여진다. 어느 경우에나 양도담보권자는 양도담보계약에 기하여 채무자에 대하여 채권양도의 통지를 할 것을 청구할 수 있으나, 실제로는 양도담보권자가 그에 관하여 철회불가의 대리권을 미리 수여받는 것이 통상이다. 집합동산 양도담보에서와 마찬가지로, 집합채권 양도담보에서 양도담보권의 실행시까지 설정자가 목적 채권의 추심권한 및 추심금의 사용의 권한을 가지는 경우가 대부분이다. 위의 두 유형 중 어느 것인지는 양도담보계약의 해석에 의하나, 다른 특약이 없으면 후자가 원칙이라고 할 것이다. 그러나 그 경우에도 그러한 추심 및 처분의 권한은 양도담보권의 적법한 실행이 있으면 소멸한다고 할 것이다.

(2) 집합채권 양도담보의 실행

양도담보권의 실행에 대하여는 앞서 본 집합동산의 경우와 별로 다를 바가 없다(앞의 Ⅱ. 3. 참조).

---

1) 채권자가 처음부터 추심권한을 가지고 채권의 변제를 받아 만족에 충당하는 채권양도담보를 일부 학설에서는 「누적형」 채권양도담보라고 부르기도 한다. 그러나 엄밀한 개념규정에 따를 때(대판 2010. 12. 23, 2010다44019 참조) 채권자가 양도된 채권을 추심하여 먼저 피담보채권의 만족에 충당하는 채권양도는 담보를 위한 채권양도가 아니라 변제를 위한 채권양도이다. 이를 「누적형」 채권양도라고 명명하는 것 자체에 반대할 이유는 없겠으나, 전형적인 양도담보의 법리가 그대로 적용될 수 없음에는 주의해야 한다. 아래 재판례 [3](대판 2013. 3. 28, 2010다63836) 특히 질문 1 참조.

[3] 장래집합채권의 양도담보: 대판 2013. 3. 28, 2010다63836

[주　　문] 상고를 기각한다. 상고비용은 원고가 부담한다.

[이　　유] […]

1. 원심이 적법하게 채택한 증거들에 의하면, 원고와 피고가 제 3 채무자인 국민건강보험공단에 대한 의료비 등 채권을 담보목적물로 한 채권양도담보계약을 체결하면서 작성한 채권양도계약서에 양도채권으로 "채권양도인이 채권양도일 이후 제 3 채무자로부터 수령할 국민건강보험법에 의한 요양급여비용 및 의료급여법에 의한 의료급여비용", 양도금액으로 "금 일십억 원"으로 각각 기재되어 있고, 피고가 국민건강보험공단에 통지한 채권양도통지서에도 양도채권으로 "본 통지서 도달일로부터 발생한 채권으로서, 채권양도인이 국민건강보험공단으로부터 수령할 국민건강보험법에 의한 요양급여비용 및 의료급여법에 의한 의료급여비용", 양도금액으로 "금 일십억 원", 변제방법으로 "귀사의 변제방법으로서 양도된 요양급여비 및 의료급여비는 아래 계좌로 입금하여 주시기 바랍니다."라고 각각 기재되어 있고, 입금할 계좌로 원고 은행에 개설된 원고 명의 계좌번호가 기재되어 있는 사실을 알 수 있다. 그렇다면 특별한 사정이 없는 한, 채권양수인인 원고가 담보목적물 중 일부인 그 당시 현존 의료비 등 채권에 대하여 담보권을 실행하여 국민건강보험공단으로부터 17,749,460원을 직접 회수하였다 하더라도, 원고가 피담보채권인 대출금채권 전액의 만족을 얻지 아니한 이상, 그 후 발생하는 의료비 등 채권에 대해서도 담보권을 실행할 수 있다고 할 것이고, 원고의 위와 같은 담보권 실행으로 인하여 그 후 발생하는 의료비 등 채권에 대하여 담보권의 효력이 미치지 아니하게 되는 것은 아니다.

원심이 이와 달리 원고가 상계권을 행사하여 위 의료비 등 채권을 회수한 시점에 담보권 실행으로 담보채권이 고정된다고 본 것은 장래 발생할 채권을 담보목적물로 하는 채권양도담보에 있어서 담보권 실행의 효력에 관한 법리를 오해하였다고 볼 수 있다.

한편 장래 발생하는 채권이 담보목적으로 양도된 후 채권양도인에 대하여 회생절차가 개시되었을 경우, 회생절차개시결정으로 채무자의 업무의 수행과 재산의 관리 및 처분 권한은 모두 관리인에게 전속하게 되는데(채무자 회생 및 파산에 관한 법률 제56조 제 1 항), 관리인은 채무자나 그의 기관 또는 대표자가 아니고 채무자와 그 채권자 등으로 구성되는 이른바 이해관계인 단체의 관리자로서 일종의 공적 수탁자에 해당한다 할 것이므로(대법원 1988. 10. 11. 선고 87다카1559 판결 참조), 회생절차가 개시된 후 발생하는 채권은 채무자가 아닌 관리인의 지위에 기한 행위로 인하여 발생하는 것으로서 채권양도담보의 목적물에 포함되지 아니하고, 이에 따라 그러한 채권에 대해서는 담보권의 효력이 미치지 아니한다.

원심이 인정한 사실에 의하면, 원고가 담보목적물인 의료비 등 채권에 대하여 담보권을 실행하여 국민건강보험공단으로부터 17,749,460원을 회수한 후 피고에 대한 회생절차개시 당시까지 담보목적물인 채권이 남아 있지 아니하게 되었는데, 앞서 본 법리에 의하면, 회생절차개시 후에 의료비 등 채권이 추가로 발생하였더라도 그러한 채권에 대해서는 더 이상 담보권의 효력이 미치지 아니하기 때문에, 피담보채권인 원고의 잔존 대출금채권은, 담보목적물이 존재하지 아니하는 회생채권에 해당하게 되었다고 볼 수 있다.

그렇다면 피담보채권인 원고의 대출금채권을 회생채권에 해당하는 것으로 본 원심의 판단은 결론에 있어서 정당하므로, 결국 원심판결에 위와 같은 법리오해로 판결에 영향을 미친 위법이나 집합채권양도담보의 효력 및 회생담보권에 관한 법리를 오해한 위법이 있다고 볼 수 없다. […]

질문

1. 사실관계를 재구성해 보라. 일반적으로 담보권이 실행되어 피담보채권이 전부 또는 일부 만족을 받으면 담보는 소멸한다. 이 사건의 원심도 기본적으로 그러한 입장이다. 그런데 대법원은 이와는 달리 보고 있다. 그 이유는 무엇이라고 생각되는가? 그러한 판단은 타당한가?
2. 이 사건에서는 장래채권의 양도담보가 문제되었다. 장래채권을 양도한 경우, 그 장래채권이 발생한 시점에서 이는 양도인에게 귀속했다가 양수인에게 이전하는가 아니면 바로 양수인에게 발생하는가? 발생시점에 양도인에게 도산절차가 개시한 경우 그러한 법률구성 차이는 어떠한 결과의 차이를 가져오는가? 아니면 「채무자 회생 및 파산에 관한 법률」 제65조, 제330조, 제580조 제 1 항의 취지를 고려할 때 그런 법률구성과 상관없이 원고의 양도담보 취득을 부정할 수 있을 것인가? 또는 오히려 이 사건 양도담보의 내용상 이들 규정은 적용되지 않는다고 보아야 할 것인가?
3. 이 사건에서 대법원은 "회생절차가 개시된 후 발생하는 채권은 채무자가 아닌 관리인의 지위에 기한 행위로 인하여 발생하는 것"이라는 이유로 양도담보의 효력이 미치지 않는다고 한다. 이 논거는 문제가 없는가? 예를 들어 채무자 아닌 다른 사람이 관리인으로 선임된 법인회생절차에서도 이 논거로 같

은 결론을 유지할 수 있겠는가?

Ⅳ. 소유권유보

1. 소유권유보의 의의

(1) 소유권유보의 개념

특히 동산의 매매에서 매수인이 대금을 모두 지급하기 전에 매매목적물을 그에게 인도하는 경우에는 대금채권의 담보를 위하여 그 대금의 완급까지 매도인이 목적물의 소유권을 가진다는 약정이 빈번하게 행해진다. 그와 같은 약정내용을 소유권유보라고 하고(할부 제6조 제1항 제8호, 제11조 제3항 참조), 그러한 약정을 수반하는 매매를 소유권유보부 매매라고 한다.

그 약정에 기하여 매도인은 매수인의 대금채무불이행이 있으면 소유권에 기하여 목적물을 환수함으로써 자신의 이익을 도모할 수 있다. 한편 매수인이 매매대금을 모두 지급하면, 목적물의 소유권은 자동적으로 그에게 이전된다. 이는 법기술적으로는 소유권이전에 관한 물권적 합의가 매매대금의 완급을 정지조건으로 하여 행하여짐으로써 달성된다(대판 1999. 9. 7, 99다30534). 즉 매도인은 매수인의 용익을 위해 목적물을 인도하기는 하지만, 소유권의 이전은 매매대금의 지급과 연동시킴으로써 매매계약을 인도에 대해서만 선이행하면서 소유권이전에 대해서는 동시이행의 항변권(제536조)을 관철한다. 따라서 소유권유보는 동시이행의 항변권의 부분적 행사로 이해된다. 그렇기 때문에 소유권유보가 매도인을 담보하는 방식은 채무불이행 규정을 매개로 간접적으로 이루어진다. 즉 매도인은 원칙적으로 환가권을 가지는 것이 아니라 계약해제와 손해배상이라는 계약책임의 수단을 행사함으로써 간접적으로 자신의 지위를 담보한다.

(2) 소유권유보의 기능

매매에서 대금채무의 불이행이 있으면, 매도인은 계약을 해제할 수 있으며(제544조 이하), 최고 없이 해제할 수 있게 하는 등으로 그 요건을 완화하는 특약도 가능하다. 그리고 매수인이 소유권을 이미 취득하였어도, 매매의 해제로 소유권은 매도인에게 환원된다. 그러나 해제는 그 전에 목적물에 성립한 제

3 자의 권리를 그 제 3 자의 선의·악의를 불문하고 해하지 못하고(제548조 제 1 항 단서), 해제 후에 등장한 제 3 자라도 그가 선의이면 이를 대항하지 못할 가능성이 있다(대판 1985. 4. 9, 84다카130 등). 그런데 소유권이 매도인에게 유보되면, 매수인의 목적물에 대한 처분은 제한을 받아서 제 3 자가 등장할 여지가 그만큼 없게 된다. 이와 같이 소유권유보약정은 목적물의 환수가능성을 보다 높이는 것이다.

(3) 부동산의 소유권유보?

부동산의 매매에서도 소유권유보를 상정할 수 없는 것은 아니다. 그러나 거기서 소유권의 양도에는 소유권이전등기가 요구되는데(제186조), 소유권양도의 효력발생이 매매대금의 완급에 걸리도록 하는 것은 등기법상 허용되지 않는다. 따라서 실제로 부동산매매에서 소유권유보약정은 행하여지지 않는다(대판 2010. 2. 25, 2009도5064 참조). 이하에서는 동산의 소유권유보부 매매에 대해서만 설명한다.

(4) 금융리스와 소유권유보

한편 금융리스(finance lease)는 리스회사가 리스이용자가 필요로 하는 기계·설비 등과 같은 리스물건을 그 판매업자로부터 구입하여 이를 일정한 리스기간 동안 리스이용자에게 대여하는 거래를 말한다(상 제46조 제19호, 제168조의 2 이하, 여신 제 2 조 제10호의 「시설대여」). 이는 일단 임대차계약에 유사하나, 실제로는 리스물건구입자금의 대여에 해당한다(대판 1986. 8. 19, 84다카503 등 참조). 즉, 리스기간은 대체로 목적물의 경제적 내용연수(耐用年數)에 상당하고, 차임의 명목으로 지급하는 리스료는 리스물건의 구입대금에 부대비용과 일정한 이윤을 합한 것을 리스기간으로 나눈 것이어서, 리스료는 리스회사가 대여한 구입자금을 할부로 반환하는 것과 다름없는 것이다. 또 리스이용자가 리스물건의 유지 및 관리의 책임이나 위험을 부담한다. 그리고 리스이용자의 리스료 지급지체 등 채무불이행이 있으면, 그는 나머지 리스기간의 리스료에 상당하는 이른바 「규정손실금」의 지급의무가 발생하는 한편, 리스업자는 그의 소유권에 기하여 리스물건을 환수하여 그 처분대가로써 위 채권의 만족을 얻는다. 그러므로 금융리스는 소유권유보부 매매와도 유사성이 있는 거래형태라고 할 수 있다.

2. 법적 성질

소유권유보부 매매에서는 목적동산이 매수인에게 인도되었음에도 불구하고 소유권양도에 관한 물권적 합의가 대금의 완납을 정지조건으로 하여 행하여진다. 따라서 그 조건의 성취가 없는 한 소유권(이른바 유보소유권)은 여전히 매도인에게 남는다. 매수인은 목적물을 대금의 완급 전에 인도받아 이를 사용·수익하는 채권적 지위에 있는 한편, 정지조건부 소유권이라는 물권적 지위를 가진다. 물론 이는 그 자체로서 처분·상속·보존될 수 있으나(제149조: "조건의 성취가 미정한 권리"), 아직은 장래의 소유권으로서 현재 소유권에 기한 권리를 행사할 수는 없다.

3. 소유권유보의 성립

(1) 소유권유보 약정

소유권유보의 약정이란 동산의 매매에서 매수인이 대금을 모두 지급할 때까지 매매목적물의 소유권이 매도인에게 유보됨을 내용으로 하는 약정을 말한다. 이는 매매계약과 동시에 그 내용으로 행하여지는 것이 통상이나, 반드시 그렇게 해야 하는 것은 아니고 매매계약이 체결된 후에 이루어질 수도 있다.

(가) 매수인이 소유권을 이전하기 위해 변제해야 하는 채권은 거의 예외없이 매매대금채권이다. 그러나 그 외에도 매도인이 매수인에 대하여 가지는 수리비용의 상환 기타의 다른 거래상 채권이 매매대금채권과 아울러 또는 독자적으로 지급될 때까지 소유권이 매도인에게 유보된다고 정하여질 수도 있다(확장된 소유권유보). 나아가 매도인이 매수인과의 계속적 매매관계에 기하여 가지는 증감·변동하는 매매대금 등의 채권을 위하여 소유권유보가 약정될 수도 있다(근소유권유보).

(나) 한편 특정한 동산뿐만이 아니라 내용이 변동하는 일정한 물품의 집합체도 소유권유보의 목적물이 될 수 있다(집합동산 소유권유보). 판매대리점계약 등 매도인과 매수인 사이의 계속적인 물품공급계약에 기하여 동산이 수시로 매도·인도되는 경우가 그러하다(대판 1999. 1. 26, 97다48906 참조). 이러한 경우에는 다른 특별한 사정이 없는 한 소유권유보의 목적물과 매매대금채권 사이의 개별적인 대응관계가 요구되지 않으며, 매매대금채권의 잔액이 있는 한

공급된 물품의 소유권은 매도인에게 유보된다.

(다) 「할부거래에 관한 법률」의 적용을 받는 동산매매계약에는 소유권유보약정이 있는 것으로 추정할 것이다. 동법에 의하면, 동법상의 할부계약은 목적물의 "소유권 유보에 관한 사항"이 기재되어 있는 서면으로 체결되어야 한다(할부 제 6 조 제 1 항 제 8 호). 물론 이는 방식규정으로서, 당사자들이 소유권의 매도인유보를 배제하는 특약을 하는 것이 허용되지 않음을 의미하지는 않는다. 그러나 위 규정에 비추어 역시 다른 특별한 사정이 없는 한 할부계약에는 소유권유보약정이 포함된다고 함이 타당하다.

(2) 정지조건부 양도

소유권유보약정을 포함하는 매매계약에 기하여 매수인이 매도인으로부터 목적동산을 인도받음으로써(제188조 이하) 소유권유보가 성립한다. 그 물권적 합의는 다른 특별한 사정이 없는 한 매매대금이 모두 지급되는 것을 정지조건으로 소유권이 이전되는 것으로 행하여진다(대판 1996. 6. 28, 96다14807; 1999. 9. 7, 99다30534).

4. 소유권유보의 효력

(1) 대금채무 불이행 이전의 법률관계

매매대금채무의 불이행이 있기 전에 당사자들 사이 및 제 3 자와의 법률관계는 어떠한가?

(가) 유보매수인은 매매계약에 기하여 목적물을 사용·수익할 수 있다. 동시에 그는 목적물을 선량한 관리자의 주의로 보관할 의무(제374조)를 부담한다.

(나) 유보매수인은 원칙적으로 목적물을 자신의 소유물로서 처분할 수 없다. 매수인이 이를 자신의 소유물로서 제 3 자에게 양도하거나 질권을 설정하는 등으로 처분하여도, 이는 무권리자의 처분으로서 선의취득(제249조 이하)의 요건이 갖추어지지 않는 한 무효이다(대판 2010. 2. 11, 2009다93671). 그 경우 선의취득의 성립과 관련하여서는, 우선 상대방의 무과실이 문제된다. 재판례 중에는, 목적물이나 거래내용의 성질 또는 당사자 사이의 인적 관계 등을 고려하여 그 물건이 소유권유보거래의 목적물임을 알 수 있었다고 하여 상대방의 과실

을 인정한 것이 적지 않다(대판 1999. 1. 26, 97다48906).[2] 나아가 매수인이 목적물을 양도담보로 제공한 경우에는 점유개정에 의한 인도가 선의취득의 인도요건을 충족하지 못하므로, 선의취득이 인정되지 않는다(대판 2000. 6. 23, 99다65066 참조). 다만 집합동산소유권유보에서는 앞서 본 대로 유보매수인이 그의 정상적인 영업 또는 생활의 범위 내에서 목적물을 가공 또는 부합 등으로 사실상 처분하거나 또는 양도 등으로 법적으로 처분할 권한을 가진다고 할 것이다.

그러나 유보매수인은 제 3 자에게 자신의 정지조건부 소유권을 양도할 수 있고, 또 이는 상속의 대상이 된다(제149조). 그러나 그 양수인은 매수인이 매매대금을 모두 지급하여 정지조건이 성취한 때에 비로소 실제로 그 소유권을 취득한다.

(다) 매수인의 일반채권자가 목적물을 압류하는 등으로 그에 강제집행을 행하는 경우에 매도인은 제 3 자이의의 소를 제기할 수 있다.

[4] 소유권유보의 대외적 효력: 대판 1996. 6. 28, 96다14807

[주　문] 상고를 기각한다. 상고비용은 피고의 부담으로 한다.

[이　유] 상고이유를 본다.

제 1 점에 대하여

동산의 매매계약을 체결하면서, 매도인이 대금을 모두 지급받기 전에 목적물을 매수인에게 인도하지만, 대금이 모두 지급될 때까지는 목적물의 소유권은 매도인에게 유보되며, 대금이 모두 지급된 때에 그 소유권이 매수인에게 이전된다는 내용의 소위 소유권유보의 특약을 한 경우에는, 목적물의 소유권을 이전한다는 당사자 사이의 물권적 합의는 매매계약을 체결하고 목적물을 인도한 때

---

2) 소유권유보의 목적물이 약정에 반하는 방법으로 타인의 부동산이나 주된 동산에 부합되어 소유권이 상실되는 형태로 담보침해가 발생한 경우(제256조, 제257조), 유보매도인이 부동산 또는 주된 동산의 소유자에게 부당이득을 청구할 수 있는지의 문제는 그 소유자가 부합의 시점에 양수를 받았다면 선의취득(제249조 이하)을 할 수 있었는지 여부에 따라 달라진다(대판 2009. 9. 24, 2009다15602). 만일 선의취득을 할 수 없었던 경우라면(그가 소유권이 유보된 목적물임을 알았거나 알 수 있었던 경우, 인도 요건이 충족되지 않은 경우, 목적물이 도품·유실물의 형태로 반출된 경우 등), 그가 처음부터 유보매도인에게 반환해야 할 목적물임에도 부합을 통해 그 가치를 보유할 수 있게 되는 결과는 부당하므로, 그는 그 가액을 부당이득으로 반환해야 한다(제261조, 제741조). 반대로 그가 선의취득을 할 수 있었던 경우라면, 물건 자체를 보유할 수 있었던 상황에서 부합으로 결과가 달라질 이유가 없으므로, 부당이득 반환의무를 부담하지 않는다.

이미 성립하지만 대금이 모두 지급되는 것을 정지조건으로 하는 것이므로, 목적물이 매수인에게 인도되었다고 하더라도, 특별한 사정이 없는 한, 매도인은 대금이 모두 지급될 때까지 매수인뿐만 아니라 제 3 자에 대하여도 유보된 목적물의 소유권을 주장할 수 있고, 다만 대금이 모두 지급되었을 때에는 위 정지조건이 완성되어 별도의 의사표시 없이 목적물의 소유권이 매수인에게 이전되는 것이다.

같은 취지의 원심판결은 정당하고, 거기에 소론과 같은 위법이 있다고 할 수 없다. 논지는 이유 없다.

제 2 점에 대하여

원심판결 이유에 의하면, 원심은, 피고의 선의취득 주장에 대하여, 선의취득이 인정되기 위하여는 그 대상이 되는 동산을 선의, 무과실로 인도받아야 하되, 그 인도방법은 점유개정 이외의 방법으로 인도받아야 하는데, 거시 증거에 의하여 인정되는 판시와 같은 사실에 비추어 보면, 소외 윤웅열 또는 피고와 소외 송은섭은 이 사건 기계를 소외 주식회사 금강브이아이엠(이하 '소외 회사'라고 함)으로부터 실제로 인도받은 것이 아니라 점유개정의 방법에 의하여 인도받은 것에 불과하고, 달리 위 기계를 점유개정 이외의 방법으로 인도받았다고 인정할 증거가 없으며, 설사 소외 회사가 부도난 이후 그 대표이사인 소외 박종철의 처인 소외 김금순이 다른 회사를 차려서 위 윤웅열로부터 이 사건 기계를 계속 임차하여 사용하였다고 하더라도, 이는 소외 회사가 부도를 낸 뒤 새로운 회사를 만들어 이를 새로이 임차하는 형식만을 취한 것이고 실제로는 그 남편이 경영하던 소외 회사가 대표이사만 바꾸어 계속 영업을 해 오면서 위 기계를 종전대로 점유, 사용한 것으로 보아야 할 것이므로, 이는 종전의 점유개정 상태가 그대로 유지된 것에 불과하다고 할 것이고, 또한 위 김금순마저 부도를 낸 뒤에 위 윤웅열의 처인 소외 김종희가 이 사건 기계를 인도받아 점유, 사용하고 있다고 하더라도, 판시와 같은 각 사정을 참작하면, 위 윤웅열이나 위 김종희가 이 사건 기계를 인도받을 때에 소외 회사가 그 소유권을 완전히 취득하지 못한 상태에 있었다는 점을 알지 못한 데에 과실이 없었다고 단정하기 어렵고, 달리 위 윤웅열이나 위 김종희가 아무런 과실 없이 이를 인도받았다고 인정할 증거가 없다면서, 피고의 위 주장을 배척하였는바, 기록에 비추어 보면, 원심의 위와 같은 조치는 정당하고 거기에 소론과 같은 위법이 있다고 할 수 없다. 논지도 이유 없다.

그러므로 상고를 기각하고 상고비용은 패소자의 부담으로 하기로 하여 관여 법관의 일치된 의견으로 주문과 같이 판결한다.

질문

1. 대법원은 어떠한 법률구성에 의하여 제 3 자이의의 소를 제기하는 원고에게 소유권을 인정하였는가? 유보매도인을 단순한 담보권자가 아닌 완전한 소유자로 취급하는 것에 대해 당사자들이 가지는 이해관계는 무엇인가?
2. 이 사안에서 유보매수인의 목적물 양도에도 불구하고 원고의 소유권이 유지된 이유는 무엇인가?

(라) 유보매도인은 매매대금의 불이행이 있으면 발생할 장래의 원상회복관계(제548조)를 점유매개관계로 하여 목적물에 대하여 간접점유를 가진다. 매도인은 목적물에 대한 유보소유권을 목적물반환청구권의 양도를 통하여 제 3 자에게 양도할 수 있으나, 이는 장래채권의 양도에 의한 것이므로 매수인의 불이행으로 매매가 해제되어야 비로소 효력을 발생한다. 그러므로 매수인이 매매대금을 모두 지급한 경우에는 그가 목적물을 취득하고, 유보매도인의 양도는 그 한도에서 효력을 가지지 못하게 된다(제148조도 참조). 다만 그 양수인이 목적물을 선의취득한 경우에는 그러하지 아니하다.

(2) 대금채무 불이행 이후의 법률관계

유보매수인에게 매매대금채무 등의 불이행이 있으면, 매도인은 이제 유보소유권에 기하여 목적물을 환수할 수 있다.

(가) 유보매도인은 소유권유보약정의 해석상 매수인의 채무불이행이 있으면 즉각 매매계약을 해제하는 권한을 유보한 것으로 볼 것이다. 그리고 이 권리의 행사에 의하여 매수인은 목적물에 대한 사용수익권은 물론이고 이를 「점유할 권리」(제213조 단서)를 상실하여 매도인에게 목적물을 반환하여야 한다(할부 제11조 제 3 항도 참조).

(나) 유보매도인이 목적물을 환수하였다고 해도 매수인에 대하여 청산의무를 지지는 않는다. 그는 매매계약의 해제로 원상회복의무를 지는 것이 원칙이나(제548조 제 1 항 본문), 이 의무는 소유권유보약정 기타 매매계약에서 배제되는 경우가 흔히 있다.

(3) 도산절차에서의 취급

유보매수인이 파산한 경우에, 매매계약은 매매대금이 모두 지급되기 전이어서 그 이행이 종료되지 아니하였으므로, 그 파산관재인은 이행 또는 해제의 선택권을 가진다(회파 제335조). 그가 이행을 선택하면 매매대금채무는 재단채무로서 그대로 이행되어야 하며, 그가 이행을 거절하고 계약을 해제하면, 유보매도인은 목적물에 대하여 환취권(회파 제407조)을 가진다. 유보매도인이 해제에 따른 원상회복을 구하는 다른 채권자보다 불리하게 취급될 이유가 없기 때문이다. 한편 유보매도인이 파산한 경우에는 파산관재인에게 위와 같은 선택권은 허용되지 않는다. 그러므로 유보매수인은 매매대금을 모두 지급함으로써 당연히 목적물의 소유권을 취득하게 되고, 필요하다면 파산재단으로부터 이를 환취할 수 있다(회파 제407조).

이에 대해 현재 실무는 유보매도인의 지위를 담보권자에 준하는 것으로 보아 소유권유보부 매매를 미이행쌍무계약으로 취급하지 아니한다. 그래서 판례는 예컨대 회생절차에서 회생담보권으로 취급되어야 한다고 한다(대판 2014. 4. 10, 2013다61190). 그러나 소유권유보는 쌍무계약에 내재하는 동시이행의 가능성을 관철함으로써 매도인이 매수인의 무자력 위험을 인수하지 아니하는 (원상회복을 수단으로 하는) 담보수단이므로, 선이행을 할 수밖에 없는 채권자가 소유권을 창출받아 인수한 무자력 위험을 회피하려 하는 (환가를 수단으로 하는) 양도담보와 동일하게 취급할 수는 없다(앞의 Ⅳ. 1. (1) 참조). 게다가 관리인으로 하여금 매매목적물이 채무자의 회생을 위하여 필요한지 여부를 판단할 권한을 일률적으로 박탈하는 해석은 회생절차의 취지에 반한다. 따라서 미이행쌍무계약으로 취급하는 것이 타당하다. 다만 유보매도인이 스스로 회생담보권으로 취급을 구하는 것을 배척할 이유가 없음은 물론이다. 반면 유보매수인이 가공을 하는 경우에도 유보매도인에게 소유권이 유지된다는 약정(이른바 「가공조항」)이 있거나 전매의 경우 유보매수인이 취득하는 대금채권을 미리 유보매도인에게 사전양도하는 약정이 있는 사안(이른바 「연장된 소유권유보」)에서는 유보매도인은 자신의 재산권이전의무를 선이행하고 그에 갈음하여 다른 권리를 담보로 이전받은 것이다. 그러므로 이 경우 그의 지위는 양도담보권자와 달리 취급할 이유가 없고, 회생담보권자로 취급되어야 한다. 이러한 내용은 소유권유보가 매매대금채권이 아닌 다른 채권도 담보하는 사안(이른바 「확장된 소유권유보」)에서도 다르지 않다.

제14장 가등기담보

Ⅰ. 가등기담보의 법률관계

1. 의의와 기능

(1) 권리이전형 담보가 담보설정과 동시에 채권자가 목적 권리를 취득하는 형태만을 취하는 것은 아니다. 장차 채무불이행이 있을 때 채무자 또는 제3자가 제공한 담보목적물을 취득하여 그로부터 채권의 만족을 얻을 가능성을 현재 확보할 수 있으면, 굳이 그 전에 목적물을 채권자에게 이전할 필요가 없다. 가등기는 그러한 사후적 만족가능성을 현재 확보할 수 있게 보장하는 법적 장치로서 기능할 수 있다. 즉 담보를 설정하여 신용을 얻는 단계에서는 담보의 목적물인 부동산에 가등기만을 하여 두고 피담보채무가 이행되면 이를 말소하고 그 불이행이 있으면 그때 비로소 본등기를 이전받아 이로써 채권의 만족을 얻는 것이다. 이를 「가등기담보」라고 한다.

가등기담보가 설정되려면 물론 그 목적물이 가등기할 수 있는 것이어야 한다. 그러므로 선박 등과 같은 동산에도 가등기담보가 설정될 수 있다. 그리고 지상권이나 전세권·임차권과 같은 부동산에 관한 권리도 가등기를 할 수 있고, 가등기담보의 목적이 될 수 있다. 그러나 실제로는 거의 모든 경우에 부동산소유권이 그 목적물이 된다. 이하에서는 부동산가등기담보에 한정하여 설명하기로 한다.

(2) 가등기는 등록세 등 비용이 저렴할 뿐만 아니라 채권자가 처음부터

부동산의 보유로 인한 취득세·재산세·종합부동산세 등 조세 기타 공적 부담을 지는 것을 피할 수 있다. 나아가 가등기 후에 행하여진 설정자의 처분이나 다른 채권자에 의한 압류 등은 후에 본등기가 행하여짐으로써 실제로 효력이 없게 되어(부등 제92조), 말하자면 「추완된 양도담보」로서의 실효를 거둘 수 있다. 또 피담보채무가 변제되면 가등기담보권은 바로 소멸하고, 양도담보와는 달리 채권자에게는 아무런 실체적 권리도 남지 않는다.

한편 채무불이행의 경우에 채권자가 별도의 소제기 없이 가등기에 기한 본등기를 손쉽게 할 수 있는 방도가 강구될 필요가 있다. 종전에는 채권자가 금융을 제공하기 전에 제소전화해절차를 밟아 확정판결과 같은 효력이 있는 제소전화해조서(민소 제385조 이하, 제220조, 민집 제263조)가 작성됨으로써 이를 할 수 있었으나, 가등기담보법의 시행 후로는 법원이 청산절차 없이 가등기에 기한 본등기를 하는 것을 제소전화해의 내용으로 하는 것은 동법에 반한다고 하여 실무상으로 이를 허용하지 않는다. 그러므로 이제 그만큼 가등기담보를 행할 유인은 줄어들었고, 실제로도 빈번하게 행하여진다고는 말할 수 없다.

(3) 가등기담보에 관하여는 무엇보다도 「가등기담보 등에 관한 법률」이 적용된다. 그러나 그 법률의 적용은 유담보약정의 요구, 피담보채권의 종류, 담보목적물의 가액과 피담보원리금의 관계 등에 의하여 제한되어 있어서, 그에 의하여 규율되는 가등기담보의 범위는 한정적이다. 따라서 위 법률에 의하여 규율되지 않는 가등기담보(및 양도담보)에 대하여도 살펴보지 않으면 안 된다. 이하에서는 가등기담보 일반에 대하여 살펴본 다음, 가등기담보법의 내용을 설명하기로 한다.

2. 성 립

가등기담보는 가등기담보권자와 설정자 사이의 가등기담보약정과 그에 기하여 행하여진 가등기에 의하여 성립한다. 가등기담보약정은 일정한 채권의 담보를 위하여 그 채무자 또는 제 3 자가 제공한 부동산 위에 채권자를 위한 가등기를 행하고 나중에 채무불이행이 있으면 그 가등기에 기하여 본등기를 함으로써 채권의 만족을 확보하는 것을 내용으로 하는 약정을 말한다. 이러한 가등기담보약정에 기하여 가등기가 행하여지는 이상 그 등기원인이 대물변제의 예약이든, 매매예약 또는 매매이든 문제되지 않는다. 등기실무상으로는 "대물반환의 예약"을 원인으로 가등기가 신청된 경우에 한하여 등기부에 「담보가등기」라고 기재한다. 그러나 이는 등기실무상의 처리일 뿐이고, 대물변제의 예약 외의 등기원인으로 가등기가 행하여져도 그것이 담보의 목적으로 행하여진 이상 가등기담보가 성립한다.

[1] 수인의 채권자가 있는 경우 가등기담보: 대판(전) 2012. 2. 16, 2010다82530

[주　　문] 상고를 기각한다. 상고비용은 피고가 부담한다.

[이　　유] 상고이유를 판단한다.

1. 상고이유 제 1 점에 관하여

가. 수인의 채권자가 각기 그 채권을 담보하기 위하여 채무자와 채무자 소유의 부동산에 관하여 수인의 채권자를 공동매수인으로 하는 1개의 매매예약을 체결하고 그에 따라 수인의 채권자 공동명의로 그 부동산에 가등기를 마친 경우, 수인의 채권자가 공동으로 매매예약완결권을 가지는 관계인지 아니면 채권자 각자의 지분별로 별개의 독립적인 매매예약완결권을 가지는 관계인지는 매매예약의 내용에 따라야 하고, 매매예약에서 그러한 내용을 명시적으로 정하지 않은 경우에는 수인의 채권자가 공동으로 매매예약을 체결하게 된 동기 및 경위, 그 매매예약에 의하여 달성하려는 담보의 목적, 담보 관련 권리를 공동 행사하려는 의사의 유무, 채권자별 구체적인 지분권의 표시 여부 및 그 지분권 비율과 피담보채권 비율의 일치 여부, 가등기담보권 설정의 관행 등을 종합적으로 고려하여 판단하여야 한다.

이와 달리 1인의 채무자에 대한 수인의 채권자의 채권을 담보하기 위하여 그 수인의 채권자와 채무자가 채무자 소유의 부동산에 관하여 수인의 채권자를 권리자로 하는 1개의 매매예약을 체결하고 그에 따른 가등기를 마친 경우에, 매매예약의 내용이나 매매예약완결권 행사와 관련한 당사자의 의사와 관계없이 언제나 수인의 채권자가 공동으로 매매예약완결권을 가진다고 보고, 매매예약완결의 의사표시도 수인의 채권자 전원이 공동으로 행사하여야 한다는 취지의 대법원 1984. 6. 12. 선고 83다카2282 판결, 대법원 1985. 5. 28. 선고 84다카2188 판결, 대법원 1985. 10. 8. 선고 85다카604 판결, 대법원 1987. 5. 26. 선고 85다카2203 판결 등은 이 판결의 견해와 저촉되는 한도에서 변경하기로 한다.

나. 원심은, 원고가 2005. 3. 11. 피고에게 1억 원을 대여하면서 이를 담보하기 위하여 피고에 대한 다른 채권자들인 소외 1, 2, 3, 4, 5와 공동명의로 피고와 이 사건 부동산 중 피고 소유의 1,617분의 1,607 지분(이하 '이 사건 담보

목적물'이라고 한다)에 관하여 매매예약을 체결한 사실, 이에 따라 이 사건 담보목적물에 관하여 원고는 2,498,265분의 241,050 지분(이하 '이 사건 지분'이라 한다), 소외 1은 2,498,265분의 1,205,250 지분, 소외 2는 2,498,265분의 795,465 지분, 소외 3은 2,498,265분의 120,525 지분, 소외 4는 2,498,265분의 72,315 지분, 소외 5는 2,498,265분의 48,210 지분(위 각 지분은 원고 등 6인 각자의 채권액의 비율에 따라 산정되었다)으로 특정하여 이 사건 가등기를 마친 사실을 인정한 다음, 원고를 포함한 6인의 채권자가 각자의 지분별로 별개의 독립적인 매매예약완결권을 갖는 것으로 보아, 채권자 중 1인인 원고는 단독으로 이 사건 담보목적물 중 이 사건 지분에 관하여 매매예약완결권을 행사할 수 있고, 이에 따라 단독으로 이 사건 지분에 관하여 가등기에 기한 본등기절차의 이행을 구할 수 있다고 판단하였다.

앞서 본 법리에 비추어 보면 원심의 이러한 판단은 정당하고, 거기에 상고이유에서 주장하는 바와 같이 매매예약완결권의 행사와 필수적 공동소송에 관한 법리를 오해한 위법은 없다.

2. 상고이유 제 2 점에 관하여

공동명의로 담보가등기를 마친 수인의 채권자가 각자의 지분별로 별개의 독립적인 매매예약완결권을 가지는 경우, 채권자 중 1인은 단독으로 자신의 지분에 관하여 가등기담보 등에 관한 법률이 정한 청산절차를 이행한 후 소유권이전의 본등기절차이행청구를 할 수 있다고 할 것이다.

같은 취지의 원심 판단은 위와 같은 법리에 따른 것으로 정당하고, 거기에 상고이유에서 주장하는 바와 같이 가등기담보 등에 관한 법률이 정하는 담보권실행 통지에 관한 법리를 오해한 위법은 없다. […]

질문

1. 이 전원합의체 판결은 이전의 판례를 변경하고 있다. 이전 판례의 내용과 근거는 무엇인가? 이전의 판례에는 어떠한 문제점이 있을 수 있으며, 변경된 판례는 어떠한 이유에 근거하는 것인가?
2. 다수의 채권자가 하나의 저당권에 의해 담보되는 경우와 법상태를 비교해 보라.
3. 이 판결에는 「가등기담보 등에 관한 법률」이 적용된다. 아래 내용을 참조한 후에 어떠한 방식으로 청산이 이루어질 것인지 생각해 보라.

3. 가등기담보권의 실행

(1) 본등기청구권

가등기담보권자는 피담보채무의 불이행이 있으면 이제 가등기에 기하여 본등기를 청구할 수 있다. 그 본등기의 비용은 양도담보에서와 같이 다른 특약이 없는 한 채권자가 이를 부담한다.

(2) 정산의무

이와 같이 하여 행하여진 본등기는, 가등기담보약정에서 가등기담보의 실행에 관하여 위의 본등기가 피담보채무에 갈음하여 행하여진다는 유담보의 약정이 특별히 행하여지지 아니한 한, 정산형 양도담보(약한 의미의 양도담보)의 효력을 가진다(대판 1992. 1. 21, 91다35175 등). 따라서 채무자 또는 설정자는 본등기가 행하여진 후에도 채권자가 담보권을 실행하여 정산절차를 마치기 전에는 채무를 변제하고 채권자에 대하여 가등기 및 그에 기한 본등기의 말소를 청구할 수 있다.

[2] 가등기담보의 실행: 대판 1993. 6. 22, 93다7334

[주 문] 상고를 기각한다. 상고비용은 피고의 부담으로 한다.

[이 유] 상고이유를 본다.

채권자가 채권담보의 목적으로 부동산에 가등기를 경료하였다가 그 후 변제기까지 변제를 받지 못하게 되어 위 가등기에 기한 소유권이전의 본등기를 경료한 경우에는 당사자들이 달리 특별한 약정을 하지 아니하는 한 그 본등기도 채권담보의 목적으로 경료된 것으로서 당사자 사이에 정산절차를 예정하고 있는 이른바 약한 의미의 양도담보가 된 것으로 보아야 할 것이고(당원 1992. 1. 21. 선고 91다35175 판결 참조) 가등기가 가등기담보등에관한법률시행 이전에 경료된 것이거나 또 본등기가 판결에 의하여 경료된 것이라 하여 다르지 않으며, 또한 약한 의미의 양도담보가 된 경우 채무의 변제기가 도과된 후라고 하더라도 채권자가 담보권을 실행하여 정산절차를 마치기 전에는 채무자는 언제든지 채무를 변제하고 채권자에게 가등기 및 그 가등기에 기한 본등기의 말소를 청구할 수 있는 것이다(위 당원 91다35175 판결 참조).

원심판결 이유에 의하면 원심은, 거시증거에 의하여 소외 이정현은 1983.

12. 7. 피고로부터 금 11,000,000원을 이자 월 3푼으로 정하여 차용하면서 위 채무의 지급을 담보하기 위하여 판시 이 사건 종전토지에 관하여 피고 명의의 이 사건 가등기를 경료하여 준 사실, 그 후 위 이정현이 위 차용원금채무를 변제하지 않자 피고는 이정현을 상대로 담보권실행을 위하여 본등기절차이행청구의 소를 제기하여 승소판결을 받고 이에 기하여 피고 명의의 이 사건 가등기에 기한 이 사건 본등기를 경료한 사실, 한편 원고는 1984. 12. 21. 위 이정현으로부터 이 사건 종전 토지를 대금은 금 12,000,000원으로 판시와 같이 매수한 사실, 원고는 위 이정현에 대한 이 사건 종전토지에 관한 소유권이전등기청구권을 보전하기 위하여 위 이정현을 대위하여 판시 금원을 피고에게 변제제공하였으나 피고가 그 수령을 거절하므로 이를 1991. 4. 29.부터 같은 해 12. 3.까지 판시와 같이 각 변제공탁한 사실 등을 인정하고, 위 인정사실에 의하여 피고명의의 이 사건 가등기와 이에 기하여 경료된 이 사건 본등기 역시 채권담보의 목적으로 경료된 것으로서 피고가 이 사건 토지에 관하여 위 담보권을 실행하여 정산을 하였다는 점을 인정할 만한 증거가 없는 이 사건에 있어서 원고는 위 이정현을 대위하여 그 피담보채무를 변제하고 이 사건 가등기 및 이에 터잡은 이 사건 본등기의 말소를 구할 수 있다고 판단한 다음, 피고가 위 이정현에게 위 금 11,000,000원 이외에도 추가로 합계 금 37,000,000원을 각 대여하면서 이 사건 가등기로써 위 추가대여금의 지급까지 담보하기로 약정하였다는 피고의 주장에 대하여는 이에 부합하는 거시의 증거들을 믿지 아니하며 달리 증거가 없다고 인정하고, 원고와 위 이정현 사이의 1984. 12. 21.자 매매계약은 위 이정현이 원고의 잔금지급지체를 이유로 이를 해제하였다는 피고의 주장에 대하여는 위 이정현이 위 매매계약을 해제하기에 앞서 원고에게 소유권이전등기절차이행에 필요한 서류를 이행제공하였다는 사실을 인정할 증거가 없다고 하여 피고의 위 주장들을 배척하였다.

기록에 대조 검토하여 볼 때 원심의 위와 같은 각 인정 판단은 이를 모두 수긍할 수 있고 또 피고 명의의 위 가등기가 담보가등기인 이상 원고가 위 매매계약체결시 이 사건 부동산에 그와 같이 가등기가 경료된 사실을 알았다 하여도 원고가 이 사건 가등기의 말소를 구할 수 있다는 원심의 위 판단에 아무런 영향이 없다 할 것이다.

원심의 위 인정 판단에는 소론과 같은 채증법칙위반, 소유권이전청구권의 가등기 및 그 가등기에 기한 본등기에 관한 법리오해 등의 위법이 없으므로 논지는 모두 이유 없다.

그러므로 상고를 기각하고 상고비용은 패소자의 부담으로 하기로 하여 관여 법관의 일치된 의견으로 주문과 같이 판결한다.

[참고]

이 사안에는 가등기담보 등에 관한 법률은 적용되지 아니한다(동법 부칙 참조).

질문

1. 피고가 가등기담보의 실행으로 본등기와 함께 소유권을 취득하였음에도 불구하고 원고가 본등기의 말소를 청구할 수 있는 근거는 무엇인가?
2. 원고의 청구에 대해 피고는 어떠한 사정을 주장하여 방어하였는가? 피고의 주장이 사실이라면 법률관계는 어떻게 바뀌는가?

한편 유담보의 약정이 있는 경우에 가등기담보권자가 그 가등기에 기한 본등기를 청구하는 것은 단순히 양도담보로의 전환이 아니라 그 자체로써 담보권의 종국적인 실행으로서의 의미를 가지므로, 채무자는 정산금청구권에 기하여 동시이행의 항변을 할 수는 없다.

(3) 가등기담보와 경매

가등기담보는 위와 같이 단지 「장래의 양도담보」로서의 효력이 있을 뿐이다. 가등기담보권자는 스스로 경매청구를 할 수 없고, 다른 채권자에 의하여 가등기담보의 목적부동산에 행하여진 강제경매 및 임의경매의 절차에서 우선배당을 받을 수 없으며, 그 경매에 기한 매각이 있다고 해서 소멸하지 않는다. 그 매각이 가등기 후에 이루어진 압류·가압류의 채권 또는 그 후에 설정된 저당권(제 1 순위의 저당권을 기준으로 하여 판단)에 기하여 행하여진 경우에는, 후에 가등기에 기한 본등기가 행하여지면, 가등기 후에 행하여진 처분으로서 결과적으로 매각은 그 효력을 상실하고, 그 경락인 앞으로의 소유권이전등기는 직권으로 말소된다(부등 제92조). 이는 가등기담보의 목적물이 압류·경매된 경우뿐만 아니라 가등기 후에 설정자가 행한 목적물의 처분도 마찬가지이다.

4. 가등기담보권의 소멸

가등기담보권은 무엇보다도 피담보채무의 변제에 의하여 소멸한다. 그러므로 피담보채무가 변제된 후에는 가등기담보권자는 가등기에 기한 본등기를 청구할 수 없고, 오히려 그 가등기가 말소되어야 한다. 그럼에도 행하여진 본등기는 원인이 없는 것으로서 그 효력이 없다(대판 1997. 10. 24, 97다29097).

Ⅱ. 가등기담보법상의 가등기담보·양도담보

1. 서 설

가등기담보법은 민법 제607조, 제608조를 기초로 하여 가등기담보 및 부동산양도담보를 규율한다. 동법은 한편으로 양도담보와 가등기담보를 종전의 법상태와는 달리 저당권에 유사한 하나의 담보물권으로 법정하면서(가담 제10조 내지 제17조), 다른 한편으로 그 담보권의 사적 실행을 이른바 귀속청산에 한정하고 그 청산절차에 엄격한 강행법규적 제한을 가하는 것(가담 제 3 조 내지 제 9 조)을 내용으로 한다.

이 법의 구체적인 규정내용은 소비차주의 차용물반환채무에 관한 유담보약정을 규율하는 민법 제607조, 제608조를 기초로 하고 있어서, 그 적용범위가 제한적이 될 수밖에 없다. 따라서 동법은 권리이전형 담보 일반에 대하여는 더 말할 것도 없고 부동산에 대한 권리이전형 담보에 대하여도 그 원칙적 규범으로도 기능할 수 없는 기본적인 한계를 지닌다.

2. 가등기담보법의 적용범위

가등기담보법은 그 적용범위가 다양한 측면에서 제한된다.

(1) 차용금반환채무

우선 동법이 적용되는 것은 피담보채무가 소비대차 또는 준소비대차에 기한 차용금반환채무인 경우에 한정된다(가담 제 1 조: "차용물의 반환에 관하여"). 이를 이유로 재판례가 동법의 적용을 부정한 예로는, 매매대금채무나 그 불이행으로 인한 손해배상채무(대판 1990. 6. 26, 88다카20392), 매매계약의 해제로 인한 대금반환채무(대판 1996. 11. 29, 96다31895), 공사대금 등 도급보수채무(대판 1992. 4. 10, 91다45356) 등이 있다.

(2) 담보목적물 가액이 채무 원리금을 상회

나아가 담보계약 당시의 담보목적물의 가액이 채무의 원리금을 넘는 것이어야 가등기담보법의 적용이 있다(대판 1990. 1. 23, 89다카21125 등 참조). 여기서의 「재산의 가액」은 원칙적으로 '통상적인 시장에서 충분한 기간 거래된 후 그 목적물의 내용에 정통한 거래당사자 간에 성립한다고 인정되는 적정가격'이고, 그와 같은 적정가격을 확인하기 어려울 때에는 객관적이고 합리적인 방법으로 평가한 가액이라는 것이 판례이다(대판 2007. 6. 15, 2006다5611).

그런데 가등기담보법이 그 규율의 기초로 한 제607조·제608조는 소비대차에서 대주가 차용물에 갈음하여 재산권을 취득하기로 하는 이른바 「대물반환의 예약」을 통하여 폭리를 취하는 것을 막기 위하여 마련된 규정이다. 그 취지에 좇아 여기서 「목적물의 시가」는 채권자에게 귀속될 실제의 이익을 기준으로 산정되어야 한다. 따라서 목적부동산에 선순위의 저당권이 설정되어 있으면, 채권자가 그 채무를 인수하였는지에 상관없이, 그에 의하여 담보되는 채무의 액을 그 시가에서 공제하여야 한다. 그리고 선순위의 근저당권이 있는 경우에는 그 채권최고액을 공제할 것이다(대판 1991. 2. 26, 90다카24526).

위와 같이 산정된 목적물의 가액과 「채무의 원리금」이 비교된다. 그러므로 담보계약 당시에 이자약정이 있는 경우에 그 원본반환기간까지의 이자를 원본과 합산한 액이 목적물의 가액 이상이면 동법은 적용되지 않는다. 합산되는 이자는 제한최고이율의 범위에 한정된다. 한편 손해배상액의 예정액이나 위약금을 포함하여 손해배상액은 이에 합산하여서는 안 된다.

(3) 가등기 또는 소유권이전등기의 경료

또한 가등기담보법은 "담보계약과 그 담보의 목적으로 마친 가등기 또는 소유권이전등기의 효력을 정함"을 목적으로 한다(가담 제1조). 그리하여 판례는 양도담보약정이 있었으나 그에 기하여 소유권이전등기가 행하여지지 아니한 상태에서 채권자가 설정자를 상대로 소유권이전등기절차의 이행을 청구하는 경우에는 가등기담보법이 적용되지 않으며, 따라서 동법이 정하는 청산절차를 밟지 아니하더라도 이를 청구할 수 있다고 한다(대판 1996. 11. 15, 96다31116). 이는 가등기담보약정이 있는 경우에도 마찬가지일 것이다. 또한 담보계약이 있으나 그에 상응하는 가등기 내지 소유권이전등기가 이루어지지 않은 경우, 가등기담보법의 적용이 없으므로 당사자들의 처분청산의 합의도 유효하다고 한다(대판 2013. 9. 27, 2011다106778).

(4) 다른 권리에 대한 가등기담보

통상의 가등기담보는 부동산소유권 외에도 부동산을 목적으로 하는 지상권·전세권·임차권에도 설정될 수 있다. 그러나 가등기담보법은 전세권과 「동산·채권 등의 담보에 관한 법률」에 따라 담보등기된 권리에는 적용되지 않는다(가담 제18조).

(5) 정산형 가등기담보의 경우

한편 제607조는 "차용물의 반환에 갈음하여 다른 재산권을 이전하기로 예약한 경우", 즉 이른바 「대물반환의 예약」(동조의 표제)에 대하여 규율한다. 이는 담보계약에서 담보권의 실행에 관한 유담보약정을 의미한다. 그러므로 이를 기초로 하여 규율하는 가등기담보법도 원래라면 유담보의 특약이 있는 경우에만 적용이 있고, 일반적인 정산형의 경우에는 적용이 없다고 하여야 할는지 모른다. 그러나 정산형 권리이전담보에 동법이 적용되지 않는다면, 그에는 양도담보나 가등기담보에 관한 일반법리가 적용될 것인데, 그 결과는 동법이 적용됨에 의문의 여지가 없는 유담보약정이 있는 경우보다 채권자에게 훨씬 유리한 것이 된다. 이는 쉽사리 받아들이기 어렵다. 담보권자에게 보다 강력한 지위를 부여할 것을 의도하여 유담보약정을 하면 결과적으로 그가 더욱 불리한 법적 지위에 놓이게 된다면 이는 아무래도 균형이 맞지 않기 때문이다. 따라서 가등기담보법은 유담보의 특약이 없는 통상의 양도담보나 가등기담보에도 적용이 있다고 해석하지 않을 수 없다. 재판례는 이 점에 대하여 명시적으로 판단한 예는 찾을 수 없으나 가등기담보법의 적용에 있어서 이를 구분하지 않으며, 대체로 위와 같은 취지인 것으로 이해된다(대판 1994. 1. 25, 92다20132 등 참조).

3. 가등기담보법상의 가등기담보[1)]

가등기담보법상의 가등기담보권자(동법은 「담보가등기권리자」라고 부른다)는 저당권자에 유사한 법적 지위를 가진다. 이는 가등기담보에만 적용되고, 양도담보권자는 그러한 지위를 가지지 않는다(제12조 내지 제17조는 담보가등기권리자 또는 담보가등기만을 규율의 대상으로 정하고 있다).

(1) 경매청구권

가등기담보권자는 목적부동산의 경매를 청구할 수 있으며, 그 경매에서 그의 권리, 즉 담보가등기권리는 저당권으로 본다(제12조 제 1 항). 그는 자신 또는 다른 채권자의 청구로 목적부동산에 개시된 경매(강제경매 외에도 국세징수법·지방세징수법상의 공매를 포함한다, 제17조 제 3 항 참조)에서 다른 채권자보다 자기 채권의 우선변제를 받을 권리가 있다(제13조 제 1 문). 이때 가등기담보권의 순위는 가등기담보권을 저당권으로 보고, 그 가등기가 행하여진 때 저당권설정등기가 행하여진 것으로 본다(제13조 제 2 문). 그리고 그 경매절차상의 매각으로 통상의 저당권과 마찬가지로 가등기담보권은 소멸한다(제15조, 민집 제91조 제 2 항). 그런데 등기부상의 기재만으로는 담보 목적의 가등기인지를 확인할 수 없고, 또 담보가등기라고 해도 등기부에 채권액의 기재가 없다. 그러므로 가등기담보권의 존부 및 내용을 확인하기 위한 절차가 예정되어 있다(제16조 참조). 또한 가등기담보권은 파산 등 도산절차에서 저당권과 같은 취급을 받는다(제17조, 회파 제141조, 제411조).

경매에 따른 실행은 귀속청산에 따른 실행을 배제한다. 예컨대 제 3 자의 신청으로 목적 부동산에 경매절차가 개시되는 경우, 경매절차가 청산금 지급 이전에 신청되었다면, 가등기담보권자는 그 절차에 참가하여 저당권자에 준하여 자신의 채권의 만족을 받아야 하며 더 이상 귀속청산을 할 수 없다(제14조). 이는 가등기담보권자가 경매를 신청한 경우에도 마찬가지이다(대판 2022. 11. 30, 2017다232167,232174).

(2) 귀속청산

가등기담보권자가 피담보채무의 불이행이 있은 후에 위와 같은 공경매에

1) 이 항과 다음 항에서 인용하는 법규정은 다른 지적이 없는 한 가등기담보법의 규정이다.

의하지 아니하고 사적 실행에 의하여 채권의 만족을 도모하는 경우에는 그 절차에 엄격한 제한이 가하여진다. 즉 그는 동법이 정하는 청산절차를 거친 후에 가등기에 기하여 본등기를 행하여야만 담보목적물에 대하여 확정적으로 소유권을 취득할 수 있는 것이다. 이는 양도담보권자의 경우에도 마찬가지이다.

(가) 가등기담보법은 사적으로 가등기담보권을 실행하는 방법을 귀속청산에 한정하고, 처분청산의 방법으로 이를 실행하는 것을 허용하지 않는다.

(나) 청산절차는 목적물의 가액이 채무원리금을 넘어서 가등기담보권자가 설정자에게 반환하여야 할 청산금이 있는지 없는지에 상관없이 이를 거쳐야 한다(제 3 조 제 1 항 제 2 문 참조). 청산절차에 대하여 정하는 제 3 조는 강행규정이다. 따라서 처분청산의 방법으로 실행하기로 하는 약정은 물론이고 제 3 조의 구체적인 정함에 반하는 약정은 무효이다.

(a) 청산절차의 내용은 우선 피담보채무의 불이행이 있은 후에 청산금의 평가액을 채무자 및 담보목적물의 소유자(설정자 또는 제 3 취득자)에게 통지하는 것이다(「청산통지」, 제 3 조 제 1 항 제 1 문, 제 2 조 제 2 호). 여기서 「청산금」이란 위 통지 당시의 목적물의 가액에서 피담보채권액을 공제한 액을 말한다(제 4 조 제 1 항 제 1 문). 그러므로 위 통지에 있어서는 위 통지의 목적물의 가액과 민법 제360조 본문에 규정된 피담보채권(원본은 물론이고 이자, 위약금, 채무불이행으로 인한 손해배상금 등)의 액을 명시하여야 한다(제 3 조 제 2 항 제 1 문). 또 동일한 채권을 가등기로써 담보하는 부동산이 둘 이상이면 그 각 부동산으로 소멸시키려고 하는 채권과 그 비용을 명시하여 통지하여야 한다(동항 제 2 문). 이로써 우선변제를 받을 수 있는 피담보채권의 범위가 확정된다(대판 2016. 6. 23, 2015다13171). 한편 가등기담보권자가 청산금이 없다고 평가한 경우에는 그 취지를 통지하여야 한다(제 3 조 제 1 항 제 2 문). 그런데 통지의 내용이 되는 것은, 청산금의 「평가액」으로서, 악의적으로 현저하게 부정확하게 평가하여 그것이 아예 평가액의 통지로서 인정될 수 없는 것이 아닌 한 주관적인 평가로써 충분하다(대판 1992. 9. 1, 92다10043; 1996. 7. 30, 96다6974).

가등기담보법은 채권자가 일단 위와 같이 통지한 청산금의 액을 다툴 수 없다고 정하여 통지에 구속력을 인정한다(제 9 조). 물론 이는 채권자만을 구속하는 취지이고, 채무자 또는 목적부동산의 소유자가 통지를 받은 청산금의 액보다 많은 청산금의 지급을 구하는 것을 막는 것은 아니다. 또 나중에 채권자가 통지한 청산금의 액보다 많은 청산금을 시인할 수 없는 것도 아니다.

(b) 나아가 위와 같은 통지가 채무자 및 목적물소유자에게 도달한 때로부터 2개월이 경과하여야 한다(제 3 조 제 1 항 제 1 문). 이 기간을 「청산기간」이라고 한다. 이는 채무자 등에게 피담보채무의 이행에 필요한 기간을 주려는 취지이다.

(c) 가등기담보권자가 위와 같은 청산절차를 거치지 아니하면 그 가등기에 기한 본등기를 경료하였다고 하더라도, 그는 소유권을 취득하지 못하며, 따라서 그 본등기는 원래대로의 효력이 없어서 말소되어야 하고, 본등기로 인하여 이른바 약한 의미의 양도담보가 성립할 것이 아니다(대판 1994. 1. 25, 92다20132; 2002. 6. 11, 99다41657). 부동산에 대한 사용·수익권도 소유자인 채무자 등에 있게 된다(대판 2019. 6. 13, 2018다300661). 그러나 사후적으로 가등기담보법 제 3 조, 제 4 조의 청산을 하는 경우에는 실체관계에 부합하는 등기로 취급된다(대판 2017. 8. 18, 2016다30296 참조).

[3] 가등기담보법에 따른 가등기담보의 실행: 대판 2002. 6. 11, 99다41657

[주　　문] 원심판결을 파기하고, 사건을 광주고등법원에 환송한다.

[이　　유] 상고이유를 본다.

1. 상고이유 제 1 점에 대하여

가등기담보 등에 관한 법률(이하 '가등기담보법'이라 한다) 제 3 조에는 채권자가 담보계약에 의한 담보권을 실행하여 그 담보목적부동산의 소유권을 취득하기 위하여는 그 채권의 변제기 후에 같은 법 제 4 조에 규정한 청산금의 평가액을 채무자 등에게 통지하여야 하고, 이 통지에는 통지 당시의 목적부동산의 평가액과 민법 제360조에 규정된 채권액을 명시하여야 하며, 그 통지를 받은 날로부터 2월의 청산기간이 경과하여야 한다고 규정되어 있고, 가등기담보법 제 4 조 제 1 항 내지 제 3 항에는 채권자는 위의 통지 당시의 목적부동산의 가액에서 피담보채권의 가액을 공제한 청산금을 지급하여야 하고, 담보부동산에 관하여 이미 소유권이전등기가 경료된 경우에는 청산기간 경과 후 청산금을 채무자 등에게 지급한 때에 목적부동산의 소유권을 취득하고, 담보가등기가 경료된 경우에는 청산기간이 경과하여야 그 가등기에 기한 본등기를 청구할 수 있으며, 청산금의 지급채무와 부동산의 소유권이전등기 및 인도채무는 동시이행의 관계에 있다고 규정되어 있고, 같은 법 제 4 조 제 4 항에서는 제 1 항 내지 제 3 항의 규정에 반하는 특약으로서 채무자 등에게 불리한 것은 그 효력이 없다. 다만, 청산기간 경과 후에 행하여진 특약으로서 제 3 자의 권리를 해하지 아니하는 것은 그러하지 아니하다고 규정되어 있으므로, 위 각 규정을 위반하여 담보가등기에 기한 본등기가 이루어진 경우에는 그 본등기는 무효라고 할 것이고, 설령 그와 같은 본등기가 가등기권리자와 채무자 사이에 이루어진 특약에 의하여 이루어졌다고 할지라도 만일 그 특약이 채무자에게 불리한 것으로서 무효라고 한다면 그 본등기는 여전히 무효일 뿐, 이른바 약한 의미의 양도담보로서 담보의 목적 내에서는 유효하다고 할 것이 아니고(대법원 1994. 1. 25. 선고 92다20132 판결, 2002. 4. 23. 선고 2002다9127 판결 참조), 다만 가등기권리자가 가등기담보법 제 3 조, 제 4 조에 정한 절차에 따라 청산금의 평가액을 채무자 등에게 통지한 후 채무자에게 정당한 청산금을 지급하거나 지급할 청산금이 없는 경우에는 채무자가 그 통지를 받은 날로부터 2월의 청산기간이 경과하면 위 무효인 본등기는 실체적 법률관계에 부합하는 유효한 등기가 될 수 있을 뿐이라고 할 것이다.

원심판결 이유에 의하면, 원심은 원고와 피고 이낙섭은 1984. 12. 21. 위 피고의 원고에 대한 차용금 채무 금 40,000,000원과 위 피고로부터 이 사건 연립주택의 건축하도급을 받은 하수급자들이 원고로부터 차용한 금 22,660,000원의 채무를 담보하기 위하여, 위 피고를 통하여 소개받은 소외 송신호와 원고의 공동명의로 이 사건 연립주택에 관한 가등기를 경료하기로 합의하고, 위 각 채무 합계 금 62,660,000원(=40,000,000원+22,660,000원) 및 이에 대한 그 동안의 이자를 7,000,000원 정도로 하되 계산의 편의를 위하여 원고가 위 피고에게 340,000원을 현금으로 주어 채무 합계를 금 70,000,000원(=62,660,000원+7,000,000원+340,000원)으로 하고, 여기에다가 위 송신호의 위 피고에 대한 채권 60,000,000원을 합한 금 130,000,000원을 피담보채무로 하되 이 사건 연립주택에 관하여 편의상 매매대금을 금 130,000,000원으로 하는 매매예약을 체결한 것처럼 하여 광주지방법원 1984. 12. 21. 접수 제37334호로 원고와 위 송신호 공동명의의 소유권이전청구권보전을 위한 가등기(이하 '이 사건 담보가등기'라 한다)를 마쳤고, 그 후 위 피고가 다른 사건으로 구속 수감중이던 1985. 5. 15. 제소전화해절차를 밟아 그 조서에 기하여 광주지방법원 1985. 6. 3. 접수 제16244호로 1984. 12. 21. 매매를 원인으로 한 원고 및 위 송신호 명의의 소유권이전등기를 마친 사실을 인정한 다음, 채권자가 채권담보의 목적으로 부동산에 가등기를 경료하였다가 그 후 변제기까지 변제를 받지 못하게 되어 위 가등기에 기한 소유권이전의 본등기를 경료한 경우에는 당사자들이 달리 특별한 약정을 하지 아니하는 한 그 본등기도 채권담보의 목적으로 경료된 것으로서 당사자 사이에 정산절차를 예정하고 있는 이른바 '약한 의미의 양도담보'가 된 것으로 보아야 하고, 약한 의미의 양도담보가 이루어진 경우에는 채무의 변제기가 도과된 후라고 하더라도 채권자가 담보권을 실행하여 청산절차를 마치기 전에는 채무자는 언제든지 채무를 변제하고 채권자에게 가등기 및 가등기에 기한 본등기의 말소를 청구할 수 있는 것이며, 양도담보권자가 변제기 후에 담보권실행을 위하여 담보물을 정당한 가격으로 타에 처분하거나 자기가 그 소유권을 인수하려면 그 대금으로써 피담보채권의 원리금을 충당하고 잔액이 있으면 이를 채무자에게 반환하는 등의 정산을 필하지 않은 상태에서는 아직 그 피담보채권이 소멸되었다고 볼 수는 없는 것이므로, 원고가 이 사건 연립주택에 대한 담보가등기 또는 양도담보권에 기하여 청산절차를 마치지 아니하는 한 이 사건 연립주택에 대한 소유권을 취득할 수 없다고 판단하였다.

그러나 앞서 본 법리에 비추어 보면, 원심이 가등기담보권자가 청산절차를 거치지 아니하고 본등기를 경료한 경우 그 본등기가 '약한 의미의 양도담보'로 된다고 판단한 것은 잘못이라고 할 것이나, 원고가 담보가등기에 기하여 청산절차를 마치지 아니하는 한 이 사건 연립주택에 대한 소유권을 취득할 수 없다고 판단한 결론은 정당하다고 할 것이므로 원심판결의 위와 같은 잘못은 판결 결과에 영향이 없다고 할 것이다.

원심판결이 들고 있는 대법원 1993. 6. 22. 선고 93다7334 판결, 1996. 7. 30. 선고 95다11900 판결은 가등기담보법 시행 이전에 설정된 가등기담보권에 관한 것으로 이 사건에 적용하기에 적절하지 아니하다.

한편, 원심이 원고와 피고 이낙섭 사이에 1984. 12. 21. 이 사건 연립주택에 관한 담보가등기가 설정되었다고 인정한 조치는 옳고, 거기에 채증법칙을 위배하여 사실을 오인한 위법이나 확정판결의 기판력에 관한 법리를 오해한 위법이 있다고 볼 수 없다. 이 부분 상고이유의 주장은 받아들일 수 없다. […]

3. 상고이유 제 3 점 내지 제 6 점에 대하여

가. 가등기담보 채권자가 가등기담보권을 실행하기 이전에 그의 계약상의 권리를 보전하기 위하여 가등기담보 채무자의 제 3 자에 대한 선순위 가등기담보채무를 대위변제하여 구상권이 발생하였다면 특별한 사정이 없는 한 이 구상권도 가등기담보계약에 의하여 담보된다고 보는 것이 상당하다고 할 것이다(대법원 1976. 10. 26. 선고 76다2169 판결 참조).

기록에 의하면, 원고가 이 사건 연립주택에 대한 선순위 가등기담보권자인 소외 서재성, 문병화에게 피고 이낙섭의 가등기담보채무 금 65,000,000원을 대위변제하고 1988. 4. 21. 이 사건 연립주택에 대한 선순위 담보가등기를 말소한 사실을 알 수 있으므로 위 구상금채권은 이 사건 담보가등기의 피담보채권에 포함된다고 할 것이다.

그럼에도 불구하고, 원심이 위 구상금채권의 존부 및 범위에 관하여 아무런 심리를 하지 아니한 채 위 구상금채권이 이 사건 담보가등기의 피담보채권에 포함될 수 없다고 판단한 것은 심리를 미진한 채 채증법칙을 위배하여 사실을 오인하거나 담보가등기의 피담보채권의 범위에 관한 법리를 오해한 잘못을 범하였다고 할 것이다. 이 점을 지적하는 상고이유의 주장은 이유 있다.

나. 민사재판에 있어서 이와 관련된 다른 민·형사사건 등의 확정판결에서 인정된 사실은 특별한 사정이 없는 한 유력한 증거자료가 되는 것이나, 당해 민사재판에서 제출된 다른 증거내용에 비추어 관련 민·형사사건의 확정판결에서의 사실판단을 그대로 채용하기 어렵다고 인정될 경우에는 이를 배척할 수 있고, 이 경우에 그 배척하는 구체적인 이유를 일일이 설시할 필요는 없다고 할 것이다(대법원 2000. 2. 25. 선고 99다55472 판결 참조).

원심판결 이유에 의하면, 원심은 이 사건 연립주택에 대한 가등기가 담보목적으로 경료된 담보가등기라고 인정하여 이 사건 연립주택이 원고에게 대물변제된 것이라는 원고의 주장을 배척하고 있으면서도, 원고가 피고 이낙섭을 상대로 제기한 이자금청구의 소에서 원고가 피고 이낙섭에 대한 금 40,000,000원의 대여원금에 대한 대물변제로 이 사건 연립주택 중 202호를 이전등기 받았다고 자인하였음을 전제로 위 금 40,000,000원에 대한 1983. 11. 9.부터 1985. 6. 3.까지의 이자지급만을 명한 광주지방법원 1989. 6. 21. 선고 89가합2198 판결(갑제41호증, 기록 1426면, 위 판결은 1989. 7. 13. 확정되었다)의 인정 사실을 그대로 인용하여 원고의 피고 이낙섭에 대한 금 40,000,000원의 대여금채권이 대물변제로 소멸하였다고 판단하고 있다.

살피건대, 원고는 본건 소송과 관련 소송에서 이 사건 연립주택이 대물변제에 의하여 원고의 소유로 되었다고 계속 주장하여 왔고, 위 광주지방법원 89가합2198 사건에서도 같은 취지에서 위 연립주택 202호를 대물변제로 이전등기 받았다고 자인한 것이므로, 그러한 원고의 자인이 본건 재판과정에서 제출된 다른 증거들에 비추어 객관적 진실에 반함은 쉽게 알 수 있다고 할 것인데(원고가 위 광주지방법원 89가합2198 사건에서 위 대물변제 사실을 자인하였다고 하더라도 그 자인의 효과는 위 소송절차에만 미친다고 할 것이다), 원심이 이 사건 연립주택에 대한 가등기가 담보가등기로 이 사건 연립주택이 원고에게 대물변제된 것이 아니라고 판단하면서도 위 광주지방법원 89가합2198 사건의 인정 사실을 원용하여 원고의 피고 이낙섭에 대한 위 대여금채권이 소멸하였다고 판단한 것은 이유모순의 위법을 저지른 것이라고 할 것이다. 이 점을 지적하는 상고이유의 주장은 이유 있다.

다. 가등기담보권자가 가등기담보법 제3조에서 정한 담보권 실행의 통지를 채무자에게 하고, 후순위 권리자가 있는 경우에는 같은 법 제6조 제1항에서 정한 통지를 한 후 같은 법 제6조 제1항의 통지를 받은 후순위 권리자가 채권자에게 직접 권리를 행사한 바가 없고 또한 청산기간을 경과하게 되면, 채권자는 채무자에게 청산금을 변제할 수 있음은 물론, 채권자가 채무자에 대하여 가등기담보에 의하여 담보되지 아니한 별개의 금전채권을 가지고 있는 경우에는 이것을 자동채권으로 하여 채무자의 청산금채권을 상계할 수 있다고 할 것이다(대법원 1996. 7. 12. 선고 96다17776 판결 참조).

기록에 의하면, 원고는 1994. 6. 20. 피고 이낙섭에게 청산금 평가액의 통지(갑 제6호증, 기록 267면)를 하면서 원심 판시 ① 내지 ⑨의 각 채권에서 이 사건 연립주택의 평가액을 공제하면 금 150,316,415원의 채권이 남기 때문에 원고가 위 피고에게 추가로 지급하여야 할 청산금이 없다는 취지를 통지하였고, 또 원고는 이 사건 소장 및 1996. 10. 1.자 청구취지및원인변경신청서, 1996. 10. 11.자 청구취지및원인변경신청서, 1998. 6. 9.자 청구원인변경신청서에서 이 사건 담보가등기의 피담보채권과 원고의 위 피고에 대한 구상금채권의 합계액에서 이 사건 연립주택의 평가액을 공제하면 오히려 원고가 위 피고로부터 지급받아야 할 금원이 있으므로 위 금원의 지급을 구한다는 취지로 주장하고 있는 사실을 알 수 있다.

사정이 그러하다면 원고는 위 피고에 대하여 대여금, 대위변제금, 구상금 등의 채권을 가지고 있고, 그 채권으로 이 사건 연립주택의 평가액과 대등액에서 상계하여 청산절차를 마쳤다고 주장하는 한편 위와 같이 상계를 한 후 남는 금원의 지급을 위 피고에 대하여 청구하고 있는 것으로 볼 수 있다고 할 것이므로, 원심으로서는 이 사건 연립주택에 대한 가등기담보계약 당시 원금 및 이자에 관하여 어떠한 약정이 있었는지, 원고가 소외 송신호로부터 지분이전등기를 받은 경위 및 원고가 위 송신호의 채권이 가장채권이라는 사실을 알고 있었는지 여부, 원고의 위 피고에게 대한 원심 판시 ③ 내지 ⑨ 구상채권의 존부 및 범위, 이 사건 연립주택의 감정평가액 등에 관하여 심리하여 원고가 위 피고에게 지급할 청산금이 있는지 여부를 확정한 후 이 사건 연립주택에 대한 원고의 소유권이전등기가 결국 실체적 법률관계에 부합하는 등기가 되어 원고가 이 사건 연립주택의 소유권을 취득하였는지 여부를 판단하고, 더 나아가 위 피고가 원고에게 추가로 지급하여야 할 금원이 있는지 여부를 판단하였어야 할 것이다.

그럼에도 불구하고, 원심은 원심 판시 ① ② 채권 중 일부만이 이 사건 담보가등기의 피담보채권이고, 원고 주장의 나머지 각 채권은 원고가 자신의 담보권을 확보하기 위하여 지출하였거나 자신의 편의를 위하여 임의로 지급한 것으로서 피고 이낙섭에 대하여 이를 주장할 근거는 없고, 나아가 위 가등기 당시 당사자 사이에 위 가등기 이후에 발생될 채무도 위 가등기부동산의 피담보채무 범위에 포함시키기로 약정하였다는 등의 사정을 인정할 수 있는 아무런 증거가 없는 이상, 원심 판시 ① ② 채권 중 일부를 제외한 원고 주장의 나머지 위 각 채권이 이 사건 연립주택에 의하여 담보되는 피담보채권에 포함된다고 볼 수는 없으므로, 이 사건 연립주택의 소유권이 위 1994. 6. 20. 무렵의 청산절차에 의하여 원고에게 확정적으로 이전되었음을 전제로 한 원고의 피고들 및 선정자에 대한 주장은 더 나아가 살필 필요 없이 이유 없다고 판단함으로써, 원고의 청구취지를 오해하여 심리미진, 판단유탈의 위법을 범하거나 가등기담보의 청산절차에 관한 법리오해의 위법을 범하였다고 할 것이다. 이 점을 지적하는 상고이유의 주장 또한 이유 있다.

4. 그러므로 원심판결을 파기하고, 사건을 다시 심리·판단하게 하기 위하여 원심법원에 환송하기로 하여 관여 대법관의 일치된 의견으로 주문과 같이 판결한다.

질문

1. 사실관계를 재구성하고 판결의 의미를 생각해 보라. 가등기담보법이 적용되지 아니한 경우와 비교할 때 어떤 점에서 차이가 있는가?
2. 이 사건에서 원심이 청산이 아직 종료되지 않았다고 본 이유는 무엇인가? 반면 대법원은 어떠한 사실을 들어 청산이 종료되었을 가능성을 고려하고 있는가?

(다) 위와 같은 통지가 있고 또 청산기간이 경과함으로써 가등기담보권자는 청산금을 지급할 의무를 지게 된다(제 4 조 제 1 항 제 1 문; 청산금채권에 대한 압류에 대해서는 제 8 조 참조). 물론 이는 청산금이 있는 경우이며, 청산금이 없으면 그 의무는 발생하지 않는다. 지급의무가 있는 청산금은 청산통지 당시를 기준으로 목적물의 가액에서 피담보채권(민법 제360조 본문)의 액을 공제한 액을 말한다. 여기서의 청산금은 청산통지에서의 청산금 평가액과 같이 채권자가 주관적으로 평가한 것이 아니라, 객관적으로 정당하게 산정된 것이어야 한다(대판 1992. 9. 1, 92다10043 등).

한편 가등기담보권이나 양도담보권보다 선순위의 담보권이 있는 경우에는 그 피담보채권액을 앞서 본 「피담보채권의 액」에 산입하여야 한다(제 4 조 제 1 항 제 2 문). 이는 담보권자가 담보권의 실행으로 취득하게 되는 담보목적물의 실제의 가치를 반영한다는 취지이므로, 반드시 선순위의 담보권이 아니라도 위 권리취득으로 인수하는 전세권이나 대항력 있는 임차권 등에서의 전세금·보증금의 액 또는 담보가등기보다 먼저 행하여진 압류 또는 가압류의 채권액 등도 마찬가지로 산입되어야 할 것이다(대판 2007. 7. 13, 2006다46421).

가등기담보권자는 청산기간이 경과하면 가등기에 기하여 본등기를 청구할 수 있는데(제 4 조 제 2 항 제 2 경우; 그 외에 가등기담보권자는 이제 목적물의 인도를 청구할 수 있다고 할 것이다), 목적물의 소유자는 이 청구에 대하여 자신의 청산금채권에 기하여 동시이행의 항변권을 가진다. 또 그가 하는 목적물의 인도청구에 대하여도 목적물의 소유자는 위와 같은 동시이행의 항변권을 가진다(동조 제 3 항, 민법 제536조). 감정평가비용 등 가등기담보 실행비용은 청산금에서 공제되나, 경매절차의 집행비용에 상응하는 것에 한정된다(대판 2022. 4. 14, 2017다266177: 취득세, 등록세는 해당하지 않는다).

이상의 내용에 반하는 약정으로서 채무자 또는 목적물소유자에게 불리한 것은 효력이 없다. 그러나 청산기간이 경과한 후에 행하여진 것은 제 3 자의 권리를 해하지 않는 한 유효하다(이상 제 4 조 제 4 항).

(라) 가등기담보권자는 청산기간이 경과한 후 청산금을 지급(또는 공탁)하면 가등기에 기한 본등기를 제한 없이 경료받을 수 있다. 그는 그 본등기에 의하여 비로소 담보목적물의 소유권을 취득한다. 이 소유권 취득은 확정적인 것이다. 청산금이 실제로 지급되면 이미 채무자 또는 부동산소유자는 피담보채무를 지급하여 가등기의 말소 등 목적부동산의 원상회복을 청구할 수 없는 것이다. 반면 설정자의 동시이행 항변권(제 4 조 제 3 항)은 청산금청구권의 실현을 간접적으로 강제하기 위한 목적으로 그 청구권자를 위하여 인정되는 것이다. 그러므로 목적물소유자가 실제로 그러한 항변을 하지 아니하여서 확정판결에 기하여 가등기에 기한 본등기가 행하여졌다고 해도, 가등기담보권자는 실제로 청산금을 지급하지 않으면 목적물의 소유권을 취득하지 못하며(제 4 조 제 2 항 제 1 경우 참조), 그 본등기는 효력이 없어서 말소되어야 한다.

토지와 그 건물이 동일한 소유자에게 속하였다가 가등기담보권의 실행으로 가등기담보권자가 위와 같이 목적물의 소유권을 취득함으로 말미암아 양자의 소유자가 달라진 경우에는 토지에 관하여 건물의 소유를 목적으로 하는 지상권이 설정된 것으로 본다(법정지상권). 이 경우 그 존속기간 및 지료는 당사자의 청구에 의하여 법원이 정한다(이상 제10조).

(3) 후순위권리자의 권리

가등기담보법은 가등기담보의 목적물에 가등기담보권에 순위가 열후하는 담보권(저당권·전세권 및 가등기담보권. 제 2 조 제 5 호)이 있는 경우에 그 후순위권리자의 법적 지위에 대하여도 규정하고 있다. 청산금은 목적물의 소유자에게 지급되는 것이 원칙이나, 공경매에서 목적물상의 모든 담보권이 우선배당을 받는 것에 준하여, 가등기담보권의 사적 실행으로 행하여지는 청산절차 내에서 위와 같은 후순위권리자가 자기 채권의 만족을 도모할 수 있는 방도를 마련하였다. 그것은 후순위권리자가 목적물소유자가 지급받을 청산금에 대하여 자신의 권리를 행사하여 이를 직접 자신에게 지급할 것을 청구할 수 있도록 하는 것이다. 다른 관점에서 보면, 이는 청산금채무자에게 공경매에서의 배당에 해당하는 절차를 사적으로 실행하도록 위탁한 것이라고 할 수 있다.

우선 후순위권리자는 실제로 청산금이 목적물소유자에게 지급되기 전까지는 그가 지급받을 청산금에 대하여 청산통지상의 평가액의 범위 내에서 자신의 권리를 행사할 수 있고, 채권자는 후순위권리자의 요구가 있으면 이를 지급하여야 한다(제 5 조 제 1 항. 자세한 내용은 제 5 조 내지 제 7 조를 보라).

그리고 후순위권리자는 청산기간 동안에 한하여 그 피담보채권의 변제기가 도래하기 전이라도 목적부동산의 경매를 청구할 수 있다(제12조 제 2 항). 담보가등기가 행하여진 부동산에 대하여 가등기담보권자 이외의 채권자가 경매를 신청하여 경매개시결정이 있으면, 그 경매신청이 청산금의 지급 전에, 또는 청산금이 없는 경우라면 청산기간 내에 행하여진 이상 가등기담보권자는 가등기에 기한 본등기를 청구할 수 없다(제14조).

(4) 가등기담보의 소멸

가등기담보법의 적용을 받는 가등기담보권은 앞에서 본 바와 같은 담보권의 실현으로 권리자가 목적물의 소유권을 취득한 때, 그리고 목적물에 대한 공경매로 그것이 매각된 때에 소멸한다(제15조).

나아가 채무자 또는 물상보증인·제 3 취득자는 청산금의 지급이 있기까지, 또 청산금이 없는 경우에는 가등기에 기한 본등기가 경료될 때까지는 채무원리금을 변제함으로써 가등기담보권을 소멸시킬 수 있다. 다만 양도담보에서와 같이 피담보채무의 변제기로부터 10년이 경과한 때 또는 특히 "선의의 제 3 자가 소유권을 취득한 때"에는 청산금의 지급 또는 본등기의 경료가 있기 전이라고 하더라도 이제 채무원리금의 변제로 가등기담보권을 소멸시킬 수는 없다고 할 것이다(제11조 단서의 유추적용; 자세한 내용은 아래 4. (3) 참조).

4. 가등기담보법상의 부동산양도담보

(1) 양도담보권자의 지위

가등기담보법의 적용범위에 들어가는 부동산양도담보는 청산기간의 경과 후 청산금을 지급함으로써 비로소 목적물의 소유권을 취득한다(제 4 조 제 2 항 제 1 경우). 그리하여 그 전까지는 양도담보권자는, 비록 자기 앞으로 소유권이전등기가 되어 있고 그 등기가 누구도 그 말소를 청구할 수 없는 유효한 것이라도, 아직 소유권을 가지지 못한다. 이 단계에서의 양도담보권자의 법적 지위는 어떠한가? 이에 관하여 가등기담보법은 가등기담보권자(제12조 이하)에 대해서와는 달리 직접적으로 규정하지 않는다. 결국 양도담보권자는 가등기담보권자와 마찬가지로 저당권자에 준하는 지위에 있다고 할 수밖에 없을 것이다.

(가) 그러나 양도담보권자는 목적물에 대하여 경매를 청구할 수 없다. 현행의 강제집행법(넓은 의미의)에서 자기 명의로 소유권등기가 되어 있는 부동산에 대한 임의경매의 신청은 허용되지 않는 것이다(민집 제81조 제 1 항 제 2 호, 제268조).

(나) 한편 양도담보권자는 담보목적물에 대하여 개시된 경매절차에서 그 채권의 우선변제를 받을 수 있다(제13조 참조). 그러나 그가 이 권능을 행사할 수 있는 경매절차에는 제한이 있다. 일단 양도담보권자 앞으로 소유권이전등기가 행하여지고 나면, 설정자는 양도담보권자의 협력 없이는 사실상 저당권의 설정 등 목적물의 처분을 할 수 없다. 소유권등기가 양도담보권자 앞으로 되어 있으므로, 등기연속의 원칙상 설정자가 등기의무자로서 하는 등기신청은 수리될 수 없기 때문이다. 따라서 가등기담보법에서 정하는 저당권자·전세권자·가등기담보권자 등 후순위권리자는 원칙적으로 발생할 여지가 없다. 그러므로 양

도담보권자가 우선변제를 받을 수 있는 것은 그에 선순위인 저당권·전세권·가등기담보권(즉 양도담보권자에 대한 소유권이전등기 이전에 등기된 저당권 등)의 실행 또는 위와 같이 예외적으로 성립한 후순위권리의 실행으로 행하여진 경매절차에서이다. 그리고 그 경매절차에서의 매각으로 양도담보권은 소멸한다(제15조 참조).

파산이나 회생 등의 도산절차 및 국세·지방세의 징수절차에서 양도담보권은 저당권으로 간주되므로(제17조 참조), 양도담보권자는 설정자에 대하여 파산절차가 개시된 경우에 별제권(회파 제411조)을, 회생절차가 개시된 경우에서는 회생담보권(회파 제141조)을 가지게 된다.

(다) 설정자는 여전히 목적물의 소유권을 가지므로, 양도담보권자의 일반채권자가 목적부동산을 압류한 경우에는 이에 대하여 제 3 자이의의 소(민집 제48조)를 제기할 수 있다고 할 것이다. 토지 사용을 이유로 하는 부당이득 반환의무도 설정자에게 있다(대판 2022. 4. 14, 2021다263519).

(라) 양도담보권자는 자신 앞으로 소유권등기가 되어 있는 것을 이용하여 또는 자신이 목적물의 소유권을 가진다고 잘못 믿고, 목적물을 자신의 소유물로 처분하는 경우도 있을 것이다. 이는 무권리자의 처분으로서 원칙적으로 무효이고, 그 상대방은 권리를 유효하게 취득하지 못한다. 그러나 가등기담보법 제11조 단서 제 2 경우는 채무자 또는 목적물소유자가 양도담보등기의 말소를 청구할 수 없는 사유로 "선의의 제 3 자가 소유권을 취득한 때"를 정하고 있다. 이는 양도담보권자가 목적물의 소유권을 제 3 자에게 양도한 경우에 그 제 3 자가 선의이면, 즉 양도인에게 소유권이 없음을 알지 못하였으면, 그는 예외적으로 소유권을 유효하게 취득한다는 취지라고 할 것이다. 이는 처분상대방의 신뢰를 보호하기 위하여 특별히 인정한 것이다. 이때에는 설정자의 소유권을 상실시킨 것을 이유로 하는 양도담보권자의 불법행위책임이 문제될 수 있다(가등기담보에 대해 대판 2010. 8. 26, 2010다27458).

나아가 양도담보권자가 목적물을 양도한 경우만이 아니라, 양도담보권자의 채권자가 목적물을 공취·압류하여 진행된 경매절차에서 선의의 제 3 자가 이를 경락받은 경우에도 그는 유효하게 소유권을 취득한다고 할 것이다.

반면 목적물의 양도가 아니라 저당권이나 전세권의 설정과 같은 다른 처분의 경우는 어떠한가? 또 양도담보권자의 채권자가 목적물을 그의 소유로 알고 이를 압류한 경우는 어떠한가? 제11조 단서규정의 취지가 처분상대방의 신뢰를 보호한다는 데 있다면 그 취지는 이들 경우에도 관철되어야 하므로, 그 처분의 상대방 기타 제 3 자가 선의이면 그 처분 또는 압류 등은 효력이 있다고 하여야 할는지도 모른다. 그러나 제11조 단서는 명확하게 소유권의 취득만을 규정하고 일반적으로 선의의 제 3 자를 보호하는 것(제108조 제 2 항 등 참조)이 아닐 뿐만 아니라, 채무자 등의 환수를 제한하는 맥락에서 간접적으로 선의의 제 3 자의 소유권취득을 긍정하는 것이어서 이를 확장적용하는 것이 주저되고, 나아가 위의 처분이나 압류 등의 효력을 긍정하면 당사자들의 법률관계가 매우 착잡하게 된다. 그러므로 위 단서규정은 소유권취득 이외의 경우에 유추적용할 것이 아니다. 따라서 설정자 기타 목적물의 소유자는 이들 제 3 자가 선의인 때에도 이들 권리에 관한 등기의 말소(민법 제214조) 또는 제 3 자이의의 소(민집 제48조)를 제기할 수 있다.

(2) 소유권의 취득

양도담보권자는 청산통지를 하고 청산기간이 경과한 후에, 청산금이 있으면 이를 지급(또는 공탁)함으로써, 또 청산금이 없으면 청산기간의 경과로써, 비로소 목적물의 소유권을 취득한다. 양도담보권자가 청산금의 지급이 없이 목적물의 인도를 구하는 것에 대하여 청산금채권자는 그 채권에 기하여 동시이행의 항변을 할 수 있다(제 4 조 제 3 항).

(3) 환수청구권

양도담보의 설정자나 목적물의 제 3 취득자 또는 채무자는 위와 같이 양도담보권자가 목적물의 소유권을 취득할 때까지 채무원리금을 변제하여 소유권이전등기의 말소를 청구할 수 있다(제11조 본문). 채무원리금의 변제와 말소등기는 동시이행관계에 있지 않으며, 전자가 선행되어야 한다고 할 것이다(대판 1981. 6. 23, 80다3108). 따라서 피담보채무의 변제 없이 말소청구를 하는 것만으로는 제척기간을 준수하는 권리행사라고 볼 수 없다(대판 2014. 8. 20, 2012다47074). 제11조에 따른 등기말소청구권은 소유권에 기한 물권적 청구권(민법 제214조)의 성질을 가진다. 따라서 이는 소멸시효에 걸리지 않는다.

그러나 이러한 청구권의 발생에는 일정한 제한이 있다(제11조 단서).

첫째, 피담보채무의 변제기로부터 10년이 경과한 때(제 1 경우)이다. 그 취지는 권리의 불확정이 지나치게 장기에 걸치는 것을 막는다는 데 있다. 따라서 채무자 등으로부터 원본의 일부 또는 이자 등 부수채무가 이행·수령되고 있는 경우에는 권리의 불확정이 없고 양도담보에 기한 채권의 만족보장이 실효를 발휘한다고 할 것이므로, 그 기간 동안에는 위 규정이 적용되지 않으며, 위 규정은 피담보채무의 변제기로부터 아무런 채무의 이행도 없는 상태가 10년 동안 지속된 때를 의미한다고 볼 것이다. 그것이 채무자 등을 보호하고자 하는 가등기담보법의 취지에도 적절하다. 물론 이 경우에도 가등기담보권자는 채무자 등에 대해 청산금을 지급할 의무를 부담한다(대판 2018. 6. 15, 2018다215947). 그리고 이 기간은 제척기간이나, 피담보채무의 변제 없이 말소청구를 하는 것만으로는 제척기간을 준수하는 권리행사라고 볼 수 없으므로(대판 2014. 8. 20, 2012다47074), 피담보채무의 변제제공과 함께 이루어지는 말소청구에 의해서 제척기간이 준수된다.

둘째, 선의의 제 3 자가 소유권을 취득한 때(제 2 경우)이다. 이 규정은 양도담보권자가 소유권을 가짐을 알지 못하고 그로부터 목적물을 양도받은 사람(그에 대한 경매절차에서 목적물을 매수한 사람을 포함한다)은 유효하게 소유권을 취득함을 전제로 한다. 이 소유권취득은 소유권취득행위를 한 선의의 제 3 자의 신뢰를 보호하기 위하여 법률에 의하여 특별히 인정된 것이다. 그렇다면 여기서 선의에 관한 입증책임은 — 민법 제108조 제 2 항의 「선의」에서와 같이 — 제 3 자의 소유권취득을 부인하는 측에서 부담한다고 할 것이다(대판 2021. 10. 28, 2016다248325). 판례는 선의의 제 3 자 취득의 반사적 효과로서 무효인 채권자 명의의 본등기는 그 등기를 마친 시점으로 소급하여 확정적으로 유효하게 되고, 이에 따라 담보목적부동산에 관한 채권자의 가등기담보권은 소멸하며, 청산절차를 거치지 않아 무효였던 채권자의 본등기에 터 잡아 이루어진 등기 역시 소급하여 유효하게 된다고 설명한다(대판 2021. 10. 28, 2016다248325). 그러나 이는 의문이다. 예컨대 본등기와 선의의 제 3 자의 소유권 취득 사이에 악의의 제 3 자가 저당권을 설정받은 경우, 왜 나중의 선의의 제 3 자의 신뢰 보호를 이유로 새삼 악의의 제 3 자의 물권 취득이 사후적으로 유효하게 취급되어 보호를 받아야 하는지 이해할 수 없기 때문이다. 모든 공신력 규정에서와 마찬가지로 선의취득은 해당 요건이 충족되는 시점에 장래효를 가지는 것으로 해석해야 하며, 이로써 거래 안전의 보호는 충족된다.

이상과 같이 채무자 등이 피담보채무를 변제하여 소유권이전등기의 말소를 청구할 가능성이 소멸하게 되면, 목적물의 소유권은 이제 확정적으로 양도담보권자 또는 선의의 소유권취득자에게 귀속되고, 양도담보권은 소멸한다(이 경우 가등기담보권자의 불법행위책임에 대해서는 대판 2010. 8. 26, 2010다27458 참조).

제15장 특별법에 따른 담보제도

Ⅰ. 특별법에 따른 저당권

앞에서 살펴본 민법에 기하여 설정되는 저당권(제 3 편 제 7 장 내지 제10장)은 모두 특정한 부동산(또는 부동산의 용익을 내용으로 하는 지상권·전세권)을 목적물로 하는 것이었다. 그러나 그 이외의 재산권에 대한 담보화의 요구는 경제와 거래의 발달에 좇아 필연적으로 일어났다. 법은 이러한 요구에 발맞추어 등기제도의 확대에 연동하면서 특별법을 마련하여 일정한 동산, 재단 등에 대한 저당권도 이를 인정하여 왔다. 이하에서는 이들을 간단하게 개관하여 보기로 한다.

1. 입목저당

(1) 의 의

「입목에 관한 법률」은 일정한 수목의 집단에 관하여 동법에 기한 소유권보존등기가 행하여짐으로써 이를 독립한 부동산으로 간주하고, 이를 토지와 분리하여 양도하거나 저당권의 목적으로 할 수 있고, 또 토지 또는 지상권의 처분은 그 효력이 입목에 미치지 않는다고 정한다(입목 제 2 조, 제 3 조). 원래 토지에 심어진 수목은 토지의 구성부분으로서 토지의 처분에 좇는 것이나, 위와 같은 방법으로 이를 별도의 부동산으로 처리한다. 이는 임업자, 특히 타인의 토지를 임차하여 그 위에 임업을 경영하는 사람들의 자금수요에 대응하기 위하여 제정된 것이다.

(2) 입목저당에 특수한 규율

입목에 대한 저당권의 설정·효력·실행·소멸 등은 일반저당권과 별로 다를 바 없으나, 약간 특색이 있는 규정을 들면 다음과 같다.

(가) 여기서 입목이라 함은 1필의 토지 또는 그 일부분에 생립하고 있는 모든 수종의 수목 집단을 말한다(입목 제 2 조, 입목령 제 1 조). 입목에 관하여 소유권보존등기를 하려면 먼저 입목등록원부(입목 제 9 조 내지 제11조)에 등록되어 있어야 한다(입목 제 8 조 제 1 항). 소유권보존등기는 토지소유자나 지상권자 또는 이들로부터 입목소유권에 관한 증명을 얻은 자 등이 이를 신청할 수 있다(입목 제16조 제 1 항).

(나) 저당된 입목은 입목소유자가 당사자 사이에 약정된 시업방법에 따라 육성하여야 하며(입목 제 5 조 제 1 항), 입목소유자가 이를 벌채하려면 저당권자의 동의서를 첨부하여 관할 관청의 허가를 얻어야 한다(입목령 제 2 조 제 1 항). 원래 입목소유자가 벌채하는 것은 저당권의 목적을 훼손하는 것에 해당하나, 적절한 시기에 벌채하는 것이 필요하므로 특별히 이를 허용하는 것이다. 그러나 벌채가 허가를 얻어 행하여졌는지에 관계없이 입목저당권은 벌채되어 그 토지로부터 분리된 수목에 대하여도 미친다(입목 제 4 조 제 1 항). 그리고 그와 같이 벌채된 수목은 피담보채권의 이행기가 도래하지 않았어도 이를 경매할 수 있으나, 그 경락대금은 공탁하여야 한다(동조 제 2 항).

(다) 지상권자 또는 토지임차인의 소유인 입목이 저당권의 목적이 된 경우에는 지상권자 등은 저당권자의 승낙 없이 지상권 등을 포기하거나 계약을 해지할 수 없다(입목 제 7 조). 한편 입목의 경매 기타의 사유로 토지와 입목의 소유자가 달라지는 경우에는 입목소유자는 법정지상권을 취득한다(입목 제 6 조 제 1 항).

2. 동산저당

(1) 의 의

상당한 가치를 가지면서 동일성을 쉽사리 확인할 수 있고 또 설정자에게 그 점유·사용을 허용하는 것이 적절한 동산에 대하여 우리 법은 그에 관한 등기제도를 마련하고 이를 저당권의 목적으로 할 수 있도록 한다. 현재는 선박·항공기·자동차·건설기계에 한하여 동산저당을 인정하고 있으며, 그 밖의 동산(예를 들어 기업이 생산판매하는 제품과 같이 내용이 변동하는 업무용의 집합동산)은 아래에서 살펴볼 「동산·채권 등의 담보에 관한 법률」의 규율을 받는다.

(2) 자동차 등에 대한 저당권

자동차·항공기·소형선박 및 건설기계에 대한 저당권(자저 제 3 조)은 그에 관한 등록원부에 등록된 것에 대하여 설정될 수 있으며, 이들에는 질권은 설정될 수 없다(자저 제 3 조, 제 9 조). 각 등록원부에 저당권의 등록을 하는 것에 의하여 비로소 저당권이 설정된다(자저 제 5 조 제 1 항). 이들 저당권의 실행은 민사집행법에 따른 경매에 의하지만(민집 제270조), 항공기를 제외한 담보목적물의 경우 경매절차에서 법원이 상당하다고 인정하는 때에는 저당권자의 매수신청에 따라 경매 또는 입찰에 의하지 아니하고 그 저당권자에게 압류된 담보목적물의 매각을 허가하는 양도명령의 방법으로 환가할 수도 있다(자저 제 8 조 제 1 항).

(3) 선박에 대한 저당권

등기된 선박[1]은 저당권의 목적이 되고 질권의 목적이 되지 못한다(상 제787조, 제789조). 선박저당권은 선박의 속구에도 미치며(상 제787조 제 2 항), 선박채권자의 우선특권은 선박저당권에 우선하는 것(상 제788조)을 제외하고, 선박저당권의 성립·효력 등에 대하여는 민법의 저당권에 관한 규정이 준용된다(상 제787조 제 3 항). 선박저당권의 실행은 민사집행법에 따른 경매에 의한다(민집 제269조).

3. 공장의 토지 또는 건물의 저당

(1) 의 의

「공장 및 광업재단 저당법」에 따르면 공장(공저 제 2 조 제 1 호에 따르면 "영업을 하기 위하여 물품의 제조·가공, 인쇄, 촬영, 방송 또는 전기나 가스의 공급 목적에 사용하는 장소"를 말한다)의 소유자가 공장에 속하는 토지 또는 건물에 저당

1) 총톤수 20톤 이상의 기선과 범선 및 총톤수 100톤 이상의 부선에 관하여는 선박등기를 할 수 있다(선박 제 1 조의2, 제 8 조, 선박등 제 2 조). 한편 상법은 건조 중의 선박도 저당권의 목적이 될 수 있다고 정한다(상 제790조, 선박등규 제23조 이하).

권을 설정하는 경우에는 그 저당권의 효력은 저당목적물인 토지나 건물에 "부합된 물건과 그 토지에 설치된 기계, 기구, 그 밖의 공장의 공용물(供用物)"에 미친다(공저 제3조, 제4조). 이는 공장을 이루는 토지·건물·기계 등으로 공장재단을 조성하여 그 재단이 저당권의 목적이 되는 것(공장재단저당)과는 달리 공장의 토지 또는 건물만이 저당권의 목적이 된 경우에 관한 것이다. 이 중 전자의 부합물에 대해서는 차이가 없지만, 후자의 기계·기구 기타 공용물에는 종물에 속하지 않은 것도 포함되어(대판 1997. 10. 10, 97다3750), 우선 이 점에서 일반저당권(제358조)과 다르다. 그 외에도 공장저당법에서 정하는 공장의 토지 또는 건물의 저당은 일반저당과는 다른 점이 있는 특별한 저당으로서, 이를 협의의 공장저당이라고 부른다. 공장에 속하는 토지 또는 건물 및 이에 부가하여 비치된 기계나 기구 등 공장의 가동·운영에 제공되는 물건들은 모두 일체가 되어야만 비로소 기업시설로서의 특수한 가치를 발휘하게 되므로 공장저당은 위와 같은 특수한 가치를 파악하여 담보화하려는 데 그 목적이 있다(대결 1969. 12. 9, 69마920).

(2) 공용물에 효력을 미치기 위한 요건

기계·기구 기타 공장의 공용물에 공장저당권의 효력이 미치기 위하여는, 일반저당권에서 종물에 저당권의 효력이 미치는 데 다른 공시를 요구하지 않는 것과는 달리, 그 저당권설정등기를 신청함에 있어서 제출하는 기계기구목록에 이를 기재하여야 하며, 그에 기재되지 아니한 것에는 공장저당권의 효력이 미치지 않는다(공저 제6조; 대판 1988. 2. 9, 87다카1514). 한편 저당권설정자의 소유가 아닌 공용물은 비록 위 목록에 기재되어 있다고 해도 저당권의 효력이 그에 미치지 않는다(대결 1992. 8. 29, 92마576).

(3) 공장저당권의 대외적 효력

공장저당의 목적인 토지 또는 건물의 소유자가 저당권자의 동의를 얻어 부합물 또는 공용물을 토지 또는 건물로부터 분리한 경우에는 이제 저당권은 그에 대하여 효력을 미치지 않는다(공저 제9조 제1항, 제2항). 그러나 그는 저당권자의 동의가 없으면 부가일체물은 물론이고 공용물도 이를 토지 또는 건물로부터 분리할 수 없다. 동의 없이 분리된 공용물 등에 대하여는 그것이 공장의 토지 또는 건물로부터 반출된 경우에라도 여전히 저당권의 효력이 미친다(공저 제 9 조 제 1 항). 따라서 저당권자는 제 3 자가 그 물건을 선의취득하지 아니한 한 그 물건을 원래의 장소에 원상회복할 것을 저당권에 기한 방해배제로서 청구할 수 있다(공저 제 7 조, 민법 제370조, 제214조; 대판 1996. 3. 22, 95다55184, 제 3 편 제 8 장 재판례 [1]).

한편 다른 채권자가 부합물 또는 공용물에 대하여 자유롭게 압류할 수 있다고 하면 공장으로서의 일체성이 유지되기 어려우므로, 공장저당의 목적인 토지 또는 건물과 함께가 아니면 이를 압류·가압류·가처분할 수 없다(공저 제 8 조 제 2 항).2) 또 공장저당의 목적인 토지 또는 건물에 대한 압류 등은 당연히 공용물 등에 그 효력이 미친다(동조 제 1 항). 이와 같이 다른 채권자는 토지 또는 건물의 압류 등에 의하여 자신의 목적을 달성할 수 있으므로, 공용물만에 대한 압류 등이 금지되어도 별다른 불이익은 없다.

(4) 공장저당권의 실행

공장저당권의 효력이 미치는 토지 또는 건물 및 그 부합물·공용물은 일괄매각(민집 제98조 이하)되어야 한다(대결 1969. 12. 9, 69마920). 앞서 본 공장저당 제도의 취지에 맞추어 일체로서의 기업가치를 살리기 위한 것이다. 이는 목적물의 소유자가 다른 경우에도 공장저당의 목적물인 한 다를 바 없다(대결 1985. 3. 14, 84마718). 나아가 일반저당권에 기한 경매신청이 있는 경우에도 그 부동산이 별개로 공장저당의 목적이 되어 있으면 공용물 등도 일괄경매되어야 한다(대결 2003. 2. 19, 2001마785).

4. 재단저당

(1) 의 의

재단저당이란 기업의 운영을 위한 토지·건물·기계 기타의 물적 설비나 공업소유권·임차권 등의 권리를 일괄하여 하나의 재단을 구성하고, 이를 하나의 부동산으로 보아 저당권의 목적으로 하는 것을 말한다. 우리 법에서는 「공장 및 광업재단 저당법」에 의한 공장재단저당과 광업재단저당이 이에 해당한다. 후자에 관하여는 공장저당법의 공장재단저당에 관한 규정이 준용되므로(공

2) 부합물이나 공용물에만 압류 등이 이루어진 경우에 저당권자는 제 3 자이의의 소(민집 제48조)를 제기할 수 있다. 일반저당권에서의 부가물 등만이 압류된 경우와 같다(제 3 편 제 8 장 Ⅱ. 1. (1) 참조).

저 제54조), 여기서는 공장재단저당에 대하여 살펴보기로 한다.

(2) 공장재단의 설립

공장재단은 1개 또는 여러 개의 공장으로 설립되는데, 각 공장의 소유자가 서로 달라도 무방하다(공저 제10조 제 1 항). 한편 공장재단은 공장에 속하는 토지와 건물 등의 공작물, 기계·기구·전봇대·전선·배관·레일 등의 부속물, 항공기·선박·자동차 등 등록 가능한 동산, 지상권·전세권 및 임대인의 동의 있는 경우의 임차권, 지식재산권의 전부 또는 그 중 일부로서 구성된다(공저 제13조). 여기에는 제조품이나 외상대금채권 등과 같이 그 내용이 유동하는 자산이 포함되지 않는데, 그러한 자산이 기업에서 차지하는 재정적 지위가 상승하고 있음을 부인할 수 없으므로, 공장재단은 일체로서의 공장의 담보가치를 모두 체현하지는 못하게 된다.

한편 공장재단은 공장재단등기부에 소유권보존의 등기를 함으로써 설립되므로(공저 제11조 제 1 항), 여기서도 저당권은 등기제도와 결합한다. 그리고 공장재단에 관한 소유권보존등기를 신청함에는 공장재단을 구성하는 자산의 구체적 목록으로 공장재단목록을 첨부하여야 하며, 이 목록은 공장재단등기부의 일부가 된다(공저 제36조, 공저등규 제 9 조 이하). 그런데 그 목록의 정확한 작성에 상당한 비용과 시간이 요구되고, 특히 기계 등이 교체된 경우에는 일일이 종전의 기계를 목록에서 말소하고 새로운 기계를 부가하여야 하고 그에 저당권자의 동의서를 첨부하는 등 복잡한 절차를 거쳐야 한다(공저 제42조 이하, 공저등규 제29조). 그러므로 공장재단의 등기에 관한 보다 간편한 방법을 찾을 필요가 있다. 실제로 공장재단저당은 거의 행하여지지 않는데, 그 이유는 이러한 점에 있다고 추측된다.

(3) 공장재단저당의 성립

공장재단저당은 위와 같이 행하여진 공장재단등기부에 저당권설정등기를 함으로써 행하여진다. 공장재단에 관한 소유권보존등기가 된 때로부터 10개월 내에 그 저당권설정등기가 없으면 소유권보존등기의 효력이 상실되어 공장재단이 소멸한다(공저 제11조 제 2 항). 이는 공장재단의 구성이 공장보유자의 금융조달의 편의를 위한 것임을 웅변으로 말하여 준다. 한편 공장재단에 속하는 개별의 물건이나 권리는 이를 양도하거나 소유권 이외의 권리의 목적이 되거나 압류·가압류·가처분의 대상이 되지 못한다(공저 제14조). 반면에 타인의 권리의 목적이나 압류 등의 목적이 되어 있는 물건이나 권리는 공장재단을 구성하지 못한다(공저 제13조 제 3 항).

Ⅱ. 특별법에 따른 동산·채권담보

1. 서 론

(1) 기존 동산·채권담보의 문제점

우리 법제에서 활용할 수 있는 동산·채권담보로서는 민법이 정하는 질권(제329조, 제345조)과 거래계에서 발달해온 양도담보가 존재한다. 그런데 이미 살펴본 바와 같이 질권과 양도담보는 그것의 순기능에도 불구하고 거래계의 수요에 비추어 단점들도 지적되고 있다.

(가) 민법이 인정하고 있는 동산담보인 질권은 엄격한 점유질원칙(제330조, 제332조)에 의해 실제 거래계에서 활용되지 못하고 있다(제 3 편 제 6 장 Ⅰ. 1. (1) 참조). 이러한 문제에 대처하기 위하여 거래계는 점유개정(제190조)을 통한 양도담보를 활용하여 동산담보의 수요를 대처해 오고 있었다(제 3 편 제11장 Ⅰ. 1. 참조). 그러나 이러한 양도담보 역시 여러 가지 단점을 가지고 있다. 몇 가지만 들어 보면, ① 민법의 여러 제도들을 활용하여 당사자들이 계약으로 창출한 담보제도이므로 법률관계가 반드시 명확한 것은 아니다. ② 양도의 방법으로 점유개정(제190조)이 활용되므로 실질적으로 거의 공시되지 아니한다. 따라서 설정자의 채권자들로서는 설정자의 재산상태를 쉽게 예측할 수 없고 그 결과 예상하지 못한 불이익을 받을 위험이 있다. ③ 이러한 공시의 불충분함은 특히 다수의 목적물이 유동 상태에 있는 집합동산의 양도담보의 경우에 보다 현저하게 나타난다. ④ 이러한 점유개정에 의한 불완전한 공시는 양도담보권자에게도 불리한 점이 있는데, 설정자는 쉽게 목적물을 반출하여 선의취득(제249조)의 방법으로 양도담보를 침해할 가능성을 가진다. ⑤ 소유권은 한 사람에게만 귀속할 수 있으므로, 설정자는 목적물의 가치가 상당한 수준에 달하더라도 그것을 순위로 분할하여 여러 사람에게 담보로 제공함으로써 담보물의 가치에 상응하는 신용을 수수하는 것이 불가능하다.

(나) 채권담보의 경우 채권질권과 채권양도담보는 그 기능에 있어 대체로 동일한 기능을 수행한다(제 3 편 제 6 장 Ⅰ. 1. (2) 참조). 그런데 채권질권이나 채권양도담보는 모두 그 설정방법으로서 채권양도에 따른 대항요건(제349조, 제450조)이 요구되고 있다는 이유로 거래계에서 활용이 부진하다. 채권담보에서는 통상 다수의 유동하는 집합채권이 목적이 되는데, ① 장래 발생할 채권의 경우 채무자가 특정되지 않아 통지를 할 수 없고, ② 더 나아가 발생과 소멸을 반복하고 있는 집합채권에 대해 일일이 통지를 하는 것은 적지 않은 비용을 초래하며, ③ 무엇보다 대량의 집합채권을 담보로 제공하거나 양도하는 경우 설정자가 경제적 위기에 있다는 신호를 거래계에 보내게 되어 오히려 신용경색을 초래할 우려가 있다. 이를 피하기 위해 통지의 시기를 가능한 늦추는 방법(이른바 통지유보형, 예약형, 정지조건형 등)이 고안되었으나, 채권자취소권(제404조)이나 도산법상 부인권 행사에 직면할 위험이 있음은 주지하는 바이다(제 3 편 제13장 Ⅲ. 2. (3) 참조).

(2) 「동산·채권 등의 담보에 관한 법률」의 제정

이러한 동산·채권담보에서의 문제점에 대처하기 위해 제정된 법률이 「동산·채권 등의 담보에 관한 법률」이다. 동법에 의하면 담보약정은 양도담보 등 명목을 묻지 아니하고 동법에 따라 동산·채권·지식재산권을 담보로 제공하기로 하는 약정을 말한다(담보 제 2 조 제 1 호). 동산담보권은 그러한 담보약정에 따라 동산(여러 개의 동산 또는 장래에 취득할 동산을 포함)을 목적으로 등기한 담보권을, 채권담보권은 담보약정에 따라 금전의 지급을 목적으로 하는 지명채권(여러 개의 채권 또는 장래에 발생할 채권을 포함)을 목적으로 등기한 담보권을 말한다(동조 제 2 호, 제 3 호). 여기서 그러한 담보권을 설정한 자를 담보권설정자라고 하고(동조 제 5 호), 그러한 담보권을 취득한 자를 담보권자라고 한다(동조 제 6 호).

그런데 동법에 따라 창설되는 새로운 등기담보권이 기존에 활용되던 질권이나 양도담보에는 영향을 주지 아니한다. 즉 새로운 담보권에 의해 질권이나 양도담보가 폐지되는 것은 아니어서 모두 병존한다. 그러므로 당사자들은 선택에 따라 기존의 질권이나 양도담보를 채택할 수도 있고, 새로운 등기담보권을 설정할 수도 있다.

(3) 담보등기

(가) 동법에 따른 담보제도 개혁은 동산·채권담보에 대하여 새로운 공시제도인 등기를 도입한다는 점에 그 핵심이 있다. 그러므로 누구든지 수수료를 내고 등기사항을 열람하거나 그 전부 또는 일부를 증명하는 서면의 발급을 청구할 수 있다(담보 제52조 제 1 항).

(나) 담보등기는 동법에 따라 동산·채권을 담보로 제공하기 위하여 이루어진 등기를 말한다(담보 제 2 조 제 7 호). 이러한 담보등기가 행해지는 등기부는 인적편성주의를 채택하여 담보권설정자별로 편제한다. 즉 담보등기부는 전산정보처리조직에 의하여 입력·처리된 등기사항에 관한 전산정보자료를 담보권설정자별로 저장한 보조기억장치(자기디스크, 자기테이프, 그 밖에 이와 유사한 방법으로 일정한 등기사항을 기록·보존할 수 있는 전자적 정보저장 매체를 포함)를 말하고, 동산담보등기부와 채권담보등기부로 구분한다(담보 제 2 조 제 8 호, 제47조). 부동산은 지번으로 특정이 가능하므로 그 등기를 물적편성주의에 의하고 있지만(부등 제15조), 동산이나 채권은 이미 존재하는 개체의 수가 현저히 많을 뿐만 아니라 새로이 끊임없이 창출되고 있으므로 물적편성을 하는 것은 불가능하다. 그러므로 설정자를 기준으로 등기부를 편성하는 인적편성주의를 채택한 것이다.

(다) 그런데 인적편성주의에 따라 담보권을 공시하면 이해관계인이 등기부의 내용만으로는 담보권의 존부와 내용을 정확하게 인식할 수 없는 경우가 종종 발생할 수 있다. 예를 들어 갑으로부터 돼지 한 마리의 소유권을 취득하는 을이 갑의 담보등기부에서 A 돈사에 있는 갑의 돼지들은 전부 병에게 담보로 제공되었다는 사실을 알게 된 사안을 상정해 보자. 그 경우 을은 등기부의 존재만으로는 자신이 인도 받은 돼지에 담보권이 설정되어 있는지 여부를 알 수 없고, 추가적으로 양수하는 돼지가 A 돈사에 있었는지 여부의 사실 등을 추가적으로 확인해야 한다. 그러므로 담보등기의 공시적 효과는 불충분하다. 결국 담보등기를 통하여 담보권설정자의 동산이나 채권에 대하여 담보권이 설정되어 있다는 사실을 인식한 이해관계인은 설정자와 담보권자에게 추가적인 탐문을 통하여 담보권의 존부를 확인할 수밖에 없다.

이와 관련하여 동법은 담보등기가 인적편성주의를 채택하고 있어 발생하는 공시효과의 저하에 대처하기 위해 담보권설정자에게 담보목적물에 대한 명시의무를 부여하고 있다. 즉 담보권을 설정하려는 자는 담보약정을 할 때 담보목적물의 소유 여부와 담보목적물에 관한 다른 권리의 존재 유무를 담보권을 설정받으려는 자에게 명시하여야 한다(담보 제 6 조).

(4) 인적 적용범위

「동산·채권 등의 담보에 관한 법률」은 인적 적용범위를 제한하고 있다. 즉 동산·채권을 담보로 제공하는 경우에는 법인(상사법인, 민법법인, 특별법에 따른 법인, 외국법인을 말함) 또는 「부가가치세법」에 따라 사업자등록을 한 사람만이 담보권설정자가 될 수 있다(담보 제 2 조 제 5 호 단서; 제 3 조 제 1 항, 제34조 제 1 항). 그러나 담보권설정자의 사업자등록이 말소된 경우에도 이미 설정된 담보권의 효력에는 영향을 미치지 아니한다(담보 제 4 조).

2. 동산담보권

(1) 동산담보권의 대상

동산담보권의 목적물은 당연히 동산(제99조 제 2 항)이다.[3] 개별 동산이 동산담보권의 목적물이 될 수 있음은 의문의 여지가 없다. 더 나아가 여러 개의 동산(장래에 취득할 동산을 포함)이더라도 목적물의 종류, 보관장소, 수량을 정하거나 그 밖에 이와 유사한 방법으로 특정할 수 있는 경우에는 이를 목적으로 동산담보권을 설정할 수 있다(담보 제 3 조 제 2 항). 보관장소를 특정하여 설정하는 경우, 그 보관장소에 있는 동산 전부가 목적물이며, 보관장소 외에 중량 등의 기재가 있어도 참고사항에 그쳐 목적물의 범위를 제한하지 않는다(대결 2021. 4. 8, 2020그872). 이에 따라 집합동산에 대해 동산담보권을 설정하는 것이 가능하다. 설정자가 장래에 취득할 동산도 이 규정이 정하는 바에 따라 특정이

3) 그러나 「선박등기법」에 따라 등기된 선박, 「자동차 등 특정동산 저당법」에 따라 등록된 건설기계·자동차·항공기·소형선박, 「공장 및 광업재단 저당법」에 따라 등기된 기업재산, 그 밖에 다른 법률에 따라 등기되거나 등록된 동산(담보 제 4 조 제 3 항 제 1 호), 화물상환증, 선하증권, 창고증권이 작성된 동산(동항 제 2 호), 무기명채권증서 등 대통령령으로 정하는 증권(동항 제 3 호) 등은 동법에 따른 동산담보권을 설정할 수 없다. 이들 동산에 대해서는 해당 법률이 저당권이나 질권을 설정할 수 있도록 예정하고 있기 때문이다. 더 나아가 양도할 수 없는 동산에 대해서는 동산담보권을 설정할 수 없다(담보 제33조, 민법 제331조). 양도할 수 없는 동산은 경매를 통해 환가하거나 귀속청산·처분청산에 의한 실행을 할 수 없어 담보로서 부적절하기 때문이다.

가능하면 동산담보권의 목적물이 될 수 있다.

(2) 동산담보권의 성립

(가) 「동산·채권 등의 담보에 관한 법률」에 따라 동산담보권이 성립하려면 담보권설정자가 소유하는 동산을 담보로 제공하기로 약정하고 동법에 따라 담보등기를 해야 한다(담보 제 2 조 제 2 호, 제 3 조 제 1 항). 즉 당사자들은 원인행위인 담보약정에 기초해 동산담보권을 설정하는 물권적 합의를 하고 담보등기를 함으로써 동산담보권을 성립시킨다. 여기서 등기의 효력이 문제되는데, 동법은 이를 성립요건으로 정한다. 약정에 따른 동산담보권의 득실변경은 담보등기부에 등기를 하여야 그 효력이 생긴다(담보 제 7 조 제 1 항). 즉 담보등기는 동산담보권의 설정·내용변경·양도 등과 관련하여 성립요건이므로, 당사자들 사이에서도 담보등기가 없으면 담보권 설정의 효력은 발생하지 아니한다. 한편 동산담보권은 채무자가 아닌 물상보증인에 의해서도 성립할 수 있다(담보 제 8 조, 16조 등 참조).

(나) 동산담보권 설정은 처분행위 내지 물권행위이다. 그러므로 처분행위에 요구되는 법리에 따른다. 첫 번째로, 담보권설정행위의 목적물이 등기부에 등기되어 있는 기준에 따라 특정되어 있거나 특정가능해야 한다. 등기된 기준에 의해 목적물을 특정할 수 없다면, 물권적 합의가 있고 등기가 있다고 해도 동산담보권은 성립하지 않는다. 두 번째로, 설정자는 목적동산에 대한 처분권을 보유하고 있어야 한다. 설정자가 처분권 없는 동산(예컨대 타인 소유 동산)에 동산담보권을 설정하더라도 설정행위는 무효이다. 그러나 다른 문제는 담보권자가 처분권 없는 자로부터 선의·무과실로 담보권을 설정받았거나 양수한 경우 담보권이 선의취득될 수 있는지 여부이다.

(다) 동산담보권의 선의취득 문제를 살펴보기 위해서는 그것이 문제되는 사안유형을 구별할 필요가 있다.

첫 번째로, 무효인 담보권이 등기되어 있는 경우에 그 무효인 담보권을 양수하는 사람이 등기부에 대한 신뢰를 주장하여 선의취득을 주장할 수 있는지 여부이다. 이는 부동산등기와의 균형상 그러한 공신력을 인정할 수 없으므로 부인되어야 한다. 그러므로 그러한 경우 양수인은 담보권을 선의취득할 수 없다.

두 번째로, 동산에 대해 처분권이 없는 사람이 동산담보권을 설정하는 경우 담보권을 설정받는 채권자가 등기부에 대한 신뢰를 이유로 담보권의 선의취득을 주장할 수 있는지 여부이다. 이 경우에도 담보등기를 하였다는 이유로 선의취득을 할 수 없다고 할 것이다. 담보등기부는 모든 물권관계가 공시되는 부동산등기부와는 달리 담보권의 존재만을, 그것도 인적편성에 따라 특정되지 않는 방식으로 알리고 있을 뿐 개개 동산의 소유권 귀속에 대한 정보를 주지 않는다. 그렇다면 담보권을 설정받은 사람이 담보권등기가 되었다는 이유만으로 설정자의 소유권에 대한 신뢰보호를 주장할 수는 없다. 그가 설정자가 소유자라고 믿는 근거는 담보등기부가 아니라 그의 점유이기 때문이다(제200조). 여기서 설정자의 점유를 기초로 설정자가 소유자라고 신뢰하여 동산담보권을 설정받은 사람은 이를 선의취득할 수 있는지 여부가 문제되는데, 이에 대해서는 법률의 규정이 없다. 게다가 민법의 소유권 및 질권의 선의취득 규정(제249조 내지 제251조, 제343조)은 선의취득하는 권리의 공시방법도 점유인 경우(즉 공시방법인 점유가 자주점유의 형태로 양도인과 양수인에 연속하는 경우)를 상정하고 있기 때문에, 설정하는 사람의 권리 공시방법은 점유인데 설정받는 사람의 권리 공시방법은 등기인 동산담보권의 경우와 이익상황이 달라 이를 유추적용할 수도 없다고 할 것이다. 그러므로 법률의 규정이 없는 이상 원칙으로 돌아가 선의취득은 부정되어야 한다.

(라) 동산담보권의 등기절차에 대해 간략하게 살펴본다. 담보등기에 대하여 특별한 규정이 없는 경우에는 그 성질에 반하지 아니하는 범위에서 부동산등기법을 준용한다(담보 제57조).

(a) 동산담보권 및 채권담보권을 공시하는 등기사무는 대법원장이 지정·고시하는 지방법원, 그 지원 또는 등기소에서 취급한다(담보 제39조 제1항). 대법원장의 다른 위임이 없는 한 대법원장이 지정·고시한 지방법원, 그 지원 또는 등기소 중 담보권설정자의 주소를 관할하는 지방법원, 그 지원 또는 등기소가 관할 등기소이다(동조 제2항, 제3항).

(b) 담보등기는 법률에 다른 규정이 없으면 등기권리자와 등기의무자가 공동으로 신청한다(담보 제41조 제1항). 부동산등기와 마찬가지로(부등 제23조) 등기의 진정성을 확보하기 위하여 공동신청주의를 채택하고 있는 것이다. 그러나 공동신청을 할 수 없거나 단독신청에 의해서도 진정성이 확보될 수 있는

경우에는 단독신청이 허용된다. 즉 등기명의인 표시의 변경 또는 경정의 등기는 등기명의인이 단독으로 신청할 수 있고(담보 제41조 제 2 항), 판결에 의한 등기는 승소한 등기권리자 또는 등기의무자 단독으로 신청할 수 있으며, 상속이나 그 밖의 포괄승계로 인한 등기는 등기권리자 단독으로 신청할 수 있다(동조 제 3 항).

(c) 등기신청은 신청인 또는 그 대리인이 등기소에 출석하여 서면으로 신청(방문신청)할 수도 있고, 대법원규칙이 정하는 바에 따라 전산정보처리조직을 이용하여 신청(전자신청)할 수도 있다(담보 제42조). 신청시에는 신청서, 등기원인을 증명하는 서면, 등기원인에 대하여 제 3 자의 허가·동의·승낙이 필요한 때에는 이를 증명하는 서면, 대리인이 신청할 때에는 그 권한을 증명하는 서면, 기타 당사자 특정을 위해 대법원규칙이 정하는 서면 등을 제출 또는 송신해야 한다(담보 제43조 제 1 항). 신청서에는 법률이 정하는 일정 사항(담보 제47조 제 2 항 제 1 호부터 제 9 호), 대리인이 신청할 경우 대리인의 성명 및 주소, 공동신청의 경우 및 승소한 등기의무자의 단독신청의 경우에는 등기의무자의 등기필정보(다만 최초의 담보권설정등기의 경우에는 기록하지 아니한다), 등기소의 표시, 연월일을 기록하고 신청인이 기명날인하거나 전자서명법(동법 제 2 조 제 2 호)에 따른 전자서명을 해야 한다(담보 제43조 제 2 항).

(d) 등기사무는 등기관이 접수번호의 순서에 따라 전산정보처리조직에 의하여 담보등기부에 등기사항을 기록하는 방식으로 처리한다(담보 제40조 제 1 항, 제 2 항). 등기신청은 등기의 목적, 신청인의 성명 또는 명칭, 기타 대법원규칙이 정하는 등기신청보가 전산정보처리조직에 전자적으로 기록된 때에 접수된 것으로 간주된다(담보 제45조 제 1 항). 등기관이 등기를 마친 경우 그 등기는 접수한 때부터 효력을 발생한다(동조 제 2 항).

(e) 등기관은 법률이 정하는 사항에 따라 신청이 부적법한 경우에만 이유를 적은 결정으로 신청을 각하해야 한다(담보 제46조 본문). 그에 따라 동법은 각하사유를 열거하고 있는데 모두 절차적·형식적 부적법사유만을 열거하고 있다(동조 제 1 호 내지 제 9 호). 그러므로 부동산등기와 마찬가지로(대판 1989. 3. 28, 87다카2470) 등기관은 형식적 심사권만을 가진다. 즉 등기관은 담보권 설정행위의 실체법적인 효력에 대해서는 심사할 권한이 없다. 한편 신청이 각하되어야 하지만 잘못된 부분이 보정될 수 있는 경우에 신청인이 당일 이를 보정하였을

때에는 등기관은 신청을 각하할 수 없다(동조 단서).

(f) 등기관이 담보권의 설정 또는 이전등기를 마쳤을 때에는 등기필정보를 등기권리자에게 통지하여야 하며, 최초 담보권설정등기의 경우에는 담보권설정자에게도 이를 통지하여야 한다(담보 제48조). 등기부에 기재될 사항은 법률에 상세하게 규정되어 있다(담보 제47조 제2항). 등기관의 결정 또는 처분에 이의가 있는 사람은 관할 지방법원에 이의신청을 할 수 있다(담보 제53조 내지 제56조).

(g) 담보등기부에 기록된 사항에 오기나 누락이 있는 경우 담보권설정자 또는 담보권자는 경정등기를 신청할 수 있고(담보 제51조 제1항 본문), 오기나 누락이 등기관의 잘못으로 인한 경우에는 등기관은 직권으로 이를 경정할 수 있다(동항 단서). 또한 담보등기부에 기록된 담보권설정자의 법인등기부상 상호, 명칭, 본점 또는 주된 사무소가 변경된 경우 등기관은 해당사항을 직권으로 변경할 수 있다(동조 제2항). 그러한 변경을 위해 법인등기를 담당하는 등기관은 해당사항의 변경등기를 마친 후에는 지체 없이 담보등기를 담당하는 등기관에게 이를 통지해야 한다(동조 제3항).

(h) 담보약정이 취소, 해제 또는 그 밖의 원인으로 효력이 발생하지 아니하거나 효력을 상실한 경우, 담보목적물인 동산이 멸실되거나 채권이 소멸한 경우, 그 밖에 담보권이 소멸한 경우에는 담보권설정자와 담보권자는 말소등기를 신청할 수 있다(담보 제50조).

(3) 동산담보권의 효력범위

(가) 피담보채권의 범위

(a) 동산담보권의 피담보채권은 당사자들의 담보약정에 의해 정해진다. 금전채권이 통상이겠지만, 장래 손해배상채권으로 전화될 가능성이 있는 이상 금전채권이 아니라도 무방하다. 다만 그 경우 담보등기부가 피담보채권액을 기재하도록 하고 있으므로(담보 제47조 제2항 제7호) 저당권에서와 마찬가지로(부등 제77조) 그 가액을 환산하여 신청서에 기재해야 할 것이다(담보 제43조 제2항 제1호). 또한 조건부 채권이나 장래의 채권도 피담보채권이 될 수 있다.

동산담보권은 피담보채권의 원본, 이자, 위약금, 담보권실행의 비용, 담보목적물의 보존비용 및 채무불이행 또는 담보목적물의 흠으로 인한 손해배상의 채권을 담보한다(담보 제12조 본문). 그러나 이는 임의규정이며, 설정행위에 다른 약정이 있는 경우에는 그 약정에 따른다(동조 단서). 민법의 저당권에서와 같은 지연배상의 제한(제360조 단서)은 인정되지 않는다.

(b) 또한 동산담보권은 그 담보할 채무의 최고액만을 정하고 채무의 확정을 장래에 보류하여 설정할 수도 있으며(근담보권), 이 경우 그 채무가 확정될 때까지 채무의 소멸 또는 이전은 이미 설정된 동산담보권에 영향을 미치지 아니한다(담보 제 5 조 제 1 항). 그리고 그 경우 채무의 이자는 최고액 중에 포함된 것으로 본다(동조 제 2 항). 이러한 동산근담보권의 법률관계(피담보채권의 범위, 확정사유 등)는 대체로 근저당권의 법리를 적용하여 해결할 수 있을 것이다(제 3 편 제10장 Ⅰ. 참조).

(나) 동산담보권의 물적 범위

(a) 동산담보권의 효력이 그 목적물인 동산에 미치는 것은 물론이다. 그러나 더 나아가 동산담보권의 효력은 법률에 다른 규정이 있거나 설정행위에서 다른 약정이 있지 않는 한 담보목적물에 부합된 물건과 종물에 미친다(담보 제10조). 또한 동산담보권의 효력은 담보권이 실행된 이후 즉 담보목적물에 대한 압류 또는 동법 제25조 제 2 항의 인도청구가 있은 후에 담보권설정자가 그 담보목적물로부터 수취한 과실 또는 수취할 수 있는 과실에 미친다(담보 제11조).

(b) 동산담보권은 물상대위에 의해 목적물의 가치대위물에도 효력을 미칠 수 있다. 즉 동산담보권은 담보목적물의 매각, 임대, 멸실, 훼손 또는 공용징수 등으로 인하여 담보권설정자가 받을 금전이나 그 밖의 물건에 대하여도 행사할 수 있으며, 이 경우 그 지급 또는 인도 전에 압류하여야 한다(담보 제14조).

동산담보권이 설정된 경우 통상 담보목적물의 점유는 설정자에게 있게 될 것이다. 그러한 경우 물상대위권의 목적인 권리(손해배상청구권, 보험금청구권 등)의 제 3 채무자는 담보권의 존재를 알지 못하고 설정자에게 변제를 하여 나중에 담보권자와의 관계에서 이중변제 위험에 빠질 우려가 있다. 담보권등기가 존재한다고 하더라도 부동산등기와는 달리 모든 권리관계를 공시하는 일반적인 등기부는 아니므로, 제 3 채무자로서는 담보권등기가 있다는 사실을 모를 수도 있다. 그러므로 설정자가 담보목적물을 점유하는 동산담보권의 경우 "지급 또는 인도 전에" 하는 압류는 제 3 채무자의 이중변제 위험을 예방하는 기능을 수행한다. 그러므로 압류가 있기 전에 제 3 채무자가 변제를 한 때에는 그는 담보권자에 대한 관계에서 면책된다.

물상대위에 의해 만족을 받고자 하는 동산담보권자는 대위목적채권을 압류하여 전부받아 피담보채권의 만족을 받을 수 있고, 이미 대위목적채권에 강제집행절차가 진행 중인 때에는 배당요구종기까지 배당을 요구하여 우선변제를 받을 수도 있다(민집 제273조 제 2 항, 제 3 항; 저당권에 관하여 대판 1994. 11. 22, 94다25728). 담보권자는 후자의 방법에서 설정자의 다른 채권자의 압류를 전제로 배당을 요구하여 만족을 받을 수 있으므로, 반드시 스스로 압류를 할 필요는 없다고 해석된다. 제 3 채무자의 이중변제위험을 저지하는 한도에서는 다른 채권자의 압류이더라도 충분하다.

저당권자의 물상대위와 비교할 때 특징적인 사항은 손해배상청구권이나 보험금청구권 같이 목적물 그 자체에 갈음하는 대위물뿐만 아니라 목적물 소유자의 법률행위(매매, 임대)에 의하여 발생한 대위물에 대해서도 물상대위를 인정하고 있다는 것이다. 동산담보권자는 예를 들어 설정자가 담보권이 설정된 동산을 제 3 자에게 양도하여 선의취득시키는 경우 상실한 담보목적물 대신 설정자가 제 3 자에 대하여 가지는 매매대금채권에 대하여 물상대위를 하거나, 설정자가 담보권이 설정된 동산(예컨대 공업기계)을 제 3 자에게 임대한 경우 설정자의 제 3 자에 대한 차임채권에 대해 물상대위를 할 수 있다.

(4) 동산담보권의 내용

(가) 동산담보권의 성질

동산담보권은 채무자 또는 제 3 자가 제공한 담보목적물에 대하여 다른 채권자보다 자기채권을 우선변제 받는 것을 내용으로 하는 담보물권이다(담보 제 8 조). 법률은 동산담보권에 다른 담보물권과 마찬가지로 부종성(담보 제33조, 민법 제369조)·수반성(담보 제13조)·불가분성(담보 제 9 조)·물상대위성(담보 제14조)을 부여하고 있다.

(나) 동산담보권의 순위

동일한 동산에 다수의 동산담보권이 설정된 경우 그들 사이에 순위가 문제되는데, 이에 대해서는 물권법상 우선주의가 그대로 타당하다. 즉 동일한 동산에 설정된 동산담보권의 순위는 등기의 순서에 따른다(담보 제 7 조 제 2 항).

그런데 동산담보권이 도입되어도 기존의 담보제도가 병존하기 때문에, 동일한 동산에 동산담보권과 기존의 동산담보가 함께 설정될 수도 있다. 예를 들어 동산담보권을 설정한 다음 그 동산을 민법에 따라 입질하였으나 질권자가 선의취득(담보 제32조 참조)은 하지 않은 경우가 그러하다. 이에 대해 법률은 여기서도 물권법상 우선주의를 관철한다. 따라서 동일한 동산에 관하여 담보등기부의 등기와 인도(간이인도, 점유개정, 목적물반환청구권의 양도 포함)가 행하여진 경우에 그에 따른 권리 사이의 순위는 법률에 다른 규정이 없으면 그 선후에 따른다(담보 제 7 조 제 3 항).

(다) 담보권자의 권리

(a) 담보등기부는 인적편성주의를 채택하여 담보권이 설정된 동산의 권리상태를 특정하여 공시하지 않는다. 그러므로 동산담보권이 설정된 경우 담보권자는 구체적으로 어떠한 동산이 자신의 담보목적물인지, 그리고 그 관리 상태는 어떠한지 등에 대해 확인을 하고자 하는 이해관계가 있다.

이러한 담보권자의 이익을 고려하여 법률은 담보권설정자에게 담보권자의 현황조사를 인용할 의무를 부과하고 있다. 담보권설정자는 정당한 사유 없이 담보권자의 담보목적물에 대한 현황조사를 거부할 수 없으며, 그 경우 담보목적물의 현황을 조사하기 위하여 약정에 따라 전자적으로 식별할 수 있는 표지를 부착하는 등 필요한 조치를 할 수 있다(담보 제17조). 그러므로 담보권자는 설정자에 대하여 현황조사를 인용할 것을 청구할 권리가 있고, 설정자가 이를 거부하는 경우 간접강제(민집 제261조)에 의해 이를 강제할 수 있으며, 채무자가 유책하게 현황조사를 거부하여 담보권자가 손해를 입은 때에는 그 배상을 청구할 수 있다(제390조).

(b) 담보권자는 담보목적물을 점유한 자에 대하여 담보권설정자에게 반환할 것을 청구할 수 있다(담보 제19조 제 1 항). 예를 들어 제 3 자가 설정자 점유의 담보목적동산을 절취한 경우, 담보권자는 이를 설정자에게 반환할 것을 청구할 수 있는 것이다. 설정자가 담보목적물을 반출하여 양도한 경우에도 양수인이 선의취득을 하지 않는 한(담보 제32조, 민법 제249조) 마찬가지이다. 또한 담보권자가 담보목적물을 점유할 권원이 있거나 담보권설정자가 담보목적물을 반환받을 수 없는 사정이 있는 경우에 담보권자는 담보목적물을 점유한 자에 대하여 자신에게 담보목적물을 반환할 것을 청구할 수 있다(담보 제19조

제 2 항).

그러나 이들 경우에도 점유자가 그 물건을 점유할 권리가 있는 경우에는 반환을 거부할 수 있다(담보 제19조 제 3 항). 예를 들어 담보권이 설정된 동산을 설정자가 제 3 자에게 임대한 경우, 그것이 담보약정에서 정해진 설정자의 사용수익권능을 일탈하지 않은 이상 담보권자는 임차인에 대해 그 물건을 설정자에게 반환할 것을 청구할 수는 없다.

(c) 담보권자는 동산담보권을 방해하는 자에게 방해의 제거를 청구할 수 있고, 동산담보권을 방해할 우려가 있는 행위를 하는 자에게 방해의 예방이나 손해배상의 담보를 청구할 수 있다(담보 제20조). 여기서 동산담보권을 방해한다는 것은 담보권자가 담보목적물의 환가를 통해 원만한 가치를 회수하게 하는 것을 어렵게 하는 행위를 말한다. 예를 들어 설정자 또는 제 3 자가 허용되지 아니한 방법으로 담보권이 설정된 집합동산을 반출하는 행위를 반복적으로 하는 경우, 설정자 또는 제 3 자가 담보목적물을 멸실·손상시키는 경우, 설정자가 약정에 따라 부착한 식별표지(담보 제17조 제 1 항 참조)를 제거하는 경우 등이 이에 해당할 것이다.

그러나 저당권에서와 마찬가지로, 그러한 방해가 위법해야 비로소 담보권자는 방해배제청구권을 행사할 수 있다. 여기서 담보약정에서 정한 내용이 중요한 의의를 가진다. 우선 담보목적물을 설정자가 사용수익하기로 정해진 경우, 설정자의 통상의 용법에 따른 사용수익에 수반하는 가치저하는 위법성이 없어 담보권자는 그에 대해 방해배제를 청구할 수 없다. 예를 들어 담보권이 설정된 공장기계를 설정자가 계속 사용하여 제품을 생산하는 경우, 통상 발생하는 마모 등 가치저하는 담보권자가 수인해야 한다. 설정자가 그의 권한 내에서 기계를 임대한 경우에도 마찬가지이다. 더 나아가 담보약정에서 이른바 가공조항이 있는 경우에는 설정자는 적법하게 담보목적물에 부합·가공 등을 할 수 있고 이로써 담보권을 침해·소멸시키는 행위도 할 수 있다. 이는 특히 원자재·원료·부품 등의 집합동산에 담보권을 설정한 경우에 그러하다. 그러한 경우 설정자는 담보권이 설정된 동산을 부합·가공하여 완제품을 제조한 다음 이를 반출·판매하여 자금을 확보하고, 그 자금으로 원자재 등을 조달하여 다시 담보목적물로 제공한다. 그러므로 이렇게 가공조항이 있는 때에는 설정자가 제조과정에서 행하는 담보권 침해는 위법성이 없어 방해배제를 할 수 없고, 또한 완제품에 담보권이 존속하더라도(제257조, 제259조 참조) 이를 반출·판매하는 행위 역시 위법성이 없어 방해배제의 대상이 되지 않는다고 해야 한다.

(d) 담보권설정자에게 책임 있는 사유로 담보목적물의 가액이 현저히 감소된 경우에는 담보권자는 담보권설정자에게 그 원상회복 또는 적당한 담보의 제공을 청구할 수 있다(담보 제17조 제 2 항; 제 3 편 제 8 장 Ⅱ. 4. 참조).

(e) 설정자가 담보목적물을 점유하고 있는 경우, 설정자의 채권자가 이를 압류하여 강제집행을 시도하는 사안이 있을 수 있다. 그러한 경우 담보권자는 제 3 자이의의 소(민집 제48조)를 제기하여 집행을 배제할 수 있는가 아니면 배당을 요구(민집 제217조)하여 우선변제를 받음에 그치는가? 법률은 경매가 아닌 사적 실행의 경우에만 선순위자의 권리가 존속한다고 하여(담보 제24조) 반대해석상 경매절차에서는 선순위담보권의 소멸을 전제로 하고 있다고 보이고, 또한 동산담보권자가 "법률에 따라 우선변제 청구권이 있는 채권자"(민집 제217조)임은 문언상 명백하다. 그렇다면 이러한 점들을 고려할 때 담보권자는 강제집행절차에서 배당을 요구하여 우선변제를 받을 수 있음에 그치고, 제 3 자이의의 소는 제기할 수 없다고 해석해야 할 것이다.[4] 반면 담보권자가 배당을 요구하지 않고 절차가 종료하는 경우, 담보권은 소멸하지만 담보권자는 물권인 담보권의 할당내용을 침해해 법률상 원인 없이 만족을 받은 배당채권자를 상대로 부당이득의 반환을 청구할 수 있다(제741조). 판례도 동산담보권의 담보권자는 배당을 요구하지 않더라도 민사집행법 제148조 제 4 호를 유추하여 당연히 배당에 참가한다고 해석한다(대판 2022. 3. 31, 2017다263901).

(f) 동산담보권자는 회생절차에서 회생담보권자로, 파산절차에서는 별제권자로 취급된다(회파 제141조 제 1 항, 제411조).

(라) 담보목적물의 점유

담보목적물의 점유 및 사용수익 관계는 담보약정에 의해 정해진다. 동산담보의 특성상 점유 및 사용수익이 설정자에게 있는 것이 일반적일 것이지만, 당사자들이 약정으로 담보권자에게 점유할 권리를 부여할 수 있음은 물론이다(담보 제19조 제 2 항, 제25조 등 참조). 담보권자가 담보목적물을 점유하는 경우에

---

4) 그러나 담보권의 효력이 미치는 종물이나 과실(담보 제10조, 제11조)에 대해 압류가 있는 경우에는 저당권에서와 마찬가지로 담보권자는 제 3 자이의의 소를 제기할 수 있음은 물론이다(제 3 편 제 8 장 Ⅱ. 1. 참조).

는 그는 피담보채권을 전부 변제받을 때까지 담보목적물을 유치할 수 있다(담보 제25조 제 1 항 본문). 다만 선순위권리자에게는 대항하지 못한다(동항 단서). 그러한 경우 담보권자는 선량한 관리자의 주의로 담보목적물을 관리해야 한다(동조 제 3 항).

(5) 동산담보권의 실행

(가) 실행방법 개관

(a) 동산담보권의 실행은 경매가 원칙이지만(담보 제21조 제 1 항), 정당한 이유가 있는 경우에는 사적 실행이 허용된다(동조 제 2 항 본문).[5] 사적 실행의 방법으로는 담보권자가 담보목적물을 직접 변제에 충당하는 귀속청산과 담보목적물을 매각하여 그 대금을 변제에 충당하는 처분청산을 모두 인정하고 있다(담보 제21조 제 2 항 본문). 다만 사적 실행을 하기 위해서는 정당한 이유가 있어야 한다. 예를 들어 목적물의 가치가 적어 많은 비용을 들여 경매하는 것이 불합리한 경우, 경매를 하면 정당한 가격을 받기 어려운 사정이 있는 경우, 공정시세가 있어 경매에 의하지 않더라도 공정한 값을 산출할 수 있는 경우 등이 그에 해당할 것이다. 그러나 선순위담보권자가 있는 경우에는 후순위담보권자가 사적 실행을 하면 선순위담보권자의 이익이 침해될 수 있기 때문에, 그러한 때에는 선순위담보권자의 동의를 받은 때에 한하여 사적 실행을 할 수 있다(담보 제21조 제 2 항 단서).

(b) 동산담보권 실행에 관하여 유담보약정은 허용된다. 이는 당사자들의 다양한 이해관계에 좇아 담보권의 실행에서 당사자들의 자치를 허용하기 위한 것이다. 따라서 담보권자와 담보권설정자는 법률이 정하는 실행절차와 다른 내용의 약정을 할 수 있다(담보 제31조 제 1 항 본문). 예를 들어 당사자들은 사적 실행을 원칙적인 실행방법으로 약정할 수 있다(담보 제21조 제 2 항 참조). 그러나 사적 실행의 경우 담보권자의 통지의무 및 청산기간(담보 제23조 제 1 항)을 배제하는 유담보약정은 효력이 없다(담보 제31조 제 1 항 단서). 이는 사적

---

5) 그 밖에 담보권자가 담보목적물을 점유하는 경우 담보권자는 담보목적물의 과실을 수취하여 다른 채권자보다 먼저 그 채권의 변제에 충당할 수 있다(담보 제25조 제 4 항 본문). 다만 과실이 금전이 아닌 경우에는 그 과실을 경매하거나(담보 제21조) 그 과실로써 직접 변제에 충당하거나 그 과실을 매각하여 그 대금으로 변제에 충당할 수 있다(담보 제 4 항 단서). 이는 질권·유치권에서와 같다(제343조, 제323조; 제 3 편 제 5 장 Ⅲ. 2. (3) 참조).

실행을 위한 최소한의 절차로서 유지하도록 한 것이다. 그 밖에 유담보약정에 의하여 다른 이해관계인의 권리를 침해할 수 없다(동조 제 2 항).

(c) 담보권자는 담보목적물로부터 변제를 받지 못한 채권이 있는 경우에만 채무자의 다른 재산으로부터 변제를 받을 수 있다(담보 제15조 제 1 항; 제 3 편 제 6 장 Ⅱ. 2. (3) (라) 참조). 그러나 담보목적물보다 먼저 다른 재산을 대상으로 하여 배당이 실시되는 경우에는 그러하지 아니하며, 그 경우 다른 채권자는 담보권자에게 그 배당금액의 공탁을 청구할 수 있다(동조 제 2 항).

(나) 경매에 의한 실행

담보권자는 자기의 채권의 변제를 받기 위하여 담보목적물의 경매를 청구할 수 있다(담보 제21조 제 1 항). 이것이 동산담보권의 원칙적인 실행방법이다. 동산담보권을 실행하기 위해 경매신청을 함에는 담보권이 있다는 것을 증명하는 서류를 제출해야 한다(담보 제22조 제 1 항, 민집 제264조). 집행권원은 요구되지 않는다. 담보목적물을 담보권자나 제 3 자가 점유하고 있는 때에는, 담보권자가 목적물을 제출하거나 그 제 3 자가 압류를 승낙한 때에 경매가 개시하지만(담보 제22조 제 1 항, 민집 제271조), 담보권설정자가 담보목적물을 점유하는 경우에는 경매절차는 압류에 의하여 개시한다(담보 제22조 제 2 항). 설정자는 경매개시결정에 대하여 담보권이 없다는 사실 또는 소멸하였다는 사실을 주장하여 이의를 신청할 수 있다(담보 제22조 제 1 항, 민집 제272조, 제265조). 법률이 정하는 일정한 사유가 있으면 경매절차는 정지한다(담보 제22조 제 1 항, 민집 제272조, 제266조). 경매절차는 유체동산에 대한 강제집행의 절차에 따른다(담보 제22조 제 1 항, 민집 제272조).

(다) 사적 실행

(a) 정당한 이유가 있는 경우 담보권자는 담보목적물로써 직접 변제에 충당하거나 담보목적물을 매각하여 그 대금을 변제에 충당할 수 있다(담보 제21조 제 2 항 본문). 다만 선순위권리자(담보등기부에 등기되어 있거나 담보권자가 알고 있는 경우로 한정한다)가 있는 경우에는 그의 동의를 받아야 한다(동항 단서). 한편 사적 청산에 착수하였더라도, ① 귀속청산의 경우 청산금을 지급하기 전 또는 청산금이 없는 경우 통지 후 1개월의 기간이 지나기 전, ② 처분청산의 경우에는 담보권리자가 제 3 자와 매매계약을 체결하기 전에 담보목적물에 대해 경매가 개시되는 경우에는 담보권자는 사적 실행을 중지해야 한다(담보 제

23조 제 5 항). 그러한 경우 다른 이해관계인이 시도하는 집행절차가 존중되어야 할 뿐만 아니라, 담보권자도 그 경매절차에서 만족을 받을 수 있기 때문이다.

(b) 담보권자가 담보목적물로 직접 변제에 충당하거나 담보목적물을 매각하기 위해서는 그 채권의 변제기 후에 동산담보권 실행의 방법을 채무자 등(채무자, 물상보증인, 제 3 취득자를 말한다, 담보 제 2 조 제 9 호)과 담보권자가 알고 있는 이해관계인(담보 제 2 조 제10호)에게 통지하고, 그 통지가 채무자 등과 담보권자가 알고 있는 이해관계인에게 도달한 날부터 1개월이 지나야 한다(담보 제23조 제 1 항 본문). 다만 담보목적물이 멸실 또는 훼손될 염려가 있거나 가치가 급속하게 감소될 우려가 있는 경우에는 그러하지 아니하다(동항 단서). 그러한 통지에는 피담보채권의 금액, 담보목적물평가액 또는 예상매각대금, 담보목적물로써 직접 변제에 충당하거나 담보목적물을 매각하려는 이유를 명시하여야 한다(동조 제 2 항).

(c) 귀속청산의 경우 담보권자는 담보목적물의 평가액에서 그 채권액을 뺀 금액(청산금)을 채무자에게 지급할 의무가 있다(담보 제23조 제 3 항 제 1 문). 이 경우 담보목적물에 선순위의 동산담보권 등이 있을 때에는 그 채권액을 계산할 때 선순위의 동산담보권 등에 의하여 담보된 채권액을 포함한다(동항 제 2 문). 담보권자는 청산금을 채무자 등에게 지급한 때에 담보목적물의 소유권을 취득한다(동조 제 4 항). 그러므로 설정자가 목적물을 점유하는 사안에서 담보권자가 청산금을 지급하지 아니하고 목적물의 인도를 청구하는 경우, 설정자는 여전히 소유자로서 담보약정에 따라 목적물을 점유할 수 있고 청산금을 지급받을 때까지 인도를 거절할 수 있다. 여기서 청산금지급의무와 목적물인도의무는 동시이행관계에 있다고 보는 것이 상당하다(가담 제 4 조 제 3 항 참조). 반면 담보권자가 목적물을 점유하고 있더라도 청산금을 지급하지 않는 한 소유권은 여전히 설정자에게 있으므로, 채무자 등은 피담보채무액을 담보권자에게 지급하고 담보등기의 말소를 청구할 수 있다(담보 제28조 제 1 항).

(d) 처분청산의 경우 담보권자는 우선변제를 위해 담보목적물을 매각해야 한다. 담보권자가 목적물을 점유하고 있는 때에는 문제가 없다. 반면 설정자가 목적물을 점유하고 있는 경우에는 담보권자는 채무자 등에게 담보목적물의 인도를 청구할 수 있다(담보 제25조 제 2 항). 그 다음 담보권자는 선량한 관리자의 주의의무로 목적물을 매각해야 하고, 매각대금에서 피담보채권액을 뺀

금액(청산금)을 채무자 등에게 지급해야 한다(담보 제23조 제 3 항 제 1 문). 이 경우에도 담보목적물에 선순위의 동산담보권 등이 있을 때에는 그 채권액을 계산할 때 선순위의 동산담보권 등에 의하여 담보된 채권액을 포함한다(동항 제 2 문). 담보약정에 따라 담보목적물 소유자인 설정자의 처분수권이 있다고 해야 하므로, 무권리자인 담보권자로부터 목적물을 양수한 매수인이더라도 유효하게 소유권을 취득한다. 담보권자의 매각으로 채무자 등은 담보권자에 대해 청산금 청구권을 취득한다. 그러나 채무자 등은 담보권자가 제 3 자와 매매계약을 체결하기 이전이라면 피담보채무액을 담보권자에게 지급하고 담보등기의 말소를 청구할 수 있다(담보 제28조 제 1 항).

(e) 사적 실행에 의해 담보권자나 매수인이 담보목적물의 소유권을 취득하면 그 담보권자의 권리와 그에 대항할 수 없는 권리는 소멸한다(담보 제24조). 이 규정을 반대해석하면 담보권자의 권리보다 선순위자의 권리는 소멸하지 않는다. 즉 법률은 사적 실행의 경우에는 명시적으로 민사집행법상의 소제주의를 채택하지 않은 것이다. 따라서 담보권자(귀속청산의 경우)나 매수인(처분청산의 경우)은 선순위채권액 만큼을 목적물의 대가에서 공제하는 대신 선순위자의 권리의 부담이 존재하는 물건의 소유권을 취득한다.

(f) 후순위권리자가 청산기간에 권리를 행사하는 절차에 관해서는 「가등기담보 등에 관한 법률」 제 5 조, 제12조에 상응하는 규정을 두고 있다(담보 제26조 제 1 항, 제 2 항). 또한 담보권자는 사적 청산과 관련해 분쟁이 있는 경우 청산금 또는 담보목적물의 평가액(귀속청산의 경우)·매각대금(처분청산의 경우)을 공탁하여 그로부터 벗어날 수 있다(담보 제27조; 가담 제 8 조 참조).

(라) 이의신청

이해관계인은 담보권자의 위법한 동산담보권 실행에 대해 이의를 신청할 수 있다. 즉 이해관계인은 경매에 의한 실행의 경우에는 민사집행법이 정하는 절차에 따라 이의를 신청하고(담보 제30조 제 3 항), 사적 실행의 경우에는 담보권설정자의 주소를 관할하는 법원에 가처분을 신청하는 방법으로 이의를 신청할 수 있다(동조 제 1 항, 제 2 항).

(마) 공동담보

(a) 법률에 의하면 동산담보권에서도 공동담보가 가능하다. 즉 동일한 채권의 담보로 여러 개의 담보목적물에 동산담보권을 설정할 수 있다(담보 제

29조 제 1 항 참조). 실제로 개개 동산만으로는 담보력이 충분하지 않은 경우가 많으므로 공동담보는 매우 자주 성립할 것으로 예상된다.

(b) 공동의 동산담보권은 동일한 피담보채권을 담보하기 위하여 여러 개의 담보목적물에 동산담보권이 설정되면 성립한다. 공동저당과 마찬가지로 동산담보권들이 동시에 설정될 필요는 없다. 여러 동산담보권들이 동일한 피담보채권을 위하여 순차적으로 설정되면 이로써 공동저당이 성립한다. 개별 동산담보권들의 순위가 같을 필요도 없다.

(c) 이렇게 동산담보권에 대해 공동담보가 설정된 경우, 법률관계는 공동저당(제368조)에 준하여 규율되어 있다. 즉 담보목적물의 매각대금을 동시에 배당할 때에는(동시배당) 각 담보목적물의 매각대금에 비례하여 그 채권의 분담을 정한다(담보 제29조 제 1 항). 반면 담보목적물 중 일부의 매각대금을 먼저 배당하는 경우에는(이시배당) 그 대가에서 피담보채권의 전부를 변제받을 수 있다(동조 제 2 항 제 1 문). 그 경우 경매된 부동산의 후순위담보권자는 선순위담보권자가 다른 담보목적물의 동산담보권 실행으로 변제받을 수 있는 금액의 한도에서 선순위담보권자를 대위하여 담보권을 행사할 수 있다(동항 제 2 문). 공동으로 설정된 동산담보권이 사적으로 실행되는 경우에도 이상의 규율이 준용된다(동조 제 3 항 본문). 다만 각 담보목적물의 매각대금을 정할 수 없는 경우에는 담보권자의 통지(담보 제23조 제 2 항)에 명시된 각 담보목적물 평가액 또는 예상매각대금에 비례하여 그 채권의 분담을 정한다(담보 제29조 제 3 항 단서).

예를 들어 A 창고의 연필 전부(1,000개), B 창고의 연필 전부(1,000개)에 대해 갑이 을을 위하여 1순위의 동산담보권을 설정하고, 그 다음에 A 창고의 연필 전부에 대해 병을 위해 2순위의 동산담보권을 설정한 사안을 생각해 보자. 을의 피담보채권액이 80만 원, 병의 피담보채권액이 60만 원이고, 연필 하나의 가치가 1,000원이라고 할 때, 담보목적물을 전부 환가하는 동시배당에서는 을은 A, B 창고에 있는 각 연필에 대하여 400원씩 배당을 받아야 하고(총액은 400×2,000=800,000), 병은 A 창고에 있는 각 연필에 대하여 600원씩 배당을 받아야 한다(총액은 600×1,000=600,000). 반면 을이 A 창고의 연필들로부터 전액의 배당을 받는 이시배당에서는 을은 A 창고에서 각 연필에 대해 800원씩 배당을 받고(총액은 80만 원), 병은 200원씩 배당을 받는다(총액은 20만 원). 이 때 병은 B 창고에 있는 각 연필에 대하여 400원의 한도에서 갑이 가지고 있었던 1순위 동산담보권을 대위한다. 이때 병은 을의 담보등기에 대해 부기등기를 하는 방식으로 자신의 대위를 공시할 수 있다고 할 것이다. 이러한 법률관계는 기본적으로 공동저당과 다르지 않다. 그러므로 여기서도 물상보증인이 제공한 담보목적물에 대해서는 후순위권리자가 대위할 수 없다고 해석해야 한다(대판 1994. 5. 10, 93다25417; 제 3 편 제10장 Ⅱ. 2. (3) 참조).

(바) 물상보증인과 제 3 취득자의 지위

물상보증인과 제 3 취득자의 지위는 대체로 저당권에서의 지위와 유사하며, 그에 준하여 구상권을 가진다(담보 제16조 등 참조). 그 밖에 담보목적물의 제 3 취득자가 그 담보목적물의 보존·개량을 위하여 필요비 또는 유익비를 지출한 경우에는 민법 제203조 제 1 항 또는 제 2 항에 따라 담보권자가 목적물을 실행하고 취득한 대가에서 우선하여 상환을 받을 수 있다(담보 제18조). 예를 들어 제 3 취득자가 담보목적물에 부합·가공하여 가치를 증가시킨 경우에 그러하다.

(6) 동산담보권의 소멸

(가) 동산담보권은 통상의 담보물권과 마찬가지로, 한편으로는 피담보채권의 소멸에 의해, 다른 한편으로는 목적물의 멸실에 의해 소멸한다(담보 제50조 제 1 항 참조). 그 밖에 담보목적물이 다른 물건에 부합·혼화되거나 가공됨으로써 소유권이 상실되고(제257조 내지 제259조) 그에 수반하여 담보권이 소멸하는 경우도 있을 수 있다.

또한 집합동산에 동산담보권이 설정된 경우에 담보약정에 정해진 설정자의 정상적인 영업에 따라 담보목적물이 반출되어 양도되는 때에는, 양수인이 담보권의 존재를 알고 있었다고 하더라도(담보 제32조 참조), 그것이 담보약정에 정해진 설정자의 권한에 부합하는 한에서는 담보권은 소멸한다고 해석해야 한다. 그것이 바로 집합동산에 비점유담보권을 인정하는 취지에 부합하는 결과이기 때문이다.

(나) 동산담보권의 존속기간은 5년을 초과할 수 없다(담보 제49조 제 1 항 본문). 그러므로 설정된 이후 5년이 경과한 동산담보권은 소멸한다. 다만 5년을 초과하지 않는 기간으로 이를 갱신할 수 있으며(동항 단서), 설정자와 담보권자는 존속기간을 갱신하려면 그 만료 전에 연장등기를 신청하여야 한다(동조 제 2 항, 제 3 항). 연장등기는 유효하게 존속하는 등기에 관하여 그 존속기간만을 연

장하는 것이기 때문에, 그 등기의 순위나 효력은 연장등기를 한 때가 아니라 최초의 등기를 한 때를 기준으로 정해야 한다. 반면 선순위담보권의 피담보채권이 소멸하면 담보권도 소멸하는 것이므로, 그러한 경우에 등기를 유용하여 다시 담보권을 설정하는 것은 후순위권리자 등 이해관계인이 있는 때에는 허용되지 않는다고 할 것이다(저당권에 대하여 대판 1963. 10. 10, 63다583 등).

(다) 그 밖에 동산담보권이 설정된 담보목적물에 대해 제 3 자가 소유권·질권을 취득하는 경우에는 민법의 규정(제249조 내지 제251조)에 따라 소유권·질권을 선의취득할 수 있다(담보 제32조). 그런데 이미 설정자는 소유자이므로, 그로부터 소유권이나 질권을 취득하는 것 자체에는 아무런 장애가 없다. 그러므로 여기서 말하는 선의취득은 양수인이나 질권자가 동산담보권의 부담에 대해 선의·무과실이라면 그러한 동산담보권의 부담이 없는 소유권이나 선순위 담보권 없는 질권을 취득한다는 것을 의미한다.

(a) 부동산등기는 개별 특정 부동산에 물권관계를 총체적으로 공시한다. 그러므로 등기부취득시효(제245조 제 2 항)의 적용과 관련해서 부동산의 매매의 양수인이 등기부상 명의인과 매도인이 동일인임을 확인한 이상 원칙적으로 그에게는 과실이 없지만(대판 1992. 2. 14, 91다1172), 반면 매도인이 등기부상 소유명의자가 아니었던 경우에는 일반적으로 등기부를 열람하지 아니한 매수인의 과실을 인정할 수 있다(대판 1967. 1. 31, 66다2267).

그런데 이러한 내용은 동산담보등기부에 대해서는 인정할 수 없다. 즉 설정자로부터의 양수인이 담보등기부를 열람해보지 않았다고 해서 선의취득의 판단에서 원칙적으로 과실이 있는 것으로 취급할 수는 없다고 생각된다. 무엇보다도 담보등기부는 담보권의 설정의 기회에 비로소 편제되는 것인데, 양수인으로서는 양도인이 동산담보권을 설정하여 그의 앞으로 담보등기부가 편제되어 있는지 여부를 미리 알 수가 없다. 또한 양도인에게 담보등기부가 있는지 여부를 항상 확인해 볼 주의의무를 부과할 수도 없을 것이다. 이는 동산의 수와 종류를 고려할 때 이미 과도한 주의의무가 되기 쉬울 뿐만 아니라(예컨대 문구영업을 하는 사람에게 볼펜 한 자루를 구입할 때에도 담보등기부를 확인해야 하는가?), 이론적으로도 민법상 양수인의 선의취득을 정당화하는 권리외관은 어디까지나 양도인의 점유이기 때문이다(제200조).

그러므로 양수인의 조사의무는 그가 제반사정에 좇아 양수하려는 목적물에 동산담보권이 설정되어 있다는 의심을 가지는 것이 합리적인 때에 비로소 발생한다고 해야 한다. 그러한 경우에 양수인은 양도인의 등기부를 열람하고 탐문하여 담보권 유무를 조사해야 하고, 그렇지 않으면 과실이 인정되어 선의취득은 좌절된다.

(b) 설정자가 동산담보권이 설정된 동산을 다시 양도담보하는 경우, 통상 양도담보는 점유개정(제190조)에 의하므로 채권자는 인도요건이 결여되어 부담 없는 소유권을 선의취득할 수 없다. 그러므로 양도담보권자는 동산담보권의 부담이 있는 소유권을 취득한다. 동산담보권자는 양도담보권자가 담보권을 실행하는 등 자신의 만족이 위태롭게 되는 경우에는 방해배제청구권(담보 제20조)을 행사하여 그러한 행위의 중지를 청구할 수 있을 것이다. 그러나 이후 양도담보권자가 선의·무과실로 현실인도를 받는 경우에는 그 순간에 선의취득이 있어 동산담보권은 소멸될 것이다. 다만 제반사정상 양도담보권자에게는 악의 또는 과실이 인정될 경우가 많을 것이다.

3. 채권담보권

채권담보권에 관해서는 그 성질에 반하지 않는 이상 동산담보권에 관한 규정이 준용된다(담보 제37조). 그러므로 아래에서는 동산담보권과 다른 내용이 인정되는 부분을 중심으로 간단히 살펴본다.

(1) 채권담보권의 대상

(가) 채권담보권은 금전의 지급을 목적으로 하는 지명채권에 설정될 수 있다(담보 제 2 조 제 3 호, 제34조). 즉 금전채권에 대해서만 채권담보권이 성립한다. 실제로 거래계에서 담보의 대상이 되는 채권은 압도적으로 금전채권이며, 따라서 법률도 금전채권에 대해서만 담보권이 설정되도록 한정한 것이다(저당권으로 담보한 채권에 대한 채권담보권에 대해서는 담보 제37조, 민법 제348조 참조).

(나) 현존하는 채권뿐만 아니라 장래에 발생할 채권에 대해서도 담보권을 설정할 수 있다(담보 제34조 제 2 항 참조). 종래 판례는 장래채권의 양도에 대해 채권발생의 기초관계가 있고 발생의 개연성이 있는 경우에 한하여 이를 인정하는 태도를 보이고 있다(대판 1996. 7. 30, 95다7932). 그러나 처분의 대상인 채권이 특정되는 이상 거래의 안전은 보장되는 것이어서 그러한 제한을 정당화

할 이유는 쉽게 찾을 수 없다(제 3 편 제13장 Ⅲ. 2. (2) 참조). 그러므로 법률은 그러한 제한 없이 장래채권의 경우에도 담보권을 설정할 수 있도록 한 것이다.

(다) 여러 개의 채권(채무자가 특정되었는지를 묻지 아니하고 장래에 발생할 채권을 포함)이더라도 채권의 종류, 발생 원인, 발생 연월일을 정하거나 그 밖에 이와 유사한 방법으로 특정할 수 있는 경우에는 그에 채권담보권을 설정할 수 있다(담보 제34조 제 2 항). 그러므로 특정의 기준이 등기되는 이상 집합채권에 대해 담보권을 설정할 수 있고, 이는 그 집합채권이 유동하는 상태에 있어 설정자가 장래에 취득할 채권을 포함하는 경우에도 마찬가지이다.

(라) 양도할 수 없는 채권에 대해서는 채권담보권을 설정할 수 없다(담보 제37조, 제33조, 민법 제331조). 그런데 금전채권은 그 성질상 양도가 제한되는 경우를 상정하기 어려우므로, 이들 규정에 따라 양도할 수 없는 채권은 채권양도금지특약이 있는 경우에 한정된다(제449조 제 2 항). 그러므로 양도금지특약이 있는 채권에 대해서는 채권담보권을 설정할 수 없으나, 담보권자가 선의인 경우에는 그러하지 아니하다. 양도금지특약을 들어 담보권자에게 대항하려는 사람이 담보권자의 악의를 입증할 책임이 있다(채권양도에 관하여 대판 1999. 12. 28, 99다8834 등).

(2) 채권담보권의 성립과 등기의 효력

(가) 법률은 설정자가 담보약정에 따라 금전채권을 담보로 제공하는 경우에 담보등기를 할 수 있다고 하고(담보 제34조 제 1 항), 그렇게 등기가 된 담보권을 채권담보권이라고 한다(담보 제 2 조 제 3 호). 그런데 이들 규정의 문언은 반드시 정확한 것이라고 하기 어렵다. 그것은 채권담보권의 경우 담보등기가 대항요건에 그치기 때문이다. 즉 채권담보권의 등기는 성립요건이 아닌 대항요건이다(담보 제35조). 동산담보권에서는 등기가 성립요건인 것과는 달리 채권담보권에서 이를 대항요건으로 정한 것은 민법이 채권양도와 채권질권설정에서 대항요건주의를 채택하고 있는 사정을 고려한 것이다. 그러므로 담보등기는 일정한 사람에 대하여 담보권의 효력을 주장하기 위한 요건이며, 담보권의 성립에는 영향을 주지 아니한다.

(나) 설정자와 그의 채권자가 담보약정을 체결하고 그에 따라 설정자의 금전채권에 담보권을 설정하는 물권적 합의를 하는 경우 채권자는 채권담보권

을 취득하여 담보권자가 된다. 담보등기는 대항요건일 뿐이므로, 당사자인 담보권자는 담보권설정의 물권적 합의만으로 담보권을 취득하며, 이를 위해 담보등기를 요하지 아니한다. 따라서 등기가 없는 상태에서도 담보권자는 설정자에 대하여 담보권자로서 모든 권한을 행사할 수 있다. 반면 채권과 관련해 선의취득은 존재하지 않으므로 설정자가 타인의 채권에 담보권을 설정하여도 이는 무효이다.

(다) 약정에 따른 채권담보권의 득실변경은 담보등기부에 등기한 때에 지명채권의 채무자(제 3 채무자) 외의 제 3 자에게 대항할 수 있다(담보 제35조 제 1 항). 여기서 '제 3 자'는 채권양도에서와 마찬가지로(제450조 제 2 항) 담보권의 목적인 채권에 대해 담보권자와 서로 양립할 수 없는 이해관계를 취득한 사람을 말한다. 대표적으로 설정자로부터 동일한 채권을 양수한 사람, 설정자로부터 동일한 채권에 담보권을 설정받은 사람, 동일한 채권을 압류하여 전부받은 설정자의 채권자 등이 이에 해당한다. 이들에 대해 담보권을 주장하기 위해서는 담보등기부에 담보권의 등기가 필요하다.

(라) 담보권자 또는 담보권설정자(채권담보권 양도의 경우에는 그 양도인 또는 양수인)는 제 3 채무자에게 담보등기사항증명서(담보 제52조)를 건네주는 방법으로 그 사실을 통지하거나 제 3 채무자가 이를 승낙하지 아니하면 제 3 채무자에게 대항하지 못한다(담보 제35조 제 2 항). 그러므로 담보권의 존재를 제 3 채무자에게 주장하기 위해서는 담보등기를 해야 할 뿐만 아니라, 그 내용을 증명하는 담보등기사항증명서를 채무자에게 교부하는 방식으로 통지하거나 채무자가 이를 승낙하여야 한다. 채권담보권의 등기가 되어도 제 3 채무자로서는 통상 그러한 사실을 알 수 없으므로, 설정자에게 변제를 한 다음 담보권자에게 청구를 당하는 이중변제의 위험이 발생할 수 있다. 이러한 제 3 채무자의 이중변제위험을 방지하기 위해서 제 3 채무자에 대해 담보권을 주장하기 위해서는 그에게 담보등기의 내용을 통지하거나 제 3 채무자가 이를 승낙할 것을 요구하는 것이다. 기본적으로 민법의 통지·승낙과 그 취지를 같이 하지만, 통지권자에 설정자뿐만 아니라 담보권자도 포함시킨 것에 차이가 있다(제450조 제 1 항 참조). 이러한 통지, 승낙에 대해서는 민법 제451조, 제452조가 준용된다(담보 제35조 제 4 항).

그런데 장래채권에 담보권이 설정되는 때에는 제 3 채무자가 특정되어 있지 않아 대항요건으로서 통지·승낙을 구비할 수 없는 경우가 많을 것이다. 예를 들어 설정자가 장래의 매출금채권 일체를 목적으로 하여 담보권을 설정하는 경우가 그러하다. 그러한 경우에는 결국 나중에 제 3 채무자의 신원이 특정되는 시점에 비로소 통지를 할 수밖에 없다.

(마) 동일한 채권에 관하여 양립할 수 없는 이해관계를 취득한 사람들이 각각 서로에 대해 대항요건을 구비한 경우, 그들 사이의 우열은 어떻게 결정되는가? 동일한 채권에 관하여 담보등기부의 등기와 민법 제349조 또는 제450조 제 2 항에 따른 통지 또는 승낙이 있는 경우에 담보권자 또는 담보의 목적인 채권의 양수인은 법률에 다른 규정이 없으면 제 3 채무자 외의 제 3 자에게 등기와 그 통지의 도달 또는 승낙의 선후에 따라 그 권리를 주장할 수 있다(담보 제35조 제 3 항). 그러므로 예컨대 ① 등기된 담보권자들 사이에서는 등기의 선후에 따라, ② 등기된 담보권자와 채권 양수인 사이에서는 등기일자와 확정일자 있는 통지가 제 3 채무자에게 도달한 일자의 선후에 따라, ③ 등기된 담보권자와 전부채권자 사이에서는 등기일자와 전부명령이 제 3 채무자에게 도달된 일자의 선후에 따라 우열이 결정된다. 만일 등기일자와 도달일자가 같아 선후를 판단할 수 없는 때에는, 채권양도에서와 마찬가지로(대판(전) 1994. 4. 26, 93다24223) 대립하는 사람들 사이에 안분비례하여 배당해야 할 것이다.

그러므로 채권담보권자가 담보등기를 마친 후에서야 동일한 채권에 관한 채권양도가 이루어지고 확정일자 있는 증서에 의한 채권양도의 통지가 제 3 채무자에게 도달하였으나, 담보권설정의 통지(담보 제35조 제 2 항)는 제 3 채무자에게 도달하지 않은 상태에서는, 제 3 채무자에 대한 관계에서 채권양수인만이 대항요건을 갖추었으므로 제 3 채무자로서는 채권양수인에게 유효하게 채무를 변제할 수 있고 이로써 채권담보권자에 대하여도 면책된다. 다만 채권양수인은 채권담보권자에 대한 관계에서는 후순위로서, 채권담보권자의 우선변제적 지위를 침해하여 이익을 받은 것이 되므로, 채권담보권자는 채권양수인에게 부당이득으로서 변제받은 것의 반환을 청구할 수 있다. 그러나 그 후 담보권설정의 통지가 제 3 채무자에게 도달한 경우에는, 그 통지가 채권양도의 통지보다 늦게 제 3 채무자에게 도달하였더라도, 채권양수인에게 우선하는 채권담보권자가 제 3 채무자에 대한 대항요건까지 갖추었으므로 제 3 채무자로서는 채권담보권자에게 채무를 변제하여야 하고, 채권양수인에게 변제하였다면 특별한 사정이 없는 한 이로써 채권담보권자에게 대항할 수 없다. 물론 이때 제 3 채무자가 채권양수인에게 채무를 변제한 경우에 채권담보권자는 무권한자인 채권양수인의 변제수령을 추인함으로써(제472조 참조) 제 3 채무자의 채권양수인에 대한 변제를 유효하게 하는 한편 채권양수인에게 부당이득으로서 변제받은 것의 반환을 청구할 수 있다(이상 대판 2016. 7. 14, 2015다71856).

(3) 채권담보권의 내용

채권담보권의 내용은 동산담보권의 내용에 준해서 인정된다. 그러므로 여기서는 채권담보권에 특징적인 사항만을 간단하게 살펴본다.

(가) 채권담보권은 우선변제권을 부여하는 물권으로(담보 제37조, 제 8 조), 부종성(담보 제37조, 제33조, 민법 제369조)·수반성(담보 제37조, 제33조, 민법 제369조)·불가분성(담보 제37조, 제 9 조)·물상대위성(담보 제37조, 제14조)이 있다.

(나) 채권담보권의 피담보채권에 대해서는 동산담보권과 같은 규율이 인정된다(담보 제37조, 제12조). 한편 채권담보권은 다른 약정이 없는 한 그 목적인 채권뿐만 아니라 그에 종된 권리도 미친다(담보 제37조, 제10조). 예를 들어 채권담보권의 효력은 금전채권에 부수하는 이자채권에도 미친다. 그러므로 담보권자가 직접청구의 방법으로 담보권을 실행하는 경우(담보 제36조 제 1 항), 그는 원본채권뿐만 아니라 이자채권에 대해서도 제 3 채무자에 대해 변제를 청구할 수 있다. 그러나 채무불이행이 있기 이전의 이자는 통상 설정자가 정상적인 영업활동으로써 이를 수취한다는 내용의 담보약정이 있다고 볼 것이어서, 그 한도에서는 설정자가 이자를 청구할 수 있고 담보권자에 대한 관계에서 유효하게 변제를 수령할 수 있다고 할 것이다.

(다) 채권담보권은 물건의 점유를 내용으로 하지 않으므로 동산담보권에 인정되는 반환청구권(담보 제19조)은 인정될 여지가 없다. 물론 담보권자의 방해배제청구권은 인정될 수 있다(담보 제37조, 제20조). 채권담보권에 대한 침해로 손해가 있는 경우에는 담보권자는 불법행위에 기해 손해배상을 청구할 수 있을 것이고(제750조), 그러한 침해가 설정자의 유책한 사유로 인한 때에는 원상회복이나 담보의 제공을 청구할 수 있다(담보 제37조, 제17조 제 2 항). 그리고 채권담보권에서도 담보권자의 설정자에 대한 현황조사 인용청구권(담보 제17조)은 인정된다고 할 것이다(담보 제37조). 채권담보권과 관련해서도 담보로 파악

되는 채권의 규모나 부실채권의 비율 등 현황조사에 대한 이해관계가 있기 때문이다.

(라) 채권담보권자는 설정자에 대한 강제집행·도산절차에서 어떠한 지위를 가지는가?

(a) 설정자의 채권자가 담보목적채권을 압류하여 강제집행을 시도하는 경우에는 어떠한가? 경우를 나누어 보아야 할 것이다. 우선 압류채권자가 당해 채권을 전부받은 사안을 살펴본다.

먼저 담보권자가 제 3 채무자에 대한 관계에서 대항요건을 구비한 경우(담보 제35조 제 2 항), 제 3 채무자는 순위에서 우선하는 담보권자(담보 제35조 제 2 항)를 고려해야 하므로 전부채권자에게 변제하는 것으로 담보권자에게 대항할 수 없어, 전부채권자에게 변제하는 경우 담보권자와의 관계에서 이중변제의 위험을 부담한다. 전부채권자가 변제를 청구하고 있으나 아직 담보권자의 피담보채권 이행기가 도래하지 않은 경우에는 제 3 채무자는 이를 공탁해야 할 것이다(담보 제36조 제 2 항, 민법 제353조 제 2 항, 제487조 참조). 그런데 이렇게 담보권자의 권리가 우선하여 제 3 채무자가 여전히 담보권자에 대해 의무를 부담하더라도 일단 전부채권자에게 변제한 때에는 제 3 채무자가 무자력하게 될 위험도 없지는 않다. 이는 담보목적채권의 가치를 저해하는 사정이므로, 담보권자는 그러한 우려가 있는 경우 제 3 채무자에 대해 방해배제청구권을 행사하여 전부채권자에 변제하지 말 것을 청구할 수 있을 것이다(담보 제37조, 제20조). 반면 제 3 채무자가 이미 전부채권자에게 변제하여 무자력하게 된 때에는, 채권담보권자는 그러한 변제를 추인한 다음 전부채권자에 대하여 그가 수령한 것을 부당이득으로 반환청구할 수 있을 것이다(제741조).

반면 담보권자가 제 3 채무자에 대한 관계에서 대항요건을 구비하지 못한 경우에는 제 3 채무자에 대한 관계에서는 전부채권자만이 권리를 주장할 수 있으므로 제 3 채무자는 전부채권자에게 유효하게 변제할 수 있고, 이로써 담보권자에 대한 관계에서도 면책된다. 그러나 전부채권자는 담보권자에 대한 관계에서는 후순위이므로(담보 제35조 제 3 항) 담보권자의 우선변제적 지위를 침해하여 이익을 받은 것이다. 그러므로 담보권자는 전부채권자에 대하여 부당이득으로 변제받은 것을 반환청구할 수 있다(제741조). 그런데 그 경우 담보권자는 변제를 받은 전부채권자에 대해 일반채권자의 지위에 있음에 그치므로, 그의 무자력 위험을 부담한다. 그러므로 전부채권자의 자력이 충분하지 않은 경우에는 담보권자는 방해배제로서 제 3 채무자에 대해 전부채권을 추심하지 아니할 것을 청구할 수 있다고 할 것이다(담보 제37조, 제20조).

(b) 압류채권자가 추심명령을 받은 때에도 기본적으로 마찬가지이다. 담보권자가 제 3 채무자에 대해 대항할 수 있는 경우, 그는 제 3 채무자의 추심채권자에 대한 변제여부와 무관하게 여전히 제 3 채무자에 대해 담보권을 행사할 수 있고, 제 3 채무자에 대해 방해배제로서 추심채권자에 대해 변제하지 아니할 것을 청구할 수 있다(담보 제20조). 반면 담보권자가 제 3 채무자에 대해 대항할 수 없는 경우에는 추심채권자는 유효하게 채권을 추심할 수 있다. 그러한 경우 채권담보권자는 배당요구권자이므로(담보 제36조 제 3 항, 민집 제273조 제 3 항, 제247조) 담보권자는 배당요구 종기 이전이라면 배당을 요구하여 우선변제를 받을 수 있을 것이다. 그러나 담보권자가 배당요구 종기를 도과한 경우, 그는 집행절차에서 배당을 받은 채권자들에 대해 부당이득반환을 청구할 수 있는가? 임금채권과 주택임대차보증금반환채권에 관한 판례에 따른다면 배당요구 종기가 지난 이후에는 더 이상 담보권을 행사할 수 없고 배당을 받은 채권자들에 대해 부당이득도 청구할 수 없다는 결과가 나온다. 그러나 이는 전부명령이 있었던 경우와 균형이 맞지 않는다. 압류채권자가 법률이 인정하는 채권집행의 방법 중에서 어느 것을 선택하는지 여부에 따라 담보권자의 지위가 달라지기 때문이다. 그러므로 담보권자는 배당을 받은 채권자에게 부당이득을 청구할 수 있다고 해석하는 것이 담보권의 효력을 보장하는 해석으로서 타당하지 않을까?

(c) 채권담보권자는 회생절차에서 회생담보권자, 파산절차에서는 별제권자이다(회파 제141조 제 1 항, 제411조).

(마) 채권담보권이 설정된 경우 설정자는 담보권자의 동의 없이 담보권의 목적이 된 권리를 소멸하게 하거나 담보권자의 이익을 해하는 변경을 할 수 없다(담보 제37조, 민법 제352조). 그러므로 설정자가 담보목적인 채권에 대해 채무면제를 하거나 다른 채무와 상계하거나 추심을 하여도, 이는 담보권자에 대한 관계에서 효력이 없다.

(4) 채권담보권의 실행

채권담보권의 실행방법으로는 직접청구에 의한 실행과 민사집행법에 따른 실행이 있다. 담보목적물 이외의 재산으로부터의 변제(담보 제15조), 물상보증인의 구상권(담보 제16조), 공동담보에 대한 규정(담보 제29조) 등의 규정은 여기에서도 적용된다(담보 제37조).

(가) 담보권자는 피담보채권의 한도에서 채권담보권의 목적이 된 채권을 직접 청구할 수 있다(담보 제36조 제 1 항). 질권에서와 마찬가지로(제353조 참조) 담보권자는 자신의 이름으로 청구하지만, 그 효과와 기판력(민소 제218조 제 3 항)은 설정자에 대해서 발생한다. 그 전제로 담보권자가 제 3 채무자에 대한 대항요건을 구비하고 있어야 함은 물론이다(담보 제35조 제 2 항). 담보권자는 선량한 관리자의 주의의무로 담보목적채권을 추심해야 한다. 그러므로 그는 피담보채권액의 범위에서만 담보목적채권을 직접 행사할 수 있다(담보 제36조 제 1 항). 채권담보권의 목적이 된 채권이 피담보채권보다 먼저 변제기에 이른 경우에는 담보권자는 제 3 채무자에게 그 변제금액의 공탁을 청구할 수 있고, 그 경우 제 3 채무자가 변제금액을 공탁한 후에는 채권담보권은 그 공탁금에 존재한다(담보 제36조 제 2 항).

(나) 담보권자는 민사집행법이 정하는 집행방법으로 채권담보권을 실행할 수 있다(담보 제36조 제 2 항). 담보권의 실행은 채권담보권의 존재를 증명하는 서류가 제출되는 때에 개시하며(민집 제273조 제 1 항), 집행권원은 요구되지 않는다. 구체적인 실행절차는 민사집행법의 채권집행절차에 따른다(민집 제273조 제 3 항). 동일한 규정이 적용되는 물상대위 실행(민집 제273조 제 2 항, 제 3 항)에 대한 판례에 따른다면(대판 1994. 11. 22, 94다25728), 채권담보권자는 담보목적채권을 압류하여 전부받아 이를 행사하거나, 담보목적채권에 대해 진행 중인 강제집행절차에서 배당요구를 하여 우선변제를 받을 수 있다(제 3 편 제 7 장 Ⅳ. 3. (2) (다) 참조). 그런데 채권담보권자는 어차피 직접청구의 방법으로 담보권을 실행할 수 있으므로(담보 제36조 제 1 항) 전부명령을 받는 방법은 불필요한 중복이며 전혀 실효적이지 않다. 그러므로 이 규정의 주된 취지는 담보목적채권이 압류되어 강제집행절차가 진행 중인 때에 압류에 우선하는 담보권자는 당해 절차에서 배당을 요구함으로써 우선변제를 받을 수 있는 방법을 인정하려는 것으로 이해해야 할 것이다.

제 4 편

물건의 용익관계

제 1 장 임대차: 성립과 효력

제 2 장 임대차: 당사자 변경과 종료

제 3 장 전 세 권

제 4 장 지 상 권

제 5 장 지 역 권

제1장 임대차: 성립과 효력

Ⅰ. 임대차 서론

1. 임대차의 의의와 사회적 기능

(1) 임대차는 당사자 일방(임대인)이 상대방에게 목적물을 사용수익하게 할 것을 약정하고, 상대방(임차인)은 이에 대하여 차임을 지급할 것을 약정하여 성립하는 계약이다(제618조). 타인의 물건을 사용수익하고 반환할 것을 목적으로 하는 대차계약의 가장 전형적인 계약으로, 유상의 쌍무계약이다.

(2) 일반적으로 물건의 소유자는 이를 사용수익할 권능을 가진다(제211조). 따라서 물건을 사용수익하고자 하는 사람은 자신이 원하는 물건의 소유권을 취득하여 이를 사용하거나 수익하는 것이 우선 생각할 수 있는 방법이 된다. 그러나 한편으로는 용익을 위하여 필요한 물건을 당장 조달하기 어려운 사람이 있을 수 있을 뿐만 아니라, 다른 한편으로는 자신의 경제생활을 계획할 때 물건을 취득하여 그 관리의 부담·위험을 부담하지 아니하고 사용수익을 추구하는 것이 합리적인 경우도 존재할 수 있다. 따라서 대가를 지급하고 타인의 물건을 사용수익하는 계약관계인 임대차는 사회적으로 매우 중요한 기능을 담당한다. 이는 주택이나 점포, 사무실 등과 관련된 부동산 임대차의 사회적 기능을 생각해 보면 명백하다.

2. 부동산임차권의 강화와 임차인의 보호

(1) 채권적 용익을 이유로 하는 쟁점

임대차는 타인의 물건을 사용수익한다는 점에서 외견상 지상권이나 전세권을 설정하여 타인의 물건을 사용하는 경우와 유사하다고 생각할 수도 있다. 그러나 임대차에 의한 사용수익은 계약에 따른 채권관계에 기초한 것이라는 점에서 지상권 내지 전세권과 같이 물권관계에 기한 사용수익과는 그 효력에 있어 차이가 있다(제 1 편 제 1 장 Ⅰ., 제 3 편 제 1 장 Ⅰ. 참조). 물권에 기한 사용수익은 자신의 권리에 기하여 물건을 직접적으로 지배하는 용익이지만(제279조, 제303조 참조), 임대차에 기한 사용수익은 오로지 채권자의 행위 즉 급부에 의존하는 상대적인 용익이다(제623조 참조). 그 결과 임차인의 지위는 여러 가지 점에서 취약한 모습을 보일 수 있으며, 이는 특히 안정된 주거생활 등과 밀접한 연관을 가지는 부동산 임대차에서 중요한 의미를 가진다.

첫째, 임차인의 사용수익은 임대인과의 상대적 관계에서만 효력을 가질 수 있고, 따라서 계약관계의 외부인에게 그 효력을 관철할 수 없다. 따라서 임대인이 임차목적물의 소유권을 타인에게 양도한 경우, 양수인의 소유물반환청구에 대하여 임차인은 점유할 권리를 가지지 못하는 것이 되어(제213조 단서) 목적물을 반환할 수밖에 없다. 임차인은 임대인에 대하여 사용수익에 필요한 상태를 유지하지 못한 것을 이유로 하여 채무불이행 책임은 물을 수 있을 것이지만(제623조, 제390조), 처음에 임대차로 목적하였던 사용수익은 좌절되는 결과가 발생한다(이른바 “매매는 임대차를 깨뜨린다”).

둘째, 임차권은 계약에 기한 채권관계로부터 발생하는 권리이므로, 원칙적으로 물권적 청구권이 인정되지 아니한다. 그 결과 계약관계 외부의 제 3 자가 목적물을 침탈하거나 사용수익을 방해하는 경우, 임차인으로서는 독자적으로 반환을 청구하거나 방해를 배제할 구제수단을 가지고 있지 아니하다. 물론 목적물을 점유한 임차인은 점유보호청구권을 행사할 수도 있고(제204조 이하), 임대인의 물권적 청구권을 대위행사할 수도 있을 것이다(제404조). 그러나 이들 요건이 충족되지 아니하는 경우 임차인은 사용수익을 회복하기 어려운 난점이 있을 수 있다.

셋째, 임대차는 당사자들의 인적 신뢰관계가 중요한 계속적 채권관계로서,

원칙적으로 양도성이 보장되는 물권과는 달리(제282조, 제306조 참조) 임차인은 자신의 임차권을 처분하거나 전대하는 것에 제약이 있다. 즉 임대인의 동의 없이는 임차권을 양도할 수도 없고 임차물을 전대(轉貸)하지 못하며(제629조 제 1 항), 이를 위반하는 경우 임대인은 임대차를 해지할 수 있다(동조 제 2 항). 그러나 임차인으로서는 일정한 경우 임차권을 양도하거나 전대하는 등의 방법으로 자신의 지위를 적절하게 처분할 이해관계가 있을 수도 있다. 이러한 경우 인적 신뢰유지에 대한 임대인의 이해와 처분에 대한 임차인의 이해를 조화롭게 해석해야 할 필요가 발생한다.

넷째, 우리나라의 경우 다른 나라에서와는 달리 차임, 손해배상채권 등의 담보를 위하여 임차인이 임대인에게 교부하는 보증금의 액수가 상당히 고액이며, 채권적 전세계약이 체결된 경우에는 더욱 그러하다. 이러한 보증금은 임차인 재산의 상당한 부분을 차지하는 경우가 적지 않아, 그 회수는 임차인의 주거의 안정에 큰 의미를 가진다. 따라서 임대인 및 그 승계인에 대한 관계에서 보증금을 안전하게 회수할 수 있도록 하는 입법자의 배려가 요구된다.

이러한 여러 가지 문제들에 대하여 입법자는 부동산 임대차의 경우 그 효력을 일정한 한도에서 제 3 자에 대해서도 주장할 수 있도록 하는 대항력을 부여하고, 보증금반환청구권을 위한 우선특권을 법정하는 등의 방법으로 대처하고 있다.

(2) 교섭력 격차를 이유로 하는 쟁점

더 나아가 임대인과 임차인의 교섭력의 격차가 존재하는 경우 발생할 수 있는 경우들에 대하여 임차인의 보호를 배려하는 규정이 필요하게 될 수 있다.

첫째, 지나치게 단기인 임대차는 임차인의 안정적인 사용수익을 저해하거나 불가능하게 하여 남용적인 계약이 될 우려가 없지 않으므로, 일정한 한도에서 임대차의 최단기간을 정하여 임차인의 평온한 용익을 보장할 필요가 발생한다. 이는 특히 주거를 위한 임대차의 경우 특히 그러하다.

둘째, 교섭력의 격차가 존재할 수 있는 이상 이러한 임차인 보호규정을 당사자들이 약정에 의하여 배제할 가능성에 대해서는 일정한 제한이 존재해야 한다.

아래에서는 이상의 문제점들에 유념하면서 임대차의 법률관계를 살펴보기로 한다.

3. 임대차에 관한 법규정

(1) 민법의 규율

임대차를 규율하는 법규정은 우선 민법 채권편 계약장 임대차절에서 찾을 수 있다(제618조 이하).

(2) 특별법의 규율

더 나아가 중요한 법원으로 주택임대차보호법, 상가건물 임대차보호법, 농지법(동법 제23조 이하) 등이 존재한다. 아래에서는 주로 주택임대차보호법을 중심으로 살펴본다. 주택임대차보호법에 관한 설명의 전제로 동법의 적용범위에 대해 간단히 살펴본다.

(가) 동법은 주거용 건물("주택")의 전부 또는 일부의 임대차에 관하여 적용하며, 이는 그 임차주택의 일부가 주거 외의 목적으로 사용되는 경우에도 같다(주임 제 2 조). 주거용 건물인지 여부의 판단은 등기부나 가옥대장 등 공부상의 표시는 기준이 되지 않고 실제상의 용도에 따라야 하며, 그 임대차의 목적, 전체 건물과 임대차목적물의 구조와 형태, 임차인이 일상생활을 영위하는지 여부, 주위의 사용 현황 등을 구체적으로 고려해야 한다. 주거부분과 비주거부분이 함께 임대차의 목적이 된 경우에도 구체적인 경우에 따라 주된 목적을 고려하여 합목적적으로 결정하여야 한다(대판 1986. 1. 21, 85다카1367). 이는 동법 제 2 조 후단에도 불구하고 다르지 않다. 즉 이 규정은 임차주택의 일부가 주거 외의 목적으로 사용되는 경우에도 당연히 주택임대차보호법의 적용이 있음을 의미하지는 않으며, 전체적으로 주된 목적이 판단되어야 한다. 예컨대 30여 평의 지하실 다방 중 주방 3평과 2 내지 3평의 방 2개가 주거용으로 사용되는 경우 주거용 건물이라 하기 어렵고(대판 1996. 3. 12, 95다51953), 영업용 건물에 대한 임대차계약 체결 후 임의로 주거용으로 변조한 경우도 이에 포함되지 아니한다(위의 대판 1986. 1. 21.). 그러나 반대로 그 규정은 주목적이 주거인 건물 중에서 일부가 주거 이외의 목적으로 사용되어야만 동법의 적용이 있음을 의미하는 것도 아니다(대판 1988. 12. 27, 87다카2024). 전체 건물의 주목적이 주거가 아니라도, 임대차의 목적물이 된 당해 부분의 주목적이 주거이면, 비록 그

일부가 주거 외의 용도로 사용되더라도 주택임대차보호법의 적용이 있다.

(나) 주택임대차보호법은 주거안정의 도모라는 법률의 취지상 임차인이 자연인인 경우가 주된 적용대상이다. 그러나 주택도시기금을 재원으로 하여 저소득층 무주택자에게 주거생활 안정을 목적으로 전세임대주택을 지원하는 법인이 주택을 임차한 경우나 「중소기업기본법」 제 2 조에 따른 중소기업에 해당하는 법인이 소속 직원의 주거용으로 주택을 임차한 경우에는 해당 법인도 임차인으로서 예외적으로 주택임대차보호법의 적용을 받을 수 있다(주임 제 3 조 제 2 항, 제 3 항, 제 3 조의2 제 1 항).

(다) 주택임대차보호법은 일시사용하기 위한 임대차임이 명백한 경우에는 적용하지 아니한다(주임 제11조).

(라) 주택임대차보호법은 채권적 전세(미등기전세)에도 적용이 있다. 그 경우 전세금은 임대차의 보증금으로 간주된다(주임 제12조).

(3) 편면적 강행규정

임대차 관련규정의 다수는 이른바 편면적 강행규정으로 이에 반하는 약정으로 임차인이나 전차인에게 불리한 것은 효력이 없도록 하고 있다(제652조, 주임 제10조, 상임 제15조). 그러나 동시에 "일시 사용하기 위한 임대차 또는 전대차임이 명백한 경우"에 대해서는 일정한 임차인보호규정의 적용을 배제한다(제653조, 주임 제11조, 상임 제16조).

Ⅱ. 임대차의 성립과 존속기간

1. 임대차의 성립

(1) 임대차계약

임대차는 당사자들이 목적물을 정하여 임대인이 임차인에게 그 사용수익을 허여하는 취지와 임차인이 임대인에게 그 대가로서 지급할 차임에 대하여 약정함으로써 성립하는(제618조) 낙성계약이다(다만 농지임대차의 경우 농지 제24조 참조). 임대차의 목적물은 부동산뿐만 아니라 동산도 포함한다.

(2) 타인 물건에 대한 임대차

타인 물건의 임대차도 가능하다. 임대차는 의무부담행위이므로 임대인의 처분권은 요구되지 않는 것이다(제569조, 제619조 참조). 판례에 의하면 임대인이 소유자가 아니더라도 임대차는 유효하고, 다만 이후 임대인이 목적물에 대한 사용수익권을 상실하여 임차인이 반환청구를 받는 등 임대차의 목적을 달성할 수 없는 때에는 그 시점에 장래를 향하여 임대차가 종료한다고 한다(대판 1978. 9. 12, 78다1103; 1991. 3. 27, 88다카30702). 임대인이 소유권을 상실하였다는 사정만으로 임대차의 이행불능이 발생하는 것은 아니며(대판 1994. 5. 10, 93다37977), 이후 여전히 사용수익 상태의 유지가 가능한지 여부를 고려해야 한다.

한편 주택임대차보호법의 적용을 받는 주택임대차의 경우 대항력과 우선변제권이라는 대세적 효력이 문제되므로, 임대인이 주택의 소유자 또는 적법한 임대권한을 가진 사람인 경우에 한하여 주택임대차보호법이 적용된다고 할 것이다(대판 1995. 10. 12, 95다22283). 그래서 예컨대 경매절차에서 최고가매수신고인이었던 사람으로부터 주택을 임차하고 주택을 인도받아 전입신고를 마치고 확정일자를 받았으나, 그 이후에 매각대금이 완납되었고 주택에 근저당권이 설정된 사안에서, 임대인에게 임대차 당시 적법한 임대권한이 없으므로 임차인은 그 확정일자에 따른 순위의 우선변제권을 취득하지 못한다고 한다(대판 2014. 2. 27, 2012다93794). 타당하겠으나, 임대인이 소유권을 취득하는 시점에 처분권한의 하자는 치유되므로 그 다음 날(주임 제 3 조 제 1 항, 제 3 조의2 제 2 항)을 기준으로 해서는 임차인은 대항력과 우선변제권을 취득할 수 있다고 볼 것이다. 주민등록이 있는 이상 권한 없이 신탁목적 주택을 임대한 신탁자가 나중에 수탁자로부터 소유권을 회복한 시점부터는 대항력이 발생한다는 재판례(대판 2019. 3. 28, 2018다44879, 44886)는 그러한 취지로 이해된다.

(3) 주택임대인의 정보제시의무

주택임대차를 체결하는 경우 임차인이 임대인의 자력을 확인할 수 있도록, 법률은 임대인에게 일정한 사항에 대한 정보제시의무를 지우고 있다(주임 제 3 조의7).

2. 임대차계약의 존속기간

(1) 존속기간과 그 갱신

(가) 임대차계약에서 당사자들은 약정으로 임대차의 존속기간을 정할 수 있다.[1] 한편 판례는 임대차 기간을 영구로 정한 약정도 허용된다고 한다(대판 2023. 6. 1, 2023다209045).[2]

(나) 임대차의 갱신 역시 당사자들이 계약에 의하여 합의로 갱신할 수 있음은 물론이다. 그러나 임대차가 임차인의 상당한 투자와 관련되어 있는 경우, 임차인은 임대차를 갱신할 이해관계를 가질 수 있다. 그래서 법률은 건물 기타 공작물의 소유 또는 식목, 채염, 목축을 목적으로 한 토지 임차인에게 형성권으로서 임대차 갱신청구권을 부여하여 임대차의 갱신을 일방적으로 관철할 수 있는 가능성을 부여한다(제643조). 적법한 갱신청구가 인정되는 한, 당사자들이 신규 임대차계약의 형식을 취한 경우에도 이는 재계약이 아닌 기존 계약의 갱신이다(상임 제10조에 대해 대판 2014. 4. 30, 2013다35115; 이는 상임 제10조 제 3 항, 제11조 제 1 항 단서의 적용과 관련해 의미가 있다).

(다) 더 나아가 임대차기간이 만료한 후 임차인이 임차물의 사용, 수익을 계속하는 경우에 임대인이 상당한 기간 내에 이의를 하지 아니한 때에는 동일한 조건으로 다시 임차한 것으로 본다(제639조 제 1 항 본문). 이를 묵시의 갱신 또는 법정갱신이라고 하며, 임차인의 기대 및 당사자들의 추정적 의사를 기초로 인정되는 것이다. 그러나 갱신된 임대차는 존속기간이 없는 임대차이므로, 당사자는 제635조의 규정에 따라 해지를 할 수 있다(동항 단서).

법정갱신의 경우 전임대차에 대하여 제 3 자가 제공한 담보는 기간의 만료

---

1) 이전에는 일정한 토지임대차 외에는 법률에 20년의 최장기간이 규정되어 있었고(제651조), 이는 지나치게 장기인 임대차는 통상 소유자인 임대인의 이익을 크게 제약할 우려가 있다는 이유로 정당화되고 있었다(대판 2003. 8. 22, 2003다19961 참조). 그러나 이 규정은 헌법재판소에서 계약자유를 과도하게 침해한다는 이유로 위헌으로 선언되었다(헌재결 2013. 12. 26, 2011헌바234).

2) 덧붙여 대법원은 "영구임대라는 취지는, 임대인이 차임지급 지체 등 임차인의 귀책사유로 인한 채무불이행이 없는 한 임차인이 임대차관계의 유지를 원하는 동안 임대차계약이 존속되도록 이를 보장하여 주는 의미로, 위와 같은 임대차기간의 보장은 임대인에게는 의무가 되나 임차인에게는 권리의 성격을 갖는 것이므로 임차인으로서는 언제라도 그 권리를 포기할 수 있고, 그렇게 되면 임대차계약은 임차인에게 기간의 정함이 없는 임대차가 된다"고 판시한다.

로 인하여 소멸한다(제639조 제 2 항). 보증금은 담보에 포함되지 않는다(대판 1977. 6. 7, 76다951). 판례에 의하면 이 규정은 담보를 제공한 자의 예상하지 못한 불이익을 방지하기 위한 것이라 할 것이므로, 당사자들의 합의에 따른 임대차 기간연장의 경우에는 적용되지 않는다고 한다(대판 2005. 4. 14, 2004다63293).

(라) 처분의 능력 또는 권한 없는 자가 임대차를 하는 경우(이른바 「단기임대차」)의 임대차기간에 대해서는 제619조, 제620조를 보라.

(2) 특별법에 따른 최단기간 · 법정갱신 · 갱신청구

(가) 주택임대차의 경우 주거의 안정이라는 관점에서 그 존속기간에 대하여 최단기간의 정함이 있다. 기간을 정하지 아니하거나 2년 미만으로 정한 임대차는 그 기간을 2년으로 본다(주임 제 4 조 제 1 항 본문). 그러나 임차인은 2년 미만으로 정한 기간이 유효함을 주장할 수 있다(동항 단서; 대판 1995. 10. 12, 95다22283 참조). 최단기간의 제한은 안정적인 거주에 대한 임차인의 이익을 위한 것이므로 임차인이 단기의 존속기간을 주장하는 것은 막을 이유가 없기 때문이다. 마찬가지의 규율이 상가건물 임대차에도 적용되며, 이 경우 존속기간은 1년이다(상임 제 9 조). 다만 법률이 정한 보증금 액수를 초과하여 동법의 적용을 받지 않는 상가건물 임대차(상임 제 2 조 제 1 항 단서 참조)에는 민법의 규정이 적용되어(제635조) 최단 존속기간이 보장되지 않는다.

물론 존속기간이 보장된다고 하여 임차인의 귀책사유로 인한 계약의 해지까지 배제되는 것은 아니다. 차임의 연체(제640조; 대판 2014. 7. 24, 2012다28486 참조), 무단 양도 내지 전대(제629조 제 2 항), 기타 의무 위반(제544조, 제546조 참조)이 있으면, 임대인은 임대차를 해지할 수 있다.

(나) 주택임대차 역시 당사자들이 합의로 갱신할 수 있다. 더 나아가 주택임대차에서도 묵시의 갱신(법정갱신) 및 갱신청구권이 인정된다.

우선 임대인이 임대차기간이 끝나기 6개월 전부터 2개월 전까지의 기간에 임차인에게 갱신거절의 통지를 하지 아니하거나 계약조건을 변경하지 아니하면 갱신하지 아니한다는 뜻의 통지를 하지 아니한 경우에는 그 기간이 끝난 때에 전 임대차와 동일한 조건으로 다시 임대차한 것으로 보며, 임차인이 임대차기간이 끝나기 2개월 전까지 통지하지 아니한 경우에도 같다(주임 제 6 조 제 1 항). 비슷한 규율이 상가건물 임대차에 대해서도 규정되어 있다(상임 제10조 제

4 항: 임대인은 6개월 전부터 1개월까지 통지). 다만 이 경우에도 임차인에게 2기 이상의 차임 연체 등 중대한 의무위반이 있었던 경우는 그러하지 아니하다(주임 제 6 조 제 3 항). 한편 묵시적으로 갱신된 경우이더라도, 민법에 따른 해지사유(예를 들어 제640조)의 적용이 배제되는 것은 아니다. 예를 들어 주택임대차 갱신 전 차임의 연체가 있었고 갱신 후 차임연체액이 2기의 차임액에 이른 경우, 임대인은 제640조에 따라 임대차를 해지할 수 있다(대판 2014. 7. 24, 2012다28486).

이렇게 갱신된 주택임대차의 존속기간은 제639조, 제653조에서와는 달리 2년으로 의제된다(주임 제 6 조 제 2 항). 상가임대차의 경우 1년이다(상임 제10조 제 4 항 제 2 문). 그러나 임차인은 언제든지 해지하고 임대차를 종료할 수 있으며, 이는 3개월이 지나면 효력을 가진다(주임 제 6 조의2; 상임 제10조 제 5 항도 참조).

(다) 법정갱신에 관한 규정에 따르면 주택임대인은 기간이 끝나기 6개월 전부터 2개월 전까지 갱신거절의 통지를 함으로써 임대차를 종료시킬 수 있다. 그러나 이에 대해 임차인은 1회에 한하여 임대차 갱신요구를 함으로써 임대차 갱신을 관철시킬 권리를 가진다(주임 제 6 조의3 제 1 항, 제 2 항 제 1 문; 상가건물 임대차의 경우 비슷한 규율로 상임 제10조 참조; 대판 2014. 4. 30, 2013다35115). 이 경우 갱신되는 임대차의 존속기간은 2년으로 간주되며(주임 제 6 조의3 제 2 항 제 2 문), 그 조건은 전 임대차와 동일한 조건으로 다시 계약된 것으로 간주되나 차임과 보증금은 증감청구의 허용 범위(주임 제 7 조 참조) 내에서 증감할 수 있다(주임 제 6 조의3 제 3 항; 이를 초과하는 부분은 무효로, 지급한 금액은 부당이득이 된다, 대판 2014. 4. 30, 2013다35115). 갱신청구에 따라 갱신된 임대차이더라도, 임차인은 3개월의 기간을 두고 계약을 해지할 수 있다(주임 제 6 조의3 제 4 항, 제 6 조의2). 한편 1회의 갱신요구 이후에도 법정갱신은 가능하다고 할 것이다(상임 제10조 제 2 항과 관련해 대판 2010. 6. 10, 2009다64307 참조).

다만 법률이 정하는 일정한 사유가 있는 경우, 임차인에게는 계약갱신요구권이 부정된다. 즉 임대인은 주택임대차보호법 제 6 조 제 1 항의 기간 동안 아래 사유가 있으면 임차인의 갱신요구를 거절할 수 있다. 해당 기간 동안에 임차주택을 양수해 임대인 지위를 승계한 자도 예컨대 실제 거주를 이유로 갱신을 거절할 수 있다(대판 2022. 12. 1, 2021다266631).

그 사유를 살펴보면, 우선 ① 임차인에게 중대한 계약위반이 있는 경우가 있다. 2기의 차임액에 해당하는 금액에 이르도록 차임을 연체한 사실이 있는 경우(주임 제 6 조의3 제 1 항 제 1 호; 연체 사실이 있으면 충분하며, 갱신요구 시점에 연체되어 있을 필요는 없다는 것에 대해 상가건물 임대차와 관련해 대판 2021. 5. 13, 2020다255429), 거짓이나 기타 부정한 방법으로 임차한 경우(동항 제 2 호), 임대인 동의 없이 전대를 한 경우(동항 제 4 호), 고의 또는 중과실로 주택을 파손한 경우(동항 제 5 호), 기타 중대한 계약 위반의 경우(동항 제 9 호)가 그러하다. ② 한편 갱신거절에 대해 임대인의 정당한 이익이 있는 경우에도 갱신요구는 배제된다. 계약 당시 고지하였거나 안전을 이유로 하거나 법령상 근거가 있는 철거·재건축(동항 제 7 호), 임대인(그 직계존비속을 포함)의 거주 목적(동항 제 8 호)의 경우가 이에 해당한다. ③ 마지막으로 임대차의 목적이 소진된 경우이다. 임대인이 임차인에게 보상을 제공하고 갱신을 배제한 경우(동항 제 3 호), 멸실로 임대차 목적달성이 불능인 경우(동항 제 6 호), 기타 임대차를 계속하기 어려운 중대한 사유가 있는 경우(동항 제 9 호)가 그러하다.

임대인이 실제 거주(주임 제 6 조의3 제 1 항 제 8 호)를 이유로 갱신을 거절하였음에도 불구하고 갱신요구가 거절되지 아니하였더라면 갱신되었을 기간이 만료되기 전에 정당한 사유 없이 제 3 자에게 목적 주택을 임대한 경우 임대인은 갱신거절로 인하여 임차인이 입은 손해를 배상하여야 한다(주임 제 6 조의3 제 5 항). 이때 손해배상액은, 거절 당시 당사자 간에 손해배상액의 예정에 관한 합의가 이루어지지 않는 한, ① 갱신거절 당시 월차임(차임 외에 보증금이 있는 경우에는 그 보증금을 주임 제 7 조의2에 따라 월 단위의 차임으로 전환한 금액인 환산월차임을 포함)의 3개월분에 해당하는 금액, ② 임대인이 제 3 자에게 임대하여 얻은 환산월차임과 갱신거절 당시 환산월차임 간 차액의 2년분에 해당하는 금액, ③ 갱신거절로 인하여 임차인이 입은 손해액 중 큰 금액으로 한다(주임 제 6 조의3 제 6 항).

Ⅲ. 임대차의 효력

1. 임차인의 사용수익권

임대인은 목적물을 임차인에게 인도하고 계약 존속 중 그 사용수익에 필요한 상태를 유지하게 할 의무를 부담한다(제623조). 이러한 의무에 상응하여 사용수익을 하게 하도록 임대인에게 청구할 수 있는 권리를 임차권이라고 한다.

(1) 임대인의 의무

임대인은 임차인이 목적물을 사용·수익하게 할 의무가 있으므로, 임대인은 목적물을 임차인에게 인도하여야 하고 계약의 존속기간 중 그 사용·수익에 필요한 상태를 유지하게 하여야 한다(제623조). 목적물에 사용·수익을 방해하는 하자가 있는 경우, 임대인은 하자를 제거할 의무를 부담하며, 이는 하자 발생에 임대인의 귀책사유가 없는 경우에도 다르지 않다(임차 목적물의 활용을 불가능하게 하는 법령상 제한에 대해 대판 2021. 4. 29, 2021다202309 참조).

따라서 임대인은 인도의무 및 사용수익에 필요한 상태에 관한 유지의무를 부담하며, 그 당연한 해석으로 물건에 대한 수선의무를 부담한다. 수선의무는 임차인의 사용수익에 장애를 일으키는 것으로 수선이 가능한 물질적 상태(파손)의 존재를 전제한다. 수선의무는 주된 급부의무이므로 임대인의 귀책사유 없이 파손이 있는 경우에도 인정된다(대판 2010. 4. 29, 2009다96984). 더 나아가 임차인의 귀책사유로 인한 파손도 임차인의 손해배상의무(제390조)는 별론 이에 포함된다는 것이 통설이나, 이때에는 수선의무는 없다고 해석하는 것이 타당할 것이다. 임차인이 자신의 과책에 따른 멸실 등을 이유로 차임지급을 거절할 수 있다는 결과가 되기 때문이다. 물론 임차인이 별 비용 없이 수리할 수 있는 사소한 장애에는 수선의무가 발생하지 않는다(대판 2012. 6. 14, 2010다89876). 임대인이 수선의무를 이행하지 아니하는 경우, 법률에 명문의 규정은 없으나 임차인은 차임 지급을 거절할 수 있으며(차임지급거절권), 수선하지 아니하여 현실적으로 사용·수익할 수 없었던 기간의 차임은 그 비율만큼 감액을 청구할 수 있다(차임감액청구권)고 해석되고 있다.

그리고 수선의무에 상응하여 임차인은 임차물 보존과 관련해 필요비의 상환을 청구할 수 있다(제626조). 임차인이 수선을 하여 필요비 상환청구권을 취득하면 그 범위에서 차임지급을 거절할 수 있다(대판 2019. 11. 14, 2016다227694). 그러나 특약에 의해 임차인이 수선의무를 부담하게 할 수 있음은 물론이다(대판 1994. 12. 9, 94다34692, 34708).

[1] 임대인의 수선의무: 대판 1989. 6. 13, 88다카13332

[주 문] 원심판결의 본소에 관한 피고 패소부분 중 금원지급에 관한 부분을

파기하고, 이 부분 사건을 서울고등법원에 환송한다.

[이 유] 상고이유를 본다.

제 1 점에 대하여,

원심은 이 사건 건물의 지하실은 1982. 여름경부터 누수현상이 발생하였으나 피고가 별다른 지장 없이 약품 및 의료기구 등의 저장창고 등으로 사용하여 오다가 1984. 7. 초순경부터는 누수현상이 심화되어 이를 사용하지 못하게 된 사실을 인정하고 있는바 원심이 위 사실을 인정함에 있어 거친 증거의 취사과정을 기록에 비추어 살펴보아도 정당하고 거기에 소론과 같은 채증법칙 위반의 위법이 없다.

임대인은 목적물을 인도할 때는 물론 계약존속 중에도 사용수익에 필요한 상태를 유지할 의무를 부담한다 함은 논지가 지적한 바와 같으나, 원심이 확정한 바와 같이 원고가 이 사건 건물의 용도를 병원으로 변경하여 피고에게 인도하고 인도받은 피고가 약정에 따라 지하실 사용에 필요한 전기·전등공사와 방수시설보완공사를 완료한 다음 1984. 7. 초순경까지 위 지하실을 의약품 및 의료기구 등의 저장창고 등으로 사용해 왔다면 다소의 누수현상이 있었다 하더라도 임대인인 원고에게 지하실을 사용수익할 상태를 유지할 의무위반이 있었다고 단정하기는 어렵다 할 것이므로 원심이 같은 취지에서 피고가 위 지하실을 사용한 1984. 7. 초순까지는 용도에 따른 사용이었다고 판단한 것은 정당하고 거기에 임대인의 의무에 관한 법리오해의 위법이 없다. 논지는 이유 없다.

제 2 점에 대하여,

임대차계약에 있어서 목적물을 사용수익케 할 임대인의 의무와 임차인의 차임 지급 의무는 상호 대응관계에 있는 것이므로 임대인이 목적물에 대한 수선의무를 불이행하여 임차인이 목적물을 전혀 사용할 수 없을 경우에는 임차인은 차임전부의 지급을 거절할 수 있으나 수선의무불이행으로 인하여 부분적으로 지장이 있는 상태에서 그 사용수익이 가능할 경우에는 그 지장이 있는 한도 내에서만 차임의 지급을 거절할 수 있을 뿐 그 전부의 지급은 거절할 수 없는 것이므로 위 한도를 넘는 차임의 지급거절은 채무불이행이 된다 할 것이다.

원심이 같은 취지에서 피고가 위 지하실 부분을 원래의 목적으로 사용할 수 없게 된 1984. 7. 이후의 차임미지급부분에 대하여도 약정지연손해금을 지급할 의무가 있다고 판시하고, 비록 원고가 당초에 약정한 전세권설정등기를 경료하여 주지 아니하였거나 상수도시설을 하여 주지 아니한 계약위반사실이 있었다 하더라도 피고가 이를 이유로 계약을 해제하거나 손해배상을 청구함은 별론으로 하고 이 사건 건물을 사용수익한 이상 이에 대한 차임지급의무와 그 이행지체에 따른 책임을 면할 수 없다고 판단한 것은 정당하고 거기에 소론과 같은 법리오해나 신의성실의 원칙에 위반된 잘못이 있다 할 수 없다. 논지는 이유 없다.

제 3 점에 대하여,

원심은 이 사건에서 감액할 차임에는 보증금의 해당부분이 포함되어 있으므로 임대보증금 중 지하실부분에 해당하는 금원에 대한 임대차 기간 동안 월 3푼의 이자는 당연히 감액될 차임에 포함시켜 산정하여야 한다는 피고의 주장에 대하여, 이 사건 건물의 지하실 부분의 사용불능으로 인하여 그 차임의 차액이 감액된 이상 보증금 중 지하실 부분 상당액의 반환청구나 그 지연손해금청구는 허용될 수 없다 하여 위 주장을 배척하고 있는바, 기록에 의하여 살펴보면 원심의 위 조치에 수긍이 가고 거기에 보증금의 성질에 관한 법리오해나 심리미진의 위법이 없다.

제 4 점에 대하여,

원심판결 이유에 의하면, 원심은 원고의 계약위반에 따른 이 사건 임대차계약의 계약금 20,000,000원 상당의 위약금을 원고가 지급하여야 한다는 피고의 상계항변에 대하여, 계약금은 이른바 해약금의 성질을 가지는 것으로서 당사자간에 특단의 사정이 없는 한 이를 위약금으로 볼 수 없다 하여 위 주장을 배척하였다.

그러나 원심이 채용한 이 사건 건물임대차계약서(갑제 1 호증, 을제 1 호증과 같다) 제11조에 의하면, 본 계약내용은 상호 충실하게 이행키로 하며 만약 갑(원고)이 이행치 못할시는 계약금의 2배를 변상하고 을(피고)이 이행치 못할 시는 계약금은 무효가 되고 갑의 손해를 배상해야 한다고 규정하여 위약금약정을 한 사실을 알 수 있다.

그러함에도 원심은 이 사건 계약금은 해약금의 성질을 가질 뿐 위약금의 약정으로 볼 수 없다고 판단한 것은 위약금의 성질을 오해하거나 특별한 사정에 대한 심리를 제대로 하지 아니한 위법이 있다 할 것이니 이 점을 지적하는 논지는 이유 있다.

피고가 원심에서 주장한 채무불이행으로 인한 손해배상청구에 대하여는 원심이 모두 판단하고 있음을 알 수 있으므로 이에 대한 판단유탈이 있다는 논지는 이유 없다.

제 5 점에 대하여,

원심은 이 사건 건물의 준공이 약정기일보다 54일이나 지연됨으로써 피고가 그 동안 병원을 운영하지 못한 데 따른 수입상실금지급청구에 대해, 피고가 이 사건 건물입주이후 약정된 3년의 임대차 기간 동안 위 건물을 사용, 수익하였음이 인정되는 이상 건물의 준공 및 입주가 다소 지연되었다는 점만으로는 그 기간에 상당한 영업수입이 원고의 책임 있는 사유로 인하여 상실되었다고 볼 수 없다 하여 이를 배척하였다.

그러나 원심이 채용한 위 임대차계약서 내용에 의하면, 피고가 이 사건 건물을 병원용도로 임차한다는 것을 그 계약내용으로 하고 있음을 알 수 있으므로 위 건물의 입주가 약정기일 보다 54일이나 지연되어 피고가 그 동안 병원업을 하지 못하였다면 이로 인한 영업수익손실이 없었다고 단정할 수 없음에도 불구하고 원심은 만연히 다소 지연된 점만으로는 원고에게 귀책사유가 없다고 판단한 것은 채무불이행으로 인한 손해의 법리를 오해한 위법이 있다 할 것이니 이 점을 지적하는 논지는 이유 있다.

제 6 점에 대하여,

원심판결 이유에 의하면, 원심은 피고가 원고에게 지급한 공사지원금 12,500,000원은 원고가 이를 권리금으로 인정하여 건물명도시 임대보증금과 함께 피고에게 반환하여 주기로 약정하였다는 피고의 주장에 대해, 위 공사지원금에 대하여는 이 사건 임대차계약이 종료되고 이 사건 건물이 병원으로서 제 3 자에게 다시 임대될 경우 이를 권리금으로 인정하여 주기로 원·피고 사이에 약정된 사실은 인정되나 위 사실만 가지고서는 원고가 임대차계약의 종료로 건물을 명도받으면서 위 공사지원금을 직접 피고에게 반환하여 주기로 약정하였다고 볼 수 없다고 판시하고 있는바, 기록에 비추어 보아도 원심의 위 조치는 수긍이 가고 거기에 소론과 같은 권리금에 관한 법리오해의 위법이 없다.

기록에 의하면, 피고는 원심판결 중의 패소부분 전부에 관하여 상고하였으면서도 반소부분에 관하여는 상고이유를 개진하고 있지 않으므로 이 부분은 상고이유서의 제출이 있었다고 볼 수 없다.

그러므로 상고논지는 그 제 4 점 및 제 5 점에서 이유가 있으므로 원심판결의 본소에 관한 피고 패소부분 중 금원지급에 관한 부분을 파기하고 이 부분 사건을 원심법원에 환송하기로 하여 관여 법관의 일치된 의견으로 주문과 같이 판결한다.

질문

1. 이 판결에서 원고와 피고는 수선의무 및 그 불이행에 따른 차임지급거절권, 차임미지급을 이유로 하는 해지, 위약금, 손해배상 등의 쟁점과 관련하여 다양한 주장을 하여 대립하고 있다. 각각을 정리하고 당부를 판단해 보라.
2. 수선의무 불이행에 따른 차임지급거절권은 어떠한 근거로 정당화될 수 있는가?
3. 임대인에게 임차인의 주거의 안전을 배려하거나 도난을 방지하도록 할 보호의무는 일반적으로 인정될 수 있겠는가? (대판 1999. 7. 9, 99다10004 및 2012.

3. 29, 2011다107405 참조)

이와 관련하여 임차물의 수리를 요하거나 임차물에 대하여 권리를 주장하는 자가 있는 때에는 임차인은 지체 없이 임대인에게 이를 통지해야 하나, 임대인이 이를 이미 안 때에는 그러하지 아니하다(제634조).

(2) 임차인의 의무

임차인은 계약 또는 그 목적물의 성질에 의하여 정하여진 용법으로 임차목적물을 사용수익해야 하며, 이를 위반한 때에는 임대인은 임대차를 해지할 수 있다(제654조, 제610조 제 1 항, 제 3 항).

2. 부동산임차권의 대항력

앞서 일정한 경우 임대차의 효력을 제 3 자에게 주장할 수 있는 가능성을 인정할 필요가 있을 수 있음을 언급하였다. 이렇게 계약의 당사자 아닌 제 3 자, 특히 목적물의 양수인(경락인)이나 점유를 내용으로 하여 반환청구권을 가지는 제한물권을 설정받은 사람에 대하여 예외적으로 임차권을 관철할 수 있는 효력을 대항력이라고 한다.

(1) 민법상 부동산임차권의 대항력

우리 민법은 부동산임대차의 경우 다음과 같은 요건하에서 임차권에 대항력을 부여하고 있다.

(가) 부동산임차인은 당사자들 사이에 반대약정이 없으면 임대인에 대하여 그 임대차등기절차에 협력할 것을 청구할 수 있고, 부동산임대차를 등기한 때에는 그때로부터 제 3 자에 대하여 효력이 생긴다(제621조, 부등 제 3 조 제 8 호, 제74조).[3] 그러나 실제로는 당사자들 사이에 반대약정을 하여 등기의무를 배제하는 경우가 매우 많아 이 규정의 의의는 그다지 크지 않다.

(나) 건물의 소유를 목적으로 한 토지임대차는 이를 등기하지 아니한 경우에도 임차인이 그 지상 건물을 등기한 때에는 제 3 자에 대하여 임대차의 효력이 생긴다(제622조 제 1 항). 다만 건물이 임대차기간 만료 전에 멸실 또는 후

3) 그 밖에 주택이나 상가건물의 임차권은 이를 등기함으로써 임차인이 보증금반환채권의 우선변제권도 취득한다(주임 제 3 조의4 제 1 항, 제 3 조의3 제 5 항, 상임 제 7 조 제 1 항, 제 6 조 제 5 항). 자세한 내용은 제 4 편 제 2 장 Ⅲ. 4. 참조.

폐한 때에는 그 효력을 상실한다(동조 제 2 항). 이는 타인의 토지 위에 건물을 소유한 임차인을 위하여 건물의 존립을 보호하고자 위한 규정이나, 타인 토지에 건물을 소유하는 것을 기피하는 관행상 의미가 반드시 큰 것은 아니다. 판례는 임대인으로부터의 양수인이 임차인의 건물등기보다 먼저 토지취득등기를 한 경우 토지양수인에게 임차인은 대항력을 가지지 못한다고 하며(대판 1965. 12. 21, 65다1655), 건물이 양도된 경우 건물양수인은 임대인인 토지소유자의 동의를 얻어 전소유자의 임차권을 적법하게 양수한 경우에만(제629조 참조) 전소유자의 임차권으로 토지임대인이나 토지의 제 3 취득자에게 대항할 수 있다고 한다(대판 1966. 9. 27, 66다1224).

(2) 주택임차권의 대항력

주택임대차보호법은 제 3 조에서 주택임대차권의 대항력을 규율한다. 이에 의하면 임대차는 그 등기가 없는 경우에도 임차인이 주택의 인도와 주민등록을 마친 때에는 그 다음 날부터 제 3 자에 대하여 효력이 생기며, 이 경우 전입신고를 한 때 주민등록이 된 것으로 본다(주임 제 3 조 제 1 항; 상가건물 임대차에서 인도와 사업자등록을 대항력의 요건으로 하는 상임 제 3 조도 참조; 외국인 또는 외국국적동포에 대해서는 대판 2016. 10. 13, 2014다218030 참조).

(가) 인도는 점유의 이전을 말하며, 여기서 말하는 인도는 직접점유의 이전인 현실인도 외에도 간이인도, 반환청구권의 양도, 간접점유 등에 의한 점유이전도 포함한다고 해석되고 있다. 물론 거주하지 않는 간접점유자는 주민등록법상 요건의 흠결로 주민등록이 무효이므로 대항력이 없을 것이지만(대판 2001. 1. 19, 2000다55645), 적법한 전대가 있고 전차인이 주민등록을 갖춘 경우에는 임차인은 간접점유자로서 대항력이 있다고 볼 것이다. 또한 임차인 본인 외에도 그 배우자나 자녀 등 가족에 대해 주민등록이 갖추어진 경우도 포함되며(대결 1995. 6. 5, 94마2134), 임차인이 점유보조자에 의해 주택을 점유하는 경우 그 점유보조자의 주민등록이 있으면 대항력을 취득한다(대판 1987. 10. 26, 87다카14). 또한 열쇠나 비밀번호가 제공되는 등 점유가 이전되면 충분하므로, 완전히 이사하여 거주할 필요는 없다(대판 2017. 8. 29, 2017다212194).

[2] 주택임대차의 대항력: 대판 1988. 4. 25, 87다카2509

[주 문] 상고를 기각한다. 상고비용은 원고의 부담으로 한다.

[이 유]

1. 상고이유 제1, 4, 5점에 대하여,

주택임대차보호법 제 3 조 제 1 항에 의한 대항력을 갖춘 주택임차인이 임대인의 동의를 얻어 적법하게 임차권을 양도하거나 전대한 경우에 있어서 양수인이나 전차인이 임차인의 주민등록퇴거일로부터 주민등록법상의 전입신고기간 내에 전입신고를 마치고 주택을 인도받아 점유를 계속하고 있다면 비록 위 임차권의 양도나 전대에 의하여 임차권의 공시방법인 점유와 주민등록이 변경되었다 하더라도 원래의 임차인이 갖는 임차권의 대항력은 소멸되지 아니하고 동일성을 유지한 채로 존속한다고 보아야 한다.

왜냐하면, 주택임대차보호법 제 3 조 제 1 항에 의한 임차권의 대항력은 그 공시방법인 점유와 주민등록의 계속을 그 존속요건으로 하고 있는데(당원 1987. 2. 24. 선고 86다카1695 판결 참조) 임대인의 동의가 있는 양수인이나 전차인은 그 점유와 주민등록으로 원래의 임차권에 대한 공시방법에 갈음할 수 있어 그 임대차자체에 대한 공시방법은 계속된다고 보지 못할 바 아니고 또 위와 같이 공시방법의 변경에 따른 대항력의 존속을 인정한다 하여 이미 원래의 임대차에 의한 대항을 받고 있는 제 3 자에게 그 이상의 불이익을 주는 것이 아닌 반면에 위와 같이 해석하는 것이 임차인으로 하여금 양도나 전대에 의한 임차보증금 등의 회수를 용이하게 할 수 있어 주택임차인의 주거생활의 안정을 보호하려고 하는 주택임대차보호법의 취지에도 부합하는 것이기 때문이다.

따라서 원심이 위 그 증거에 의하여 판시 주택에 관하여 주택임대차보호법에 의한 대항력을 갖추고 있던 임차인인 소외 정현도가 임대인인 소외 현성호의 동의를 얻어 그 주택을 피고에게 판시와 같은 내용으로 전대하여 전차인인 피고가 위 정현도의 퇴거 이전에 주민등록의 전입신고를 마치고 주택을 인도받아 점유를 계속해 오고 있는 사실을 확정한 다음 위 정현도의 전대에 따른 주민등록의 퇴거와 점유의 이전에 불구하고 그 대항력이 전대이후에도 존속되고 있다고 판단한 것은 정당하고 거기에 주장한 바와 같은 채증법칙을 위배하였거나 주택임대차보호법상의 임차권의 대항력에 관한 법리를 오해한 위법이 있다 할 수 없다. 주장은 이유 없다.

2. 상고이유 제2, 3점에 대하여,

이와 같이 이 사건 주택의 임차인인 위 정현도가 이를 피고에게 전대한 이후에도 그의 임차권의 대항력이 소멸되지 아니하고 그대로 존속하고 있다면 위 정현도는 그의 임차권의 대항력을 취득한 후에 경료된 근저당권의 실행으로 소유권을 취득하게 된 원고에 대하여 임대보증금 반환청구권에 기한 동시이행 항변권을 행사하여 그 반환을 받을 때까지는 위 주택을 적법하게 점유할 권리를 갖게 되는 것이고, 따라서 그로부터 위 주택을 전차한 피고 또한 그의 동시이행 항변권을 원용하여 위 정현도가 보증금의 반환을 받을 때까지 위 주택을 적법하게 점유, 사용할 권리를 갖게 된다 할 것이므로 원심이 이와 같은 취지에서 피고의 위 주택명도 의무와 위 정현도의 보증금반환청구권이 동시이행관계에 있는 것으로 판단한 것은 정당하고 거기에 주장하는 바와 같은 주택임대차 및 전대차관계에 있어서의 동시이행에 관한 법리나 전차인의 건물명도 의무에 관한 법리를 오해한 위법이 있다 할 수 없다. 주장은 이유 없다.

3. 상고이유 제 6 점에 대하여,

비록 소외 현성호가 이사건 주택을 양수하고서도 이를 위 정현도에게 임대한 후에 위 주택에 대한 이전등기를 마쳤다 하더라도 위 정현도에 대한 임대는 그 주택을 적법하게 관리처분할 수 있는 권원에 의하여 한 것이라고 추인하지 못할 바 아니므로 원심이 위 주택을 임대할 때 임대인인 위 현성호에게 그 주택을 소유권이 있었느냐의 여부에까지 심리하지 아니하였다 하여 위 임대차계약이 적법하다고 본 원심의 판단을 달리할 수는 없다 하겠다. 주장은 이유 없다.

4. 그러므로 상고를 기각하고, 상고비용은 원고의 부담으로 하여 관여법관의 일치된 의견으로 주문과 같이 판결한다.

질문

1. 사실관계를 재구성하고, 원고와 피고의 주장 및 근거를 정리해 보라. 원고의 청구가 그대로 관철되지 못한 이유는 무엇인가?
2. 이 사건에서 주택임대차보호법 제 3 조의 적용여부에 의문이 있었던 것은 사실관계의 어떠한 특징 때문인가? 대법원은 어떠한 이유를 들어 피고의 주장을 받아들이고 있는가?
3. 마찬가지 법리에 의할 때 임차인이 점유보조자(특히 가족구성원, 피용자 등)에 의하여 주택을 직접점유하는 경우에도 그 점유보조자의 주민등록이 있으면 대항력을 취득할 것인가? (대판 1987. 10. 26, 87다카14 참조).

(나) 법률은 대항력 발생요건으로 인도 외에 주민등록을 요구하며, 이 경우 전입신고를 한 때 주민등록이 된 것으로 간주한다(주임 제 3 조 제 1 항). 판례

는 주민등록을 임대차의 공시방법이라고 파악하는 입장을 보이고 있으며(대판 1987. 11. 10, 87다카1573 등),[4] 그 결과 특히 아직 공부상으로 확정적 표지(지번, 동·호수 등)가 주어지지 아니한 주택에의 전입신고가 행하여지거나 등기상 표지와 불일치한 표시로 전입신고가 행하여진 경우에는, 후에 발생한 등기부상의 제 3 자와의 관계에서 공시방법인 주민등록요건을 갖추지 못하였다고 인정되는 예가 적지 않다(대판 1990. 5. 22, 89다카18648; 1996. 3. 12, 95다46104; 1996. 4. 12, 95다55474 등). 그러나 주민등록의 제도목적상(주등 제 1 조 참조) 이를 주택임대차의 공시수단으로 파악할 수는 없으므로 단지 임차인이 주택을 인도받은 사실을 객관적으로 명확하게 하기 위한 보조적 수단에 불과한 것으로 이해할 것이다. 일반적으로 이해관계인이 주민등록의 열람을 통하여 권리관계를 확인하는 일이 빈번한지 의문이며, 그러한 확인은 실제 목적물을 둘러보는 것에 의하여 행하여진다고 보인다(그리고 이는 인도 여부를 확인하기 위하여서 어차피 필요하다).

(다) 판례는 주택의 점유와 주민등록을 대항력의 존속요건이라고 해석한다(대판 1987. 2. 24, 86다카1695; 앞의 재판례 [2] 참조). 즉 두 가지가 중단 없이 지속되어야만 대항력이 유지된다. 그 결과 대항력의 취득 후에 주민등록을 다른 곳으로 옮기거나 주택을 타인에게 인도하면 대항력이 상실되어, 이후 주택을 양수한 제 3 자에게 임대차를 대항할 수 없다. 그러나 일단 대항력에 기하여 주택의 양수인에 대하여 보증금반환채권을 취득한 이후에는 주민등록을 옮긴다고 하여 이미 취득한 보증금반환채권이 상실되는 것은 아니며(대판 1993. 12. 7, 93다36615), 또한 가족의 주민등록을 그대로 둔 채 임차인만 주민등록을 일시 다른 곳으로 옮긴 후 다시 전입신고하여 경매개시결정 당시에는 주민등록이 임차주택에 있었던 경우라면 전체적으로나 종국적으로 주민등록의 이탈이라고 볼 수 없는 만큼 임대차의 제 3 자에 대한 대항력을 상실하지 아니한다고 한다(대판 1996. 1. 26, 95다30338).

(라) 주택의 공동임차인이 있는 경우, 그 중 한 사람이라도 요건을 충족하면 대항력은 임대차 전체에 미친다(대판 2021. 10. 28, 2021다238650; 주임 제 3 조 제 2 항, 제 3 항 참조). 그에 따라 예컨대 임차 건물이 양도되어도 보증금반환채

4) 이는 상가건물 임대차에 대해서도 마찬가지로, 판례는 사업자등록에 공시된 차임과 실제 차임이 다른 경우 전자를 기준으로 환산 보증금액을 판단해야 한다고 한다(2013. 8. 13. 개정 전 상임 제 2 조 제 1 항에 대해 대판 2016. 6. 9, 2013다215676).

권무는 전부가 양수인에게 이전되고, 이는 공동임대차인 사이에 임대차보증금 반환의 지분을 정한 때에도 다르지 않다.

(3) 대항력의 내용

이상의 요건이 충족되면 그때(제621조 제 2 항) 또는 그 다음날(주임 제 3 조 제 1 항 제 1 문, 상임 제 3 조 제 1 항)부터 "제 3 자에 대하여 효력이 생긴다."

(가) 당연히 이러한 발생요건이 갖추어져 임차인이 대항력을 취득하기 이전에 발생한 제 3 자에 대해서는 대항력을 주장할 수 없다. 경락인과의 관계에서는 가압류·압류·저당권설정 등 그 경락인의 권리취득 기준사실이 발생한 때가 기준이 된다(대판 1983. 4. 26, 83다카116 참조). 다만 여기서 주택임대차보호법상의 대항력은 그 요건을 갖춘 "그 다음날부터" 발생하므로(주임 제 3 조 제 1 항), 대항력요건을 갖춘 당일 발생한 제 3 자에 대하여는 대항력이 없다는 것에 주의해야 한다. 또한 제 1 순위 저당권이 설정된 이후 임차인이 대항력을 갖추고 이후 제 2 순위 저당권이 설정된 이른바 중간임차인 사안에서도, 우리 민사집행법이 저당권에 대하여 이른바 소제주의를 취하고 있어 제 2 순위 저당권의 신청에 의한 경매절차에서 제 1 순위 저당권도 소멸해야 하므로(민집 제91조 제 2 항), 제 1 순위 저당권 설정 이후에 대항력을 취득한 임차인은 경락인에게 대항할 수 없다(대판 1987. 2. 24, 86다카1936).

(나) 임대차 목적물이 양수된 경우 양수인에 대한 관계에서 대항력은 임대차관계의 법정승계의 형태로 실현된다. 임차주택의 양수인(그 밖에 임대할 권리를 승계한 자를 포함)은 임대인의 지위를 승계한 것으로 본다. 임대인의 상속인도 이에 해당함은 물론이다(대판 2021. 1. 28, 2015다59801). 주택임대차보호법(주임 제 3 조 제 4 항; 상임 제 3 조 제 2 항도 참조)은 이를 명문으로 밝히고 있으며, 통설은 임대차 일반에 대하여 제621조 제 2 항을 근거로 같은 결론을 인정한다.

(a) 여기서 말하는 양수인은 미등기건물의 사실상 양수인을 포함하지만(대판 1987. 3. 24, 86다카164), "종국적·확정적 소유자"가 아닌 양도담보권자는 제외된다는 것이 판례이다(대판 1993. 11. 23, 93다4083). 그리고 선순위저당권이 있어도 경락인이 아닌 단순양수인은 이에 포함된다(대판 1996. 2. 27, 95다35616). 더 나아가 임대차관계가 종료한 이후이더라도 아직 보증금이 반환되지 않은 동안에는 임대차관계가 존속하는 것으로 간주되므로, 그동안의 양수인에 대해

서도 대항력을 주장할 수 있다(주임 제 4 조 제 2 항, 상임 제 9 조 제 2 항 참조; 제621조, 제622조에서도 같다).

(b) 대항력 있는 임대차는 양수인에게 법정승계된다. 즉 양수인의 동의 등 당사자의 합의가 없더라도 임대차의 계약당사자 지위가 그에게 이전하여, 양수인은 이제 임대인과 동일한 권리의무를 부담한다. 이러한 법정승계는 양수인이 대항력 있는 임차권의 존재를 알았는지 여부와 무관하다(다만 선의의 양수인은 매도인의 담보책임을 물을 수 있을 것이다, 제575조 제 2 항, 제578조, 주임 제 3 조 제 5 항, 상임 제 3 조 제 3 항). 이러한 법정승계의 결과 양수인은 임대인으로서 임대차관계가 존속하는 동안에는 임차인에 대하여 소유권을 행사하여 목적물의 반환을 청구하지 못한다. 이 한도에서 매매는 임대차를 깨뜨리지 아니한다.

더 나아가 양수인은 보증금반환의무도 승계한다(앞의 재판례 [2] 참조). 물론 승계 시점까지 발생한 임대인의 채권은 당연 공제하고 승계된다. 그 결과 원래의 임대인은 보증금반환의무로부터 면책된다(대판 1987. 3. 10, 86다카1114; 1989. 10. 24, 88다카13172; 그의 동의로 질권이 설정된 경우에도 마찬가지이다, 대판 2018. 6. 19, 2018다201610). 또한 양수인이 보증금을 임차인에게 반환한 경우에 이는 그의 채무를 이행한 것이고, 비록 위의 담보책임을 물을 수는 있을지언정, 종전의 임대인에 대하여 부당이득을 이유로 보증금 상당액의 반환을 청구할 수는 없다(대판 1993. 7. 16, 93다17324) 더 나아가 임대차관계가 종료하여도 임차인은 임대인의 목적물반환청구에 대하여 보증금반환청구권에 기한 동시이행의 항변을 할 수 있다.

반면 양수인은 임대인의 자격으로 승계시점부터의 기간에 대한 차임채권을 취득한다. 차임의 액수는 물론, 지급의 시기와 방법, 차임증감의 특약 등에 관한 약정도 승계한다. 반면 승계시점 이전의 차임채권이나 승계 전에 발생한 손해배상채권은 승계되지 아니하며, 이는 양도인인 전임대인에게 귀속해야 한다(상가건물 임대차에서 연체차임에 대해 대판 2017. 3. 22, 2016다218874; 더 나아가 이 판결은 대항력에 의해 승계된 임대차가 종료될 때에는, 양수인이 가지는 연체차임뿐만 아니라 승계 이전의 연체차임도 당연히 공제된다고 하며, 그 근거를 당사자들의 의사나 거래관념에서 찾는다). 이미 발생한 해지권(가령 제640조)의 승계에 대해서는 아래 Ⅲ. 4. (1) (라) 참조.

[3] 보증금반환채권이 가압류된 경우 제 3 채무자 지위의 승계: 대판(전) 2013. 1. 17, 2011다49523

[주 문] 원심판결을 파기하고, 사건을 서울서부지방법원 합의부에 환송한다.

[이 유] 상고이유를 판단한다.

1. 주택임대차보호법상 임대인의 지위 승계가 임대차보증금반환채권 가압류에 미치는 효력에 관한 법리

주택임대차보호법 제 3 조 제 3 항은 같은 조 제 1 항이 정한 대항요건을 갖춘 임대차의 목적이 된 임대주택(이하 '임대주택'은 주택임대차보호법의 적용대상인 임대주택을 가리킨다)의 양수인은 임대인의 지위를 승계한 것으로 본다고 규정하고 있는바, 이는 법률상의 당연승계 규정으로 보아야 하므로, 임대주택이 양도된 경우에 그 양수인은 주택의 소유권과 결합하여 임대인의 임대차 계약상의 권리·의무 일체를 그대로 승계하며, 그 결과 양수인이 임대차보증금반환채무를 면책적으로 인수하고, 양도인은 임대차관계에서 탈퇴하여 임차인에 대한 임대차보증금반환채무를 면하게 된다(대법원 1987. 3. 10. 선고 86다카1114 판결, 대법원 2004. 4. 16. 선고 2003다58010 판결 등 참조).

나아가 임차인에 대하여 임대차보증금반환채무를 부담하는 임대인임을 당연한 전제로 하여 그 임대차보증금반환채무의 지급금지를 명령받은 제 3 채무자의 지위는 임대인의 지위와 분리될 수 있는 것이 아니므로, 임대주택의 양도로 임대인의 지위가 일체로 양수인에게 이전된다면 채권가압류의 제 3 채무자의 지위도 임대인의 지위와 함께 이전된다고 볼 수밖에 없다.

한편 주택임대차보호법상 임대주택의 양도에 양수인의 임대차보증금반환채무의 면책적 인수를 인정하는 이유는 임대주택에 관한 임대인의 의무 대부분이 그 주택의 소유자이기만 하면 이행가능하고 임차인이 같은 법에서 규정하는 대항요건을 구비하면 임대주택의 매각대금에서 임대차보증금을 우선변제받을 수 있기 때문인데, 임대주택이 양도되었음에도 그 양수인이 채권가압류의 제 3 채무자의 지위를 승계하지 않는다면 가압류권자는 장차 본집행절차에서 그 주택의 매각대금으로부터 우선변제를 받을 수 있는 권리를 상실하는 중대한 불이익을 입게 된다.

이러한 사정들을 고려하면, 임차인의 임대차보증금반환채권이 가압류된 상태에서 임대주택이 양도되면 양수인이 채권가압류의 제 3 채무자의 지위도 승계하고, 가압류권자 또한 임대주택의 양도인이 아니라 양수인에 대하여만 위 가압류의 효력을 주장할 수 있다고 보아야 한다.

2. 이 사건에 관한 판단

가. (1) 원심판결의 이유와 기록에 의하면, ① 소외 1(이하 '임차인'이라 한다)은 2002. 4. 7. 소외 2로부터 안산시 상록구 (이하 생략) 다가구주택 202호(이하 '이 사건 임대주택'이라 한다)를 임대차보증금 3,000만 원으로 정하여 임차한 다음, 2002. 5. 23. 전입신고를 하고 거주한 사실, ② 소외 3이 2002. 11. 11. 소외 2로부터, 소외 4가 2003. 11. 3. 다시 소외 3으로부터 이 사건 임대주택의 소유권을 순차로 이전받아 임차인에 대한 임대인의 지위도 순차로 승계한 사실, ③ 원고는 2005. 5. 31. 가압류채무자를 임차인, 제 3 채무자를 소외 4로 하여 임차인의 소외 4에 대한 임대차보증금반환채권에 대하여 채권가압류결정을 받았고, 그 결정이 2005. 6. 20. 소외 4에게 송달된 사실, ④ 피고는 2007. 8. 2. 소외 4로부터 이 사건 임대주택의 소유권을 이전받아 임대인의 지위를 승계한 후, 2007. 10. 10. 임차인에게 임대차보증금 3,000만 원을 반환한 사실, ⑤ 그 후 원고는 임차인에 대한 구상금 청구소송의 확정판결을 집행권원으로 하여 2009. 11. 26. 채무자를 임차인, 제 3 채무자를 피고로 하여 위 가압류를 본압류로 이전하는 채권압류 및 추심명령을 받았고, 그 명령이 2009. 11. 30. 피고에게 송달된 사실을 알 수 있다.

(2) 원고가 임차인에 대한 추심채권자로서 피고를 상대로 이 사건 추심금 청구소송을 제기하여 임대차보증금의 반환을 구한 데 대하여, 원심은 위 채권가압류결정은 채권자인 원고와 채무자인 임차인, 제 3 채무자인 소외 4 사이에서만 효력이 있을 뿐, 소외 4로부터 이 사건 임대주택을 양수한 피고에 대하여는 그 효력이 미치지 않는다고 하여 원고의 청구를 배척하였다.

나. 그러나 이러한 원심의 판단은 옳지 않다.

앞서 본 법리에 비추어 보면, 이 사건 채권가압류의 효력은 이 사건 임대주택의 양수인으로서 임대인의 지위 일체를 승계한 피고에게 미친다고 할 것이다.

그럼에도 이와 달리 보아 원고의 청구를 배척한 원심판결은 주택임대차보호법상의 대항요건을 갖춘 임대차에서 임차인의 임대차보증금반환채권이 가압류된 후 임대주택이 양도된 경우의 채권가압류의 효력에 관한 법리를 오해하여 판단을 그르친 것이다. 상고이유로 이 점을 지적하는 원고의 주장은 정당하다.

3. 결 론

그러므로 원심판결을 파기하고, 사건을 다시 심리·판단하게 하기 위하여 원심법원에 환송하기로 하여, 주문과 같이 판결한다. [···]

4. [···] 반대의견

가. 다수의견은 임차인의 임대차보증금반환채권이 가압류된 상태에서 주택

임대차보호법의 적용대상인 임대주택이 양도되면 양수인이 당연히 채권가압류의 제 3 채무자 지위도 승계한다고 보고 있다.

그러나 이러한 다수의견의 견해는 ① 금전채권에 대한 집행에 관한 민사집행법의 일반원리에 어긋날 뿐만 아니라, ② 실제 적용에서도 부당한 결과에 이르거나 해결하기 어려운 문제를 낳게 되며, ③ 이는 다른 무엇보다도 주택임대차보호법에 대한 지나치게 경직된 이해에서 비롯된 것이라고 보여 그에 찬성할 수 없다.

나. 먼저 다수의견은 임대주택의 양도에 따른 임대차관계의 이전이라는 실체법적 문제와 위 양도가 임차인의 채권자에 의한 임대차보증금반환채권에 대한 압류 또는 가압류에 미치는 영향이라는 집행법적 문제를 구분 없이 혼동하고 있는 것으로 보인다.

다수의견이 지적하는 바와 같이 주택임대차보호법 제 3 조 제 3 항은 주택임대차보호법의 적용대상인 임대주택의 양수인이 임대인의 지위를 승계한 것으로 본다고 규정하고 있으므로, 그러한 임대주택이 양도된 경우에 임대주택의 양수인은 임대차보증금반환채무를 포함한 임대인의 실체법상의 권리·의무 일체를 그대로 승계하고 양도인은 임대차관계에서 탈퇴하게 된다. 그러나 위와 같은 임대차관계의 이전이 발생하기 전에 임차인의 채권자의 신청으로 임대차보증금반환채권이 압류 또는 가압류된 경우에는 위와 같은 실체법상의 권리변동에도 불구하고 압류 또는 가압류에 본질적으로 내재한 처분금지 및 현상보전의 효력 때문에 당사자인 집행채권자, 집행채무자, 제 3 채무자의 집행법상 지위는 달라지지 않는다. 우리의 민사집행법은 금전채권에 대한 집행에서 당사자의 처분행위에 의한 제 3 채무자 지위의 승계라는 관념을 알지 못하며 오로지 압류 또는 가압류의 처분금지효력을 통하여 집행채권자로 하여금 당사자의 처분행위에 구애받지 않고 당초 개시하거나 보전한 집행의 목적을 달성할 수 있게 할 뿐이다.

비록 임대주택의 양도에 따른 임대인 지위의 승계가 주택임대차보호법 제 3 조 제 3 항에 기초한 법률상 당연승계라고는 하나 이는 명백히 임대주택에 관한 양도계약 당사자의 처분의사에 기초한 것으로서, 다수의견은 결국 당사자의 처분행위로 인하여 집행법원이 이미 발령한 가압류명령 또는 압류명령의 수범자와 효력이 달라질 수 있다고 보는 셈인데, 우리 민사집행법이 이를 용인하고 있다고 볼 어떠한 근거도 없다. 물론 제 3 채무자가 사망하거나 합병으로 소멸하는 경우에는 그 상속인이나 합병 후 존속회사 또는 신설회사에게 압류나 가압류의 효력이 미친다고 보아야 할 것이나, 이는 위와 같은 사망 또는 합병의 경우 그 결과로 제 3 채무자의 법인격이 소멸하게 되므로 그 법인격의 승계를 전제로 압류나 가압류의 현상보전의 효력을 존속시키기 위함인데, 이 사건과 같은 임대주택의 양도의 경우에는 그 양도인의 법인격이 엄연히 존속하고 있으므로 사망이나 합병의 경우와 같은 법인격 승계의 문제는 발생하지 아니하고, 오히려 그 효력의 승계를 인정하지 아니하는 것이 압류나 가압류의 본래 효력인 현상보전의 취지에 맞다.

다. 다수의견의 견해를 법리로서 적용할 경우 여러 부당한 결과와 해결하기 어려운 문제를 피할 수 없다.

앞서 본 대로 우리 민사집행법은 금전채권에 대한 집행에서 당사자의 처분행위에 의한 제 3 채무자 지위의 승계라는 관념을 알지 못하기 때문에 임대주택의 양도가 발생했을 때 이를 민사집행법의 체계로 편입하는 절차를 전혀 두고 있지 않다. 따라서 임대주택의 양수인은 집행법원으로부터 압류나 가압류의 존재 및 그 내용에 관하여 어떠한 통지도 받지 못하며, 집행법원 스스로 임대주택의 양도사실을 알 수도 없을 뿐만 아니라, 설령 집행채권자가 이를 집행법원에 알려 임대주택의 양수인에게 통지해 주도록 요청하더라도 이에 응할 수 있는 아무런 절차법적 근거가 없다.

결국 다수의견에 따르게 되면 주택임대차보호법의 적용대상인 임대주택을 양수하고자 하는 자는 스스로의 책임과 부담하에 임대차보증금반환채권에 관한 압류나 가압류의 존부와 내용을 조사하여 파악할 수밖에 없는데, 임대주택의 양도가 빈번히 발생하는 우리의 현실과 종전 임대인인 양도인이 매매계약의 체결 등이 무산될 것을 염려하여 압류나 가압류의 존부와 내용에 관하여 묵비할 가능성이 상존하는 점에 비추어 위와 같은 양수인에 대한 조사의무의 부과가 상당한 거래비용의 증가로 이어지리라는 점은 충분히 예상할 수 있다. 더욱이 경매에 의한 주택 취득의 경우에는 매수인이 종전 소유자로부터 압류나 가압류의 존부나 내용에 관하여 고지받는다는 것을 아예 기대조차 하기 어렵다. 뿐만 아니라 대부분의 주택 매매에 부동산 중개인들이 관여하는 현실에 비추어 그 중개인과 사이에 압류나 가압류의 조사의무나 책임의 소재 및 범위를 둘러싸고 분쟁이 발생할 가능성도 적지 않다.

또한 임대주택이 전전양도되고 그 사이에 시기와 제 3 채무자를 달리하는 여러 압류 또는 가압류가 이루어진 경우 위와 같은 문제는 더욱 심각해진다. 이러한 경우 임대주택의 최종 소유자가 집행공탁을 통하여 임대차보증금반환채무를 면하려면 현재 임차인이 최초 거주할 당시부터의 임대주택 소유자를 모두 추적하여 그 소유자들을 제 3 채무자로 하는 압류나 가압류가 있었는지 여부 및 그 내용을 모두 파악하여야 하고, 그렇지 않고서는 공탁서에 일부 집행채권자에 관한 기재가 누락되는 것을 피할 수 없으며, 만일 그와 같이 일부 집행채권자가 누락되면 그 공탁금을 배당하여야 하는 집행법원으로서도 다른 집행채권자의 존부를 알 길이 없어 공탁서에서 누락된 집행채권자는 배당절차에서도 배제되게 되고, 결국 이를 둘러싼 손해배상책임의 공방으로 이어질 가능성이 크다.

아울러 다수의견에 따르면 집행법원은 임대차보증금반환채권에 관한 가압류를 본압류로 이전하는 압류명령을 발령할 때 제 3 채무자의 형식적 동일성을 확인하는 것을 넘어 집행채권자가 주장하는 임대주택의 양도 여부 및 그 효력 유무라는 실체법적 법률관계까지 심사하여야 할 부담을 지게 된다는 점도 지적하지 않을 수 없다.

한편 다수의견과 같이 임대주택의 양도로 인하여 집행법상 관계인인 제 3 채무자의 지위가 법률상 당연히 승계된다고 본다면 소송법상 당사자의 지위 또한 당연히 승계된다고 보아야 그 논리가 일관될 것인데, 이는 우리의 소송 실무와 전혀 맞지 않는 태도이다. 즉 임차인이 임대인을 상대로 임대차보증금반환청구소송을 제기하여 그 소송이 진행되는 도중에 임대인이 임대주택을 제 3 자에게 양도한 경우, 다수의견의 취지를 관철하면 단순히 실체법적 법률관계인 임대차보증금반환채무라는 소송물이 양수인에게 이전되는 것을 넘어 소송법상 당사자인 피고의 지위까지 당연히 양수인에게 이전된다고 보아야 할 것이고, 이 경우 민사소송법 제81조, 제82조에 따른 승계인의 소송참가나 소송인수의 절차가 아닌 당사자 사망에 관한 민사소송법 제233조나 법인의 합병에 관한 민사소송법 제234조의 규정을 유추하여 소송절차의 중단과 양수인에 의한 수계절차를 밟아야 하는 결과가 된다. 그리고 양도인이 소송과정에서 위와 같은 임대주택의 양도사실을 묵비하여 소송절차의 중단과 수계절차를 거치지 않은 채 양도인을 피고로 한 판결이 선고되도록 하고 그 패소판결이 확정된 경우에도, 양도인은 기판력의 시적 제한에 구애받지 않고 언제든지 임대주택의 양도사실을 내세워 패소당사자의 지위에서 벗어날 수 있게 된다. 다수의견이 이러한 결론까지 용인하려는 것인지는 알 수 없으나, 만약 이러한 견해가 아니라면 임대주택의 양도로 인한 권리실현과정에서 당사자 지위의 승계 여부와 관련하여 소송법과 집행법 사이에서 차이를 두어야 할 이유가 무엇인지 다시 궁금해진다.

라. 결국 다수의견은 주택임대차보호법의 적용대상인 임대주택이 양도된 경우 그 임대차보증금반환채무가 면책적으로 양수인에게 승계된다는 실체법적 법률관계에 관한 판례의 법리를 절차법적 법률관계에까지 제한 없이 확장하여 그 절차적 안정성을 해치는 결과를 용인하는 셈인데, 그와 같이 해석하여야 할 필요성이나 정당성을 찾기 어렵다.

아마도 다수의견은 임대주택을 양수하여 소유한 사람에게 압류나 가압류의 효력이 당연히 미친다고 보아야만 이 사건 원고와 같은 집행채권자의 이익이 보호된다고 생각하는 것 같다. 그러나 앞서 거듭 언급한 것처럼 우리 민사집행법은 오로지 처분금지효력을 통하여 집행채권자의 이익을 보호하고 있을 뿐이고, 그러한 보호 외에 주택임대차보호법의 적용대상인 임대주택의 임차인에 대한 채권자라고 하여 다른 절차법적 특혜를 부여할 이유는 없다.

즉 임대인이 임대차보증금반환채권에 관한 압류명령이나 가압류명령을 송달받은 이후에 임대주택을 양도함으로써 그의 임대차보증금반환채무가 소멸한 상태에서 형식적으로 제 3 채무자의 지위에 남아 있게 되면 그 집행채권자는 압류나 가압류의 실효를 거두지 못하는 불이익을 입게 되나, 이는 불확실한 장래의 금전채권 또는 조건부 금전채권을 집행대상으로 삼은 데 따라 집행채권자가 불가피하게 감수하여야 할 위험의 한 단면일 뿐, 임대차보증금반환채권에 대한 강제집행을 시도하는 채권자들에게만 국한된 특별한 문제가 아니다. 오히려 임대차보증금반환채권에 대한 강제집행을 시도하는 채권자들로서는 임대주택의 양수인을 상대로 새로운 집행절차를 개시할 수 있는 기회라도 남아 있다는 점에서 다른 금전채권에 대한 강제집행을 시도하는 채권자들에 비하여 훨씬 유리하다.

주택임대차보호법은 임차인을 보호하기 위한 것이지 임차인의 채권자를 보호하기 위한 것이 아니다. 다수의견은 주택임대차보호법의 특별법으로서 지위를 내세워 위와 같은 민사집행법의 일반원리를 벗어나 임대주택의 임대차보증금반환채권을 가압류한 채권자에게 특혜를 부여하는 것을 정당화하고 있으나, 다수의견이 논의의 출발점으로 삼고 있는 주택임대차보호법 제 3 조 제 3 항도 새로운 임대주택 소유자에 대한 임대인 지위의 당연승계를 통해 임차인의 계속 거주와 임대차보증금반환채권을 보장하는 데 그 입법 취지가 있다고 할 것인데, 위와 같은 임차인의 채권자에 대하여 다수의견과 같이 민사집행법상 특별한 지위를 부여한다고 하여 임차인 보호의 입법 취지가 더 충실하게 실현되는 것도 아니라면 다수의견과 같이 민사집행법의 기본원리에도 어긋나고 실제 운용에서도 부당한 결과를 피할 수 없는 해석을 택할 이유가 없다.

마. 이상에서 살펴본 바와 같이 다수의견에는 여러 가지 문제점이 있어 이에 동의할 수 없고, 상속이나 합병과 같은 당사자 지위의 포괄승계가 아닌 주택양수도로 인한 임대차보증금반환채무의 이전의 경우 이미 집행된 가압류의 제 3 채무자 지위는 승계되지 아니한다고 해석함이 타당하다. 같은 취지의 원심판결은 정당하고, 거기에 주택임대차보호법 제 3 조 제 3 항에 관한 법리를 위반한

위법은 없다.

그러므로 이상과 같이 다수의견에 대하여 반대하는 취지를 밝힌다.

5. […] 보충의견

[…] 반대의견은 임차인의 임대차보증금반환채권이 가압류된 후 주택임대차보호법의 적용대상인 임대주택이 양도된 경우에 양수인은 채권가압류의 제 3 채무자 지위를 승계하지 않으므로 양수인에게는 가압류의 효력이 미치지 않으며, 나아가 임대주택의 양도에 의하여 양도인은 임대차보증금반환채무를 면하므로 양도인을 상대로 한 가압류도 그 효력이 소멸한다는 것이다.

가. 반대의견의 주된 논거는 우선 민사집행법상 사망이나 합병으로 인하여 제 3 채무자의 법인격이 소멸할 경우에만 그의 지위가 타인에게 승계되는 것이 가능할 뿐 그 밖에 당사자의 처분행위에 의해서는 제 3 채무자의 지위 승계가 인정되지 않는데, 다수의견은 이러한 기본원리에 배치된다는 것이다.

그러나 민사집행법이 사망이나 합병으로 인하여 제 3 채무자의 법인격이 소멸할 경우에 그의 법률상의 지위가 타인에게 승계되는 것을 인정하는 것이 일반적이기는 하나, 그런 경우에 국한하여 지위의 승계를 인정하는 것은 아니며, 특별법에 의하여 지위 승계가 인정되는 것까지 부정하는 것은 아니다.

주택임대차보호법 제 3 조 제 3 항은 임대주택의 소유권이 양도된 경우에 임대인의 법률상의 지위가 일체로 양수인에게 이전됨을 선언하고 있다. 즉, 당해 임대주택의 임대차관계로부터 발생하는 모든 권리·의무관계가 양도인으로부터 양수인에게 승계되는 것이며, 이러한 법리를 그대로 승인하고 있는 것이 대법원판례의 확립된 입장이다. 따라서 임대주택의 양도 전에 존재하던 임대차계약의 법률관계가 그 모습 그대로 양수인과의 사이에서 존속한다. 이러한 법률효과는 실체법상으로는 물론이거니와 집행법상으로도 임대차계약의 당사자들에게 그대로 미친다고 보는 것이 합당하다. 그 이유는 다음과 같다.

일반적인 임대차에 있어서는 임대차보증금반환채권의 가압류 후에 임대인이 임대목적물을 타에 양도하더라도 임차인은 임대인에 대하여 여전히 임대차보증금반환채권을 가지고 임대인은 임차인에 대하여 임대차보증금반환채무를 그대로 부담하며, 임대목적물의 양수인은 임대차보증금반환채무를 부담하지 않는다. 따라서 가압류권자는 여전히 임대인에 대하여 자기의 가압류를 주장할 수 있다. 반면에 그 임대목적물이 주택임대차보호법의 적용을 받는 주택인 경우에는 이와 달리 임차인은 임대인에 대하여 임대차보증금반환청구를 할 수 없고 임대인은 임차인에 대하여 임대차보증금반환채무를 더는 부담하지 않으며, 오히려 양수인이 그 의무를 부담한다. 따라서 반대의견도 인정하듯이 가압류권자는 임대인에 대하여 자기의 가압류를 주장할 수 없다. 이처럼 달리 취급하는 이유는 임대주택의 양도로 인한 법률관계가 다른 일반적인 임대차의 경우와는 달리 포괄적으로 양수인에게 이전되는 데서 기인하는 것이다. 이와 같이 종전 제 3 채무자(즉, 종전 임대인)가 피압류채권에 대한 채무부담을 면하는 이유가 그 피압류채권의 채무자 지위의 포괄적 이전에 있다면, 그 가압류의 효력도 새로운 제 3 채무자(즉, 양수인)에게 그대로 승계된다고 하는 것이 보다 합리적이라 할 것이다.

한편 임대주택의 양도 전에 존재하던 임대차계약의 법률관계가 그 모습 그대로 양수인과의 사이에서 존속한다고 하여 양도인의 법인격이 소멸하는 것이 아님은 물론이다. 임대주택의 양도가 상속이나 합병과 다르다는 것은 상속이나 합병의 경우에는 임대주택에 관한 법률관계뿐만 아니라 그 밖의 다른 모든 법률관계도 포괄적으로 이전된다는 점에서 다르다는 것뿐이지, 임대주택에 관한 권리·의무관계가 일체로 이전된다는 점에서는 하등 다를 게 없다. 따라서 당해 임대주택의 임대차를 둘러싼 법률문제만 놓고 본다면 상속이나 합병과 마찬가지의 법률효과가 발생한다. 상법 제530조의9 제 3 항에서 규정하고 있는 분할합병의 경우에는 법인격이 소멸하지 않으면서 분할되는 부분에 관한 권리·의무의 포괄적인 이전이 일어나는바, 주택임대차보호법에 의한 임대차의 승계에 있어서도 당해 임대주택의 임대차를 둘러싼 법률문제만 놓고 본다면 위 분할합병의 경우와 유사한 법률효과가 발생하는 것이다.

나아가 임대차를 둘러싼 이러한 권리·의무관계의 포괄적 이전은 바로 주택임대차보호법 제 3 조 제 3 항이 그렇게 규정하고 있기 때문에 생기는 법률효과이지, 단지 임대주택의 소유권을 이전하겠다는 의사를 지닐 뿐인 양도인과 양수인의 양도·양수의사에 기한 처분행위에 의해서 일어나는 것이 아니다. 심지어 양도인과 양수인이 그것을 원하지 않는 경우에조차도 임대차에 관한 권리·의무가 일체로서 이전된다.

요컨대, 주택임대차보호법 제 3 조 제 3 항이라는 특별조문이 존재하기 때문에 그로 인하여 금전채권에 대한 가압류의 일반적인 효력이 달라지는 것이다. 그러므로 위 조문의 존재와 그 효력을 부정하면 모를까, 그렇지 않은 마당이라면 다수의견이 민사집행법의 기본이론에 반하는 것이라고 할 것은 아니다.

나. 반대의견은 다수의견처럼 제 3 채무자 지위의 승계를 인정하는 것은 가압류권자에게 특혜를 주는 것으로서, 그 필요성이나 정당성이 없다고 한다.

통상적으로 금전채권 가압류의 경우에 제 3 채무자가 그 가압류된 채권을 변제 등으로 소멸시킴으로써 가압류채무를 면하는 것이 불가능하다. 그리고 위에서도 언급한 바와 같이 일반적인 임대차보증금반환채권 가압류에 있어 제 3 채무자인 임대인이 임대차의 목적물인 주택을 양도한들 가압류권자에게 대항할 수 없다. 반면에 주택임대차보호법의 적용대상인 임대차보증금반환채권이 가압류된 경우에 임대인은 임대주택을 양도함으로써 그 임대차보증금반환채무를 면하게 된다. 따라서 이 경우에는 제 3 채무자의 지위를 양수인에게 승계시키지 않으면 가압류가 효력을 상실하게 되어 가압류권자가 피해를 입게 된다. 주택임대차보호법의 적용대상인 임대차보증금반환채권의 가압류권자라고 해서 일반 임대차보증금반환채권의 가압류권자와는 달리 특별히 이러한 불이익을 감수하여야 할 이유가 없으므로, 다수의견은 이를 막자는 것이지 주택임대차보호법의 적용대상인 임대차보증금반환채권의 가압류권자에게 무슨 특혜를 주자는 것이 아니다. 다른 사람들에게 인정 안 되는 권리를 주는 것이 특혜이지, 다른 사람들은 안 입어도 될 손해를 특정인만 입는 것을 방지하는 것이 특혜는 아닌 것이다.

이와 관련하여 반대의견은 임대주택의 양수인에게 가압류 효력의 승계를 인정하지 아니하는 것이 가압류의 본래 효력인 현상보전의 취지에 맞는다고 한다. 그러나 양도인과 양수인 사이의 임대주택의 양도를 가압류권자에게 통지해 주는 법적인 절차가 있는 것도 아니므로, 반대의견에 따른다면 가압류권자는 수시로 임대주택의 양도가 있는지 여부를 조사하여 양도사실을 아는 즉시 새로이 임차인의 양수인에 대한 임대차보증금반환채권을 가압류하여야 하고, 그런 조치를 취하지 않은 사이에 양수인이 임차인에게 임대차보증금을 반환하면 가압류 소멸로 인한 불이익을 받을 수밖에 없다는 것인데, 가압류권자를 제외한 나머지 이해관계인들의 의사에 따라 가압류의 효력을 이처럼 쉽게 무위로 돌릴 수 있도록 허용하는 것이 어떻게 가압류의 본래 효력인 현상보전의 취지에 부합한다는 것인지 의문이다. 가압류의 현상보전효를 관철하려면 오히려 당사자의 임의처분에 의하여 가압류의 효력이 좌우되는 것을 방지하는 방법을 모색하는 것이 요구된다 할 것이다.

다. 반대의견은 주택임대차보호법이 임차인을 보호하는 법률이지 임차인의 채권자를 보호하는 법률이 아님을 강조한다. 주택임대차보호법이 본래 임차인을 보호하기 위하여 제정된 법률임에는 이론이 없다. 그러나 이는 임대주택의 양도에 따른 법률효과를 어떻게 정할 것이냐 하는 것과는 별개의 문제이다. 이 사건의 쟁점은 가압류의 제 3 채무자인 양도인 및 그로부터 임대주택을 양수한 양수인의 의무에 관한 것이지, 가압류채무자인 임차인의 보호와는 아무런 상관이 없다.

여기서 임차인의 임대차보증금반환채권이 가압류된 후에 임대주택이 양도된 경우에 가압류의 제 3 채무자인 양도인의 지위가 양수인에게 이전되느냐 안 되느냐에 따라 임차인 보호의 문제가 어떻게 달라지는지 살펴보자.

먼저 다수의견처럼 제 3 채무자의 지위가 양수인에게 승계된다고 하면 양수인은 임대차보증금을 임차인에게 반환해서는 안 되며, 가압류권자가 나중에 집행권원을 취득하면 그에게 반환하여야 한다.

반면에 반대의견처럼 가압류가 소멸하고 가압류의 제 3 채무자의 지위가 양수인에게 승계되지 않는다고 하면 어떤가. 이 경우 새로이 임대차보증금반환채무를 승계한 양수인이 임차인에게 반환채무를 부담할 따름인데, 그는 가압류의 제 3 채무자가 아니므로 임차인에게 변제하여도 되는 것인가. 이를 용인한다면 설령 양수인이 임대차보증금반환채권이 가압류된 사실을 알고 있더라도 임차인의 임대차보증금반환요구에 응하지 않을 수 없으므로, 임차인은 자기의 임대차보증금반환채권이 가압류되었음을 알면서도 아무런 제한 없이 보증금을 돌려받을 수 있는 뜻밖의 이익을 얻게 된다. 이런 이익까지 보호하려는 것이 주택임대차보호법이 추구하는 바는 아닐 것이다.

라. 반대의견은 다수의견에 따르면 임대차보증금반환채권에 관한 가압류 후 임대주택이 양도되고 다시 그 후 가압류를 본압류로 이전하는 압류명령을 발령할 때 집행법원이 임대주택의 양도에 관하여도 심사하여야 할 부담을 지게 되어 부당하다고 주장한다.

그러나 집행절차에서 승계에 관한 당사자 주장의 당부를 심리함은 집행법원이 마땅히 하여야 할 일이고, 임대주택의 소유자 변동은 일반적으로 등기부등본만 확인하면 쉽게 확인할 수 있으므로 여타 승계에 관한 경우와 비교하여 임대주택의 양도 여부를 심리함에 특별한 어려움이 있는 것이 아니다. 나아가 필요하다면 채권자의 신청을 받거나 또는 그 동의하에 임대주택의 양수인을 심문하는 등으로 운영의 묘를 살릴 수도 있을 것이다.

마. 반대의견은 다수의견에 따를 경우 임대주택 양수인이 불측의 손해를 입을 우려가 크다는 것을 특히 강조한다. 양도인을 제 3 채무자로 하여 임대차보증금반환채권에 관한 가압류가 이루어진 경우에 이를 모르고 그 주택을 양수하거나 경매에 의하여 소유권을 취득한 양수인은 예상하지 못한 손해를 입을 수 있다는 것이다.

위와 같은 지적에 수긍이 가는 측면이 없는 것은 아니다. 그러나 이 문제는 임차인이 임대차보증금반환채권이 가압류된 사실을 숨기고 양수인으로부터 임대차보증금을 반환받아 간 경우에 생기는 전형적인 이익충돌의 장면에서 가압류권자와 양도인, 양수인의 3자 관계에서 누구로 하여금 임차인의 무자력 등으로 인한 위험을 부담하도록 할 것이냐에 관한 선택의 문제인 동시에, 어느 쪽을 선택하는 것이 법체계에 더 부합하느냐에 관한 문제이다.

임대차보증금반환채권이 가압류된 사실을 모르고 임차인에게 보증금을 반환한 경우에 그 양수인도 선의이지만, 주택임대차보호법에 의하여 임대주택의 소유자가 바뀌더라도 임대차보증금반환채권에 대한 집행은 확보되어 있다고 믿은 가압류권자 또한 선의라고 할 수 있다. 따라서 그 임대차보증금을 받아가 버린 임차인의 무자력 등으로 그로부터 상환을 받을 현실적 가능성이 없는 경우에 당연히 양수인을 우선적으로 보호하여야 한다고 할 필연적인 이유는 없다. 때문에 다수의견은 이 경우 주택임대차보호법이 임대주택이 양도된 경우에 임대인의 지위는 포괄적으로 주택양수인에게 이전된다고 규정하고 있어 결국 법률의 규정에 의한 계약상 지위의 이전이 일어나는 이상, 거기에 포섭되어 있는 임대차보증금반환채무자의 지위, 나아가 그에 대한 가압류의 제 3 채무자의 지위도 양수인에게 이전하는 것으로 새기는 것이 현행법의 규범체계에 부합한다고 새기는 것뿐이다.

임대주택이 양도된 경우 양도인은 종전 임대차계약관계에서 완전히 이탈하고 양수인만이 당사자가 되도록 한 주택임대차보호법의 입법태도가 과연 모든 경우에 타당한 것이냐에 관하여는 논의가 있을 수 있지만, 이는 어디까지나 입법론적인 문제일 뿐 해석론의 영역을 벗어난다. 법이 그렇게 규정한 이상 임대주택이 양도되면 그 임대인의 지위는 전적으로 양수인에게 이전하며, 그에 앞서 이루어진 임대차보증금반환채권에 대한 가압류 사실을 모르고 임차인에게 지급함으로 인한 위험을 양수인이 부담하게 되는 것은 그와 같은 법률규정의 적용에 의한 결과적 현상일 따름이다. 양수인으로서는 자신의 의사와는 무관하게 임대차보증금반환채무를 승계하고 그 승계에 따른 위험을 감수하여야 하므로, 그 보증금을 반환할 때 이를 정당하게 수령할 수 있는 사람이 누구인지를 살펴보고 반환하여야 하며, 그에게 이러한 것을 요구한다고 하여 부당하다고 할 것은 아니다. 그것은 본질적으로 주택임대차보호법의 당부와도 직결되는 문제인 것이다.

다만 양수인이 임대차보증금반환채권이 가압류된 사실을 모르고 과실 없이 임차인에게 변제할 경우에 그것에 채권의 준점유자에 대한 변제 효과를 인정하여 선의·무과실의 양수인을 보호하는 것을 생각해 볼 수는 있으나, 이는 이 사건의 쟁점이 아니므로 더 이상 언급을 하지 않는다.

이상으로 다수의견을 보충한다.

질문

1. 채권이 가압류되면 가압류 채권자, 가압류 채무자, 제 3 채무자 사이에는 어떠한 내용의 법률관계가 있게 되는가? 그러한 경우 제 3 채무자 지위가 승계되는 경우로는 어떠한 경우가 있는가?
2. 다수의견과 소수의견의 논거들을 서로 비교해 보라. 다수의견은 주택임대차 보증금반환채권이 가압류되고 이후 주택이 양도된 사안에 관여되고 있는 사람들 중에서 누구의 이익을 중심에 두고 있는가? 소수의견은 어떠한가?

(c) 그러나 이해관계를 가지는 "제 3 자"가 발생한 이후에는, 임대인과 임차인이 임대차계약의 내용을 합의로 변경하더라도 그것이 양수인에게 불리한 내용인 때에는(예컨대 보증금 증액) 이와 관련된 권리·의무는 양수인에게 승계되지 아니한다. 예를 들어 대항력 있는 임차인이 임차주택에 가등기가 된 후 보증금 증액에 합의하였으나 이후 그 가등기에 기한 본등기가 경료되었다면 그 양수인에게 보증금의 증액은 대항할 수 없다. 또한 대항력을 갖춘 임차인이 저당권설정등기 이후에 임대인과 보증금을 증액하기로 합의하고 초과부분을 지급한 경우에도 이러한 증액은 저당권자에게는 대항할 수 없고, 그 결과 임차인은 경락인의 명도청구에 대하여 증액전 임차보증금의 한도에서만 동시이행을 주장할 수 있다(대판 1990. 8. 24, 90다카11377).

(d) 그런데 이러한 임대차의 법정승계는 임차인의 관점에서 보면 자신의 계약상대방이 자신의 의사와 무관하게 변경되는 것이므로, 그로서는 이를 이유로 계약을 해소할 이해관계가 있다. 이렇게 임차인이 임대인 변경을 이유로 계약을 해지할 수 있는지 여부에 대해서, 판례는 "임차주택의 양수인에게 대항할 수 있는 임차권자라도 스스로 임대차관계의 승계를 원하지 아니할 때에는 승계되는 임대차관계의 구속을 면할 수 있"어서 "임차주택이 임대차기간의 만료 전에 경매되는 경우 임대차계약을 해지함으로써 종료시키고 우선변제를 청구할 수 있다"고 하여 즉시해지권을 인정한다. 그 행사는 물론 철회할 수 없다(대판 2002. 9. 4, 2001다64615).

[4] 임차인의 즉시해지권: 대판 1996. 7. 12, 94다37646

[주 문] 원심판결을 파기하고 사건을 서울지방법원 본원 합의부에 환송한다.

[이 유] 피고들의 상고이유에 대하여 판단한다.

1. 원심판결 이유에 의하면 원심은, 소외 남경진 소유이던 원심판시 별지 목록 기재 부동산에 관하여 1992. 5. 21. 채권최고액 금 37,500,000원, 채무자 소외 장세인, 근저당권자 소외 주식회사 부국상호신용금고로 된 순위 1번의 근저당권설정등기와 1992. 10. 26. 채권최고액 금 120,000,000원, 채무자 소외 강기영, 채권자 원고로 된 순위 2번의 근저당권설정등기 등이 경료된 사실, 위 남경진은 1992. 4. 12. 위 부동산 중 방 1칸씩을, 피고 허경언에게는 임대보증금 10,000,000원에, 피고 강순분에게는 임대보증금 30,000,000원에, 각 기간의 약정이 없이 임대하였는데, 피고 허경언은 위 임대차계약 체결일에 위 부동산에 입주하고 같은 해 5. 18. 이전에 전입신고를 하였고, 피고 강순분은 그 임대차계약 체결 이전인 같은 해 4. 10. 위 부동산에 입주하고 그 다음날 전입신고를 하였으며, 그 후 피고들은 같은 해 10. 24. 그 임대차계약서상에 확정일자를 갖춘 사실, 위 부동산에 관한 근저당권자인 원고는 1993. 4. 1. 서울지방법원 서부지원에 청구금액을 금 29,404,144원 및 그에 대한 1992. 12. 31.부터 완제일까지 연 2할 5푼의 비율에 의한 지연손해금으로 하여 위 부동산에 대한 임의경매를 신청하였고, 그에 따라 위 지원이 1993. 4. 2. 경매개시결정을 하고, 같은 해 7. 19. 소외 방성직에게 경락대금 57,600,000원에 위 부동산의 경락을 허가하자, 위 방성직은 그 후 위 경락대금을 모두 납부하고 위 부동산의 소유권을 취득(그 소유권이전등기는 1993. 9. 2. 경료하였다)한 사실, 위 경락대금의 배당절차에는 위 부국상호신용금고가 담보권자로서 배당신청을 한 외에, 피고들이 주택임대차보호법 소정의 임차인으로서 배당요구를 하였는데, 이에 위 지원은 1993. 9. 17. 배당기일에 위 경락대금 57,600,000원에서 집행비용 금 1,550,660원을 공제한 금 56,049,340원(=57,600,000−1,550,660)을 가지고 1순위 및 제 3 순위로 피고 허경언에게 합계 금 8,928,160원, 2순위로 소외 회사에게 금 27,839,570원, 3순위로 피고 강순분에게 19,281,610원을 각 배당하고, 4순위 배당권자인 원고에게는 그 잔여액이 없어서 전혀 배당을 하지 아니하는 내용의 배당표를 작성한 사실을 각 인정한 다음, 주택임대차보호법은 임대차는 그 등기가 없는 경우에도 임차인이 주택의 인도와 주민등록을 마친 때에는 그 익일부터 제 3 자에 대하여 효력이 있고, 그 경우에 임차주택의 양수인은 임대인의 지위를 승계하는 것을 규정하고(제 3 조 제1, 2항), 나아가 위 제 3 조 제 1 항의 대항요건과 임대차계약서상의 확정일자를 갖춘 임차인은 민사소송법 및 경매법에 의한 경매 또는 국

세징수법에 의한 공매시 임차주택(대지를 포함한다)의 환가금에서 후순위권리자 기타 채권자보다 우선하여 보증금을 변제받을 권리가 있다고 규정하여(제 3 조의2 제 1 항 본문) 임차인 보호를 위하여 임차인이 우선변제청구권을 가지는 요건을 정하면서, 다만 임차인이 당해 주택의 양수인에게 대항할 수 있는 경우에는 임대차가 종료된 후가 아니면 보증금의 우선변제를 청구하지 못한다고 규정하여(제 3 조의2 제 1 항 단서) 임대주택의 양수인과 후순위 채권자 사이의 이해조정을 도모하고 있고, 임차인의 보증금 중 일정액(소액보증금)에 대한 우선변제청구권 행사에도 위 단서조항을 준용하고 있으며(제 8 조 제 2 항), 한편 기간의 정함이 없는 임대차는 그 기간을 2년으로 본다고 규정하고 있다(제 4 조 제 1 항)고 전제한 후, 앞에서 인정한 바와 같이 피고들은 위 부국상호신용금고 명의의 근저당권설정등기가 경료되기 이전에 주택임대차보호법 제 3 조 제 1 항 소정의 대항요건을 갖춤으로써 경락인인 위 방성직에게 대항할 수 있고, 1992. 4. 12. 위 남경진으로부터 위 부동산의 각 일부를 기간의 약정 없이 임차하였으므로 그 임대차의 존속기한은 1994. 4. 12.까지임은 역수상 명백하여, 위 방성직이 위 부동산의 소유권을 취득한 때나 이 사건 배당기일까지 위 임대차가 종료되지 않았다고 할 것이어서 피고들은 위 임대보증금의 우선변제를 청구할 수 없다고 판단하고, 나아가 피고 강순분의 해지 또는 임대차 종료 주장에 대하여, 위 피고가 위 남경진과 사이에 1993. 5. 10.경 위 임대차계약을 합의해지하였다거나 같은 달 말일 경 임대차 해지통고를 하였다는 점을 인정할 신빙성 있는 증거가 없고, 위 부동산을 경락받은 위 방성직이 그 소유권을 취득하고 임대인으로서의 지위를 승계함으로써 위 남경진이 임대인의 지위에서 벗어났을 뿐 위 남경진과 위 피고의 임대차관계는 임대인의 지위가 위 방성직에게 승계된 상태로 존속하는 것이라는 이유로 이를 배척하고, 또한 피고 강순분이 위 부동산경매절차에서 배당요구를 함으로써 임대차 해지의 의사표시를 하였으므로 위 임대차는 종료되었다고 주장함에 대하여, 위 피고가 배당절차에서 배당요구한 것을 가리켜 그것이 바로 원래의 임대인인 위 남경진이나 위 방성직에 대한 임대차 해지의 의사표시라고는 도저히 볼 수가 없다는 이유로 배척하여, 원고의 피고들에 대한 이 사건 배당이의 청구를 모두 인용하였다.

2. 원심이 피고 강순분이 1993. 5. 10.경 소외 남경진과 사이에 이 사건 임대차계약을 합의해지하였다거나 같은 달 말일경 해지통고를 하였다고 인정할 증거가 없다고 하여 위 피고의 해지 주장을 배척한 조치는 정당하고 거기에 채증법칙 위반으로 인한 사실오인의 위법이 없으므로 이 주장은 이유 없다.

3. 주택임대차보호법 제 3 조 제 1 항, 제 2 항, 제 3 조의2 제 1 항, 제 2 항,

제 4 조 제 2 항, 제 8 조 제 1 항, 제 2 항 규정들의 취지에 비추어, 같은 법에 의한 임차주택의 저당권자보다 앞서 대항력을 갖춘 임차인은 임차주택의 양수인에게 대항하여 보증금의 반환을 받을 때까지 임대차관계의 존속을 주장할 수 있는 권리와 법 제 3 조의2 제 1 항 본문 소정의 보증금이나 법 제 8 조 제 3 항 소정의 보증금 중 일정액에 관하여 임차주택의 가액으로부터 우선변제를 받을 수 있는 권리를 겸유하고 있고 원칙적으로 이 두 가지 권리 중 하나를 선택하여 행사할 수 있으나(대법원 1993. 12. 24. 선고 93다39676 판결 참조), 다만 임대차관계가 종료된 후가 아니면 우선변제청구권을 행사할 수 없는 것으로 해석되는 것이다. 그러나 위와 같이 양수인에게 대항할 수 있는 임차권자라도 스스로 임대차관계의 승계를 원하지 아니할 때에는 승계되는 임대차관계의 구속을 면할 수 있다고 보아야 하므로 임차주택이 임대차기간의 만료 전에 경매되는 경우 임대차계약을 해지함으로써 종료시키고 우선변제를 청구할 수 있다고 할 것이다. 위의 경우 임차인에게 인정되는 해지권은 임차인의 사전 동의 없이 임대차 목적물인 주택이 경락으로 양도됨에 따라 임차인이 임대차의 승계를 원하지 아니할 경우에는 스스로 임대차를 종료시킬 수 있어야 한다는 공평의 원칙 및 신의성실의 원칙에 근거한 것이므로, 해지통고 즉시 그 효력이 생긴다고 보아야 할 것이다.

그리고 임대차의 목적물인 주택이 경매되는 경우에 대항력을 갖춘 임차인이 임대차기간이 종료되지 아니하였음에도 경매법원에 배당요구를 하는 것은 스스로 더 이상 임대차관계의 존속을 원하지 아니함을 명백히 표명하는 것이어서 다른 특별한 사정이 없는 한 이를 임대차해지의 의사표시로 볼 수 있고, 한편 민사소송법 제606조 제 1 항은 배당요구 사실을 경매법원이 채무자에게 통지하도록 규정하고 있고 제728조가 담보권실행을 위한 경매에도 준용하고 있으므로, 경매법원이 위 법조에 정한 바에 따라 임대인에게 배당요구 사실의 통지를 하면 결국 임차인의 해지의사가 경매법원을 통하여 임대인에게 전달되어 이때 해지통지가 임대인에게 도달된 것으로 볼 것이니, 임대차관계는 위 배당요구 통지의 임대인에 대한 도달 즉시 해지로 종료된다고 할 것이다.

따라서 임차주택이 임대차기간의 만료 전에 경매되는 경우에 대항력 있는 임차인이 배당요구를 하고 그 배당요구의 통지가 임대인에게 도달하였다면 임대차관계는 이로써 종료되어 법 제 3 조의2 제 1 항 단서에 해당하지 아니하게 되므로 임차인에게 같은 법조 제 1 항 본문 또는 제 8 조 제 1 항에 의한 우선변제권을 인정하여야 할 것이다.

이 사건 기록에 의하면 이 사건 임대차의 목적물인 별지 목록 기재 부동산의 소액임차인 겸 확정일자 있는 임차인인 피고 허경언 및 확정일자 있는 임차인인 피고 강순분은 모두 양수인(경락인)에게 대항할 수 있는 임차권자로서 이 사건 경매절차에서 경락기일 이전인 1993. 6. 7. 경매법원에 배당요구신청서를 각 제출한 사실이 인정되는바, 피고들은 위의 배당요구를 함으로써 각 임대차계약의 해지 의사표시를 한 것으로 보아야 할 것이다. 그러므로 원심법원으로서는 피고들로부터 각 배당요구를 받은 경매법원이 민사소송법 제728조, 제606조 제 1 항에 따라 배당요구 사실을 이 사건 경매채무자이며 임대인인 남경진에게 통지하였는지 여부를 심리하여 피고들의 위 각 배당요구가 해지통지로서의 효력이 있는지 여부를 밝혀 보았어야 할 것이다. 그럼에도 불구하고 원심이 배당요구 사실이 경매법원에 의하여 임대인인 남경진에게 통지되었는지 여부에 관하여 심리하지도 아니한 채 피고들이 배당요구한 것만으로는 임대차 해지의 의사표시라고 볼 수 없어 피고들에 대하여 임대차관계가 종료되지 아니하였다는 이유로 우선변제청구권을 부정한 것은 주택임대차보호법상 우선변제권에 대한 법리오해의 위법을 저질렀다고 할 것이다.

4. 결국 원심은 주택임대차보호법상 우선변제권에 대한 법리오해의 위법을 저질러 판결에 영향을 미쳤다고 할 것이므로 이를 지적하는 피고들의 상고이유의 주장은 이유 있다고 할 것이다.

그러므로 나머지 상고이유에 대하여 판단할 것도 없이 원심판결을 파기하고 사건을 원심법원에 환송하기로 관여 법관들의 의견이 일치되어 주문과 같이 판결한다.

[참고]

이 판결을 이해하기 위해서 주택임대차의 경우 보증금 우선변제에 관한 설명(제 4 편 제 2 장 Ⅲ. 4.)을 참조하라.

질문

1. 원심은 어떠한 사정을 고려하여서 원고의 배당이의의 소를 인용하였는가? 반면 대법원은 어떠한 이유로 원심의 판단에 문제가 있다고 생각한 것인가?
2. 대법원이 인정하는 임차인의 해지권의 근거로 어떠한 점들을 들 수 있는가? 계속적 계약관계의 법리에 비추어 본다면 어떠한가?

(다) 대항력 있는 임차인은 민법상의 제 3 자 보호 규정(제108조 제 2 항 등의 대항불능 규정 및 제548조 제 1 항 단서 등의 소급효제한 규정)의 적용에 있어 제 3

자로 취급된다. 예를 들어 소유권을 취득하였다가 계약해제로 인하여 소유권을 상실하게 된 임대인으로부터 해제 전에 주택을 임차받아 대항력을 취득한 임차인은 자신의 임차권을 새로운 소유자에게 대항할 수 있다(대판 1996. 8. 30, 96다17653). 더 나아가 판례는 계약을 해제한 매도인에 대하여 계약관계의 법정승계까지 긍정하여 보증금반환의무가 있다고 한다(대판 2003. 8. 22, 2003다12717).

3. 임차권에 기한 물권적 청구권

임차인은 제 3 자로부터 임차목적물의 점유를 상실하거나 사용수익에 방해를 받는 경우, 임대인이 가지는 물권적 청구권을 대위행사하거나(제404조) 자신의 점유에 기한 점유보호청구권을 행사하여(제204조 이하) 점유를 회복하고 방해를 배제할 수 있을 것이다. 그러나 이러한 요건이 충족되지 아니하거나 이들 구제수단이 불충분한 경우, 임차인이 임차권 자체에 기해서 물권적 청구권을 행사할 수 있는지 여부가 다투어진다. 이와 관련해서는 다양한 논의가 있으나, 임차권이 임대인에 대하여 사용수익을 주장할 수 있는 채권으로 대세적 효력이 없는 이상 원칙적으로는 부정해야 할 것이다. 다만 예외적으로 대항력을 갖춘 부동산임차권의 경우에 예외적으로 이를 인정할 것인지는 문제인데, 다수설은 등기된 임대차의 경우에는 임차권 자체에 기한 방해배제를 인정하는 태도를 보인다(제621조 제 2 항 참조).

[5] 임차권에 기한 물권적 청구권: 대판 2002. 2. 26, 99다67079

[주 문] 상고를 모두 기각한다. 상고비용은 피고들의 부담으로 한다.

[이 유] 상고이유를 본다.

1. 관련 형사판결에서 인정한 사실은 민사재판에 있어서도 유력한 증거가 되기는 하나 민사재판에 있어서 형사재판의 사실인정에 구속을 받는 것은 아니므로, 민사재판에서 제출된 다른 증거들에 비추어 형사재판의 사실인정을 채용하기 어렵다고 인정되는 합리적인 이유가 있다면 형사재판의 사실인정과는 다른 사실을 인정하였다고 하여 이를 위법하다고 할 수 없다.

기록에 의하여 인정되는 사정들 즉, 이 사건 가등기가 소외 회사가 최종적으로 부도난 날인 1996. 8. 1.(소외 회사는 1996. 7. 31. 1차 부도가 나고 그 다음 날인 1996. 8. 1. 최종 부도처리되었다) 경료된 점, 소외 회사의 채무 총액에서 피고 1에 대한 채무액이 차지하는 정도가 미약한 점, 가등기권자인 피고 1가 소외 회사의 사주로서 대표이사인 최일권의 사촌동생인 점, 이 사건 본등기 청구 소송에서 소외 회사가 다투지 않아 의제자백판결이 선고된 후 소외 회사가 항소하지 않아 그대로 확정된 점, 최일권이 원고에 대하여 이 사건 가등기가 허위라는 설명을 하고 같은 내용의 각서를 교부한 점, 피고 1 명의로 가등기가 경료된 소외 회사 소유의 원양어선 9척에는 피담보채권액이 시가를 훨씬 초과하는 근저당권이 이미 설정되어 있어서, 위 선박들의 정상적인 담보가치(담보권이 실행될 경우 우선변제를 받을 수 있는 가치)는 전혀 없는 반면에, 위 선박들이 원양어선으로서 담보권을 실행하는 것이 어려운 사정을 이용하여 담보권 실행을 지체시키면서 그 동안 위 선박들을 이용하여 조업을 할 경우의 사용가치는 상당히 큰 것으로 보이는데(원고는 위 9척의 선박 중 이 사건 선박 4척에 관하여만, 임차보증금을 8억 원으로 하는 임대차계약을 체결한 바가 있다), 피고 1가 주장하는 이 사건 가등기의 피담보채권은 1억 5,000만 원에 불과하여 소외 회사가 위 채권에 대한 담보로서 위 9척의 선박 전부에 대하여 가등기를 경료하여 주었다는 것은 상식에 반할 뿐 아니라, 가등기를 경료받은 피고 1로서는 위 채권의 만족을 얻기 위하여 가능한 한 빠른 시간 내에 위 가등기에 기한 본등기를 경료함으로써 위 선박들의 사용수익권을 확보하여 조업을 하였어야 할 것임에도(앞에서 본 바와 같이 위 선박들의 정상적인 담보가치는 전혀 없으므로 가등기 자체만으로는 아무런 채권확보책이 되지 못한다) 피고 1이 가등기를 경료한 후 소외 회사를 상대로 본등기절차 이행의 소를 제기할 때까지 1년 가까이 이를 위한 별다른 조치를 취하지 않은 점에 비추어 보면, 이 사건 가등기를 경료할 당시 소외 회사와 피고 1에게는 위 채권을 담보하기 위한 목적으로 이 사건 가등기를 경료하려는 의사도 없었다고 할 것이어서, 결국 이 사건 가등기 및 본등기는, 피고 1에 대한 강제집행면탈 등 피고사건 판결에서의 사실인정과는 달리, 최일권과 피고 1이 공모하여 소외 회사의 채권자들에 대한 집행을 면탈할 목적으로 피고 1 앞으로 등기부상 소유 명의만 돌려놓기 위하여 통정하여 행한 허위의 등기로서 위 채권을 담보하는 범위 내에서의 효력도 없는 원인무효의 등기이고, 따라서 이에 터잡아 경료된 피고 회사 명의의 소유권이전등기 역시 원인무효의 등기라고 할 것이어서, 같은 취지의 원심 판단은 수긍이 가고, 거기에 주장과 같은 판결에 영향을 미친 통정허위표시에 관한 법리오해, 채증법칙 위배 등의 위법이 없다.

2. 등기된 임차권에는 용익권적 권능 외에 임차보증금반환채권에 대한 담보권적 권능이 있고, 임대차기간이 종료되면 용익권적 권능은 임차권등기의 말

소등기 없이도 곧바로 소멸하나 담보권적 권능은 곧바로 소멸하지 않는다고 할 것이어서, 임차권자는 임대차기간이 종료한 후에도 임차보증금을 반환받기까지는 임대인이나 그 승계인에 대하여 임차권등기의 말소를 거부할 수 있다고 할 것이고, 따라서 임차권등기가 원인 없이 말소된 때에는 그 방해를 배제하기 위한 청구를 할 수 있다고 할 것인바, 기록에 의하면 원고는 이 사건 선박에 대한 임대차계약에 기하여 소외 회사에 대하여 미합중국화 545,608$의 임차보증금반환채권을 가지고 있으므로(피고들은 이 사건 임대차계약시 차임으로 월 1,000만원과 조업이익금의 1/2을 지급하기로 하였는데 원고가 이를 전혀 지급하지 않았으므로 위 연체 차임이 임차보증금에서 모두 공제되어 잔존 임차보증금이 없다는 취지의 주장을 하나, 기록상 위와 같은 차임지급 약정이 있었다고 인정할 만한 증거가 없다), 이 사건 선박에 대하여 위와 같이 피고 1 명의의 원인무효의 가등기 및 본등기가 경료되어 원고 명의의 이 사건 임차권등기가 말소됨으로써 이 사건 임차권의 담보권적 권능이 위법하게 침해된 이상 원고는 그 방해를 배제하기 위한 청구를 할 수 있다고 할 것이어서, 같은 취지의 원심 판단은 결론에 있어서 수긍이 가고, 거기에 주장과 같은 판결에 영향을 미친 등기말소청구의 소의 이익에 관한 법리오해, 심리미진 등의 위법이 없으며, 상고이유에서 들고 있는 대법원 1999. 9. 17. 선고 98다31301 판결은 전세권이 기간만료로 종료되었고 전세금반환채권에 관하여 전세권저당권자가 압류, 추심, 전부명령 등을 받지 않고 있는 동안에 전세권자에 대한 다른 채권자들이 전세금반환채권에 관하여 가압류 또는 압류 및 추심명령 등을 받자 전세권설정자가 민사소송법 제581조 제 1 항에 따라 잔존 전세금을 집행공탁한 사안에 관한 것으로서 사안을 달리하는 이 사건에는 원용하기에 적당하지 아니하다.

3. 그러므로 상고를 모두 기각하고, 상고비용은 패소자들의 부담으로 하기로 하여 관여 법관의 일치된 의견으로 주문과 같이 판결한다.

질문

1. 이 사건에서 임차인인 원고가 피고의 가등기를 말소할 이해관계를 가지는 이유는 무엇인가?
2. 임차인인 원고가 임대인의 방해제거청구권을 대위행사하거나 점유보호청구권을 행사하는 방법으로는 원하는 결과를 달성할 수 있는가?
3. 대법원은 등기된 임대차에 대하여 물권적인 방해배제청구권을 인정하고 있다. 이러한 결론을 정당화할 수 있는 근거를 생각해 보라.

4. 임대인의 차임채권

(1) 차 임

(가) 차임은 임차목적물의 사용수익에 대한 대가이다. 차임은 반드시 금전일 필요는 없으나, 금전으로 지급되는 것이 일반적이다. 당사자들은 합의로 차임액을 자유롭게 정할 수 있다. 차임의 지급시기 역시 당사자들이 합의로 정할 수 있으며 또 그것이 일반적이지만, 그렇지 아니한 경우에는 민법이 후불원칙을 정하고 있다(제633조). 그 밖에 공동임차인은 차임지급에 대하여 연대하여 책임을 진다(제654조, 제616조).

민법은 임대인의 차임채권 기타 채권(손해배상채권, 체당금채권 등)의 확보를 위한 수단으로, 토지임대인의 임차인 소유 부속물·편익공용물·과실에 대한 법정질권(제648조), 토지임대인의 지상 건물에 대한 법정저당권(제649조), 건물 기타 공작물의 임대인의 임차인 소유 부속물에 대한 법정질권(제650조)을 인정하고 있다.

(나) 임대인이 사용수익할 수 있는 상태를 유지할 채무가 임차인의 과책 이외의 사유로 일시적으로 불능이 되면 그 기간에 대한 차임채무는 그 불능의 한도에서 발생하지 아니한다(대판 1989. 6. 13, 88다카13332; 앞의 Ⅲ. 1. (1) 참조).

반면 사용수익의 제공이 영구적으로 이행불능이 된 경우, 임대차관계는 종료된다. 특히 영구적 일부불능에 대해서는 제627조가 규정하는데, 임차물의 일부가 임차인의 과실 없이 멸실 기타 사유로 인하여 사용수익할 수 없는 때에는 임차인은 그 부분의 비율에 의한 차임의 감액을 청구할 수 있고(제 1 항), 그 잔존부분으로 임차의 목적을 달성할 수 없는 때에는 임차인은 계약을 해지할 수 있다(제 2 항).

(다) 임대차는 계속적 계약관계이므로 처음에 합의한 차임이 시간의 흐름에 따른 경제변동으로 인하여 합리성을 상실하는 경우가 발생할 수 있다. 법률은 이러한 사정에 대비하여 당사자에게 차임증감청구권을 인정한다(제628조). 주택임대차와 상가건물 임대차에도 비슷한 규율이 있으나, 여기서는 증액에 대해 청구기간(계약 또는 증액 후 1년 이내에는 청구할 수 없으나, 재계약이나 합의에 따른 조정에는 적용되지 않는다; 대판 2014. 2. 13, 2013다80481) 및 액수(원칙적으로 20분의 1)의 제한이 있다(주임 제 7 조, 상임 제11조 참조). 당사자들은 협의로 차임을

증감할 것이나 협의가 이루어지지 않는 경우 법원이 이를 정하며, 이행기는 증감청구의 의사표시를 한 때로 소급하여 인정되고(대판 1974. 8. 30, 74다1124). 지체책임도 그 시점을 기준으로 발생한다(대판 2018. 3. 15, 2015다239508, 239515). 주택임대차보호법은 차임 및 보증금의 증감청구를 인정하는 것에 대하여(주임 제 7 조; 상임 제11조도 같다), 민법에서는 일반적으로 차임의 증감청구만을 정하고 있으나(제628조), 후자의 경우에도 전자 및 제312조의2 등을 유추하여 보증금의 증감청구를 인정할 것이다. 주택임대차나 상가건물 임대차의 경우에는 증액이나 보증금의 월차임 전환시 산정률에 대해 제한이 있다(주임 제 7 조, 제 7 조의2, 주임령 제 9 조, 상임 제11조, 제12조, 상임령 제 5 조; 아래 Ⅲ. 4. (2) (라) 및 대판 2014. 2. 13, 2013다80481 참조). 이 제한을 초과해 지급한 부분에 대해서는 부당이득이 성립한다(대판 2014. 4. 30, 2013다35115).

이러한 차임 및 보증금의 증감청구는 당사자에게 책임이 없는 객관적인 경제사정의 변화에 따른 부담을 재조정하는 것이므로, 임대인이나 임차인이 부담해야 할 위험이 실현된 결과를 이유로 증감을 할 수는 없다. 예를 들어 울산 신공항청사의 개청과 함께 식당과 스낵코너를 임대받은 임차인들의 영업실적이 예상보다 저조하였다고 하여도 이는 경영예측과 이에 따른 투자의 실패로서 원고들 스스로가 이를 감수하여야 할 사정에 불과하고, 사용료 약정이 임차물에 대한 공과부담 기타 경제사정 등의 변경으로 인하여 현저히 부당하게 된 것이라고 할 수는 없다고 한다(대판 2004. 1. 15, 2001다12638).

(라) 건물 기타 공작물의 임대차에는 임차인의 차임연체액이 2기의 차임액에 달하는 때에는 임대인은 계약을 해지할 수 있다(제640조; 상가건물 임대차의 경우 3기의 차임액, 상임 제10조의8 참조). 차임의 연체가 2기 연속할 필요는 없으며, 연체액의 합계가 2기분에 도달하면 해지권은 발생한다. 적법한 전대차가 있더라도, 임대인은 전차인에게 통지 등을 하지 아니하고 해지할 수 있다(대판 2012. 10. 11, 2012다55860). 한편 해지권이 발생한 상태에서 임대인 지위를 승계한 양수인이 있는 경우, 양수인은 해지권을 행사할 수 있는가? 판례는 양수인이 채권양도에 의해 연체차임채권을 양수받지 않은 이상 해지권의 승계를 부정하며, 따라서 승계 이후의 차임연체액에 따라 해지권 유무를 판단하는 것으로 보인다(대판 2008. 10. 9, 2008다3022). 같은 법리가 대항력에 의해 임대인 지위가 법정승계되는 경우에도 적용될 것인지는 의문의 여지가 있으나, 법률이

임대인이 목적물의 양수와 임대인 지위의 승계를 결부하고 있는 이상 양수인은 임대인 지위를 승계한다는 사실을 인식하고 이를 전제로 양수했다고 보아야 하므로 달리 취급할 이유는 없다고 생각된다. 어느 경우이든 승계되지 아니하는 해지권은 소멸한다고 보아야 한다.

이러한 해지권은 건물 기타 공작물의 소유 또는 식목, 채염, 목축을 목적으로 한 토지 임대차의 경우에도 인정되지만(제641조; 이때 제642조에 따라 제288조가 준용된다), 일시사용을 위한 임대차의 경우에는 이러한 해지권은 인정되지 않는다(제653조). 또한 앞서 설명한 바와 같이(앞의 Ⅱ. 2. (2) 참조), 최단기간이 보장되고 갱신청구권이 있는 주택임대차 또는 상가건물 임대차에서도 차임연체를 이유로 하는 해지권은 인정된다(대판 2014. 7. 24, 2012다28486; 2014. 7. 24, 2012다58975).

(2) 보 증 금

(가) 보증금은 당사자의 약정에 기하여 그 이자 등의 과실로 차임의 일부에 충당하는 한편 임차인이 임대차와 관련하여 채무의 이행을 담보하기 위하여 임대인에게 미리 지급하는 금전을 말한다. 이렇게 보증금은 차임을 보충하면서(이러한 관점에서 임대인에 대한 소비대차로서의 의미도 있다) 차임 등의 지급을 담보한다는 점에서 이중기능을 가지고 있다고 할 것이다. 소위 채권적 전세에서의 전세금은 보증금으로서의 의미도 가지는데(주임 제12조 참조), 다만 전세금이 차임의 전부에 해당한다는 점에 차이가 있을 뿐이다.

보증금에 관해서는 민법에는 규정이 없고(제565조의 "보증금"은 계약금을 의미한다), 특별법(주임 제 3 조의2, 제 7 조, 제 8 조, 상임 제 5 조, 제11조, 제14조 등) 등에서 부분적으로 규정하고 있다. 따라서 법률의 흠결이 있는 때에는 유사한 기능을 가지는 전세권에서의 전세금에 관한 규정을 유추적용할 필요가 있다.

(나) 보증금지급채무는 당사자들의 보증금 약정에 기하여 발생하며, 임차인의 주된 의무의 하나이다. 따라서 임대인은 보증금이 지급되지 아니하는 한에서 동시이행의 항변권을 행사할 수 있고(제536조), 요건이 갖추어지면 임차인에 대하여 채무불이행책임(제390조)을 물을 수 있다.

(다) 임대인은 임차인을 상대로 임대차를 이유로 가지는 채권의 만족을 위하여 보증금으로부터 이를 충당할 수 있다. 보증금에 의하여 임대인의 채권이

담보되고 만족이 보장되는 것이다. 보증금에 의하여 담보되는 임대차에 관한 임대인의 채권으로는, 차임채권, 관리비·수도료·전기료 등 용익에 관한 채권 또는 그에 관한 체당금채권, 물건의 훼손·멸실 등으로 인한 손해배상채권, 임대차종료 후의 계속용익으로 인한 부당이득채권, 부동산 인도 및 연체차임 지급을 구하는 소송비용에 관한 채권(대판 2012. 9. 27, 2012다49490) 등을 들 수 있다.

이들 채권은 보증금의 청산시(기준시기는 임대차 종료 후 반환시점이다)에 보증금으로부터 공제된다.[5] 임대인이 목적물을 반환받을 때에는 명백하고도 명시적인 반대의 약정이 없는 한 임대차로 인한 임대인의 모든 채권액은 보증금으로부터 당연히 공제된다(대판 1987. 6. 23, 86다카2865; 제 4 편 제 2 장 Ⅲ. 4. 참조).

임대인의 채권을 보증금으로부터 충당하여 보증금이 부족하게 된 경우, 임대인은 임차인에 대하여 보증금의 보충을 청구할 수 있다고 해석할 것이다(제315조 제 2 항 후단의 유추).

(라) 고액의 보증금이 지급되어 그 이자로 임대인이 차임의 전부 또는 일부를 충당하기로 한 임대차에서, 그 당사자들이 나중에 보증금을 감액하는 대신에 이자 상당 차임을 임차인이 지급하는 내용으로 계약을 변경하고자 원할 수 있다. 이는 차임의 지급 없이 오로지 전세금만이 지급되는 채권적 전세에서 특히 문제된다. 이렇게 보증금의 전부 또는 일부를 월 단위의 차임으로 전환하는 경우에, 주택임대차보호법은 그 상한을 정하고 있다. 그에 따르면 차임으로 전환되는 금액에 법률이 정하는 일정한 비율을 곱한 월차임의 비율을 초과할 수 없다(주임 제 7 조의2). 상가건물 임대차에도 비슷한 규율이 존재한다(상임 제

5) 다만 판례에 의하면 임대차관계가 계속되고 있는 동안에는 임대인은 보증금에서 연체차임을 충당할 것인지 여부를 선택할 수 있으며 이에는 의사표시가 필요하다고 하면서, 차임채권이 양도 등으로 다른 사람에게 귀속하는 때에는 공제 의사표시의 권한이 없다고 한다(대판 2013. 2. 28, 2011다49608, 49615). 이에 따른다면 연체차임이 있음에도 임대인이 충당의 의사표시를 하지 않거나 연체차임 채권이 양도된 경우, 임대차기간이 종료한 시점에는 이들 차임채권의 소멸시효가 완성해 당연공제의 대상이 되지 않을 수도 있다(제163조 제 1 호 참조). 그러나 이러한 결과는 보증금의 존재를 신뢰해 연체차임이 결제될 것이라고 생각하는 임대인의 신뢰 및 차임연체 상태에서도 임대차를 유지한 임차인의 묵시적 의사에 반할 것이다. 그래서 판례는 이 경우 제495조를 유추적용해 임대차가 종료하는 시점에 그 연체차임을 보증금에서 공제할 수 있다고 한다(대판 2016. 11. 25, 2016다211309). 반면 임대차가 종료해 목적물을 반환하는 시점에는 연체차임이 당연 공제되므로 이미 차임채권이 양도되었다고 하더라도 임차인은 공제를 주장할 수 있다고 한다(대판 2015. 3. 26, 2013다77225).

12조 참조).

(마) 보증금반환청구권의 법률관계에 대해서는 임대차의 종료와 관련하여 보기로 한다(제 4 편 제 2 장 Ⅲ. 4. 참조).

(3) 권 리 금

(가) 거래계에서는 특히 상가건물의 임대차와 관련하여 당사자들 사이에 이른바 「권리금」이 수수되는 경우가 드물지 않다. 권리금계약은 임대차계약이나 임대차양도계약 등과는 별개의 계약이지만, 그와 경제적·사실적으로 일체성을 가진다고 보아 법적 운명을 같이 해야 할 경우가 많다(취소사유가 있는 경우에 대해 대판 2013. 5. 9, 2012다115120 참조).

(나) 권리금의 법률관계에 대해 판례는 다음과 같이 설명한다(대판 2000. 9. 22, 2000다26326). 영업용 건물의 임대차에 수반되어 행하여지는 권리금의 지급은 임대차계약의 내용을 이루는 것은 아니고 권리금 자체는 거기의 영업시설·비품 등 유형물이나 거래처, 신용, 영업상의 노하우 또는 점포 위치에 따른 영업상의 이점 등 무형의 재산적 가치의 양도 또는 일정 기간 동안의 이용대가이다(상임 제10조의3 제 1 항 참조). 따라서 그 유형·무형의 재산적 가치의 양수 또는 약정기간 동안의 이용이 유효하게 이루어진 이상 임대인은 그 권리금의 반환의무를 지지 아니하며, 다만 임차인은 당초의 임대차에서 반대되는 약정이 없는 한 임차권의 양도 또는 전대차의 기회에 부수하여 자신도 그 재산적 가치를 다른 사람에게 양도 또는 이용케 함으로써 권리금을 지급받을 수 있을 것이고, 따라서 임대인이 그 임대차의 종료에 즈음하여 그 재산적 가치를 도로 양수한다든지 권리금 수수 후 일정한 기간 이상으로 그 임대차를 존속시켜 그 가치를 이용하게 하기로 약정하였음에도 임대인의 사정으로 중도 해지됨으로써 약정기간 동안의 그 재산적 가치를 이용케 해주지 못하였다는 등의 특별한 사정이 있을 때에만 임대인은 그 권리금 전부 또는 일부의 반환의무를 진다. 그래서 예를 들어 기간의 정함이 있는 전대차계약에 있어 권리금이 지급된 경우 계약기간 중에 전대차계약이 해지되어 종료되면 특별한 사정이 없는 한 지급된 권리금을 경과기간과 잔존기간에 대응하는 것으로 나누어, 전대인은 전차인으로부터 수령한 권리금 중 전대차계약이 종료될 때까지의 기간에 대응하는 부분을 공제한 잔존기간에 대응하는 부분만을 반환할 의무를 부담한다고 한다(대판 2001. 11. 13,

2001다20394, 20400).

(다) 그런데 이상의 내용에 따를 때, 상가건물의 임대인은 새로 임차인이 될 자와 임대차계약 체결을 거절하는 등의 방법으로 종래 임차인이 신규 임차인으로부터 권리금을 수수하는 것을 방해하고 이로써 스스로 신규 임차인으로부터 권리금을 받고자 하는 행위를 할 유인이 있다. 이러한 경우 상가건물 임차인의 권리금 회수를 보장하기 위해 법률은 일정한 규정을 도입하였다(그 적용이 배제되는 상가건물 임대차에 대해서는 상임 제10조의5 참조).

그에 따르면 상가건물의 임대인은 임대차기간이 끝나기 6개월 전부터 임대차 종료 시까지 다음의 행위를 함으로써 권리금 계약(신규 임차인이 되려는 자가 임차인에게 권리금을 지급하기로 하는 계약을 말한다. 상임 제10조의3 제 2 항)에 따라 임차인이 주선한 신규 임차인이 되려는 자로부터 권리금을 지급받는 것을 방해해서는 안 된다(상임 제10조의4 제 1 항 본문). 그러한 금지되는 행위는, 임차인이 주선한 신규임차인이 되려는 자에게 권리금을 요구하거나 임차인이 주선한 신규임차인이 되려는 자로부터 권리금을 수수하는 행위(동항 제 1 호), 임차인이 주선한 신규임차인이 되려는 자로 하여금 임차인에게 권리금을 지급하지 못하게 하는 행위(동항 제 2 호), 임차인이 주선한 신규임차인이 되려는 자에게 상가건물에 관한 조세, 공과금, 주변 상가건물의 차임 및 보증금, 그 밖의 부담에 따른 금액에 비추어 현저히 고액의 차임과 보증금을 요구하는 행위(동항 제 3 호), 그 밖에 정당한 사유 없이(정당한 사유에 대한 예로 대판 2020. 8. 20, 2019다296172,296189 참조) 임대인이 임차인이 주선한 신규임차인이 되려는 자와 임대차계약의 체결을 거절하는 행위(동항 제 4 호)를 말한다. 다만 임대인이 계약갱신을 거절할 수 있는 사유(상임 제10조 제 1 항 참조)가 있는 때에는 임대인은 권리금 회수를 보장할 의무가 없다(상임 제10조의4 제 1 항 단서). 그러나 단지 전체 임대차기간이 보장기간을 초과하여(상임 제10조 제 2 항) 갱신청구권이 없는 때에도 임대인은 여전히 권리금 회수기회 보호의무를 부담한다(대판 2019. 5. 16, 2017다225312, 225329).

그리고 임차인이 주선한 신규임차인이 되려는 자가 보증금 또는 차임을 지급할 자력이 없는 경우(상임 제10조의4 제 2 항 제 1 호), 임차인이 주선한 신규임차인이 되려는 자가 임차인으로서의 의무를 위반할 우려가 있거나 그 밖에 임대차를 유지하기 어려운 상당한 사유가 있는 경우(동항 제 2 호), 임대차 목적물인 상가건물을 1년 6개월 이상 영리목적으로 사용하지 아니한 경우(동항 제 3 호),[6] 임대인이 선택한 신규임차인이 임차인과 권리금 계약을 체결하고 그 권리금을 지급한 경우(동항 제 4 호)에는 신규 임차인이 되려는 자와 임대차계약의 체결을 거부할 수 있는 정당한 이유가 있다(상임 제10조의4 제 1 항 제 4 호, 제 2 항).

임대인이 이러한 의무를 위반하여 임차인에게 손해를 발생하게 한 때에는 그 손해를 배상할 책임이 있으며, 이 경우 손해배상액은 신규 임차인이 임차인에게 지급하기로 한 권리금과 임대차 종료 당시의 권리금 중 낮은 금액을 상한으로 한다(상임 제10조의4 제 3 항). 임대인의 의무위반이 전제가 되므로 임차인은 손해배상청구권을 행사할 수 있기 위해서는 신규 임차인이 될 사람을 임대인에게 주선하였어야 하나, 임대인이 정당한 이유 없이 신규 임차인과 임대차계약을 체결하지 않을 의사를 사전에 확정적으로 표시한 때에는 임차인은 주선 없이도 손해배상을 청구할 수 있다(대판 2019. 7. 4, 2018다284226). 임차인과 신규 임차인이 될 사람 사이에 권리금 계약이 미리 체결되어 있을 필요는 없지만, 적어도 그들 사이 관계가 권리금의 수수가 예정될 수 있는 성질이어야 한다(대판 2019. 7. 10, 2018다239608). 계획이 구체화되지 않았다거나 모순되는 행태가 확인되지 않는 한 임대인이 신규 임차인이 되려는 사람과 협의 과정에서 철거·재건축 계획 및 그 시점을 고지하였다는 사정만으로 당연히 권리금 회수 방해행위를 하였다고 볼 수는 없다(대판 2022. 8. 11, 2022다202498). 그리고 임대인이 권리금 회수 방해를 이유로 손해배상의무를 부담하더라도, 그것이 임차인의 목적물 반환의무와 동시이행 관계에 있는 것은 아니다(대판 2019. 7. 10, 2018다242727).

임차인의 손해배상청구권은 임대차가 종료한 날부터 3년 이내에 행사하지 아니하면 시효의 완성으로 소멸한다(동조 제 4 항). 한편 임차인은 임대인에게 임차인이 주선한 신규 임차인이 되려는 자의 보증금 및 차임을 지급할 자력 또는 그 밖에 임차인으로서의 의무를 이행할 의사 및 능력에 관하여 자신이 알고 있는 정보를 제공하여야 한다(동조 제 5 항).

---

6) 이는 임대인이 영리 목적으로 사용하지 않을 것이라는 이유로 신규 임대차계약을 거절하고 임대차 종료 후 1년 6개월 동안 실제로 상가건물을 영리 목적으로 사용하지 않은 경우를 말하며, 그 사이 소유권 변동이 있는 때에는 임대인과 새로운 소유자의 비영리 사용기간을 합쳐 1년 6개월 이상이면 충분하다(대판 2021. 11. 25, 2019다285257, 공보 2022, 93; 2022. 1. 14, 2021다272346, 공보 2022, 354).

제2장 임대차: 당사자 변경과 종료

Ⅰ. 임차권의 양도·임대차목적물의 전대

1. 의 의

임차인이 자신의 지위를 타인에게 양도하고자 하는 경우에는 임차인으로서 계약상 당사자 지위를 양도하는 것에 의함이 통상이지만, 채권양도의 방법으로 임차권만을 양도하는 것도 가능하다. 더 나아가 임차인은 임차목적물을 전대차(轉貸借)할 가능성도 보유하게 되는데, 이는 특별한 계약을 말하는 것이 아니라, 임차인이 자신이 임차한 물건에 관하여 하는 임대차 또는 사용대차로서 그 자체로서는 통상의 임대차 또는 사용대차와 다를 바 없는 계약이다.

그런데 이러한 임차권의 양도나 전대차는 임대인이 선택하지 아니한 사람이 임대차목적물을 점유하고 사용수익하는 결과를 발생시키게 되므로, 임대인은 그로부터 발생할 위험을 예방하기 위하여 개입할 이해관계를 가질 수 있다. 그러나 동시에 임차인으로서도 자신의 임차권을 적절하게 처분하여 유동화할 이해관계를 가질 수 있으므로, 임대인과 임차인 사이의 이해관계를 적절하게 조절할 수 있는 규율이 필요하게 된다. 이에 대하여 민법은 임차인은 임대인의 동의 없이는 그 권리를 양도하거나 임차물을 전대할 수 없으며, 임차인이 이에 위반한 때에는 임대인은 계약을 해지할 수 있다고 규정한다(제629조; 다만 임차건물의 소부분을 타인에게 사용하게 하는 경우에는 동의를 요하지 않는다, 제632조).

2. 양도·전대에 대한 임대인의 동의

(1) 임대인 동의의 요구

임차권의 양도나 전대차에는 임대인의 동의가 필요하다. 동의를 요하는 이유는, 계약상 지위의 양도에 의한 때에는 당연한 것이고, 임차권만의 양도나 전대차라도 제 3 자에 의한 독립적 용익은 용납되지 아니한다는 취지에 비추어(제610조 제 2 항) 임대인의 개입이 요구되기 때문이다. 임차권의 양도나 임차물의 전대는 당사자들 사이의 합의에 의하여 효력을 발생하지만 임대인이 이를 동의하지 아니하면 임대인 기타 제 3 자에게 이를 대항할 수 없다. 이러한 동의는 묵시적으로도 가능하며, 임대인이 임차권의 양수인이나 임대물의 전차인으로부터 차임을 지급 받는 경우가 그러할 것이다. 또한 포괄적으로도, 사전에도 가능하고, 양도 등의 당사자 쌍방 누구에게나 할 수 있다. 이러한 임대인의 동의는 임차권의 유동성을 보장하는 형성적 기능을 가지고 있으므로, 법적 안정성을 위하여 철회할 수는 없다고 할 것이다.

이와 관련하여 판례는 건물소유를 위한 토지임대차에서 임차인이 건물등기로 대항력을 가지게 되더라도 건물양수인이 임대인의 동의 없이 임대인에게 임차권을 대항할 수 있게 되지는 않는다고 한다. 그래서 예를 들어 토지임차권에 기한 건물에 대해 저당권이 실행된 경우 경락인이 건물소유권을 취득하면 경락인은 토지임차권도 취득하나(제358조 참조), 임대인의 동의 없이 임차권을 그에게 주장할 수 없다고 한다(대판 1996. 2. 23, 95다29345). 그러나 이에는 의문이 없지 않으며, 건물소유를 위한 토지임대차에는 임차권 양도에 대한 포괄적 동의가 있다고 볼 수 있을 것이다.

(2) 「배신적」이지 아니한 양도·전대

제629조에 따르면 임대인의 동의가 없는 한 임차권의 양도나 임차물의 전대는 임대인 기타 제 3 자에게 대항할 수 없어 원활하게 기능할 수 없다. 그러나 경우에 따라서는 임차인이 임차권을 처분하여 유동화할 만한 정당한 이해관계를 가지고 있고 임대인으로서는 그에 굳이 반대할 이유가 없는 사안도 충분히 있을 수 있다. 그러한 경우에는 이러한 임대인의 동의권에 일정한 제한을 가하여, 동의가 없더라도 양도·전대를 종국적으로 유효한 것으로 취급해야 할

수도 있다. 따라서 원칙적으로 임대인의 동의에 의한 의사관여가 필요함은 물론이지만, 임차인의 자본회수 등의 요구와 임대인의 물건용익상의 차이 등의 종합적 고려 하에 동의를 거부할 만한 아무런 합리적인 이유가 없는 임대인의 동의거부는 신의칙(제 2 조)에 반하는 것으로 볼 수 있다. 예를 들어 임차권의 공동상속인 중 일부가 임차권을 다른 상속인에게 양도하는 경우, 건물임차인과 양수인이 목적물에서 공동영업을 영위하는 경우 등이 그러하다. 물론 이러한 방법으로 신의칙에 따라 동의거부를 배척하는 것은 결과적으로 임대인의 의사를 의제하는 결과가 되므로, 그 적용에 있어 신중할 필요가 있다.

판례는 처음에는 이러한 법리를 인정하지 않고 있었으나(대판 1972. 1. 31, 71다2400), 이후 이를 인정하기에 이르렀다(대판 1993. 4. 13, 92다24950; 결론에 있어서는 부정).

[1] 임차권 양도에 대한 임대인 동의권의 제한: 대판 1993. 4. 27, 92다45308

[주 문] 원심판결을 파기하고, 사건을 서울민사지방법원 합의부에 환송한다.
[이 유] 상고이유를 본다.

1. 민법 제629조는 임차인은 임대인의 동의 없이 그 권리를 양도하거나 전대하지 못하고(제 1 항), 임차인이 이에 위반한 때에는 임대인은 계약을 해지할 수 있다(제 2 항)고 규정하고 있는바 이는 민법상의 임대차계약은 원래 당사자의 개인적 신뢰를 기초로 하는 계속적 법률관계임을 고려하여 임대인의 인적 신뢰나 경제적 이익을 보호하여 이를 해치지 않게 하고자 함에 있으며, 임차인이 임대인의 승낙 없이 제 3 자에게 임차물을 사용 수익시키는 것은 임대인에게 임대차관계를 계속 시키기 어려운 배신적 행위가 될 수 있는 것이기 때문에 임대인에게 일방적으로 임대차관계를 종지(終止)시킬 수 있도록 하고자 함에 있다고 할 것이다.

따라서, 임차인이 임대인으로부터 별도의 승낙을 얻은 바 없이 제 3 자에게 임차물을 사용·수익하도록 한 경우에 있어서도 임차인의 당해 행위가 임대인에 대한 배신적 행위라고 인정할 수 없는 특별한 사정이 있는 경우에는 위의 법조에 의한 해지권은 발생하지 않는다고 해석함이 상당하다.

2. 원심판결이유에 의하면 원심은, 제 1 심의 공동피고 이귀안은 1983. 11. 경 이 사건 대지위에 이 사건 건물을 건축하여 소유하다가, 제 1 심판결 선고 후인 1991. 7. 8. 그의 처인 피고 명의로 소유권이전등기를 마쳐준 사실을 인정하

고, 위 이귀안은 당초 위 건물을 건축하기에 앞서 원고와의 사이에 위 건물의 부지에 관한 임대차계약을 체결하였는데, 그 임대차계약상 임차인 명의는 위 이귀안으로만 되어 있으나 그의 처인 피고도 당연히 위 임대차계약상 임차권자로서 그 임차권을 보유하는 것이므로 위 건물의 부지를 점유할 권원이 있다는 피고의 주장에 대하여는, 위 이귀안이 1983. 10. 31. 원고와의 사이에 위 건물부지에 관하여 임대차계약을 체결한 사실과 위 계약체결 당시 피고가 위 이귀안의 처였던 사실은 이를 인정할 수 있으나, 그러한 사정만으로 피고 또한 위 임대차계약상 임차권자로서 그 임차권을 보유하고 있다고 볼 수 없다고 배척하고, 피고는 위 이귀안으로부터 위 건물을 양도받으면서 그 건물부지에 관한 임차권도 아울러 양도받았으며, 이에 대하여 원고가 동의하였거나 사후에 이를 승낙(소급적 추인)하였으므로 피고는 위 건물부지를 점유할 권원이 있다는 피고의 주장에 대하여는, 원고가 위 임차권의 양도에 대하여 동의하였다거나 사후에 승낙하였다는 점을 인정할 증거가 없다는 이유로 배척하고, 피고에게 위 건물의 철거와 그 부지부분 대지의 인도를 명하였다.

3. 기록에 의하면, 이 사건 임대차계약은 위 이귀안과 피고 부부가 그 전부터 경영해 오던 가구점 건물의 부지가 도로부지로 편입됨에 따라 동두천시가 그 건물을 철거시키면서 그 보상 내지는 이주대책의 일환으로 원고에게 알선하여 체결된 것이고, 그 계약에서는 임대기간을 토지의 처분시까지 보장하고 그 처분시에도 임차인의 우선매수권을 보장하였으며, 임대료도 3년차마다 조정하도록 하는 등 임차인의 지위가 강화되어 있고, 피고는 위 이귀안과 이 사건 건물에서 동거하면서 함께 상호가 동양가구인 가구점을 경영해 오다가 1988. 11. 11. 그와 협의이혼을 하면서 그 위자료 명목으로 당시 미등기이던 이 사건 건물을 양도받기로 하고 그때부터는 혼자서 위 가구점을 경영해 왔으며, 1992. 3. 7. 위 이귀안과 다시 혼인하고 위 건물에서 동거하고 있는 사실이 엿보이는바(을 제2, 4의 1, 8의 3, 24, 26, 28, 30, 31, 각 호증, 제 1 심의 현장검증결과), 사정이 이와 같다면 피고는 본래의 임차인인 위 이귀안과 동일한 사업을 수행하면서 그 형식적인 사업주체의 인격만 변경된 것뿐이고, 더구나 피고는 위 이귀안과 부부간으로서 한 세대를 구성하고 이 사건 건물에서 동거하면서 함께 가구점을 경영해 오고 있었던 터이었고, 그 후 다시 위 이귀안과 혼인하여 같은 건물에 동거하고 있는 바여서, 실질적으로 임대인인 원고의 인적 신뢰나 경제적 이익을 해치는 것도 아니고, 이와 같은 경우에는 임대차관계를 계속시키기 어려운 배신적 행위라고 인정할 수 없는 특별한 사정이 있는 경우에 해당한다고 봄이 상당하므로, 원고에게는 계약해지권이 발생하지 아니하고 피고는 위 임차권의 양수나

이에 터잡은 사용·수익을 임대인인 원고에게 주장할 수 있다고 보는 것이 옳을 것이다.

그렇다면 원심판결에는 임대인의 승낙 없이 제 3 자가 임차물을 사용·수익하는 경우의 법률관계에 관한 법리를 오해한 위법이 있다고 할 것이고, 논지는 이 범위 안에서 이유 있다.

그러므로 원심판결을 파기하고, 사건을 원심법원에 환송하기로 하여 관여 법관의 일치된 의견으로 주문과 같이 판결한다.

질문

1. 대법원은 제629조를 목적론적으로 축소해석함으로써 일정한 경우에는 임대인의 동의가 없더라도 임차인의 임차권 양도 내지 전대를 이유로 하는 해지권을 부정하고 있다. 대법원은 그 중심적인 이유로 어떠한 점을 들고 있는가?
2. 그러한 이유를 고려할 때 이 사안에서 해지권을 부인하는 결론에 이르게 한 사정들을 찾고 설명해 보라.
3. 만일 이 사안에서 임차인이 임대인에게 동의를 요구하였으나 임대인이 이를 거절하였다고 상정한다면, 신의칙(제 2 조)에 반하는 권리행사를 인정할 여지는 있는가?

(3) 임대인 지위의 양도

한편 판례는 임대인과 신소유자의 계약으로 인한 임대인 지위의 양도에는 임차인의 동의를 요하지 않는다고 한다(대결 1998. 9. 2, 98마100). 그때 임대차의 승계를 원하지 않는 임차인은 계약을 해지할 수 있을 것이다(제 4 편 제 1 장 재판례 [2] 참조).

3. 임대인의 동의 있는 양도·전대의 법률관계

(1) 임차권 양도의 경우

임차권의 양도가 있는 경우, 임차인 지위의 이전이 일어난다. 각각 계약인수 내지 채권양도의 법리에 따른다.

(2) 전대차의 경우

전대의 경우에는 세 당사자들의 관계를 구별하여 살펴볼 필요가 있다.

(가) 전대인과 전차인 사이의 관계에서 그들은 직접 임대차에 기한 계약관계에 서므로 그로부터 발생하는 권리의무를 가진다. 다만 차임지급이나 목적물반환 등과 관련하여 아래에서 살펴보는 임대인과 전차인의 관계에 따른 파생적 효과에 따른 영향을 받을 수 있다.

(나) 임대인과 전차인의 관계에서는, 임대인에게 직접청구권이 인정된다.

(a) 전차인은 임대인에게 직접 의무(차임지급의무, 목적물보존의무 등)를 부담한다(제630조 제 1 항 제 1 문). 다만 이러한 전차인의 의무는 임대차계약과 전대차계약 양자의 제약을 받는다. 그 결과 예컨대 차임지급의무에 관하여 본다면, 그 존재·액수·지급시기에 대하여 양자의 요건이 모두 충족되는 한도에서 임대인에 대하여 직접 지급의무를 부담한다. 이 경우 전차인은 전대차계약으로 전대인에 대하여 부담하는 의무 이상으로 임대인에게 의무를 지지 않고 동시에 임대차계약으로 임차인이 임대인에 대하여 부담하는 의무 이상으로 임대인에게 의무를 지지 않으며, 전대인과 전차인이 전대차계약의 내용을 변경한 경우(예컨대 전차임 감액) 전차인은 변경된 전대차계약의 내용을 임대인에게 주장할 수 있다(대판 2018. 7. 11, 2018다200518).

이러한 경우 전차인은 전대인에 대한 차임지급으로 임대인에게 대항하지 못한다(동항 제 2 문). 전차인이 임대인에게 대항할 수 없는 차임의 범위는 전대차계약상의 차임지급시기를 기준으로 한다(대판 2008. 3. 27, 2006다45459). 따라서 전차인이 이행기 전에 임차인에게 지급한 차임은 임대인의 직접청구에 대항할 수 없을 것이지만, 이행기가 도래해 임차인에게 지급한 경우에는 그렇지 아니하며, 이행기 전에 지급하였으나 나중에 이행기가 도래한 경우도 마찬가지이다(대판 2018. 7. 11, 2018다200518). 이렇게 전차인이 임대인에 대한 차임을 지급하는 등 의무를 이행하면 동시에 그 한도에서 임차인의 임대인에 대한 채무도 소멸하는 결과가 발생한다. 이러한 의미에서 임대인은 전차인에 대하여 이른바 직접청구권을 보유한다(직접청구권의 예로 제123조 제 2 항, 제682조 제 2 항, 상 제724조 제 2 항, 하도급 제14조 등 참조).

반면 전차인은 임대인에게 임대차계약상의 권리(예컨대 수선이나 비용상환청구)를 가지지 아니한다. 다만 전차인이 전대차관계에 기하여 하는 권리의 행사가 임대인에 대한 관계에서 적법한 것이 될 뿐이다.

(b) 주택임대차가 대항력을 가지고 있었던 경우, 그 임차인으로부터 임

대인의 동의를 받아 주택을 전차한 전차인이 임차인의 주민등록퇴거일로부터 주민등록법상의 전입신고기간 내에 전입신고를 마치고 주택을 인도받아 점유를 계속하고 있다면 임차인의 퇴거에도 불구하고 대항력은 소멸하지 아니하고 동일성을 유지한 채로 존속한다(제 4 편 제 1 장 재판례 [2] 참조).

(c) 그 밖에 전차인은 임대차의 종료와 관련하여 보호를 받는다. 임대인과 임차인이 합의로 계약을 종료한 때에도 전차인의 권리는 소멸하지 아니한다(제631조). 그리고 임대차계약이 해지기간 있는 해지(해지통고)로 종료한 경우 임대인은 전차인에게 그 사유를 통지하여야 해지를 전차인에게 대항할 수 있고(제638조 제 1 항), 그 경우 전차인은 해지기간의 보호를 받는다(동조 제 2 항, 제635조 제 2 항).

(다) 임대인과 임차인의 관계에서, 그들의 임대차관계상의 권리의무는 그대로 존속한다(제630조 제 2 항). 다툼이 있는 문제이나, 전차인은 임차인의 '이용보조자'로서 그의 귀책사유는 임차인의 귀책사유로 간주된다(제391조)고 해석할 것이다. 반대로 임차인에게 전차인의 선임·감독에 대한 과책이 없으면 임대인에게 책임이 없다는 견해도 주장되고 있지만, 제121조 제 1 항과 같은 명문의 근거가 없음에도 임대인의 동의의 성질상 차이를 무시한 것으로 찬성하기 어렵다. 제121조 제 1 항은 대리인(수임인)이 의무를 부담하는 사무처리를 본인의 위험부담 아래 제 3 자에게 위탁하는 것이고, 전대차의 경우는 원래는 임차인에게만 허용된 용익권리를 임차인을 위하여 제 3 자에게 확장하는 것을 허용하는 것이기 때문이다.

4. 임대인의 동의 없는 양도·전대

(1) 임차권 양도의 경우

임대인의 동의 없이 임차권의 양도가 이루어진 경우의 법률관계도 세 당사자들의 관계를 구별하여 살펴보기로 한다.

(가) 양도인과 양수인 사이에서는, 양도인은 임대인에 대한 관계에서 양수인을 자신과 같은 지위에 있도록 할 계약상 의무를 부담한다. 이는 양도인이 양수인을 위하여 제629조 제 1 항이 요구하는 "임대인의 동의를 받을 의무"가 있음을 의미한다(대판 1986. 2. 25, 85다카1812). 반면 양수인은 양도인에 대한 관계에서는 임차권을 주장할 수 있다. 양도인은 반환청구를 할 수 없고, 양도인

은 임대인을 대위하여서도 목적물의 인도를 청구할 수 없다.

(나) 임대인과 양수인의 관계에서, 양수인은 자신의 임차권으로 임대인에게 대항하지 못하고, 양도인의 권한을 대위행사하여 임대인에게 대항할 수도 없다(대판 1985. 2. 8, 84다카188). 그리고 양수인은 임대인의 소유물반환청구에 대하여 「점유할 권리」(제213조 단서)를 가지지 아니한다. 이는 임대인이 임대차를 해지(제629조 제 2 항)하기 전에도 마찬가지이다. 임대인은 전차인에 대하여 목적물을 임차인에게 반환할 것을 청구할 수 있으며, 임대차를 해지하지 아니한 한 자신에게 직접 반환할 것을 청구할 수는 없다고 해석된다(제207조 제 2 항의 유추). 그리고 임대차를 해지하지 않는 한 임대인은 양수인에게 목적물의 사용수익을 이유로 하는 부당이득을 청구할 수는 없다(전대차에 대하여 대판 2008. 2. 28, 2006다10323). 물론 임대인은 자신의 동의권을 침해하였음을 이유로 양도인인 임차인에 대해서 침해이득반환청구권을 가질 수는 있을 것이다.

(다) 임대인과 임차인(즉 양도인)의 관계에서, 임대인은 임대차를 해지할 수 있다(제629조 제 2 항). 해지권은 양도계약의 체결만으로 발생한다고 할 것이고, 반드시 양수인의 현실적 용익이 필요하지는 않다고 할 것이다. 그러나 해지 전에는 여전히 차임을 청구할 수 있다.

(2) 전대차의 경우

임대인의 동의 없는 전대의 경우, 전차인은 전대인에 대하여 자신의 용익을 허용할 것을 청구할 권리를 가지지만, 기타의 법률관계에서는 동의 없는 임차권의 양도에 준하여 처리된다.

Ⅱ. 임대차의 종료

지금까지 여러 곳에서 임대차의 종료사유에 대해서 살펴보았다. 여기서 다시 임대차의 종료사유를 종합하여 개관하면 다음과 같다.

1. 존속기간의 만료

2. 당사자의 해지

(1) 해지기간(제635조) 있는 해지("해지통고")

(가) 약정해지(제636조)

(나) 존속기간의 약정이 없는 경우(제635조)

(다) 임차인의 파산으로 인한 해지(제637조)

(2) 즉시해지

(가) 임대인이 임차인의 의사에 반하는 보존행위를 하는 경우(제625조)

(나) 목적물의 일부에 관하여 멸실 등으로 인한 용익불능의 경우(제627조 제 2 항)

(다) 임대인의 동의 없는 양도·전대(제629조 제 2 항)

(라) 일정한 임대차에서 차임지체로 인한 해지권(제640조 내지 제642조)

(마) 해지권의 일반적 발생원인으로서의 「중대한 사유」(제 4 편 제 1 장 재판례 [4] 참조).

3. 임대인의 사용수익을 가능하게 유지할 채무의 (영구적) 이행불능 (제 4 편 제 1 장 Ⅲ. 4. (1) (나) 참조)

Ⅲ. 임대차관계의 청산

1. 임차인의 목적물반환의무

(1) 목적물의 반환

임대차관계가 종료하면, 임차인은 임대인에게 목적물을 반환하여야 한다. 임차인은 차용물을 반환하는 때에는 이를 원상에 회복할 의무를 부담한다(제654조, 제615조 제 1 문). 이러한 원상회복의무는 부속물수거의무를 포함하는데, 이때 수거의 목적물에 대해서는 아래에서 살펴보기로 한다.

(2) 목적물 멸실에 따른 책임

임차목적물이 화재 등으로 멸실한 경우, 임차인의 목적물 반환의무는 이행불능이 되고, 그에 따라 임차인의 손해배상책임이 문제될 수 있다. 판례는 이와 관련해서 제374조의 목적물보존의무 및 제390조의 입증책임분배를 그대로 적용하여 임차인이 귀책사유 없음을 입증하지 못하는 한 그의 책임을 긍정하는 태도를 보인다(대판 1969. 3. 18, 69다56; 2001. 1. 19, 2000다57351 등). 그러나 목적물이 멸실하는 경우 임대인이 부담하는 사용수익할 상태를 유지할 의무(제623조)의 이행불능도 발생하는 것이므로, 제390조의 입증책임분배를 일률적으로 임차인에게만 불리하게 적용하는 것에는 의문이 없지 않았다. 특히 이러한 판례는 멸실의 원인을 밝힐 수 없는 경우에 임차인에게 가혹한 경우가 적지 않으므로, 적어도 입증을 완화할 필요가 있다. 최근의 판례는 멸실의 원인이 되었던 사정이 임대인과 임차인의 어느 편의 지배·관리영역에 존재하였는지를 고려하여 귀책사유의 입증책임을 지우는 경향을 보인다.

[2] 임차목적물의 멸실: 대판 2000. 7. 4, 99다64384

[주　　문] 상고를 기각한다. 상고비용은 원고의 부담으로 한다.

[이　　유] 상고이유를 본다.

1. 원심은, 피고가 이 사건 건물을 임차하여 사용하던 중 이 사건 건물 내부에서 화재가 발생하여 그 건물 일부가 소훼된 사실, 이 사건 건물이 목조건물이고, 이 사건 화재 발생 당시 건물 내부에 아무도 없었으며, 발화지점 근처에 발화의 원인이 될 만한 다른 시설이나 물건이 없었던 사실, 이 사건 화재원인을 조사한 원고의 직원이나 경주소방서의 조사에서 이 사건 화재가 현관 천장 부분의 비닐전선이 합선되어 스파크가 발생하면서 그 불꽃이 천장반자 부분에 착화되어 발생한 것으로 추정하고 있는 사실 등을 인정한 다음, 위 사실관계에 의하여 이 사건 화재가 위 현관 천장 부분 비닐전선의 합선으로 인하여 발생한 것으로 확정하였는바, 기록에 비추어 살펴보면 원심의 위와 같은 조치는 정당한 것으로 수긍이 되고, 거기에 상고이유에서 주장하는 바와 같은 채증법칙을 위배한 위법이 있다고 할 수 없다.

이 점에 관한 상고이유의 주장은 위 인정과 다른 사실관계를 전제로 하는 것이어서 받아들일 수 없다.

2. 원심은, 이 사건 화재의 발화 원인이 된 현관 천장 부분의 비닐전선은

통나무로 된 벽 안쪽으로부터 천장 안쪽으로 연결된 배선의 일부분으로서 외관상으로는 그 상태를 확인하거나 점검할 수 없는 상태였던 사실, 피고가 위 건물을 임차하여 사용해 오면서 위 화재가 발생하기 전까지는 한번도 건물의 전기배선에 어떠한 문제가 발생한 적도 없고, 또 피고가 전기배선 부분은 물론 이 사건 건물의 구조물에 대하여 어떤 수리하는 등의 작업을 한 일도 없었던 사실을 인정한 다음, 위 인정 사실에 의하면 건물의 벽과 천장의 내부를 통과하고 있는 전기배선은 건물구조의 일부를 이루고 있어 거기에 어떤 하자가 있다 하더라도, 이를 수리 유지할 책임은 임차인이 그 하자를 미리 알았거나 알 수 있었다는 등의 특별한 사정이 없는 한, 임대차의 목적물을 임차인이 사용·수익하기에 필요한 상태로 유지할 의무가 있는 임대인에게 있다고 할 것인데, 피고로서는 위 발화부위인 전기배선의 이상을 미리 알았거나 알 수 있었다고 보기도 어렵고, 따라서 이 사건 건물의 일부가 소훼됨으로 인하여 피고가 이 사건 임대차계약상의 임차목적물의 일부를 반환할 수 없게 되었다고 하더라도 이는 임대인인 최중기의 임대인으로서의 의무를 다하지 못한 결과이고 임차인인 피고가 임차목적물의 보존을 위하여 선량한 관리자로서의 통상 필요한 주의의무를 다하지 아니한 결과가 아님이 분명하므로, 피고는 그로 인한 손해배상책임이 없다고 판단하였다.

기록에 비추어 살펴보면, 원심의 위와 같은 사실인정과 판단은 정당하고 거기에 상고이유에서 주장하는 바와 같이 이행불능의 귀책사유 내지 선량한 관리자의 주의의무에 관한 법리를 오해하였거나, 이에 대하여 심리를 다하지 아니한 위법이 있다고 볼 수 없다.

이 점에 관한 상고이유의 주장도 받아들일 수 없다.

3. 그러므로 상고를 기각하고, 상고비용은 패소자의 부담으로 하기로 하여 관여 법관의 일치된 의견으로 주문과 같이 판결한다.

질문

1. 임차목적물의 멸실원인이 불명인 경우 임차인이 자신의 귀책사유 없음을 입증해야 한다는 종래의 판례법리에 비추어 볼 때, 이 판결의 특징은 어떠한 점에 있는가?
2. 대판 2006. 1. 13, 2005다51013을 읽고 이 판결과 비교해 보라. 이들 두 판결의 이유에 비추어볼 때 종래의 판례이론과 상충이 있다고 할 것인가? 아니면 종래 판례이론을 새로운 의미로 해석할 여지는 있는가? 대법원은 특히 어떠한 사정들을 고려하고 있는가?

[3] 임차건물의 화재로 인한 목적물 아닌 부분의 소훼: 대판(전) 2017. 5. 18, 2012다86895, 86901

[주 문] 원심판결의 본소에 관한 부분 중 피고(반소원고) 및 피고 삼성화재해상보험 주식회사의 패소 부분을 파기하고, 이 부분 사건을 서울고등법원에 환송한다.

[이 유] 상고이유를 판단한다. […]

2. **피고(반소원고)의 상고이유 중 화재로 인한 손해배상책임에 관한 법리오해 주장과 피고 삼성화재해상보험 주식회사(이하 '피고 삼성화재'라고 한다)의 상고이유 제 2 점에 대하여**

가. (1) 임차인은 선량한 관리자의 주의를 다하여 임대차 목적물을 보존하고, 임대차 종료 시에 임대차 목적물을 원상에 회복하여 반환할 의무를 부담한다(민법 제374조, 제654조, 제615조). 그리고 채무자가 채무의 내용에 좇은 이행을 하지 아니한 때에는 채권자는 손해배상을 청구할 수 있고, 다만 채무자의 고의나 과실 없이 이행할 수 없게 된 때에는 그러하지 아니하다(민법 제390조).

따라서 임대차 목적물이 화재 등으로 인하여 소멸됨으로써 임차인의 목적물 반환의무가 이행불능이 된 경우에, 임차인은 그 이행불능이 자기가 책임질 수 없는 사유로 인한 것이라는 증명을 다하지 못하면 그 목적물 반환의무의 이행불능으로 인한 손해를 배상할 책임을 지며, 그 화재 등의 구체적인 발생 원인이 밝혀지지 아니한 때에도 마찬가지이다(대법원 1994. 10. 14. 선고 94다38182 판결, 대법원 1999. 9. 21. 선고 99다36273 판결 등 참조). 또한 이러한 법리는 임대차 종료 당시 임대차 목적물 반환의무가 이행불능 상태는 아니지만 반환된 임차 건물이 화재로 인하여 훼손되었음을 이유로 손해배상을 구하는 경우에도 동일하게 적용된다(대법원 2010. 4. 29. 선고 2009다96984 판결 등 참조).

(2) 한편 임대인은 목적물을 임차인에게 인도하고 임대차계약 존속 중에 그 사용, 수익에 필요한 상태를 유지하게 할 의무를 부담하므로(민법 제623조), 임대차계약 존속 중에 발생한 화재가 임대인이 지배·관리하는 영역에 존재하는 하자로 인하여 발생한 것으로 추단된다면, 그 하자를 보수·제거하는 것은 임대차 목적물을 사용·수익하기에 필요한 상태로 유지하여야 하는 임대인의 의무에 속하며, 임차인이 그 하자를 미리 알았거나 알 수 있었다는 등의 특별한 사정이 없는 한, 임대인은 그 화재로 인한 목적물 반환의무의 이행불능 등에 관한 손해배상책임을 임차인에게 물을 수 없다(대법원 2000. 7. 4. 선고 99다64384 판결, 대법원 2006. 2. 10. 선고 2005다65623 판결, 대법원 2009. 5. 28. 선고 2009다13170 판결 등 참조).

나. (1) 임차인이 임대인 소유 건물의 일부를 임차하여 사용·수익하던 중 임차 건물 부분에서 화재가 발생하여 임차 건물 부분이 아닌 건물 부분(이하 '임차 외 건물 부분'이라 한다)까지 불에 타 그로 인해 임대인에게 재산상 손해가 발생한 경우에, 임차인이 보존·관리의무를 위반하여 화재가 발생한 원인을 제공하는 등 화재 발생과 관련된 임차인의 계약상 의무 위반이 있었음이 증명되고, 그러한 의무 위반과 임차 외 건물 부분의 손해 사이에 상당인과관계가 있으며, 임차 외 건물 부분의 손해가 그러한 의무 위반에 따른 통상의 손해에 해당하거나, 임차인이 그 사정을 알았거나 알 수 있었을 특별한 사정으로 인한 손해에 해당한다고 볼 수 있는 경우라면, 임차인은 임차 외 건물 부분의 손해에 대해서도 민법 제390조, 제393조에 따라 임대인에게 손해배상책임을 부담하게 된다.

(2) 종래 대법원은 임차인이 임대인 소유 건물의 일부를 임차하여 사용·수익하던 중 임차 건물 부분에서 화재가 발생하여 임차 외 건물 부분까지 불에 타 그로 인해 임대인에게 재산상 손해가 발생한 경우에, 건물의 규모와 구조로 볼 때 그 건물 중 임차 건물 부분과 그 밖의 부분이 상호 유지·존립함에 있어서 구조상 불가분의 일체를 이루는 관계에 있다면, 임차인은 임차 건물의 보존에 관하여 선량한 관리자의 주의의무를 다하였음을 증명하지 못하는 이상 임차 건물 부분에 한하지 아니하고 그 건물의 유지·존립과 불가분의 일체 관계에 있는 임차 외 건물 부분이 소훼되어 임대인이 입게 된 손해도 채무불이행으로 인한 손해로 배상할 의무가 있다고 판단하여 왔다(대법원 1986. 10. 28. 선고 86다카1066 판결, 대법원 1992. 9. 22. 선고 92다16652 판결, 대법원 1997. 12. 23. 선고 97다41509 판결, 대법원 2003. 8. 22. 선고 2003다15082 판결, 대법원 2004. 2. 27. 선고 2002다39456 판결, 대법원 2010. 4. 29. 선고 2009다96984 판결 등 참조, 이하 '대법원 86다카1066 판결 등'이라 한다).

그러나 임차 외 건물 부분이 대법원 86다카1066 판결 등에서 말하는 구조상 불가분의 일체를 이루는 관계에 있는 부분이라 하더라도, 그 부분에 발생한 손해에 대하여 임대인이 임차인을 상대로 채무불이행을 원인으로 하는 배상을 구하려면, 임차인이 보존·관리의무를 위반하여 화재가 발생한 원인을 제공하는 등 화재 발생과 관련된 임차인의 계약상 의무 위반이 있었고, 그러한 의무 위반과 임차 외 건물 부분의 손해 사이에 상당인과관계가 있으며, 임차 외 건물 부분의 손해가 그 의무 위반에 따라 민법 제393조에 의하여 배상하여야 할 손해의 범위 내에 있다는 점에 대하여 임대인이 주장·증명하여야 한다.

이와 달리 위와 같은 임대인의 주장·증명이 없는 경우에도 임차인이 임차

건물의 보존에 관하여 선량한 관리자의 주의의무를 다하였음을 증명하지 못하는 이상 임차 외 건물 부분에 대해서까지 채무불이행에 따른 손해배상책임을 지게 된다고 판단한 대법원 86다카1066 판결 등을 비롯하여 그와 같은 취지의 판결들은 이 판결의 견해에 배치되는 범위 내에서 이를 모두 변경하기로 한다.

다. (1) 이 사건 임대차 목적물 자체의 반환의무 이행불능을 원인으로 한 손해배상청구에 관하여 본다.

원심은 그 판시와 같은 이유로, 이 사건 임대차 목적물은 이 사건 화재로 인하여 더 이상 임차 목적으로 사용·수익할 수 없는 상태에 이르렀으므로 이 사건 임대차계약은 사회통념상 임대차 목적을 달성하는 것이 불가능하게 되어 종료하였고, 피고(반소원고)가 원고(반소피고, 이하 '원고'라고 한다)에게 이 사건 임대차 목적물을 온전한 상태로 반환하는 것 역시 불가능하게 되어 이 사건 임대차 목적물 반환의무가 이행불능이 되었다고 판단하였다. 나아가 원심은, 이 사건 화재가 발생한 지점인 이 사건 건물의 '1층 전면 주출입구 내부 우측 부분'은 피고(반소원고)가 이 사건 임대차계약에 따라 임차한 부분으로 실질적으로 사용·수익해 오던 부분에 해당하는 반면, 그 부분에 대하여 임대인인 원고가 지배·관리하였다고 볼 수 없는데, 비록 그 발화원인이 밝혀지지 아니하였으나 피고(반소원고)가 이 사건 임대차 목적물의 보존에 관하여 선량한 관리자의 주의의무를 다하였음이 증명되지 아니하였으므로, 피고(반소원고)는 이 사건 임대차 목적물 반환의무의 이행불능으로 인하여 원고가 입게 된 손해를 배상할 책임이 있다고 판단하였다.

원심판결 이유를 적법하게 채택된 증거들에 의하여 살펴보면, 이 부분 원심의 판단은 앞에서 본 법리에 기초한 것으로서 정당하다. 거기에 화재로 인한 임대차 목적물 반환의무의 이행불능에 따른 손해배상책임에 관한 법리를 오해한 잘못이 없다.

(2) 이 사건 임대차 목적물이 아닌 건물 부분에 발생한 손해에 대한 배상청구에 관하여 본다.

원심은 그 판시와 같은 이유로, 이 사건 임대차계약의 목적물인 이 사건 건물의 1층 중 150평 부분은 이 사건 건물의 다른 부분과 상호 유지·존립에 있어 구조상 불가분의 일체를 이루고 있는데, 이 사건 화재로 인하여 이 사건 임대차 목적물뿐만 아니라 건물의 다른 부분인 1층의 나머지 부분, 2층 및 옥상 부분(이하 '이 사건 임차 외 건물 부분'이라 한다)이 소훼되었고, 피고(반소원고)가 이 사건 임대차 목적물을 보존할 의무를 다하였음을 인정할 증거가 부족하므로, 피고(반소원고)는 채무불이행책임에 따라 이 사건 임대차 목적물에 발생한 손해뿐만 아니라 이 사건 임차 외 건물 부분이 소훼되어 원고가 입게 된 손해까지도 배상할 의무가 있고, 나아가 피고 삼성화재도 피고(반소원고)의 보험자로서 이 부분에 관한 손해를 배상할 의무가 있다는 취지로 판단하였다.

그러나 원심판결 이유와 적법하게 채택된 증거들에 의하면, 이 사건 화재 발생 이후 국립과학수사연구소가 소방관 현장조사 및 자체 현장조사, 수사자료, 목격자 진술, 이 사건 화재 발생 당시의 현장과 그 주변이 촬영된 휴대전화 및 동영상을 종합하여 이 사건 화재가 발생한 지점이 이 사건 건물의 1층 전면 주출입구 내부 우측 부분이라고 판정하였으나, 방화가능성 및 전기적·기계적 요인과 인위적 요인(담뱃불 내지 그 불티 등)을 비롯하여 모든 발화원인을 조사하였음에도 구체적으로 어떠한 원인에 의하여 이 사건 화재가 발생하였는지 밝혀지지 않은 사실을 알 수 있다.

이러한 사실관계를 앞에서 본 법리에 따라 살펴보면, 임차인인 피고(반소원고)가 보존·관리의무를 위반하여 이 사건 화재가 발생한 원인을 제공하는 등 이 사건 화재 발생과 관련된 피고(반소원고)의 계약상 의무 위반이 있었다고 보기 어려우므로, 이 사건 임차 외 건물 부분의 손해에 대하여는 피고(반소원고)에게 채무불이행에 따른 배상책임이 있다고 할 수 없다.

그럼에도 원심은 그 판시와 같은 사정들만을 이유로 들어 이 사건 임차 외 건물 부분에 발생한 손해에 대해서도 피고(반소원고)에게 채무불이행에 따른 배상책임이 있다고 단정하고, 이를 전제로 피고 삼성화재에게도 같은 책임이 있다고 판단하였다. 이러한 원심판결에는 임차 건물 부분에서 발생한 화재로 인하여 임차 외 건물 부분까지 불에 탄 경우의 임차 외 건물 부분 손해에 대한 임차인의 배상책임에 관한 법리를 오해하여 필요한 심리를 다하지 아니함으로써 판결에 영향을 미친 잘못이 있다. […]

6. 피고(반소원고)의 상고이유 중 화재로 인한 손해배상책임에 관한 법리오해 주장과 피고 삼성화재의 상고이유 제 2 점에 대한 […] 별개의견

가. 별개의견의 요지는, 임차인이 임대인 소유 건물의 일부를 임차하여 사용·수익하던 중 그 임차한 부분에서 화재가 발생하여 임차 외 건물 부분까지 불에 타 그로 인해 임대인에게 재산상 손해가 발생한 경우에, 다른 특별한 사정이 없는 한 임차 외 건물 부분에 발생한 재산상 손해에 관하여는 불법행위책임만이 성립한다고 보아야 하므로, 이와 달리 판단한 대법원 86다카1066 판결 등을 비롯하여 그와 같은 취지의 판결들은 이 견해에 배치되는 범위 내에서 모두 변경되어야 한다는 것이다. 그 이유는 다음과 같다.

(1) 임대차계약의 내용이 임차인에게 임차 외 건물 부분에 대한 손해를 방

지할 의무가 있는 것으로 해석된다면, 임차인의 그러한 의무 위반으로 인하여 임차 외 건물 부분에 발생한 손해에 관하여 채무불이행책임이 성립하지 않을 이유가 없다. 그러나 특별한 사정이 없는 한 임차인은 임차 외 건물 부분에 대한 계약상 의무를 부담하지 않고, 그러한 계약상 의무가 인정되지 않는 한 화재로 인하여 임차 외 건물 부분이 소훼된 손해를 배상하는 것은 임차인의 의무를 법률상 근거 없이 부당하게 확대하는 것이고, 채무불이행책임에서의 손해배상의 목적인 이행이익의 배상과는 무관하다.

첫째로, 당사자 사이에 특별한 약정이 있다는 등의 사정이 없는 한 임차인은 임차 외 건물 부분에 대하여는 임대차계약상 아무런 의무를 부담하지 않는다. 다만 임차인 역시 법공동체 구성원의 일원인 이상 다른 사람의 법익을 해하여서는 아니 된다는 일반적인 의무를 부담하는데, 그러한 의무를 위반하여 계약의 목적물이 아닌 물건에 손해를 가한 경우에는 불법행위로 인한 손해배상책임을 지는 것으로 충분하다. 그러한 물건이 임대인의 소유라는 우연한 사정만으로 달리 볼 이유가 없고, 화재의 원인이 불분명하여 불법행위책임에 관하여 임대인과 임차인의 귀책사유를 판단할 수 없는 예외적인 사안에서 계약상 아무런 근거 없이 임차인에게 채무불이행책임을 인정할 이유도 없다. 대법원판례가, 계약당사자가 계약상 인정되는 급부의무 외에 일정한 신의칙상 의무를 부담하는 것을 전면적으로 부정하고 있지는 않으나, 숙박계약, 입원계약, 근로계약, 여행계약 등 일정한 유형의 계약에 한하여 채권자의 신체, 재산에 대한 보호의무 또는 안전배려의무를 인정하고 있을 뿐이다(대법원 1999. 2. 23. 선고 97다12082 판결, 대법원 2000. 11. 24. 선고 2000다38718 판결, 대법원 2003. 4. 11. 선고 2002다63275 판결, 대법원 2014. 9. 25. 선고 2014다213387 판결 등 참조). 그러한 특별한 경우가 아님에도 앞에서 본 바와 같은 법공동체 구성원의 일반적인 의무를 당사자 간의 특별한 약정 없이 계약상 의무의 영역으로 끌어들이는 것은 채무불이행책임과 불법행위책임을 엄격히 구별하고 있는 우리 민법의 체계에 부합하지 않는다(통상의 임대차관계에서 임대인이 임차인의 안전을 배려하여 주거나 도난을 방지하는 등의 보호의무까지 부담한다고 볼 수 없다고 한 대법원 1999. 7. 9. 선고 99다10004 판결도 같은 맥락이라고 볼 수 있다).

임대차계약을 체결할 때 당사자들의 주된 관심사는 임대차 목적물 그 자체의 제공과 반환, 차임의 수수에 관한 것이고, 임대인이 임차 외 건물 부분을 소유하고 있는지 여부를 고려하여 임대차계약을 체결하는 것은 이례적이다. 이러한 이례적 사정을 내세워 임차인에게 임차 외 건물 부분에 대한 의무가 있다고 인정하려면, 그와 같은 의무의 구체적인 내용을 임대인이 주장·증명해야 한다.

둘째로, 채무불이행책임에서 손해배상의 목적은 채무가 제대로 이행되었더라면 채권자가 있었을 상태를 회복시키는 것이므로, 계약을 위반한 채무자는 이행이익, 즉 계약이 완전히 이행된 것과 동일한 경제적 이익을 배상하여야 하는데(대법원 2008. 12. 24. 선고 2006다25745 판결 등 참조), 임차 외 건물 부분에 대한 임차인의 계약상 의무의 존재가 증명되지 않는 이상, 임대인 소유의 임차 외 건물 부분의 소훼로 인한 손해를 배상하는 것은 이러한 이행이익의 배상과는 관련이 없다. 임차인이 임대차계약에 따라 부담하는 반환의무는 임대차 목적물 그 자체에 대한 것이고, 그 전제가 되는 보존의무도 임대차 목적물 그 자체의 반환을 떠나서는 생각할 수 없다. 이러한 임차인의 임대차 목적물 반환의무 및 그 전제가 되는 보존의무가 제대로 이행되었더라면 채권자인 임대인이 얻었을 이익의 배상이란 임대차 목적물이 '반환될' 것을 전제로 채권자인 임대인이 향유할 수 있었던 이익의 배상을 의미하는 것이다. 따라서 임차 건물 부분에서 발생한 화재가 우연히 임대인 소유인 임차 외 건물 부분까지 확대된 경우 임차 외 건물 부분의 손해는, 임차인의 임대차 목적물 반환의무 및 보존의무의 이행이익과는 무관한 별개의 손해라고 보아야 한다.

(2) 대법원 86다카1066 판결 등에 의하면, 임대차 목적물에서 발생한 화재가 확대되어 소훼된 부분이 임대차 목적물과 불가분의 일체를 이루는 관계에 있고 그 부분 또한 임대인의 소유라면, 그 화재의 원인이 밝혀지지 않았음에도 임차인이 임대차 목적물의 보존에 관하여 선량한 관리자의 주의의무를 다하였음을 증명하지 않는 한 임차물 반환의무의 이행불능으로 인한 손해배상으로 그 부분 손해에 대한 배상책임까지 부담한다는 것이다. 그러나 화재로 인하여 임대인에게 발생한 손해 중 임대차 목적물 자체의 멸실·훼손으로 인한 손해는 화재의 결과 발생한 채무불이행(목적물 반환의무 불이행)으로 인한 손해인 반면, 임차 외 건물 부분의 멸실·훼손으로 인한 손해는 화재의 원인이 된 채무자의 불법행위 또는 채무불이행으로 인한 손해일 수는 있어도 목적물 반환의무 불이행 그 자체로 인한 손해로 볼 수는 없다. 따라서 임차인이 임대차 목적물인 건물과 임차 외 건물 부분에 대하여 부담하는 의무의 내용을 동일한 것으로 보거나, 전자의 채무불이행 사실만으로 임차인이 후자의 손해에 대해서까지 채무불이행책임을 져야 한다고 볼 것은 아니다.

또한 임차 외 건물 부분에 발생한 손해에 대한 배상책임에 관하여 그 소유자가 임대인인지 제 3 자인지 하는 우연한 사정에 따라 손해배상책임의 발생근거를 달리 보아 그 증명책임의 귀속까지 달리 판단할 특별한 이유를 찾기 어렵다.

임대인은 임대차계약의 당사자로서 임대차계약에 따라 수선의무를 부담하고, 임차인의 임차 건물 부분의 사용·수익 상태에 대하여 잘 알고 있거나 잘 알고 있을 개연성이 큰 사람이므로 화재라는 결과발생에 대하여 양적·질적으로 일부 책임이 있을 수 있는 반면, 제 3 자는 화재의 발생 지점인 임대차 목적물에 대하여 아무런 주의의무도 부담하지 않는다. 그럼에도 대법원 86다카1066 판결 등은 제 3 자가 임차 외 건물 부분의 소유자인 경우에는 불법행위에서의 증명책임 구조에 따라 제 3 자가 임차인의 귀책사유를 증명하지 못하는 한 임차인의 손해배상책임이 없다고 보면서, 화재의 발생에 양적·질적으로 일부 책임이 있거나 화재의 원인에 대해 더 잘 증명할 수 있는 지위에 있는 임대인이 임차 외 건물 부분의 소유자인 경우에는 임차인이 자신에게 귀책사유 없음을 증명하지 못하는 한 손해배상책임을 져야 한다는 것이다. 이러한 해석은 형평에 어긋난다.

화재로 인해 임대차 목적물 자체에 발생한 손해에 대한 배상책임이 문제되는 경우에 임대차 목적물의 보존에 관하여 선량한 관리자의 주의의무를 다하였다는 점에 대한 증명책임이 임차인에게 있다고 해석하는 것은 바로 그러한 손해가 임차인이 임대차계약에 의하여 보존·관리의무를 부담하는 영역에 발생한 손해라는 데에 그 이유가 있다. 그러나 임차인이 보존·관리의무를 부담하는 영역에 속하지 아니하는 임차 외 건물 부분에 발생한 손해에 대해서까지 자신의 귀책사유 없음을 증명하지 못하면 배상책임을 져야 한다는 견해는 민사법의 기본원칙인 자기책임의 원칙에 맞지 않고, 증명책임의 합리적인 분배원칙과도 부합하지 아니한다.

(3) 대법원 86다카1066 판결 등이 제시하는 '불가분의 일체'라는 불확정개념은 화재의 속성에 비추어 그로 인한 피해가 어디까지 확대될지 불명확한 실화 사건에서 임차인의 책임범위에 관한 분명하고 일관된 기준이 되지 못하므로, 임차인의 손해배상책임이 어디까지 확대될지 예측하기 어렵다.

더욱이 「실화책임에 관한 법률」(2009. 5. 8. 법률 제9648호로 전부 개정된 것, 이하 '실화책임법'이라고 한다)은 실화의 특수성을 고려하여 실화자에게 중대한 과실이 없는 경우 민법 제765조의 특례로서 손해의 배상의무자에게 실화로 인한 손해배상액 경감을 청구할 수 있도록 하고 있다. 그런데 실화로 인한 손해배상의무의 성립 자체를 제한하였던 구 실화책임법(2009. 5. 8. 법률 제9648호로 전부 개정되기 전의 것)에 관한 것이기는 하나, 대법원 1987. 12. 8. 선고 87다카898 판결 등은 채무불이행으로 인한 손해배상청구에 관해서는 위 법률이 적용되지 않는다고 판시하였으므로, 현행 실화책임법하에서도 위와 같은 해석이 유지된다면 다수의견이나 반대의견처럼 임대인이 실화자를 상대로 채무불이행책임을 구할 경우 실화책임법의 입법 취지를 몰각하게 될 우려가 있다.

(4) 법경제학적 관점에서 보더라도, 임대차계약의 목적물이 아닌 임차 외 건물 부분에 발생한 손해에 관하여는 계약책임이 아니라 불법행위 제도에 의하여 해결하는 것이 타당하다. 그 이유는 아래와 같다.

① 계약법은 계약의 이행을 담보함으로써 시장경제 체제에서 자원의 효율적 배분을 달성하는 기능을 수행한다. 민법이 정하는 계약 위반에 대한 구제수단 중 현실적으로 가장 중요한 의미를 가지는 것은 손해배상이다. 민법 제390조는 계약 위반에 대하여 일반적으로 손해배상을 인정하고 있는데, 이때의 손해배상은 채무자가 이행을 하였더라면 채권자가 얻을 수 있었던 이익, 즉 이행이익의 배상을 의미한다. 그리고 민법 제390조 단서는 채무불이행에 대하여 채무자의 귀책사유가 없다는 점에 대한 증명책임을 채무자에게 지우는데, 이는 채권자와 채무자 사이에 존재하는 특별결합관계에 의하여 채무자는 약속된 급부의 실현을 인수한 것이고, 통상 채무의 이행이 이루어지지 아니한 경우에는 그 이유가 채무자의 지배영역에 있다고 추정되기 때문인 것이다(이는 계약이행이 불능이 될 위험은 최소비용회피자가 부담하는 것이 효율적이라는 원칙에도 부합한다). 이렇게 함으로써 채무자는 계약 위반 여부에 관한 결정을 사회적으로 효율적인 방법으로 할 수 있고, 채무불이행이 되지 아니하도록 최적 수준의 주의를 기울이게 된다.

손해배상책임의 근거를 계약 위반에서 찾는 것은 채권자와 채무자 사이에 법공동체의 구성원이라는 일반적 지위를 넘어서는 계약이라고 하는 법적 특별결합관계가 존재하고, 그렇기 때문에 채무불이행에 대한 귀책사유의 부존재에 대한 증명책임을 채무자에게 부담시켜 가급적 계약이 이행된 것과 같은 상태를 실현시키기 위한 것인데, 그러하지 아니한 사안에서 다수의견이나 반대의견과 같이 손해배상책임의 근거를 굳이 계약책임으로 구성할 필요를 찾기 어렵다.

② 거래비용의 절감이라는 계약법의 또 다른 기능에 비추어 보더라도, 임대차계약의 이행불능에 따른 손해배상책임은 임대차계약의 목적물에 관한 것에 한하여 논의하는 것이 타당하다.
건물 임대차계약의 경우, 임대인은 보통 건물 유지·관리에 필요한 건축물의 구조, 설비, 용도 등에 관한 정보를 보유하고 있고, 임차인들에 관한 정보 역시 쉽게 수집할 수 있는 지위에 있다. 또한 임대인은 그 거래비용을 차임 또는 관리비의 형태로 분산하여 임차인에게 전가시킬 수도 있다. 반면에 원인 불명의 화재임에도 임차 외 건물 부분에 대해서까지 임차인이 채무불이행으로 인한 손해배상책임을 부담한다고 보게 되면, 임차인은 대법원 86다카1066 판결 등에서 말하는 '구조상 불가분의 일체를 이루는 관계'가 어디까지인지, 나아가 자신이

손해배상책임을 면하려면 어느 정도의 주의의무를 기울여야 하고 손해배상책임의 범위는 어디까지가 될 것인지 예측하기 어려운 처지에 놓이게 되므로, 임차 목적물 외에 건물 전체에 관한 정보를 조사·수집할 필요가 있게 되는데, 이는 현실적으로 곤란할 뿐만 아니라, 설령 가능하다 하더라도 그 비용을 감당하기 어려울 것이다. 결국 건물 전체의 위험요소는 임대인이 상대적으로 적은 비용으로 파악하여 각각의 임대차계약에서 반영시킬 수 있는 반면, 건물 일부의 임차인은 정보의 비대칭 상태에서 계약을 체결하게 되고, 이러한 상황이 효율적이지도 공정하지도 않음은 물론이다.

③ 민법 제750조는 불법행위책임에 관하여 과실책임의 원칙을 규정하고 있다. 과실책임원칙 아래에서, 가해자의 상당한 주의의 정도가 사회적으로 최적인 수준으로 설정되어 있을 경우, 가해자는 배상책임을 면하기 위해 상당한 주의를 기울일 유인을 가지게 되고, 피해자도 자신이 부담하게 될 손해를 줄이기 위한 주의를 기울일 유인을 가지게 된다.

그런데 보험의 이용이 보편화된 오늘날에는 손해의 사후적 배분 기능은 불법행위에 관한 법원칙을 적용하는 방식을 통하기보다는 보험제도를 적절히 활용하는 것이 사회 전체적으로 더욱 효율적이다. 보험제도를 활용하는 경우에도 잠재적 가해자와 피해자 중 누가 보험에 가입하는 것이 적절한지를 결정하는 데에는 당연히 손해배상에 관한 법원칙을 고려하게 된다. 임대인이 1동의 건물을 여러 개의 건물 부분으로 구분하여 각각 임대차계약을 체결하는 경우, 원인불명의 화재로 인하여 건물 전체가 멸실될 위험에 대비하여 임대인은 건물 전체를 보험목적으로 하여 화재보험에 가입한 다음 그 보험료를 차임 등의 형태로 분산시키고, 임차인은 임대차 목적물 반환의무의 이행불능에 대비하여 그 부분에 대하여 보험에 가입하는 것이 통상적일 뿐만 아니라 합리적이다. 이것이 별개의견이 제시하는 손해배상의 법원칙에도 부합함은 물론이다.

그러나 대법원 86다카1066 판결 등에 따르게 되면, '구조상 불가분의 일체를 이루는 관계'가 1동의 건물 전부에 해당할 때에는 임차인으로서는 자신에게 귀책사유가 없는 경우에도 건물 전부를 대상으로 그 반환의무 이행불능에 대비하여 보험에 가입할 필요가 발생하는데, 이것은 거래의 현실에도 맞지 않을뿐더러 사회 전체적으로 보아도 비효율적임을 쉽게 알 수 있다.

(5) 결국 임차인이 임대인 소유 건물의 일부를 임차하여 사용·수익하던 중 그 임차한 부분에서 화재가 발생하여 임차 외 건물 부분까지 불에 타 그로 인해 임대인에게 재산상 손해가 발생한 경우에, 다른 특별한 사정이 없는 한 임차 외 건물 부분에 발생한 재산상 손해에 관하여는 불법행위책임만이 성립한다고

보아야 한다. 그러므로 임대인이 임차인을 상대로 임차 외 건물 부분에 발생한 손해의 배상을 구하는 경우에는 불법행위에 있어서의 증명책임의 일반원칙에 따라 그 손해 발생에 관하여 임차인에게 귀책사유가 있다는 점에 관한 증명책임은 피해자인 임대인에게 있다고 보아야 한다. 그리고 이는 대법원 86다카1066 판결 등이 설시한 바와 같은 "그 건물의 규모와 구조로 볼 때 건물 중 임차한 부분과 그 밖의 부분이 상호 유지·존립에 있어 불가분의 일체를 이루는 관계"라 하더라도 달리 볼 것은 아니다.

나. 원심판결 중 임대차 목적물이 아닌 건물 부분에 발생한 손해 부분에 관하여 본다.

원심은, 이 사건 건물의 1층에 위치한 이 사건 임대차 목적물은 이 사건 건물의 다른 부분과 상호 유지·존립에 있어 구조상 불가분의 일체를 이루고 있는데, 이 사건 화재로 인하여 이 사건 임대차 목적물뿐만 아니라 건물의 다른 부분인 1층 나머지 부분, 2층 및 옥상 부분이 소훼되었으므로, 피고(반소원고)는 채무불이행책임에 따라 이 사건 임대차 목적물에 발생한 손해뿐만 아니라 이 사건 임차 외 건물 부분이 소훼되어 원고가 입게 된 손해까지도 배상할 의무가 있고, 나아가 피고 삼성화재도 피고(반소원고)의 보험자로서 위와 같은 손해를 배상할 의무가 있다고 판단하는 한편, 이 사건 화재 발생 이후 관련 소방당국과 수사기관에서 화재 현장 및 목격자 등을 통하여 방화가능성, 전기적·기계적 요인과 인위적 요인(담뱃불 내지 그 불티 등) 등 모든 발화원인을 조사하였으나, 이 사건 화재의 발화원인은 결국 밝혀지지 않은 사실을 인정하였다.

이러한 사실관계를 앞서 본 법리에 비추어 살펴보면, 임차인인 피고(반소원고)가 이 사건 임대차 목적물 반환의무를 불이행하였으나, 이와 별도로 이 사건 임차 외 건물 부분이 소훼되는 데에 관하여는 고의 또는 과실이 있다고 단정할 수 없다.

그럼에도 원심은 임대차 목적물과 상호 유지·존립에 있어 구조상 불가분의 일체 관계에 있는 다른 부분이 소훼되어 임대인이 입게 된 손해에 대하여 임차인이 자신의 귀책사유 없음을 증명하지 못하는 한 채무불이행으로 인한 손해배상책임을 지게 된다는 잘못된 전제 아래, 피고(반소원고)가 이 사건 임대차 목적물을 보존할 의무를 다하였음을 인정할 증거가 부족하다는 이유로 이 사건 임차 외 건물 부분에 발생한 손해에 대해서도 피고(반소원고)에게 배상책임이 있고, 피고 삼성화재에게도 같은 책임이 있다고 판단하였다. 이러한 원심판결에는 임대차 목적물에서 발생한 화재가 확대되어 임차 외 건물 부분에 발생한 손해의 배상책임에 관한 법리를 오해하여 판결에 영향을 미친 잘못이 있다.

다. 원심의 위와 같은 법리오해의 잘못은 피고(반소원고)가 배상하여야 할 전체 손해액 산정에 관한 판단에 영향을 미쳤고, 이는 피고 삼성화재가 원고에게 지급할 전체 보험금의 액수에 관한 판단에도 영향을 미쳤다고 보아야 한다. 따라서 원심판결의 본소에 관한 부분 중 피고들 패소 부분은 전부 파기되어야 한다.

이상과 같이 다수의견의 결론에는 찬성하지만 그 파기의 이유는 달리하므로, 별개의견으로 이를 밝혀 둔다.

7. 피고(반소원고)의 상고이유 중 화재로 인한 손해배상책임에 관한 법리오해 주장과 피고 삼성화재의 상고이유 제 2 점에 대한 [···] 반대의견

가. 다수의견은 임차인이 임대인 소유 건물의 일부를 임차하여 사용·수익하던 중 임차한 부분에서 화재가 발생하여 임차 외 건물 부분까지 불에 타 그로 인해 임대인에게 재산상 손해가 발생한 경우에, 화재로 인한 임차물 자체의 멸실·훼손으로 인한 손해에 관해서는 기존의 판례를 따르면서, 임차 외 건물 부분의 멸실·훼손으로 인한 손해에 대해서는 이와 달리 임차인이 보존·관리의무를 위반하여 화재가 발생한 원인을 제공하는 등 화재 발생과 관련된 임차인의 계약상 의무 위반이 있었음이 증명되어야만 임차인이 그 부분에 대하여 채무불이행책임을 진다는 취지이다. [···] 별개의견은 위와 같은 경우에 다른 특별한 사정이 없는 한 임차 외 건물 부분에 발생한 재산상 손해에 관해서는 불법행위책임만이 성립한다는 취지이다.

그러나 위와 같은 견해는 우리 민법의 규정과 체계에 맞지 않는다.

민법은 제390조에서 채무불이행으로 인한 손해배상책임에 관하여 일반조항주의를 채택하여 채무불이행의 성립요건을 '채무의 내용에 좇은 이행을 하지 아니한 때'라고 일반적·포괄적으로 규정한다. 반면에 민법 제393조는 채무불이행으로 인한 손해배상의 범위에 관하여 통상의 손해를 한도로 하고, 특별한 사정으로 인한 손해는 예견가능성이 있는 한에서 배상하도록 함으로써 제한배상주의를 채택하고 있다. 이것이 채무불이행에 기한 손해배상에 관하여 우리 민법이 채택하고 있는 기본구조이다. 따라서 채무불이행으로 인한 손해배상책임의 성립 여부는 민법 제390조에 따라 판단하고, 그 손해가 배상의 범위에 속하는지는 민법 제393조에 따라 판단하여야 한다.

임차인이 임대인 소유 건물의 일부를 임차하여 사용·수익하던 중 임차한 부분에서 화재가 발생한 경우에 민법 제390조에 따라 임차인의 손해배상책임이 성립하는지 여부를 판단한 다음, 임차물이든 그 밖의 부분이든 불에 탄 부분이 민법 제393조에 따라 손해배상의 범위에 포함되는지 여부를 판단하는 것으로 충분하다. 화재로 불에 탄 부분이 임차물 자체인지 임차물 이외의 부분인지에 따라 손해배상책임의 성립요건이나 그 증명책임을 달리 보아야 할 이유가 없다. 임차물과 임차 외 건물 부분으로 구분하여 채무불이행이나 불법행위에 기한 손해배상의 성립요건을 별도로 판단하는 것은 손해배상의 범위에서 판단해야 할 사항을 손해배상책임의 성립 여부에서 판단하는 것이라서 받아들일 수 없다.

그 상세한 이유를 다음과 같이 임차인의 의무 위반으로 인한 채무불이행책임의 성립 여부와 손해배상의 범위로 구분하여 살펴본 다음 이 사건에서 어떻게 판단할 것인지에 관하여 의견을 밝히고자 한다.

나. 임차인이 채무불이행책임을 지는지 판단하기 위해서는 먼저 임차인이 임대차계약에 따라 부담하는 의무가 무엇인지 확정하여야 한다. 임대차 당사자들의 의무는 기본적으로 임대차에 관한 민법 규정과 임대차계약의 내용에 따라 정해진다. 다만 임대차계약은 계속적 계약이라는 점에서 당사자의 신뢰관계가 매우 중시되기 때문에, 신의성실의 원칙에 따라 신뢰관계를 유지하기 위한 의무가 인정될 수 있다.

(1) 임차인의 의무는 임대차계약의 목적을 실현하기 위하여 상호 보완관계에 있는 복합적인 의무들로 구성되어 있다.

임대차는 타인의 물건을 빌려 사용·수익하고 그 대가로 차임을 지급하기로 하는 계약이다(민법 제618조). 임대차 관계가 종료되면 임차인은 임차물을 임대인에게 반환하여야 하고(대법원 1996. 9. 6. 선고 94다54641 판결), 임차물을 반환하는 때에 임차물을 원상으로 회복하여야 한다(민법 제654조, 제615조). 임차인의 의무는 이러한 기본적 의무에 한정되지 않는다.

임차인의 임차물 반환의무는 특정물의 인도가 채권의 목적인 때에 해당하므로, 임차인은 임차물을 인도하기까지 선량한 관리자의 주의로 이를 보존하여야 한다(민법 제374조). 임차물의 수리를 요하거나 임차물에 대하여 권리를 주장하는 자가 있는 때에는 임차인은 지체 없이 임대인에게 이를 통지하여야 하고(민법 제634조 본문), 임대인이 임대물의 보존에 필요한 행위를 하는 때에는 임차인은 이를 거절하지 못한다(민법 제624조).

나아가 임차인은 임대차계약 또는 그 목적물의 성질에 의하여 정하여진 용법으로 임차물을 사용·수익하여야 하고(민법 제654조, 제610조 제 1 항), 용법에 어긋나는 사용·수익으로 인하여 임대인에게 피해를 주어서는 안 되며, 임대인의 동의 없이 그 권리를 양도하거나 임차물을 전대하지 못한다(민법 제629조 제 1 항).

임차인의 위와 같은 여러 의무는 타인의 물건을 일정한 기간 동안 계속적으로 이용하는 것이라는 임대차의 특성에 기인한다. 임차물 보존의무, 용법에 따른 사용·수익의무, 반환 및 원상회복의무는 서로 밀접하게 관련되어 있어 하나의 의무가 다른 의무에 영향을 미치는 경우가 많다. 임차인은 임대차 종료 시에 임차물을 온전한 상태로 반환할 수 있도록 임차물을 보존하여야 한다. 임대차계약에서는 임차인이 임차물을 단순히 보관만 하는 것이 아니라 이와 함께 사용·수익을 하는 것이므로, 사용·수익행위와 보존행위를 엄밀하게 구분하기 어렵다. 이 점에서 타인의 물건을 보관하는 임치계약(민법 제693조)과 다르다. 더군다나 건물 임대차계약에서는 당사자들이 서로 신뢰관계를 깨뜨리는 행위를 해서는 안 된다. 건물 임차인의 보존행위와 사용·수익행위는 임대차계약이 존속하는 기간 중에는 임차인의 계속적인 주거나 영업을 통하여 일체로서 이루어진다. 임차인의 보존·사용·수익의 방법에 따라 임차물이 변형될 수 있는데, 이것이 임대차계약의 종료 시점에는 반환의무나 원상회복의무의 형태와 정도에 구체적으로 반영된다.

(2) 임차인이 임차물을 사용하던 중 화재가 발생하여 임차물이 불에 탄 경우 일반적으로 민법 제390조에 따라 임차인의 채무불이행책임이 성립할 수 있다. 그 이유는 임차인이 보존의무나 용법에 따른 사용·수익의무를 위반하여 임차물 반환의무를 정상적으로 이행하는 데 장애가 생겨 원상회복을 할 수 없거나 원상회복을 하지 않은 채 임차물을 반환해야 하기 때문이다. 임차인의 이러한 의무 위반은 독립된 별개의 여러 의무 위반들이 중첩된 것이라기보다는 서로 밀접하게 관련되어 있는 여러 의무들이 화재라는 하나의 사고 또는 사태로 말미암아 제대로 이행할 수 없게 된 것으로, 실질적으로 하나의 의무 위반으로 파악할 수 있다.

따라서 임차인이 임차물을 사용하던 중 화재로 임차물이 불에 탄 경우에는 위에서 본 바와 같이 서로 밀접하게 연계되어 있는 임차인의 의무가 존재함을 전제로 그 의무를 위반하였는지 여부에 따라 채무불이행의 성립 여부를 가리고, 그로 인한 손해의 범위와 배상해야 할 손해액을 판단하여야 한다. 위와 같은 의무 위반은 민법 제390조 본문에서 정한 '채무의 내용에 좇은 이행을 하지 아니한 때'라는 요건으로 포섭하는 데 어려움이 없다. 이와 달리 하나의 화재로 손해가 발생한 부분이 임차물인지 임차물 이외의 부분인지에 따라 임차인이 부담하는 의무를 달리 파악한다거나, 어느 한 쪽의 손해에 대해서는 의무 위반이 있었던 것으로 보면서 다른 한 쪽의 손해에 대해서는 의무 위반이 없었던 것으로 보는 것은 손해배상의 범위에서 판단할 사항을 손해배상책임의 요건에서 판단하는 것으로 손해배상책임의 구조와 체계에 맞지 않는다.

(3) 임대차계약 존속 중에 발생한 화재로 임차물이 불에 타서 임대인이 임차인을 상대로 계약상 의무 위반을 원인으로 손해배상을 청구하는 경우에 화재의 원인이 무엇인지, 임대인과 임차인 중 어느 쪽이 의무를 위반한 것인지 판단하기 어렵다. 이러한 경우에 누가 지배·관리하는 영역(이하 '지배·관리 영역'이라 한다)에서 화재가 발생하였는지를 기준으로 손해배상책임의 인정 여부를 판단함으로써 합리적인 결론을 도출할 수 있다. 즉, 손해의 원인에 해당하는 화재가 임차인이 지배·관리하는 영역에서 발생한 경우에는, 화재가 건물구조의 일부를 이루는 전기배선과 같이 임대인의 지배·관리 영역에 존재하는 하자로 발생하였다는 등의 특별한 사정이 없는 한, 임차인이 그 손해를 배상하여야 한다는 것이다.

여기에서 '임차인의 지배·관리 영역'은 화재 등의 사고 발생에 관하여 임차인이 법률상 또는 사실상의 수단을 통하여 일반적으로 지배·관리할 수 있는 생활영역이나 보호해야 하는 영역을 의미한다. 이는 임대차계약에서 임차인이 위험을 인수하여 책임을 져야 하는 영역이라고 보아 임차인의 위험영역 또는 책임영역이라고 할 수도 있다. 임차인의 채무불이행책임을 판단하면서 지배·관리 영역을 고려하는 이유는 임차인이 임차물을 인도받아 사용하고 있는 동안에는 임차물을 물리적으로 지배·관리하고 있기 때문에, 그 영역에서 발생하는 화재 등의 위험을 방지할 의무도 있다고 보는 것이 합리적이라는 데 있다.

임대차계약에서 지배·관리 영역은 개별적인 사안에서 임대차계약의 내용과 그 체결 경위, 화재가 발생한 지점이 임차물의 범위에 속하는지 여부, 화재가 발생한 지점을 누가 관리하기로 하였는지 여부, 임차인이 임차물에 수리를 할 부분을 발견하거나 임차물과 그 주변에서 화재의 원인이 될 수 있는 사항을 발견한 경우에 임대인에게 통지하는 등의 조치를 취하였는지 여부 등을 종합적으로 고려해서 판단해야 할 것이다. 임차인의 지배·관리 영역에서 화재가 발생하였는지 여부는 사실심법원이 증거에 의하여 합리적으로 판단하면 충분하지만, 구체적인 사안에서 화재의 발생지점이 중요한 판단요소로 작용하므로, 이에 관해서는 다음과 같이 세 경우로 구분하여 판단할 수 있을 것이다.

첫째, 화재의 발생지점이 임차인이 임차하여 사용하는 부분(집합건물의 경우에는 전유부분)인 경우에는, 그 지점이 건물구조의 일부를 이루는 전기배선과 같이 임대인의 지배·관리 영역 내에 있지 않는 한, 임차인의 지배·관리 영역에서 화재가 발생하였다고 볼 수 있다.

둘째, 화재의 발생지점이 임대인과 임차인이 공동으로 사용하는 부분(집합건물의 공용부분이 이에 해당하는 경우가 많을 것이다)인 경우에는 원칙적으로 임차인의 지배·관리 영역에서 화재가 발생하였다고 볼 수 없다. 그러나 그 부분을 임차인이 주로 사용하거나 임차인이 그곳에 화재원인이 될 만한 물건을 쌓아둠으로써 화재의 원인을 제공하였다고 볼 수 있다면, 특별한 사정이 없는 한 임차인의 지배·관리 영역에서 화재가 발생하였다고 볼 수 있다.

셋째, 화재의 발생지점이 위 두 경우에 해당하지 않는 경우에는 원칙적으로 임차인의 지배·관리 영역에서 화재가 발생하였다고 보기 어렵다. 화재가 발생한 지점 자체가 어느 부분인지 밝혀지지 않은 경우에도 임차인의 지배·관리 영역에서 화재가 발생하였다고 볼 수 없다.

한편 화재가 임차인의 지배·관리 영역에서 발생하였다는 점이 밝혀진 경우에 임차인이 자신의 책임을 면하려면, 자기가 책임질 수 없는 사유로 화재가 났다는 점을 증명하거나(민법 제390조 단서) 화재에 대하여 임대인 또는 제 3 자의 귀책사유가 있다는 점을 증명하여야 한다.

(4) 종래 다수의 대법원판결은 임차물이 화재로 불에 타 임차물 반환의무가 이행불능이 된 경우에, 임차인은 이행불능이 자기가 책임질 수 없는 사유로 인한 것이라는 증명을 다하지 못하면 이행불능으로 인한 손해를 배상할 책임을 진다고 보았고, 이는 화재 등의 구체적인 발생 원인이 밝혀졌는지 여부와는 상관없다고 판단하였다(대법원 1980. 11. 25. 선고 80다508 판결, 대법원 1994. 10. 14. 선고 94다38182 판결, 대법원 2001. 1. 19. 선고 2000다57351 판결 등 참조). 이러한 법리는 임대차의 종료 당시 임차물 반환의무가 이행불능 상태는 아니지만 반환된 임차 건물이 화재로 훼손되었음을 이유로 손해배상을 청구하는 경우에도 동일하게 적용되었다(대법원 2010. 4. 29. 선고 2009다96984 판결 참조).

반면에 몇몇 대법원판결들에서는, 주택 기타 건물 또는 그 일부의 임차인이 임대인으로부터 임차물을 인도받아 이를 점유·사용하고 있는 동안에 임차물이 화재로 멸실된 경우에, 그 화재가 건물구조의 일부를 이루는 전기배선과 같이 임대인이 지배·관리하는 영역에 존재하는 하자로 인하여 발생한 것으로 추단된다면, 그 하자를 보수·제거하는 것은 임차물을 사용·수익하기에 필요한 상태로 유지할 의무를 부담하는 임대인의 의무에 속하는 것이므로, 그 화재로 인한 목적물 반환의무의 이행불능 등에 관한 손해배상책임을 임차인에게 물을 수 없다고 판단하였다(대법원 2000. 7. 4. 선고 99다64384 판결, 대법원 2006. 2. 10. 선고 2005다65623 판결, 대법원 2009. 5. 28. 선고 2009다13170 판결 등 참조).

다만 임차건물이 건물구조의 일부인 전기배선의 이상으로 인한 화재로 불에 타 임차인의 임차물 반환의무가 이행불능이 된 경우에 채무불이행책임을 인정한 대법원판결도 있다. 즉, 해당 임대차가 장기간 계속되었고 화재의 원인이 된 전기배선을 임차인이 직접 하였으며 임차인이 전기배선의 이상을 미리 알았거나 알 수 있었던 경우에는, 전기배선에 대한 관리는 임차인의 지배·관리 영역 내에 있었다 할 것이므로, 위와 같은 전기배선의 하자로 인한 화재는 특별한 사정이 없는 한 임차인이 임차물의 보존에 관한 선량한 관리자의 주의의무를 다하지 않은 데 기인한 것으로 보아야 한다는 것이다(대법원 2006. 1. 13. 선고 2005다51013 판결).

이러한 두 유형의 대법원판례가 모순되는 것처럼 보이지만, 결국 임차물이 원인 불명의 화재로 불에 탄 경우에 화재가 임대인과 임차인의 지배·관리 영역 중 어느 부분에서 발생하였는지에 따라 채무불이행책임의 성립 여부를 판단한 것으로 이해할 수 있다. 따라서 임차인이 자기가 책임질 수 없는 사유로 화재가 났다는 점을 증명하지 못하더라도 임대인의 지배·관리 영역에 존재하는 하자로 화재가 발생한 것이라고 추단되는 경우에는 임대인이 임차인을 상대로 임차물의 반환불능 등으로 인한 손해의 배상을 청구할 수 없다고 보는 것이 기존의 판례를 조화롭게 이해하는 방법이다.

(5) 위에서 보았듯이 손해의 원인에 해당하는 화재가 임차인의 지배·관리 영역에서 발생하였다는 점이 증명되면 원칙적으로 그 화재로 인한 손해에 대해서는 임차인이 책임을 진다고 보는 것이 타당하다.

이와 달리 화재로 임차물 자체가 불에 탄 경우에는 화재가 임차인의 지배·관리 영역에서 발생하였는지에 따라 채무불이행책임의 인정 여부를 판단하고, 임차 외 건물 부분까지 불에 탄 경우에는 임차인이 보존·관리의무를 위반하여 화재가 발생한 원인을 제공하는 등 화재 발생과 관련된 임차인의 계약상 의무 위반이 있었음이 증명되어야만 임차인의 채무불이행책임을 인정하는 다수의견의 새로운 법리는 그 근거를 찾을 수 없다. 다수의견은 화재 발생과 관련된 임차인의 계약상 의무 위반에 속하는 경우로 임차인이 보존·관리의무를 위반하여 화재가 발생한 원인을 제공한 경우를 들고 있다. 이러한 다수의견이 임차물 자체의 손해배상인지 임차 외 건물 부분의 손해배상인지에 따라 임차인이 화재의 발생 원인을 제공한 것인지 여부에 관한 판단을 달리하겠다는 것인지는 반드시 명확한 것은 아니다. 임대인이 화재의 발생 원인까지 밝혀 그것이 임차인에 의하여 제공되었다는 것까지 증명해야만 임차 외 건물 부분에 대한 채무불이행책임이 인정된다는 의미로 받아들여질 여지도 있다. 따라서 다수의견에 따르면 임차인의 위험영역에서 화재가 발생하여 임차 외 건물 부분까지 불에 탄 경우에도 화재의 원인이 밝혀지지 않은 경우에는 임차 외 건물 부분에 대하여 임차인에게 채무불이행으로 인한 손해배상책임을 물을 수 없다는 결론에 이르게 될 우려가 있다. 그러나 다수의견에 의하더라도 화재가 발생한 원인까지 밝혀져 그 것이 임차인에 의하여 제공되었다는 점이 증명되어야만 임차인이 임차 외 건물 부분에 관하여 채무불이행에 따른 손해배상책임을 진다고 볼 수는 없을 것이다. 화재의 원인은 매우 다양하고 그 원인이 무엇인지는 채무불이행책임을 인정하는 데 결정적인 것은 아니기 때문이다.

다. 다음으로 임차인의 채무불이행이 성립하는 경우에 배상하여야 할 손해의 범위에 관하여 본다.

(1) 채무불이행책임에서 손해배상의 목적은 채무가 제대로 이행되었더라면 채권자가 있었을 상태를 회복시키는 것이다. 계약을 위반한 채무자는 이행이익, 즉 계약이 완전히 이행된 것과 동일한 경제적 이익을 배상하여야 한다(대법원 2008. 12. 24. 선고 2006다25745 판결 등 참조). 이행이익은 계약의 목적물 자체에 해당하는 이익에 한정되지 않는다. 채무자가 계약을 이행하지 않음으로써 채권자에게 계약목적물 이외의 부분에 손해가 생겼다면 이러한 손해도 배상하여야 한다. 그렇지 않으면 채무가 제대로 이행되었더라면 채권자가 있었을 상태를 회복할 수 없기 때문이다.

(2) 민법 제393조는 채무불이행으로 인한 손해배상의 범위에 관하여 통상의 손해를 그 한도로 하고, 특별한 사정으로 인한 손해는 채무자가 그 사정을 알았거나 알 수 있었을 때에 한하여 배상할 책임이 있다고 정하고 있다. 이때 통상의 손해는 특별한 사정이 없는 한 그 종류의 채무불이행이 있으면 사회일반의 거래관념 또는 사회일반의 경험칙에 비추어 통상 발생하는 것으로 생각되는 범위의 손해를 말하고, 특별한 사정으로 인한 손해는 당사자들의 개별적, 구체적 사정에 따른 손해를 말한다(대법원 2008. 12. 24. 선고 2006다25745 판결, 대법원 2014. 2. 27. 선고 2013다66904 판결 등 참조). 채무를 불이행한 채무자는 특별한 사정의 존재를 알았거나 알 수 있었으면 그러한 특별한 사정으로 인한 손해를 배상하여야 한다(대법원 1994. 11. 11. 선고 94다22446 판결, 대법원 2007. 6. 28. 선고 2007다12173 판결 등 참조).

(3) 우리 민법에서 채무불이행으로 인하여 발생한 손해가 채무자가 배상하여야 할 손해의 범위에 포함되는지 여부는 그러한 손해가 이행이익에 해당하는지, 민법 제393조에서 정한 손해배상의 범위에 포함되는지에 따라 판단하여야 하고, 또 그로써 충분하다. 따라서 채권자가 배상을 구하는 손해가 계약목적물을 벗어난 부분에 발생한 이른바 확대손해, 2차 손해나 부가적 손해라 하더라도, 그 손해가 이행이익에 해당하고, 통상의 손해에 해당하거나 채무자가 알았거나 알 수 있었을 특별한 사정으로 인한 손해에 해당한다고 판단되면 민법 제

393조에 따라 채무자가 배상하여야 할 손해의 범위에 포함된다.

이러한 법리는 임차인이 건물의 일부를 임차한 경우에 임대차 기간 중 화재가 발생하여 임차 건물 부분과 함께 임대인 소유의 임차 외 건물 부분까지 불에 탄 경우에도 마찬가지로 적용된다. 따라서 임차인의 의무 위반이 인정되면 임차인의 손해배상책임이 성립하고 그에 따라 배상하여야 할 손해의 범위는 민법 제393조에 따라 판단한 다음, 과실상계 또는 책임 제한이 인정되는지 여부 등을 가려 최종적인 손해액을 구체적으로 산정하여야 한다. 이와 달리 임차인의 의무 위반이 인정되지 않으면 임차인의 손해배상책임이 성립하지 않는다. 손해가 발생한 부분이 임차물인지 여부를 기준으로 해당 건물 부분의 손해가 채무불이행에 따라 배상하여야 할 손해의 범위에 포함되는지를 판단하는 것은 타당하지 않다.

(4) 다수의견에서 인용한 대법원 86다카1066 판결 등은, 임차인이 임대인 소유 건물의 일부를 임차하여 사용·수익하던 중 임차 건물 부분에서 화재가 발생하여 임차 외 건물 부분까지 불에 타 그로 인해 임대인에게 재산상 손해가 발생한 경우에, 건물의 규모와 구조로 볼 때 그 건물 중 임차 건물 부분과 그 밖의 부분이 상호 유지·존립하는 데 구조상 불가분의 일체를 이루는 관계에 있다면, 임차인은 임차 건물 부분의 보존에 관하여 선량한 관리자의 주의의무를 다하였음을 증명하지 못하는 이상 임차 건물 부분에 한하지 않고 그 건물의 유지·존립과 불가분의 일체 관계에 있는 임차 외 건물 부분이 불에 타 임대인이 입게 된 손해도 채무불이행책임으로 인한 손해로 배상할 의무가 있다고 판단하였다.

그런데 이와 같은 '불가분의 일체'라는 용어는 민법, 집합건물의 소유 및 관리에 관한 법률, 그 밖의 다른 법령에서 사용되는 법률용어가 아니다. 대법원 86다카1066 판결 등이 언급하고 있는 바와 같이 불가분의 일체를 이루는 관계에 있는지 여부가 채무불이행으로 인한 손해의 범위를 결정하는 직접적인 판단 기준이 된다고 볼 수도 없다. 다만 대법원은 그동안 임차인의 계약상 의무 위반이 있다고 볼 수 있는 사안에서 임차 외 건물 부분에 손해가 발생하였을 때, 개별 사안의 구체적 사실관계를 바탕으로 그 손해가 임차인의 의무 위반과 상당인과관계가 있다고 판단하거나 민법 제393조에 따라 배상하여야 할 손해의 범위에 들어간다고 판단하는 과정을 생략하고, 손해배상의 인정 여부를 판단하는 과정에서 '불가분의 일체'라는 도구적인 개념을 끌어와 간략하게 판단한 것이라고 이해할 수 있다.

이와 같이 종래의 대법원판례를 이해한다면, 손해배상의 범위에 관하여 앞에서 본 법리와의 본질적인 차이가 있는 것은 아니므로, 이 판결을 통하여 굳이 기존의 대법원판례를 변경할 필요는 없다. 다만 '불가분의 일체'라는 개념을 사용하는 것보다는 임차 외 건물 부분에 관한 손해가 민법 제393조에 따라 통상의 손해에 해당하는지 여부 또는 특별한 사정으로 인한 손해로서 예견가능한 손해인지 여부를 기준으로 손해배상의 범위를 정하는 것이 바람직함은 위에서 지적한 바와 같다.

(5) 계약 당사자 사이에 물리적으로 하나의 물체라고 볼 수 있는 물건, 즉 단일한 물건에서 발생한 손해를 계약목적물 자체와 그 밖의 부분으로 구분하여 채무불이행 또는 불법행위의 성립요건이나 증명책임을 달리 정하는 것은 전례를 찾기 어렵다. 임차물에서 불이 난 경우 임차물에 대해서는 채무불이행책임의 성립을 긍정하면서 계약목적물을 벗어난 물건 부분에 발생한 손해에 대해서는 채무불이행책임이 성립할 수 없고 오로지 불법행위책임만이 성립한다고 본다면, 기존의 대법원판례들과 저촉을 피하기 어렵다.

구체적으로 살펴보면 다음과 같다.

① 대법원은 수급인이 도급계약의 내용에 따른 의무를 제대로 이행하지 못하여 도급인의 신체·재산에 이른바 '하자확대손해'가 발생한 경우, 수급인이 자신에게 귀책사유가 없었다는 점을 스스로 증명하지 못하는 한 도급인에게 그 손해를 배상할 의무가 있다고 판단하였다(대법원 2007. 8. 23. 선고 2007다26455 판결, 대법원 2013. 9. 26. 선고 2012다113667 판결 등 참조). 또한 대법원은 매매목적물의 하자로 인하여 확대손해 또는 2차 손해가 발생한 경우에 매도인이 채무의 내용으로 된 하자 없는 목적물을 인도하지 못한 의무 위반사실 외에 그러한 의무 위반에 대한 매도인의 귀책사유가 인정되는 경우에 매도인에게 그 확대손해에 대한 배상책임을 지우고 있다(대법원 1997. 5. 7. 선고 96다39455 판결, 대법원 2003. 7. 22. 선고 2002다35676 판결 등 참조). 이러한 손해는 계약목적물 그 자체에 발생한 손해라고 볼 수 없는데도 판례는 이를 채무불이행책임으로 구성하고 있다.

② 대법원은 '토지' 매매계약에서 매도인이 소유권이전등기의무를 이행할 수 없는 경우 매도인이 매매 당시 매수인이 이를 매수하여 그 위에 '건물'을 신축할 것이라는 사정을 이미 알고 있었고 매도인의 채무불이행으로 매수인이 신축한 건물이 철거될 운명에 이르렀다면, 그 손해는 적어도 특별한 사정으로 인한 손해라고 판단하였다(대법원 1992. 8. 14. 선고 92다2028 판결). 이 사안에서 건물 철거로 매수인이 입는 손해는 계약목적물 그 자체에 발생한 손해가 아님이 명백하지만, 판례는 이와 같이 채무불이행책임으로 구성하고 있다.

③ 계약목적물을 통해 얻을 수 있었던 이익, 즉 전매차익과 같은 활용기회의 상실이나 영업소득 등 일실이익을 채무불이행으로 인한 손해로 구성하는 것은 대법원의 확립된 판례이다(대법원 1990. 8. 14. 선고 90다카7569 판결, 대법원 1992. 4. 28. 선고 91다29972 판결, 대법원 1995. 2. 10. 선고 94다44774 판결, 대법원 2006. 1. 27. 선고 2005다16591 판결, 대법원 2008. 12. 24. 선고 2006다25745 판결 등 참조). 이러한 손해가 계약목적물 그 자체에 발생한 손해가 아님은 분명하다.

④ 채무자의 의무 위반으로 채권자가 제 3 자에게 추가로 부담하게 된 손해배상금, 세금 등이나 제 3 자로부터 몰취당하게 된 금원을 채무불이행으로 인한 손해로 구성하는 것도 대법원의 확립된 판례이다(대법원 1980. 5. 13. 선고 80다130 판결, 대법원 1991. 10. 11. 선고 91다25369 판결, 대법원 1996. 2. 13. 선고 95다47619 판결, 대법원 2006. 4. 13. 선고 2005다75897 판결 등 참조). 이러한 손해도 계약목적물 그 자체에 발생한 손해가 아니다.

⑤ 대법원판례는 일정한 유형의 계약에서 보호의무 또는 안전배려의무를 계약상 의무로 인정하고 있다. 즉, 숙박업자가 고객의 안전을 배려하여야 할 보호의무(대법원 2000. 11. 24. 선고 2000다38718 판결 등 참조), 병원이 입원환자에게 휴대품 등의 도난을 방지함에 필요한 적절한 조치를 강구하여 줄 보호의무(대법원 2003. 4. 11. 선고 2002다63275 판결 등 참조), 사용자가 근로자에게 생명, 신체, 건강을 해치지 않도록 필요한 조치를 할 보호의무 또는 안전배려의무(대법원 2013. 11. 28. 선고 2011다60247 판결 등 참조), 기획여행업자가 여행자의 생명·신체·재산 등의 안전을 확보하기 위하여 합리적 조치를 취할 안전배려의무(대법원 2014. 9. 25. 선고 2014다213387 판결 등 참조)를 인정한 판결들이 그것이다. 위와 같은 경우에 판례는 계약목적물 그 자체에 발생하였다고 보기 어려운 손해를 채무불이행책임으로 구성하고 있다.

⑥ 판례는 의사의 환자에 대한 설명의무의 보호법익이 '환자의 자기결정권' 또는 '치료행위에 대한 선택의 기회'라고 하면서도, 설명의무 위반에 따른 사망 등의 중대한 결과 발생의 손해를 채무불이행책임으로 구성하고 있다(대법원 2013. 4. 26. 선고 2011다29666 판결, 대법원 2014. 12. 24. 선고 2013다28629 판결 등 참조).

⑦ 채무불이행이 있는 경우에 재산적 손해 이외에 위자료의 배상을 실제로 인정한 사례는 많지 않으나, 비재산적 손해 또는 정신적 손해라고 하더라도 채무불이행으로 인한 손해배상의 범위에 포함될 수 있다는 것이 확립된 대법원의 판례이다(대법원 1996. 6. 11. 선고 95다12798 판결, 대법원 1996. 12. 10. 선고 96

다36289 판결, 대법원 2007. 1. 11. 선고 2005다67971 판결 등 참조). 이러한 손해도 계약목적물 그 자체에 발생한 손해가 아님이 분명하다.

라. 앞에서 본 법리에 비추어 원심판결을 살펴본다.

(1) 원심은 다음과 같은 이유로 임차인인 피고(반소원고)의 채무불이행책임을 인정하고 있다. 원고 소유의 이 사건 건물은 2층 건물로서, 1층 중 150평(이하 '이 사건 임차목적물'이라 한다)은 피고(반소원고)가 임차하여 골프용품 보관·판매를 위한 매장으로 사용하였고, 2층은 원고가 가구를 보관하는 물류 창고로 사용하였다. 이 사건 임차목적물이 이 사건 화재로 인하여 더 이상 임차 목적으로 사용·수익할 수 없는 상태에 이르렀으므로 이 사건 임대차계약은 사회통념상 임대차 목적을 달성할 수 없어 종료하였다. 피고(반소원고)가 원고에게 이 사건 임차목적물을 온전한 상태로 반환하는 것 역시 불가능해졌다. 비록 이 사건 화재의 발생 원인이 밝혀지지 않았지만 화재가 발생한 지점인 이 사건 건물의 '1층 전면 주출입구 내부 우측 부분'은 피고(반소원고)가 이 사건 임대차계약에 따라 임차 부분으로 실질적으로 사용·수익해 오던 부분에 해당하는 반면, 그 부분에 대하여 임대인인 원고가 지배·관리하였다고 볼 수 없다. 피고(반소원고)는 자신이 이 사건 임차목적물의 보존에 관하여 선량한 관리자의 주의의무를 다하였음을 증명하지 못한 이상 이 사건 임차목적물 반환의무의 이행불능으로 원고가 입은 손해를 배상할 책임이 있다.

원심의 위 판단은 앞에서 본 법리에 따른 것으로 정당하다. 원심이 적법하게 채택한 증거들에 의하면, 이 사건에서 화재 발생 지점으로 밝혀진 '이 사건 건물 1층 주출입구 내부 우측 부분'은 임차인인 피고(반소원고)가 주로 사용하던 부분이고, 피고(반소원고)와 그 직원들이 폐박스, 캐디가방, 골프공 등을 건물 1층 주출입구 쪽에 쌓아두고 있었던 사실을 알 수 있다. 원심도 이 부분을 '피고(반소원고)가 이 사건 임대차계약에 따라 임차 부분으로 실질적으로 사용·수익해 왔다'고 사실인정을 하고 있다. 따라서 이 사건 화재는 임차인인 피고(반소원고)가 지배·관리하던 영역에서 발생하였다고 볼 수 있다. 위 화재 발생 지점을 건물 전체를 공동으로 사용하기 위한 부분으로 본다고 하더라도, 이 사건 건물은 집합건물이 아닌 일반건물인데 화재 발생 지점이 피고(반소원고)가 주로 사용하던 부분으로서 지배·관리하던 영역에 해당한다고 볼 수 있고, 피고(반소원고)가 적어도 화재의 원인을 일부 제공했다고 볼 수도 있다. 따라서 원심의 판단에 화재로 인한 채무불이행책임의 성립에 관한 법리를 오해한 잘못이 없다.

(2) 원심은 다음의 사실을 기초로 피고(반소원고)가 이 사건 화재로 이 사건 임차물에 발생한 손해뿐만 아니라 건물의 다른 부분인 1층 나머지 부분, 2층

및 옥상 부분이 소훼되어 원고가 입게 된 손해까지도 채무불이행책임으로 배상할 의무가 있다고 판단하였다. ① 이 사건 건물의 내부 공간은 그 전체가 철근 기둥과 보로 지지되어 있는데, 다만 천장 내벽 슬래브에 의하여 그 내부 공간이 1층과 2층으로 구분되고 내부 계단을 통하여 1층에서 2층으로의 출입이 이루어짐과 아울러 2층에서 옥상으로 나가는 계단 출구에 조립식 패널(속칭 '샌드위치 판넬') 구조의 창고가 2층에 연접하여 설치되어 있다. ② 외부 공간인 1층에서 3층까지 외벽은 그 전체가 조립식 패널로 일체를 이루는 구조이다. ③ 이 사건 건물 자체에 화재에 대비할 만한 단열시설이나 소화시설이 제대로 갖추어져 있지 않았고, 이 사건 건물 2층에는 원고 소유의 침대, 가구, 사무실 집기 등 가연성 물체들이 보관되어 있었다.

원심판결의 이유 중에는 적절하지 않은 부분이 있으나, 그 결론을 수긍할 수 있다. 원심이 인정한 사실을 통해 알 수 있는 이 사건 건물의 구조와 재질, 건물의 이용·관리관계, 피고(반소원고)가 이 사건 임차목적물을 골프용품 매장으로 사용하고 원고가 2층을 창고로 사용하고 있었던 점, 피고(반소원고)가 피고 삼성화재와 이 사건 임차목적물에 관하여 2건의 화재보험계약을 체결하면서 담보대상을 '건물'이라고 기재하고 임차목적물 외의 부분에 대한 손해도 보상범위에 포함되어 있는 점에 비추어 보면, 이 사건 임차 건물 부분과 이 사건 임차 외 건물 부분에 발생한 손해는 모두 이 사건 화재와 인과관계가 있을 뿐만 아니라, 피고(반소원고)의 채무불이행에 따른 통상손해에 해당하거나 특별한 사정으로 인한 손해라고 하더라도 임차인인 피고(반소원고)가 알았거나 알 수 있었다고 볼 수 있기 때문이다. 또한 이 사건 건물 전체에 발생한 손해가 피고(반소원고)가 배상하여야 할 손해의 범위에 포함된다는 원심의 판단은 추가적인 심리를 할 여지가 전혀 없는 것은 아니지만 사실심법원의 전권사항인 사실판단의 문제로 보아 존중하는 것이 바람직하다. 결국 원심의 판단은 정당하고, 화재로 인한 임차인의 채무불이행책임에 따라 배상하여야 할 손해의 범위에 관한 법리를 오해하여 판결의 결론에 영향을 미친 잘못이 없다.

마. 한편 법원이 손해배상책임을 인정하면서 채권자의 과실을 고려하여 과실상계를 하거나 손해분담의 공평이라는 손해배상제도의 이념에 비추어 그 손해배상액을 제한하는 경우, 채권자의 과실 또는 책임감경사유에 관한 사실인정이나 그 비율을 정하는 것은 그것이 형평의 원칙에 비추어 현저히 불합리하다고 인정되지 않는 한 사실심의 전권사항에 속한다(대법원 2002. 1. 8. 선고 2001다62251, 62268 판결, 대법원 2009. 2. 26. 선고 2007다83908 판결, 대법원 2012. 10. 11. 선고 2010다42532 판결 등 참조).

원심은 화재에 대비할 만한 단열시설이나 소화시설이 이 사건 건물에 제대로 갖추어지지 않았던 것도 손해 확대의 원인이 되었던 점 등의 사정을 종합하여 피고(반소원고)의 원고에 대한 손해배상책임을 70%로 제한하였다. 원심의 판단은 위 법리에 비추어 정당하고 과실상계나 책임 제한에 관한 법리를 오해한 잘못이 없다.

바. 원심판결 중 피고 삼성화재 패소 부분에는 다수의견이 지적하는 바와 같이 보험약관의 해석에 관한 법리를 오해하여 판결에 영향을 미친 잘못이 있으므로 그 부분을 파기하여야 할 것이나, 위에서 본 바와 같이 피고(반소원고)의 상고이유는 모두 받아들일 수 없으므로 이를 기각하여야 한다.

이상과 같은 이유로 다수의견에 찬성할 수 없음을 밝힌다.

8. 피고(반소원고)의 상고이유 중 화재로 인한 손해배상책임에 관한 법리오해와 책임제한에 대한 주장 및 피고 삼성화재의 상고이유 제 2 점에 대한 […] 별개의견

가. 임차인이 건물의 일부를 임차한 경우에 임대차 기간 중 화재가 발생하여 임차 건물 부분과 함께 임대인 소유의 임차 외 건물 부분까지 불에 탔을 때 임차인의 의무 위반으로 인한 채무불이행책임의 성립 및 임차인의 채무불이행이 성립하는 경우에 배상하여야 할 손해배상의 범위에 관하여는 반대의견과 견해를 같이한다.

그러나 화재의 원인이나 귀책사유가 명확하게 밝혀지지 않은 사안에서 법원은 임차인의 손해배상책임을 제한함에 있어서 일정한 요소들을 반드시 고려하여야 함에도 원심은 임차인인 피고(반소원고)의 손해배상책임을 제한함에 있어서 반드시 고려하여야 할 요소들 중 일부에 대하여 심리하지 않았으므로, 피고(반소원고)의 상고이유 중 책임제한에 관한 주장을 받아들여야 한다고 본다. 그 이유는 아래와 같다.

(1) 채무자가 계약상 의무를 위반하여 채권자에 대하여 손해를 배상할 책임이 있는 경우에는, 행위에 이른 동기나 경위, 손해 발생 및 확대에 관여된 객관적인 사정이나 그 정도, 그 행위로 취한 이득의 유무 등 여러 사정을 참작하여 손해분담의 공평이라는 손해배상제도의 이념에 비추어 손해배상액을 제한할 수 있다(대법원 2014. 2. 27. 선고 2013다77355 판결, 대법원 2014. 4. 10. 선고 2012다82220 판결 등 참조).

그런데 임차인이 임대인 소유 건물의 일부를 임차하여 사용·수익하던 중 임차 건물 부분에서 화재가 발생하여 임차 외 건물 부분까지 불에 타 그로 인해 임대인에게 재산상 손해가 발생한 경우에 화재의 원인이나 귀책사유가 명확하게 밝혀지지 않은 때에는, 임차 건물 부분의 손해뿐만 아니라 임차 외 건물 부분의 손해까지 임차인이 전부 책임지는 것은 임차인에게 가혹할 수 있고, 이와 달리 임차인이 임차 외 건물 부분의 손해에 대하여 전혀 책임지지 않고 그 부분 손해를 임대인이 모두 감수하도록 하는 것 또한 구체적 타당성에 어긋날 위험이 있다. 따라서 이와 같은 경우에 법원은 임차 외 건물 부분의 손해에 대하여 임차인의 배상책임을 긍정하되, 그 책임에 대한 제한을 통하여 임대인과 임차인이 임차 외 건물 부분의 손해를 합리적으로 분담하도록 하여야 한다. 법원이 위와 같이 임차인의 손해배상책임을 제한하는 데 반드시 고려하여야 할 요소는 다음과 같다.

① 먼저 '계약의 내용과 관련된 요소'로서, 임대차계약의 내용 및 이에 따라 예정된 임차 건물 사용·수익의 용도·방법 및 임차인이 부담하는 의무의 내용, 임대차 보증금, 차임, 그 밖에 임대차계약과 관련하여 임차인이 임대인에게 지급하는 일체의 대가의 액수 등이 있다.

② 다음으로 '건물 자체의 현황과 관련된 요소'로서, 1동의 건물 전체의 구조·성상·재질, 임차 건물 부분 및 1동의 건물 전체를 기준으로 한 방재시설, 소방시스템(감지기, 스프링클러 등), 전기·가스·수도공급설비 등의 설치 현황 및 노후화 정도, 임차 건물 부분과 나머지 건물 부분의 가액 차이 등이 있다.

③ 또한 '건물의 관리 상태와 관련된 요소'로서, 건물에 설치되어 있는 방재시설, 소방시스템, 전기·가스·수도공급설비 등의 정기적인 점검·관리·보수·교체 현황, 임차 건물 부분과 1동의 건물 전체의 일반적인 관리·이용 현황, 계속적인 운영·관리의 적정성 등이 있다.

④ 그리고 '사고 발생·확대와 관련된 요소'로서, 화재 발생 장소, 화재의 원인이 어느 정도까지 밝혀졌는지, 화재의 발생·확대에 관여된 객관적인 사정이나 그 정도 등이 있다.

⑤ 마지막으로 '피해와 관련된 요소'로서, 임차 건물 부분에 발생한 손해액과 임차 건물 이외의 부분에 발생한 손해액이 각각 얼마이고 서로 간의 비율은 어떻게 되는지 등이 있다.

(2) 원심판결 이유에 의하면, 원심은 ㉮ 이 사건 화재의 원인이 명백하게 밝혀지지 않은 점, ㉯ 이 사건 임차목적물에서 발생한 화재가 원고가 사용·수익하던 이 사건 건물 2층으로 확대된 후 그곳에 보관되어 있던 원고 소유의 침대, 가구, 사무실 집기 등 가연성 물체들로 급격히 연소가 확대되어 이 사건 건물의 손해가 커지게 된 점, ㉰ 이 사건 건물 자체에 화재에 대비할 만한 단열시설 내지 소화시설이 제대로 갖추어지지 않았던 것도 그 손해 확대의 원인이 되

었던 점, ㉣ 이 사건 화재의 급격한 확대 연소과정은 초기 진화가 쉽지 않은 이 사건 건물 내부 구조에 따른 것일 뿐 피고(반소원고) 측의 초기대응 미흡 등에 그 원인이 있다고 보이지 않는 점, ㉤ 피고(반소원고)는 임대차 보증금 4,000만 원의 비교적 소액으로 이 사건 건물 일부를 임차하였던 반면 이 사건 화재로 인한 손해는 2억 6,000여 만 원에 이르는 점 등을 종합적으로 고려하여 피고(반소원고)가 원고에게 배상하여야 할 손해를 70%로 제한하였다.

그러나 기록을 살펴보아도 이 사건 임차 건물 부분에 발생한 손해액과 임차 건물 이외의 부분에 발생한 손해액을 구분하여 특정할 수 있는 자료가 없고, 임차 건물 부분과 1동의 건물 전체를 기준으로 한 방재시설, 소방시스템, 전기·가스·수도공급설비 등의 설치 현황 및 노후화 정도 등 건물 자체의 현황과 관련된 자료도 없으며, 그러한 시설에 대한 정기적인 점검·관리·보수·교체 현황, 그리고 임차 건물 부분과 1동의 건물 전체의 일반적인 관리·이용 현황, 계속적인 운영·관리의 적정성 등 건물의 관리 상태를 알 수 있는 자료 또한 없다.

이러한 원심판결에는 원인 불명의 화재로 인하여 임차 외 건물 부분에까지 손해가 확대되었을 때의 손해배상책임의 제한에 관한 법리를 오해하여 필요한 심리를 다하지 아니한 잘못이 있다.

나. 원심의 위와 같은 법리오해 등의 잘못은 피고(반소원고)가 배상하여야 할 전체 손해액 산정에 관한 판단에 영향을 미쳤고, 이는 피고 삼성화재가 원고에게 지급할 전체 보험금의 액수에 관한 판단에도 영향을 미쳤다고 보아야 한다. 따라서 원심판결의 본소에 관한 부분 중 피고들 패소 부분은 전부 파기되어야 한다.

이상과 같이 다수의견의 결론에는 찬성하지만 그 파기의 이유는 달리하므로, 별개의견으로 이를 밝혀 둔다.

질문

1. 이 판결의 쟁점은 무엇인가? 아울러 이 문제에 대한 다수의견, 별개의견, 반대의견의 입장과 논거를 정리해 보라. 각 견해에 따를 때, 임차목적물 이외의 부분에 발생한 손해에 해당하는 불이익은 누가 부담하게 되는가?
2. 다수의견, 별개의견, 반대의견에 따를 때, 임차인은 임차목적물 이외의 부분에 대한 보존의무를 부담하는가? 부담한다고 이해하는 견해의 경우, 그 의무의 내용을 어떻게 이해하고 있는가?

2. 임대토지상의 건물 등 시설 및 부속물 등의 처리

(1) 임차인의 갱신청구권과 지상물매수청구권

건물 기타 공작물의 소유 또는 식목, 채염, 목축을 목적으로 한 토지임대차의 기간이 만료한 경우에 건물, 수목 기타 지상시설이 현존한 때에는 임차인은 계약의 갱신을 청구할 수 있고, 임대인이 계약의 갱신을 원하지 아니하는 때에는 임차인은 상당한 가액으로 건물, 공작물, 수목 등의 매수를 청구할 수 있다(제643조, 제283조). 경제적으로 밀접한 관련을 가지고 있는 토지와 지상물을 가능한 한 결합된 상태로 유지하여 임차인이 투자한 자본의 회수를 가능하게 하는 규정이다(관련하여 적법전차인의 임대인을 상대로 하는 임대청구권·매수청구권(제644조) 및 지상권자의 임대차에서 임차인의 소유자를 상대로 하는 임대청구권·매수청구권(제645조)도 참조).

(가) 갱신청구권과 매수청구권은 임대차 기간의 만료로 임대차가 종료한 때 인정된다. 제635조에 따른 해지가 있는 때에도 인정된다고 할 것이다(대판 1977. 6. 7, 76다2324). 다만 차임연체 기타 임차인의 의무위반으로 임대차가 해지된 경우에는 발생하지 아니한다는 것이 확고한 판례이다(대판 1962. 10. 11, 62다496 등).

(나) 건물 기타 공작물이 임대차계약을 체결할 당시에 현존할 필요는 없으며, 그 이후에 임대인의 동의 없이 건축된 건물도 포함한다(대판 1993. 11. 12, 93다34589). 다만 건물 기타 공작물이 타인 토지에 걸쳐 있는 경우에는 임차지상의 부분이 독립된 소유권의 객체이어야 매수청구가 가능하다(대판(전) 1996. 3. 21, 93다42634). 한편 지상물매수청구권의 취지를 고려할 때 문제되는 건물이 미등기 무허가건물인 경우에도 적용되고, 건물을 매수하여 등기 없이 점유하는 임차인도 이를 행사할 수 있다(대판 2013. 11. 28, 2013다48364, 48371).

(다) 갱신청구·매수청구의 상대방은 원칙적으로 토지소유자인 임대인이다. 따라서 임대차가 종료한 시점에 임대인이 토지소유권을 상실하였으면 매수청구는 인정되지 아니하지만(대판 1994. 7. 29, 93다59717), 양도에 의해 임대차가 법정승계되는 경우(제621조, 제622조)에는 양수인이 상대방이 될 것이다(대판 2017. 4. 26, 2014다72449 참조). 또한 지상 건물이 등기되면 임대차에 대항력이

발생하므로(제622조), 임대차 종료 후에 토지를 양수한 자를 상대로도 지상물매수청구를 할 수 있다는 것이 판례이다(대판 1977. 4. 26, 75다348; 1996. 6. 14, 96다14517).

(라) 매수청구권은 형성권으로, 임차인이 이를 행사함으로써 매매가 바로 성립한다. 따라서 매수청구에 의하며 임대인의 원상회복청구권은 부인되며, 소유권에 기한 임대인의 건물철거 등 청구도 인정되지 아니한다.

(마) 이러한 매수청구권에 대한 약정으로 임차인이나 전차인에게 불리한 것은 그 효력이 없다(제652조). 따라서 제643조는 편면적 강행규정이다. 따라서 그 요건이 충족됨에도 불구하고 임대차 종료시 무조건 원상회복을 하겠다는 약정은 원칙적으로 무효이다. 다만 판례는 이 규정을 목적론적으로 축소해석하여 그러한 철거약정이 “전체적으로 보아” 임차인에게 불리하지 아니하다고 판단하는 경우에는 그러한 약정의 효력을 인정한 사례도 있다(대판 1993. 12. 28, 93다26687 등).

(2) 부속물의 수거와 매수청구권

건물 기타 공작물의 임대차의 경우에 임차인이 목적물을 사용수익하기 위하여 그에 물건을 부속시키는 경우가 있다. 임대차가 종료한 경우 부속시킨 물건의 운명이 원상회복의무와 관련해서 문제된다.

(가) 일반적으로 임차인이 부속시킨 물건은 임차목적물과 결합하는 정도에 따라 다음의 셋으로 나눌 수 있다.

(a) 부속시킨 물건이 거래상 독립한 물건으로 존재하여 임차인이 소유권을 가지는 경우가 있으며, 예를 들어 정원에 둔 석탑이나 정원석 등이 그러하다. 이는 대체로 종물(제100조 제 1 항)의 법리에 따라 처리된다.

(b) 부속시킨 물건이 임차목적물과 별개로 거래되기에는 적합하지 않으나 임차물과의 분리가 곤란하지는 않은 경우가 있다(이른바 「약한 부합」). 예를 들어 창의 덧문이나 설치된 붙박이 가구 등이 그러하다. 이들 물건은 임차인이 임차권이라는 권원에 의하여 부속한 것으로 임차인의 소유이다(제256조 단서).

(c) 부속시킨 물건이 독립한 물건으로서의 존재를 상실하고 임차목적물의 구성부분이 되어 그것과 분리하려면 훼손 또는 과도한 비용지출을 면할 수 없는 경우가 있다(이른바 「강한 부합」). 예를 들어 벽에 도배를 하는 것이 그러

하다.

아래에서 살펴볼 임차인의 수거권, 부속물매수청구의 논의는 (a)와 (b)를 대상으로 하는 것이며, (c)는 비용상환의 문제로 처리되어야 한다.

(나) 임차인은 임대차 종료에 따른 원상회복의 과정에서 자신이 부속시킨 물건을 철거할 수 있는 수거권이 있다(제654조, 제615조 제 2 문; 제285조 참조). 물론 임차인은 원상회복의무에 따라 부속시킨 물건을 수거할 의무가 있으나, 동시에 자신의 권리로서 이를 수거할 권리를 가진다. 즉 임대인이 현상대로의 반환을 요구하더라도 임차인은 이를 거절하고 부속물을 수거할 수 있다. 한편 임차인이 스스로 부속시키지는 않았더라도 이전 임차인의 부속물을 인수한 이상 임대차가 종료하면 그에 대해 수거의무를 부담한다(대판 2019. 8. 30, 2017다268142).

(다) 건물 기타 공작물의 임차인이 그 사용의 편익을 위하여 임대인의 동의를 얻어 이에 부속한 물건이 있는 때에는 임대차의 종료시에 임대인에 대하여 그 부속물의 매수를 청구할 수 있고, 이는 임차인이 임대인으로부터 매수한 부속물에 대하여도 마찬가지이다(제646조; 관련하여 적법전차인의 부속물매수청구권(제647조)도 참조). 예를 들어 임차인이 임대인의 동의를 받아 건물에 설치한 냉난방시설 등이 그러하다. 이러한 부속물매수청구권 역시 형성권으로, 그 행사에 의하여 매매는 성립하고 그 결과 임대인의 수거청구권은 배제된다.

3. 임차인의 비용상환청구권

(1) 임대인의 비용부담과 임차인의 상환청구

임대차에서 임대인은 임차인에게 목적물을 사용수익할 수 있는 상태를 유지할 의무를 부담한다. 그 결과 목적물을 유지하는 비용은 원칙적으로 임대인의 부담이 되고, 그에 따라 임차인은 비용상환청구권을 가진다. 즉 임차인이 임차물의 보존에 관한 필요비를 지출한 때에는 임대인에 대하여 그 상환을 청구할 수 있고(제626조 제 1 항), 임차인이 유익비를 지출한 경우에는 임대인은 임대차 종료시에 그 가액의 증가가 현존한 때에 한하여 임차인이 지출한 금액이나 그 증가액을 상환하여야 한다(동조 제 2 항). 그러므로 유익비 상환청구권은 임대차가 종료하는 시점에 발생하며(대판 2021. 2. 10, 2017다258787), 법원은 임대인의 청구에 의하여 상당한 상환기간을 허여할 수 있다(동조 제 3 항).

(2) 필요비와 유익비의 상환

필요비는 물건의 보존·관리를 위하여 지출한 비용을 말하고, 유익비는 물건의 가치 내지 효용의 증가를 위하여 지출한 비용을 말한다. 따라서 물건 자체의 보존·개선과 관계가 없는 임차인 개인의 편익을 위한 비용, 예를 들어 임차인의 영업을 위한 설비의 시설비용은 필요비나 유익비에 해당하지 않는다.

임차물을 위하여 지출한 필요비와 유익비는 임차목적물에 관한 채권이므로 임차인은 그에 유치권을 행사하여 만족을 도모할 수 있다(제320조). 임차인이 유치권을 행사하지 아니하고 물건을 반환하여도 여전히 비용상환청구는 할 수 있으나, 임대인이 반환을 받은 날로부터 6개월의 제척기간 내에 이를 행사하여야 한다(제654조, 제617조).

(3) 약정에 따른 배제

비용상환청구에 관한 규정은 편면적 강행규정이 아니므로, 이에 반하는 약정은 유효하다. 예를 들어 "임차인이 임차건물을 증·개축하였을 시는 임대인의 승낙 유무를 불구하고 그 부분이 무조건 임대인의 소유로 귀속된다"는 약정이 그러하다(대판 1983. 2. 22, 80다589).

4. 임차인의 보증금반환청구권

(1) 보증금반환청구권의 발생

(가) 임차인은 임대차가 종료하면 임대인에 대하여 보증금반환청구권을 가진다(보증금에 대해 제 4 편 제 1 장 Ⅲ. 4. (3) 참조). 보증금반환청구권의 발생시기는 임대차가 종료하는 시점이다(전세권에 관한 제315조 제 2 항, 제317조도 참조). 임대차계약이 종료한 경우에 임차인의 임차목적물 반환의무와 임대인의 보증금반환의무는 동시이행관계에 있다는 것이 판례이다(대판(전) 1977. 9. 28, 77다1241).

(나) 보증금반환채권이 임대차의 종료시점에 발생한다고 하여도, 그 이후에도 보증금이 임대인이 임차인에 대하여 가지는 채권에 담보로 기능해야 한다는 점에 변화가 있는 것은 아니다. 따라서 임대차 종료 이후 목적물 반환시까지 임대인이 임차인에 대하여 취득한 채권도 보증금으로부터 공제될 수 있다.

(다) 이러한 보증금반환청구권은 그것이 발생한 이후는 물론이고 아직 임

대차가 종료하기 이전이라고 하더라도 이를 장래채권으로 양도할 수 있고, 또 압류·전부될 수 있다. 다만 양수인이나 전부채권자는 보증금의 담보적 성질에 의하여 임대인의 채권을 모두 공제한 잔액의 한도에서만 권리를 취득한다. 다만 보증금채권의 양도 이후 임대차가 합의갱신 또는 법정갱신되었다면, 임대인은 이를 양수인에게 주장하여 보증금의 반환을 거절할 수는 없다. 따라서 임대인은 임차인으로부터의 목적물의 반환과 상환으로 보증금을 양수인에게 지급하여야 한다고 한다(대판 1989. 4. 25, 88다카4253).

[4] 보증금의 기능: 대판 1988. 1. 19, 87다카1315

[주 문] 원심판결을 파기하고, 사건을 부산지방법원 합의부에 환송한다.

[이 유] 상고이유를 본다.

원심판결 이유에 의하면, 원심은 전부명령에서의 제 3 채무자는 그와 채무자사이에서 전부명령송달시까지에 발생한 사유로써만 전부채권자에게 대항할 수 있고 그 이후에 발생한 사유로써는 대항할 수 없다고 전제한 다음, 그 전부채권이 건물임대차계약의 종료시 목적물반환채무와 동시이행관계에 있는 임대차보증금 반환채권인 이 사건의 경우에 있어서도 위 임대차보증금 반환채권과 상계할 수 있는 연체차임 등 채권의 범위는 전부명령송달시까지에 이미 이행기가 도달한 것에 한한다고 판단하였다.

건물임대차에 있어서의 임차보증금은 임대차존속중의 임료뿐만 아니라 건물명도 의무이행에 이르기까지 발생한 손해배상채권 등 임대차계약에 의하여 임대인이 임차인에 대하여 갖는 일체의 채권을 담보하는 것으로서 임대차 종료 후에 임차건물을 임대인에게 명도할 때 체불임료 등 모든 피담보채무를 공제한 잔액이 있을 것을 조건으로 하여 그 잔액에 관한 임차인의 보증금반환청구권이 발생하고 이와 같은 임차보증금을 피전부채권으로하여 전부명령이 있은 경우에도 제 3 채무자인 임대인은 임차인에게 대항할 수 있는 사유로써 전부채권자에게 대항할 수 있는 것이다.

따라서 건물임대차보증금의 반환채권에 대한 전부명령의 효력이 그 송달에 의하여 발생한다고 하여도 위 보증금반환채권은 임대인의 채권이 발생하는 것을 해제조건으로 하는 것이며 임대인의 채권을 공제한 잔액에 관하여서만 전부명령이 유효하다고 할 것이다(당원 1976. 8. 24 선고 76다1032 판결; 1964. 11. 24 선고 64다864 판결; 1987. 6. 9 선고 87다68 판결 참조). 그럼에도 불구하고 원심이 위 임대차보증금 반환채권과 상계할 수 있는 범위는 전부명령송달시까지 상계적상에 있었던 연체차임 등 채권에 한하고 그 이후에 변제기가 도래한 채권으로서는 상계할 수 없다고 판단하였음은 임대차보증금 반환채권이 전부채권인 전부명령에 있어서 제 3 채무자가 전부채권자에게 대항할 수 있는 범위에 관한 법리를 오해하였다고 아니할 수 없고, 이 점을 지적하는 논지는 이유 있다.

그러므로 원심판결을 파기하고, 사건을 원심법원에 환송하기로 하여 관여 법관의 일치된 의견으로 주문과 같이 판결한다.

질문

1. 이 판결은 보증금반환채권의 압류 이후에 발생한 연체 차임도 보증금에서 공제할 수 있다고 한다. 그러한 공제가 압류의 처분금지효(민집 제227조)의 제한을 받지 않은 이유는 무엇인가?
2. 원심은 제498조의 가치평가를 원용하여 이 사건에서 임대인 채권의 공제를 부정하였다. 일견 비슷해 보이는 상황임에도 불구하고 이 경우 대법원과 같이 임대인의 이익을 압류채권자의 이익보다 우선할 이유는 무엇인가?

(2) 보증금반환청구권의 만족의 확보

(가) 보증금반환청구권은 통상의 채권이다. 보증금반환청구권에 기한 동시이행항변을 임대인에 대하여(대항력이 있는 한에서는 새로운 소유자에 대해서도) 주장하여 간접적으로 만족을 관철할 수 있을 뿐이며, 그 외에는 집행권원을 얻어 채무자인 임대인에 대하여 강제집행을 하여 평등한 만족을 받는다(이에 대하여 전세권의 경우 제303조 제 1 항 후단, 제318조와 비교해 보라).

이에 대하여 주택임차보호법은 주거생활의 안정을 도모하기 위하여 일정한 요건하에 보증금반환채권에 우선변제권을 부여하고 있으며, 이에 따라 임차인은 일반채권자보다 순위에 앞서서 만족을 받을 가능성을 보유하게 된다. 주택임차인의 우선변제권은 순위에 따르는 우선변제권(주임 제 3 조의2, 상임 제 5 조)과 소액보증금임차인의 최우선변제권(주임 제 8 조, 상임 제14조)으로 구별된다.

(나) 순위에 따르는 우선변제권에 대하여 살펴본다.

(a) 대항력의 발생요건을 구비하고 임대차계약증서상의 확정일자를 갖춘 임차인은 민사집행법에 따른 경매 등에서 임차주택(대지를 포함한다)의 환가

대금으로부터 후순위권리자나 그 밖의 채권자보다 우선하여 보증금을 변제받을 권리가 있다(주임 제 3 조의2 제 2 항, 상임 제 5 조 제 2 항; 확정일자의 부여 및 그에 관한 정보 제공에 대해서는 민법 부칙 제 3 조, 주임 제 3 조의6, 상임 제 4 조가 정하고 있다). 이들 요건이 충족되는 시점에 보증금 전액이 지급되어 있을 필요는 없다(대판 2017. 8. 29, 2017다212194). 주택임차인은 이 규정에 따른 우선변제권을 갖추고 있더라도 경매청구권은 없다. 그러므로 그는 우선변제권에 따른 만족을 받기 위해서는 집행권원을 얻어 강제경매를 신청하거나(대판 2013. 11. 14, 2013다27831), 임차목적물에 대한 경매절차에서 배당요구 종기까지 배당요구를 해야 한다(대판 1998. 10. 13, 98다12379; 2014. 4. 30, 2013다58057).

그 밖에 민법에 따라 주택의 임차권을 등기한 임차인(제621조)도 임차권등기를 마치면 대항력 외에도 보증금반환채권과 관련해 우선변제권을 취득한다(주임 제 3 조의4 제 1 항, 제 3 조의3 제 5 항 본문; 상임 제 7 조 제 1 항 참조). 이미 대항력과 확정일자에 의해 우선변제권을 갖춘 상태에서 임차권을 등기하는 경우에도 같다(주임 제 3 조의4 제 1 항, 제 3 조의3 제 5 항 단서, 등기와 관련해 주임 제 3 조의4 제 2 항; 상임 제 6 조 제 1 항, 제 5 항도 참조). 이에 대해서는 아래 (d) 참조.

(b) 요건을 충족한 임차인은 주택에 대한 공경매절차에서 얻은 환가대금의 배당순위에 있어서 후순위권리자 기타 채권자보다 우선하여 보증금을 변제받을 권리를 가지며, 판례는 이를 "부동산담보권과 유사한 권리"(대판 1992. 10. 13, 92다30597)로 이해한다. 반면 임차인이 선순위의 저당권자 등에는 우선하지 못한다는 것은 당연하며, 순위는 대항력요건과 확정일자를 모두 갖춘 때가 기준이 된다(위 대판 1992. 10. 13.). 이러한 우선변제권은 법률의 문언이 밝히는 대로 목적물인 주택 외에도 그 대지의 환가대금에 대하여도 미치며, 이는 주택이 미등기건물이어도 무방하다(대판(전) 2007. 6. 21, 2004다26133). 다만 저당권자의 담보가치에 대한 기대를 고려하여 대지에 저당권이 설정된 이후에 신축된 주택의 경우는 대지의 환가대금으로부터 우선변제를 받을 수 없다고 한다(대판 1999. 7. 23, 99다25532).

우선변제를 받을 수 있는 보증금반환채권이 양도된 경우에 양수인은 우선변제를 받을 수 있는가? 판례는 주택임대차보호법의 입법목적상 임차권과 분리된 임차보증금반환채권만을 양수한 양수인은 우선변제권을 행사할 수 없고, 일반채권자로서 배당요구할 수 있을 뿐이라고 하였다(대판 2010. 5. 27, 2010다

10276). 그러나 이는 타당하지 않다. 동법상 우선변제권의 취지는 임차인이 보증금의 형태로 지급한 상당한 금원의 가치에 대한 원활한 회수를 의도하는 것이고, 그 가치를 어떠한 방식으로 활용할 것인지를 결정하는 것은 임차인의 자유에 맡겨져 있다. 여기서 양수인의 우선변제를 부정하면 신용이 필요한 임차인은 우선변제권 없는 일반채권으로서만 보증금반환청구권을 양도할 수 있어 그 가치를 실현할 수 없는 불이익을 받으며, 이러한 결과가 오히려 동법의 입법목적에 반한다. 우선변제권이 보증금 반환채권에 수반하는 우선특권인 이상 수반성을 인정하여야 할 것이고, 특별한 예외를 인정할 수 없다고 할 것이다(같은 취지로 서울고판 2012. 9. 6, 2012나25373). 실제로 대법원의 판례는 보증금반환채권을 담보목적물로 할 가능성을 봉쇄하여 임차인과 금융기관의 이익에 반하는 결과를 가져왔다. 이에 개정된 주택임대차보호법은 일정한 금융기관이 우선변제권이 유지되고 있는 보증금반환채권을 양수하는 때에는 양수한 금액의 범위에서 우선변제권을 승계하는 것으로 정하여 이 문제를 (부분적으로) 시정하였다(주임 제 3 조의2 제 7 항, 제 8 항; 상임 제 5 조 제 7 항, 제 8 항도 참조). 이들 금융기관은 우선변제권을 행사하기 위하여 임차인을 대리하거나 임대차를 해지할 수는 없다(주임 제 3 조의2 제 9 항; 상임 제 5 조 제 9 항도 참조). 보증금반환채권을 양수한 금융기관이 경매절차에서 배당요구를 통해 보증금의 일부만을 변제받은 경우, 주택임대차의 대항요건이 유지되고 있는 한 임차인은 임차주택의 양수인에게 임대차의 존속을 주장할 수 있다(주임 제 3 조의5 단서, 제 4 조 제 2 항; 대판 2023. 2. 2, 2022다255126).

(c) 임대차가 종료하였더라도 보증금이 아직 지급되지 않는 상태에서는 임차인의 보증금반환채권을 보장하기 위하여 "임대차관계는 존속하는 것으로 본다"(주임 제 4 조 제 2 항, 상임 제 9 조 제 2 항). 따라서 임차인은 임대차가 종료한 이후에도 양수인에 대하여 보증금반환청구권을 가지고 동시이행의 항변을 할 수 있다.

그런데 이와 관련하여 임차인이 대항력을 취득하여 임대차가 경락인에게 인수되어야 하는 경우에도, 임차인이 우선변제권의 요건을 갖추고 있음을 이유로 경매절차에서 보증금에 관한 배당을 요구할 수 있는지 여부가 문제된다. 확고한 판례는 이른바 "겸유설(兼有說)"을 취하여(대판 1986. 7. 22, 86다카466 및 제 4 편 제 1 장 재판례 [4]), 임차인은 임차주택의 양수인에게 대항하여 보증금의 반환을 받을 때까지 임대차관계의 존속을 주장할 수 있는 권리와 임대차를 해지하고 보증금에 관하여 임차주택의 가액으로부터 우선변제를 받을 수 있는 권리를 겸유하고 있으며 이 중 하나를 선택하여 행사할 수 있다고 한다(이는 이후 주임 제 3 조의5, 상임 제 8 조로 반영되었다).

이때 임차인이 우선변제권을 행사하였으나 보증금의 전액을 배당받지 못한 경우, 임차인은 경락인에게 대항력에 따른 임대차의 승계를 주장하여 나머지 보증금을 청구할 수 있다(대판 1997. 8. 22, 96다53628; 주임 제 3 조의5 단서, 상임 제 8 조 단서). 그런데 만일 경락인의 주택에 대하여 경매가 진행되는 경우, 임차인은 다시 한 번 우선변제권을 행사하여 잔존 보증금의 만족을 구할 수 있는가? 대법원은 최초의 배당요구로 임대차는 해지된 것이고 단지 보증금의 확보를 위하여 법정임대차만이 존재하는 것이므로(주임 제 4 조 제 2 항, 상임 제 9 조 제 2 항 참조) 우선변제권은 경락으로 소멸하였다고 보아 이를 부정하나, 이에는 찬반양론이 있다.

[5] 법정임대차에 기한 임차인의 우선변제권 행사: 대판 1998. 6. 26, 98다2754

[주 문] 상고를 기각한다. 상고비용은 피고의 부담으로 한다.

[이 유] 상고이유를 본다.

주택임대차보호법상의 대항력과 우선변제권의 두 가지 권리를 겸유하고 있는 임차인이 먼저 우선변제권을 선택하여 임차주택에 대하여 진행되고 있는 경매절차에서 보증금 전액에 대하여 배당요구를 하였으나 그 순위가 늦은 까닭으로 보증금 전액을 배당받을 수 없었던 때에는, 보증금 중 경매절차에서 배당받을 수 있었던 금액을 뺀 나머지에 관하여 경락인에게 대항하여 이를 반환받을 때까지 임대차관계의 존속을 주장할 수 있다. 이 경우 임차인의 배당요구에 의하여 임대차는 해지되어 종료되며, 다만 같은 법 제 4 조 제 2 항에 의하여 임차인이 보증금의 잔액을 반환받을 때까지 임대차관계가 존속하는 것으로 의제될 뿐이어서, 경락인은 같은 법 제 3 조 제 2 항에 의하여 임대차가 종료된 상태에서의 임대인의 지위를 승계하고, 임차인의 우선변제권은 경락으로 인하여 소멸하는 것이다(대법원 1997. 8. 22. 선고 96다53628 판결 참조).

원심이 같은 취지에서, 대항력과 우선변제권을 가진 임차인인 피고가 이 사건 주택에 관한 경매절차에서 보증금에 대하여 배당요구를 함으로써 이 사건 임대차계약은 해지되어 종료되었고, 이 사건 주택이 경락된 이상, 그 경락인이 마침 임대인의 지위에 있던 종전 소유자이고, 피고는 후순위 권리자이어서 전혀 배당을 받지 못한 채 계속하여 이 사건 주택에 거주하고 있었다고 하더라도, 그 후 이 사건 주택에 관하여 새로이 경료된 근저당권설정등기에 기한 경매절차에서 그 낙찰대금으로부터 우선변제를 받을 권리는 없고, 다만 경락인에 대하여 임차보증금을 반환받을 때까지 임대차관계의 존속을 주장할 수 있을 뿐이라고 판단한 것은 정당하고, 거기에 상고이유에서 주장하는 바와 같은 법리오해의 위법이 있다고 할 수 없다.

그러므로 상고를 기각하고, 상고비용은 패소자의 부담으로 하기로 하여 관여 법관의 일치된 의견으로 주문과 같이 판결한다.

질문

1. 이 판결이 임차인의 두 번째 우선변제권 행사를 부정하는 주요 논거는 무엇인가? 이는 타당한가? 찬성과 반대의 논거들을 생각해 보라.
2. 이 판결은 주택임대차보호법 제 3 조의5가 입법되기 이전에 동법 제 4 조 제 2 항의 해석에 기하여 내려진 것이다. 동법 제 3 조의5의 입법에 의하여 결론이 달라진다고 볼 여지는 있는가?

(d) 임대차가 종료하였으나 보증금을 반환받고 있지 못한 임차인은 주거를 옮길 필요가 있어도 이로써 대항력과 우선변제권을 상실하게 되므로 이사를 하기 어렵다는 난점이 있다. 주택임대차보호법은 임대차 종료 후에 보증금을 반환받지 못한 임차인은 임대차의 종료에도 불구하고 법원의 임대차등기명령에 기한 등기를 함으로써(주임 제 3 조의3 제 1 항, 제 2 항; 상임 제 6 조도 참조) 대항력(그 후의 경락인 등 승계인에 대항할 수 있다) 및 우선변제권(임차주택에 대한 경매절차에서 행사할 수 있다)을 유지할 수 있도록 하고 있다(동조 제 5 항 단서). 임차권등기명령의 절차는 가압류 절차에 준하며(주임 제 3 조의3 제 3 항), 그 집행은 임대인에게 송달하기 전에도 할 수 있다(동항, 민집 제292조 제 3 항). 임대차등기명령에 기한 등기 이전에 대항력과 우선변제권이 없었다면 그 등기로 임차인은 대항력과 우선변제권을 취득한다(동조 제 5 항 본문). 그리고 동일한 효력이 민법에 따라 행해진 임차권등기에 대해서도 인정된다(주임 제 3 조의4, 상임 제 7 조). 이들 규정에 따라 임차권등기가 이루어진 경우, 보증금 지급의무와 등기말소의무는 동시이행관계에 있지 아니하며, 성질상 전자가 선이행의무

이다(대판 2005. 6. 9, 2005다4529). 한편 임차권등기명령의 절차에는 가압류에 관한 여러 규정이 준용되나(주임 제 3 조의3 제 3 항), 이는 점유에 갈음해 대항력과 우선변제권을 유지하는 수단에 불과하므로 보증금반환채권에 대한 시효중단사유는 될 수 없다(대판 2019. 5. 16, 2017다226629).

(다) 그 다음으로 소액보증금임차인의 최우선변제권을 살펴본다.

(a) 소액보증금임차인으로서 최우선변제권을 행사하기 위해서는 두 가지 요건이 충족되어야 한다. 한편으로는 목적물에 대한 경매신청등기 전에 대항력의 요건을 충족하고 있어야 하며(주임 제 8 조 제 1 항), 다른 한편으로 보증금의 액수가 일정한 금액 이하이어야 한다. 이러한 최우선변제권을 가지는 임차인의 범위와 기준은 주택가액(대지의 가액을 포함)의 1/2의 범위에서 대통령령이 정하는데(주임 제 8 조 제 3 항), 이에 따르면 주택의 경우 서울특별시 1억 6천 500만 원, 「수도권정비계획법」에 따른 과밀억제권역(서울특별시 제외) 및 세종시·용인시·화성시·김포시 1억 4천 500만 원, 광역시(「수도권정비계획법」에 따른 과밀억제권역에 포함된 지역과 군 지역 제외) 및 안산시·광주시·파주시·이천시·평택시 8천 500만 원, 기타 지역 7천 500만 원(주임령 제11조)이다. 따라서 보증금의 액수가 이 금액을 초과하는 경우, 임차인은 최우선변제권을 가질 수 없다(대판 1993. 9. 14, 92다49539). 각각의 임차인의 보증금이 기준이 되나, 2명 이상의 임차인이 동일주택에서 가정공동생활을 하면 이들을 1명의 임차인으로 보아 합산한다(주임령 제10조 제 4 항).

(b) 임차인은 “보증금 중 일정액”(주임 제 8 조 제 1 항 제 1 문)에 대하여 최우선변제권을 가진다. 그 범위에 대해서도 대통령령이 정하는데(동조 제 3 항), 주택의 경우 서울특별시 5천 500만 원, 「수도권정비계획법」에 따른 과밀억제권역(서울특별시 제외) 및 세종시·용인시·화성시·김포시 4천 800만 원, 광역시(「수도권정비계획법」에 따른 과밀억제권역에 포함된 지역과 군 지역 제외) 및 안산시·광주시·파주시·이천시·평택시 2천 800만 원, 기타 지역 2천 500만 원(주임령 제10조 제 1 항)이다. 그러나 우선변제 받을 금액은 대지를 포함한 목적물의 가액(실제 환가대금 기준)의 2분의 1을 넘지 못하고(주임 제 8 조 제 3 항 단서), 넘으면 그 한도에서만 우선변제권이 있다(주임령 제10조 제 2 항). 그리고 하나의 주택에 임차인이 2명 이상이고, 그 각 보증금 중 일정액을 모두 합한 금액이 주택가액의 2분의 1을 초과하는 경우에는 그 각 보증금 중 일정액을 모두 합한

금액에 대한 각 임차인의 보증금 중 일정액의 비율로 그 주택가액의 2분의 1에 해당하는 금액을 분할한 금액을 각 임차인의 보증금 중 일정액으로 본다(주임령 제10조 제 3 항).

(c) 소액임차인은 이러한 일정액 범위에서 "다른 담보물권자보다 우선하여 변제받을 권리가 있다"(주임 제 8 조 제 1 항). 이는 임대차가 행하여지기 전에 설정된 저당권(및 전세권)에도 우선한다는 점에서 물권의 공시 및 순위와 관련된 법리와 무관한 우선특권이다. 다른 담보물권뿐만 아니라, 모든 조세채권보다도 우선하여 만족을 받으며(국세 제35조 제 1 항 제 4 호, 지세 제71조 제 1 항 제 4 호), 다만 최종 3개월분의 임금채권(근기 제38조)과는 동순위로 배당을 받는다. 이러한 우선변제는 선순위권리자의 이익을 크게 해할 우려가 있으며, 이를 목적으로 하는 소액임대차의 경우 권리남용으로 소액임차인의 지위를 인정받지 못한다(대판 2013. 12. 12, 2013다62223).

대항요건과 확정일자를 갖춘 임차인들이 주임 제 8 조 제 1 항에 의하여 보증금 중 일정액의 보호를 받는 소액임차인의 지위를 겸하는 경우에는, 먼저 소액임차인으로서 보호받는 일정액을 우선 배당하고 난 후의 나머지 임차보증금 채권액에 대하여는 대항요건과 확정일자를 갖춘 임차인으로서의 순위에 따라 배당을 하게 된다(대판 2007. 11. 15, 2007다45562). 최우선변제권이 있다는 이유로 순위에 따른 우선변제권 행사에서 불이익을 받을 이유는 없기 때문이다.

(d) 상가건물 임차인에 대해서도 비슷한 규율이 적용된다(상임 제14조, 상임령 제 6 조, 제 7 조 참조). 그 경우 형식상 수 개의 구분된 상가를 임차하였더라도, 하나의 계약으로 임차하고 차임·보증금을 전체로 정하였으며 하나의 사업장으로 사용하였으면, 각각의 보증금을 합산하여 최우선 우선변제권 해당 여부를 판단해야 한다(대판 2015. 10. 29, 2013다27152).

제3장 전 세 권

Ⅰ. 전세권의 의의 및 성질

1. 의 의

(1) 전세권이란 전세금을 지급하고 타인의 부동산을 점유하여 그 부동산의 용도에 좇아 사용·수익하는 권리를 말하며, 나아가 그 용익권능의 소멸 시에는 목적물 전부의 환가금으로부터 전세금의 우선변제를 받을 수 있는 권리를 말한다(제303조 제1항). 전세권제도는 우리 사회에서 종전부터 행하여지던 타인의 주택 기타 건물에 관한 전세의 관행을 일정한 내용의 물권으로 입법화한 것이다. 즉 전세입자가 애초에 일정한 액의 전세금을 한꺼번에 지급하여 건물소유자는 그 이자로써 그 사용대가에 충당하는 한편, 계약이 종료되어 목적물을 반환하는 때에는 건물소유자가 전세금을 반환한다는 것이다. 이때 전세금은 통상 건물 시가의 절반에 근접하거나 이를 넘는 액수로서, 건물소유자의 입장에서 보면 이는 전세기간 동안 그만한 금융을 받는 것과 유사한 기능도 한다. 이러한 관행은 우리의 고유한 것으로서 외국에서는 이와 유사한 것을 찾아보기 어렵다.

(2) 민법전 제정과정에서부터 등기가 잘 행하여지지 않는 우리나라의 실정에 비추어 전세권제도가 많이 이용될 것인지에 대하여 의문이 없지 않았다. 초기와는 달리 최근에는 일정한 증가를 보이고 있으나, 타인의 부동산을 유상으로 용익하는 건수 전체에 비하면 아직 미미한 숫자이다. 결국 부동산의 유상

용익은 대체로 여전히 임대차 또는 기본적으로 그와 법적 성질을 같이하는 이른바 채권적 전세에 의하는 것이 현실이다. 특히 임차인에게 여러 가지 강력한 구제수단을 부여하는 주택임대차보호법과 상가건물 임대차보호법이 채권적 전세에도 준용되므로(주임 제12조, 상임 제17조), 이렇게 보면 주택이나 상가에 관한 한 전세입자는 굳이 등기를 하여 물권으로서의 전세권을 취득하려고 할 유인이 크지 않다.

2. 법적 성질

(1) 용익물권으로서 전세권

전세권은 우선 부동산을 점유하여 그 용도에 좇아 이를 사용·수익하는 것을 내용으로 하는 물권이다. 이는 물권이므로 대세적인 효력이 있어서, 목적물의 소유권이 제 3 자에게 이전되더라도 새로운 소유자는 전세권의 물적 부담을 안게 된다. 나아가 전세권자는 그 권리의 원만한 실현을 방해하는 자에 대하여 인도 또는 방해배제 등의 물권적 청구권을 가진다(제319조, 제213조, 제214조). 또 전세권은 부동산소유자의 동의가 없이도 자유로이 양도·저당권설정·전전세·임대 등 처분될 수 있는 것이 원칙이다(제306조, 제371조). 그러나 채권적 전세를 포함한 임대차에서 임차권은 원칙적으로 그러한 대항력이나 물권적 청구권이 없으며, 또 임대인의 동의 없이는 양도하거나 전대차할 수 없다(제629조; 제 4 편 제 2 장 I. 2. 참조).

물론 사용·수익의 권능이 용익물권으로서 전세권의 핵심이므로, 목적물이 인도되지 않더라도 사용·수익 가능성이 유지되는 이상 전세권의 설정은 유효하다. 그러나 제반사정에 비추어 당사자들이 전세권자의 사용·수익 권능을 배제하고 채권담보만을 위해 전세권을 설정하였다면 이는 물권법정주의(제185조)에 반해 허용될 수 없다. 그러한 전세권 설정은 무효이다(대판 2021. 12. 30, 2018다40235,40242).

(2) 담보물권으로서 전세권

위와 같은 용익물권으로서의 전세권이 소멸하면, 전세권자는 나아가 그가 가지는 전세금반환채권의 만족을 위하여 목적물 전부에 대하여 우선변제권을 가지며(제303조 제 1 항 후단), 이를 위해 목적물에 대한 경매를 청구할 수 있다

(제318조). 그리하여 전세권은 이제 담보물권으로서의 성질을 가지게 된다.

용익물권으로서의 전세권이 소멸하면 전세권설정자는 전세금을 반환할 의무를 부담한다(제317조). 전세금은 대부분 목적물 시가의 반에 가깝거나 이를 넘는 고액이고, 또 많은 경우에 전세권자의 재산에서 중요한 위치를 차지하며, 전세금을 반환받으면 전세권자는 이로써 부동산시장에서 종전의 목적물과 비등한 부동산을 빌릴 수 있다. 그러므로 전세권자는 전세금을 확실하게 반환받는 것에 긴절한 이해관계를 가진다. 그래서 민법은 전세권자에게 경매청구권과 우선변제권을 인정하여 그러한 이해관계를 고려하고 있는 것이다.

담보물권에 해당하는 이 단계의 전세권은 담보물권이 통상 가지는 부종성·수반성·물상대위성·불가분성을 가진다고 할 것이다(대판 1997. 11. 25, 97다29790). 그리고 용익물권으로서의 전세권이 소멸한 후에 목적물의 소유권이 제 3 자에게 이전되더라도 전세권자는 이를 추급하여 전세금반환채권의 만족을 구할 수 있다. 또한 그의 우선변제권은 반드시 경매절차를 통하지 않더라도 그 관철을 도모할 수 있다.

(3) 장래채권에 대한 담보물권

이와 같이 용익물권으로서의 전세권과 담보물권으로서의 전세권은 전세권의 「소멸」을 경계로 하여 연접한다. 즉 전세권에 기한 사용수익이 문제되는 동안에는 전세권의 용익물권으로서의 기능이 전면에 서고, 아직 발생하지 아니한 장래의 채권인 전세금반환채권을 담보하고 있다는 측면에서 담보물권적 권능은 잠재적인 상태에 있게 된다(저당권에 대해 제 3 편 제 7 장 Ⅲ. 2. (2) 참조). 전세권이 존속하는 동안에는 아직 전세금반환채권이 발생하지 않지만, 전세권자는 「장래의 전세금반환채권」, 즉 장차 전세권이 「소멸」하고 또 전세금에서 그로써 담보되는 소유자의 채권액을 공제하고 남은 것이 있다면 그 나머지의 반환을 청구할 수 있는 권리를 가진다. 이 「장래의 채권」은 전세권자가 현재 양도 등의 처분을 할 수 있다(대판 2002. 8. 23, 2001다69122). 그렇게 보면, 전세권은 그 존속 중에 이미 그러한 「장래의 채권」으로서의 전세금반환채권을 담보하는 권리의 성질을 가진다고 파악될 수 있다.[1] 즉 전세권의 용익물권적 권능이 소멸함으로써 피담보채권인 전세금반환채권이 현실적으로 발생하면 전세권은 담

1) 이러한 파악은 특히 소유자가 도산한 경우에 아직 존속중인 전세권의 처리에서 의미를 가진다(회파 제427조, 제411조, 제477조 등).

보물권으로 그 효력을 발휘할 수 있게 되는 것이다. 결국 담보물권으로서의 전세권은 전세권의 소멸로 인해 돌연 무로부터 창출되는 것이 아니고, 전세권성립 당초부터 위와 같은 「장래의 담보물권」으로 존재하던 것이 용익물권으로서의 전세권의 소멸와 동시에 「현재의 담보물권」으로 전화하는 것이다.

Ⅱ. 전세권의 성립

1. 전세권의 설정

(1) 전세권설정계약

전세권은 전세권설정행위, 즉 전세권의 설정을 내용으로 하는 물권행위에 의하여 성립한다. 전세권설정계약의 성립에는 전세권의 설정에 관한 물권적 합의와 등기(부등 제72조 제 1 항)를 요한다.

(가) 전세권의 객체는 부동산이다. 따라서 종래의 전세 관행에서 그 객체가 되던 가옥 기타 건물뿐만이 아니라 토지에도 전세권이 설정될 수 있다. 그러나 농지소유자와 실제 경작자의 분리를 막기 위해 농경지에 대한 전세권의 설정은 허용되지 않는다(제303조 제 2 항). 그리고 건물, 공작물, 수목 등을 소유하기 위하여 타인의 토지에 지상권이 아니라 전세권을 설정할 수도 있다고 할 것이다. 전세권설정의 목적은 등기사항이 아니고 통상 외부에 드러나지 않아서 이를 제 3 자가 확인할 방도가 없으므로, 그에 의하여 전세권설정의 유효 여부를 가리는 것은 물권거래의 안정을 해치기 때문이다. 그리고 무엇보다도 당사자들이 토지를 이용할 필요에 좇아서 지상권이나 전세권 중 어느 하나를 선택하는 것을 막을 필요는 없다.

전세권은 하나의 부동산의 일부에도 설정될 수 있다. 다만 이 경우에는 그 등기신청에 있어서 그 도면을 첨부하여야 한다(부등 제72조 제 1 항 제 6 호).

(나) 전세권설정의 주관적 목적과 관련하여서는 금융을 제공하는 채권자가 담보로 제공받는 목적물에 관하여 그에 대한 제 3 자의 이용 및 설정자 기타 사람에 의한 건축 등 현상변경행위를 배제하기 위하여 전세권을 설정받는 경우도 있다. 판례는 전세권자의 사용·수익 가능성이 전제되는 이상 그 유효성을 긍정한다(아래 재판례 [1]인 대판 1995. 2. 10, 94다18508; 2021. 12. 30, 2018다

268538; 제 3 자 명의의 전세권등기에 대해서 대판 1998. 9. 4, 98다20981; 2005. 5. 26, 2003다12311 참조). 그러나 실제로는 임대차가 존재함에도 보증금반환채권을 담보할 목적만으로 전세권 등기를 한 경우에는 통정허위표시로 무효일 것이다(제108조 제 1 항). 그러므로 선의로 그러한 전세권에 저당권을 취득한 자에 대해서 그 무효를 주장할 수는 없다(제108조 제 2 항; 대판 2013. 2. 15, 2012다49292 참조). 또한 저당권자가 악의인 때에도, 판례는 전세권 설정은 임대차와 양립할 수 없는 범위에서는 허위표시로 무효이며 이로써 임대인의 차임 공제 등의 주장은 가능하지만, 그밖에 임대차 보증금반환채권을 담보하는 범위에서는 전세권 설정이 유효하다고 한다(대판 2021. 12. 30, 2018다268538).

(다) 당사자 사이에 전세계약이 체결된 경우에 그 일방 당사자인 전세입자는 상대방에 대하여 전세권설정등기를 청구할 수 있는가? 전세권제도의 이용을 촉진하고 그 내실을 기할 필요에서 보거나, 임대차에서 임차인의 임차권등기청구권이 원칙적으로 허용되는 것(제621조 제 1 항)과의 균형에서 보거나, 반대의 특약이 없는 한 이를 긍정할 것이다(대판 1962. 3. 22, 4294민상1297).

(2) 전세금의 지급

한편 전세금의 지급을 「전세권의 요소」라고 하는 설명도 있다. 「요소」라는 말의 통상적인 의미로는, 이는 전세금이 지급되어야 전세권이 유효하게 성립한다는 뜻으로 이해된다. 그러나 전세금은 전세권설정의 원인행위가 되는 전세계약에서 전세권자가 이를 전세권설정자에게 지급하기로 채권적으로 약정하면 충분하고, 이를 현실적으로 지급하여야 비로소 전세권이 성립한다거나 유효하게 된다고 볼 이유는 없다. 전세금을 지급하기로 하는 약정을 하고 당사자들의 합의로 우선 전세권등기를 하면 전세권은 유효하게 성립한다고 할 것이다.

[1] 채권담보를 위한 전세권 설정: 대판 1995. 2. 10, 94다18508

[주 문] 원심판결을 파기하고, 사건을 서울민사지방법원 합의부에 환송한다.
[이 유] 상고이유를 본다.

1. 원심판결 이유에 의하면 원심은, 원고가 서울지방법원 서부지원 91타경5743호 임의경매절차에 참가하여 원래 소외 정덕용 소유의 이 사건 부동산을 경락받은 다음 1992. 2. 7. 그 대금을 모두 납부한 사실과 이 사건 부동산에 관

하여 1991. 5. 25. 전세권자를 피고, 전세금을 금 25,000,000원, 존속기간을 1993. 5. 23.로 하는 전세권설정등기가 경료되었다가 1992. 2. 20. 위 전세금을 금 20,000,000원, 존속기간을 1992. 3. 20.로 하는 전세권변경등기가 경료된 사실을 확정하고 나서, 원고가 위 전세권설정등기는 그 전세권자인 피고가 위 정덕용에게 전세금을 지급하지 아니하여 전세금반환청구권이 없을 뿐만 아니라 그에게 달리 아무런 채권이 없음에도 경료된 것이므로 무효라고 주장하고, 피고는 위 전세권설정등기는 채권담보를 위하여 경료된 것이므로 그 목적 범위 내에서는 유효하다고 다투는 데 대하여, 거시 증거에 의하여, 소외 이충동은 위 정덕용으로부터 그 소유 토지상에 벽돌조 슬래브지붕 2층 다세대주택 6세대분 1동의 건축공사를 대금 112,708,400원에 도급받으면서 그가 위 건물을 완공한 후 이를 타인에게 직접 분양하여 그 분양대금으로 위 공사비를 충당하기로 약정한 사실, 그러나 위 건물이 완공된 후에도 분양이 되지 아니하자 위 이충동은 위 공사비의 충당을 위하여 그 중 4세대분을 그 판시와 같이 소외 정종출 등에게 각 전세를 주고(위 각 전세권에 대하여는 1991. 5. 25. 각 전세권자 명의로 각 전세권설정등기를 경료하여 주었다) 그 전세금 합계 금 84,000,000원을 직접 수령하였으나 그 전세금만으로는 위 공사비에 충당되지 못하자 나머지 공사비 채권인 금 28,708,400원의 담보를 위하여 그 중 하나인 이 사건 부동산에 대하여 위 정덕용 명의로 소유권보존등기를 경료함과 동시에 피고 앞으로 명의를 신탁하여 전세금을 금 25,000,000원으로 하는 위 전세권설정등기를 경료하였고, 한편 피고는 이 사건 부동산을 인도받지도 아니한 사실을 인정한 다음, 위 전세권설정등기는 일반적인 전세권 설정을 위한 것이 아니라 위 이충동의 위 정덕용에 대한 공사잔대금 채권을 담보하기 위하여 설정된 것으로 볼 것이지만, 채권과 그를 담보하는 전세권은 담보물권의 부수성에 의하여 그 주체를 달리 할 수 없는 것이므로 위 정덕용에 대한 채권자 아닌 피고 명의로 경료된 위 전세권설정등기는 담보목적으로도 그 효력을 가질 수 없어 무효라 할 것이라고 판단하여, 피고에 대하여 위 전세권설정등기의 말소를 명하고 있다.

2. 전세권이 용익물권적 성격과 담보물권적 성격을 겸비하고 있다는 점 및 목적물의 인도는 전세권의 성립요건이 아닌 점 등에 비추어 볼 때, 당사자가 주로 채권담보의 목적으로 전세권을 설정하였고, 그 설정과 동시에 목적물을 인도하지 아니한 경우라 하더라도, 장차 전세권자가 목적물을 사용·수익하는 것을 완전히 배제하는 것이 아니라면, 그 전세권의 효력을 부인할 수는 없다 할 것이고, 한편 전세금의 지급은 전세권 성립의 요소가 되는 것이지만 그렇다고 하여 전세금의 지급이 반드시 현실적으로 수수되어야만 하는 것은 아니고 기존의 채

권으로 전세금의 지급에 갈음할 수도 있다 할 것이다.

그리고 전세권이 담보물권적 성격도 가지는 이상 부종성과 수반성이 있는 것이기는 하지만, 채권담보를 위하여 담보권을 설정하는 경우 채권자와 채무자 및 제 3 자 사이에 합의가 있으면 채권자가 그 담보권의 명의를 제 3 자로 하는 것도 가능하고, 이와 같은 경우에는 채무자와 담보권명의자인 제 3 자 사이에 담보계약관계가 성립하는 것으로 그 담보권명의자는 그 피담보채권을 수령하고 그 담보권을 실행하는 등의 담보계약상의 권한을 가진다 할 것이다(당원 1990. 5. 25. 선고 89다카13384 판결; 1994. 2. 8. 선고 93다19153, 19160 판결 참조).

그런데 원심이 확정한 사실과 기록에 의하면, 위 정덕용은 위 이충동에 대하여 공사비 충당을 위하여 이 사건 다세대주택을 타에 분양할 권한을 부여하였고, 나아가 위 이충동이 그 분양권을 행사할 수 있도록 그의 인감도장을 위 이충동 측에 교부하였으며, 위 이충동은 이 사건 다세대주택의 분양이 잘 안되자 그 중 4세대분에 대하여 위 정종출 등에게 전세를 주고 그 전세금으로 일부 공사금에 충당하면서 위 인감도장을 이용, 위 4세대분에 대하여 전세권설정등기를 경료하여 주었는데 이에 대하여 위 정덕용 측에서 아무런 이의의 제기가 없었고, 이 사건 부동산에 대하여도 위와 같은 방법으로 피고 앞으로 전세권설정등기가 경료되었는데 그 후 이 사건이 문제될 무렵까지 위 정덕용의 아들인 소외 정창길이 이 사건 부동산에 거주하여 오면서 별다른 이의가 없었으며, 한편 피고는 위 이충동에 대하여 도배공사를 하도급받아 공사한 공사금 채권을 가지고 있었던 사실 등을 알 수 있는바, 위와 같은 점들로 미루어 보면, 위 정덕용으로부터 위 공사비 충당을 위하여 이 사건 다세대주택에 대하여 전세권이나 담보권을 설정하는 등의 권한을 포함한 모든 처분권한을 부여받은 위 이충동은 다른 한편으로는 피고에 대하여 위 도배공사금 채무를 부담하고 있었던 관계로 자신이 위 정덕용으로부터 받지 못한 공사잔대금 채권을 담보하기 위하여 그 공사잔대금 상당을 전세금으로 삼아 자신 앞으로 전세권설정등기를 경료하는 대신 바로 피고 앞으로 이 사건 전세권설정등기를 경료하게 된 것으로 위 정덕용이나 피고 또한 이를 양해한 것이라고 할 수 있어, 위 정덕용과 위 이충동 및 피고 사이에 위 이충동의 위 정덕용에 대한 공사잔대금 채권을 담보하기 위하여 피고 명의로 전세권을 설정하는 데 대한 합의가 있었다고 볼 여지가 충분히 있다 할 것이다.

피고 명의의 이 사건 전세권설정등기가 경료된 경위가 위와 같다면, 설사 그 전세권설정등기를 경료한 목적이 주로 채권담보를 위함에 있었고, 전세금이 현실적으로 수수된 적이 없으며, 피고가 이 사건 부동산을 인도받은 적이 없었다거나, 피고가 위 정덕용에 대하여 직접 어떠한 채권을 가지고 있지 않았다 하더라도, 그와 같은 사정만으로 위 전세권설정등기가 무효로 되는 것은 아니라고 할 것인바, 그럼에도 불구하고 원심이 위와 같은 합의가 있었는지 여부에 관하여 심리판단하지 아니한 채 그 판시와 같은 이유로 위 전세권설정등기가 무효라고 판단한 것은 전세권에 관한 법리를 오해하였거나 채증법칙에 위배하여 사실을 오인한 위법이 있다 할 것이고, 이러한 위법은 판결에 영향을 미쳤음이 분명하므로, 이 점을 지적하는 취지의 논지는 이유 있다.

3. 그러므로 나머지 상고이유에 대한 판단을 생략한 채 원심판결을 파기하고 사건을 원심법원에 환송하기로 하여 관여 법관의 일치된 의견으로 주문과 같이 판결한다.

질문

1. 위와 같은 사안에서 피고가 공사대금채권을 담보하기 위하여 이 사건 부동산에 취득할 수 있는 담보의 가능성은 어떤 것들이 있는가? 이 중 전세권 설정은 어떠한 장단점이 있는가?
2. 전세권이 무효라는 결론을 뒷받침하기 위하여 어떠한 점들이 주장되고 있으며, 이에 대하여 대법원은 각각 어떠한 법리들을 제시하여 이를 유효로 보고 있는가?
3. 전세권 성립을 위해 현실적인 전세금 지급이 필요 없다는 판례는 타당한가? 그 경우 "전세권자는 전세금을 지급하고"(제303조 제1항)라는 문언은 어떻게 해석되어야 하는가?

2. 전세금지급의무

전세권자는 전세권설정의 원인이 되는 채권계약인 전세계약에 기하여 전세권설정자에게 전세금을 지급할 의무를 부담한다. 전세금지급의무는 소유자의 전세권설정의무와 대가관계에 있으므로, 일방의 의무이행이 제공될 때까지 상대방은 그 지급을 거절할 수 있다(제536조). 나아가 소유자는 전세권자에게 목적 부동산을 인도할 계약상 의무가 있다고 할 것인데, 특별한 약정이 없는 한 이 의무 역시 전세금지급의무와 동시이행관계에 있다고 하겠다.

전세금의 액은 당사자들이 자유로이 정할 수 있다. 전세금은 등기되는데

(부등 제72조 제 1 항 제 1 호), 그 변경이 있어도 등기된 액의 한도에서만 제 3 자에게 대항할 수 있다. 전세금 변경의 등기는 부기등기로 하나(부등 제52조 제 5 호), 그 사이 등기부상 이해관계인이 등장한 경우에는 그의 승낙을 받아야 하며, 승낙을 받지 못한 경우에는 후순위의 주등기로서 증액할 수밖에 없다(부등 제52조 단서 참조). 한편 민법은 나아가 경제사정의 변동을 이유로 하는 전세금의 증감청구권을 인정한다(제312조의2, 「민법 제312조의2 단서의 시행에 관한 규정」 참조).

전세금은 아울러 이른바 보증금의 성질을 가진다(보증금에 대해서는 제 4 편 제 1 장 Ⅲ. 4. (2), 제 2 장 Ⅲ. 4. 참조). 그러므로 전세권자가 목적물의 반환시까지 소유자에 대하여 부담하는 채무의 이행을 담보한다. 민법은 이를 목적물의 멸실로 인한 전세권자의 손해배상채무와 관련하여서 명문으로 정하나(제315조 제 2 항), 이는 그의 다른 전세 관련 채무(예를 들면 제308조, 제309조, 제311조 제 2 항 등)에 대하여도 마찬가지이다.

3. 전세권의 존속기간

전세권의 존속기간은 10년을 넘지 못하며, 당사자의 약정기간이 10년을 넘는 경우에는 10년으로 단축된다(제312조 제 1 항). 이는 소유자의 이익을 보호하기 위한 것이다. 존속기간의 약정은 등기하여야 제 3 자에게 대항할 수 있다(부등 제72조 제 1 항 단서 및 제 3 호). 그러나 전세권이 약정기간의 만료로 소멸하는 때에는 이를 갱신할 수 있다. 이 경우에도 10년을 넘는 존속기간을 약정할 수는 없다(제312조 제 3 항). 이 갱신합의는 물권변동에 관한 법률행위로서 등기하여야 효력이 있다.

반면 존속기간을 약정하지 아니한 경우에는 각 당사자는 언제든지 소멸통고를 할 수 있다(제313조).

그 밖에 건물전세권자의 지위를 강화하기 위하여, 1년의 최단존속기간(제312조 제 2 항) 및 전세목적물 소유자가 존속기간 만료 전 6개월부터 1개월까지 갱신거절의 통지 등을 하지 않으면 존속기간 없는 전세권으로 갱신하게 하는 법정갱신제도(제312조 제 4 항)가 있다.

Ⅲ. 전세권자의 부동산용익권능

1. 전세권자의 목적물 점유와 사용수익

(1) 전세권자의 용익권능

전세권자는 전세권이 존속하는 동안 전세권의 목적물을 점유하여 그 용도에 좇아(제311조 제 1 항 참조) 사용·수익할 수 있다. 따라서 전세권자는 목적물을 「점유할 권리」(제213조 단서)를 가지고, 소유자는 목적물의 반환을 청구할 수 없다. 그리고 타인이 그의 권리 행사를 방해하는 때에는 물권적 청구권을 행사하여 그 원만한 실현을 도모할 수 있다(제319조, 제213조, 제214조). 전세권과 지상권 또는 임차권 사이에서 그 용익권능의 우선순위는 각 권리의 설정등기의 시간적 순서에 의하여 정하여진다(부등 제 4 조).

(2) 건물전세권과 토지의 이용관계

전세권은 종래의 전세관행에 비추어 건물을 객체로 하는 경우가 많다. 건물은 토지 없이는 존립할 수 없는 한편, 양자는 별개의 물건이어서 그 권리관계는 각각 따로 정하여진다. 따라서 건물전세권이 원만하게 실현되기 위해서는 토지의 이용관계가 적절하게 규율되어야 한다.

(가) 타인의 토지 위에 있는 건물에 전세권이 설정된 경우에, 전세권은 건물소유자가 가지는 건물 소유를 목적으로 하는 지상권 또는 토지임차권에 미친다(제304조 제 1 항). 그러므로 우선 전세권자는 목적 건물을 점용함에 있어서 건물소유자와 마찬가지로 그 대지를 이용할 수 있고, 토지소유자는 건물전세권자에 대하여 방해배제 등을 청구할 수 없다. 나아가 전세권자가 전세금을 반환받기 위하여 목적 건물을 경매하는 경우(제318조)에는 당연히 지상권 또는 토지임차권도 같이 경매된다. 또한 타인 토지 위의 건물에 전세권을 설정해 준 사람은 전세권자의 이익을 보호하여야 하므로, 전세권자의 동의 없이는 지상권이나 토지임차권을 소멸시키는 처분행위를 하지 못한다(제304조 제 2 항). 예를 들어 지상권의 포기는 물론이고, 지상권을 제 3 자에게 양도하는 등으로 건물소유자가 토지이용권을 잃는 결과가 되는 처분이 그러하다. 그러한 처분은 전세권자를 해하는 범위에서는 무효이다(대판 2007. 8. 24, 2006다14684).

(나) 동일한 소유자에 속하는 건물과 그 대지 중 건물에만 전세권이 설정

된 후에 무슨 사정으로 토지와 건물의 소유자가 달라지게 되었다면, 이는 건물 전세권에 어떠한 영향을 미치는가? 민법은 대지소유권이 이전된 경우(앞의 대판 2007. 8. 24. 참조)에 대하여 새로운 소유자(대지소유권의 특별승계인)는 전세권설정자를 위하여 지상권을 설정한 것으로 본다고 정한다(제305조 제 1 항 본문). 이와 같이 하여 건물의 전세권은 전세권설정자가 이 규정에 의하여 취득하는 법정지상권에 제304조가 정하는 효력이 미치게 되는 것이다. 지료는 당사자의 청구에 의하여 법원이 이를 정한다(동항 단서). 그와 같이 하여 건물의 존립을 위한 법정지상권이 성립하면 대지소유자는 타인에게 그 대지를 임대하거나 이를 목적으로 하는 지상권 또는 전세권을 설정하지 못한다(동조 제 2 항). 이에 반하여 설정된 지상권 또는 전세권은 무효이다. 그러나 임대차의 채권계약을 무효라고 할 것은 아니고, 단지 그러한 임대차로 법정지상권을 해하여서는 안 된다는 취지이다.

(3) 상린관계

전세권자는 이웃 토지의 소유자, 지상권자 또는 전세권자와의 사이에서 상린관계에 관한 규정의 적용을 받는다(제319조, 제216조 내지 제244조).

(4) 소유자 지위의 이전

한편 전세권이 설정된 부동산의 소유권이 이전된 경우에 전세권설정자의 지위는 새로운 소유자에게 당연히 이전된다. 그러므로 전세권관계를 구성하는 권리의무는 전세권자와 새로운 소유자 사이에서 동일한 내용으로 존속하게 된다(대판 2000. 6. 9, 99다15122). 이는 전세금반환채권에 관하여도 다름이 없다. 그러므로 위와 같은 사항에 관하여 민법이 「전세권설정자」라고 정하는 것은 정확하게는 「전세권의 목적물의 소유자」라고 읽어야 한다.

2. 전세권자의 현상 유지 및 수선의 의무

전세권설정자는 임대인과는 달리(제625조 참조) 목적부동산을 용익에 적합한 상태로 유지할 적극적인 의무를 부담하지 않는다. 오히려 전세권자가 목적물의 현상을 유지하고 그 통상의 관리에 필요한 수선을 할 의무를 부담한다(제309조; 제310조도 참조). 여기서 「통상의 관리에 필요한 수선」이란 단지 목적물의 가치를 현상대로 유지하는 보존을 위한 수선에 한정되지 않으며, 목적물을 용도에 좇아 이용하는 데 통상적으로 필요한 수선도 포함한다. 그러나 목적물에 대한 조세 기타 공과금은 전세권설정자가 부담한다(제312조의2도 참조).

전세권자가 이러한 현상 유지·수선의무를 고의 또는 과실로 게을리 하는 경우에는 그로 인한 손해를 배상할 의무가 있다. 나아가 그러한 의무위반이 전세권설정자에게 전세권의 계속 유지를 기대할 수 없을 만큼 중대한 경우에는 전세권의 소멸을 청구할 수 있다(제311조의 유추적용).

Ⅳ. 전세권의 처분

전세권은 물권으로서, 전세권자는 이를 처분할 권능을 가진다. 즉 전세권자는 전세권을 타인에게 양도 또는 담보로 제공할 수 있고 그 존속기간 내에서 그 목적물을 타인에게 전전세(轉傳貰) 또는 임대할 수 있다(제306조). 그러나 그 처분은 설정행위에 의하여 제한할 수 있는데(제306조 단서), 이 처분제한의 특약은 등기함으로써 제 3 자에게 대항할 수 있다(부등 제72조 제 1 항 단서 및 제 5 호).

1. 전세권의 양도

전세권자는 전세권을 제 3 자에게 양도할 수 있다. 이 양도에는 물론 물권적 양도합의와 전세권의 양도에 관한 등기를 요하며, 전세권설정자의 동의나 그에 대한 양도통지 등은 요구되지 않는다.

전세권의 양수인은 전세권설정자에 대하여 양도인과 동일한 권리의무가 있다(제307조). 새로운 전세권자가 목적물에 대한 점유 및 사용용익의 물권적 권능을 가지고 목적물의 소유자가 그 물적 부담을 지는 결과는 당연한 것이다. 그러므로 이 규정은 무엇보다도 전세권관계의 채권적 측면, 예를 들면 전세금지급의무·전세금반환채권·비용상환청구권 등과 관련된다. 따라서 양수인은 양도인의 전세권에 수반하는 채권관계를 포함하여 그의 법적 지위를 포괄적으로 인수하고, 양도인은 전세권이 양도된 시점부터 장래를 향하여 설정자에 대하여 아무런 권리의무를 가지지 않는다. 그러나 종전의 전세권자가 부담하는 구체적인 손해배상채무(제308조, 제309조, 제311조 제 2 항, 제315조 등)는 이미 발생한 것으로서, 위 규정에 의하여 전세권양수인에게 이전되지는 않는다. 물론 전세권의 소멸 후에 전세금에서 그 배상액이 공제되나, 전세권양도인의 손해배상채무 자체가 양수인에게 이전되는 것은 아니다.

2. 전세권에 대한 담보 설정

전세권은 저당권의 객체가 될 수 있고(제371조), 또 이를 양도담보의 객체로 할 수 있다. 판례는 전세권에 저당권이 설정된 후에 전세권이 존속기간의 만료로 소멸하면, 저당권은 목적을 상실하여 목적물의 소유자에게 이를 주장할 수 없게 되고 이제 전세금반환채권이 저당권의 목적물이 되는 것은 아니라고 한다(대판 1999. 9. 17, 98다31301). 그러나 저당권자는 저당권의 목적인 전세권의 소멸로 발생한 권리인 전세금반환청구권에 대해 물상대위를 해서 만족을 받을 수 있다(대판 1995. 9. 18, 95마684; 이 물상대위에 대해서는 제 3 편 제 7 장 Ⅳ. 3. 특히 주 4 참조).

3. 전 전 세

(1) 의 의

전세권자는 그 존속기간 내에서 전전세를 할 수 있다(제306조). 전전세라 함은 전세권자의 전세권을 기초로 그 목적물에 전세권을 다시 설정하는 것이다. 이와 같이 새로이 설정된 전세권을 전전세권이라고 한다. 이 역시 전세권이나, 단지 원래 전세권의 제한을 받을 뿐이다. 그러므로 그 설정에는 전세권자(전전세설정자)와 전전세권자 간의 물권적 합의와 등기가 요구된다(제186조). 원래의 전세권설정자의 동의는 요구되지 않는다. 전세목적물의 일부에 대하여도 전전세권이 설정될 수 있다. 다만 그 존속기간은 원전세권의 존속기간 내이어야 하고, 그 기간을 넘는 경우에는 당연히 그 기간 내로 단축된다. 전전세권은 전세권을 그 존립의 기초로 하기 때문이다. 같은 이유로 전전세금은 원전세금의 범위 내에 한정되어야 한다고 하는 견해도 있다. 그러나 이는 법률에 근거 없이 전세권자의 자금운용을 어렵게 하는 것으로, 전세금에 관해서까지 전세권이 전전세권의 기초라고 하기 어렵고, 그 액의 초과를 인정한다고 하여도 별다른 불합리가 없다. 따라서 전전세금의 범위에 제한이 없이 전전세권이 설정될 수 있고, 다만 전전세권자는 원래의 전세권의 범위 내에서만 우선변제권을 가진다고 하면 충분하다.

(2) 전전세권과 원전세권의 관계

전전세권이 설정되더라도 원전세권은 소멸하지 않으나, 전세권자는 전전세권에 의하여 제한되는 한도에서 스스로 목적물을 사용수익할 수 없다. 그리고 전전세권을 해치는 전세권의 처분을 하지 못한다(제352조, 제371조 제 2 항 참조). 한편 전전세권자는 목적물을 용익하는 등 전세권자로서의 모든 물적 권능을 가진다.

문제가 되는 것은 전전세금을 반환받기 위한 법적 수단, 즉 경매청구권과 우선변제권인데, 전세권자가 전전세를 하였다고 해서 그에 관여하지 아니한 부동산소유자나 다른 권리자의 법적 지위에 영향을 주어서는 안 된다. 그러므로 전전세권자의 경매청구권은 그 제한 내에서만 행사될 수 있다. 즉 전전세권자는 원전세권자가 경매청구권을 가지는 경우에만 독자적으로 경매청구를 할 수 있다고 할 것이다. 이는 우선변제권에도 마찬가지로, 전전세권자는 원전세권자의 우선변제권의 범위 내에서만 우선변제권을 가진다. 다만 그 우선변제권의 순위는 전전세권이 아니라 원전세권이 설정되는 때를 기준으로 한다.

(3) 전세권자의 책임가중

전세권자는 설정자의 동의 없이도 전전세를 할 수 있는 대신에 책임이 가중되어, 불가항력으로 인한 손해라도 그것이 전전세를 하지 않았으면 면할 수 있었을 것이면 이에 대하여도 배상책임을 진다(제308조; 책임전질에 관한 제336조도 참조).

4. 전세목적물의 임대

전세권자는 목적물을 그 존속기간의 범위 내에서 다른 사람에게 임대할 수 있다. 민법은 이 경우를 전전세와 평행하게 규정하여서, 존속기간의 한정이나 배상책임의 가중을 인정하고 있다(제308조). 그러나 임대차의 경우에는 전세권자가 그 존속기간을 넘는 기간으로 임대하였다고 해도, 그 기간이 당연히 전세권의 존속기간으로 단축되지 않으며, 단지 이를 넘는 기간에 관하여 그 임차인은 부동산소유자에 대하여 임차권을 대항할 수 없을 뿐이다.

Ⅴ. 전세권의 소멸

1. 전세권의 소멸

(1) 일반적 소멸사유

전세권은 물권 또는 제한물권 일반과 같이 목적 토지의 멸실, 존속기간의 만료, 제 3 자의 시효취득, 혼동(제191조), 소멸시효(제162조 이하), 토지의 수용(공취 제45조 제 1 항), 전세권에 우선하는 저당권 또는 압류채권·가압류채권에 기한 강제경매 또는 임의경매(민집 제91조 제 3 항, 제268조) 등으로 소멸한다.

민법은 목적물이 멸실하는 경우에 대해서는 이를 이유로 하는 손해배상과 소멸통고에 대하여 규정을 두고 있다(제314조, 제315조).

(2) 전세권에 특유한 소멸사유

전세권에 특유한 소멸사유로, 소멸청구(제311조) 및 소멸통고(제313조, 제314조 2항)가 있다.

(가) 전세권자의 사용수익이 설정계약 또는 목적부동산의 성질에 의하여 정하여진 용법에 반하는 경우에는 전세권설정자는 전세권의 소멸을 청구할 수 있다(제311조 제 1 항). 그러나 전세권의 소멸이 계속적 법률관계의 종료에 해당하므로, 채무불이행을 이유로 하는 계속적 계약의 해지권에 관한 일반법리에 준하여, 여기서도 전세권자의 용법위반 자체만으로는 이를 소멸시키기에 부족하고, 그 정도나 태양이 전세권설정자에게 전세권의 계속 유지가 가혹하게 될 만큼 중대한 것이어야 한다. 한편 전세권자가 현상유지의무 및 수선의무(제309조)에 위반하는 경우도 용법위반과 같이 처리할 것이다. 또 한편 설정행위로 전세권의 양도 기타 처분이 금지된 경우에(제306조 단서) 이 금지에 반하는 처분을 하는 것은 그 자체가 중대한 의무위반이므로 전세권의 소멸을 청구할 수 있다.

(나) 여기서의 소멸청구권은 형성권으로, 그 권리행사의 의사표시가 있으면 등기 없이도 장래를 향하여 전세권소멸의 효력이 발생한다.

(다) 위와 같이 전세권설정자가 전세권소멸청구를 하는 경우에, 용법위반 등으로 목적물에 변경이 생겼거나 손해가 발생하였으면, 전세권설정자는 전세권자에 대하여 원상회복 또는 손해배상을 청구할 수 있다(제311조 제 2 항). 여

기서 원상회복이란 용법위반이 없었다면 있었을 상태의 복구를 말한다. 이 원상회복이나 손해배상의 청구는 결국 전세권자의 채무불이행을 원인으로 하는 것으로서, 전세권자에게 귀책사유가 있을 때에만 할 수 있다고 할 것이다.

(라) 전세권의 존속기간을 약정하지 아니한 경우에 각 당사자는 언제든지 상대방에 대하여 전세권의 소멸을 통고할 수 있고, 상대방이 이 통고를 받은 날로부터 6개월이 경과하면 전세권은 소멸한다(제313조). 이 소멸통고의 권리는 형성권으로(제635조 참조), 그 권리행사의 의사표시가 있으면 등기 없이도 위 기간의 경과만으로 장래를 향하여 전세권소멸의 효력이 발생한다.

(3) 소멸에 따른 원상회복

전세권이 소멸하면, 당사자들은 전세권관계를 청산함으로써 전세권이 설정되기 전의 상태로 돌아가야 한다. 그리하여 전세권자는 목적물을 반환하고 전세권설정등기를 말소해야 하며, 전세권설정자는 전세금을 반환하여야 한다. 이들 각 당사자의 의무는 동시이행의 관계에 있다(제317조; 대판 2002. 2. 5, 2001다62091 참조).

2. 전세권자의 전세금반환채권과 그 만족의 확보

(1) 담보물권적 권능의 발현

전세권자는 전세권이 소멸함으로써 전세금의 반환을 청구할 권리를 가지게 된다. 전세권의 소멸 전까지는 전세권자는 장차 전세권이 소멸하는 때에 전세금을 전세권자의 채무에 충당하고 남는 것이 있으면 비로소 발생하는 「장래의 권리」로서의 전세금반환채권을 가진다. 전세금으로 전세권자의 채무에 충당하는 것에 대해서는 임대차의 경우 보증금에서의 설명을 참조할 수 있다(앞의 제4편 제1장 Ⅲ. 4. (2), 제2장 Ⅲ. 4. 참조).

전세권자는 전세권의 소멸 전이라도 이러한 장래의 채권을 양도할 수 있다. 또 전세권자의 채권자는 전세권의 소멸 전이라도 위와 같은 장래의 권리로서의 전세금반환채권을 압류하거나 전부받을 수 있다. 이와 같은 장래의 권리의 양도 등 처분에서 처분행위는 현재에 미리 행하여지나, 그 처분의 효력은 권리가 실제로 성립하여 「현재의 권리」가 되는 때에 비로소 발생한다. 그러므로 그 양수인은 전세권이 소멸하고 또 전세권자의 채무를 공제하고 남은 전세금이 있어야 비로소 전세금반환채권자가 되어 이를 행사할 수 있다. 따라서 전세금반환채권을 미리 양도하더라도 전세권자가 전세권의 존속 중에 전세금 없이 목적물을 용익하는 것이라고 말할 수 없다. 나아가 전세금반환채권이 재산의 중요한 부분을 차지하는 서민들에게 그 채권을 양도하거나 담보로 하는 등으로 활용할 수 있는 법적 수단이 확보되어야 하므로, 그러한 실제적인 관점에서도 전세금반환채권만의 양도는 긍정되어야 한다.

한편 전세권자 A가 전세금반환채권을 미리 B에게 양도한 후 전세권이 소멸하기 이전에 전세권 자체를 C에게 양도하면, 이제 장래의 전세금반환채권은 C에게 돌아가고, A는 이를 상실한다. 그리하여 A의 전세금반환채권의 양도는 무권리자의 처분이 되어 효력이 발생하지 않는다.

[2] 전세금반환채권의 분리양도: 대판 2002. 8. 23, 2001다69122

[주 문] 원고의 피고 박필성에 대한 상고를 각하하고, 원고의 나머지 피고들에 대한 상고를 모두 기각한다. 상고비용을 원고의 부담으로 한다.

[이 유] [···]

2. 원고의 나머지 피고들에 대한 상고이유 주장에 관한 판단

가. 제 1 주장에 관하여

원심은 그의 채용 증거를 종합하여, 소외 회사는 1991. 9. 15. 최초로 피고들과 사이에 피고들 소유의 서울 서초구 서초동 1577의 4, 9 양 지상의 지하 4층, 지상 8층의 금성빌딩 중 7층 전부와 6, 8층 각 일부에 관하여 임차보증금을 552,760,000원, 월 차임을 7,396,920원, 임대차기간을 1991. 12. 15.부터 1992. 12. 14.까지로 정하여 임차하기로 하는 내용의 임대차계약을 체결하고, 그 무렵부터 위의 건물 부분을 점유·사용하여 오면서 임대차기간이 만료되면 임대보증금 등을 인상하는 방식으로 임대차계약을 갱신하여 온 사실, 그러던 중 소외 회사는 1995. 1. 1.에 이르러 피고들과 사이에 피고들로부터 위의 건물 중 6층 중 158.67평 및 7층 329.3평 전부(아래에서는 '이 사건 건물'이라고 한다)를 임차보증금을 1,268,722,000원, 임대차기간을 1995. 1. 1.부터 1996. 12. 31.로 정하여 임차하되, 월 차임은 지급하지 아니하기로 하는 내용의 임대차계약을 체결한 사실, 소외 회사가 1996. 3. 무렵 피고들에게 위의 임차보증금 1,268,722,000원의 채권을 담보하기 위하여 이 사건 건물에 관하여 전세권을 설정하여 줄 것을 요구하자 피고들은 소외 회사와 사이에 위의 건물의 6층 652.71m^2 중 동남쪽

314.6m²와 7층 652.71m² 전부에 관하여 전세금을 위의 임차보증금과 같은 금액인 1,268,722,000원, 존속기간을 1997. 3. 1.까지로 정하여 전세권설정계약을 체결하고 서울지방법원 동부지원 송파등기소 1996. 8. 14. 접수 제43248호로 소외 회사를 전세권자로 한 전세권설정등기를 마쳐 준 사실, 피고들은 전세권의 존속기간 만료 전 6월부터 1월까지 사이에 소외 회사에 대하여 전세권의 갱신거절의 통지나 조건을 변경하지 아니하면 갱신하지 아니한다는 뜻의 통지를 하지 아니하였고, 한편 소외 회사도 전세권의 존속기간이 만료된 이후에도 계속하여 이 사건 건물을 점유·사용하여 온 사실, 그런데 소외 회사는 1998. 3. 30. 당좌거래정지처분을 받게 되자 그 날 근로자들의 대표인 소외 이경림에게 이 사건 건물에 대한 임차보증금반환채권을 양도하고, 1998. 3. 31.자의 확정일자부 우편으로 그 채권양도사실을 피고들에게 통지하여 1998. 4. 1. 그 통지가 피고들에게 도달한 사실, 그 후 소외 회사의 채권자인 원고가 서울지방법원 99가합50861호로 이경림을 상대로 사해행위취소의 소를 제기하여 위의 채권양도가 통정한 허위표시라는 취지로 주장하자 이경림은 1999. 3. 31. 위의 임차보증금반환채권을 소외 회사에게 다시 양도하고 그 양도통지를 하여 1999. 4. 6. 그 통지가 피고들에게 도달한 사실, 원고는 1998. 5. 7. 이 사건 건물에 대한 소외 회사의 전세권을 가압류한 후 소외 회사를 상대로 어음금 등의 청구소송을 제기하여 승소하게 되자 그 판결에 기하여 1999. 8. 11. 서울지방법원 99타기9426호로 소외 회사의 피고들에 대한 전세금반환채권에 대하여 채권압류 및 전부명령을 받았으며, 그 명령은 그 무렵 피고들에게 송달되어 그대로 확정되었는데 그 채권압류 및 전부명령에는 압류 및 전부명령의 대상인 전세금반환채권이 채무자인 소외 회사가 이경림에게 양도하였다가 다시 양도받은 채권으로 되어 있는 사실, 한편 소외 회사의 채권자들이 1998. 4. 3.부터 1998. 11. 30.까지 사이에 소외 회사의 피고들에 대한 전세금반환채권에 대하여 16건의 전세권부채권가압류 결정을 받았다는 요지의 사실을 인정하였다.

원심은 그와 같은 사실관계를 토대로 하여 소외 회사가 1996. 3. 무렵 피고들과 사이에 이 사건 건물에 관하여 전세금을 1,268,722,000원, 존속기간을 1997. 3. 1.까지로 정한 전세권설정계약을 체결하고, 종전에 지급한 임차보증금 1,268,722,000원으로 전세금의 지급에 갈음하기로 한 후 1996. 8. 14. 전세권설정등기를 마쳤으므로 소외 회사가 그 후 이경림에게 양도한 채권은 이 사건 건물에 대한 임차보증금반환채권이 아니라 전세금반환채권이고, 원고가 압류 및 전부받은 채권 역시 이 사건 건물에 대한 전세금반환채권이라고 판단하였다.

기록 중의 증거들과 대조하여 살펴보니, 원심의 그 인정 및 판단은 모두 정당하고, 거기에 증거법칙을 위반하여 사실을 잘못 인정한 위법이나, 전세권에 의하여 담보된 임차보증금반환채권에 관한 법리를 오해한 위법이 없다. 상고이유의 이 주장들을 받아들이지 아니한다.

나. 제 2 주장에 관하여

전세권은 전세금을 지급하고 타인의 부동산을 그 용도에 따라 사용·수익하는 권리로서 전세금의 지급이 없으면 전세권은 성립하지 아니하는 등으로 전세금은 전세권과 분리될 수 없는 요소일 뿐 아니라, 전세권에 있어서는 그 설정행위에서 금지하지 아니하는 한 전세권자는 전세권 자체를 처분하여 전세금으로 지출한 자본을 회수할 수 있도록 되어 있으므로 전세권이 존속하는 동안은 전세권을 존속시키기로 하면서 전세금반환채권만을 전세권과 분리하여 확정적으로 양도하는 것은 허용되지 않는 것이며(대법원 1966. 6. 28. 선고 66다771 판결, 1966. 7. 5. 선고 66다850 판결 등 참조), 다만 전세권 존속 중에는 장래에 그 전세권이 소멸하는 경우에 전세금 반환채권이 발생하는 것을 조건으로 그 장래의 조건부 채권을 양도할 수 있을 뿐이라 할 것이다.

원심이 이 사건 건물에 대한 전세권의 존속기간은 1997. 3. 1.이나 피고들이 전세권의 존속기간 만료 전 6월부터 1월까지 사이에 소외 회사에 대하여 전세권의 갱신거절의 통지나 조건을 변경하지 아니하면 갱신하지 아니한다는 뜻의 통지를 하지 아니하였고, 한편 소외 회사도 전세권의 존속기간이 만료된 이후에도 계속하여 이 사건 건물을 점유·사용하여 옴에 따라 이 사건 건물에 관한 전세권은 원래의 존속기간이 만료된 이후에도 묵시적으로 갱신되어 소외 회사가 피고들에게 이 사건 건물 중 일부를 명도한 1998. 6. 27.까지는 존속하고 있었다고 본 후 소외 회사가 1998. 3. 30. 이경림에게 전세금반환채권을 양도할 당시 피고들과 사이에 위의 전세권설정계약을 합의해지하였다거나 전세권을 소멸시키기로 합의하였다고 볼 아무런 증거가 없으므로 소외 회사가 전세권이 존속하는 동안에 전세권을 존속시키기로 하면서 전세금반환채권만을 전세권과 분리하여 양도한 것은 무효라고 판단한 것은 위의 법리에 따른 것으로서 정당하고, 거기에 전세금반환채권의 분리양도에 관한 법리를 오해한 위법이 없다.

그리고 원고들이 상고이유서에서 내세우는 대법원 1997. 11. 25. 선고 97다29790 판결은 전세권이 존속하는 동안에 전세권자가 제 3 자와 사이에 전세권은 전세권자에게 그대로 존속시키기로 하면서 전세금반환채권만을 분리하여 제 3 자에게 확정적으로 양도하기로 특약을 한 경우 그 전세금반환채권의 양도는 유효하다는 취지로 판시한 것이라고 풀이 될 수 없다. 상고이유의 주장들을 모두 받아들이지 아니한다.

3. 결　　론

그러므로 원고의 피고 박필성에 대한 상고를 각하하고, 원고의 나머지 피고들에 대한 상고를 모두 기각하며, 상고비용을 원고의 부담으로 하기로 관여 대법관들의 의견이 일치되어 주문에 쓴 바와 같이 판결한다.

질문

1. 이 사건에서 전부채권자인 원고의 청구가 받아들여지지 않은 이유는 무엇인가?
2. 이 판결에 따르면 전세권 존속기간 중에 행해진 전세금반환채권의 양도는 어떠한 내용의 것인 때에 비로소 유효한가? 그리고 그러한 경우 법률관계는 어떠한가?

(2) 담보물권으로서의 성질

용익물권으로서의 전세권이 소멸한 후에 전세권은 전세금반환채권을 위한 담보물권이 된다. 이 단계에서의 전세권에는 담보물권이 일반적으로 가지는 부종성·수반성·물상대위성·불가분성이 있다.

[3] 담보물권으로서 전세권의 수반성: 대판 1997. 11. 25, 97다29790

[주　　문] 상고를 기각한다. 상고비용은 피고의 부담으로 한다.

[이　　유] 상고이유를 본다.

제1, 2점에 대하여

원심판결 이유에 의하면 원심은 소외 주식회사 포항무훈연금매장이 위 회사의 피고에 대한 이 사건 전세금반환채권을 원고에게 양도하고 그 양도 사실을 피고에게 통지한 사실을 인정한 다음, 위 채권양도의 효력을 인정하여 원고의 양수금 청구를 인용하였는바, 기록에 의하여 관계 증거를 살펴보면 위와 같은 원심의 사실인정 및 판단은 정당한 것으로 수긍이 가고, 거기에 상고이유가 주장하는 취지와 같이 채증법칙을 위반하여 사실을 잘못 인정하였거나 채권양도의 효력 발생 시기, 채권양도의 대항요건에 관한 법리오해의 위법이 있다고 할 수 없다.

상고이유는 받아들일 수 없다.

제 3 점에 대하여

전세권이 담보물권적 성격도 가지는 이상 부종성과 수반성이 있는 것이므로 전세권을 그 담보하는 전세금반환채권과 분리하여 양도하는 것은 허용되지 않는다고 할 것이나, 한편 담보물권의 수반성이란 피담보채권의 처분이 있으면 언제나 담보물권도 함께 처분된다는 것이 아니라, 채권 담보라고 하는 담보물권 제도의 존재 목적에 비추어 볼 때 특별한 사정이 없는 한 피담보채권의 처분에는 담보물권의 처분도 포함된다고 보는 것이 합리적이라는 것일 뿐이므로, 전세권이 존속기간의 만료로 소멸한 경우이거나 전세계약의 합의해지 또는 당사자간의 특약에 의하여 전세권반환채권의 처분에도 불구하고, 전세권의 처분이 따르지 않는 경우 등의 특별한 사정이 있는 때에는 채권양수인은 담보물권이 없는 무담보의 채권을 양수한 것이 된다고 할 것이다.

이와 같은 취지에서 원심이 결과적으로 이 사건 전세권이 존속기간의 만료로 소멸된 후 이 사건 전세금반환채권만이 양도된 것에 대하여 채권양도의 효력을 인정한 것은 정당하고, 거기에 상고이유에서 주장하는 바와 같은 전세권과 전세금반환채권의 분리 양도의 효력에 관한 법리오해의 위법이 있다고 할 수 없다.

상고이유는 받아들일 수 없다.

그러므로 상고를 기각하고, 상고비용은 패소자의 부담으로 하기로 관여 법관의 의견이 일치되어 주문과 같이 판결한다.

질문

1. 사실관계를 정리해 보라. 전세금반환채권과 전세권은 각각 누구에게 귀속하고 있는가? 이러한 경우 전세권의 운명은 어떻게 되는가?
2. 이 판결에 의할 때 전세권이 존속하는 중에 전세금반환채권이 장래 채권으로 양도되었다면 채권양도의 효력과 전세권 양도의 효력은 어떤 모습으로 나타나는가?
3. 전세권 존속기간이 경과한 후 전세금반환채권과 전세권이 함께 양도되었는데, 전세권에 대해서는 부기등기가 경료되었으나 전세금반환채권에 대해 확정일자 있는 통지가 없었던 경우, 전세권의 양도인과 양수인 및 전세부동산 소유자 사이의 법률관계는 어떠한가? 만일 그때 양도인의 채권자가 전세금반환채권에 대해 압류 · 전부명령을 받았다면 그의 지위는 어떠한가? (대판 2005. 3. 25, 2003다35659 참조)

(3) 전세권자의 경매청구권

전세권설정자가 전세금의 반환을 지체하는 때에는 전세권자는 민사집행법이 정하는 바에 의하여 목적물의 경매를 청구할 수 있다(제318조; 전세권이 부동산의 일부에 설정된 경우 판례는 전세권의 목적물이 아닌 부분에 대하여는 경매신청권이 없다고 한다, 대결 1992. 3. 10, 91마256). 그 경매는 민사집행법 제264조 이하에서 정하는 임의경매(담보권실행경매)에 의한다. 전세권의 소멸 후에 전세금이 반환되지 않고 있다고 하여 바로 경매청구를 할 수는 없으며, 전세권설정자가 전세금반환채무에 관하여 이행지체에 빠질 것이 요구된다. 그러므로 전세권자는 목적물 및 전세권말소등기에 필요한 서류를 제공하여 전세금설정자로 하여금 이행지체가 되게 할 필요가 있다(대결 1977. 4. 13, 77마90).

그 밖에 목적부동산을 담보권실행경매에 부치지 아니하고 임의의 방법으로 처분하여 그 대가로부터 전세금을 정산하기로 하는 특약을 하거나 전세금에 갈음하여 목적물을 취득하기로 하는 약정도 이를 금지하는 규정이 없는 이상 유효하다.

(4) 전세권자의 우선변제권

전세권자는 "부동산 전부에 대하여 후순위권리자 기타 채권자보다 전세금의 우선변제를 받을" 권능을 가진다(제303조 제 1 항 후단).

(가) 이 권능은 전세권자가 신청한 경매절차에서만 행사될 수 있는 것이 아니다. 전세권자는 강제경매 및 담보권실행경매를 불문하고 전세의 목적물에 대하여 실시된 어떠한 경매절차에서도 이를 관철할 수 있다. 나아가 경매절차 내에서 행사하지 못하였다고 해도, 만일 행사하였다면 배당받았을 금액을 부당이득을 이유로 다른 후순위의 배당채권자로부터 별도의 민사소송에 의하여 반환청구할 수 있다(대판 1964. 7. 14, 63다839; 1998. 10. 13, 98다12379).

(나) 전세권자는 일반채권자에 대하여는 언제나 우선한다. 저당권이나, 가등기담보법의 적용이 있는 가등기담보권·양도담보권과의 사이에서는 각각의 등기의 시간적 순서에 의한다. 또한 등기 외의 방법으로 우선변제권을 취득한 임차권(주임 제 3 조의2 제 2 항, 상임 제 5 조 제 2 항)의 경우에도 그 취득시점을 기준으로 순위가 결정된다. 한편 전세권이 저당권(경매신청의 기초가 된 저당권뿐만 아니라 다른 저당권 전부)보다 먼저 설정된 경우에는, 아직 존속하고 있는 전세

권은 경매로 인한 매각으로 영향을 받지 않으며, 그 매수인은 전세권의 부담이 있는 소유권을 취득하게 된다(민집 제91조 제 4 항 본문).

(다) 전세권이 최선순위의 권리인 때에는 전세권은 인수될 것이지만, 존속기간에 상관없이 전세권자의 배당요구가 있으면 전세권은 소멸하며 우선변제권이 행사된다. 그러나 존속기간이 만료된 때에는 담보물권적 전세권만이 남기 때문에 전세권자의 채권자도 채권자대위권이나 압류·추심명령에 의해 배당요구를 할 수 있으며, 판례는 이때에는 갱신 여부의 불확실성 제거를 위해 전세권이 존속기간 만료 등으로 종료하였다는 점에 대한 소명자료를 배당요구 종기까지 제출해야 한다고 한다(대판 2015. 11. 17, 2014다10694).

3. 소멸에 따른 전세권자의 의무

(1) 전세권등기말소의무

전세권이 소멸하면, 전세권자는 전세권설정등기의 말소등기절차에 협력할 의무를 진다(제317조, 부등 제23조 참조).

(2) 목적물반환의무

나아가 전세권자는 목적물을 반환하여야 한다. 이와 관련하여서는 부수적으로, 첫째 부속물 등의 처리, 둘째 비용상환의 문제가 제기된다.

(가) 전세권이 소멸하면, 전세권자는 목적물을 원상으로 회복하여 소유자에게 반환하여야 한다(제316조 제 1 항). 이는 전세권이 "존속기간의 만료로 인하여" 소멸한 경우뿐만 아니라, 다른 사유로 인하여 전세권이 소멸한 경우에도 마찬가지이다. 따라서 목적부동산에 부속시킨 물건은 이를 지체 없이 수거하여야 할 의무가 있다(동항 본문; 수거의 구체적 내용에 대해서는 제 4 편 제 2 장 Ⅲ. 2. (2) 참조). 그러나 부속물은 통상 전세목적물을 사용수익하는 데 유익하고 또 그 용익을 위하여서만 필요한 경우가 적지 않다. 그러므로 민법은 전세권자가 이를 거절할 정당한 이유가 없는 한 전세권설정자는 전세권자를 상대로 부속물의 매수(엄밀하게 말하면 매도)를 청구할 수 있다고 정한다(제316조 제 1 항 단서). 이 매수청구권은 형성권으로서, 그 행사의 의사표시가 전세권자에게 도달함으로써 그 당시의 객관적 가액으로 부속물에 관한 매매계약이 성립한다. 한편 전세권자가 정당한 이유에 기하여 매수청구를 거절하면, 매매의 효력은 소

급적으로 소멸한다. 한편 그 부속물건이 전세권설정자의 동의를 받아 부속된 것이거나 전세권설정자로부터 매수한 것인 때에는 전세권자는 전세권설정자에 대하여 그 부속물건의 매수를 청구할 수 있으며(제316조 제 2 항), 같은 내용이 적용된다.

(나) 위에서 본 바와 같이 전세권자는 현상 유지와 수선의 의무를 부담하므로, 이를 위하여 비용을 지출하였다고 하여 그 상환을 청구할 수는 없다. 그러므로 필요비의 상환청구는 인정되지 않는다. 그러나 그 이상으로 목적물을 개량하기 위한 비용 기타 유익비를 지출한 경우에는 그 가액의 증가가 현존한 때에 한하여 소유자의 선택에 좇아 지출액이나 증가액의 상환을 청구할 수 있다(제310조 제 1 항). 이때 법원은 피고의 청구에 의하여 상당한 상환기간을 허여할 수 있다(동조 2항). 이 유익비상환청구권은 전세권 소멸시에 전세권관계의 당사자 사이에서 발생한다.

제4장 지 상 권

Ⅰ. 지상권의 의의와 성립

1. 의의와 성질

지상권은 타인 소유의 토지를 그 위에 건물 기타의 공작물이나 수목을 소유하기 위하여 사용할 수 있는 물권이다(제279조).

(1) 이는 타인 소유물의 사용을 내용으로 하는 제한물권(타물권)이고, 그 중에서도 용익물권에 속한다. 지상권에 기한 토지 사용은 건물 기타의 공작물이나 수목을 소유하기 위한 것으로서, 그 권리의 존속기간이 매우 길다(제280조 제1항 제1호, 제281조 제1항). 또 지상권은 물권이므로, 이른바 「처분·승계상의 보호」를 받아 예외 없이 새로운 토지소유자에 대해서도 이를 관철할 수 있고, 또 토지임대차의 경우와는 달리 지상권자는 토지소유자의 동의 없이 그 권리를 양도하거나 그 존속기간 내에서 목적 토지를 임대할 수 있다(제282조, 제629조; 제4편 제1장 Ⅰ. 2. 참조).

(2) 지상권은 토지를 목적으로 하는데, 토지의 일부에도 성립할 수 있다. 토지의 일부에 지상권을 설정하는 경우에는 그 범위를 등기하여야 한다(부등 제69조 제6호). 한편 「지상」권이라고 해도, 토지 위의 공간 또는 지하의 공간을 상하의 범위를 정하여 지상권의 목적으로 할 수도 있다(제289조의2). 이 지상권을 특히 구분지상권이라고 부르나, 그 성질은 지상권과 다를 바 없다(제290조 제2항도 참조).

(3) 지상권에 관한 민법 규정의 대부분(제280조 내지 제287조)에 위반하는 약정으로 지상권자에게 불리한 것은 그 효력이 없다(제289조). 그런데 대세적 효력이 있는 물권에 관한 규정은 일반적으로 제 3 자의 이해관계에 영향을 주므로 특별한 사정이 없는 한 강행규정이라고 이해되고 있다. 그러므로 여기서 제289조가 특별히 제280조 등을 강행규정으로, 그것도 편면적 강행규정으로 정하는 이유는 쉽사리 이해하기 어렵다. 또 제280조, 제281조, 제284조는 내용상 당연히 강행규정이다. 따라서 제289조는 연혁을 같이하는 제652조와 평행되게, 제283조, 제285조 내지 제287조에 위반하는 약정으로 지상권자에 불리한 것에 대하여 그 채권적 효력을 부인하는 취지라고 이해할 것이다.

2. 성 립

(1) 지상권설정계약

지상권은 우선 지상권설정행위, 즉 지상권의 성립을 내용으로 하는 법률행위에 의하여 성립한다(전형적으로 지상권설정계약). 그 설정행위에 지상권의 설정에 관한 등기가 요구됨은 물론이다(제186조). 지상권 일반에 대하여 그 등기신청에는 "지상권 설정의 목적과 범위"를 기재할 것이 요구되고(필요적 기재사항), 그 외에 "존속기간, 지료·그 지급시기 또는 민법 제289조의2 제 1 항 후단의 약정"이 있으면 이를 기재하도록 한다(부등 제69조). 이들 임의적 기재사항이 등기되면 제 3 자에 대한 대항력을 가진다.

지상권은 그 지상에 건물 등을 소유하기 위한 것으로서 설정되면 충분하고, 건물 등이 실제로 존재하여야 효력이 있거나 생기는 것은 아니며(대판 1996. 3. 22, 95다49318), 지상권 설정 당시의 건물 등이 지상권자의 소유에 속하지 않아도 지상권 설정의 효력에 영향이 없다. 건물 외에 지상권자가 소유하려고 하는 「공작물」로서는 광고탑·송전주·동상·기념비 등이 있다.

거래의 실제에서는 담보로 제공되는 토지(특히 나대지) 위에 토지소유자 기타의 사람이 건물의 건축 기타 현상변경으로 말미암아 그 담보가치가 저감되는 것을 막기 위하여 채권자 앞으로 지상권을 설정하기로 합의하는 경우가 있다. 그러한 계약의 유효성에 대한 논의가 있을 수 있으나, 토지 가치의 이용에 관한 당사자들의 자율적인 처리방안을 부인할 이유는 없으므로, 그 효력을 인정할 것이다. 요컨대 지상권의 설정에서 건물 등의 소유를 위한다는 목적은 가능한 한 유연하게 파악되어도 좋다.

[1] 저당권의 효력강화를 위한 지상권 설정: 대결 2004. 3. 29, 2003마1753

[주 문] 원심결정을 파기하고, 사건을 서울고등법원에 환송한다.

[이 유]

1. 원심결정 이유에 의하면, 원심은 제 1 심결정을 인용하여 재항고인은 2002. 6. 17. 인천 남구 학익동 4-21 대 826m^2(이하 '이 사건 토지'라 한다)의 소유자인 윤부전에게 대출을 하면서 채권최고액 26억 원으로 된 근저당권설정계약 및 존속기간 30년으로 된 지상권설정계약을 체결하고, 같은 날 이 사건 토지에 근저당권설정등기 및 지상권설정등기를 경료한 사실, 재항고인이 위 근저당권설정등기 및 지상권설정등기를 할 당시 이 사건 토지에 철근콘크리트 8층 근린생활시설 및 업무시설 건물이 신축중이었고, 이미 2층 골조공사까지 진행된 상태라는 사실을 알았던 사실을 인정한 다음, 재항고인으로서는 자신의 근저당권 및 지상권이 위 신축건물에 의하여 제한을 받을 수도 있다는 것을 예상하였거나 예상할 수 있었음에도 이 사건 토지에 근저당권 및 지상권을 설정한 것이므로, 위와 같은 제한을 용인하고서 이 사건 토지에 대한 근저당권 및 지상권을 취득한 것이라 할 것이고, 따라서 윤부전으로부터 건축주 명의를 변경받은 상대방이 건물 건축을 위하여 공사를 하는 데 대하여 재항고인이 공사중지를 구할 수 없다고 할 것이므로, 이 사건 가처분신청은 피보전권리가 없다고 판단하여 재항고인의 가처분신청을 배척하였다.

2. 그러나 원심의 판단은 다음과 같은 이유로 수긍하기 어렵다.

기록에 의하면, 재항고인은 2002. 6. 17. 이 사건 토지에 근저당권설정등기 및 지상권설정등기를 경료하면서 이 사건 토지의 소유자인 윤부전으로부터 "본인이 이 사건 토지에 건물을 신축함에 있어 향후 건물이 완공되어 소유권보존등기를 하는 즉시 귀행에 추가로 담보제공을 할 것이고, 만일 건물의 추가담보제공을 지연하거나 제 3 자 명의로 보존등기를 하게 되어 본인 명의로 소유권보존등기가 불가능하게 될 경우 또는 임의로 토지 또는 건물 소유권을 제 3 자에게 이전하는 등으로 인하여 귀행이 채권보전에 지장이 있다고 판단하여 담보권을 실행하는 경우에는 어떠한 불이익도 감수하겠으며 이로 인하여 발생하는 모든 비용은 본인이 부담하고 민·형사상의 책임을 지겠다"라는 취지의 각서를 받고, 윤부전에게 당시 2층 골조공사가 진행 중이던 건물의 신축을 허용하였던 사실, 윤부전은 2002. 8. 1. 위 건물에 관한 건축주 명의를 상대방으로 변경한 사실, 재항고인은 윤부전에게 위와 같은 건축주 명의변경에 의하여 담보권 실행에 지장이 있으니 건축주 명의를 다시 윤부전 앞으로 환원하도록 독촉을 하였으나 윤부전이 이에 응하지 못하고 있고, 상대방이 현재 건축주로서 위 건물에 관한 공사를 수행하고 있는 사실을 알 수 있다.

토지에 관하여 저당권을 취득함과 아울러 그 저당권의 담보가치를 확보하기 위하여 지상권을 취득하는 경우, 특별한 사정이 없는 한 당해 지상권은 저당권이 실행될 때까지 제 3 자가 용익권을 취득하거나 목적 토지의 담보가치를 하락시키는 침해행위를 하는 것을 배제함으로써 저당 부동산의 담보가치를 확보하는 데에 그 목적이 있다고 할 것이므로, 그와 같은 경우 제 3 자가 비록 토지 소유자로부터 신축중인 지상 건물에 관한 건축주 명의를 변경받았다 하더라도, 그 지상권자에게 대항할 수 있는 권원이 없는 한 지상권자로서는 제 3 자에 대하여 목적 토지 위에 건물을 축조하는 것을 중지하도록 구할 수 있다고 할 것이다.

위와 같은 법리에 비추어 살펴보면, 재항고인이 이 사건 근저당권 및 지상권 취득 당시 이 사건 토지에 토지소유자인 윤부전이 건물을 신축하는 것을 알고서 이로 인한 제한을 용인하였다고 하더라도, 제 3 자인 상대방이 윤부전으로부터 건축주 명의를 변경받아 건물을 축조하는 데에 대하여도 재항고인이 용인한 것으로 볼 수는 없으므로, 상대방이 재항고인에게 대항할 수 있는 권원이 있음을 주장·입증하지 못하는 한 재항고인으로서는 상대방에 대하여 위 건물의 축조를 중지하도록 구할 피보전권리가 있다고 보아야 할 것이다.

그럼에도 불구하고, 원심은 재항고인이 이 사건 근저당권 및 지상권 취득 당시 이 사건 토지에 토지 소유자인 윤부전이 건물을 신축하는 것을 알고서 이로 인한 제한을 용인하였다는 이유만으로 상대방에 대하여 위 건물의 축조중지를 구할 피보전권리가 없다고 판단하여 항고를 기각하고 말았으니, 거기에는 상대방이 재항고인에게 대항할 수 있는 권원이 있는지 여부에 대한 심리를 다 하지 아니하거나 지상권에 기한 방해배제청구의 법리를 오해함으로써 결정에 영향을 미친 위법이 있다고 할 것이다.

그러므로 원심결정을 파기하고, 사건을 다시 심리·판단하게 하기 위하여 원심법원에 환송하기로 하여 관여 법관의 일치된 의견으로 주문과 같이 결정한다.

질문

1. 이 사안에서 재항고인은 어떠한 이유로 지상권을 설정받을 이해관계를 가지고 있었는가? 그것은 합리적인 것으로 수긍할 수 있는가?

2. 현재 저당권 침해를 이유로 하는 방해배제(제370조, 제214조)의 판례 법리에 따를 경우(제 3 편 제 8 장 Ⅱ. 1. 참조) 저당권자가 지상권을 설정받는 것과 동일한 목적을 달성할 수 있는가? 그럼에도 지상권을 설정할 이해관계가 있을 수 있는가?
3. 담보권의 가치실현을 목적으로 지상권을 설정하는 행위를 무효로 볼 여지는 있는가?
4. 저당권의 효력을 확보하기 위해 지상권이 설정된 경우, 피담보채권이 변제 또는 시효 완성으로 소멸한다면 이는 지상권에 효력에 어떠한 영향을 줄 수 있는가? (대판 2011. 4. 14, 2011다6342 참조)
5. 지상권 설정계약의 해석상 토지소유자에게 사용수익의 권한이 인정될 수 있겠는가? (대판 2018. 3. 15, 2015다69907 참조)

(2) 법정지상권과 분묘기지권

나아가 법률의 규정에 의하여 지상권이 성립하는 경우가 있다. 법정지상권(제305조, 제366조, 가담 제10조, 입목 제 6 조, 공저 제24조 제 1 항, 제54조 등)이 대표적이다. 또 지상권은 취득시효의 목적이 된다(제248조, 제245조; 대판 1993. 9. 28, 92다50904; 1989. 3. 28, 87다카2587 등 참조).

한편 판례는 관습법에 의하여 지상권의 성립을 인정하거나 분묘의 유지 및 관리를 위하여 타인의 토지를 사용할 수 있는 관습법상의 권리인 분묘기지권(墳墓基地權)을 인정한다(아래 Ⅳ. 2, 3. 참조).

3. 존속기간

(1) 최단존속기간

민법은 지상권의 존속기간에 대하여 우선 그 약정이 있는 경우의 최단존속기간을 정하고, 이보다 짧은 존속기간을 약정한 경우에는 이 최단존속기간으로 연장한다(제280조 제 2 항). 이는 지상물의 성질에 따라 달라지나, 통상 문제되는 견고한 건물이나 수목의 경우 30년이다(제280조 제 1 항 제 1 호). 이는 지상물의 경제적 효용을 충분히 살리도록 하려는 취지에서 나온 것이다.

반면 최장기간에 대하여는 민법에 정함이 없다. 이와 관련하여 그 기간을 영구한 것으로 정할 수 있는가가 문제된다.

[2] 영구의 지상권 설정: 대판 2001. 5. 29, 99다66410

[질 문] 상고를 모두 기각한다. 상고비용은 상고인들 각자의 부담으로 한다.

[이 유]

1. 원고들의 상고에 관한 판단

가. 과실상계에 관하여

원심이, 원고 합자회사 조양산업사(아래에서는 '조양산업사'라 한다)가 1975. 9. 19.(원심판결의 1975. 9. 27.은 착오로 보인다) 피고로부터 추가 대출받은 2억원의 원리금채무는 1980. 9. 26.까지 전부 변제되었다고 인정한 다음, 그 채무의 담보로 피고에게 양도된 이 사건 지상권이 소멸하게 된 경위 등 모든 사정을 종합하여, 원고들측의 과실 정도를 60%로 판단한 것은 정당하고, 거기에 상고이유의 주장과 같은 채증법칙 위배나 심리미진 또는 법리오해 등의 위법이 없다. 따라서 이 부분 상고이유는 받아들일 수 없다.

나. 구분지상권의 변동 및 손해배상의 범위에 관하여

원심이, 이 사건 지상권은 상가아파트 A·B동 건물의 각 1층 옥상 위에 건물을 추가로 신축하기 위한 공간을 사용할 수 있는 내용의 구분지상권인데, 원고 조양산업사와 이종용(아래에서는 '원고 등'이라 한다)이 1977년경 A·B동 건물 1층 위에 2·3층에 해당하는 건물을 준공한 다음 제3자들에게 이를 분양하면서 당시 구분지상권의 이전등기 방법이 없었던 관계로 2·3층 건물의 구분지상권을 수분양자들에게 이전하지 못하였으나 구분지상권을 원고 등에게 유보시키고 건물만 분양한다는 등의 특약을 분양계약서에 명시하지 아니하였고, 원고 등 및 주식회사 부전역전상가아파트 및 대지 소유자들은 1974. 1. 25. 원고 등으로부터 2·3층 건물을 양수한 제3취득자가 원고 등의 권리의무를 당연히 승계하기로 약정하였으며, 원고 등은 2·3층 건물을 분양한 후 약 19년이 경과된 지금까지 수분양자들로부터 분양대금 이외에 2·3층 건물에 대한 구분지상권의 이용 대가를 전혀 징수하지 아니한 사실을 인정한 다음, 원고 등이 제3자들에게 2·3층 건물을 분양함에 있어 이 사건 지상권 중 2·3층 건물의 존립 및 사용·수익에 필요한 구분지상권도 원고 등에게 유보하지 아니한 채 일괄하여 매도함으로써 2·3층 건물에 대한 구분지상권은 실질적으로는 2·3층 건물의 수분양자 또는 그 승계인에게 그 구분건물의 소유권과 일체로서 순차 양도되었고, 원고 등은 위와 같은 일괄 매도를 통하여 이미 2·3층 건물에 대한 구분지상권의 가액에 상당하는 이익을 실현한 이상, 이 사건 지상권 가격을 산정함에 있어서 이를 제외함이 상당하다고 판단한 것은 정당하고, 거기에 상고이유의 주장과 같은 채증법칙 위배나 심리미진 또는 법리오해 등의 위법이 없다. 따라서 이 부분 상고이유도 받아들일 수 없다.

2. 피고의 상고에 관한 판단

가. 지상권의 존속기간에 관하여

민법상 지상권의 존속기간은 최단기만이 규정되어 있을 뿐 최장기에 관하여는 아무런 제한이 없으며, 존속기간이 영구(永久)인 지상권을 인정할 실제의 필요성도 있고, 이러한 지상권을 인정한다고 하더라도 지상권의 제한이 없는 토지의 소유권을 회복할 방법이 있을 뿐만 아니라, 특히 이 사건에서와 같은 구분지상권의 경우에는 존속기간이 영구라고 할지라도 대지의 소유권을 전면적으로 제한하지 아니한다는 점 등에 비추어 보면, 지상권의 존속기간을 영구로 약정하는 것도 허용된다. 같은 취지의 원심 판단은 정당하고, 거기에 상고이유의 주장과 같은 채증법칙 위배나 심리미진 또는 법리오해 등의 위법이 없다. 따라서 이 부분 상고이유는 받아들일 수 없다.

나. 인과관계에 관하여

이 사건 지상권을 양도담보로 받은 피고로서는 그 피담보채무가 소멸한 경우 담보제공자인 원고 등에게 이를 반환하여야 함에도 불구하고 이를 말소함으로써 이 사건 지상권을 상실하게 하였으면 그로 인하여 원고 등이 입은 손해를 배상할 책임이 있고, 이 때 이 사건 지상권자인 원고 등이 이 사건 지상권을 장기간 활용하지 않았다거나 스스로 이를 이용할 능력이 부족하다는 등의 사유가 있다고 할지라도 이는 원고 등에게 귀속되어야 할 이 사건 지상권이 소멸함으로써 원고 등이 손해를 입게 되는 것에 영향을 미치지 아니한다. 같은 취지의 원심 판단은 정당하고, 거기에 상고이유의 주장과 같은 채증법칙 위배나 심리미진 또는 법리오해 등의 위법이 없다. 따라서 이 부분 상고이유도 받아들일 수 없다.

다. 대환경개계약 및 신의칙에 관하여

원심이, 원고 등이 이 사건 지상권을 설정받은 것은 주식회사 부전역전상가아파트 및 대지 소유자들의 책임있는 사유로 공사가 지연됨으로 인한 1973. 6. 4.의 약정에 따른 배상금 9천만 원 및 기타 각종 공사지연으로 인한 손해배상금의 대물변제 명목이지 이 사건 상가아파트 신축공사대금 2억 원에 대한 대물변제조로 받은 것이 아니므로, 원고 조양산업사가 피고로부터 위 공사자금에 사용하기 위하여 대출받은 2억 원의 대출금채무를 대지소유자들이 대환경개계약에 따라 대위변제하였다고 하더라도 위 손해배상금 지급의무에 대한 대물변제약정이 실효되는 것은 아니라고 판단한 것은 정당하고, 거기에 상고이유의 주장과 같은 채증법칙 위배나 심리미진 또는 법리오해 등의 위법이 없다. 따라서 이 부분 상고이유도 받아들일 수 없다.

한편, 위와 같은 대환경개계약에 원고 조양산업사가 동의하였다고 할지라도 그로 인하여 원고 등이 2·3층 이외에 더 이상 증축하지 아니하겠다는 의사표시를 한 것이라거나 혹은 원고 등에게 추가 증축 권한이 없게 되었다고 볼 수는 없으므로, 같은 취지에서 원고들이 피고에게 손해배상을 청구하는 것이 신의칙에 위배되지 아니한다고 한 원심의 판단도 정당하고, 거기에 채증법칙 위배나 심리미진 또는 법리오해 등의 위법이 있다는 상고이유도 받아들일 수 없다.

라. 지상권의 소멸에 관하여

이 사건 지상권설정등기는 피고 스스로의 의사에 따라서 말소되었으므로, 비록 착오에 기인한 것이라 할지라도 그로써 이 사건 지상권은 소멸하였다. 같은 취지의 원심의 판단은 정당하고, 거기에 상고이유의 주장과 같은 채증법칙 위배나 심리미진 또는 법리오해 등의 위법이 없다. 따라서 이 부분 상고이유도 받아들일 수 없다.

마. 나머지 상고이유에 관하여

원심이 이 사건 지상권은 사유지 및 국유지가 혼재된 대지 위에 건축되어 있는 기존 건물을 활용하여 그 옥상 위에 비록 제한된 범위이기는 하지만 일정 층수까지 추가 증축할 수 있는 권리라고 판시한 데에 상고이유의 주장과 같은 이유모순 등의 위법이 없다. 따라서 이 부분 상고이유도 받아들일 수 없다.

또한, 이 사건에서 보면, 원고 조양산업사는 이 사건 2·3층 건물을 분양·매도하고 그에 따른 소유권이전등기를 넘겨줌에 있어 그 매수인들로부터 원고 조양산업사가 장차 각 3층 옥상 위에 다시 건물을 증축하는 데 동의하고 그에 필요한 모든 협력을 하기로 하는 각서를 교부한 사실을 알 수 있는바, 이에 의하면 원고 등이 2·3층 건물을 수분양자들에게 양도함에 있어 이 사건 지상권도 전부 함께 양도하였다고 볼 수는 없다. 같은 취지의 원심 판단은 정당하고, 거기에 채증법칙 위배나 심리미진 또는 법리오해 등의 위법이 있다는 상고이유도 받아들일 수 없다.

3. 그러므로 상고를 모두 기각하고, 소송비용의 부담을 정하여 주문과 같이 판결한다.

질문

1. 사실관계를 정리해 보라. 원고는 어떠한 이유로 피고에 대해 손해배상을 청구하고 있는가? 그와 관련하여 당사자들은 어떠한 주장으로 어떠한 쟁점들에 대해 다투고 있는가?

2. 영구의 지상권 설정이 유효한 것인지 여부는 어떤 당사자가 어떠한 맥락에서 주장한 것인가?
3. 영구의 지상권 설정을 유효하다고 볼 수 있는가? 지지하는 논거들과 반대하는 논거들을 각각 생각해 보고, 판례의 태도를 평가해 보라.

(2) 존속기간의 약정이 없는 경우

존속기간에 관하여 별도의 약정이 없는 경우에도, 최단존속기간으로 약정한 것으로 본다(제281조 제 1 항). 지상권설정 당시에 공작물의 종류와 구조를 정하지 아니한 때에는 그 존속기간은 15년이다(동조 제 2 항).

(3) 존속기간의 갱신

지상권자와 목적 토지의 소유자는 존속기간이 만료하여도 합의로 이를 갱신할 수 있다. 이를 제 3 자에게 대항하려면 등기를 요한다. 갱신된 지상권의 존속기간은 갱신한 날로부터 최단존속기간보다 짧은 기간으로 정할 수 없으나, 그보다 긴 기간으로 정할 수는 있다(제284조).

Ⅱ. 지상권의 효력

1. 물권적 토지사용권

(1) 토지사용권에 따른 권능

지상권자는 설정행위로써 정하여진 목적을 위하여 토지를 사용하는 권리를 가진다. 이는 지상물의 소유가 아니라 토지의 사용을 내용으로 하는 권리로서, 지상권 설정 당시 소유하였거나 설정 후에 건축한 건물 등 공작물이나 수목이 나중에 멸실하였다고 해도 지상권이 소멸하는 것은 아니다.

지상권자는 그 권리의 실현을 위법하게 방해하거나 방해할 우려가 있는 자에 대하여 그 배제 또는 예방을 청구할 수 있고, 그 방해가 목적 토지의 점유인 경우에는 그 점유자에 대하여 토지의 인도를 청구할 수 있다(제290조 제 1 항, 제213조, 제214조). 이는 그 방해가 토지소유자에 의한 것인 경우에도 마찬가지이다. 한편 지상권은 토지를 사용하는 권리이므로, 상린관계에 관한 규정이 준용된다(제290조 제 1 항, 제216조 내지 제244조).

(2) 토지소유자 지위의 이전

지상권은 물권이므로, 목적 토지의 소유권이 이전되면 지상권관계는 새로운 소유자와의 사이에 그대로 승계된다. 그리하여 지상권자는 토지사용의 권능을 새로운 소유자에 대하여도 관철할 수 있다. 또 그 존속기간 및 지료·그 지급시기에 관한 약정이 등기된 경우에는 이러한 사항을 가지고 새로운 소유자에게 대항할 수 있다(부등 제69조 단서).

(3) 토지소유자의 의무

토지소유자는 지상권의 범위 내에서 그 토지의 사용이 제한된다. 그가 지상권자의 토지사용을 방해하면, 지상권자는 그에 대하여 그 방해의 배제를 청구할 수 있다(제290조, 제214조). 그러한 의미에서 토지소유자는 지상권자의 토지사용을 인용할 의무가 있다고 말할 수 있다. 그러나 그는 임대인(제623조)과는 달리 토지를 사용에 적합한 상태로 둘 의무는 없다. 그러므로 지상권자가 토지에 대하여 필요비를 지출한 경우에는 비용상환청구권이 없으나, 유익비를 지출한 경우에는 전세권자의 비용상환청구권(제310조)에 준하여 처리할 것이다.

2. 지상권의 처분

(1) 양도 및 저당권 설정

지상권자는 지상권을 양도할 수 있고, 그에 저당권을 설정할 수 있다(제282조 전단, 제371조 제 1 항). 물론 이들에는 등기를 요한다(제186조). 지상권자의 이러한 처분을 제한하는 당사자 간의 약정은 물권적 효력이 없고, 그에 반하는 양도 등은 유효하다.

(가) 지상권의 양도는 통상 목적 토지 위에 있는 건물 기타 지상물과 함께 행하여진다(그렇다고 지상물과는 별도로 지상권만을 양도할 수 없다는 의미는 아니다, 대판 1980. 9. 9, 78다52 참조). 예를 들어 지상권자 A가 토지 위에 소유하는 건물을 B에게 양도한 경우에 그 효력이 당연히 A의 지상권에 미쳐서 B는 지상권이전등기를 받지 않고도 이를 취득하는가? 이 경우 지상권은 건물에 종된 권리이므로, 제100조 제 2 항에 의하여 지상물의 양도에 관한 원인행위(채권행위) 및 물권적 의사표시는 특별한 사정이 없는 한 지상권에도 미친다고 해석된

다(대판 1967. 11. 28, 67다1831; 1981. 9. 8, 80다2873). 그러나 이는 의사해석 규정으로서 그 종된 권리가 애초 그 변동에 등기를 요하는 것인 경우에 그에 관한 이전등기 없이도 건물의 양도에 좇아 당연히 이전된다는 것(제187조)은 아니다. 그러므로 이 경우 B가 지상권을 취득하려면, 그에 관한 등기를 갖춤으로써 지상권 양도의 물권행위가 완성되어야 한다(제186조; 위 대판 1980. 9. 9, 78다52).

(나) 그러나 한편 건물의 매수인이 건물에 관한 소유권이전등기를 받음으로써 지상권도 그에 관한 이전등기 없이 당연히 양도되는가 하는 문제와 건물 매수인이 지상권에 관한 이전등기를 얻지 못한 경우에 토지소유자가 그에 대하여 토지의 인도 및 그 전제로 건물의 철거를 구할 수 있는가 하는 문제는 별개이다. 이 경우 건물 양수인은 아직 지상권을 취득하지 못하지만, 토지소유자에 대한 관계에서 토지의 점유를 타인에게 이전할 권리가 있는 지상권자로부터 적법한 원인에 기하여 토지를 인도받았으므로 토지를 「점유할 권리」(제213조 단서)가 있다. 따라서 토지소유자는 건물 양수인에 대하여 건물철거 및 대지인도를 청구하지 못한다(신의칙을 원용하는 대판(전) 1985. 4. 9, 84다카1131; 제 3 편 제 9 장의 재판례 [3]). 그러한 경우 대지소유자는 건물의 양수인에 대하여 지료 상당의 금액을 부당이득으로 반환청구할 수 있다(대판 1988. 10. 24, 87다카16045).

(2) 목적 토지의 임대

지상권자는 지상권의 존속기간 내에서 목적 토지를 임대할 수 있다(제282조 후단). 여기서 「존속기간 내에」 임대할 수 있다고 함은 그 한도에서만 토지소유자의 권리행사가 제한된다는 당연한 이치를 말한 것이고, 이를 넘는 기간을 정한 임대차계약의 채권적 효력이 제한되는 것은 아니다. 그리고 그 경우의 임차인 역시 앞의 (나)에서와 같은 이유로 「점유할 권리」(제213조 단서)가 있으므로, 토지소유자는 그에 대하여 토지의 인도를 청구할 수 없다.

3. 지료지급의무

(1) 약정에 따른 지료지급

지료는 지상권의 요소가 아니어서, 그 유무는 지상권의 성립·존속에 영향을 주지 않는다. 이와 같이 무상의 지상권설정도 허용되나, 토지사용의 대가로서 지료를 지급할 것을 약정한 경우에는 그에 따른 지료지급청구권이 발생한다. 지료는 반드시 금전에 한하지 않으며, 정기급이든 일시급이든 상관없다.

지료액과 그 지급시기 등과 같은 지료에 관한 약정은 지상권설정등기신청서에 이를 기재함으로써 등기될 수 있다(부등 제69조 단서 참조). 등기된 지료에 관한 약정은 제 3 자에 대항할 수 있다. 한편 지료에 관한 약정이 등기되지 않았다고 해도 이는 당사자 사이에서 여전히 효력이 있다.

(2) 지료 약정의 등기

지료채권은 토지소유권과, 지료채무는 지상권과 각각 결합한다고 설명된다. 그 각각의 지위는 부동산상의 물권적 관계로서 등기에 의하여 대항력이 생긴다(부등 제69조 단서). 따라서 지료에 관한 약정이 등기된 경우에는 지상권이 이전되면 지료채무도 지상권자에게 이전한다. 이에는 구 지상권자가 지급을 지체한 지료채무도 포함된다. 반대로 지료등기가 없으면 토지소유자는 이행받지 못한 지료채권을 포함하여 지료채권을 신 지상권자에게 대항할 수 없다.

[3] 지상권의 승계: 대판 1996. 4. 26, 95다52864

[주 문] 상고를 기각한다. 상고비용은 원고의 부담으로 한다.

[이 유] 원고의 상고이유를 판단한다.

1. 제 1 점에 대하여

저당권의 효력은 저당부동산에 부합된 물건과 종물에 미친다는 민법 제358조 본문을 유추하여 보면 건물에 대한 저당권의 효력은 그 건물에 종된 권리인 건물의 소유를 목적으로 하는 지상권에도 미치게 되는 것이므로 건물에 대한 저당권이 실행되어 경락인이 그 건물의 소유권을 취득하였다면 경락 후 건물을 철거한다는 등의 매각조건에서 경매되었다는 등 특별한 사정이 없는 한 경락인은 건물 소유를 위한 지상권도 민법 제187조의 규정에 따라 등기 없이 당연히 취득하게 되고, 한편 위 경락인이 건물을 제 3 자에게 양도한 때에는 특별한 사정이 없는 한 민법 제100조 제 2 항의 유추적용에 의하여 건물과 함께 종된 권리인 지상권도 양도하기로 한 것으로 봄이 상당하다 할 것이다(당원 1992. 7. 14. 선고 92다527 판결, 1985. 2. 26. 선고 84다카1578, 1579 판결 등 참조).

기록에 의하여 살펴보면, 토지소유자인 원고가 위와 같은 특별한 사정에 대한 아무런 입증을 하지 아니하였음을 알 수 있으므로, 저당권에 기한 경매절차에서 이 사건 건물의 2층을 경락받은 소외 오운환이 위 건물만이 아니라 그에 종된 권리인 위 건물의 소유를 목적으로 한 법정지상권도 등기 없이 취득하였고, 또한 위 오운환으로부터 위 건물을 매수한 피고 이우만은 건물만이 아니라 위 법정지상권도 양수한 것이라고 한 원심의 인정판단은 모두 정당한 것으로 수긍이 가고, 거기에 소론과 같은 지상권에 관한 법리오해, 판단유탈, 이유모순, 심리미진 등의 위법이 없다. 논지는 모두 이유 없다.

2. 제 2 점에 대하여

지료액 또는 그 지급시기 등 지료에 관한 약정은 이를 등기하여야만 제 3 자에게 대항할 수 있는 것이므로(부동산등기법 제136조), 지료의 등기를 하지 아니한 이상 토지소유자는 구 지상권자의 지료연체 사실을 들어 지상권을 이전받은 자에게 대항하지 못한다 할 것이다.

한편 변론종결 후의 승계인이란 변론종결 후에 당사자로부터 소송물인 권리의무를 승계하거나 계쟁물에 관한 당사자 적격을 승계한 자를 말하는 것인바, 원고가 이 사건 법정지상권을 원시취득한 소외 이현숙을 상대로 제기한 지료청구 소송이 원고의 승소로 확정되었고, 그 변론종결 후에 위 오운환이 법정지상권을 승계취득하였다 하더라도 위 오운환은 위 지료청구 소송의 소송물인 지료채무를 승계하지 아니하였음은 위에서 본 바이고, 또한 위 오운환이 위 지료소송의 계쟁물에 관한 당사자 적격을 승계한 자에 해당하지도 아니하므로 위 오운환과 피고 이우만은 위 지료소송의 기판력을 받는 변론종결 후의 승계인에 해당하지 아니한다 할 것이다.

위 오운환과 피고 이우만이 소외 이현숙의 연체 지료채무를 승계하지 아니하였다고 본 원심의 인정판단은 정당하고, 거기에 소론과 같은 지상권 및 신의칙에 관한 법리오해나 이유모순의 위법이 없으며, 위 오운환과 피고 이우만이 변론종결 후의 승계인에 해당하지 아니하므로 원심이 이에 대하여 판단하지 아니한 것은 판결 결과에 영향이 없는 것이다. 논지는 모두 이유 없다.

3. 제 3 점에 대하여

다만 위 오운환은 이 사건 법정지상권자로서 이를 승계취득한 이후의 지료를 원고에게 지급할 의무를 부담하나 민법 제366조 단서의 규정에 의하여 법정지상권의 경우 그 지료는 당사자의 협의나 법원에 의하여 결정하도록 되어 있는데, 원고와 위 오운환 사이에 지료에 관한 협의가 있었다거나 법원에 의하여 지료가 결정되었다는 아무런 입증이 없음은 원심이 적법하게 인정한 바이고, 법정지상권에 관한 지료가 결정된 바 없다면 법정지상권자가 지료를 지급하지 아니하였다고 하더라도 지료 지급을 지체한 것으로는 볼 수 없으므로 법정지상권자가 2년 이상의 지료를 지급하지 아니하였음을 이유로 하는 토지소유자의 지상권 소멸청구는 이유가 없다는 것이 당원의 견해이다(당원 1994. 12. 2. 선고 93다52297 판결 참조).

또한 원고가 피고 이우만에게 지상권 소멸청구를 한 사실은 인정되나 위 피고는 지상권자가 아니므로 피고 이우만에 대한 소멸청구는 위 오운환의 지상권 및 위 피고가 지상권을 이전받을 권리에 아무런 영향이 없고, 한편 기록에 의하여 살펴보아도 원고가 소외 이현숙에게 지상권 소멸청구를 한 사실을 인정할 아무런 자료가 없다.

결국 이 사건 법정지상권이 소멸되지 아니하였다고 한 원심의 인정판단은 모두 정당한 것으로 수긍이 가고, 거기에 소론과 같은 법리오해나 이유모순의 위법이 없다. 논지도 모두 이유 없다.

4. 그러므로 상고를 기각하고 상고비용은 패소자의 부담으로 하기로 하여 관여 법관의 일치된 의견으로 주문과 같이 판결한다.

질문

1. 사실관계를 정리해 보라. 판례에 의하면 건물의 양수인은 건물 소유권 이전만으로 당연히 지상권을 승계하지 않지만, 건물의 경락인은 건물 소유권 취득으로 당연히 지상권을 승계한다. 어떠한 이유로 그러한 차이가 발생하는가?
2. 원고는 피고에게 무엇을 청구하고 있는가? 원고의 주장은 어떠한 이유로 모두 기각되었는가?

반면 통설은 토지소유권이 이전되면 신 소유자는 지료등기가 없어도 지상권자에게 지료를 청구할 수 있다고 한다. 그것은 지상권자에 대하여 그 약정한 것을 그대로 주장하는 것이기 때문이다. 한편 지상권자가 종전 소유자와의 사이에서 정한 자신에게 유리한 지료에 관한 약정(예를 들면 지료인상을 하지 않는다는 약정)을 새로운 소유자에게 대항하기 위해서는 그것이 등기되어야 한다.

(3) 지료의 증감청구

지상권은 장기간 존속하므로, 그 사이에 조세 기타 부담의 증감이나 지가의 변동으로 지료가 상당하지 않게 될 수 있다. 이러한 경우에 지상권자 또는 목적 토지의 소유자는 지료의 증감을 청구할 수 있다(제286조). 이 권리는 형성권이다. 그러므로 당사자 중 일방이 증감청구의 의사표시를 함으로써 바로 증감의 효력이 발생한다. 그러나 상대방이 이를 다투면, 법원이 정하게 된다. 판례는 지료등기가 없으면 무상의 지상권으로서 지료증액청구권도 발생하지 않는다고 하는데(대판 1999. 9. 3, 99다24874), 지료등기의 유무는 제 3 자에 대한 효력에만 관계할 뿐이어서 등기가 없어도 당사자 사이에 지료지급약정이 있으면 이를 무상의 지상권이라고 할 수 없다. 그러므로 당사자 간에 효력을 가지는 증액청구를 부인할 이유는 없다.

Ⅲ. 지상권의 소멸

1. 지상권의 소멸사유

(1) 일반적 소멸사유

지상권은 물권 또는 제한물권 일반과 같이 목적 토지의 멸실, 존속기간의 만료, 제 3 자의 시효취득, 혼동(제191조), 소멸시효(제162조 이하), 토지의 수용(공취 제45조 제 1 항), 지상권에 우선하는 저당권 또는 압류채권·가압류채권에 기한 강제경매(민집 제91조 제 3 항) 등으로 소멸한다. 그 외에 지상권설정자의 소멸청구, 지상권의 포기 및 특별히 약정된 소멸사유에 의해서도 소멸한다. 이하에서는 이들에 대하여 살펴본다.

(2) 지상권에 특유한 소멸사유

지상권자가 2년 이상의 지료를 지급하지 아니한 때에는 지상권설정자는 그 소멸을 청구할 수 있다(제287조). 이는 지상권자의 지료지급의무 불이행으로 인한 지상권관계의 해소를 법정한 것이다.

(가) 여기서 「2년 이상의 지료」는 계속한 것이 아니어도 되며, 1년분 지료의 지급을 지체하고 몇 년 있다가 다시 1년분을 지체한 것으로도 충분하다. 지급의 지체에 대하여는 지상권자에게 귀책사유가 있어야 한다. 판례는 토지소유자 변경의 전후로 각 1년분 지료의 지급을 지체하였어도 이를 이유로 지상권 소멸청구를 할 수 없다고 하나(대판 2001. 3. 13, 99다17142), 새로운 소유자는 지료등기 없이도 지상권자에게 지료를 청구할 수 있다고 해석되고 있으므로, 의문이다(임대차의 경우에 대해 제 4 편 제 1 장 Ⅱ. 2. (2) (나) 참조). 한편 지상권설정자가 지상권의 소멸을 청구하지 않고 있는 동안 지상권자로부터 연체된 지료의 일부를 지급받고 이를 이의 없이 수령하여 연체된 지료가 2년 미만으로 된

경우에는 지상권설정자는 더 이상 지상권자에게 지상권의 소멸을 청구할 수 없다(대판 2014. 8. 28, 2012다102384).

(나) 지상권이 저당권의 목적인 때 또는 그 목적 토지에 있는 건물이나 수목이 저당권의 목적이 된 때에는 지상권소멸청구는 저당권자에게 이를 통지한 후 상당한 기간이 경과함으로써 그 효력이 생긴다(제288조). 이는 지상권자의 지료지급의 지체로 지상권이 소멸하면 그 저당권자에게 불측의 손해를 줄 우려가 있으므로, 그에게 지료를 대위지급하는 등으로 대응책을 강구할 수 있는 기회를 주기 위한 것이다.

(다) 여기서의 지상권소멸청구권은 형성권으로서 그 의사표시만으로 지상권이 장래를 향하여 소멸하며, 그에 등기를 요하지 않는다(대판 2003. 12. 26, 2002다61934). 법문은 지상권설정자가 소멸청구권을 가진다고 하나, 이는 지상권소멸청구권이 발생할 당시의 토지소유자라는 의미이다.

(라) 한편 제287조는 지상권자의 일정한 의무위반으로 인한 지상권관계의 해소에 관한 요건을 법정한 것으로서, 지상권자에게 2년분 지료의 지급지체가 아니라도 그에 준하는 중대한 의무위반이 있는 경우에 유추적용할 것이다. 예를 들어, 광고탑을 세울 목적으로 지상권이 설정되었는데 지상권자가 건물을 건축한 것과 같이 현저한 용법위반이 있는 경우가 그러하다. 이 경우 토지소유자가 지상권자에 대하여 원상회복이나 손해배상을 청구할 수 있음은 물론이다(전세권에 관한 제311조도 참조).

(3) 저당권이 설정된 지상권의 포기

다른 경우와 마찬가지로 지상권자는 자신의 지상권을 포기함으로써 이를 소멸시킬 수 있다(제186조). 다만 지상권에 저당권이 설정된 때에는 저당권자의 동의 없이 지상권을 소멸하게 하는 행위를 하지 못한다(제371조 제 2 항).

(4) 약정 소멸사유의 등기

지상권설정계약의 당사자들은 그 소멸사유에 대하여 자유롭게 정할 수 있다. 이는 등기함으로써(권리 소멸의 약정 일반에 관한 부등 제54조 참조), 제 3 자에게 대항할 수 있다.

2. 지상권 소멸의 효과

(1) 목적 토지의 반환

지상권이 소멸하면, 지상권자는 지상권등기를 말소하고 또 목적 토지를 반환할 의무를 진다.

(2) 갱신청구권과 지상물매수청구권

지상권이 소멸한 경우에 특히 중요한 것은 지상권자가 지상권에 기하여 소유하던 건물·수목 등 지상물의 처리문제이다. 민법은 이를 지상권자가 수거하는 방도와 소유자가 이를 매수·취득하는 방도로 나누어 규정하고 있다.

(가) 지상권이 소멸하면, 지상권자는 지체 없이 그 지상물을 수거하여 토지를 원상에 회복할 의무가 있다(제285조 제 1 항). 이는 동시에 지상권자의 권리이기도 하다. 그러나 토지소유자는 상당한 가액을 제공하여 지상물의 매수를 청구할 수 있고, 지상권자는 정당한 이유가 있으면 이를 거절할 수 있다(동조 제 2 항). 매수청구권은 지상권자의 수거가 있기 전에 행사되어야 하며, 또 매수청구권이 행사되면 지상권자의 수거의무 및 수거권은 소멸한다. 이는 형성권으로서, 그 행사의 의사표시가 도달됨으로써 그 당시의 객관적 가액으로 건물 기타 지상물에 관한 매매계약이 성립한다. 그러나 지상권자가 예를 들어 동상 등을 다른 곳으로 옮겨 그대로 유지하려고 하는 등의 정당한 이유에 기하여 매수청구를 거절하면, 매매의 효력은 소급적으로 소멸한다.

(나) 그런데 건물 기타의 지상물은 많은 경우에 그 토지를 사용하는 데 유익하고 또 그 사용을 위하여서만 필요하여서, 이를 수거하는 것은 지상권자에게 불리하고 나아가 사회경제적으로도 바람직하지 않을 수 있다. 그러므로 민법은 지상권이 소멸하는 경우에 건물 기타의 지상물이 현존하는 때에는 지상권자에게 갱신청구권과 매수청구권을 부여한다(제283조). 이는 기타의 소멸사유, 특히 지료 지급의 지체로 인한 지상권소멸청구 등에서는 인정되지 않고(대판 1993. 6. 29, 93다10781), 존속기간의 만료로 소멸하는 경우에만 인정된다.

(a) 우선 지상권자는 지상권설정계약의 갱신을 청구할 수 있다고 정한다(동조 제 1 항). 지상권자는 그 만료 후 지체 없이 그 의사표시를 하여야 한다(대판 1995. 4. 11, 94다39925). 이 갱신청구권은 형성권이 아니며, 갱신청구에 응하여 토지소유자와의 사이에 갱신합의를 함으로써 비로소 갱신의 효과가 발생한다.

(b) 토지소유자가 상당한 기간 내에 갱신청구에 응하지 아니하는 경우에는, 지상권자는 토지소유자에 대하여 상당한 가액으로 건물 기타의 지상물을 매수할 것을 청구할 수 있다(동조 제2항). 이 매수청구권은 행사 시점의 토지소유자를 상대로 하는(대판 1994. 7. 29, 93다59717; 1977. 4. 26, 75다348) 지상권자의 일방적 의사표시로써 행사되는 형성권으로서, 그 행사 당시의 시가로 지상물의 매매계약이 성립한다. 이 권리가 행사되면, 지상권의 소멸을 이유로 하는 토지소유자의 지상물철거청구는 인정되지 않는다(대판 1995. 2. 3, 94다51178). 지상권의 존속기간이 만료된 때에 지상물을 철거하거나 토지소유자에게 무상으로 양도하기로 하는 약정은 지상권자의 이 권리를 배제하는 내용으로서 지상권자에게 불리하므로, 효력이 없다(제289조; 대판 1993. 6. 22, 93다16130).

한편 여기서의 지상물매수청구권은 지상권자의 적법한 갱신청구권의 행사와 지상권설정자의 갱신 거절을 요건으로 하는 것으로서, 지상권의 존속기간 만료 후 지체 없이 행사하지 아니하여 지상권갱신청구권이 소멸한 경우에는 인정되지 아니한다(대판 2023. 4. 27, 2022다306642).

(3) 유익비상환청구권

앞에서 본 대로 토지소유자는 임대인(제623조)과는 달리 토지를 사용에 적합한 상태로 둘 의무는 없다. 그러므로 지상권자가 토지에 대하여 필요비를 지출한 경우에는 비용상환청구권이 없다. 그러나 유익비를 지출한 경우에는 전세권자의 비용상환청구권(제310조)에 준하여 처리할 것이다.

Ⅳ. 특수지상권

1. 구분지상권

(1) 의의 및 성립

(가) 구분지상권이란 건물 기타 공작물을 소유하기 위하여 타인의 토지의 지하 또는 지상을 그 상하의 범위를 정하여 사용하는 지상권을 말한다(제289조의2 제1항 제1문). 이는 지상권의 객체가 통상의 지상권과 다르다는 점에 특색이 있다. 즉 통상의 지상권은 토지, 즉 토지의 상하를 두루 객체로 함에 반하여, 이는 그 일부인 지표 위의 공중 또는 지하만을 객체로 하는 것이다. 그

러므로 구분지상권이 설정되더라도 토지소유자 또는 다른 용익권자는 토지의 다른 부분을 그대로 이용할 수 있다. 이는 지하철·터널·송전선 등과 같이 공중 또는 지하만을 통과하는 설비가 늘어나면서, 토지의 상하를 중층적으로 나누어 효율적으로 이용하려는 경제적 수요에 대응하려는 것이다.

(나) 구분지상권은 지상권의 일종이므로, 그 설정에도 지상권과 같이 물권적 합의와 등기를 요한다(제186조). 앞서 본 구분지상권의 특색을 반영하여, 그 객체가 되는 「토지의 상하」가 등기되어야 한다(부등 제69조). 그것이 1필 토지의 일부의 상하라도 무방하다.

제 3 자가 목적 토지를 사용·수익할 권리를 가지는 때에는 그 권리자 및 그 권리를 목적으로 하는 권리를 가진 자 전원의 승낙을 얻어서 비로소 이를 설정할 수 있다(제289조의2 제 2 항 제 1 문). 이는 이들 기존 권리자의 이익을 해하지 않기 위한 것이다. 그렇게 보면 여기서의 「권리」란 물권 기타 대항력 있는 권리에 한정되고, 대항력 없는 임차권자는 이에 해당하지 않는다. 또 객체를 달리하는 구분지상권자도 그 승낙을 얻을 필요가 없다.

(2) 효 력

(가) 구분지상권의 효력은 통상의 지상권과 다를 바 없다. 물권적 청구권에 관한 규정, 상린관계에 관한 규정도 구분지상권자에 준용된다(제290조 제 2 항, 제280조 내지 제289조, 제213조, 제214조, 제216조 내지 제244조). 지료는 구분지상권의 요소가 아니다.

(나) 한편 원래 토지소유자는 구분지상권의 객체가 되지 않은 토지부분을 자유롭게 이용할 수 있는데, 그 설정행위에서 구분지상권의 행사를 위하여 토지소유자의 사용을 제한할 수 있다(제289조의2 제 1 항 제 2 문). 이는 등기하여야 제 3 자에 대항할 수 있다(부등 제69조 제 5 호). 한편 목적 토지에 대하여 용익권 등을 가지는 제 3 자의 승낙을 얻어 구분지상권이 설정된 때에는 이들 제 3 자는 구분지상권의 정당한 행사를 방해하여서는 안 된다(제289조의2 제 2 항 제 2 문).

2. 관습지상권

(1) 관습지상권의 성립

(가) 일제 때에도 부동산물권의 종류와 효력은 의용민법이 정하는 것 외

에 관습에 의하도록 하였다. 조선고등법원은 일정한 요건 아래 「관습」에 의한 지상권을 인정하였다. 이 법리는 우리 판례에 의하여 기본적으로 그대로 이어졌다. 그 권리는 종전에 '관습에 의한 법정지상권' 또는 '관습법상의 법정지상권'이라고 불렸으나, 간단히 '관습지상권'이라고 해도 좋을 것이다. 관습지상권은 관습법에 의하여 인정되는 물권(제185조)으로서 가장 현저한 것이다.

(나) 관습지상권의 성립요건은 다음과 같다.

(a) 토지와 건물이 동일인의 소유에 속하고 있었어야 한다(대판 1966. 11. 29, 66다1213). 토지와 그 지상 건물이 처음부터 원시적으로 동일인의 소유에 속하였을 필요는 없고, 그 소유권이 유효하게 변동될 당시에 동일인이 토지와 그 지상 건물을 소유하였던 것으로 충분하다(대판 1995. 7. 28, 95다9075, 9082; 토지나 건물이 공유에 속하는 경우에 대해서는 제 4 편 제 9 장 Ⅱ. 1. (2) (나) (e) 참조). 그 소유권이전등기가 압류 등 처분제한의 등기에 저촉하는 것이어도 무방하다(대판 2014. 9. 4, 2011다13463). 동일인 소유에 속하는지 여부의 판단은 원칙적으로 원인행위가 아니라 토지나 건물 어느 하나의 소유권이 변동하는 시점을 기준으로 한다.

그런데 이와 관련하여 판례는, 강제경매의 목적이 된 토지 또는 그 지상 건물의 소유권이 강제경매로 인하여 그 절차상의 매수인에게 이전된 경우에 건물의 소유를 위한 관습상 법정지상권이 성립하는지 여부가 다투어지는 경우, 그 매수인이 소유권을 취득하는 매각대금의 완납시가 아니라 그 압류의 효력이 발생하는 때를 기준으로 하여 토지와 그 지상 건물이 동일인에 속하였는지가 판단되어야 한다고 한다(대판(전) 2012. 10. 18, 2010다52140). 압류의 처분금지효에 따라 압류시점을 기준으로 관계인의 이해관계가 결정된다는 점을 근거로 한다. 같은 이유로 강제경매개시결정 이전에 가압류가 있고 그것이 본압류로 이행되어 경매절차가 진행된 경우에는 애초 가압류가 효력을 발생하는 때를 기준으로 토지와 그 지상 건물이 동일인에 속하였는지를 판단하여야 한다.

한편 강제경매의 목적이 된 토지 또는 그 지상 건물에 관하여 강제경매를 위한 압류나 그 압류에 선행한 가압류가 있기 이전에 저당권이 설정되어 있다가 그 후 강제경매로 인해 그 저당권이 소멸하는 경우에는 그 저당권 설정 당시를 기준으로 토지와 그 지상 건물이 동일인에게 속하였는지 여부에 따라 관습상 법정지상권의 성립 여부를 판단하여야 한다(대판 2013. 4. 11, 2009다62059). 그렇지 않고 저당권 설정 이후의 특정 시점을 기준으로 판단하면, 저당권자로서는 저당권 설정 당시를 기준으로 그 토지나 지상 건물의 담보가치를 평가하였음에도 저당권 설정 이후에 토지나 그 지상 건물의 소유자가 변경되었다는 우연한 사정으로 인하여 자신이 당초에 파악하고 있던 것보다 부당하게 높아지거나 떨어진 가치를 가진 담보를 취득하게 되어 예상하지 못한 이익을 얻거나 손해를 입게 되기 때문이다.

(b) 매매 기타의 적법한 원인으로 토지와 건물의 소유자가 다르게 되어야 한다. 이 요건이 관습지상권의 핵심이다. 즉 법정지상권에서는 저당권의 실행절차인 임의경매로 토지와 건물의 소유자가 다르게 되어야 함에 반하여, 여기서는 당사자의 합의에 기하여 그렇게 되었어도 지상권이 인정된다고 하는 점에 관습지상권의 가장 현저한 특색이 있는 것이다. 그리하여 여기서 토지와 건물의 소유자가 달라지는 원인으로는, 협의의 강제경매(대판 1970. 9. 29, 70다1454), 국세징수법에 의한 공매(대판 1967. 11. 28, 67다1831)와 같이 엄밀한 의미의 계약이 아닌 경우는 물론이고, 매매나 증여 등과 같은 소유권양도의 원인이 되는 채권계약(대판 1962. 4. 18, 4294민상1103; 1963. 5. 9, 63다11 등) 또는 대물변제 및 대물급부의 약정과 같은 변제계약(대판 1992. 4. 10, 91다45356)도 포함된다.

그런데 이 요건이 그대로 적용되지 않는 사안유형도 있다. 판례는 토지와 건물 양자를 매수한 사람이 토지에 관해서만 소유권등기를 이전받고 건물은 소유권등기 없이 둠으로써 토지와 건물의 소유자가 달라진 사안에 대하여, 관습지상권의 성립을 부인한다(대판 1983. 7. 26, 83다카419). 같은 이유에서 미등기 건물을 대지와 함께 매도하였으나 매수인에게 그 대지에 관하여만 소유권이전등기가 경료되고 건물에 관하여는 등기가 경료되지 아니한 경우에도 같다(대판(전) 2002. 6. 20, 2002다9660). 또한 토지매도인이 매수인에게 그 대금을 다 받기 전에 건물의 신축을 허용하여 매수인이 건물을 신축하였으나 매수인 앞으로 토지소유권이 이전되기 전에 토지매매계약이 해제된 경우에도 마찬가지이다(대판 1988. 6. 28, 87다카2895).

(c) 당사자 사이에서 건물을 철거한다는 약정(대판 1980. 7. 8, 79다2000) 또는 토지임대차와 같이 따로 건물의 존립을 위한 토지이용권에 관한 약정(대판 1968. 1. 31, 67다2007)이 없어야 한다. 이러한 약정이 있는 경우에는 건물소유자를 위한 관습지상권을 인정할 필요가 없기 때문이다. 이러한 약정의 존재는 이를 주장하는 측에서 입증하여야 한다(대판 1988. 9. 27, 87다카279).

(2) 관습지상권의 효력

(가) 관습지상권은 등기 없이도 성립한다. 그러므로 건물소유자는 관습지상권 성립 당시의 토지소유자뿐만 아니라, 그 승계인에 대해서도 이를 대항할 수 있다. 다만 — 특히 지상 건물과 함께 — 지상권을 양도하거나 그에 저당권을 설정하는 등으로 처분하려면, 이를 등기하고(제187조 단서), 다시 그 처분에 관한 등기를 경료하여야 한다.

(나) 그러나 관습지상권의 효력은 법률행위에 의하여 설정되는 통상의 지상권과 기본적으로 다를 바 없고, 특히 법정지상권의 효력은 그대로 관습지상권에 타당하다. 판례는 관습지상권자는 토지소유자에게 지료를 지급하여야 하며(따라서 무상의 관습지상권은 인정되지 않는다), 그 지료에 대하여는 당사자의 합의가 없는 한 당사자의 청구에 의하여 법원이 이를 정한다고 한다(제366조 단서의 유추적용). 관습지상권의 존속기간은 그 정함이 없는 것으로 보아, 제281조를 준용한다(대판 1963. 5. 9, 63다11).

(3) 판례에 대한 평가

(가) 그런데 관습지상권의 법리가 수긍할 만한 것인지는 의문이 있다. 일반적으로 당사자의 합의와 무관하게 법의 힘으로 법정지상권이 인정되는 것은, 저당권의 설정 및 그 실행에 있어서 당사자의 통상의 의사를 실현하기에 필요한 법적 장치(자기지상권제도 또는 건물의 존립을 위한 토지이용권에 관하여 공경매 절차 중에 논의할 기회)가 마련되지 않았으므로, 이를 사후적으로 실현하기 위하여서이다(제3편 제9장 Ⅱ. 1. (1) (가) 참조). 이러한 이유는 협의의 강제경매와 국세징수법에 의한 공매 등 공경매의 경우에는 그대로 타당하다. 그렇다면 이들 경우는 제366조의 유추적용에 의하여 해결될 수 있다.

(나) 그러나 매매 기타 계약에서와 같이 당사자들이 건물 존립을 위한 토지이용권을 약정할 수 있는 법적 장치가 충분히 마련되어 있는 경우에는 건물소유자에게 지상권을 인정할 이유가 없다. 이는 매매 기타의 원인으로 토지와 건물의 소유자가 다르게 되어야 한다는 요건을 적용함에 관하여 논리적 일관성을 유지하지 못하는 데서 더욱 분명히 드러난다. 한편 판례는 앞서 본 대로 당사자들이 건물의 매매 등 계약을 하면서 그러한 법적 장치를 잘 이용하여 토지임대차계약 등을 체결한 경우에는 관습지상권을 부인한다. 이와 같이 당사

자들이 토지이용에 관한 약정을 하지 아니한 경우에 그보다 훨씬 강력한 지상권을 취득한다는 것은 명백한 평가모순이다.

(다) 실제로 일제가 그 인정의 기초로 삼은 「관습」이라는 것이 당시 존재하였는지 쉽사리 말할 수 없을 뿐 아니라, 특히 현재에 그러한 관습이 존재하는지 극히 의문이다. 게다가 제305조 제 1 항은 관습지상권을 전제로 할 때에는 실제적 의미가 없는 규정으로, 입법자가 이 규정을 굳이 신설한 것은 오히려 우리 민법이 관습지상권에 관한 종래의 판례법리를 부인하는 태도를 취하는 것으로 이해될 가능성을 충분히 안고 있다.

이러한 모든 점들을 고려할 때 관습지상권은 폐기되는 것이 바람직하다. 그러나 판례는 현재에도 그러한 관습법이 유지되고 있다고 하여 종래의 법리를 그대로 적용하고 있다(대판(전) 2022. 7. 21, 2017다236749).

3. 분묘기지권

분묘기지권이란 분묘의 유지 및 관리를 위하여 타인의 토지를 사용할 수 있는 관습법상의 권리를 말한다. 이는 일제 아래서 우리나라의 「관습」으로 조선고등법원이 인정한 것을 대법원이 그대로 이어받은 것이다. 이 권리는 지상권에 유사한 것이라고 한다.

(1) 분묘기지권의 성립

분묘기지권의 성립요건은 다음과 같다. 등기는 어느 경우에나 그 요건이 아니다.

(가) 여기서의 「분묘」란 유골·유해 등 시신을 매장한 곳을 말하며, 가묘(假墓)는 이에 해당하지 않는다(대판 1976. 10. 26, 76다1359). 또 분묘는 봉분으로 조성되어 그 존재가 공시방법으로서의 구실을 하여야 한다. 그러므로 평장(平葬) 또는 암장(暗葬)되어 외부에서 분묘인지 인식할 수 없는 것은 성립요건을 충족하지 못한다(대판 1967. 10. 12, 67다1920).

(나) 나아가 다음 중 하나의 요건이 갖추어져야 한다. ① 타인 소유의 토지에 소유자의 승낙을 얻어 분묘를 설치한 때(위 대판 1967. 10. 12. 등), ② 자기 소유의 토지에 분묘를 설치한 후 분묘를 이장한다는 특약 기타 조건이 없이 그 토지의 소유권이 제 3 자에게 이전된 때(위 대판 1967. 10. 12.; 1976. 10. 26, 76

다1359), ③ 타인 소유의 토지에 그 승낙 없이 분묘를 설치한 후 20년간 그 분묘의 기지를 평온·공연하게 점유한 때(대판 1957. 10. 31, 4290민상539; 1969. 1. 28, 68다1927). 이것이 가장 빈번한 예이다. 이와 관련해 「장사 등에 관한 법률」이 시행된 2001. 1. 13. 이후에는 법령에 의해 분묘기지권의 시효취득은 허용되지 않지만(동법 제27조 제3항 참조), 그 이전에 성립한 분묘에 대해서는 여전히 분묘기지권의 시효취득 법리가 적용된다는 것이 판례이다(대판(전) 2017. 1. 19, 2013다17292).

(다) 분묘기지권은 분묘를 수호·관리하기 위하여 인정되는 권리이므로, 분묘를 수호·관리할 권한이 없는 사람은 이를 취득하지 못한다(대판 1959. 4. 30, 4291민상182). 조상의 분묘를 수호·관리할 권리는 특별한 사정이 없는 한 관습상 그 종손에게 전속된다고 하나(대판 1979. 10. 16, 78다2117), 이제는 제1008조의3에서 정하는 "제사를 주재하는 자"에게 귀속된다고 할 것이다(대판(전) 2008. 11. 20, 2007다27670 참조).

(2) 효력과 소멸

(가) 분묘기지권은 지상권에 유사한 권리이다. 그에 기하여 분묘의 소유자는 분묘를 수호·관리하기 위하여 토지를 사용할 수 있다. 이는 분묘를 유지하는 데 필요한 설비를 하는 것을 포함한다(대판 1993. 7. 16, 93다210 참조). 그러나 새로운 분묘를 설치할 수 없으며, 기존의 분묘에 합장하는 것도 허용되지 않는다(대판 2001. 8. 21, 2001다28367). 한편 분묘기지권은 봉분의 기저부분 외에도 분묘를 수호하고 참배·봉사(奉祀)하는 데 필요한 범위에서 그 주위의 공지에 미친다(대판 1960. 6. 30, 4292민상840). 분묘기지권자는 그 권리에 기하여 그 방해의 배제를 청구할 수 있고(제214조), 특히 위 범위를 침범하여 설치된 분묘 기타 설비에 대하여 그 철거를 청구할 수 있다(대판 1959. 10. 8, 4291민상770).

(나) 분묘기지권은 당사자 사이에 별도의 약정이 없는 한 분묘의 수호와 봉사를 계속하고 있는 동안 존속한다(대판 1982. 1. 26, 81다1220). 즉 제281조, 제280조 제1항 제3호를 준용하여 5년이라고 할 것이 아니다. 다만 당사자 사이에 존속기간에 관한 약정이 있으면 그에 따른다. 그러나 권리자가 상당한 기간 동안 분묘의 수호와 봉사를 저버린 경우에는 이 권리는 소멸한다(대판 1982. 1. 26, 81다1220). 또한 분묘가 이장된 경우나 봉분이 평탄하게 되어 외부적

으로 분묘라고 인식할 수 없게 된 경우에도 소멸한다고 할 것이며, 그 자리에 새로 분묘를 설치하거나 봉분을 조성하여도 분묘기지권이 부활하지 않는다.

한편 분묘기지권자는 토지소유자의 승낙을 얻어 분묘를 설치한 경우에는 지료에 관한 약정이 있으면 그에 따르며, 이 약정은 분묘 기지의 승계인에 대해서도 미친다(대판 2021. 9. 16, 2017다271834). 한편 자기 토지에 분묘를 설치한 후 그 토지를 양도한 경우에는 지료지급의무가 있으며(대판 1967. 10. 12, 67다1920) 제366조 단서를 준용하여 법원이 이를 결정할 것이다. 그 이외의 경우, 특히 분묘기지권을 시효취득한 경우에는 토지소유자가 분묘기지에 관한 지료를 청구하면 그 청구한 날로부터 지료를 지급할 의무가 발생한다(대판(전) 2021. 4. 29, 2017다228007).

제5장 지 역 권

Ⅰ. 지역권의 의의와 성질

1. 지역권은 설정행위에서 정한 일정한 목적을 위하여 타인 소유의 토지를 자기 토지의 편익에 이용하는 물권이다(제291조). 그 편익을 얻는 토지를 요역지(要役地), 편익을 주는 토지, 즉 지역권의 객체가 되는 토지를 승역지(承役地)라고 부른다. 지역권은 토지를 목적으로 하며, 승역지의 일부에도 성립할 수 있다. 토지의 일부에 지역권을 설정하는 경우에는 그 범위를 등기하여야 한다(부등 제70조 제 5 호 참조).

2. 지역권은 타인 소유 토지의 이용을 내용으로 하는 제한물권(타물권)이고, 그 중에서도 용익물권에 속한다. 이 권리는 대체로 인접하는 토지 사이에서 설정된다. 상린관계에 관한 규정이 인접하는 두 토지의 이용을 공평하게 조절하기 위한 최소한의 규율로서 소유권의 내용을 정하는 것임에 반하여, 지역권은 요역지의 편익을 위하여 승역지를 이용하는 독자적인 권리로서 설정되고 그에 대응하여 승역지의 이용이 제한을 받는다. 그러나 양자의 제도는 인접 토지 간의 이용을 조절한다는 점에서 같은 기능을 하며, 지역권은 상린관계의 내용을 확장하거나 제한하는 것인 경우가 많다. 실제로 주위토지통행권(제219조)과 통행지역권의 시효취득은 소송상 함께 주장되는 경우가 적지 않다.

A가 B의 토지를 통행하는 것 기타 자신의 편익에 이용하는 것을 내용으로 하는 계약이 채권계약으로 체결되는 경우도 있다(대판 1992. 12. 22, 92다30528).

그러나 지역권은 요역지와 승역지의 두 토지 사이의 물적 관계를 파악하는 권리로서, 단지 어떤 사람의 편의를 도모하는 것이 아니라 요역지 자체의 사용가치를 증가시키는 것을 내용으로 한다. 역사적으로는 타인의 토지로부터 일정한 사람이 자신의 편익을 도모할 수 있는 인역권(人役權; 예를 들면 A가 B의 토지에서 수렵이나 낚시, 방목 등을 하는 권리)도 인정되었으나, 민법은 이를 지역권에 대등한 물권으로 채택하지 않았다. 다만 뒤에서 보는 「특수지역권」은 그 명칭에도 불구하고 지역권이 아니라 인역권의 성질을 가진다.

Ⅱ. 지역권의 성립과 존속기간

1. 법률행위에 의한 성립

(1) 지역권설정계약

지역권은 주로 지역권설정행위, 특히 지역권설정계약에 의하여 성립한다. 그 행위에는 물론 지역권의 설정에 관한 등기가 요구된다(제186조, 부등 제70조). 지역권 일반에 대하여 그 등기신청에는 지역권설정의 목적, 범위, 요역지를 기재할 것을 요구하고(필요적 기재사항), 그 외에 제292조 제 1 항 단서, 제297조 제 1 항 단서 또는 제298조의 약정이 있으면 이를 기록하도록 한다(부등 제70조 제 1 호 내지 제 4 호). 이들 임의적 기재사항이 등기되면 제 3 자에 대해 대항력을 가진다. 또한 승역지의 일부에 지역권설정의 등기를 할 때에는 그 부분을 표시한 도면의 번호도 기록해야 한다(동조 제 5 호).

(2) 설정계약의 당사자

앞서 본 대로 지역권은 요역지와 승역지의 두 토지 사이의 물적 관계이나, 그 설정의 당사자를 각 토지의 소유자에 한정할 이유는 없다. 지역권을 설정해 주기로 하는 채권계약을 체결한 후 요역지가 될 토지의 소유자가 그 토지를 제 3 자에게 양도한 경우에도 그는 여전히 상대방(승역지가 될 토지의 소유자)에 대하여 지역권설정등기를 청구할 수 있다(대판 1971. 4. 6, 71다249). 더 나아가 지상권자나 전세권자와 같이 물권적 용익권을 가지는 사람도 이용의 조절을 위하여 그 권리의 범위 내에서 목적 토지를 위하여 또는 목적 토지 위에 지역권을 설정할 수 있다고 할 것이다. 한편 다수설은 임차인도 이를 설정할 수 있다고 하나, 임차권이 등기되지 아니한 이상 그에 설정되는 지역권에 관한 등기절차 내에서 그가 등기의무자 또는 등기권리자인지 확인할 방도가 없어 그 등기가 행하여질 수 없으므로 이를 부정할 것이다.

(3) 편익의 내용

지역권을 설정함에는 그 설정의 「목적」, 즉 요역지가 받는 편익의 내용을 정하여야 한다(부등 제70조 제 1 호). 여기서 편익이란 요역지의 사용가치를 증가시키는 것을 의미하며, 그 내용에는 제한이 없다. 지역권자가 승역지를 통행하거나(통행지역권) 승역지로부터 또는 승역지를 통하여 물을 끌어 쓰는(용수지역권) 등의 적극적인 사용인 경우는 물론이고(적극적 지역권, 작위의 지역권), 승역지의 이용자가 원래 할 수 있는 건축 등의 행위를 하지 아니하는 소극적인 부작위도 지역권의 내용이 될 수 있다(소극적 지역권, 부작위의 지역권). 나아가 지역권설정의 당사자는 승역지의 이용자가 요역지를 위하여 부수적으로 공작물의 설치나 수선 등 일정한 적극적 행위를 할 의무를 지는 것을 특별히 약정할 수도 있으나, 이 경우에 이를 제 3 자에게 대항하기 위하여는 등기를 요한다(제298조, 부등 제70조 제 4 호).

(4) 지역권에 대한 대가

법에는 지역권에 기한 토지이용의 대가에 대하여 정함이 없다. 그러나 지역권설정행위가 유상으로 행하여지는 것을 부정할 이유는 없다. 다만 지역권에 의한 토지이용의 대가는 등기할 수 없으므로, 이를 요역지승계인 등 제 3 자에게 대항할 수 없다.

2. 법률의 규정에 의한 성립

지역권은 시효취득될 수 있다(제248조, 제245조). 그러나 지역권의 시효취득은 계속되고 표현된 것에 한한다(제294조). 여기서 계속이란 지역권의 내용인 승역지의 이용이 중단 없이 이어지는 것을 말하고, 표현이란 그 이용이 외부로부터 인식될 수 있는 외형적 사실을 수반하는 것을 말한다. 예를 들어 요역지의 소유자가 승역지 위에 통로를 새로 설치하여 그 위를 다님으로써 승역지를 계속해서 이용하는 객관적 상태가 20년간 계속되면, 요역지의 소유자는 지역권의 취득시효의 완성을 원인으로 승역지의 소유자에 대하여 지역권등기를 청구할 권리를 취득하고, 그 등기가 행하여지면 지역권을 취득한다(대판 1979. 4. 10, 78다2482; 또한 용수지역권에 대해 대판 1977. 5. 24, 74다383). 한편 지역권자로 등기된 사람이 선의·무과실로 승역지를 그 등기의 내용대로 10년간 계속적으로 또 외부에서 인식될 수 있게 이용하였으면, 지역권의 등기부취득시효가 긍정된다. 그러나 예를 들어 20년간 건축을 하지 않았다고 해도 이는 계속되기는 하였어도 표현되지 않았으므로 건축을 하지 않음을 목적으로 하는 지역권이 시효취득될 수 없다.

3. 요역지·승역지의 공유

(1) 지역권의 불가분성

지역권은 요역지의 편익을 도모하여 승역지를 사실적으로 이용하는 권리이다. 그러므로 요역지가 공유에 속한다면 각 지분은 요역지 전체에 미치므로(제263조 후단), 지역권은 어느 지분만을 위하여 존재할 수 없다. 또 승역지가 공유에 속하는 경우에도 그 지분이 지역권의 대상이 될 수는 없다. 그러므로 요역지 또는 승역지가 공유에 속하는 경우에 그 공유자의 1인에 관하여 지역권이 성립 또는 소멸하는 사유가 생긴 때에는 지역권의 법적 운명은 공유자 전원에 관하여 성립·존속하거나 아니면 그 전원에 관하여 미성립·소멸하는 것 중 어느 한 방향으로 일률적으로 정하여질 수밖에 없다. 이러한 성질을「지역권의 불가분성」이라고 부르기도 하는데, 민법은 지역권을 성립 또는 존속시키는 방향을 취한다.

(2) 불가분성의 내용

(가) 공유자 중 1인이 지역권을 취득한 때에는 다른 공유자도 이를 취득한다(제295조 제 1 항). 또 공유의 요역지를 위한 지역권의 취득시효에서 그 시효의 진행을 중단시키려면 공유자 중 지역권을 사실상 행사하고 있는 사람 모두에 대하여 하여야 한다(동조 제 2 항). 이는 취득시효의 정지사유에 대하여도 마찬가지라고 할 것이다. 그러므로 예를 들어 A, B, C 3인의 공유자 중 A와 B가 D 소유의 인근 토지 위에 통로를 새로 설치하여 그 위를 계속 통행하는 경우에 D가 A를 상대로 통행금지청구소송을 제기하여 시효의 진행이 중단되었어도 B의 취득시효는 중단 없이 진행되어 20년의 시효기간이 경과하였으면,

A, B, C 전원이 그 소유 토지를 위한 통행지역권을 시효취득하게 된다.

(나) 공유의 요역지에 관하여 공유자 중 1인에 대해 지역권의 소멸시효를 중단 또는 정지시키는 사유가 있는 때에는 그 중단 및 정지는 공유자 전원을 위하여 효력이 있다(제296조).

(다) 한편 토지공유자는 각자의 지분에 관하여 그 토지를 위한 지역권 또는 그 토지가 부담하는 지역권을 소멸시키는 행위를 하지 못한다(제293조 제1항).

4. 지역권의 존속기간

민법은 지역권의 존속기간에 대하여 별다른 정함이 없으나, 당사자들의 약정으로 존속기간을 정할 수 있음은 물론이다. 존속기간의 약정은 지상권의 경우(부등 제69조)에 준하여 이를 등기할 수 있다고 할 것이다. 한편 지역권에 의한 소유권의 제한은 대체로 부분적인 것에 그치므로, 영구의 지역권도 가능하다(통설).

Ⅲ. 지역권의 효력

1. 지역권자의 물권적 토지이용권

(1) 승역지의 이용

지역권자는 지역권의 목적에 따라서 승역지를 자기 토지의 편익에 이용할 권리를 가진다. 그러나 승역지를 수익(收益)하는 것, 즉 넓은 의미의 과실을 수취하는 것은 이에 포함되지 않는다. 한편 그 이용은 그 목적을 달성하는 데 필요한 범위에 한하여, 또 승역지에 가장 부담이 적도록 하여야 한다(제219조 제1항 단서 참조). 이러한 이용의 조절에 관하여 민법은 특히 다음과 같이 정한다.

우선 용수지역권에서 승역지의 수량이 요역지 및 승역지의 수요를 모두 충족하기에 부족한 때에는 그 수요의 정도에 의하여 먼저 가용(家用)에 공급하고 그 나머지를 다른 용도에 공급하여야 한다. 그러나 설정행위에 다른 약정이 있으면 그에 의한다(제297조 제1항; 이 약정으로 제3자에게 대항하려면 이를 등기하여야 한다, 부등 제70조 제4호). 한편 민법은 승역지에 여러 개의 용수지역권이 설정된 경우에는 후순위의 지역권자는 선순위의 지역권자의 용수를 방해하지 못한다고 정한다(동조 제 2 항). 그러나 지역권도 물권이므로 성립의 순서, 즉 등기의 선후에 따라 그 우선적 지위가 정하여지는 것이므로, 이는 당연한 규정이다.

한편 승역지의 이용자는 지역권의 행사를 방해하지 않는 범위 내에서 지역권자가 지역권의 행사를 위하여 승역지에 설치한 공작물을 사용할 수 있다. 그러나 수익의 정도의 비율로 공작물의 설치·보존의 비용을 분담하여야 한다(제300조).

(2) 방해배제청구권

한편 지역권자는 그 권리의 실현을 위법하게 방해하거나 방해할 우려가 있는 승역지의 이용자 또는 제 3 자에 대하여 그 배제 또는 예방을 청구할 수 있다(제301조, 제214조). 그러므로 예를 들어 통행지역권자는 승역지의 소유자가 통행로를 폐쇄한 경우에는 그 개통을 청구할 수 있다.

(3) 지역권의 수반성

지역권은 앞서 본 대로 소유권의 내용이 아니라 독립한 물권이다. 그러나 그것은 오로지 요역지의 편익을 도모하기 위하여 존재하므로, 요역지 소유권과 운명을 같이하는 것이 적절하다.

우선 요역지의 소유권이 이전되거나 다른 권리의 목적이 되는 경우에는 지역권도 당연히 이에 수반한다(제292조 제 1 항 본문). 따라서 그 경우 지역권의 이전이나 지역권에의 부담설정을 내용으로 하는 별도의 물권행위 또는 등기는 요구되지 않는다. 이는 지상권자 또는 전세권자가 지역권설정의 당사자가 된 경우에도 다를 바 없다. 한편 이러한 지역권의 수반성은 설정행위에 의하여 배제될 수 있으며(동항 단서), 그 특약을 등기하면 제 3 자에게 대항할 수 있다(부등 제70조 제 4 호).

나아가 지역권자는 그 권리를 요역지와 분리하여 양도하거나 다른 권리의 목적으로 하지 못한다(제292조 제 2 항).

(4) 요역지 또는 승역지의 분할

지역권이 성립한 후에 요역지 또는 승역지가 일부양도 등의 이유로 분할된 경우에는 지역권은 요역지의 분할 후의 각 부분을 위하여 또는 승역지의 분할 후의 각 부분에 그대로 존속한다. 그러나 지역권이 요역지의 분할된 어느 부분만을 위한 것이거나 승역지의 분할된 어느 부분만에 대한 것인 때에는 지역권은 다른 부분에 대하여는 그 분할에 의하여 소멸한다(제293조 제2항).

2. 승역지 이용자의 의무

(1) 승역지 이용자의 인용의무

승역지의 소유자 기타 이용자에게는 지역권의 범위 내에서 그 토지의 이용이 제한된다. 작위의 지역권에서 승역지이용자는 지역권자의 그 사용을 인용할 의무를 지며, 부작위의 지역권에서 그는 지역권의 목적으로 정하여진 행위를 하지 아니할 의무를 진다. 한편 그는 지역권자가 자신이 설치한 설비를 이용할 권리를 가지는 경우에는 이 설비를 지역권자의 동의 없이 변경할 수 없다고 할 것이다.

(2) 승역지 소유자의 적극적 의무와 위기

앞서 본 대로 지역권설정의 당사자들은 승역지가 단지 지역권의 물적 부담을 지는 것에서 나아가 승역지 이용자가 자신의 비용으로 지역권의 행사를 위한 공작물의 설치 또는 그 수선과 같은 적극적 의무를 부담하는 특약을 할 수 있다. 이는 원래 지역권의 내용이라기보다는 그와는 별도의 채권적 약정이라고 할 것이다. 그런데 민법은 그러한 의무가 승역지 이용자의 특별승계인에게 승계된다고 정한다(제298조). 그 승계는 그 특약이 등기됨으로써(부등 제70조 제4호) 얻어지는 대항효에 기한 것이다.

한편 승역지 소유자가 위와 같은 적극적 의무를 지는 경우에 그는 지역권에 필요한 부분의 토지소유권을 지역권자에게 위기(委棄)하여 그 의무를 면할 수 있다(제299조). 위기의 제도는 승역지 소유자를 위하여 지역권에 관련한 그의 의무를 면할 수 있는 또 하나의 특수한 방법을 인정한 것이다. 위기는 소유권을 일방적으로 지역권자에게 이전되도록 이를 포기하는 것을 내용으로 하는 단독행위로서, 이에는 등기를 요하지 않으며 그 의사표시만으로 승역지 소유자는 소유권을 상실하고 지역권자는 소유권을 취득한다. 한편 이로써 지역권은 혼동(제191조)에 의하여 당연히 소멸한다.

Ⅳ. 지역권의 소멸

1. 지역권의 소멸사유

지역권은 물권 또는 제한물권 일반과 같이 목적 토지의 멸실, 존속기간의 만료, 제 3 자의 시효취득,[1] 혼동(제191조), 소멸시효(제162조 이하), 토지의 수용(공취 제45조 제 1 항), 지역권에 우선하는 저당권 또는 압류채권·가압류채권에 기한 강제경매(민집 제91조 제 3 항) 등으로 소멸한다.

2. 지역권 소멸의 효과

지역권이 소멸하면, 지역권자는 그 등기를 말소할 의무를 진다. 또한 지역권의 행사를 위하여 승역지에 설치한 공작물 등이 있으면 이를 수거하는 등으로 승역지를 원상에 회복하여야 한다.

Ⅴ. 특수지역권

1. 의 의

자연부락의 주민 기타 일정한 지역의 주민이 집합체의 관계로 타인의 토지에서 초목·야생물이나 토사를 채취하거나 방목을 하는 등으로 수익(收益)을 하는 물권적 성질의 권리가 종전부터 관습법에 기하여 인정되고 있었다. 이는 산업화 이전의 시대에 생활 또는 수입의 기초로서 현저한 의미를 가졌었다. 현재는 그 중요성이 많이 감퇴하였으나, 자연부락 주민들의 땔감·야생식물 등의 채취나 방목 외에도 송이버섯이나 산삼 등의 채취와 같이 여전히 일정한 기능을 하는 생활영역이 없지 않다.

제302조는 이 권리를 명문으로 승인하여 「특수지역권」이라고 부르고, 그 내용에 대하여는 관습이 있으면 그에 따르고 관습이 없는 사항에 대하여는 지역권에 관한 규정을 준용하도록 한다. 그런데 이에 관련한 관습조사는 매우 불

---

1) 시효취득은 원시취득이므로 승역지가 시효취득되면 그 위의 지역권도 원칙적으로 소멸한다. 다만 시효취득자가 지역권의 행사를 인용하면서 이를 점유한 경우에는, 그는 그 점유의 내용에 상응하여 지역권의 제한을 받는 소유권을 시효취득한다고 할 것이다(통설).

비한 형편이어서, 그 법리도 좀처럼 활발히 전개되지 못하고 있다.

2. 성　　질

이 권리는 일정한 사람이 자신의 일정한 생활상 이익을 위하여 타인의 토지를 이용하는 것으로서 토지 자체의 사용가치를 증가시키는 것과는 무관하고, 또 토지의 과실을 수취하는 것이므로 단순한 사용이 아니라 수익을 내용으로 한다. 그러므로 이 권리는 그 용어에도 불구하고 지역권이 아니라 인역권, 그 중에서도 용익권(ususfructus)의 성질을 가진다. 그러나 민법은 인역권을 지역권과 대등한 물권의 종류로 인정하지 않으므로, 내용상 가장 근접한 지역권에 관한 규정 속에 위치시키고 이들 규정을 준용하면서 특수지역권이라고 부르는 것이다.

3. 효　　력

특수지역권자가 타인의 토지를 이용할 수 있는 내용은 관습에 따라 매우 다양하다. 땔감용 초목이나 야생의 식물(예를 들면 잣, 송이버섯, 산삼 등)을 채취하는 것, 날짐승·들짐승·민물고기를 사냥하거나 낚는 것, 소나 염소·양 등을 방목하는 것, 토사를 채취하는 것 등이 그것이다. 그 권리의 객체인 토지에 소유권이나 지상권·전세권을 가지는 사람은 이 권리에 의하여 자신의 권리에 물적 제한을 받으며, 위와 같은 사용·수익을 인용할 의무를 진다. 한편 이 권리는 물권이므로, 그것이 위법하게 방해되거나 또는 그 우려가 있는 경우에는 그 배제나 예방을 청구할 수 있다(제302조, 제301조, 제214조).

이 권리는 일정한 지역의 주민들이 「집합체의 관계」에서 보유하므로, 그들은 이를 준총유한다(제278조, 제275조 제1항). 그러므로 따로 관습이 없는 한 총유에 관한 규정도 이에 준용된다. 그러므로 다른 관습이나 규약이 없는 한, 그 권리의 처분이나 변경은 주민총회의 결의에 의하며(제276조 제1항), 주민의 지위를 취득·상실함으로써 이에 관한 권리의무도 취득·상실된다(제277조).

재판례 색인

대판 1955. 4. 7, 4288민상18 ········· 192
대판 1955. 10. 13, 4288민상364 ········· 193
대판 1956. 12. 1, 4289민상343 ········· 192
대판 1957. 1. 10, 4289민상401 ········· 496
대판 1957. 10. 31, 4290민상539 ········· 797
대판 1959. 4. 30, 4291민상182 ········· 797
대판 1959. 10. 8, 4291민상770 ········· 797
대판 1960. 6. 30, 4292민상840 ········· 797
대판 1961. 11. 9, 4293민상263 ········· 229, 250
대판 1961. 11. 9, 4293민상748 ········· 107
대판 1961. 12. 24, 4293민상893 ········· 495, 502
대판 1962. 1. 11, 4294민상195 ········· 206
대판 1962. 1. 11, 61다195 ········· 206
대판 1962. 1. 25, 4294민상607 ········· 193
대판 1962. 2. 15, 4294민상378 ········· 220, 250
대판 1962. 3. 22, 4294민상1149 ········· 502
대판 1962. 3. 22, 4294민상1297 ········· 754
대판 1962. 4. 18, 4294민상1103 ········· 794
대판 1962. 5. 24, 4294민상251, 252 ········· 215
대판 1962. 10. 11, 62다466 ········· 129
대판 1962. 10. 11, 62다496 ········· 738
대판 1962. 11. 15, 62다634 ········· 237
대판 1963. 2. 14, 62다884 ········· 171
대판 1963. 4. 25, 63다122 ········· 163, 171, 184
대판 1963. 5. 9, 63다11 ········· 794, 795
대판 1963. 7. 11, 63다235 ········· 375, 386

대판 1963. 10. 10, 63다583 ············ 414, 643
대판 1963. 11. 21, 63다634 ············ 188
대판 1963. 11. 21, 63다634 ············ 200
대판 1964. 3. 31, 63다314 ············ 159
대판 1964. 7. 14, 63다839 ············ 771
대판 1964. 12. 29, 64다804 ············ 185
대판 1965. 3. 30, 64다1483 ············ 225
대판 1965. 3. 30, 64다1977 ············ 373, 375
대판 1965. 6. 29, 65다477 ············ 225
대판 1965. 9. 28, 65다1268 ············ 295
대판 1965. 11. 30, 65다1996 ············ 139
대판 1965. 12. 21, 65다1655 ············ 670
대판 1965. 12. 28, 65다2133 ············ 138
대판 1966. 1. 31, 65다2445 ············ 129
대판 1966. 3. 22, 66다68 ············ 502
대결 1966. 5. 10, 65마109 ············ 48
대판 1966. 6. 21, 66다417 ············ 192
대판 1966. 9. 27, 66다1149 ············ 206
대판 1966. 9. 27, 66다1224 ············ 670
대판 1966. 9. 27, 66다1330 ············ 541
대판 1966. 10. 4, 66다1535 ············ 236
대판 1966. 10. 18, 66다1447 ············ 238
대판 1966. 11. 29, 66다1213 ············ 793
대판 1966. 11. 29, 66다1668 ············ 49
대판 1967. 1. 31, 66다2267 ············ 643
대판 1967. 3. 28, 67다61 ············ 549
대판 1967. 3. 28, 67다212 ············ 214
대판 1967. 4. 25, 67다75 ············ 107, 237
대판 1967. 5. 23, 67다529 ············ 107
대판 1967. 7. 11, 67다847 ············ 237
대판 1967. 9. 16, 67다1482 ············ 303
대판 1967. 10. 12, 67다1920 ············ 796, 798
대판 1967. 11. 28, 66다2111 ············ 375
대판 1967. 11. 28, 67다1831 ············ 784, 794

대판 1967. 12. 29, 67다2034, 2035 ········ 353
대판 1968. 1. 23, 67다2440 ········ 202
대판 1968. 1. 31, 67다2007 ········ 794
대판 1968. 1. 31, 67다2785 ········ 40
대판 1968. 3. 5, 67다2786 ········ 369, 375
대결 1968. 4. 24, 68마300 ········ 454
대판 1968. 5. 21, 68다461 ········ 30
대판 1968. 5. 28, 68다397 ········ 192
대판 1968. 6. 18, 68다663 ········ 167, 172
대판 1969. 1. 28, 68다1927 ········ 797
대판 1969. 2. 25, 68다2352 ········ 199
대판 1969. 3. 18, 69다56 ········ 711
대판 1969. 3. 25, 69다112 ········ 554
대결 1969. 7. 12, 69마305 ········ 42
대판 1969. 7. 29, 69다835 ········ 184
대판 1969. 8. 26, 68다2320 ········ 40
대판 1969. 11. 25, 69다1592 ········ 377, 386
대판 1969. 11. 25, 69다1665 ········ 163
대결 1969. 12. 9, 69마920 ········ 621, 622
대판 1970. 3. 10, 69다1151 ········ 118
대판 1970. 9. 17, 70다1250 ········ 540
대판 1970. 9. 29, 70다1454 ········ 794
대결 1971. 1. 26, 71마1151 ········ 496
대판 1971. 3. 23, 71다37 ········ 106
대판 1971. 3. 23, 71다225 ········ 547
대판 1971. 4. 6, 71다249 ········ 800
대결 1971. 5. 15, 71마251 ········ 433, 496
대판 1971. 5. 24, 71다669 ········ 558
대판 1971. 6. 22, 71다513 ········ 508
대결 1971. 12. 10, 71마757 ········ 422
대판 1972. 1. 31, 71다2400 ········ 704
대판 1972. 1. 31, 71다2414 ········ 390
대판 1972. 1. 31, 71다2539 ········ 539
대판 1972. 7. 11, 72다801 ········ 30

대판 1972. 11. 28, 72다921 ········ 329
대판 1972. 11. 28, 72다1466 ········ 163
대결 1973. 2. 26, 72마991 ········ 454
대판 1973. 6. 5, 73다38 ········ 554
대판 1973. 7. 24, 73다114 ········ 192
대판 1974. 1. 29, 73다351 ········ 210
대판 1974. 2. 12, 73다298 ········ 422
대판 1974. 8. 30, 74다1124 ········ 696
대판 1974. 10. 22, 74다647 ········ 96
대판 1974. 11. 12, 74다533 ········ 304
대판 1974. 11. 26, 74다310 ········ 321
대판 1974. 12. 10, 74다998 ········ 496
대판 1974. 12. 10, 74다1419 ········ 432
대판 1975. 4. 8, 73다29 ········ 430
대판 1975. 4. 8, 74다1700 ········ 261
대판 1975. 4. 22, 74다410 ········ 44
대판 1975. 5. 13, 73다1244 ········ 167
대판(전) 1975. 5. 13, 74다1664 ········ 210
대판 1975. 5. 25, 74다2114 ········ 258
대판 1975. 5. 27, 74다1657 ········ 208
대판 1975. 5. 27, 75다169 ········ 14
대판 1975. 6. 24, 75다625 ········ 259
대판 1975. 7. 8, 74다178 ········ 114
대판 1975. 8. 19, 75다666 ········ 46
대판 1975. 12. 23, 73다1086 ········ 215
대판 1975. 12. 23, 75다1193 ········ 365
대판 1976. 4. 13, 75다1100 ········ 294
대판 1976. 4. 27, 75다1241 ········ 378
대판 1976. 5. 11, 75다1305 ········ 376, 377
대판 1976. 7. 13, 74다746 ········ 365
대판 1976. 7. 13, 75다1086 ········ 163, 172
대판 1976. 10. 12, 76다1591 ········ 162
대판 1976. 10. 26, 76다1359 ········ 796
대판 1976. 10. 26, 76다2169 ········ 540

대판(전) 1976. 11. 6, 76다148 ··· 76
대결 1977. 4. 13, 77마90 ··· 771
대판 1977. 4. 26, 75다348 ··· 791
대판 1977. 4. 26, 77다77 ··· 483
대판 1977. 5. 24, 74다383 ··· 802
대판 1977. 5. 24, 77다430 ··· 541, 545
대판 1977. 6. 7, 76다951 ··· 662
대판 1977. 6. 7, 76다2324 ··· 738
대판 1977. 7. 26, 77다921 ··· 481
대판 1977. 9. 13, 77다418 ··· 124
대판(전) 1977. 9. 28, 77다1241 ··· 378, 741
대판 1977. 11. 22, 77다1513 ··· 558
대판 1978. 3. 28, 77다2298 ··· 324
대판 1978. 3. 28, 77다2463 ··· 94
대판 1978. 4. 11, 77다2509 ··· 106
대판 1978. 6. 13, 78다314 ··· 124
대판 1978. 6. 13, 78다404 ··· 250
대판 1978. 8. 22, 78다630 ··· 458
대판 1978. 9. 12, 78다1103 ··· 660
대판 1978. 10. 10, 78다473 ··· 210
대판 1978. 11. 1, 78다1206 ··· 64
대판 1979. 2. 13, 78다2412 ··· 565
대판 1979. 4. 10, 78다2482 ··· 802
대판 1979. 5. 15, 78다528 ··· 91
대판 1979. 6. 26, 79다407 ··· 124, 131, 203
대판 1979. 7. 10, 79다569 ··· 102
대판 1979. 7. 24, 79다942 ··· 549
대판 1979. 8. 21, 79다783 ··· 502
대판 1979. 8. 31, 79다640 ··· 329
대판(전) 1979. 9. 25, 77다1079 ··· 550
대판 1979. 9. 25, 79다709 ··· 564
대판 1979. 10. 16, 78다2117 ··· 797
대판 1979. 10. 30, 79다1545 ··· 546
대판(전) 1979. 12. 11, 78다481 ··· 24

대판 1980. 3. 25, 79다2251 ··· 330
대판 1980. 4. 8, 79다302 ··· 550
대판 1980. 4. 22, 79다1822 ··· 413
대판 1980. 5. 13, 78다1790 ··· 122
대판 1980. 7. 8, 79다2000 ··· 794
대판 1980. 7. 22, 80다1174 ··· 388
대판 1980. 9. 9, 78다52 ··· 783, 784
대판 1980. 10. 14, 79다1170 ··· 385
대판 1980. 12. 13, 80다134 ··· 40
대판 1980. 12. 23, 80다2176 ··· 550
대판 1981. 1. 27, 79다1618 ··· 210
대판 1981. 2. 24, 80다1963 ··· 237
대판 1981. 3. 13, 80다1049, 1050 ··· 30
대판 1981. 3. 24, 80다1888, 1889 ··· 74
대판 1981. 5. 26, 80다2688 ··· 554
대판 1981. 6. 9, 80다316 ··· 88
대판 1981. 6. 23, 80다1351 ··· 164
대판 1981. 6. 23, 80다3108 ··· 564, 615
대판 1981. 7. 7, 80다2613 ··· 237
대판 1981. 7. 28, 81다257 ··· 539
대판 1981. 9. 8, 80다2873 ··· 784
대판 1981. 11. 10, 80다2757 ··· 421
대판 1982. 1. 12, 80다2967 ··· 311
대판 1982. 1. 26, 81다1220 ··· 797
대판 1982. 4. 13, 81다531 ··· 539
대판 1982. 4. 27, 81도2956 ··· 12
대판 1982. 12. 14, 82다카413 ··· 495
대판 1983. 2. 22, 80다589 ··· 741
대판 1983. 2. 22, 81다584 ··· 52
대판 1983. 3. 22, 80다1416 ··· 216
대판 1983. 4. 26, 83다카116 ··· 674
대판 1983. 6. 28, 83다카217 ··· 40
대판 1983. 7. 26, 82다카1772 ··· 329
대판 1983. 7. 26, 83다카419 ··· 794

대판 1983. 9. 27, 83다카938 ··· 42
대판 1984. 2. 14, 83다카1815 ··· 16
대판 1984. 6. 12, 83다카2159 ··· 497
대판 1984. 9. 11, 83누578 ··· 28
대판 1984. 10. 10, 84다카453 ··· 330
대결 1984. 11. 24, 84마610 ··· 264
대판 1985. 2. 8, 84다카188 ··· 709
대판 1985. 3. 12, 84다카1261 ··· 330
대결 1985. 3. 14, 84마718 ··· 622
대판 1985. 3. 26, 84다카269 ··· 422
대판 1985. 4. 9, 84다카130 ··· 586
대판(전) 1985. 4. 9, 84다카1131, 1132 ··· 474, 784
대판 1985. 11. 12, 85다카1499 ··· 14
대판 1986. 1. 21, 85다카1367 ··· 658
대판 1986. 2. 25, 85다카1812 ··· 708
대판 1986. 7. 8, 85다카1740 ··· 329
대판 1986. 7. 22, 86다카466 ··· 745
대판 1986. 8. 19, 84다카503 ··· 586
대판 1986. 8. 19, 86다카315 ··· 534
대판 1986. 9. 23, 86다카83 ··· 241, 242
대판 1986. 11. 25, 86다카1569 ··· 309
대판 1987. 2. 24, 86다카1695 ··· 673
대판 1987. 2. 24, 86다카1936 ··· 674
대판 1987. 3. 10, 85다카2508 ··· 52
대판 1987. 3. 10, 86다카1114 ··· 675
대판 1987. 3. 24, 86다카164 ··· 674
대판 1987. 4. 28, 82다카789 ··· 327, 330
대판 1987. 4. 28, 86다카2856 ··· 482
대판 1987. 5. 26, 86다카1058 ··· 425, 426
대판 1987. 6. 23, 86다카2107 ··· 139
대판 1987. 6. 23, 86다카2865 ··· 698
대판 1987. 7. 21, 85다카2339 ··· 295
대판 1987. 9. 8, 86다카1045 ··· 365
대판 1987. 10. 13, 86다카1522 ··· 30

대판 1987. 11. 10, 87다카1573 ······ 673
대판 1987. 12. 8, 87다카869 ······ 472
대판 1987. 12. 8, 87다카1320 ······ 540
대판 1987. 12. 8, 87다카2008 ······ 497
대판 1988. 1. 19, 87다카1315 ······ 742
대판 1988. 2. 9, 87다카1514 ······ 621
대판 1988. 2. 23, 87다카1989 ······ 264
대판 1988. 2. 23, 87다카2055 ······ 308, 309
대판 1988. 3. 8, 87다446 ······ 295
대판 1988. 4. 25, 87다카1380 ······ 249
대판 1988. 4. 25, 87다카2509 ······ 671
대판 1988. 6. 14, 87다카2753 ······ 162, 209
대판 1988. 6. 28, 87다카2895 ······ 794
대판 1988. 9. 27, 87다카279 ······ 794
대판 1988. 10. 11, 87다카545 ······ 502, 503
대판 1988. 10. 24, 87다카1604 ······ 481
대판 1988. 10. 24, 87다카16045 ······ 784
대판 1988. 10. 25, 86다카175 ······ 15
대판 1988. 10. 25, 86다카1729 ······ 316, 317
대판 1988. 10. 25, 87다카1564 ······ 458
대판 1988. 11. 8, 88다3253 ······ 320, 326
대판 1988. 11. 22, 87다카2555 ······ 546
대판 1988. 12. 20, 87다카2685 ······ 553
대판 1988. 12. 27, 87다카2024 ······ 658
대판 1989. 1. 31, 87다카594 ······ 311
대판 1989. 2. 14, 87다카3073 ······ 385
대판 1989. 3. 28, 87다카2470 ······ 630
대판 1989. 3. 28, 87다카2587 ······ 778
대판 1989. 4. 11, 87다카22 ······ 321
대판 1989. 4. 11, 87다카3155 ······ 210
대판 1989. 4. 25, 87다카2443 ······ 342
대판 1989. 4. 25, 88다카4253, 4260 ······ 164, 165, 742
대판 1989. 6. 13, 88다카13332 ······ 665, 695
대판 1989. 9. 12, 88다카26475 ······ 261

대판 1989. 9. 26, 88다카27232 ······ 365
대판 1989. 10. 24, 88다카13172 ······ 675
대판 1990. 1. 12, 88다카25342 ······ 151
대판 1990. 1. 12, 89다카4946 ······ 119, 121
대판 1990. 1. 23, 89다카21125 ······ 601
대판 1990. 2. 27, 89다카1381 ······ 322
대판 1990. 3. 27, 89다카19337 ······ 317
대판 1990. 4. 24, 89다카18884 ······ 530
대판 1990. 5. 22, 89다카18648 ······ 673
대판 1990. 6. 8, 89다카17812 ······ 123
대판 1990. 6. 26, 88다카20392 ······ 601
대판 1990. 6. 26, 89다카26915 ······ 497
대판 1990. 7. 10, 90다카6399 ······ 459
대판 1990. 8. 24, 90다카11377 ······ 687
대판 1990. 10. 30, 89다카35421 ······ 266
대판 1990. 11. 9, 90다카22513 ······ 91
대판 1990. 11. 23, 90다카27198 ······ 238
대판 1990. 11. 27, 90다6651 ······ 192
대판 1990. 12. 26, 88다카20224 ······ 568, 569
대판 1990. 12. 26, 90다카24816 ······ 428
대판 1991. 1. 29, 89다카1114 ······ 140
대판 1991. 2. 22, 90다13420 ······ 92
대판 1991. 2. 26, 90다카24526 ······ 601
대판 1991. 3. 22, 90다9797 ······ 87
대판 1991. 3. 27, 88다카30702 ······ 660
대판 1991. 4. 12, 90다9872 ······ 488
대판 1991. 4. 26, 90다19985 ······ 459
대판 1991. 5. 28, 91다7750 ······ 51
대판 1991. 6. 25, 88다카6358 ······ 575
대판 1991. 8. 13, 91다13830 ······ 546
대판 1991. 10. 8, 90다9780 ······ 546
대판 1991. 11. 8, 91다21770 ······ 554
대판 1991. 11. 22, 91다30705 ······ 14
대판 1992. 1. 21, 91다35175 ······ 597

대판 1992. 2. 14, 91다1172 ······ 643
대판 1992. 2. 14, 91다24564 ······ 44
대결 1992. 3. 10, 91마256 ······ 771
대판(전) 1992. 3. 31, 91다32053 ······ 104
대판 1992. 4. 10, 91다43695 ······ 108
대판 1992. 4. 10, 91다45356 ······ 601, 794
대판 1992. 4. 14, 91다26850 ······ 21
대판 1992. 5. 12, 90다8855 ······ 420
대판 1992. 5. 26, 92다1896 ······ 496
대판 1992. 6. 9, 92다4857 ······ 481
대판 1992. 6. 12, 92다7221 ······ 459, 482
대결 1992. 7. 10, 92마380 ······ 425
대판 1992. 7. 14, 92다527 ······ 422
대판 1992. 7. 28, 91다44766 ······ 75, 151
대결 1992. 8. 29, 92마576 ······ 621
대판 1992. 9. 1, 92다10043 ······ 604, 610
대판 1992. 9. 8, 92다18184 ······ 111
대판 1992. 10. 13, 92다30597 ······ 744
대판 1992. 10. 27, 91다483 ······ 185
대결 1992. 11. 11, 92마719 ······ 454
대판 1992. 11. 27, 92다30405 ······ 14
대판 1992. 11. 27, 92다40785 ······ 497
대판 1992. 12. 11, 92다23285 ······ 70
대판 1992. 12. 22, 92다30528 ······ 799
대판 1993. 2. 26, 92다3083 ······ 158
대판 1993. 3. 12, 92다48567 ······ 495
대판 1993. 4. 13, 92다3595 ······ 76, 159
대판 1993. 4. 13, 92다24950 ······ 422, 704
대판 1993. 4. 13, 93다3622 ······ 88
대판 1993. 4. 27, 92다44350 ······ 215
대판 1993. 4. 27, 92다45308 ······ 704
대판 1993. 6. 22, 93다7334 ······ 597
대판 1993. 6. 22, 93다16130 ······ 791
대판 1993. 6. 29, 93다10781 ······ 790

대판 1993. 7. 13, 92다39822 ········· 90
대판 1993. 7. 13, 93다17980 ········· 329
대판 1993. 7. 16, 93다210 ········· 797
대판 1993. 7. 16, 93다17324 ········· 675
대판 1993. 7. 27, 92다52795 ········· 151
대판 1993. 9. 14, 92다49539 ········· 748
대판 1993. 9. 14, 93다8054 ········· 28
대판 1993. 9. 28, 92다50904 ········· 778
대판 1993. 10. 8, 93다28867 ········· 172
대판 1993. 11. 12, 93다34589 ········· 738
대판 1993. 11. 23, 93다4083 ········· 549, 674
대판 1993. 12. 7, 93다36615 ········· 673
대판 1993. 12. 14, 93다17959 ········· 502
대판(전) 1993. 12. 21, 92다47861 ········· 104
대판 1993. 12. 28, 93다26687 ········· 739
대판 1994. 1. 11, 93다21477 ········· 121
대판 1994. 1. 11, 93다30938 ········· 456
대결 1994. 1. 24, 93마1736 ········· 483
대판 1994. 1. 25, 92다20132 ········· 602, 605
대판(전) 1994. 1. 25, 93다16338 ········· 488
대판 1994. 2. 22, 93다53696 ········· 355
대판(전) 1994. 4. 26, 93다24223 ········· 647
대판 1994. 5. 10, 93다25417 ········· 512, 642
대판 1994. 5. 10, 93다37977 ········· 660
대판 1994. 5. 13, 93다21910 ········· 560
대판 1994. 6. 24, 94다7737 ········· 124
대판 1994. 7. 29, 93다59717 ········· 738, 791
대판 1994. 8. 26, 93다44739 ········· 548
대판 1994. 9. 30, 94다20242 ········· 495
대판 1994. 11. 22, 94다25728 ········· 425, 428, 633, 651
대판 1994. 11. 25, 94다12234 ········· 70
대판 1994. 12. 9, 93다27604 ········· 141
대판 1994. 12. 9, 93다43873 ········· 336
대판 1994. 12. 9, 94다34692, 34708 ········· 665

대판 1995. 2. 3, 94다51178 ··· 791
대판 1995. 2. 10, 94다18508 ··· 753, 754
대판 1995. 3. 10, 94다5731 ··· 355
대판 1995. 4. 11, 94다39925 ··· 790
대판 1995. 7. 11, 95다12446 ··· 130
대판 1995. 7. 28, 95다9075, 9082 ··· 793
대판 1995. 8. 11, 94다18638 ··· 14
대판 1995. 9. 15, 95다16202, 16219 ··· 370
대판 1995. 9. 18, 95마684 ··· 424, 762
대판 1995. 10. 12, 95다22283 ··· 660, 662
대판 1995. 11. 10, 94다22682, 22699 ··· 75, 76, 151
대판 1995. 11. 28, 95다27905 ··· 221
대판 1995. 12. 22, 93다61567 ··· 22
대판 1996. 1. 26, 95다30338 ··· 673
대판 1996. 2. 9, 94다38250 ··· 304
대판 1996. 2. 23, 95다29345 ··· 703
대판 1996. 2. 27, 95다35616 ··· 674
대판 1996. 3. 12, 95다46104 ··· 673
대판 1996. 3. 12, 95다51953 ··· 658
대판(전) 1996. 3. 21, 93다42634 ··· 738
대판 1996. 3. 22, 95다49318 ··· 775
대판 1996. 3. 22, 95다55184 ··· 435, 622
대판 1996. 4. 12, 93다40614, 40621 ··· 30
대판 1996. 4. 12, 95다55474 ··· 673
대판 1996. 4. 26, 95다52864 ··· 785
대판 1996. 5. 14, 95다50875 ··· 236, 238
대판(전) 1996. 5. 16, 95누4810 ··· 48
대판 1996. 5. 31, 94다35985 ··· 204
대판 1996. 6. 14, 95다53812 ··· 499
대판 1996. 6. 14, 96다14517 ··· 739
대판 1996. 6. 28, 96다9218 ··· 546
대판 1996. 6. 28, 96다14807 ··· 588, 589
대판 1996. 6. 28, 96다18281 ··· 401
대판 1996. 7. 12, 94다37646 ··· 688

대판 1996. 7. 26, 95다19072 ··· 9
대판 1996. 7. 30, 95다7932 ··· 644
대판 1996. 7. 30, 96다6974 ··· 604
대판 1996. 8. 23, 95다8713 ··· 380
대판 1996. 8. 23, 96다18076 ··· 295
대판 1996. 8. 30, 96다17653 ··· 692
대판 1996. 9. 6, 94다18522 ··· 43
대판 1996. 9. 10, 95누18437 ··· 21, 22
대판 1996. 9. 20, 94다52881 ··· 14
대판 1996. 9. 24, 96다11334 ··· 103
대판 1996. 10. 29, 96다23207 ··· 238, 254
대판 1996. 11. 15, 96다31116 ··· 535, 602
대판 1996. 11. 29, 96다31895 ··· 601
대판 1996. 12. 20, 95다28304 ··· 430
대판 1997. 2. 25, 96다10263 ··· 430
대판 1997. 5. 23, 95다51908 ··· 248
대판 1997. 5. 28, 96다9508 ··· 497
대판 1997. 6. 27, 96다51332 ··· 542
대판 1997. 6. 27, 97다12488 ··· 558
대판 1997. 8. 22, 96다53628 ··· 746
대판 1997. 8. 26, 97다4401 ··· 13
대판 1997. 8. 29, 97다12990 ··· 95
대판 1997. 9. 9, 97다10864 ··· 253, 258
대판 1997. 9. 26, 96다14838,14845 ··· 15
대판 1997. 10. 10, 95다46265 ··· 351
대판 1997. 10. 10, 97다3750 ··· 621
대판 1997. 10. 24, 97다29097 ··· 600
대판 1997. 10. 28, 97다34334 ··· 221
대판 1997. 11. 14, 95다11009 ··· 134
대판 1997. 11. 25, 97다29790 ··· 752, 769
대판 1997. 11. 25, 97다35771 ··· 442
대판 1997. 11. 28, 95다35302 ··· 14
대판 1997. 12. 12, 95다29895 ··· 141
대판 1997. 12. 12, 97다22393 ··· 456

대판 1997. 12. 26, 97다22676 ········· 131, 135
대판 1998. 3. 13, 95다30345 ········· 12
대판 1998. 3. 13, 97다6919 ········· 13
대판 1998. 4. 24, 97다51650 ········· 505
대판 1998. 6. 26, 98다2754 ········· 746
대판 1998. 7. 10, 98다7001 ········· 87
대판 1998. 8. 21, 98다21045 ········· 20
대결 1998. 9. 2, 98마100 ········· 706
대판 1998. 9. 4, 98다20981 ········· 754
대판 1998. 9. 22, 98다12812 ········· 425, 428
대판 1998. 10. 13, 98다12379 ········· 744, 771
대판 1998. 11. 10, 98다34126 ········· 442
대판 1998. 12. 8, 97다31472 ········· 131
대판 1999. 1. 26, 97다48906 ········· 587, 589
대판(전) 1999. 3. 18, 98다32175 ········· 79, 80
대판 1999. 3. 26, 98다22918, 22925 ········· 304
대판 1999. 4. 9, 98다58016 ········· 162
대판 1999. 4. 27, 98다56690 ········· 225
대판 1999. 5. 14, 98다62688 ········· 427
대판 1999. 6. 8, 98다60484 ········· 14
대판 1999. 6. 22, 99다19322 ········· 333
대판 1999. 7. 9, 98다9045 ········· 23
대판 1999. 7. 9, 99다12376 ········· 122
대판 1999. 7. 23, 99다25532 ········· 744
대판 1999. 8. 24, 99다23468 ········· 257
대판 1999. 9. 3, 99다24874 ········· 788
대판 1999. 9. 7, 99다30534 ········· 585, 588
대판 1999. 9. 17, 98다31301 ········· 762
대판 1999. 9. 21, 99다26085 ········· 502
대판 1999. 10. 8, 98다2488 ········· 30
대판 1999. 10. 22, 98다22451 ········· 310
대판 1999. 11. 23, 99다52602 ········· 472
대판 1999. 12. 28, 99다8834 ········· 645
대판 2000. 1. 14, 99다51265, 51272 ········· 411

대판 2000. 1. 21, 97다1013 ······ 304
대판 2000. 2. 25, 99다53704 ······ 252
대판 2000. 3. 14, 99다67376 ······ 355
대판 2000. 4. 25, 2000다11102 ······ 125
대판 2000. 5. 12, 2000다4272 ······ 428
대판 2000. 6. 9, 99다15122 ······ 760
대판 2000. 6. 23, 99다65066 ······ 537, 589
대판 2000. 7. 4, 99다64384 ······ 711
대판 2000. 7. 28, 2000다14101 ······ 233
대판 2000. 9. 22, 2000다263266 ······ 699
대판 2000. 9. 29, 2000다3262 ······ 261
대판 2000. 12. 8, 2000다21017 ······ 225
대판 2000. 12. 26, 2000다54451 ······ 502
대판 2001. 1. 5, 2000다47682 ······ 554, 558
대판 2001. 1. 19, 2000다55645 ······ 670
대판 2001. 1. 19, 2000다57351 ······ 711
대판 2001. 1. 19, 97다21604 ······ 31
대판 2001. 2. 13, 99다13737 ······ 295
대판 2001. 2. 23, 2000다68924 ······ 13
대판 2001. 3. 13, 99다17142 ······ 481, 788
대판 2001. 4. 10, 2000다66034 ······ 237
대판 2001. 4. 27, 2000다69026 ······ 235
대판 2001. 5. 8, 2000다66089 ······ 243
대판 2001. 5. 8, 99다38699 ······ 176, 185, 193
대판 2001. 5. 29, 99다66410 ······ 779
대판 2001. 5. 29, 2000다32161 ······ 114
대판 2001. 6. 1, 98다17930 ······ 216
대판 2001. 6. 1, 99다63183 ······ 267
대판 2001. 6. 1, 2001다21854 ······ 509
대판 2001. 6. 12, 2000다47187 ······ 333
대판 2001. 6. 12, 2001다3580 ······ 138
대판 2001. 8. 21, 2001다22840 ······ 345
대판 2001. 8. 21, 2001다28367 ······ 797
대판 2001. 9. 4, 2000다66416 ······ 260

대판 2001. 9. 4, 2001다14108 ··· 261
대판 2001. 10. 9, 2000다42618 ··· 254
대판 2001. 11. 9, 2001다47528 ··· 501, 502
대판 2001. 11. 13, 2000두3221 ··· 11
대판 2001. 11. 13, 2001다20394, 20400 ··· 700
대판 2001. 12. 27, 2001다33734 ··· 254
대판 2001. 11. 27, 2001므1353 ··· 73
대판 2002. 1. 8, 2001다60019 ··· 70
대판 2002. 1. 11, 2001다48347 ··· 554
대판 2002. 1. 25, 2000마26388 ··· 455
대판 2002. 1. 25, 2001다52506 ··· 185, 193, 208
대판 2002. 2. 5, 2001다62091 ··· 765
대판 2002. 2. 26, 99다67079 ··· 692
대판 2002. 2. 26, 2000다25484 ··· 119
대판 2002. 2. 26, 2001다74353 ··· 307
대판 2002. 4. 23, 2000두8752 ··· 549
대판 2002. 4. 26, 2001다8097, 8103 ··· 151
대판 2002. 5. 14, 2000다62476 ··· 293
대판 2002. 5. 24, 2002다7176 ··· 433
대판 2002. 6. 11, 99다41657 ··· 605
대판 2002. 6. 14, 2002다14853 ··· 307
대판(전) 2002. 6. 20, 2002다9660 ··· 794
대판 2002. 7. 9, 2001다46761 ··· 575, 576
대판 2002. 7. 12, 2001다53264 ··· 505
대판 2002. 8. 23, 2001다69122 ··· 752, 766
대판 2002. 9. 4, 2001다64615 ··· 687
대판 2002. 9. 10, 2002다21509 ··· 294
대판 2002. 10. 11, 2002다33137 ··· 430
대판 2002. 10. 25, 2002다34017 ··· 305
대판 2002. 11. 8, 2002다41589 ··· 225, 254
대판 2002. 11. 8, 2002다42957 ··· 224
대결 2002. 11. 27, 2002마3516 ··· 372
대판 2003. 1. 10, 2000다27343 ··· 215
대결 2003. 2. 19, 2001마785 ··· 622

대판 2003. 2. 26, 2001다62114 ········· 343
대판 2003. 3. 14, 2002다72385 ········· 568
대판 2003. 4. 8, 2002다64957, 64964 ········· 90
대판 2003. 4. 11, 2002다59337 ········· 51
대판 2003. 4. 11, 2002다59481 ········· 281
대판 2003. 4. 11, 2003다3850 ········· 482
대판 2003. 5. 27, 2001다13532 ········· 226
대판 2003. 6. 13, 2001다29803 ········· 293
대판 2003. 7. 8, 2003다13246 ········· 226
대판 2003. 7. 11, 2001다73626 ········· 64
대판 2003. 7. 22, 2002다64780 ········· 64
대판 2003. 7. 25, 2001다60392 ········· 141
대판 2003. 8. 22, 2003다12717 ········· 692
대판 2003. 8. 22, 2003다19961 ········· 661
대판 2003. 9. 5, 2003다26051 ········· 458
대판 2003. 10. 10, 2001다77888 ········· 446, 447
대판 2003. 11. 13, 2003다39989 ········· 253
대판 2003. 11. 14, 2003다30968 ········· 10
대판(전) 2003. 12. 18, 98다43601 ········· 461
대판 2003. 12. 26, 2002다61934 ········· 481, 789
대판 2003. 12. 26, 2003다30784 ········· 333
대판 2004. 1. 15, 2001다12638 ········· 696
대판 2004. 1. 27, 2003다6200 ········· 250
대판 2004. 2. 12, 2003다53497 ········· 575
대판 2004. 2. 13, 2002다7213 ········· 102
대판 2004. 2. 27, 2003다15280 ········· 40
대결 2004. 3. 29, 2003마1753 ········· 776
대판 2004. 4. 28, 2003다61542 ········· 550
대판 2004. 5. 28, 2003다70041 ········· 493
대판 2004. 6. 11, 2004다13533 ········· 473
대판 2004. 7. 9, 2003다27160 ········· 504
대판 2004. 7. 9, 2003다46758 ········· 312
대판 2004. 11. 12, 2002다66892 ········· 31, 36
대판 2004. 11. 12, 2004다22858 ········· 573

대판 2004. 12. 24, 2004다20265 ··· 293
대판 2004. 12. 24, 2004다45943 ··· 560
대판 2004. 12. 24, 2004다52798 ··· 424
대판 2005. 1. 14, 2002다57119 ··· 96
대판 2005. 1. 28, 2004다58963 ··· 235
대판 2005. 2. 18, 2004다37430 ··· 559
대판 2005. 3. 24, 2004다65367 ··· 251
대판 2005. 4. 14, 2004다63293 ··· 662
대판 2005. 4. 29, 2005다3243 ··· 437
대판 2005. 5. 26, 2003다12311 ··· 754
대판 2005. 6. 9, 2004다17535 ··· 261
대판 2005. 6. 9, 2005다4529 ··· 748
대판 2005. 6. 23, 2004다29279 ··· 450
대판(전) 2005. 7. 21, 2002다1178 ··· 52
대판 2005. 11. 25, 2005다51457 ··· 251
대결 2005. 12. 19, 2005그128 ··· 10
대판 2005. 12. 22, 2003다55059 ··· 403
대판 2005. 12. 23, 2003다30159 ··· 39
대판 2005. 12. 23, 2005다59383 ··· 106
대판 2006. 1. 26, 2005다17341 ··· 433
대판 2006. 1. 27, 2003다58454 ··· 439
대판 2006. 1. 27, 2005다39013 ··· 172, 181, 185
대판 2006. 2. 10, 2004다2762 ··· 134
대판 2006. 4. 13, 2005다70090 ··· 253
대판(전) 2006. 4. 20, 2004다37775 ··· 52
대판 2006. 5. 26, 2003다18401 ··· 509
대판 2006. 8. 24, 2004다26287, 26294 ··· 120
대판 2006. 8. 25, 2004다26119 ··· 299
대판 2006. 9. 22, 2006다22852, 22869 ··· 122
대판 2006. 10. 13, 2006다23138 ··· 10
대판 2006. 10. 27, 2005다14502 ··· 519
대판 2006. 12. 7, 2004다54978 ··· 255, 256
대판 2007. 5. 10, 2006다82700 ··· 191, 193
대판 2007. 6. 15, 2006다5611 ··· 601

대판(전) 2007. 6. 21, 2004다26133 ······ 744
대판 2007. 7. 12, 2007다18218 ······ 238
대판 2007. 7. 13, 2006다46421 ······ 611
대판 2007. 7. 26, 2007다23081 ······ 253, 266
대판 2007. 8. 24, 2006다14684 ······ 759, 760
대판 2007. 9. 7, 2005다16942 ······ 386
대판 2007. 11. 15, 2007다45562 ······ 749
대판 2007. 11. 29, 2007다54849 ······ 235
대결 2007. 11. 30, 2005마1130 ······ 13
대판 2008. 1. 31, 2007다64471 ······ 131
대판 2008. 2. 14, 2005다47106 ······ 242
대판 2008. 2. 28, 2006다10323 ······ 709
대판 2008. 3. 13, 2006다31887 ······ 417, 496
대판 2008. 3. 14, 2007다11996 ······ 396
대판 2008. 3. 27, 2006다45459 ······ 707
대판 2008. 3. 27, 2007다85157 ······ 253
대판 2008. 4. 24, 2007다75648 ······ 310
대판 2008. 6. 12, 2007다37837 ······ 263
대판 2008. 8. 21, 2006다24438 ······ 38
대판 2008. 10. 9, 2008다3022 ······ 696
대판(전) 2008. 11. 20, 2007다27670 ······ 797
대판 2008. 12. 11, 2007다69162 ······ 252
대판 2009. 1. 15, 2008다70763 ······ 380
대판 2009. 1. 30, 2008다79340 ······ 16
대판 2009. 2. 12, 2006다23312 ······ 64
대판 2009. 2. 12, 2008두20109 ······ 111
대판 2009. 2. 26, 2007다83908 ······ 115
대판 2009. 3. 12, 2006다28454 ······ 13
대판 2009. 3. 26, 2006다47677 ······ 353
대판 2009. 3. 26, 2007다63102 ······ 248
대판 2009. 3. 26, 2008다89880 ······ 120
대판 2009. 4. 23, 2008다4247 ······ 13
대판 2009. 4. 23, 2009다3234 ······ 162
대판 2009. 5. 14, 2008다17656 ······ 430

대판 2009. 5. 28, 2006다42818 ··· 441, 442
대판 2009. 6. 23, 2009다18502 ··· 262
대판 2009. 7. 9, 2009다14340 ··· 115, 140
대판 2009. 8. 20, 2009다32409 ··· 342
대판 2009. 9. 24, 2009다39530 ··· 124
대판 2009. 10. 15, 2009다43621 ··· 402
대판 2009. 11. 26, 2006다37106 ··· 542
대판 2009. 12. 10, 2009다41250 ··· 510
대판 2009. 12. 10, 2009다63236 ··· 30
대판 2010. 2. 11, 2009다79897 ··· 90
대판 2010. 2. 11, 2009다80484 ··· 249
대판 2010. 2. 25, 2009다69456 ··· 121
대판 2010. 2. 25, 2009다87621 ··· 355
대판 2010. 4. 29, 2009다96984 ··· 665
대판 2010. 4. 29, 2009다105734 ··· 230
대판 2010. 5. 13, 2010다6345 ··· 138
대판(전) 2010. 5. 20, 2009다48312 ··· 107
대판 2010. 5. 27, 2007다66088 ··· 284
대판 2010. 5. 27, 2009다44327 ··· 88, 144
대판 2010. 5. 27, 2009다93992 ··· 205
대판 2010. 5. 27, 2010다10276 ··· 744
대판 2010. 5. 27, 2010다15387 ··· 247
대판 2010. 6. 10, 2009다64307 ··· 663
대판 2010. 6. 24, 2010다17284 ··· 110
대판 2010. 8. 19, 2010다36209 ··· 258
대판 2010. 8. 26, 2008다42416 ··· 106
대판 2010. 8. 26, 2010다27458 ··· 614, 617
대판 2010. 9. 9, 2010다28031 ··· 119
대판(전) 2010. 9. 16, 2008다97218 ··· 355
대판 2010. 9. 30, 2007다2718 ··· 238
대판 2010. 10. 14, 2010다53273 ··· 120
대판 2010. 11. 25, 2009두18639 ··· 402
대판 2010. 12. 23, 2008다25671 ··· 253, 517
대판 2010. 12. 23, 2008다57746 ··· 517

대판 2011. 1. 13, 2009다103950 ··· 141, 149
대판 2011. 1. 13, 2010다67159 ··· 473
대판 2011. 1. 13, 2010다68084 ··· 224
대판 2011. 5. 13, 2011다10044 ··· 120
대판 2011. 6. 9, 2011다29307 ··· 230
대결 2011. 6. 15, 2010마1059 ··· 387
대판 2011. 10. 13, 2010다80930 ··· 110, 217
대판 2011. 10. 13, 2010다99132 ··· 504, 517
대판 2011. 10. 13, 2011다28045 ··· 235, 237
대판 2011. 11. 10, 2011다54686 ··· 104
대판 2011. 12. 8, 2011다55542 ··· 224
대판 2011. 12. 8, 2011다68777 ··· 456
대판 2011. 12. 22, 2010다103376 ··· 237
대판 2012. 1. 12, 2010다64792 ··· 221, 243
대결 2012. 1. 12, 2011마2380 ··· 378
대판 2012. 2. 9, 2009다72094 ··· 354
대판 2012. 2. 9, 2011다72189 ··· 389
대판 2012. 2. 9, 2011다77146 ··· 220
대판(전) 2012. 2. 16, 2010다82530 ··· 595
대판(전) 2012. 2. 16, 2011다45521 ··· 281, 424
대판 2012. 2. 23, 2011다77870 ··· 90
대판 2012. 3. 15, 2011다54587 ··· 483
대판(전) 2012. 3. 22, 2010다28840 ··· 115, 152
대판 2012. 3. 29, 2011다74932 ··· 504
대판(전) 2012. 5. 17, 2009다105406 ··· 14
대판(전) 2012. 5. 17, 2011다87235 ··· 216
대판 2012. 5. 24, 2009다22549 ··· 149
대판 2012. 5. 24, 2011다109586 ··· 315
대판 2012. 6. 14, 2010다89876 ··· 665
대판(전) 2012. 6. 18, 2010두27639, 27646 ··· 178
대판 2012. 6. 28, 2010다71431 ··· 260
대판 2012. 7. 5, 2010다80503 ··· 226
대판 2012. 8. 17, 2010다87672 ··· 248
대판 2012. 8. 23, 2012다45184 ··· 235

대판 2012. 8. 30, 2009다90924 ········· 304
대판 2012. 8. 30, 2010다39918 ········· 163
대판 2012. 8. 30, 2011다32785, 32792 ········· 227
대결 2012. 9. 13, 2011그213 ········· 388
대판 2012. 9. 27, 2012다49490 ········· 698
대판 2012. 10. 11, 2012다55860 ········· 696
대판(전) 2012. 10. 18, 2010다52140 ········· 793
대판 2012. 10. 25, 2011다107382 ········· 235
대판 2012. 10. 25, 2012다45566 ········· 122
대판 2012. 12. 27, 2012다75239 ········· 203
대판(전) 2013. 1. 17, 2011다49523 ········· 676
대판 2013. 2. 15, 2012다49292 ········· 754
대판 2013. 2. 28, 2010다57350 ········· 383
대판 2013. 2. 28, 2011다21556 ········· 138, 139
대판 2013. 2. 28, 2011다49608, 49615 ········· 698
대판 2013. 2. 28, 2012다107532 ········· 14
대판 2013. 3. 14, 2012다85281 ········· 344
대판 2013. 3. 28, 2010다63836 ········· 583
대판 2013. 4. 11, 2009다62059 ········· 793
대판 2013. 4. 26, 2012다118334 ········· 235
대판 2013. 5. 9, 2011다75232 ········· 253
대판 2013. 5. 9, 2012다115120 ········· 699
대판(전) 2013. 5. 16, 2012다202819 ········· 150
대판 2013. 5. 19, 2011다75232 ········· 266
대판 2013. 5. 23, 2010다50014 ········· 193
대판 2013. 5. 23, 2013다12464 ········· 122, 138
대결 2013. 5. 31, 2012마712 ········· 247
대판 2013. 6. 13, 2012다40332 ········· 42
대판 2013. 6. 27, 2011다50165 ········· 380
대판 2013. 6. 27, 2013다23372 ········· 301
대판 2013. 6. 28, 2013다8564 ········· 248
대판 2013. 7. 12, 2006다17539 ········· 150
대판(전) 2013. 7. 18, 2012다5643 ········· 253
대판 2013. 7. 25, 2011다56187, 56194 ········· 139

대판 2013. 8. 22, 2013다32574 ······ 402
대판 2013. 9. 12, 2011다89903 ······ 229
대판 2013. 9. 27, 2011다106778 ······ 602
대판 2013. 10. 11, 2013다7936 ······ 234
대판 2013. 11. 14, 2011다29987 ······ 320, 326
대판 2013. 11. 14, 2013다27831 ······ 744
대판 2013. 11. 14, 2013다46023 ······ 348
대판 2013. 11. 14, 2013다56310 ······ 122
대판 2013. 11. 14, 2013다65178 ······ 96
대판 2013. 11. 28, 2011다41741 ······ 42
대판 2013. 11. 28, 2011다80449 ······ 13
대판 2013. 11. 28, 2013다48364, 48371 ······ 738
대판 2013. 12. 12, 2013다62223 ······ 749
대판 2013. 12. 12, 2013다201844 ······ 150
대판 2013. 12. 26, 2011다90194, 90200 ······ 150
대판 2014. 1. 16, 2013다30653 ······ 379
대결 2014. 1. 17, 2013마1801 ······ 42
대판 2014. 1. 23, 2011다83691 ······ 387
대판 2014. 1. 23, 2011다108095 ······ 163
대판 2014. 1. 23, 2011두25012 ······ 22
대판 2014. 1. 23, 2013다64793 ······ 137, 138
대판 2014. 1. 28, 2013다207996 ······ 512
대판 2014. 2. 13, 2012다204013 ······ 261
대판 2014. 2. 13, 2013다80481 ······ 695, 696
대판 2014. 2. 27, 2012다93794 ······ 660
대판 2014. 2. 27, 2013다94312 ······ 110
대판 2014. 3. 13, 2013다205693 ······ 293
대판 2014. 3. 27, 2011다107818 ······ 235
대판 2014. 3. 27, 2012다34740 ······ 247
대판 2014. 4. 10, 2011다53171 ······ 321
대판 2014. 4. 10, 2013다36040 ······ 508
대판 2014. 4. 10, 2013다61190 ······ 592
대판 2014. 4. 10, 2013다76192 ······ 404
대판 2014. 4. 30, 2013다35115 ······ 661, 663, 696

대판 2014. 4. 30, 2013다58057 ········· 744
대판 2014. 6. 26, 2012다77891 ········· 253
대판 2014. 6. 26, 2013다45716 ········· 106
대판 2014. 7. 24, 2010다58315 ········· 299
대판 2014. 7. 24, 2012다28486 ········· 662, 663, 697
대판 2014. 7. 24, 2012다58975 ········· 697
대판 2014. 8. 20, 2012다47074 ········· 616
대판 2014. 8. 20, 2012다97420, 97437 ········· 348
대판 2014. 8. 28, 2012다102384 ········· 789
대판 2014. 9. 4, 2011다13463 ········· 793
대판 2014. 9. 4, 2011다73038, 73045 ········· 473
대판 2014. 9. 4, 2013다3576 ········· 104
대판 2014. 9. 4, 2013다60661 ········· 253, 254
대판 2014. 9. 4, 2014다36771 ········· 251
대판 2014. 10. 27, 2013다25217 ········· 208
대판 2014. 10. 27, 2013다91672 ········· 424
대판 2014. 12. 11, 2013다71784 ········· 181, 185
대판 2015. 5. 14, 2013다96783 ········· 172
대판(전) 2015. 5. 21, 2012다952 ········· 247
대판 2015. 7. 23, 2013다30301, 30325 ········· 207
대판 2015. 7. 23, 2014다212438 ········· 252
대판 2015. 10. 15, 2012다57699 ········· 252
대판 2015. 10. 29, 2012다14975 ········· 237
대판 2015. 10. 29, 2012다21560 ········· 15
대판 2015. 10. 29, 2013다83992 ········· 237
대판 2015. 11. 17, 2012다2743 ········· 252, 266
대판 2016. 6. 9, 2013다215676 ········· 673
대판 2016. 7. 14, 2015다71856 ········· 648
대판 2016. 8. 25, 2016다2840 ········· 305
대판 2016. 10. 27, 2014다211978 ········· 91
대판 2017. 3. 9, 2015다217980 ········· 266
대판 2017. 7. 11, 2014다32458 ········· 139
대판 2017. 7. 11, 2014다89355 ········· 172, 185
대판 2017. 7. 18, 2017다207499 ········· 396

대판 2017. 9. 26, 2015다38910 ······ 267
대판 2017. 12. 13, 2016다233576 ······ 301, 302
대판 2017. 12. 22, 2016두49891 ······ 22
대판 2018. 1. 24, 2017다37324 ······ 372
대판 2018. 3. 15, 2015다239508, 239515 ······ 696
대판 2018. 4. 10, 2016다272311 ······ 261
대판 2018. 4. 10, 2017다283028 ······ 484
대판 2018. 5. 15, 2016다211620 ······ 293
대판 2018. 6. 15, 2018다215947 ······ 616
대판 2018. 6. 19, 2018다201610 ······ 675
대판 2018. 6. 28, 2016다1045 ······ 224
대판 2018. 6. 28, 2018다214319 ······ 254, 266
대판 2018. 7. 11, 2014두36518 ······ 203
대판 2018. 7. 11, 2017다292756 ······ 519
대판 2018. 7. 11, 2018다200518 ······ 707
대판(전) 2018. 7. 19, 2018다22008 ······ 113
대결 2018. 7. 20, 2017마1565 ······ 49
대판 2018. 9. 13, 2015다209347 ······ 306
대판(전) 2018. 10. 18, 2015다232316 ······ 113
대판 2018. 10. 25, 2018다210539 ······ 200
대결 2018. 11. 20, 2018마5471 ······ 42
대판 2018. 11. 29, 2015다19827 ······ 243
대판 2018. 11. 29, 2016다48808 ······ 202
대판 2018. 11. 29, 2017다247190 ······ 237
대판 2018. 12. 27, 2016다265689 ······ 403
대판 2018. 12. 27, 2017다290057 ······ 252
대판 2018. 12. 28, 2017다265815 ······ 256
대판 2019. 1. 17, 2018다24349 ······ 113
대판 2019. 1. 17, 2018다260855 ······ 230
대결 2019. 2. 28, 2018마800 ······ 49
대판 2019. 3. 14, 2018다277785, 277792 ······ 250
대판 2019. 3. 14, 2018다282473 ······ 301
대판 2019. 3. 28, 2018다44879, 44886 ······ 660
대판 2019. 4. 11, 2018다203715 ······ 251, 259

대판 2019. 5. 16, 2017다225312, 225329 ······ 700
대판 2019. 5. 16, 2017다226629 ······ 748
대판 2019. 6. 13, 2018다300661 ······ 605
대판 2019. 7. 4, 2018다284226 ······ 701
대판 2019. 7. 10, 2018다239608 ······ 701
대판 2019. 7. 10, 2018다242727 ······ 701
대판 2019. 7. 25, 2019다212945 ······ 110
대판 2019. 8. 14, 2019다216435 ······ 347
대판 2019. 8. 29, 2019다215272 ······ 113
대판 2019. 8. 30, 2017다268142 ······ 740
대판 2019. 8. 30, 2019다235528 ······ 114
대판 2019. 11. 14, 2016다227694 ······ 665
대판 2019. 12. 13, 2017다271643 ······ 38
대판 2020. 2. 6, 2019다223723 ······ 108
대판 2020. 2. 13, 2019다271012 ······ 95
대판 2020. 4. 9, 2014다51756 ······ 506
대판 2020. 4. 29, 2016다235411 ······ 402
대판 2020. 4. 29, 2019다226135 ······ 308
대판(전) 2020. 5. 21, 2018다879 ······ 163, 173, 181, 185
대판 2020. 7. 9, 2016다244224, 244231 ······ 87
대판 2020. 7. 23, 2018다42231 ······ 303
대판 2020. 8. 20, 2019다296172, 296189 ······ 700
대판 2021. 1. 28, 2015다59801 ······ 674
대판 2021. 1. 28, 2019다207141 ······ 303
대판 2021. 2. 4, 2018다271909 ······ 261
대판 2021. 2. 10, 2017다258787 ······ 740
대판 2021. 2. 25, 2016다232597 ······ 131
대판 2021. 2. 25, 2016다232597 ······ 133
대결 2021. 4. 8, 2020그872 ······ 627
대판 2021. 4. 15, 2019다293449 ······ 31
대판(전) 2021. 4. 29, 2017다228007 ······ 798
대판 2021. 4. 29, 2021다202309 ······ 665
대판 2021. 5. 13, 2020다255429 ······ 664
대판 2021. 5. 27, 2017다225268 ······ 237

대판 2021. 6. 10, 2017다254891 ······ 235
대판 2021. 6. 10, 2018다44114 ······ 108
대판 2021. 6. 24, 2020다208621 ······ 98
대판 2021. 7. 21, 2020다300893 ······ 162
대판(전) 2021. 7. 22, 2019다277812 ······ 98
대판 2021. 7. 29, 2019다216077 ······ 389
대판 2021. 8. 19, 2018다270876 ······ 98
대판 2021. 9. 16, 2017다271834 ······ 798
대판 2021. 9. 30, 2019다266409 ······ 247
대판 2021. 9. 30, 2021다239745 ······ 122
대판 2021. 10. 28, 2016다248325 ······ 616
대판 2021. 10. 28, 2018다223023 ······ 237
대판 2021. 10. 28, 2021다238650 ······ 673
대판 2021. 11. 25, 2016다263355 ······ 225
대판 2021. 11. 25, 2018다304007 ······ 397
대판 2021. 11. 25, 2019다285257 ······ 701
대판 2021. 12. 16, 2021다247258 ······ 517
대판 2021. 12. 16, 2021다255648 ······ 495
대판 2021. 12. 30, 2018다268538 ······ 754
대판 2021. 12. 30, 2018다40235, 40242 ······ 751
대판 2022. 1. 14, 2021다272346 ······ 701
대판 2022. 3. 31, 2017다263901 ······ 636
대판 2022. 3. 31, 2018다21326 ······ 403
대판 2022. 4. 14, 2017다266177 ······ 611
대판 2022. 4. 14, 2021다263519 ······ 614
대판 2022. 5. 12, 2021다280026 ······ 120
대판 2022. 5. 26, 2017다260940 ······ 63
대판 2022. 5. 26, 2020다206625 ······ 108
대판 2022. 5. 26, 2022다211416 ······ 15
대판 2022. 6. 9, 2017다247848 ······ 158
대판 2022. 6. 16, 2018다301350 ······ 389
대판 2022. 7. 14, 2019다271661 ······ 75
대판 2022. 7. 14, 2019다281156 ······ 235
대판(전) 2022. 7. 21, 2017다236749 ······ 796

대판 2022. 8. 11, 2018다202774 ········ 252
대판 2022. 8. 11, 2022다202498 ········ 701
대판 2022. 8. 19, 2020다220140 ········ 92
대판(전) 2022. 8. 25, 2018다205209 ········ 455
대판(전) 2022. 8. 25, 2019다229202 ········ 170
대판 2022. 8. 25, 2021다311111 ········ 95
대판 2022. 9. 7, 2022다230165 ········ 162, 204
대판 2022. 11. 17, 2018다249995 ········ 65
대판 2022. 11. 30, 2017다232167,232174 ········ 603
대판 2022. 12. 1, 2021다266631 ········ 663
대판 2022. 12. 29, 2021다253710 ········ 379
대판 2023. 1. 12, 2020다296840 ········ 452
대판 2023. 2. 2, 2022다255126 ········ 745
대판 2023. 3. 16, 2022다272046 ········ 221
대판 2023. 4. 16, 2021다309231 ········ 261
대판 2023. 4. 27, 2022다273018 ········ 373
대판 2023. 4. 27, 2022다306642 ········ 791
대판 2023. 6. 1, 2023다209045 ········ 661

서울고판 1980. 4. 17, 79나2778 ········ 164
서울고판 2012. 9. 6, 2012나25373 ········ 745
수원지판 1985. 12. 6, 85나216 ········ 114
서울동부지판 2007. 4. 24, 2006가단62400 ········ 423

헌재결 2013. 12. 26, 2011헌바234 ········ 661
헌재결 2018. 8. 30, 2014헌바148 ········ 87, 150

조문 색인

[민법]
제 2 조 31, 70, 137, 139, 140, 306, 483, 604, 612, 704
제 3 조 604
제 4 조 530, 604, 615
제 5 조 123
제 7 조 288
제10조 123, 289
제13조 123
제15조 227
제17조 614
제25조 123
제32조 19, 21, 22, 23
제33조 22, 23
제34조 29
제35조 39, 40, 342, 353
제38조 22
제39조 19
제40조 20, 21, 23, 42, 49
제41조 22, 38
제42조 22, 47, 48, 49
제43조 23, 42, 49
제44조 23
제45조 49
제46조 49
제47조 23
제48조 23, 24
제49조 22, 38, 44
제53조 22
제54조 38, 48, 49
제56조 20
제58조 22, 46
제59조 38, 43, 44, 46, 64
제60조 38, 44
제61조 42, 47
제62조 22, 39, 43
제63조 39
제64조 39, 43
제65조 47, 342
제66조 47
제67조 47, 48
제68조 22, 46, 47
제69조 48
제70조 20, 22, 48
제71조 48
제73조 21
제76조 48
제77조 47, 49, 50
제78조 22
제81조 50
제85조 50
제86조 50
제87조 50
제88조 114

제96조 39
제99조 627
제100조 395, 422, 739, 783
제102조 423, 541
제103조 98, 455
제107조 229, 564
제108조 616, 691
제109조 23, 346
제110조 295
제114조 38
제115조 38
제118조 123
제119조 43
제121조 43, 708
제123조 707
제125조 38
제126조 38, 44, 46, 64, 295
제128조 43
제129조 38
제130조 38, 346
제131조 227
제136조 346
제145조 227
제146조 150, 159
제149조 587, 589
제157조 91
제162조 70, 73, 75, 95, 98, 99, 151, 764, 788, 806
제163조 95
제164조 95
제165조 98, 99, 113, 309
제166조 87, 95, 150
제167조 137, 158
제168조 6, 98, 101, 119, 121, 137, 158, 345
제169조 106, 111, 121, 124
제170조 6, 101, 110, 111, 158
제171조 114
제172조 114
제173조 114
제174조 101, 108, 111, 114, 118, 403
제175조 120
제176조 121, 124
제177조 123
제178조 98, 100, 113, 124, 125, 345
제179조 101, 158
제182조 101, 158
제183조 137
제184조 99
제185조 373, 751, 793
제186조 24, 410, 412, 501, 536, 586, 775, 783, 789, 792, 800
제187조 24, 192, 372, 417, 474, 501, 784, 795
제188조 394, 397, 536, 588
제189조 536
제190조 394, 397, 624, 644
제191조 388, 400, 406, 473, 510, 764, 788, 805, 806
제192조 74
제196조 394
제200조 629, 643
제203조 375, 379, 434, 642
제204조 74, 150, 151, 399, 550, 656, 692

제205조 74, 150
제207조 550, 709
제209조 7
제211조 431, 547, 655
제213조 5, 74, 274, 396, 399, 474, 545, 550, 591, 656, 709, 751, 759, 782, 784, 792
제214조 74, 274, 399, 422, 434, 488, 550, 615, 622, 751, 759, 782, 792, 804, 807
제215조 74
제216조 760, 783, 792
제219조 799, 803
제244조 760, 783, 792
제245조 70, 74, 643, 778, 801
제248조 778, 801
제249조 74, 394, 534, 536, 588, 624, 629, 634, 643
제251조 394, 629, 643
제256조 421, 739
제257조 636, 642
제259조 636, 642
제264조 473
제268조 74
제272조 12
제273조 13
제275조 51, 64, 807
제276조 64, 65, 807
제277조 65, 807
제278조 13, 417, 418, 807
제279조 473, 656, 774
제280조 774, 775, 778, 792, 797
제281조 774, 775, 782, 795
제282조 657, 774, 783, 784
제283조 738, 775, 790
제284조 775, 782
제285조 740, 775, 790
제286조 787
제287조 481, 775, 788
제288조 697, 789
제289조 775, 792
제289조의2 774, 775, 791, 792
제290조 74, 774, 782, 783, 792
제291조 799
제292조 422, 804
제293조 803, 805
제294조 74, 801
제295조 124, 802
제296조 124, 803
제297조 803
제298조 801, 805
제299조 805
제300조 804
제301조 74, 804, 807
제302조 806, 807
제303조 656, 743, 750, 753, 771
제304조 759, 760
제305조 458, 472, 760, 778, 796
제306조 657, 751, 761, 764
제307조 761
제308조 758, 761, 763
제309조 758, 760, 761, 764
제310조 375, 547, 760, 773, 783, 791
제311조 758, 759, 761, 764, 789
제312조 758
제312조의2 696, 758, 761

제313조 758, 764
제314조 764
제315조 698, 741, 758, 761, 764
제316조 772, 773
제317조 741, 752, 772
제318조 743, 759, 771
제319조 74, 751, 759, 760
제320조 373, 379, 741
제321조 372, 385, 420, 434, 435, 540
제322조 369, 387, 388
제323조 388, 395, 404, 637
제324조 371, 385, 386, 389, 398, 400, 403
제325조 375, 390, 400
제326조 88, 387
제327조 387, 389
제328조 74, 389
제329조 391, 396, 404, 624
제330조 394, 624
제331조 393, 401, 627
제332조 394, 524, 624
제333조 395, 418
제334조 395, 418
제335조 395, 403
제336조 398, 763
제337조 398, 399
제338조 396
제339조 396, 404, 455
제340조 397, 406, 455, 553
제341조 311, 394, 400
제342조 395, 400, 420, 423, 424, 487
제343조 372, 375, 394, 395, 398, 399, 400, 404, 629, 637
제345조 391, 392, 624
제346조 401, 451, 525
제347조 402
제348조 402, 451, 644
제349조 401, 402, 403, 525, 625
제350조 402, 525
제351조 402, 451, 525
제352조 392, 398, 403, 650
제353조 392, 403, 405, 525, 564, 649, 651
제354조 405
제355조 393, 401, 403, 404, 406
제356조 392, 407, 409, 453, 491
제357조 319, 416, 490, 491, 492, 495, 496
제358조 412, 420, 422, 541, 621, 703
제359조 420, 423, 541
제360조 418, 419, 433, 491, 496, 540, 610, 632, 761
제361조 446, 447, 451, 501
제362조 445, 546
제363조 454
제364조 432
제365조 420, 482
제366조 457, 458, 473, 481, 778, 795
제367조 421, 434
제368조 163, 409, 418, 504, 505, 506, 508, 509, 511, 516, 517, 641
제369조 74, 417, 418, 487, 633, 648

제370조 74, 311, 372, 418, 420, 422, 423, 424, 434, 435, 487, 622
제371조 392, 407, 409, 751, 762, 783, 789
제373조 416
제374조 547, 588, 711
제387조 91, 345
제388조 399, 410, 445, 546
제389조 7
제390조 7, 47, 98, 217, 299, 353, 410, 441, 546, 547, 549, 634, 656, 697, 711
제391조 353, 708
제394조 224, 273, 276, 445
제395조 419
제397조 419
제398조 419
제399조 368
제401조 345
제403조 345
제404조 4, 106, 160, 173, 183, 184, 185, 186, 200, 203, 204, 229, 625, 656, 692
제405조 161, 200, 207, 208, 215
제406조 106, 151, 219, 220, 248, 250, 260
제407조 4, 258, 262
제408조 316
제414조 343
제415조 315, 341
제416조 124, 345, 364
제417조 345
제418조 344
제419조 346
제420조 347
제421조 347
제422조 364
제423조 347
제424조 348
제425조 15
제425조 312, 317, 347, 349, 484
제426조 312, 349, 350, 351, 365
제427조 317, 343, 351, 352, 365
제428조 291, 293, 303, 416
제428조의2 295, 300, 302
제428조의3 302, 320
제429조 304
제430조 293, 304
제431조 302
제433조 293, 305, 306
제434조 306
제435조 306
제436조의2 298, 307
제437조 294, 305, 314
제438조 305, 306
제439조 314, 315, 316
제440조 124, 294, 309
제441조 311, 312, 394, 416
제442조 311, 348
제444조 312, 313
제445조 312, 351
제446조 312, 351
제447조 341
제448조 314, 315, 316, 317, 348
제449조 401, 402, 645
제450조 203, 402, 450, 536, 582, 625, 646

제451조 403, 450, 451, 646
제452조 404, 646
제453조 341
제454조 341
제459조 294
제468조 432
제469조 394, 425, 432
제475조 402
제479조 419
제480조 134
제481조 311, 349, 394, 400, 432, 517
제482조 400, 432, 509, 516, 517
제485조 308
제487조 403, 405, 649
제492조 289, 432, 547
제495조 136
제498조 281, 289, 404
제505조 294
제514조 534
제524조 534
제536조 611, 697, 757
제539조 342
제544조 345, 585, 662
제546조 8, 662
제547조 345
제548조 216, 416, 586, 591, 691
제549조 216
제550조 326
제554조 23
제556조 150
제557조 23
제559조 23
제564조 75
제565조 697
제568조 273
제569조 410, 660
제570조 267
제573조 150
제575조 675
제578조 675
제580조 376
제582조 150
제594조 375
제598조 278
제600조 278
제605조 559
제607조 455, 527, 528, 559, 600, 601
제608조 455, 527, 528, 559, 600, 601
제610조 669, 703
제611조 375
제615조 710, 740
제616조 342, 695
제617조 741
제618조 274, 655, 658, 659
제619조 662
제620조 662
제621조 549, 669, 674, 675, 692, 754
제622조 669, 675
제623조 656, 664, 665, 783, 791
제625조 710, 760
제626조 375, 665, 740
제627조 695, 710
제628조 695, 696
제629조 657, 662, 670, 702, 703,

708, 709, 710, 751, 774
제630조 179, 353, 707, 708
제631조 708
제632조 702
제633조 695
제634조 669
제635조 662, 708, 710, 738, 765
제636조 710
제637조 710
제638조 708
제639조 661, 662, 663
제640조 663, 675, 696, 710
제641조 697
제642조 697, 710
제643조 661, 738, 739
제644조 738
제645조 738
제646조 740
제647조 740
제648조 393, 695
제649조 408, 695
제650조 393, 695
제651조 661
제652조 659, 739, 775
제653조 659, 663, 697
제654조 342, 669, 695, 710, 740, 741
제664조 375
제666조 237, 243
제667조 379
제681조 42, 47, 217, 553
제682조 42, 707
제684조 217
제687조 311
제688조 193, 202, 217
제689조 42
제691조 42
제697조 376
제703조 12
제704조 12
제706조 12
제709조 16
제712조 14
제713조 14
제714조 13, 15
제715조 13
제725조 205
제734조 217
제738조 217
제739조 313, 375
제741조 4, 11, 91, 217, 510, 535, 636, 649
제742조 11
제744조 128
제747조 259
제750조 4, 40, 91, 299, 353, 365, 399, 441, 546, 551, 648
제755조 353
제756조 39, 40, 353, 365
제759조 353
제760조 342, 353
제763조 445
제766조 87, 90, 91, 96, 150, 159
제806조 205
제816조 204
제826조 7
제832조 342
제839조의2 150, 204

제839조의3 219, 220
제840조 204
제843조 204
제846조 204
제847조 151
제863조 204
제884조 204
제905조 204
제916조 161, 204
제949조 161, 204
제950조 123, 204
제974조 204
제999조 150, 204
제1000조 30
제1005조 204
제1008조의3 797
제1013조 205
제1019조 205
제1024조 76, 159
제1028조 10, 308
제1032조 114
제1060조 23
제1073조 28
제1075조 23, 76, 159
제1088조 11
제1108조 23
제1115조 23, 204
제1117조 76, 159
부칙 제 3 조 744

[가등기담보등에 관한 법률]
제 1 조 600, 601
제 2 조 530
제 3 조 530, 557, 604, 605
제 4 조 528, 557, 605, 610, 611, 613, 639
제 5 조 612, 640
제 7 조 612
제 8 조 610, 640
제 9 조 604
제10조 458, 600, 612, 778
제11조 529, 614, 615
제12조 603, 612, 613, 640
제13조 603, 613
제14조 603, 612
제15조 134, 603, 614
제16조 134, 135, 603
제17조 600, 603
제18조 602

[가사소송법]
제 2 조 7

[건설산업기본법]
제35조 179

[공무원연금법]
제39조 205

[공장 및 광업재단 저당법]
제 2 조 620
제 3 조 621
제 4 조 621
제 7 조 622
제 8 조 441
제 9 조 621, 622
제10조 407, 623
제11조 623

제13조 623, 624
제14조 624
제24조 458, 778
제36조 623
제42조 623
제52조 407
제54조 458, 778

[공익사업을 위한 토지 등의 취득 및 보상에 관한 법률]
제45조 764, 788, 806

[관세법]
제 3 조 457

[광업법]
제11조 407
제12조 73
제38조 407
제49조 73

[국가배상법]
제 2 조 87
제 4 조 205
제 9 조 114
제12조 114

[국민건강보험법]
제48조 189
제57조 188, 191

[국민연금법]
제58조 205

[국세기본법]
제35조 456, 457, 749

[국유재산법]
제20조 393
제72조 104
제73조 104

[국가재정법]
제96조 98

[국세징수법]
제57조 120
제64조 382

[근로기준법]
제38조 456, 749
제78조 353
제86조 205

[기술보증기금법]
제37조의3 308

[노동조합 및 노동관계조정법]
제 6 조 52

[동산 · 채권 등의 담보에 관한 법률]
제 2 조 625, 626, 627, 628, 639, 644, 645
제 3 조 627, 628
제 4 조 627
제 5 조 632
제 6 조 627
제 7 조 628, 633, 634

제 8 조 628, 633, 648
제 9 조 633, 648
제10조 632, 636, 648
제11조 632, 636
제12조 632
제13조 633
제14조 632, 633, 648
제15조 638, 651
제16조 628, 642, 651
제17조 634, 635, 636, 648
제18조 642
제19조 634, 635, 636, 648
제20조 635, 644, 648, 649, 650
제21조 637, 638
제22조 638
제23조 639, 640, 641
제24조 636
제25조 636, 637, 639
제26조 640
제27조 640
제28조 639, 640
제29조 640, 641, 651
제30조 640
제31조 637
제32조 634, 642, 643
제33조 627, 633, 645, 648
제34조 627, 644, 645
제35조 645, 646, 647, 649, 651
제36조 648, 649, 650, 651
제37조 644, 645, 648, 649, 650, 651
제39조 629
제40조 630
제41조 629, 630
제42조 630
제43조 630, 631
제45조 630
제46조 630
제47조 626, 630, 631
제48조 631
제49조 642
제50조 631, 642
제51조 631
제52조 626, 646
제53조 631
제56조 631
제57조 629

[디자인보호법]
제91조 73

[문화재보호법]
제66조 393

[민사소송법]
제52조 64
제53조 16
제64조 64
제67조 16
제68조 109
제77조 210
제81조 109
제84조 207, 209
제86조 210
제87조 16
제89조 16
제218조 651
제220조 109, 594

제251조 99
제260조 109
제264조 103
제265조 109
제267조 6, 210
제385조 114, 594
제437조 183
제462조 103, 114, 125
제464조 104

[민사집행법]
제16조 397
제24조 160
제44조 9, 10, 203, 252
제48조 10, 203, 274, 547, 614, 636
제49조 120
제50조 120
제56조 160, 553, 559
제61조 114
제81조 613
제83조 119, 423
제84조 434
제86조 450
제88조 114
제91조 369, 380, 387, 431, 488, 603, 674, 764, 772, 788, 806
제98조 622
제101조 508
제102조 172
제104조 121
제135조 474
제146조 509
제148조 134
제148조 453, 636
제163조 453
제188조 119
제191조 262, 387
제195조 534
제217조 114, 636
제223조 119, 160, 427
제227조 216
제229조 428
제236조 218
제241조 405
제246조 205
제247조 114, 428, 650
제257조 119
제258조 5
제261조 634
제263조 594
제264조 453, 454
제265조 454, 638
제266조 638
제267조 454
제268조 119, 380, 423, 431, 450, 453, 454, 474, 488, 508, 764
제268조 613
제269조 620
제270조 620
제271조 396, 638
제272조 119, 396, 638
제273조 405, 427, 428, 633, 650, 651
제274조 387, 388
제276조 119

제292조 747
제300조 119

[보증인 보호를 위한 특별법]
제 2 조 319
제 4 조 301
제 5 조 307
제 6 조 319, 320
제 7 조 319

[부동산등기법]
제 3 조 669
제 4 조 418, 759
제15조 626
제23조 629, 772
제28조 192, 203, 529
제48조 417, 418
제52조 417, 497
제54조 789
제69조 774, 775, 783, 785, 792, 803
제70조 800, 801, 803, 804, 805
제72조 753, 758, 761
제74조 669
제75조 319, 412, 491, 492, 541
제76조 402
제77조 631
제79조 509
제92조 594, 599

[부동산실권리자명의 등기에 관한 법률]
제 3 조 536
제 5 조 536
제 7 조 536

[비송사건절차법]
제45조 200
제48조 200
제49조 200, 208, 215
제52조 200
제53조 388, 396
제56조 388, 396
제59조 388

[사립학교법]
제28조 46

[산업재해보상보험법]
제36조 353

[상법]
제 3 조 396
제46조 586
제48조 15
제57조 14, 294, 315, 342
제58조 371, 372
제59조 396
제64조 75, 98
제81조 342
제91조 371
제111조 371
제120조 371
제130조 394
제132조 394
제133조 394
제147조 371
제157조 394
제169조 19
제185조 227

제212조 15, 342
제269조 227
제279조 10, 11
제321조 342
제331조 10
제333조 342
제336조 401
제338조 392
제399조 342
제552조 227
제553조 10
제567조 342
제662조 90
제724조 179, 707
제769조 10
제770조 10
제787조 620
제788조 395, 620
제789조 393, 620
제790조 620
제814조 158
제861조 394

[상속세 및 증여세법]
제 3 조의2 11

[상가건물 임대차보호법]
제 2 조 662
제 3 조 456, 549, 674, 675
제 4 조 744
제 5 조 697, 743, 745, 771
제 6 조 747
제 9 조 88, 662, 675
제10조 661, 662, 663, 700
제10조의3 699, 700
제10조의4 700, 701
제10조의5 700
제10조의8 696
제11조 661, 695, 696, 697
제12조 696, 698
제14조 697, 743
제15조 659
제16조 659
제17조 751

[상표법]
제83조 73

[선박법]
제 1 조 620
제 8 조 620

[선박등기법]
제 2 조 620
제 3 조 407

[소액사건심판법]
제 5 조 114

[수산업법]
제14조 73
제16조 407
제26조 407
제47조 73
제48조 73

[수표법]
제51조 98

[신원보증법]
제 7 조 333

[신탁법]
제38조 10
제114조 10

[실용신안법]
제22조 73

[어음법]
제19조 392
제43조 295
제70조 98
제77조 98, 295, 392

[국가유공자 등 예우 및 지원에 관한 법률]
제19조 205

[유실물법]
제 1 조 399

[입목에 관한 법률]
제 2 조 618, 619
제 3 조 618
제 4 조 407, 619
제 5 조 619
제 6 조 458, 619, 778
제 8 조 619
제 9 조 619
제16조 619

[입목에 관한 법률 시행령]
제 2 조 619

[자동차손해배상 보장법]
제 3 조 353
제10조 179

[자산유동화에 관한 법률]
제 7 조의2 502

[자동차 등 특정동산 저당법]
제 3 조 393, 407, 620
제 5 조 620
제 8 조 620
제 9 조 620

[저작권법]
제39조 73

[주택임대차보호법]
제 2 조 658
제 3 조 456, 549, 659, 660, 670, 673, 674, 675
제 3 조의2 456, 659, 660, 697, 743, 744, 745, 771
제 3 조의3 669, 744, 747, 748
제 3 조의4 669, 744, 747
제 3 조의5 745, 746
제 3 조의6 744
제 3 조의7 660
제 4 조 87, 662, 675, 745, 746
제 6 조 662, 663
제 6 조의2 663
제 6 조의3 663, 664

제 7 조 663, 695, 696, 697
제 7 조의2 664, 696, 698
제 8 조 456, 697, 743, 748, 749
제10조 659
제11조 659
제12조 697, 751

[중소기업기본법]
제 2 조 659

[지방세기본법]
제99조 456, 457, 749

[지방재정법]
제82조 98

[진실·화해를 위한 과거사정리 기본법]
제 2 조 87

[집합건물의 소유 및 관리에 관한 법률]
제13조 409
제20조 409

[채무자회생 및 파산에 관한 법률]
제32조 111, 114, 139
제70조 274
제100조 219, 227, 576
제103조 576
제119조 277
제141조 454, 549, 603, 614, 636, 650
제179조 251
제250조 308
제294조 114
제335조 277, 592
제391조 219, 227, 576
제394조 576
제407조 274, 549, 592
제411조 388, 396, 404, 453, 549, 603, 614, 636, 650, 752
제412조 396, 453
제416조 345
제427조 752
제428조 354
제447조 114
제460조 114
제473조 251
제477조 752
제567조 308

[특허법]
제88조 73

[하도급거래 공정화에 관한 법률]
제14조 179, 707

[할부거래에 관한 법률]
제 6 조 585, 588
제11조 585

[형법]
제23조 7
제43조 41
제198조 393
제208조 393
제243조 393

사항 색인

[ㄱ]
가공조항　635
가등기　274, 526, 593
가등기담보　130, 279, 526, 593
가등기담보 등에 관한 법률　527, 594
가등기담보권　456
가등기담보권자　603
가등기담보약정　594
가압류　101, 110, 119, 125, 674, 793
가액반환　259
가액배상　248
가액의 반환　252
가족권　204
가처분　101, 110, 119, 125, 339
각하　110
간이변제충당　388, 396
간이인도　670
간접강제　634
간접점유　372, 591, 670
감사　39, 41, 47
강제경매　458, 473, 488, 603, 744, 764, 788, 794, 806
강제관리　453
강제이행　5
강제집행　160, 218, 262, 349, 380, 397, 400, 441, 559, 743
강제징용　149
강한 부합　421, 739
강행규정　458, 775
강행법규　48
개인회생절차참가　114
갱신청구권　661, 738, 790
갱신합의　790
건물　422, 458, 669
건물신축공사　439
건물의 철거·신축　459
건설기계　392, 620, 627
견련관계　371, 373
결산기　330, 492
겸유설　745
경개　294, 344, 345, 349, 417
경매　396, 612, 620, 638
경매개시결정　121, 380
경매개시결정에 대한 이의　450
경매기일　121
경매신청　502
경매인　433
경매절차　388, 433, 614
경매청구　369, 454, 603, 744, 752, 763

계속적 거래 492
계속적 보증 319, 334
계속적 채권관계 656
계속적인 거래관계 94, 490
계약 501
계약가입 501
계약의 갱신 738
계약인수 501, 706
계약자유의 원칙 335
계약해제권 202
고유재산 64
공동근저당 517
공동담보 640, 651
공동면책 348, 349, 350, 351
공동보증 315
공동불법행위 353
공동소송적 보조참가 209
공동신청주의 629
공동임차인 695
공동저당 253, 409, 504, 505
공동저당권자 508, 510
공매 458, 603, 794
공서양속 48, 455
공시 273
공시방법 672
공시송달 121
공신력 628
공용물 621
공용징수 424
공유 473, 793, 802
공유물분할청구권 74, 202
공유지분 409
공익권 20
공익법인 19
공작물 775, 804
공장 620
공장 및 광업재단 저당법 622
공장재단 621, 623
공장재단등기부 623
공장재단목록 623
공장재단저당 621, 622
공장저당 505
공정증서 559
공제 698
공취력 8
공탁 310, 344, 349, 354, 564
공탁물출급청구권 403
과거사 청산 149
과실 404, 422, 441, 632
과실의 정도 365
관념의 통지 115
관리행위 208
관세 456
관습법 778, 792, 806
관습상 법정지상권 458
관습상의 단체 52
관습지상권 792
광업재단저당 622
교부 394
교부송달 121
교회 52
교회분열 52
구분공유관계 473
구분소유권 409
구분지상권 774, 791
구상관계 310, 316, 346, 348, 364
구상권 91, 311, 312, 316, 317, 347, 394, 400, 416, 540, 642, 651

구상권의 범위 312
구상권의 제한 350
구상권의 확장 351
구속력 604
국민주택기금 659
국세우선권 456
권리금 699
권리남용 149, 573
권리능력 29
권리보호이익 251
권리이전형 담보 524
권리자 123
권리질권 392, 395
권리행사설 102
권리확정설 101
귀속상의 일신전속권 204, 205
귀속청산 535, 553, 600, 603, 627, 637, 638, 639
귀책사유 788
규약 807
규정손실금 586
근담보권 632
근보증 319, 320, 504
근보증계약 320
근보증의 상속성 333
근소유권유보 587
근양도담보 534
근저당 416, 490, 504
근저당권설정계약 492
근저당권설정자 496
근저당권의 설정 492
근저당권의 확정 501
근저당의 성립 492
근질 394, 402
금융리스 586
금전 404
금전지급 206
금전채권 162, 224, 394, 405, 416, 644
급부 271
급부보유력 5
기계기구목록 621
기관 41, 51
기망 295
기명날인 300
기본계약 492, 501
기본재산 49
기산점(시효) 87
기판력 210, 264, 651
기한 341
기한의 이익 94, 288, 445
기한이익의 상실 399, 446, 546
기한이익의 상실약정 545

[ㄴ]
나대지 458, 775
낙성계약 300, 659
내측설 355
노무제공채권 162
농경지 753

[ㄷ]
단기소멸시효 90, 309
단기소멸시효기간 95, 150
단기임대차 661
단독대표의 원칙 43
단독행위 227, 250, 805
단순승낙 450

단순양수인 674
단체조직행위 51
담보 278, 445
담보가등기 595
담보가등기권리자 603
담보경매 453
담보권설정자 625, 646
담보권실행경매 771
담보권자 625
담보등기 626, 628, 645
담보등기사항증명서 646
담보목적 309
담보물권 8, 74, 372, 393, 408, 487, 524, 528, 600, 752, 769
담보물보충의무 546
담보보존의무 308
담보약정 625, 628
담보의 제공 241
담보제공의무 410
담보집행 405
담보책임 267
당사자 137
당사자능력 16, 64
당사자적격 209
당좌대월계약 492
당해세 457
대감독자 353, 365
대금감액청구권 202
대내적 효력 364
대담보의 제공 446
대리 38, 64
대리권 15
대리권 남용의 법리 564
대리상 371
대리인 123, 137
대물급부의 약정 794
대물반환의 예약 595, 601, 602
대물변제 237, 310, 344, 349, 354, 794
대물변제의 예약 594
대변제 청구권 193
대상청구권 260
대외적 효력 354
대위취득 509
대지권 422
대표 38
대표권 64
대표권 남용 44
대표권의 남용 64
대표권의 제한 43, 64
대항력 377, 456, 660, 669, 670, 674, 703, 743, 745
대항사유 293
대항요건 294, 402, 450, 536, 625, 651
대항요건주의 645
도산절연성 292
도산절차 280, 503, 603, 614
도산절차참가 111
도의관념에 적합한 비채변제 128
독립적 은행보증 336
독촉 114
동기의 착오 295
동물 353
동산 369, 392, 627, 659
동산·채권 등의 담보에 관한 법률 602, 625
동산담보권 625, 633

동산담보권의 등기절차 629
동산담보권의 선의취득 628
동산담보등기부 626, 643
동산저당 620
동산질권 391, 393
동시배당 508, 641
동시이행관계 278, 487, 564, 615, 639, 741, 747, 757, 765
동시이행의 항변권 118, 275, 306, 378, 379, 554, 599, 611, 615, 697
동일한 소유자 472
등기 28, 410, 412, 474, 490, 492, 501, 505, 536, 669, 744, 753, 761, 775, 784, 785, 800, 803
등기권리자 629
등기말소 488
등기말소청구권 488, 615
등기사항 48
등기선박 392
등기신청 203
등기의 말소 615
등기의무자 629
등기제도 408
등기주의의 원칙 24
등기청구권 754
등기필정보 630, 631
등록담보권 392
등록원부 620

[ㄹ]
리스기간 586
리스이용자 586
리스회사 586

[ㅁ]
말소 490
매각명령 405
매매는 임대차를 깨뜨린다 274, 656
매매대금채권 378, 587
매매예약 594
매매예약완결권 75, 151
매수청구권 738, 772, 790
면제 344, 346, 349, 403, 487
면책적 채무인수 122, 341
명시의무 627
명시적 포기 138
명예권 30
목적 이외의 사업 22
목적물반환의무 353, 710
목적물의 가액 604, 610
목적물의 시가 601
무권리자의 처분 394
무기명주식 401
무기명채권 402
무단 양도 662
무상행위 23
무자력 161, 163
무자력위험 275
무효등기의 전용 414
무효인 법률행위 229
묵시의 갱신 661, 662
묵시적 권리포기 73, 138
묵시적 합의해지 502
묵시적인 최고 114
문언 158
문언의 축소해석 327
물건의 일부 369

물건인도 206
물권 271, 274, 371, 393, 408, 751
물권의 배타성 273
물권의 절대성 272
물권적 청구권 74, 202, 399, 445, 546, 550, 615, 656, 692, 751, 759, 792
물권적 합의 394, 402, 409, 410, 490, 536, 585, 645, 753
물권행위 753, 784
물상대위 372, 400, 423, 487, 541, 632, 651, 762
물상대위성 393, 395, 408, 633, 648, 752, 769
물상보증인 119, 121, 279, 305, 393, 400, 410, 419, 496, 510, 533, 613, 628, 639, 642
물적 담보 241, 279, 305, 341, 446
물품외상공급계약 492
미등기건물 472, 744
미등기전세 659
미성년자 90, 123
미이행쌍무계약 592
민사유치권 371
민사집행법 651

[ㅂ]

반소 103
반환청구권의 양도 394, 670
방문신청 630
방식의 하자 302
방해배제청구권 4, 399, 434, 488, 635, 644, 648, 649, 692
방해제거·예방청구권 434
배당기일 509
배당요구 114, 387, 430, 434, 483, 636, 650, 651, 744
배당이의소송 509
배서 372, 394
배신적 행위 704
법률상 원인 529, 530, 535
법률상의 장애 87
법원의 허가 200
법인 16, 17, 308, 353, 627
법인 아닌(또는 권리능력 없는) 사단 51
법인격 17
법인격 없는 재단 51
법인법률주의 21
법인의 불법행위책임 39
법인제도 17
법정감독의무자 353, 365
법정갱신 661, 662, 742
법정갱신제도 758
법정과실 388, 423
법정관리권자 257
법정담보물권 372
법정대리인 64, 90, 123
법정대위 400
법정승계 674
법정연대채무 342
법정위임관계 217
법정의 재산관리권 161
법정이자 313, 349
법정재산관리권설 163
법정저당권 695
법정지상권 457, 482, 612, 619, 760, 778

법정지상권의 존속기간 481
법정질권 393, 695
변경등기 417
변론주의 128, 162
변제 237, 293, 310, 344, 349, 354, 406, 487
변제계약 794
변제공탁 403
변제기 379, 412, 430
변제의 수령 216
변제의 장소 341
변제자대위 308, 432, 509, 516
변제자력 235, 302, 305
변제할 정당한 이익 349, 394, 432
별제권 274, 388, 404, 453, 549, 592, 614, 636, 650
병존적 채무인수 341
보관자 353, 365
보상금지급의무 353
보수채권 374
보전처분 119
보존등기 458
보존에 필요한 사용 386
보존행위 200, 214
보증 278
보증금 657, 697, 758
보증금 또는 전세금의 반환청구권 456
보증금 약정 697
보증금 증액 687
보증금반환의무 675
보증금반환채권 164, 377, 673, 754
보증금반환청구권 741
보증기간 320, 321, 333
보증연대 314, 315
보증의 방식 300
보증인 124, 291, 294, 341
보증인의 책임감경 307
보증채무 226, 291, 394
보증한도액 320, 330, 333
보충성 294, 314, 335
보험금청구권 90, 402, 424, 632
복임권 43
본계약형 574
본등기 611, 613
본등기의 비용 597
본소 103
부가일체물 621
부관 22
부기등기 402, 450, 509
부담부분 317, 348, 364
부담부분형 절대적 효력사유 344, 346
부당이득 4, 90, 293, 351, 385, 430, 649, 675, 709, 784
부동산 369, 392, 409, 659, 753
부동산 이중매매 225, 378
부동산의 일부 753
부동산임대차 669
부동산임차권 274
부득이한 사정 502
부보증 292, 306
부속물매수청구권 202, 740
부실등기 441
부양청구권 30, 204
부인권 260, 576, 625
부작위 271
부작위의 지역권 801

부작위채권 162
부종성 293, 303, 305, 314, 335, 342, 388, 393, 400, 408, 417, 418, 487, 492, 633, 648, 752, 769
부진정연대채권관계 551
부진정연대채무 40, 342, 353
부집행의 합의 9
부탁 없는 보증인 312, 317
부합 421
부합된 물건 420, 632
부합물 441, 541, 621
분담비율 317
분묘 796
분묘기지권 778, 796
분별의 이익 314, 315, 316, 317
분할 13
분할채권관계 138
분할채무 14
불가분성 258, 372, 393, 395, 408, 420, 540, 573, 633, 648, 752, 769
불가분적 채권관계 410
불가항력 398
불법점유 436
불법행위 4, 39, 40, 90, 91, 96, 106, 334, 353, 373, 399, 424, 441, 546, 648
불법행위능력 39
비금전채권 191, 202
비송사건절차법 200
비영리법인 19
비용상환 740
비용상환청구권 217, 375, 400, 434, 740, 783, 791
비용지출 348, 374
비전형담보 524
비점유담보 407
비채변제 350

[ㅅ]
사단 19, 51
사단법인 19, 63
사단설립행위 21
사무집행관련 40
사실상의 장애 88
사용·수익 371, 655, 664, 759
사용·수익·처분의 권능 431
사용자책임 39, 365
사원 20
사원권 20
사원의 지위 20
사원총회 39, 41, 47, 64
사원총회의 결의 50
사인처분 23
사적 실행 534, 553, 637, 638
사전구상권 311, 312, 348
사전의 통지 349
사전점유개정 약정 573
사집행 280
사찰 52
사채의 입질 392
사해성 235
사해의 의사 248
사해행위 219, 220, 226
사후구상권 311
사후의 통지 350
상가건물임대차 697
상가건물 임대차보호법 658
상계 136, 217, 260, 262, 267,

280, 304, 306, 310, 344, 349, 350, 354, 387, 403, 424, 425
상계계약 288
상계권 161, 193
상계기대 280, 424
상계의 남용 281, 284
상계의 담보적 기능 280
상계의 예약 288, 312
상계적상 114, 136, 288
상계항변 138
상대권 272
상대적 소멸설 127, 306
상대적 연대면제 352
상대적 효과 350
상대적 효력 121, 344, 364
상린관계 74, 760, 782, 792
상사유치권 371, 385
상사질 396
상사회사 19
상속 20, 294, 417, 589, 630
상속성 333
상속의 승인·포기 205, 230
상속인 30, 110
상속재산분할 232
상속재산분할청구 205
상속회복청구권 204
상행위 371
상행위로 인한 채권 98
상환기간 390, 773
상환이행 386, 395
서면 300
서명 300
선량한 관리자의 주의 42, 47, 386, 389, 547, 553, 588
선박 505, 593, 620, 627
선박소유자 10
선박의 속구 620
선박저당권 620
선순위의 담보권 611
선순위의 동산담보권 639
선순위저당권자 431
선의의 제3자 44, 229, 613, 614, 616
선의취득 378, 394, 533, 536, 572, 588, 624, 628, 629, 643
선이행의 위험 275, 276, 277, 378
선이행의무 747
선정당사자 16
선하증권 392, 394, 627
설립등기 22, 23
설립자 21
설립자존중의 원칙 48, 49
설립행위 23, 52
설립허가 취소 50
성명권 30
소구력 6
소극적 지역권 801
소급효 137, 158
소멸시효 69, 70, 161, 264, 293, 347, 387, 565, 764, 788, 803, 806
소멸시효기간 76, 292
소멸시효의 기산 87
소멸시효의 남용 139, 140
소멸시효의 완성 344, 349, 487
소멸시효의 중단 403
소멸주의 387
소멸청구 389, 400, 764
소멸통고 758, 764

소비대차 528, 559
소송고지 115, 207, 209, 210
소송물 101, 226
소송행위 203, 227
소액보증금임차인 743, 748
소유권 73
소유권등기 528
소유권유보 278, 526, 585
소유권유보부 매매 526, 585
소유권유보의 약정 587
소유권이전등기청구권 76, 79, 192
소유물반환청구권 5
소유물방해배제청구권 192
소유자저당 418
소의 변경 226
소의 제기 103
소제주의 674
소형선박 620, 627
손해담보계약 298, 303, 334
손해배상 162, 224, 259, 313, 376, 632, 675
손해배상액의 예정 304
손해배상자의 대위 368
수개의 법률행위 247
수거 806
수거권 740, 790
수거의무 790
수거청구권 740
수령대리권 346
수반성 393, 397, 408, 633, 648, 752, 769, 804
수선의 의무 760, 773
수선의무 665, 761, 764
수용보상금청구권 424
수익비율 348
수익자 248, 250
수탁보증인 311
순위승진주의 418
순위확정주의 418
승계인 124
승계참가 109
승낙 575, 646
승낙전질 398, 399
승소판결 109
승역지 799
승인 101, 121, 125, 137
시효 69
시효원용권 127, 136
시효원용권의 포기 128
시효원용권자 130
시효의 정지 76, 100, 150, 158
시효의 중단 76, 100, 294, 309, 345
시효이익의 포기 121, 128, 137, 158, 247
시효중단의 상대효 124
시효취득 400, 487, 764, 788, 799, 801, 806
신분권 204
신용정보 307
신원보증 333
신원인수 334
신의칙 31, 137, 139, 140, 307, 324, 330, 365, 480, 704
신축 459
신탁 19
신탁적 양도 529, 541
신탁행위 10

실질적 소유권 565
실행비용 418, 496
실효의 법리 70
쌍무계약 275, 655

[ㅇ]
악의의 제 3 자 44
안분설 355
압류 101, 110, 119, 125, 423, 424, 425, 427, 541, 573, 633, 674, 793
압류채권자 289
압류하지 못하는 권리 205
약관 497
약정담보물권 393, 407, 408
약정연대채무 341
약정해제권 288
약한 부합 421, 739
양도 20, 657, 751
양도담보 279, 392, 524, 526, 527, 534, 625
양도담보(강한) 535
양도담보(약한) 535, 597, 605
양도담보(정산형) 535, 553, 597
양도담보계약 529, 530, 568
양도담보권자 530, 613, 674
양도담보설정자 530
양도담보에서의 목적물 용익관계 545
양도명령 405, 620
양도성 401, 657
양도저당 540, 545
양도질 545
양도합의 761
양수인 549, 674, 675, 744
어업허가 229
어음 392
어음의 입질 392
어음할인계약 492
어음행위 30
업무집행조합원 14, 16
여신거래기본약관 288
연대보증 30, 294, 310, 314
연대의 면제 352
연대채무 14, 226, 278, 340, 342
연대채무의 대외적 효력 343
연대채무자 317
연대채무자의 무자력 343
연장등기 642
영구의 지상권 779
영리 아닌 사업 19
영리법인 19
예금채권 402
예약완결권 575
예약형 574, 625
외측설 344, 355
요구불 예금 401
요역지 799
용수지역권 801, 802
용익권 807
용익물권 73, 274, 751, 769, 774, 799
우선변제 218, 260, 387, 396, 416, 507, 573, 603, 613, 633, 636
우선변제권 274, 372, 388, 404, 660, 743, 744, 752, 763
우선변제적 기능 280
우선변제적 효력 391, 396

우선상환 434
우선주의 633
우선특권 620, 749
우편송달 121
운송물 353
운송인 371
운송주선인 371
원물반환 248, 252
원상회복 252, 416, 445, 564
원상회복의무 303, 591, 739
원상회복청구권 565
위기 805
위법한 방해 436
위약금 304, 395, 418, 496
위임 42
위자료청구소송 107
위탁매매업자 371
유가증권 372
유담보권리형 535, 558
유담보약정 527, 559, 597, 602, 637
유담보형 양도담보 535, 558
유류분 반환청구권 159
유보매도인 591
유보매수인 588
유언 23, 28, 30
유익비 390, 400, 433, 642, 740, 773, 783, 791
유익비상환청구권 379, 773
유일한 부동산 236, 242
유일한 재산 236, 238
유저당약정 455
유증 23
유증의 포기 230
유지의무 665
유질계약의 금지 404
유질약정 396, 455
유치권 74, 217, 275, 369, 557, 741
유치권소멸청구 389
유치권의 불가분성 385
유치적 효력 391, 395
유한책임 18
응소 104, 109
의무부담행위 660
의제된 법률행위 227
이사 38, 39, 41
이사의 대표권 43
이사회결의부존재확인판결 90
이시배당 508, 641
이용보조자 708
이원기준설 373
이의신청 640
이익분배채무 15
이자 395, 404, 412, 418, 496, 503, 545
이자채권 137, 258, 648
이중변제의 위험 632, 646, 649
이중압류 560
이해관계 있는 제 3 자 414
이해관계인 639
이행기 91, 200, 341, 404
이행담보 335
이행보조자 353
이행불능 293, 303, 660, 711
이행소송 103
이행지체 345, 771
이행청구 344, 345

이행판결 481
인가주의 21
인격권 74, 205
인격적인 권리 30
인도 394, 456, 536, 588, 670
인도거절권능 369, 379
인도증권 394
인도청구 192, 262, 424
인수주의 387
인역권 800, 807
인적 담보 226, 241, 278, 446
인적 무한책임 11
인적 신뢰관계 656
인적 적용범위 627
인적 채무 292
인적 책임 9
인적담보제도 291
인적편성주의 626, 634
인지청구권 73
일괄경매청구 471, 481, 482
일괄매각 622
일반상사유치권 371
일반재산 4, 9, 340, 397, 455
일반적 공취권능 455
일반채권자 456
일반책임 9, 11
일방예약의 완결권 558
일부면제 346
일부배당 354
일부변제 344, 354
일부보증 304, 330
일부인수 501
일부청구 107
일부혼동 347
일시사용 659, 697
일신전속권 203
일실이익 107
일체형 절대적 효력사유 344
임금우선특권 253
임금채권 749
임대 751
임대인 655
임대인 지위의 양도 706
임대인의 동의 703
임대차 655, 751
임대차등기명령 747
임대차의 갱신 661
임대차의 성립 659
임대차의 종료 709
임료지급의무 353
임시이사 39
임시총회 48
임의경매 119, 453, 488, 613, 764, 771
임의기관 47
임의적 기재사항 22
임의적 소송담당 16
임의출석 111, 114
임의해산 47
임의해지 502
임의해지권 323
임차권 593, 602, 664, 739
임차권등기 744
임차권의 양도 702, 706, 708
임차목적물의 멸실 711
임차물 353
임차인 353, 655
임차인의 동의 706

임차주택 658, 743
임치물 353
입목 505, 619
입목에 관한 법률 618
입목저당권 619
입증책임 248
입질 391

[ㅈ]
자기의무 307, 332, 349
자기지상권 457, 795
자동유담보형 535, 558
자동차 392, 505, 620, 627
자동차운행 353
자연인 41, 659
자연채무 6
자유설립주의 21
자익권 20
자주점유 629
자치규약 51, 64
자치법규 21
작위의 지역권 801
장래의 양도담보 599
장래의 전세금반환채권 752
장래의 채권 394, 416, 534, 631, 752
장래의 채무 293
장래채권 221, 575, 644, 742
재단 19, 407
재단법인 19
재단설립행위 23
재단저당 622
재단채무 592
재산관계명시신청 114
재산권 73, 392, 401
재산분할 232
재산분할청구권 162, 204, 220, 234
재산의 가액 601
재산출연 23
재소금지의 효과 210
재심의 소 103
재판상 청구 6, 101, 110, 125
재판상 화해 227
재판외 행사 151
저당권 8, 225, 252, 279, 372, 407, 603, 614, 619, 620, 627, 762
저당권 설정계약 412
저당권부 채권 402, 450
저당권부 채권의 양도 446
저당권부 채권의 입질 452
저당권설정 674
저당권설정계약 409, 410
저당권설정등기 623
저당권설정자 410, 424, 446, 482
저당권소멸청구권 433
저당권양도 446
저당권에 기한 방해배제 622
저당권의 소멸 487
저당권의 양도 446
저당권의 처분 446
저당권이전등기 450
저당권자 410
저당물보충청구권 445
저당물소유자 446, 482
저당물의 소유자 424
저당물의 원상회복 446
적극적 응소행위 104
적극적 의무 805

적극적 지역권　801
적법한 임대권한　660
적법한 전대차　670, 696
전대차　657, 662, 702, 706, 709
전득자　248, 250
전보배상　419
전부명령　426, 649
전부채권자　649
전세권　407, 409, 487, 593, 602, 656, 750
전세권설정자　760
전세권의 설정　753
전세권의 소멸　764
전세권의 양도　761
전세권의 존속기간　758
전세금　659, 754
전세금반환채권　424, 752, 765, 769
전세금지급의무　757
전세임대주택　659
전입신고　672
전자신청　630
전자적 형태의 의사표시　300
전저당　452
전전세　751, 762
전질　397
전질권　397
전차인　353
절대권　272
절대적 소멸설　127, 136, 306
절대적 연대면제　352
절대적 효력　344
점유　372, 629, 636, 643
점유개정　394, 524, 536, 589, 624, 644
점유권　74
점유보호청구권　399, 550, 656, 692
점유의 상실　389
점유의 이전　670
점유자　353, 365
점유질원칙　394, 524, 624
점유할 권리　5, 390, 396, 474, 545, 591, 656, 709, 759, 784
정관　21, 42, 51, 64
정관변경　47, 48
정관의 필요적 기재사항　20
정산금청구권　554, 557, 599
정산절차　597
정신적 자유권　30
정지조건　585
정지조건부 기한이익 상실의 특약　94
정지조건부 상계계약　288
정지조건부 소유권　587, 589
정지조건형　625
제 2 차적 상환의무　351, 365
제 3 자　482, 646
제 3 자 보호　691
제 3 자 소송담당　209
제 3 자를 위한 계약　342, 410
제 3 자에 의한 채권침해　4
제 3 자이의의 소　13, 274, 441, 547, 550, 589, 614, 615, 636
제 3 채무자　424, 425, 575, 646
제 3 취득자　395, 419, 421, 431, 432, 433, 450, 496, 502, 510, 516, 525, 613, 639, 642
제사를 주재하는 자　797
제소기간　151

제소전화해절차 594
제소전화해조서 594
제척기간 75, 91, 115, 150, 260, 558, 741
제한물권 273, 524
조건 341
조건부 채권 631
조세채권 749
조세채권우선의 원칙 456
조합 12, 51
조합대리 15
조합재산 12, 15
조합채무 14
존속기간 502, 642, 661, 764, 774, 778, 784, 788, 803, 806
존속기간의 만료 710
종된 권리 441, 648
종된 채권 258
종물 395, 420, 422, 441, 541, 621, 632
종속된 권리 137
종신정기금채권 205
종중 52
주거용 건물 658
주관적 공동목적 354, 365
주된 급부의무 665
주무관청의 허가 22, 23, 48, 49
주물 395, 422
주민등록 456, 670, 672
주민총회 807
주식 392
주식질 392
주식회사 10
주위토지통행권 799
주의의무 643
주채무 291
주채무자 124, 291, 294, 307
주채무자의 항변 305
주택 658
주택의 인도 670
주택임대차 697
주택임대차권 670
주택임대차보호법 658
준공유 417, 418, 496
준물권행위 628
준법률행위 227
준소비대차 528, 559
준총유 65, 807
준칙주의 21
준합유 13
중간확인의 소 103, 109
중대한 의무위반 789
중복제소 209, 251
중첩적 계약인수 501
즉시해지 710
즉시해지권 687
증감청구권 758, 787
증권적 채권 536
증여 23
지급 또는 인도 425
지급명령 103, 114, 125
지급청구권 424
지료 481, 612, 784, 795
지료증액청구권 788
지료지급약정 788
지료채권 137, 785
지명채권 402, 625, 644
지방세 456

지배 272
지분 13, 18, 65, 409
지분적 이자채권 404
지상권 137, 407, 409, 434, 487, 550, 593, 602, 656, 753, 759
지상권설정계약 775
지상권설정자 789
지상권소멸청구 788, 790
지상권의 소멸 788
지상권의 양도 783
지상물매수청구권 738
지상물철거청구 791
지시채권 402
지식재산권 392
지역권 799
지역권설정계약 800
지역권의 불가분성 802
지역권의 소멸 806
지연배상 419
지연배상의 제한 632
지연배상채권 258
지연손해 137, 419, 433, 503
지연이자 419
직권조사사항 158
직접점유 372, 670
직접청구 10, 648, 650
직접청구권 405, 707
질권 225, 279, 372, 391, 620, 624, 625, 627, 651
질권 설정 403
질권설정계약 393, 402
질권설정자 393
질권의 침해 399
질권자 393, 396
집합동산 566, 568
집합동산소유권유보 587
집합동산의 양도담보 624
집합물 573
집합물설 569
집합채권 525, 566, 567, 574, 625, 645
집합체 807
집행권원 119, 160, 473, 638, 651, 743, 744
집행기관 46
집행력 7
집행증서 553

[ㅊ]

차용금반환채무 600
차용물반환채무 559, 600
차임 545, 695
차임감액청구권 665
차임연체 662, 696, 738
차임증감청구권 202, 695
차임지급거절권 665
차임채권 137
착오 23, 295
참가적 효력 210
창고증권 392, 394, 627
채권 73, 162, 271, 274, 392
채권계약 529, 794, 799
채권관계 3, 656
채권담보권 625, 644
채권담보등기부 626
채권신고 114
채권양도 111, 114, 294, 402, 410, 417, 446, 706

채권양도금지특약 645
채권양도담보 525, 625
채권양도의 대항요건 575
채권양도의 통지 203
채권양도의 통지·승낙 227
채권의 상대성 272
채권의 소멸시효 95
채권의 신고 114
채권의 양도 446
채권의 효력 3
채권자 162, 294
채권자대위권 110, 130, 160, 202
채권자대위권의 전용 192, 202
채권자대위소송 106, 209
채권자지체 344, 345
채권자취소권 151, 202, 219, 625
채권자취소소송 106
채권자평등주의 274, 279, 280
채권적 전세 659, 751
채권증서 402, 406
채권질권 118, 401, 404, 405, 451, 525, 564, 625
채권최고액 495, 517, 518
채무불이행 47, 91, 266, 273, 395, 418, 496, 530, 546, 549
채무승인 227
채무액 341
채무 없는 책임 11
채무의 원리금 601
채무이행최고 114
채무인수 417
채무자 4, 492, 639, 646
채무자변경의 부기등기 501
책무 332, 349
책임 8, 11, 393
책임 없는 채무 9
책임무능력자 353
책임재산 18, 160, 219
책임전질 398, 399, 763
책임 제한 326
처분 216
처분권 410, 628, 660
처분금지효 216, 793
처분수권 572, 640
처분정산 553, 604
처분청산 535, 602, 627, 637, 638, 639
처분행위 208, 214, 394, 410, 529, 535, 628, 759
천연과실 388, 423, 541
청구 101, 272
청구권 220
청구기각 395
청구력 5
청구의 변경 103, 109
청구의 포기·인낙 227
청구이의의 소 9
청구인낙 109, 125
청산 50
청산금 604, 610, 613, 615, 638, 639
청산금의 평가액 604
청산기간 605, 610, 612, 613, 615
청산법인 50
청산의무 591
청산인 39, 41
청산절차 604
청산통지 604

체납처분 382
체당금청구권 540
총유 51, 64, 807
총회의 결의 48
최고 114, 120, 345, 403
최고·검색의 항변권 294, 305, 314
최고액 319, 320, 490, 492
최단기간 657, 662
최단존속기간 758, 778, 782
최우선변제권 456, 743, 748
최장기간 661, 778
추심권 582
추심명령 650
추심채권자 650
추완 158
추완된 양도담보 594
추인 346, 649
추정적 의사 661
출연 18
출연재산 23
출자의무 10
출재 349
취득시효 70, 778, 802
취득청산 535, 553
취소권 75, 161, 202, 293, 306
취소의 상대효 220, 257, 264
취하 110
친권 30
친생부인권 151
친족권 74

[ㅋ]
컴포트레터 298

[ㅌ]
타인 물건의 임대차 660
타인의 권원 421
토지 458
토지거래허가 193
토지사용권 782
토지소유자 789
토지의 상하 792
토지의 일부 774
토지이용권 803
토지임차권 422, 759
통상의 사용·수익 436
통상총회 48
통정허위표시 754
통지 207, 312, 575, 646
통지유보형 625
통행지역권 799, 801
특별담보 225
특별대리인 39
특별상사유치권 371
특별승계인 805
특별재산 15
특별책임 9
특별해지 502
특별해지권 321, 333
특수지역권 806
특정 568, 575, 628, 644
특정성보전설 424
특정승계 124
특정채권 191

[ㅍ]
파산 50, 276, 343, 549, 591
파산관재인 592

파산선고 354, 503, 573
파산절차 308, 396, 403, 636, 650
파산절차참가 110, 114, 125
판결에 의한 등기 630
판례 88
판례변경의 소급효 63
편면적 강행규정 659, 739, 741, 775
편무계약 300
편익 801
포괄근보증 320
포괄근양도담보 534
포괄근저당 495
포괄승계 124, 501, 630
포괄적인 사전점유개정의 약정 569
포기 400, 403, 406, 510
표견대리 38, 44, 46, 295
표시의 변경 또는 경정의 등기 630
피고를 경정 109
피담보채권 373, 412, 416, 418, 433, 441, 564, 604, 610, 631, 648
피담보채권의 범위 491, 492, 497, 540
피담보채무 600
피보전채권 162, 221
피성년후견인 123
피용자 39, 353
피한정후견인 123
필수적 공동소송 14, 16, 109
필요비 390, 400, 433, 642, 740, 773, 783, 791
필요적 기재사항 22, 23

[ㅎ]
하자담보책임 379
한정승인 10, 308
한정포괄근보증 320
할부계약 588
합동행위 227
합명회사 15
합병 501
합유 12
합의갱신 742
합의해제 215
합자회사 10
항공기 392, 505, 620, 627
해산 50
해제 273, 345, 591, 692
해제권 75, 161, 293, 306
해지 502, 696, 709, 746
해지권 293, 306, 675
해지사유 662
해지의 의사표시 326
해지통고 708, 710
행사상의 일신전속권 204
행위능력 38, 90, 138, 302
행정소송 104
허가주의 21
허유권 74
현명주의 38
현상 유지 760, 761, 773
현상유지의무 764
현실인도 394, 670
현존이익 313
현황조사 634, 648
협의의 공장저당 621
형사보상 신청 150

형사소송 104
형성권 75, 91, 151, 161, 220, 389, 433, 739, 740, 764, 765, 772, 787, 789, 790, 791
형성권적 기한이익 상실의 특약 94
형성소권 151
형성소송 103
형식적 심사권 630
형식적 형성판결 481
혼동 344, 347, 349, 400, 406, 487, 510, 764, 788, 805, 806
화물상환증 392, 394, 627
화해 109, 125
화해를 위한 소환 111, 114
확인소송 103
확인청구소송 106
확장된 소유권유보 587
확정근저당권 503
확정일자 456, 660, 743
확정판결 160
환가 553
환매권 151
환취권 274, 549, 550, 592
회사 16
회사합병 417
회생담보권 396, 453, 592, 614
회생담보권자 636, 650
회생절차 276, 308, 396, 503, 573, 636, 650
회생절차참가 114
후불원칙 695
후순위권리자 419, 496, 525, 612
후순위저당권 431
후순위저당권자 433, 450, 508, 509, 510
후순위저당권자의 대위 418, 505, 509, 516
후순위질권자 395
후원선언 298
흠 있는 소제기 111

저자 소개

양창수

- 서울대학교 법과대학 졸업
- 법학박사(서울대학교)
- 서울대학교 법과대학 교수
- 대법관
- 한양대학교 법학전문대학원 교수
- 현 : 서울대학교 명예교수

주요 저서·역서

民法硏究 제 1 권, 제 2 권(1991), 제 3 권(1995), 제 4 권(1997), 제 5 권(1999), 제 6 권(2001), 제 7 권(2003), 제 8 권(2005), 제 9 권(2007), 제10권(2019)
민법 Ⅰ: 계약법, 제 3 판(2020)(공저)
민법 Ⅱ: 권리의 변동과 구제, 제 5 판(2023)(공저)
민법입문(1991, 제 9 판 2023)
민법주해 제 1 권(1992, 제 2 판 2022), 제 4 권, 제 5 권(1992), 제 9 권(1995), 제16권(1997), 제17권, 제19권(2005)(분담 집필)
註釋 債權各則(Ⅲ)(1986)(분담 집필)
民法散考(1998)
민법산책(2006)
노모스의 뜨락(2019)

민법전 제정자료 집성 — 총칙 · 물권 · 채권(2023)

라렌츠, 정당한 법의 원리(1986, 신장판 2022)
츠바이게르트/쾨츠, 比較私法制度論(1991)
로슨, 大陸法入門(1994)(공역)
독일민법전 — 총칙 · 채권 · 물권(1999, 2021년판 2021)
포르탈리스, 民法典序論(2003)
독일민법학논문선(2005)(편역)
존 로버트슨, 계몽 — 빛의 사상 입문(2023)

김형석

- 서울대학교 법과대학 졸업(학사)
- 서울대학교 대학원 법학과(석사)
- 독일 트리어(Trier) 대학교(석사, 박사)
- 현 : 서울대학교 법학전문대학원 교수

저서 및 논문

Zessionsregreß bei nicht akzessorischen Sicherheiten(Duncker & Humblot, 2004)
주석 민법 물권(1)(제5판, 2019)(共著)
사용자책임의 연구(2013)
헌법과 사법(2018)(共著)
민법개정안 연구(2019)(共著)
상속법 개정론(2020)(共著)
담보제도의 연구(2021)
"동기착오의 현상학" 외 다수 논문

제 5 판

민법 Ⅲ — 권리의 보전과 담보

초판발행 2012년 1월 20일
제 5 판발행 2023년 9월 15일

지은이 양창수 · 김형석
펴낸이 안종만 · 안상준

편 집 이승현
기획/마케팅 조성호
표지디자인 이영경
제 작 고철민 · 조영환

펴낸곳 (주) 박영사
서울특별시 금천구 가산디지털2로 53, 210호(가산동, 한라시그마밸리)
등록 1959. 3. 11. 제300-1959-1호(倫)
전 화 02)733-6771
f a x 02)736-4818
e-mail pys@pybook.co.kr
homepage www.pybook.co.kr
ISBN 979-11-303-4531-4 93360

정 가 49,000원